गोपाल राय

गोपाल राय का जन्म 13 जुलाई, 1932 को बिहार के बक्सर जिले के गाँव चुन्नी में हुआ था। उनकी आरम्भिक शिक्षा गाँव और निकटस्थ कस्बे के स्कूल में हुई। उन्होंने हिन्दी विभाग, पटना विश्वविद्यालय से स्नातकोत्तर किया। पटना विश्वविद्यालय से ही 1964 में 'हिन्दी कथा साहित्य और उसके विकास पर पाठकों की रुचि का प्रभाव' विषय पर डी.लिट. की उपाधि प्राप्त की। 21 फरवरी, 1957 को पटना विश्वविद्यालय, पटना में हिन्दी प्राध्यापक के रूप में उनकी नियुक्ति हुई जहाँ से 4 दिसम्बर, 1992 को प्रोफेसर और विभागाध्यक्ष के रूप में सेवानिवृत्त हुए।

उनकी प्रमुख पुस्तकें हैं–'हिन्दी कथा साहित्य और उसके विकास पर पाठकों की रुचि का प्रभाव', 'हिन्दी उपन्यास कोश' (दो खंडों में), 'उपन्यास का शिल्प', 'अज्ञेय और उनके उपन्यास', 'हिन्दी भाषा का विकास'। 'हिन्दी कहानी का इतिहास' (तीन खंडों में), 'उपन्यास की पहचान' शृंखला के अन्तर्गत–'शेखर : एक जीवनी', 'गोदान : नया परिप्रेक्ष्य', 'रंगभूमि : पुनर्मूल्यांकन', 'मैला आँचल', 'दिव्या', 'महाभोज', 'हिन्दी उपन्यास का इतिहास', 'उपन्यास की संरचना', 'अज्ञेय और उनका कथा-साहित्य'। उन्होंने पं. गौरीदत्त कृत 'देवरानी-जेठानी की कहानी', 'राष्ट्रकवि दिनकर' का सम्पादन किया। जुलाई, 1967 से कई वर्षों तक 'समीक्षा' पत्रिका का सम्पादन-प्रकाशन भी किया।

निधन : 25 सितम्बर, 2015

हिन्दी कहानी का इतिहास
1900-1950

['आख्यायिका' से 'नयी कहानी तक']

गोपाल राय

राजकमल पेपरबैक्स

पहला पुस्तकालय संस्करण
राजकमल प्रकाशन प्राइवेट लिमिटेड द्वारा
2008 में प्रकाशित

राजकमल पेपरबैक्स में
पहला संस्करण : 2023
दूसरा संस्करण : 2025

राजकमल पेपरबैक्स : उत्कृष्ट साहित्य के जनसुलभ संस्करण

राजकमल प्रकाशन प्रा.लि.
1-बी, नेताजी सुभाष मार्ग, दरियागंज
नई दिल्ली-110 002
द्वारा प्रकाशित

शाखाएँ : अशोक राजपथ, साइंस कॉलेज के सामने, पटना-800 006
पहली मंजिल, दरबारी बिल्डिंग, महात्मा गांधी मार्ग, प्रयागराज-211 001
1, अनमोल सोराबजी सन्तुक लेन, धोबी तलाव, मरीन लाइंस, मुम्बई-400 002

वेबसाइट : www.rajkamalprakashan.com
ई-मेल : info@rajkamalprakashan.com

विकास कंप्यूटर एंड प्रिंटर्स
ट्रॉनिका सिटी-201 102
द्वारा मुद्रित

मूल्य : ₹499

HINDI KAHANI KA ITIHAS : 1900-1950
A Philological Study by Gopal Ray

ISBN : 978-81-267-2013-2

सुस्मिता और सम्यक् को

सीधी बात

साहित्येतिहास लेखन एक मुश्किल काम माना जाता है। है भी। अनेक विद्वानों ने तो इसे नामुमकिन ही करार दे दिया है। उत्तर आधुनिक चिन्तकों ने इसकी मौत की घोषणा भी कर डाली है। इसके बावजूद साहित्येतिहास लेखन की आवश्यकता महसूस की जाती रही है और इस विषय पर आयोजित संगोष्ठियों में अक्सर ही यह चिन्ता व्यक्त की जाती रही है कि आचार्य रामचन्द्र शुक्ल और हजारी प्रसाद द्विवेदी के बाद हिन्दी साहित्य का कोई मुकम्मल इतिहास नहीं लिखा जा सका है। हिन्दी साहित्य के इतिहास लेखन के कतिपय सामूहिक प्रयास भी हुए हैं, पर उन्हें भी सन्तोषजनक होने का प्रमाणपत्र नहीं मिल पाया है। यह भी एक हास्यास्पद स्थिति है कि संगोष्ठियों में इसका रोना तो खूब रोया जाता है, पर इसका बीड़ा उठाने को कोई तैयार नहीं होता।

चौथेपन के आरम्भ में यह बीड़ा उठाकर मैंने दुस्साहस किया है या नहीं, यह मैं नहीं जानता। पर जब यह हो ही गया है तो इसे स्वाभाविक परिणति तक पहुँचाने की एक कोशिश कर डालना ही ठीक जँच रहा है। मुझे यह भ्रम नहीं है कि इस प्रयास की सफलता का प्रमाणपत्र मुझे मिल ही जाएगा। पर प्रयास स्वयं में भी महत्त्वपूर्ण होता है, यह मैं जानता हूँ।

प्रस्तुत पुस्तक इस प्रयास का दूसरा चरण है। इसके प्रथम चरण के रूप में *हिन्दी उपन्यास का इतिहास* प्रकाशित हो चुका है। प्रस्तुत पुस्तक में 1900-1950 की अवधि में लिखित कहानी साहित्य का इतिहास प्रस्तुत किया जा रहा है। यह हिन्दी कहानी के इतिहास का पहला खंड है। इसके दूसरे खंड में 1951-2000 की अवधि में लिखित कहानियों का इतिहास प्रस्तुत करना अभिप्रेत है। परवर्ती प्रयासों में कविता, आलोचना और अन्य विधाओं के इतिहास प्रस्तुत होंगे और अन्ततः सारी सामग्री को समेकित करके आधुनिक हिन्दी साहित्य का इतिहास प्रस्तुत करने का प्रयास लक्ष्य होगा।

साहित्यिक विधाओं में 'कहानी' का इतिहास लिखना कुछ ज्यादा ही मुश्किल काम है। कहानियाँ प्रायः पहले पत्र पत्रिकाओं में प्रकाशित होती हैं। बाद में उनके संग्रह प्रकाशित होते हैं। कभी कभी कहानियों के पत्रिकाओं में प्रकाशन और संग्रह के रूप में प्रकाशन में इतना अन्तराल हो जाता है कि उसकी जानकारी न होने पर उनका विवेचन अनर्थकारी हो जाता है। हिन्दी के लेखक और प्रकाशक इस सम्बन्ध में इतनी गैर जिम्मेदारी या व्यावसायिक चालाकी से भरी असावधानी बरतते हैं कि इतिहास

लेखक परेशान हो जाता है। कभी कभी तो संग्रहों के परवर्ती संस्करणों में पूर्वप्रकाशित कहानियों का, बिना उनके रचना-काल या प्रथम प्रकाशन काल का उल्लेख किये, ऐसा मिश्रण कर दिया जाता है कि उनका पूर्वापर क्रम निर्धारण करना कठिन हो जाता है और निष्कर्ष भ्रामक हो जाते हैं। हालत यह है कि हिन्दी में प्रकाशित पुस्तकों तक के प्रामाणिक विवरण उपलब्ध नहीं हैं, पत्र पत्रिकाओं में प्रकाशित कहानियों और अन्य प्रकार की रचनाओं के विवरण की बात तो दूर है। पुरानी पुस्तकों के संग्रह और संरक्षण की स्थिति भी उतनी ही निराशाजनक है। हिन्दी में कोई भी ऐसा प्रकाशक नहीं है, जो अपने प्रकाशनों के प्रथम संस्करणों को संरक्षणीय समझता हो, या कम से कम उनका प्रामाणिक विवरण रखता हो। पुस्तकालयों तक में वे पुरानी पुस्तकें, जिनकी पाठकों में माँग कम होती है, संरक्षणीय नहीं मानी जातीं; वे या तो रद्दी के भाव बेच दी जाती हैं या नष्ट हो जाने के लिए छोड़ दी जाती हैं। पुरानी पत्र पत्रिकाओं के संरक्षण की स्थिति तो और भी दयनीय है। विश्वविद्यालयों में, जहाँ प्रतिवर्ष सैकड़ों की संख्या में शोधप्रबन्ध लिखे जा रहे हैं और उपाधियाँ वितरित की जा रही हैं, पत्र पत्रिकाओं में प्रकाशित रचनाओं और प्रकाशित पुस्तकों का विवरण संग्रह करने को लेकर अजीब प्रकार की उदासीनता व्याप्त है। कुछ आलोचक भी ऐसे विवरण संग्रहों को घटिया किस्म का काम मानकर उनके प्रति उदासीन रहते हैं। हिन्दी के प्रकाशक तो इसे कोई महत्त्व ही नहीं देते। इसके बावजूद यदि कुछ प्रामाणिक विवरण संग्रह तैयार हुए हैं तो उनके पीछे लेखकों की निष्ठा ही एकमात्र कारण है। ऐसी स्थिति में यदि अब तक हिन्दी कहानी का प्रामाणिक इतिहास न लिखा गया हो तो इसमें आश्चर्य ही क्या है?

प्रस्तुत पंक्तियों के लेखक को यह समस्या शुरू से ही परेशान करती रही है और उसने इस चुनौती को स्वीकार भी किया है। *हिन्दी उपन्यास कोश* के दो खंड इसके साक्षी हैं। उस सामग्री का उपयोग भी *हिन्दी उपन्यास का इतिहास* में हो चुका है। उपन्यासों के प्रकाशन विवरण को लेकर जो समस्या मेरे सामने सन् इकसठ के दशक में आई थी, ठीक वही समस्या प्रस्तुत पुस्तक के लेखन प्रसंग में उपस्थित हुई है। 'रहा प्रथम बल मम तन नाहीं' की लाचारी के कारण पुस्तकालयों में जाकर पत्रिकाओं की खोज करना और उनमें प्रकाशित कहानियों की सूची तैयार करना तो सम्भव नहीं था, पर मैंने यथासम्भव कहानी संग्रहों के प्रथम संस्करणों की तलाश कर कहानियों का प्रकाशन क्रम निर्धारित करने का प्रयास किया है। इस सम्बन्ध में मुझे साहित्य अकादमी, नयी दिल्ली के वरिष्ठ सूचना सहायक श्री एस. पद्मनाभन, किरोड़ीमल कॉलेज के अतिथि प्राध्यापक श्री अमिताभ राय, क. मा. मुंशी हिन्दी विद्यापीठ, आगरा की प्रोफेसर डा. उषा यादव, धर्म समाज कॉलेज, अलीगढ़ में रीडर डा. वेदप्रकाश अमिताभ, काशी विद्यापीठ, वाराणसी के हिन्दी विभागाध्यक्ष प्रो. रामकुँवर राय, स्व. रमाप्रसाद घिल्डियाल 'पहाड़ी' के सुपुत्र अनिल कुमार घिल्डियाल, और अन्य लोगों का जो सहयोग मिला है, वह अमूल्य है। डा. हरदयाल ने न केवल अनेक दुर्लभ पुस्तकें, वरन् कहानीकारों की निधन तिथियाँ, जो उनकी डायरी में टीपित होती रहती हैं, उपलब्ध कराकर मेरा काम

बहुत आसान कर दिया है। अब तक लगभग गुमनाम कहानीकार श्रीमती चन्द्रकिरण सौनरेक्सा के सुपुत्र श्री कौन्तेय सौनरेक्सा ने श्रीमती सौनरेक्सा की पत्र पत्रिकाओं में प्रकाशित कहानियों का मूल पाठ और उनके प्रथम कहानी संग्रह *आदमखोर* की फोटोप्रति उपलब्ध कराकर प्रस्तुत पुस्तक का महत्त्व बेहद बढ़ा दिया है, क्योंकि इस पुस्तक में पहली बार श्रीमती सौनरेक्सा की कहानियों का सविस्तर विवेचन सामने आया है। कहानियों के काल निर्धारण में मुझे डा. कमलकिशोर गोयनका के *प्रेमचन्द विश्वकोश,* यशपाल महाजन के *हिन्दी उपन्यास कोश* (1947-1990), जिसमें उन्होंने कहानी संग्रहों को भी समेट लिया है, और हाल में प्रकाशित 'कहानी समग्रों' से भी उपयोगी सूचनाएँ प्राप्त हुई हैं। मैं इन सभी के प्रति अपनी हार्दिक कृतज्ञता व्यक्त करता हूँ।

इतिहास लेखन की एक बड़ी कठिनाई रचनाकारों और उनकी रचनाओं को वर्गीकृत करने की होती है। यदि रचनाकारों का विवेचन एक एक कर, कालक्रम के अनुसार, करने की प्रविधि अपनायी जाए तो काम बहुत आसान हो सकता है। पर इस प्रकार का विवेचन किसी कालविशेष की साहित्यिक प्रवृत्ति को समझने में बहुत सहायक नहीं होता। मध्यकाल की तुलना में आधुनिक काल में जीवन सम्बन्धी बदलते ग्राफ को दर्शाने वाली अधिक सामग्री उपलब्ध है। साहित्य में वह बदलाव प्रवृत्तियों के रूप में परिलक्षित होता है। इसे दर्शाने के लिए इतिहासकार को युगविशेष को कई काल खंडों में विभाजित करना जरूरी हो जाता है। पर अनेक कथाकार ऐसे होते हैं जिनका रचनाकाल, अपने अपने फैलाव में, कमोबेश कई काल खंडों को अतिक्रमित करता चलता है और उसके अनुसार उनके रचनात्मक विकास में मोड़ और परिवर्तन भी होते रहते हैं। उदाहरण के लिए प्रेमचन्द की कहानियों का रचना काल 1908 से 1936 तक फैला हुआ है और कथ्य की दृष्टि से ही नहीं, संरचना और भाषा की दृष्टि से भी उनमें परिवर्तन होता रहा है। इस अवधि के अन्य कहानीकारों को इस कालावधि में किस प्रकार समाविष्ट किया जाए, यह समस्या काफी उलझनदार है। मैंने इस समस्या का समाधान पूरी अर्धशताब्दी को दस दस वर्षों के, और जरूरी हो जाने पर, दशकों को भी दो दो कालखंडों में विभक्त करके किया है। इससे कहानी साहित्य के विकास में घटित होनेवाले प्रवृत्तिगत परिवर्तनों को समझने में आसानी हो गयी है। इससे उन पाठकों को थोड़ी दिक्कत हो सकती है, जो किसी लेखक विशेष के पूरे साहित्य की जानकारी एक स्थान पर प्राप्त करना चाहते हैं। उनकी इस समस्या का बहुत आसान समाधान यह है कि वे लेखक विशेष की विभिन्न कालखंडों में बिखरी विवेचन सामग्री को एक जगह एकत्र कर लें और अपना अभिलषित पा लें।

कालखंडों के नामकरण की समस्या भी इतिहासकारों के लिए सिरदर्द का विषय रही है। मैंने अपनी सोच के अनुसार इस समस्या का समाधान किया है, पर कोई जरूरी नहीं कि यह नामकरण सबको तर्कसंगत प्रतीत हो ही।

यह दावा करने में मैं किसी हिचक का अनुभव नहीं करता कि यह हिन्दी कहानी

का पहला व्यवस्थित इतिहास है और हिन्दी-उर्दू का पहला समेकित इतिहास तो यह है ही। इस किताब में उर्दू-हिन्दी और मैथिली-भोजपुरी-राजस्थानी के लगभग 100 कहानी लेखकों और लगभग 3000 कहानियों का कमोबेश विस्तार के साथ विवेचन या उल्लेख किया गया है। हमने कहानी लेखकों और कहानी संग्रहों की अक्षरानुक्रम सूची अनुक्रमणिका में दे दी है। अनुक्रमणिका में सभी विवेचित/उल्लिखित कहानियों की सूची देना तो सम्भव नहीं हुआ है, पर जो भी कहानियाँ किसी भी कारण चर्चित रही हैं, या उल्लेखनीय हैं, उनकी अक्षरानुसार सूची दे दी गयी है।

मैं इस विवाद में नहीं पड़ना चाहता कि हिन्दी और उर्दू दो स्वतन्त्र भाषाएँ हैं या कि एक ही भाषा की दो शैलियाँ हैं। यही बात 'हिन्दी' और 'हिन्दी क्षेत्र' में अब तक बोलियों के रूप में अभिज्ञेय भाषाओं—भोजपुरी, मैथिली, राजस्थानी आदि—पर भी लागू है। बहुत तेजी से ये भाषाएँ 'भाषा' के रूप में मान्यता पाने की ओर बढ़ रही हैं। इनमें साहित्य लिखा जाता रहा है, और अब इनमें और भी उत्साह के साथ साहित्य-रचना होने लगी है। भारतीय संविधान की आठवीं अनुसूची में भी इन्हें जगह मिलने लगी है। मैं अनुभव करता हूँ, और इसके समर्थन में मेरे पास तर्क भी हैं, कि इन्हें 'स्वतन्त्र' भाषाएँ मान लेने के बावजूद हिन्दी साहित्य के इतिहास में इन्हें स्थान देने का औचित्य है। इसी समझ के तहत मैं इस किताब में हिन्दी कहानी के साथ उर्दू, भोजपुरी, मैथिली और राजस्थानी के कहानी साहित्य को भी स्थान दे रहा हूँ। दुर्भाग्य से हिन्दी क्षेत्र की अन्य भाषाओं में लिखित कहानी साहित्य का विवरण उपलब्ध नहीं है, अन्यथा मैं उन्हें भी साथ लेकर चलता। माँग तो यह भी हो रही है कि अहिन्दीभाषियों और प्रवासी भारतीयों द्वारा लिखित साहित्य को भी हिन्दी साहित्य के इतिहास में स्थान दिया जाए। मैं इस माँग के प्रति भी संवेदनशील हूँ। पर इस पुस्तक में जिस अवधि के कहानी साहित्य का इतिहास प्रस्तुत किया गया है, उस अवधि में अहिन्दीभाषियों और प्रवासी भारतीयों द्वारा लिखित कहानी साहित्य का कोई सुनियोजित विवरण उपलब्ध नहीं है। इस कारण उस विशाल, और कदाचित् मूल्यवान साहित्य को इस 'इतिहास' में स्थान देना सम्भव नहीं हो सका है।

इस किताब में हिन्दी और उर्दू कहानियों का समेकित इतिहास प्रस्तुत किया गया है। इसके कई कारण हैं, जिनमें एक तो यह कि इस अवधि के अनेक कहानीकार एक साथ हिन्दी और उर्दू, दोनों भाषाओं के कहानीकार हैं। इनमें प्रेमचन्द प्रमुख हैं। इसके अलावा उपेन्द्रनाथ अश्क, सुदर्शन, हंसराज रहबर आदि भी उर्दू और हिन्दी में साथ साथ लिख रहे थे। इनकी हिन्दी और उर्दू में भी, लिपि को छोड़कर, कोई विशेष अन्तर नहीं है। कथ्य और संरचना में, भाषिक आधार पर तो कोई अन्तर है ही नहीं। उर्दू की अधिकतर उल्लेखनीय कहानियाँ हिन्दी में रूपान्तरित या देवनागरी में लिप्यन्तरित भी हो चुकी हैं। मैं स्वीकार करता हूँ कि मेरा उर्दू लिपि का ज्ञान उतना पक्का नहीं है कि उसमें मुद्रित कहानियाँ धड़ल्ले के साथ पढ़ सकूँ। पर जो कहानियाँ देवनागरी में मुद्रित हो चुकी हैं, उनका अध्ययन मैंने किया है और उन पर अपने

निष्कर्ष भी दिये हैं। इसके बावजूद उर्दू कहानियों पर अधिकतर सामग्री मैंने उर्दू साहित्य के इतिहास ग्रन्थों और आलोचना पुस्तकों से, साभार, ली है, और यथास्थान उनका सन्दर्भ भी दे दिया है।

भोजपुरी, मैथिली और राजस्थानी कहानी साहित्य के विवरण भी मैंने तत्तद् भाषाओं में लिखित आलोचना-साहित्य से ही लिये हैं, और उनका भी सन्दर्भ यथास्थान दे दिया है।

पुस्तक के मुद्रण में वर्तनी की एकरूपता पर विशेष ध्यान दिया गया है। हिन्दी में आजकल 'पंचमाक्षरों' के लिए अनुस्वार के प्रयोग का प्रचलन हो गया है। अनुनासिकता के द्योतन के लिए भी चन्द्रबिन्दु (ँ) के स्थान पर अनुस्वार (ं) का प्रयोग आम बात हो गयी है। हमने तीन 'पंचमाक्षरों' (ङ्, ञ्, ण) के लिए तो अनुस्वार के विकल्प को स्वीकार कर लिया है, पर 'म्' और 'न्' के साथ यह समझौता नहीं किया है। इसी तरह हमने चन्द्रबिन्दु का भी यथास्थान प्रयोग करने का विकल्प स्वीकार किया है।

मैं विदेशी स्रोत से हिन्दी में आए शब्दों की ध्वनियों की सुरक्षा के प्रति आग्रही नहीं हूँ। इसलिए क़, ख़, ग़, ज़, फ़ आदि से द्योतित होने वाली ध्वनियों के लिए मैंने सामान्यतया अक्षरों के नीचे बिन्दी नहीं लगायी है। पर जहाँ व्यक्ति-नामों या पुस्तकों के शीर्षक आये हैं, वहाँ यथास्थान बिन्दी का प्रयोग किया गया है।

स्पष्टता और बोधगम्यता के लिए हमने सभी पुस्तकों और पत्रिकाओं के नाम 'इटालिक्स' में (जैसे *मानसरोवर*) तथा कहानियों के शीर्षक 'उल्टे कॉमों' (जैसे 'कफन') में मुद्रित कराये हैं।

इस किताब को लिखने में मुझे तीन साल लगे हैं। यह संयोग ही है कि पिछली किताब की भूमिका भी श्रावणी पूर्णिमा (सं. 2061) को ही लिखी गयी थी। इस किताब के सम्भव होने में किसका योगदान कितना है, इसका निर्णय करना मेरे लिए कठिन हो रहा है। दुर्लभ और मेरे लिए दुष्प्राप्य कहानी संग्रहों को उपलब्ध कराने वाले प्रियजनों के प्रति अपना आभार पहले ही व्यक्त कर चुका हूँ। पर जिस वय में मैं पहुँच चुका हूँ, उसमें स्वजनों की सेवा और देखभाल के बिना अध्ययन लेखन सम्भव नहीं होता। इसके लिए मैं प्रभु के प्रति नतमस्तक हूँ कि उन्होंने मुझे सीमा, रागिनी और सुस्मिता जैसी बहुएँ तथा अलका जैसी बिटिया दे रखी है। मेरा यह शरीर उन्हीं की सेवा के बल पर कार्यक्षम बना हुआ है। इन्हें मैं धन्यवाद तो भला क्या दूँगा, उसे वे स्वीकार भी नहीं करेंगी, पर आशीर्वाद देने का मेरा अधिकार जरूर है। मेरे पुत्रों, सत्यकाम, सत्यकेतु और सत्यजित् की भी मुझे सक्षम बनाए रखने में सकारात्मक भूमिका है, जिसके लिए वे भी मेरे आशीर्वाद के पात्र हैं। मेरी पोतियाँ, शान्तला और ऋषिता तथा पोते, ऋत्विक, शाद्वल और सम्यक् मेरी ऊर्जा वृद्धि के अक्षय स्रोत हैं, जिन्हें अपना स्नेह देकर मैं खुद को ही सौभाग्यशाली समझता हूँ। एक और सत्ता, मेरा लपटप (लैपटॉप) भी धन्यवाद का पात्र है, जिसके निरन्तर साहचर्य और सहयोग ने मेरे लेखन को बहुत सहज बना

दिया है। मेरे लपटप को बहकने देने से रोकने और उसकी समस्याओं को सुलझाने में नीरज कुमार राय की—जो मेरे चौथे प्रपौत्र की भूमिका ग्रहण कर चुके हैं—महत्त्वपूर्ण भूमिका रही है। उन्हें भी मेरा आशीर्वाद ही अभिप्रेत है, जिसके वे सहज अधिकारी हैं।

राजकमल प्रकाशन प्रा. लि. के रूप में मुझे एक ऐसा प्रकाशक मिल गया है, जो मुझसे यह अपेक्षा नहीं करता कि मैं उससे अपनी किताब प्रकाशित करने के लिए निहोरा करूँ। इसके लिए मैं श्री अशोक महेश्वरी का धन्यवाद करता हूँ। वर्तनी सम्बन्धी मेरी शर्तें स्वीकार करके उन्होंने मेरा दिल जीत लिया है।

इस किताब को पढ़कर विद्वानों की प्रतिक्रिया किस प्रकार की होगी, इसके लिए मुझे थोड़ा इन्तजार तो करना ही होगा। मैं स्वयं इस किताब की त्रुटियों को जानता हूँ। विद्वान् आलोचक उन्हें तो सामने लाएँगे ही, वे और भी न जाने किन किन कमियों का उल्लेख करें, मैं अनुमान नहीं कर सकता। पर मैं उसके लिए तैयार हूँ और चाहूँगा कि त्रुटियाँ सामने लायी जाएँ, जिससे वे आगामी संस्करण में दूर की जा सकें। इन सम्भावित त्रुटियों के बावजूद यदि किताब हिन्दी के प्रबुद्ध पाठकों को किंचित् सन्तुष्ट कर सकी तो उसे मैं अपनी उपलब्धि गिनूँगा।

नयी दिल्ली **गोपाल राय**

श्रावणी पूर्णिमा, सं. 2064 वि. (28 अगस्त, 2007)

क्रम

सीधी बात *vii*

'हिन्दी', 'कहानी' और 'इतिहास' 15

हिन्दी कहानी का जन्म और नामकरण : 1900-1910 38

डगर की तलाश 66

छापामार लड़ाई की भूमिका में 105

नयी जमीन की तलाश 209

आजादी : संघर्ष, उपलब्धि और मोहभंग 330

सवाँग भाषाओं में कहानी 457

अनुक्रमणिका 462

स्रोत पुस्तकें 478

1

'हिन्दी', 'कहानी' और 'इतिहास'

इस पुस्तक के शीर्षक, *हिन्दी कहानी का इतिहास*, के तीनो ही पद, 'हिन्दी', 'कहानी' और 'इतिहास' विवादास्पद, बदलती अवधारणाओं के प्रतीक और व्याख्यापेक्षी हैं। इनके यथासम्भव स्पष्टीकरण के अभाव में प्रस्तुत इतिहास का 'विज़न' धुँधलेपन का शिकार हो सकता है। अतः पहले हम इन पदों की अवधारणा पर विचार करें।

यह एक रोचक तथ्य है कि 'हिन्दी' पद, भाषा के सन्दर्भ में, अब तक सुपरिभाषित नहीं है। एक अर्थ में 'हिन्दी' पद उस भाषा के लिए स्वीकृत है, जो मूलतः खड़ी बोली पर आधारित है, जिसमें तद्भव शब्दों के साथ संस्कृत तत्सम शब्दों का अधिक मात्रा में प्रयोग होते हुए भी, बोलचाल की भाषा में घुलमिल गये विदेशी शब्दों का बहिष्कार नहीं किया जाता। संरचना की दृष्टि से उर्दू भी इससे भिन्न नहीं है। अन्तर केवल यह है कि साहित्यिक उर्दू में अरबी फारसी के मूल शब्दों के प्रयोग की प्रधानता होती है और उसमें तद्भव शब्दों के प्रयोग के प्रति अनुत्साह तथा संस्कृत शब्दों के प्रति विरोधभाव होता है। यह भी रोचक तथ्य है कि बोलचाल के स्तर पर उर्दू हिन्दी का अन्तर लगभग मिट जाता है। वह साहित्य भाषा भी—चाहे हिन्दी हो या उर्दू—जो प्रकृतितः लोकभाषा के निकट होती है, एक-दूसरे से बहुत भिन्न नहीं होती। यह बात बहुत विश्वास के साथ कही जा सकती है कि एक लिपि में लिख देने के बाद हिन्दी और उर्दू बहुत दूर तक समान हो जाती हैं; जो भिन्नता रह जाती है, वह प्रयोग और बोध के स्तर पर, थोड़े ही श्रम से दूर की जा सकती है।

हिन्दी क्षेत्र में 'हिन्दी' पद का प्रयोग उसके व्यापक, पारिवारिक अर्थ में भी होता रहा है। हिन्दी के प्रारम्भिक साहित्येतिहासकारों ने, जिनमें रामचन्द्र शुक्ल प्रमुख हैं, हिन्दी साहित्य के अन्तर्गत ब्रजभाषा, अवधी, 'सधुक्कड़ी' (जो वस्तुतः भोजपुरी का अवधी, खड़ी बोली, पंजाबी, राजस्थानी आदि से मिश्रित व्यापक रूप है), मैथिली और राजस्थानी के साहित्य को भी शामिल किया है। शुक्ल जी के बाद के साहित्येतिहासकारों ने भी इस परम्परा को ज्यों का त्यों स्वीकार कर लिया है। पर हिन्दी साहित्य के इतिहास लेखन की सबसे बड़ी असंगति यह है कि आधुनिक युग के पूर्व तक तो ब्रजभाषा, अवधी, राजस्थानी, मैथिली आदि को 'हिन्दी' साहित्य में शामिल किया जाता है, पर

आधुनिक काल आते ही ये हिन्दी से बाहर कर दी जाती हैं! स्कूलों, कॉलेजों और विश्वविद्यालयों में हिन्दी साहित्य के पाठ्यक्रम में खड़ी बोली आधारित हिन्दी के साथ साथ अवधी, व्रजभाषा, मैथिली आदि के कवियों को भी स्थान दिया जाता है। हिन्दी के भाषावैज्ञानिक भी व्रजभाषा, खड़ी बोली, बाँगरू, कन्नौजी, बुन्देली, अवधी, बघेली और छत्तीसगढ़ी को हिन्दी की उपभाषाओं (बोलियों) के रूप में स्वीकार करते हैं।[1] इनमें से प्रथम पाँच को 'पश्चिमी हिन्दी' और शेष तीन को 'पूर्वी हिन्दी' की संज्ञा दी जाती है। राजस्थान की मारवाड़ी, जयपुरी, मेवाती और मालवी को 'राजस्थानी', उत्तर प्रदेश, बिहार और झारखंड में बोली जाने वाली भोजपुरी तथा केवल बिहार में बोली जाने वाली मगही और मैथिली को 'बिहारी' तथा हिमाचल प्रदेश की क्योंथली, कुलूई और चम्बाली, उत्तराखंड की कुमायूँनी, गढ़वाली और जौनसारी तथा उत्तरी बंगाल और सिक्किम की गोरखाली, नेपाली आदि को 'पहाड़ी' की संज्ञा दी गयी है। हिन्दी के प्रायः सभी भाषाविज्ञानी 'हिन्दी' का प्रसार पश्चिम में हरियाणा, दिल्ली और पश्चिमी उत्तर प्रदेश से लेकर पूर्व में इलाहाबाद, प्रतापगढ़ और फैजाबाद के जिलों तक तथा उत्तर में नेपाल की तराई से लेकर दक्षिण में मध्यप्रदेश के रायपुर खंडवा तक मानते हैं। 'राजस्थानी', बिहारी' और 'पहाड़ी' वर्ग की भाषाओं को भाषावैज्ञानिक आधार पर तो 'हिन्दी' से भिन्न माना गया है, पर 'व्यावहारिक' रूप में 'हिन्दी' के अन्तर्गत मानने का आग्रह किया जाता है। डा. रामविलास शर्मा 'हिन्दी' को राजस्थान, हरियाणा, दिल्ली, हिमाचल प्रदेश, उत्तर प्रदेश (उत्तराखंड को मिलाकर), बिहार (झारखंड को मिलाकर) और मध्यप्रदेश (छत्तीसगढ़ को मिलाकर) की 'जातीय भाषा' और यहाँ की भाषाओं/बोलियों को 'हिन्दी' की 'उपभाषा' मानने का तर्क पेश करते हैं।[2] भारतीय संविधान और उससे निर्देशित योजनाओं में भी इस क्षेत्र के निवासियों की भाषा 'हिन्दी' मान ली गयी है।[3] राजभाषा नियम-1976 (यथासंशोधित, 1987) में भाषा की दृष्टि से समस्त भारत को चार क्षेत्रों में बाँटते हुए 'क' क्षेत्र के अन्तर्गत हिमाचल प्रदेश, हरियाणा, दिल्ली, उत्तर प्रदेश, उत्तराखंड, बिहार, झारखंड, मध्यप्रदेश, छत्तीसगढ़, राजस्थान तथा अंडमान-निकोबार द्वीपसमूह को रखा गया है और यह माना गया है कि यहाँ की भाषा 'हिन्दी' है। दूसरी तरफ राजनीतिक दबाव में 'मैथिली', 'छत्तीसगढ़ी', 'नेपाली' आदि को संविधान की आठवीं अनुसूची में शामिल करते हुए उन्हें स्वतन्त्र क्षेत्रीय भाषा का दर्जा दे दिया गया है और निकट भविष्य में भोजपुरी और राजस्थानी भी यह दर्जा हासिल करने वाली हैं। कौन जानता है, कुछ दिनों में अवधी, व्रजभाषा, हरियाणवी, मगही और कुछ अन्य भाषाएँ भी आठवीं अनुसूची में स्थान पा ही लें। इस प्रकार 'हिन्दी' को लेकर एक विचित्र असंगतिपूर्ण स्थिति पैदा हो गयी है। इस असंगति को दूर करने का अब एकमात्र समाधान यह प्रतीत होता है कि उर्दू की तरह इन सभी भाषाओं का स्वतन्त्र अस्तित्व स्वीकार करते हुए इन्हें 'बृहत् हिन्दी' के अन्तर्गत माना जाय और हिन्दी (बृहत्) साहित्य के इतिहास के अन्तर्गत इन सभी भाषाओं के साहित्य को शामिल किया जाय। इससे न केवल हिन्दी भाषा और साहित्य के अन्तर्विरोध दूर हो जायेंगे, बल्कि 'हिन्दी' के प्रति

उसकी 'सवाँग' भाषाओं की शिकायतें भी समाप्त हो जायेंगी। 'अर्ध तजहिं बुध जाता।'

प्रस्तुत हिन्दी कहानी के इतिहास में हम इसी आधार पर उर्दू, राजस्थानी, मैथिली और भोजपुरी में लिखित प्रकाशित कहानियों को शामिल कर रहे हैं। चूँकि अवधी, व्रजभाषा, छत्तीसगढ़ी, बुन्देली आदि में प्रकाशित कहानियों का विवरण हमें उपलब्ध नहीं है, इस कारण उन्हें इस इतिहास में शामिल करना भी सम्भव नहीं हो सका है। विश्वास है, दूसरे संस्करण के प्रकाशित होने तक हमें ये सूचनाएँ उपलब्ध हो जायेंगी और तब इन्हें शामिल करने में भी हमें कोई संकोच न होगा।

बहुतों को आप एक उद्धत आत्मविश्वास से कहते सुनेंगे कि 'कहानी में कहानी आवश्यक है।' पर इस कथन से इस बात का तनिक भी बोध नहीं होता कि 'कहानी' का अर्थ क्या है और इस कथन में प्रयुक्त पहले और दूसरे 'कहानी' पद में क्या फर्क है? इतिहास लेखन में इस अनिश्चित अर्थत्व या अनेकार्थता से काम नहीं चल सकता।

संस्कृत साहित्य में 'कहानी' का एक अतिप्राचीन पर्याय 'कथा' है, जिसके किंचित् अर्थान्तरों के साथ, 'आख्यान', 'उपाख्यान', 'आख्यायिका', 'वृत्त', 'इतिवृत्त', 'गाथा', 'इतिहास', 'पुराण', 'वार्ता', 'चरित' आदि रूप प्रचलित हैं। 'कथा' शब्द ही अपभ्रंश में 'कहा' का रूप ग्रहण कर अवधी, भोजपुरी आदि भाषाओं में 'कहनी', 'कहानी' आदि पदों में बदल गया है। 'हिन्दी' में यह शब्द वस्तुतः अवधी, भोजपुरी आदि से ही आया है। उन्नीसवीं सदी के धुर आरम्भ में इंशा अल्ला खाँ ने अपनी रोमानी गद्यकथा 'उदयभान चरित' को 'रानी केतकी की कहानी' और सदल मिश्र ने अपनी पौराणिक गद्यकथा को 'नासिकेतोपाख्यान' कहा था। उन्नीसवीं शताब्दी के पहले तीन चरणों में मुद्रित हिन्दी कथाओं के लिए 'कहानी', 'उपाख्यान', 'वृत्तान्त' आदि पद प्रचलित थे। 'किस्सा', 'दास्तान' और 'अफसाना' शब्द भी अरबी-फारसी से आकर हिन्दी-उर्दू में प्रयुक्त होने लगे थे। इसी समय बँगला की तरफ से एक पद आया 'उपन्यास', जिसे बालकृष्ण भट्ट, देवकीनन्दन खत्री और किशोरीलाल गोस्वामी ने 'नये' प्रकार की लम्बी कथा के पर्याय रूप में प्रतिष्ठित कर दिया।

उन्नीसवीं शताब्दी के अन्तिम वर्ष में 'सरस्वती' के प्रकाशनारम्भ (1900) के साथ उसके सम्पादकों ने लघु आकारी कथाओं के प्रकाशन की आवश्यकता महसूस की। यह पत्रिका की आन्तरिक आवश्यकता भी हो सकती थी और अँगरेजी में लोकप्रिय हो चुकी 'शॉर्ट स्टोरी' का प्रभाव भी। 'सरस्वती' के पहले ही अंक में प्रकाशित किशोरीलाल गोस्वामी की जिस रचना ('इन्दुमती') को 1928-29 में शुक्ल जी ने, और अन्य आलोचकों ने भी, 'कहानी' कहा, उसे स्वयं गोस्वामी जी ने 'आख्यायिका' कहा था। सम्भवतः सर्वप्रथम श्यामसुन्दर दास ने अँगरेजी की 'शॉर्ट स्टोरी' विधा के लिए हिन्दी में 'आख्यायिका'[4] पद का प्रयोग आरम्भ किया। जनवरी 1900 में, 'सरस्वती' के प्रथम अंक में ही, जिसके सम्पादक-मंडल में कार्तिकप्रसाद खत्री, किशोरीलाल गोस्वामी,

जगन्नाथदास, राधाकृष्णदास आदि के साथ वे भी शामिल थे, 'इन्दुमती' **आख्यायिका** के नाम से प्रकाशित हुई। महावीर प्रसाद द्विवेदी ने भी, 1903 में 'सरस्वती' का सम्पादक नियुक्त होने के बाद, इस नयी कथा-विधा के लिए 'आख्यायिका' पद को स्वीकार कर लिया और 'आख्यायिका खंड' शीर्षक स्तम्भ में खुद की चार 'आख्यायिकाएँ'—'तीन देवता', 'महारानी चन्द्रिका', 'स्वर्ग की झलक' और 'भारतवर्ष का तारा' प्रकाशित कीं। इसके बाद नियमित रूप से 'सरस्वती' में उनकी 'आख्यायिकाएँ'[5] प्रकाशित होती रहीं। उल्लेखनीय है कि यहाँ 'कथा' और 'आख्यायिका' का भेद भुला दिया गया। भामह के अनुसार 'कथा' की वस्तु कल्पित, जबकि 'आख्यायिका' की 'ख्यात' अथवा ऐतिहासिक होती थी। सम्भवतः हिन्दी के लेखकों ने दंडी के मत का अनुसरण किया, जो इन भेदों को 'किंचित्कर' और 'आख्यान' का ही रूप मानते थे। एक रोचक तथ्य यह है कि स्वयं गोस्वामी जी ने 'इन्दुमती' को तो 'आख्यायिका', पर 'गुलबहार' को 'उपन्यास' कहा था।[6] और तो और, स्वयं शुक्ल जी ने भी अपनी रचना 'ग्यारह वर्ष का समय' को 'आख्यायिका' ही कहा था।[7] तनिक बाद में जयशंकर प्रसाद ने भी अपनी छोटी कथा रचनाओं को 'आख्यायिका' नाम से ही अभिहित किया। इन्दु (1909) में 'आख्यायिका' और *मर्यादा* (1911), *माधुरी* (1922), *विशाल भारत* (1928) आदि में बांगला के अनुकरण पर 'गल्प' पद प्रचलित रहे।[8] प्रेमचन्द ने 1908 में प्रकाशित अपने कहानी संग्रह *सोजे वतन* की भूमिका में पहली बार 'शॉर्ट स्टोरी' पद के अर्थ में 'कहानी' पद का प्रयोग किया था, पर हिन्दी में आने के बाद वे अपनी कहानियों को कभी 'कहानी', कभी 'आख्यायिका' और कभी 'गल्प' कहते रहे। उनकी यह दुविधा उनके जीवन भर बनी रही, जिसका प्रमाण 1936 में प्रकाशित 'मानसरोवर' की भूमिका है।[9] पर शुक्ल जी की स्वीकृति की मुहर लगने के बाद चौथे दशक में 'शॉर्ट स्टोरी' के लिए 'छोटी कहानी' (संक्षेप में 'कहानी') पद आलोचकों और कहानीकारों, दोनो के बीच, लगभग मान्य हो गया।

नये अर्थ में प्रयुक्त होने वाले 'कहानी' पद को 'कथा' से अलग करने के लिए, पहले 'कथा' पद को परिभाषित करना आवश्यक है। 'कथा', अपने मूल अर्थ में, समयानुक्रम में निबद्ध घटनाओं की शृंखला है। सफल 'कथा' वह है जो श्रोता की कौतूहल भावना को आरम्भ से अन्त तक जागृत रखे। श्रोता हमेशा यह जानने को उत्सुक रहे कि 'फिर क्या हुआ?'; 'ऐसा क्यों हुआ?' या 'यह कैसे हो सकता है?' इसकी चिन्ता वह नहीं करे। यह कथा का मूल चरित्र है, जो बच्चों या अविकसित बुद्धि के श्रोताओं को लुभाता और रमाता है। इसका मूल रूप 'कहने सुनने' का था, जो मुद्रण यन्त्रों के प्रचलन के साथ 'लिखने पढ़ने' का भी हो गया। पर बहुत दिनों तक लिखित कथा में भी किस्सागो की उपस्थिति कमोबेश विद्यमान रही। किशोरीलाल गोस्वामी और पहले दशक के अधिकतर लेखकों की 'आख्यायिकाओं' में किस्सागो की फुसफुसाहट सुनी जा सकती है।

'कथा' का थोड़ा विकसित रूप वह है जिसमें घटनाओं के बीच कार्य कारण सम्बन्ध

भी अपेक्षित होता है। साथ ही, 'समयानुक्रम' की अवधारणा में भी परिवर्तन हो जाता है और 'कथा' अतीत से वर्तमान की ओर न चलकर वर्तमान से अतीत और अतीत से वर्तमान में आवाजाही करने लगती है। देवकीनन्दन खत्री इस प्रकार के कथाकार और *चन्द्रकान्ता* इस प्रकार की कथा है। कथा का इससे भी विकसित रूप वह है जहाँ 'घटना शृंखला' का स्थान 'कार्यव्यापार-शृंखला' ले लेती है। 'घटना' और 'कार्य व्यापार' का अन्तर यह है कि घटना आकस्मिक, असाधारण और प्रायः कार्य-कारण सम्बन्ध से परे होती है, जबकि 'कार्य व्यापार' मनुष्य द्वारा किये जानेवाले शारीरिक और मानसिक कार्यकलाप हैं, जो अनुभव की सीमा का अतिक्रमण नहीं करते। जब कथा में इस प्रकार के तर्कसंगत और अनुभवजन्य कार्यकलापों की शृंखला होती है, तब उसका स्वरूप बदल जाता है और वह मानव जीवन के यथार्थ और संस्कृति की वाहक हो जाती है। *वेदों, उपनिषदों, पुराणों* और *कथासरित्सागर, पंचतन्त्र* आदि की कथाओं में 'घटनाओं' की बहुलता तो है, पर साथ ही साथ उनमें घटनाओं के साथ मानवीय व्यापारों का मिश्रण और उनके माध्यम से समकालीन जीवन सत्यों का उद्घाटन भी किया गया है। परिणामस्वरूप वे केवल बच्चों और अविकसित बुद्धि के श्रोताओं के मनोविनोद का काम ही नहीं करतीं, बल्कि उनकी बुद्धि, व्यावहारिकता, नैतिक बोध, रुचि, संस्कृति और चरित्र का विकास भी करती हैं। उनमें कथा और विचार का सन्तुलन बना रहता है और उनके माध्यम से एक पूरी संस्कृति अपने को अभिव्यक्त करती है।

भारत में प्राचीन काल से लेकर उन्नीसवीं शताब्दी के लगभग तीसरे चरण तक 'कथा' का उपयोग प्रबन्ध काव्य और नाटक में गौण तत्त्व के रूप में होता रहा। उन्नीसवीं शताब्दी में, भारत में, मुद्रणयन्त्र के प्रवेश के बाद 'कथा' न केवल बाल बुद्धि के मनोविनोद के लिए पुस्तक का रूप ग्रहण करने लगी, वरन् वह लेखक के विचारों, भावों और नैतिक बोध की अभिव्यक्ति का साधन भी बनने लगी। हिन्दी की *देवरानी जेठानी की कहानी, भाग्यवती, परीक्षा गुरु, चन्द्रकान्ता* आदि पुस्तकें इसकी प्रमाण हैं। कथा के इन्हीं रूपों से हिन्दी में 'उपन्यास' और 'कहानी' का विकास हुआ।

'उपन्यास' और 'कहानी' की भेदक पहचान का एक आधार उनका आकार भी माना जाता है। उपन्यास का आकार 'बड़ा' और कहानी का आकार 'छोटा' होता है। पर 'छोटा' और 'बड़ा' शब्द सापेक्ष हैं और उनका कोई निश्चित मापदंड नहीं निर्धारित किया जा सकता। 'छोटी कहानी' या 'शार्ट स्टोरी' की एक 'क्लासिक' परिभाषा यह है कि उसे एक बैठक में समाप्त हो जाना चाहिए। एडगर एलेन पो के अनुसार कहानी मात्र इतनी लम्बी होनी चाहिए कि वह आधे घंटे से लेकर दो घंटे में समाप्त की जा सके। पर 'एक बैठक' या 'आधे घंटे से लेकर दो घंटे में' 'पढ़ जाना' कहानी के आकार का कोई निश्चित मापदंड नहीं हो सकता। कुछ परिभाषाएँ इसकी अधिकतम शब्द संख्या 7,500 निर्धारित करती हैं। सामान्य व्यवहार में 'शार्ट स्टोरी' पद वैसी कथा रचनाओं को निर्देशित करता है, जिनमें अधिकतम 20,000 और न्यूनतम 1,000 शब्द हों। एक हजार से कम शब्दवाली कहानियों को 'फ्लैश फिक्शन' विधा के अन्तर्गत रखा

जाता है और 20,000 शब्दों से अधिक आकारवाली कथाओं को 'नॉवेलेट', 'नोवेला' या 'नॉवेल' कहते हैं।[10] पर यह आकार निर्धारण निर्विवाद हो, ऐसा नहीं कहा जा सकता। हिन्दी में 150 शब्दों से लेकर 10,000 शब्दों तक की कहानियों को 'कहानी' ('छोटी कहानी' के अर्थ में) कहा गया है। इधर हिन्दी में 'लघु कथा' और 'लम्बी कहानी' पद का भी प्रयोग काफी अराजक रूप में होने लगा है। कहानी लेखकों और सम्पादकों के अनुसार इनकी आकार-सीमा अक्सर बदलती रहती है। इस अराजकता को समाप्त करने के लिए कम से कम एक लचीला मानक तो होना ही चाहिए। इस प्रसंग में 'लघु कथा' की शब्द संख्या 150-300, 'कहानी' की शब्द-संख्या 1000-3000, और 'लम्बी कहानी' की शब्द संख्या 4000-15,000 प्रस्तावित की जा सकती है। 'लघु कथा', 'कहानी', 'लम्बी कहानी', 'उपन्यासिका', 'लघु उपन्यास' और उपन्यास' के बीच की दूरी इतनी लचीली रखी जा सकती है, जिसके बीच ये विधाएँ, आवश्यक होने पर, आवाजाही कर सकें। आकार की दृष्टि से 'लघु कथा' को 'कहानी' के क्षेत्र में, 'कहानी' को 'लघु कथा' और 'लम्बी कहानी' के क्षेत्र में और 'लम्बी कहानी' को 'कहानी' के क्षेत्र में प्रवेश करने की थोड़ी बहुत छूट होनी चाहिए। यह 'लघु कथा', 'कहानी' और 'लम्बी कहानी' जैसे पदों के प्रयोग में अराजकता दूर करने का एक कामचलाऊ नुस्खा हो सकता है।[11]

आकार कहानी की पहचान का एक आधार जरूर है, पर स्वतन्त्र विधा के रूप में उसकी पहचान की कसौटी उसके कथ्य और संरचना में निहित होती है। इसे समझने के लिए अमेरिका और यूरोप में 'छोटी कहानी' की अवधारणा और एक नयी विधा के रूप में उसके विकास के इतिहास पर उड़न-दृष्टि डाल लेना अपेक्षित है।

जिस समय (1929 के आसपास) रामचन्द्र शुक्ल ने *हिन्दी साहित्य का इतिहास* के प्रथम संस्करण में 'छोटी कहानी' और उसके पर्याय के रूप में 'कहानी' और 'आधुनिक कहानी' पदों का प्रयोग किया[12], उस समय तक अमेरिका और यूरोप में 'छोटी कहानी' अपने विकास की कई मंजिलें पार कर चुकी थी। हिन्दी में अभी 'कथा' तथाकथित 'छोटी कहानी' में रूपान्तरित होने की प्रक्रिया से गुजर रही थी। मूल प्रश्न यह है कि 'छोटी कहानी' है क्या? वस्तुतः 'छोटी कहानी' को किसी बने-बनाये साँचे में ढली हुई परिभाषा में बाँधना सम्भव नहीं है। यह एक विकासमान विधा है और अभी उसकी विकास-प्रक्रिया जारी है। अँगरेजी आलोचकों द्वारा 'शार्ट स्टोरी' की पहचान ऐसी संक्षिप्त गद्यकथा के रूप में की गयी है, जो 'नॉवेल', 'एपिक', 'सागा'[13] और 'रोमांस' जैसे बृहदाकार, व्यापक फलक वाले कथा-रूपों से भिन्न होती है। उनसे अलग, 'शॉर्ट स्टोरी' का उद्देश्य किसी एकल प्रभाव की सृष्टि करना होता है, जो किसी एक सार्थक प्रसंग या दृश्य से, जिसमें कुछ थोड़े-से—कभी कभी तो मात्र एक ही—पात्र कार्यरत होते हैं, बिजली की चमक की तरह उद्भासित हो उठता है। इस कथा रूप में मितप्रसारी दृश्य-रचना और संक्षिप्त वर्णन की अपेक्षा की जाती है; चरित्र कार्यव्यापार और नाटकीय मुठभेड़ से युक्त तो होते हैं, पर उनका पूर्ण विकास दिखाना अपेक्षित नहीं होता। अनेक

आलोचकों ने 'शॉर्ट स्टोरी' को प्रथमतः उपन्यास के बरक्स ही पहचानने का प्रयास किया है। उनके अनुसार 'छोटी कहानी' उपन्यास की तुलना में कम जटिल, सामान्यतः किसी एक प्रसंग पर केन्द्रित होती है; उसमें कोई एकल कथानक, कोई एकल दृश्य और सीमित संख्या में पात्र होते हैं तथा वह छोटी कालावधि में नियोजित होती है। 'छोटी कहानी', अपने छोटे आकार के कारण, बड़े आकार वाली कथाओं की तरह दृश्य-योजना, परिवेश और मुख्य पात्रों के परिचय में, जिसे अँगरेजी के आलोचक 'एक्सपोजीशन' कहते हैं, बहुत उदार नहीं हो सकती। प्रायः छोटी कहानी कार्य-व्यापार के बीच की किसी क्रिया से, आकस्मिक आरम्भ के साथ शुरू होती है। बड़ी कहानियों की तरह छोटी कहानियों के कथानक में भी 'चरमोत्कर्ष' (क्लाइमेक्स), संकट का क्षण या मोड़ होते हैं, पर वे प्रायः एकल होते हैं; उनका अन्त भी प्रायः आकस्मिक और खुला होता है। पर यह कोई ऐसी कसौटी नहीं है, जो सभी कहानियों पर समान रूप से लागू की जा सके।

कथ्य की दृष्टि से 'उपन्यास' और 'कहानी' में कोई मौलिक अन्तर नहीं है। दोनो का सम्बन्ध मानव जीवन की सच्चाइयों और संवेदनाओं से है। अन्तर यह है कि जहाँ उपन्यास में मानव जीवन की सच्चाइयों और संवेदनाओं का एक 'विज़न' में समाहार होता है, वहाँ कहानी मात्र एक सच्चाई या संवेदना के बिन्दु पर केन्द्रित होती है। कहानी का यथार्थ उपन्यास के यथार्थ की तरह जीवन के व्यापक सन्दर्भों से युक्त नहीं होता। 'कहानी' में उपन्यास की तरह पात्रों का बाहुल्य भी अपेक्षित नहीं होता। अधिकतर तो कहानी में दो-एक पात्र ही होते हैं; यदि कथ्य की अनिवार्यता के कारण कुछ अधिक पात्र आते भी हैं तो उनकी कोई स्वतन्त्र भूमिका नहीं होती। 'कहानी' के केन्द्रीय पात्र का भी पूरा चरित्र कहानी का विषय नहीं बनता; उसके चरित्र का कोई मार्मिक अंश, कोई करारा संकट, कोई अप्रत्याशित स्थिति, कोई मनोवैज्ञानिक द्वन्द्व ही कहानी का विषय बनता है। प्रो. सत्यकाम के अनुसार 'कहानी' में यथार्थ की स्थिति बिजली की चमक की तरह होती है, जहाँ यथार्थ का कोई क्षण सहसा उद्‌भासित हो जाता है। उपन्यास में मनुष्य के जीवन, उसके सामाजिक सम्बन्धों, उसकी मनोवैज्ञानिक समस्याओं आदि के अवलोकन, विश्लेषण और अंकन के लिए पर्याप्त अवकाश होता है। कहानी में यथार्थ की अभिव्यक्ति इतने व्यापक पैमाने पर नहीं होती। 'कहानी' में यथार्थ उद्‌भासित ही हो पाता है, विश्लेषित नहीं हो पाता।[14] एडगर एलेन पो के अनुसार 'कहानी' अपने को किसी लाजवाब या एकल प्रभाव पर केन्द्रित रखती है और प्रभाव की समग्रता ही उसका प्रमुख लक्ष्य होता है। पो का मानना था कि 'शार्ट स्टोरी' की निश्चित पहचान उसकी प्रभावान्विति है।[15]

पो के बाद यूरोप और अमेरिका में कहानी का जो विकास हुआ है, उसे देखते हुए कोई एकल दृश्य, उपकथा, अनुभव, घटना, कार्य, किसी पात्र के चरित्र का अंशविशेष, किसी दिन की कोई मार्मिक घटना, कोई बैठक, कोई वार्तालाप, कोई मनःकल्पना, कोई मनोवैज्ञानिक क्षण...कुछ भी कहानी का विषय बन सकता है। पर अच्छी कहानी के लिए

यह आवश्यक है कि उसमें संवेदना का कोई मार्मिक बिन्दु या क्षण ही प्रस्तुत किया जाए। यदि किसी कहानी में ऐसा नहीं होता तो उसके प्रभाव के बिखर जाने की आशंका होती है। प्रविधि की दृष्टि से उपन्यास की कथा का अपेक्षाकृत व्यापक दिक् और काल में विकास होता है, जबकि कहानी में प्रसंगों की बहुलता या 'कथा' के व्यापक दिक्-काल में विकास की सम्भावना नहीं होती। आदर्श कहानी तो वह होती है, जिसमें केवल एक ही प्रसंग होता है, या अधिक से अधिक, मुख्य प्रसंग के इर्दगिर्द सहायक रूप में कुछ गौण प्रसंग होते हैं। यदि किसी मार्मिक संवेदना के क्षण को प्रस्तुत करने के लिए कथा का क्रम चलता भी है तो वह बहुत लम्बा या पेंचदार नहीं होता। कहानी का आकार तो छोटा होता ही है, उपन्यास की तरह उसमें दृश्य-निर्माण, वर्णन और वार्तालाप के लिए भी बहुत कम अवकाश होता है। उपन्यास की संरचना में एकाधिक अवलोकन-बिन्दुओं का उपयोग आम बात है, जबकि कहानी में इसके लिए बहुत कम गुंजाइश होती है। 'कहानी' में भाषा में वैविध्य की भी बहुत कम गुंजाइश होती है, पर भाषा का बहुत सावधान और सर्जनात्मक उपयोग अपरिहार्य होता है।

इनसाइक्लोपीडिया ब्रिटानिका के अनुसार 'शॉर्ट स्टोरी' (छोटी कहानी) एक प्रकार की गद्यकथा है, जो सामान्यतः 'नॉवेल' (उपन्यास) और लघु उपन्यास की तुलना में अधिक सुसम्बद्ध और संकेन्द्रित या घनीभूत होती है। उन्नीसवीं शताब्दी के पूर्व इसका विशिष्ट साहित्यिक विधा के रूप में अस्तित्व न था। लघु कथाओं का अस्तित्व वैसे तो बहुत प्राचीन और विश्वव्यापी है, पर 'छोटी कहानी' के नाम से जिस कथा-रूप का विकास यूरोप और युनाइटेड स्टेट्स में, उन्नीसवीं शताब्दी में, हुआ वह अपने चरित्र में बिलकुल नया था। 'छोटी कहानी' के विकास में 'स्केच' और 'टेल'(उपाख्यान) की महत्त्वपूर्ण भूमिका मानी जाती है। ए.जे.एच. के अनुसार ये दो पद उस क्षेत्र के दो छोर हैं, जिनके भीतर आधुनिक छोटी कहानी (short story) विकसित हुई।[16] 'टेल' 'स्केच' की तुलना में बहुत पुरानी विधा है। अपनी अन्य विशेषताओं के साथ 'स्केच' तथ्यात्मक और पत्रकारिता के गुणों से युक्त और 'टेल' (उपाख्यान) की तुलना में सामान्यतः अधिक विश्लेषणात्मक और कम कथात्मक या नाटकीय होता है। स्केच का प्राथमिक रूप लिखित है; छोटी कथा (उपाख्यान) का मौखिक। यह अकेला अन्तर ही उनके अलग अलग तरह के प्रभाव का कारण बन जाता है। स्केच-लेखक वर्तमान और प्रत्यक्ष यथार्थ पर अपनी नजर रखता है, जबकि उपाख्यान दरबार या अलाव के चारो ओर बैठे श्रोताओं को सुनायी जाने वाली चीज होती थी, जो प्रायः अतीत की पुनर्रचना होती थी। उन्नीसवीं शताब्दी में कुछ लेखकों ने—जिन्हें आधुनिक कहानी का 'जनक' कहा जा सकता है—निकोलाइ गोगोल, हॉथोर्न, ई.टी.ए. हॉफमान, हाइनरिख़ फ़ॉन क्लाइस्ट, प्रोस्पेर मेरिमी, पो आदि—स्केच के तत्त्वों के साथ उपाख्यान के तत्त्वों का मिश्रण करके एक नयी कथा-विधा को अस्तित्व में ला दिया, जो 'छोटी कहानी' के नाम से जानी गयी। यद्यपि इनमें से प्रत्येक लेखक ने यह मिश्रण अपने ढंग से किया, पर सामान्य लक्ष्य कदाचित् उपाख्यान की फन्तासी और कल्पनात्मक उड़ान को थोड़ा मन्द और स्केच

को उसकी कठोर तथ्यात्मकता के बन्धन से मुक्त करना था। इस प्रकार आधुनिक छोटी कहानी अतिकल्पनात्मक कथा (उपाख्यान) और फोटोग्राफीय स्केच के मध्य विचरण करती है और किसी न किसी रूप में दोनो के गुणों से युक्त होती है। उदाहरण के लिए अर्नेस्ट हेमिंग्वे की छोटी कहानियाँ प्रायः परम्परागत मिथकीय प्रतीकों (पानी, मछली आदि) का उपयोग करके शक्ति अर्जित करती हैं, पर वे उपकथा की अपेक्षा स्केच के अधिक निकट हैं। इसके विपरीत उसी के समकालीन विलियम फॉकनर की कहानियाँ उपाख्यान के अधिक निकट प्रतीत होती हैं। कभी कभी ऐसा प्रतीत हो सकता है कि फॉकनर की कहानियाँ 'सॉदर्न टेल्स'[17] हैं, पर जैसे अपनी कल्पनात्मक और प्रतीकात्मक विशेषताओं के कारण हेमिंग्वे की कथाएँ अखबारी रेखाचित्रों से विशिष्ट हैं, उसी प्रकार अपने खोजी और विश्लेषणात्मक गुणों के कारण फॉकनर की कथाएँ 'सॉदर्न टेल्स' से भिन्न हैं।

कुछ आलोचकों के अनुसार 'छोटी कहानी' के उदय के मूल में साहित्यिक स्वच्छन्दतावाद और साहित्यिक यथार्थवाद दोनो का योगदान है। स्वच्छन्दतावाद ने छोटी कथा के भीतर उद्‌घाटित किये जा सकने वाले अद्‌भुत और असामान्य भावबोधों और उत्तेजनापूर्ण अनुभवों के प्रति रुचि जागृत की। एडगर एलेन पो की *टेल्स ऑफ द ग्रोटेस्क ऐण्ड अरबेस्क* (1840) इसी प्रकार की रचनाओं का संग्रह है। इसका प्रभाव न केवल अमेरिका के लेखकों पर, बल्कि यूरोप के, विशेषकर फ्रांस के, लेखकों पर भी पड़ा। जर्मनी में हाइनरिख फॉन क्लाइस्ट और इ. टी. ए. हॉफमान ने उपदेश कथाओं का उपयोग मनोवैज्ञानिक और आध्यात्मिक प्रश्नों के उद्‌घाटन के लिए किया। कुछ बाद में अमेरिकी लेखकों, हॉथोर्न, मेलविल और हेनरी जेम्स ने घटनाओं और कार्यव्यापारों के स्थान पर वैयक्तिक संवेदनाओं पर आधारित कहानियाँ लिखीं। हेनरी जेम्स की *द टर्न ऑफ द स्क्रियु* (1898) इसका उल्लेखनीय उदाहरण है। इसी समय कथाकारों ने समकालीन परिस्थितियों पर असन्दिग्ध विश्वसनीयता के साथ लिखने का दायित्व सँभाला। फ्रांस में प्रॉस्पेर मेरिमी तटस्थ, व्यक्तिगत भावनिरपेक्ष पर्यवेक्षणयुक्त कहानियों का जनक माना जाता है। यह तकनीक मोपासाँ की, जो सामान्य आदमी की नीरस, अनुल्लेखनीय जिन्दगी में भी विशेष रूप से प्रकाशमान और उद्‌घाटक क्षण को पकड़ लेने में पटु था, कहानियों में भी दिखायी पड़ती है।

19वीं शताब्दी में आधुनिक 'छोटी कहानी' लगभग एक साथ जर्मनी, संयुक्त राज्य (अमेरिका) फ्रांस और रूस में विकसित हुई। इसके पूर्व सारे विश्व में आकार में छोटी कथा किसी न किसी रूप में विद्यमान थी। जर्मनी में उत्तरवर्ती 19वीं शताब्दी की कथाओं और पुरानी बोकाचियो-परम्परा की कहानियों में कोई बहुत फर्क नहीं है। 1795 में गोएते ने शिलर की 'डी होरेन' नामक पत्रिका के लिए कुछ कहानियाँ लिखी थीं, जो स्पष्टतः 'डेकामेरन' को ध्यान में रखकर लिखी गयी थीं। उल्लेखनीय है कि गोएते ने अपनी कहानियों को 'छोटी कहानी' का नाम नहीं दिया था जबकि यह पद ('नोवालेन') प्रचलन में आ चुका था। इसके स्थान पर उसने अपनी कहानियों के लिए जर्मन सैलानियों के

लिए 'मनबहलाव' पद का प्रयोग किया था। पर 1827 में, अपने ही 'मनबहलावों' के प्रकाशन के 32 वर्ष बाद, उसने पुरानी कथा और नयी उभरती हुई कहानी पर टिप्पणी करते हुए दोनो के अन्तर पर जोर दिया। दो अन्य प्रमुख आलोचकों, क्रिस्तोफ वीलान्द और फ्रेदरिख़ श्लीएरमाशेर ने इस बात पर बल दिया कि 'छोटी कहानी' का सरोकार ऐसी घटनाओं से होता है जो या तो घटित हैं या जिनके घटित होने की सम्भावना होती है। उनके अनुसार 'छोटी कहानी' का यथार्थवादी होना आवश्यक है। शायद इसी कारण हाइनरिख़ फ़ॉन क्लाइस्ट और ई.टी.ए. हॉफमान ने अपनी प्रकृति आधारित छोटी कथाओं को 'टेल्स'('कथा', भोजपुरी 'कहनी') की संज्ञा दी। बहुत कुछ पो की तरह क्लाइस्ट ने अपनी कहानियों में अद्भुत और अव्यवस्था से भरे (केयॉटिक) संसार के साथ मनुष्य की मुठभेड़ के नाटकीकरण द्वारा अंशतः आध्यात्मिक और अंशतः मनोवैज्ञानिक मानवीय समस्याओं की अभिव्यक्ति की। अद्भुत-विचित्र स्थानों और अतिमानवीय तत्त्वों की रहस्यपूर्ण कहानियाँ अपने समय में हॉफमान की बहुत प्रभावी कहानियाँ थीं। एक दूसरे महत्त्वपूर्ण लेखक लुडविग टीक ने बहुत साफ शब्दों में यथार्थवाद को 'छोटी कहानी' का मूल तत्त्व मानने से इनकार किया। अपनी 1929 में प्रकाशित रचनावली की भूमिका में उसने छोटी कहानी को प्राथमिकतः 'घनत्व और व्यंग्यपूर्ण व्यवस्था-पलट की वस्तु' के रूप में देखा और उसे अपनी कहानियों में उदाहृत भी किया। उसने दावा किया, जब तक घटनाक्रम पात्र और परिस्थितियों के पूर्णतः मेल में है, कहानी को किसी भी बाहरी अर्थ में यथार्थवादी होने की जरूरत नहीं है। लेखक को भीतरी यथार्थ और क्रम का अनुसरण करने की छूट देकर टीक और उसके समानधर्मा लेखकों ने आधुनिक कहानी का रास्ता गैर अखबारी तकनीकों के लिए खुला रखा।

युनाइटेड स्टेट्स में भी जर्मनी की तरह ही छोटी कहानी का विकास दो धाराओं में हुआ। एक धारा यथार्थवादी कहानी के रूप में सामने आयी, जो वस्तुनिष्ठ ढंग से ऊपर से वास्तविक दिखने वाले स्थानों, घटनाओं और व्यक्तियों का चित्रण करती थी। 19वीं शताब्दी के उत्तरार्ध की आंचलिक कहानियाँ (जिनमें जी. बी. केबल, ब्रेट होर्ट, सेरा ऑर्न जेवेट आदि की कहानियाँ भी शामिल हैं) इसी प्रकार की हैं। दूसरी धारा प्रभाववादी कहानियों की थी, जिनमें कथक की चेतना और मनोवैज्ञानिक प्रवृत्ति कथा को रूप और अर्थ प्रदान करती थी। आत्मनिष्ठता के तत्त्व पर आधारित ये कहानियाँ बाहरी तौर पर नाममात्र को यथार्थवादी होती हैं। इसका उदाहरण पो की कथाएँ हैं जिनमें केन्द्रीय पात्र या कथक का मनोभ्रम (हैल्युशिनेशन) कहानी के तथ्य और ब्योरे उपलब्ध कराता है। उसकी एक कहानी 'द फॉल ऑफ द हाउस ऑफ अशर' (1839) का कथक जो कुछ देखता है, उसे इस प्रकार विकृत और रूपान्तरित कर देता है कि पाठक दृश्य को वस्तुपरक ढंग से देख ही नहीं सकता; वह केवल कथक के मन पर अंकित दृश्य के मनःप्रभावों को ही देखता है।

कुछ ऐसे लेखक भी हैं, जिन्होंने दोनो प्रकार की कहानियों के विकास में योगदान

किया। वाशिंगटन इरविंग ने कतिपय यथार्थवादी स्केच (*द स्केच-बुक*, 1819-20; *द अलहम्ब्रा*, 1832) लिखे जिनमें उसने सावधानी के साथ पात्रों के रूप-रंग और कार्य व्यापारों को दस्तावेजित किया। इरविंग ने ऐसी कहानियाँ भी लिखीं, जिनमें ब्योरे दृश्यमान यथार्थ से नहीं, वरन् पात्र की चेतना के भीतर से निकलते हैं। उदाहरण के लिए 'द स्टाउट जेन्टलमैन' (1821) की अधिकतर सामग्री कथक की उर्वर कल्पना द्वारा पुनर्रूपित और ऊर्जीकृत है। एक अन्य लेखक हॉथोर्न की कहानियाँ (उदाहरणार्थ 'माइ किन्समैन, मेजर मोलिनुक्स', 1832) प्रतीकात्मक घटनाओं से सम्बद्ध हैं, जो केन्द्रीय पात्र द्वारा आत्मपरक रूप में देखी जाती हैं। पर हॉथोर्न की अधिक महत्त्वपूर्ण देन ऐसे दृश्यों, व्यक्तियों और घटनाओं की सृष्टि में है जो पाठक को वास्तविक ऐतिहासिक तथ्यों के रूप में दिखायी पड़ने के साथ साथ प्रतीकात्मक अभिप्राय से भी समृद्ध हैं।

उन्नीसवीं शताब्दी में ही फ्रांस में प्रोस्पेर मेरिमी अपनी छोटी कहानियों के साथ सामने आया। मेरिमी की कहानियाँ 'तटस्थ और शुष्क अवलोकन' की उत्कृष्ट कलाकृतियाँ हैं, जिनका कथ्य, स्वयं में, संवेदनात्मक ऊर्जा से भरा हुआ है। फ्रांस में भी, अमेरिका की तरह ही, 19वीं शताब्दी में प्रचुर मात्रा में, और विविध प्रकार की, कहानियाँ लिखी गयीं, यद्यपि वहाँ प्रभाववादी कथा लिखने पर उतना जोर न रहा। 19वीं शताब्दी में फ्रांस का एक उल्लेखनीय लेखक ड्यूडे अलफोन्से था, जिसकी कहानियाँ रोमानी, चित्रमय फन्तासी के लिए प्रसिद्ध हैं। पर फ्रांस का अब तक का सबसे बड़ा कहानीकार, वस्तुनिष्ठ छोटी कहानी का बादशाह, गाइ डि मोपासाँ माना जाता है। मूलतः मोपासाँ की कहानियाँ दन्तकथाएँ हैं, जो मध्यवर्गीय नागरिकों के जीवन के उद्घाटक क्षणों को पकड़ती हैं। यही नाजुक क्षण एक सुसम्बद्ध कथानक में नियोजित किया जाता है। यद्यपि 'बॉल ऑफ टैलो' (1880) और 'नेकलेस' (1881) में कथानक जरूरत से ज्यादा गढ़ा हुआ, पलटा खा जाने वाली नियति बहुत सपाट और युक्ति अति स्पष्ट हो गयी है, पर 'द हाउस ऑफ मदाम तेलिए'(1881) जैसी कहानियों में मोपासाँ का सरल और तरल गद्य मानव व्यवहार की अकलुषता और भ्रष्टता, दोनो को बहुत शाक्तिशाली रूप में अभिव्यक्त करता है।

19वीं शताब्दी के प्रथम दो दशकों में, रूस में, फेबुल लेखन का खूब प्रचलन था, जिसे गम्भीर रूप देने का श्रेय अलेक्जेंडर पुश्किन को है। बहुत कुछ फ्रांस के मेरिमी की तरह पुश्किन ने भी अपनी संवेगात्मक द्वन्द्व की कहानियों के लिए एक तटस्थ, बल्कि क्लासिकीय शैली विकसित की। उसका *टेल्स ऑफ बाल्किन* नामक पाँच कहानियों का संग्रह 1830 में प्रकाशित हुआ तथा 'द कैप्टन्स डॉटर'(1831) और 'द क्वीन ऑफ स्पेड' (1834) ने उसे रूसी कहानी के प्रवर्तक के रूप में प्रतिष्ठित कर दिया। पर रूसी 'छोटी कहानी' का वास्तविक आरम्भ निकोलाइ गोगोल की कहानियों से होता है। दोस्तोएव्स्की ने श्लिष्टार्थक टिप्पणी की थी कि रूस के सारे छोटी कहानी लेखक गोगोल के 'ओवरकोट' से निकले हैं। एक बिलकुल अपने ही अन्दाज में गोगोल, रूस में, युगपत् रूप में, अमेरिका के पो की प्रभाववादी तकनीक का विकास कर रहा था। गोगोल ने

अपने *अरबेक्स* (1835) नामक कहानी संग्रह में, पो की कथाओं की तरह ही, मनोभ्रम, भ्रमोत्पादक यथार्थ और स्वप्न की कथाएँ संकलित की थीं, जिनमें 'नेव्स्की प्रोस्पेक्ट' और 'डायरी ऑफ ए मैडमैन' (दोनो 1835) विशेष रूप से उल्लेखनीय हैं। गोगोल की कहानियों में अपने समय में 'असाहित्यिक' समझे जाने वाले सामान्य जीवन की गहमागहमी पर यथार्थवादी ढंग से जोर देने के साथ साथ स्वप्न और 'विज़न' के द्वारा सृजित चेतना की दशाओं के आत्मगत उद्घाटन का प्रयास भी लक्षित हुआ। तुर्गनेव के रेखाचित्रों और चेखव की कहानियों में परिवेश और चेतनशीलता के विशेष क्षण वास्तविक रूप से घटित होनेवाली घटनाओं से अधिक महत्त्वपूर्ण हो जाते हैं। प्रायः नियति-प्रेरित संयोगों के माध्यम से सृजित विशेष क्षण पर संकेन्द्रण से आश्चर्यजनक अन्त की सुविधा प्राप्त होती है, जो ओ. हेनरी की कहानियों में विशेष रूप से देखी जा सकती है।

गोगोल की 'ओवरकोट' (1842) उन्नीसवीं शताब्दी के पूर्वार्द्ध में रूस की सर्वाधिक प्रभावशाली कहानी मानी जाती है। यथार्थवाद के तत्त्वों (पात्रों के दैनिक जीवन के नैसर्गिक ब्योरे) के साथ फन्तासी के तत्त्वों (केन्द्रीय पात्र भूत के रूप में लौटता है) के मिश्रण द्वारा गोगोल की कहानी जो प्रभाव पैदा करती है, वह दोस्तोएव्स्की की 'अंडरग्राउंड मैन' के प्रभाववाद और तोल्सतोय की 'इवान इलिच' के यथार्थवाद, दोनो को पूर्वाशित करती प्रतीत होती है।

रूस का एक दूसरा उल्लेखनीय कहानीकार इवान तुर्गनेव, पहली नजर में, गोगोल का बिलकुल उलट प्रतीत होता है। *ए स्पोर्ट्समैन्स नोटबुक* (1852) में तुर्गनेव का सरल भाषा का प्रयोग, उसकी धीमी गति और उसका संयम, उसे स्पष्टतः गोगोल से अलग करता है। पर गोगोल की तरह ही तुर्गनेव विस्तृत कथानक निर्मित करने की अपेक्षा लोगों और जगहों की विशेषताओं को पकड़ने में अधिक रुचि रखता था। तुर्गनेव किसी भी प्रकार की कृत्रिमता से बचता था। तटस्थ अवलोकन उसकी कहानियों का विशेष गुण है।

गोगोल की कुछ विशेषताओं को विकसित करते हुए फ्योदोर दोस्तोएव्स्की ने प्रभाववादी कहानी में प्रयोग की दिशा अख्तियार की। उदाहरण के लिए उसकी आरम्भिक कहानी 'ह्वाइट नाइट्स'(1848), जैसा कि उपशीर्षक से ही स्पष्ट है, 'एक सपना देखने वाले की संस्मृति से निकली प्रेमकथा' है; उसकी अन्तिम कहानियों में से एक, 'द ड्रीम ऑफ द रिडिकुलस मैन' (1877) का शीर्षक भी पो और गोगोल की याद दिलाता है। यद्यपि लेव तोल्सतोय भी मानवीय अभिप्रायों के अंकन में दोस्तोएव्स्की से अलग नहीं है, पर वह अपनी कहानियों में नितान्त भिन्न तकनीकों का प्रयोग करता है। वह अधिक तटस्थ और वस्तुनिष्ठ कथक के माध्यम से मनोवैज्ञानिक सत्य को अभिव्यक्त करने का प्रयास करता है, जिसका श्रेष्ठ उदाहरण उसकी 'द डेथ ऑफ इवान इलिच' (1886) और 'द क्रियुत्जेर सोनाटा' (1891) जैसी कहानियाँ हैं।

एंटन चेखव की तुलना प्रायः मोपासाँ से की जाती है, पर सुगठित कथानकयुक्त

कहानी लिखने में उसकी रुचि न के बराबर है। वह वास्तव में वस्तुपरक कहानी का रूसी बादशाह है। चेखव की कहानियों में वास्तव में 'अधिक कुछ घटता हुआ' नहीं दिखायी पड़ता, यद्यपि उतने से ही उसके पात्रों और उनकी जिन्दगी के स्वरूप का बहुत कुछ उद्घाटन हो जाता है। मोपासाँ घटना को फोकस करता है, जबकि चेखव की नजर चरित्र पर होती है। 'द ग्रास हॉपर' (टिड्डा, 1892), 'द डार्लिंग' (1898), 'इन द रवीन' (1900) आदि कहानियाँ चेखव के प्रत्यक्ष बोध (परसेप्शन), संवेदनशीलता तथा सूक्ष्म परिहास और व्यंग्य को बेहद प्रभावी रूप में व्यक्त करती हैं।

उन्नीसवीं शताब्दी के मध्य तक, जब संयुक्त राज्य अमेरिका, जर्मनी, फ्रांस और रूस में कहानी-कला अपने विकास के परवान पर पहुँच रही थी, अँगरेजी में नयी कहानी का विकास अपनी आरम्भिक अवस्था में ही था। इधर बीसवीं शताब्दी के आरम्भ में हिन्दी क्षेत्र के लेखकों का जो थोड़ा बहुत सम्बन्ध यूरोपीय 'छोटी कहानी' से बना, वह बँगला और अँगरेजी साहित्य के माध्यम से ही। पहले *सरस्वती* में और बाद में *इन्दु, मर्यादा, माधुरी, विशाल भारत* आदि पत्रिकाओं में बँगला 'गल्पों' के अनुवाद और रूपान्तर प्रकाशित होते रहे। अँगरेजी के माध्यम से तोल्सतोय, गोगोल, मोपासाँ, चेखव, ओ. हेनरी आदि की कतिपय प्रसिद्ध कहानियों के अनुवाद भी दूसरे-तीसरे दशकों की पत्र पत्रिकाओं में प्रकाशित हुए। इन सबसे हिन्दी के लेखक प्रेरित-प्रभावित हुए। पर हिन्दी लेखकों को कहानी लिखने की प्रेरणा भले ही अँगरेजी या बँगला से प्राप्त हुई हो, उनके सामने संस्कृत, प्राकृत, अपभंश और हिन्दी की कथा-आख्यान परम्परा का विशाल रिक्थ भी था। यह आकस्मिक नहीं था कि उन्होंने 'आख्यायिका' नाम से इस प्रकार की रचनाएँ लिखनी आरम्भ की थीं।

संस्कृत से आधुनिक हिन्दी कहानी के विकास का कोई क्रमबद्ध इतिहास नहीं है। खड़ी बोली आधारित हिन्दी गद्य का इतिहास भी बहुत पुराना और समृद्ध नहीं कहा जा सकता। उन्नीसवीं शताब्दी के आरम्भ में मुद्रण यन्त्रों के बढ़ते उपयोग के फलस्वरूप परम्परा से चली आती मौखिक कथा को मुद्रित होने का लाभ मिला और पहली मौलिक गद्यकथा 'रानी केतकी की कहानी' 1841 के दशक में प्रथम बार मुद्रित हुई। इस बीच बहुत सी संस्कृत और फारसी परम्परा की कथाएँ भी अनूदित होकर हिन्दी में छपीं। 1870 में उन्नीसवीं शताब्दी की दूसरी मौलिक गद्यकथा *देवरानी जेठानी की कहानी,* देवनागरी में, मुद्रित हुई, जिसके बाद 'कहानी' और 'उपन्यास' नाम से गद्यकथाओं के प्रकाशन का सिलसिला उन्नीसवीं शताब्दी के अन्त तक चलता रहा। पर 1900 के पूर्व, शाब्दिक अर्थ में भी, लघु कथाओं के प्रकाशन की कोई उल्लेखनीय परम्परा नहीं थी।

विश्व स्तर पर भी 'छोटी कहानी' के विकास के साथ पत्र पत्रिकाओं का सम्बन्ध प्रायः अनिवार्य रूप से जुड़ा है। अमेरिका में छोटी कहानियाँ अधिकतर पहले पत्रिकाओं और समाचारपत्रों में ही प्रकाशित हुईं। इस तथ्य ने ब्रेट होर्ट, किप्लिंग, मार्क्र ट्वेन आदि की कहानियों में पत्रकारिता सुलभ स्थानीय चित्रण को प्रोत्साहित किया। हिन्दी में शुरू में ऐसा नहीं हुआ। भारतेन्दु-युग की साहित्यिक पत्रिकाओं में, जो प्रायः लेखकों द्वारा

ही साहित्य-प्रेम की प्रेरणा से निकाली गयी थीं, धारावाहिक रूप में 'उपन्यास' का प्रकाशन तो होता था, पर स्वतन्त्र और स्वयं में पूर्ण 'उपाख्यान' जैसी रचनाओं के प्रकाशन का कोई प्रयास नहीं दिखायी पड़ता। 1891-1900 के दशक में प्रकाशित होनेवाली प्रमुख व्यावसायिक पत्रिकाओं, *हिन्दी बंगवासी* (बालमुकुन्द गुप्त, ल. 1891), *साहित्य लहरी* (देवकीनन्दन खत्री, 1894), *जासूस* (गोपाल राम गहमरी, 1900), *उपन्यास* (किशोरीलाल गोस्वामी, 1900) आदि में भी बड़े आकार की कथाएँ ही 'उपन्यास' के नाम पर धारावाहिक रूप में प्रकाशित हो रही थीं।

आकार में 'छोटी' कथा का, तनिक बड़े पैमाने पर, प्रकाशन पहली बार *सरस्वती* से ही शुरू हुआ। *सरस्वती* हिन्दी की किसी व्यावसायिक प्रतिष्ठान से निकलने वाली पहली साहित्यिक पत्रिका थी, जिसका लक्ष्य धन कमाना भले न हो, आर्थिक नुकसान उठाना भी न था। ग्राहकों को आकर्षित करने के लिए 'कथा' से बढ़कर कोई और माध्यम नहीं हो सकता, इसकी जानकारी इंडियन प्रेस के बंगाली मालिक को भलीभाँति थी। बँगला में *प्रवासी* आदि पत्रिकाओं की सफलता का रहस्य वे जानते थे। हिन्दी में भी देवकीनन्दन खत्री, गोपाल राम गहमरी, किशोरीलाल गोस्वामी आदि के 'उपन्यासों' के कारण एक कथा प्रेमी पाठक-वर्ग का उदय हो रहा था, इसकी जानकारी भी उन्हें थी। *सरस्वती* इन्हीं सब परिस्थितियों की उपज थी। यही कारण था कि *सरस्वती* के पहले ही अंक से 'आख्यायिका' नाम से छोटी कथाओं का प्रकाशन आरम्भ हो गया। यह भी एक रोचक तथ्य है कि 'उपन्यास' की तरह इन छोटी कथाओं के लिए बँगला में प्रचलित पद 'गल्प' नहीं अपनाया गया, जबकि पत्रिका के स्वामी बंगाली थे। 'आख्यायिका' पद के साथ एक सुविधा यह थी कि उसका परम्परागत सम्बन्ध 'ख्यात कथा' से था, जिसकी रचना आसान भी थी और शासन की टेढ़ी नजर से बचने का परदा भी। *सरस्वती* के पहले ही अंक में प्रकाशित गोस्वामी जी की 'इन्दुमती' और 1902 में प्रकाशित 'गुलबहार' 'ख्यात' कथा पर ही आधारित 'आख्यायिकाएँ' हैं। 1903 में *सरस्वती* के सम्पादक पद पर नियुक्त महावीर प्रसाद द्विवेदी की प्रकाशित कथाएँ भी 'ख्यात' की कोटि में ही आती हैं। इन 'ख्यात' कथाओं के साथ साथ 'कल्पनाप्रसूत' कथाएँ भी *सरस्वती* में प्रकाशित होने लगीं। 1900 ई. में ही *सरस्वती* में प्रकाशित केशव प्रसाद सिंह कृत 'चन्द्रलोक की यात्रा', 'कश्मीर यात्रा' और 'आपत्तियों का पर्वत' नामक कथाएँ कल्पनाप्रसूत ही थीं, यद्यपि वैज्ञानिक चेतना और यात्रा पर आधारित तथा 'राजनीतिक स्वतन्त्रता' और समाज-सुधार के उल्लेख के कारण उनमें आधुनिक छोटी कहानी की झलक अनायास ही आ गयी है। माधव प्रसाद मिश्र कृत 'पुरोहित का आत्मत्याग', माधवराव सप्रे कृत 'एक टोकरी भर मिट्टी', मास्टर भगवान दास कृत 'प्लेग की चुड़ैल', गिरिजादत्त वाजपेयी कृत 'पंडित और पंडितानी', रामचन्द्र शुक्ल कृत 'ग्यारह वर्ष का समय', 'बंग महिला' (राजेन्द्रबाला घोष) कृत 'कुम्भ में छोटी बहू' और 'दुलाई वाली' आदि कहानियाँ भी 'कल्पनाप्रसूत' की कोटि में ही आयेंगी। उर्दू की कथा-परम्परा से आने वाले नवाब राय ने भी 'ख्यात' और 'कल्पनाप्रसूत' दोनो ही प्रकार की कहानियाँ

लिखीं पर नाम इनका 'आख्यायिका' ही चलता रहा। केवल नवाब राय ने अपनी कहानियों के लिए 'कहानी' पद का प्रयोग किया। इस प्रकार बीसवीं शताब्दी के प्रथम दशक में, हिन्दी में, आधुनिक कहानी, विकास के प्रथम चरण के रूप में, अस्तित्व में आ गयी।

आयरिश कहानी-लेखक फ्रैंक ओ' कोनोर ने 'छोटी कहानी' के उद्‌भव के सम्बन्ध में एक बड़ी उल्लेखनीय टिप्पणी की है। उसका मानना है कि कहानियाँ 'सतह के नीचे छिपे आबादी-समूह' द्वारा 'प्रभुत्वसम्पन्न समुदाय' को सम्बोधित करने का साधन हैं।[18] उसने कहानी को 'छापामार लड़ाई' कहा था। कहानी के इस गुण को भारतेन्दु युग के लेखकों ने नहीं समझा था, अन्यथा वे इनका उपयोग औपनिवेशिक शासन के विरुद्ध छापामार लड़ाई के रूप में अवश्य करते। इसे कुछ कम तीव्रता के साथ माधव प्रसाद मिश्र ('पुरोहित का आत्मत्याग'), माधवराव सप्रे ('एक टोकरी भर मिट्टी'), मास्टर भगवान दास ('प्लेग की चुड़ैल'), गिरिजादत्त वाजपेयी ('पंडित और पंडितानी'), 'बंग महिला' ('कुम्भ में छोटी बहू' और 'दुलाई वाली') ने, और पूरी तीव्रता में नवाब राय (प्रेमचन्द) ने समझा था। बंग महिला आदि ने अपनी कहानियों के माध्यम से समकालीन स्त्री की पीड़ा और पुकार को प्रभुत्वसम्पन्न पुरुष समाज तक पहुँचाने का प्रयास किया था और नवाब राय ने एक बेहद शक्तिशाली औपनिवेशिक शासन के विरुद्ध दमित-शासित वर्ग की व्यथा और विद्रोह को वाणी दी थी। भारतेन्दु युग की पत्रिकाओं में व्यक्तिगत निबन्धों, लेखों और सम्पादकीय टिप्पणियों के माध्यम से औपनिवेशिक शासन में कराहते और सामाजिक अन्तर्विरोधों से ग्रस्त भारतीय जीवन की यथार्थ तसवीर पेश की जा रही थी। यथार्थवादी उपन्यासों के माध्यम से भी समकालीन जीवन और व्यक्तियों की झाँकियाँ प्रस्तुत होने लगी थीं। पर 'कहानी' इस काम को और भी बेहतर ढंग से कर सकती है, इसकी तरफ भारतेन्दु काल के लेखकों का ध्यान नहीं गया।

दूसरे और तीसरे दशकों में प्रेमचन्द, जयशंकर प्रसाद, चन्द्रधर शर्मा गुलेरी, सुदर्शन, कौशिक आदि—अंशतः जैनेन्द्र भी—'छोटी कहानी' के क्षेत्र में प्रयोग करते रहे, पर इसके स्वरूप-निर्धारण का कोई गम्भीर आलोचनात्मक प्रयास इस बीच नहीं हुआ। यहाँ तक कि इसके नाम पर भी मतैक्य नहीं रहा; 'आख्यायिका', 'गल्प' और 'कहानी' पद साथ साथ प्रयोग में चलते रहे। 1936 में प्रेमचन्द उच्च कोटि के कहानीकार के रूप में प्रतिष्ठित हो चुके थे। 'कहानी' की उनकी अवधारणा भी एक मुकाम पर पहुँच चुकी थी। *मानसरोवर*, भाग-1 के 'प्राक्कथन' में वे लिखते हैं : "वर्तमान आख्यायिका मनोवैज्ञानिक विश्लेषण और जीवन के यथार्थ व स्वाभाविक चित्रण को अपना ध्येय समझती है। उसमें कल्पना की मात्रा कम, अनुभूतियों की मात्रा अधिक होती है; बल्कि अनुभूतियाँ ही रचनाशील भावना से अनुरंजित होकर कहानी बन जाती हैं।"[19] इसी 'प्राक्कथन' में वे आगे लिखते हैं : "सबसे उत्तम कहानी वह होती है, जिसका आधार किसी मनोवैज्ञानिक सत्य पर हो।[20] वे मानते हैं कि "उपन्यासों की भाँति कहानियाँ भी कुछ घटना-प्रधान होती हैं, कुछ चरित्र-प्रधान। चरित्र-प्रधान कहानी का पद ऊँचा समझा

जाता है; मगर कहानी में बहुत विस्तृत विश्लेषण की गुंजाइश नहीं होती। यहाँ हमारा उद्देश्य सम्पूर्ण मनुष्य को चित्रित करना नहीं, वरन् उसके चरित्र का एक अंग भर दिखाना है।''[21] वे इसमें यह भी जोड़ते हैं कि ''कहानी जीवन के बहुत निकट आ गयी है। उसकी जमीन अब उतनी लम्बी-चौड़ी नहीं है। उसमें कई रसों, कई चरित्रों और घटनाओं के लिए स्थान नहीं रहा। अब वह केवल एक प्रसंग का, आत्मा की एक झलक का, सजीव, मर्मस्पर्शी चित्रण है। इस एकतथ्यता ने उसमें प्रभाव, आकस्मिकता और तीव्रता भर दी है। अब उसमें व्याख्या का अंश कम, संवेदना का अंश अधिक रहता है। उसकी शैली भी अब प्रवाहमय हो गयी है। लेखक को जो कुछ कहना है, वह कम से कम शब्दों में कह डालना चाहता है। वह अपने चरित्रों के मनोभावों की व्याख्या करने नहीं बैठता, केवल उसकी ओर इशारा भर कर देता है।''[22] वे इस निष्कर्ष पर पहुँचते हैं कि ''गल्प का आधार अब घटना नहीं, मनोविज्ञान की अनुभूति है। आज लेखक केवल कोई रोचक दृश्य देखकर कहानी लिखने नहीं बैठ जाता। उसका उद्देश्य स्थूल सौन्दर्य नहीं। वह तो कोई ऐसी प्रेरणा चाहता है, जिसमें सौन्दर्य की झलक हो और इसके द्वारा वह पाठक की सुन्दर भावनाओं को स्पर्श कर सके।''[23] प्रेमचन्द के इस वक्तव्य से यह तो स्पष्ट है कि वे अब तक 'शॉर्ट स्टोरी' के लिए किसी निश्चित हिन्दी पद का चयन नहीं कर सके थे–'आख्यायिका', 'गल्प' और 'कहानी' तीनो ही पद उनके लिए समान थे–पर जहाँ तक 'शार्ट स्टोरी' या 'छोटी कहानी' की अवधारणा का सवाल है, इसका स्पष्ट बोध उन्हें हो चुका था, जिसका प्रमाण उनका यह 'प्राक्कथन' ही नहीं, उनकी 1930 के बाद की कहानियाँ भी हैं।

1900-1930 के बीच हिन्दी कहानीकारों के प्रेरक और आदर्श कहानीकार कौन थे, इसका पूरा विवरण उपलब्ध नहीं है। प्रेमचन्द, कौशिक और सुदर्शन की कहानियों की प्रकृति से अनुमान किया जा सकता है कि उनके आदर्श कहानीकार कदाचित् पो, मोपासाँ, गोगोल, तुर्गनेव, तोल्सतोय, ऑस्कर वाइल्ड आदि हैं।[24] प्रसाद आरम्भ में संस्कृत कथा-आख्यायिका की परम्परा से और बाद में मोपासाँ और ओ. हेनरी से प्रभावित प्रतीत होते हैं। गुलेरी की 'उसने कहा था' संरचना की दृष्टि से मोपासाँ, गोगोल, दोस्तोएंव्स्की, तोल्सतोय के साथ साथ बीसवीं सदी के चेतना-प्रवाही शिल्प से भी प्रभावित जान पड़ती है। जैनेन्द्र की कहानी-संरचना पर दोस्तोएव्स्की और चेखव का किंचित् प्रभाव लक्षित किया जा सकता है। इन प्रयोगों से हिन्दी कहानी (छोटी कहानी) का रूप तो निखर रहा था, पर एक ऐसे आलोचक की प्रतीक्षा बनी हुई थी, जो इनका समाहार कर 'छोटी कहानी' या 'कहानी' को परिभाषित करता। शुक्ल जी ने ही, प्रथम बार, अपने 'इतिहास' में 'कहानी' की पहचान निर्धारित करने का प्रयास किया। उन्होंने प्राचीन कथा साहित्य (संस्कृत) में उपलब्ध कथाओं को दो 'स्थूल भेदों' में–'घटनाप्रधान' और 'मार्मिक'–वर्गीकृत करते हुए उनके मिश्रण की ओर भी ध्यान आकृष्ट किया। *बृहत्कथा, बैतालपचीसी, सिंहासनबत्तीसी* आदि को उन्होंने 'घटनाचक्र में रमाने वाली' तथा *कादम्बरी, माधवानल, कामकन्दला* आदि को 'मार्मिक स्थलों में रमाने वाले

भावप्रधान आख्यान' कहा है।[25] 'आधुनिक ढंग के उपन्यासों और कहानियों' के स्वरूप-विकास में उन्होंने नाटक के योगदान को रेखांकित किया, जिससे "घटनाओं की शृंखला लगातार सीधी न जाकर इधर उधर और शृंखलाओं से गुंफित होती चलती है, और अन्त में जाकर सबका समाहार हो जाता है।" शुक्ल जी के अनुसार 'घटनाओं के विन्यास की यह वक्रता या वैचित्र्य उपन्यासों और आधुनिक कहानियों की वह प्रत्यक्ष विशेषता है जो उन्हें पुराने ढंग की कहानियों से अलग करती है।'[26] इसी आधार पर शुक्ल जी ने राजा शिवप्रसाद के 'राजा भोज का सपना' या 'वीर सिंह का वृत्तान्त' को 'आधुनिक कहानी' नहीं माना है।[27] इसी सिलसिले में शुक्ल जी ने इस तथ्य का भी उल्लेख किया है कि अँगरेजी पत्रिकाओं में प्रकाशित होनेवाली 'छोटी आख्यायिकाओं या कहानियों' से प्रेरणा लेकर बँगला में वैसी ही कहानियाँ 'गल्प' के नाम से प्रकाशित होने लगी थीं। उनके अनुसार 'ये कहानियाँ जीवन के बड़े मार्मिक और भावव्यंजक खंडचित्र के रूप में होती थीं और उनसे प्रेरणा ग्रहण कर *सरस्वती* में इस प्रकार की कहानियाँ प्रकाशित होने लगीं।[28] नवाबराय (प्रेमचन्द) की *सोजेवतन* में संकलित कहानियाँ 1908 में प्रकाशित हुईं थीं। इसके बाद भी *सरस्वती, ज़माना, इन्दु, मर्यादा, माधुरी, विशाल भारत, हंस* आदि पत्रिकाओं में कहानियों के, चाहे जिस नाम से भी, प्रकाशन का सिलसिला जारी रहा। शुक्ल जी ने भी स्वीकार किया कि हिन्दी ने कहानी का ढाँचा पश्चिम से लिया है। पर उन्होंने सावधान किया कि यह ग्रहण 'ढाँचे' तक ही रहना चाहिए।[29] इसका मुख्य कारण कदाचित् यह था कि शुक्ल जी के समय में हिन्दी में जो कहानियाँ लिखी जा रही थीं, उनका हिन्दी साहित्य के इतिहास में समावेश यूरोपीय विद्वानों द्वारा स्थिर 'कहानी' के सिद्धान्तों की कसौटी पर नहीं किया जा सकता था। शुक्ल जी ने इसे देखते हुए 'छोटी कहानी' के स्वरूप के सम्बन्ध में एक लचीला दृष्टिकोण अपनाया था।

संरचना की दृष्टि से चौथे दशक में हिन्दी कहानी प्रौढ़ता पर पहुँच गयी, जिसका श्रेय प्रेमचन्द के साथ जैनेन्द्र और अज्ञेय को है। पाँचवे दशक में मंटो और बेदी ने और छठे दशक में अमरकान्त, मोहन राकेश, कमलेश्वर, राजेन्द्र यादव, शेखर जोशी, इन्तिजार हुसैन, निर्मल वर्मा, रेणु आदि ने कहानी की संरचना को अपेक्षित ऊँचाई पर पहुँचा दिया।

जिस समय हिन्दी कहानी बीसवीं सदी के छठे दशक में प्रविष्ट हुई, विश्व स्तर पर कहानी का रूप अत्यधिक वैविध्यपूर्ण और जटिल हो चुका था। लुइगी पिरांडेलो (सिसिली), फ्रान्ज़ काफ्का (चेकोस्लोवाकिया), अकुतागावा र्‌युनोसुके (जापान), जॉर्हे लुइस बोर्हेस (अर्जेन्टीना) जैसे कहानीकारों ने कहानी के स्वरूप में क्रान्तिकारी परिवर्तन कर दिया था। कहानी-रचना के मूल उपकरण उल्लेखनीय रूप में बदल चुके थे। घटाटोप युक्त या आश्चर्यपूर्ण घटनाएँ, जो सामान्यतः 19वीं शताब्दी की कहानी की पहचान हुआ करती थीं, बीसवीं शताब्दी के कहानीकारों के लिए महत्त्वपूर्ण नहीं रह गयी। सूक्ष्म कार्यव्यापारों और सामान्य प्रसंगों में उसकी रुचि ज्यादा हो गयी। आरम्भिक बीसवीं

शताब्दी के एक प्रभावशाली लेखक, शेरवुड एंडर्सन, का मानना है कि कहानी के केन्द्र में एक कथानक होने की अनावश्यक धारणा ने 'कहानी' को सबसे ज्यादा बरबाद किया है। उसके अनुसार कहानी का उद्देश्य 'रूप' को प्राप्त करना है, न कि 'कथानक' को। बीसवीं शताब्दी में छोटी कहानी के इतिहास में 'रूप' के प्रति झुकाव और प्रयोग की प्रवृत्ति हावी होती दिखायी पड़ती है। भले ही इस सदी के लोकप्रिय कहानीकार—ओ. हेनरी, पॉल मोरान आदि—कथानक के अनुसार कहानियाँ लिखते रहे हों, अपेक्षाकृत बड़े लेखक संरचना के लिए दूसरी ओर देखने लगे हैं, जिनके प्रति हल्के पाठकों की प्रतिक्रिया होती है कि "इन कहानियों में तो कुछ होता ही नहीं!" अर्नेस्ट हेमिंग्वे की 'ए क्लीन वेल-लाइटेड प्लेस' जैसी कहानियों में बाहरी कार्यव्यापार इतना कम होता है कि उनमें कोई 'संरचना' दिखायी ही नहीं पड़ती। इस प्रकार की कहानियाँ बाहरी द्वन्द्व की अपेक्षा मनोवैज्ञानिक द्वन्द्व के चारो ओर बुनी जाती हैं। हेमिंग्वे की कतिपय, और डी. एच. लॉरेन्स, कैथरीन मैन्सफील्ड आदि की अनेक कहानियों में बाहरी कार्यव्यापार और घटनाओं का महत्त्व गौण है; उनका महत्त्व इतना ही है कि वे कहानी के मनोवैज्ञानिक आधार-स्तम्भ का उद्घाटन करती हैं। छठे दशक के हिन्दी कथाकार कहानी की इस विश्वस्तरीय संरचना को प्राप्त करने का प्रयास करते दिखायी देते हैं।

फिर भी यह नहीं कहा जा सकता कि, विश्व स्तर पर भी, बीसवीं शताब्दी के कहानी-लेखक की संरचनात्मक समस्याओं का समाधान हो गया है। प्रारम्भिक संरचना के अभिकर्ता के रूप में आश्चर्यजनक और कौतूहलजन्य प्रसंगों का शताब्दी के मध्य में ही व्यापक रूप में बहिष्कार हो गया, क्योंकि चलचित्र और टेलीविजन इन्हें अधिक सजीव रूप में दिखा सकते थे। अब 'छोटी कहानी' एक छोटे, पर बौद्धिक दृष्टि से ज्यादा माँग करने वाले पाठकवर्ग का प्रिय कथा-रूप हो गयी है। हिन्दी के कहानीकार भी इस दिशा में सक्रिय हैं, पर विश्व स्तर पर पहुँचने की जल्दबाजी और उतावली ने अनेक कहानीकारों को हास्यास्पद भी बना दिया है। किसी भी साहित्य-विधा का स्वरूप उस भाषा के बोलनेवालों के बौद्धिक और सांस्कृतिक स्तर पर निर्भर होता है। वस्तुतः किसी भाषा का बौद्धिक-सांस्कृतिक स्तर ही उसकी साहित्य-विधाओं के 'रूप' और 'संरचना' का निर्धारण करता है। इक्कीसवीं शताब्दी की हिन्दी कहानी की संरचना कैसी होगी, यह हिन्दी क्षेत्र के जीवन में आने वाले बौद्धिक-सांस्कृतिक बदलाव पर निर्भर है।

इस किताब में हमने हिन्दी कहानी के विकास को समझने के लिए उन सभी रचनाओं को शामिल किया है, जो किसी भी अंश में 'कहानी' की विशेषता से युक्त हैं। इनमें ऐसी भी कहानियाँ हैं, जिन्हें आज हमें 'कहानी' मानने में भी कठिनाई होगी। पर इतिहास में ऐसा होना अपरिहार्य है।

शीर्षक के तीसरे पद 'इतिहास' की अवधारणा भी कम विवादास्पद नहीं है। कई अन्तरराष्ट्रीय ख्याति के विद्वान मानते हैं कि साहित्य का इतिहास लिखना सम्भव ही नहीं है और पिछले बीस-तीस वर्षों से उत्तर-आधुनिक विचारधारा के पोषक विद्वान

मानने लगे हैं कि 'इतिहास' की मृत्यु हो चुकी है। हिन्दी के राष्ट्रीय स्तर पर मान्यता प्राप्त आलोचक नामवर सिंह तक मानते हैं कि अब हिन्दी साहित्य का इतिहास नहीं लिखा जा सकता। फिर भी सारी दुनिया में आज भी इतिहास, साहित्य का इतिहास भी, लिखे जा रहे हैं, और साहित्य के इन मौलवियों के फतवे झूठे और मक्कारी से भरे साबित हो रहे हैं। यह इतिहास भी इसका प्रमाण है।

यह स्पष्ट करना भी प्रस्तुत पंक्तियों के लेखक के लिए जरूरी है कि वह 'साहित्य' के 'इतिहास' से क्या समझता है। हर समृद्ध भाषा में साहित्य रचा जाता है। 'साहित्य' स्वयं में भी एक बहुत व्यापक अर्थ वाला शब्द है। अपने व्यापकतम रूप में यह समस्त लिखित और मौखिक अभिव्यक्ति का द्योतक होता है। कुछ कम व्यापक अर्थ में यह केवल लिखित अभिव्यक्ति का और उससे भी सीमित अर्थ में केवल सर्जनात्मक अभिव्यक्ति का द्योतक होता है। मैं जिस 'साहित्य' का इतिहास लिखने के लिए संकल्पित हूँ, वह इसी सर्जनात्मक (लिखित) अभिव्यक्ति तक महदूद है।

साहित्य का 'इतिहास' क्या है, या कहें कि प्रस्तुत पंक्तियों का लेखक इसे किस अर्थ में ग्रहण कर रहा है, यह भी स्पष्ट करना जरूरी है। यह सब जानते हैं कि 'इतिहास' अतीत का आख्यान है। 'अतीत' का बोध और पकड़ भी बहुत आसान नहीं है। उसके 'आदि' का तो किसी को पता ही नहीं है; वह मनुष्य की सोच के लिए शाश्वत चुनौती है। दूसरी तरफ उसका 'वर्तमान' इतनी तीव्र गति से परिवर्तनशील है कि उसे पकड़ पाना मनुष्य की क्षमता से बाहर है। मैंने 1900 ई. के आरम्भ से लेकर 2000 ई. तक लिखित हिन्दी कहानी का इतिहास प्रस्तुत करने का निश्चय किया है। प्रस्तुत खंड में व्यावहारिक कारणों से अन्तिम समय-सीमा 1950 कर दी गयी है। इस अवधि में 'हिन्दी' में जो 'कहानियाँ' या 'कहानी संग्रह' प्रकाशित हुए हैं, वे ही इसका आधार हैं। यह सच है कि ऐसी कहानियों या उनके संग्रहों का कोई सम्पूर्ण प्रामाणिक विवरण हिन्दी में उपलब्ध नहीं है। यहाँ तक कि जिन पत्रिकाओं में ये कहानियाँ प्रकाशित हुईं वे, या पुस्तक रूप में प्रकाशित कहानियों के संग्रहों के प्रथम संस्करण, अलभ या दुर्लभ हो गये हैं। मैंने यथाशक्ति उन सभी स्रोतों की सहायता ली है, और उनका सन्दर्भ भी दिया है, जहाँ से इस अवधि में प्रकाशित कहानियों की 'जन्मपत्री' प्राप्त हो सकती है। मैं जानता हूँ कि इस अभियान में मुझे पूरी सफलता नहीं मिली है, पर कदाचित् यह एक व्यक्ति की क्षमता से बाहर भी है। अतः मैं शेष काम अपने बाद आने वाले अध्ययनकर्ताओं के लिए छोड़ रहा हूँ, और मुझे विश्वास है कि कभी न कभी यह काम अवश्य पूरा होगा।

यह कहने की जरूरत नहीं कि साहित्य का इतिहास 'इतिवृत्त संग्रह' नहीं होता। इतिवृत्त संग्रह उसका आधार हो सकता है, पर वही उसका इष्ट नहीं होता। पुस्तकें या पत्रिकाओं में प्रकाशित साहित्य अपने समय की चेतना और संवेदना का अक्स होता है। लेखक व्यक्ति होता है, पर वह सामान्य व्यक्ति से भिन्न, अत्यधिक संवेदनशील, प्रतिभासम्पन्न, अध्यवसायी तथा व्यक्ति और समाज, दोनो के प्रति ईमानदार और

प्रतिबद्ध होता है। इन गुणों के मात्रा-भेद से ही कोई लेखक बड़ा-छोटा या महान्-गौण होता है। लेखक देश-काल से निर्मित-नियन्त्रित एक समाज में रहता है, जो उसकी चेतना ही नहीं, बल्कि उसके पूरे व्यक्तित्व का निर्माण करता है, और स्वयं भी उससे निर्मित-शासित होता है। यह द्वन्द्वात्मक और जटिल प्रक्रिया साहित्य के निर्माण में भी अपनी भूमिका पूरी करती है। किसी काल-विशेष और दिक्-विशेष में रचित इस साहित्य की उस काल की समस्त सांस्कृतिक चेतना के सन्दर्भ में व्याख्या और विश्लेषण करना एक मुश्किल काम है, जिसके लिए विशेष प्रतिभा और अध्यवसाय-क्षमता से सम्पन्न व्यक्ति की अपेक्षा होती है। नहीं जानता कि प्रस्तुत पंक्तियों का लेखक इस अपेक्षा की कसौटी पर कितना खरा उतरेगा!

सन्दर्भ

1. धीरेन्द्र वर्मा, *हिन्दी भाषा का इतिहास,* पृ. 63-66
2. रामविलास शर्मा, *हिन्दी जाति का इतिहास,* राजपाल एण्ड सन्ज, दिल्ली, 1986
3. *राजभाषा आयोग का प्रतिवेदन,* 1956, पृ. 98
4. काव्यशास्त्र में आचार्य भामह ने कुछ भेदक तथ्यों का उल्लेख करते हुए गद्यकाव्य के दो भेद तय किये—'कथा' और 'आख्यायिका'। इनमें से प्रथम की कथाएँ कल्पित हैं और दूसरे की ऐतिहासिक। बाणभट्ट कृत *कादम्बरी* 'कथा' है, पर *हर्षचरित* 'आख्यायिका' है। दूसरे आचार्य, दण्डी, के अनुसार ये भेदक तत्त्व किंचित्कर हैं। वस्तुतः ये सब एक ही जाति के हैं और इस जाति का नाम है 'आख्यान'। दण्डी के समय में 'आख्यान' एक जातिवाचक शब्द था। अनेक आख्यानों और उपाख्यानों का संकलन होने के कारण ही *रामायण* और *महाभारत* को भी आख्यान की संज्ञा मिली है। ('भारतीय आख्यान परम्परा : स्वरूप और प्रयोजन', ले. राममूर्ति त्रिपाठी, 'चिन्तन-सृजन', अप्रील-जून, 2006, पृ. 25-32)
5. इस दशक के रचनाकारों ने ही नहीं, दूसरे दशक में जयशंकर प्रसाद, राजा राधिकारमण प्रसाद सिंह आदि ने भी अपनी कथा-रचनाओं के लिए 'आख्यायिका' पद को स्वीकार कर लिया था। यहाँ तक कि 'बंग महिला' ने भी अपनी रचना 'कुम्भ में छोटी बहू' (1906) के लिए 'आख्यायिका' पद का ही प्रयोग किया था, यद्यपि उसे अपनी 'पूजनीया जननी श्रीमती नीरदवासिनी घोष रचित एक **गल्प** का अनुवाद' बताया था। (भवदेव पांडेय, *हिन्दी कहानी का पहला दशक,* रे माधव प्रकाशन, नोएडा, 2006, पृ 29) 1909 में आरम्भ हुई 'इन्दु' में भी, सम्भवतः, इस तरह की रचनाओं के लिए 'आख्यायिका' पद ही प्रयुक्त होता था। स्वयं जयशंकर प्रसाद ने अपनी रचनाओं को 'आख्यायिका' की संज्ञा दी थी। 1911 में ही शुरू हुई *मर्यादा* ने इस प्रकार की रचनाओं को बांग्ला के अनुकरण पर 'गल्प' नाम से प्रकाशित करना आरम्भ किया था। *माधुरी* (1922) में 'आख्यायिका' और 'गल्प' दोनो शब्द चल रहे थे। *विशाल भारत'* (1928) में 'गल्प' का प्रयोग होता था। (देखें, 'पं. बनारसीदास चतुर्वेदी का प्रेमचन्द के साथ पत्र-इंटरव्यू', कमल किशोर गोयनका सम्पादित *प्रेमचन्द का अप्राप्य साहित्य,* खंड-1, (भारतीय ज्ञानपीठ, नयी दिल्ली, 1988, पृ. 296 पर उद्धृत)। जहाँ तक 'कहानी' पद के प्रयोग का प्रश्न है, निज़ाम शाह ने अपनी कथा-रचना को 'एक शिकारी की सच्ची कहानी' (1905) शीर्षक दिया था, पर यह प्रयोग 'कथा' के पर्याय रूप में ही किया गया जान पड़ता है। मेरी समझ से नवाब राय ने अपने कहानी संग्रह *सोज़े वतन* के 'दीवाचा' (1908) में पहली बार 'शॉर्ट स्टोरी' के अर्थ में 'कहानी' पद का प्रयोग किया था (कमल किशोर गोयनका सम्पादित

प्रेमचन्द का अप्राप्य साहित्य, खंड-2, भारतीय ज्ञानपीठ, नयी दिल्ली, 1988, पृ. 329 पर उद्धृत) उस समय उर्दू में इस अर्थ में 'अफ़साना' शब्द प्रचलित हो रहा था। 1920 में प्रकाशित अपने उर्दू कहानी संग्रह प्रेम *बत्तीसी* के 'दीवाचे' में भी प्रेमचन्द ने 'कहानी' पद का ही प्रयोग किया, जबकि उर्दू में 'अफ़साना' शब्द खूब प्रचलित हो चुका था। इस बीच हिन्दी में 'शॉर्ट स्टोरी' के लिए 'आख्यायिका' और 'गल्प' संज्ञाओं का प्रयोग व्यापक प्रचलन में आ चुका था। प्रेमचन्द भी इससे प्रभावित हुए बिना न रहे और अपने हिन्दी कहानी संग्रह *प्रेम-प्रसून* (जुलाई, 1924) की 'भूमिका' में उन्होंने 'गल्प', 'आख्यायिका' और 'छोटी कहानी', इन तीनो पदों का प्रयोग एक ही अर्थ में किया। प्रेमचन्द की यह दुविधा अन्त अन्त तक बनी रही, जिसका पता 1936 में प्रकाशित *मानसरोवर* के प्रथम खंड की 'भूमिका' से चलता है। प्रेमचन्द के आरम्भिक आलोचक भी 'कहानी', 'आख्यायिका' और 'गल्प' पदों का प्रयोग एक ही अर्थ में कर रहे थे। प्रेमचन्द के प्रथम हिन्दी कहानी संग्रह *'सप्त सरोज* की भूमिका' में (08 जून, 1917) मन्नन द्विवेदी गजपुरी ने उसमें संकलित कहानियों को, एक ही पंक्ति के अन्तर से, 'कहानी' और 'गल्प' दोनो कहा था। *नवनिधि* कहानी संग्रह के 'निवेदन' में उसके प्रकाशक नाथू राम प्रेम ने उसमें संकलित कहानियों को 'गल्प' की संज्ञा दी थी। बनारसीदास चतुर्वेदी भी 'शार्ट स्टोरी के लिए 'गल्प' पद का ही प्रयोग करते थे। (द्रष्टव्य : 'पं. बनारसीदास चतुर्वेदी का पत्र-इन्टरव्यू', *प्रेमचन्द का अप्राप्य साहित्य*, खंड-1, पृ. 296) इसके पूर्व रामचन्द्र शुक्ल ने 1929 में अपने *हिन्दी साहित्य का इतिहास* में 'शॉर्ट स्टोरी' पद के लिए 'छोटी कहानी' पद के प्रयोग की मुहर लगा दी थी, जिसका असर यह हुआ कि धीरे धीरे 'आख्यायिका' और 'गल्प' पद प्रयोग-बाहर हो गये। बाद में, बोलने की सुविधा के कारण, 'छोटी कहानी' के स्थान पर 'कहानी' पद का प्रयोग अधिक प्रचलित हुआ और आज यही पद आधिकारिक रूप में स्वीकृत है।

6. भवदेव पांडेय, *हिन्दी कहानी का पहला दशक* में प्रदत्त 'गुलबहार' का पाठ, पृ. 80 (प्रथम पैराग्राफ)
7. देखें, *हिन्दी कहानी का पहला दशक* में संकलित कहानी का पाठ, पृ. 109
8. संस्कृत साहित्य में 'कथा' के पर्याय रूप में 'गल्प' पद का प्रयोग नहीं मिलता। 'जल्प' क्रिया धातु से निर्मित संज्ञा पद 'जल्प' और 'जल्पना', जिससे 'गल्प' की व्युत्पत्ति सम्भव है, 'व्यक्त वचन', 'गप्प मारना', 'ऊलजलूल बकना', 'बक-बक करना' आदि अर्थ निष्पन्न होते हैं। लगता है बंगला वालों ने 'जल्प' को ही 'गल्प' रूप देकर 'छोटी कहानी' के लिए प्रचलित कर दिया।
9. देखें, कमलकिशोर गोयनका, (सं.), *प्रेमचन्द का अप्राप्य साहित्य*, भारतीय ज्ञानपीठ, नयी दिल्ली, 1988, पृ. 369
10. Wikipedia, the free encyclopedia, Short Story(Computer, Internet)
11. कथालोचना में लगभग छह पद बहुप्रचलित हैं : **उपन्यास, लघु उपन्यास, उपन्यासिका, लम्बी कहानी, कहानी और लघु कथा**। पर अब तक इन पदों का सुनिश्चित अर्थनिर्धारण नहीं हो सका है। आकार और प्रकृति दोनो ही दृष्टियों से इनका सटीक अर्थनिर्धारण बहुत जरूरी है, क्योंकि इसके बिना आलोचना पतवारहीन हो जाती है। पहले **उपन्यास** पद को ही लें। अक्सर किसी भी पुस्तक रूप में प्रकाशित एकल कथा को, चाहे वह 'छोटी' हो या 'बड़ी', **उपन्यास** नाम दे देने का रिवाज हो गया है। व्यावसायिक दृष्टि से यह कदाचित् लाभप्रद है, इसलिए प्रकाशक ही नहीं, लेखक भी 'उपन्यास' पद का दुरुपयोग करने में नहीं हिचकते। इसका इतिहास भी बहुत पुराना है। किशोरी लाल गोस्वामी की कहानी 'इन्दुमती' पहले *सरस्वती* (1900) में 'आख्यायिका' नाम से प्रकाशित हुई थी, पर बाद में वही 'इन्दुमती वा वनविहंगिनी' शीर्षक से **उपन्यास** के रूप में भी प्रकाशित हुई और आलोचकों ने उपन्यास के रूप में उसे मान्यता भी दी। गोपाल राम गहमरी के अनेक **उपन्यास** आकार और प्रकृति की दृष्टि से **उपन्यास** नहीं माने जा सकते, पर उनकी चर्चा उपन्यास के रूप में ही होती है। यह प्रवृत्ति आज भी जारी है। कृष्णा सोबती की *मित्रो मरजानी, ऐ लड़की*

आदि कई रचनाएँ पहले **कहानी** के रूप में प्रकाशित हुईं और बाद में उन्हें बड़े फेस के टाइप और छोटे आकार के पृष्ठों वाली स्वतन्त्र किताबों के रूप में **उपन्यास** नाम से प्रकाशित किया गया। राजेन्द्र यादव ने भी अपनी कुछ कथा पुस्तकों के साथ ऐसी ही चालाकी बरती है। पर इससे पाठक ठगे जाते हैं और आलोचक भटक जाते हैं।

उपन्यास का लघुतम आकार क्या हो, इस पर आज तक कोई एक राय नहीं हो पायी है, और कदाचित् हो भी नहीं सकती। आकार-निर्धारण का सबसे सही माप शब्द-संख्या हो सकती है, पर शब्द-संख्या कहाँ रखी जाए, इसका निश्चय करना बहुत कठिन है। ई. एम. फोर्स्टर ने पचास हजार शब्दों का एक विकल्प दिया था, जिसे स्वीकार कर लेने में कोई कठिनाई नहीं जान पड़ती। इसका यह अर्थ नहीं कि इस शब्द-संख्या का अतिक्रमण हो ही नहीं सकता, पर अतिक्रमण की सीमा एक हजार शब्दों के आसपास रहे तो अच्छा हो। आपवादिक स्थितियों में यह शब्द-संख्या और भी कम हो सकती है, पर सामान्य मान्यता 50,000 शब्दों की हो तो कदाचित् उपन्यास के आकार को सुनिश्चित करने में सुविधा होगी।

प्रकृति की दृष्टि से **उपन्यास** की कथा विकासमान और बहुआयामी तथा जीवन-यथार्थ से जुड़ी हुई होती है। उपन्यास के लिए दिक् और काल का विस्तारित आयाम आवश्यक होता है। प्रयोगात्मक रूप में इसकी उपेक्षा भी सम्भव है, पर वह आपवादिक स्थिति है। 'यथार्थ' के भी अनेक रूप सम्भव हैं पर मानवीय व्यापारों से उसका सम्बन्ध सुनिश्चित है। कल्पनाप्रसूत और जीवन-यथार्थ से सम्बद्ध कथा ही 'उपन्यास' हो सकती है। अपवाद कदाचित् यहाँ भी सम्भव हैं, पर उन्हें सामान्य अवधारणा से भिन्न मानना उपयोगी होगा। **'लघु उपन्यास'** और **'उपन्यासिका'** पदों का प्रयोग लगभग एक अर्थ में होता है। यह अनावश्यक और भ्रमोत्पादक है। हम चाहें तो इन्हें अलग अलग अर्थ देने की कोशिश कर सकते हैं। मेरी दृष्टि में **'लघु उपन्यास'** 'उपन्यास' या 'बड़े आकार के उपन्यास' से भिन्न केवल इस अर्थ में है कि एक तो, इसकी अधिकतम शब्दसीमा 50,000 के आसपास हो सकती है, दूसरे, इसका कथासंसार और विज़न बड़े आकार के उपन्यास की तरह बहुआयामी नहीं होता। कथा का दिक् और काल के आयाम में विकास 'लघु उपन्यास' में भी होता है और युगपत् रूप में अग्रसर होनेवाली एकाधिक कथाएँ भी 'लघु उपन्यास' में हो सकती हैं, पर उनका विस्तार बड़े आकार के उपन्यास की तरह असीमित नहीं हो सकता। 'लघु उपन्यास' उपन्यास की तुलना में कसा हुआ, सुसम्बद्ध और एकल विषय या विज़न से जुड़ा हुआ होता है। लघु उपन्यास की निम्नतम सीमा 30,000 निर्धारित की जा सकती है, यद्यपि इसमें भी नमनीयता के लिए स्थान होगा ही।

उपन्यासिका के लिए मैं अधिकतम शब्द-सीमा 30,000 और निम्नतम शब्द-सीमा 20,000 (नमनीयता के साथ) निर्धारित करने का सुझाव दूँगा। प्रकृति की दृष्टि से **लघु उपन्यास** और **उपन्यासिका** में यह अन्तर किया जा सकता है कि 'उपन्यासिका' की कहानी इकहरी होगी और उसमें काल का आयाम तो होगा, पर दिक् का फैलाव प्रायः नहीं होगा। वर्णन-विरलता, पात्रों की सीमित संख्या, विचार और चिन्तन में मितव्ययिता तथा मनोवैज्ञानिक गहराई में प्रवेश करने की प्रवृत्ति इसकी पहचान हो सकती है।

कहानी और **लम्बी कहानी** की शिनाख्त करने का भी एक आसान नुस्खा निश्चित किया जा सकता है। आकार की दृष्टि से **'लम्बी कहानी'** की अधिकतम शब्द-संख्या 15,000 और निम्नतम शब्द-संख्या 4,000 के आसपास हो सकती है। प्रकृति की दृष्टि से **कहानी** में कथा के दिक् और काल के आयाम में विकास के लिए गुंजाइश नहीं होती। एक अच्छी **कहानी** में संवेदना या तनाव का कोई एक क्षण ही चित्रणीय होता है, यद्यपि उसके इर्द-गिर्द किसी एक पात्र या अधिक-से-अधिक दो-तीन पात्रों के बाह्य और मानसिक कार्यकलाप नियोजित किये जा सकते हैं। **लम्बी कहानी** में संवेदना या तनाव का क्षण विस्तारित हो सकता है, कुछ ज्यादा देर तक चल सकता है। यही चीज

उसे कहानी से अलग करती है। लम्बी कहानी में भी कथा का दिक् और काल में विकास सम्भव नहीं होता। आकार की दृष्टि से **कहानी** का विस्तार 1000 से 3,000 शब्दों के बीच रखा जा सकता है।

'लधु कथा' के जो उदाहरण अब तक उपलब्ध हैं, उनसे यह निष्कर्ष निकलता है कि उसका आकार प्रायः 150 शब्दों से 300 शब्दों के बीच होता है। कदाचित् 500 शब्दों तक भी इसकी सीमा जा सकती है। प्रकृति की दृष्टि से **लघु कथा** में कोई एक ही प्रसंग होता है, जिसमें विरोधाभास या संवेदना का कोई मार्मिक क्षण व्यंजित होता है।

12. रामचन्द्र शुक्ल, *हिन्दी साहित्य का इतिहास,* नागरी प्रचारिणी सभा, वाराणसी, 23 वाँ सं. सं. 2047 वि. (1990), पृ. 274
13. प्राचीन नोर्स साहित्य में प्राप्त होनेवाला महाकाव्यात्मक आख्यान, जिसमें मध्यकालीन आइसलैंड और नार्वे के मिथकीय चरित्रों के जीवन में घटित घटनाओं का वर्णन, सामान्यतः गद्य में होता था।
14. सत्यकाम, *उपन्यास : पहचान और प्रगति,* ग्रन्थ निकेतन, पटना, 1985, पृ. 30
15. 1842 में हॉथोर्न की *'ट्वाइस टोल्ड टेल्स* की भूमिका में पो ने कहानी के इस गुण पर विशेष जोर दिया था।
16. Short story, *Encyclopaedia Britanica*, p. 138
17. युनाइटेड स्टेट्स के दक्षिणी-पूर्वी भाग में प्रचलित लोककथाएँ
18. Short story, *Encyclopaedia Britanica*, p. 138
19. कमलकिशोर गोयनका (सं.), *प्रेमचन्द का अप्राप्य साहित्य,* भारतीय ज्ञानपीठ, नयी दिल्ली, 1988, पृ. 369
20. उपरिवत्, पृ. 371
21. उपरिवत्, पृ. 372
22. उपरिवत्
23. उपरिवत्, पृ. 373
24. प्रेमचन्द ने लगभग 12-15 साल की उम्र में मौलाना शाह, पं रतननाथ सरशार, मिर्जा रुसवा, मौलवी मुहम्मद अली आदि की उर्दू कथापुस्तकें, रेनॉल्ड के उपन्यासों के अनुवाद, नवल किशोर प्रेस से निकले पुराणों के उर्दू अनुवाद और *तिलिस्मे होशरुबा* के कई खंड दो-तीन सालों के भीतर (1893-96) पढ़ डाले थे। उनकी आरम्भिक कहानियों पर इसका प्रभाव दिखायी पड़ता है। 14 मार्च, 1914 को मुंशी दयानरायन निगम के नाम लिखित अपने पत्र में उन्होंने उन्हें सूचित किया कि वे उन दिनों तोल्सतोय की कहानियाँ पढ़ रहे थे और उनसे बेहद प्रभावित थे। लगभग इसके बाद ही उन्होंने तोल्सतोय की कहानियों का अनुवाद और रूपान्तर करना शुरू किया, जिनका संकलन *प्रेम प्रभाकर* शीर्षक से प्रकाशित हुआ। इस संकलन में बीस कहानियाँ संकलित थीं। 1923 में यह संकलन *टाल्सटॉय की कहानियाँ* शीर्षक से प्रकाशित हुआ, जिसमें कहानियों की संख्या 22 थी। निगम साहब के नाम ही 2 फरवरी, 1920 को लिखे पत्र में प्रेमचन्द ने ऑस्कर वाइल्ड की 'एक कहानी' के अनुवाद करने की सूचना दी। सम्भवतः यह कहानी Canterville's Ghost थी, जिसे प्रकाशन के लिए भेजने की सूचना उन्होंने अपने 29 जून, 1920 के पत्र में दी थी।
25. रामचन्द्र शुक्ल, *हिन्दी साहित्य का इतिहास,* नागरी प्रचारिणी सभा, वाराणसी, सं. 1990, पृ. 274
26. उपरिवत्
27. उपरिवत्
28. उपरिवत्
29. उपरिवत्, पृ. 294

2

हिन्दी कहानी का जन्म और नामकरण : 1900-1910

हिन्दी में 'कहानी' का आरम्भ कब से या किस रचना से माना जाए, इसका किंचित् विश्वसनीय उत्तर तभी दिया जा सकता है, जब 'कथा' और 'कहानी' के अन्तर को ध्यान में रख कर निर्णय किया जाए कि किस प्रारम्भिक कथा-रचना में 'कहानी' का भेदक गुण प्रथम बार दिखायी देता है। सम्प्रति हिन्दी आलोचना में 'कहानी' पद उस गद्यविधा के लिए स्वीकृति प्राप्त कर चुका है, जिसे अँगरेजी में 'शार्ट स्टोरी' कहते हैं और जो हिन्दी में बीसवीं सदी के प्रारम्भ में अस्तित्व में आयी। पहले अध्याय में हम 'कहानी' का स्वरूप यथासम्भव स्पष्टता के साथ निरूपित कर चुके हैं। संक्षेप में दुहराया जा सकता है कि 'कहानी' अपनी रूप-रचना के लिए 'घटना' को स्वीकार नहीं करती। उसमें 'घटना' का स्थान 'कार्य-व्यापार' ले लेता है।[1] इसके साथ ही 'कथा' में घटनाओं की शृंखला होती है, जबकि 'कहानी' में कोई एक ही कार्य-व्यापार केन्द्र या 'फोकस' में होता है। पर सबसे महत्त्वपूर्ण बात यह है कि 'कहानी' क्षण की अभिव्यक्ति होती है। यह 'क्षण' संवेदना का क्षण होता है। इसकी स्थिति दीपाधार पर टिमटिमाती लौ अथवा पीठिका पर रखे मोती की तरह होती है। क्षण में घटित होनेवाली संवेदना को प्रस्तुत करने के लिए भी एक पीठिका या पृष्ठभूमि का निर्माण अपेक्षित होता है। स्थिर टिमटिमानेवाली लौ के लिए भी जैसे कोई आधार चाहिए, उसी तरह 'संवेदना के क्षण' की अभिव्यक्ति के लिए भी दिक् और काल के आयाम का निर्माण अपरिहार्य होता है, जिसमें 'कथा' किसी न किसी रूप में आ ही जाती है। उस क्षण तक पहुँचने के लिए कार्य-व्यापार की शृंखला भी, पाठकीय चेतना के लिए सीढ़ी के रूप में, अपेक्षित होती है। 'कहानी'-लेखक को इस बात में सावधानी और सतर्कता बरतनी होती है कि यह पृष्ठभूमि-निर्माण या 'कार्य-व्यापार-शृंखला' मर्यादित रहे और 'संवेदना के क्षण' पर हावी न हो जाए या उसे गौण न बना दे।

आचार्य शुक्ल ने पुराने ढंग की 'कथा' से आधुनिक 'कहानी' के अन्तर को समझने के लिए यह कसौटी रखी है कि प्रथम में 'इतिवृत्त का प्रवाह' अपेक्षित होता है, जबकि दूसरी कोटि की कहानियों में भिन्न भिन्न स्थितियों का चित्रण या प्रत्यक्षीकरण भी पाया जाता है।[2] इसी कसौटी पर उन्होंने राजा शिवप्रसाद की 'राजा भोज का सपना' (शुक्ल

जी के अनुसार 1856 ई. के आसपास रचित) या 'वीर सिंह का वृत्तान्त' को 'आधुनिक छोटी कहानी' के रूप में स्वीकार नहीं किया है।[3]

हिन्दी की 'प्रथम कहानी' कौन है, यह प्रश्न विवादास्पद है और अनावश्यक भी। बीसवीं सदी के आरम्भ में, जबकि 'कहानी' विधा अस्तित्व में आयी थी, उसका आविर्भाव किसी बिजली की चमक जैसा नहीं हो गया था। अँगरेजी की 'शॉर्ट स्टोरी', और कदाचित् बँगला की 'गल्प' (जो स्वयं भी 'शॉर्ट स्टोरी' से ही प्रेरित-प्रभावित थी) नामक विधा से अनुप्रेरित-प्रभावित होने पर भी उसका अपने आन्तरिक नियमों से ही विकास हुआ था। उस काल में 'कहानी' की कोई सुनिश्चित पहचान नहीं बनी थी—यहाँ तक कि इसके लिए कोई संज्ञा तक सुनिश्चित नहीं थी। *सरस्वती* में इसके लिए 'आख्यायिका' पद का प्रयोग आरम्भ हुआ, जिसे *सुदर्शन, वैश्योपकारक, इन्दु* और कुछ दूसरी पत्रिकाओं ने भी अपनाया, पर *मर्यादा* में बँगला साहित्य के अनुकरण पर इसके लिए 'गल्प' पद प्रयुक्त हो रहा था। आचार्य रामचन्द्र शुक्ल को इनमें से कोई भी नाम न जँचा और उन्होंने अपने हिन्दी साहित्य के इतिहास में 'छोटी कहानी' पद का प्रयोग किया और उसके रूप-विधान पर किंचित् गम्भीरता से विचार भी किया। उनके अनुसार "इसमें तो कोई सन्देह नहीं कि उपन्यास और छोटी कहानी दोनो के ढाँचे हमने पश्चिम से लिये हैं। हैं भी ये ढाँचे बड़े सुन्दर। हम समझते हैं कि ढाँचों तक ही रहना चाहिए। पश्चिम में भिन्न भिन्न दृष्टियों से किये हुए उनके वर्गीकरण, उनके सम्बन्ध में निरूपित तरह तरह के सिद्धान्त (हैं)। कहानियों का हमारे वर्तमान हिन्दी साहित्य में (1900-1929)[4] इतनी अनेकरूपता के साथ विकास हुआ है कि उनके सम्बन्ध में हम अपने कुछ स्वतन्त्र सिद्धान्त निर्मित कर सकते हैं, अपने ढंग पर उनके भेद उपभेद निरूपित कर सकते हैं। इसकी आवश्यकता समझने के लिए उदाहरण लीजिए। छोटी कहानियों के जो आदर्श और सिद्धान्त अँगरेजी की अधिकतर पुस्तकों में दिये गये हैं, उनके अनुसार छोटी कहानियों में शील या चरित्रविकास का अवकाश नहीं रहता। पर प्रेमचन्द की एक कहानी है, 'बड़े भाई साहब' जिसमें चरित्र-चित्रण के अतिरिक्त कुछ है ही नहीं। जिस संग्रह के भीतर यह कहानी है उसकी भूमिका में प्रेमचन्द जी ने कहानी-विकास (या 'चरित्र विकास'?)[5] को बड़ा भारी कौशल कहा है। छोटी कहानियों के जो छोटे-मोटे संग्रह निकलते हैं उनमें भूमिका के रूप में अँगरेजी पुस्तकों से लेकर कुछ सिद्धान्त प्रायः रख दिये जाते हैं। यह देखकर बड़ा दुःख होता है। विशेष करके तब, जब उन सिद्धान्तों से सर्वथा स्वतन्त्र कई सुन्दर कहानियाँ उन संग्रहों के भीतर ही मिल जाती हैं।"[6] कुछ आगे चलकर शुक्ल जी फिर कहते हैं : "छोटी कहानियों का विकास तो हमारे यहाँ और भी विशद रूप में हुआ और उसमें वर्तमान कवियों का भी पूरा योग रहा है। उनके इतने रूपांग हमारे सामने आये हैं कि वे सब के सब अब पाश्चात्य लक्षणों और आदर्शों के भीतर नहीं समा सकते। न तो सबमें विस्तार के किसी नियम का पालन मिलेगा, न चरित्रविकास का अवकाश। एक संवेदना या मनोभाव का सिद्धान्त भी कहीं कहीं ठीक न घटेगा। उसके स्थान पर हमें मार्मिक परिस्थिति की

एकता मिलेगी, जिसके भीतर कई ऐसी संवेदनाओं का योग रहेगा जो सारी परिस्थिति को बहुत ही मार्मिक रूप देगा। श्री चंडीप्रसाद 'हृदयेश' की 'उन्मादिनी' का जिस परिस्थिति में पर्यवसान होता है, उसमें पूरन का सत्वोद्रेक, सौदामिनी का अपत्य स्नेह और कालाशंकर की स्तब्धता तीनो का योग है। जो कहानियाँ कोई मार्मिक परिस्थिति लक्ष्य में रखकर चलेंगी उनमें बाह्य प्रकृति के भिन्न भिन्न रंग-रूपों के सहित और परिस्थितियों का विशद चित्रण भी बराबर मिलेगा। घटनाएँ और कथोपकथन बहुत अल्प रहेंगे। 'हृदयेश' जी की कहानियाँ प्रायः इसी ढंग की हैं। 'उन्मादिनी' में घटना गतिशील नहीं। 'शान्तिनिकेतन' में घटना और कथोपकथन दोनो कुछ नहीं। यह भी कहानी का एक ढंग है, यह हमें मानना पड़ेगा। पाश्चात्य आदर्श का अनुसरण इसमें नहीं है, न सही।''[7]

शुक्ल जी ने 'कहानी' के रूप-विधान के सम्बन्ध में अपने ये विचार 1929 में व्यक्त किये थे, जबकि हिन्दी कहानी का पर्याप्त विकास हो चुका था। वस्तुतः यदि हम 'छोटी कहानी' विषयक पाश्चात्य आदर्श—संवेदना के क्षण की अभिव्यक्ति—पर टिके रहें, तो प्रेमचन्द, प्रसाद, जैनेन्द्र आदि ही नहीं, बाद की भी बहुत सारी 'कहानियाँ' इतिहास से बाहर चली जायेंगी। हिन्दी कहानी के उद्‌भव के प्रथम दशक की कहानियों को शुक्ल जी द्वारा निर्दिष्ट विधान पर ही विवेच्य माना जा सकता है।

हिन्दी 'कहानी' के उद्‌भव और विकास की प्रक्रिया को समझने के लिए उसके इतिहास का सिंहावलोकन उपयोगी हो सकता है। हिन्दी की पहली मौलिक 'गद्यकथा' सैयद इंशा अल्ला खाँ रचित *रानी केतकी की कहानी* (र. का. लगभग 1803) है।[8] पर यह आधुनिक 'कहानी' नहीं है, क्योंकि इसमें 'घटनाएँ' भी हैं और समयानुक्रम में निबद्ध घटनाओं की शृंखला भी। इंशा की दूसरी गद्यकथा 'सिल्के गौहर' भी 'कहानी' के रूप में स्वीकार नहीं की जा सकती।[9] पूरी उन्नीसवीं शताब्दी के पूर्वार्ध में मौलिक गद्यकथा का कोई दूसरा उदाहरणं नहीं मिलता। डा. सादिक़ के अनुसार उर्दू में एक पृथक् गद्य-विधा के रूप में कहानी के प्रथम चिह्न उन्नीसवीं शताब्दी के पहले दशक में फोर्ट विलियम कॉलेज से सम्बद्ध लेखकों द्वारा तैयार की गयी पुस्तकों में मिलते हैं। इसके समर्थन में उन्होंने हैदर बख़्श हैदरी व. [illegible]ो. इबादत बरेलवी द्वारा संकलित-सम्पादित 174 कहानियों के संकलन और 'भूमिका' में व्यक्त उनके इस विचार का उल्लेख किया है कि ''इन कहानियों में 'लघु कथा अथवा शार्ट स्टोरी' की कलात्मक झलकियाँ स्पष्ट रूप से दिखायी देती हैं।'' पर स्वयं सादिक़ प्रो. हैदरी के इस विचार से पूरा इत्तफ़ाक नहीं रखते।[10] कम्पनी सरकार या ईसाई धर्मप्रचारकों द्वारा स्थापित प्राइमरी स्कूलों की पाठ्य-पुस्तकों में शामिल करने के उद्‌देश्य से लिखित कुछ लघु उपदेश-कथाओं के उदाहरण उन्नीसवीं सदी के उत्तरार्ध में मिलने लगते हैं, पर उन्हें भी 'कहानी' के विकास से नहीं जोड़ा जा सकता। श्रीलाल लिखित *धर्म सिंह का वृत्तान्त* (प्र.का. लगभग 1850) और *सूरजपुर की कहानी* (प्र.का. 1853), राजा शिव प्रसाद रचित *वीर सिंह का वृत्तान्त* (प्र.का. 1855), *वामा मनरंजन* (प्र.का. 1856) और *लड़कों की कहानी* (प्र.का. लगभग 1860), पं. कृष्णदत्त

लिखित *बुद्धि फलोदय* (प्र.का. लगभग 1860) आदि इसी प्रकार की रचनाएँ हैं।

उन्नीसवीं शताब्दी के आठवें दशक से मौलिक गद्य-कथाओं के लेखन और प्रकाशन का कार्य कुछ बड़े पैमाने पर आरम्भ हुआ, पर उन्हें 'उपन्यास' कहने का चलन रहा। *देवरानी जेठानी की कहानी* के शीर्षक में 'कहानी' शब्द का प्रयोग 'कथा' के अर्थ में ही हुआ है। डा. सादिक के अनुसार 1870 में सैयद अहमद खाँ (1817-98) लिखित 'गुज़रा हुआ जमाना' नामक गद्यकथा उन्हीं के द्वारा प्रकाशित अखबार 'तहज़ीबुल अख़लाक' में प्रकाशित हुई थी। सादिक ने इसे उर्दू की पहली 'कहानी' मानने का तर्क पेश किया है।[11] 1871 में रेवरेंड जे. न्युटन रचित लगभग 2400 शब्दों की कथा 'जमींदार का दृष्टान्त' प्रकाशित हुई थी।[12] राजेन्द्र गढ़वालिया ने इसे हिन्दी की प्रथम कहानी मानने की सिफारिश की है, जिसे वेदप्रकाश अमिताभ का भी समर्थन प्राप्त है।[13] *हरिश्चन्द्र मैगजिन* के फरवरी, 1874 अंक में किसी एल. आर. पी. द्वारा लिखित 'गुणसिन्धु' नामक कथा प्रकाशित होनी शुरू हुई, जिसका उत्तरार्ध 'हरिश्चन्द्र चन्द्रिका' के जनवरी, 1875 अंक में प्रकाशित हुआ। यह लगभग 5000 शब्दों की कथा है। *हरिश्चन्द्र मैगजिन* के ही अप्रील, 1874 अंक में किसी श्रीशरण लिखित 'धैर्यसिन्धु' नामक कथा प्रकाशित हुई। छोटे आकार के बावजूद इस शताब्दी के अन्तिम चरण में प्रकाशित गद्यकथाएँ भी 'उपन्यास' ही कही गयीं। बालकृष्ण भट्ट कृत *नूतन ब्रह्मचारी* का आकार एक लम्बी कथा का (ल. 12000 शब्द) है। यदि इसमें से प्रकृति-वर्णनों और उपदेश-वचनों को निकाल दिया जाए तो कथा मात्रा 5000 शब्दों की बच रहेगी। किशोरीलाल गोस्वामी का पहला उपन्यास *प्रणयिनी परिणय* (र.का. 1887) का आकार मात्र 6000 शब्दों का है, जिसमें से नायिका के सौन्दर्य और विरह तथा अन्य प्रकार के वर्णनों को निकाल देने पर कथा का आकार 3000 शब्दों का बच जाएगा।[14] उनके दूसरे उपन्यास *त्रिवेणी* (र. का. 1888) की पृ. सं. भी मात्रा 41 है, जिसमें कथा का अंश 5 पृष्ठ से अधिक नहीं है। देवीप्रसाद शर्मा रचित 'उपन्यास' *विधवा विपत्ति* (प्र. का. 1888) की पृ. सं. मात्रा 17 है।[15] 1893 में किसी अज्ञात लेखक की 560 शब्दों की गद्यकथा 'छली अरब की कथा' प्रकाशित हुई थी।[16]

उन्नीसवीं शताब्दी में हिन्दी या उर्दू में प्रकाशित कोई भी कथा, जिसका आकार भले ही 'कहानी' के निकट हो, 'कहानी' नहीं कही जा सकती। भवदेव पांडेय ने इसका एक कारण 'कहानी-लेखन के प्रति भारतेन्दु युग की नकारात्मक सोच' बताया है और इसे प्रमाणित करने के लिए चौधरी बदरीनारायण 'प्रेमघन' का 1905 की *आनन्द कादम्बिनी* में छपा एक कथन उद्धृत किया है।[17] पर विचार करने पर इस तर्क में कोई दम नहीं जान पड़ता। भारतेन्दु-युग में कथा-लेखन में अद्भुत् सक्रियता दिखायी देती है। स्वयं भारतेन्दु से लेकर बालकृष्ण भट्ट, किशोरीलाल गोस्वामी, देवकीनन्दन खत्री, भुवनेश्वर मिश्र आदि की रचनाएँ इसका प्रमाण हैं। पर ये कथा-लेखक अपनी कृतियों को 'उपन्यास' के रूप में प्रस्तुत कर रहे थे। अँगरेजी की 'शॉर्ट स्टोरी' (छोटी कहानी) का प्रचलन बँगला में तो 'गल्प' के नाम से हो चुका था, पर हिन्दी के लेखक अभी इस

विधा से अपरिचितप्राय थे। *सरस्वती* के प्रकाशन (जनवरी, 1900) के साथ ही हिन्दी लेखकों में इस विधा के प्रति जागरूकता पैदा हुई और किशोरीलाल गोस्वामी की रचना 'इन्दुमती' **आख्यायिका**[18] विशेषण के साथ प्रकाशित हुई। 1903 में महावीर प्रसाद द्विवेदी के सम्पादक नियुक्त होने के बाद तो *सरस्वती* में 'आख्यायिका खंड' नामक स्तम्भ ही आरम्भ हो गया, जिसमें इस प्रकार की अनूदित, छायानूदित और मौलिक 'आख्यायिकाओं' का ताँता लग गया। इसलिए 1905 या 1908 में 'प्रेमघन' के कहानी-लेखन के विरोध का कोई विशेष महत्त्व नहीं रह जाता।

इस समय, जब हिन्दी कहानी ('आख्यायिका' नाम से) अस्तित्व में आयी, हिन्दी लेखकों का सम्पर्क अधिकतर अँगरेजी और बँगला साहित्य से ही स्थापित हो पाया था। अँगरेजी कहानी-पुस्तकों के नाम पर जो पुस्तकें उच्च शिक्षा-केन्द्रों में निर्धारित थीं, उनमें मैथेनियल हाथोर्न की *ट्वाइस टोल्ड टेल्स*, वाशिंगटन इरविंग की *स्केच बुक*, चार्ल्स किंग्ले की *द हीरोज*, चार्ल्स लैम्ब की *टेल्स फ्रॉम शेक्सपीयर* और *सेलेक्टेड शार्ट स्टोरीज* नामक कहानी संग्रह शामिल थे जिसमें सर वाल्टर स्कॉट, वाशिंगटन इरविंग और चार्ल्स डिकेन्स की कहानियाँ संगृहीत थीं।[19] एक उल्लेखनीय तथ्य यह भी है कि हिन्दी कहानी का जन्म उस समय हुआ जब उत्तर भारत का पुनर्जागरण आन्दोलन अपने विकास के दूसरे चरण में प्रवेश कर चुका था। यह तो सुज्ञात ही है कि जिस समय, यानी उन्नीसवीं शताब्दी के प्रथम चरण में, बंगाल में पुनर्जागरण का दौर चल रहा था, हिन्दी क्षेत्र (जिसे बंगाली भद्रलोक 'हिन्दुस्तान' कहता था) मध्यकालीनता के अँधेरे में जकड़ा हुआ था। यद्यपि आज के बिहार और झारखंड तब बंगाल प्रेसिडेन्सी के ही हिस्से थे, पर बंगाल के नवजागरण की किरणें वहाँ तक मुश्किल से ही पहुँच पाती थीं। वस्तुतः हिन्दी क्षेत्र में पुनर्जागरण भिन्न रूप में घटित हुआ। किसी राजनीतिक दृष्टि से पराधीन देश में पुनर्जागरण की एक शर्त राजनीतिक स्वाधीनता भी है। बंगाल का पुनर्जागरण सामाजिक पुनर्जागरण से ताल्लुक रखता था। उसमें राजनीतिक पुनर्जागरण भी सन्निहित था, पर वह प्रच्छन्न था। हिन्दी क्षेत्र में पुनर्जागरण की चिनगारी औपनिवेशिक शोषण और दमन के प्रति असन्तोष से फूटी, जिसका प्रतिफलन 1857 का औपनिवेशिक शासन से विद्रोह था। इतिहासकारों ने स्वीकार किया है कि यद्यपि इस विद्रोह के जाहिर नेता ब्रिटिश शासन से असन्तुष्ट भारतीय सामन्त थे, पर उन्हें किसानों, सैनिकों, साधु-सन्तों और मुल्ला-मौलवियों का प्रत्यक्ष-अप्रत्यक्ष, दोनो प्रकार का समर्थन प्राप्त था। यह विद्रोह अमानुषिक निर्दयता के साथ कुचल दिया गया, पर उसकी चिनगारी दमन की राख के नीचे बची रह गयी। इस राजनीतिक विद्रोह के साथ ही बंगाल का सामाजिक पुनर्जागरण हिन्दी क्षेत्र में पहुँचा। बंगाल नवजागरण के एक प्रमुख नेता केशवचन्द्र सेन ने पंजाब को और आर्य समाज के संस्थापक स्वामी दयानन्द सरस्वती ने हिन्दी क्षेत्र को सामाजिक जागरण-आन्दोलन के लिए चुना। ठीक इसी समय सर सैयद अहमद और अब्दुल्ला साहब आदि ने मुस्लिम समाज में 'नयी रोशनी' फैलाने का आन्दोलन शुरू किया। दुर्भाग्य की बात यह हुई कि अँगरेज हिन्दुओं-मुसलमानों की उस एकता को, जो 1857

के विद्रोह के समय पैदा हुई थी, अपनी कूटनीतिक चालों से भंग करने में सफल हो गये। हम यहाँ उसके विस्तार में नहीं जायेंगे, पर यह सच है कि 1885 में जब इंडियन नेशनल कांग्रेस की स्थापना हुई, तब तक हिन्दू और मुस्लिम समाज की फाँक चिन्ताजनक रूप ले चुकी थी। यह हिन्दी-उर्दू क्षेत्र की सबसे दुर्भाग्यपूर्ण नियति थी। इसके बावजूद उत्तर भारत में सामाजिक नवजागरण का दौर अपने सारे अन्तर्विरोधों और विरोधाभासों के साथ जारी था और कांग्रेस के माध्यम से राजनीतिक हित की चिन्ता भी अभिव्यक्त होने लगी थी।

बीसवीं शताब्दी के प्रथम दशक में क्रान्तिकारी आन्दोलन की भी शुरुआत हो गयी थी। इस आन्दोलन के कार्यक्रम में राजनीतिक हत्याएँ–विशेषकर जनविरोधी पदाधिकारियों की–शामिल थीं, जिसका उद्देश्य नौकरशाही में भय का वातावरण पैदा कर उसकी इच्छाशक्ति को तोड़ना था। वे यह भी मानते थे कि बड़े पैमाने पर राजनीतिक हत्याओं के अभियान से सैनिक-विद्रोह के लिए भी अनुकूल वातावरण पैदा होगा। उनके कार्यक्रम का दूसरा मुद्दा डकैतियाँ आयोजित करना था ताकि आन्दोलन चलाने के लिए धन इकट्ठा किया जा सके। इन क्रान्तिकारी और आतंकवादी गतिविधियों के मुख्य केन्द्र बंगाल, पंजाब और महाराष्ट्र थे। इनकी शाखाएँ विदेशों तक फैली हुई थीं।

इस जुझारू या लड़ाकू राष्ट्रीयता के नेता बाल गंगाधर तिलक, विपिनचन्द्र पाल, अरविन्दो घोष, वारीन्द्र घोष, लाला लाजपत राय, सुरेन्द्रनाथ बनर्जी, भूपेन्द्रनाथ बसु आदि थे। इस नयी राष्ट्रीयता को हिन्दू मध्यवर्ग का जोरदार समर्थन मिला क्योंकि यह हिन्दू धार्मिक प्रतीकों से भी थोड़ा बहुत जुड़ा हुआ था। इस कारण इसकी बाद में आलोचना भी हुई। इसके पूर्व जो राष्ट्रीयता का दौर था, उसके नेता उच्चवर्ग के बुद्धिजीवी और व्यापारी वर्ग के लोग थे। उसका सामाजिक आधार उच्चवर्गीय, अतः कम व्यापक था।

जुझारू राष्ट्रवादी 'स्वदेशी' में विश्वास करते थे और लोगों के बीच इसका गर्मजोशी के साथ प्रचार करते थे। वे इसी में देश की मुक्ति देखते थे। इसमें उन्हें आत्मसम्मान, आत्मनिर्भरता, आत्मविश्वास और पौरुष दिखायी पड़ता था। वे इसे संयुक्त भारत का 'समान धर्म' मानते थे। उनकी दृष्टि में 'स्वदेशी' भारतीयों के हाथ में भारत के आर्थिक उत्थान और विकास का एक हथियार था। वस्तुतः मध्यवर्ग ही विदेशी वस्तुओं का सबसे बड़ा उपभोक्ता था, जिसे स्वदेशी आन्दोलन में शामिल कर ब्रिटिश शासन को कमजोर बनाया जा सकता था। इस प्रकार 'स्वदेशी' या 'बहिष्कार' आन्दोलन, खुले और आक्रामक रूप में, ब्रिटिश-विरोधी था।[20]

इस नवराष्ट्रवाद ने भारतीय राष्ट्रवादी आन्दोलन को जुझारूपन और स्वतन्त्रता की माँग से युक्त कर दिया। इसने भारतीय जनता को बता दिया कि बिना तकलीफ झेले स्वराज्य नहीं पाया जा सकता। इसने आन्दोलन को निम्न मध्यवर्ग तक और कुछ हद तक बड़े जनसमूह तक पहुँचा दिया।

तिलक ने 1895 में शिवाजी महोत्सव को पुनर्जीवित किया, जिसका राजनीतिक

लक्ष्य जनता में महाराष्ट्र को मुगलों के चंगुल से मुक्त करने वाले शिवाजी की स्मृति को जगाना और इसके द्वारा लोगों में ब्रिटिश शासन से मुक्ति का वीरता भरा संकल्प जागृत करना था।

तिलक और उनके सहकर्मियों ने उन्नीसवीं शताब्दी के अन्त में पड़े भारी अकाल के समय राहत पहुँचाने का कार्यक्रम चलाया। इसी समय भारत में प्लेग की महामारी फैली। सरकार ने इसका सामना करने के लिए जो उपाय लागू किये, उससे लोगों में बहुत असन्तोष फैला। तिलक ने 'केसरी' में इसके लिए सरकारी प्रयत्नों की आलोचना की। इसके तुरंत बाद स्वास्थ्य पदाधिकारी रैंड और लेफ्टि अंर्स्ट की हत्या हो गयी, जिसके लिए चेपलेकर बन्धुओं को फाँसी की सजा दे दी गयी। तिलक भी आतंकवादी गतिविधियों को बढ़ावा देनेवाली परिस्थितियाँ पैदा करने और देशद्रोह के अपराध में अट्ठारह महीनों के लिए जेल भेज दिये गये। इसके बाद दमन का जो सिलसिला जारी हुआ, उसके वर्णन की यहाँ कोई जरूरत नहीं।

कर्जन के समय में उठाए गये राजनीतिक कदमों ने लोगों में फैले असन्तोष को और भी बढ़ा दिया। कर्जन का विश्वास था कि हिन्दुओं और मुसलमानों में भेद पैदा करके ही ब्रिटिश राज को कायम रखा जा सकता है। इसी प्रेरणा से उसने धार्मिक आधार पर बंगाल का विभाजन कर दिया। बंग-विभाजन का व्यापक स्तर पर विरोध हुआ। जुझारू राष्ट्रीयता का समर्थक न होने के बावजूद उदारवादी दल, इसके व्यापक प्रभाव को देखते हुए, स्वदेशी आन्दोलन का समर्थन करने को बाध्य हुआ था। 1906 के कलकत्ता कांग्रेस में, जिसके अध्यक्ष उदारवादी दादा भाई नौरोजी थे, 'स्वराज्य' का प्रस्ताव पारित हो गया। इसके साथ ही विदेशी वस्तुओं के बहिष्कार, स्वदेशी और राष्ट्रीय शिक्षा सम्बन्धी प्रस्ताव भी, उदारवादियों की पुष्टि के साथ, पारित हुए।[21] यह जुझारू राष्ट्रीयता की बहुत बड़ी जीत थी, जिसने स्वाधीनता आन्दोलन के स्वरूप को ही बदल दिया था।

बहिष्कार आन्दोलन केवल विलायती वस्तुओं के उपयोग तक सीमित नहीं था बल्कि इसका स्वरूप बहुत व्यापक था और उसमें ब्रिटिश सरकार द्वारा दी हुई उपाधियों और सरकारी पदों का त्याग और कौंसिलों तथा स्कूलों का बहिष्कार भी शामिल था। इस आन्दोलन का उद्देश्य सरकार को बंगाल के विभाजन को समाप्त करने तथा दमन को रोकने के लिए बाध्य करना था।[22] वस्तुतः बहिष्कार का आन्दोलन लोगों के अन्दर स्वराज प्राप्त करने के लिए एक जुझारू संकल्प पैदा करना था। इस आन्दोलन के पुरस्कर्ताओं का त्याग और बलिदान इतना बड़ा था कि वे जनता के आदर्श और घर घर में परिचित नाम बन गये थे। इनमें से तिलक तो स्वतन्त्रता के लिए लड़नेवाले और राजनीतिक दमन के प्रतीक बन गये थे। रवीन्द्रनाथ ठाकुर, सर गुरुदास बनर्जी तथा मैमनसिंह और कासिम बाजार के महाराजा तक इस विरोध में शामिल हुए। विभाजन के विरोध में छिड़े अभियान में स्वराज, स्वदेशी, बहिष्कार और राष्ट्रीय शिक्षा के नारे भी लगाये गये। सभी राष्ट्रीय नेता, तिलक, पाल, अरबिन्दो, वारीन्द्र, लाजपत राय आदि

ने प्रेस और अन्य मंचों से बहिष्कार के प्रचार का देशव्यापी अभियान चलाया, जो बहुत सफल भी रहा। आन्दोलन बड़ी तेजी से फैला। ब्रिटिश व्यापार को बहुत नुकसान हुआ। जनसभाएँ, प्रदर्शन और हड़तालें हुईं। सरकार ने इसका दमन करने के लिए कड़े कदम उठाये। नेताओं, सम्पादकों, प्रचारकों और संगठनकर्ताओं को जेल भेज दिया गया। इस दमन के विरोध में बंगाल, महाराष्ट्र और पंजाब में आतंकवादी गतिविधियाँ भी तेज हो गयीं। राजनीतिक डकैतियाँ और सरकारी पदाधिकारियों की हत्याएँ शुरू हो गयीं। 1907 में कांग्रेस में उदारवादियों और जुझारू राष्ट्रवादियों में विभाजन हो गया। इसके बाद सरकारी दमन और भी तेज हो गया। 1907 में 'सेडिशस मीटिंग एक्ट' और 1910 में 'इंडियन प्रेस एक्ट' लागू किये गये। बंगाल में 'वन्देमातरम्', 'युगान्तर' और अन्य समाचार पत्रों के प्रकाशन पर रोक लगा दी गयी। आन्दोलन के प्रमुख नेता कैद कर लिये गये। पर दमनात्मक कार्रवाइयों के बावजूद आन्दोलन समाप्त नहीं हुआ। इसके प्रभाव को कम करने के लिए सरकार ने मार्ले-मिन्टो रिफॉर्म लागू किये, जिसका नरमपन्थियों ने तो स्वागत किया, पर गरमदलवालों ने उसे असन्तोषजनक बताया।

यह एक अद्भुत संयोग है कि हिन्दी कहानी का जन्म इसी राजनीतिक पुनर्जागरण के साथ हुआ। *सरस्वती, सुदर्शन, छत्तीसगढ़ मित्र, वैश्योपकारक* और *ज़माना* इस काल की हिन्दी-उर्दू की उल्लेखनीय साहित्यिक पत्रिकाएँ थीं। महावीर प्रसाद द्विवेदी *सरस्वती* के माध्यम से हिन्दी साहित्य में राष्ट्रप्रेम, देशहित, नैतिक मूल्य, सामाजिक प्रबुद्धता, वैज्ञानिक दृष्टि आदि की मुहिम चलाने के साथ साथ हिन्दी कहानी की नींव भी जमा रहे थे। उन्नीसवीं सदी के अन्त तक साहित्यिक विधा के रूप में 'कहानी' की कोई पहचान नहीं बनी थी। यहाँ तक कि उसके लिए कोई निश्चित संज्ञा भी स्थिर नहीं हुई थी। सम्भवतः सर्वप्रथम श्यामसुन्दर दास ने अँगरेजी की 'शॉर्ट स्टोरी' विधा के लिए हिन्दी में 'आख्यायिका' पद का प्रयोग आरम्भ किया था और जनवरी 1900 में, *सरस्वती* के प्रथम अंक में ही, जिसके सम्पादक-मंडल में कार्तिकप्रसाद खत्री, किशोरीलाल गोस्वामी, जगन्नाथदास, राधाकृष्णदास आदि के साथ वे भी शामिल थे,[23] गोस्वामी जी की रचना 'इन्दुमती' 'आख्यायिका' के रूप में प्रकाशित हुई थी। 1903 में *सरस्वती* का सम्पादक नियुक्त होने के बाद महावीर प्रसाद द्विवेदी ने भी इस नयी कथा-विधा के लिए 'आख्यायिका' शब्द को स्वीकार कर लिया था और 'आख्यायिका-खंड' शीर्षक स्तम्भ में खुद की चार 'आख्यायिकाएँ'–'तीन देवता', 'महारानी चन्द्रिका', 'स्वर्ग की झलक' और 'भारतवर्ष का तारा' प्रकाशित की थीं। इसके बाद नियमित रूप से *सरस्वती* में उनकी 'आख्यायिकाएँ'[24] प्रकाशित होती रहीं, जो ऐतिहासिक कथा के भीतर मार्मिकता की सृष्टि के कारण उल्लेखनीय मानी जा सकती हैं। गिरिजाकुमार घोष (पार्वतीनन्दन)[25] की कथाएँ घटनाप्रधान हैं और पाठकों का मनोरंजन करने की दृष्टि से लिखी गयी हैं। गोपाल राम गहमरी की जासूसी और निजाम शाह[26] की शिकार विषयक कथाओं का भी यही उद्देश्य है।

इसी समय बँगला में 'गल्प' नाम से 'कहानी' लिखी जा रही थी और द्विवेदी जी

ने हिन्दी लेखकों के लिए नमूने के रूप में उन कहानियों के अनुवाद उपलब्ध कराये थे। 1903 की *सरस्वती* के वर्ष अंक 3, सं. 2-3 में रवीन्द्रनाथ ठाकुर की कहानी का कुमुदबन्धु मित्र द्वारा किया हुआ अनुवाद 'दृष्टिदान' नाम से प्रकाशित हुआ था। उसी वर्ष 'बंग महिला' के द्वारा किया हुआ रवीन्द्रनाथ ठाकुर की कहानी 'दान प्रतिदान' का अनुवाद भी प्रकाशित हुआ।[27] इन अनुवादों ने परोक्ष रूप में हिन्दी कहानी-लेखकों को प्रेरणा और दृष्टि दी होगी, इसमें सन्देह नहीं किया जा सकता।

किशोरीलाल गोस्वामी की 1900 में प्रकाशित 'इन्दुमती' और 1902 में प्रकाशित 'गुलबहार' के साथ अपनी कहानी 'ग्यारह वर्ष का समय' को शुक्ल जी ने 'कहानी' की संज्ञा दी। कई अन्य आलोचकों ने भी शुक्ल जी के इस मत का समर्थन किया है। एक रोचक तथ्य यह है कि स्वयं गोस्वामी जी ने 'इन्दुमती' को तो 'आख्यायिका', पर 'गुलबहार' को 'उपन्यास' कहा था।[28] स्वयं शुक्ल जी ने 1903 में अपनी रचना 'ग्यारह वर्ष का समय' को 'आख्यायिका' ही कहा था।[29]

'इन्दुमती' को प्रथम हिन्दी कहानी मानने पर आपत्ति इस आधार पर की जाती है, जो संगत भी है, कि यह मौलिक न होकर शेक्सपीयर के प्रसिद्ध नाटक 'टेम्पेस्ट' की छाया है। वस्तुतः शुक्ल जी को भी इसकी मौलिकता में सन्देह था।[30] पर, 'इन्दुमती' यदि अनुवाद न भी होती, तो भी, आधुनिक 'कहानी' (शॉर्ट स्टोरी) होने का उसका दावा बहुत मजबूत नहीं होता। कथ्य और शिल्प, दोनो ही दृष्टियों से वह पुरानी 'कथा'-परम्परा की ही रचना है। कैशोर भावुकता, परम्परागत नैतिकता-बोध, कोरा आदर्शवाद, रचनात्मक दृष्टि का अभाव, वैचारिक संस्पर्श की कमी तथा संयोगाधृत घटनाओं की योजना इसे समकालीन सामाजिक परिप्रेक्ष्य देने में असमर्थ हैं, जो 'कहानी' की एक अहम पहचान है। शुक्ल जी ने 'अधिकतर घटनाप्रधान' होने पर भी गोस्वामी जी की कहानियों को 'थोड़ी-बहुत भावुकता' से युक्त होने के कारण आधुनिक 'कहानी' मानने का प्रस्ताव किया था। पर ध्यान देने की बात है कि गोस्वामी जी की कहानियों में जो रतिजन्य प्रेम और पिता-पुत्री या भाई-बहन का परस्पर स्नेह भाव व्यक्त हुआ है, वह कहानीकार की निजी अनुभूति नहीं है। 'कहानी' के लिए निजी अनुभव जरूरी न भी हो, पर संवेदना की निजता के बिना 'कहानी' का अस्तित्व सम्भव नहीं होता। पुनर्जागरण और आधुनिकता की चेतना गोस्वामी जी की कहानियों में नगण्य है और इनकी संरचना में भी कोई नयापन नहीं है।

रामचन्द्र शुक्ल की कहानी 'ग्यारह वर्ष का समय', मौलिक होने पर भी, अपनी अन्तःप्रकृति में गोस्वामी जी की परम्परा की ही रचना है।[31] उन्होंने स्वयं उसे 'धर्म और कर्तव्य से युक्त अदृष्ट प्रेम' की कहानी होने के कारण उल्लेखनीय माना था। इस रचना में एक प्राकृतिक दुर्घटना के फलस्वरूप पति-पत्नी के एक-दूसरे से बिछुड़ जाने और ग्यारह वर्ष बाद रहस्यमय परिस्थितियों में पुनर्मिलन की मार्मिक कथा प्रस्तुत करना ही लेखक का उद्देश्य है। कहानी में संयोगाधृत प्रसंगों और रोमांच की सृष्टि करने वाले जंगल और उजाड़ खंडहर का परिवेश निर्मित किया गया है। खुद लेखक के अनुसार

उसकी सफलता 'मार्मिकता की दृष्टि से भावप्रधान' होने के कारण है। पर इस कहानी की एक विशेषता की ओर आलोचकों का ध्यान प्रायः नहीं गया है। तत्कालीन परिवेश में एक स्त्री का विधवा या किसी कारणवश पति-विहीन हो जाना समाज से उसके निर्वासन का कारण बन जाता था। कहानी का निर्जन खंडहर स्त्री के निर्वासन की नियति का प्रतीक भी बन गया है। यह विशेषता इस कहानी को किशोरीलाल गोस्वामी की कहानियों से थोड़े अलग धरातल पर प्रतिष्ठित कर देती है।

बीसवीं सदी के आरम्भिक वर्षों में चार्ल्स लैम्ब कृत *टेल्स फ्रॉम शेक्सपीयर* एक बहुत लोकप्रिय किताब थी। स्कूलों के अँगरेजी पाठ्यक्रम में उसका अध्यापन पाठ्यपुस्तक के रूप में होता था। सम्भवतः उसकी लोकप्रियता से प्रभावित होकर ही गोस्वामी जी ने उसका हिन्दी में रूपान्तर या पुनर्लेखन कर दिया था; और बाद में, 1906 में, उसे परिवर्तित और संशोधित करके 'उपन्यास' के रूप में *इन्दुमती वा वनविहंगिनी* शीर्षक से प्रकाशित कराया था।[32] गोस्वामी जी के कई अन्य 'उपन्यास' भी, जैसे *चन्द्रिका वा जड़ाऊ चम्पाकली (1904), हीरा बाई वा बेहयायी का बोरका (1904), गुलबहार वा आदर्श भ्रातृस्नेह (1906)* आदि, आकार की दृष्टि से कहानी के जितने निकट हैं, उतने उपन्यास के नहीं।[33]

1900 ई. में ही, *सरस्वती* में' केशव प्रसाद सिंह कृत 'चन्द्रलोक की यात्रा', 'कश्मीर यात्रा' और 'आपत्तियों का पर्वत' नामक कथाएँ छपी थीं। 'चन्द्रलोक की यात्रा' एक वैज्ञानिक कथा है, जिसका आधार अँगरेजी की कोई कथा प्रतीत होती है। वैज्ञानिक चेतना के प्रसार तथा 'राजनीतिक स्वतन्त्रता' और समाज-सुधार के उल्लेख के बावजूद, कथ्य की दृष्टि से यह 'कथा' से आगे की रचना नहीं है; पर संरचना की दृष्टि से इसमें नवीनता दिखायी पड़ती है। ध्यातव्य है कि एक नयी विधा के रूप में उभर रही 'छोटी कहानी' कथ्य की दृष्टि से ही नहीं, संरचना की दृष्टि से भी अपनी अलग पहचान कायम करने का प्रयास कर रही थी। 'चन्द्रलोक की यात्रा' में कथा की प्रस्तुति के लिए पत्र के माध्यम से यात्रा-वर्णन की प्रविधि का उपयोग किया गया है।[34] 'कश्मीर यात्रा' में भी यात्रा-प्रविधि का उपयोग करते हुए घटनाओं के वर्णन में रोचकता लाने का प्रयास किया गया है। 'आपत्तियों का पर्वत' की उल्लेखनीय विशेषता यह है कि इसमें स्वप्न की प्रविधि अपनाकर कथा में कौतूहल पैदा करने की कोशिश की गयी है। प्रथम पुरुष 'मैं' और 'हम' का प्रयोग भी कथा को रोचक बनाने का ही गुर था।

बीसवीं शताब्दी के प्रथम दशक में 'कहानियों' के लेखन-प्रकाशन का सिलसिला आरम्भ हो गया। लक्ष्मी नारायण लाल और भवदेव पांडेय के अनुसार किशोरीलाल गोस्वामी, केशव प्रसाद सिंह और रामचन्द्र शुक्ल के अतिरिक्त माधव प्रसाद मिश्र[35], माधवराव सप्रे[36], जगन्नाथ प्रसाद त्रिपाठी[37], मास्टर भगवान दास[38], गिरिजादत्त वाजपेयी[39], सूर्यनारायण दीक्षित[40], 'बंग महिला' (राजेन्द्रबाला घोष)[41], वेंकटेश नारायण[42], उदयनारायण वाजपेयी[43], लक्ष्मीधर वाजपेयी[44], प्रेमनाथ भट्टाचार्य[45], गंगाप्रसाद अग्निहोत्री[46], नवाब राय[47] सत्यदेव[48], मधुमंगल[49], शालग्राम पंड्या[50], कुन्दनलाल शाह[51], वृन्दावनलाल

वर्मा[52] आदि इस दशक के प्रमुख कहानीकार हैं। इनमें से माधवराव सप्रे कृत 'एक टोकरी भर मिट्टी', भगवान दास कृत 'प्लेग की चुड़ैल', रामचन्द्र शुक्ल कृत 'ग्यारह वर्ष का समय', गिरिजादत्त वाजपेयी कृत 'पंडित और पंडितानी', उदयनारायण वाजपेयी कृत 'जननी जन्मभूमिश्च स्वर्गादपि गरीयसी', बंग महिला कृत 'चन्द्रदेव से मेरी बातें', 'कुम्भ में छोटी बहू' और 'दुलाई वाली', नवाब राय कृत *सोजे-वतन* की कहानियाँ, वृन्दावनलाल वर्मा कृत 'राखीबन्द भाई' आदि मौलिक कहानी के रूप में उल्लेखनीय हैं। रामचन्द्र शुक्ल ने भी किशोरीलाल गोस्वामी, भगवानदास, रामचन्द्र शुक्ल, गिरिजादत्त वाजपेयी और 'बंग महिला' का इस दशक के महत्त्वपूर्ण कहानीकारों के रूप में उल्लेख किया है।[53] पर उन्होंने माधवराव सप्रे और नवाब राय (प्रेमचन्द) का उल्लेख इस दशक के कहानीकारों में नहीं किया है। सम्भव है, उनका ध्यान 1901 में ही माधवराव सप्रे रचित 'एक टोकरी भर मिट्‌टी' नामक कहानी पर न गया हो, जो उन्हीं के द्वारा प्रकाशित मासिक पत्र *छत्तीसगढ़ मित्र* में प्रकाशित हुई थी।[54] इसी प्रकार नवाब राय की कहानियों की ओर भी शुक्ल जी का ध्यान इसलिए नहीं गया, क्योंकि उनकी भाषा और लिपि उर्दू थी। मेरी दृष्टि में इस ऐतिहासिक भूल को दुरुस्त करने का समय अब आ गया है।

1900-1905 की कहानियों में माधवराव सप्रे की 'एक टोकरी भर मिट्‌टी' पाश्चात्य कहानी की अवधारणा के सबसे निकट दिखायी पड़ती है। आश्चर्यजनक रूप से यह उन्नीसवीं शताब्दी में उर्दू-हिन्दी में प्रकाशित समस्त गद्यकथाओं से प्रकृतितः भिन्न है। यह लगभग 600 शब्दों की छोटी सी कहानी है, जिसमें एक 'गरीब असहाय विधवा' के स्वाभिमान की संवेदना का क्षण ही रोशनी के केन्द्र में है। पृष्ठभूमि के रूप में जमींदार द्वारा उसकी झोपड़ी को हड़पने, स्त्री द्वारा जमींदार के पास जाकर अपनी जमीन से एक टोकरी मिट्‌टी भरने और उसे अपने सिर पर उठा देने के अनुरोध की कथा है। इस पृष्ठभूमि पर टिमटिमाते दीप के रूप में है उसका स्वाभिमान भरा कथन, जिसे सुनकर जमींदार निरुत्तर हो जाता है। यही 'कथन' इस कहानी को 'कहानी' बनाता है। समकालीन सामन्ती शोषण का तल्ख चित्रण इस कहानी की दूसरी उल्लेखनीय विशेषता है। कहानी की संरचना 'कथक' द्वारा वर्णन की ही है, पर वह इतना बेलौस, सीधा और मारक है कि पाठक उसके प्रभाव से अभिभूत हुए बिना नहीं रहता। इसकी भाषा संस्कृत या फारसी मिश्रित हिन्दी से भिन्न, ठेठ देसी हिन्दी है। इस प्रकार 'संवेदना के क्षण' की अभिव्यक्ति की दृष्टि से 'एक टोकरी भर मिट्‌टी' को 'हिन्दी की प्रथम कहानी' के रूप में मान्यता दी जा सकती है। इस काल की अन्य कहानियों को 'आकार की लघुता' और 'कथ्य की विशेषता' के आधार पर ही 'कहानी' की संज्ञा देने का औचित्य ठहर सकता है।

इसके बावजूद इस दशक की कथा-रचनाओं के भीतर से, कथ्य और संरचना दोनो ही दृष्टियों से, 'कहानी' का स्वरूप फूटता दिखायी देता है। संरचना की दृष्टि से केशव प्रसाद मिश्र की कहानियों की नवीनता का उल्लेख पहले किया जा चुका है। कथ्य की नवीनता की दृष्टि से माधव प्रसाद मिश्र की 'सब मिट्टी हो गया', 'लड़की की बहादुरी'[55] और 'विश्वास का फल', भगवान दास की 'प्लेग की चुड़ैल', गिरिजादत्त वाजपेयी की

'पंडित और पंडितानी', बंग महिला की 'कुम्भ में छोटी बहू' और 'दुलाई वाली', उदयनारायण वाजपेयी की 'जननीजन्मभूमिश्च स्वर्गादपि गरीयसी' आदि कहानियाँ उल्लेखनीय हैं। माधव प्रसाद मिश्र की कहानी 'सब मिट्टी हो गया' भवदेव पांडेय के अनुसार 'सामाजिक सरोकार से गहरे स्तर पर जुड़ी हुई थी', 'जिसमें नयी सदी का यथार्थवादी ढंग से मूल्यांकन किया गया था।' इस कहानी में चित्रित 'महासभा' 'देश के अनाचार-दुराचार की निवृत्ति', सदाचार की प्रवृत्ति के प्रसार, बालकों की सुशिक्षा, स्त्रियों की शील-रक्षा आदि के लिए कार्यशील है। तत्कालीन मारवाड़ी समाज और उपभोक्तावादी वर्ग की भोग-वृत्ति पर इस कहानी में तीखा प्रहार किया गया है।[56] 'लड़की की बहादुरी' में भी कलकत्ता की उस जिन्दगी का चित्रण किया गया है, जहाँ स्त्रियाँ भोग-विलास में डूबे धनी वर्ग के यौन-शोषण का शिकार होती थीं। 'विश्वास का फल' में, किंचित् गौण रूप में ही सही, अमीरी और गरीबी का अन्तर दिखाया गया है। इसके केन्द्र में एक विपन्न स्त्री है, जिसकी निर्धनता का लेखक ने यथार्थवादी शैली में चित्रण किया है। 'पुरोहित का आत्मत्याग' में लेखक ने, भवदेव पांडेय के अनुसार, 'इतिहास में अपने समय की आवाज पिरोने की कुशलता का परिचय दिया है। यह कहानी उन लोगों की ओर भी संकेत करती है, जो भोग और ऐश्वर्य के लोभ में साम्राज्यवादी सत्ता को बरकरार रखने के लिए अँगरेजों की ओर से हिन्दुस्तानियों का वध कर रहे थे।''[57] मास्टर भगवान दास की कहानी 'प्लेग की चुड़ैल' अपने समय के तल्ख यथार्थ पर आधारित होने के कारण उल्लेखनीय है। औपनिवेशिक शासन में अक्सर ही अकाल और महामारी का प्रकोप होता रहता था, जिनका चित्रण भारतेन्दु-युग के लेखकों ने भी किया था। 'प्लेग की चुड़ैल' में एक ऐसी ही महामारी का चित्रण किया गया है, जिसमें प्राणरक्षा के लिए लोग मानवीय मूल्यों तक को तिलांजलि दे देते थे। भवदेव पांडेय के अनुसार इस कहानी में उस 'वर्तमान' को प्रस्तुत किया है, जिसमें ''प्लेग की चुड़ैल की तरह अँग्रेजी सत्ता ने भारत माता को अधमरा कर दिया था और उसके पुत्र की नियति में रोने-बिलखने के अलावा कुछ शेष ही नहीं बचा था।''[58] यह कहानी सामन्तवादी हृदयहीनता और भोगवादी पुरोहिती संस्कृति का कच्चा चिट्ठा भी साफगोई के साथ प्रस्तुत करती है।[59] स्त्री की नियति की तो यह बड़ी ही बेजोड़ कहानी है। किस प्रकार अन्धविश्वास की प्रबलता के तहत एक जीती जागती स्त्री को चुड़ैल घोषित कर उसके प्राण संकट में डाल दिये जाते हैं, इसका इस कहानी में बहुत प्रभावी अंकन किया गया है।

बंग महिला की पहली कहानी 'चन्द्रदेव से मेरी बातें', भवदेव पांडेय के अनुसार ''हिन्दी साहित्य की पहली कहानी थी जिसने अपने समय की राजनीति और अर्थनीति को केन्द्रीय कथ्य बनाया।''[60] वे इसे 'हिन्दी की पहली राजनीतिक कहानी' मानते हैं। इस कहानी में, उन्हीं के शब्दों में ''भारत की बदहाल आर्थिक दशा और देश में फैली बेरोजगारी के चित्रण के साथ साथ समाज में नारियों की स्थिति, जातिगत पक्षधरता और हर क्षेत्र में वृद्ध पीढ़ी के अनुचित दबदबे का भी रेखांकन किया।''[61] व्यंग्य आधुनिक कहानी का बहुत कारगर औजार माना जाता है। इस कहानी में समकालीन वायसराय

कर्जन के प्रशासन पर करारा व्यंग्य किया गया है। 'बंग महिला' की दूसरी कहानी 'कुम्भ में छोटी बहू'[62] में मिर्जापुर (उ.प्र.) के निकट के एक ग्रामीण मध्यवर्गीय परिवार की छोटी बहू के, परिवार के सदस्यों की अनिच्छा के बावजूद, कुम्भ-स्नान के लिए प्रयाग जाने की कथा, बिलकुल नये अन्दाज में प्रस्तुत की गयी है। यह पौराणिक रूढ़ि और विश्वास के विरुद्ध लिखी गयी एक उल्लेखनीय कहानी है। इस कहानी में समकालीन ग्रामीण मध्यवर्ग के रूढ़िग्रस्त वातावरण, सामाजिक-पारिवारिक सम्बन्ध, धार्मिक-नैतिक विश्वास, समाज और परिवार में स्त्रियों की स्थिति, रेल-यात्रा की हालत आदि का विश्वसनीय अंकन हुआ है। इस कहानी में एक भोजपुरी गाँव और उसका परिवेश, कदाचित् पहली बार, अपनी अन्तरंगता में प्रस्तुत हुआ है। पहली बार इस 'कहानी' में गाँव की अपढ़ स्त्रियों का संवाद भोजपुरी भाषा में प्रस्तुत किया गया है। हिन्दी कहानी में आंचलिकता का पुट देने की परिपाटी का आरम्भ इसी कहानी से होता है। सामाजिक रूढ़ियों और अन्ध धार्मिक आस्था के प्रति आलोचनात्मक दृष्टि के कारण यह कहानी सहज ही हिन्दी क्षेत्र में घटित हो रहे पुनर्जागरण का संकेत देती है। तीर्थराज प्रयाग के कुम्भ-स्नान के अमानवीय पहलू का चित्रण कर, व्यंग्य रूप में उसकी आलोचना करना लेखिका की प्रखर बौद्धिक चेतना का परिचायक है। 'बंग महिला' की तीसरी कहानी 'दुलाई वाली' मध्य वर्ग के आत्मीय सम्बन्धों को चित्रित करने वाली एक रोचक कहानी है। इस कहानी में लेखिका ने हास्य-विनोद का बहुत मनोरम रूप प्रस्तुत किया है। नवल किशोर नाम का पात्र 'दुलाई वाली' बनकर अपने मित्र वंशीधर को मुगलसराय से इलाहाबाद की रेल-यात्रा में छकाता रहता है। यह एक चुहल-बोध की कहानी है। पर इस चुहल के बीच मध्यवर्ग की आर्थिक अभावग्रस्तता के संकेत भी बहुत मार्मिक हैं। समकालीन परिवेश का यथार्थ चित्रण भी कहानी को नयापन प्रदान करता है। इसके साथ ही स्वदेशी आन्दोलन का उल्लेख और दबा-छिपा समर्थन भी कहानी को उल्लेखनीय बनाता है।

शुक्ल जी के अनुसार 'दुलाईवाली' 'मार्मिकता की दृष्टि से भावप्रधान' होने के कारण उल्लेखनीय है। इससे इनकार नहीं किया जा सकता, पर इस कहानी की विशेष उल्लेखनीयता यह है कि इसका हास्य-व्यंग्य समाज में प्रचलित पर्दा प्रथा की विसंगति पर आधारित है। 'कुम्भ में छोटी बहू' की तरह इसमें भी गाँव की अपढ़ स्त्रियों का संवाद भोजपुरी भाषा में प्रस्तुत किया गया है और कहानी में आंचलिकता का पुट देने की कोशिश की गयी है।

गिरिजादत्त वाजपेयी की कहानी 'पंडित और पंडितानी' में तत्कालीन समाज में प्रचलित अनमेल विवाह—प्रौढ़ पुरुष और युवती कन्या—की विसंगतियों पर व्यंग्य किया गया है। इस कहानी में व्यंग्य की धार तो पैनी है ही, वह स्त्री की नियति को भी संकेतित करती है। नवम्बर, 1909 में *सरस्वती* में प्रकाशित मधुमंगल मिश्र की कहानी 'भुतही कोठरी' वैसे तो एक 'कथा' से अधिक नहीं है, पर इसमें भूत-प्रेत के अन्धविश्वास का खंडन नवजागरण की वैज्ञानिक चेतना का परिचायक है। तत्कालीन समाज में प्रचलित ओझा-सोखा, झाड़-फूँक, तन्त्र-मंत्र और पूजा-अनुष्ठान के पाखंड को

चुनौती देनेवाली यह 'कथा' अपनी अन्तःप्रकृति में कहानी के निकट पहुँच जाती है।

उर्दू में, इस दशक में मौलाना रशीदुल खैरी (1868-1936), सज्जाद हैदर यल्दरम (1880-1943)[63], ख्वाजा हसन निज़ामी, सुलतान हैदर जोश, नियाज फतहपुरी आदि कहानियाँ लिख रहे थे। अली जावेद ज़ैदी के अनुसार उर्दू की पहली कहानी 1900 में सज्जाद हैदर यल्दरम[64] द्वारा लिखित 'नशे की पहली तरंग' है।[65] यल्दरम की अन्य कहानियाँ 'जोहरा', 'सालिस बिल खैर', 'खयालिस्तान', 'हिकायात-ओ-एहसासात' और 'जलालुद्दीन ख़्वारिज़्म शाह' आदि हैं, जिनमें उनकी रूमानी और आदर्शवादी अवधारणाएँ चट्टक और चटपटी शैली में, विदग्धता और हास्य के पुट के साथ व्यक्त हुई हैं।[66] उर्दू के आलोचकों के अनुसार औरत के वजूद को उनकी कहानियों में केन्द्रीय हैसियत हासिल है। रशीदुल खैरी और ख्वाजा हसन निज़ामी संक्षिप्त 'दास्तानों' अथवा विस्तारित नीति-कथाओं (फेबुल) की पद्धति का अनुगमन कर रहे थे, जिसमें चरित्र-चित्रण या कथानक-निर्माण का हल्का सा प्रयास दिखायी पड़ता है।[67] 1902-1910 में निज़ामी की तीन कहानियाँ 'आँसू के सरगुज़स्त', 'मिट्टी का तेल' और 'उल्लू' प्रकाशित हुई थीं। नियाज़ फतहपुरी (1884-1966)[68] रोमानी मिजाज के बावजूद अपने पात्रों की मानसिक बनावट का विश्लेषण करने का भी प्रयास करते हैं, जिसमें उनकी रोमानियत बाधक बनती दिखायी देती है। *निगारिस्तान, जमालिस्तान, नक़ाब उठ जाने के बाद* और *मुख्तसरात-ए-नियाज* उनके कुछ उल्लेखनीय कहानी संग्रह हैं।[69] सुल्तान हैदर जोश (मृ. 1953) ने भी पश्चिमी रहन-सहन और विचारों की अन्धी नकल की आलोचना करने वाली विदग्धता, सेटायर और हास्य से भरपूर लोकप्रिय कहानियाँ लिखीं, जो *जोश-ए-फिक्र, सब्र की देवी, अफ़साना-ए-जोश* आदि[70] में संगृहीत हैं। अहमद शुजा, मजनूं और हिजब इम्तियाज़ भी इस काल के रोमानी कथाकार थे, जिनके पात्र सुधारवाद का एक झीना चोला धारण किये दिखायी पड़ते हैं।[71] डा. सादिक ने इस दशक की नज्र सज्जाद हैदर और हिजाब इस्माईल नामक दो महिला कहानीकारों का भी उल्लेख किया है।[72]

पर उर्दू-हिन्दी कहानी को अपने समय की आत्मा से जोड़ने वाले सर्वाधिक उल्लेखनीय कहानीकार नवाब राय (प्रेमचन्द) थे, जिनकी प्रथम कहानी 'इश्के दुनिया व हुब्बे वतन' अप्रील, 1908 में 'जमाना' में प्रकाशित हुई थी।[73] जून, 1908 में ही उनका प्रथम कहानी संग्रह *सोजे वतन* जमाना प्रेस, कानपुर से प्रकाशित हुआ, जिसमें 'इश्के दुनिया व हुब्बे वतन'('सांसारिक प्रेम और देश प्रेम') के अतिरिक्त 'दुनिया का सबसे अनमोल रतन'[74],'यही मेरा वतन है', 'शेख मखमूर' और 'सिल-ए-मातम' ('शोक का पुरस्कार') आदि कहानियाँ संगृहीत थीं।[75]

इन कहानियों को बीसवीं सदी के आरम्भ में उभरी उग्र राष्ट्रीय चेतना के सन्दर्भ में देखने पर रोमांच की अनुभूति होती है। इसके 'दीवाचा' में नवाब राय ने लिखा था : "हरेक क़ौम का इल्म-ओ-अदब अपने जमाने की सच्ची तसवीर होता है। जो ख़यालात क़ौम के दिमाग़ों को मुतहर्रिक (सक्रिय) करते हैं और जो जज़्बात क़ौम के दिलों में गूँजते हैं, वो नज़्म और नस्त (पद्य-गद्य) के सफ़ों में ऐसी सफाई से नज़र आते हैं, जैसे आईने

में सूरत।...अब हिन्दुस्तान के क़ौमी ख़याल ने बलोगीयत (बालिग़-पन) के ज़ीने पर एक क़दम और बढ़ाया है और हुब्बे-वतन के जज़्बात लोगों के दिलों में उभरने लगे हैं। क्यूँकर मुमकिन था कि इसका असर अदब पर न पड़ता? ये चन्द कहानियाँ इसी असर का आग़ाज हैं और यक़ीन है कि जूँ-जूँ हमारे ख़याल वसीह (विस्तृत) होते जायेंगे, इसी रंग के लिटरेचर को रोज़-अफ़्जों (प्रतिदिन बढ़ना) फ़रोग़ (उन्नत) होता जाएगा। हमारे मुल्क़ को ऐसी किताबों की अशद (सख़्त) ज़रूरत है, जो नयी नस्ल के जिगर पर हुब्बे-वतन (देश प्रेम) की अज़मत (महिमा) का नक़्शा जमाएँ।''[76] इस भूमिका से नवाब राय की मंशा में कोई शक नहीं रह जाता। इसकी और भी पुष्टि हो जाती है, 'ज़माना' के सितम्बर-अक्तूबर, 1908 में छपे उस विज्ञापन से, जिसमें इस बात का ज़िक्र किया गया था कि ''ऐसे किस्से जिनमें सोज़े-वतन की चाशनी हो, जिनमें हुब्बे-वतन एक-एक हर्फ़ से टपके, इस वक्त तक मादूम हैं। इस किताब में पाँच किस्से लिखे गये हैं और सब दर्दे-वतन की जज़्बात से पूरे हैं। मुमकिन नहीं कि इन्हें पढ़कर नाज़रीन के दिल में वतन की उल्फ़त का पाक जज़्बा मौजज़न न हो जाए।''[77] नवाब राय को, या ज़माना प्रेस के मालिक दयानरायन निगम को, इन पंक्तियों का अर्थ और इनका स्वाभाविक परिणाम न मालूम हो, यह मानने का कोई कारण नहीं है। इन पंक्तियों से यह भी संकेतित होता है कि उस समय के पाठकों के मन में देश प्रेम का भाव पैदा हो रहा था, जिसे उद्‌बुद्ध करके किताब की बिक्री बढ़ायी जा सकती थी। विज्ञापन का यही तो उद्‌देश्य होता है।

उल्लेखनीय है कि भारत में पुनर्जागरण की प्रकिया उन्नीसवीं शताब्दी के आरम्भ में ही शुरू हो गयी थी। पर वह शुद्ध रूप से सामाजिक और सांस्कृतिक पुनर्जागरण का दौर था। राजनीतिक पुनर्जागरण की आकांक्षा उसके भीतर कहीं रही भी हो तो वह नितान्त अप्रत्यक्ष थी। औपनिवेशिक पराधीनता के भीतर जीनेवाले ऐसे देश के लिए, जो कभी आर्थिक, सांस्कृतिक और सभ्यता की दृष्टि से अन्य देशों के लिए ईर्ष्या रहा हो, पुनर्जागरण का सबसे अहम मुद्‌दा राजनीतिक मुक्ति होता है और इसका पहला शंखनाद 1857 के जन-विद्रोह में हुआ, जिसके सेनानी तो सामन्त थे, पर सिपाही मध्य देश या हिन्दी क्षेत्र के किसान और कारीगर थे। यह जन-विद्रोह तो बड़ी निर्ममता से कुचल दिया गया, पर इसका बीज नष्ट नहीं हुआ और वह अनेक प्रच्छन्न-अप्रच्छन्न रूपों में अभिव्यक्त भी होता रहा। उन्नीसवीं सदी के अन्तिम दो दशकों में भारतीय पुनर्जागरण की प्रक्रिया अपनी सीमाओं और अन्तर्विरोधों के बावजूद राजनीतिक मुक्ति केन्द्रित ही थी।

जिस समय नवाब राय (प्रेमचन्द) ने कहानी-लेखन का आरम्भ किया, उसके पहले जुझारू राष्ट्रीय आन्दोलन की शुरुआत हो चुकी थी। बंग-भंग का आन्दोलन अपने चरम पर था। कांग्रेस इस आन्दोलन में सक्रिय शिरकत करे या न करे, इस प्रश्न को लेकर 1907 में कांग्रेसी उदारवादियों और जुझारू राष्ट्रवादियों में विभाजन हो गया। इसी वर्ष 'सेडिशस मीटिंग एक्ट' लागू हो गया और सरकारी दमन और भी तेज हो गया। ठीक

इसी समय नवाब राय की पहली कहानी 'इश्के-दुनिया व हुब्बे-वतन' और पहला कहानी संग्रह *सोज़े वतन* प्रकाशित हुआ। उसके बाद नवाब राय के साथ क्या घटित हुआ, यह हम जानते हैं। उसके तुरत बाद, 1910 में, 'इंडियन प्रेस एक्ट' लागू कर दिया गया, जिसके तहत बंगाल में 'वन्देमातरम्', 'युगान्तर' और अन्य समाचार पत्रों के प्रकाशन पर रोक लगा दिये जाने के साथ साथ, आन्दोलन के प्रमुख नेताओं को कैद कर लेने और अन्य दमनात्मक कार्रवाइयों का सिलसिला शुरू हो गया। इसके बावजूद, सरकारी आदेश का उल्लंघन करते हुए, प्रेमचन्द ने लिखना जारी रखा और अपना नया नाम 'प्रेमचन्द' रखकर 1910 में *जमाना* और *अदीब* जैसी उर्दू पत्रिकाओं में 'पाप का अगनकुंड', 'सैरे दरवेश', 'रानी सारन्धा', 'बड़े घर की बेटी' और 'बेगर्ज मुहसिन' नामक कहानियाँ लिखीं।

उग्र राष्ट्रवाद और हिन्दी कहानी का एक साथ जन्म कदाचित् एक संयोग ही है। नवाब राय को छोड़कर किसी अन्य हिन्दी-उर्दू कहानीकार पर इसका प्रभाव नहीं दिखायी पड़ता। 1908 के पूर्व के हिन्दी कहानीकार सामाजिक-नैतिक समस्याओं को तो अपनी कहानियों का विषय बनाते हैं, पर औपनिवेशिक शासन के विरुद्ध इशारा करने का भी उनमें साहस या इच्छा नहीं दिखायी पड़ती। अपवादस्वरूप उदयनारायण वाजपेयी की कहानी 'जननीजन्मभूमिश्च स्वर्गादपि गरीयसी' में मातृभूमि की महिमा का उल्लेख किया गया है, पर वह संकेत रूप में ही है, ठोस कथा-रूप में नहीं। उर्दू कहानीकारों में भी सामाजिक-नैतिक समस्याओं के प्रति किसी प्रकार की जागरूकता की झलक नहीं मिलती। पहली बार नवाब राय ने ही, सरकारी नौकरी करते हुए भी, औपनिवेशिक शासन की इच्छा और आज्ञा के विरुद्ध कुछ कहने की हिम्मत जुटायी थी। *सोजे वतन* की 'सिल-ए-मातम' (शोक का पुरस्कार) को छोड़कर शेष सभी कहानियाँ—'इश्के-दुनिया व हुब्बे-वतन', 'दुनिया का सबसे अनमोल रतन', 'यही मेरा वतन है', और 'शेख मखमूर'—देश प्रेम के भाव को व्यंजित करती थीं। ये सारी कहानियाँ प्रत्यक्षतः औपनिवेशिक शासन का विरोध न करती हुई भी उसके विरोध की कहानियाँ थीं। इन कहानियों के माध्यम से नवाब राय ने औपनिवेशिक शासन से मुक्ति की भारतीय आकांक्षा को व्यक्त किया था, जो औपनिवेशिक शासन की नजर में 'राजद्रोह' था। यद्यपि नवाब राय ने अपने देश प्रेम को प्रच्छन्न रूप में व्यक्त करने की सावधानी बरती थी, पर किसी सरकारी नौकर में 'देश प्रेम' का भाव भी हो, यह औपनिवेशिक शासन को बर्दाश्त न था। इस 'अपराध' के लिए नवाब राय को प्रशासन द्वारा तलब किया गया था और *सोजे-वतन* की जब्ती के आदेश के साथ साथ उनके लेखन पर भी पाबन्दी लगा दी गयी थी।

इस घटना के बाद धनपत राय ने लिखना तो बन्द नहीं किया, पर 'लेखक' के रूप में अपना नाम 'नवाब राय' से बदलकर 'प्रेमचन्द' रख लिया, और इस नाम से उनकी पहली कहानी 'बड़े घर की बेटी' दिसम्बर, 1910 में, *जमाना* में प्रकाशित हुई थी।[78] इसके पूर्व, 1910 में ही, उनकी 'पाप का अगनकुंड', 'सैरे दरवेश', 'बेगर्ज मुहसिन', 'रानी सारन्धा' आदि कहानियाँ *जमाना* और *अदीब* में प्रकाशित हुई थीं। ये

चारो कहानियाँ 'छोटी कथा' श्रेणी की हैं, जिनमें सामन्ती ढंग के प्रेम, प्रतिशोध, त्याग, कृतज्ञता, पातिव्रत्य, वीरता, स्वाभिमान, कृतज्ञता-बोध, राजपूती मर्यादा आदि मूल्यों की प्रतिष्ठा की गयी है। 'बड़े घर की बेटी' प्रेमचन्द की पहली कहानी है, जो हिन्दी-उर्दू कहानी को कथ्य और संरचना की दृष्टि से एक ऊँचाई पर ले जाती है। यह कहानी औपनिवेशिक शासन में भारतीय गाँव की सामाजिक संरचना का प्रामाणिक और सजीव चित्र प्रस्तुत करती है। इस कहानी में एक ऐसे ग्रामीण परिवार का अंकन है जो आर्थिक-सामाजिक दृष्टि से मध्यवर्गीय और संयुक्त परिवार के अन्तर्विरोधों से ग्रस्त है। इन अन्तर्विरोधों का मनोवैज्ञानिक स्तर पर उद्‌घाटन ही इस कहानी का कथ्य है। संयुक्त परिवार के विघटन की प्रेमचन्द की चिन्ता इस कहानी में स्पष्ट दिखायी पड़ती है। पर यह उस काल की क्रूर सचाई थी, जिसे प्रेमचन्द ने मनोवैज्ञानिक अन्तर्दृष्टि के साथ प्रस्तुत किया है, 'हृदय-परिवर्तन' के स्थूल सिद्धान्त के आधार पर नहीं। यह मनोवैज्ञानिक अन्तर्दृष्टि ही इस कहानी को विशिष्ट बनाती है। भूमि-सम्बन्धों पर आधारित संयुक्त परिवार में स्त्री की स्थिति और उसके लिए स्वीकृत-इच्छित संहिता के अंकन की दृष्टि से भी यह कहानी उल्लेखनीय है। यह भी सम्भव है कि प्रेमचन्द पारिवारिक विघटन को समाज और देश के विघटन के प्रतीक के रूप में देखते थे, और उसे रोकने के लिए वैसी ही समझदारी की अपेक्षा रखते थे, जो इस कहानी के पात्र दिखाते हैं। कहानी का यह पाठ भी कम रोचक नहीं होगा।

प्रेमचन्द के बारे में एक प्रचलित धारणा है, या फैलायी गयी है, कि प्रेम की संवेदना के लिए उनकी कहानियों में स्थान नहीं है। पर यह सच नहीं है। *सोज़े वतन* की ही पाँच कहानियों में से दो में प्रेम की संवेदना को स्थान मिला है। 'इश्के-दुनिया व हुब्बे-वतन' यद्यपि इटली के स्वाधीनता-संग्राम की पृष्ठभूमि पर आधारित कहानी है, पर इसका मुख्य विषय मैजिनी और मैग्डलीन की प्रेम-संवेदना ही है। 'सिल-ए-मातम' (शोक का पुरस्कार) का विषय भी प्रेम ही है, यद्यपि इसमें बेमेल विवाह (पढ़े-लिखे युवक से अपढ़ लड़की के विवाह) की समस्या को पिरो कर स्वच्छन्द प्रेम को दाम्पत्य प्रेम से नियन्त्रित करने का प्रयास भी किया गया है।

भवदेव पांडेय के अनुसार वृन्दावनलाल वर्मा की पहली कहानी 'राखीबन्द भाई' 1909 में *सरस्वती* में प्रकाशित हुई थी।[79] इस कहानी का कथ्य राजपूतों की वीरता, तुनुकमिजाजी, वचनबद्धता आदि है, पर इसका 'कहानीपन' उस प्रसंग में है, जिसमें प्रेमिका, संयोगवश, अपने प्रेमी की 'राखीबन्द बहन' हो जाती है और उनका विवाह सामाजिक रूढ़ियों के तहत बाधित हो जाता है। इस प्रकार की संयोगाधारित त्रासद स्थितियाँ ओ' हेनरी और मोपासाँ की कहानियों में अक्सर दिखायी देती हैं और वृन्दावनलाल वर्मा उनसे प्रभावित प्रतीत होते हैं।

इस प्रकार बीसवीं शताब्दी के प्रथम दशक में 'आख्यायिका' संज्ञा से जिस नयी कथा का जन्म हो रहा था, वह कथ्य की दृष्टि से पुरानी कथा से अलग हो रही थी। जहाँ तक 'आख्यायिका' पद का प्रश्न है, संस्कृत काव्यशास्त्र में यह एक विशेष प्रकार

के कथा-रूप का बोधक था। 'कथा' अनादि काल से ही काल्पनिक और मौखिक होती थी। लिखित रूप प्राप्त करने के बाद भी उसका यह नाम बना रहा, यद्यपि 'आख्यान', 'उपाख्यान', 'चरित', 'वृत्तान्त', 'पुराण' आदि संज्ञाएँ भी प्रयोग में आयीं। बाद में एक ऐसा कथा-रूप भी सामने आया, जिसका आधार 'ख्यात' अथवा ऐतिहासिक वृत्त होता था। ऐसे ही कथा-रूप को 'आख्यायिका' की संज्ञा दी गयी। बाणभट्ट की *कादम्बरी* इसी अवधारणा के आधार पर 'कथा' और *हर्षचरित* 'आख्यायिका' कही गयी। *सरस्वती* के प्रथम सम्पादकों ने कल्पना-प्रसूत और ख्यात, दोनो प्रकार की कथा-विधाओं के लिए 'आख्यायिका' पद का चयन किया तो, इसमें उनकी विवशता भी देखी जा सकती है।

मौखिक रूप से चली आती 'कथा' का कथ्य केवल कौतूहलजन्य मनोरंजन, प्रत्यक्ष-अप्रत्यक्ष रूप से व्यंजित या कथित उपदेश और यत्किंचित् भाव-बोध होता था। 'आख्यायिका' संज्ञा से अभिहित और प्रकाशित होनेवाली रचनाओं में कौतूहलजन्य मनोरंजन गौण होने लगा और 'उपदेश' के स्थान पर 'विचार', 'भाव-बोध' और यथार्थ-चित्रण को केन्द्रीयता प्राप्त होने लगी। यह प्रक्रिया एक-दो दशक तक ही नहीं, बहुत बाद तक चलती रही और आज भी चल रही है। 'भाव-बोध' को 'संवेदना का क्षण' बनने में तो और भी देर हुई। इस प्रक्रिया के तहत किशोरीलाल गोस्वामी, महावीर प्रसाद द्विवेदी, रामचन्द्र शुक्ल, गिरिजाकुमार घोष (पार्वतीनन्दन), निजाम शाह, रशीदुल खैरी, ख्वाजा हसन निज़ामी आदि की 'आख्यायिकाओं' और अफसानों का कथ्य पुरानी कथा-परम्परा से गृहीत था, जिसमें उसकी एकमात्र विशेषता 'भावों की मार्मिकता' होती थी। पर उसमें भी 'नवीनता' का आधान, अनजाने रूप में ही सही, हो ही जाता था। उदाहरण के लिए किशोरीलाल गोस्वामी की 'इन्दुमती' में प्रेम-विवाह का समर्थन प्रकारान्तर से हो गया है, जो उस जमाने में रूढ़िवादी हिन्दू समाज में मान्य नहीं था। इसी प्रकार रामचन्द्र शुक्ल की रचना 'ग्यारह वर्ष का समय' में बाल-विवाह और पतिविहीन स्त्री के प्रति समाज के असहनशील व्यवहार की आलोचना व्यंजित है। माधवराव सप्रे, भगवान दास, गिरिजादत्त वाजपेयी, बंग महिला, नवाब राय आदि की कथा-रचनाओं में कथा के पुराने ढाँचे के भीतर से समकालीन जीवन-यथार्थ का स्वर फूटता दिखायी देता है। आश्चर्यजनक रूप से 'एक टोकरी भर मिट्टी' में मार्मिक भावबोध का स्थान 'संवेदना के बिन्दु' ने लिया है। पर इस मंजिल पर पहुँचने में कथा को बहुत मशक्कत करनी पड़ी, यह हिन्दी कहानी के इतिहास से स्पष्ट है।

इस प्रकार हिन्दी कहानी अपने जन्म के प्रथम दशक में कथ्य की दृष्टि से अपनी जमीन खोजने में लगी हुई थी और पुरानी कथा-परम्परा से अलग हटने का प्रयास कर रही थी। इसके साथ ही वह अपने कथ्य के अनुरूप नये शिल्प का सन्धान करने में भी प्रयासरत थी। 'उपाख्यान' के रूप में छोटी कथाओं की परम्परा संस्कृत साहित्य में विद्यमान थी, पर हिन्दी में इसके पहले उसका कोई विकास नहीं हुआ था। *सरस्वती* के आरम्भ के साथ ही 'उपाख्यान' के नये अवतार के रूप में अँगरेजी की 'शार्ट स्टोरी' जैसी विधा की प्रतिष्ठा की परिकल्पना के साथ ही यह तो स्वीकार कर लिया गया कि

कहानी आकार में 'छोटी' होनी चाहिए, पर वह कितनी 'छोटी' हो, या कितने शब्दों की हो, इसका कोई मानदंड नहीं निर्धारित किया गया। यह कदाचित् सम्भव भी न था। अँगरेजी में भी, जहाँ से 'नयी कहानी' की अवधारणा आ रही थी, 'छोटी कहानी' का कोई नपा-तुला आकार निर्धारित नहीं हो सका था। एक कामचलाऊ, नमनीय आकार, 1000 से 20,000 शब्दों का, मान लिया गया था। हिन्दी में इस विधा की शुरुआत करनेवालों के सामने कहानी का आकार सम्बन्धी यही मानदंड विद्यमान था। किशोरीलाल गोस्वामी की आख्यायिका 'इन्दुमती' का आकार लगभग 3800 शब्दों का है, जबकि माधवराव सप्रे की कहानी 'एक टोकरी भर मिट्टी' का आकार मात्र 600 शब्दों का। यह भी उल्लेखनीय है कि प्रथम दशक में हिन्दी में प्रकाशित सारी कहानियों का आकार 600 से 6700 शब्दों के बीच में है।

आकार की अवधारणा की स्वीकृति के साथ ही 'आख्यायिका' नाम से शुरू होनेवाली 'कहानी' की संरचना और भाषा भी एक नयेपन की ओर बढ़ती है। 'कथा' में दिक् और काल का जिस प्रकार उपयोग होता था, तथाकथित 'आख्यायिका' ने उसे त्यागना आरम्भ कर दिया। 'कथा' अब 'कथानक' में परिवर्तित होने लगी। 'दिक्' अब वास्तविक भूगोल का रूप लेने लगा; यानी उसमें काल्पनिक जगहों के स्थान पर वास्तविक दुनिया के गाँव, शहर या वन-पर्वत-नदियाँ आदि केन्द्रीयता प्राप्त करने लगे और कथा ऐतिहासिक काल को छोड़कर वर्तमान से अतीत और अतीत से वर्तमान (कभी कभार भविष्य में भी) आवाजाही करने लगी। प्रथम दशक की कहानियों में यह बात देखी जा सकती है।

पुरानी 'कथा' की एक अनिवार्य विशेषता श्रावयिता-श्रोता अथवा किस्सागो और किस्सा सुनने वाले की आमने-सामने विद्यमानता होती थी। मुद्रण के माध्यम ने इसे गैर-जरूरी बना दिया। पर इस काल की प्रकाशित 'आख्यायिकाओं' में लेखक किस्सागो की भूमिका को पूरी तरह से त्याग नहीं पाया था। किशोरीलाल गोस्वामी, केशवप्रसाद सिंह, रामचन्द्र शुक्ल और निज़ाम शाह आदि कौतूहल और मार्मिक घटनाओं को महत्त्व देने वाले लेखक ही नहीं, बल्कि समकालीन यथार्थ के चित्रण पर बल देने वाले कथाकार माधवप्रसाद मिश्र, मास्टर भगवान दास, बंग महिला आदि भी पाठकों को श्रोताओं के रूप में सम्बोधित करने से बाज नहीं आते।

कौतूहल पैदा करके उसका शमन करने वाली पुरानी कथाओं में कथक और श्रोता की सहवर्तमानता, मौखिक ही नहीं, लिखित कथा में भी, आवश्यक होती थी। कथा को कुछ और रोचक तथा चुनौतीपूर्ण बनाने के लिए सुनायी जा रही मूल कथा का कोई पात्र प्रसंगवश कहानी सुनाने वाला और दूसरा पात्र श्रोता बना दिया जाता था। इस प्रकार श्रावयिता और श्रोता के विस्तार से कहानी पेंच-दर-पेंच होती जाती थी और विकसित बुद्धि और रुचि के श्रोता भी उसका आनन्द ले पाते थे। *कथासरित्सागर* और *कादम्बरी* की कथाएँ इस कथा-संरचना का उदाहरण पेश करती हैं। कभी कभी सन्देश-प्रेषण, स्वप्न-दर्शन और स्वगत-चिन्तन के रूप में भी कथा का कोई अंश प्रस्तुत

कर दिया जाता था। प्राचीन भारतीय साहित्य में इस प्रविधि के भी उदाहरण मिल जाते हैं। उर्दू की दास्तानों में भी किस्सागो और किस्सा सुनने वाले की सह-उपस्थिति तो होती ही थी, उनमें कथा-विस्तार की एक यह प्रविधि अपनायी जाती थी कि कोई राजकुमारी या अन्य हसीन औरत प्रेमी के सामने यह चुनौती रख देती थी कि वह कोई बहुत दुर्लभ वस्तु, जिसके बारे में उसने सुन रखा है, उसे उपलब्ध करा दे या उसके कुछ कठिन प्रश्नों के उत्तर ला दे तो वह उससे निक़ाह करेगी। इसके बाद प्रेमी उन अजूबा वस्तुओं या प्रश्नों के उत्तर की खोज के अभियान में लग जाता था, जिनका वर्णन किस्सागो करता जाता था। *सोजे वतन* की कहानियों में अरबी-फारसी-उर्दू दास्तानों की संरचना का यह प्रभाव देखा जा सकता है। इस संग्रह की 'दुनिया का सबसे अनमोल रतन' कहानी की प्रेमिका अपने प्रेमी से कहती है कि मैं तभी तुमसे शादी करूँगी, जब तुम मुझे दुनिया का सबसे अनमोल रतन लाकर दोगे। इसके जवाब में आशिक तीन चीजें लेकर आता है : एक, फाँसी के तख्ते पर चढ़े हुए आदमी के आँसू; दो, अपने शौहर की लाश को लेकर जल जानेवाली बीवी की राख और तीन, शहीद हो जानेवाले एक राजपूत के खून की एक बूँद। ये तीन चीजें प्रेमचन्द की नजर में दुनिया के अनमोल रतन हैं। ध्यान देने की बात है कि कहानियों का ढाँचा तो फारसी-उर्दू दास्तानों का ही है, लेकिन जो अनमोल रतन उन्होंने चुने थे, वे नये थे। इनके द्वारा प्रेमचन्द देशभक्ति और राष्ट्रीय भावना को अपनी कहानियों के अन्दर लाने की कोशिश कर रहे थे।[80]

इस दशक के हिन्दी-उर्दू के कथाकार अपनी कहानियों में इन प्रविधियों का प्रयोग, अपने परम्परा-बोध के अनुसार, कर रहे थे। मुख्य रूप से कथा कहना और यत्किंचित उपदेश देना या किसी भाव को व्यक्त करना ही इन 'कहानियों' का लक्ष्य होता था और इन्हें प्रभावी बनाने के लिए लेखक कथा-प्रविधि के पुराने औजारों का उपयोग कर रहे थे। पर कुछ कथा-लेखक नयी प्रविधियों के इस्तेमाल के प्रति भी सजग दिखायी देते हैं। केशव प्रसाद सिंह की कहानी 'आपत्तियों का पर्वत' में किस्सागोई की प्रविधि में पात्र की आत्मकथा और स्वप्न-दर्शन का मिश्रण करके उसे प्रभावी बनाने का प्रयास किया गया है। यह प्रविधि नितान्त नयी तो नहीं कही जा सकती—इसका प्रयोग परम्परागत भारतीय कथा साहित्य में प्रचुरता के साथ हुआ है—पर केशवप्रसाद सिंह ने इसका उपयोग थोड़े नये ढंग से किया है। केशव प्रसाद सिंह की ही दूसरी कहानी 'चन्द्रलोक की यात्रा' में एक लम्बे पत्र के माध्यम से चन्द्र-यात्रा का वर्णन किया गया है, जो कथा को रोचक बनाने में समर्थ हुआ है। कार्तिक प्रसाद खत्री कृत 'दामोदर राव की आत्मकहानी' में भी पात्र की आत्मकथा के रूप में कथा पेश की गयी है। रामचन्द्र शुक्ल की कहानी 'ग्यारह वर्ष का समय' में भावजन्य मार्मिकता की सृष्टि के लिए संयोगों की सहायता ली गयी है और कथा का आरम्भ 'कथक' के वर्णन से करके मुख्य कथा ग्यारह वर्षों से पति से बिछुड़ी हुई स्त्री की आपबीती के रूप में और अन्त पति के मित्र द्वारा, प्रथम पुरुष में, समाहार के रूप में किया गया है। यशोदानन्दन अखौरी कृत 'इत्यादि की आत्म-कहानी', महेन्द्रलाल गर्ग कृत 'पेट की आत्मकहानी', वेंकटेश

नारायण कृत 'एक अशरफी की आत्म-कहानी', लाला पार्वतीनन्दन कृत 'मेरा पुनर्जन्म' आदि कहानियों के उदाहरण से इस बात की पुष्टि होती है कि इस दशक के कहानीकार कथा-प्रस्तुति में 'संयोगों' के साथ साथ 'आत्मकथा' की प्रविधि का व्यापक उपयोग कर रहे थे। ओ' हेनरी, मोपासाँ आदि की कहानियों में भी इन प्रविधियों का प्रयोग हो चुका था। यदि हिन्दी के कहानीकारों पर उनका प्रभाव पड़ा हो तो इसमें कोई आश्चर्य की बात नहीं।

पर बंग महिला की कहानियों की संरचना में, संयोग तत्त्व के उपयोग के बावजूद, कथा की पुरानी रूढ़ि को तोड़ने का प्रयत्न दिखायी देता है। 'कुम्भ में छोटी बहू' में चार अलग अलग प्रसंग हैं और सभी वर्तमान काल में नियोजित हैं। पहला प्रसंग एक पिछड़े गाँव के सवर्ण मध्यवर्गीय परिवार के दैनिक जीवन का है, जिसमें उसका समस्त आर्थिक, मूल्यपरक और सांस्कृतिक पक्ष उजागर होता है। दूसरे प्रसंग में रेलवे प्लेटफॉर्म और रेल के कम्पार्टमेन्ट के मुसाफिरों का दृश्य अपनी पूरी यथार्थता में उपस्थित होता है। तीसरे प्रसंग में तीर्थराज प्रयाग में कुम्भ-स्नान की आपाधापी, भीड़-भाड़ और परिणामस्वरूप घटित हादसे का, और चौथे प्रसंग में दुर्घटनाग्रस्त स्नानार्थियों के रोने-कलपने, सहायता के लिए गुहार लगाने का करुण दृश्य प्रस्तुत किया गया है। ये चारो प्रसंग समय की रैखिक शृंखला में निबद्ध और एक-दूसरे में अन्तर्भुक्त हैं। इनमें संयोग-तत्त्व विरल है और जो है, वह सम्भावना की कोटि से बाहर और जबरदस्ती से लाया हुआ नहीं है। 'दुलाई वाली' में भी कथा-प्रस्तुति की लगभग यही प्रविधि काम में लायी गयी है, पर उसमें वर्तमान में घटित हो रहे एक प्रसंग को पाठक से छिपाकर पहले कौतूहल की सृष्टि की गयी है और बाद में उसका उद्‌घाटन कर कौतूहल का शमन किया गया है। निश्चित रूप से कहा जा सकता है कि यह कथा-संरचना गोस्वामी जी और शुक्ल जी की 'आख्यायिकाओं' की संरचना से अग्रेसर है।

'एक टोकरी भर मिट्टी' की संरचना आधुनिक कहानी की दिशा में और भी आगे बढ़ी हुई है। आकार की दृष्टि से इसकी संक्षिप्तता मात्र 600 शब्दों तक सीमित है और 'कथा' तो इसमें लगभग है ही नहीं। जमींदार के द्वारा सतायी गरीब बुढ़िया की संवेदना को प्रकाशित करने के लिए इस कहानी में जो पृष्ठभूमि निर्मित की गयी है, उसमें कथा की भूमिका कम से कम है; कोई भी फालतू वर्णन नहीं, पात्रों की भीड़भाड़ नहीं, चरित्र-चित्रण नहीं। 'अविश्वसनीय' जैसा प्रतीत होने वाला एक कार्यव्यापार—जमींदार से टोकरी भर मिट्टी न उठ पाने का उल्लेख—यदि उसकी व्यंजना के साथ पढ़ा जाए तो बिलकुल ही अविश्वसनीय नहीं है। यह कहानी अपनी संरचना में ओ' हेनरी, मोपासाँ आदि की तुलना में चेख़व के अधिक निकट है।

उर्दू के कहानीकारों में रशीदुल खैरी और ख्वाजा हसन निज़ामी संक्षिप्त 'दास्तानों' अथवा विस्तारित नीति-कथाओं (फेबुल) की पद्धति का अनुगमन कर रहे थे, जिसमें चरित्र चित्रण या कथानक-निर्माण का हल्का-सा प्रयास दिखायी पड़ता है। सज्जाद हैदर यल्दरम की कहानियों की संरचना भी दास्तानों की ही है, जिनमें उनकी रूमानी और

आदर्शवादी अवधारणाएँ चटक और चटपटी शैली में, विदग्धता और हास्य के पुट के साथ, व्यक्त हुई हैं। सुल्तान हैदर जोश अपनी कहानियों में विदग्धता, सेटायर और हास्य का उपयोग करते हैं। पर संरचना की दृष्टि से इन कहानियों में कोई उल्लेखनीयता नहीं है। नवाब राय की कहानियों की विशेषता यह है कि उनमें ('दुनिया का सबसे अनमोल रतन' और 'शेख मखमूर') फारसी दास्तानगोई का शिल्प अपनाया गया है और बड़े कौशल से कथा के पुराने कलेवर में 'हुब्बेवतन' (देश प्रेम) का कथ्य भर दिया गया है। 'इश्के-दुनिया व हुब्बे-वतन' में इटली की आजादी की लड़ाई की ऐतिहासिक कथा के माध्यम से और 'यही मेरा वतन है' में आत्मकथा और यात्रा-वर्णन की प्रविधि में देश प्रेम के भाव को व्यक्त किया गया है। इन कहानियों का देश-काल भी भिन्न भिन्न है। 'दुनिया का सबसे अनमोल रतन', 'यही मेरा वतन है' और 'शेख मखमूर' का काल अनिर्दिष्ट और 'इश्के-दुनिया व हुब्बे-वतन' का काल इटली की आजादी की लड़ाई का काल है। दिक् की दृष्टि से भी इनमें पर्याप्त वैविध्य है। इनमें से पहली कहानी का परिवेश कोई 'शहर मीनोसवाद', दूसरी का उत्तर प्रदेश का कोई गाँव और अमेरिका, तीसरी का कोई 'मुल्के जन्नतनिशां' और चौथी का इटली, स्विटजरलैंड और इंग्लैंड हैं। इन प्रविधियों से प्रेमचन्द ने कहानी में व्यक्त 'देश प्रेम' को अँगरेज अधिकारियों की नजर से बचाने का प्रयास किया था।

'आख्यायिका' की संज्ञा से अभिहित इन कथा-रचनाओं में नयी कथा-भाषा की तलाश भी देखी जा सकती है। किशोरीलाल गोस्वामी और रामचन्द्र शुक्ल संस्कृत कथा-भाषा की परम्परा से जुड़े कथाकार हैं, अतः उनकी भाषा में तत्सम शब्दों का प्रयोग कुछ अधिक मात्रा में हुआ है, यद्यपि उससे भाषा बोझिल नहीं हुई है। अपने 'उपन्यासों' में आलंकारिक और लच्छेदार भाषा का प्रयोग करने वाले गोस्वामी जी अपनी 'आख्यायिकाओं' में सहज और बोधगम्य (थोड़े पढ़े-लिखे पाठकों के लिए) भाषा का उपयोग करते हैं। यहाँ तक कि प्रकृति-वर्णन का अवसर प्राप्त होने पर भी वे संयम को हाथ से नहीं जाने देते। उनकी तुलना में शुक्ल जी ज्यादा बहकते दिखायी पड़ते हैं। कथा तो वे भी सहज भाषा में ही प्रस्तुत करते हैं, पर प्रकृति-वर्णन में वे अपने को रोक नहीं पाते। 'ग्यारह वर्ष का समय' में 'बाग के दोनो ओर की कृषिसम्पन्न भूमि की शोभा' का प्रसंग आते ही, जो जानबूझकर ही लाया गया है, उनकी परम्परागत काव्य-रसिकता संयम का बाँध तोड़ देती है और उनकी भाषा का यह रूप सामने आता है : "अहा! ऋतुओं में उदारता का अभिमान यही (पावस) कर सकता है। दीन कृषकों को अन्नदान और सूर्यातप-तप्त पृथिवी को वस्त्रदान देकर यश का भागी यही होता है। इसे तो कवियों की 'कौंसिल' से 'रायबहादुर' की उपाधि मिलनी चाहिए। यद्यपि पावस की युवावस्था का समय नहीं है; किन्तु उसके यश की ध्वजा फहरा रही है। स्थान-स्थान पर प्रसन्न-सलिल-पूर्ण ताल यद्यपि इसकी पूर्व उदारता का परिचय दे रहे हैं।" यह और इस प्रकार के अनेक प्रकृति-वर्णन इस 'कहानी' या 'आख्यायिका' के कथ्य की प्रस्तुति में कोई योगदान नहीं करते, पर ये हैं, और इसलिए हैं कि शुक्ल जी पुरानी कथा-परम्परा

से अपना नाता नहीं तोड़ पाते। उनकी तुलना में मूलतः अहिन्दीभाषी होने पर भी बंग महिला की कहानियों में कहानी की भाषा की ज्यादा अच्छी समझ है। अपवाद के रूप में 'करुणार्द्र', 'न्यायाधीश', 'विशाल वपु', 'पुजहाई', 'वेणी-तट की बालुका', 'अंगच्छादनोपयोगी', 'धराधाम', 'प्रौढ़ा' जैसे क्लिष्ट शब्दों को छोड़कर उनकी कहानियों में सहज और ठेठ बोलचाल की भाषा का उपयोग किया गया है। उस काल में मानक बनती हुई हिन्दी में 'आँगन', 'घाम', 'सानी', 'पितर', 'झंखा', 'चिरौरी-बिनती', 'पकवान', 'गठरी-मोटरी', 'खुटाई', 'राजी-खुसी' जैसे भोजपुरी शब्दों के मेल से भाषा और भी स्वाभाविक हो गयी है। वातावरण को यथार्थ और स्वाभाविक बनाने के लिए उनकी कहानियों में अपढ़ स्त्रियों के वार्तालाप भोजपुरी भाषा में नियोजित किये गये हैं। बोली के स्तर की भाषा के प्रयोग द्वारा कहानी को आंचलिक प्रभाव से युक्त करने का यह प्रयास पहला है। माधव प्रसाद मिश्र की कहानी 'लड़की की बहादुरी' में भी पात्रों के वार्तालाप हरियाणवी में दिये गये हैं। यह इस बात का द्योतक है कि यथार्थवादी परिवेश का निर्माण नयी बनती हुई 'कहानी' के लिए आवश्यक समझा जा रहा था।

इस प्रकार बीसवीं सदी का पहला दशक हिन्दी कहानी का भी पहला दशक कहा जा सकता है। किसी विधा के आरम्भिक दौर में कथ्य और शिल्प विषयक जो अस्थिरता हो सकती है, वह इस दशक की कहानियों में भी देखने को मिलती है। कहानीकारों के सामने अँगरेजी की 'छोटी कहानी' का आदर्श तो शायद था, पर उसके अनुरूप न तो कथा भाषा विकसित हुई थी, न ही यथार्थ की संवेदना। देश एक विदेशी शक्ति का उपनिवेश था और विचारों तथा भावनाओं की अभिव्यक्ति पर तमाम तरह की पाबन्दियाँ लगी हुई थीं। हिन्दी में प्रबुद्ध पाठकों और लेखकों का भी अभाव ही था। आधुनिक ढंग से शिक्षित लोगों में शासन द्वारा औपनिवेशिक शासन के प्रति 'राजभक्ति' पैदा करने की कोई कोशिश छोड़ी नहीं जाती थी। समाज का समृद्ध वर्ग—सामन्त, जमींदार और महाजन, व्यवसायी समुदाय—औपनिवेशिक शासन का दाहिना हाथ बनकर अपने स्वार्थ की सिद्धि में लगा हुआ था। मध्यवर्ग, जो व्यवस्था के विरुद्ध खड़ा हो सकता था, अभी अपने निर्माण के आरभिक दौर में ही था। फिर भी मध्यवर्ग से ही माधवराव सप्रे, मास्टर भगवान दास, गिरिजादत्त वाजपेयी, बंग महिला, और सबसे बढ़कर नवाब राय जैसे लेखक वजूद में आ रहे थे, और उनके साथ ही कहानी के लिए आवश्यक संवेदना भी अस्तित्व में आ रही थी। इसका प्रमाण दूसरे दशक की कहानियों में मिलने लगता है।

सन्दर्भ

1. 'घटना' और 'कार्यव्यापार' का अन्तर हम अन्यत्र निर्दिष्ट कर चुके हैं। देखें : प्रथम परिच्छेद, पृ. 19
2. रामचन्द्र शुक्ल, *हिन्दी साहित्य का इतिहास*, नागरी प्रचारिणी सभा, वाराणसी, 23वाँ सं., सं. 2047 वि. (1990), पृ. 274
3. उपरिवत्

4. कोष्ठक के शब्द इस लेखक के।
5. कोष्ठक के शब्द इस लेखक के।
6. रामचन्द्र शुक्ल, *हिन्दी साहित्य का इतिहास,* पृ. 294-95
7. उपरिवत्, पृ. 296
8. गोपाल राय, *हिन्दी उपन्यास कोश* (खंड-1), ग्रन्थ निकेतन, पटना, 1968, पृ. 3
9. कमलेश्वर (सं.), *पहली कहानी,* राजपाल एण्ड सन्ज, दिल्ली, 1985, पृ. 54-55
10. सादिक (सं.), *यह दाग़ दाग़ उजाला* (कुर्रतुलऐन हैदर), भूमिका, पृ. 10
11. कमलेश्वर (सं.), *पहली कहानी,* राजपाल एण्ड सन्ज, दिल्ली, 1985, पृ. 53-57; इस विवेचन के साथ 'गुज़रा हुआ जमाना' का पाठ भी दिया गया है। (पृ. 49-52) : पाठ के साथ यह सूचना नहीं दी गयी है कि यह अनुवाद है या लिप्यन्तरण। यदि यह लिप्यन्तरण है, तो इसकी भाषा को हिन्दी मानने में किसी को भी आपत्ति न होगी। डा. सादिक ने अन्यत्र (*यह दाग़ दाग़ उजाला* (कुर्रतुलऐन हैदर), भूमिका, पृ. 10) 'गुज़रा हुआ जमाना' का प्रकाशन-काल 1874 लिखा है।
12. *शिलापंख* के प्रवेशांक (1976) के साक्ष्य पर वेदप्रकाश अमिताभ, *हिन्दी कहानी के सौ वर्ष,* मथुरा, 1987, पृ. 12
13. उपरिवत्, इस कथा का पाठ भी किताब में उपलब्ध करा दिया गया है। (पृ.279-84)
14. डा. बच्चन सिंह ने इसे किंचित् दुराग्रह के साथ हिन्दी की प्रथम कहानी मानने का दावा पेश किया है। (देखें : कमलेश्वर (सं.) *पहली कहानी,* पृ. 37 : पाठ : पृ. 21-36)
15. विवरण के लिए द्रष्टव्य, कमलेश्वर (सं.) *पहली कहानी,* पृ. 40-43
16. *शिलापंख,* सितम्बर, 1976 के साक्ष्य पर वेदप्रकाश अमिताभ, *हिन्दी कहानी के सौ वर्ष,* मथुरा, 1987, पृ. 12; राजेन्द्र गढ़वालिया और वेदप्रकाश अमिताभ ने इसे भी हिन्दी की 'प्रथम कहानी' के दावेदार के रूप में पेश किया है और इसका भी पाठ उपलब्ध करा दिया है। (पृ. 285-86)
17. 'प्रेमघन' ने लिखा था—"कुछ परिश्रम स्वीकार कर मस्तिष्क लड़ा विशुद्ध भाषा और भाव के संग विद्या और शिक्षा पाने से भाषा का उपकार सम्भव है, न कि केवल ऐसी कहानियाँ लिख डालने से जैसा कि लोग प्रायः जबानी कहा करते हैं और जिनके पढ़ डालने के पीछे नेत्रों को कुछ कष्ट होने या समय व्यर्थ जाने के अतिरिक्त पाठकों को और कुछ लाभ न हो।" (*आनन्द कादम्बिनी,* माला 8, मेघ 1 और 2, चैत्र-वैशाख, वि. 1962, पृ. 5) भवदेव पांडेय द्वारा *हिन्दी कहानी का पहला दशक,* पृ. 14 पर उद्धृत)
18. संस्कृत काव्यशास्त्र में 'कथा' और 'आख्यायिका' सूक्ष्म भेद के साथ भिन्न प्रकृति की कथा-रचनाएँ मानी जाती हैं। 'कथा' की आधारकथा कल्पित और 'आख्यायिका' की ख्यात होती है। इस दृष्टि से अँगरेजी की 'शॉर्ट स्टोरी' के लिए 'आख्यायिका' बहुत सटीक पद तो नहीं था, पर *सरस्वती* के सम्पादकों ने इसे ही अपनाया था। 'शॉर्ट स्टोरी' के लिए 'कहानी' पद का प्रथम प्रयोग नवाब राय (प्रेमचन्द) ने 1908 में *सोजे वतन* की भूमिका में किया था। रामचन्द्र शुक्ल ने अपने 'इतिहास' में 'छोटी कहानी' पद का प्रयोग 1929 में किया। *सरस्वती* के लगभग साथ निकलने वाली पत्रिकाओं, *सुदर्शन* (काशी, सं. माधव प्रसाद मिश्र) और *छत्तीसगढ़ मित्रा* (बिलासपुर, सं. रामराव चिचोलकर और माधवराव सप्रे) में 'कहानियों' का प्रकाशन किस नाम से हुआ, इसकी सूचना मुझे उपलब्ध नहीं हो पायी है। बाद में *मर्यादा* ने 'शॉर्ट स्टोरी' के लिए 'गल्प' पद का प्रयोग, जो बँगला में चल रहा था, आरम्भ किया।
19. लक्ष्मीनारायण लाल, *हिन्दी कहानियों की शिल्प-विधि का विकास,* साहित्य भवन, इलाहाबाद, पृ. 213
20. इसकी पुष्टि लाला लाजपत राय, बाल गंगाधर तिलक आदि के भाषणों से होती है। ए. आर. देसाई, *सोशल बैकग्राउंड ऑफ इंडियन नेशनलिज्म,* पॉपुलर प्रकाशन, मुंबई, छठा संस्करण, 2000, पृ. 310 पर उद्धृत

21. ए. आर. देसाई, *सोशल बैकग्राउंड ऑफ इंडियन नेशनलिज्म*, पॉपुलर प्रकाशन, मुंबई, छठा संस्करण, 2000, पृ. 306

22. उपरिवत्, पृ. 310-11

23. श्रीकृष्ण लाल : करुणापति त्रिपाठी (सं.) *हीरक जयन्ती अंक*, नागरी प्रचारिणी सभा, काशी, वि. सं. 2011 (1954), पृ. 61

24. इस दशक के रचनाकारों ने ही नहीं, दूसरे दशक में जयशंकर प्रसाद, राजा राधिकारमण प्रसाद आदि ने भी अपनी कथा-रचनाओं के लिए 'आख्यायिका' पद को स्वीकार कर लिया था। यहाँ तक कि 'बंग महिला' ने भी अपनी रचना 'कुम्भ में छोटी बहू'(1906) के लिए 'आख्यायिका' पद का ही प्रयोग किया था, यद्यपि उसे अपनी 'पूजनीया जननी श्रीमती नीरदवासिनी घोष रचित(हस्तलिखित) एक **गल्प** का अनुवाद' बताया था। (*हिन्दी कहानी का पहला दशक*, पृ. 129) सम्भवतः 1909 में आरम्भ हुई इन्दु में भी इस तरह की रचनाओं के लिए 'आख्यायिका' पद ही प्रयुक्त होता था। स्वयं जयशंकर प्रसाद ने भी अपनी रचनाओं को 'आख्यायिका' ही कहा था। इस दशक के आरम्भ में ही शुरू हुई *मर्यादा* ने इस प्रकार की रचनाओं को बँगला के अनुकरण पर 'गल्प' नाम से प्रकाशित करना आरम्भ किया था। *माधुरी* (1922 में प्रकाशन आरम्भ) में 'आख्यायिका' और 'गल्प' दोनो शब्द चल रहे थे। *विशाल भारत* में 'गल्प' का प्रयोग होता था। (देखें, 'पं. बनारसीदास चतुर्वेदी का प्रेमचन्द के साथ पत्र-इंटरव्यू', कमल किशोर गोयनका सम्पादित *प्रेमचन्द का अप्राप्य साहित्य*, खंड-1, भारतीय ज्ञानपीठ, नयी दिल्ली, 1988, पृ. 296 पर उद्धृत) जहाँ तक 'कहानी' पद के प्रयोग का प्रश्न है, निज़ाम शाह ने अपनी कथा-रचना को 'एक शिकारी की सच्ची कहानी' (1905) शीर्षक दिया था, पर यह प्रयोग 'कथा' के पर्याय रूप में ही किया गया जान पड़ता है। मेरी समझ से नवाब राय ने अपने कहानी संग्रह *सोज़े वतन* के 'दीवाचा' (1908) में पहली बार 'शॉर्ट स्टोरी' के अर्थ में 'कहानी' पद का प्रयोग किया था। (कमल किशोर गोयनका सम्पादित *प्रेमचन्द का अप्राप्य साहित्य*, खंड-2, भारतीय ज्ञानपीठ, नयी दिल्ली, 1988, पृ. 329 पर उद्धृत) उस समय उर्दू में इस अर्थ में 'अफ़साना' पद भी प्रचलित हो रहा था। 1920 में प्रकाशित अपने उर्दू कहानी संग्रह *प्रेम बत्तीसी* के 'दीवाचे' में भी प्रेमचन्द ने 'कहानी' पद का ही प्रयोग किया, जबकि उर्दू में 'अफ़साना' शब्द खूब प्रचलित हो चुका था। इस बीच हिन्दी में 'शॉर्ट स्टोरी' के लिए 'आख्यायिका' और 'गल्प' संज्ञाओं का प्रयोग व्यापक प्रचलन में आ चुका था। प्रेमचन्द भी इससे प्रभावित हुए बिना न रहे और अपने हिन्दी कहानी संग्रह *प्रेम-प्रसून* (जुलाई, 1924) की 'भूमिका' में उन्होंने 'गल्प', 'आख्यायिका' और 'छोटी कहानी', इन तीनो पदों का प्रयोग एक ही अर्थ में किया। प्रेमचन्द की यह दुविधा अन्त अन्त तक बनी रही, जिसका पता 1936 में प्रकाशित *मानसरोवर* के प्रथम खंड की भूमिका से चलता है। प्रेमचन्द के आरम्भिक आलोचक भी 'कहानी', 'आख्यायिका' और 'गल्प' पदों का प्रयोग एक ही अर्थ में कर रहे थे। प्रेमचन्द के प्रथम कहानी संग्रह *सप्त सरोज* की भूमिका में (08 जून, 1917) मन्नन द्विवेदी गजपुरी ने उसमें संकलित कहानियों को, एक ही पंक्ति के अन्तर से, 'कहानी' और 'गल्प' दोनो कहा था। *नवनिधि* कहानी संग्रह के 'निवेदन' में उसके प्रकाशक नाथू राम प्रेम ने उसमें संकलित कहानियों को 'गल्प' की संज्ञा दी थी। बनारसीदास चतुर्वेदी भी 'शार्ट स्टोरी के लिए 'गल्प' पद का ही प्रयोग करते थे। (द्रष्टव्य : 'पं. बनारसीदास चतुर्वेदी का पत्र-इन्टरव्यू', *प्रेमचन्द का अप्राप्य साहित्य*, खंड-1, पृ. 296) इसके पूर्व रामचन्द्र शुक्ल ने 1929 में अपने *हिन्दी साहित्य का इतिहास* में 'शॉर्ट स्टोरी' पद के लिए 'छोटी कहानी' पद के प्रयोग की मुहर लगा दी थी, जिसका असर यह हुआ कि धीरे धीरे 'आख्यायिका' और 'गल्प' पद प्रयोग-बाहर हो गये। बाद में बोलने की सुविधा के कारण 'छोटी कहानी' के स्थान पर 'कहानी' पद का प्रयोग अधिक प्रचलित हुआ, और आज यही पद आधिकारिक रूप में स्वीकृत है।

25. 1901-1906 की अवधि में *सरस्वती* के विभिन्न अंकों में इनकी 'प्रेम का फुहारा', 'भूतों वाली

हवेली', 'रामलोचन शाह', 'मेरी चम्पा', 'नरक गुलजार', 'एक के दो दो', 'मेरा पुनर्जन्म' आदि कहानियाँ प्रकाशित हुईं। इनका *गल्प लहरी* नामक कहानी संग्रह साहित्य भवन लि., प्रयाग से 1920 में प्रकाशित हुआ था।

26. लक्ष्मीनारायण लाल के अनुसार इनकी 'सुअर का शिकार' नामक कहानी 1905 में *सरस्वती* में प्रकाशित हुई थी। भवदेव पांडेय ने इसका शीर्षक 'एक शिकार की सच्ची कहानी' दिया है।
27. लक्ष्मीनारायण लाल, *हिन्दी कहानियों की शिल्प-विधि का विकास*, पृ. 210
28. भवदेव पांडेय, *हिन्दी कहानी का पहला दशक* में प्रदत्त 'गुलबहार' का पाठ, पृ. 80 (प्रथम पैराग्राफ)
29. देखें, *हिन्दी कहानी का पहला दशक* में संकलित कहानी का पाठ, पृ. 109
30. रामचन्द्र शुक्ल, *हिन्दी साहित्य का इतिहास* (पूर्वोल्लिखित), पृ. 275
31. शुक्ल जी की कहानी 'ग्यारह वर्ष का समय' 1903 में *सरस्वती* में प्रकाशित हुई थी।
32. गोपाल राय, *हिन्दी उपन्यास कोश* (खंड-1), ग्रन्थ निकेतन, पटना, 1968, पृ. 162
33. आचार्य रामचन्द्र शुक्ल ने *गुलबहार* को हिन्दी की 'प्रथम कहानी' के दावेदारों में सूचीबद्ध भी किया था। (*हिन्दी साहित्य का इतिहास*, पृ. 275) इसका प्रकाशन भी *सरस्वती* के जुलाई और अगस्त, 2002 के अंकों में 'कहानी' के रूप में ही हुआ था। पर जब यह 'परिवर्तित, परिवर्द्धित और संशोधित' रूप (उपन्यास) में प्रकाशित हुई (1906) तो इसका शीर्षक *गुलबहार वा आदर्श भ्रातृस्नेह* कर दिया गया।
34. लक्ष्मीनारायण लाल, *हिन्दी कहानियों की शिल्प-विधि का विकास*, साहित्य भवन, इलाहाबाद, सं. 1996, पृ. 37
35. इनकी 'पुरोहित का आत्मत्याग' और 'सब मिट्टी हो गया' *सुदर्शन* नामक पत्रिका में, 1900 में, तथा 'विश्वास का फल' *सुदर्शन* में ही 1902 में प्रकाशित हुई थी।
36. इनकी 'एक टोकरी भर मिट्टी' शीर्षक कहानी उन्हीं के द्वारा सम्पादित *छत्तीसगढ़ मित्र* नामक पत्रिका में 1901 में प्रकाशित हुई थी।
37. इन्होंने श्रीहर्ष रचित *रत्नावली* नाटिका को कहानी के रूप में ढालने का प्रयास किया था। (*सरस्वती*, भाग 2, संख्या 1 में प्रकाशित)
38. इनकी 'प्लेग की चुड़ैल' नामक कहानी 1902 की *सरस्वती* में प्रकाशित हुई थी। इस कहानी का विशेष महत्त्व इस बात को लेकर है कि यह समकालीन यथार्थ पर आधारित है। सन् 1901 में उत्तर प्रदेश में एक भयानक अकाल पड़ा था जो 'छपनिया अकाल' के नाम से प्रसिद्ध हुआ। इस अकाल में लाखों लोगों की जान चली गयी थी। इस कहानी में अकाल की भयावहता का, जिसमें अपनी प्राणरक्षा के लिए लोग अमानवीयता की हद तक पहुँच जाते हैं, सजीव वर्णन किया गया है।
39. गिरिजादत्त वाजपेयी की 'पंडित और पंडितानी' तथा 'पति का पवित्र प्रेम' 1903 में ही *सरस्वती* में प्रकाशित हुई थीं।
40. इनकी 'चन्द्रहास का अद्‌भुत आख्यान' नामक कथा 1906 में *सरस्वती* के भाग 7, संख्या 3 में प्रकाशित हुई थी।
41. इनकी 'कुम्भ में छोटी बहू' और 'दान-प्रतिदान' 1906 में, 'दुलाई वाली' 1907 में तथा 'दालिया' 1909 में, *सरस्वती* के विभिन्न अंकों में, प्रकाशित हुई थीं। इसके पहले उनकी 'चन्द्रदेव से मेरी बातें' नामक कहानी *सरस्वती* में 1904 प्रकाशित हो चुकी थी। (भवदेव पांडेय, *हिन्दी कहानी का पहला दशक*, पृ. 27) स्वयं 'बंग महिला' 'कुम्भ में छोटी बहू' को अपनी माँ नीरदवासिनी घोष के 'गल्प' का अनुवाद बताती हैं, पर भवदेव पांडेय इसे उनकी मौलिक कहानी मानते हैं। (*हिन्दी कहानी का पहला दशक*, पृ. 9) डा. वासुदेव सिंह के अनुसार इनका *कुसुम संग्रह* नामक कहानियों का संग्रह 1912 में प्रकाशित हुआ था।
42. इनकी 'एक अशरफी की आत्मकहानी' नामक कथा 1906 में *सरस्वती* के भाग 7, संख्या 10 में

प्रकाशित हुई थी।

43. इनकी 'जननी जन्मभूमिश्च स्वर्गादपि गरीयसी' नामक कहानी 1907 में *सरस्वती* में प्रकाशित हुई थी।

44. इनकी 'तीक्ष्ण छुरी' नामक कहानी 1907 की *सरस्वती* में निकली थी। (भवदेव पांडेय ने इनका नाम गिरिजादत्त वाजपेयी लिखा है; *हिन्दी कहानी का पहला दशक*, पृ. 27))

45. इनकी 'राजपूतनी' और 'पक्का गठबन्धन' नामक कथाएँ क्रमशः 1906 और 1907 में *सरस्वती* में प्रकाशित हुई थीं।

46. इनकी 'सच्चाई का शिखर' नामक कहानी 1907 में *सरस्वती* में प्रकाशित हुई थी।

47. इनकी पहली कहानी 'इश्के दुनिया व हुब्बे वतन' अप्रील, 1908 में *जमाना* में और पहला कहानी संग्रह *सोजे-वतन* जून, 1908 में जमाना प्रेस, लखनऊ से प्रकाशित हुआ।

48. इनकी 'कीर्तिकालिमा' नामक कहानी 1908 में *सरस्वती* में प्रकाशित हुई थी।

49. इनकी 'भुतही कोठरी' नामक कहानी 1908 में *सरस्वती* में प्रकाशित हुई थी।

50. इनकी 'एक ज्योतिषी की आत्मकथा' नामक कहानी 1909 में *सरस्वती* में प्रकाशित हुई थी।

51. इनकी 'प्रत्युपकार का एक अद्‌भुत उदाहरण'' नामक कहानी 1909 में *सरस्वती* में प्रकाशित हुई थी।

52. वर्मा जी की दो कहानियाँ, 'राखीबन्द भाई' और 'तातार और एक वीर राजपूत' *सरस्वती* में क्रमशः 1909 तथा 1910 में प्रकाशित हुई थीं। (भवदेव पांडेय, *हिन्दी कहानी का पहला दशक*, पृ. 46); राजीव सक्सेना के अनुसार 1909 में वर्मा जी की 'राजपूत की तलवार' और 'सफ़राजिस्ट की पत्नी' नामक कहानियाँ भी प्रकाशित हुई थीं, पर विशेष विवरण के अभाव में इनकी प्रामाणिकता सन्दिग्ध प्रतीत होती है। (*वृन्दावनलाल वर्मा*, साहित्य अकादेमी, पृ. 85)

53. रामचन्द्र शुक्ल, *हिन्दी साहित्य का इतिहास*, पृ. 275

54. 'हिन्दी की 'प्रथम कहानी' के रूप में इसका दावा देवीप्रसाद वर्मा ने *सारिका* के फरवरी, 1968 अंक में पेश किया था और अपने विवेचन के साथ उसका पाठ भी प्रस्तुत किया था। (देखें : कमलेश्वर (सं.) *पहली कहानी*, राजपाल एण्ड सन्ज, दिल्ली, 1985, पृ.11-16); इसके पूर्व माधवराव सप्रे की 'सुभाषित रत्न' नामक कहानी 1900 ई. में *छत्तीसगढ़ मित्र* में ही प्रकाशित हुई थी। पर इसका जो पाठ उपलब्ध है, (उपरिवत्, पृ. 41-42) उसके आधार पर इसे 'कहानी' नहीं कहा जा सकता।

55. माधवप्रसाद मिश्र रचित सात 'आख्यायिकाओं' का संकलन *श्रीमाधव मिश्र-ग्रन्थावली*, संख्या-2 में *आख्यायिका-सप्तक* शीर्षक से (प्रकाशक देवीराम विशारद, मिश्र निकेतन, भिवानी, सं. 1976 वि.) प्रकाशित हुआ था। आश्चर्य है कि इसमें 'सब मिट्टी हो गया' और 'पुरोहित का आत्मत्याग' शीर्षक कहानियाँ संकलित नहीं हैं। इसमें संकलित 'आख्यायिकाएँ' हैं : 'लड़की की बहादुरी', 'दया का फल', 'विश्वास का फल', 'मन की चंचलता', 'दयालु मिथिलेश', 'पितृभक्ति का फल' और 'सत्य और सन्तोष का फल'। इनमें से अन्तिम चार पौराणिक कथाओं पर आधारित हैं। 'भूमिका' में प्रदत्त सूचना के अनुसार ये 'आख्यायिकाएँ' बीसवीं सदी के प्रथम दशक में तत्कालीन *सुदर्शन* और *वैश्योपकारक* नामक मासिक पत्रिकाओं में प्रकाशित हुई थीं।

56. भवदेव पांडेय, *हिन्दी कहानी का पहला दशक*, पृ. 34-35

57. उपरिवत्, पृ. 31

58. *हिन्दी कहानी का पहला दशक*, पृ. 24

59. उपरिवत्, पृ. 32

60. भवदेव पांडेय, *हिन्दी कहानी का पहला दशक*, पृ. 36

61. उपरिवत्

62. स्वयं 'बंग महिला' ने इसे अपनी 'पूजनीया जननी श्रीमती नीरदवासिनी घोष रचित (हस्तलिखित) एक गल्प का अनुवाद' बताया है, पर भवदेव पांडेय इसे 'बंग महिला' की ही मौलिक कहानी मानते

हैं। (*हिन्दी कहानी का पहला दशक*, पृ. 9)

63. कहीं कहीं इनका निधन-वर्ष 1947 भी लिखा मिलता है। (*नेशनल बिब्लियोग्राफी ऑफ इंडियन लिटरेचर*, पृ. 553)

64. 'यल्दरम का उच्चारण कुछ लोग 'इल्दिरम' के रूप में भी करते हैं।

65. Ali Jawad Zaidi, *A History Of Urdu Literature*, पृ. 391

66. उपरिवत्, पृ. 391

67. Ali Jawad Zaidi, *A History Of Urdu Literature*, p. 390 (ज़ैदी ने रशीदुल खैरी के आरम्भिक कहानी संग्रहों का कोई विवरण नहीं दिया है। *National Biography of Indian Literature* के अनुसार इनके *जौहरे-इस्मत, नानि आश्शू (1928), सिलाबे अश्क (1928), निस्वानी ज़िन्दगी (1931), तूफ़ाने अश्क (1932), तफ़्सीरे इस्मत (1933), गिर्दबे हयात (1936), हूर और इन्सान (1937)* आदि कहानी संग्रह तीसरे दशक के लगभग अन्त और चौथे दशक में प्रकाशित हुए थे।

68. *नेशनल बिब्लियोग्राफी ऑफ इंडियन लिटरेचर* के अनुसार 1887-1966, पृ. 546

69. *नेशनल बिब्लियोग्राफी ऑफ इंडियन लिटरेचर* के अनुसार *निगारिस्तान, नक़ाब उठ जाने के बाद* तथा *हुस्न की ऐयारियाँ और दूसरे अफ़साने* आदि कहानी संग्रह क्रमशः 1939, 1942 और 1943 में प्रकाशित हुए थे। (पृ. 546)

70. ज़ैदी ने जोश को प्रथम दशक के कहानीकारों में शुमार किया है जबकि इनका *अफ़साना- ए-जोश* 1926 में प्रकाशित हुआ था।

71. Ali Jawad Zaidi, *A History Of Urdu Literature*, p. 391 ; *National Biography of Indian Literature* के अनुसार मजनूं गोरखपुरी और हिजाब इम्तियाज़ चौथे-पाँचवे दशक के कहानीकार थे।

72. सादिक, (सं), *यह दाग़ दाग़ उजाला* (कुर्रतुलऐन हैदर), भारतीय ज्ञानपीठ, नयी दिल्ली, तीसरा संस्करण, 2003, भूमिका, पृ. 10

73. कमलकिशोर गोयनका, *प्रेमचन्द विश्वकोश*, प्रभात प्रकाशन, दिल्ली, 1981, पृ. 432

74. अली ज़ावेद ज़ैदी ने नवाब राय (प्रेमचन्द) लिखित 'दुनिया का सबसे अनमोल रतन' को 1906 में प्रकाशित बताते हुए, उसे उनकी पहली कहानी माना है। अमृत राय ने *कलम का सिपाही* में 'दुनिया का सबसे अनमोल रतन' का प्रकाशन-काल 1907 बताया है। पर ये सूचनाएँ विवादास्पद हैं।

75. *प्रेमचन्द विश्वकोश*, खंड-2, प्रभात प्रकाशन, दिल्ली, 1981, पृ. 432; 1961 ई. में अमृत राय ने मूल उर्दू संग्रह से कहानियों का यत्र तत्र हिन्दीकरण तथा देवनागरी में लिप्यन्तरण करके *सोज़े वतन* शीर्षक से (हंस प्रकाशन, इलाहाबाद से) प्रकाशित किया। संग्रह की दो कहानियों, 'इश्के दुनिया व हुब्बे वतन' और 'सिल-ए-मातम' का शीर्षक बदल कर क्रमशः 'सांसारिक प्रेम और देश प्रेम' और 'शोक का पुरस्कार' कर दिया।

76. कमलकिशोर गोयनका, *प्रेमचन्द का अप्राप्य साहित्य* (खं-2), पृ. 329 पर उद्धृत।

77. उपरिवत्, पृ. 381 पर उद्धृत।

78. अमृत राय, *प्रेमचन्द : कलम का सिपाही*, हंस प्रकाशन, इलाहाबाद, 1962, पृ. 106

79. *हिन्दी कहानी का पहला दशक*, पृ. 46; वासुदेव सिंह के अनुसार यह कहानी 1908 की *सरस्वती* में प्रकाशित हुई थी। (*हिन्दी साहित्य का बृहत् इतिहास*, खंड-9, पृ. 82।) *हिन्दी साहित्य कोश* (भाग-2) में प्रदत्त सूचना के अनुसार वर्मा जी ''1920 ई. तक छोटी छोटी कहानियाँ लिखते रहे।''

80. इस विचार के लिए मैं नामवर सिंह का शुक्रगुजार हूँ। (खगेन्द्रनाथ ठाकुर (सं.), *आलोचक के मुख से : नामवर सिंह*, राजकमल प्रकाशन, नयी दिल्ली, 2005, पृ. 34)।

3

डगर की तलाश

बीसवीं सदी के पहले दशक में *सरस्वती, सुदर्शन, छत्तीसगढ़ मित्र, ज़माना* आदि पत्र पत्रिकाओं में 'आख्यायिका' और 'कहानी' नाम से 'कहानी' ('छोटी कहानी') के प्रकाशन का जो सिलसिला शुरू हुआ था, वह दूसरे दशक में भी जारी रहा। थोड़े दिनों के लिए *सरस्वती* के नये सम्पादक (1910) देवी प्रसाद मिश्र की रुचि कथा साहित्य में न होने के कारण कहानी के प्रकाशन को थोड़ा-सा झटका तो लगा (उन्होंने *सरस्वती* से 'आख्यायिका खंड' ही समाप्त कर दिया था), पर एक वर्ष बाद ही द्विवेदी जी के पुनः सम्पादक के रूप में प्रतिष्ठित हो जाने पर, और नयी पत्रिकाओं के प्रकाशन से, कहानियों के प्रकाशन की धारा अजस्र बनी रही। 1911 में *सरस्वती* के विभिन्न अंकों में द्विवेदी जी की 'खानखाना और सुमेर पर्वत', 'शायरों के शाहंशाह अबू तालिब', 'शाहजहाँ' आदि कथाएँ, जिन्हें वे 'आख्यायिका' कहते हैं, प्रकाशित हुई थीं। उधर 1910-15 की अवधि में *ज़माना, अदीब* और *अल-अस्र* में प्रेमचन्द के लगभग तीन दर्जन उर्दू अफ़साने प्रकाशित हुए।

दूसरे दशक में पहले दशक की दो मासिक पत्रिकाएँ, *सरस्वती* और *ज़माना* तो सक्रिय रहीं ही, *इन्दु* (1909), *सेवक* (1910), *नवजीवन* (1910), *अदीब* (1910), *मर्यादा* (1911), *गृहलक्ष्मी* (1912), *औदुम्बर* (1912), *हिन्दी मनोरंजन* (1912), *नवनीत* (1913), *प्रभा* (1913), *प्रियंवदा* (1913), *साहित्य-पत्रिका* (1914) आदि नयी पत्रिकाएँ भी निकलनी शुरू हुईं। जिनमें प्रेमचन्द के साथ साथ जयशंकर प्रसाद, राजा राधिकारमण प्रसाद सिंह, चन्द्रधर शर्मा गुलेरी, शिवपूजन सहाय, जी. पी. श्रीवास्तव, विश्वम्भरनाथ शर्मा 'कौशिक', सुदर्शन, रायकृष्ण दास, विश्वम्भरनाथ 'जिज्जा', चंडी प्रसाद 'हृदयेश' आदि अनेक कहानीकारों की कहानियाँ प्रकाशित हुईं।

पहले दशक की हिन्दी कहानी दो कथा-धाराओं का एक साथ प्रतिनिधित्व करती है। एक, जो 'आख्यायिका' नाम से *सरस्वती, सुदर्शन, छत्तीसगढ़ मित्र* आदि पत्रिकाओं में प्रकट हो रही थी, और दो, जो 'अफ़साना' या 'कहानी' नाम से उर्दू की *ज़माना, अल-अस, कहकशाँ, सुबहे-उम्मीद, इस्लाह* आदि पत्रिकाओं में वजूद में आ रही थी। पहली धारा के लेखक किशोरीलाल गोस्वामी, रामचन्द्र शुक्ल, माधवराव सप्रे, माधवप्रसाद मिश्र, मास्टर भगवान दास, गिरिजादत्त वाजपेयी, 'बंग महिला', वृन्दावनलाल

वर्मा आदि और दूसरी परम्परा के लेखक रशीदुल खैरी, ख्वाजा हसन निज़ामी, सज्जाद हैदर यल्दरम, नवाब राय आदि थे। दूसरे दशक में नवाब राय के 'प्रेमचन्द' रूप में अवतरित होने के बाद दूसरी कथा-धारा प्रमुख स्थान पर आ गयी और पहली धारा का, वृन्दावनलाल वर्मा को छोड़कर, कोई भी तथाकथित आख्यायिका-लेखक मैदान में न रहा। पर 1909 में काशी (वाराणसी) से *इन्दु* मासिक का प्रकाशन हिन्दी 'आख्यायिका' की परम्परा के विकास में बहुत सहायक सिद्ध हुआ। हिन्दी में अभी भी कहानी का रूप स्थिर नहीं हुआ था। बँगला में अँगरेजी शिक्षा के प्रचार के फलस्वरूप 'शॉर्ट स्टोरी' के नमूने पर 'गल्प' लिखने की परम्परा आरम्भ हो चुकी थी और रवीन्द्रनाथ ठाकुर, शरच्चन्द्र चट्टोपाध्याय जैसे गल्पकारों की कहानियाँ प्रकाशित होने लगी थीं। *सरस्वती* में भी इन कहानियों के अनुवाद और रूपान्तर प्रकाशित हो रहे थे। *इन्दु* में और भी बड़े पैमाने पर अनुवाद और रूपान्तर का काम आरम्भ हुआ। इसके साथ ही हिन्दी के कथाकारों ने मौलिक कहानी-लेखन भी आरम्भ किया।

दूसरे दशक में प्रकाशित कहानियों की प्रकृति को देखते हुए उनका विवेचन दो खंडों में करना संगत प्रतीत होता है। पहले खंड में 1911-15 की कहानियाँ रखी जा सकती हैं। ई. सन् 1911 और 1915 राजनीतिक दृष्टि से ही नहीं, साहित्यिक दृष्टि से भी उल्लेखनीय वर्ष जान पड़ते हैं। 1911 में जयशंकर प्रसाद की पहली, और उल्लेखनीय, कहानी 'ग्राम' और 1915 में चन्द्रधर शर्मा गुलेरी की कालजीवी कहानी 'उसने कहा था' प्रकाशित हुई थी। यह संयोग ही है कि 1915 में ही प्रेमचन्द की पहली हिन्दी कहानी 'सौत' भी प्रकाशित हुई थी।

1915 तक प्रेमचन्द की लगभग तीन दर्जन उर्दू कहानियाँ और दो कहानी संग्रह, *प्रेम पचीसी* और *सहरे दरवेश* (1914) प्रकाशित हो चुके थे। पर 'शुद्ध' हिन्दी के पाठकों के लिए वे अपरिचित थे, यहाँ तक कि उनकी कहानियों के हिन्दी रूपान्तर भी अब तक नहीं हुए थे।

यद्यपि प्रेमचन्द की कहानियों का कथ्य समकालीन जीवन-यथार्थ से सम्बद्ध था, पर वे उस समय हिन्दी के लेखक नहीं माने जाते थे। उनकी कहानियों के अनुवाद भी हिन्दी में उपलब्ध नहीं थे। यहाँ इस बात का उल्लेख कर देना जरूरी है कि प्रेमचन्द की 'हिन्दी' और 'उर्दू' में वैसा अन्तर नहीं था कि उन्हें समझने में उस समय के शिक्षित उत्तर भारतीय समुदाय के लिए बहुत दिक्कत हो।[1] यह भी उल्लेखनीय है कि दिसम्बर, 1915 के बाद भी, जब *सरस्वती* में उनकी पहली कहानी 'सौत' (हिन्दी भाषा और देवनागरी लिपि में) प्रकाशित हुई थी, उनकी 'हिन्दी' और 'उर्दू' की कहानियाँ साथ साथ *सरस्वती, प्रभा, प्रताप, स्वदेश, आज, श्रीशारदा* आदि हिन्दी पत्र पत्रिकाओं में और *ज़माना, अल-अस्र, कहकशाँ, सुबहे-उम्मीद, इस्लाह* आदि उर्दू रिसालों में प्रकाशित होती रहीं। कभी कभी तो एक ही कहानी, एक-दो महीने के अन्तर से, हल्के रूपान्तर के साथ, हिन्दी और उर्दू की पत्रिकाओं में प्रकाशित होती देखी जा सकती हैं।[2] अतः कथ्य ही नहीं, भाषा की दृष्टि से भी, प्रेमचन्द की उर्दू कहानियों का विवेचन हिन्दी कहानी के विकास के सन्दर्भ में ही किया जाना चाहिए।

इस स्थिति में इन्दु के माध्यम से जयशंकर प्रसाद (1890-1937)[3] का हिन्दी कहानी में प्रवेश एक चुनौती के रूप में हुआ था। 1911 ई. में ही इनकी 'ग्राम' नामक कहानी इन्दु मासिक पत्रिका में प्रकाशित हुई थी।[4] उनकी दूसरी कहानी 'चन्दा' भी उसी वर्ष इन्दु की कला 2, किरण 3 में प्रकाशित हुई।[5] इसके बाद उनकी 'गुलाम', 'चित्तौर का उद्धार' आदि कहानियाँ भी इन्दु के विभिन्न अंकों में प्रकाशित हुईं। प्रसाद जी का पहला कहानी संग्रह *छाया* (जो हिन्दी का भी पहला कहानी संग्रह था) 1912 में प्रकाशित हुआ। इसके प्रथम संस्करण में केवल पाँच कहानियाँ 'तानसेन', 'चन्दा', 'ग्राम', 'रसिया बालम' और 'मदन मृणालिनी' संकलित थीं। इसके 'संशोधित' संस्करण में 'शरणागत', 'सिकन्दर की शपथ', 'चित्तौड़ का उद्धार', 'अशोक', 'गुलाम' और 'जहाँनारा' शीर्षक छह कहानियाँ और शामिल कर ली गयीं।[6]

इस काल की सबसे बड़ी सच्चाई राजनीतिक मुक्ति की आकांक्षा से बौखलाता भारतीय मानस और उसके दमन के लिए तत्पर औपनिवेशिक शासन था। पर दमनात्मक कार्रवाइयों के बावजूद आन्दोलन को समाप्त न होते देख सरकार ने 1910 में मार्ले-मिन्टो रिफॉर्म लागू किये, जिसका नरमपन्थियों ने तो स्वागत किया, पर गरम दल वालों ने उसे असन्तोषजनक बताया। 1911 में बंग-विभाजन का आदेश भी वापस ले लिया गया। दो-तीन वर्षों तक स्थिति लगभग सामान्य रही। उग्र राष्ट्रवादी नेता तिलक जेल में थे और नरमपन्थी कांग्रेसी नेता ब्रिटिश शासन की न्यायप्रियता पर भरोसा करके आत्ममुग्धता की मनःस्थिति जी रहे थे। इसी समय यूरोप की आर्थिक-राजनीतिक स्थितियों के फलस्वरूप जून, 1914 में युद्ध छिड़ गया, जो इतिहास में 'प्रथम विश्व युद्ध' के नाम से ख्यात है। जून, 1914 में ही जेल की सजा काटकर लौटे तिलक और अन्य राष्ट्रवादी नेताओं ने सरकार की युद्धविषयक तैयारी का समर्थन करने की घोषणा की। उनका विश्वास था कि ब्रिटिश सरकार कृतज्ञता का परिचय देते हुए युद्ध के बाद भारतीयों को स्व-शासन प्रदान करने की दिशा में आगे बढ़ेगी। ब्रिटेन के 'हाउस ऑफ कॉमन्स' में सेक्रेटरी ऑफ स्टेट ने घोषणा की, कि भारत में 'ब्रिटिश नीति का लक्ष्य उत्तरदायी सरकार की प्रगतिशील स्थापना है।' पर जल्द ही इस आश्वासन की पोल खुलने लगी, जिसके फलस्वरूप युद्धकाल में भी स्वराज का आन्दोलन बन्द नहीं हुआ।

प्रेमचन्द उस प्रबुद्ध मध्यवर्गीय चेतना के प्रतीक थे, जो अपनी प्रतिकूल स्थितियों के प्रति विद्रोह करती है। कोई भी प्रबुद्ध चेतना गुलामी के बन्धन को स्वीकार नहीं कर सकती। धनपत राय उस औपनिवेशिक सरकार की सेवा में थे, जिसने उनकी भावना की अभिव्यक्ति पर बन्धन लगा रखा था। अपनी आत्मा की आवाज को अभिव्यक्त करने के लिए उन्हें 'नवाब राय' नामक कल्पित लेखक का चोला ग्रहण करना पड़ा था और जब इस 'नवाब राय' की वास्तविकता का पर्दाफाश हो गया तो उन्हें 'प्रेमचन्द' नाम की शरण लेनी पड़ी थी। ये 'प्रेमचन्द' भी पकड़े जा सकते थे, पर तरह तरह की सावधानियाँ बरतते हुए वे धनपत राय के रूप में सरकारी मुलाजिम भी बने रहे और 'प्रेमचन्द' के रूप में उसकी जड़ भी खोदते रहे। गाँधी जी के भारतीय राजनीति में प्रवेश

के काफी पहले प्रेमचन्द ने देश की राजनीतिक-सामाजिक परिस्थितियों को समझ लिया था और अपनी कहानियों के माध्यम से अपने विचारों और संवेदनाओं को वाणी देने का अभियान आरम्भ कर दिया था। यह तो उन्होंने अनुभव कर ही लिया था कि देश को औपनिवेशिक शासन से छुटकारा मिलना ही चाहिए, पर इसके लिए यह भी आवश्यक था कि अपेक्षित जनशक्ति पैदा हो। औपनिवेशिक ताकत की पूरी कोशिश यह थी कि यह जनशक्ति अस्तित्व में न आए। यह बिलकुल गैर-बराबर शक्तियों का संघर्ष था। अकेले प्रेमचन्द उस शक्ति से लड़ने का प्रयास कर रहे थे, जिसके क्षेत्र में सूरज नहीं डूबता था। जरूरी था कि प्रेमचन्द इसके लिए छापामार लड़ाई का रास्ता अपनाते। इसके लिए उन्होंने ऐसी कहानियाँ लिखीं, जिनमें जनशक्ति को प्रबुद्ध करने, अपनी शाक्ति और उसकी सम्भावनाओं के प्रति आस्वस्ति की चेतना जगाने का भाव था। इसके साथ ही उन्होंने ऐसी कहानियाँ भी लिखीं, जिनमें जातिगत, सम्प्रदायगत और आर्थिक भेदभाव से मुक्त तथा श्रेष्ठ नैतिक चेतना से सम्पन्न राष्ट्रीय बोध पैदा हो।

1911-15 की अवधि में प्रकाशित प्रेमचन्द की कहानियों में राष्ट्रीयता का स्वर परोक्ष है, जो *सोजेवतन* के साथ घटित सन्दर्भ में स्वाभाविक भी है। यहाँ से प्रेमचन्द राष्ट्रीय भावना की अभिव्यक्ति के लिए उस प्रच्छन्न तरीके का इस्तेमाल करने लगते हैं, जिसे अँगरेजी में 'विकेरियन नेशनलिज्म' कहा जाता है। दमन और आतंक के सहारे चलनेवाले औपनिवेशिक शासन में लेखकों के लिए अपनी राष्ट्रीय भावनाओं की अभिव्यक्ति के लिए यही रास्ता बच रहता है। 'आहे बेकस' (1911) ऊपर से एक परम्परागत नैतिक बोध की कहानी प्रतीत होती है, पर उसमें तत्कालीन ग्रामीण रईस-वर्ग के आर्थिक, नैतिक और चारित्रिक खोखलेपन का बेहद व्यंग्यपूर्ण अंकन हुआ है। इसके साथ ही यह कहानी अत्याचारी के खिलाफ सत्याग्रह और सविनय अवज्ञा का ऐसा उदाहरण प्रस्तुत करती है जिसका उपयोग बाद में गाँधी जी ने औपनिवेशिक शासन के विरोध में किया। 1911-14 की अवधि में प्रकाशित 'राजा हरदौल', 'आल्हा, 'राजहठ', 'कैफरे-कर्दार', 'बाँका जमींदार', 'अनाथ लड़की', 'शिकारी राजकुमार' आदि कहानियाँ प्रत्यक्षतः राजपूतों, बुन्देलों, सिखों आदि की वीरता, बलिदान, स्वाभिमान, स्वामिभक्ति, हठधर्मिता आदि का चित्रण करती हैं, पर परोक्ष रूप से वे जन-मानस में उन भावनाओं को जागृत करना चाहती हैं, जो देश को औपनिवेशिक गुलामी से मुक्त करने के लिए जरूरी था।

औपनिवेशिक शासन ने पूरी उन्नीसवीं शताब्दी में यह भ्रम फैलाने की कोशिश की थी कि हिन्दुस्तान बौद्धिक, सांस्कृतिक और राष्ट्रीय चेतना की दृष्टि से इतना पिछड़ा हुआ है कि वह शासन करने के योग्य है ही नहीं। इस शासन ने शिक्षा, न्याय, प्रशासन आदि का जो नया ढाँचा खड़ा किया उसका एकमात्र उद्देश्य हिन्दुस्तान में, और अन्तरराष्ट्रीय स्तर पर, इस झूठ को प्रचारित करना था। फलस्वरूप शिक्षा का एक ऐसा ढाँचा सामने आया जो ऐसे हिन्दुस्तानी पैदा करे, जो नस्ल से हिन्दुस्तानी, पर सोच, मानसिकता, रहन-सहन, वेशभूषा आदि से अँगरेज और मूल अँगरेज से भी अधिक 'राजभक्त' हों; जो अपनी प्राचीन संस्कृति, सभ्यता, आर्थिक और बौद्धिक समृद्धि की

स्मृति से एकदम शून्य हों और अपने निजी स्वार्थ के सामने व्यापक समाज के हितों को कोई महत्त्व न दें। इस विदेशी शासन ने न्याय का एक ऐसा ढाँचा खड़ा किया, जो गरीबों के बूते के बाहर हो और व्यवस्था द्वारा बनाये गये कानून-तन्त्र को कायम रखने में अपनी सारी बौद्धिक क्षमता लगा दे। दिखावे के रूप में यह न्याय तन्त्र पाक साफ होने का नाटक करता था, पर वास्तव में असमानता और पक्षपात पर टिका था। ये शिक्षा और न्याय तन्त्र औपनिवेशिक शासन के दो प्रमुख स्तम्भ थे। इसके साथ ही देश के राजे-रजवाड़े, जमींदार और महाजन औपनिवेशिक शासन के अन्य स्तम्भ थे, जिन्हें शासन की तरफ से किसानों, कारीगरों और मजदूरों को लूटने और दमन करने की पूरी छूट प्राप्त थी। औपनिवेशिक शासन इस बात के प्रति भी सावधान था कि यहाँ की जनता अन्धविश्वासों, सामाजिक रूढ़ियों, अन्ध परम्पराओं में जकड़ी रहे ताकि वह उसके खिलाफ खड़ी न हो सके। इसके लिए वह देश के धार्मिक मामलों से तटस्थ रहने का नाटक कर महन्तों, पुरोहितों, मुल्ला-मौलवियों आदि को संरक्षण प्रदान करता था। उन्नीसवीं शताब्दी के पूर्वार्ध में बंगाल के पुनर्जागरण आन्दोलन के दबाव में शासन ने सती-प्रथा के विरुद्ध कानून बनाया था और स्त्री-शिक्षा के प्रसार के लिए आधे मन से कुछ प्रयत्न भी किया था; पर उसकी भीतरी मंशा यही थी कि भारत की जनता अज्ञान, अन्धविश्वास, धार्मिक कलह आदि से कभी मुक्त हो ही नहीं। हिन्दी साहित्यकारों में सबसे पहले भारतेन्दु हरिश्चन्द्र ने इस औपनिवेशिक षड्यन्त्र को समझा था और अपनी रचनाओं में इसका रहस्य खोला था। भारतेन्दु के बाद प्रेमचन्द ने इस षड्यन्त्र को समझा और इस पर चोट की। 'बिकरमादित्य का तेगा' में उस 'सत्य और न्याय' की ओर संकेत किया गया है जो औपनिवेशिक शासन में लुप्त हो गया था। 'राजहठ' में देशी राजाओं की विलासप्रियता, पोलिटिकल एजेंट के सामने उनकी दयनीय स्थिति और प्रजा पर किये जानेवाले जुल्म के साथ साथ प्रजा के प्रति राजकुमार की सहानुभूति का चित्रण प्रेमचन्द की नीयत को साफ कर देता है। 'बाँका जमींदार' में किसानों पर जमींदार के अत्याचार के साथ साथ जमींदार के 'जुल्मों का मर्दों की तरह सामना करने वाले किसानों' का अभिनन्दन किया गया है। 'अनाथ लड़की' में प्रेमचन्द 'स्त्री-रत्न' के रूप में एक ऐसी लड़की का चरित्र प्रस्तुत करते हैं जो 'शास्त्री की परीक्षा पास' करने के साथ साथ 'अपनी मंडली के साथ देश प्रेम में डूबा हुआ गीत' गाती है। 'शिकारी राजकुमार' में गाँवों को लूटने और बरबाद करने वाले डाकुओं, भोग-विलास में रत रहने वाले ढोंगी महन्तों और 'दरिद्र और असहाय का गला दबा-दबा कर रिश्वत के पलड़े में न्याय को तौलनेवाले सूबेदार' जैसे 'निर्दयी शत्रुओं का शिकार करके प्रजा को सुखी बनाने' को 'राजधर्म' बताया गया है। 'कैफरे-कर्दार' कहानी का केन्द्रीय पात्र क्रान्तिकारी है, पर प्रेमचन्द ने उसे 'डाकू' के रूप में प्रस्तुत किया है। यह ध्यान में रखने की बात है कि ये कहानियाँ गाँधी जी के दक्षिण अफ्रीका से भारत लौटने और भारतीय स्वतन्त्रता संग्राम में शिरकत करने से पहले लिखी गयी थीं।

यह इतिहासकारों द्वारा स्वीकृत ऐतिहासिक तथ्य है कि भारत में ब्रिटिश शासन

के मुख्य स्तम्भ जमींदार, महाजन और अँगरेजी पढ़े-लिखे लोग थे। अक्सर इस वर्ग के कुछ लोग भी 'देश-सेवा' के नाम पर जनता को धोखा देने का काम कर रहे थे। 'ममता' कहानी ऊपर से पुत्र के प्रति माँ की ममता की कहानी है, पर इसके भीतर औपनिवेशिक शासन में धनीमानी सेठों की 'जातीय सेवा' के खोखलेपन और पाखंड, अन्तर्विरोध से भरे नैतिक बोध, मिथ्या दम्भ, नगरपालिका के चुनावों में सफलता और सरकार से रायसाहबी का खिताब पाने की दुर्बलता आदि का तीखा व्यंग्यपूर्ण अंकन हुआ है।

प्रेमचन्द धार्मिक पाखंड को देशहित के लिए हानिकारक मानते थे और उसके परम विरोधी थे। इसका प्रमाण वे अपने प्रथम उपन्यास *देवस्थान रहस्य* (1903) में दे चुके थे। कहानियों में उन्होंने इस विषय को तनिक बाद में उठाया। इस अवधि मे लिखित 'अन्धेर', 'खून सफेद' आदि कहानियों में हिन्दू समाज में व्याप्त धार्मिक पाखंड का तीखा चित्रण देखने को मिलता है। 'अन्धेर' में देवी-देवताओं की पूजा-अर्चना तथा सत्यनारायण की कथा की ओट में पनपने वाले भ्रष्टाचार की ओर संकेत किया गया है। 'खून सफेद' में एक ऐसे बच्चे का चित्रण किया गया है, जो बचपन में ही एक ईसाई पादरी के साथ चला गया था और ईसाई बना लिया गया था। पर जब बड़ा होने पर वह अपने घर-समाज में लौटना चाहता है तो रूढ़िवादी हिन्दू बिरादरी उसे इसकी इजाजत नहीं देती और वह वापस लौट जाता है। 'खून सफेद' का मुख्य कथ्य यद्यपि हिन्दू समाज की रूढ़िजर्जर धार्मिकता है, पर पृष्ठभूमि के रूप में 1900 ई. में पड़े अकाल का बेहद यथार्थ और करुण चित्रण हुआ है। प्रसंगतः औपनिवेशिक शासन में ईसाई धर्मप्रचारकों की साधन सम्पन्नता की भी संकेतात्मक प्रस्तुति हुई है। यह प्रकारान्तर से औपनिवेशिक शासन की आलोचना ही है। 'नमक का दारोगा' (1913) में भी औपनिवेशिक शासन की जनविरोधी आर्थिक नीतियों, प्रशासन में फैले भ्रष्टाचार और मध्यवर्गीय समाज में व्यक्तिगत स्वार्थ की पूर्ति के लिए नैतिक मूल्यों की उपेक्षा का सच कलात्मक निस्संगता के साथ प्रस्तुत किया गया है। इस कहानी में इस सच का भी संकेत प्राप्त होता है। औपनिवेशिक न्याय-व्यवस्था इतनी भ्रष्ट थी कि वह ईमानदार कर्मचारियों की रक्षा भी नहीं कर पाती थी और सफल व्यवसायी ईमानदारी को भी खरीद सकता था। आज के सन्दर्भ में इस कहानी की प्रासंगिकता यह है कि पूँजीवादी अर्थतन्त्र ने ईमानदारी जैसे मानवीय मूल्यों को भी क्रेय बना दिया है।

प्रेमचन्द भारतीय पुनर्जागरण को उसके व्यापक सन्दर्भ में देखते थे। वे समझते थे कि देश को औपनिवेशिक गुलामी से तभी मुक्ति मिल सकती है, जब पूरा देश सामाजिक दृष्टि से, लिंग-भेद, धर्म-भेद, जाति-भेद आदि के अन्तर्विरोधों से मुक्त हो। उस समय के समाज में स्त्री, पुरुष की तुलना में, हर प्रकार से हीनतर स्थिति में जीवनयापन करती थी। पारिवारिक सम्पत्ति में अधिकार की दृष्टि से, शिक्षा की दृष्टि से, अपने बारे में निर्णय लेने की दृष्टि से, नैतिक संहिता की दृष्टि से, उसकी स्थिति पुरुष की तुलना में दासों जैसी थी। वही स्थिति दलितों की सवर्णों की तुलना में थी। हिन्दू-मुसलमान का साम्प्रदायिक भेद भी अपने चरम पर था। औपनिवेशिक शासन अपनी सुदृढ़ स्थिति

के लिए भारतीय समाज के इन अन्तर्विरोधों को बरकरार ही नहीं रखना चाहता था, बल्कि इन्हें और भी बढ़ाने में प्रयत्नशील था।

प्रेमचन्द यद्यपि स्त्रियों की वर्तमान स्थिति में आमूल बदलाव के पक्षधर नहीं थे, पर वे उसमें सुधार के आकांक्षी अवश्य थे। विधवा विवाह का समर्थन वे अपने उपन्यास *प्रेमा (हम खुर्मा व हम शवाब)* में आर्यसमाजी जोश के साथ कर चुके थे। 1911 में प्रकाशित उनकी कहानी 'बड़ी बहन' में एक स्त्री के अपने अबोध छोटे भाई के हितों की रक्षा के लिए पति के खिलाफ तन कर खड़े होने और पातिव्रत्य के पुराने मिथ को तोड़ते हुए, पति के नापाक मनसूबों पर पानी फेर देने का चित्रण किया गया है। इस कहानी में स्त्री की शाक्ति के प्रति प्रेमचन्द की आस्था साफ दिखायी पड़ती है।

इसी दशक में प्रेमचन्द ने 'दोनो तरफ से' और 'सिर्फ एक आवाज' जैसी 'दलितोद्धार' से जुड़ी कहानियाँ भी लिखी थीं। 'दोनो तरफ से' में एक ब्राह्मण दम्पति द्वारा 'अछूत' जातियों के सुधार के लिए संस्था कायम करने, पति द्वारा दलितों की बस्ती में जाकर 'चमारों और डोमों' के बीच बैठने, उनसे बातचीत करने और उनके बच्चों से प्यार करने, यहाँ तक कि 'चमारों के चौधरी की लड़की की शादी में उनके साथ बैठकर खाना खाने' और समाज की निन्दा का सामना करके भी पत्नी द्वारा दलित स्त्रियों को अपने घर बुलाकर भोज देने का वर्णन किया गया है। दलित समस्या के साथ दाम्पत्य प्रेम का सामंजस्य दिखाकर प्रेमचन्द ने इस कहानी को बहुत मार्मिक बना दिया है। पति-पत्नी की एक दूसरे के प्रति भावनाओं से, उन्हीं की सोच के माध्यम से, पाठक का साक्षात्कार करा कर प्रेमचन्द ने कहानी में मनोविज्ञान के प्रवेश का सुन्दर उदाहरण पेश किया है। आज के दलितवादी लेखकों को इस बात का गिला हो सकता है कि प्रेमचन्द ने अपनी इस कहानी में दलित और अभिजात वर्ग का संघर्ष न चित्रित कर उनके बीच सहयोग, सामंजस्य अथवा परस्पर सद्भाव दिखाया है, पर उस युग में शायद यही सम्भव था। इससे यह निष्कर्ष भी प्राप्त किया जा सकता है कि प्रेमचन्द वर्गों के संघर्ष में नहीं, उनके सद्भाव में आस्था रखते थे। इस कहानी के पाठ से यह बात भी सामने आती है कि प्रेमचन्द दलितों का उद्धार अभिजात संस्कारों के अनुसार करना चाहते थे। शादी-ब्याह आदि सामूहिक समारोहों में दलित मांस खाना, शराब पीना, स्त्री-पुरुषों का साथ नाचना-गाना आदि छोड़कर सवर्णों के रीति-रिवाज अपना लें, यह आदर्श उनके सामने था। आर्थिक उन्नति के लिए उन्हें कम ब्याज पर कर्ज मिलने की सुविधा हो और अभिजात वर्ग उनकी सहायता के लिए आगे बढ़े, यह प्रेमचन्द का सपना था।

'सिर्फ एक आवाज' में 'धार्मिक प्रवृत्ति के', ठाकुर दर्शन सिंह नामक एक ऐसे ग्रामीण पात्र को प्रस्तुत किया गया है जो एक संन्यासी का 'अछूतोद्धार' पर प्रभावशाली भाषण सुनकर प्रतिज्ञा करता है कि वह 'मरते दम तक अछूतों के साथ भाईचारे का सलूक' करेगा, जबकि उस सभा में उपस्थित 'स्टेजों पर कौमी तमाशे खेलने वाले कॉलेजों के नौजवान, कौम के नाम पर मर मिटने वाले पत्रकार, कौमी संस्थाओं के मेम्बर, सेक्रेटरी और प्रेसिडेंट, राम और कृष्ण के सामने सिर झुकाने वाले सेठ और साहूकार, कौमी कालेजों के ऊँचे

हौसले वाले प्रोफेसर और अखबारों में कौमी तरक्कियों की खबरें पढ़कर खुश होने वाले दफ्तरों के हजारों की तादाद में मौजूद कर्मचारी' साँस तक नहीं लेते। प्रेमचन्द इन श्रोताओं को 'कौम पर जान देने वाला' कह कर तत्कालीन शिक्षित समाज पर गहरा व्यंग्य भी करते हैं। इस कहानी के द्वारा वे यह बताना चाहते हैं कि शिक्षित लोग दलितोद्धार की बातें तो बड़े जोर-शोर से करते हैं, पर अपने आचरण में वे दलितों के साथ कोई सहानुभूति नहीं रखते, जबकि एक साधारण अपढ़ ग्रामीण व्यवहार में 'धार्मिक' होता हुआ भी दलितों के प्रति सच्ची सहानुभूति से युक्त होता है। भले ही तत्कालीन समाज में यह सम्भावना विरल हो, पर दलित-समस्या के प्रति प्रेमचन्द की नीयत तो इससे स्पष्ट है ही। वे अनपेक्षित साफगोई के साथ यह कहने से भी नहीं चूकते कि "अफसोस, जिस मुल्क की रोशनी में इतना अँधेरा है, वहाँ कभी रोशनी का उदय होना मुश्किल नजर आता है। इस रोशनी पर, इस अँधेरी, मुर्दा और बेजान रोशनी पर मैं जहालत को, अज्ञान को, ज्यादा ऊँची जगह देता हूँ...इस सारे मजमे में सिर्फ एक आदमी है, जिसके पहलू में मर्दों का दिल है और गो उसे बहुत सजग होने का दावा नहीं लेकिन मैं उसके अज्ञान पर ऐसी हजारों जागृतियों को कुर्बान कर सकता हूँ।" प्रेमचन्द की इन कहानियों में अपने समय का आर्थिक-सामाजिक-नैतिक यथार्थ बड़ी तल्खी और प्रामाणिकता के साथ प्रस्तुत हुआ है।

प्रेमचन्द ने 1910 में ही 'बड़े घर की बेटी' में ग्रामीण मध्यवर्ग (छोटे जमींदार) की पारिवारिक बनावट और मानसिकता का यथार्थ और मनोवैज्ञानिक अंकन किया था। 'नमक का दारोगा' में भी ग्रामीण मध्यवर्ग की आर्थिक-नैतिक संरचना और मानसिकता का विश्वसनीय अंकन हुआ है। 1913 में ही प्रकाशित 'दारू-ए-तल्ख' एक मध्यवर्गीय अध्यापक के कड़वे, यथार्थ जीवन की सच्चाई की कहानी है।

प्रेमचन्द से कुछ आलोचकों की शिकायत है कि उन्होंने प्रेम पर आधारित कहानियाँ नहीं लिखीं। असल में जब हम 'प्रेम' का कोई विशेष ढाँचा घड़ लेते हैं, तो ऐसे ही भ्रामक निष्कर्ष सामने आते हैं। राजेन्द्र यादव आदि छठे दशक के कहानीकारों ने 'प्रेम' को एक ऐसी सीमित परिभाषा में कैद कर लिया था कि उन्हें प्रेमचन्द की कहानियों में प्रेम की संवेदना दिखायी ही नहीं देती। वास्तविकता यह है कि *सोज़े वतन* की ही पाँच कहानियों में से दो में प्रेम की संवेदना को स्थान मिला है। 1911-15 की अवधि में प्रकाशित 'मंजिले मकसूद', 'ख़ौफ़े-रुसवाई', 'मनावन', 'आलिम बेअमल', 'मौत और जिन्दगी', 'तिरिया चरित्तर', 'सगे-लैला', 'मरहम', 'धोखे की टट्टी' आदि कहानियों में प्रेम की विभिन्न मनोदशाओं का चित्रण देखने को मिलता है। इनमें से आधी कहानियों में—'मनावन', 'आलिम बेअमल' और 'तिरिया चरित्तर' में—प्रेम दाम्पत्य का दामन पकड़ कर चलता है। इन कहानियों में प्रेम के भावोच्छ्वसित रूप और कहीं कहीं दाम्पत्य जीवन के क्रीड़ा भाव की प्रबलता तो है, पर इनमें न तो किसी सामाजिक मूल्य से और न ही अपने आन्तरिक संघर्ष से उत्पन्न तनाव के दर्शन होते हैं। 'धोखे की टट्टी' एक धोखेबाज युवक की कथा है, जो तरह तरह की तिकड़मों से प्रेम का नाटक कर एक शिक्षिका, रोहिणी, को फँसाकर उससे विवाह करने और उसकी जिन्दगी को बरबाद करने

में सफल हो जाता है। 'ख़ौफ़े-रुसवाई' में एक समाज में प्रतिष्ठित, पर विवाहित व्यक्ति के दूसरी स्त्री से प्रेम का वर्णन किया गया है। उसकी पत्नी इस गुप्त प्रेम को पकड़ लेती है और पति भी इसे स्वीकार कर लेता है, पर बदनामी के भय से उसे छिपाकर ही रखना चाहता है। यहाँ तक कि वह इसे छिपाने के लिए झूठे अभियोग की (आतंकवादियों से मिले होने की) सजा भुगतने तक को तैयार है। तात्पर्य यह कि उस समय (आज भी) समाज परकीया प्रेम के इतना विरुद्ध था कि उसे पोशीदा रखकर ही जिया जा सकता था। 'सगे-लैला' विदेशी पृष्ठभूमि में प्रस्तुत एक चुहलभरा रोचक प्रेम प्रसंग है। इस तरह की कहानियाँ जी. पी. श्रीवास्तव भी लिख रहे थे।

इन कहानियों में प्रेम की उद्दामता का वैसा हाहाकारी और मनोवैज्ञानिक तनाव युक्त चित्रण नहीं मिलता, जो यूरोपीय कहानियों में मिलता है। ये कहानियाँ उस प्रेम का चित्रण करती हैं जो नैतिकता-बोध से नियन्त्रित होता है। यह प्रेमचन्द पर आर्य समाज के प्रभाव का द्योतक भी हो सकता है।

प्रसाद की *छाया* में संगृहीत 11 कहानियों में 10 का विषय किसी न किसी रूप में प्रेम है। सिर्फ एक, और वह भी पहली ही कहानी, 'ग्राम', औपनिवेशिक शासन की एक करुण स्थिति से जुड़ी हुई है। औपनिवेशिक शासन में महाजनों का छोटे किसानों या जमींदारों की जमीन या जमींदारी हड़प कर 'अनुपस्थित' जमींदार बन जाना एक आम बात थी। प्रसाद ने इस यथार्थ की पृष्ठभूमि में एक स्त्री की, और साथ ही उसे अपनी जमींदारी से वंचित करने वाले महाजन के पुत्र की, संवेदना का मार्मिक अंकन किया है। उल्लेखनीय है कि प्रेमचन्द की इस काल की किसी भी कहानी में औपनिवेशिक शासन के इस कटु यथार्थ का चित्रण नहीं हुआ है। लगभग छह वर्ष बाद 1917 में प्रकाशित 'उपदेश' नामक कहानी में प्रेमचन्द ने इस यथार्थ का अंकन किया, पर संवेदना के अंकन की दृष्टि से 'ग्राम' उससे बेहतर कहानी है। 'ग्राम' कहानी की पहचान महाजन द्वारा किसान या जमींदार के शोषण से उतनी नहीं बनती जितनी उस करुणा के संवेदना-बिन्दु की व्यंजना से। इस दृष्टि से यह कहानी 'कहानी' की आदर्श परिभाषा के निकट पहुँचने में सफल मानी जा सकती है। पर इस संवेदना-बिन्दु तक पहुँचने के लिए जो पृष्ठभूमि रची गयी है, वह इसमें बाधक हुई है। प्रकृति का अनावश्यक और सजावटी वर्णन इस कहानी की केन्द्रीय संवेदना से मेल नहीं खाता। 'आकाश में चाँद निकल आया' जैसी सूचना के लिए 'अन्धकार-रूपी अंजन के अग्रभाग-स्थित आलोक के समान चतुर्दशी की लालिमा को लिये चन्द्रदेव प्राची में हरे-हरे तरुवरों की आड़ में से अपनी किरण-प्रभा दिखाने लगे।' जैसी अलंकृत और बोझिल भाषा आधुनिक कहानी की प्रकृति के सर्वथा विरुद्ध है। कहानी के मुख्य पात्र का ग्रामीण स्त्रियों से रास्ता पूछने के लिए 'भद्रे ! यहाँ से कुसुमपुर कितनी दूर है?' कहना या 'कथक' का 'लड़की...अपनी कुटिया की ओर चली' के लिए 'बालिका...क्षुद्र-कुटीराभिमुख गमन करने लगी' कहना हास्यास्पद है। इस प्रकार की भाषा का प्रयोग बाणभट्ट, दंडी आदि की गद्यकथाओं में होता था। प्रेमचन्द की कहानियाँ इस दोष से मुक्त हैं।

प्रसाद ने 'छाया' संग्रह के 'निवेदन' में अपनी 'कहानियों' को 'आख्यायिका' कहा है और संस्कृत में 'आख्यायिका' पद की जो पहचान बतायी गयी है, उस पर 'ग्राम' तो नहीं, पर अन्य सभी कहानियाँ खरी भी उतरती हैं। प्रसाद ने अपने उक्त 'निवेदन' में यह भी कहा है कि "छोटी छोटी आख्यायिकाओं में किसी घटना का पूर्ण चित्र नहीं खींचा जा सकता। इस कारण इन आख्यायिकाओं को उन घटनाओं की छाया कहना ही ठीक है।...उनसे हृदय पर ऐसी छाया पड़ती है जो गम्भीर अथच प्रभावशालिनी होती है। मानव हृदय को उसकी अपूर्णता, कल्पना के विस्तृत कानन में छोड़कर उसे घूमने का अवकाश देती है।" इससे स्पष्ट है कि प्रसाद घटनाओं के, अर्थात् 'कथा' के स्थूल कथन को 'कहानी' का गुण नहीं मानते, बल्कि उसकी 'छाया' रूपी संवेदना या भाव को अधिक महत्त्व देते हैं। यही बात प्रसाद को प्रेमचन्द से अलग भी करती है।

प्रतिध्वनि संकलन की एक कहानी 'पत्थर की पुकार' में नवल नाम का पात्र अपने मित्र विमल से अपनी 'साहित्य-रुचि' के बारे में कहता है—"अतीत और करुणा का जो अंश साहित्य में हो, वह मेरे हृदय को आकर्षित करता है।" इसका अनुमोदन करते हुए विमल कहता है—"इससे विशेष और हम भारतीयों के पास धरा क्या है? **स्तुत्य अतीत की घोषणा** और **वर्तमान की करुणा**, इसी का गान हमें आता है।"[7] 'वर्तमान की करुणा' के मूल में भारत की औपनिवेशिक पराधीनता और उससे उत्पन्न सामाजिक-आर्थिक-सांस्कृतिक अवनति थी, जिससे प्रसाद भी दुखी थे। पर प्रेमचन्द की सी वर्तमान के प्रति प्रतिबद्धता और जुझारू रुख प्रसाद में नहीं था। इस कारण 'ग्राम' कहानी में वे अपनी 'वर्तमान की करुण संवेदना' का संकेत करके ही रह जाते हैं। *छाया* संग्रह की शेष 10 कहानियों में 'करुणा की संवेदना' तो है, पर वह प्रेम की संवेदना का अंग है। प्रसाद के पूर्व, प्रथम दशक में, किशोरीलाल गोस्वामी, रामचन्द्र शुक्ल, नवाब राय और वृन्दावनलाल वर्मा ने अपनी कुछ कथा-रचनाओं में प्रेम-चित्रण को केन्द्रीयता सौंपी थी। पर उनमें प्रेम की वैसी गहरी संवेदना नहीं थी, जैसी प्रसाद की कहानियों में दिखायी पड़ती है।

'वर्तमान' से जुड़ी दो कहानियों, 'चन्दा' और 'मदन-मृणालिनी' का मूल कथ्य प्रेम की संवेदना ही है। 'मदन-मृणालिनी' लगभग 16 पृष्ठों की लम्बी कहानी है, जिसमें 'कथा' का तत्त्व अन्य कहानियों की तुलना में अधिक है, पर मुख्य संवेदना प्रेम की ही है जो साहसिक अभियान, खतरा मोल लेने की प्रवृत्ति, संयोगवश मिलने वाली सफलता, समृद्धि और प्रेमिका से मिलन, त्याग के आदर्श-बलिदान आदि रूमानी तत्त्वों से लबरेज है। सामाजिक अन्तर्वस्तु के रूप में एक स्थिति यह चित्रित की गयी है कि हिन्दू समाज में विदेश जाने वाले व्यक्ति का, सामाजिक बहिष्कार के कारण, सम्मान के साथ जीवन व्यतीत करना कठिन हो जाता था। 'चन्दा' भी प्रेम की संवेदना की ही कहानी है, जिसमें प्रेम प्राप्त करने में असफल होने तथा विश्वासघात करने पर प्रतिशोध का रूमानी तत्त्व मिला हुआ है। करुणा की संवेदना इन दोनो कहानियों में विद्यमान है, पर उसका सम्बन्ध वर्तमान की किसी सामाजिक परिस्थिति से नहीं है।

संग्रह की शेष आठ कहानियाँ अतीत की पृष्ठभूमि पर अवस्थित हैं, पर इनमें 'स्तुत्य अतीत' का कोई गहरा बोध नहीं है। प्रेमचन्द की तरह प्रसाद अतीत का उपयोग वर्तमान की निराशा और राजनीतिक पश्ती को समाप्त करने हेतु प्रेरणा उत्पन्न करने के लिए नहीं करते। 'तानसेन' प्रेम-संवेदना की एक अच्छी कहानी कही जा सकती है, यद्यपि उसमें भी प्रसाद का सजावटी प्रकृति-वर्णन का मोह थोड़ा बाधक अवश्य बनता है। 'रसिया बालम' सारे रूमानी तत्त्वों से भरपूर एक प्रेम-कहानी है। 'शरणागत' कहानी में सन्दर्भ तो 1857 के विद्रोह का है, पर प्रसाद उसे देश की आजादी से जोड़कर नहीं देखते। इस कहानी में वे भारत की महानता अतीत की शरणागत-रक्षा में ही देखते हैं। 'सिकन्दर की शपथ' में भारतीय वीरों की बहादुरी और सिकन्दर के विश्वासघात के चित्रण के बहाने वे कदाचित् भारत की पराभव की करुण संवेदना व्यक्त करते हैं। 'चित्तौर के उद्धार' में देश के उद्धार और प्रेम की संवेदना का सह-भाव प्रस्तुत हुआ है। 'अशोक' में अशोक के पूर्ण रूप से अहिंसा व्रत अपनाने की मनोदशा का अंकन किया गया है। 'गुलाम' में पतनोन्मुख मुगल शासन की स्थिति और प्रतिशोध की जलती आग का चित्रण है। 'जहाँनारा' में वन्दी शाहजहाँ के प्रति उसकी बेटी जहाँनारा के निःस्वार्थ प्रेम का अंकन किया गया है। यदि हम इन अतीताश्रित कहानियों के कथ्य पर उड़नदृष्टि डालें तो इनमें भारतीय अतीत के सांस्कृतिक गौरव को ही उद्‌घाटित करने का प्रयत्न लक्षित होता है। राजनीतिक पराधीनता और आर्थिक दैन्य का दुःखद वर्तमान इनमें प्रकारान्तर से ही उपस्थित है। औपनिवेशिक शासन अपने अँगरेज बुद्धिजीवियों द्वारा यह भ्रम फैलाने का प्रयास कर रहा था कि भारत केवल सैनिक दृष्टि से ही नहीं, बल्कि सांस्कृतिक दृष्टि से भी यूरोप की तुलना में पिछड़ा हुआ है। प्रसाद ने अपनी कहानियों में इसका प्रत्याख्यान किया है। 'तानसेन' कहानी में ग्वालियर दुर्ग के किलेदार के संगीत-प्रेम, 'शरणागत' में 1857 की क्रान्ति में प्राण-रक्षा के लिए भागते अँगरेज दम्पति की रक्षा और 'सिकन्दर की शपथ' में सिकन्दर के विश्वासघात का चित्रण कर प्रसाद अँगरेज बुद्धिजीवियों के पूर्वग्रह का पर्दाफाश करते दीखते हैं। अतीत पर आधारित अन्य कहानियाँ, जैसे 'चित्तौर का उद्धार', 'अशोक' और 'जहाँआरा' भी भारतीय अतीत के 'स्तुत्य' सांस्कृतिक पक्ष को ही प्रस्तुत करती हैं।

डा. हरदयाल के अनुसार प्रसाद जी की आरम्भिक कहानियाँ रोमानी मनोभाव से लबरेज हैं और कला की दृष्टि से परिपक्व होने पर भी इनमें रोमांटिक कवि के प्रेमस्वप्न विद्यमान हैं। इनमें से 'तानसेन', 'चन्दा', 'रसिया बालम', 'मदन मृणालिनी' आदि कल्पनाप्रसूत कथाओं पर आधारित प्रेम-कहानियाँ हैं। 'तानसेन' कहानी का अन्तिम सूत्रवाक्य है—'आज से हमारा धर्म प्रेम है।' इन सभी कहानियों की प्रमुख विशेषता है—प्रेम का भावुकतापूर्ण एवं समाज से दूर स्वच्छन्द वातावरण के बीच चित्रण। प्रेम की तीव्रता, साहसिकता, संगीतमयता, बलिदान, भावुक प्रणयालाप, स्वतन्त्र एवं प्रखर नारी-व्यक्तित्व, स्वच्छन्द प्राकृतिक वातावरण, काव्यात्मकता एवं नाटकीयता इस प्रेम-चित्रण के मुख्य सूत्र हैं।[8]

इस दशक के दूसरे उल्लेखनीय कहानी-लेखक चन्द्रधर शर्मा गुलेरी (ज. 1883; नि. 1920), राजा राधिकारमण प्रसाद सिंह (ज.1890; नि. 1971) और शिवपूजन सहाय (ज. 1893; नि. 1963) हैं। गुलेरी जी की पहली कहानी 'सुखमय जीवन' 1911 में *भारत मित्र* में प्रकाशित हुई थी।[9] उनकी दूसरी कहानी 'बुद्धू का काँटा' 1914 में[10] और तीसरी, और अन्तिम कालजयी कहानी, 'उसने कहा था', *सरस्वती* के जून, 1915 अंक में प्रकाशित हुई थी।[11] राजा राधिकारमण प्रसाद सिंह की पहली कहानी 'कानों में कंगना' *इन्दु* के जुलाई, 1913 अंक में प्रकाशित हुई, और पहला कहानी संग्रह, *कुसुमांजलि,* जिसमे यह कहानी भी संगृहीत थी, सम्भवतः 1913 ई. में या उसके कुछ बाद प्रकाशित हुआ।

चन्द्रधर शर्मा गुलेरी की कहानियों का केन्द्रीय कथ्य प्रेम ही है, पर वे प्रसाद की कहानियों की तुलना में यथार्थ की जमीन से अधिक गहराई से जुड़ी हुई हैं। उनकी पहली कहानी 'सुखमय जीवन' का केन्द्रीय कथ्य प्रेम ही है। वृन्दावनलाल वर्मा की कहानी 'राखीबन्द भाई' (1909) की तुलना में इसकी विशिष्टता यह है कि इसमें प्रेम नैतिक मान्यताओं के आगे विवश नहीं हो जाता। यद्यपि प्रेमचन्द ने इसके पहले कुछ प्रेम पर आधारित कहानियाँ लिखी थीं, पर समकालीन परिप्रेक्ष्य में विवाह-पूर्व प्रेम और प्रेम-निवेदन के पश्चात् विवाह में उसकी परिणति का चित्रण इससे पहले किसी कहानी में नहीं हुआ था। इस कहानी में गुलेरी जी की आधुनिकता बहुत नियन्त्रित रूप में व्यक्त हुई है। यद्यपि संवेदना की गहराई इस कहानी में उतनी नहीं है, पर विषय की मौलिकता और उसका बेबाक अंकन, इसे अपने समय की कहानियों में विशिष्ट बनाता है। गुलेरी जी की दूसरी कहानी 'बुद्धू का काँटा' भी विवाह-पूर्व प्रेम पर ही आधारित है, पर इसमें कन्या की उस स्थिति का भी चित्रण किया गया है, जो विवाह के बाद अपनी सारी चंचलता खोकर 'पालतू बहू' बन जाती है। गुलेरी जी की तीसरी कहानी 'उसने कहा था' से शुक्ल जी बेहद प्रभावित हुए थे। उन्होंने इसके बारे में लिखा था : ''इसके पक्के यथार्थवाद के बीच, सुरुचि की मर्यादा के भीतर, भावुकता का चरम उत्कर्ष अत्यन्त निपुणता के साथ सम्पुटित है। घटना इसकी ऐसी है जैसी बराबर हुआ करती है, पर उसमें भीतर से प्रेम का एक स्वर्गीय स्वरूप झाँक रहा है—केवल झाँक रहा है निर्लज्जता के साथ पुकार या कराह नहीं रहा है। कहानी भर में कहीं प्रेमी की निर्लज्जता, प्रगल्भता, वेदना की वीभत्स विवृत्ति नहीं है। सुरुचि के सुकुमार से सुकुमार स्वरूप पर कहीं आघात नहीं पहुँचता। इसकी घटनाएँ ही बोल रही हैं, पात्रों के बोलने की अपेक्षा नहीं।''[12] वस्तुतः 'उसने कहा था' प्रेम-संवेदना की ऐसी कहानी है, जिसकी टक्कर की बहुत कम कहानियाँ हिन्दी में लिखी गयी हैं। बचपन की प्रेम-संवेदना प्राणों का मूल्य चुकाकर कितनी महार्घ हो जाती है, 'उसने कहा था' इसका बेजोड़ उदाहरण है। छोटे छोटे पाँच प्रसंगों में प्रस्तुत, यह प्रेम-संवेदना, अपनी प्रभाव-निर्मिति में, अद्भुत है।

यह हिन्दी की पहली कहानी है, जिसमें एक तरफ पंजाब की पृष्ठभूमि है, तो दूसरी तरफ फ्रांस की जमीन पर लड़े जा रहे प्रथम विश्व युद्ध की। युद्ध और प्रेम की साथ साथ चलनेवाली संवेदना के चित्रण की दृष्टि से यह कहानी हिन्दी में आज भी अकेली

है। दोनो ही संवेदनाओं के चित्रण में कहानीकार ने अद्‌भुत अवलोकन-क्षमता और प्रामाणिक अनुभव का परिचय दिया है। गुलेरी जी पंजाब के मूल निवासी थे, अतः अमृतसर के एक मुहल्ले और पंजाब के गाँव के परिवेश के अंकन की प्रामाणिकता तो सहज अनुमेय है, पर फ्रान्स में स्थित युद्धभूमि का इतना यथार्थ और सजीव वर्णन पाठक को चकित-चमत्कृत किये बिना नहीं रहता। सुने हुए अनुभव को दृश्य अनुभव में बदल देना शब्दों का एक चमत्कार ही है, जो हिन्दी में पंजाबी शब्दों के सानुपात मिश्रण और नाटकीय प्रविधि के कारण सम्भव हुआ है।

यद्यपि इस कहानी की केन्द्रीय संवेदना प्रेम ही है, पर इसका एक पाठ युद्धविरोधी संवेदना के रूप में भी सम्भव है। युद्ध आदमी को कितना नृशंस बना देता है, फिर भी मानवीय संवेदनाएँ उसमें किस प्रकार जीवित बची रहती हैं, यह कहानी इसकी पुष्टि करती है।[13]

राजा राधिकारमण प्रसाद सिंह की पहली कहानी 'कानों में कंगना' 1913 में इन्दु में प्रकाशित हुई थी, जिसे शुक्ल जी ने 'एक अत्यन्त भावुकतापूर्ण कहानी' कहा था।[14] उनके पहले कहानी संग्रह, *कुसुमांजलि*, में[15] 'कानों में कंगना' के अतिरिक्त 'सुरबाला', 'बिजली', 'मरीचिका', और 'वीर बाला' नामक कहानियाँ संगृहीत थीं। 'कानों में कंगना' तत्कालीन सामन्ती परिवेश में पत्नी और वेश्या के प्रति प्रेम की टकराहट पर आधारित एक भावुकतापूर्ण कहानी है। प्रकृति और नारी-सौन्दर्य का भावोच्छ्‌वसित वर्णन कहानी को और भी यथार्थ से दूर ले जाता है। कानों में कंगना पहनने का तथ्य अपने विरोधाभास के कारण कौतूहल पैदा करता है और वही कहानी के अन्त में करुणा का भाव भी व्यंजित करता है। 'सुरबाला', 'बिजली' और 'मरीचिका' तीनो ही कहानियों का केन्द्रीय भाव प्रेम है। 'सुरबाला' कहानी के केन्द्र में एक अव्यक्त प्रेम संवेदना है। केन्द्रीय पात्र के मन में जिस लड़की के प्रति प्रेम-भाव-जन्म लेता है, वह परिचय होने पर उसकी ममेरी बहन निकलती है। यह प्रेम-भाव तब करुणा का रूप ले लेता है, जब लड़की विवाह के तुरत बाद विधवा हो जाती है। 'बिजली' की कहानी मात्र इतनी है कि किशोर नायक किशोरी नायिका को प्रतिदिन मछली का शिकार करने के बहाने तालाब के किनारे देखता है। लड़की भी कभी कभी उसे देख लेती है। एक दिन वह लड़की विवाहित होकर पालकी में रोती कलपती ससुराल चली जाती है और एक अँकुरता हुआ प्रेम समाज की व्यवस्था और आचार-संहिता के पहियों के नीचे कुचल जाता है। दोनो ही कहानियों में प्रकृति और नारी सौन्दर्य-वर्णन के अनावश्यक ब्योरे भरे हुए हैं जो इन्हें संस्कृत कथाकार बाणभट्ट, सुबन्धु आदि से और समकालीन हिन्दी कहानीकार जयशंकर प्रसाद से जोड़ते हैं। इलाहाबाद में फैली प्लेग की महामारी और भारतीय बाबुओं के अँगरेज अफसरों का कृपापात्र बनने की ललक का वर्णन 'सुरबाला' को समकालीन परिवेश से जोड़ता है। कहानी की प्रविधि के रूप में पत्रों का उपयोग किया गया है। 'मरीचिका' लगभग 24 पृष्ठों की एक लम्बी कथा है। इसके केन्द्र में भी प्रेम तो है, पर लेखक उसे गहरी संवेदना का रूप नहीं दे सका है। बाल-विधवा के

प्रति युवक का प्रेम, उसी की सहेली से युवक का विवाह, विवाह के बाद भी अपनी प्रेमिका को प्राप्त करने का प्रयास, घटनाओं के चक्र में युवक और उसकी पत्नी की मृत्यु और विधवा युवती का अपने बाबा के आश्रय में शान्ति...ये सारी घटनाएँ कहानीकार के भटकाव को व्यक्त करती हैं। समकालीन सामाजिक ताने बाने में प्रेम की संवेदना किस प्रकार मरीचिका में परिणत हो जाती है, लेखक शायद यही कहना चाहता है, पर बहुत अच्छी तरह कह नहीं पाता। इस कहानी में प्रकृति और सौन्दर्य-वर्णन की मात्रा बहुत कम है, पर उसी अनुपात में संवेदना का भी क्षरण हुआ है। 'वीर बाला' ऐतिहासिक किंवदन्ती पर आधारित दारा की पत्नी की कहानी है, जो अपने अंग अंग काटकर औरंगजेब के पास भेज देती है, पर उसे अपने प्रेमी या पति के रूप में स्वीकार नहीं करती। इस कहानी में प्रेम का आदर्श व्यक्त हुआ है, प्रेम की संवेदना नहीं। इसमें भी प्रकृति और नारी-सौन्दर्य का काव्यात्मक वर्णन नहीं है, जो राजा जी की पूर्ववर्ती कहानियों में दिखायी पड़ता है। पर इसकी भाषा पर फारसी का रंग चढ़ता दिखायी देता है जिसमें वाक्य के अन्दर तुकबन्दी, अनुप्रास और विरोधाभास की योजना की जाती है। बाद में चलकर यही भाषा-शैली राजा जी की पहचान भी बनी।

इस बीच 'बावली बहू' (छद्म नाम) की 'वीरांगना', सरस्वती देवी की 'सच्ची सहेली' और भगवती देवी की 'फूलजानी बेगम' शीर्षक कहानियाँ *गृह लक्ष्मी* के क्रमशः जनवरी, 1912, अक्टूबर, 1912 और मई, 1913 के अंकों में प्रकाशित हुईं। भवदेव पांडेय के अनुसार "इनकी कहानियों में नारियों के प्रति मर्दों की नाइन्साफी, बलात्कार-प्रवृत्ति, परिवार में दासी की तरह बने रहने की नियति, अशिक्षित बने रहने की मजबूरियों और इन्हीं प्रकार की दूसरी समस्याओं के सवाल उठाये गये थे।"[16]

इस दशक के अन्य कहानी-लेखकों में जी. पी. श्रीवास्तव की हास्य रस प्रधान कहानी 'पिकनिक' *इन्दु* के 1911 के किसी अंक में,[17] छबीलेलाल गोस्वामी की 'तीज की साड़ी' *मर्यादा* के मई, 1913 अंक में,[18] विश्वम्भरनाथ शर्मा 'कौशिक' की कहानी 'रक्षाबन्धन' 1913 की *सरस्वती* में[19], शिवपूजन सहाय की कहानी 'तूती-सुगी-मैनी' *साहित्य-पत्रिका* के अक्तूबर-नवम्बर, 1914 अंक में[20], विश्वम्भरनाथ जिज्जा[21] की 'विदीर्ण हृदय' और 'परदेशी' क्रमशः *इन्दु* (1915) और *मधुकरी* के प्रथम खंड में[22] प्रकाशित हुई थीं। इस दशक के अन्य कहानीकार बद्रीनाथ भट्ट सुदर्शन, ज्वालादत्त शर्मा[23], चतुरसेन त्तास्त्री[24], बालकृष्ण शर्मा नवीन[25], पदुमलाल पुन्नालाल बख्शी[26] आदि हैं।

विश्वम्भरनाथ शर्मा 'कौशिक' की कहानी 'रक्षाबन्धन' में संयोगाधृत घटनाओं से निर्मित कथा के माध्यम से भाई बहन और माँ बेटे के प्रेम का अंकन किया गया है। पर इस प्रेम संवेदना में कोई तनाव, संघर्ष या नवीनता नहीं है। यह एक सुनिर्धारित प्राकृतिक संवेदना है जो परम्परागत रूप से हर व्यक्ति के लिए सुपरिचित है। कौशिक जी ने नाटकीय प्रविधि का उपयोग करके इसे तीव्रता प्रदान करने की कोशिश की है, पर इसमें उनको आंशिक सफलता ही मिल सकी है। विश्वम्भरनाथ जिज्जा की कहानी 'विदीर्ण हृदय' की वस्तु एक युवती की करुण कथा है, जो दो सखियों के आकस्मिक

मिलन के बाद उनके वार्तालाप से व्यक्त होती है। पहली सखी अपनी करुण कथा सुनाने के बाद ही मर जाती है और दूसरी सखी उसके वियोग में तड़पती रह जाती है। उनकी एक परवर्ती कहानी 'परदेशी' में काशी की एक विधवा, यमुना, के दरवाजे पर एक परदेशी सूर्य-ग्रहण स्नान के निमित्त आता है और उसी के यहाँ ठहरता है। यमुना उससे प्रेम करने लगती है, पर एक दिन वह परदेशी बिना कुछ बताए वहाँ से चला जाता है और फिर नहीं लौटता।[27]

लगभग पाँच वर्षों की राजनीतिक खुमारी के बाद 1916-20 का काल जागरण का काल कहा जा सकता है। 1916 का वर्ष इस दृष्टि से उल्लेखनीय माना जा सकता है। दो वर्षों तक सरकार के स्वशासन के प्रति सकारात्मक रुख की निष्फल प्रतीक्षा करने के बाद 1916 में तिलक ने पूना में 'होम रूल लीग' की विधिवत् स्थापना कर दी। छह महीने बाद एनी बेसेन्ट ने भी मद्रास में 'ऑल इंडिया होम रूल लीग' की नींव डाल दी। इसी समय क्रान्तिकारी आन्दोलन ने भी जोर पकड़ा और बंगाल तथा महाराष्ट्र की सीमाओं से बाहर निकल कर उत्तरी भारत में भी फैल गया। इन्हीं परिस्थितियों में कांग्रेस के गरमदली और नरमदली धड़ों में आपसी विश्वास का माहौल भी पैदा हुआ, जो 1916 के कांग्रेस के लखनऊ अधिवेशन में दिखायी पड़ा। 1916 की तीसरी महत्त्वपूर्ण घटना कांग्रेस और मुस्लिम लीग का समझौता था, जो 'लखनऊ पैक्ट' या 'कांग्रेस-लीग योजना' के नाम से जाना जाता है।[28] इस समझौते का आधार यह था कि उस समय ब्रिटेन का टर्की से युद्ध चल रहा था, जिससे ब्रिटेन के खिलाफ देश में मुस्लिम भावना जागृत हो गयी थी। 1916-17 में होम रूल आन्दोलन के खिलाफ सरकार का दमन जोरों पर जारी था। इसके फलस्वरूप यह आन्दोलन और भी लोकप्रिय हो गया। जब 1917 में एनी बेसेन्ट, तिलक और पाल को नजरबन्द किया गया, तो जिन्ना भी इस आन्दोलन में शामिल हो गये। 1918 में उदारवादियों ने कांग्रेस छोड़ दी और 'लिबरल फेडरेशन' की स्थापना की। इसका कारण मौंटेग-चेम्सफोर्ड रिफॉर्म की घोषणा थी, जिसका उदारवादी समर्थन कर रहे थे, ज़बकि कांग्रेस ने 1918 के अधिवेशन में इसका बहिष्कार करने का निश्चय कर लिया था। मौंटेग-चेम्सफोर्ड रिपोर्ट 1918 में प्रकाशित हुई और इस रिपोर्ट पर आधारित रिफॉर्म्स ऐक्ट दूसरे साल पास हो गया। 'कांग्रेस-लीग स्कीम' में निहित कांग्रेस और लीग की माँगों को—जैसे भारत के आत्मनिर्णय के सिद्धान्त को लागू करना तथा तत्काल स्व-शासन की मंजूरी देना—इस रिपोर्ट में महत्त्व नहीं दिया गया था। 1918 के अन्त में इंडियन नेशनल कांग्रेस ने अपने अधिवेशन में भारत को एक प्रगतिशील राष्ट्र के रूप में, जिसे आत्मनिर्णय का अधिकार मिलना चाहिए, मान्यता देने की माँग की।[29] दिल्ली कांग्रेस ने भी भारत में पूर्ण उत्तरदायी सरकार की माँग का प्रस्ताव पारित किया।

युद्ध की समाप्ति होते होते भारतीय जनता में ब्रिटिश शासन के खिलाफ असन्तोष बहुत बढ़ गया था। युद्ध का आर्थिक बोझ, कीमतों में वृद्धि, मुनाफाखोरी आदि ने जनसमुदाय

को विकट आर्थिक कष्ट में डाल दिया था। इस युद्ध में लाखों भारतीय सैनिक मारे गये थे और युद्ध की समाप्ति के बाद भयंकर इल्फ्लुएन्जा की महामारी फैली, जिसके लाखों आदमी शिकार हुए। इन घटनाओं ने मध्यवर्गीय मानस को, जो अधिकतर व्यवस्था के विरुद्ध विद्रोह करता है, विक्षुब्ध कर दिया। जर्मनी, आस्ट्रिया और रूस में युद्ध के बाद हुए क्रान्तिकारी परिवर्तनों ने भी मध्यवर्गीय जनमानस को आन्दोलित किया। तिलक और एनी बेसेन्ट के 'होमरूल आन्दोलन' ने लोगों में राजनीतिक चेतना जागृत करने में मदद की। इस प्रकार जनाधार से युक्त राष्ट्रीय आन्दोलन के लिए जमीन तैयार हो गयी।

1915 में मोहनदास करमचन्द गाँधी दक्षिण अफ्रीका के अपने सफल सत्याग्रह आन्दोलन के अनुभवों के साथ भारत लौटे थे। उन्होंने भारतीय राजनीति में प्रवेश करने के पूर्व देश की वास्तविक स्थिति से परिचित होने का निश्चय किया और अहमदाबाद में साबरमती आश्रम की स्थापना की, जहाँ उनके अनुयायियों को सत्य और अहिंसा के आदर्शों को समझने और उन पर अमल करने का प्रशिक्षण देने का कार्यक्रम चलाया गया। 1917 में यूरोपीय निलहों के अत्याचार से पीड़ित और क्षुब्ध बिहार के चम्पारण जिले के किसान नेताओं के अनुरोध पर गाँधी जी उनकी सहायता के लिए वहाँ पहुँचे और निलहों द्वारा किसानों के उत्पीड़न से मुक्ति के इस अभियान में उन्हें आशातीत सफलता मिली। 1918 में अहमदाबाद के मिलमालिकों और मजदूरों के संघर्ष को समाप्त करने में भी गाँधी जी के हस्तक्षेप ने जादू का काम किया। गुजरात के खेड़ा जिले में फसल नष्ट हो जाने के बावजूद लगान-वसूली के खिलाफ संघर्षरत किसानों का भी उन्होंने समर्थन किया और इसमें भी उन्हें सफलता हासिल हुई। इन सफलताओं ने गाँधी जी को एक सफल राष्ट्रीय नेता के रूप में मान्यता दिला दी।

स्वशासन के निमित्त बढ़ती राजनीतिक सक्रियता और आन्दोलन की सम्भावना देखकर सरकार ने उसका सामना दमन-नीति से करने की ठानी। 'डिफेंस ऑफ इंडिया ऐक्ट' की अवधि समाप्त होते ही 1919 में सरकार ने 'रॉलेट बिल' पेश किया, जिसमें लोगों को बिना मुकदमा चलाए गिरफ्तार करने का प्रावधान था। सभी वर्गों में इसका जबरदस्त विरोध हुआ। इसी समय गाँधी जी ने राष्ट्रीय आन्दोलन में प्रवेश किया और इसके विरोध में सत्याग्रह शुरू करने की धमकी दी। इसके बावजूद मार्च में बिल पास हो गया। जवाब में नेताओं ने इस कानून के खिलाफ जन-विरोध व्यक्त करने की तिथि, 6 अप्रील, 1919 निर्धारित की और उस दिन सारे देश में हड़ताल और प्रदर्शन हुए। इस आन्दोलन में हिन्दुओं और मुसलमानों की अभूतपूर्व एकता देखने को मिली। सरकार ने दमन का रास्ता अपनाया और पंजाब के दो कांग्रेस नेता, सत्यपाल और डा. किचलू, गिरफ्तार कर किसी अज्ञात जगह भेज दिये गये। इसके फलस्वरूप अमृतसर, गुजराँवाला और कसूर में हिंसा भड़क उठी। भारत के अन्य भागों, दिल्ली, कलकत्ता, बम्बई और अहमदाबाद आदि में भी अशान्ति फैल गयी। इसके जवाब में सरकारी दमन भी तेज हो गया, जिसे देखते हुए गाँधी जी ने सत्याग्रह वापस ले लिया।[30]

13 अप्रील 1919 को अमृतसर में जलियाँवाला बाग की त्रासदी घटित हो गयी,

जिसने सारे देश को हिलाकर रख दिया। इस अमानवीय नरसंहार के बाद पंजाब में हुए सरकारी दमन ने तो मानव सभ्यता की सारी दीवारों को तोड़ दिया। मार्शल लॉ लागू कर उसकी खबरों तक को कहीं फैलने नहीं दिया गया। 11 जून तक मार्शल लॉ लागू रहा, जिससे इस बीच पंजाब सारे देश से कटा रहा और देश के अन्य भागों के लोगों तक इसकी दो चार उड़ती खबरें ही पहुँच पायीं। इस घटना का सारे देश में घोर विरोध हुआ। जगह जगह इसके विरोध में हड़तालें और प्रदर्शन हुए। 1919 के अन्त में इंडियन नेशनल कांग्रेस की अमृतसर में बैठक हुई, जिसमें रिफॉर्म ऐक्ट का विरोध किया गया। इस प्रकार असन्तोषजनक रिफॉर्म ऐक्ट, रॉलेट ऐक्ट और पंजाब में मार्शल लॉ के लागू होने और सरकार की दमनात्मक कार्रवाइयों के कारण राजनीतिक तनाव बहुत बढ़ गया, जिसे और भी तीव्र बनाने में खिलाफत के मामले ने आग में घी का काम किया। देश में हिन्दू और मुसलमान सभी वर्गों के नेताओं के सहयोग से 'खिलाफत आन्दोलन' की शुरुआत हो गयी। इसी समय गाँधी जी ने संघर्ष का एक ऐसा कार्यक्रम शुरू किया, जिसमें समाज के सभी वर्गों, किसान, पूँजीपति, छात्र, वकील और अन्य पेशों के लोग और विशेष रूप से स्त्रियाँ, हिस्सा ले सकें। इस प्रकार उन्होंने भारतीय राष्ट्रवादी आन्दोलन को बहु-वर्गीय और जन राष्ट्रीय आन्दोलन में परिणत कर दिया। उनकी विचारधारा और उनके नेतृत्व ने भारतीय जनता को साहसी, देशभक्त और राष्ट्र की स्वाधीनता के लिए दुर्दम्य लड़ाकू बना दिया। उन्होंने साम्राज्यवादी पुलिस और सेना के बर्बर लाठीचार्ज और गोलीबारी का बहादुरी के साथ सामना किया और जेल गये। उन्होंने स्त्रियों को शराब और विदेशी वस्त्रों की दुकानों पर धरना देने के लिए ललकारा, जिसके जवाब में हजारों स्त्रियों ने इस आन्दोलन में भाग लिया और जेल गयीं। उनके आह्वान पर लाखों लोगों ने प्रदर्शनों में हिस्सा लिया, तथाकथित गैर-कानूनी सभाओं में गोलियों और लाठी-चार्ज के बीच प्रदर्शन में भाग लिया और जेल गये। बहिष्कार और स्वदेशी जैसे पुराने हथियारों के साथ साथ गाँधी जी ने उनमें सत्याग्रह, असहयोग, व्यक्तिगत और सामूहिक दोनो स्तरों पर सविनय अवज्ञा, करों का भुगतान करने से इनकार, कानूनों का खुला विरोध, ख़ा-म-ख़ा जेल जाने का कार्यक्रम, सामूहिक प्रदर्शन, जुलूस और भूख हड़ताल को भी शामिल कर लिया।

गाँधी जी केवल राजनीति क्षेत्र के ही महारथी नहीं थे, बल्कि वे एक महान समाज-सुधारक भी थे। वे जानते थे कि राष्ट्र की मुक्ति में सामाजिक सुधारों की महत्त्वपूर्ण भूमिका होगी। वे गहरे मानवतावाद से अनुप्राणित थे और सामाजिक सम्बन्धों के सभी क्षेत्रों में व्याप्त अन्याय के प्रबल विरोधी, मुजाहिद, थे। उन्होंने अत्यन्त कड़े शब्दों में अस्पृश्यता की बर्बर व्यवस्था की युगों से चली आ रहे हिन्दू समाज के अपने ही एक अंग के प्रति अपराध की निन्दा की। उन्होंने इस अमानवीय व्यवस्था को समाप्त करने के लिए दृढ़ता के साथ संघर्ष किया और इसे अपने राजनीतिक कार्यक्रम का अभिन्न अंग बनाया। वे परले दर्जे के सम्प्रदायवाद-विरोधी भी थे। उन्होंने हिन्दू और मुसलमान दोनो कौमों के सम्प्रदायवादियों को राष्ट्रविरोधी और मानवता-विरोधी घोषित

किया और उनसे अथक उर्जा के साथ लोहा लिया। उन्होंने सारे देश में सामाजिक, राजनीतिक, आर्थिक और शैक्षिक संस्थाओं का एक जाल खड़ा कर दिया जिनमें उनके द्वारा प्रशिक्षित, देशसेवा के लिए समर्पित, कार्यकर्ताओं का समूह उनके द्वारा चलाए गये कार्यक्रमों का निष्पादन कर सके।

सितम्बर, 1920 के कांग्रेस के कलकत्ता अधिवेशन में अहिंसक असहयोग का प्रस्ताव पारित हो गया और गाँधी जी को इस अभियान का नेतृत्व सौंपा गया। लोगों ने कांग्रेस के आह्वान का जोरदार स्वागत किया। 1920 में हुए चुनाव में बड़ी संख्या में मतदाताओं ने वोट देने से इनकार कर दिया। छात्रों के पढ़ाई छोड़ देने के कारण शैक्षिक संस्थाएँ और वकीलों के वकालत छोड़ने के कारण अदालतें प्रभावित हुईं। पूरे देश में आजादी का ऐसा जुनून छा गया जो इसके पहले कभी नहीं देखा गया था।

इस उत्तेजनापूर्ण राजनीतिक माहौल में हिन्दी कहानी मूक दर्शक नहीं रही। विशेषकर प्रेमचन्द अपने समय के प्रति बेहद जागरूक रहे। यद्यपि उन्होंने तत्काल सरकारी नौकरी से इस्तीफा नहीं दिया, पर सरकारी नौकरी में रहते हुए भी उन्होंने अपनी कहानियों के माध्यम से जन-भावना को जो सार्थक और सर्जनात्मक अभिव्यक्ति प्रदान की, वह इस काल में अन्य किसी कहानीकार में नहीं मिलती। 1916-20 की अवधि में उनकी उर्दू-हिन्दी मिलाकर लगभग 45 कहानियाँ (जिनमें मूल रूप से लगभग 15 हिन्दी में और 30 उर्दू में लिखी गयी थीं) और 7 कहानी संग्रह–*प्रेमपचीसी* (उर्दू, भाग-2, 1918), *प्रेम बत्तीसी* (उर्दू, भाग 1-2, 1920), *सप्त सरोज* और *नवनिधि* (1917), *प्रेम पूर्णिमा* (1918) और उर्दू *प्रेम पचीसी* का हिन्दी अनुवाद (1920)–प्रकाशित हो चुके थे। वस्तुतः इन संकलनों के प्रकाशन के बाद ही प्रेमचन्द हिन्दी पाठकों के सम्पर्क में आये और बहुत शीघ्र उनके बीच लोकप्रियता भी हासिल कर ली।

इस अवधि में भी प्रेमचन्द पहले की तरह अपनी कहानियों में प्रच्छन्न रूप में राष्ट्रीय भावों को वाणी देते रहे। 'जुगनू की चमक' प्रच्छन्न देशभक्ति की कहानी है। 'सर पुरगुरूर' ('घमंड का पुतला') कहानी को, ऊपर से, कोई आजादी की लड़ाई से नहीं जोड़ सकता। पर, वैराग्य और परमात्मा के प्रति प्रेम का महत्त्व प्रतिपादित करने वाली यह कहानी अपनी अन्तर्वस्तु में एकदम राष्ट्रीय भाव से भरी हुई है। औपनिवेशिक शासन में हतवैभव राजा और नये जमींदार आत्मसम्मान से शून्य, रैयतों पर अत्याचार करने वाले थे। इस कहानी का मुख्य पात्र इसके विपरीत है। 'खंजरे-वफा' (वफा का खंजर) में एक कल्पित ऐतिहासिक-सी लगने वाली कथा के व्याज से 'कौमफरोशी' को गुनाह के रूप में प्रस्तुत किया गया है। ऐतिहासिक रोमांस का भ्रम पैदा करने वाली कहानी 'फतह' प्रतीक रूप में यह अर्थ देती है कि वह जाति या देश, जो अपनी इन्द्रियों का गुलाम हो जाता है, अपनी स्वतन्त्रता की रक्षा नहीं कर पाता। प्रेमचन्द की एक कहानी 'ज्वालामुखी' में एक स्वप्नकथा के माध्यम से दुनिया में व्याप्त अमानवीय व्यवहारों की प्रमुखता का सत्य संकेतित हुआ है। सम्भवतः इस कहानी की स्वप्न-सुन्दरी औपनिवेशिक शासन की प्रतीक है, जिसके प्रलोभन आदमी को अमानवीय कार्य करने

की प्रेरणा देते हैं। 'सेवा मार्ग' कहानी में एक मिथकीय कथा के माध्यम से 'सेवा मार्ग'—देश-सेवा—का महत्त्व प्रतिपादित किया गया है। ऐश्वर्य, सौन्दर्य और वैभव की तुलना में प्रेम को और प्रेम की तुलना में सेवा-मार्ग को श्रेष्ठ बताकर, देश के प्रति लेखक की प्रतिबद्धता उजागर हुई है। ये कहानियाँ परोक्ष रूप में प्रेमचन्द की राष्ट्रीय चिन्ता को ही संकेतित करती हैं।

देश प्रेम की परोक्ष अभिव्यक्ति वाली इन कहानियों के बीच 'वियोग और मिलाप' (1917) नाम की कहानी विशेष रूप से ध्यान आकृष्ट करती है। इस कहानी में प्रेमचन्द पहली बार समकालीन स्वाधीनता आन्दोलन का बिना किसी लागलपेट के चित्रण करते हैं। सावधानी मात्र वे इतनी भर बरतते हैं कि कहानी के शीर्षक से किसी को इसके ब्रिटिश-विरोधी आन्दोलन से जुड़े होने का आभास न हो। औपनिवेशिक शासन में किसी लेखक के लिए 'स्वराज्य' का समर्थन करने वाली कहानी लिखना 'राजद्रोह' में शामिल था, जिसकी सजा, कम से कम, छह वर्ष का कठिन कारावास था। प्रेमचन्द तो सरकारी नौकरी कर रहे थे, और एक बार अप्रत्यक्ष देश प्रेम की कहानी लिखकर उसका स्वाद भी चख चुके थे। इसके बावजूद उन्होंने 'वियोग और मिलाप' जैसी कहानी लिखी, जिसमें तिलक और एनी बेसेंट द्वारा शुरू किये गये 'होमरूल' या 'स्वदेशी' आन्दोलन का खुला समर्थन-पूर्ण चित्रण किया गया था। कहानी का केन्द्रीय पात्र दयानाथ अपने पिता से कहता है : "अब तक मैं राजनीतिक कामों से दूर भागता रहा हूँ, किन्तु अब देश में जागृति फैल रही है, अकर्मण्यता का समय नहीं है। इस समय तटस्थ बैठे रहना अपने देशवासियों पर घोर अत्याचार है।" यह कथन स्वयं प्रेमचन्द का अपने लिए भी हो सकता है। उल्लेखनीय यह भी है कि दयानाथ के पिता भी, जो अवकाशप्राप्त उच्च सरकारी पदाधिकारी और सरकार के अव्वल दर्जे के खैरख्वाह हैं, इस आन्दोलन की मदद करने लगते हैं। यह कहानी इस बात की गवाह है कि प्रेमचन्द किस हद तक औपनिवेशिक शासन के विरोध में लिखने का खतरा मोल ले सकते थे। इसके साथ यह भी उल्लेखनीय है कि प्रेमचन्द समय के प्रति अपनी प्रतिबद्धता को कहानी के आन्तरिक मूल्यों पर हावी नहीं होने देते। उनकी कहानियाँ प्रायः इकहरी नहीं होतीं। वे सामाजिक-राजनीतिक समस्याओं और व्यक्ति-संवेदनाओं का ऐसा रसायन तैयार करते हैं, जिससे कहानी में जान पैदा हो जाती है। 'वियोग और मिलाप' का कथ्य मुख्यतः राजनीतिक, 'होमरूल' या स्वराज्य आन्दोलन का चित्रण, है पर इसके साथ पिता-पुत्र के सम्बन्ध की संवेदना का मिश्रण कर वे कहानी को मनोवैज्ञानिक गहराई प्रदान कर देते हैं।

इस काल में प्रेमचन्द ने अनेक ऐसी कहानियाँ भी लिखी हैं, जिनमें समकालीन सच्चाइयाँ गहरी समझ, संवेदना और वैचारिक ईमानदारी के साथ व्यक्त हुई हैं। औपनिवेशिक शासन ने देश की जनता को लूटने के लिए किसानों, जमींदारों और महाजनों का ऐसा त्रिकोणीय सम्बन्ध निर्मित कर दिया था, जिससे निकलने का कोई रास्ता नहीं था। किसानों से जमीन की लगान, जो बेहद ऊँची थी, वसूल करने के लिए जमींदार-वर्ग का सृजन किया गया था और लगान चुकाने में असमर्थ किसानों को कर्ज लेकर लगान

चुकाने के 'योग्य' बनाने के लिए साहूकारों को अनेक सुविधाएँ प्रदान की गयी थीं। इसके फलस्वरूप किसान कर्ज के बोझ से लदते जा रहे थे, जिसका अन्तिम परिणाम उनके भूमिहीन कृषक मजदूर में बदलने में होता था। इसके फलस्वरूप 'अनुपस्थित जमींदारों' की एक अलग श्रेणी पैदा हो गयी थी, जो किसानों के लिए और भी तकलीफदेह थी। ऐसे शहरी जमींदारों की गाँव में जमींदारी होती थी, जो कभी कभार गाँव जाते थे और किसानों पर कारिन्दों और पुलिस के अत्याचार की अनदेखी कर देते थे। जो छोटे जमींदार गाँव में किसानों के बीच रहते थे, उनके यहाँ किसानों पर ऐसा अत्याचार नहीं होता था। प्रेमचन्द बुर्जुआ जमींदारों का हृदय-परिवर्तन भी दिखाने से बाज नहीं आते। कदाचित् वे चाहते थे कि ऐसा हो पाता। जमींदारों के प्रति उनका मोहभंग अभी नहीं हुआ था। 'उपदेश'(1917) कहानी में ग्रामीण जीवन के इस पक्ष का विश्सनीय चित्रण हुआ है। हम याद कर सकते हैं कि जयशंकर प्रसाद ने 1911 में ही अपनी पहली कहानी 'ग्राम' में अनुपस्थित जमींदारी-व्यवस्था की पृष्ठभूमि में गहरी मानवीय संवेदना का अंकन किया था। पर 'ग्राम' में 'अनुपस्थित जमींदारी व्यवस्था' पृष्ठभूमि के रूप में ही चित्रित हुई है जबकि प्रेमचन्द की इस कहानी में वही मूल कथ्य है। 'उपदेश' में बुर्जुआ समुदाय के वैसे लोगों का भी अंकन किया गया है जो देशहित के समर्थन में अखबारों में लेख लिखते हैं, मंच पर प्रभावशाली भाषण देते हैं, पर जब सेवा करने का अवसर आता है, तो भाग खड़े होते हैं। वे खोखले तर्क दे-देकर अपने को, और दुनिया को भी, धोखा देते हैं। किसानों के प्रति उनकी सारी सहानुभूति मौखिक होती है। समकालीन बुर्जुआ वर्ग की ढुलमुल वैचारिकता का पर्दाफाश ही 'उपदेश' कहानी का मुख्य कथ्य बन गया प्रतीत होता है। इस प्रकार कहानी में प्रभाव का घनत्व नहीं पैदा हो पाता। 'ब्रह्म का स्वांग' का कथ्य भी देशसेवा और समतावाद के नाम पर बुर्जुआ समाज के पाखंड का सपाट ढंग से उद्घाटन ही है। प्रेमचन्द की दृष्टि में यह पाखंड, जिसे वे अपने चारो ओर व्याप्त देखते थे, देशहित के मार्ग में सबसे बड़ा रोड़ा था। यह भी प्रेमचन्द के समय का यथार्थ ही है। तब तक गाँधी जी का सत्याग्रह आन्दोलन आरम्भ हो गया था। पर उसकी नींव कितनी कमजोर थी, इसका ज्ञान प्रेमचन्द को था। उस पर प्रहार करके प्रेमचन्द आन्दोलन के प्रति अपनी ईमानदारी का इजहार कर रहे थे।

'घमंड का पुतला' और 'उपदेश' जैसी कहानियाँ इस बात की द्योतक हैं कि 1917 तक आते आते किसानों की नियति के प्रति चिन्ता प्रेमचन्द को बेचैन करने लगी थी। पर अभी सही रास्ता उन्हें नहीं दिखायी पड़ा था। उनका चिन्तन अभी साफ नहीं हुआ था। पाखंडी समाज-सेवकों, अनुपस्थित जमींदारों आदि के चित्रण के बीच में वे पुलिस विभाग के भ्रष्टाचार पर भी दो-चार बातें किसी पात्र के माध्यम से कहला देते हैं।

औपनिवेशिक शासन में संयुक्त प्रान्त (उ. प्र.) की भूमि-व्यवस्था बंगाल-बिहार की भूमि-व्यवस्था से इस अर्थ में भिन्न थी कि वहाँ ताल्लुकेदारों को किसानों की जमीन पर 'लगान-इजाफा' का कानूनी अधिकार मिला हुआ था। जमींदार जब चाहता था, किसी किसान को, किसी बहाने, जमीन से बेदखल कर दूसरे किसान को 'नजराना' की

रकम के साथ, बढ़ी हुई लगान पर जमीन हस्तान्तरित कर देता था। 'बलिदान' (1918) कहानी में किसान की खेत से बेदखली का बड़ा ही मार्मिक चित्रण किया गया है। इस कहानी में, पहले तो, कुनैन की एक टिकिया के अभाव में एक पाँच बीघे खेत के किसान की दर्दनाक मौत का चित्रण किया गया है। औपनिवेशिक शासन में किसान के लिए ऐसी मौत कोई आश्चर्यजनक बात नहीं थी। कहानी में किसान की मृत्यु के बाद उसके खेत की नयी बन्दोबस्ती का सवाल खड़ा होता है, जिस पर गाँव के दूसरे किसानों की नजर लगी हुई है। किसान का बेटा गिरधारी पिता के श्राद्ध में अपनी सारी जमापूँजी खर्च कर डालता है और जमींदार को खेत की नयी बन्दोबस्ती के लिए नजराने के सौ रुपये नहीं दे पाता और उसकी जमीन दूसरे किसान की हो जाती है। प्रेमचन्द गहरी मानवीय संवेदना के साथ गिरधारी के जमीन बचाने के प्रयत्न, उसकी विवशता और असफलता की पीड़ा का चित्रण करते हैं, पर वे जमींदार के प्रति भी थोड़ी सहानूभूति बचाये रखते हैं, जो उनकी सोच के अन्तर्विरोध का ही परिचायक है। जमींदार लगान न बढ़ाने की उदारता तो दिखाता है, पर नजराने के रुपये माफ करने में वह अपने को 'असमर्थ' बताता है। यह 'उदारता' कितनी खोखली है, प्रेमचन्द इसकी ओर संकेत नहीं कर पाते। पर प्रेमचन्द पाठक में यह बोध जरूर पैदा करते हैं कि औपनिवेशिक भूमि व्यवस्था में किसान की यह नियति अपरिहार्य थी। इस नियति को अपरिहार्य बनाने का एक कारण किसान का पिता के श्राद्ध में (या बेटे-बेटी की शादी में) अपने साधनों से बाहर खर्च करना भी था। यह भी रूढ़िवादी संस्कृति और सामन्ती व्यवस्था की ही विरासत थी। इस व्यवस्था में किसान किस प्रकार अपनी जमीन खोकर मजदूर बनने को बाध्य होता था, यही दिखाना इस कहानी का उद्देश्य है। जमीन से किसान का कैसा गहरा आत्मिक लगाव होता था, इसका अंकन भी प्रेमचन्द ने किया है। गाँव के महाजन और एक धूर्त किसान की मिलीभगत से उसके बैल भी कौड़ी के मोल चले जाते हैं। इस शोक में गिरधारी की मृत्यु हो जाती है। प्रेमचन्द यह दिखाना चाहते हैं कि किसान अपने खेतों और बैलों का बिछोह बर्दाश्त नहीं कर सकता। इतना ही नहीं, इनके प्रति उसका मोह इतना अधिक होता है कि मरने के बाद भी उसकी आत्मा खेत और बैलों की नाँद के आसपास मँड़राती रहती है। कहानी का यह अंश यद्यपि 'अति-प्राकृतिक' प्रतीत हो सकता है, पर प्रतीक या फन्तासी के रूप में पढ़ने पर यह प्रभाव को गहन बनानेवाला भी सिद्ध होता है। कहानी के अन्त में प्रेमचन्द ने यह भी दिखाया है कि गिरधारी का लड़का मजदूर हो गया है और किसान के रूप में उसकी तथा उसके परिवार की पूर्वमर्यादा नष्ट हो गयी है। यह उस समय का एक कठोर सच था, जिसे प्रेमचन्द ने संवेदना के स्तर पर चित्रित किया है।

कहानी के आरम्भ में ही प्रेमचन्द ने विदेशी शक्कर के बाजार में आ जाने से किसानों के देसी गुड़-शक्कर व्यापार के नष्ट हो जाने और किसानों के उजड़ जाने का वर्णन किया है। कहानी के अन्त से यह तो स्पष्ट है ही कि प्रेमचन्द किसान को मजदूर से श्रेष्ठ समझते थे। कम से कम किसान तो अपने को मजदूर से श्रेष्ठ समझता ही था।

यह उस समय की एक सच्चाई थी, जो किसानों की नियति को और भी त्रासद बनाती थी। प्रेमचन्द ने इस सच्चाई का अंकन भी इस कहानी में किया है।

प्रेमचन्द अपनी कहानियों में प्रायः किसानों के प्रति औपनिवेशिक शासन के कर्तव्य की याद दिला कर जनता को सजग बनाने का भी प्रयास करते हैं। 'प्रतिज्ञा'[31] में एक लोककथा के व्याज से प्रजा के प्रति राजा के कर्तव्य की याद दिलायी गयी है, जो शायद तत्कालीन औपनिवेशिक शासन को सम्बोधित है। यह प्रजा पर अकाल जैसा संकट पड़ने पर शासक के कर्तव्य का चित्रण करने वाली कहानी है। औपनिवेशिक शासन अकाल पड़ने पर भी जनता के कष्ट की उपेक्षा करते हुए, उससे कठोरतापूर्वक लगान वसूलने की नीति में विश्वास करता था। 'सेवामार्ग' कहानी में भी एक मिथकीय कथा के माध्यम से प्रजा के प्रति राजा के कर्तव्य की याद दिलायी गयी है।

'बैंक का दिवाला' का मूल कथ्य प्रेमचन्द का यह विश्वास है, जो गाँधी जी की विचारधारा की देन है, कि यदि राजा और जमींदार अपने अनावश्यक खर्च कम कर दें और जनहित का संकल्प कर लें तो विपन्न समाज का बहुत कल्याण हो सकता है। इस कहानी का 'कुँवर' ऐसा ही करता है–उसका संकल्प सराहनीय है–पर समकालीन स्थितियों को देखते हुए यह आरोपित जैसा प्रतीत होता है। इससे प्रेमचन्द की मंशा तो प्रकट होती है, पर इसमें वैज्ञानिक चिन्तन का अभाव है। पात्रों के मन में प्रवेश कर उनके ही माध्यम से मानस जगत् का द्वन्द्व प्रस्तुत करने की कला अपनाने पर भी वह प्रभाव बहुत गम्भीर नहीं बन सका है। प्रेमचन्द की अनेक कहानियों का दोष यह है कि वे एक साथ बहुत से अभिप्रायों को गड्डमड्ड कर देते हैं। 'बैंक का दिवाला' कहानी के आरम्भ में बैंकिंग व्यवसाय की समस्याओं का विवरण, जिसका कहानी के मूल कथ्य से आनुसंगिक सम्बन्ध है, और यह दिखाने का प्रयास कि व्यवसाय में सम्बद्ध व्यक्तियों पर अकारण बहुत विश्वास करना घातक होता है, कहानी के प्रभाव को नष्ट ही करता है।

'पशु से मनुष्य' प्रेमचन्द की समाजवाद या सहयोगवाद में आस्था की कहानी है। इस कहानी में वे यह सिद्धान्त प्रतिपादित करते हैं कि समाजवादी व्यवस्था में व्यक्ति का चरित्र बदल जाता है, वह पशु से मनुष्य बन जाता है। इस व्यवस्था में कोई मालिक और कोई नौकर नहीं होता। सभी काम करते हैं और सभी को आमदनी का बराबर हिस्सा मिलता है। कहानी के एक पात्र प्रेमशंकर के द्वारा प्रेमचन्द यह विचार व्यक्त कराते हैं कि मालिक-नौकर वाली व्यवस्था में 'मोटे और पतले आदमियों' के अलग अलग दल बन जाते हैं, उनमें 'संग्राम' होता रहता है। वह यह भी कहता है कि "काल चिह्नों से ज्ञात होता है कि यह प्रतिद्वन्द्विता अब कुछ ही दिनों की मेहमान है। इसकी जगह अब सहकारिता का आगमन होने वाला है। मैंने अन्य देशों में (वह अमेरिका से शिक्षा प्राप्त करके लौटा है) इस घातक संग्राम के दृश्य देखे हैं और मुझे घृणा हो गयी है। सहकारिता ही हमें इस संकट से मुक्त कर सकती है।" दूसरा पात्र यह सुनकर कि उसे 'सोशलिस्ट' कहा जाता है, कहता है, "...मैं 'सोशलिस्ट' या 'डेमोक्रेट' कुछ नहीं

हूँ। मैं केवल न्याय और धर्म का दीन सेवक हूँ। मैं निःस्वार्थ सेवा को विद्या से श्रेष्ठ समझता हूँ। मैं अपनी आत्मिक और मानसिक शक्तियों को, बुद्धि-सामर्थ्य को, धन और वैभव का गुलाम नहीं बनाना चाहता। मुझे वर्तमान शिक्षा और सभ्यता पर विश्वास नहीं...जो शिक्षा हमें निर्बलों को सताने के लिए तैयार करे, जो हमें धरती और धन का गुलाम बनाए, जो हमें भोग-विलास में डुबाए, जो हमें दूसरों का रक्त पीकर मोटा होने का इच्छुक बनाये, वह शिक्षा नहीं है,...हमने विद्या और बुद्धि-बल को विभूति-शिखर पर चढ़ने का मार्ग बना लिया। वास्तव में वह सेवा और प्रेम का साधन था। कितनी विचित्र दशा है कि जो जितना ही बड़ा विद्वान है, वह उतना ही बड़ा स्वार्थ-सेवी है।...इन महान पुरुषों में से प्रत्येक व्यक्ति, सैकड़ों नहीं, हजारों-लाखों की जीविका हड़प जाते हैं और फिर भी उन्हें जाति का भक्त बनने का दावा है। वह अपने स्वजाति-प्रेम का डंका बजाता फिरता है।...मैं समस्त शिक्षित समुदाय को केवल निकम्मा ही नहीं, वरन् अनर्थकारी भी समझता हूँ।'' जब दूसरा पात्र पूछता है कि 'तो क्या सब मजदूर बन जाएँ?' तो प्रेमशंकर जवाब देता है, ''जी नहीं, हालाँकि ऐसा हो तो मनुष्य जाति का बहुत उपकार हो। मुझे जो आपत्ति है, वह केवल दशाओं में इस अन्यायपूर्ण अ-समता से है। यदि एक मजूर पाँच रुपया में अपना निर्वाह कर सकता है, तो एक मानसिक काम करने वाले प्राणी के लिए इससे दुगुनी-तिगुनी आय काफी होनी चाहिए और वह अधिकता इसलिए कि उसे कुछ उत्तम भोजन-वस्त्र तथा सुख की आवश्यकता होती है। मगर पाँच और पाँच हजार, पचास और पचास हजार का अस्वाभाविक अन्तर क्यों हो? आज सारे वकीलों को देशनिकाला हो जाए, सारे अधिकारी-वर्ग लुप्त हो जाएँ और सारे दलाल स्वर्ग को सिधारें, तब भी संसार का काम चलता रहेगा, बल्कि और भी सरलता से। किसान भूमि जोतेंगे, जुलाहे कपड़े बुनेंगे, बढ़ई, लोहार, राज, चर्मकार, सब के सब पूर्ववत् अपना अपना काम करते रहेंगे। उनकी पंचायतें उनके झगड़ों का निपटारा करेंगी। किन्तु यदि किसान न हों तो सारा संसार क्षुधा-पीड़ा से व्याकुल हो जाय।...मैं यह कब कहता हूँ कि प्रत्येक मनुष्य मजूरी करने पर मजबूर किया जाय! नहीं, जिसे परमात्मा ने विचार की शक्ति दी है, वह शास्त्रों की विवेचना करे। जो भावुक हो, वह काव्य की रचना करे। जो अन्याय से घृणा करता हो, वह वकालत करे। मेरा कथन यह है कि विभिन्न कार्यों की हैसियत में इतना अन्तर नहीं रहना चाहिए।'' और अन्त में प्रेमशंकर कहते हैं, ''...केवल इसी कारण से अभी तक धनवानों का, जमींदारों का और शिक्षित समुदाय का प्रभुत्व बना हुआ है। पर इसके पहले भी कई बार इस प्रभुत्व को धक्का लग चुका है। और चिह्नों से ज्ञात होता है कि निकट भविष्य में फिर इसकी पराजय होनेवाली है। कदाचित् यह हार निर्णयात्मक होगी। समाज का चक्र साम्य से आरम्भ होकर, फिर साम्य पर ही समाप्त होता है। एकाधिपत्य, रईसों का प्रभुत्व और वाणिज्य-प्राबल्य उसकी मध्यवर्ती दशाएँ हैं। वर्तमान चक्र ने मध्यवर्ती दशाओं को भोग लिया है और वह अपने अन्तिम स्थान के निकट आता जाता है। किन्तु हमारी आँखें अधिकार और प्रभुता के मद में ऐसी भरी हुई हैं कि हमें आगे पीछे कुछ नहीं सूझता।

चारो ओर से जनतावाद का घोर नाद हमारे कानों में आ रहा है पर हम ऐसे निश्चिन्त हैं, मानो वह साधारण मेघ की गरज है।'' इस कहानी मे प्रेमशंकर स्वयं प्रेमचन्द हैं। यद्यपि यह वार्तालाप कहानी पर बहुत भारी पड़ता है, पर प्रेमचन्द पर रूसी क्रान्ति का प्रभाव कितना गहरा था, यह इससे स्पष्ट है। फिर भी वे कहीं रूसी क्रान्ति का नाम नहीं लेते। कदाचित् यह औपनिवेशिक सरकार के दमन के भय के कारण है। ध्यातव्य है कि भारत में भी आजादी की जंग शुरू हो चुकी थी और कदाचित् प्रेमचन्द का यह भी सपना हो कि उसका अन्त 'समतावाद' में होगा। केवल एक वर्ष के अन्तर से प्रकाशित 'बैंक का दिवाला' और 'पशु से मनुष्य' की तुलना से पता चलता है कि प्रेमचन्द किस प्रकार गाँधीवादी और समाजवादी विचारधारा के द्वन्द्व में फँसे हुए थे।

आजादी की लड़ाई में पत्रकारिता की महत्त्वपूर्ण भूमिका थी और इस पेशे को अपनाना देशहित और राष्ट्रप्रेम का द्योतक था। 'मृत्यु के पीछे' कहानी में एक पत्रकार के समर्पित, पर अभावग्रस्त, जीवन का अंकन किया गया है। इस कहानी में भी मुख्य कथ्य के साथ मानवीय सम्बन्ध, पति पत्नी की संवेदना, को जोड़ कर कहानी को शक्त बनाने का प्रयास किया गया है।

प्रेमचन्द ने औपनिवेशिक शासन का विरोध उसके द्वारा निर्मित संरचनाओं की आलोचना के द्वारा भी किया है। उन्हें जहाँ भी मौका मिलता है, वे सरकार के दफ्तरों, पुलिस, न्याय, शिक्षा आदि संस्थानों की, जिनके महत्त्व की गाथा गाते सरकार के समर्थक बुद्धिजीवी नहीं थकते, कड़ी आलोचना करते हैं। 'नेकी की सजा' में औपनिवेशिक शासन के इंजीनियरी विभाग में व्याप्त भ्रष्टाचार का चित्रण किया गया है। वे अपनी कहानियों में समकालीन सामाजिक-पारिवारिक संरचना का यथार्थ चित्र उकेरते हैं। 'सौत', जो उनकी पहली हिन्दी कहानी भी है, मध्यवर्गीय परिवारों में सन्तान-लालसा, बहुविवाह, सौतों के आपसी और पति के साथ बदलते सम्बन्ध और इससे उत्पन्न सामाजिक प्रतिक्रियाओं के अद्भुत मनोवैज्ञानिक चित्रण वाली कहानी है। 'शंखनाद', 'बड़े घर की बेटी' की ही तरह कृषि-व्यवस्था पर आधारित संयुक्त परिवार के भीतरी सम्बन्धों के तनाव की कहानी है। 'दो भाई' नामक कहानी संयुक्त परिवार में दो सहोदर भाइयों के वैमनस्य की कहानी है, जिसमें बड़ा भाई छोटे भाई को उसका घर रेहन लिखाकर सौ रुपये देता है। परम्परागत पारिवारिक मूल्यों का यह विघटन प्रेमचन्द की दृष्टि में शर्मनाक है। 'बूढ़ी काकी' (1920) उच्च मध्यवर्गीय ग्रामीण संयुक्त परिवार में एक बूढ़ी औरत की दयनीय स्थिति का चित्रण करती है। साथ ही यह 'भूख' को अपनी समस्त शक्ति के साथ प्रस्तुत करने वाली कहानी भी है। बुजुर्ग नागरिक, विशेषकर स्त्री की असहाय स्थिति का अंकन, इस कहानी को बहुत मार्मिक बनाता है। उस परिवेश में यह स्त्री-विमर्श की कहानी भी कही जा सकती है। तत्कालीन सामाजिक संरचना में पति की मृत्यु के बाद स्त्री आर्थिक दृष्टि से कितनी असहाय हो जाती थी, इसका तीव्र बोध इस कहानी से होता है।

1916-20 की अवधि में भी प्रेमचन्द ने कतिपय प्रेम-केन्द्रित कहानियाँ लिखीं।

'धोखा', 'गैरत की कटार', 'राजपूत की बेटी', 'जंजीरे-हवस' आदि कहानियों का केन्द्रीय कथ्य प्रेम ही है, पर इनमें प्रेम की वह नाजुक संवेदना नहीं मिलती, जो चन्द्रधर शर्मा गुलेरी की 'उसने कहा था' या जयशंकर प्रसाद की 'छाया' संग्रह की कहानियों में मिलती है। 'धोखा' एक अच्छी प्रेम कहानी कही जा सकती है, जिसमें प्रेम का विकास स्वाभाविक ढंग से हुआ है और प्रेम और नैतिकता का संघर्ष भी कुछ मात्रा में है, पर संघर्ष से उत्पन्न तनाव इसमें भी कम ही है। 'राजपूत की बेटी' में मर्यादा से नियन्त्रित प्रेम का अंकन हुआ है। 'जंजीरे-हवस' में एक ऐतिहासिक रोमांस के माध्यम से कामुक प्रेम की त्रासद परिणति दिखायी गयी है। 'गैरत की कटार' में एक बेवफा औरत की कहानी कही गयी है, जिसकी हत्या करने में उसका शौहर (हैदर) सफल नहीं हो पाता। 'खूने-हुर्मत' शौहर-बीबी और प्रेमिका के सम्बन्ध की कहानी है। विवाहेतर प्रेम किस प्रकार दाम्पत्य जीवन को तोड़कर रख देता है, इसका उदाहरण है यह कहानी।

प्रेमचन्द ने अपनी कहानियों में ब्राह्मणवादी कर्मकांड की धज्जियाँ उड़ाकर रख दी हैं। 'मनुष्य का परम धर्म' ब्राह्मणवाद का विद्रूप प्रस्तुत करने वाली व्यंग्य और विडम्बना पूर्ण कहानी है। इसमें धर्म के नाम पर मुफ्त तर माल उड़ानेवाले पेटू पंडितों पर करारा व्यंग्य किया गया है।

प्रेमचन्द उन नैतिक मूल्यों के समर्थक थे, जिन्हें वे समाज और देशहित में उपयोगी मानते थे। कुछ 'उदारवादी' बुद्धिजीवियों का मानना है कि औपनिवेशिक शासन ने भारत को समानता के आधार पर निर्मित न्याय-व्यवस्था प्रदान की। प्रेमचन्द इसे नहीं मानते थे। उनकी इस मान्यता का तो कोई विरोध नहीं ही कर सकता कि अँगरेजों द्वारा निर्मित न्याय-व्यवस्था बहुत महँगी, अँगरेजी भाषा पर टिकी होने के कारण सामान्य जनता के लिए अबोध्य और गाँवों से दूर होने के कारण दुर्गम्य थी। औपनिवेशिक शासन ने जमींदारी व्यवस्था कायम कर भूमि सम्बन्धी मुकदमों को जन्म दिया था, अन्यथा गाँवों में छोटे मोटे झगड़ों और अन्य अपराधों के निपटारे के लिए ग्राम पंचायतें ही पर्याप्त थीं। इन पंचायतों पर धर्मशासित नैतिकता का ऐसा नियन्त्रण था कि उनसे ग्रामीणों को प्रायः न्याय मिल जाता था। प्रेमचन्द की 1916 में प्रकाशित 'पंच परमेश्वर' नामक कहानी में, जो उर्दू में इसी वर्ष 'पंचायत' शीर्षक से प्रकाशित हुई थीं, 'पंच में परमेश्वर के वास' वाला मूल्यगत आग्रह है। पर यह कहानी किसी न किसी अंश में औपनिवेशिक शासन की न्याय-व्यवस्था पर एक टिप्पणी भी है, जिसमें न्याय का गला ही घोंटा जाता था। इस कहानी की एक विशेषता यह भी है कि इसमें तत्कालीन ग्रामीण जीवन का स्वरूप, उसकी मानसिकता, मूल्यबोध, रीति-व्यवहार सब सामने आ जाता है।

1920 में प्रेमचन्द ने उर्दू में 'बाजयाफ्त' शीर्षक से एक कहानी लिखी थी, जिसका हिन्दी रूपान्तर 'शान्ति' शीर्षक से *मानसरोवर*, भाग-1 में संकलित है। 'शान्ति' शीर्षक से उपलब्ध प्रेमचन्द की दूसरी कहानी मानसरोवर, भाग-7 में संकलित है, जिसका रचना-काल अनिश्चित, पर 1921 के पूर्व है। ये दोनो ही कहानियाँ स्त्री-चरित्र या आज की शब्दावली में 'स्त्री-विमर्श' से जुड़ी हैं। 'शान्ति'-1 एक ऐसी स्त्री की कहानी है जो

पति के प्रोत्साहन से अपना 'पिछड़ापन' त्याग कर 'आधुनिक' तो बन जाती है, पर उसकी 'आधुनिकता' इतनी 'अधिक' हो जाती है कि पति उसे पुनः उसके पूर्व रूप में ला देने का फैसला करता है। कहानी की पत्नी पति की इच्छा से ही 'आधुनिक' और उसी की इच्छा से पुनः 'परम्परागत भारतीय नारी' बन जाती है। निश्चय ही इस कहानी में प्रेमचन्द की सहानुभूति 'आधुनिक' नारी के प्रति नहीं है। 'शान्ति'-2 में मुख्यतः एक ऐसी स्वाभिमानी लड़की का चरित्र प्रस्तुत किया गया है जो अपने विलासी और परस्त्रीगामी पति को क्षमा नहीं करती, उसके साथ कोई समझौता नहीं करती और नदी में डूबकर आत्महत्या कर लेती है। लेखकीय सहानुभूति लड़की के साथ है, यह स्पष्ट है। यद्यपि इस कहानी में अपने अधिकार के लिए स्त्री का संघर्ष जैसी कोई बात नहीं है, पर प्रेमचन्द यह महसूस करते प्रतीत होते हैं कि स्त्री को पति से असहमत होने और उससे गलत बातों पर समझौता न करने का अधिकार है। लड़की का आमहत्या कर लेना उसकी पराजय का द्योतक है, पर उन्नीसवीं सदी के दूसरे दशक में यह कोई आश्चर्यजनक बात नहीं थी। इन कहानियों से स्पष्ट है कि दूसरे दशक तक प्रेमचन्द की नारी विषयक दृष्टि रूढ़िवादिता और आधुनिकता के द्वन्द्व से ग्रस्त थी।

प्रेमचन्द की अनेक कहानियाँ 'बाल संवेदना' के अंकन की दृष्टि से उल्लेखनीय हैं। 'हज्जे-अकबर' ('महातीर्थ', 1917) में एक मध्यवर्गीय परिवार में एक शिशु के प्रति परिवार की 'दाई' के पुत्रवत् प्रेम का अंकन किया गया है जिसमें शिशु भी उसे अपनी माँ से बढ़कर मानता है। इस मुख्य कथ्य के साथ साथ मध्यवर्गीय परिवार में घ़रेलू नौकरानी के साथ मालकिन के सम्बन्ध का चित्रण भी बहुत विश्वसनीय रूप में हुआ है। 'सौतेली माँ' कहानी सौतेली माँ के परम्परागत मिथ को तोड़ने वाली कहानी है। इस कहानी की 'विमाता' अपने सौतेले पुत्र को प्राणों से भी बढ़कर प्यार करती है और बच्चा भी इसका अनुभव करता है। 'कप्तान साहब' एक आवारा लड़के की कहानी है, जो बाद में योग्य और सज्जन व्यक्ति बन जाता है। इस कहानी में आया प्रथम विश्व युद्ध का सन्दर्भ भी उल्लेखनीय है।

'ईश्वरीय न्याय' स्वामी-निष्ठा, ईमानदारी, सत्य-भाषण, आत्मसन्तोष आदि परम्परागत नैतिक मूल्यों का सपाट ढंग से समर्थन करने वाली कहानी है। सत् और असत् विचारों के द्वन्द्व के रूप में मनोविज्ञान का बहुत थोड़ा सा उपयोग इस कहानी में देखा जा सकता है। 'अपने फन का उस्ताद' एक रोचक कहानी है, जिसमें एक अभिनेता नौकरी पाने के लिए नाटक कम्पनी के मालिक को अपने अभिनय से चकित कर देता है और नौकरी का हकदार बन जाता है। 'दुर्गा का मन्दिर' दूसरों का पड़ा हुआ धन भी न लेने, झूठ न बोलने, अच्छे कर्मों का अच्छा फल मिलने आदि परम्परागत नैतिक मूल्यों का समर्थन किया गया है। 'बोध' में शिक्षक के प्रति, समाज में भले ही उसे सम्मानजनक स्थान न प्राप्त हो, छात्रों के सम्मान-भाव का अंकन किया गया है। 'सचाई का उपहार' नैतिक बोध की एक सामान्य कहानी है। सच बोलने, अत्याचार का विरोध करने और नुकसान उठाकर भी प्रतिशोध का भाव मन में न रखने का नीति-बोध

इस कहानी का प्रतिपाद्य है, जो कहानी को प्रभाव की दृष्टि से कोई धार नहीं देता। 1918 के जमाने में ग्रामीण स्कूलों के चरित्र की एक प्रामाणिक झलक इस कहानी से अवश्य प्राप्त होती है। 'कर्मों का फल' चरित्र प्रधान कहानी है, जिसमें एक पात्र अपने पूर्वकर्मों पर चिन्तन करता हुआ वर्तमान के सारे कष्टों और विपत्तियों को धैर्यपूर्वक सहता है। 'अनिष्ट शंका' में अनिष्ट की आशंका की मनोवैज्ञानिक स्थिति का अंकन तो हुआ है, पर कहानी कुल मिलाकर साधारण ही है। ज्योतिषियों के पाखंड का भी थोड़ा-सा चित्रण हुआ है। 'दफ्तरी' बीवी की मृत्यु हो जाने पर दूसरा विवाह कर दुख मोल लेने की बहुत साधारण कहानी है। 'आबे-हयात' में एक कपोलकल्पित कथा के माध्यम से 'तृष्णा न जीर्णा वयमेऽपि जीर्णा' वाली उक्ति को चरितार्थ करने की कोशिश हुई है। 'मर्जे-मुबारक' दो पीढ़ियों के टकराव की कहानी है, जिसमें प्रेमचन्द युवा पीढ़ी के साथ हैं। 'पुत्र प्रेम' में पुत्र के प्रति हिसाबी पिता की और पिता के प्रति उदार पुत्र की दो स्थितियाँ रखी गयी हैं। एक में पिता धन बचाने के लिए अपने यक्ष्माग्रस्त पुत्र को उचित इलाज न कराकर मर जाने देता है; दूसरी में एक उदार पुत्र अपने पिता के इलाज में न केवल अपनी सारी पूँजी लगा देता है, बल्कि उसका श्राद्ध भी धूमधाम से करता है। इस कहानी में भी प्रेमचन्द की सहानुभूति उदार युवक के साथ है। 'आत्माराम' में परिवार और समाज द्वारा उपेक्षित और निरादृत व्यक्ति का पक्षी-प्रेम उसके व्यक्तित्व को रोचक बनाने में समर्थ है। बाद में 'संयोगवश' अशर्फियों का कलसा मिल जाना और उसकी उदारता, ईमानदारी, धर्मपरायणता का स्रोत उमड़ पड़ना, लोककथाओं का स्मरण दिलाने वाला है।

संस्कृत साहित्य में उपदेशपरक लघु कथा-लेखन की एक समृद्ध परम्परा है। आज जिसे 'लघु कथा' की नयी विधा कहा जा रहा है, उसमें स्वतन्त्र विधा के रूप में मान्यता प्राप्त करने का कोई विशेष आधार नहीं है। यह एक रोचक तथ्य है कि प्रेमचन्द ने इस प्रकार की कथाओं की शुरुआत की थी। उनकी 1917 में प्रकाशित 'दरवाजा' नामक कहानी, जो लगभग 645 शब्दों में पूरी हुई है, एक दरवाजे की आत्मकथा है। इसे लघुकथा या 'कथुली' की संज्ञा दी जा सकती है।

'कहानी'-लेखन की दृष्टि से 1916-20 का समय बहुत उर्वर नहीं कहा जा सकता। जयशंकर प्रसाद, चन्द्रधर शर्मा गुलेरी और राजा राधिकारमण प्रसाद सिंह, जो कहानी-लेखन की सम्भावनाओं की दृष्टि से उल्लेखनीय थे, इस अवधि में किसी उल्लेखनीय कहानी के साथ सामने नहीं आए। शिवपूजन सहाय की इस दशक में लिखित और विभिन्न पत्र पत्रिकाओं में प्रकाशित दस कहानियों का संकलन *महिला महत्त्व*, 'आख्यायिका' उपशीर्षक से, संशोधित रूप में, 1922 में प्रकाशित हुआ।[32] इस संग्रह की प्रथम कहानी 'तूती मैना' में, जो 'तूती-सुगी-मैनी' शीर्षक से 1914 में ही प्रकाशित हुई थी, और जिसे लेखक ने 'गल्प' की संज्ञा दी थी, गद्य-काव्य की शैली में रचित एक काल्पनिक कथा है। वसन्त ऋतु में एक राजकुमार शिकार के क्रम में 'एक लहलही लता-सी तन्वी वन्य सुन्दरी' से मिलता है जो एक ऋषि के आश्रम में पली है।

ऋषि की अनुमति से वह राजकुमार से विवाह कर उसके राजमहल में जाती है और वहाँ के 'मखमली पर्दों में, बृहद्दर्पणालंकृत भव्य भवनों में, कालीन और गलीचे बिछे हुए कमरों में, खस की टट्टी लगी हुई बारहदरियों में' कैद होकर रह जाती है। अपनी मूल प्रकृति में यह कथा रोमानी है और किशोरीलाल गोस्वामी की चर्चित आख्यायिका 'इन्दुमती' से मिलती-जुलती है। इसकी भाषा तत्सम शब्द-प्रधान, समासयुक्त, अलंकृत और जटिल पद-वाक्य-योजना से भरपूर है। इस संग्रह की अन्य कहानियाँ 'मुंडमाल', 'सतीत्व की उज्ज्वल प्रभा', 'विषपान', 'वीणा', 'विचार-चित्र', 'हतभागिनी चन्द्रतारा', 'प्रायश्चित्त', 'हठभगत जी', 'अनूठी अँगूठी' आदि हैं। 'मुंडमाल', 'सतीत्व की उज्ज्वल प्रभा' और 'विषपान' कहानियों की कथावस्तु जेम्स टॉड की प्रसिद्ध पुस्तक *एनॉल्स ऑफ राजस्थान* से ली गयी हैं, जिसमें मुगलों के विरुद्ध राजपूतों के शौर्य की गाथाएँ अंकित हैं। इन सारी कहानियों की प्रकृति रूमानी है जिसमें अपनी आन-रक्षा के लिए प्राणों की बाजी लगाने वाला शौर्य, आत्मबलिदान और सतीत्व-रक्षा के लिए जौहर आदि जीवन-मूल्य के रूप में स्वीकृत होते हैं। संग्रह की अन्य कहानियाँ किसी न किसी रूप में समकालीन नारी की स्थिति से सम्बद्ध हैं। 'मुंडमाल' निर्विवाद रूप से इस संकलन की सर्वश्रेष्ठ कहानी है और बड़े प्रभावी रूप से नारी बलिदान के रूमानी मूल्य का प्रतिपादन करती है। इन सभी कहानियों की भाषा संस्कृत कथाओं की ललित काव्यात्मक शैली का स्मरण दिलाती है। इस बात पर तनिक आश्चर्य हो सकता है कि प्रेमचन्द की तरह शिवपूजन सहाय की शिक्षा भी उर्दू-फारसी से आरम्भ होने के बावज़ूद उनकी कथा-भाषा संस्कृत कथा-भाषा के मार्ग पर अग्रसर हुई।

कथा-लेखन के क्षेत्र में, नये लेखक के रूप में, चतुरसेन शास्त्री (ज. 1891; नि. 1960) का आगमन इसी समय हुआ था।[33] *रूठी रानी* कहानी संग्रह के सम्पादक चन्द्रसेन, के अनुसार सन् 1915-16 के लगभग चतुरसेन ने कहानियाँ लिखकर पत्रिकाओं में भेजना आरम्भ किया था। उनकी प्रथम छह कहानियाँ, जिन्हें 'कथा' कहना अधिक संगत है, 'सच्चा गहना', 'बहिन तुम कहाँ', 'रोगी परीक्षा', 'बहू-बेटे', 'जीजा जी' और 'मैं तुम्हारी आँखों को नहीं, तुम्हें चाहता हूँ' इसी समय के लगभग प्रकाशित हुई थीं।[34] इन घटना और वर्णनप्रधान कथाओं में व्यक्तिगत जीवन के अनुभव भावुकतापूर्ण शैली में प्रस्तुत कर दिये गये हैं। इन्हें आधुनिक अर्थ में 'कहानी' नहीं कहा जा सकता।

लगभग इसी समय सुदर्शन (ज. 1896; नि. 1967) और आज़म कुरेवी (नि. 1955) का उर्दू कहानी में आगमन हुआ और उन्होंने अधिकतर ग्रामीण परिवेश पर आधारित विषयों पर कहानियाँ लिखीं। सुदर्शन तो बहुत जल्द ही उर्दू से हिन्दी में चले आये, जिनका प्रथम हिन्दी कहानी संग्रह *पुष्पलता*[35] 1919 में प्रकाशित हुआ। सुदर्शन का पहला उर्दू कहानी संग्रह *हार जीत,* हिन्दी कहानी संग्रह के एक वर्ष बाद, 1920 में, प्रकाशित हुआ था।[36] *पुष्पलता* में सुदर्शन की 'बैजू बावरा', 'सेवक', 'थोड़ा-सा झूठ', 'पाप की कमाई', 'स्वप्न', 'पतितोद्धार', 'प्रतिकार, 'न्याय की परख', 'भलाई का बदला', 'शिक्षा' और 'राजपूतनी का प्रायश्चित्त' नामक 11 कहानियाँ संकलित थीं। इन

कहानियों में से अधिकांश परम्परागत नैतिक मूल्यों के (सेवा-धर्म, स्वामिभक्ति, सत्यभाषण, अधर्म की कमाई का परित्याग, धन पाकर घमंड न करने आदि) के प्रतिपादन के निमित्त लिखी गयी हैं और प्रसंगों में मार्मिकता के स्थान पर संयोगों और सपाट वर्णनों का प्राधान्य है; केवल 'बैजू बावरा' ऐसी कहानी है, जो नैतिक मूल्य के प्रतिपादन के साथ साथ मानवीय संवेदना की अभिव्यक्ति के कारण उल्लेखनीय है। इनमें से कुछ कहानियाँ उस समय के यथार्थ का चित्र भी प्रस्तुत करती हैं और प्रेमचन्द की कहानियों के साथ पढ़ी जा सकती हैं। 'पतितोद्धार' में दलितों (अछूतों और वेश्याओं) के प्रति लेखक की सहानुभूति ही नहीं, उनके उद्धार का उत्साह भी दिखायी देता है। कहानी के सौन्दर्यशास्त्रीय मूल्य पर भी लेखक को 'पतितोद्धार' की समस्या का 'हल' प्रस्तुत करने में कोई संकोच नहीं होता। 'भलाई का बदला' ईश्वरीय न्याय का प्रतिपादन करती हुई भी मुख्यतः बाल-संवेदना की कहानी है। दाम्पत्य प्रेम-संवेदना के सूक्ष्म चित्रण की दृष्टि से 'शिक्षा' एक अच्छी कहानी कही जा सकती है। 'राजपूतनी का प्रायश्चित्त' मुसलमान शासकों के सन्दर्भ में राजपूत वीरों के शौर्य-बलिदान और स्त्रियों की 'वीरांगना' के रूप में भारतीय वीरता और बलिदान के चित्रण की कहानी है।

आज़म कुरेवी की कहानियों में गहरे स्थानीय रंग के साथ ग्रामीण और दूरस्थ शहरी क्षेत्रों के निवासियों के रहन-सहन और जीवन-संघर्ष का अन्तरंग चित्रण मिलता है। उनमें यथार्थ के प्रति गहरी आस्था है और उसके चित्रण के लिए वे कहानी की संरचनात्मक अपेक्षाओं तक की परवाह नहीं करते।[37]

ख़्वाजा हसन निज़ामी ने कहानी-लेखन का आरम्भ 1902 में ही कर दिया था। इस दशक में (1911-18) उनकी 'मक्खी', 'ईंट चूने का वेसाल', 'दिल हाउस', 'लालटेन', 'ज्ञान कथा', 'ओस', 'हौलनाक लेक्चर', 'फूलों के शिकवे', 'मदनी शया सुन्दर की मुरली', 'झिंगुर का जनाज़ा', 'ऐ दिल मुझपे आ', 'ज़ुल्फ का माजरा', 'झोपड़ी की सदा' आदि कहानियाँ प्रकाशित हुई थीं। रशीदुल खैरी की भी, जिन्होंने अली जावेद जैदी के अनुसार पहले दशक में ही कथा-लेखन आरम्भ किया था, 1918-20 की अवधि में, 'गौहरे मक़सूद', 'अँगूठी का राज़', 'बिन्तुल भक्त', 'शाब ज़िन्दगी' आदि कथा-रचनाएँ प्रकाशित हुई थीं, पर इन्हें 'छोटी कहानी' या 'कहानी' की संज्ञा नहीं दी जा सकती।

1917 में रायकृष्ण दास (1892-1985)[38] का गद्यगीत-संग्रह *साधना* प्रकाशित हुआ[39], जिसे आलोचकों ने 'कहानी', पर स्वयं लेखक ने 'साधना' की संज्ञा दी है। यह वस्तुतः लगभग 60 से 315 शब्दों के आकार के 101 भावोद्‌गारों का, जिन्हें 'कहानी' की संज्ञा नहीं दी जा सकती, संग्रह है। ये भावोद्‌गार या भावुकता रंजित प्रतिक्रियाएँ मात्र हैं, जिनमें क्रिया-व्यापार लगभग शून्य है। लेखक का उद्‌देश्य भी इन 'साधनाओं के द्वारा अपने 'प्राणेश' को 'सिद्ध' करना है। यह 'प्राणेश'(कहीं कहीं 'स्वामी' और 'प्रियतम' भी) रहस्यमय है। एक उदाहरण देखा जा सकता है–

''सेवा, तेरी सेवा ही में मुझे अथक, अतुल और अनन्त आनन्द है।

मैं कदापि स्वतन्त्र नहीं होना चाहता। न अपनी सेवा के बदले कुछ चाहता हूँ।

स्वतन्त्रता की निरंकुशता और उच्छृंखलता के दुःखों को मैं जानता हूँ और उनसे बहुत डरता और दूर भागता हूँ।

तेरी सेवा में मुझे जो गर्व तथा आनन्द प्राप्त होता है वही इतना है कि मैं उससे फटा पड़ता हूँ; फिर मुझे बदले की अपेक्षा कहाँ?

अपनी सेवा से मुझे न हटा, न मुझे उसमें भेदभाव करने दे।''

अधिकतर 'भावोद्‌गारों' में 'अनन्त' के प्रति जिज्ञासा, कृतज्ञता, प्रणय-निवेदन, विरह-व्यथा, उलाहना, आत्मसमर्पण आदि भाव व्यक्त हुए हैं। कतिपय भावोद्‌गारों में निर्धनों, पराधीनों, उपेक्षितों, निर्बलों आदि के प्रति संवेदना का भाव भी व्यक्त हुआ है। (आकांक्षा) कहीं कहीं 'भाव' के स्थान पर 'विचार' भी दिखायी पड़ते हैं ('पागल पथिक') पर किसी भी स्थिति में इन भावोद्‌गारों को 'कहानी' की संज्ञा नहीं दी जा सकती।

इन भावोद्‌गारों की भाषा भी किंचित् काव्यात्मक अर्थात् संस्कृत गद्य की छौंक लिए हुए है। उदाहरण के लिए 'सफल-काम' शीर्षक प्रतिक्रिया का यह अंश—

''तुम्हारे कर-काम-पल्लव अहर्निशि मेरे ऊपर दान-वर्षा कर रहे हैं। अब भी मुझमें कामनाएँ कहाँ से रह सकती हैं?

तुम्हारे पद-अशोक की मेरे सिर पर नित्य छाया है। इससे मुझे शोक नहीं रह गया।

मैंने अनन्त काल से इस मानस को पंकिल बनाया था कि तुम्हारे पद-पंकज इसमें विकसित हों। आज वह अर्थ सिद्ध हो गया और उसके राग से यह रंजित हो रहा है।

नयनों से वारि इसलिए बहाया था कि उनमें तुम्हारा बदन-पारिजात प्रस्फुटित हो। आज वह लालसा पूर्ण हुई और अब मैं निरन्तर उसे आनन्दाश्रुओं से सींच रहा हूँ।''

डा. लक्ष्मीनारायण लाल के अनुसार हिन्दी कहानी के विकास में अगस्त, 1918 में काशी की कौशल्या देवी द्वारा शुरू की गयी *हिन्दी गल्पमाला* का महत्त्वपूर्ण योगदान है। इसके प्रथम भाग के द्वितीय अंक में प्यारेलाल गुप्त कृत 'समालोचक', फूलमती कृत 'बड़े की बेटी', रुद्रदत्त भट्ट कृत 'अजीबदास की जासूसी' और जी. पी. श्रीवास्तव कृत 'मैं न बोलूँगी' कहानियाँ प्रकाशित हुई थीं। 'मैं न बोलूँगी' को 'अध्ययन की दृष्टि से उल्लेखनीय' बताते हुए डा. लाल ने लिखा है : ''इसमें कथावस्तु जैसा कोई विशेष तत्त्व नहीं है, बल्कि समूची कहानी की संवेदना एक मनोवैज्ञानिक भाव-बिन्दु पर आधारित है। कोई मुग्धा नायिका अपने पति की अनुपस्थिति में निश्चय करती है कि वह उसके आने पर रूठने का अभिनय करेगी। लेकिन जैसे ही पति आता है, उसका निश्चय टूट जाता है और वह उससे रूठ नहीं पाती। प्रथम पुरुष के शिल्प में लिखी गयी यह एक मनोवैज्ञानिक कहानी है। इसी वर्ष के ही अंक 4 (नवम्बर, 1918) में श्रीवास्तव जी की 'झूठमूठ' नामक कहानी प्रकाशित हुई, जिसका धरातल भी 'किंचित् मनोविज्ञान है, कथामय इतिवृत्त नहीं।' डा. लाल के अनुसार इन कहानियों के द्वारा जी. पी. श्रीवास्तव ने जिस मनोवैज्ञानिक कथा-धारा का सूत्रपात किया, उसका विकास *हिन्दी गल्पमाला*

में ही मार्च, 1920 में प्रकाशित इलाचन्द्र जोशी कृत 'सजनवाँ' नामक कहानी में हुआ। डा. लाल के अनुसार जोशी जी ने मनोवैज्ञानिक प्रणाली को बल दिया तथा कहानी में 'चिन्तन शैली' की स्थापना हुई।[40] *हिन्दी गल्पमाला* के ही परवर्ती अंकों में जयशंकर प्रसाद की 'पत्थर की पुकार', 'करुणा की विजय', 'उस पार का योगी', 'खंडहर की लिपि', 'प्रतिभा', 'पाप की पराजय', 'दुखिया' आदि कहानियाँ प्रकाशित हुईं।[41]

द्वितीय अध्याय में हम देख चुके हैं कि हिन्दी के कहानीकार अधिक-से-अधिक अँगरेजी के कहानी संग्रहों से ही परिचित थे और यूरोप की विकसित कहानी-कला से उनका सम्पर्क न के बराबर था। पर दूसरे दशक में, स्थिति में अपेक्षाकृत परिवर्तन हुआ। इस दशक में *सरस्वती, इन्दु, मर्यादा, हिन्दी गल्पमाला* आदि में रवीन्द्रनाथ ठाकुर, चारुचन्द्र वन्द्योपाध्याय, प्रभात कुमार वन्द्योपाध्याय आदि की अनूदित कहानियाँ प्रकाशित हो रही थीं, जिन पर फ्रांसीसी और रूसी कहानियों का प्रभाव था। इनके अतिरिक्त प्रेमचन्द द्वारा अनूदित *टाल्सटाय की कहानियाँ*, गोपाल नेवटिया द्वारा अनूदित *यूरोप की कहानियाँ*, चन्द्रगुप्त विद्यालंकार द्वारा अनूदित *तुर्गनेव की कहानियाँ* और इलाचन्द्र जोशी द्वारा अनूदित *मोपासाँ की कहानियाँ* भी हिन्दी कहानीकारों की कहानी सम्बन्धी समझ को परिष्कृत कर रही थीं।

प्रेमचन्द की कहानियों में संरचना सम्बन्धी कोई विशेष प्रयोग देखने को नहीं मिलता। उनकी इस काल की कहानियाँ भी किस्सागो की कथन-प्रविधि में कमोबेश नाटकीयता का पुट देकर प्रस्तुत की गयी हैं। इस दशक की उनकी कहानियों में घटनाओं, अतिलौकिक प्रसंगों और 'संयोगों' के रूप में 'कथा-तत्त्व' की बहुलता है और रूप की दृष्टि से ये 'कहानी' से अधिक 'कथा' के निकट पड़ती हैं। पर 'कथा' का कथ्य की अभिव्यक्ति के लिए किया गया उपयोग अत्यन्त मौलिक और कमोबेश मनोवैज्ञानिक दृष्टि से सम्पन्न है। 'शिकारी राजकुमार', 'बड़े घर की बेटी', 'नमक का दारोगा', 'ब्रह्म का स्वांग', 'वियोग और मिलाप' आदि कहानियों में शिल्पगत नवीनता भी दिखायी पड़ती है। 'नमक का दारोगा' का अन्त अपनी आकस्मिकता के कारण चौंकाने और एक विशेष प्रभाव की सृष्टि करने वाला है। 'ब्रह्म का स्वांग' की संरचना का नयापन यह माना जा सकता है कि इसमें बारी बारी से स्त्री और पुरुष की मानसिकता में प्रवेश कर कहानी के कथ्य का प्रतिपादन किया गया है। 1917 में प्रकाशित कहानी 'वियोग और मिलाप' का कथ्य मुख्यतः राजनीतिक, 'होमरूल' या स्वराज्य आन्दोलन का चित्रण है पर प्रेमचन्द इसके साथ पिता-पुत्र के सम्बन्ध की संवेदना का मिश्रण कर कहानी को मनोवैज्ञानिक गहराई प्रदान कर देते हैं। सामाजिक-राजनीतिक समस्याओं और व्यक्तिगत सम्बन्धों से जुड़ी संवेदनाओं के मिश्रण से कहानी का इकहरापन समाप्त हो गया है और कहानी में जान पैदा हो गयी है।

प्रेमचन्द की तुलना में प्रसाद की कहानियों में संरचना सम्बन्धी प्रयोग अधिक दिखायी देते हैं। प्रसाद प्रेम, सौन्दर्य और रहस्य-भावना के कहानीकार हैं। उनकी अधिकतर कहानियाँ ऐतिहासिक और प्रतीकात्मक हैं। *छाया* में संकलित 'सिकन्दर की

शपथ', 'जहाँनारा', 'अशोक', 'गुलाम', 'चित्तौर का उद्धार' आदि ऐतिहासिक कहानियों में 'आदि, मध्य, अन्त' की स्थितियों से निर्मित सुगठित कथानक हैं। इन कहानियों में किसी घटना की नाटकीय रूप में अवतारणा से कथानक का आरम्भ होता है और उसका क्रमिक विकास होता है। इन घटनाओं में आरम्भ से ही कौतूहल और जिज्ञासा वृत्ति का संगुम्फन प्रसाद की कहानी-कला की सबसे बड़ी विशेषता है। नाटकीय प्रभाव पैदा करने के लिए पूर्व कथा, पूर्व सूत्र और भूमिका आदि बिलकुल छिपा दी जाती हैं और कथानक का आरम्भ एकाएक कथा की किसी बीच की स्थिति से होता है। कथा के विकास में संयोग का सहारा लेने में भी प्रसाद कोई संकोच नहीं करते। प्रतीकात्मक कहानियों में कल्पना और भावुकता की प्रमुखता है, अतएव ये कहानियाँ अपनी बनावट में भावुकतापूर्ण रेखाचित्र और गद्यगीत के समीप आ गयी हैं। इनके कथानक में न तो इतिवृत्तात्मकता है, न संवेदना की क्रमबद्धता, बल्कि उसमें भावनाओं का उमड़ता हुआ ज्वार है। लक्ष्मीनारायण लाल के अनुसार ऐसी कहानियों में सांकेतिकता और व्यंजना ही शैली के दो उपकरण माने जा सकते हैं।[42] प्रसाद की कुछ कहानियों में रेखाचित्र की प्रविधि का उपयोग किया गया है, जिनमें इतिवृत्त केवल प्रसंग के रूप में आता है और प्रसंगों में भी एक भाव ही उसका प्राण होता है। कुछ कहानियों के कथानक तो अति सूक्ष्म हैं, जिनमें संकेत और व्यंजना की प्रधानता दिखायी पड़ती है। 'अघोरी का मोह', 'गुदड़ी में लाल', 'करुणा की विजय' आदि कहानियाँ इसके उदाहरण के रूप में देखी जा सकती हैं। गद्यगीत के शिल्प के उदाहरण के रूप में 'प्रलय', 'प्रतिमा', 'दुखिया', 'कलावती की शिक्षा' आदि कहानियाँ द्रष्टव्य हैं।

कहानी की संरचना की दृष्टि से चन्द्रधर शर्मा गुलेरी की कहानी 'उसने कहा था' विकास के सामान्य नियम के रूप में नहीं, बल्कि अपवाद के रूप में सामने आती है। इसके पहले प्रेमचन्द की कहानियाँ किसी प्रसंग या विचार की प्रस्तुति से आरम्भ होती थीं। वे किस्सागो की कथन-प्रविधि में नाटकीयता का पुट देकर अपनी कहानियों का निर्माण करते थे। प्रसाद अपनी ऐतिहासिक कहानियों में किसी घटना की नाटकीय रूप में अवतारणा और 'आदि, मध्य, अन्त' की स्थितियों से सुगठित कथानक का निर्माण करते थे। उनकी प्रतीकात्मक कहानियों में कल्पना और भावुकता की प्रमुखता होती थी और वे अपनी बनावट में भावुकतापूर्ण रेखाचित्र और गद्यगीत के समीप होती थीं। 'उसने कहा था' में गुलेरी जी ने लेखक-पाठक सम्बन्ध, काल-योजना, अवलोकन-बिन्दुओं के परिवर्तन-स्थानान्तरण और 'पूर्वदीप्ति' आदि को लेकर ऐसे प्रयोग किये, जो इसके पहले हिन्दी कहानी में नहीं दिखायी पड़ते। यह कहानी काल और स्थान की दृष्टि से भिन्न भिन्न छह प्रसंगों के रूप में प्रस्तुत की गयी है। पहला प्रसंग काल की दृष्टि से 1890 के आसपास का है। उल्लेखनीय है कि कथा सुनाने और सुनने वालों का आत्मीय सम्बन्ध बहुत प्राचीन, कथा के जन्म के साथ का ही है। 'उसने कहा था' का लेखक श्रोता-श्रावयिता के इस परम्परागत सम्बन्ध को आधुनिक पाठक और लेखक के प्रीतिकर सम्बन्ध में परिणत कर देता है। पाठक लेखक के साथ ही उन्नीसवीं सदी के पंजाब के

अमृतसर शहर में पहुँच जाता है और वहाँ के, उस समय के, यथार्थ जीवन और सांस्कृतिक वातावरण में रम जाता है। इस सांस्कृतिक रस से सराबोर वातावरण में कहानी चुपके से आरम्भ हो जाती है और तुरत ही नाटक का रूप ले लेती है। एक बारह वर्ष के लड़के और आठ वर्ष की लड़की के बीच लगभग एक महीने तक यह नाटक चलता है; लड़का जब भी लड़की से मिलता है, उसे चिढ़ाने के लिए पूछता है, 'तेरी कुड़माई हो गयी?' और लड़की 'धत्' कहकर भाग जाती है। एक दिन वह लड़की सड़क पार करते समय एक ताँगे के नीचे आने ही वाली थी कि लड़का अपनी जान की बाजी लगाकर उसे बचा लेता है। इस तरह दोनो के बीच एक अनाम सम्बन्ध, जिसका पता भी उन्हें नहीं है, पनप जाता है। दोनो ही उस सम्बन्ध के रहस्य से अपरिचित हैं। इसीलिए एक दिन जब लड़के के उसी चिढ़ाने वाले प्रश्न के उत्तर में बालिका अपनी 'कुड़माई' हो जाने की सूचना देती है तो वयःसन्धि की उम्र से गुजरते बालक की जो प्रतिक्रियाएँ होती हैं, वे उस सम्बन्ध के रहस्य का उद्घाटन कर देती हैं। पाठक यदि थोड़ा भी प्रबुद्ध है तो उसे जानने में देर नहीं लगती कि यह 'प्रेम-देवता' का उत्पात है।

दूसरा प्रसंग काल की दृष्टि से पहले प्रसंग के पचीस वर्ष बाद का और स्थान की दृष्टि से अमृतसर से हजारों मील दूर फ्रांस की जमीन है, जहाँ भारतीय सैनिक जर्मनों से युद्ध कर रहे हैं। यह बिलकुल नाटकीय प्रसंग है, जहाँ से कहानी-लेखक बिलकुल गायब है और पाठक अपनी चेतना की आँखों से सामने घटित होते दृश्य का अवलोकन करता है। पहले प्रसंग में पाठक जो भी सुनता-देखता है, उसका माध्यम कथाकार है; प्रसंग से उसका प्रत्यक्ष सम्बन्ध नहीं है, पर दूसरे प्रसंग को वह किसी अन्य माध्यम से नहीं, बल्कि 'अपनी' मानसिक आँखों से देखता है, उससे उसका प्रत्यक्ष सम्बन्ध होता है। यह प्रसंग पाठक के चित्त में कई जिज्ञासाएँ भी पैदा करता है, जिनके समाधान के लिए वह बाद के प्रसंगों में कौतूहल के साथ प्रवेश करता है।

तीसरा प्रसंग भी नाटकीय दृश्य के रूप में ही निर्मित है, पर उसमें कथाकार सूत्रधार और निर्देशक के रूप में अपनी टिप्पणियों के साथ बीच बीच में हस्तक्षेप भी करता है। यह भी है तो युद्ध का ही दृश्य, पर सूबेदार हजारा सिंह और बोधा सिंह का उल्लेख पाठक को जिज्ञासु बनाए रखता है। बीमार बोधा सिंह की देखरेख के प्रति लहना सिंह की तत्परता पाठक में कौतूहल का भाव पैदा करती है। इस प्रसंग में युद्ध से सम्बन्धित कुछ घटनाएँ भी घटती हैं, जो मूल कथ्य से जुड़ी होने पर भी स्वयं में महत्त्वपूर्ण नहीं हैं। उल्लेखनीय केवल यह है कि सूबेदार हजारा सिंह और जमादार लहना सिंह दोनो लड़ाई में जख्मी हो जाते हैं और लहना सिंह अपने बुरी तरह घायल होने का तथ्य छिपा लेता है।

चौथा प्रसंग युद्ध के बाद का है, जिसमें लहना सिंह अस्पताल की गाड़ी में जगह कम होने के कारण सूबेदार हजारा सिंह और उनके बीमार बेटे बोधा सिंह को तो जबरदस्ती अस्पताल भेज देता है, पर खुद अधिक जख्मी होने पर भी खाई में ही रुक जाता है। उनके जाते समय वह हजारा सिंह से यह अनुरोध भी करता है कि वे

'सूबेदारनी' से कह देंगे कि 'मुझसे जो उन्होंने कहा था, वह मैंने कर दिया।' पाठक की जिज्ञासा और भी बढ़ जाती है कि लहना सिंह ऐसा क्यों कर रहा है, और 'सूबेदारनी' ने उससे क्या कहा था? यह प्रसंग भी कथाकार के वर्णन और पात्रों के संवाद के रूप में प्रस्तुत किया गया है।

पाँचवाँ प्रसंग घायल लहना सिंह के एक दूसरे सैनिक वजीरा के साथ खाई में रह जाने का है। इस प्रसंग को कहानीकार ने प्रत्यवलोकन की प्रविधि में प्रस्तुत किया है, जो उस समय तक हिन्दी कथा साहित्य में अपरिचित थी। लहना मरणासन्न स्थिति में पहुँच गया है। कथाकार एक संक्षिप्त टिप्पणी के साथ पाठक के सामने आता है : "मृत्यु के कुछ पहले स्मृति बहुत साफ हो जाती है। जन्म भर की घटनाएँ एक-एक करके सामने आती हैं। सारे दृश्यों के रंग साफ होते हैं, समय की धुन्ध बिलकुल उन पर से हट जाती है।" इसके बाद लहना अपने अतीत में चला जाता है, और उसके साथ पाठक भी। पचीस वर्ष पहले का वह प्रसंग लहना की स्मृति में पुनर्जीवित हो उठता है, जिसे पाठक कहानी के आरम्भ में ही पढ़ चुका है। बीच बीच में लहना की तन्द्रा टूटती है और वह वजीरा से पीने के लिए पानी माँग कर फिर तन्द्रा में चला जाता है। इससे उसकी मृत्यु की निकटता जाहिर होती है, जो कहानी के प्रभाव को बढ़ाती है। लहना की तन्द्रा की स्थिति में, जागृत स्मृति के रूप में पाठक को कथा का वह अंश प्राप्त होता है जिसके लिए उसका कौतूहल अपनी चरम स्थिति पर पहुँचा हुआ है। पाठक को ज्ञात हो जाता है कि हजारा सिंह की पत्नी और कोई नहीं, वह पचीस साल पहले की बालिका ही है जिसे उसने ताँगे के नीचे आ जाने से बचाया था, और उसकी 'कुड़माई' हो जाने की सूचना पाकर उसने थोड़ा-बहुत उत्पात भी मचाया था। पाठक यह भी जान जाता है कि सूबेदारनी ने लहना सिंह से अपने पति और पुत्र की रक्षा करने का आश्वासन माँगा था और लहना उसे अपने प्राणों का मूल्य देकर पूरा कर रहा है। मरणासन्न लहना की चेतना में, स्वप्न जैसी स्थिति में, अपने भाई और भतीजे का बिम्ब आता है, जो अत्यन्त मार्मिक है।

कहानी का छठा और अन्तिम प्रसंग मात्र दो पंक्तियों का है, जिसमें अखबार में यह खबर छपती है कि लहना सिंह लड़ाई के मैदान में 'घावों से भरा' पाया गया।[43] मात्र दो पंक्तियों का यह प्रसंग अपनी संकेतात्मकता में कितना प्रभावी है, इसकी पहचान संवेदनशील पाठक को ही हो सकती है।

जाहिर है कि गुलेरी जी ने इस कहानी में जिस विकसित कथा-शिल्प का प्रयोग किया था, वह हिन्दी कथामात्र के लिए बहुत बाद की चीज थी, और लगभग पच्चीस वर्ष बाद अज्ञेय ने अपने उपन्यास *शेखर : एक जीवनी* में उसे पूर्णता पर पहुँचाया था।

जहाँ तक भाषा का प्रश्न है, प्रेमचन्द और प्रसाद दो परम्पराओं का प्रतिनिधित्व करते हैं। यद्यपि दोनों की मातृभाषा और बोलचाल की भाषा भोजपुरी थी पर सर्जनात्मक लेखन में प्रेमचन्द उर्दू और प्रसाद हिन्दी-संस्कृत की विरासत लेकर आये थे। 1915 तक तो प्रेमचन्द केवल उर्दू में ही लिखते भी थे। 'कहानी' के प्रकृतितः यथार्थ से सम्बद्ध होने के कारण उसकी भाषा बोलचाल के निकट की भाषा होती है। प्रेमचन्द की उर्दू

कहानियों की भाषा भी उस समय के एक वर्ग विशेष की बोलचाल की भाषा का सर्जनात्मक संस्करण है। जब उन्होंने 'हिन्दी' लिखनी शुरू की तो उन्हें अपनी लेखन की भाषा में मात्र इतना ही बदलाव करना पड़ा कि अरबी-फारसी के किंचित् अपरिचित शब्दों के स्थान पर संस्कृत के तद्भव तथा उच्चारण-सरल और शिक्षित हिन्दुओं की बोलचाल की भाषा में प्रयुक्त होनेवाले तत्सम शब्दों को रख दिया। मात्र इतने ही परिवर्तन से प्रेमचन्द की उर्दू 'हिन्दी' बन गयी। इस बात पर भी ध्यान गये बिना नहीं रहता कि प्रेमचन्द की उर्दू कहानियों के हिन्दी 'अनुवाद' की भाषा कहीं कहीं कृत्रिम हो गयी है। अच्छा हुआ होता यदि प्रेमचन्द की 'उर्दू' कहानियों का 'अनुवाद' न कर उनका लिप्यन्तरण ही किया गया होता! तब यह स्पष्ट पता चल जाता कि प्रेमचन्द की 'उर्दू' और 'हिन्दी' दो अलग अलग भाषाएँ न होकर एक ही भाषा की दो शैलियाँ मात्र हैं।

प्रसाद की 'हिन्दी' में ढाँचा तो खड़ी बोली वाला ही रहा, पर शब्दावली तत्समप्रधान हो गयी। एक और विशेष बात यह हुई कि संस्कृत काव्य-परम्परा से जुड़े होने के कारण प्रसाद की भाषा में अलंकरण की प्रधानता हो गयी, जो 'कहानी' की यथार्थवादी प्रकृति से मेल नहीं खाता।

चन्द्रधर शर्मा गुलेरी की कथा-भाषा यथार्थोन्मुख भाषा का एक और आयाम खोलती है। प्रेमचन्द ने अपनी उर्दू कहानियों में बोलचाल की भाषा का उपयोग करते हुए भी उसे पात्रों की मातृभाषा के निकट ले जाने की कोशिश नहीं की थी। उदाहरण के लिए 'बड़े घर की बेटी' या 'नमक का दारोगा' के पात्रों की मातृभाषा उनके परिवेश को देखते हुए भोजपुरी या अवधी होनी चाहिए। यदि 'यथार्थ' के तकाजे को देखा जाए तो उनके वार्तालाप भोजपुरी या अवधी में ही होने चाहिए। पर प्रेमचन्द ने अपनी कहानियों में भोजपुरी-अवधी का प्रयोग तो नहीं ही किया है, अपनी मानक उर्दू में यथार्थ चित्रण के आग्रहवश उनकी छौंक भी नहीं लगायी है। उनके पूर्व भोजपुरी क्षेत्र में रहने वाली 'बंग महिला' ने अपनी दो कहानियों, 'कुम्भ में छोटी बहू' और 'दुलाई वाली' में खड़ी बोली आधारित मानक हिन्दी में भोजपुरी की गहरी छौंक लगाई थी। यद्यपि गुलेरी जी ने बंग महिला की तरह पात्रों से उनकी मातृभाषा पंजाबी में वार्तालाप नहीं कराया है, जो यथार्थ-चित्रण की दृष्टि से ठीक ही माना जाता, पर तब कहानी हिन्दी पाठकों के लिए अबोध या कम से कम दुर्बोध तो हो ही जाती। गुलेरी जी ने बीच का रास्ता अपनाया है और मानक हिन्दी में वैसे पंजाबी शब्दों का भरपूर मिश्रण कर दिया है जो पंजाबी बच्चों और फौजियों द्वारा बोले जाते हैं। इससे कहानी की भाषा में एक आश्चर्यजनक ताजगी और यथार्थवादी रंग आ गया है। 'बम्बूकार्ट', 'लढ़ढीवाले' 'बाछा', 'फेटों', 'भारेवाले', 'जीणे जोगिये', 'करमा वालिए', 'पुत्ता प्यारिए', 'कुड़माई', 'सालू', 'गनीम', 'चम्बे की बावलियों', 'सिगड़ी', 'कोले', 'पाधा', 'घुमा', 'बूटे', 'लाड़ी होरां', 'बरानकोट', 'खोता', 'तीमियाँ', 'हाड़' जैसे दर्जनों पंजाबी शब्द बच्चों और फौजी सैनिकों के वार्तालाप में आते हैं, जो हिन्दी पाठकों की समझ में नहीं आ सकते। कोई इनके प्रयोग के औचित्य पर शंका भी कर सकता है, पर ये शब्द कहानी के वातावरण

को इतना यथार्थ और स्वाभाविक बना देते हैं कि बोधगम्यता के मूल्य पर भी इनका प्रयोग अखरता नहीं। इसी प्रकार 'चीथकर', 'चितौनी', 'सुथना', 'गैबी', 'सौथरा', 'खड़के', 'गुत्थी', 'मंजा', 'हड़का हुआ कुत्ता', 'मुलक', 'पूर लेना', 'फील्ड अस्पताल', 'घघरिया पलटन', 'ओबरी' जैसे आम बोलचाल के प्रयोग के शब्द कुछ पाठकों के लिए अबोध्य होने पर भी प्रसंगों की प्रस्तुति में जान डाल देते हैं। पर कहीं कहीं पात्रों की भाषा के चुनाव में लेखक से भूल भी हुई है; जैसे लहना सिंह के बन्दूक के कुन्दे के प्रहार से गिरते हुए जर्मन फौजी का 'आह! माई गॉड' कहना। ऐसे अवसरों पर जबान से अपनी भाषा के ही शब्द निकलते हैं और यह मानने का कोई कारण नहीं कि जर्मन फौजियों का अपने दुश्मन अँगरेजों की भाषा से कोई भावनात्मक लगाव भी था। पर ऐसी छोटी मोटी त्रुटियों के बावजूद यह माना जा सकता है कि गुलेरी जी ने अपनी कथा-भाषा को पात्रों की संस्कृति के अनुरूप रखने की सफल कोशिश की है। इससे भी अधिक उल्लेखनीय बात यह है कि गुलेरी जी की कथा-भाषा सर्जनात्मक क्षमता से भरपूर है। मुहावरों और लोकोक्तियों के प्रयोग में वे प्रेमचन्द की बराबरी करते हैं और व्यंग्य का सृजन करने में अपनी पैनी दृष्टि का परिचय देते हैं। उपमा, रूपक, उत्प्रेक्षा, अतिशयोक्ति आदि अलंकारों का प्रयोग वे इतनी सहजता से करते हैं कि भाषा चमक उठती है और अलंकारों का अलग से कुछ पता भी नहीं चलता। दूरगामी और आवर्त पैदा करने वाले अर्थों से युक्त वाक्यों और वाक्यांशों का प्रयोग करके गुलेरी जी ने कहानी की केन्द्रीय संवेदना को तीव्रतम स्थिति में पहुँचा दिया है।

इससे यह पता चलता है कि कथ्य, संवेदना, शिल्प और भाषा सभी दृष्टियों से हिन्दी कहानी, दूसरे दशक में, विकास की एक अच्छी मंजिल तय कर चुकी थी।

सन्दर्भ

1. प्रेमचन्द की 'उर्दू' में अरबी-फारसी स्रोत के शब्दों का प्रयोग कुछ अधिक मात्रा में हुआ है, पर बहुत थोड़े श्रम से वह बोधगम्य हो जाती है। दूसरी ओर, प्रेमचन्द की 'हिन्दी' में बोलचाल की भाषा (खड़ी बोली, अवधी, भोजपुरी, ब्रजभाषा बुन्देलखंडी आदि) में घुल-मिल गये अरबी-फारसी और संस्कृत के शब्दों का प्रयोग अधिक मात्रा में हुआ है, जिसे समझने में किसी भी समुदाय को कोई कठिनाई नहीं थी। बोधगम्यता की जो भी समस्या थी, वह लिपि को लेकर थी। इस प्रसंग में यह भी उल्लेखनीय है कि बीसवीं शताब्दी के आरम्भ में उत्तर प्रदेश ('संयुक्त प्रान्त'—युनाइटेड प्राविंसेज के मिडिल स्कूल तक के पाठ्यक्रम में उर्दू का विशेष स्थान था, जिसके फलस्वरूप फारसी लिपि में प्रकाशित उनकी कहानियाँ नवसाक्षरों के लिए भी अबोधगम्य नहीं थीं। अतः प्रेमचन्द 'हिन्दी' के लेखक थे या 'उर्दू' के, यह सवाल कोई अहमियत नहीं रखता।
2. यह सिलसिला प्रेमचन्द के निधन-वर्ष तक चलता रहता है। उदाहरण के लिए प्रेमचन्द की विख्यात कहानी 'कफ़न' दिसम्बर, 1935 में उर्दू पत्रिका *जामिया* में और मार्च, 1936 में हिन्दी पत्रिका 'चाँद' में प्रकाशित हुई थी।
3. कई स्थानों पर प्रसाद जी का जन्मवर्ष 1889 लिखा मिलता है। *हिन्दी साहित्य कोश* (खंड-2, पृ. 209) में प्रसाद जी की जन्मतिथि 'माघ, शुक्ल 10, वि.सं. 1946' बतायी गयी है, जो फरवरी, 1890

में पड़ी थी। प्रसाद जी की मृत्यु *हि. सा. को.* के अनुसार 15 नवम्बर, 1937 को हुई थी।

4. रामचन्द्र शुक्ल, *हिन्दी साहित्य का इतिहास,* पृ. 275
5. लक्ष्मीनारायण लाल, *हिन्दी कहानियों की शिल्प-विधि का विकास,* पृ. 44
6. *छाया* कहानी-संग्रह के प्रथम संस्करण की फोटो प्रति मेरे संग्रह में उपलब्ध है, जिसमें 'निवेदन' के अन्त में 1969 (वि सं) मुद्रित है। वि सं 1969 का समवर्ती ई सन् 1912 (अप्रील-जनवरी) और 1913 (जनवरी-अप्रील) होगा। *प्रसाद वाङ्मय,* (खंड-4) सं. रत्नशंकर प्रसाद, लोकभारती प्रकाशन, इलाहाबाद, 1986 में *छाया* का प्रकाशन-काल 1913 (प्राक्कथन, पृ. 8). दिया हुआ है। इसका 'संशोधित' संस्करण कब प्रकाशित हुआ, इसकी सूचना नहीं मिलती। हम यह मानकर चल रहे हैं कि यह संस्करण प्रथम दशक में ही प्रकाशित हुआ होगा।
7. *प्रसाद वाङ्मय* (प्रसाद ग्रन्थावली), खंड 4 सं. रत्नशंकर प्रसाद, लोक भारती प्रकाशन, इलाहाबाद, 1986, 'पत्थर की पुकार', पृ. 92; यह कहानी प्रसाद के दूसरे संग्रह 'प्रतिध्वनि' (1926) में संकलित है। इस संग्रह की कहानियों का लेखन-काल ज्ञात नहीं है, पर इतना तो अनुमान किया ही जा सकता है कि इसकी कहानियाँ 1921-26 की अवधि में लिखी गयी होंगी। अतः 'पत्थर की पुकार' में व्यक्त विचार को प्रसाद की आरम्भिक कहानियों के सन्दर्भ में भी आधार बनाया जा सकता है।
8. हरदयाल, 'रोमानी ऐतिहासिक कहानी, *हिन्दी साहित्य का बृहद् इतिहास,* भाग-12, पृ. 202
9. इसके पूर्व गुलेरी जी की दो लघु कथाएँ, 'घंटाघर' (1904) और 'धर्म परायण रीछ'(1906) *वैश्योपकारक* में प्रकाशित हो चुकी थीं, पर उन्हें 'कहानी' के रूप में स्वीकार करने का कोई आधार नहीं है। 'घंटाघर' अन्धविश्वास के आधार पर निर्मित एक घंटाघर की कथा सपाट ढंग से कथक द्वारा प्रस्तुत की गयी है और 'धर्मपरायण रीछ' महाभारत के आधार पर प्रस्तुत एक धर्म-नीति विषयक कथा है।
10. पत्रिका का नाम ज्ञात नहीं।
11. *गुलेरी रचनावली,* सं. डा. मनोहर लाल, किताब घर, नयी दिल्ली, 1991, पृ. 95
12. रामचन्द्र शुक्ल, *हिन्दी साहित्य का इतिहास,* पृ. 275-78
13. गुलेरी जी ने 'हीरे का हीरा' शीर्षक एक और कहानी लिखनी आरम्भ की थी, जो पूरी नहीं हो सकी और अब अधूरे रूप में ही उपलब्ध है। कहानी का जो अंश उपलब्ध है, उससे इसके युद्ध-आधारित संवेदना की कहानी होने का ही बोध होता है। 'उसने कहा था' का केन्द्रीय पात्र लहना सिंह, जो शायद लड़ाई में बच गया था और अपनी एक टाँग गँवाकर घर लौटा है, इस कहानी का भी केन्द्रीय पात्र प्रतीत होता है। प्रतीक्षारत उसकी माँ और पत्नी की भावनाओं का अंकन गुलेरी जी ने गहरी संवेदना के साथ किया है। कहानी कौन-सा रूप लेती, यह तो नहीं कहा जा सकता, पर पाठक की स्मृति में टंकित 'सूबेदारनी', सूबेदार हजारा सिंह और उसका बेटा बोधा सिंह उसे चुनौती देते प्रतीत होते हैं। यह कहानी अधूरी होकर भी संवेदनशील पाठक को झकझोरे बिना नहीं रहती।
14. रामचन्द्र शुक्ल, *हिन्दी साहित्य का इतिहास,* पृ. 275
15. मेरे निजी संग्रह में आरा नागरी प्रचारिणी सभा से प्रकाशित कहानी संग्रह *गल्प कुसुमावली* की फोटोप्रति है, जिसमें उसका प्रकाशन-काल वाला पृष्ठ तो नष्ट हो गया है, पर इसमें वे ही कहानियाँ संकलित हैं जो *कुसुमांजलि* में संगृहीत बतायी जाती हैं। सम्भव है, *गल्प कुसुमावली* का शीर्षक बाद में बदलकर *कुसुमांजलि* कर दिया गया हो। *राजा राधिकारमण प्रसाद सिंह,* वीरेन्द्र नारायण, साहित्य अकादेमी, दिल्ली, 1990 में पृ. 50 पर *कुसुमांजलि* का प्रकाशन-काल 1911 और पृ. 93 पर 1912 दिया हुआ है, जो उसकी प्रामाणिकता को सन्दिग्ध बना देता है। *हिन्दी साहित्य कोश* (भाग-2) और *राजा राधिकारमण ग्रन्थावली* (तीसरा खंड), श्री राजराजेश्वरी साहित्य मन्दिर, पटना, (प्र. का. अमुद्रित) में *कुसुमांजलि* का प्रकाशन-काल 1912 दिया हुआ है, जो निस्सन्देह भ्रामक है।

16. भवदेव पांडेय, *हिन्दी कहानी का पहला दशक*, पृ. 47 (कहानियों के प्रकाशन-काल की सूचना भी इसी किताब से)
17. रामचन्द्र शुक्ल, *हिन्दी साहित्य का इतिहास*, नागरी प्रचारिणी सभा, वाराणसी, 23वाँ संस्करण, 1990, पृ. 275; वासुदेव सिंह के अनुसार *लम्बी दाढ़ी* इनका प्रमुख कहानी संग्रह और 'पिकनिक', 'झूठमूठ', 'मैं न बोलूँगी', 'लम्बी दाढ़ी', 'पंडित जी', 'चचा भतीजे', 'चुम्बन', 'अंटसंट' आदि आपकी प्रमुख कहानियाँ हैं। (*हि.सा.बृ.इ.*, पृ. 92)
18. भवदेव पांडेय, *हिन्दी कहानी का पहला दशक*, पृ. 24; वासुदेव सिंह के अनुसार के अनुसार छबीलेलाल गोस्वामी (ज. 1886) की एक कहानी 'विमाता' 1915 में 'सरस्वती' में प्रकाशित हुई थी।
19. रामचन्द्र शुक्ल, *हिन्दी साहित्य का इतिहास*, नागरी प्रचारिणी सभा, वाराणसी, 23वाँ संस्करण 1990 (सं. 2047 वि.), पृ. 275) फ्रान्सेस्का ओर्सिनी के अनुसार कौशिक का प्रथम कहानी संग्रह *गल्प मन्दिर* 1919 में प्रकाशित हुआ था। (*द हिन्दी पब्लिक स्फेयर*, ऑक्सफोर्ड युनिवर्सिटी प्रेस, नयी दिल्ली, 2002, पृ. 404) दूसरा कहानी संग्रह *चित्रशाला* 1924 में प्रकाशित हुआ था, जिसकी कुछ कहानियाँ, अनुमानतः, 1916-20 में प्रकाशित हुई होंगी, पर उनका निश्चित पता प्रस्तुत पंक्तियों के लेखक को नहीं है। अतः उनका विवेचन तीसरे दशक की कहानियों के सन्दर्भ में ही किया गया है।
20. मंगलमूर्ति, *शिवपूजन सहाय*, साहित्य अकादेमी, नयी दिल्ली, 1994, पृ. 43; बाद में यह कहानी संशोधित रूप में 'तूती मैना' शीर्षक से लेखक के प्रथम कहानी-संग्रह *महिला-महत्त्व* (1922) में प्रकाशित हुई।
21. *हिन्दी साहित्य कोश*, ज्ञानमंडल, वाराणसी, द्वितीय संस्करण, 1986 में लक्ष्मीकान्त वर्मा ने इनका जन्म-वर्ष 1905 दिया है जो सन्दिग्ध प्रतीत होता है।
22. लक्ष्मीनारायण लाल, *हिन्दी कहानियों की शिल्प-विधि का विकास*, पृ. 116; डा. ब्रह्मदत शर्मा के अनुसार विश्वम्भरनाथ जिज्जा की प्रथम कहानी 'सौन्दर्य की महिमा' (4 अप्रील, 1916 की इन्दु में प्रकाशित) और डा. सुरेश सिन्हा के अनुसार 'परदेशी' (1912) है। यह सूचना देते हुए डा. वासुदेव सिंह ने जिज्जा के विशाल भारत डिपो, कलकत्ता से प्रकाशित कहानी संग्रह *घूँघटवाली* का उल्लेख किया है, जिसमें 'घूँघटवाली', 'परदेशी', 'भैरवी', 'गले की फाँसी' आदि ग्यारह कहानियाँ संगृहीत हैं। उसकी भूमिका में जिज्जा जी ने उसमें संकलित कहानियों का रचना-काल '20-25 वर्ष पूर्व' बताया है, जो इन्दु, *स्त्री दर्पण, हिन्दी मनोरंजन, गल्पमाला, माधुरी* आदि में प्रकाशित हुई थीं। पर कहानी संग्रह *घूँघटवाली* में उसका प्रकाशन-काल मुद्रित नहीं है, जिससे कहानियों के रचना-काल का ठीक ठीक पता नहीं चलता। (*हि.सा.बृ.इ.*, पृ. 99) *हिन्दी साहित्य कोश* के अनुसार 'घूँघट वाली' का प्रकाशन-काल 1946 है। इस हिसाब से कहानियों का प्रथम प्रकाशन-काल 1925 के आसपास होना चाहिए, जो जिज्जा जी की जन्मतिथि के मेल में है।
23. वासुदेव सिंह के अनुसार ज्वालादत्त शर्मा (1888-1958) की अधिकांश कहानियाँ *सरस्वती* में प्रकाशित हुई थीं, जिनमें 'मिलन' (1915), 'अनाथ बालिका', 'भाव-परिवर्तन', 'मिहनताना', 'विधवा' (सभी का प्रकाशन-काल 1916), बूढ़े का ब्याह' (1917) आदि मुख्य हैं। शुक्ल जी के अनुसार ज्वालादत्त शर्मा की पहली कहानी 1914 की *सरस्वती* में निकली थी। शुक्ल जी ने कहानी का नाम नहीं लिया है। (*हिन्दी साहित्य का इतिहास*, पृ. 275)
24. शुक्ल जी के अनुसार चतुरसेन शास्त्री (1891-1960) की पहली कहानी 1914 में लिखी गयी थी। (*इतिहास*, पृ. 275); वासुदेव सिंह के अनुसार शास्त्री जी की पहली कहानी 'गृहलक्ष्मी' में, 1916 में प्रकाशित हुई थी। *रजकण, अक्षत, बाहर भीतर, दुखवा मैं कासों कहूँ, सोया हुआ शहर, धरती और आसमान, कहानी खत्म हो गयी, स्त्रियों का ओज, सिंहगढ़ विजय* आदि इनके कहानी संग्रह हैं।

25. डा. वासुदेव सिंह के अनुसार बालकृष्ण शर्मा 'नवीन' (1897-1960) की पहली कहानी 1916 में और दूसरी कहानी 'सन्तू' 1918 में *सरस्वती* में छपी थी।
26. वासुदेव सिंह के अनुसार पदुमलाल पुन्नालाल बख़्शी (1894-1971) की 'झलमला' और 'अन्नपूर्णा के मन्दिर में' नामक कहानियाँ 1916 में तथा 'नन्दिनी' 1917 में 'सरस्वती' में प्रकाशित हुई थीं। इनकी कहानियों के दो संग्रह *अंजलि* और *झलमला* उपलब्ध हैं। (*हि.सा.बृ.इ.*, पृ. 10)
27. लक्ष्मीनारायण लाल, *हिन्दी कहानियों की शिल्प-विधि का विकास*, पृ. 115-16
28. उपरिवत्, पृ. 317
29. उपरिवत्, पृ. 322
30. उपरिवत्, पृ. 323
31. यही कहानी 'रूहे-स्याह' शीर्षक से नवम्बर, 1920 में उर्दू मासिक पत्रिका *सुबहे उम्मीद* में प्रकाशित हुई थी। क. क. गोयनका ने एक ही कहानी को दो अलग अलग शीर्षकों से संकलित कर भ्रम पैदा किया है।
32. मंगलमूर्ति, *शिवपूजन सहाय*, साहित्य अकादेमी, नयी दिल्ली, 1994, पृ. 43
33. रवीन्द्र भ्रमर के अनुसार "चतुरसेन शास्त्री ने 1906 ई. से लिखना आरम्भ किया था और 1914 ई. तक कहानी-लेखक के रूप में प्रतिष्ठित हो गये थे।" (*हिन्दी साहित्य कोश*, भाग-2 पृ.180) पर इस कथन की पुष्टि किसी और स्रोत से नहीं होती।
34. *रूठी रानी*, प्रभात प्रकाशन, दिल्ली, प्रथम संस्करण 1987; सम्पादक द्वारा 'मैं तुम्हारी आँखों को नहीं, तुम्हें चाहता हूँ' कहानी के आरम्भ में प्रदत्त टिप्पणी।
35. प्रथम संस्करण, ग्रन्थ रत्नाकर कार्यालय, बम्बई से 1919 में और पाँचवाँ संस्करण 1954 में वोरा एण्ड कम्पनी, बम्बई से प्रकाशित; चौथे संस्करण की भूमिका में सूचित किया गया है कि ये कहानियाँ 18-19 वर्ष की उम्र में लिखी गयीं थीं। सुदर्शन का जन्म-वर्ष 1896 है।
36. *हार जीत* के बाद उनके *मुहब्बत का इन्तकाम, चन्दन, सदाबहार, तहजीब के ताज़ियाने, औरत की मुहब्बत, बेगुनाह मुजरिम* आदि उर्दू कहानी संग्रह प्रकाशित हुए।
37. Ali Jawad Zaidi, A History Of Urdu Literature, p. 396
38. डा. हरदयाल ने इनकी मृत्यु-तिथि 1980 बतायी है। *हिन्दी साहित्य का इतिहास*, खंड-12, ना. प्र. स. वाराणसी, 1983, पृ. 207
39. इस पुस्तक का दूसरा संस्करण 1929 में प्रकाशित हुआ था, जिसकी फोटोप्रति मेरे संग्रह में मौजूद है। उसमें मैथिलीशरण गुप्त की भूमिका ('परिचय' शीर्षक से) भी दी हुई है, जिसके अन्त में 'जन्माष्टमी, '74' तिथि मुद्रित है। इससे इसका रचना-काल 1917 सिद्ध होता है। *हिन्दी साहित्य कोश* (सं. डा. धीरेन्द्र वर्मा आदि, ज्ञानमंडल, वाराणसी, द्वि. सं. 1986, पृ. 530) में इसका प्रकाशन-काल 1919 दिया हुआ है।
40. लक्ष्मीनारायण लाल, *हिन्दी कहानियों की शिल्प-विधि का विकास*, साहित्य भवन, इलाहाबाद, 1996, पृ. 45-46
41. उपरिवत्, पृ. 46
42. लक्ष्मीनारायण लाल, *हिन्दी कहानियों की शिल्प-विधि का विकास*, साहित्य भवन, 1996, पृ. 51
43. इस कहानी के उपलब्ध पाठों में कहीं 'मरा' और कहीं 'भरा' पाठ मिलता है। अपनी बाद की एक अधूरी कहानी में गुलेरी जी ने लहना सिंह को एक कटी हुई टाँग के साथ घर लौटते दिखाया है।

4

छापामार लड़ाई की भूमिका में

यह एक उल्लेखनीय तथ्य है कि 1921 का दशक समूचे हिन्दी साहित्य के अभूतपूर्व विकास का काल है। कविता, नाटक, आलोचना के क्षेत्र में इस काल की उपलब्धियाँ बहुत ही महत्त्वपूर्ण हैं। पर कथा साहित्य और विशेषकर कहानी के लिए तो यह, धरती से ऊपर उठकर, छतनार पेड़ बन जाने का काल है। दूसरे दशक में प्रेमचन्द को छोड़कर और कोई उल्लेखनीय कहानीकार हिन्दी में नहीं था, जबकि इस दशक में प्रेमचन्द के अतिरिक्त जयशंकर प्रसाद, रायकृष्ण दास, विनोदशंकर व्यास, चंडीप्रसाद हृदयेश, कौशिक, सुदर्शन, बेचन शर्मा 'उग्र', वृन्दावनलाल वर्मा, चतुरसेन शास्त्री आदि कहानीकारों की कहानियाँ प्रकाशित हुईं। निस्सन्देह संख्या और उत्कृष्टता, दोनो ही दृष्टियों से प्रेमचन्द इस दशक के भी सर्वश्रेष्ठ कहानीकार के पद पर प्रतिष्ठित रहे।

इस बात का उल्लेख करना जरूरी है कि इस दशक में प्रेमचन्द की कहानियाँ हिन्दी और उर्दू पत्र पत्रिकाओं में लगभग साथ साथ प्रकाशित होती रहीं। किताब के रूप में कहानी संग्रहों का प्रकाशन भी साथ साथ होता रहा। इस दशक में उनके उर्दू में प्रकाशित होनेवाले कहानी संग्रह क्रमशः *खाके परवाना* और *ख्वाबो खयाल* (1928), *फिरदौसे खयाल* (1929), *प्रेम चालीसी*—भाग 1 और 2 (1930) आदि थे, जबकि हिन्दी में प्रकाशित होनेवाले कहानी संग्रह *प्रेम पचीसी* (1923), *प्रेम प्रसून* (1924), *प्रेम द्वादशी* और *प्रेम प्रतिमा* (1926), *प्रेम तीर्थ* (1928), *पाँच फूल*, *प्रेम प्रतिज्ञा* और *प्रेम चतुर्थी* (1929), *प्रेम कुंज* और *सप्त सुमन* (1930) आदि थे। प्रकाशित संग्रहों की संख्या से यह निष्कर्ष निकालना कदाचित् गलत नहीं होगा कि इस दशक में हिन्दी पाठकों में प्रेमचन्द की लोकप्रियता में भारी वृद्धि हुई।

प्रेमचन्द की इस दशक की कहानियाँ सम्पूर्णतः समकालीन उत्तर भारत के जीवन-सन्दर्भों से जुड़ी हुई हैं। किसी भी जाति के लिए राजनीतिक गुलामी से बड़ी और कोई समस्या नहीं हो सकती। और भारत, अब तक, लगभग डेढ़ सौ से भी अधिक वर्षों से ब्रिटिश औपनिवेशिक गुलामी झेल रहा था। भारत की यह राजनीतिक पराधीनता बहुत जटिल थी और उसके विरुद्ध लगभग साढ़े तीन दशकों से चल रहा संघर्ष भी राजनीतिक दृष्टि से उतना ही जटिल और अन्तर्विरोधों से भरा हुआ था। यह संघर्ष

एक प्रकार का संवैधानिक संघर्ष था, जिसमें एक राजनीतिक रूप में पराधीन देश औपनिवेशिक शासन से उसी अधिकार की अकल्पनीय माँग कर रहा था, जो उस देश में उसके नागरिकों को उपलब्ध था। बीसवीं सदी के दूसरे दशक के अन्त तक आते आते राजनीतिक संघर्ष के इस रूप की व्यर्थता का ज्ञान तो भारतीय नेताओं को, विशेष कर गाँधी जी को, हो चुका था, पर यह जानते हुए भी कि गैर-संवैधानिक दबाव के बिना औपनिवेशिक शासन कुछ सुननेवाला नहीं है, गाँधी जी के नेतृत्व में भारतीय राष्ट्रीय कांग्रेस ने संवैधानिक संघर्ष का ही मार्ग अपनाया। यह एक अन्तर्विरोधों से भरा राजनीतिक निर्णय था, पर भारत की जटिल परिस्थितियों में गाँधी जी को यही मार्ग उचित प्रतीत हुआ और समकालीन नेतृत्व भी उसे अस्वीकार नहीं कर पाया। स्थिति का अन्तर्विरोध यह था कि गाँधी जी औपनिवेशिक शासन पर जनशक्ति का दबाव तो डालना चाहते थे, पर नियन्त्रित रूप में। वे जानते थे कि भारतीय जन का अस्सी प्रतिशत हिस्सा, किसान और मजदूर है, जिसके दुश्मन मुट्ठी भर जमींदार, साहूकार, सरकारी अमले आदि हैं जो औपनिवेशिक सरकार के प्रत्यक्ष-अप्रत्यक्ष अंग भी हैं। उन्हें आन्दोलन में शामिल करने का अर्थ था, इस बुर्जुआ वर्ग का सफाया, और इतनी बड़ी क्रान्ति के लिए गाँधी जी अभी तैयार न थे। रूसी-क्रान्ति के रक्तपात और परिवर्तन से वे अपरिचित नहीं थे।

पर यहाँ से 'संवैधानिक राजनीति' का दूसरा दौर आरम्भ होता है, जिसमें उसके बाहरी ढाँचे को स्वीकार करते हुए भी, जनशक्ति का प्रच्छन्न सहयोग जरूरी समझा जाने लगता है। गाँधी जी का बिहार के चम्पारन जिले के किसानों की समस्या को लेकर आरम्भ किया हुआ 'संवैधानिक संघर्ष' इसका आरम्भ था। 'सत्याग्रह' और 'असहयोग' इस संधर्ष के प्रमुख हथियार थे, जो 'संवैधानिक' भी थे और प्रच्छन्नतः आक्रामक भी। गाँधी जी के इस राजनीतिक प्रयोग ने पहले से चली आती संवैधानिक राजनीति के स्वरूप को बिलकुल बदल दिया। इतिहास के विद्वानों ने स्वीकार किया है कि असहयोग आन्दोलन अपनी प्रकृति में, जनाधार की दृष्टि से, 1917 के पूर्व के आन्दोलन से भिन्न था।[1] 1817 के पूर्व इसे मुख्यतः उच्च और मध्यवर्ग का समर्थन प्राप्त था, जबकि असहयोग आन्दोलन में मजदूर और किसान समुदाय का भी इसे सक्रिय समर्थन प्राप्त हुआ। दिसम्बर, 1920 में कांग्रेस ने नागपुर में अपना सामान्य अधिवेशन किया, जिसमें अहिंसक असहयोग का कार्यक्रम लगभग सर्वसम्मति से स्वीकार कर लिया गया। इसमें 'शान्तिपूर्ण और वैध' तरीके से 'स्वराज्य की प्राप्ति' का उद्‌देश्य व्यक्त किया गया। यह भी घोषित किया गया कि यदि असहयोग आन्दोलन सफल नहीं हुआ तो व्यापक पैमाने पर 'सविनय अवज्ञा' का रास्ता अपनाया जाएगा।

पर वह मौका ही नहीं आया। यह तथाकथित 'संवैधानिक संघर्ष', गाँधी जी के कठोर अनुशासन के बावजूद, अवसर मिलते ही 'गैर-संवैधानिक' रूप ले लेता था और औपनिवेशिक शासन को जनता पर मनमाना अत्याचार करने का अवसर मिल जाता था। वस्तुतः ऐसा ही हुआ भी, और चौरीचौरा में किसानों की एक उग्र भीड़ के हिंसक

हो उठने पर, गाँधी जी को पूरा आन्दोलन ही स्थगित कर देना पड़ा। पर कांग्रेस द्वारा आन्दोलन समाप्त कर देने की घोषणा मात्र से आजादी की लड़ाई समाप्त होने वाली नहीं थी। स्वयं कांग्रेस के भीतर भी इसका विरोध हुआ। कांग्रेस की कार्यकारिणी समिति के चरखे के प्रचार, आत्मसंयम के पालन और राष्ट्रीय शैक्षिक संस्थाओं की स्थापना के 'रचनात्मक कार्यक्रम' का प्रस्ताव स्वयं उसके ही कुछ नेताओं को पर्याप्त नहीं प्रतीत हुआ और देशबन्धु चितरंजन दास, मोतीलाल नेहरू, विट्ठल भाई पटेल आदि ने 1923 में कौंसिल में प्रवेश के कार्यक्रम के साथ 'स्वराज पार्टी' का गठन कर लिया। इससे राष्ट्रवादी आन्दोलन कमजोर तो हुआ ही, इसका सबसे नुकसानदेह परिणाम यह हुआ कि हिन्दू-मुस्लिम एकता का जो माहौल बना था, वह धीरे धीरे समाप्त होने लगा और साम्प्रदायिक ताकतों के पनपने का अवसर पैदा हो गया।

सत्याग्रह आन्दोलन के स्थगन से निराशा तो बहुतों को हुई, पर इसका सक्रिय विरोध उन क्रान्तिकारी युवकों ने किया, जो मूलतः गाँधी के असहयोग आन्दोलन (1920-22) से ही साम्राज्यवाद विरोध का पाठ पढ़कर निकले थे। 1922 में असहयोग आन्दोलन को स्थगित कर गाँधी जी ने अपने को रचनात्मक कार्यक्रम में लगा दिया, तो उस आन्दोलन में शामिल हुए इन तरुणों को लगने लगा कि देश की आजादी सिर्फ अहिंसा के रास्ते नहीं प्राप्त हो सकती और उनका झुकाव हिंसात्मक, आतंकवादी कार्यों की ओर हो चला। इसी उद्देश्य से रामप्रसाद बिस्मिल, शचीन्द्रनाथ सान्याल आदि ने अक्तूबर, 1924 में 'हिन्दुस्तान रिपब्लिकन एसोसिएशन' की स्थापना की और जब 1925 में काकोरी ट्रेन डकैती मामले में रामप्रसाद बिस्मिल, राजेन्द्र लाहिड़ी, अशफाकउल्ला को फाँसी की सजा हो जाने के बाद संगठन कमजोर हो गया तो चन्द्रशेखर आजाद, भगत सिंह, राजगुरू, सुखदेव, भगवतीचरण बोहरा, शिव वर्मा, विजय सिन्हा आदि ने सितम्बर, 1928 में 'हिन्दुस्तान सोशलिस्ट रिपब्लिकन आर्मी' नाम से उसे नया जन्म दिया। अपने अगले कार्यक्रम के तहत चन्द्रशेखर आजाद, भगत सिंह और राजगुरु ने 17 दिसम्बर, 1928 को पुलिस ऑफिसर सांडर्स को मौत की नींद सुला दिया और 8 अप्रील, 1929 को भगत सिंह और बटुकेश्वर दत्त ने राष्ट्रीय असेम्बली में बम धमाका करके सरकारी तन्त्र को दहला दिया। 23 मार्च, 1931 को सरदार भगत सिंह, सुखदेव और राजगुरू को लाहौर जेल में फाँसी दे दी गयी। इसके पहले 'हिन्दुस्तान सोशलिस्ट रिपब्लिकन आर्मी' के 'मास्टर माइंड' चन्द्रशेखर आजाद इलाहाबाद में पुलिस से लड़ते हुए शहीद हो चुके थे।

इस प्रकार 1922 के बाद भारत की राजनीति में इन युवा क्रान्तिकारियों का एक दल अपने ढंग से देश की आजादी की लड़ाई लड़ने लगा और चूँकि इनका रास्ता हिंसा का था, इसलिए अहिंसा को अपने जीवन-दर्शन का अभिन्न अंग मानने वाले गाँधी जी ने इसे कभी पसन्द नहीं किया। गाँधी इनकी देशभक्ति की भावना की प्रशंसा और सम्मान करते थे, लेकिन अहिंसा में अटूट आस्था के कारण वे इनकी दूसरों की जान लेने वाली गतिविधियों का विरोध करते थे। ये क्रान्तिकारी भी अपने आखिरी दिनों में

यह महसूस करने लगे थे कि उन्होंने हिंसा का मार्ग अपनाकर सही काम नहीं किया। इसके प्रमाण स्वरूप जवाहरलाल नेहरू की 'आत्मकथा' का वह प्रसंग द्रष्टव्य है जब अपनी शहादत के चन्द दिनों पहले ही चन्द्रशेखर आजाद नेहरू से उनके इलाहाबाद स्थित आवास पर मिले थे और बातचीत में यह स्वीकार किया था कि 'वे और उनके साथी अब इस बात के कायल हो चुके हैं कि आतंकवादी तरीके बेकार हैं और इससे कुछ भला होनेवाला नहीं है।' बिपन चन्द्र ने भी 2 फरवरी, 1931 को दिये गये भगत सिंह के इस वक्तव्य का हवाला दिया है कि 'मैं आतंकवादी नहीं हूँ, सिवा क्रान्तिकारी जीवन के आरम्भ में, और अब मुझे पूरा विश्वास हो चुका है कि हम लोग उन तरीकों से कुछ भी हासिल नहीं कर सकते।'

इस काल की एक और परिघटना रूसी क्रान्ति की सफलता थी, जिसने विश्व स्तर पर समाजवादी सिद्धान्तों के प्रति बौद्धिकों को आकृष्ट कर रखा था। जॉर्ज बर्नार्ड शॉ, रोम्याँ रोलाँ, रवीन्द्रनाथ ठाकुर, प्रेमचन्द जैसे साहित्यकार भी रूसी क्रान्ति और वहाँ की समाजवादी उपलब्धियों से अभिभूत थे। लोकमान्य तिलक और लाला लाजपत राय तक रूसी क्रान्ति के प्रशंसक थे और ब्रिटिश सरकार की निगाह में वे बोल्शेविक एजेन्ट समझे जाते थे। इंस परिघटना से प्रेरित बुद्धिजीवी समाज, जो गाँधी विचारधारा और उनके रचनात्मक कार्यक्रम तथा स्वराज पार्टी के संविधानवाद से सहमत नहीं था, समाजवादी विचारधारा को अपनाकर भारतीय स्वाधीनता के कार्यक्रम को उसके अनुरूप चलाना चाहता था। औपनिवेशिक शासन के लिए इसे बर्दाश्त करना कठिन था। उसने आतंकवादी क्रान्तिकारियों और समाजवादी आन्दोलनकारियों, दोनो के खिलाफ दमन का मार्ग अपनाया और पकड़े गये क्रान्तिकारियों को या तो फाँसी पर लटका दिया या जेलों में ठूँस दिया। 1930 तक आतंकवादी आन्दोलन की रीढ़ टूट चुकी थी और उसकी सफलता की सारी सम्भावनाएँ समाप्त हो गयी थीं। उसके प्रभावशाली नेता साम्यवादी विचारधारा की ओर मुड़ गये थे। समाजवादी आन्दोलन को दबाने के लिए 1924 में सरकार ने एस. के. डांगे, मुजफ्फर अहमद और कुछ अन्य को षड्यन्त्र के अभियोग में गिरफ्तार कर लिया और 'कानपुर षड्यन्त्र केस' चला, जिसमें अपराधियों को चार चार साल की कड़ी सजाएँ सुनायी गयीं। इसके बाद के वर्षों में मूलपरिवर्तनवादी उग्र युवकों में समाजवादी विचार पनपने शुरू हो गये। बम्बई, बंगाल और पंजाब में मजदूरों और किसानों की पार्टियाँ कायम हुईं, जिन्होंने किसानों और मजदूरों की आर्थिक और राजनीतिक माँगों का समर्थन किया। इसके साथ ही उन्होंने मजदूरों और किसानों की स्वाधीनता-प्राप्ति के लिए की जानेवाली सीधी कार्रवाई का भी समर्थन किया। इन दलों ने मजदूर संघों की स्थापना की और देश में अनेक हड़तालों का आयोजन और नेतृत्व किया।

ऐसे परिवेश में भगत सिंह और उनके युवा साथियों का रूसी क्रान्ति और लेनिन के प्रति आकृष्ट होना और उनसे प्रभावित होना बहुत स्वाभाविक था। भगत सिंह और उनके साथी हिन्दुस्तान में जिस तरह की क्रान्ति और समाज-निर्माण का सपना देख रहे थे, जो उनके लेखों से पता चलता है, वह पूरी तरह रूसी क्रान्ति और समाजवाद के

मॉडल का था, लेकिन उनके विचार मार्क्सवाद या गाँधीवाद की तरह समग्र जीवन-दर्शन का रूप नहीं ले पाये थे।

इन गतिविधियों के साथ साथ भारतीय समाज को बदलने का आन्दोलन भी जारी रहा। 1920-22 के असहयोग आन्दोलन के दौरान गाँधी जी ने अस्पृश्यता-उन्मूलन को राष्ट्रव्यापी मुद्दा बना दिया और 1927 में महाड़ आन्दोलन के जरिए डा. अम्बेडकर ने इस मुद्दे में और तेजी ला दी। 1928 में भगत सिंह द्वारा लिखित लेख 'अछूत समस्या' अस्पृश्यता-विरोधी आन्दोलन को आगे बढ़ाने वाला था। अस्पृश्यता आन्दोलन के साथ साथ गाँधी जी ने साम्प्रदायिक सद्भाव को बढ़ाने और स्त्रियों को परदे की गुलामी से मुक्त करने का आन्दोलन भी चलाया।

1926 से राष्ट्रवादी तबके में असन्तोष लगातार बढ़ता ही गया। संवैधानिक सुधार के लिए 1927 में ब्रिटिश संसद् द्वारा साइमन कमीशन की नियुक्ति भी, जिसमें कोई भी भारतीय सदस्य नहीं था, सभी राजनीतिक दलों और समुदायों के असन्तोष को बढ़ाने में सहायक हुई। कांग्रेस के भीतर भी एक 'वाम पक्ष' उभर रहा था, जो 'डोमिनियन स्टेटस' के लक्ष्य से सन्तुष्ट नहीं था और उसके स्थान पर 'पूर्ण स्वराज्य' प्राप्त करने तथा संघर्ष का कार्यक्रम अपनाने के पक्ष में था। मद्रास कांग्रेस अधिवेशन में पहली बार पूर्ण स्वराज्य को कांग्रेस का लक्ष्य घोषित किया गया। इसने साइमन कमीशन के बहिष्कार का भी निर्णय लिया। यह समय की माँग थी, जो इसके बाद दिनोदिन जोर ही पकड़ती गयी।

साइमन कमीशन 3 फरवरी, 1928 को भारत पहुँचा। विरोध व्यक्त करने के लिए उस दिन अखिल भारतीय हड़ताल आयोजित की गयी। दिल्ली, लखनऊ, मद्रास, कलकत्ता, पटना और अन्य शहरों में विशाल प्रदर्शन हुए। कई जगहों पर पुलिस और प्रदर्शनकारियों के बीच झड़पें हुईं। लाहौर में लाला लाजपत राय पुलिस के लाठीचार्ज में घायल हो गये और बाद में उनकी मृत्यु हो गयी। फरवरी महीने में ही सर्वदलीय सम्मेलन द्वारा एक रिपोर्ट प्रस्तुत की गयी, जिसे 'नेहरू (मोतीलाल) रिपोर्ट' कहा जाता है। इसमें भारत के लिए एक संविधान की योजना की रूपरेखा प्रस्तुत की गयी। बहुत वाद-विवाद के बाद एक समझौतापरक संकल्प पारित हुआ, जिसमें यह कहा गया कि यदि सरकार एक साल के भीतर 'डोमिनियन स्टेटस' का प्रस्ताव स्वीकार कर लेती है तो ठीक है, अन्यथा अहिंसक असहयोग आन्दोलन आरम्भ कर दिया जाएगा। इसी समय किसान और मजदूर पार्टी ने कलकत्ता में अपना पहला अखिल भारतीय सम्मेलन किया और पूर्ण स्वराज्य, देशी राज्यों और जमींदारी प्रथा की समाप्ति, मुख्य उद्योगों के राष्ट्रीयकरण, आठ घंटे के कार्य-दिवस आदि का कार्यक्रम घोषित किया। मार्च, 1929 में सरकार ने मजदूर वर्ग के कुछ नेताओं को षड्यन्त्र के अभियोग में गिरफ्तार कर लिया। यह मुकदमा 'मेरठ षड्यन्त्र केस' के नाम से ख्यात हुआ, जो चार वर्षों तक चला और कुछ लोगों को सजाएँ भी हुईं।

1929 के मध्य में वायसराय ने 'पब्लिक सेफ्टी आर्डिनेन्स' जारी कर दिया, जिसमें

'गवर्नर जेनरल इन कौंसिल' को 'भारत से ब्रिटिश और विदेशी साम्यवादी दलालों को निकाल बाहर करने' का अधिकार' दिया। इस वर्ष सरकार ने बढ़ते हुए आन्दोलनों के खिलाफ कड़े कदम उठाये। 'मॉडर्न रिव्यू' के सम्पादक रामानन्द चटर्जी को 'इंडिया इन बौंडेज' लेख प्रकाशित करने के लिए गिरफ्तार कर लिया गया। भगत सिंह, और बटुकेश्वर दत्त को सेन्ट्रल लेजिस्लेटिव एसेम्बली में बम और प्रचार-सामग्री फेंकने के जुर्म में आजीवन कारावास की सजा दे दी गयी। कलकत्ता में सुभाषचन्द्र बोस और अन्य प्रमुख कांग्रेस नेताओं को गिरफ्तार कर लिया गया और उन पर राजनीतिक मुकदमे जारी किये गये। भगत सिंह और दत्त अभी लाहौर जेल में ही थे कि उन पर सौन्डर्स की हत्या का मुकदमा चलाया गया, जिसमें दत्त को तो बरी कर दिया गया पर भगत सिंह, सुखदेव और राजगुरु को मौत की सजा सुना दी गयी।

31 अक्टूबर, 1929 को वायसराय इरविन ने एक बयान जारी किया, जिससे उत्साहित होकर कांग्रेस और गैर-कांग्रेस नेताओं ने 'दिल्ली मेनिफेस्टो' जारी किया, जिसमें सरकार की 'डोमिनियन स्टेटस' की योजना पर विचार करने के लिए सहयोग करने का आश्वासन दिया गया। उसमें यह भी कहा गया कि उसके लिए प्रस्तावित गोलमेज कॉन्फ्रेंस के निमित्त अनुकूल वातावरण पैदा करने के लिए राजनीतिक कैदियों को रिहा किया जाए और कॉन्फ्रेंस में भारतीय राजनीतिक दलों को प्रभावी प्रतिनिधित्व प्रदान किया जाए, पर बातचीत विफल हो गयी, क्योंकि वायसराय भारत के लिए पूर्ण 'डोमिनियन स्टेटस' प्रदान करने के आश्वासन पर मुकर गया।

इसी वर्ष लाहौर में हुई कांग्रेस की बैठक में 'स्वराज्य' की परिभाषा 'पूर्ण स्वाधीनता' के रूप में की गयी। इसने अखिल भारतीय कांग्रेस कमिटी को 'सविनय अवज्ञा आन्दोलन' आरम्भ करने (जरूरत पड़ने पर कर-बन्दी के साथ) का अधिकार दे दिया। जवाहरलाल नेहरू ने अपने अध्यक्षीय भाषण में अपने को समाजवादी और गणतन्त्रवादी घोषित किया, और कहा कि 'स्वतन्त्रता का अर्थ हमारे लिए ब्रिटिश साम्राज्यवाद से पूर्ण मुक्ति है।' इस प्रकार लाहौर कांग्रेस दूसरे राष्ट्रीय जन आन्दोलन का शंखनाद बन गया। कांग्रेस ने प्रत्येक वर्ष की 26 जनवरी को 'स्वाधीनता दिवस' के रूप में घोषित किया। 26 जनवरी, 1930 को पहला स्वाधीनता दिवस समारोह मनाने की घोषणा की गयी। उस दिन सारे देश में व्यापक रूप से प्रदर्शन और सभाएँ आयोजित की गयीं। गाँधी जी ने 30 जनवरी, 1930 के 'यंग इंडिया' में अपनी 11-सूत्री माँग की घोषणा की। उन्होंने वायसराय को आश्वस्त किया कि इन माँगों को स्वीकार कर लेने पर आन्दोलन वापस ले लिया जाएगा और कांग्रेस किसी भी प्रस्तावित सम्मेलन में भाग लेना स्वीकार कर लेगी। पर सरकार ने इन माँगों को अस्वीकार कर दिया।

फरवरी महीने में साबरमती में कांग्रेस कमिटी की बैठक हुई और गाँधी जी को 'सविनय अवज्ञा आन्दोलन' शुरू करने का पूरा अधिकार सौंप दिया गया। उन्होंने निश्चय किया कि वे 6 अप्रील को अपने 79 चुने हुए अनुयायियों के साथ दांडी में सरकार के नमक कानून का उल्लंघन करेंगे। इस प्रकार 'दांडी-यात्रा' का कार्यक्रम बना

और नमक कानून तोड़ा गया। पर सरकार ने गाँधी जी और उनके साथियों को गिरफ्तार नहीं किया। फिर भी इस घटना ने सारे देश को आन्दोलित कर दिया। 9 अप्रील को गाँधी जी ने आन्दोलन के कार्यक्रम की घोषणा कर दी।[2] उन्होंने अपने आह्वान में कहा कि "हर गाँव गैर-कानूनी नमक तैयार करे या ले आये, स्त्रियाँ शराब की दुकानों, अफीम के अड्डों और विदेशी वस्त्रों की दुकानों पर धरना दें। बूढ़े और बच्चे सभी चरखा कातें। विदेशी वस्त्र जलाये जाएँ। हिन्दू अस्पृश्यता का त्याग करें। छात्र सरकारी स्कूलों और कॉलेजों में पढ़ना छोड़ दें और सरकारी कर्मचारी नौकरियों से इस्तीफा दे दें। हम देखेंगे कि पूर्ण स्वराज्य हमारे दरवाजे पर दस्तक देता हुआ पहुँच जाएगा।"

आन्दोलन को अभूतपूर्व सफलता मिली। विभिन्न नगरों में अनेक जन-प्रदर्शन हुए जिनमें आन्दोलनकारियों और पुलिस में भिड़न्त हुई। पुलिस की गोलीबारी में अनेक लोग हताहत हुए। पर सबसे गम्भीर घटना अप्रील में पेशावर में घटी। एक जन-प्रदर्शन के दौरान जब 18वीं रॉयल गढ़वाली फोर्स के भारतीय सैनिकों की एक टुकड़ी को जनता पर गोली चलाने को कहा गया तो उन्होंने ऐसा करने से इनकार कर दिया। बाद में उनका कोर्टमार्शल हुआ और उन्हें लम्बी सजाएँ सुनायी गयीं। गाँधी जी ने इन कैदियों के पक्ष में कुछ भी करने से इनकार कर दिया। यह एक ऐसा निर्णय था जिसका सन्तोषजनक उत्तर आज भी देना कठिन है।

1926 में प्रकाशित *प्रेम द्वादशी* की भूमिका में प्रेमचन्द ने लिखा था : "हम पराधीन हैं, लेकिन हमारी सभ्यता पाश्चात्य सभ्यता से कहीं ऊँची है। यथार्थ पर निगाह रखने वाला योरप हम आदर्शवादियों से जीवन-संग्राम में बाजी भले ही ले जाय; पर हम अपने परम्परागत संस्कारों का आधार नहीं त्याग सकते। साहित्य में भी हमें अपनी आत्मा की रक्षा करनी ही होगी। हमने उपन्यास और गल्प का कलेवर योरप से लिया है, लेकिन हमें इसका प्रयत्न करना होगा कि उस कलेवर में भारतीय आत्मा सुरक्षित रहे।"[3] प्रेमचन्द साहित्यकार के रूप में जनता के प्रतिनिधि थे और गाँधी जी के नेतृत्व में जारी संवैधानिक संघर्ष के समर्थक होते हुए भी जनता की भावनाओं से प्रतिबद्ध थे।[4] इसका परिचय वे अपनी 1908-20 की कहानियों में भी दे चुके थे। वस्तुतः वे इस आन्दोलन के साथ साथ नहीं, बल्कि उसके आगे चलनेवाले साहित्यकार थे। यह प्रतिबद्धता इतनी गहरी थी कि वे सरकारी नौकरी से इस्तीफा देने के लिए बेचैन थे। अन्ततः फरवरी, 1921 में उन्होंने सरकारी नौकरी से इस्तीफा दे दिया और उसी वर्ष स्वाधीनता आन्दोलन का चित्रण करने वाली उनकी पाँच कहानियाँ, 'दुस्साहस', 'लाग-डांट', 'विचित्र होली', 'आदर्श विरोध' और 'लाल फीता', प्रकाशित हुईं। इन कहानियों में स्वदेशी आन्दोलन, नशाबन्दी, स्वराज्य-प्राप्ति, औपनिवेशिक शिक्षा और न्याय की आलोचना आदि के पक्ष में प्रेमचन्द की संवेदना व्यक्त हुई है। 'दुस्साहस' असहयोग के दौरान शराब की दुकानों पर पिकेटिंग से जुड़ी कहानी है। इसमें अभिजात वर्ग की तुलना में सामान्य जनता को आजादी की लड़ाई से ज्यादा सम्बद्ध दिखाया गया है। 'लाग-डांट' में स्वाधीनता आन्दोलन को दो जमींदारों के आपसी सम्बन्धों से सन्दर्भित

कर कहानी को सजीवता प्रदान की गयी है। यह कहानी असहयोग आन्दोलन के सभी पक्षों को पात्रों के संवाद के माध्यम से प्रस्तुत करती है। 'विचित्र होली' में अँगरेज अफसरों की खुशामद में लगे रहने वाले अभिजात वर्ग (सेठ समुदाय) का व्यंग्यपूर्ण चित्रण किया गया है। इनकी तुलना में अँगरेज अफसरों के प्रति सामान्य जनता के विरोधी मनोभाव का चित्रण करके प्रेमचन्द ने यह संकेतित किया है कि वे अभिजात वर्ग की तुलना में मानसिक रूप में कम गुलाम हैं। खुशामदी सेठ के हृदय में आत्म-गौरव का बोध पैदाकर प्रेमचन्द ने तत्कालीन अभिजात समाज में आजादी की चेतना जगाने का प्रयास किया है। 'आदर्श विरोध' कहानी में वायसराय की कार्यकारिणी सभा में नियुक्त होनेवाले हिन्दुस्तानी बुद्धिजीवियों की मानसिकता का अंकन किया गया है।

प्रेमचन्द ने स्वाधीनता आन्दोलन से जुड़े कल्पित प्रसंगों में ऐसे वैविध्य की सृष्टि की है कि उनमें नवीनता बनी रहती है। 'सुहाग की साड़ी' उन दिनों की कहानी है, जब सत्याग्रह आन्दोलन के तहत विदेशी वस्तुओं के बहिष्कार और विलायती कपड़ों की होली जलाने का कार्यक्रम जारी था। समाज के छोटे तबके तक के लोग इस कार्यक्रम में उत्साह के साथ भाग ले रहे थे। उच्चवर्ग के देश प्रेमी अपने मूल्यवान विदेशी वस्त्र होली जलाने के लिए अर्पित कर रहे थे। उच्चवर्ग की स्त्रियों को अपने मँहगे विदेशी वस्त्र देने में कष्ट होता था, फिर भी वे दे रही थीं। पर होली के लिए सुहाग की विदेशी साड़ी अर्पित करने में उन्हें अनिष्ट-शंका होती थी और दे देने के बाद भी उनका मन किसी अनिष्ट की सम्भावना से काँपता रहता था। इस कहानी में सुहाग की विदेशी साड़ी होली के लिए अर्पित कर देने के बावजूद एक स्त्री का जब कोई अनिष्ट नहीं होता और अन्य लोग उसे 'शुभ कर्म' घोषित करते हैं तो उसकी आशंका दूर हो जाती है और वह भी पूरे मन से विदेशी-बहिष्कार के आन्दोलन में सहयोग करने लगती है। 'चकमा' में असहयोग आन्दोलन के उस कार्यक्रम का चित्रण है, जिसमें विदेशी वस्तुओं के बहिष्कार के लिए व्यापारियों और दुकानदारों से शपथ-पत्र पर हस्ताक्षर कराये जाते थे कि वे न तो विदेशी वस्तुओं का भंडार रखेंगे न बेचेंगे। जो इस शपथ-पत्र पर हस्ताक्षर नहीं करते थे, उनकी दुकानों पर कांग्रेस के कार्यकर्ता पहरा और धरना देते थे। अनेक सेठ और खुदरा दुकानदार विदेशी बहिष्कार-आन्दोलन का समर्थन नहीं करते थे और सरकार उन्हें संरक्षण प्रदान करती थी। बहुत से सेठों की पूँजी इस आन्दोलन के चलते फँसी हुई थी और वे अपना माल निकालने के लिए अनेक प्रकार के उपाय करते थे। इसी प्रकार की स्थिति में एक सेठ कांग्रेस के प्रधान को चकमा देकर अपना माल निकालने में सफल हो जाता है। यह उल्लेखनीय है कि प्रेमचन्द 'सेठ' को खल पात्र के रूप में प्रस्तुत नहीं करते। इस वर्ग के पात्रों में आन्दोलन के प्रति आन्तरिक सहानुभूति तो है, पर उनका वर्ग-स्वार्थ उन्हें औपनिवेशिक शासन के साथ खड़ा होने को बाध्य करता है। प्रेमचन्द उनका पक्ष तो नहीं लेते, पर उन्हें अपनी सहानुभूति से एकदम वंचित भी नहीं करते। यह सहानुभूति प्रेमचन्द को एक श्रेष्ठ कहानीकार के रूप में प्रतिष्ठित करती है।

सरकारी समारोहों का विरोध सत्याग्रह आन्दोलन का एक मुख्य मुद्दा था। नवम्बर, 1921 में 'प्रिन्स ऑफ वेल्स' का भारत-आगमन हुआ। इसके विरोध में कांग्रेस के आह्वान पर सारे देश में हड़ताल, प्रदर्शन और राजनीतिक सभाएँ आयोजित की गयीं। सरकार ने भी निर्ममता के साथ इसका दमन किया। ऐसे प्रसंगों में यह आम बात थी। दुकानदारों को धमकी देकर हड़ताल से अलग रखना तो साधारण बात थी। प्रशासन के अतिरिक्त जमींदार, छोटे-मोटे 'राजा', मौलवी और महन्त आदि भी सरकार की सहायता करते थे। प्रेमचन्द के अनुसार सामन्तों और धार्मिक संस्थाओं के अध्यक्षों का हित सरकार से जुड़ा हुआ था, अतः वे हर अवसर पर सरकार की मदद के लिए तैयार रहते थे। 'सत्याग्रह' कहानी में एक ऐसे 'पंडित' का हास्यास्पद चित्र प्रस्तुत किया गया है जो पैसे लेकर, धर्म के नाम पर अनशन करने की धमकी देकर, वायसराय के बनारस आगमन के विरोध में कांग्रेस द्वारा घोषित हड़ताल को विफल बनाने का प्रयत्न करता है। प्रेमचन्द इस कहानी में मोटेराम शास्त्री के चरित्र की विद्रूपता दिखा कर न केवल वर्ग-चरित्र की विडम्बना उजागर करते हैं, वरन् कहानी को बेहद रोचक भी बना देते हैं।

1922 के फरवरी महीने में सत्याग्रह आन्दोलन अनिश्चित काल के लिए स्थगित हो गया, पर प्रेमचन्द की चेतना में भारत की आजादी का मसला और भी प्रखर रूप में प्रतिष्ठित हो गया। उन्होंने इस ऐतिहासिक नियति को उसके पूरे सन्दर्भ में प्रस्तुत करने का प्रयास अपनी कहानियों में किया। 1928 में साइमन कमीशन के भारत आगमन के बाद तो राजनीतिक तूफान आ ही गया, पर बीच के पाँच वर्षों में भी प्रेमचन्द चेतना के स्तर पर इस लड़ाई में शामिल रहे। वे महसूस कर रहे थे कि आजादी की लड़ाई की सफलता के लिए ऐसे आदमियों की जरूरत है, जो संवेदनशील हों, न्यायप्रिय हों, परोपकारी हों, स्वार्थरहित हों, त्यागी हों, अन्याय का विरोध करने वाले हों, धन होते हुए भी सादगी का जीवन व्यतीत करते हों; संसार की नजरों में 'बौड़म' हों। प्रेमचन्द अनुभव करते थे कि औपनिवेशिक शासन के अत्याचारों का सामना करने के लिए देशवासियों में आत्मसम्मान, साहस और विद्रोह की आवश्यकता है। 'बौड़म' में एक ऐसे ही पात्र की कल्पना की गयी है। विशेष बात यह है कि वह पात्र मुसलमान है और नाम के अतिरिक्त अन्य सभी बातों में वह 'आम आदमी' है। 'परीक्षा' कहानी भी युवकों में साहस, उदारता, दया, कर्तव्यपरायणता, दृढ़संकल्प, स्थिरचित्तता, आत्मबल आदि गुणों का संचार करने के उद्देश्य से लिखी गयी है। 'दीक्षा' ऊपर से एक ऐसे युवक की कहानी है जो कालेज से शराब न पीने का संकल्प करके निकलता है, पर मित्रों की सोहबत और अपनी प्रवृत्ति से शराबी बन जाता है। पर कहानी यहीं समाप्त नहीं हो जाती, प्रेमचन्द ने उसे बड़ी कुशलता से औपनिवेशिक शासन की भ्रष्ट अफसरशाही से जोड़ दिया है। औपनिवेशिक शासन की नींव के रूप में काम करने वाली अफसरशाही, पुलिस विभाग, वकील-समाज, सेठ-साहूकार वर्ग की आलोचना करने का प्रेमचन्द को जहाँ भी अवसर मिलता है, वे चूकते नहीं। 'त्यागी का प्रेम' कहानी में एक समाजसेवी

पात्र के, प्रेम में पड़कर, अपने उद्देश्य से भटक जाने का अंकन किया गया है।[5] 'मुअम्मा' में औपनिवेशिक शासन में दफ्तरों में व्याप्त भ्रष्टाचार का चित्रण किया गया है।[6] 'इस्तीफा' कहानी में मुख्य रूप से तो औपनिवेशिक शासन में क्लर्क की दयनीय दशा का अंकन किया गया है, पर पत्नी की प्रेरणा से दफ्तर के बाबू फतहचन्द के मन में आत्मसम्मान और साहस का जो भाव पैदा होता है, वैसा ही भाव प्रेमचन्द देश की जनता में पैदा करना चाहते हैं ताकि वह औपनिवेशिक शासन के विष के दाँत तोड़ सके।

प्रेमचन्द पहले से ही ऐसी कहानियाँ लिखते आ रहे थे, जिनमें प्रच्छन्न राष्ट्रीयता का बहुत गहरा बोध व्यक्त होता था। इस काल की अपनी कुछ कहानियों में भी वे अतीत को आधार बनाकर समकालीन औपनिवेशिक शासन के विरुद्ध लड़ने की प्रेरणा देते हैं। 'परीक्षा' प्रकटतः एक इतिहासाश्रित कहानी है, पर इतिहास का अंश इसमें इतना ही है कि नादिरशाह ऐतिहासिक पात्र है और उसका दिल्ली में कत्लेआम का हुक्म और लाल किले मे प्रवेश ऐतिहासिक घटना है। पर कहानी का मुख्य प्रसंग कल्पनाप्रसूत है। इस प्रसंग के द्वारा प्रेमचन्द ने इस ऐतिहासिक यथार्थ का अंकन किया है कि मुगल शासन के अन्तिम दिनों में बादशाह और उसका सारा परिवेश विलासिता के नशे में चूर होकर कायर और निर्वीर्य हो चुका था। उसका अन्त होना ही था और हुआ भी। किसी भी देश की आजादी के लिए उसके निवासियों में आत्मसम्मान, आत्मविश्वास और हिम्मत की जरूरत होती है। औपनिवेशिक 'नादिरशाह' की समाप्ति के लिए भी यह जरूरी था। इस कहानी में इसी तथ्य की व्यंजना है।

'राज्य-भक्त' और 'शतरंज के खिलाड़ी' का कथा-समय उन्नीसवीं शताब्दी का मध्य है, जब ईस्ट इंडिया कम्पनी अवध को अपने शासन में लेने के लिए तरह तरह के षड्यन्त्र रच रही थी। 'राज्य-भक्त' कहानी का प्रत्यक्ष विषय तो ऐतिहासिक यथार्थ का चित्रण है, जिसमें 'लखनऊ के बादशाह' नासिरुद्दीन खाँ की विलासिता, चारित्रिक अस्थिरता, बुद्धिहीनता, खोखले राजदम्भ और अँगरेजों पर निर्भरता तथा बादशाह को तख्त से मरहूम करने की अँगरेजों की साजिश आदि शामिल हैं, पर इसका प्रच्छन्न उद्देश्य औपनिवेशिक शासन के मूल चरित्र का पर्दाफाश करना है, ताकि वह यह दावा न कर सके कि उसे भारत पर शासन करने का नैतिक अधिकार है। दूसरी कहानी 'शतरंज के खिलाड़ी' में प्रेमचन्द उस ऐतिहासिक यथार्थ का बिम्ब खड़ा करते हैं जब अवध का बादशाह और सारा लखनऊ विलासिता, राजनीतिक गैर-जिम्मेदारी, नागरिक कर्तव्य के प्रति उदासीनता आदि से ग्रस्त था। कहानी के आरम्भ में ही कथक कहता है : "वाजिदअली शाह का समय था। लखनऊ विलासिता के रंग में डूबा हुआ था। छोटे-बड़े, गरीब-अमीर सभी विलासिता में डूबे हुए थे। कोई नृत्य और गान की मजलिस सजाता था, तो कोई अफीम की पीनक में ही मजे लेता था। जीवन के प्रत्येक विभाग में आमोद-प्रमोद का प्राधान्य था। शासन विभाग में, साहित्य क्षेत्र में, सामाजिक अवस्था में, कला-कौशल में, उद्योग-धन्धों में, आहार-व्यवहार में, सर्वत्र विलासिता व्याप्त हो रही

थी। राजकर्मचारी विषय-वासना में, कविगण प्रेम और विरह के वर्णन में, कारीगर कलाबत्तू और चिकन बनाने में, व्यवसायी सूरमे, इत्र, मिस्सी और उबटन का रोजगार करने में लिप्त थे। सभी की आँखों में विलासिता का मद छाया हुआ था। संसार में क्या हो रहा है, इसकी किसी को खबर न थी। बटेर लड़ रहे हैं। तीतरों की लड़ाई के लिए पाली बदी जा रही है। कहीं चौसर बिछी हुई है; पौ-बारह का शोर मचा हुआ है। कहीं शतरंज का घोर संग्राम छिड़ा हुआ है। राजा से लेकर रंक तक इसी धुन में मस्त थे। यहाँ तक कि फकीरों को पैसे मिलते तो वे रोटियाँ न लेकर अफीम खाते या मदक पीते।...'' यह वर्णन सजीव, निखरा हुआ और यथार्थ होने के ही कारण नहीं, बल्कि इसलिए भी उल्लेखनीय है कि औपनिवेशिक शासन में भारतीय सामन्त समाज और सम्पत्तिशाली वर्ग इसी मानसिकता से युक्त था। इस पृष्ठभूमि में 'शतरंज के खिलाड़ी' में मिरजा सज्जाद अली और मीर रौशन अली की जो कहानी कही गयी है, वह उस समय के ऐतिहासिक यथार्थ को साकार कर देती है। कहानी के बीच में नरेटर हस्तक्षेप करता है : ''राज्य में हाहाकार मचा हुआ था। प्रजा दिन-दहाड़े लूटी जाती थी। कोई फरियाद सुनने वाला न था। देहातों की सारी दौलत लखनऊ में खिंची आती थी और वह वेश्याओं में, भाँड़ों और विलासिता के अन्य अंगों की पूर्ति में उड़ जाती थी। अँगरेज कम्पनी का ऋण दिन-दिन बढ़ता जाता था। कमली दिन-दिन भींग कर भारी होती जाती थी। देश में सुव्यवस्था न होने के कारण वार्षिक कर भी वसूल न होता था। रेजिडेंट बार बार चेतावनी देता था, पर यहाँ तो लोग विलासिता के नशे में चूर थे; किसी के कानों पर जूँ न रेंगती थी।'' थोड़ी देर बाद कथक पुनः हस्तक्षेप करता है : ''इधर देश की राजनीतिक दशा भयंकर होती जा रही थी। कम्पनी की फौजें लखनऊ की तरफ बढ़ी चली आती थीं। शहर में हलचल मची हुई थी। लोग बालबच्चों को लेकर देहातों में भाग रहे थे। पर हमारे दोनों खिलाड़ियों को इसकी जरा भी फिक्र न थी।'' कुछ देर बाद कथक फिर पाठक को सम्बोधित करता है : ''...इतने में कम्पनी के सैनिक आते हुए दिखायी दिये। वह गोरों की फौज थी, जो लखनऊ पर अधिकार जमाने के लिए आ रही थी। फिर...''चार का बजर बज ही रहा था कि फौज की वापसी की आहट मिली। नवाब वाजिदअली पकड़ लिये गये थे, और सेना उन्हें किसी अज्ञात स्थान को लिये जा रही थी। शहर में कोई हलचल न थी, न मार काट। एक बूँद भी खून नहीं गिरा था। आज तक किसी स्वाधीन देश के राजा की पराजय इतनी शान्ति से, इस तरह खून बहे बिना न हुई होगी। यह वह अहिंसा न थी, जिस पर देवगण प्रसन्न होते हैं। यह वह कायरपन था, जिस पर बड़े-बड़े कायर भी आँसू बहाते हैं। अवध के विशाल देश का नवाब वन्दी चला जाता था, और लखनऊ ऐश की नींद में मस्त था। यह राजनीतिक अधःपतन की सीमा थी।'' यहाँ अवध पूरे देश का प्रतीक बन गया है। कहानी के अन्त में कथक हस्तक्षेप करता है : ''दोनों दोस्तों ने कमर से तलवारें निकाल लीं। नवाबी जमाना था; सभी तलवार, पेशकब्ज़, कटार वगैरह बाँधते थे। दोनों विलासी थे, पर कायर न थे। उनमें राजनीतिक भावों का अधःपतन हो गया था—बादशाह के

लिए, बादशाहत के लिए क्यों मरें; पर व्यक्तिगत वीरता का अभाव न था। दोनों जख्म खाकर गिरे, और दोनों ने वहीं तड़प तड़प कर जान दे दीं। अपने बादशाह के लिए जिनकी आँखों से एक बूँद आँसू न निकला, उन्हीं दोनों प्राणियों ने शतरंज के वजीर की रक्षा में प्राण दे दिये।''

प्रत्यक्षतः एक ऐतिहासिक यथार्थ का चित्रण लेखक ने अत्यन्त कलात्मक ढंग से किया है, पर कहानी यहीं समाप्त नहीं हो जाती। प्रेमचन्द 1924 में उसी औपनिवेशिक शासन के आरम्भ की कहानी लिख रहे थे, जो उससे 58 वर्ष पूर्व अँगरेजों के छलछन्द और देश की विलासिता, राजनीतिक अधःपतन, गफलत, कर्तव्य-बोध के अभाव आदि के कारण सम्भव हुआ था। यद्यपि इससे दो वर्ष पहले प्रथम असहयोग आन्दोलन स्थगित हो गया था, पर प्रेमचन्द की चेतना में वह लगातार जारी था। वे कहना चाह रहे थे कि जब तक औपनिवेशिक शासन का अन्त नहीं हो जाता, भारतवासियों की जिन्दगी में विलास, मौजमस्ती, आपसी द्वेष, राजनीतिक उदासीनता, लापरवाही और गैर-जिम्मेदारी के लिए कोई स्थान नहीं है। वे देश को उस समय की याद दिलाना चाहते थे, जब वह इन्हीं कारणों से गुलामी की बेड़ियों में बँधा था।

'सती' भी ऊपर ऊपर से देखने पर एक ऐतिहासिक कथा प्रतीत होती है, पर अपने निहितार्थ में यह भी देश की आजादी से ही सन्दर्भित कहानी है। इसमें एक ऐसी बहादुर बुन्देल कन्या का चित्रण किया गया है जो वीरता, त्याग और देश प्रेम की प्रतीक है। वह इसे ही अपने जीवन का चरम लक्ष्य मानती है और इसके लिए अपना सबकुछ, यहाँ तक कि जीवन भी नष्ट कर डालती है।

मोटा-मोटी रूप में प्रेमचन्द गाँधी जी के नेतृत्व में चल रहे अहिंसात्मक संवैधानिक राजनीतिक आन्दोलन के समर्थक थे, पर गैर-संवैधानिक संघर्ष का मार्ग चुननेवाले क्रान्तिकारी आन्दोलनकारियों के प्रति भी उनकी कुछ-न-कुछ सहानुभूति थी। वस्तुतः यही वह जन-भावना थी, जिसके प्रति प्रेमचन्द वफादार थे। अँगरेज सरकार अक्सर स्वाधीनता आन्दोलन में भाग लेनेवाले गुप्त क्रान्तिकारियों को झूठे डकैती के मुकदमे में फँसाकर उन पर तरह तरह के अत्याचार करती थी और पुलिस तथा वकीलों की सहायता से उन्हें कड़ी से कड़ी सजाएँ दिलाती थी। प्रेमचन्द की कई कहानियों में इस वर्ग के आन्दोलनकर्ताओं के प्रति उनकी संवेदना व्यक्त हुई है। 'माता का हृदय' यों तो अपने फलितार्थ में 'माता के हृदय' की करुणा और वात्सल्य के शाश्वत भाव की कहानी है (जो सरकारी प्रकोप से बचने की सावधानी की द्योतक भी हो सकती है), पर इसके प्रथम हिस्से में उन्हीं दिनों औपनिवेशिक शासन की उन दमनात्मक कार्रवाइयों का चित्रण किया गया है जिनके तहत राजनीति में थोड़ी भी रुचि दिखानेवाले युवकों को डकैती के झूठे मुकदमों में फँसाकर जेल भेज दिया जाता था। भारतीय पुलिस अफसर शासन के इशारे पर अपनी कारगुजारी दिखाने में किसी प्रकार की कोताही नहीं बरतते थे। इस कहानी की रचना के ठीक एक वर्ष पूर्व सरकार द्वारा चलाया गया 'कानपुर षड्यन्त्र केस' प्रेमचन्द के सामने था। कहानी का उत्तरार्ध—जिसमें एक ऐसे

ही युवक की माँ उसे फँसानेवाले पुलिस अधिकारी के शिशु की हत्या कर उससे बदला लेने के लिए उसके घर में नौकरानी बनकर रहती है, पर जब उसे इसका अवसर मिलता है तो उसका मातृभाव उमड़ पड़ता है और वह वैसा नहीं कर पाती—इसी राजनीतिक सच्चाई को प्रस्तुत करने के लिए एक धोखा-टट्टी का काम करता है। पर प्रेमचन्द की एक कहानी, 'भाड़े का टट्टू' ऐसी भी है, जिसमें उनका क्रान्तिकारियों के प्रति भटकाव उजागर हुआ है। अँगरेजी राज में सरकार देशहित की बात करने वाले ईमानदार, स्वतन्त्र विचारों वाले और साहसी पत्रकारों से भी बहुत सावधान रहती थी। उन्हें झूठे मुकदमे में फँसाकर जेल भेज देना सरकार के लिए बहुत आसान काम था। हिन्दुस्तानी जज यह जानते हुए भी कि मुकदमा झूठा है, देशसेवक पत्रकारों के खिलाफ फैसला सुना देते थे। 'भाड़े का टट्टू' में पुलिस के झूठे आरोप पर दोस्त जज ही पत्रकार को जेल की सजा सुना देता है। जेल से निकलने पर पत्रकार 'पक्का क्रान्तिकारी' बन जाता है। पर प्रेमचन्द 'पक्के क्रान्तिकारी' का जो चरित्र प्रस्तुत करते हैं, वह सम्मानजनक नहीं कहा जा सकता। वह ऐसे 'डकैत' का चरित्र ग्रहण करता है जो जनता में तो लोकप्रिय है, पर निरपराध व्यक्तियों की लूट और हत्या से उसके हाथ रँगे हुए हैं। यह कहानी प्रेमचन्द के वैचारिक अन्तर्विरोध का आश्चर्यजनक नमूना है। क्रान्तिकारी के रूप में परिवर्तित पत्रकार का चिन्तन उसी के शब्दों इस रूप में सामने आता है : "मनुष्य क्यों पाप करता है? इसलिए न कि संसार में इतनी विषमता है। कोई तो विशाल भवनों में रहता है और किसी को पेड़ की छाँह भी मयस्सर नहीं। कोई रेशम और रत्नों में मढ़ा हुआ है, किसी को फटा वस्त्र भी नहीं। ऐसे न्यायविहीन संसार में यदि चोरी, हत्या और अधर्म है तो यह किसका दोष है?...न डाका डाका है, न चोरी चोरी। धनी अगर अपना धन खुशी से नहीं बाँट देता, तो उसकी इच्छा के विरुद्ध बाँट लेने में क्या पाप ! धनी उसे पाप कहता है तो कहे, उसका बनाया हुआ कानून अगर दंड देना चाहता है, तो दे।" वह जेल से निकलते ही इस 'सामाजिक क्रान्ति' की घोषणा कर देता है, गुप्त सभाएँ बनने लगती हैं, शस्त्र जमा किये जाने लगते हैं और थोड़े ही दिनों में डकैतियों का बाजार गरम हो जाता है। पुलिस और क्रान्तिकारियों में संघर्ष शुरू हो जाता है। अन्ततः उसके पास बहुत सम्पत्ति जमा हो जाती है जो गरीबों के उपकार में खर्च होती है। यहाँ तक तो कहानीकार की सहानुभूति उचित पक्ष में है। पर उसके तुरत बाद कथक का यह कहना कि 'सभ्य समाज की दृष्टि में रमेश से ज्यादा घृणित और कोई प्राणी संसार में न था', समझ में नहीं आता। कहानी का अन्त तो और भी असंगतियों से भरा है। पत्रकार रमेश अन्ततः अपने सिद्धान्तों से हट जाता है और लूट के पैसे अपने सुख के लिए जमा करने लगता है। दल में फूट पड़ जाती है और रमेश पकड़ा जाता है। पर वह अपने दोस्त यशवन्त, जो अब वकालत कर रहा है, के प्रयत्न से बरी हो जाता है। इस कहानी को प्रेमचन्द ने क्यों 'चों चों का मुरब्बा' बना दिया है, यह बात समझ में नहीं आती।

'खूनी' कहानी में एक ऐसे ही झूठे मुकदमे की पैरवी करने वाले वकील को एक

क्रान्तिकारी गोली मार देता है। वकील की पत्नी अपने पति की हत्या करने वाले क्रान्तिकारी से बदला लेने के लिए उसकी हत्या करने पर उतारू है, पर जब उसे सच्ची बात मालूम होती है तो वह न केवल क्रान्तिकारी को छोड़ देती है, बल्कि उन परिवारों की सहायता करने का निश्चय करती है जिनके आदमी जेलों में सजा भुगत रहे हैं।[7] 'प्रतिशोध' कहानी में भी एक पत्नी अपने पति के हत्यारे से प्रतिशोध लेने के लिए घर से बाहर निकलती है। बड़े अप्रत्याशित तरीके से उसे खोज भी निकालती है। पर जब उसे पता चलता है कि उसके पति ने क्रान्तिकारियों के विरुद्ध पुलिस द्वारा चलाए गये झूठे मुकदमे में पुलिस की मदद करके उन्हें सजा दिलायी थी, और उनका हत्यारा एक क्रान्तिकारी है, जिसने प्रतिशोध के रूप में उनकी हत्या की है, तो उसका इरादा बदल जाता है और वह न केवल उसे माफ कर देती है बल्कि सजा पाये हुए देशसेवकों के परिवारों की सेवा का संकल्प भी करती है। कहानी निस्सन्देह देश प्रेम की प्रेरणा से लिखित है और क्रान्तिकारियों के प्रति प्रेमचन्द की सहानुभूति की भी द्योतक है।

जब युद्ध स्थगित हो तो दुश्मन की कमजोरियों पर प्रहार करना भी लड़ाई का ही एक हिस्सा हो जाता है। इसी प्रयास के तहत प्रेमचन्द ने अपनी कहानियों में औपनिवेशिक शासन की न्याय-व्यवस्था आदि के, जिस पर ब्रिटिश सरकार और उसके पिट्ठू हिन्दुस्तानियों को बड़ा गर्व था, खोखलेपन का विश्वसनीय चित्रण किया है। 'डिक्री के रुपये' का मुख्य कथ्य तो आदर्श मित्रता का उदाहरण प्रस्तुत करना है, पर औपनिवेशिक शासन में भ्रष्टाचार और न्याय के नाम पर होनेवाले 'नाटक' का चित्रण भी इस कहानी में किया गया है। 'शासन विभाग के कर्मचारियों की स्वार्थलोलुपता', 'सरकार की अक्षमता, अयोग्यता और दुर्बलता' आदि का पर्दाफाश करना पत्रकार अपना उद्देश्य मानते थे। सरकार भी उन्हें इसके लिए माफ नहीं करती थी। समस्या के चित्रण के साथ मानवीय संवेदना का, जहाँ धर्म का कोई हस्तक्षेप नहीं होता, मिश्रण प्रेमचन्द की कहानियों की विशेषता है। 'बड़े बाबू' में भी औपनिवेशिक शासन में फैले भ्रष्टाचार, अन्याय, धोखाधड़ी, नैतिक मूल्यों की गिरावट आदि का व्यंग्यात्मक शैली में वर्णन कर युवकों को सरकारी नौकरियों से अलग रहने का संकेत दिया गया है।

तीसरे दशक का अन्तिम भाग भी अपने आरम्भिक वर्षों की तरह ही सक्रिय राजनीतिक आन्दोलन की गिरफ्त में था और प्रेमचन्द जैसे इसकी प्रतीक्षा ही कर रहे थे। आन्दोलन का यह सिलसिला 1928 के आरम्भ में साइमन कमीशन के आगमन से लेकर गाँधी-इरविन पैक्ट (1931) के पहले तक चला। आन्दोलन के इस दौर की एक उल्लेखनीय विशेषता थी—इसमें किसानों, मजदूरों और स्त्रियों की अभूतपूर्व हिस्सेदारी। प्रेमचन्द को इसका संवेदनात्मक बोध था।[8] उनकी इस काल में लिखी गयी कहानियों में इस संवेदनात्मक बोध का बहुत विश्वसनीय अंकन हुआ है। 'माँ' (1929) कहानी का सत्याग्रही उन अभागे प्राणियों में से है, जो जेल से अर्धमृत अवस्था में ही लौटते थे। वह जेल से घर पहुँचते ही मर जाता है। पर उसकी असहाय पत्नी हिम्मत न हारती हुई अपने शिशु का पालन पोषण करती है और उसे ऊँची शिक्षा दिलाती है। उसकी

इच्छा है कि उसका बेटा शिक्षा प्राप्त कर देशसेवा करे। पर बेटा अपने केरियर को देशसेवा से ज्यादा महत्त्व देता है और आई. सी. एस. की परीक्षा देने इंग्लैंड चला जाता है। माँ इस सदमे को बर्दाश्त नहीं कर पाती और उसके जाते ही दम तोड़ देती है। देशसेवा का ऐसा तीव्र मनोभाव प्रेमचन्द की अन्य किसी कहानी में नहीं मिलता। किसी आधुनिक कथा-आलोचक को इसमें रोमानी भावबोध दिखायी पड़े तो आश्चर्य न होगा। पर प्रेमचन्द वास्तव में 'कहानी' कम, 'समय' ज्यादा लिख रहे थे और यदि इसमें संयत रोमांस आ भी जाता था तो इसकी चिन्ता न प्रेमचन्द करते थे और न उनका समकालीन पाठक इसमें कोई दोष देखता था। 'कानूनी कुमार' में प्रेमचन्द उन नेताओं पर व्यंग्य करते हैं और उनकी खिल्ली उड़ाते हैं, जो सभी समस्याओं का समाधान कौंसिल में बिल पेश करने तक सीमित समझते हैं। यह 'स्वराज पार्टी', और इस व्याज से संवैधानिक राजनीति की सीधी आलोचना थी।

1930-31 में प्रेमचन्द ने स्वाधीनता आन्दोलन से प्रेरित होकर नौ कहानियाँ लिखी थीं। यह वही समय था जब गाँधी जी का 'नमक सत्याग्रह आन्दोलन' अपने शवाब पर था और अनेक लोगों के समान प्रेमचन्द का हृदय भी आजादी के भावों से उद्वेलित होकर जेल जाने के लिए मचल रहा था। वे जेल न जा सके थे, पर पत्नी शिवरानी देवी ने जेल जाकर मानो उन्हीं की तमन्ना पूरी कर दी थी। प्रेमचन्द की राष्ट्रीय भावना का स्रोत कांग्रेसी आन्दोलन नहीं, बल्कि जनता के बीच जगी राष्ट्रीय चेतना थी, जिससे स्वयं प्रेमचन्द भी एकाकार थे। उसी राष्ट्रीय चेतना की अभिव्यक्ति इन कहानियों में अद्भुत संवेदनात्मक शक्ति के साथ हुई है।

'जुलूस' (1930) कहानी का आरम्भ इन पंक्तियों से होता है : ''पूर्ण स्वराज्य का जुलूस निकल रहा था। कुछ युवक, कुछ बूढ़े, कुछ बालक झंडियाँ और झंडे लिये वन्देमातरम् गाते हुए माल के सामने से निकले। दोनों तरफ दर्शकों की दीवारें खड़ी थीं, मानो उन्हें इस लक्ष्य से कोई सरोकार नहीं है, मानो यह कोई तमाशा है और उनका काम केवल खड़े खड़े देखना है।'' यह वर्णन मात्र वर्णन नहीं है, इसके साथ लेखक की संवेदना, अवलोकन-क्षमता और जन-हृदय की पहचान, सबका योगदान है। दुकान की पटरी पर खड़े लोगों की बातचीत के माध्यम से प्रेमचन्द यह बोध पैदा करना चाहते हैं कि यह आन्दोलन जनता का आन्दोलन है। एक पक्ष इस आन्दोलन की व्यर्थता प्रमाणित करता है, जबकि दूसरा पक्ष इसे जन-आन्दोलन की संज्ञा देता है। यह कहानीकार का पक्ष है। कहानी का पात्र मैकू कहता है : ''...बड़े आदमी क्यों जुलूस में आने लगे, उन्हें इस राज में कौन आराम नहीं है? बँगलों और महलों में रहते हैं, मोटरों पर घूमते हैं, साहबों के साथ दावतें खाते हैं, कौन तकलीफ है; मर तो हम लोग रहे हैं, जिन्हें रोटियों का ठिकाना नहीं।'' वह आगे कहता है, ''बड़े आदमी को तो हमीं लोग बनाते-बिगाड़ते हैं या कोई और? कितने ही लोग जिन्हें कोई पूछता भी न था, हमारे ही बनाये बड़े आदमी बन गये और अब मोटरों पर निकलते हैं और हमें नीच समझते हैं।...हमारा बड़ा आदमी तो वही है, जो लँगोटी बाँधे नंगे पाँव घूमता है, जो हमारी दशा

को सुधारने के लिए अपनी जान हथेली पर लिये फिरता है। और हमें किसी बड़े आदमी की परवाह नहीं है। सच पूछो तो इन बड़े आदमियों ने ही हमारी मिट्टी खराब कर रखी है। इन्हें सरकार ने कोई अच्छी-सी जगह दे दी, बस उसका दम भरने लगे।" इस कथन से गाँधी जी के प्रति प्रेमचन्द की श्रद्धा, सामाजिक विषमता के प्रति उनकी सजगता और बुर्जुआ समाज के प्रति आक्रोश स्पष्ट दिखायी देता है। यह इस बात का प्रमाण है कि प्रेमचन्द किसी विचारधारा से प्रभावित होकर नहीं, बल्कि जन-भावना से तदाकार होकर कहानियाँ लिख रहे थे। जन-भावना को समझने की उनकी क्षमता अद्भुत थी। स्वाधीनता आन्दोलन का निष्क्रिय दर्शक किस प्रकार सक्रिय गैर-संवैधानिक कार्यकर्ता में बदल रहा था, प्रेमचन्द इसका बहुत प्रामाणिक अंकन इस कहानी में करते हैं।

इस कहानी की एक विशेषता यह भी है कि आन्दोलनकारियों का अगुआ इब्राहिम अली मुसलमान है और वह आजादी की लड़ाई में त्याग और बलिदान का जो उदाहरण प्रस्तुत करता है, वह हिन्दू-मुसलमान के अन्तर को मिटा देता है। उस पर निर्दयतापूर्वक प्रहार कर मृत्यु के मुख में पहुँचा देनेवाला दारोगा बीरबल मुसलमान नहीं, हिन्दू है, पर वह भी दरअसल हिन्दू या मुसलमान न होकर औपनिवेशिक शासन का वफादार पहरुआ है। प्रेमचन्द ने पुलिस के हाथों पिटती जनता के मनोभावों का बहुत सच्चा वर्णन किया है। यह जनता गाँधी के सत्य-अहिंसा के सिद्धान्त पर सरकार के दमन का विरोध कर रही है, पुलिस के डंडों को हाथों पर रोकती है और अविचल भाव से खड़ी रहती है। उनके मन में हिंसा का भाव न आता हो, सो बात नहीं, पर वह अहिंसा के सिद्धान्त से प्रतिबद्ध है। कहानी का 'कथक' टिप्पणी करता है : "हिंसा के भावों से प्रभावित न हो जाना उनके लिए प्रतिक्षण कठिन होता जाता था। जब आघात और अपमान ही सहना है, तो फिर हम भी इस दीवार को पार करने की चेष्टा क्यों न करें?" पर वे न पुलिस पर प्रहार करते हैं न मैदान छोड़कर भागते हैं। उनकी मानसिकता का वर्णन उपन्यासकार इन शब्दों में करता है : "...यहाँ से यह झंडा लेकर हम लौट जाएँ, तो फिर किस मुँह से आजादी का नाम लेंगे; मगर प्राणरक्षा के लिए भागने का किसी को ध्यान भी न आता था। यह पेट के भक्तों, किराये के टट्टुओं का दल न था। यह स्वाधीनता के सच्चे स्वयंसेवकों का, आजादी के दीवानों का संगठित दल था—अपनी जिम्मेदारियों को खूब समझता था। कितने ही के सिरों से खून जारी था, कितनों के ही हाथ जख्मी हो गये थे। एक हल्ले में यह लोग सवारों की सफों को चीर सकते थे, मगर पैरों में बेड़ियाँ पड़ी हुई थीं—सिद्धान्त की, धर्म की, आदर्श की।" इब्राहिम के घायल होने की खबर जनता को बेकाबू कर देती है। ध्यान देने की बात है कि यह जनसमूह 'हिन्दू' या 'मुसलमान' नहीं है, शुद्ध जन है, जो अपने नायक के घायल होने की खबर पाकर उत्तेजित होता है। 'कथक' पाठक को सूचना देता है : "देखते देखते अधिकांश दुकानें बन्द हो गयीं। वह लोग, जो दस मिनट पहले तमाशा देख रहे थे इधर उधर से दौड़ पड़े और हजारों आदमियों का एक विराट् दल घटनास्थल की ओर चला।

यह उन्मत्त, हिंसामद से भरे हुए मनुष्यों का समूह था, जिसे सिद्धान्त और आदर्श की परवाह न थी। जो मरने के लिए ही नहीं, मारने के लिए भी तैयार था। कितनों ही के हाथों में लाठियाँ थीं, कितनी ही जेबों में पत्थर भरे हुए थे। न कोई किसी से कुछ बोलता था, न पूछता था। बस, सब के सब मन में एक दृढ़ संकल्प किये लपके चले जा रहे थे, मानो कोई घटा उमड़ी चली आती हो।'' यह वर्णन कितना जानदार है, इसका अनुभव पाठक को हुए बिना नहीं रहता। इसके साथ ही यह 'संवैधानिक संघर्ष' के 'गैर-संवैधानिक संघर्ष' में परिणत होने का संकेत भी है। घायल इब्राहिम स्थिति को समझकर जुलूस को लौटने का आदेश दे देता है। कथक टिप्पणी करता है : ''इशारे की देर थी। संगठित सेना की भाँति लोग हुक्म पाते ही पीछे फिर गये...वे जानते थे, हमारा संघर्ष अपने ही भाइयों से है, जिनके हित परिस्थितियों के कारण हमारे हितों से भिन्न हैं। हमें उनसे वैर नहीं करना है। फिर, वह यह भी नहीं चाहते कि शहर में लूट और दंगे का बाजार गर्म हो जाए...उनकी विजय का सबसे उज्ज्वल चिह्न यह था कि उन्होंने जनता की सहानुभूति प्राप्त कर ली थी। वही लोग जो उन पर पहले हँसते थे; उनका धैर्य और साहस देखकर उनकी सहायता के लिए निकल पड़े थे।...हमारा उद्देश्य केवल जनता की सहानुभूति प्राप्त करना है, उसकी मनोवृत्तियों को बदल देना है। जिस दिन हम इस लक्ष्य पर पहुँच जायेंगे, उसी दिन स्वराज्य-सूर्य उदय होगा।'' स्पष्ट है कि यहाँ प्रेमचन्द के मुख से गाँधी जी और संवैधानिक संघर्ष की राजनीति बोल रही है। संवैधानिक और गैर-संवैधानिक संघर्ष का यह द्वन्द्व स्वाधीनता आन्दोलन का ऐसा यथार्थ था, जिसका विश्वसनीय अंकन प्रेमचन्द जैसा कहानीकार ही कर सकता था।

कहानी में ऐसा ही होता भी है। दारोगा बीरबल की पत्नी इस आन्दोलन से प्रभावित होकर अपने पति के विरुद्ध हो जाती है और उसे फटकारती है। यह इस बात का संकेत है कि स्वाधीनता आन्दोलन घरों के भीतर तक पहुँच गया था। इब्राहिम की शहादत का जुलूस निकलता है। उसने मरते समय यह वसीयत की है कि उसकी लाश को गंगा में नहलाकर दफन किया जाए और उसकी मजार पर स्वराज्य का झंडा खड़ा किया जाए। संकीर्ण साम्प्रदायिक दृष्टिकोण से ऊपर यह मानवीय संवेदना प्रेमचन्द के कहानीकार रूप को बहुत ऊँचे उठा देती है। इब्राहिम के मरने का समाचार फैलते ही सारे शहर पर मातम का पर्दा सा पड़ जाता है। सारा बाजार अपने आप बन्द हो जाता है, इक्कों और तांगों का कहीं पता नहीं होता, जैसे शहर लुट गया हो। उसके जनाजे के साथ सारा शहर उमड़ पड़ता है। शहर की औरतें तक उसमें शामिल होती हैं और खुद दारोगा की पत्नी भी अपने को जुलूस में शामिल होने से रोक नहीं पाती। परिणाम यह होता है कि दारोगा का भी हृदय विचलित हो जाता है और वह इब्राहिम की माँ के पास अपने अपराध को क्षमा कराने के लिए जाता है। कोई कह सकता है कि यह हृदय-परिवर्तन अस्वाभाविक है, और इसे आरोपित मानकर प्रेमचन्द के यथार्थवादी होने पर ही प्रश्नचिह्न लगाया जा सकता है, पर मानवीय संवेदना से युक्त व्यक्ति के लिए ऐसा परिवर्तन मनोवैज्ञानिक दृष्टि से असंगत नहीं है। गाँधी जी के द्वारा परिचालित

सत्याग्रह आन्दोलन का तो मूलमन्त्र ही हृदय-परिवर्तन था और उसे यथार्थ के नाम पर चुनौती नहीं दी जा सकती। वह भी उतना ही स्वाभाविक था, जितना हिंसा के बल पर किया जानेवाला आन्दोलन। भारत में दोनों प्रकार के आन्दोलन साथ साथ चल रहे थे और जनता का समर्थन इस हृदय-परिवर्तन वाले सिद्धान्त को ही मिल रहा था। इससे स्पष्ट है कि प्रेमचन्द को जनमानस की सही पहचान थी और उन्होंने अपनी कहानियों में इसका परिचय दिया है।

'समर-यात्रा' (1930) सन् तीस के आन्दोलन पर आधारित एक और अच्छी कहानी है। इसमें भी स्वाधीनता आन्दोलन के प्रति जनोत्साह का बहुत प्रभावी चित्रण किया गया है। कुछ लोग स्वाधीनता आन्दोलन के सम्बन्ध में यह भ्रम फैलाने की कोशिश करते हैं कि उसका किसानों से गहरा लगाव नहीं था। यह कहानी इसका प्रत्याख्यान करती है। कहानी को चमक देनेवाली चीज वह भावनात्मक रंग है जो किसानों के मधुर सम्बन्धों के रूप में यहाँ से वहाँ तक बिखरा हुआ है। नोहरी के उद्गार के रूप में प्रेमचन्द का जनता और राष्ट्र के प्रति भावावेश बहुत प्रभावकारी है : "...इन वीरों को देखकर भी तुम्हारी छाती नहीं फूलती? हमारा ही दुखदर्द हरने के लिए तो इन्होंने यह परन ठाना है। इन्हीं हाथों से हाकिमों की बेगार बजायी है, इन्हीं कानों से उनकी गालियाँ और घुड़कियाँ सुनी हैं। अब तो उस जोरजुलुम का नाश होगा। हम और तुम क्या अभी बूढ़े होने जोग थे? हमें पेट की आग ने जलाया है। बोलो ईमान से, यहाँ इतने आदमी हैं, किसी ने इधर छह महीने से पेटभर रोटी खायी है? घी किसी को सूँघने को मिला है? कभी नींद भर सोये हो? जिस खेत का लगान तीन रुपये देते थे, अब उसी के नौ-दस देते हो : क्या धरती सोना उगलेगी? काम करते करते छाती फट गयी। हमीं हैं कि इतना सह कर भी जीते हैं। दूसरा होता, तो या तो मार डालता, या मर जाता। धन्य हैं महात्मा और उनके चेले कि दीनों का दुःख समझते हैं, उनके उद्धार का जतन करते हैं। और तो हमीं को पीस कर हमारा रक्त निकालना जानते हैं।"

सत्याग्रहियों का नेता जनसमुदाय को सम्बोधित करते हुए कहता है : "...हमें यह आशा हो रही है कि हमारी बेड़ियाँ जल्द ही कट जायेंगी।...आपमें जो सरलता और ईमानदारी, जो श्रम और धर्मबुद्धि है, वह संसार के और किसी देश में नहीं। मैं तो यही कहूँगा कि आप मनुष्य नहीं देवता हैं। आपको भोगविलास से मतलब नहीं, नशापानी से मतलब नहीं, अपना काम करना और अपनी दशा पर सन्तोष रखना। यह आपका आदर्श है, लेकिन आपका यही देवत्व, आपका यही सीधापन, आपके हक में घातक हो रहा है।...खेतों का लगान बरसाती नाले की तरह बढ़ता जाता है, आप चूँ नहीं करते। अमले और अहलकार आपको नोचते रहते हैं, आप जबान नहीं हिलाते। इसका यह नतीजा हो रहा है कि आपको लोग दोनों हाथों से लूट रहे हैं, पर आपको खबर नहीं। आपके हाथों से सभी रोजगार छिनते जाते हैं, आपका सर्वनाश हो रहा है, पर आप आँखें खोलकर नहीं देखते। पहले लाखों भाई सूत कात कर, कपड़े बुनकर गुजर करते थे। अब सब कपड़ा विदेश से आता है। यहाँ नमक बनाना जुर्म है।...आपके ऊसरों में, झीलों

में नमक भरा पड़ा है, आप उसे छू नहीं सकते। शायद कुछ दिनों में आपके कुओं पर भी महसूल लग जाय। क्या आप तब भी यह अन्याय सहते रहेंगे?'' नायक ग्रामीणों से, उनकी ताकत का अहसास दिलाता हुआ, कहता है : ''आपकी ही गर्दन पर इतना बड़ा राज्य थमा हुआ है। आप ही इन बड़ी बड़ी फौजों, इन बड़े बड़े अफसरों के मालिक हैं। मगर फिर भी आप भूखों मरते हैं, अन्याय सहते हैं। इसलिए कि आपको अपनी शक्ति का ज्ञान नहीं।...आज संसार का सबसे बड़ा आदमी अपने प्राणों की बाजी खेल रहा है। हजारों जवान अपनी जानें हथेली पर लिये आपके दुखों का अन्त करने के लिए तैयार हैं।...ऐसा अवसर फिर शायद कभी न आए। अगर इस वक्त चूके, तो फिर हमेशा हाथ मलते रहिएगा। हम न्याय और सत्य के लिए लड़ रहे हैं इसलिए न्याय और सत्य के ही हथियारों से हमें लड़ना है। हमें ऐसे वीरों की जरूरत है, जो हिंसा और क्रोध को दिल से निकाल डालें और ईश्वर पर अटल विश्वास रखकर धर्म के लिए सबकुछ झेल सकें।'' कहने की जरूरत नहीं कि यह विद्रोह की आवाज है, पर उस विद्रोह की, जो गाँधी जी के सत्य और अहिंसा के हथियार से लड़ रहा था। पुलिस को बूढ़ी नोहरी जिन शब्दों में फटकारती है, वह वस्तुतः प्रेमचन्द की फटकार है। नोहरी दारोगा से कहती है : ''क्यों खुदा की दुहाई देकर खुदा को बदनाम करते हो। तुम्हारे खुदा तो तुम्हारे अफसर हैं जिनकी तुम जूतियाँ चाटते हो। तुम्हें तो चाहिए था कि डूब मरते चुल्लू भर पानी में।...'' जब पुलिस उस पर डंडे बरसाती है तो कहती है, ''मर्द होते तो गुलाम ही क्यों होते।...भला अँगरेज इस तरह बेदरदी करे तो एक बात है। उसका राज है। तुम तो उसके चाकर हो, तुम्हें राज तो न मिलेगा, मगर रांड़ मांड़ में ही खुश। इन्हें कोई तलब देता जाए, दूसरों की गरदन भी काटने में इन्हें संकोच नहीं।'' यह नोहरी नहीं, प्रेमचन्द कह रहे हैं। इस कहानी में भी जब ग्रामीण जनता उत्तेजित होती है तो 'नायक' उन्हें सम्बोधित करता है : ''भाइयो, मैं आपसे कह चुका हूँ, यह न्याय और धर्म की लड़ाई है और हमें न्याय और धर्म के हथियार से ही लड़ना है। हमें अपने भाइयों से नहीं लड़ना है।...दारोगा ने कोदई चौधरी को गिरफ्तार किया है। मैं इसे चौधरी का सौभाग्य समझता हूँ। धन्य हैं वे लोग जो आजादी की लड़ाई में सजा पायें...आप लोग हट जायँ और पुलिस को जाने दें।'' नोहरी फिर जनता को सम्बोधित करती है : ''आज तुमने देख लिया न कि हमारे ऊपर कानून से नहीं, लाठी से राज हो रहा है। आज हम इतने बेशरम हैं कि इतनी दुर्दशा होने पर भी कुछ नहीं बोलते। हम इतने स्वार्थी, इतने कायर न होते, तो इनकी मजाल थी कि हमें कोड़ों से पीटते। जब तक तुम गुलाम बने रहोगे, उनकी सेवाटहल करते रहोगे, तुम्हें भूसा चोकर मिलता रहेगा, लेकिन जिस दिन तुमने कन्धा टेढ़ा किया, उसी दिन मार पड़ने लगेगी। कब तक इस तरह मार खाते रहोगे? कब तक मुर्दों की तरह पड़े गिद्धों से अपने को नोचवाते रहोगे? अब दिखा दो कि तुम भी जीते जागते हो और तुम्हें भी अपनी इज्जत आबरू का कुछ ख्याल है।... क्यों नहीं इस धरम की लड़ाई में आकर वीरों की तरह मरते?'' नोहरी खुद को भी गिरफ्तार करा लेती है। नोहरी के उद्‌बोधन से प्रभावित होकर गाँव के जवान से लेकर

बूढ़े तक अनेक लोग, यहाँ तक कि चौकीदार और जमींदार का लठैत सहना भी, सक्रिय कार्यकर्ता के रूप में अपना नाम दे देते हैं। नायक उन्हें भी सम्बोधित करता है : ''आपको मालूम है, हम किस तरह लड़ाई करने जा रहे हैं। आपके ऊपर तरह तरह की सख्तियाँ की जायेंगी, मगर याद रखिये, जिस तरह आज आपने मोह और लोभ का त्याग कर दिया है, उसी तरह हिंसा और क्रोध का भी त्याग कर दीजिए। हम धर्म-संग्राम में जा रहे हैं। हमें धर्म के रास्ते पर जमे रहना होगा।'' नये सैनिकों की विदाई का वर्णन करते समय प्रेमचन्द का उत्साह अपने चरम पर होता है : ''सूर्य निकलने के पहले ही कई हजार आदमियों का जमाव हो गया था। जब सत्याग्रहियों का दल निकला तो लोगों की मस्तानी आवाजों से आकाश गूँज उठा। नये सैनिकों की विदाई, उनकी रमणियों का कातर धैर्य, माता-पिता का आर्द्र गर्व, सैनिकों के परित्याग का दृश्य लोगों को मस्त किये देता था।''

यह मात्र एक कहानी नहीं है, बल्कि उपनिवेशवाद के विरुद्ध अपने समय में चल रहे संघर्ष का शंखनाद है। ऐसी कहानियों के लिए 'कहानी' की कोई भी कसौटी अपर्याप्त हो जाती है। ऐसी ही कहानियों को फ्रैंक ओ' कोनर्स ने दबंग वर्ग के विरुद्ध दबे हुए वर्ग के प्रतिरोध या छापामार लड़ाई का साधन कहा था।

'पत्नी से पति' (1930) एक ऐसे दम्पति की कहानी है, जिसमें पति सरकारी अफसर और सरकार का समर्थक तथा पत्नी राष्ट्रभक्त है। सत्याग्रह आन्दोलन जारी है और विदेशी वस्त्रों की होली जलाई जा रही है। पर पत्नी चाह कर भी इस कार्यक्रम में हिस्सा नहीं ले सकती। पर अन्ततः वह पति की आज्ञा के विपरीत चलने का निश्चय करती है और कांग्रेस के जलसे में भाग लेने के लिए चली जाती है। पति के मना करने पर भी नहीं मानती। उसके पहले उसके मन का विद्रोह भाव इन शब्दों मे व्यक्त होता है : ''उसने सोचा, जब यह मेरी इतनी सी बात नहीं मान सकते, तब फिर मैं क्यों इनके इशारों पर चलूँ, क्यों इनकी इच्छाओं की लौंडी बनी रहूँ? मैंने इनके हाथ कोई अपनी आत्मा नहीं बेची है।...इन्हें अपने कर्म और वचन का अधिकार है, मुझे अपने कर्म और वचन का अख्तियार। यह अपनी सरकार की गुलामी करें, अँगरेजों की चौखट पर नाक रगड़ें, मुझे क्या गरज है कि उसमें उनका सहयोग करूँ?'' सभा में पहुँच कर वह एक भिखारी के घिसे पैसे की नीलामी बोलकर दो सौ रुपयों में खरीद लेती है। पति इस पर नाराज होता है, पर वह इसकी परवाह नहीं करती। दफ्तर में जाने पर बड़ा साहब इस बात पर पति का अपमान करता है। पर जब अपमान सीमा कर जाता है तो पति न केवल साहब को घूँसा जड़ देता है, बल्कि नौकरी से भी इस्तीफा दे देता है। पत्नी इस पर भी नहीं घबराती, पति को कांग्रेस में शरीक हो जाने को कहती है और घर का सारा भार अपने ऊपर लेने का आश्वासन देती है। वह कहती है, ''आज तक तुम मेरे पति थे, आज से मैं तुम्हारी पति हूँ।'' हिन्दुस्तानी स्त्री का यह आत्मविश्वास उसके वयस्क होने का परिचायक है। स्त्री-विमर्श को अपने नाम कर लेने के लिए आतुर कहानीकारों को यह कहानी अवश्य पढ़नी चाहिए।

'होली का उपहार' (1931) में एक नवविवाहिता लड़की आजादी की लड़ाई में न केवल निडर भाव से हिस्सा लेती है, बल्कि युवकों का नेतृत्व भी करती है, अपने नवयुवक पति को भी इस लड़ाई में हिस्सा लेने को प्रेरित करती है और उसके गले में फूल-माला डाल कर जेल जाने के लिए विदा करती है। प्रेमचन्द की ये कहानियाँ इस सत्य को बहुत ही कलात्मक ढंग से उजागर करती हैं कि आजादी की लड़ाई में स्त्रियाँ भी पीछे नहीं थीं।

'शराब की दुकान' और 'मैकू' (1930) दोनों कहानियाँ नशाबन्दी के खिलाफ शराब-ताड़ी की दुकानों पर धरना देने के प्रसंग से सम्बद्ध हैं। गाँधी जी ने यह काम स्त्रियों को सौंपा था, जो और भी कठिन था। शराबियों में अनेक अपराधी और गुंडे होते थे और उन्हें समझाना बहुत कठिन होता था। 'शराब की दुकान' में एक उत्साही और समर्पित पुरुष कार्यकर्ता एक स्त्री कार्यकर्ता को शराबखाने पर धरना देने से रोकना चाहता है। पर स्त्री इसे अपना अधिकार मानती है और अपने निर्णय से नहीं हटती। इस घटना में दोनो ही घायल होते हैं, पर इसका परिणाम यह होता है कि शराबी और दुकानदार दोनो का हृदय-परिवर्तन होता है और आन्दोलन को सफलता मिलती है। 'मैकू' भी नशाबन्दी आन्दोलन के तहत ताड़ीखाने पर कांग्रेसी कार्यकर्ताओं द्वारा धरना देने के प्रसंग में एक गुंडे पियक्कड़ के हृदय-परिवर्तन की कहानी है। दोनो ही कहानियों में हृदय-परिवर्तन के मनोविज्ञान को प्रेमचन्द ने विश्वसनीयता के साथ प्रस्तुत किया है।

लड़ाई के समय देशद्रोही देश के सबसे बड़े दुश्मन होते हैं। वे अपने सुख-स्वार्थ के लिए दुश्मन की गुप्त रूप से मदद करते हैं और देश तबाह हो जाता है। भारतीय स्वाधीनता संग्राम के समय भी देशद्रोहियों की कोई कमी न थी। देश में ही अनेक लोग औपनिवेशिक शासन की सहायता कर रहे थे। ऐसे लोगों को प्रेमचन्द देशद्रोही मानते थे। 'धिक्कार' (1930) कहानी के माध्यम से उन्होंने ऐसे देशद्रोहियों को कठिन दंड देने का विधान किया है। उन्होंने देश की स्त्रियों को सन्देश दिया है कि वे अपने देशद्रोही पुत्रों तक को क्षमा न करें। 'विकेरियन राष्ट्रवाद' का प्रमाण यह कहानी भी है। आजादी की लड़ाई में स्त्रियों के योगदान की दृष्टि से 'स्त्री-विमर्श' की कहानी भी मानी जा सकती है। इस कहानी का परिवेश यूनान का है और समय ईरान से उसके युद्ध का। कहानीकार ने स्थान और समय का सूक्ष्म ब्योरा नहीं दिया है। वस्तुतः यह ऐतिहासिक कहानी नहीं है, जिसमें इतिहास के ब्योरे देने की जरूरत हो।

1930 के आसपास प्रेमचन्द को आशंका होने लगी थी कि स्वाधीनता की लड़ाई कहीं बुर्जुआ वर्ग के हितों की लड़ाई न बन जाए। प्रेमचन्द की यह आशंका निराधार न थी और केवल सात ही वर्ष बाद सीमित अधिकारों वाली कांग्रेसी प्रान्तीय सरकारों में यह सच बन गयी। 1947 में जब देश पूरी तरह से आजाद हो गया, तब से लेकर आज तक प्रेमचन्द की यह आशंका एक कड़वी सच्चाई के रूप में हमारे सामने उपस्थित है। 'आहुति' (1930) नामक कहानी में उन्होंने इस प्रश्न को उठाया था। इस कहानी में विशम्भर नाम का छात्र अपनी पढ़ाई छोड़कर कांग्रेस में शामिल हो जाता है और उसे

देहात में आन्दोलन का काम सँभालने के लिए भेजा जाता है। विशम्भर देहातों में ऐसी जागृति फैलाने में कामयाब होता है कि वहाँ एक भी विलायती सामान नहीं बिकने पाता और न कोई नशे की दुकानों पर जाता है। न्याय के लिए लोगों ने अदालतों में जाना तक छोड़ दिया है। इस बात पर आनन्द और रूपमणि में बहस छिड़ जाती है। आनन्द उस स्वराज्य के पति वितृष्णा प्रकट करता है, जिसमें जमींदार, वकील और व्यापारी मरें और केवल मजदूर और किसान रह जाएँ। प्रेमचन्द वस्तुतः इस विषय पर अपने विचार रखने के लिए ही इस प्रसंग की रचना करते हैं। रूपमणि इसके जवाब में कहती है कि "तो तुम क्या चाहते हो कि जमींदार और वकील और व्यापारी गरीबों को चूस-चूस कर मोटे होते जायें और जिन सामाजिक व्यवस्थाओं में ऐसा महान् अन्याय हो रहा है, उनके खिलाफ जबान तक न खोली जाय?" आनन्द शिक्षा और सम्पत्ति के प्रभुत्व को शाश्वत मानता है, जिसके उत्तर में रूपमणि कहती है : "अगर स्वराज्य आने पर भी सम्पत्ति का वही प्रभुत्व बना रहे और पढ़ा-लिखा समाज यों ही स्वार्थान्ध बना रहे, तो मैं कहूँगी, ऐसे स्वराज्य का न आना ही अच्छा। अँगरेजी महाजनों की धनलोलुपता और शिक्षितों का स्वहित ही आज हमें पीसे जा रहा है। जिन बुराइयों को दूर करने के लिए आज हम प्राणों को हथेली पर लिये हुए हैं, उन्हीं बुराइयों को क्या प्रजा इसलिए सिर चढ़ाएगी कि वे विदेशी नहीं, स्वदेशी हैं? कम से कम मेरे लिए तो स्वराज्य का यह अर्थ नहीं है कि जॉन की जगह गोविन्द बैठ जायँ। मैं समाज की ऐसी व्यवस्था देखना चाहती हूँ, जहाँ कम से कम विषमता को आश्रय मिल सके।" यह प्रेमचन्द की आवाज है। ठीक यही बात उन्होंने *गबन* में देवीदीन खटिक से भी कहलायी है।

इन कहानियों से जो बात बहुत साफ होकर उभरती है, वह यह कि किसान और स्त्री इस दशक की राजनीति में बहुत सक्रिय हो उठे थे। ऐतिहासिक दस्तावेजों से भी इसकी पुष्टि होती है, पर प्रेमचन्द की कहानियाँ इन्हें जो संवेदनात्मक तीव्रता प्रदान करती हैं, उससे इतिहास सजीव हो उठता है।

औपनिवेशिक शासन के हर कमजोर पहलू पर प्रहार करना प्रेमचन्द अपना लक्ष्य मानते थे और उसे विषय बनाकर कहानियों की रचना करते थे। औपनिवेशिक शासन ने समाज को विकृत कर दिया था। 'पर्वत-यात्रा' में बुर्जुआ समाज में फैलती खुशामदी प्रवृत्ति का, जो उसकी चरित्रहीनता का परिचायक था, अंकन किया गया है। 'कवच' देशी राजाओं के दरबारों और महलों में होनेवाले षड्यन्त्रों की कथा है। यों तो पतनशील सामन्ती समाज की यह पहचान ही है, पर ब्रिटिश सर्वोपरिता को स्वीकार कर लेनेवाली भारतीय रियासतों की उत्तरदायित्वशून्य स्वेच्छाचारिता ने इस प्रवृत्ति को और भी परवान चढ़ा दिया। औपनिवेशिक शासन देश के सामाजिक-आर्थिक कल्याण के सम्बन्ध में उदासीन था। इस स्थिति में प्रेमचन्द प्रबुद्ध व्यक्तियों द्वारा चालित 'समाज सेवा' के महत्त्व को समझते थे। 'आँसुओं की होली' कहानी का मुख्य पात्र होली इस कारण नहीं खेलता कि पाँच वर्ष पहले इसी होली के दिन उसने अपने अभिन्न मित्र के, एक हरिजन बुढ़िया को कन्धा देने के, प्रस्ताव को अस्वीकार कर दिया था और उसके बाद ही मित्र

की मृत्यु हो गयी थी। उसने उस दिन कहा था कि "अगर हम लोग अपने कर्तव्य को भूल न गये होते, तो आज यह दशा ही क्यों होती? ऐसी होली को धिक्कार है। त्योहार तमाशा देखने, अच्छी अच्छी चीजें खाने और अच्छे अच्छे कपड़े पहनने का नाम नहीं है। यह व्रत है, तप है, अपने भाइयों से प्रेम और सहानुभूति करना ही त्योहार का खास मतलब है...।" यह प्रेमचन्द का विचार है, जो पराधीन भारत के सन्दर्भ में विशेष अर्थ रखता है। कहानी को रोचक बनाने के लिए उसके प्रारम्भिक तीन-चौथाई अंश में एक ऐसे आदमी का चित्र प्रस्तुत किया गया है, जो होली के दिन भी रंग नहीं खेलता। गाँवों में ऐसे व्यक्ति होते हैं और उन्हें होली खेलने के लिए बाध्य करना, उन्हें जबरदस्ती रंग से सराबोर करना सालियों, सलहजों अथवा युवकों का परम 'कर्तव्य' हो जाता है। इस ग्रामीण संस्कृति का बहुत अच्छा चित्रण प्रेमचन्द ने इस कहानी में किया है।

औपनिवेशिक पराधीनता से ही जुड़ा हुआ दूसरा पक्ष जमींदारों, महाजनों और ब्राह्मणों द्वारा किसानों और किसान-मजदूरों का आर्थिक तथा पुरोहिती शोषण था, जिसका प्रमुख कारण अशिक्षा और रूढ़िगत संस्कार थे। देश की लगभग नब्बे प्रतिशत जनता 'संवैधानिक अधिकार' की बात नहीं समझती थी। उसके लिए अँगरेजों का शासन कोई समस्या नहीं थी। वस्तुतः वह तो हजारों वर्षों से राजशाही और सामन्ती शासन की अभ्यस्त थी। उस जनता के सबसे बड़े दुश्मन तो अपने ही देश के जमींदार, महाजन, पुरोहित, सरकारी अमले आदि थे। किसान-मजदूर जन इनके शोषण और अत्याचार से मुक्ति चाहता था। प्रेमचन्द इस वास्तविकता को समझते थे, अतः उन्होंने इस यथार्थ को बेनकाब करने का प्रयत्न अपनी कहानियों में किया है। 'सवा सेर गेहूँ' (1924), 'मुक्ति-मार्ग' (1924), 'बाबा जी का भोग' (1926), 'पूस की रात' (1930) आदि कहानियाँ इस सच्चाई का तल्ख और संवेदनात्मक गहराई के साथ चित्रण करती हैं। प्रेमचन्द धर्म के नाम पर पेट भरने वाले साधुओं की पोल खोलने, उन पर व्यंग्य करने और उनकी हँसी उड़ाने में कोई संकोच नहीं करते। इन परजीवी साधुओं का भार समाज़ पर पड़ता है। धर्म के भय से गरीब ग्रामीण स्वयं भूखे रहकर भी इन्हें हलवा-पूरी का भोग कराते हैं और कभी कभी महाजनी जाल में फँस कर अपने को पूरी तरह से बरबाद कर लेते हैं। पुराने स्मृति-पुराण साहित्य द्वारा प्रचारित मूल्य बीसवीं शताब्दी तक आते आते कितने विकृत और मानव-विरोधी हो गये थे, इसका अहसास 'सवा सेर गेहूँ' कहानी कराती है। साथ ही, औपनिवेशिक शासन मजदूरों या छोटे किसानों के शोषण के प्रति कितना उदासीन या अप्रत्यक्ष रूप में सहायक था, यह कहानी इसका भी तीखा बोध कराती है। द्वार पर कोई 'महात्मा' आ जाएँ तो उनका सेवा-सत्कार करना किसान अपना धर्म समझता था। इसके लिए उसे साहूकार 'विप्र महाराज' से उधार सामग्री लेनी पड़ती थी, जो उसकी विपत्ति का कारण बन जाता था। इस कहानी में इसी स्थिति का चित्रण किया गया है। प्रेमचन्द ऐसे 'महात्माओं' का व्यंग्यपूर्ण चित्रण करते हैं—"तेजस्वी मूर्ति थी, पीताम्बर गले में, जटा सिर पर, पीतल का कमंडल हाथ में, खड़ाऊँ पैर में, ऐनक आँखों पर, सम्पूर्ण वेश उन महात्माओं का सा था, जो रईसों के प्रासादों में तपस्या,

हवागाड़ियों पर देवस्थानों की परिक्रमा और योगसिद्धि प्राप्त करने के लिए रुचिकर भोजन करते हैं।'' गरीब किसान शंकर 'महात्मा जी' को भोजन कराने के लिए सवा सेर गेहूँ उधार लाता है। 'महात्मा जी' तो प्रातःकाल आशीर्वाद देकर अपनी राह लेते हैं, इधर गेहूँ उधार देने वाले 'विप्र महाराज' शंकर को ऐसे महाजनी चक्कर में डालते हैं कि उसे अपनी सारी जिन्दगी उनकी गुलामी में खपानी पड़ती है और उसके मरने के बाद उसका बेटा भी उनका कर्ज चुकाने के लिए गुलामी करने को बाध्य होता है। शंकर पहले तो 'किसान' से मजदूर बनने को विवश होता है और काल-चक्र में पड़कर पुरोहित से 'महाजन' बने 'विप्र महाराज' का जिन्दगी भर के लिए 'बँधुआ मजदूर' हो जाता है। इतना ही नहीं, उसके बेटे को भी यह गुलामी विरासत में प्राप्त होती है। इसका कारण शंकर की मूर्खतापूर्ण 'धर्मनिष्ठा', परम्परागत मनुवादी मूल्यों में विश्वास और औपनिवेशिक शासन की उदासीनता के अलावा कुछ नहीं है। यदि वह विप्र महाजन को सवा सेर गेहूँ के स्थान पर साढ़े पाँच मन गेहूँ देने से इनकार कर देता, तो महाजन उसका कुछ भी बिगाड़ नहीं पाता, पर 'धर्म' का मिथ्या भय उसे ऐसा नहीं करने देता। यही बात *गोदान* के होरी के साथ भी होती है। प्रेमचन्द विप्र महाजन पर व्यंग्य करने से भी नहीं चूकते। वह बड़ी निर्लज्जता से कहता है कि भगवान के यहाँ का डर उसे नहीं है, क्योंकि 'वहाँ तो सब अपने ही भाई-बन्धु हैं। ऋषि-मुनि, सब तो ब्राह्मण ही हैं; देवता ब्राह्मण हैं, जो कुछ बने-बिगड़ेगी, सँभाल लेंगे।'' 'मुक्ति मार्ग' में गोहत्या से जुड़े अन्धविश्वास और प्रायश्चित्त-विधान से सम्बद्ध पुरोहिती शोषण का चित्रण किया गया है। 'बाबा जी का भोग' में भी प्रेमचन्द धर्म के नाम पर पेट भरने वाले साधुओं की पोल खोलने, उन पर व्यंग्य करने और उनकी हँसी उड़ाने में कोई संकोच नहीं करते। यह कहानी इस सच का करुणा, व्यंग्य, धर्म-भय, पाखंड आदि भावों के साथ अंकन करती है। 'गुरु-मन्त्र' और 'निमन्त्रण', 'मोटेराम जी शास्त्री' और 'मोटेराम जी शास्त्री का नैराश्य' आदि कहानियाँ भी थोड़े बहुत अन्तर के साथ इसी कथ्य से सम्बन्धित हैं। इन कहानियों में पंडित चिन्तामणि और पंडित मोटेराम शास्त्री का नाम बार बार आता है। दोनो ही पेटू, पाखंडी, मूर्ख, परम स्वार्थी और अवसरवादी हैं। यहाँ तक कि ये स्वाधीनता आन्दोलन के विरोधी और अँगरेजी राज के समर्थक भी हैं। इनके नाम के साथ लगा हुआ 'पंडित' शब्द प्रेमचन्द की व्यंग्यदृष्टि का परिचायक है। प्रेमचन्द इन पर व्यंग्य तो करते ही हैं, सीधा प्रहार भी करते हैं।

'पूस की रात' (1930) में, जो प्रेमचन्द की सर्वश्रेष्ठ कहानियों में से एक है, औपनिवेशिक किसान की हताश और टूटी हुई मनोदशा का अद्भुत चित्रण हुआ है। औपनिवेशिक भूमि-व्यवस्था के कारण उत्तर भारतीय किसान की हालत कुत्ते से भी बदतर हो गयी थी और वह मजदूर बनने की ओर बढ़ रहा था। किसान के साथ कुत्ते को रखकर प्रेमचन्द ने इस सच्चाई को अद्भुत संवेदनात्मक धार प्रदान कर दी है। पशु-संवेदना का ऐसा मार्मिक चित्रण भी अन्यत्र दुर्लभ है।

औपनिवेशिक शासन का एक और तीखा सच दलितों पर जमींदारों और उच्चवर्ग

का अत्याचार था। यह सच भारतीय समाज में सदियों से चला आ रहा था, औपनिवेशिक शासन में भी विद्यमान था और आज भी अपनी पूरी कुरूपता में दिखायी पड़ता है। अकल्पनीय निर्धनता, मनुष्यता को शर्मिन्दा करने वाले छुआछूत के विचार से परिचालित व्यवहार और नृशंसता से भरा दमन दलितों की नियति का अनिवार्य हिस्सा था। दुनिया के सामने अपनी सभ्यता का ढिंढोरा पीटनेवाले औपनिवेशिक शासन को इससे कोई मतलब नहीं था। पर स्वाधीनता आन्दोलन का, और इसीलिए प्रेमचन्द के लेखन का भी, यह एक प्रमुख मुद्दा था। विध्वंस' (1921), 'सौभाग्य के कोड़े' (1924) 'मन्दिर' (1927), 'घासवाली' (1929), 'सद्गति' (1930) आदि कहानियों में प्रेमचन्द ने अपनी दलित संवेदना को वाणी दी है। दशक के प्रथम वर्ष की कहानी 'विध्वंस' में एक दलित भड़भूजिन पर जमींदार के अत्याचार का चित्रण किया गया है। औपनिवेशिक शासन में गाँव की पूरी जमीन पर जमींदार का अधिकार होता था और कहीं झोंपड़ी डालकर गुजर-बसर करने वाले को भी उसे बेगार देनी पड़ती थी। इस बेगार में मानवीय संवेदना के लिए तनिक भी स्थान नहीं था। इसका उल्लंघन करने वाला रैयत जमींदार द्वारा बरबाद कर दिया जाता था। गरीब ग्रामीण की फरियाद सुननेवाला कोई नहीं था। भँड़भूजे, नाई, घसियारे, दर्जी आदि इस अत्याचार के शिकार थे। प्रेमचन्द जानते थे कि औपनिवेशिक शासन में इस दमन का कोई प्रतिकार नहीं था। अतः वे भी दलितों की ही तरह अपने सन्तोष के लिए दैवी शक्तियों का सहारा लेते हैं और अत्याचारी को अतिलौकिक शक्ति द्वारा दंडित कराते हैं। इस कहानी में भी जमींदार के कारिन्दे भड़भूजिन की झोपड़ी और उसके द्वारा ढेर लगाए सूखे पत्तों में आग लगाते हैं जो जमींदार के विशाल भवन को भी भस्म कर डालती है। प्रतीक रूप में इसका पाठ यह भी हो सकता है कि गरीबों पर किया हुआ अत्याचार उनके ही रोष में भस्म हो जाता है। इसमें कोई शक नहीं कि दलितों के प्रति प्रेमचन्द की सहानुभूति आक्रामकता की हद तक है। इसी प्रकार दशक के अन्तिम वर्ष की कहानी 'सद्गति' (1930) मनुवादी व्यवस्था में ब्राह्मणों द्वारा दलित समाज के अमानवीय शोषण पर व्यंग्य करती है। इस व्यवस्था ने हजारों साल से दलितों के मन में ऐसे संस्कार भर दिये हैं कि वह स्वयं ही ब्राह्मण पुरोहितों के बनाये शास्त्र-जाल में फँसता है और अपनी दुर्गत कराता है। प्रेमचन्द ने इस कहानी द्वारा दलित वर्ग के शोषण का चित्रण तो किया ही है, साथ ही यह संकेत भी दिया है कि दलित रूढ़ और जड़ धार्मिक मान्यताओं में आस्था रखने के कारण ही ब्राह्मणों के शोषण का शिकार बनता है। इस कहानी में भी प्रेमचन्द ने ब्राह्मण वर्ग के धार्मिक पाखंड पर मारक व्यंग्य किया है : "पंडित घासीराम ईश्वर के परम भक्त थे। नींद खुलते ही ईशोपासन में लग जाते। मुँह-हाथ धोते आठ बजते, तब असली पूजा शुरू होती, जिसका पहला भाग भंग की तैयारी था। उसके बाद आध घंटे तक चन्दन रगड़ते, फिर आईने के सामने तिनके से माथे पर तिलक लगाते। चन्दन की दो रेखाओं के बीच में लाल रोली की बिन्दी होती थी। फिर छाती पर, बाँहों पर चन्दन की गोल गोल मुद्रिकाएँ बनाते। फिर ठाकुर जी की मूर्ति निकालकर उसे नहलाते, चन्दन

लगाते, फूल चढ़ाते, आरती करते, घंटी बजाते। दस बजते-बजते वह पूजन से उठते और भंग छानकर बाहर जाते। तब तक दो चार जजमान द्वार पर आ जाते। ईशोपासन का फल तत्काल मिल जाता। यही उनकी खेती है।'' कहानी का दुखी चमार बेटी की सगाई के लिए पंडित जी के पास 'साइत-सगुन' निकलवाने के लिए जाता है और उनके चंगुल में फँस कर जान ही गँवा देता है। यदि उसमें थोड़ी भी तर्क-बुद्धि और विवेक होता तो वह पुरोहित के जाल में फँसकर अपनी दुर्दशा नहीं कराता और जान जाने की नौबत नहीं आती। पर सदियों का जड़ संस्कार उसे ऐसा नहीं करने देता। इन कहानियों में दलित वर्ग के प्रति प्रेमचन्द की गहरी संवेदना अपनी पूरी क्षमता के साथ व्यक्त हुई है।

अपनी कहानियों में प्रेमचन्द ने दलित वर्ग के प्रति अपनी संवेदना अन्य रूपों में भी व्यक्त की है। 'सौभाग्य के कोड़े' (1924) कहानी में एक अनाथ दलित बालक के, अपनी प्रतिभा के बल पर, बहुत बड़ा कलाकार बनने का चित्रण किया गया है। प्रेमचन्द ने उस अनाथ दलित बालक का विवाह रायबहादुर की कन्या से होते दिखाया है और वह भी लड़की की मरजी से। कहानी के भीतर प्रेमचन्द ने इस बात की ओर भी संकेत किया है कि हिन्दुत्व के समर्थक दलित हिन्दू बच्चों को ईसाइयों के चंगुल से बचाने में ही अपने पुरुषार्थ की इतिश्री मान लेते थे, उनके उत्थान की कोई चिन्ता उन्हें नहीं होती थी; उन्हें मुक्त कराकर पुनः 'भंगी' आदि के खाने में डाल देते थे।

मनुवादी हिन्दू व्यवस्था में देवमन्दिरों में शूद्रों का प्रवेश वर्जित था। गाँधी जी इस व्यवस्था के विरुद्ध संघर्ष कर रहे थे। प्रेमचन्द भी दलितों के साथ थे और मन्दिरों में उनके प्रवेश को उनका अधिकार मानते थे। 'मन्दिर' में इस सच का चित्रण किया गया है। प्रेमचन्द को जहाँ भी मौका मिलता है—इस कहानी में भी—पुजारियों पर व्यंग्य करने से नहीं चूकते और उनका व्यंग्य बड़ा पैना होता है। कट्टर धार्मिक आचारों की भी आलोचना करने से वे नहीं चूकते। इस सामाजिक समस्या के साथ पुत्र के प्रति माँ के वात्सल्य भाव को जोड़कर उन्होंने कहानी को प्रभावी बनाने का सफल प्रयास किया है। 'घासवाली' में प्रेमचन्द ने एक दलित स्त्री के स्वाभिमान, गैरत और आत्मविश्वास का चित्रण किया है, यद्यपि इससे जुड़ा प्रेम-प्रसंग असामान्य होने के कारण प्रभावित नहीं करता। जमींदार का ऐसा संयत और उदात्त प्रेम इस बात का परिचायक है कि प्रेमचन्द जमींदार मात्र को 'शैतान' नहीं मानते। उनके पात्र वर्ग का प्रतिनिधित्व करने के साथ साथ कहीं कहीं उससे ऊपर भी उठते दिखायी देते हैं।

दलित-यथार्थ की तरह ही स्त्री का यथार्थ भी भारतीय समाज का एक कटु सत्य है और सभ्यता के दावेदार औपनिवेशिक शासन की इसके समाधान में भी कोई रुचि नहीं थी। इस काल में, शिक्षाविदों के अनुसार, लड़कियों की साक्षरता का प्रतिशत दशमिक भिन्न में था, अर्थात् एक प्रतिशत से भी कम।[9] डा. भगवान दयाल के अनुसार स्कूल जाने योग्य आयु की लड़कियों में से केवल 2.7 प्रतिशत ही स्कूल जा पाती थीं।[10] 1901 में स्त्रियों की साक्षरता का प्रतिशत .7 प्रतिशत और 1921 में 1.9 था।[11] ऐसी

स्थिति में स्त्रियों के सामाजिक पिछड़ेपन का अनुमान किया जा सकता है। प्रेमचन्द की कहानियों में यह अशिक्षित, रूढ़ियों और अन्धविश्वासों में जकड़ी, सदियों से पुरुष-व्यवस्था की मार झेलती, स्वाभाविक मानवीय अधिकारों से भी वंचित, किसी प्रकार की भी स्वतन्त्रता से रहित, मूक-वधिर और दशक के अन्त में अपनी सीमाओं को तोड़ती, मनुवादी व्यवस्था से विद्रोह करती स्त्री बार बार सामने आती है। इसके उदाहरण के रूप में 'रूहे हयात'(1921), 'नैराश्य लीला' (1923), 'नैराश्य', 'तेंतर' और 'निर्वासन' (1924), 'नरक का मार्ग' और 'धिक्कार' (1925), 'सोहाग का शव' (1928), 'खुचड' (1929), 'पत्नी से पति' और 'जुलूस' (1930), 'होली का उपहार' (1931) आदि कहानियाँ पेश की जा सकती हैं। 'नैराश्य लीला' (1923) में बाल विवाह और उसके बाद, गौना के पहले ही, लड़की के विधवा हो जाने का चित्रण किया गया है। परम्परागत सवर्ण हिन्दू समाज में, माता-पिता के स्नेहपूर्ण संरक्षण के बावजूद, ऐसी लड़की का जीना मुश्किल हो जाता था। इस कहानी में इस विषम स्थिति का चित्रण किया गया है। एक ही वर्ष में प्रकाशित 'नैराश्य' और 'तेंतर' कहानियों में लिंग-पूर्वग्रह का चित्रण हुआ है। 'नैराश्य' में पुत्री के जन्म लेने पर पूरे परिवार में शोक का माहौल पैदा हो जाता है और माँ की हर प्रकार से उपेक्षा और अवमानना होने लगती है। 'तेंतर' में तीन पुत्रों के बाद पैदा हुई लड़की के कारण माता पिता में से एक की मृत्यु सम्बन्धी अन्धविश्वास के तहत लड़की को मार डालने के प्रयास का चित्रण किया गया है। कन्या का जन्म पूरे परिवार के लिए चिन्ता, भय और शोकमग्नता का कारण बन जाता है। दादी की इच्छा का पालन करती हुई उसकी माँ भी उसे अपना दूध नहीं पिलाती, ताकि बच्ची यथाशीघ्र कालकवलित हो जाए। प्रेमचन्द की सहानुभूति स्त्री के साथ है। इस क्रूरता को प्रभावशाली रूप में उजागर करके प्रेमचन्द बिना कोई व्याख्यान दिये ही नारी-विमर्श का एक शक्त मुद्दा उपस्थित कर देते हैं। 'निर्वासन' भी स्त्री के प्रति पुरुष के अमानवीय व्यवहार और समाज में स्त्री की हीन दशा की कहानी है। यदि स्त्री किसी मेले या गंगा-स्नान के समय पति से बिछड़ जाती है और एक सप्ताह बाद घर लौटती है तो निर्दोष होने पर भी उसे अपने घर में शरण नहीं मिलती। ऐसी स्थिति में उसके लिए आत्महत्या या वेश्यावृत्ति अपनाने के सिवा और कोई चारा नहीं होता। यह जानते हुए भी पुरुष को स्त्री के प्रति सहानुभूति नहीं होती। 'नरक का मार्ग' में एक ऐसी लड़की का चित्रण किया गया है, जो माता-पिता द्वारा एक वृद्ध व्यक्ति से ब्याह दी जाती है।

इसके साथ ही इन कहानियों में वह स्त्री भी सामने आती है, जो सर्वथा विपरीत परिस्थितियों में भी जिजीविषा का त्याग नहीं करती ('रूहे हयात') और पति के व्यवहार से तंग आकर विद्रोह करती है ('खुचड़')। 'नरक का मार्ग' में माता-पिता द्वारा एक वृद्ध व्यक्ति से विवाह दी जानेवाली लड़की का विद्रोह अपनी पूरी शक्ति से व्यक्त हुआ है। वह एक स्थान पर स्वगत कहती है : "इस लोकप्रथा का बुरा हो, जो अभागिनी कन्याओं को किसी न किसी पुरुष के गले में बाँध देना अनिवार्य समझती है।..." वह पति से

विद्रोह करती है। उसकी परवाह नहीं करती। यहाँ तक कि जब वह बीमार पड़ता है, तो उसकी मृत्यु की सम्भावना से खुश होती है। वह कहती है, "इनकी बीमारी से मुझे एक प्रकार का ईर्ष्यामय आनन्द आ रहा है। इन्होंने यहाँ मुझे कारावास दे रखा था–मैं इसे विवाह का पवित्र नाम नहीं देना चाहती–यह कारावास ही है। मैं इतनी उदार नहीं हूँ कि जिसने मुझे कैद में डाल रखा हो उसकी पूजा करूँ, जो मुझे लात से मारे, उसके पैरों को चूमूँ।...मैं निस्संकोच होकर कहती हूँ कि मेरा इनसे विवाह ही नहीं हुआ।" यह पातिव्रत्य की परम्परागत अवधारणा के प्रति स्पष्ट विद्रोह है। पति के मर जाने पर भी वह शोक व्यक्त नहीं करती। इसी मनोदशा में वह घर त्याग देती है और वेश्यावृत्ति अपना लेती है। अन्त में वह पाठकों को सम्बोधित करती है : "अपनी बालिकाओं के लिए मत देखो धन, मत देखो जायदाद, मत देखो कुलीनता, केवल वर देखो। अगर उसके जोड़ का वर नहीं पा सकते तो लड़की को क्वाँरी रख छोड़ो, जहर देकर मार डालो, गला घोंट डालो, पर किसी बूढ़े खूसट से मत ब्याहो। स्त्री सबकुछ सह सकती है, दारुण से दारुण दुःख, बड़े से बड़ा संकट, अगर नहीं सह सकती तो अपने यौवन-काल की उमंगों का कुचला जाना।" 'धिक्कार' कहानी में प्रेमचन्द विधवा-विवाह का समर्थन तो करते हैं, पर अभी इस सवाल को लेकर उनका अन्तर्विरोध बरकरार है। वे विषय को मोड़ देते हैं और इसे एक ऐसी लड़की की कहानी बना देते हैं जो अपने अत्याचारी चाचा-चाची की भावना की रक्षा के लिए अपने प्राण दे देती है। 'सोहाग का शव' की सुभद्रा पति के विश्वासघात से क्षुब्ध होकर मनुवादी स्त्री-संहिता को अस्वीकार करती हुई कहती है : "क्या पुरुष हो जाने से ही सभी बातें क्षम्य और स्त्री हो जाने से सभी बातें अक्षम्य हो जाती हैं?" उसे 'नारियों के ऊँचे आदर्शों' की परवा नहीं है। पुरुष के पैरों की जूतियाँ बनकर रहने वाली स्त्रियों को वह क्षमा नहीं करती। वह अपने पति की हत्या तक कर डालने का निश्चय कर डालती है। पर प्रेमचन्द स्त्री को इतनी दूर ले जाने को तैयार नहीं हैं। सुभद्रा अपने निश्चय को कार्यान्वित नहीं कर पाती और अन्ततः अपने आभूषण, सुहाग की साड़ी और सिन्दूर की डिबिया अपनी भावी सौत के पास भेजकर पलायन का मार्ग ही अपनाती है। 'नैराश्य लीला' की कैलासी जब विद्रोह पर उतरती है तो कहती है : "... कुछ मालूम भी तो हो कि संसार मुझसे क्या चाहता है, मुझमें जीव है, चेतना है, जड़ क्यों कर बन जाऊँ ! मुझसे यह नहीं हो सकता कि अपने को अभागिनी, दुखिया समझूँ और एक टुकड़ा रोटी खाकर पड़ी रहूँ। ऐसा क्यों करूँ? संसार मुझे चाहे जो समझे, मैं अपने को अभागिनी नहीं समझती। मैं अपने आत्म-सम्मान की रक्षा आप कर सकती हूँ। मैं इसे अपना घोर अपमान समझती हूँ कि पग-पग पर मुझ पर शंका की जाय, नित्य कोई चरवाहों की भाँति मेरे पीछे लाठी लिये घूमता रहे कि किसी खेत में न जा पड़ूँ। यह दशा मेरे लिए असह्य है।" वह सोचती रहती है कि "स्त्री क्यों पुरुष पर इतनी अवलम्बित है? पुरुष क्यों स्त्री के भाग्य का विधायक है? स्त्री क्यों नित्य पुरुषों का आश्रय चाहे, उनका मुँह ताके? इसीलिए न कि स्त्रियों में अभिमान नहीं है, आत्मसम्मान नहीं है। नारी-हृदय के कोमल भाव, उसे कुत्ते

का दुम हिलाना मालूम होने लगे। प्रेम कैसा? यह सब ढोंग है। स्त्री पुरुष के अधीन है, उसकी खुशामद न करे, सेवा न करे, तो उसका निर्वाह कैसे हो।'' यह प्रेमचन्द की आवाज है, जो पुनर्जागरण की पहचान है। इसका बोध होते ही कैलासी विधवा के लिए निर्धारित सारे नियमों का उल्लंघन करने लगती है और स्त्रियों के लिए निर्धारित सारे व्रतों का बहिष्कार कर देती है। वह दृढ़तापूर्वक कहती है कि यदि पुरुष स्त्रियों के लिए कोई व्रत नहीं रखते, तो स्त्रियाँ ही पुरुषों के कुशल-क्षेम के लिए व्रत क्यों रखें? वह नहीं मानती कि स्त्री का धर्म 'अपने पुरुष की सेवा' करना है। वह 'अपनी आत्मा की रक्षा' को ही एकमात्र धर्म मानती है। उसके माता-पिता इसे उसके नैराश्य की उपज मानते हैं। पिता को एक ही रास्ता सूझता है; उसके पुनर्विवाह का। पर वे उसे अपनी जबान पर लाने की हिम्मत नहीं करते। पर 'सुभागी' में प्रेमचन्द का विधवा-विवाह सम्बन्धी अन्तर्विरोध समाप्त होता दिखायी देता है। इस कहानी में उन्होंने एक ऐसी लड़की का चित्रण किया है जो किसी भी लड़के से कम योग्य, समर्थ और जिम्मेदार नहीं है। यह प्रेमचन्द की पहली कहानी है, जिसमें प्रेमचन्द ने विधवा-विवाह और अन्तरजातीय विवाह, दोनो का खुलकर चित्रण किया है।

इस दशक की प्रेमचन्द की कहानियों में स्त्री के उस रूप का भी चित्रण हुआ है, जिसे स्वाधीनता आन्दोलन ने, और विशेष रूप से गाँधी जी ने, जगा दिया था। यह स्त्री अपने दारोगा पति को आन्दोलनकारी जनता पर किये गये अत्याचार पर पश्चात्ताप करने के लिए प्रेरित करती है ('जुलूस'), यदि पति सरकारी नौकरी करता है और उसकी प्रेरणा से इस्तीफा देकर सिर लटकाए हुए घर लौटता है तो यह स्त्री घर-गृहस्थी की सारी व्यवस्था सँभाल लेने का आश्वासन देती है ('पत्नी से पति')। नारी-जागरण की दृष्टि से ये कहानियाँ बेजोड़ हैं।

प्रेमचन्द की इस दशक की कहानियों में समकालीन सामाजिक, आर्थिक और नैतिक संरचना का अंकन द्रष्टव्य है। वे स्वयं आर्थिक दृष्टि से एक 'निम्न मध्यवर्गीय' परिवार से निकले हुए लेखक थे, जो संघर्ष करते हुए 'मध्य मध्यवर्ग' की चौहद्दी में पहुँचे थे। छोटे-बड़े शहरों में रहने के बावजूद अपने गाँव और बृहत्तर परिवार से उनका सम्बन्ध सदा बना रहा। अतः ग्रामीण सामाजिक संरचना का बहुत ही प्रमाणिक अंकन उनकी कहानियों में देखने को मिलता है। इस संरचना की नींव संयुक्त परिवार के परम्परागत मूल्यों पर आधारित थी। दाम्पत्य सम्बन्ध, दहेज प्रथा, विधवा विवाह, बहु-विवाह, बिरादरी, कुल मर्यादा आदि इस संरचना की नींव थे। आत्म-समर्पण और सेवा-धर्म को प्रेमचन्द दाम्पत्य जीवन का मूल तत्त्व मानते हैं। 'दो सखियाँ' (1928)[12] कहानी द्वारा प्रेमचन्द आदर्श दाम्पत्य जीवन की एक रूपरेखा प्रस्तुत करते हैं। दो सखियों में से एक, पद्मा, आधुनिक विचारों की, आचार-विचार में स्वतन्त्र लड़की है, जो प्रेम-विवाह करती है और दूसरी, चन्दा, पढ़ी-लिखी होने पर भी अपने माँ-बाप के द्वारा तय किये हुए पति को स्वीकार करती है। इस कहानी में प्रेमचन्द यह दिखलाते हैं कि परस्पर विश्वास और समर्पण से ही दाम्पत्य जीवन सुखी हो सकता है। अपने

एक पत्र में पद्मा कहती है : "...देखें हम दोनों के डोंगे कहाँ लगते हैं। तुम अपनी स्वदेशी, पाँच हजार वर्षों की पुरानी जर्जर नौका पर बैठी हो, मैं नये द्रुतगामी मोटरबोट पर। अवसर, विज्ञान और उद्योग मेरे साथ हैं लेकिन कोई दैवी विपत्ति आ गयी, तब भी इसी मोटरबोट पर डूबूँगी।" चन्दा का परिवार पुरानी परम्पराओं से जुड़ा है, जिसमें नववधू को अपेक्षित सम्मान देने की बात तो दूर रहे, उसे बात बात पर परेशानी में डाला जाता है। पर कुछ ही दिनों में स्थिति इतनी असह्य हो जाती है कि चन्दा का पति अपने माँ-बाप से विद्रोह कर अलग रहने लगता है। उधर पद्मा को एक अन्य व्यक्ति के प्रति झुकते देखकर उसका पति उसे छोड़कर चला जाता है। प्रेमचन्द विवाहित जीवन में इतनी स्वतन्त्रता की छूट नहीं देते। विनोद (पद्मा के पति) के माध्यम से प्रेमचन्द विवाह के प्रति अपने विचार भी व्यक्त करते हैं। विनोद कहता है : "मैं वर्तमान वैवाहिक प्रथा को पसन्द नहीं करता। इस प्रथा का आविष्कार तब हुआ था, जब मनुष्य सभ्यता की प्रारम्भिक दशा में था। तब से दुनिया बहुत आगे बढ़ी है। मगर विवाह प्रथा में जौ भर भी अन्तर नहीं पड़ा। यह प्रथा वर्तमान काल के लिए उपयोगी नहीं।...इसमें सबसे बड़ा ऐब यह है कि यह एक सामाजिक प्रश्न को धार्मिक रूप दे देती है।...यह व्यक्तियों की स्वाधीनता में बाधक है। यह स्त्री-व्रत और पातिव्रत्य का स्वांग रचकर हमारी आत्मा को संकुचित कर देता है। हमारी बुद्धि के विकास में जितनी रुकावट इस प्रथा ने डाली है, उतनी और किसी भौतिक या नैतिक क्रान्ति से भी नहीं हुई।...व्रत केवल एक निरर्थक बन्धन का नाम है।...पुरुष क्यों चाहता है कि स्त्री उसको अपना ईश्वर, अपना सर्वस्व समझे? केवल इसलिए कि वह उसका भरण-पोषण करता है? क्या स्त्री का कर्तव्य केवल पुरुष की सम्पत्ति के लिए वारिस पैदा करना है? उस सम्पत्ति के लिए जिस पर, हिन्दू नीतिशास्त्र के अनुसार, पति के देहान्त के बाद उसका कोई अधिकार नहीं रहता। समाज की यह सारी व्यवस्था, सारा संगठन सम्पत्ति-रक्षा के आधार पर हुआ है।...मैं इस वैवाहिक प्रथा को सारी बुराइयों की जड़ समझता हूँ।" वह आगे कहता है, "...मैं मनुष्य होने के नाते उसी श्रेणी (विवाह-प्रथा) को श्रेष्ठ समझता हूँ, जो जीवनपर्यन्त एक साथ रहते हैं, मगर स्वेच्छा से। उनके यहाँ (कतिपय पशु-पक्षियों में) कोई कैद नहीं, कोई सजा नहीं। दोनों अपने अपने चारे-दाने की फिक्र करते हैं। उनके बीच कोई तीसरा नर या मादा आ ही नहीं सकता, यहाँ तक कि उनमें से जब एक मर जाता है, तो दूसरा मरते दम तक फुट्टैल रहता है। यह अन्धेर मनुष्य जाति में ही है कि स्त्री ने किसी दूसरे पुरुष से हँसकर बात की और उसके पुरुष की छाती पर साँप लोटने लगा, खून-खराबे के मनसूबे सोचे जाने लगे। पुरुष ने किसी दूसरी स्त्री की ओर रसिक नेत्रों से देखा और अर्धांगिनी ने त्योरियाँ बदलीं, पति के प्राण लेने को तैयार हो गयी। यह सब क्या है? ऐसा मनुष्य समाज-सभ्यता का किस मुँह से दावा कर सकता है?" चन्दा के पत्र में उसकी सास-ननदों द्वारा उस पर होने वाली ज्यादतियों और पति का अपने माता-पिता के प्रति विद्रोह का वर्णन है। पद्मा अपने पत्र में लिखती है : "...मैं उनको प्रचलित प्रेम-व्यापार की कसौटी पर कसना चाहती थी। यह फैशन हो गया

है कि पुरुष घर में आये तो स्त्री के वास्ते कोई तोहफा लाये; पुरुष रात-दिन स्त्री के लिए गहने बनवाने, कपड़े सिलवाने, बेल, फीते, लेस खरीदने में मस्त रहे, फिर स्त्री को उससे कोई शिकायत नहीं, वह आदर्श पति है, उसके प्रेम में किसे सन्देह हो सकता है? लेकिन उसी प्रेयसी की मृत्यु के तीसरे महीने वह फिर नया विवाह रचाता है। स्त्री के साथ अपने प्रेम को चिता में जला आता है। फिर वही स्वांग इस नयी प्रेयसी से होने लगते हैं...'' चन्दा अपने पत्र में लिखती है : ''...प्रेम का एक ही मूल मन्त्र है और वह है सेवा। यह मत समझो कि जो पुरुष तुम पर भ्रमर की तरह मँड़राया करता है, वह तुमसे प्रेम करता है। उसकी यह रूपासक्ति बहुत दिनों तक नहीं रहेगी।...विलासिनी मनोरंजन कर सकती है, चिरसंगिनी नहीं बन सकती।...सेवाभाव रखने वाली स्त्री रूपविहीन स्त्री का पति किसी स्त्री के रूपजाल में फँस जाए तो बहुत जल्द निकल भागता है, सेवा का चस्का पाया हुआ मन केवल नखरों और चोंचलों पर लट्टू नहीं होता।''

इस दाम्पत्य मूल्य को प्रेमचन्द की कहानियों में पारिवारिक संरचना के आधार के रूप में देखा जा सकता है। 'स्त्री और पुरुष' कहानी में दाम्पत्य सम्बन्ध के सन्दर्भ में शारीरिक सौन्दर्य की तुलना में आत्मिक सौन्दर्य को श्रेष्ठ बताया गया है। प्रेमचन्द के अनुसार दाम्पत्य जीवन में इसी प्रेम का महत्त्व है। पत्नी इसी प्रेम के बल पर पति के हृदय पर विजय प्राप्त करती है। 'स्वर्ग की देवी' में पत्नी पति को कुमार्ग पर जाने से रोकने के लिए अपने दुःख को भूलकर मोहन रूप धारण करती है। पर यह कहानी दूसरे कारण से उल्लेखनीय है। परम्परागत मूल्यों में विश्वास करने वाले ससुराल के परिवार में पहुँच कर लड़की की दशा का वर्णन इस कहानी का मुख्य विषय हो गया है। यह कहानी मध्यवर्गीय सामाजिक संरचना का रूप प्रस्तुत करती है।

तत्कालीन समाज में बहु-विवाह प्रचलित था और उसके आनुसंगिक परिणाम भी सामाजिक संरचना को प्रभावित करते थे। 'स्वप्न' में स्वप्न-शिल्प के माध्यम से बहुविवाह की आलोचना की गयी है। 'गृह-दाह' में सौतेले पुत्र के प्रति सौतेली माँ के अमानवीय व्यवहार का चित्रण किया गया है। संयुक्त परिवार में यह स्थिति अक्सर देखने को मिलती थी।

बीसवीं सदी के पूर्वार्द्ध तक गाँवों की सामाजिक संरचना में बिरादरी आधारित बहिष्कार इतना जबरदस्त हथियार था कि व्यक्ति उसके सामने असहाय होकर टूट जाता था। जो अन्यत्र बलवान था, वह भी बिरादरी के सामने लाचार हो जाता था। 'दंड' कहानी में 'बिरादरी' की इसी शक्ति का चित्रण किया गया है। 'बहिष्कार' में कुल-मर्यादा के नाम पर सामाजिक बहिष्कार के चलते एक परिवार के बरबाद हो जाने की कहानी कही गयी है। 'बैर का अन्त' कृषि-आधारित मध्यवर्गीय समाज की और 'माँगे की घड़ी' ग्रामेतर मध्यवर्गीय समाज की आर्थिक-नैतिक संरचना के अध्ययन की दृष्टि से महत्त्वपूर्ण कहानियाँ हैं। मध्यवर्गीय परिवारों की स्त्रियों में आभूषण-लालसा इतनी प्रबल होती है कि उसके कारण उनका दाम्पत्य जीवन नरक बन जाता है। प्रेमचन्द

इसे एक सामाजिक बुराई के रूप में देखते थे और अपनी कई कहानियों में उन्होंने इसके दुष्परिणाम चित्रित किये थे। 'आभूषण' कहानी भी इसी स्थिति का चित्रण करती है, जिसमें एक स्त्री के आभूषण-प्रेम के कारण उसका दाम्पत्य जीवन नष्ट हो जाता है। इसी कहानी में एक ऐसे समृद्ध जमींदार का चित्रण भी किया गया है, जिसकी चारित्रिक गुणों से भरपूर, पर कुरूप स्त्री पति से बार बार अपमानित होकर अपने मैके चली जाती है। पर अन्ततः पति को पश्चात्ताप होता है और वह पत्नी को सादर अपने घर लाता है। अधिक से अधिक यह एक 'कथा' है। 'कौशल' कहानी में एक मध्यवर्गीय परिवार की स्त्री द्वारा अपने पति को चकमा देकर अपने लिए सोने का हार खरीदवाने का चित्रण किया गया है। कहानी सामान्य है, पर समकालीन सामाजिक संरचना का चित्र तो प्रस्तुत करती ही है।

तत्कालीन सामाजिक संरचना में माता पिता द्वारा तय किये गये विवाह और दहेज की प्रथा की उल्लेखनीय भूमिका होती थी। प्रेमचन्द ने अपनी कहानियों में इस सामाजिक संरचना का चित्रण विविध सन्दर्भों में किया है। 'एक आँच की कसर' में उच्च मध्यवर्गीय समाज के उन 'समाज-सुधारकों' की पोल खोली गयी है जो अपने भाषणों में तो दहेज प्रथा का विरोध करते हैं, पर अपने बेटे के विवाह में गुप्त रूप में दहेज लेने से परहेज नहीं करते। 'उद्धार' में एक ऐसे युवक का चित्रण किया गया है जो क्षय रोग से ग्रस्त होने के कारण विवाह नहीं करना चाहता, और जब उसके पिता और भावी ससुर इस तथ्य से अवगत होने के बाद भी उसका विवाह तय कर देते हैं तो वह लड़की का जीवन बरबाद न हो, यह सोचकर, आत्महत्या कर लेता है। इस कहानी में प्रेमचन्द ने समाज में अविवाहित कन्याओं की स्थिति, दहेज प्रथा आदि पर कथक से, सीधे, विस्तार से कहलाया है। और उसके बाद एक मध्यवर्गीय समाज के सदस्य की पुत्री के विवाह की समस्या सामने रखी है। लड़के के स्वगत कथन के रूप में भी प्रेमचन्द ने लड़की के विवाह सम्बन्धी समस्या पर विचार व्यक्त किया है। 'विद्रोही' कहानी में लड़के-लड़की के बीच प्रेम और लड़के के अभिभावक के दहेज-लोभ के संघर्ष से उत्पन्न स्थितियों और मानसिकता का अंकन किया गया है। यद्यपि इस कहानी में प्रेम की संवेदना का कोई बिन्दु नहीं है, पर प्रेम का भाव मार्मिकता के साथ प्रस्तुत हुआ है। दहेज की वेदी पर प्रेम भाव किस तरह बलि चढ़ जाता है, इसी का चित्रण करना इस कहानी का उद्देश्य है। 'सुजान भगत', 'अलग्योझा', 'घरजमाई' आदि तत्कालीन समाज की संरचना के विविध पक्षों का बहुत प्रामाणिक और मार्मिक चित्र प्रस्तुत करती हैं। 'सुजान भगत' में प्रेमचन्द ने ग्रामीण समाज में कृषि-कर्म से विरत हो चुके वरिष्ठ किसान की अपने ही बाल-बच्चों द्वारा उपेक्षा और अवमानना का अत्यन्त प्रामाणिक अंकन किया है। संयुक्त परिवार के यथार्थ का यह तथ्य भी सामने आता है कि काम न करनेवाला सदस्य, चाहे वह कितना भी सम्मान्य क्यों न रहा हो, उपेक्षा की टोकरी में डाल दिया जाता है; बच्चे तो बच्चे, पत्नी भी उसकी उपेक्षा करने लगती है, जो उसे सह्य नहीं होता। यह चोट खाये हुए स्वाभिमान के सात्विक प्रतिशोध की

बहुत अच्छी कहानी है। 'अलग्योझा' में संयुक्त परिवार की परस्पर प्रेम पर आधारित संरचना का चित्रण किया गया है। भाई का अपने सौतेले भाइयों के प्रति प्रेम का चित्रण, जो आधुनिक बुद्धिवादियों को अविश्वसनीय प्रतीत हो सकता है, इस कहानी की उल्लेखनीय विशेषता है। प्रेमचन्द पारिवारिक सम्बन्धों की मधुरता के चित्रण में रस लेते हैं। संयुक्त परिवार के प्रति उनकी आस्था भी अटूट है। इस कहानी में प्रेम की गहरी संवेदना भी वर्तमान है, पर उसमें कोई संघर्ष नहीं है। वस्तुतः इस प्रेम में टकराहट की गुंजाइश ही नहीं है। इसके बावजूद कहानी माधुर्य से सराबोर है। 'घरजमाई' भी ग्रामीण समाज की संरचना के चित्रण की दृष्टि से एक उल्लेखनीय कहानी है। ग्रामीण समाज में घरजमाई की स्थिति सम्मान के योग्य नहीं मानी जाती। प्रेमचन्द ने इस स्थिति का बहुत ही यथार्थ और सहानुभूतिपूर्ण चित्रण इस कहानी में किया है। सौतेली माँ के अत्याचार के चलते पात्र को घरजमाई बनना पड़ता है, पर जल्द ही उसे इस बात का बोध हो जाता है कि ससुराल में मेहमान बन कर ही रहा जा सकता है, स्वतन्त्र गृहस्थ बन कर नहीं।

उत्तर भारत के तथाकथित 'पिछड़े' वर्ग में विधवा विवाह कुछ शर्तों के साथ मान्य है। प्रेमचन्द की 'आधार' शीर्षक कहानी 'कहानीपन' के स्वरूप की पूरी तरह से रक्षा करते हुए इस तथ्य को एक नये परिप्रेक्ष्य में प्रस्तुत करती है। युवावस्था में ही विधवा हो चुकी अनूपा के सामने विकल्प है कि या तो वह ससुराल के घर से बाहर जाकर पुनर्विवाह करे या अपने पाँच साल के देवर को पति के रूप में स्वीकार कर ले। अनूपा दूसरा विकल्प ही स्वीकार करती है, पर 14 वर्ष बाद जब देवर जवान हो जाता है और उससे अनूपा के विवाह की तैयारी होने लगती है तो उसका मन बदल जाता है। जिसे 14 वर्षों तक बच्चे की तरह पाला-पोसा, उसे 'पति' के रूप में स्वीकार करने में उसके मातृभाव को धक्का लगता है। एक विशेष संस्कृति के सन्दर्भ में एक युवा विधवा के मानस-परिवर्तन की यह कहानी बहुत रोचक है। 'लोकमत का सम्मान' निम्नवर्गीय समाज की आर्थिक और नैतिक संरचना के चित्रण की दृष्टि से उल्लेखनीय कहानी है। नैतिक मूल्यों के पालन में 'लोकमत' भी सहायक होता है। परिस्थितियाँ किसी व्यक्ति को अनैतिक कार्य करने के लिए बाध्य करती हैं, पर लोकमत उसके लिए अंकुश बन जाता है।

इस बात को लेकर प्रेमचन्द की प्रायः ही आलोचना हुई है कि अन्धविश्वासों और अतिलौकिक तत्त्वों के प्रसंग में वे विरोधाभासों के शिकार हैं। जहाँ एक तरफ वे अन्धविश्वासों, सामाजिक-नैतिक रूढ़ियों, धार्मिक विश्वासों, यहाँ तक कि 'ईश्वर' के अस्तित्व में भी सन्देह करते हैं, वहीं उनकी कुछ कहानियों में भूत प्रेत, पुनर्जन्म, तर्कहीन अलौकिकताओं के प्रति स्वीकार का भाव लक्षित होता है। 'विध्वंस', 'मूठ', 'गुप्त धन', 'नाग-पूजा', 'भूत', 'खूनी', 'पिसनहारी का कुआँ', 'मन्त्र', 'प्रतिशोध' आदि कहानियाँ इस दृष्टि से उल्लेखनीय हैं। इनमें से कुछ कहानियाँ, जैसे 'नागपूजा'[13], 'खूनी', 'प्रतिशोध' आदि तो निपट अन्धविश्वासों की पुष्टि करने वाली कहानियाँ हैं और उनका

कोई अभिप्रायगत वैशिष्ट्य लक्षित नहीं होता। 'नागपूजा' में एक नाग के एक लड़की से प्रेम करने और 'खूनी' तथा 'प्रतिशोध' में 'प्रेत विद्या' की सहायता से अपराधी का पता लगाने के चमत्कार की कथा प्रस्तुत की गयी है। तत्कालीन समाज में इस प्रकार के विश्वास प्रचलित थे, यह तो सच है, पर इनके प्रति आलोचनात्मक या व्यंग्यात्मक दृष्टि का अभाव प्रेमचन्द के सन्दर्भ में आश्चर्यजनक है। 'मूठ' चलाकर दुश्मन को मार डालने का अन्धविश्वास भी गाँवों में प्रचलित था और प्रेमचन्द की कहानी 'मूठ' में इसका वर्णन किया गया है। चोर का पता लगाने के लिए केन्द्रीय पात्र एक ओझा से 'मूठ' चलाने का आयोजन करता है और इसे केवल सुनकर ही चोर नौकरानी की देह ऐंठने लगती है, आँखें पथरा जाती हैं, और वह बेहोश हो जाती है। पर इस कहानी को थोड़ा मोड़ देकर प्रेमचन्द ने इसे अन्धविश्वास-समर्थन के दोष से बचा लिया है। वास्तव में मूठ चला नहीं है। ओझा 'मूठ' चलाने उतारने का नाटक करके केन्द्रीय पात्र से पाँच सौ रुपये झटक लेता है। इस नाटक से ही चोर स्वस्थ भी हो जाता है। कहानी के सतर्क पाठ से पता चलता है कि प्रेमचन्द अन्धविश्वास ग्रस्त ग्रामीणों और धूर्त ओझाओं का चित्रण करते हैं। पर कथा के आरम्भ में 'मूठ' के प्रभाव का वर्णन पाठक को गलत सन्देश देता है। यह कहानी भी तत्कालीन सामाजिक संरचना के अध्ययन की दृष्टि से महत्त्वपूर्ण हो सकती है। इस स्थिति से उत्पन्न मनःस्थिति का चित्रण करने में भी प्रेमचन्द सफल हैं। अन्धविश्वास समर्थित प्रेमचन्द की कुछ कहानियाँ सामाजिक-नैतिक मूल्यों से जुड़कर कुछ सार्थकता प्राप्त कर लेती हैं, जैसे 'विध्वंस' में 'ईश्वरीय न्याय' के रूप में जमींदार की हवेली का जल जाना, 'गुप्त धन' में अनैतिक तरीके से दूसरों का धन हथिया लेनेवाले बाप-बेटे का मर जाना, 'भूत' में मृत पत्नी का अपने पति के उसकी छोटी बहन से विवाह कर लेने के विरोध में बार बार प्रकट होना, 'पिसनहारी का कुआँ' में धरोहर के पैसे दबा लेने पर मृत गोमती का उसके विरोध में बार बार प्रकट होना, 'मन्त्र' में मन्त्र द्वारा साँप के विष का उतर जाना आदि प्रसंग सामाजिक-नैतिक प्रश्नों से जुड़कर किंचित् सार्थक हो गये हैं और आज के उत्तर-आधुनिक पाठ में तो उनकी नये ढंग से व्याख्या भी की जा सकती है। 'विध्वंस' में जमींदार की हवेली के आकस्मिक रूप में जल जाने की व्याख्या दलित-आक्रोश की तीव्रता के रूप में, 'पिसनहारी का कुआँ' में धरोहर के धन हड़पने के विरोध के रूप में[14], 'मन्त्र' में गरीब आदमियों के हृदय में मानवीय संवेदना के बचे होने के रूप में, 'भूत' में पत्नी की मृत्यु के बाद पुत्री के रूप में पाली हुई साली से विवाह करने के नैतिक द्वन्द्व के रूप में सम्भव है।

1921-30 के दशक में प्रेमचन्द ने प्रेम-संवेदना पर आधारित कुछ कहानियाँ भी लिखीं। उनकी अधिकतर प्रेम-केन्द्रित कहानियाँ प्रसाद, रायकृष्ण दास, चंडी प्रसाद हृदयेश आदि की कहानियों की तरह रोमानी बोध से युक्त नहीं हैं। उनका प्रेम सामाजिक यथार्थ के बीच विकसित होता है। आर्थिक, सामाजिक और राजनीतिक स्थितियों से उसकी टकराहट होती है और तदनुसार वह विवाह या वियोग में संक्रमित होता है। 'हार की जीत', 'विश्वास', 'अभिलाषा' आदि इसी प्रकार की कहानियाँ हैं।

प्रेमचन्द की प्रेम विषयक कहानियों में प्रेम कभी भी मर्यादा की सीमाएँ नहीं लाँघता। यह भारतीय दृष्टि है, जिसके अनुसार जो प्रेम मर्यादा की सीमाओं का उल्लंघन करता है, वह कभी भी कल्याणप्रद नहीं होता। इसकी पुष्टि 'जंजीरे-हवस', 'त्यागी का प्रेम' कहानियों से होती है। इस दृष्टि से 'प्रेम की होली' (1929) बजोड़ है। इस कहानी में प्रेम के साथ करुणा का तत्त्व भरा हुआ है। 1921 के दशक में भारतीय समाज में चौदह साल की विधवा बालिका अपने जीने के अधिकार से वंचित हो जाती थी। अपेक्षाकृत सम्पन्न पिछड़ी जातियों में भी, अगड़ी जातियों की बात तो छोड़ दें, किसी भी वय की विधवा युवती का पुनर्विर्वाह सम्भव नहीं था। उसके लिए संसार के सभी सुखों के द्वार बन्द हो जाते थे। वह किसी से प्रेम करने की तो कल्पना भी नहीं कर सकती थी। फिर प्रकृति के तकाजे से वह कभी कभी प्रेम कर बैठती थी, जिसका अन्त बहुत त्रासद होता था। इस कहानी की भी बाल विधवा गंगी अनायास अपनी जाति से भिन्न एक युवक ठाकुर को अपना दिल दे बैठती है। ठाकुर भी उससे प्रेम करता है। पर दोनो में से कोई भी सामाजिक वर्जना के भय से अपना प्रेम व्यक्त नहीं कर पाता; ठाकुर तो घुट-घुटकर मर जाता है और गंगी के लिए होली का त्योहार सदा के लिए गम के त्योहार में बदल जाता है। इस कहानी में प्रेमचन्द ने प्रेम की संवेदना का बहुत तीव्रता के साथ अंकन किया है। 'अग्नि समाधि' भी ग्रामीण और दलित समाज के परिवेश में पति के प्रति पत्नी के नितान्त गैर-रूमानी प्रेम की एक अच्छी कहानी है। 'आगा-पीछा' कहानी में एक शिक्षित-सुयोग्य वेश्या पुत्री और एक शिक्षित दलित युवक के प्रेम का चित्रण किया गया है। वेश्या पुत्री चाहे जितनी शिक्षित, सुयोग्य, शीलवान हो, 'वेश्या पुत्री' होने का लेबुल उसके व्यक्तित्व से नहीं छूटता और दलित समाज तक, जो स्वयं समाज की अवमानना, घृणा और दमन का शिकार होता है, वेश्या पुत्री के प्रति अपने इस मनोभाव से मुक्त नहीं हो पाता। इसमें विजय तो प्रेम की ही होती है, पर केवल भावनात्मक स्तर पर। वह सामाजिक स्वीकृति का लक्ष्य नहीं प्राप्त कर पाता। 'दो कब्रें' में भी एक कुलीन युवक का वेश्या पुत्री के प्रति प्रेम सामाजिक मनोभाव से टकराकर लहूलुहान हो जाता है, पर उसका अस्तित्व बना रहता है। किन्तु इसमें भी प्रेम सामाजिक स्वीकृति का लक्ष्य नहीं प्राप्त कर पाता।

भारत में हिन्दू-मुस्लिम सम्बन्ध की समस्या के मूल में ऐतिहासिक कारण तो हैं ही, साथ ही निहितस्वार्थ वाले वर्गों की साजिश और औपनिवेशिक शासन की शातिर कूटनीति भी है। बीसवीं सदी के तीसरे दशक में, स्वाधीनता आन्दोलन के कमजोर पड़ने के बाद, साम्प्रदायिक ताकतों का घिनौना चेहरा प्रकट हुआ और मुस्लिम लीग तथा हिन्दू महासभा दोनों ने आक्रामक साम्प्रदायिक प्रचार शुरू किया, जिसने राष्ट्रीय एकता और राष्ट्रीय चेतना के प्रसार को गहरा धक्का पहुँचाया। वस्तुतः इन दोनो ही साम्प्रदायिक संगठनों का नियन्त्रण जमीन्दारों और समाज के अन्दर की अन्य निहित स्वार्थ वाली प्रतिक्रियावादी शक्तियों के हाथ में था। असहयोग आन्दोलन की समाप्ति के बाद 1924 में दिल्ली, गुलबर्गा, नागपुर, लखनऊ, शाहजहाँपुर, इलाहाबाद, जबलपुर और कोहट में,

और उसके एक वर्ष बाद दिल्ली, कलकत्ता, इलाहाबाद और अन्य स्थानों में साम्प्रदायिक दंगे हुए। उसके बाद के वर्षों में भी छिटपुट रूप से दंगे होते रहे। प्रेमचन्द इस मानवीय मूर्खता के भयंकर परिणामों से भलीभाँति परिचित थे और अपनी कहानियों में उन्होंने इसका अंकन गहरी संवेनशीलता के साथ किया।

1924 में प्रकाशित 'मुक्ति धन' कहानी में प्रेमचन्द औपनिवेशिक शासन में एक मुसलमान किसान की नियति का अंकन करते हैं, जो न तो 'मुसलमान' होता था न 'हिन्दू', वह केवल किसान होता था। इसलिए प्रेमचन्द की कहानियों में हिन्दू और मुसलमान किसानों की अलग पहचान नहीं होती। दोनो अपने अपने मजहब की जरूरी हिदायतों का निष्ठापूर्वक पालन करते हैं, पर उनकी जीने की शर्तें समान होती हैं। महाजन दोनो के लिए समान होता है। 'लगान इजाफा' चुकाने, बच्चों की शादी, तीर्थयात्रा/हज या माता पिता की मृत्यु के संस्कार के लिए वे महाजन से कर्ज लेते हैं और सूद की दर इतनी ज्यादा होती है कि वे कभी कर्ज से मुक्त नहीं हो पाते। औपनिवेशिक शासन में पैसे वालों के लिए 'महाजनी' से बढ़कर कोई दूसरा पेशा न था। कर्ज किसान को मजदूर और आजाद से गुलाम बना देता था। इस कहानी का महत्त्व एक और कारण से भी है। किसान को, चाहे वह हिन्दू हो या मुसलमान, गाय से प्रेम होता है। इस कहानी का किसान रहमान घाटा सहकर भी अपनी गाय मुसलमान कसाई को नहीं बेचता। उसका खयाल है कि हिन्दू गाय की सेवा करते हैं, अतः विवशता की स्थिति में अपनी गाय हिन्दू महाजन को ही बेचता है। प्रेमचन्द की कहानियों और उपन्यासों के महाजन प्रायः दयाहीन, अर्थपिशाच और शोषक होते हैं। पर वे इसे रूढ़ि के रूप में स्वीकार नहीं करते। इस कहानी का महाजन भी अपने असामियों से कर्ज वसूलने में कोई रियायत नहीं करता, पर रहमान की गो-निष्ठा, ईमानदारी और सत्यवादिता से इतना प्रभावित होता है कि वह न केवल उसका कर्ज माफ कर देता है, बल्कि उसे अपने 'दोस्त' के रूप में भी स्वीकार कर लेता है। दूसरी तरफ रहमान भी अपनी ईमानदारी का परिचय देता हुआ खुद को उसका 'गुलाम' ही मानने का संकल्प करता है। हिन्दू-मुस्लिम सद्‌भाव की अभिव्यक्ति की दृष्टि से यह कहानी उल्लेखनीय है।

हिन्दू-मुस्लिम सद्‌भाव के कहानीकार के रूप में प्रेमचन्द बेमिसाल हैं। वे ऐसे हिन्दू और मुस्लिम पात्रों का निर्माण करते हैं, जिनमें असाधारण धार्मिक सहिष्णुता होती है। 'मन्दिर और मस्जिद' (1925) में चौधरी इतरअली ऐसे ही उच्चवर्गीय जागीरदार पात्र हैं। वे न तो मुसलमानों द्वारा हिन्दू मन्दिर पर हमले को बर्दाश्त करते हैं और न ही हिन्दुओं द्वारा मस्जिद पर किये गये आक्रमण को। वे मानते हैं कि "किसी के दीन को तौहीन करने से बड़ा और कोई गुनाह नहीं है।" इसका मूल्य उन्हें अपने दामाद और स्वामिभक्त सेवक की मृत्यु के रूप में चुकाना पड़ता है। 'मन्त्र' कहानी 'शुद्‌धि' और 'तबलीग' की राजनीति से सम्बन्धित है। यह वह समय था जब हिन्दू महासभा शुद्धि का और कट्टरतावादी मुस्लिम संस्थाएँ 'तबलीग' का अन्दोलन चला रही थीं। 'प्रेमचन्द

इन दोनो आन्दोलनों के विरोधी थे। इस कहानी में प्रेमचन्द हिन्दू महासभा के 'शुद्धि' आन्दोलन पर व्यंग्य करते हैं। उनका दृष्टिकोण यह जान पड़ता है कि यदि हिन्दू धर्म में दलितों को समानता का अधिकार मिला होता तो उनके धर्म परिवर्तन की समस्या ही नहीं पैदा होती। उनका यह विचार एक दलित पात्र के कथन के रूप में सामने आता है। कहानी में बिखराव तो बहुत है, पर प्रेमचन्द का 'धर्मनिरपेक्ष' दृष्टिकोण इस कहानी से बिलकुल साफ व्यक्त होता है।

'हिंसा परमो धर्म' साम्प्रदायिक दरिन्दगी का पर्दाफाश और सद्भाव का उजागर करने वाली एक उल्लेखनीय कहानी है। इस कहानी का केन्द्रीय पात्र एक सीधा सादा मुसलमान है जो 'सेवाधर्म' का पुजारी है। हिन्दू हो या मुसलमान, सबकी सेवा करना ही वह अपना एकमात्र कर्तव्य समझता है। उसके लिए हिन्दू और मुसलमान में कोई फर्क नहीं है। दूसरी तरफ हिन्दू और इस्लाम के 'पक्के' अनुयायी हैं, जो हिंसा को ही अपना परम धर्म समझते हैं। अपनी इस मानवीय समझ के लिए जामिद को बहुत तकलीफें झेलनी पड़ती हैं, पर वह अपने 'धर्म' से विरत नहीं होता। इस कहानी में भी प्रेमचन्द ने धर्म के मिथ्या प्रदर्शन पर करारा व्यंग्य किया है। जामिद शहर पहुँचकर देखता है कि वहाँ "मस्जिदों और मन्दिरों की संख्या अगर मकानों से अधिक न थी, तो कम भी न थी। देहात में न तो कोई मस्जिद थी न मन्दिर। मुसलमान लोग एक चबूतरे पर नमाज पढ़ लेते थे। हिन्दू एक वृक्ष के नीचे पानी चढ़ा दिया करते थे। नगर में धर्म का यह माहात्म्य देखकर जामिद को बड़ा कुतूहल और आश्चर्य हुआ।" पर शीघ्र ही उसे स्थिति का वास्तविक बोध हो जाता है। वह देखता है कि हिन्दू और मुसलमान दोनो ही धर्म के नाम पर एक दूसरे का गला घोंटने या स्त्रियों का अपहरण करने में लगे हुए हैं। एक दूसरे के प्रति अविश्वास और घृणा के कारण अनेक लोगों की जानें चली जाती हैं और अनेक स्त्रियों की इज्जत-आबरू धूल में मिल जाती है। शहर में धर्म का यह रूप देखकर जामिद अपने गाँव को लौट पड़ता है, जहाँ 'मजहब का नाम सहानुभूति, प्रेम और सौहार्द था। धर्म और धार्मिक लोगों से उसे घृणा हो गयी थी।

'शुद्धि', 'जिहाद' आदि भी अन्धधार्मिकता के विरोध में लिखी गयी कहानियाँ हैं। 'शुद्धि' का एक पात्र कहता है : "मैं शुद्धि का हामी नहीं हूँ। हिन्दू समाज में अब भी ऐसे बेशुमार आदमी पड़े हुए हैं जिनके हाथ का पानी पीना मुझे गवारा न होगा। हमारा समाज ऐसे ही आदमियों से भरा हुआ है।" कहानी का यही केन्द्रीय कथ्य है। 'जिहाद' में दो हिन्दू पात्र हैं, जिनमें से एक प्राणभय से इस्लाम धर्म स्वीकार कर लेता है, जबकि दूसरा धर्म के नाम पर अपनी जान दे देता है। प्रेमचन्द धर्म पर प्राण देने वाले के साथ दिखायी देते हैं। इसका अर्थ यह है कि प्रेमचन्द सच्चे अर्थों में 'सेक्युलर' मूल्यों के समर्थक लेखक थे।

शिक्षा की दुनिया से प्रेमचन्द का घनिष्ठ, रूहानी लगाव था। उनकी अनेक कहानियों में शैक्षिक दुनिया का विश्वसनीय और रोचक चित्र खींचा गया है। 'विनोद' में कॉलेज जीवन में छात्रों के शैतानी से भरे विनोद का, एक ऐसे छात्र की मूर्खता का

चित्रण किया गया है जो ऊपर से घोर सदाचारी, भारतीयतावादी और पोंगापन्थी है, पर आन्तरिक चरित्र की दृष्टि से कमजोर, ढुलमुल यकीन और मूर्ख है। व्यंग्य और स्मित हास्य का प्रभाव उत्पन्न करने में लेखक को सफलता हासिल हुई है। 'लांछन' में एक महिला आश्रम की शिक्षिकाओं की जासूसी करने वाली और उनमें ऐब ढूँढ़कर उन्हें बदनाम करने वाली नीच प्रकृति की नौकरानी का परिहासपूर्ण अंकन किया गया है। महिला आश्रमों की शिक्षिकाओं के एक दूसरे प्रति खोट भाव का भी चित्रण इस कहानी का उद्‌देश्य प्रतीत होता है।

प्रेमचन्द ने इस दशक में शिशु-संवेदना पर आधारित कुछ बड़ी ही मार्मिक और मनोवैज्ञानिक कहानियाँ लिखी हैं। 'चोरी' (1925) कहानी में मध्यवर्गीय संयुक्त परिवार के दो बच्चों की कहानी बड़े रोचक और व्यंग्यात्मक अन्दाज में प्रस्तुत की गयी है। 'कजाकी' बाल संवेदना की, रवीन्द्रनाथ ठाकुर की 'काबुलीवाला' के जोड़ की, बहुत अच्छी कहानी है। इसी प्रकार 'रामलीला' में राम-लक्ष्मण का अभिनय करने वाले किशोरों के प्रति एक छोटे बच्चे की संवेदना का कहानीकार ने बहुत मार्मिक अंकन किया है। रामलीला के राम के साथ वेश्या आबादीजान का प्रसंग उपस्थित कर कहानीकार ने धर्म पर लोगों की खोखली आस्था पर तीखा व्यंग्य किया है। उसी रामलीला में जहाँ वेश्या सैकड़ों रुपये लेकर विदा होती है, वहीं राम-लक्ष्मण-सीता का अभिनय करने वाले किशोर रोते हुए खाली हाथ लौटते हैं। ये तीनो ही कहानियाँ प्रेमचन्द के निजी अनुभवों पर आधारित हैं, पर इनमें बाल-स्मृतियों के तथ्य को कल्पना से रँगकर लेखक ने बहुत प्रभावी बना दिया है। 'नादान दोस्त' पक्षियों के प्रति बच्चों की मासूम हरकतों की अत्यन्त मार्मिक कहानी है। इसी प्रकार 'प्रेरणा' में एक बच्चे की प्रेरणा से एक युवक के चरित्र में घटित असाधारण परिवर्तन का बहुत मार्मिक अंकन किया गया है।

प्रेमचन्द पशु-संवेदना के अंकन की दृष्टि से एक बेजोड़ कहानीकार हैं। 'स्वत्व रक्षा', 'अधिकार-चिन्ता', 'पूर्व संस्कार' (1922) 'सैलानी बन्दर' (1924), 'पूस की रात' (1930), 'दो बैलों की कथा' (1931) आदि कहानियों में पशु पात्रों के माध्यम से, अन्योक्ति प्रणाली पर, समकालीन राजनीतिक स्थिति या किसी मनोवृत्ति पर व्यंग्य किया गया है। इन कहानियों में व्यंग्य और स्मित हास्य की सृष्टि बड़े प्रभावी रूप में की गयी है। 'स्वत्व रक्षा' एक घोड़े की कहानी है, जिसमें घोड़ा केन्द्रीय पात्र, बल्कि नायक, ही है। इस कहानी के द्वारा प्रेमचन्द घोड़े को गाँधी जी द्वारा प्रदत्त सत्याग्रह के हथियार से लैस उस भारतीय जनता के रूप में प्रस्तुत करते हैं, जो औपनिवेशिक शासन के अत्याचार और दमन के बावजूद अपने अधिकार का त्याग नहीं करती और अन्त में विजय हासिल करती है। 'अधिकार चिन्ता' कहानी का केन्द्रीय पात्र एक कुत्ता, 'टामी' है, जिसके मध्यम से 'अधिकार चिन्ता से ग्रस्त' प्राणी की दुर्दशा का चित्रण किया गया है। कदाचित् यह औपनिवेशिक शासन के भविष्य पर व्यंग्य भी हो। 'पूर्व संस्कार' कहानी का केन्द्रीय पात्र एक बैल है, जो पूर्वजन्म में एक सच्चरित्र, साधुभक्त, परोपकारी व्यक्ति था, पर उसने अपने भाई की सारी सम्पत्ति उसकी आँख बचाकर धर्मकार्यों में

उड़ा दी थी। स्वर्ग में स्थायी निवास मिलने के पहले वह अपने इस पाप का प्रायश्चित्त करने के लिए बैल की योनि में पड़ा था। यह एक उपदेश कथा है। 'सैलानी बन्दर' भी पशु-संवेदना पर आधारित एक अच्छी कहानी है। 'दो बैलों की कथा' पशु-संवेदना पर आधारित एक बहुत अच्छी कहानी है, जिसमें प्रेमचन्द का व्यंग्य और विनोद भाव भी बड़े प्रीतिकर रूप में व्यक्त हुआ है। यदि इस कहानी को रूपक के रूप में पढ़ें तो अपने अधिकार के प्रति सजगता, अन्याय और अत्याचार का हर कीमत पर विरोध, स्वाभिमान की रक्षा, संगठन-शक्ति आदि की झलक, जिसकी पराधीन भारत को जरूरत थी, इस कथा में दिखायी देगी। 'कांजी हाउस' के बाड़े से पशुओं की मुक्ति तो सीधे-सीधे देश के औपनिवेशिक शासन से मुक्ति की आकांक्षा से जुड़ती है। 'पूस की रात' में हल्कू के साथ झबरा के संवेदनात्मक सम्बन्ध का अंकन तो अपने आप में एक मिसाल है।

प्रेमचन्द की कुछ कहानियाँ उनकी आत्मकथा पर आधारित हैं। यों तो किसी भी कहानीकार की प्रत्येक कहानी किसी न किसी रूप में उसके अनुभव पर ही आधारित, अतः अप्रत्यक्ष रूप में उसकी आत्मकथा ही, होती है, पर कुछ कहानियों में कल्पना तथ्य पर और कुछ कहानियों में तथ्य कल्पना पर हावी रहता है। जिन कहानियों में तथ्य कल्पना पर हावी रहता है, उनमें 'आत्मकथा' और 'कहानी' का अन्तर बिलकुल ही मिट जाता या धुँधला हो जाता है। कहना कठिन हो जाता है कि कहानी में 'आत्मकथा' का हस्तक्षेप कितना है। बाल-संवेदना से सम्बद्ध 'चोरी', 'कजाकी', 'रामलीला' आदि कहानियाँ तो प्रेमचन्द की आत्मकथा पर आधारित हैं ही, 'आपबीती' भी उनके जीवन से सम्बन्धित प्रसंग प्रतीत होता है। इस कहानी में लेखक ने किसी व्यक्ति द्वारा अपने ठगे जाने और पत्नी के सामने बेवकूफ बनने का रोचक वर्णन किया है। जब व्यक्ति एक बार ठग लिए जाने पर अत्यधिक शक्की हो जाता है तो वह संकट में पड़े ईमानदार व्यक्ति की सहायता करने से भी मुँह मोड़ लेता है। इस कहानी की सबसे बड़ी विशेषता व्यंग्य का सृजन है। लेखक ने खुद पर ही निर्मम व्यंग्य किया है।

प्रेमचन्द ने सम्भवतः पत्र पत्रिकाओं की माँग पर कतिपय नैतिक बोध की कहानियाँ भी लिखीं, जिनका साहित्यिक दृष्टि से विशेष महत्त्व नहीं है। 'नबी का नीति-निर्वाह' में हजरत मुहम्मद साहब का चरित्र प्रस्तुत किया गया है, जिसमें न्याय और पुत्री-दामाद के प्रति प्रेम में संघर्ष की स्थिति सामने आती है। 'नेकी' में समकालीन सामाजिक संरचना के चित्रण के साथ एक नैतिक बोध को—बिना किसी लाभ की आशा से अपरिचित व्यक्ति का उपकार करना, कृतज्ञता-बोध, किसी लाभ की आशा से किसी के सामने न झुकना आदि—विषय बनाया गया है। 'प्रायश्चित्त' कहानी भी मुख्यतः नैतिक मूल्यबोध की ही कहानी है। इसमें ईर्ष्या के चलते एक पात्र अपने दोस्त की आत्महत्या का कारण बन जाता है, पर जब उसे पता चलता है कि वह निर्दोष था और उसकी पत्नी तथा बच्चे असहाय हो गये हैं तो वह प्रायश्चित्त के तौर पर अपने मित्र के परिवार को अपने घर का सदस्य बना लेता है और उनका पालन पोषण तथा लड़की के विवाह का दायित्व निभाता है।

प्रेमचन्द ने कुछ ऐसी कहानियाँ भी लिखी हैं, जो शुद्ध 'कथा' की कोटि की हैं और किसी सिद्धान्त या मूल्य का प्रतिपादन करती हैं। 'शाप' उर्दू की दास्तानों की परम्परा की 'कथा' है। इसका 'कथक' अपने को बर्लिन नगर का निवासी बताता है, जो पैदल विश्वभ्रमण करता हुआ हिमालय पर्वत के किसी 'ज्ञानसरोवर के तट' पर पहुँचता है और कल्पना-लोक की कथा सुनाता है। कथा में अतिलौकिक प्रसंग उसी प्रकार आते हैं, जैसे उर्दू दास्तानों या कथासरित्सागर की कहानियों में। अविश्वास को स्थगित कर कहानी पढ़ी जाए तो मनोरंजन की इसमें भरपूर क्षमता है। बीच बीच में प्रकृति, विरह और नगर के भी मनोरम वर्णन हैं। पात्रों के नाम भी परम्परागत कथाओं जैसे हैं।

प्रेमचन्द की एक कहानी ऐसी भी है, 'आत्म-संगीत', जिसका कथ्य उनकी सारी कहानियों से भिन्न, कुछ रहस्यमय है। एक रानी, जिसका नाम मनोरमा है, नदी पार से आती हुई एक स्वर्गीय संगीत की ध्वनि सुनकर भागती हुई नदी के किनारे पर पहुँचती है, पर माँझी उतराई के रूप मे मोतियों का बहुमूल्य हार तथा राजमहल देने पर भी उसे पार उतारने को तैयार नहीं होता। रानी विक्षिप्त-सी हो जाती है और माँझी के पैरों पर गिर जाती है : "उसे ऐसा प्रतीत हुआ, मानो वह संगीत आत्मा पर किसी प्रज्वलित प्रदीप की तरह ज्योति बरसाता हुआ मेरी ओर आ रहा है। वह मस्त होकर झूमने लगी।...उस पर आत्मविस्मृति का भावावेश छा गया और अब वही मस्ताना संगीत, वही मनोहर राग उसके मुँह से निकलने लगा।...वह स्वयं उस संगीत की स्रोत थी। नदी के पार से आनेवाली ध्वनियाँ, प्राणपोषिणी ध्वनियाँ उसी के मुँह से निकल रही थीं।" यदि इस कहानी के साथ प्रेमचन्द का नाम न जोड़ा जाए तो कोई कह नहीं सकता कि यह उनकी लिखी कहानी है। कुछ दिनों बाद ही जैनेन्द्र इस प्रकार की कहानियाँ लिखने लगे थे और स्वयं प्रेमचन्द की जैनेन्द्र से यही शिकायत भी थी।[15]

हिन्दी में कुछ दिनों सें 'लघुकथा' का आन्दोलन चल रहा है, पर अब तक इसके स्वरूप की कोई निश्चित पहचान नहीं बन सकी है। अभी तक 'लघुकथा' की एकमात्र पहचान यह बनी हुई है कि इसका आकार सामान्यतः 100-500 शब्दों के बीच का और औसतन लगभग 300 शब्दों का होता है। यदि यह कहानी से स्वतन्त्र विधा है तो इसके जनक भी प्रेमचन्द ही माने जायेंगे। उन्होंने 1921 में ही 'प्रारब्ध', 1930 में 'बन्द दरवाजा', 'कौम का खादिम', 'देवी' और 1932 में 'बीमार बहिन' जैसी लघु कथाएँ लिखी थीं, जिनकी शब्द-संख्या 200-400 के बीच है। 1917 में प्रकाशित 'दरवाजा' भी, जो एक दरवाजे की संक्षिप्त आत्मकथा के रूप में है, 'लघु कथा' के निकट की ही रचना है, यद्यपि इसे 'कहानी' या 'कथा' कहना मुश्किल है।[16] 'प्रारब्ध' में प्रारब्ध की महिमा बतायी गयी है, 'बन्द दरवाजा' में एक बच्चे की असुरक्षा की भावना का व्यंजक चित्र प्रस्तुत किया गया है और 'कौम का खादिम' में वैसे छद्म राष्ट्रसेवकों की कहानी गहरी व्यंजना और नुकीले व्यंग्य के साथ प्रस्तुत की गयी है जिनकी कथनी और करनी में साम्य नहीं होता। 'देवी' दाम्पत्य जीवन में प्रेम के महत्त्व का प्रतिपादन करने वाली कहानी है।

कथ्य की दृष्टि से इस दशक के कहानीकारों में बेचन शर्मा 'उग्र' (ज. 1900; नि. 1967) प्रेमचन्द के सर्वाधिक निकट रखे जा सकते हैं। प्रेमचन्द की ही तरह, 'उग्र' की पृष्ठभूमि कमोबेश कस्बाई और नगरीय-महानगरीय थी। अन्तर यह था कि प्रेमचन्द कस्बों और नगरों-महानगरों में भटकते हुए भी गाँव की मिट्टी और जिन्दगी से घनिष्ठ रूप से जुड़े हुए थे, जबकि 'उग्र' का ग्रामीण जिन्दगी से जुड़ाव हाशिए पर का था। प्रेमचन्द की तुलना में 'उग्र' महानगरों से अधिक जुड़े हुए थे। इसका प्रभाव दोनो की कहानियों की प्रकृति को भी काफी-कुछ निर्देशित करता है। प्रेमचन्द और 'उग्र' के संवेदना-संसार की सबसे बड़ी समानता समकालीन औपनिवेशिक दासता के प्रति उनका विद्रोह था। प्रेमचन्द इसका परिचय अपनी 1920 के पूर्व की कहानियों में भी दे चुके थे। प्रेमचन्द और 'उग्र' के वय में लगभग बीस वर्ष के अन्तर और पारिवारिक परिस्थितियों की भिन्नता के बावजूद इस दशक की कहानियों में उनकी पराधीन राष्ट्र के प्रति प्रतिबद्धता भरपूर मात्रा में देखी जा सकती है। 1919 में प्रेमचन्द सरकारी नौकरी में थे और उसे छोड़ने-न छोड़ने की कसक की मानसिकता में जी रहे थे। बेचन शर्मा उस समय 19 वर्ष के, पारिवारिक जिम्मेदारियों से मुक्त, अनेक प्रकार के कटु और हाहाकारी अनुभवों से गुजरे हुए, एक बेलगाम युवक थे।[17] उनके इन अनुभवों ने ही उन्हें कवि और कहानीकार बनाया था। उसी समय गोरखपुर से निकलने वाले साप्ताहिक *स्वदेश* के प्रवेशांक (जनवरी, 1919) में उन्होंने 'उग्र' उपनाम से राष्ट्रप्रेम की कविताएँ लिखना आरम्भ किया और 1920 में बाबूराव विष्णुराव पराड़कर के *आज* (बनारस) का सम्पादन-सूत्र सँभालते ही वे लेखक के रूप में *आज*-परिवार में शामिल हो गये। उनकी पहली कहानी 'गाँधी आश्रम' उसी समय के आसपास छद्म नाम से *आज* में प्रकाशित हुई थी।[18] 1921 के आरम्भ में गाँधी जी सत्याग्रह आन्दोलन के सिलसिले में बनारस गये और उनसे प्रभावित होकर 'उग्र' ने आन्दोलन में शामिल होकर स्कूली शिक्षा का बहिष्कार किया, गाँवों में जा-जाकर सत्याग्रह का प्रचार किया, जन-काव्य की रचना की और जेल गये। 1921 के अन्त में जेल से लौटने के बाद, वे एक साथ, स्वाधीनता आन्दोलन और साहित्य-रचना में सक्रिय रहे। 1924 तक उग्र *स्वदेश* के साथ साथ *आज* और *मतवाला* (कलकत्ता) में स्वाधीनता आन्दोलन से प्रेरित कहानियाँ, कविताएँ, व्यंग्य आदि लिखते रहे थे। अक्टूबर, 1924 में उन्होंने *स्वदेश* के 'विजयांक' का सम्पादन किया था, जिस पर सरकार ने मुकदमा चलाया था और पत्र के संचालक दशरथ प्रसाद द्विवेदी, सरस्वती प्रेस के प्रिंटर महताब राय आदि तो गिरफ्तार हो गये थे, पर 'उग्र' भाग निकले थे और पहले (जनवरी, 1925) *मतवाला के* दफ्तर में, और वहाँ से भी भागकर बम्बई में पकड़े जाने पर नौ महीने की सजा भुगती थी। जेल से लौटने पर (फरवरी, 1926) 'उग्र' फिर *मतवाला*-मंडल से जुड़े और प्रकट तथा छद्म नामों से अनेक कहानियाँ, व्यंग्य, राजनीतिक टिप्पणियाँ आदि लिखीं। 'उग्र' की एक आरम्भिक कहानी 'बलिदान' ('गल्प' शीर्षक से) *प्रभा* मासिक (लखनऊ) में अगस्त, 1922 में प्रकाशित हुई थी। इसके बाद *प्रभा, आज* आदि में दिसम्बर, 1922 से लेकर दिसम्बर, 1923 के

बीच उनकी 8 कहानियाँ ('ध्रुव धारणा', 'स्वदेश के लिए', 'प्यारी पताका', 'रेन ऑफ टेरर', 'देशद्रोह', 'सिक्ख सरदार', 'महावीर सिक्ख', 'पागल का ओट' आदि) प्रकाशित हुईं।[19] भवदेव पांडेय के अनुसार 1924 में 'उग्र' का प्रसिद्ध और बदनाम कहानी संग्रह, *चाकलेट* और स्वतन्त्र पुस्तिका के रूप में प्रकाशित एकल कथा *सोसाइटी ऑफ डेविल्स (शैतान मंडली)* प्रकाशित हुए।[20] तत्पश्चात् इस दशक में उग्र के *चिनगारियाँ* (1925)[21], *इन्द्रधनुष, घोड़े की कहानी, बलात्कार* (1927), *निर्लज्जा* (1929), *दोजख की आग* (1929) आदि कहानी संग्रह निकले।[22] *चाकलेट* में 'कमरिया नागन सी बल खाय', 'चाकलेट', 'चाकलेट चर्चा', 'जेल में', 'पालट', 'व्यभिचारी समाज', 'हम फिदाये लखनऊ, 'हे सुकुमार' आदि और *चिनगारियाँ* में स्वतन्त्रता की पृष्ठभूमि पर आधारित 12 कहानियाँ संकलित थीं। (प्रकाशित होते ही यह संकलन सरकार द्वारा जब्त कर लिया गया था।) *बलात्कार* में 'अभागा किसान', 'करुण कहानी', 'घोड़े की जीवनी', 'बलात्कार', 'ब्राह्मणद्रोही', 'विधवा', 'समाज के चरण', 'स्नान का फल' और 'हत्यारा समाज'; *निर्लज्जा* में 'अछूत', 'अन्वेषण', 'क्षत्रिय', 'घूँघट के पट खोल री', 'निर्लज्जा', 'परीक्षा', 'मुसलमान', 'ब्राह्मण' और 'हिन्दू' तथा *दोजख की आग* में 'आँखों में आँसू', 'ईश्वरद्रोही', 'खुदा के सामने', 'खुदाराम', 'दिल्ली की बात', 'दोजख की आग', 'दोजख नरक' और 'श्राप' आदि लगभग 50 कहानियाँ संगृहीत हुई थीं।

इनके अतिरिक्त. *प्रभा, आज, मतवाला* आदि पत्र पत्रिकाओं में, 1922-29 में, प्रकाशित उग्र की 'मधुवन', 'एक भीषण स्मृति', 'जेतू में', 'माँ', 'विधवा', 'वाह होली आह होली', 'प्यारी तलवार', 'मांग', 'माँ कैसे मरी', 'सुन्दरी हिंसा', 'पालट', 'चिनगारियाँ', 'प्यारे', 'दो आँखें, 'आँखों में आँसू', 'एक बारा', 'दुनिया', 'रुपया', 'पर्दे में पापा', 'कसाई कहाँ है', 'कवि', 'पंडुआ', 'उल्लू', 'मुक्ता', 'मेघराग', 'बीभत्स', 'बाप की बेटी' आदि कहानियाँ इन संग्रहों में न प्रकाशित होकर बाद के संग्रहों में शामिल की गयी थी और कुछ अब तक असंकलित हैं।[23] इन्हें मिलाकर विवेच्य दशक में प्रकाशित 'उग्र' की कहानियों की संख्या लगभग 85 हो जाती है।

1920 के ही आसपास 'उग्र' बंगाल के आतंकवादी क्रान्तिकारियों के सम्पर्क में आये थे, पर वे उनसे वैचारिक रूप से प्रभावित होने पर भी व्यावहारिक तौर पर सम्बद्ध नहीं हुए। 1921 में वे गाँधी जी के सीधे सम्पर्क में आये, जिससे शायद उनकी वैचारिक 'उग्रता' तो थोड़ी नियन्त्रित हुई, पर औपनिवेशिक शासन के प्रति उनकी घृणा, आक्रोश और विरोध में कोई कमी नहीं हुई। इसके लिए उन्होंने लेखन का मार्ग अपनाया और अपनी अनघड़ कविताओं तथा पैने व्यंग्य युक्त लेखों के द्वारा अपने तीखे राष्ट्रीय भावों-विचारों की अभिव्यक्ति करते रहे। उनकी पहली दो कहानियाँ, 'गाँधी आश्रम' और 'बलिदान' क्रमशः दैनिक *आज* (1920 या 1921) और मासिक *प्रभा* (अगस्त, 1922) में प्रकाशित हुई थीं और 'उग्र' के किसी भी संग्रह में उपलब्ध नहीं है। पर शीर्षक से ये देश प्रेम की कहानियाँ ही प्रतीत होती है। सम्भव है, पहली कहानी पर गाँधी जी के 'सत्याग्रह' का और दूसरी पर आतंकवादी विचारधारा का प्रभाव हो। उनकी 'ध्रुव

धारणा' कहानी भी देश प्रेम और स्वाधीनता आन्दोलन के भावों से भरी हुई है। इस कहानी में चित्रित एक सारा परिवार ही देश प्रेम के रंग में रँगा हुआ है। देश प्रेम के साथ पति-पत्नी के प्रेम का अद्‌भुत समन्वय भी इस कहानी में दिखाया गया है। युवा पति सत्याग्रह आन्दोलन में जेल जाता है और वहाँ अमानवीय यातनाएँ झेलता है, पर अपने सिद्धान्तों के साथ कोई समझौता नहीं करता। जेल जाते समय उसकी पत्नी जेल में उससे मिलने का अपना संकल्प व्यक्त करती है। पति—उपेन्द्र—को इसकी सम्भावना नहीं दिखायी पड़ती। पर पत्नी—रमा—अपना दृढ़ निश्चय व्यक्त करती है। जब उपेन्द्र को दूर की एक जेल में ले जाया जा रहा है, रमा दूसरी मोटर पर सवार होकर बीच में ही जेल की मोटर वैन के निकट पहुँचती है; उसे देखकर उपेन्द्र वैन से कूद जाता है, पर रमा भी उसके साथ ही कूद कर उसे अपनी भुजाओं में ले लेती है। इस प्रकार दोनों का मिलन तो हो जाता है, पर इस घटना में दोनों की मृत्यु भी हो जाती है। निश्चय ही कहानी का अन्त अस्वाभाविक और रोमानी है, पर देश प्रेम और पति-पत्नी के प्रेम की व्यंजना तो हो ही जाती है।

इस कहानी में रोमान के तत्त्व भी, जो छायावादी युग की प्रमुख पहचान है, प्रचुर मात्रा में हैं; प्रकृति-वर्णन भी उसी का एक हिस्सा है।

'उग्र' की इस दशक की 'जैतू में', 'माँ कैसे मरी', 'वह दिन', 'देशभक्त', 'सोसाइटी ऑफ डेविल्स', 'नेता का स्थान', 'प्यारी तलवार' आदि कहानियाँ स्वाधीनता आन्दोलन का चित्रण अनेक रूपों में करती हैं। 'जैतू में' में पंजाब के 'जैतू' में स्वधीनता-संग्राम के दीवानों के बलिदान की और 'माँ कैसे मरी' में जलियाँवाला बाग के नरसंहार की कथा प्रस्तुत की गयी है। जलियाँवाला बाग के नरसंहार की पृष्ठभूमि से एक गर्भवती माँ की, समय पर दाई के न आ पाने के कारण, मौत के प्रसंग को जोड़ कर 'उग्र' ने कहानी को अतिरिक्त मार्मिकता प्रदान कर दी है। 'वह दिन' में 1921 में प्रिंस ऑफ वेल्स के भारत आगमन पर उनके विरोध में हुई हड़ताल और सरकारी दमन का बड़ा ही सजीव चित्रण किया गया है। जिस निर्भीकता और सजीवता के साथ 'उग्र' ने इस आन्दोलन का चित्रण किया है, वह देखने लायक है। इस प्रसंग के चित्रण में प्रेमचन्द ने भी अपनी 'सत्याग्रह' शीर्षक कहानी में ऐसी निर्भीकता का परिचय नहीं दिया था। 'देशभक्त' में एक मिथक कथा के माध्यम से भारत की आजादी के लिए लड़ने वाले क्रान्तिकारियों के त्याग और बलिदान का चित्रण किया गया है। इन कहानियों में उग्र की देश की स्वतन्त्रता के प्रति गहरी निष्ठा व्यक्त हुई है। 'प्यारी तलवार' में कथाकार ने एक व्यंग्यात्मक कथा द्वारा कायर युवकों की पुश्तैनी तलवार को सँभाल तक न पाने की असमर्थता पर व्यंग्य किया है।

'सोसायटी ऑफ डेविल्स' में भी लेखक का देश प्रेम और अँगरेजों के प्रति विरोध का भाव शक्त ढंग से उजागर हुआ है। इस कहानी की शक्ति इसमें निहित व्यंग्य में है। कहानी का एक पात्र कहता है, ''हमारे अनेक भारतीय भाई रेल में गोरों को देखकर वैसे ही काँपने लगते हैं, जैसे कोई बच्चा अयोध्या की हनुमानगढ़ी या काशी के दुर्गा

मन्दिर का मोटा बन्दर देखकर।" अथवा "भाई, यदि मेरे जूते मिल जाएँ, तो मैं जरूर स्वराज्य चाहता हूँ; वरना तुम लोगों के हाथों में होमरूल देकर कौन अपने जूतों का घाटा उठएगा?" अथवा "गधा? तुम लोग भी बड़े दिल्लगीबाज हो। सच्ची सच्ची बात कह देते हो। अरे सरकार बहादुर की मिहरबानी से न जाने कितने गधे जासूस-शिरोमणि बने हैं। मगर भाई! मेरे जूतों का पता बता दो—इस गधे पर दया करो।" हिन्दुस्तानियों, विशेषकर नीचे तबके के लोगों द्वारा अँगरेजों की फजीहत कराकर प्रेमचन्द को भी खूब मजा आता था। 'उग्र' तो उग्र ही ठहरे। इस कथा में उन्होंने ऐसा ही किया है।

इन कहानियों में 'नेता का स्थान'(1923) विचार और कला दोनों ही दृष्टियों से बेजोड़ है। यह बड़ी जबरदस्त कहानी है। इसमें लेखक की भविष्य को सूँघने की अद्‌भुत शक्ति का पता चलता है। आजादी के बाद के यथार्थ का इतना सटीक चित्रण किसी अन्य कहानी में विरल है। लेखक की भविष्य-दृष्टि चमत्कारी है। हम प्रेमचन्द की कहानी 'आहुति'(1930) या *गबन* (1931) के देवीदीन के प्रसंग को इसलिए बार बार याद करते हैं कि उसमें 'जॉन' की जगह 'गोविन्द' के सत्ता में आ जाने की आशंका व्यक्त की गयी है। 'उग्र' ने इस कहानी में आजाद भारत के नेता की जो तसवीर कल्पित की है, वह आज के सन्दर्भ में कितनी यथार्थ है, इसे कहानी को पढ़कर ही समझा जा सकता है।[24] इस कहानी में देश काल और पात्र सभी 'काल्पनिक' हैं। पर आधी सदी बाद के यथार्थ का इतना सटीक वर्णन लेखक की भविष्य-दृष्टि का परिचायक है।

जिस समय 'उग्र' ये कहानियाँ लिख रहे थे, उस समय रूस में मजदूर-क्रान्ति हो चुकी थी। उसके पहले रूस अनेक राजनीतिक संकटों से भी गुजर चुका था, जिनमें से एक कोरिया के साथ उसका युद्ध भी था। 'स्वदेश के लिए'[25] शीर्षक कहानी का प्रमुख पात्र रूसी युवक वसीली लायवफ कोरिया सेना के द्वारा गिरफ्तार हो जाता है, पर वह किसी भी प्रलोभन पर अपनी सेना का भेद बताने को तैयार नहीं होता। वह कोरिया के सेनापति से कहता है, "मैं अपने तुच्छ प्राणों के लिए अपनी जन्मभूमि का अहित कभी न करूँगा।" इस पर उसे फाँसी की सजा होती है जिसे वह सहर्ष स्वीकार करता है। देश के प्रति कर्तव्य को व्यक्तिगत प्रेम से बड़ा समझना इस कहानी का केन्द्रीय कथ्य है, जो इसे सामयिक भी बनाता है और शाश्वत भी। 'कर्तव्य और प्रेम' में रूसी क्रान्ति के सन्दर्भ में एक निहिलिस्ट क्रान्तिकारी का चित्रण किया गया है जो अपनी प्रिय पुत्री को इसलिए गोलियों से भून देता है कि उसने अपने व्यक्तिगत प्रेम पर देश प्रेम की बलि चढ़ा दी थी। प्रेम पर कर्तव्य की वरीयता स्थापित करने वाली यह कहानी भारतीय स्वाधीनता आन्दोलन के लिए भी उतनी ही प्रासंगिक थी। पिता रोवस्की एक जगह आत्मचिन्तन करता है—"जबतक मातृभूमि की छाती पर अत्याचारियों का तांडव नृत्य हो रहा है जबतक जननी जन्मभूमि के बच्चे 'मातृप्रेम'-अपराध के कारण विविध यातनाएँ भोग-भोगकर प्राण-विसर्जन कर रहे हैं, जबतक देश पर भयंकर विषमता का राज्य है, तबतक सुख-भोग की कल्पना कायरता है, आत्महत्या—नहीं मातृहत्या है।" 'प्यारी पताका' में अपने देश की राष्ट्रीय पताका की सम्मान-रक्षा के लिए प्राण देनेवाले

एक जापानी वीर की बलिदान-कथा प्रस्तुत की गयी है। इस बहाने 'उग्र' ने भारतीय स्वाधीनता-संग्राम के सेनानियों के अपने तिरंगे झंडे के प्रति प्रेम और बलिदान की भावना का अंकन किया है। 'निहिलिस्ट' शीर्षक कहानी वैसे तो जारशाही के विरुद्ध संघर्ष करने वाले निहिलिस्टों से सम्बद्ध है, पर भारतीय सन्दर्भ में यह अँगरेजों के विरुद्ध स्वतन्त्रता सेनानियों के संघर्ष की कथा बन गयी है। जार यहाँ ब्रिटिश शासन का और रेटकिन तथा श्रेंगरिफ भारतीय स्वतन्त्रता-सेनानियों के प्रतीक हैं। निहिलिस्ट संगठन द्वारा रेटकिन को दिखायी जाने वाली भित्तिचित्र-कथा रूस से कहीं ज्यादा भारतीय दासता और यहाँ की जनता की तसवीर है। इस चित्र में 'हमारी दुखिता जन्मभूमि' 'एक अत्यन्त बूढ़ी अबला और दीना स्त्री' के रूप में, 'हमारे दरिद्र किसान और मजदूर भाई-बहन' 'निरन्तर क्रन्दन करते, हड्डियों के ढाँचे, काँपते हुए बच्चों' के रूप में, 'मिलमालिक, जमींदार, मार्शल, पुलिस प्रिफेक्ट, सैनिक आदि' 'राक्षसों' के रूप में, 'साइबेरिया के जंगल में अनेक कष्ट झेलकर तपस्या करने वाले' स्वदेशभक्त, और 'अच्छे-अच्छे पत्रों के सम्पादक तथा किसान-नेता' 'मनुष्यता देवी के अमर आराधक' और पूँजीपतियों और अधिकारियों' के सामने अवस्थित 'एक टुकड़ा रोटी के लिए तरसते पन्द्रह आदमियों के कातर परिवार', 'घास उबालकर अपने बच्चों को खिलाते दरिद्र कृषक' और 'माँ के प्रेममय नेत्रों के सम्मुख दम तोड़ते बच्चे' 'विषमता की पराकाष्ठा' के रूप में दिखाये गये हैं। उस चित्र में एक 'दानव' अंकित है, जिसके नीचे 'पशुबल' और 'मुँह सिये जा रहे आदमी के नीचे हमारी बोलने की स्वतन्त्रता' लिखा हुआ है। यह रूपक हमें भारतेन्दु के नाटक *भारत दुर्दशा* की याद दिलाता है। कथा के अन्त में रेटकिन और श्रेंगरिफ की अपने दल के प्रति प्रतिबद्धता तथा हँसते हँसते जान दे देने का वर्णन भारतीय आजादी के दीवानों का संकेत करता है। 'पागल' शीर्षक कहानी में भी रूस में जारशाही शासन की आलोचना करने वाले पत्रकार/लेखक स्मरनोफ के विरुद्ध पुलिस के अत्याचार का चित्रण किया गया है। क्षमा-याचना करने के शाही आदेश का उल्लंघन करने पर उसे जेल में भयंकर यातना देकर मौत के घाट उतार दिया जाता है। उसके शोक में उसकी प्रेमिका आत्महत्या कर लेती है और उसका मित्र क्रोडेकाफ पागल हो जाता है। औपनिवेशिक शासन में भारत में भी क्रान्तिकारी स्वतन्त्रता-सेनानियों पर जेलों में ऐसे ही अत्याचार किये जाते थे। कहानी में लेखक एक स्थान पर कहता है—"जारशाही के यमालयों (कारागारों) में राजनीतिक बन्दियों की यन्त्रणाओं का कोई ठिकाना न था। अनेक प्रकार के आसुरिक यन्त्रों की कल्पनाएँ और सृष्टि हुई थी और यह सब हुआ था इसलिए कि कोई जार की सरकार के विरुद्ध स्वप्न में भी आवाज न उठावे।" भारत में भी विरोध की आवाज को दबाने के लिए ब्रिटिश सरकार ने अनेक कठोर कानून बना रखे थे। जेलर से वार्तालाप में स्मरनोफ कहता है—"जरा देश के किसानों को मेरे साथ चलकर एक बार देख आओ।...वे सिर का पसीना पैर तक लाकर—शीत, ग्रीष्म, भूख-प्यास, रोग-शोक सबकुछ झेलकर—अन्न उत्पन्न करते हैं। पर, हाय ! जरा इस शासन-प्रणाली को तो देखो—उन अभागों के पास

खाने तक का ठिकाना नहीं। अधिकारी मजे से बैठकर होटलों में डबल रोटी और शराब-कबाब उड़ाते हैं। जमींदार कृषकों को लूट लूटकर उनके रक्त से अपने महल बनवाते हैं ! और बेचारे किसान भूखों मरते हैं। यह अन्याय नहीं है?" 'भीषण सन्तोष' भी रूसी क्रान्ति पर ही आधारित कहानी है। इसमें रूसी जनता पर पुलिस के अमानवीय अत्याचार और क्रान्ति के सफल होने पर जनता द्वारा पुलिस अधिकारियों से बदला लेने का वर्णन किया गया है। 'वीर कन्या' जारशाही के खिलाफ लड़नेवाली एक देशभक्त रूसी-क्रान्तिकारी युवती क्लेरोडिया की कहानी है, जो प्राण दे देती है, लेकिन अपने क्रान्तिकारी दल का भेद नहीं खोलती।

यदि हम इन कहानियों में आये कथा-नायकों और देश का नाम एक क्षण के लिए दरकिनार कर दें तो भारतीय स्वाधीनता की लड़ाई से इनकी प्रासंगिकता सटीक बैठ जाती है। 'स्वदेश के लिए' का लायलफ कहता है, "संसार में स्वदेश से बढ़कर पवित्र, गौरवमय और पूजनीय और कोई भी देवता नहीं है।"..."मैं उसे पशु समझता हूँ, मृतक समझता हूँ, राक्षस समझता हूँ और समझता हूँ पापियों का सरदार, जो अपने तुच्छ स्वार्थों के लिए अपनी मातृभूमि के गले को रेतता है, शत्रुओं से मिल जाता है।" ये पंक्तियाँ भारतीय स्वाधीनता संग्राम के सन्दर्भ में एकदम सार्थक हैं। यह तो स्पष्ट है कि गाँधी जी से प्रभावित होने के बावजूद 'उग्र' अहिंसावादी नहीं हैं। उनकी पूरी सहानुभूति रूस के हिंसक क्रान्तिकारियों से, और प्रकारान्तर से भारतीय क्रान्तिकारियों के साथ है। जिस प्रकार रूसी क्रान्ति में स्त्रियाँ भी हिस्सा ले रही थीं, उसी प्रकार भारतीय स्वाधीनता आन्दोलन में भी स्त्रियाँ योगदान कर रही थीं। 'वीर कन्या' में इसी का चित्रण किया गया है। कुछ बाद में चलकर अज्ञेय और जैनेन्द्र ने भी विदेशी पृष्ठभूमि की क्रान्ति-कथाएँ लिखीं, पर उनमें भारतीय स्वाधीनता आन्दोलन की वैसी व्यंजना नहीं मिलती, जैसी 'उग्र' की कहानियों में। कथ्य और शिल्प दोनों ही दृष्टियों से 'उग्र' की ये कहानियाँ उनसे श्रेष्ठ हैं।

1857 में भारत का पहला व्यापक राष्ट्रीय आन्दोलन हुआ था, जिसे ब्रिटिशपरस्त इतिहासकारों ने 'गदर' की संज्ञा देकर झुठलाने की कोशिश की थी। 'उग्र' को इसका सही ऐतिहासिक बोध था। उन्होंने इस आन्दोलन को केन्द्र में रखकर 'रेन ऑफ टेरर', 'नादिरशाही', 'एक भीषण स्मृति', 'कालकोठरी' आदि कहानियाँ लिखी थीं। इन कहानियों का केन्द्रीय भाव यह है कि अँगरेजों को मालूम था कि यह केवल कुछ सैनिकों का 'गदर' नहीं था, बल्कि उत्तर भारत के किसानों का भी एक, दुर्बल रूप से ही सही, संगठित विद्रोह था; अन्यथा उन्हें आतंकित करने के लिए ब्रिटिश सेना को अवध के ग्रामीणों का इतना बर्बर दमन करने की कोई जरूरत न थी। अब तो आधुनिक ऐतिहासिक खोजों से भी इस तथ्य की पुष्टि हो चुकी है, पर 'उग्र' ने ये कहानियाँ तब लिखी थीं, जब सरकारपरस्त इतिहासकार इस झूठ का प्रचार करने में लगभग सफल हो चुके थे। 'नादिरशाही', 'रेन ऑफ टेरर' और 'एक भीषण स्मृति' में बनारस और इलाहाबाद में ब्रिटिश सेना द्वारा साधारण जनता पर किये जाने वाले अत्याचारों का

रोमांचकारी वर्णन किया गया है। वस्तुतः 1857 की आजादी की लड़ाई को दबाने के लिए अँगरेजों ने नादिरशाही नरसंहार को मी मात कर दिया था। बहुत कम हिन्दी कहानीकारों ने 1857 के जनविद्रोह को अपनी कहानियों का विषय बनाया है। 'उग्र' को इस बात का श्रेय देना होगा कि उन्होंने अपनी कहानियों में सभ्यता का दम भरने वाले बर्बर अँगरेजों द्वारा निरीह जनता के पाशवी दमन का सजीव चित्रण किया है। 'एक भीषण स्मृति' की कथा को उन्होंने 'एक बुजुर्ग से सुना हुआ अनुभव' बताया है। इस कहानी में उग्र ने ब्रिटिश सैनिकों द्वारा दमन के नंगे नाच के वर्णन में अपनी अद्‌भुत संवेदन-क्षमता का परिचय दिया है। कहानीकार ने इन कहानियों के व्याज से बीसवीं शताब्दी के दूसरे-तीसरे दशक में औपनिवेशिक शासन द्वारा असहयोग आन्दोलन में हिस्सा लेने वाले निहत्थे प्रदर्शनकारियों के दमन का चित्र भी प्रस्तुत किया है। 'रेन ऑफ टेरर' में बर्बरता के इस तांडव नृत्य में अँगरेज महिला की मानवीय संवेदना कहानी को बहुत ही प्रभावी बना देती है। 'काल-कोठरी' में 1857 के विद्रोह में अवध के सैनिकों के प्रति अँगरेज अफसरों के क्रूरतापूर्ण रवैये का बड़ा ही जीवन्त वर्णन किया गया है। इस प्रकार 'उग्र' ने अँगरेजों के प्रति अपनी भावना का बहुत सशक्त अंकन किया है।

पंजाब के महाराजा रणजीत सिंह की मृत्यु के बाद कम्पनी शासन ने पंजाब को हस्तगत करने के लिए जो घृणित प्रयास किये थे, उसे भी 'उग्र' ने ब्रिटिश शासन के विरुद्ध अपनी रणनीति का हिस्सा बनाया था। 'देशद्रोह', 'पंजाब की महारानी', 'सिक्ख सरदार' आदि कहानियों में उन्होंने अँगरेजी शासन के चरित्र का पर्दाफाश किया है। 'देशद्रोह' में महारानी जिन्दा के शासन-काल में अँगरेजों की कूटनीति और मंत्री एवं सेनापति राजा लाल सिंह के अँगरेजों से मिल जाने के कारण पंजाब के पतन की कथा प्रस्तुत की गयी है। 'पंजाब की महारानी' में भी अँगरेजों द्वारा पंजाब को हड़पने की दुर्नीति और महारानी को हर प्रकार से कष्ट देने और अपमानित करने की कथा प्रस्तुत की गयी है। 'सिक्ख सरदार'[26] में अन्तिम सिख-युद्ध में सिख सैनिकों की वीरता का अंकन किया गया है। ये कहानियाँ लेखक के देश प्रेम की परिचायक हैं और बिना किसी लागलपेट के ब्रिटिश शासन का विरोध करती हैं। इन तीनो कहानियों में 'देशद्रोह' को विशेष रूप से उल्लेखनीय बनाने वाला कारक, स्वयं लाल सिंह की पोष्य पुत्री जया और लाल सिंह की वृद्धा दासी के पुत्र मोहन सिंह का देश प्रेम और आत्मबलिदान है। लाल सिंह युद्धक्षेत्र में अन्तिम साँस लेती हुई अपनी पुत्री के पास पहुँचता है तो वह उसका तिरस्कार करती हुई ही मृत्यु का आलिंगन करती है। देश प्रेम और आत्मबलिदान की प्रेरणा से स्पन्दित होने के कारण समकालीन स्वाधीनता आन्दोलन के सन्दर्भ में इस कहानी की प्रासंगिकता स्वयंसिद्ध है।

औपनिवेशिक शासन की एक उल्लेखनीय परिघटना हिन्दू-मुस्लिम सम्बन्धों में निरन्तर विद्वेष की वृद्धि करना भी था, जो ऐतिहासिक, सामाजिक और आर्थिक कारणों से पैदा हुआ था और ब्रिटिश शासन, सदी के आरम्भ में ही, उसे 'फूट डालो और शासन करो' की नीति के रूप में अपना चुका था। सत्याग्रह आन्दोलन के दौरान हिन्दू-मुस्लिम

सम्बन्धों में सौहार्द का अद्भुत वातावरण पैदा हुआ था, जो शासन की चिन्ता का विषय बना हुआ था। पर 1922 में चौरी चौरा की घटना के बाद आन्दोलन के स्थगित कर दिये जाने का असर इस पर भी पड़े बिना न रहा। इसके थोड़े ही दिनों बाद साम्प्रदायिक वातावरण विषाक्त हो गया और भारत के अनेक हिस्सों में हिन्दू-मुस्लिम दंगे शुरू हो गये। प्रेमचन्द की तरह 'उग्र' के लिए भी यह चिन्ता का विषय था और उन्होंने इसे अपने कथा साहित्य का विषय बनाया। उन्होंने अपनी 'दोजख! नरक!' नामक कहानी में लिखा था, "जो जामा मस्जिद में है, वही विश्वनाथ मन्दिर में। वही खुदा, वही गॉड, वही ईश्वर।...मस्जिद, मन्दिर, गिरजाघर आदि मनुष्य की कल्पना हैं। मनुष्य की कल्पना के लिए ईश्वर की कल्पना का नाश करना इतना बड़ा पाप है, जिसका कोई पर्याप्त दंड नहीं है।" यह इतनी व्यापक और संवेदनशील दृष्टि है जो 'उग्र' को कहानीकार के रूप में भी बहुत बड़ा बना देती है। अपनी 'दिल्ली की बात', 'ईश्वरद्रोही', 'खुदा के सामने', 'खुदाराम', 'दोजख! नरक!', 'शाप', 'दोजख की आग' आदि कहानियों में 'उग्र' ने साम्प्रदायिकता के विभिन्न पक्षों पर अपनी इस मानवीय संवेदना को उजागर किया। 'दिल्ली की बात' में हिन्दू धर्म की संकीर्णता को हिन्दुओं के मुसलमान बनने का प्रमुख कारण बताया गया है। यह भी बताया गया है कि जो हिन्दू अपने धर्म के अत्याचार के कारण मुसलमान बनते हैं वे अधिक हिन्दू-द्रोही होते हैं।[27] 'ईश्वरद्रोही' में इस विचार का प्रतिपादन किया गया है कि धर्म के नाम पर एक-दूसरे की हत्या करने वाले न हिन्दू होते हैं, न मुसलमान; वे शैतान होते हैं और शैतान ही उनका ईश्वर या खुदा होता है। 'खुदा के सामने' में यह प्रतिपादित किया गया है कि धर्मान्ध व्यक्ति, चाहे वह हिन्दू हो या मुसलमान दोजख में जाता है और बहिश्त उन्हें मिलता है जो धार्मिक सद्भाव के लिए अपनी कुर्बानी दे देते हैं। 'खुदाराम' हिन्दू-मुस्लिम एकता की बड़ी जबरदस्त कहानी है, जिसमें मानव-प्रेम की संवेदना किसी बिन्दु में केन्द्रित न होकर सारी कहानी में रस की तरह भीनी हुई है। 'दोजख! नरक!!' में एक कल्पित मिथक के द्वारा हिन्दू और इस्लाम धर्मों की एकता का प्रतिपादन किया गया है। 'शाप' में हिन्दू-मुस्लिम विद्वेष पर चोट की गयी है। 'दोजख की आग' में धर्म के नाम पर की जाने वाली दानवी लीला तथा गरीब और असहाय लोगों पर किये जाने वाले अत्याचार के क्रूर यथार्थ का चित्र प्रस्तुत किया गया है।

'उग्र' ने समकालीन सामाजिक समस्याओं को भी अपनी कहानियों का विषय बनाया है। 'ब्राह्मणद्रोही' शीर्षक कहानी में जन्मना ब्राह्मणत्व की श्रेष्ठता प्रतिपादित करने वाली विचारधारा को चुनौती दी गयी है। इस बात को लेकर पिता-पुत्र में विवाद हो जाता है और कट्टर ब्राह्मण पिता बेटे को उत्तराधिकार से वंचित कर घर से निकाल देता है। इस बहाने दो पीढ़ियों का संघर्ष भी सामने आ गया है। पर कहानी के अन्त में पुत्र-प्रेम के आगे विचारधारा नतमस्तक हो जाती है और कहानी एक मानवीय संवेदना से भी जुड़ जाती है।

प्रेमचन्द की तरह 'उग्र' भी औपनिवेशिक शासन की सबसे बड़ी बुराई किसानों

के शोषण और दमन में देखते हैं। 'अभागा किसान' में 'उग्र' महाजन द्वारा किसान के शोषण, लगान-वसूली के लिए किसान पर जमींदार के अत्याचार और अन्ततः किसान-पत्नी की, अपने बच्चों की हत्या के बाद, आत्महत्या का चित्रण करते हैं। इस कहानी का जमींदार क्रूर ही नहीं, परले दर्जे का मूर्ख और रूढ़िवादी भी है। उसका शिक्षित और संवेदनशील बेटा किसानों के प्रति सहानुभूति रखता है, जिसके चलते वह पिता से अपमानित भी होता है। पर अधिकारविहीन होने के कारण किसान के लिए कुछ कर नहीं पाता। यद्यपि 'कहानी' की दृष्टि से रचना साधारण ही है, पर यथार्थ-चित्रण की दृष्टि से इसकी उल्लेखनीयता निर्विवाद है।

'करुण कहानी' समकालीन सन्दर्भ में स्त्री-विमर्श की, समाज और परिवार में स्त्री की दयनीय स्थिति की, कहानी है। व्यभिचारी और वेश्यागामी पति भी अपनी पत्नी को किसी अन्य पुरुष से बातें करते देखकर उसे घर से निकाल देता है। किसी मेले में अपने परिवार से अलग हो जाने वाली स्त्री को हिन्दू-मुसलमान सभी एक ही दृष्टि से, भोग की भटकी हुई अरक्षित सामग्री के रूप में देखते हैं। ऐसी स्त्री को अपनी रक्षा करने वाले युवक से प्रेम करने का भी अधिकार नहीं होता। यही इस कहानी का कथ्य है। कहानी के अन्त में करुणा की संवेदना मुखरित हुई है, जो इसे 'कथा' से 'कहानी' की कोटि में पहुँचा देती है।

'उग्र' परम्परागत रूढ़ नैतिक संहिता के अन्धानुयायी नहीं हैं। कहानी के बीच में ही अपने विचार व्यक्त करते हुए कहते हैं : "लीला—'सनातन धर्म' की परिभाषा से—'सती' अवश्य नहीं थी, पर जो स्त्री सती नहीं है उसे उसकी परिस्थिति पर विचार किये बिना ही 'कुलटा' या 'अ-सती' कहने को कम से कम हम तो तैयार नहीं हैं। प्रकृति समझे बिना, किसी ऐरे गैरे के साथ स्त्री के पवित्र और कोमल हृदय को बाँधकर उससे जबरदस्ती सतीत्व की आशा करना अत्याचारी, व्यभिचारी, अन्यायी और अधर्मी पुरुष-समाज की सीनाजोरी है, ज्यादती है। हम केवल उन स्त्रियों को अ-सती समझते हैं जो वासना के फेर में पड़कर 'प्रेम' से विश्वासघात करती हैं। और वे स्त्रियाँ, जो समाज द्वारा जबरदस्ती किसी पुरुष के गले मढ़ दी जाती हैं, किसी व्यक्ति-विशेष की 'स्त्री' दासी नहीं होती है। दासी और स्त्री में उतना ही अन्तर है, जितना नरक और स्वर्ग में।"[28]

'विधवा' में बाल-विवाह और विधवा का पुनर्विवाह न करने की सामाजिक व्यवस्था की आलोचना की गयी है। लेखक आर्य-समाज की विचारधारा के साथ है जहाँ विधवा-विवाह को मान्यता प्राप्त है। 'आँखों में आँसू' कम उम्र के लड़के से बड़ी उम्र की लड़की के विवाह के कुपरिणाम का चित्रण करने वाली कथा है। ये कहानियाँ तत्कालीन समाज में स्त्री की नियति का सहानुभूतिपूर्ण चित्रण तो करती हैं, पर विचार पर—संवेदना पर नहीं—आधारित होने के कारण 'कहानी' के रूप में उल्लेखनीय नहीं हैं।

दलित वर्ग और समाज के हाशिए पर जीने वालों के प्रति 'उग्र' के मन में गहरी सहानुभूति थी। उनकी 'समाज के चरण' नामक कहानी दलित संवेदना की एक

उल्लेखनीय कहानी है। इस कहानी में 'उग्र' की दलित समाज के प्रति आक्रामक सहानुभूति व्यक्त हुई है। यह एक आदर्श है, जिसके समर्थन के लिए ही यह कथा निर्मित की गयी है। 'वाह होली ! आह होली' में अमीरों और गरीबों की होली का अन्तर दिखाया गया है। इस कहानी में 'कथा' बहुत कम और कथाकार के भावोद्गार अधिक हैं। 'वीभत्स' सुमेरा नामक जाट की कथा है, जो पैसे कमाने और बचाने के लिए चोरी करता, इन्फ्लुएंजा से मरने वालों की लाश ढोता और मरी बकरी का कच्चा मांस तक खा जाता है। इसी क्रम में उसकी वीभत्स मौत भी हो जाती है। अपने ढंग की यह एक विचित्र कथा है। कोई संवेदना इसमें नहीं है, पर वीभत्सता का प्रभावी चित्रण इसमें जरूर है।

'घोड़े की जीवनी' पशु संवेदना की एक बहुत अच्छी कहानी है, जो प्रेमचन्द की 'दो बैलों की कथा' की तरह ही व्यंजना से भरपूर है।

'उग्र' ने कुछ ऐसी कहानियाँ भी लिखी थीं, जिनमें समकालीन समस्याओं के स्थान पर अपेक्षाकृत शाश्वत भावनाएँ चित्रित की गयी हैं। 'घूँघट के पट खोल री' में प्रेम और वैराग्य के सम्बन्ध और उनके बीच के द्वन्द्व का चित्रण करते हुए दोनो की अभिन्नता और उनकी चरमावस्था को समाधि मानने का कथ्य प्रस्तुत किया गया है। 'मुक्ता' में, जो लगभग 700 शब्दों की फन्तासी कथा है, 'मुक्ति' के श्लेष से चमत्कार पैदा करते हुए वास्तविक 'मुक्ति' की, जो स्वाधीनता की द्योतक भी हो सकती है—महत्त्व का प्रतिपादन किया गया है। इस लघु कथा में एक राजकुमारी प्रतिशोधवश सीपों को समुद्र से निकलवाकर उन्हें उनकी 'मुक्ति' से वंचित करने का प्रयास करती है पर हजारों सीपियों की हत्या के बाद भी उसे केवल एक 'मुक्ति' मिल पाती है जो राजकुमारी पर व्यंग्य करती हुई कहती है कि उसे 'मुक्ति' नहीं 'मुक्ता' ही मिल सकी है।

इसे नियति का व्यंग्य कहें या हिन्दी आलोचना की दयनीयता कि 'उग्र' को कहानी-लेखक के रूप में प्रसिद्धि उनकी देश प्रेम और स्वाधीनता संग्राम का चित्रण करने वाली संवेदनाप्रधान कहानियों के कारण नहीं, बल्कि समलैंगिक भ्रष्टाचार का चित्रण करने वाली कहानियों के संग्रह *चाकलेट* (1924 अथवा 1927) से मिली[29], जिसकी प्रतिक्रिया में *विशाल भारत* (1928) के सम्पादक बनारसीदास चतुर्वेदी ने उन्हें 'टकों के लिए लिखित अश्लील साहित्य' घोषित कर उनके खिलाफ 'घासलेट' आन्दोलन छेड़ दिया था।[30] उन्होंने न केवल *चाकलेट* के विरुद्ध *विशाल भारत* में सम्पादकीय टिप्पणियाँ लिखीं, अपने मत के समर्थक लेखकों के लेख प्रकाशित किये, कार्टून छापे, बल्कि हिन्दी साहित्य सम्मेलन और नागरी प्रचारिणी सभा को प्रेरित कर इसके विरुद्ध प्रस्ताव भी पारित कराये। 'उग्र' ने इन कहानियों के समर्थन में लिखा था कि "मैं शुद्ध हृदय से इस बात का अनुभव करता हूँ कि इस विषय पर आन्दोलन करना समाज के एक नगण्य व्यक्ति की हैसियत से मेरा कर्तव्य है। मैं इसे कर्तव्य समझकर करता हूँ। मैं इस काम के फलों को भी चखने को तैयार हूँ।"[31] यद्यपि इस आन्दोलन में 'उग्र' को कुछ लेखकों और पत्रिकाओं का समर्थन भी मिला, पर पलरा विरोध का ही भारी रहा और 'उग्र'

को इससे इतना मानसिक सन्ताप पहुँचा कि वे उससे मुक्ति पाने के लिए फिल्म संसार में चले गये। इसका असर उनके लेखन पर भी दिखायी पड़ता है। इस आन्दोलन ने 'उग्र' को प्रसिद्धि तो दी, पर गलत किस्म की, और उनका वास्तविक कहानीकार इस आन्दोलन के धुएँ में तिरोहित हो गया। हिन्दी पाठक समुदाय में 'उग्र' की छवि अश्लील, नग्न यथार्थ का चित्रण करने वाले कथाकार के रूप में बनी, देश की आजादी के पक्ष में साहस के साथ लिखने वाले क्रान्तिकारी कहानीकार के रूप में नहीं। उनकी आजादी की लड़ाई को प्रतिबिम्बित और प्रेरित करने वाली कहानियाँ पत्र पत्रिकाओं के पन्नों में सिमटी रह गयीं और कुछ कहानियाँ—'कर्तव्य और प्रेम', 'जैतू में', 'देशभक्त', 'नादिरशाही', 'निहिलिस्ट', 'नेता का स्थान', 'पागल', 'भीषण सन्तोष', 'माँ कैसे मरी', 'वह दिन', 'वीर-कन्या', 'स्वदेश के लिए' आदि—औपनिवेशिक सरकार द्वारा जब्त होकर पाठकों तक न पहुँच पायीं।[32]

'उग्र' के बारे में भवदेव पांडेय ने बिलकुल ठीक लिखा है कि उन्होंने "अपनी रचनात्मक पूर्णता की तलाश कहानी-लेखन द्वारा शुरू की। वे एक कवि के रूप में नवजागरण के राजनीतिक बोध तक सीमित थे, परन्तु कहानियों की रचना द्वारा सामाजिक-सांस्कृतिक जीवन की हर धड़कन से जुड़ गये। सृजन-दृष्टि का फैलाव हुआ। शहरों से गाँवों में भी गये। तमाम विसंगतियाँ देखीं। भरे पेट देखे, खाली पेट देखे। किसानों-जमींदारों के आचरण परखे। बहिष्कृत दलित समाज के धैर्य का मूल्यांकन किया।...हिन्दू-मुसलमान के झगड़े, वर्ण-वर्ग और जातिगत भेद-भाव, पंडे-पुरोहित, ईश्वर के नाम पर चलने वाले हथकंडे, वासना की बदशक्ल तसवीरें, साम्राज्यवादी शासन की क्रूरताएँ, सामन्ती शोषण, राष्ट्रवादी क्रान्तिकारियों द्वारा देश की स्वतन्त्रता के लिए किये जाने वाले संघर्ष जैसे हजार-हजार दृश्य उनकी आँखों के सामने से गुजरे थे और इन सबकी नाप-जोख उन्होंने अपनी कहानियों की तुला पर की। कहीं जरा भी पासंग नहीं छोड़ा। न कहीं हिचके, न ही डरे। बाहरी यथार्थों के साथ आन्तरिक यथार्थों की खोज की और एक ऐसे कहानीकार के रूप में उभरे कि उनका कवि रूप इसके नीचे दब गया।"[33]

प्रेमचन्द और 'उग्र' की कहानियाँ फ्रैंक ओ' कॉनर की उस परिभाषा पर एकदम खरी उतरती हैं, जिसके अनुसार 'कहानी' की प्रकृति दबे, उपेक्षित और अल्पसंख्यकों के, वर्चस्वसम्पन्न और बहुसंख्यकों के विरुद्ध, 'छापामार युद्ध' की है। वह चाहे उपनिवेशवाद के विरुद्ध पराधीन देश की, पुरुषवादी व्यवस्था के खिलाफ स्त्री-समाज की, उच्चवर्ग के विरुद्ध दलित वर्ग की अथवा जड़ नैतिक व्यवस्था के विरुद्ध अल्पसंख्यक रचनाकार का विद्रोह हो, 'कहानी' उसकी आवाज बनकर प्रकट होती है। प्रेमचन्द और 'उग्र' की कहानियाँ इसकी पुष्टि करती हैं।

प्रवृत्ति की दृष्टि से विश्वम्भरनाथ शर्मा 'कौशिक' (जन्म : 1891; निधन : 1945)[34] बद्रीनाथ भट्ट 'सुदर्शन' (जन्म 1896; निधन 1967), उपेन्द्रनाथ अश्क (ज. 1910; नि. 1996), रशीदुल खैरी और अली अब्बास हुसैनी की कहानियों का स्थान प्रेमचन्द

और 'उग्र' के बीच ही है। यद्यपि इनकी कहानियाँ न तो व्यवस्था के विरुद्ध 'छापामार युद्ध' की दृष्टि से और न ही संवेदना और शिल्प-प्रयोग की दृष्टि से बहुत उल्लेखनीय हैं, पर साहित्य के इतिहास में उल्लेखनीयता की दृष्टि से कमजोर कहानियों का भी स्थान होता है।

विश्वम्भरनाथ शर्मा 'कौशिक' की पहली कहानी 'रक्षाबन्धन' 1913 में ही *सरस्वती* में प्रकाशित हो चुकी थी, और बाद में भी उनकी कहानियाँ हिन्दी की विभिन्न पत्रिकाओं में प्रकाशित होती रहीं और पाठकों के बीच बहुत लोकप्रिय भी हुईं। सम्भवतः उनका पहला कहानी संग्रह *गल्प मन्दिर* 1919 में प्रकाशित हुआ था।[35] यह संग्रह सम्प्रति मुझे उपलब्ध नहीं हो सका है, अतः यह कहना कठिन है कि इसमें उनकी कौन सी कहानियाँ संकलित थीं। दूसरा संग्रह *चित्रशाला* (भाग-1) 1924 में प्रकाशित हुआ, जिसमें 'स्वाभिमानी नमकहलाल', 'उद्धार', 'ताई', 'लीडरी का पेशा', 'माता का हृदय', 'नास्तिक प्रोफेसर', 'नर-पशु', 'अशिक्षित का हृदय', 'वह प्रतिमा', 'विधवा' आदि 10 कहानियाँ संकलित थीं।[36] *चित्रशाला* का दूसरा भाग 1929 (सं. 1986 वि.) में प्रकाशित हुआ। इसमें संकलित कहानियों का रचना-काल 1924-28 सम्भावित है। उसमें भी दस कहानियाँ–'स्वतन्त्रता', 'सुधार', 'प्रेम का पापी', 'परिणाम', 'सन्तोष धन', 'साध की होली', 'सच्चा कवि', 'पथ-निर्देश', 'कर्तव्य-पालन', 'ईश्वर का डर'–संकलित थीं। इसी वर्ष (नवम्बर, 1929) में चाँद कार्यालय, इलाहाबाद से कौशिक जी का *मणिमाला* नामक कहानी संग्रह प्रकाशित हुआ, जिसमें 'फाँसी', 'सुप्रबन्ध', 'निराश प्रेमी', 'मिथ्याभिमान', 'प्रायश्चित्त', 'नेत्रोन्मीलन', 'संशोधन', 'स्वेच्छाचारिता', 'विचित्रता', 'पर्दा', 'सोहाग की साड़ी', 'लालसा', 'अन्तिम भेंट', 'सुधार', 'उद्धार', 'देवरानी-जेठानी' आदि 16 कहानियाँ प्रकाशित हुई थीं।

'कौशिक' अपनी कहानियों में आश्चर्यजनक रूप से स्वाधीनता आन्दोलन की हलचलों से उदासीन दिखायी देते हैं। इनकी इस दशक की केवल दो ही कहानियों, 'लीडरी का पेशा' (1924) और 'स्वतन्त्रता (1929) में स्वाधीनता आन्दोलन का उल्लेख आया है। 'लीडरी का पेशा' में तत्कालीन राजनीतिक 'लीडरों' का विद्रूपी चित्र प्रस्तुत किया गया है। इसका अर्थ यह है कि उस समय भी नकली नेताओं की कमी नहीं थी। इस कहानी में ऐसे ही नेताओं पर व्यंग्य किया गया है। पर व्यंग्य सतही है। असहयोग आन्दोलन के फलस्वरूप स्त्रियों में जागरूकता बढ़ी थी और जागरूकता पैदा होने पर स्वतन्त्रता और अधिकार के प्रति सजगता आ रही थी। प्रेमचन्द ने अपनी कहानियों में इसका चित्रण भी किया है। पर अभी भी पुरुष मानसिकता स्त्री को बिना शर्त आजादी प्रदान करने के विरुद्ध थी। स्त्री के लिए पति-सेवा अनिवार्य गुण थी। 'स्वतन्त्रता'(1929) कहानी में 'कौशिक' भी स्त्री की स्वतन्त्रता और अधिकार के पक्ष में पुष्ट तर्क देने के बावजूद, यह स्वीकार करने को तैयार नहीं हैं कि वह परम्परागत पातिव्रत्य और गृहिणी-कर्म की उपेक्षा करे। इस कहानी में स्त्री-विमर्श का यही रूप है।

'विधवा' कहानी अन्तःसाक्ष्य से 1920 के आसपास की कहानी प्रतीत होती है।

यह वह समय था जब आर्य समाज का सामाजिक सुधार आन्दोलन अपने प्रकर्ष पर था। इस कहानी का विषय विधवा-विवाह है और लेखक की सहानुभूति इस आन्दोलन के प्रति है। 'प्रायश्चित्त' में समकालीन विवाह-व्यवस्था में स्त्रियों की हीन दशा का चित्रण किया गया है, जिसमें सन्तान न होने पर, बिना यह जाँच किये कि पति-पत्नी में कौन सन्तानोत्पत्ति में असमर्थ है, बहू को बाँझ घोषित कर माँ-बाप लड़के का दूसरा विवाह कर देते थे। इस कहानी की अतिरिक्त विशेषता यह है कि युवक पति अपना दोष स्वीकार करते हुए पत्नी को इस दोष से मुक्त ही नहीं कर देता, बल्कि आत्महत्या करने के पूर्व माँ-बाप को पत्र लिखकर अपनी पत्नी का दूसरा विवाह कर देने का भी अनुरोध करता है। 'नेत्रोन्मीलन' भी मध्यवर्गीय परिवारों में स्त्री की दयनीय स्थिति और विधवा-विवाह के समर्थन पर आधारित कहानी है।

दरअसल 'कौशिक' मुख्यतः नैतिक मूल्यबोध की कहानियाँ लिखने वाले एक सामान्य कहानीकार हैं। प्रेमचन्द और 'उग्र' की बात तो छोड़ दें, उनमें सुदर्शन जैसी सामाजिक चेतना भी नहीं है। 'सन्तोष-धन', ईमानदारी, परदुःखकातरता, सन्तोष आदि नैतिक मूल्यों के प्रतिपादन की कहानी है। 'पथ-निर्देश' में धन-लोलुपता की निन्दा और सन्तोष के साथ ईमानदारी की कमाई की प्रशंसा की गयी है। 'स्वाभिमानी नमक-हलाल' में स्वामिभक्ति, कार्यनिष्ठा, विवेक, विश्वास आदि मूल्यों का महत्त्व प्रतिपादित किया गया है। जिन कहानियों में समकालीन जीवन की कोई समस्या आती है, वहाँ भी लेखक का नैतिक स्वर ही प्रधान हो उठता है। उदाहरण के लिए 'परिणाम' में भिखारियों के जीवन का यथार्थ चित्रण किया गया है, पर इस समस्या के समाधान का कोई वैज्ञानिक विकल्प 'कौशिक' के पास नहीं है। कहानी का अन्त इस विचार से होता है कि 'लक्ष्यहीन मनुष्य संसार में कोई बड़ा काम नहीं कर सकता।' कहानी संयोगाधृत घटनाओं से भरी है और विचार-प्रतिपादन का निमित्त प्रतीत होती है। 'ईश्वर का डर' में मुख्य रूप से जमींदारों के रैयतों पर अत्याचार का वर्णन किया गया है, पर अन्त तक जाते जाते रोशनी इस बिन्दु पर केन्द्रित हो गयी है कि ईश्वर के भय से व्यक्ति गलत काम करने से बच जाता है और ऐसा सच बोलने वाला उसके बदले कुछ लेता नहीं। 'उद्धार' में सेठों द्वारा जरी वगैरह का काम करने वाले पुरुष और स्त्री कारीगरों के शोषण का चित्रण किया गया है, पर कहानी का अन्त इस मूल्यबोध के साथ हुआ है कि व्यवसायियों को कारीगरों का शोषण नहीं करना चाहिए। 'सुधार' में चुंगीघरों और स्टेशन की टिकट खिड़कियों पर होने वाली रिश्वतखोरी का चित्रण किया गया है, पर लेखक का दृष्टिकोण यह है कि रिश्वत लेने वालों को जेल और जुर्माने की सजा न दिलाकर उन्हें समझाकर या केवल डरा धमका कर रिश्वत लेने से रोकना मानवीय है। पर इस सम्बन्ध में लेखक के तर्क बहुत कमजोर हैं। 'नास्तिक प्रोफेसर' में नास्तिकता पर आस्तिकता की विजय दिखायी गयी है। स्वयं लेखक और उसके समय का समाज ईश्वर में विश्वास करता था, जिसकी अभिव्यक्ति इस कहानी में हुई है। तात्पर्य यह कि 'कौशिक' की कहानियों में जिन विचारों का प्रतिपादन किया गया है, वे परम्परागत और

समय के प्रवाह से कटे हुए हैं। उनमें कोई ताजगी नहीं है, अतः उन पर निर्मित कहानियाँ भी परम्परागत उपदेश-कथाओं का अतिक्रमण नहीं कर पायी हैं। 'कौशिक' जी बीच बीच में किंचित् विस्तार के साथ अपने विचारों का उल्लेख भी करते चलते हैं। पर उनकी वे ही कहानियाँ उल्लेखनीय मानी जा सकती हैं, जिनमें विचार उनकी संवेदना का अभिन्न अंग बन गया है। जिन कहानियों में विचार बाहर से लिये गये हैं, वे 'कहानी' न रहकर विचार-प्रतिपादन करने वाली 'कथा' बन गयी हैं। उदाहरण के लिए 'फाँसी' में वेश्या-सम्पर्क के परिणामस्वरूप दो मित्रों में से एक, अपने मित्र की ही साजिश से, निरपराध वेश्या की हत्या का अपराधी मान लिया जाता है और उसे फाँसी की सजा हो जाती है। कहानी का केन्द्रीय कथ्य फाँसी की सजा को न्याय-व्यवस्था के दोष के रूप में प्रस्तुत करना है। अपराधी मित्र भी विष खाकर आत्महत्या कर लेता है। 'मिथ्याभिमान' स्त्री-विमर्श की कहानी है। इसमें एक लड़की शिक्षा प्राप्त करने के लिए माता-पिता और विवाह कर दिये जाने पर ससुराल के परिवार से भी विद्रोह करती है, पर कहानीकार की सहानुभूति उसके साथ नहीं है, अतः वह उसे अन्त में 'दुःखी' दिखाता है। 'सच्चा कवि' इस विचार पर आधारित कहानी है कि सच्चा कवि "किसी की आज्ञा का पालन करने के लिए कभी भी कविता नहीं लिखता। जो केवल आज्ञा-पालन के लिए कविता लिखते हैं, वे सच्चे कवि नहीं, वरन् घृणित, तुच्छ हैं।" इसके साथ ही, कथाकार के अनुसार, सच्चा कवि कविता की रक्षा के लिए अपने स्वार्थ का त्याग करने को तैयार रहता है। कुछ समय के लिए वह भले ही इस आदर्श की उपेक्षा कर ले, पर अन्ततः वह अपने तुच्छ स्वार्थ का त्याग करके ही सन्तोष प्राप्त करता है।

'कौशिक' की कतिपय कहानियों में मध्यवर्गीय परिवारों में स्त्री की स्थिति का—सास-बहू, देवरानी-जेठानी और पति-पत्नी के सम्बन्धों का—चित्रण देखने को मिलता है। 'माता का हृदय' में समकालीन पारिवारिक परिवेश में पति-पत्नी-सास-पुत्र के सम्बन्धों का यथार्थ और मनोवैज्ञानिक चित्रण किया गया है। बहू के आ जाने के बाद अपने प्रति पुत्र के प्रेम के बँट जाने से उत्पन्न माँ के असन्तोष और स्वाभाविक वात्सल्य के द्वन्द्व का अंकन इस कहानी की विशेषता है। 'सुप्रबन्ध' में मझली और छोटी बहू तथा 'देवरानी-जेठानी' में देवरानी-जेठानी के कलह के कारण उत्पन्न अव्यवस्था और संयुक्त परिवार के टूटने की स्थिति पैदा होने पर क्रमशः ससुर और बड़ी बहू के हस्तक्षेप से इस समस्या के समाधान की राह खोजी गयी है। ससुर बहुओं को अधिकार युक्त करके और बड़ी बहू मुहल्ले की स्त्रियों द्वारा महिला संघ की स्थापना करके यह समाधान निकालती है। 'नर-पशु' समकालीन समाज में पत्नी पर पति के अमानुषिक अत्याचार की कहानी है। यह कहानी उन बुद्धिजीवियों और 'राष्ट्रसेवकों' की भी पोल खोलती है जो सार्वजनिक मंचों और बौद्धिक बहसों में तो देश और व्यक्ति की स्वतन्त्रता की वकालत करते हैं, पर अपने घर में इसका पालन नहीं करते, और पत्नी की स्वतन्त्रता पर पाबन्दी ही नहीं लगाते, बल्कि उसके स्वतन्त्र रूप से कोई काम कर बैठने पर उसे प्रताड़ित भी करते हैं।

'कौशिक' ने बहुत कम प्रेम-कहानियाँ लिखी हैं। 'प्रेम का पापी' प्रेम संवेदना पर आधारित कहानी है। समाज में अन्तरजातीय विवाह की स्वीकृति न होने के कारण ऐसा प्रेम-विवाह में परिणत नहीं हो पाता और इसके दुखद परिणाम होते हैं। 'निराश प्रेमी' में एक सच्चे प्रेमी की मृत्यु का भावुकतापूर्ण चित्रण किया गया है। 'साध की होली' एक रोमानी मनोभाव की कहानी है जिसमें एक ठाकुर बहू अपने देवर को प्रेरित करती है कि वह उस जमींदार का खून लाए और तब उसके साथ होली खेले, जिसने उसकी आबरू लेने की कोशिश की है। देवर जमींदार का खून लाकर भाभी के साथ होली खेलता है और उसके बाद गिरफ्तार हो जाता है। ठकुरानी भाभी अपना संकल्प व्यक्त करती है कि वह भी अपने देवर के साथ ही स्वर्ग में जाकर उसके साथ फिर होली खेलेगी।

'कौशिक' समाज में हिन्दू-मुस्लिम सम्बन्ध के सौहार्द के समर्थक थे, पर इस विषय पर उन्होंने एक ही कहानी लिखी है। उनकी 'कर्तव्य-पालन' कहानी हिन्दू-मुस्लिम सम्बन्धों पर आधारित है और लेखक ने इसमें साम्प्रदायिक सौहार्द का समर्थन किया है।

'कौशिक' की इस दशक की अधिकतर कहानियाँ संवेदना और वैचारिक गहराई की दृष्टि से बहुत साधारण कही जा सकती हैं, पर कुछ कहानियों में मध्यवर्गीय पारिवारिक परिवेश में मानवीय संवेदना का मनोवैज्ञानिक अंकन उन्हें एक उल्लेखनीय कहानीकार के रूप में प्रतिष्ठित करता है। 'ताई', 'माता का हृदय', 'अशिक्षित का हृदय', 'वह प्रतिमा' आदि कहानियाँ इस दृष्टि से उल्लेखनीय हैं। 'ताई' एक मध्यवर्गीय संयुक्त परिवार के परम्परागत मूल्यों, निपूती माँ की कुंठाजन्य घृणा और नैसर्गिक वात्सल्य के द्वन्द्व की उल्लेखनीय मनोवैज्ञानिक कहानी है। संयुक्त परिवार संस्था की संरचना के अध्ययन की दृष्टि से भी यह कहानी उल्लेखनीय है। 'माता का हृदय' में बहू के आने के बाद अपने प्रति पुत्र के प्रेम के बँट जाने से उत्पन्न माँ के असन्तोष और स्वाभाविक वात्सल्य के द्वन्द्व का अंकन बहुत प्रभावी है। 'वह प्रतिमा' दाम्पत्य संवेदना की अभिव्यक्ति की बहुत अच्छी कहानी है। यद्यपि इस प्रेम-संवेदना में भावुकता का तत्त्व तनिक गाढ़ा हो गया है पर इससे संवेदना की तीव्रता में कमी नहीं आयी है। क्षय-रोग से ग्रस्त मृत्यु की प्रतीक्षा करती हुई पत्नी के प्रति पति की उदासीनता और प्रेम की सच्ची संवेदना का द्वन्द्व कहानी को मार्मिकता प्रदान करता है। 'अशिक्षित का हृदय' एक ग्रामीण पात्र के नीम के वृक्ष के प्रति प्रेम की अद्‌भुत, शक्त कहानी है। प्रकृति के प्रति मनुष्य की गहरी संवेदना की अभिव्यक्ति ही इस कहानी की जान है। आज के प्राकृतिक सन्तुलन के प्रति जागरूकता के युग में इस कहानी की प्रासंगिकता देखी जा सकती है। कहना न होगा कि 'कौशिक' अपनी इन्हीं कहानियों के कारण साहित्य के इतिहास में उल्लेखनीय बने हुए हैं।

इस दशक में सुदर्शन के *सुप्रभात (1923), परिवर्तन* (1926; एक लम्बी कहानी), *सुदर्शन सुधा (1926), तीर्थयात्रा* (1927) आदि हिन्दी और *बहारिस्तान* (1926) उर्दू

कहानी संग्रह प्रकाशित हुए। *हिन्दी साहित्यकोश* के अनुसार 1927 में उनका *फूलवती* नामक कहानी संग्रह भी प्रकाशित हुआ था।[37]

सुदर्शन की *बहारिस्तान* की समीक्षा करते हुए (2 फरवरी, 1925) प्रेमचन्द ने इसकी तुलना में 'दूसरी जगह बहुत कम नजर आने वाली दिलावेज़ी' (सौन्दर्य) देखी थी। उनकी हर कहानी में, प्रेमचन्द के अनुसार, 'कोई न कोई हक़ीक़त' है और वह 'जज़्बए-इन्सानी के किसी पहलू पर रोशनी' डालती है। सुदर्शन की कहानी का दूसरा गुण प्रेमचन्द ने उसके 'प्लाट का ड्रामेटिक होना' बताया है। उनके अनुसार "सुदर्शन के ज्यादातर क़िस्से असासी जज़्बात (भावनाओं की नींव) पर क़ायम हैं।" उन्होंने "किसी फ़ौरी तहरीक (आन्दोलन) के ज़ेरे-असर (प्रभाव में) किसी प्रोपेगैंडा के लिए कोई क़िस्सा नहीं लिखा और कोई वजह नहीं कि ये क़िस्से मुल्क़ के मुस्तक़िल (स्थायी) अदबी ज़ख़ीरे का हिस्सा क्यों न बन जाएँ।"

जैसा हम जानते हैं, 1919-22 का समय सत्याग्रह आन्दोलन का समय था, जब विदेशी वस्तुओं के बहिष्कार और होली जलाने, विदेशी वस्त्र और शराब की दुकानों पर धरना, स्कूलों-कॉलेजों-अदालतों के परित्याग आदि के आन्दोलन चल रहे थे और उसी अनुपात में ब्रिटिश सरकार का दमन-चक्र भी जारी था। 1919 का जलियांवाला कांड तो इस दमन का चरम अमानवीय रूप था। इन घटनाओं से देश का जनमानस और उसका प्रतिनिधित्व करने वाली लेखकीय चेतना क्षुब्ध थी, जिसकी अभिव्यक्ति उस काल की कविता, कहानी, उपन्यास आदि में हो रही थी। सुदर्शन के कहानी संग्रह *सुप्रभात* की दस कहानियों में से छह—'सत्य मार्ग', 'ऐसा भी हुआ था', 'अँधेरे में निवास : प्रकाश की खोज', 'कैदी', 'कौन जीता : कौन हारा?' और 'अन्तिम साधन'—इस आन्दोलन से सम्बद्ध कहानियाँ हैं और इनमें लेखक का देश प्रेम छलकता दिखायी देता है। 'सत्य मार्ग' में अँगरेजों के समर्थक एक मुसलमान रईस के 'देशसेवा' के काम में लगने के संकल्प का चित्रण किया गया है। 'ऐसा भी हुआ था' में जलियाँवाला बाग हत्याकांड से जुड़े एक मार्मिक प्रसंग का अंकन किया गया है। 'अँधेरे में निवास : प्रकाश की खोज' में एक जीवन से निराश युवक के असहयोग आन्दोलन में शामिल होने और उसके बाद अच्छी नौकरी मिलने पर भी उसे त्याग देने का चित्रण हुआ है। 'कैदी' में एक मुसलमान युवक की देशभक्ति का अत्यन्त मार्मिक चित्रण हुआ है। 'कौन जीता : कौन हारा' और 'अन्तिम साधन' विदेशी वस्त्रों के बहिष्कार और दहन-आन्दोलन का संवेदनापूर्ण अंकन करती हैं।

पर सुदर्शन की अधिकांश कहानियों का कथ्य नैतिक बोध और शील-निरूपण से जुड़ा हुआ है। इसके लिए ऐतिहासिक और शुद्ध रूप से कल्पित, दोनो प्रकार के कथानकों का उपयोग किया गया है। 'न्याय मन्त्री', 'काल-चक्र' और 'पन्थ की प्रतिष्ठा' में ऐतिहासिक आधार ग्रहण किया गया है। 'न्याय मन्त्री' काल्पनिक ऐतिहासिक कथा पर आधारित एक बोधकथा है। 'काल-चक्र' 1857 के इतिहास से जुड़ा एक काल्पनिक प्रसंग है, जिसमें शाही महल में पली एक लड़की के दुर्भाग्य की कथा प्रस्तुत की गयी

है। 'पन्थ की प्रतिष्ठा' में महाराजा रणजीत सिंह की धर्मनिष्ठा और विनयशीलता का चित्रण किया गया है। यह कहानी विपरीत भावनाओं के संघर्ष की मार्मिकता के फलस्वरूप रोचक हो गयी है। दूसरे दशक के लगभग अन्त में लिखित 'बैजू बावरा' कहानी में भी ऐतिहासिक किंवदन्ती पर आधारित बैजू बावरा और तानसेन की संगीत-प्रतियोगिता की कथा के माध्यम से क्षमा और कृतज्ञता के मूल्य का प्रतिपादन किया गया है। सुदर्शन की कहानियाँ मार्मिकता की दृष्टि से भी उल्लेखनीय होती हैं और यह कहानी इस कसौटी पर खरी उतरती है।

इसके समानान्तर 'सुभद्रा का उपहार', 'कवि', 'सच का सौदा', 'माया', 'प्रारब्ध-परिवर्तन', 'पुनर्जन्म', 'पाप-परिणाम', 'आशीर्वाद', 'तीर्थयात्रा', 'सेवा धर्म', 'गरीब की आह', 'हार की जीत', 'अलबम' आदि शुद्ध काल्पनिक कहानियाँ हैं, जिनमें नैतिक मूल्यों की विजय और हृदय-परिवर्तन दिखाया गया है। इनमें से कुछ कहानियाँ कथ्य के पुरानेपन के बावजूद कल्पित प्रसंगों की मार्मिकता के कारण पठनीय बन गयीं हैं। ऐसी कहानियों में कथ्य को धारदार बनानेवाला एक नुकीला बिन्दु भी है। 'कवि' कहानी का नैतिक बोध मार्मिक भावों से जुड़कर बहुत प्रभावी हो गया है। औदार्य और कीर्तिलोभ, क्षणिक दुर्बलता और पश्चात्ताप, मित्र के व्यवहार के प्रति क्षोभ और उदात्त उदारता के द्वन्द्व तथा उच्च मानवीय मूल्यों की विजय आदि परम्परागत अवधारणाओं का समर्थन करते हुए भी यह कहानी उपदेश-कथा से इस कारण ऊपर उठी हुई है कि इसमें भावों की मार्मिकता अक्षुण्ण है। 'सच का सौदा' में भी, प्रेमचन्द की 'नमक का दारोगा' कहानी की तरह, नैतिक मूल्य की प्रतिष्ठा ही केन्द्रस्थ है, पर पत्रकारिता के प्रामाणिक अनुभव से युक्त होने के कारण कहानी में सजीवता आ गयी है। सुदर्शन खुद सम्पादक थे और इस जीवन का उन्हें प्रामाणिक अनुभव था। औपनिवेशिक शासन के दिनों में हिन्दी-उर्दू पत्रकारिता का अपना विशेष चरित्र था, जो इस कहानी में भी व्यक्त हुआ है। गुणग्राहकता, जनहित, स्वाभिमान, कर्तव्यनिष्ठा आदि भावों की मार्मिक व्यंजना ने इस कहानी को उपदेशकथा से ऊपर उठा दिया है। 'आशीर्वाद' कहानी के केन्द्र में भी एक मानवीय मूल्य है, पर प्रसंगों की मार्मिकता इसे अच्छी कहानी बनाने में सफल हुई है। इसमें तीर्थयात्रा से अधिक महत्त्व एक असहाय व्यक्ति की सहायता करने को दिया गया है। 'सेवा धर्म' कहानी सेवक की ईमानदारी, स्वामिभक्ति और कृतज्ञता जैसे मूल्यों की वकालत करती है, पर प्रसंगों की मार्मिकता के कारण इसमें भी जान पड़ गयी है। 'हार की जीत' सुदर्शन की बड़ी प्रसिद्ध कहानी है, जो कथ्य की दृष्टि से असहाय के प्रति करुणा और क्रूर से क्रूर व्यक्ति के भी हृदय-परिवर्तन जैसे नैतिक मूल्यों के प्रतिपादन की कहानी है, पर प्रसंगों की मार्मिकता इसे एक पठनीय कहानी में बदल देती है। दैनिक और पारिवारिक जीवन की सहज और सामान्य अनुभूतियों के चित्रण में सुदर्शन को विशेष सफलता मिली है।

सुदर्शन की कुछ कहानियाँ ऐसे विचारों पर आधारित हैं, जो परम्परागत रूप से स्वीकृत हैं। 'संन्यासी' कहानी इस विचार पर आधारित है कि 'मन की शान्ति कर्तव्य

के पालन से मिलती है।' पर इस कहानी में मध्यवर्गीय संयुक्त परिवार की नींव के खोखलेपन और उसमें पैदा होने वाली दरारों का चित्रण भी किया गया है। दूसरों की अन्धी नकल करना विवकेशील व्यक्ति का लक्षण नहीं माना जाता। 'लोकाचार' में एक नवधनाढ्य द्वारा अपने से अधिक धनी सेठ की नकल करने के नतीजों का अंकन किया गया है। उच्चवर्गीय समाज की नकल और पत्नी को आधुनिक बनाने के परिणाम भी चित्रित किये गये हैं, अन्त में पति के प्रति पत्नी के अनुगत होने का भाव भी। पर सुदर्शन परम्परागत मूल्यों के अन्धसमर्थक नहीं हैं। 'गरीब की आत्मकथा' में समाज के उस मध्यवर्ग का चित्र प्रस्तुत किया गया है जिसमें कोई व्यक्ति किसी कमजोर क्षण में कोई आर्थिक अपराध कर बैठता है और उसके दंडस्वरूप जीविका छिन जाने पर गरीबी न झेल पाने के कारण अपराध पर अपराध करता जाता है और अन्ततः फाँसी की सजा भुगतने को बाध्य हो जाता है। हाथ का काम न करने, मध्यवर्गीय नैतिकता आदि भी ऐसे आदमी की दुरवस्था के कारण होते हैं। कहानी आत्मकथा की प्रविधि में कही गयी है, पर साथ ही उसे एक नाटकीय फ्रेम में मढ़ भी दिया गया है। 'अपनी तरफ देखकर' भी एक मार्मिक संवेदनापूर्ण कहानी है। ईमानदार से ईमानदार आदमी भी कभी परिस्थितिवश नियमविरुद्ध काम करने को विवश हो जाता है। कानून उसे अपराधी मानकर दंडित कर सकता है, पर कहानीकार की संवेदना उसे माफ कर देती है। इस कहानी में एक ऐसे ही प्रसंग का मार्मिक चित्रण किया गया है। 'अँधेरी दुनिया' एक अन्धी लड़की की कहानी है, जो विवाह होने और माँ बनने के काफी दिनों बाद इलाज कराकर अच्छी तो हो जाती है, पर उतावली वश समय से पहले ही पट्टी खोल देने के कारण पुनः आँखों की रोशनी खो देती है और पूर्ववत् हो जाती है। वह स्थिति के साथ समझौता भी कर लेती है। कुछ दिनों के बाद चेचक की बीमारी में उसके पति और पुत्र दोनो का चेहरा विकृत हो जाता है। पति निराश होता है, पर पत्नी को सन्तोष है कि उसने पति-पुत्र का जो सुन्दर चेहरा देखा है, वही उसकी आँखों में बसा हुआ है। कहानी एक विचार पर आधारित होने के बावजूद प्रसंगों की मार्मिकता के कारण पठनीय है।

प्रेम, दाम्पत्य जीवन, परकीया प्रेम आदि से सम्बन्धित कहानियों में सुदर्शन की आर्यसमाजी नैतिक दृष्टि बराबर सक्रिय दिखायी देती है, जो प्रेम की संवेदना को सहज स्वाभाविक रूप में व्यक्त नहीं होने देती। 'कवि की स्त्री', 'प्रेम का पापी', 'स्त्री का हृदय', 'बलिदान' आदि कहानियाँ इस दृष्टि से उल्लेखनीय हैं और इनकी कमजोरियाँ भी इस नैतिक दृष्टि के ही कारण हैं। इन कहानियों में प्रेम भावुकता के स्तर से ऊपर नहीं उठ पाता। 'स्त्री का हृदय' समकालीन मध्यवर्गीय परिवेश की सीमाओं के अन्तर्विरोधों से ग्रस्त एक प्रेमकथा है, जिसमें पत्नी पति के सारे अत्याचार सह कर भी उसके प्रति अनुदार नहीं होती और उसका प्रेमी उसके लिए जिन्दगी भर तड़पते रहने के बावजूद उसकी पतिनिष्ठा से अभिभूत होता है। वस्तुतः अनेक प्रकार की नैतिक वर्जनाओं से युक्त समकालीन मध्यवर्गीय परिवार में प्रेम का यही रूप सम्भव भी था।

जो कहानियाँ सहज रूप में प्रेम की संवेदना का अंकन करती हैं, वे अपने प्रभाव में भी उल्लेखनीय हैं। 'प्रणय की रात्रि' कथ्य और संरचना दोनो ही दृष्टियों से प्रेम की गहरी संवेदना का प्रभाव उत्पन्न करने वाली एक अच्छी कहानी है। 'बलिदान' प्रेम के संवेदना-क्षण की तीव्रता की दृष्टि से तो नहीं, पर प्रसंगों की मार्मिकता की दृष्टि से उल्लेखनीय है। इस कहानी में भी लेखक अपने वैचारिक अन्तर्विरोधों का शिकार होने के कारण प्रेमी-प्रेमिका दोनों की मृत्यु में उनके सच्चे प्रेम की परिणति दिखाता है।

सुदर्शन मध्यवर्ग के एक आर्यसमाजी परिवार के सदस्य थे और इस वर्ग की आर्थिक कठिनाइयों, नैतिक प्रतिबद्धताओं और सामाजिक अन्तर्विरोधों का प्रामाणिक अनुभव उनकी झोली में था। इसकी पुष्टि उनकी कहानियों से होती है। सुदर्शन की कहानियों के अधिकतर पात्र मध्यवर्ग के हैं। 'मातृस्नेह' कहानी में एक निम्नमध्यवर्गीय परिवार की आर्थिक बेबसी का बहुत यथार्थ चित्रण हुआ है। पर कहानी का मुख्य विषय निर्धन स्त्री के अपने पुत्र के प्रति अगाध प्रेम का चित्रण हो गया है। आर्यसमाजी विचारधारा का अनुयायी होने के कारण वेश्यावृत्ति निवारण, विधवा विवाह, बाल विवाह की समाप्ति आदि सामाजिक सुधारों में सुदर्शन की गहरी रुचि थी। 'घोर पाप' कहानी का कथ्य यह है कि कोई वेश्या चाह कर भी समाज की मुख्यधारा में शामिल नहीं हो सकती। लेखक की सहानुभूति वेश्या के साथ है। वेश्या-कर्म को लेकर समाज के अन्तर्विरोधों के सांकेतिक उद्घाटन में कहानीकार को सफलता मिली है। मार्मिक प्रसंगों की योजना के कारण कथा में मार्मिकता भी है।

कामजन्य प्रेम को विषय बनाकर सुदर्शन ने कम ही कहानियाँ लिखी हैं। यह भी उनके आर्यसमाजी होने का ही परिणाम जान पड़ता है। 'कवि की स्त्री' में अपने कवि पति से उपेक्षित होकर पत्नी एक अन्य व्यक्ति से प्रेम करने लगती है, पर पति के आत्महत्या कर लेने पर प्रेमी के साथ विवाह करने का विचार त्याग देती है। 'प्रेम का पापी' दाम्पत्य जीवन पर आधारित एक भावुकता से भरी कहानी है, पर इसमें सवेदना की कोई गहराई नहीं है। 'भग्न हृदय' ऐतिहासिक (राजपूती) परिवेश पर आधारित एक कल्पित प्रेम-कथा है।

प्रेमचन्द के लगभग साथ ही सुदर्शन और 'कौशिक' ने भी हिन्दी में लिखना आरम्भ किया था।[38] भाषा की दृष्टि से सुदर्शन और 'कौशिक' प्रेमचन्द के बहुत निकट हैं। इसका एक कारण यह है कि प्रेमचन्द की तरह सुदर्शन और 'कौशिक' भी उर्दू से हिन्दी में आये थे और शुरू में, दोनो ही, दोनों भाषाओं में, साथ साथ लिखते भी रहे थे। शब्द-भंडार तथा वाक्य-रचना की दृष्टि से इनकी भाषा शिष्ट बोलचाल की हिन्दी के निकटतर है।

1926 में उपेन्द्रनाथ अश्क की पहली उर्दू कहानी 'अहदे गुज़श्ता की याद' प्रकाशित हुई।[39] स्वयं अश्क के अनुसार आरम्भिक दस वर्षों में उन्होंने पचास-साठ के करीब कहानियाँ लिखीं, जिनमें केवल दस-पन्द्रह ही हिन्दी में छपीं। जब अश्क थर्ड ईयर में पढ़ते थे (सन् '30 के लगभग) तो उनका पहला उर्दू कहानी संग्रह *नौरत्न* छपा।[40] स्वयं अश्क के अनुसार उन्होंने पहले प्रेमचन्द के 'सोजे वतन' की शैली में कहानियाँ लिखीं।

उनकी कहानियों पर प्रेमचन्द के साथ साथ रणवीर सिंह वीर, कवि नानकचन्द 'नाज़' और सुदर्शन का प्रभाव पड़ा।[41] अश्क का मानना है कि उनके कहानीकार बनने के पीछे एक अनजाने विद्रोह की भावना काम करती थी। वे जिस परिवार और वातावरण में पल रहे थे, उसकी असंगतियों और कुंठाओं ने उन्हें कवि और कथाकार बना दिया। इस दौर की कुछ रोमानी कहानियों--'निशानियाँ', 'नरक का चुनाव', 'वह मेरी मँगेतर थी'--में भी अनजाने ही उस विद्रोह का झीना-सा स्वर आ गया है। कल्पना से उद्भूत होने के बावजूद इनमें से कुछ में उनके जीवन की कुछ अनुभूतियाँ अपने आप शामिल हो गयी हैं। और फिर ज्यों ज्यों उनका जीवन-संघर्ष बढ़ता गया, थोड़ा-बहुत मनोविज्ञान का समावेश भी उनकी कहानियों में होता गया।

रशीदुल खैरी की इस दशक में *सात रूहों के अमलनामे, नौहाहे ज़िन्दगी, मंज़िल-उस-सायरा, संजोग, नानि आश्शू, क़ल्बे हाजीन, सतवन्ती, शामे जिन्दगी, सोकन का जलपा, सुबहे ज़िन्दगी, भेदिया की सरगुज़श्त, सिलाबे अश्क* आदि कथा-पुस्तकें प्रकाशित हुई थीं, जिनमें से केवल *नानि आश्शू* (1928) और *सिलाबे अश्क* (1928) को ही कहानी संग्रह कहा जा सकता है।

अली अब्बास हुसैनी (1897-1971) ने[42] अपनी पहली कहानी 'गुंचा ना शगूफ्ता' 1917 में ही लिखी थी, पर उनका पहला कहानी संग्रह *जज्बे कामिल* 1924 में प्रकाशित हुआ। ये प्रेमचन्द के बाद उर्दू के दूसरे महत्त्वपूर्ण कहानीकार के रूप में स्वीकृत हुए। उनकी प्रकाशित रचनाओं में *'काँटों का फल', 'एक औरत हजार जलवे', 'हमारा गाँव', 'नदिया किनारे'* और *हकीम बाना या जैतून का बादशाह'* मुख्य हैं।[43] उनके कुछ प्रमुख कहानी संग्रह *'रफ़ीक-ए-तनहाई, आयी. सी. एस., बासी फूल, कुछ हँसी नहीं है, अम्मान, मेलाघुमनी* आदि प्रेमचन्दोत्तर काल में (1938-46) प्रकाशित हुए थे।[44] उनकी कहानियों के अध्ययन से उनकी कला के विकास की विभिन्न अवस्थाओं का पता चलता है। उनकी आरम्भिक कहानियों में सैयदों के म्रियमाण पर मानवीय संवेदना और मूल्यों से युक्त वर्ग के पात्र, जो अपनी विरासत पर गर्व करते हैं, अधिक दिखायी पड़ते हैं। पर यह संकीर्ण क्षेत्रीय प्रवृत्ति शीघ्र ही समाप्त हो गयी। प्रेमचन्द की तरह हुसैनी भी प्रगतिशील विचारधारा के लेखक थे, जो उनके मानववाद की व्यापक अवधारणा से निस्सृत था। सामाजिक यथार्थवाद में उनकी आस्था थी। उन्होंने राजनीतिक कहानियाँ नहीं लिखीं। पर सामाजिक परिवेश के विश्लेषण में उन्होंने ऐतिहासिक परिप्रेक्ष्य और सक्रिय आर्थिक ताकतों की समझ का परिचय दिया है। उनके चरित्र अधिकतर ग्रामीण परिवेश के हैं, पर शहरी क्षेत्र की भी उन्होंने उपेक्षा नहीं की है। उनकी कहानियों में किसान वर्ग की प्रमुखता है, पर मध्यवर्ग के पात्र और जमींदार भी प्रायः सामने आते हैं। हुसैनी कहानी कहने और चरित्र-निर्माण की कला में बेजोड़ हैं। संवेदनशील चरित्रों के निर्माण में उन्हें महारत हासिल है। उनकी शैली चटक, व्यंग्यपूर्ण, सरस और हास्य से भरी हुई है।

प्रेमचन्द-उग्र-सुदर्शन-कौशिक की राजनीतिक-सामाजिक-नैतिक बोध की कहानियों

के समानान्तर तीसरे दशक के उत्तरार्ध तथा चौथे दशक के प्रथम वर्ष में प्रसाद के तीन कहानी संग्रह *प्रतिध्वनि* (1926)[45], *आकाशदीप* (1928) और *आँधी* (1931) प्रकाशित हुए, जिनमें संगृहीत कहानियों का लेखन-काल 1921-30 का दशक माना जा सकता है। *प्रतिध्वनि* में संकलित कहानियों में से 'पत्थर की पुकार', 'करुणा की विजय', 'उस पार का योगी', 'खंडहर की लिपि', 'प्रतिमा', 'पाप की पराजय', 'दुखिया' आदि *हिन्दी गल्प माला* के मार्च, 1920 के अंकों में प्रकाशित हो चुकी थीं।[46] शेष कहानियाँ भी 1921-25 की अवधि में ही लिखी गयी होंगी। यह देखकर किसी को आश्चर्य हो सकता है कि अपने समय की राजनीतिक-सामाजिक हलचलों से इन कहानियों का सम्बन्ध न के बराबर है। अवान्तर रूप से कुछ कहानियों में कहीं धर्मान्ध आक्रमणकारियों द्वारा ऐतिहासिक अवशेषों और कलाकृतियों के विनाश ('चक्रवर्ती का स्तम्भ'), कहीं अकालग्रस्त आदिवासियों की भूख की पीड़ा ('पाप की पराजय'), कहीं दरिद्रता से संघर्ष करते हुए बालक की मनोदशा ('करुणा की विजय'), परिवार-समाज में स्त्री की उपेक्षापूर्ण स्थिति ('सहयोग' और 'कलावती की शिक्षा'), कलाकार की दयनीय आर्थिक स्थिति ('पत्थर की पुकार') आदि मिल जाएँ, पर यह इन कहानियों का मुख्य स्वर नहीं है। ये कहानियाँ (यदि इन्हें 'कहानी' कहा जा सके) विभिन्न मनोभाव-क्षणों की अभिव्यक्ति तो हैं, पर इनमें उन क्षणों तक पहुँचने के लिए अपेक्षित कर्म-शृंखला की योजना नहीं की गयी है। एक प्रकार से ये उन भाव-क्षणों की गद्यकाव्यात्मक अभिव्यक्ति हैं, जिसमें किसी सजीव प्रसंग की सृष्टि नहीं हो पायी है। जो प्रसंग बने भी हैं उनमें अधिकतर सहज, विश्वसनीय, मानवीय कार्यशीलता का अभाव है। उदाहरण के लिए 'प्रसाद', 'अघोरी का मोह', 'पत्थर की पुकार', 'उस पार का योगी', 'करुणा की विजय', 'खंडहर की लिपि', 'कलावती की शिक्षा', 'चक्रवर्ती का स्तम्भ', 'प्रतिमा', 'प्रलय' आदि में इसे अनुभव किया जा सकता है। पर कुछ रचनाएँ ऐसी हैं जो अपनी संक्षिप्तता के बावजूद 'कहानी' के निकट पहुँचती हैं। 'गूदड़ साईं' और 'अघोरी का मोह' में बच्चों के प्रति मानवीय संवेदना तथा 'गुदड़ी के लाल' में गरीब आदमी के स्वाभिमान का संकेतात्मक चित्रण मन को छूता है। 'पाप की पराजय' में वासना-प्रेरित मनुष्य का हृदय-परिवर्तन अपने काल्पनिक परिवेश के बावजूद मानवीय करुणा के महत्त्व को प्रतिपादित करने वाला है। 'दुखिया' शीर्षक कहानी अपनी संकेतात्मकता में तनिक अस्पष्ट होती हुई भी अभाव, पितृस्नेह, प्रेम और भय के संवेदना-क्षणों की अभिव्यक्ति की दृष्टि से उल्लेखनीय मानी जा सकती है।

प्रतिध्वनि संकलन की कहानियाँ अपनी रूप-रचना में एक प्रकार के प्रयोग की तरह हैं। इनमें से अधिकतर किसी भाव-स्थिति की संकेतात्मक अभिव्यक्ति की प्रयास हैं। ये 'कहानी' से अधिक भावात्मक कथा की तरह हैं, जिनमें सहज मानवीय व्यापार के स्थान पर काल्पनिक परिवेश की प्रमुखता है। हरदयाल के अनुसार इस संग्रह की कहानियाँ अपनी प्रकृति में गद्यगीत या रेखाचित्र जैसी लगती हैं, जिनमें प्रसाद जी प्रेम-सम्बन्धी अपने विभिन्न भावों की अभिव्यक्ति करते हैं। यद्यपि 'सुकुमार

भाववृत्तियों' की अभिव्यक्ति ही इन कहानियों का मूल स्वर है, पर कुछ कहानियों में सामाजिक प्रश्न भी उठाये गये हैं।[47]

आकाश दीप और *आँधी* संकलन की कहानियों का रचना-काल लगभग 1926-1930 है, जब प्रेमचन्द एक सफल कहानीकार के रूप में ख्यात हो चुके थे। उल्लेखनीय यह है कि प्रेमचन्द की तरह प्रसाद ने अपनी कहानियों का संसार वर्तमान काल और वास्तविक भौगोलिक परिवेश में निर्मित नहीं किया। *आकाश दीप* की कहानियों का परिवेश अपने समय का यथार्थ न होकर इतिहास या काल्पनिक कथाओं का रूमानी परिवेश है। 'आकाश दीप' कहानी का दिक् ज्ञात भूगोल की दृष्टि से अपरिचित, 'चम्पा द्वीप' और अज्ञात समुद्र का कोई हिस्सा है। काल की दृष्टि से यह 'कितनी ही शताब्दियों पहले की कथा है।' 'स्वर्ग के खंडहर से' का परिवेश भूगोल की दृष्टि से 'गान्धार', वाह्लीक और 'केकय देश' के पास स्थित कोई काल्पनिक दुर्ग, और काल की दृष्टि से अनिर्दिष्ट अतीत है। इसका कथा-संसार एक शुद्ध कल्पना-प्रसूत, उलझा हुआ इतिहास और एक कल्पित 'स्वर्गलोक है।[48] 'ममता' अपेक्षाकृत एक परिचित इतिहास और परिवेश से—शेरशाह के रोहतास किले पर अधिकार, हुमायूँ की चौसा-युद्ध में पराजय और अकबर के सिंहासनारूढ़ होने—सम्बद्ध कहानी है। 'देवदासी' का दिक् दक्षिण भारत का कोई मन्दिर और काल निकट अतीत है। जिन कहानियों का परिवेश इतिहास या पुराकथा से सम्बद्ध नहीं है, वह भी कल्पना-लोक की ही चीज है। 'समुद्र सन्तरण', 'वैरागी', 'बनजारा', 'अपराधी', 'प्रणय-चिह्न', 'ज्योतिष्मती', 'रमला', 'बिसाती' आदि कहानियों के परिवेश दिक् की दृष्टि से, क्रमशः, नारिकेल वृक्षों से घिरा समुद्र-तट, पहाड़ की तलहटी में मौलसिरी, अशोक, कदम और आम के वृक्षों से युक्त समतल भूमिखंड, सरगुजा का वनप्रदेश, कोई वनस्थली, कोई वन-पर्वत प्रदेश, तृण और वनस्पतियों से घिरा कोई शैल-संकुल वन्य प्रदेश, शैलमाला की गोद में अवस्थित कोई झील, अफगानिस्तान की शैल-माला के नीचे कोई हरा-भरा छोटा सा गाँव आदि हैं। काल सबका अतीत या अनिर्दिष्ट है। कुछ कहानियों की अवस्थिति तो वर्तमान काल में है, पर सुनिर्दिष्ट नहीं है; जैसे 'सुनहला साँप', 'भिखारिन', 'प्रतिध्वनि', 'छाया', 'चूड़ीवाली' आदि। इन कहानियों का दिक् भी विशेष न होकर मसूरी का एक होटल, पहाड़ी गुफा, गंगा के किनारे स्थित कोई तीर्थस्थान आदि या अनिर्दिष्ट है। हम जानते हैं कि यथार्थ का वातावरण दिक् और काल के विशेषीकृत, प्रामाणिक और सजीव वर्णन से निर्मित होता है, जबकि रोमांस का वातावरण अल्पज्ञात इतिहास, पुराकथा, लोककथा आदि में वर्णित या सामान्यीकृत दिक्-काल के सजावटी, काव्यात्मक वर्णन से उपलब्ध होता है। यथार्थ को प्रस्तुत करने वाली भाषा बोलचाल की भाषा के निकट रह कर ही सर्जनात्मक रूप ग्रहण करती है, जबकि रोमांस की भाषा विश्वसनीयता की सारी सीमाओं का अतिक्रमण करने के लिए स्वतन्त्र होती है। *आकाशदीप* की कहानियाँ इसी दृष्टि से रोमांस की परिधि में आती हैं।

आकाशदीप की अधिकांश कहानियों का विषय प्रेम की संवेदना है। पर इस

संवेदना का संघर्ष सामाजिक परिस्थितियों से उतना नहीं होता, जितना मानव हृदय की अन्य संवेदनाओं से। इन कहानियों के पात्र शाश्वत स्त्री और पुरुष, प्रेमी और प्रेमिका हैं। प्रेमचन्द की कहानियों में संघर्ष प्रायः प्रेम की प्राकृतिक संवेदना और समाज की रूढ़ियों-मान्यताओं के बीच होता है; पर प्रसाद की कहानियों में यह संघर्ष शुद्ध परस्पर विरोधी संवेदनाओं का होता है। 'आकाशदीप', जो प्रसाद की सर्वोत्तम कहानियों में से एक है, इसका अनोखा उदाहरण है। प्रेम और घृणा का ऐसा द्वन्द्व और परस्पर-स्पर्द्धिता शायद ही हिन्दी की किसी और कहानी में मिले। इस कहानी में विसंवादी संवेदनाओं के संघर्ष से करुणा की जो चिनगारी निकलती है, वह किसी भी सहृदय पाठक को अभिभूत करने के लिए पर्याप्त है। कहानी का वातावरण पूर्णतः रूमानी, साहसिक अभियान, कल्पनाप्रसूत परिवेश और वैसे ही कल्पनालोक के प्राणियों से भरा हुआ है। कहानी पढ़ते समय पाठक एक दूसरी ही दुनिया में विचरण करता है। यदि चन्द्रधर शर्मा गुलेरी केवल एक कहानी 'उसने कहा था' को लेकर, प्रेमचन्द एक कहानी 'कफन' को लेकर साहित्य में अमर बने रह सकते हैं, तो प्रसाद 'आकाशदीप' को लेकर हमेशा याद किये जा सकते हैं।

'स्वर्ग के खंडहर से', 'हिमालय का पथिक', 'समुद्र सन्तरण', 'कला', 'प्रतिध्वनि', 'देवदासी', 'वैरागी', 'बनजारा', 'अपराधी', 'प्रणय-चिह्न', 'ज्योतिष्मती', 'रमला' आदि भी प्रेम-संवेदना की कहानियाँ हैं, जिनमें रूमानी तत्त्वों की भरमार है।[49] इन कहानियों में प्रेमी 'पृथ्वी से दूर जल-राज्य में' जाने का सपना देखते हैं, "जहाँ कठोरता नहीं, केवल शीतल, कोमल और तरल आलिंगन है; प्रवंचना नहीं, सीधा आत्मविश्वास है; वैभव नहीं, सरल सौन्दर्य है।" यह प्रेम अपनी प्रकृति में दुनिया के सारे नियमों से परे, अमूर्त, स्वच्छन्द, प्रतिदान की भावना से मुक्त, यहाँ तक कि प्रेमिका के सुख के लिए अपने प्रेम के भी बलिदान कर देने के संकल्प से युक्त, अनन्त वियोग की नियति से परिचालित, 'करुण और त्रासद' होता है।[50] 'ज्योतिष्मती' में 'सूक्ष्म कँवल-वासिनी सुन्दरी बालिका' अपने पिता के दुश्मन को ही दिल दे बैठती है, पर प्रेम और घृणा का द्वन्द्व उसे सुखी नहीं होने देता। यह कहानी कथ्य की दृष्टि से 'आकाशदीप' की सगोत्रीय है, पर कहानी का भाव अस्पष्ट रह जाने से प्रभाव बिखर गया है। इन कहानियों की कमजोरी यह है कि कहीं कहीं उनकी संवेदना जटिल प्रसंगों में खो सी गयी है। 'अपराधी' और 'प्रणय-चिह्न' कहानियों का उदाहरण इस कथन के लिए पर्याप्त है। 'अपराधी' की मूल संवेदना कई प्रकार की संवेदनाओं के—प्रेम, वात्सल्य, निराशा, करुणा, नियति के प्रति आक्रोश, विवशता—मिश्रण से मार्मिक तो बन गयी है, पर यहाँ तक पहुँचने के लिए प्रसंगों का जो सोपान तैयार किया गया है, वह प्रत्ययकारी नहीं बन पाया है। 'प्रणय-चिह्न' के बारे में भी यही कहा जा सकता है। प्रसाद शायद जैनेन्द्र के लिए ही यह राह खोल रहे थे। इस अर्थ में प्रसाद और जैनेन्द्र में अद्भुत समानता है। दोनों ही संवेदना की तीव्रता और उसकी सांकेतिकता में विश्वास करते हैं, वहाँ तक पहुँचाने वाले प्रसंगों की यथार्थता-अयथार्थता में नहीं।

हरदयाल के अनुसार *आकाशदीप* की कहानियों में प्रेम का अत्यन्त सूक्ष्म और द्वन्द्वात्मक चित्रण हुआ है। 'आकाशदीप' कहानी में चित्रित प्रेम-भावना अत्यन्त उदात्त और व्यापक है। 'भिखारिन', 'चूड़ीवाली', 'बनजारा', 'अपराधी', 'बिसाती' आदि साधारण जीवन को लेकर लिखी गयी हैं और इनमें समाज-सुधार के संकेत भी हैं, फिर भी इनकी मूल भावना प्रेम ही है। इनमें भी रोमानी सौन्दर्य-चेतना, स्त्री में आत्म गौरव की भावना और अभिजात संस्कार को अभिव्यक्ति मिली है। 'बनजारा', 'अपराधी', 'विसाती', 'कला' आदि कहानियाँ चित्रात्मक गद्यगीतों जैसी हैं, जिनमें प्रसाद जी का छायावादी कवि रूप सर्वत्र मुखरित हुआ है। इनमें गीतात्मकता, संगीत और सौन्दर्य और एक तरह की रहस्यात्मकता के दर्शन होते हैं।[51]

इस संकलन की कुछ कहानियाँ यथार्थ परिवेश पर आधारित हैं। 'सुनहला साँप' में अभिजात वर्ग के दो पात्रों के माध्यम से निम्नवर्ग के दो पात्रों की प्रेमकथा पिरोयी गयी है, पर कहानी की मूल संवेदना में कोई वैशिष्ट्य नहीं आ पाया है। 'भिखारिन' में एक अभिजात कुल के युवक का एक भिखारिन लड़की से प्रेम दिखाया गया है, पर मुख्य संवेदना-बिन्दु लड़की के स्वाभिमान का है। 'प्रतिध्वनि' एक प्रवंचिता की पीड़ा की कहानी है, पर प्रसंगों के उलझाव और अस्पष्टता के कारण उसका प्रभाव बिखर गया है। 'देवदासी' में प्रेम के एक ऐसे जटिल रूप का अंकन किया गया है, जिसमें प्रेमिका अपने पर अत्याचार करने वाले से ही प्रेम करती है, उससे नहीं जो सच्चा प्रेम करता है। कहानी में प्रेम का त्रिकोण मनोवैज्ञानिक दृष्टि से प्रत्ययकारी नहीं बन पाया है। इस कहानी की एक विशेषता प्रविधि के रूप में पत्रों का उपयोग है, पर उसकी कोई कलात्मक सार्थकता भी है, यह सन्दिग्ध है। 'चूड़ीवाली' में एक वेश्यापुत्री कुलवधू बनने का स्वप्न पूरा करने के लिए प्रयत्न करती है, पर सफलता उसे तब मिलती है, जब वह एक आदर्श प्रतिव्रता हिन्दू स्त्री और तपस्विनी की दिनचर्या ग्रहण कर लेती है। कहानी सपाट और 'अ-प्रसादीय' हो गयी है। 'छाया' कहानी में एक युवती अपने पति की तलाश में भटकती हुई एक युवक को अपने पति के रूप में पहचानती है, पर वह उसे नहीं पहचानता। कहानी से यह पता नहीं चलता कि युवती सच बोल रही है या युवक। कहानी कोई प्रभाव नहीं डालती। 'रमला' और 'बिसाती' में प्रेम की संवेदना सामाजिक परिस्थितियों के संघात से टकराकर प्रेमी-प्रेमिका के अनन्त वियोग का रोमानी स्वरूप ले लेती है। यह प्रसाद की कहानियों में आते विषयगत वैविध्य का परिचायक है। इससे यह पता चलता है कि प्रसाद समकालीन जीवन-धारा से बिलकुल कटे हुए नहीं थे, पर उनकी कम ही कहानियाँ ऐसी हैं जो उनकी यथार्थपरक संवेदना को कलात्मक प्रौढ़ता के साथ व्यक्त करती हों।

इस संग्रह की कहानियों में 'ममता' अपेक्षाकृत परिचित इतिहास और परिवेश से सम्बद्ध कहानी है, जिसका विषय एक शाश्वत मानवीय संवेदना है, जो मानवीय करुणा, देश प्रेम, आतिथ्य, कृतज्ञता आदि भावों के मिश्रण से अत्यन्त प्रभावी हो गया है। और इन सारे भावों को अतिक्रान्त करती हुई व्यंग्य की संवेदना इस कहानी को एक नया

अर्थ दे देती है।

आँधी संकलन की कहानियों का रचना-काल अनुमानतः 1928-30 है। इन कहानियों में 'आँधी', 'दासी', 'घीसू,', 'ग्राम-गीत', 'विजया' और 'पुरस्कार' प्रेम-संवेदना की कहानियाँ हैं। 'आँधी' 22 पृष्ठों में फैली (लगभग 9000 शब्दों) एक लम्बी कहानी है जिसमें बंजारों की एक उग्र व्यक्तित्व वाली युवती लैला का एक बाल बच्चों वाले पुरातात्त्विक वस्तुओं के व्यवसायी रामेश्वर से प्रेम का अंकन किया गया है। प्रेम की हिंसक तीव्रता और वात्सल्य की गला देनेवाली संवेदना के द्वन्द्व में इस कहानी का प्रभाव निहित है। पर यह कहानी 'कथा' के अनावश्यक विस्तार के कारण बोझिल हो गयी है। मुक्त वन्य प्रेम की संवेदना तो अपनी जगह ठीक है–उसकी सभ्य, सामाजिक व्यवस्था से टकराहट भी अपनी जगह पर है–पर उसे व्यक्त करने के लिए जो अनावश्यक बड़ी कथा बुनी गयी है, वह संवेदना की सुकुमारता को कुचल देती है। कहानी में आयी बहुत सी वैचारिक बहसें आरोपित-सी प्रतीत होती हैं। सिंहली युवक प्रज्ञासारथि की कहानी का विस्तार भी गैर-जरूरी है। इस कहानी की तुलना प्रेमचन्द की 'फातिहा' नामक कहानी से की जा सकती है। दोनो कहानियों की संवेदना में बहुत साम्य है, पर प्रेमचन्द अपनी कहानी को रोचक बनाने में अधिक सफल हैं। हरदयाल के अनुसार इस कहानी में रोमानी तत्त्व सर्वाधिक है। इसमें प्रेम की एकनिष्ठता, त्याग-भावना, मित्रता का आदर्श, नियति की क्रूरता इत्यादि संगुंफित हैं।[52] 'दासी' भी एक उलझी हुई लगभग 12 पृष्ठों की ऐतिहासिक कथा है, जिसका कथ्य तो प्रेम की संवेदना ही है, पर वह संवेदना कथा के जाल में इस प्रकार भटक गयी है कि उसका मन पर कोई गहरा प्रभाव नहीं पड़ता। इस कहानी की तुलना प्रेमचन्द की 'लैला' कहानी से की जा सकती है। 'घीसू' एक निर्धन पर संवेदनशील किशोर की प्रेम-संवेदना की अच्छी कहानी है। 'ग्राम-गीत' प्रेम की त्रासद अन्त वाली रोमानी प्रेम की कहानी है।

'विजया' और 'पुरस्कार' हैं तो प्रेम संवेदना की ही कहानियाँ पर इनकी विशिष्टता अन्य संवेदनाओं के योग या टकराहट से पैदा होती है। 'विजया' कहानी की प्रेम-संवेदना जीजिविषा की संवेदना से जुड़ कर एक नयी चमक से भर जाती है। मृत्यु की शरण खोजते पुरुष पात्र को उसकी पत्यिक्ता प्रेमिका जीना सिखाती है। 'पुरस्कार' अतीत की पृष्ठभूमि में निजी प्रेम और देश प्रेम की संवेदनाओं के टकराव के कारण एक अच्छी कहानी बन गयी है। देश प्रेम की संवेदना इस कहानी को समकालीन स्वाधीनता आन्दोलन से भी अप्रत्यक्ष रूप में जोड़ती है।

प्रसाद जी की कहानियों में प्रेम का आदर्श आध्यात्मिक स्तर तक उठ जाता है। उनकी आरम्भिक कहानियों में प्रेम का भावुकतापूर्ण और अत्यधिक रोमानी रूप मिलता है, किन्तु धीरे धीरे उनमें औदात्य और गरिमा का समावेश होता गया है। उनकी प्रेम दृष्टि त्याग और समर्पण की भावना से दीप्त, कल्पना से रंगीन और सूक्ष्म आदर्श से मंडित है। वह एकांगी नहीं है। उसमें दूसरी भावनाओं के साथ द्वन्द्वात्मकता की स्थिति भी है। उनकी सर्वश्रेष्ठ कहानियाँ तो वे ही हैं जिनमें प्रेम की भावना का टकराव दूसरी

भावनाओं के साथ होता है और इस टकराहट में पात्र बुरी तरह से झकझोरे जाते हैं।

इनसे भिन्न 'मधुवा', 'अमिट स्मृति', 'नीरा' और 'बेड़ी' यथार्थ की संवेदना पर आधारित कहानियाँ हैं। इनमें अभावग्रस्त और अभागे समाज की वेदना को वाणी मिली है। 'मधुवा' दलित जीवन की संवेदना को व्यक्त करने वाली एक अच्छी कहानी है, जिसमें एक फाकेमस्त शराबी की शिशु-संवेदना का मार्मिक चित्रण हुआ है। जमींदारों की बाल घरेलू श्रमिकों के प्रति क्रूरता के बरक्स एक फाकेमस्त शराबी की करुणा के सक्रिय रूपान्तर की कहानी पाठक के मन को झकझोर देती है। 'अमिट स्मृति' एक ग्रामीण युवती की करुण नियति की कहानी है। 'नीरा' की पृष्ठभूमि गिरमिटिया मजदूरों के मॉरिशस जाने की ऐतिहासिक घटना से जुड़ी हुई है, पर कथ्य उससे एकदम अलग हो गया है। अनास्था पर आस्था की जीत इस कहानी का मुख्य प्रतिपाद्य हो गया है। इस कहानी की तुलना लगभग इसी समय प्रकाशित प्रेमचन्द की 'शूद्रा' कहानी से की जा सकती है। अँगरेजों के भारतीयों पर अत्याचार का तो इसमें अच्छा वर्णन है, पर प्रमुखता एक शूद्रा कही जाने वाली लड़की के एकनिष्ठ प्रेम, त्याग और बलिदान को मिली है। प्रसाद और प्रेमचन्द की ये कहानियाँ सुने-सुनाये अनुभवों पर ही आधारित हैं, इस कारण इनमें में गिरमिटिया मजदूरों का यथार्थ कम, उनके 'विचार' ही प्रमुख बन गये हैं। 'बेड़ी' एक अन्धे भिखारी की कहानी है, जो दलित संवेदना से जुड़ी है। 'व्रत-भंग' कुंठित और प्रतिशोध-भाव से किये जानेवाले कठोर व्रत की तुलना में सच्चे सेवा-व्रत का महत्त्व प्रतिपादित करने वाली कहानी है, जो प्रसाद को पुनर्जागरण के माहौल से जोड़ती है। स्त्री-चिमर्श की दृष्टि से 'घीसू' और 'विजया' कहानियों की अलग से व्याख्या की जा सकती है। इन कहानियों से भी प्रसाद के समकालीन जीवन-यथार्थ की ओर मुड़ने का संकेत मिलता है। हरदयाल के अनुसार *आँधी* संकलन की कहानियों में चित्रित प्रेम अधिक सूक्ष्म, द्वन्द्वात्मक, गम्भीर और उदात्त है। इन कहानियों में उच्छ्वास का स्थान संवेदनशीलता, वर्णनात्मकता का स्थान सांकेतिकता और सरलता का स्थान जटिलता ने ले लिया है।[53]

इस दशक में राय कृष्णदास (1892-1985)[54] के दो कहानी संग्रह *अनाख्या* (1929) और *सुधांशु* (1929) प्रकाशित हुए।[55] इनका एक और कहानी संग्रह *आँखों की थाह तथा अन्य कहानियाँ* 1941 के आरम्भ में ही प्रकाशित हुआ था[56] अतः इसमें संकलित कहानियों का रचना-काल इसी दशक में होना चाहिए। रायकृष्ण.दास की कहानियाँ प्रायः भावुकता से लबरेज, काव्यात्मक और रोमानियत से भरी हुई हैं। डा. हरदयाल के अनुसार इनकी कहानियाँ "भावना, कल्पना, रहस्य और गीति-तत्त्व से परिपूर्ण हैं। इन्होंने अपनी 'प्रसन्नता की प्राप्ति', 'अन्तःपुर का आरम्भ', 'आकर्षण का अर्थ', 'रमणी का रहस्य', 'कला और कृत्रिमता', 'कल्पना' जैसी कहानियों में शाश्वत सत्यों को कहानियों के रूप में प्रस्तुत किया है। इसलिए इनकी ये कहानियाँ या तो रूपक बन गयी हैं या बोध-कथाएँ। इनकी कहानियों का भी एक प्रमुख विषय स्त्री-पुरुष का प्रेम है, किन्तु माने हुए कला-पारखी होने के कारण इन्होंने सच्ची कला और कला की

रचना-प्रक्रिया को भी अपनी कहानियों के माध्यम से व्यक्त किया है। कुछ कहानियाँ तो बिलकुल गद्यगीत जैसी हैं और इनके कुछ गद्यगीत भी कहानियों जैसे हैं।"[57] प्रकृति के संस्कृत गद्यकथाओं जैसे अलंकृत, समासबहुल, रंगीन और वैभवपूर्ण वर्णन इनकी कहानियों में भरे पड़े हैं। व्यक्ति-चरित्र के उद्‌घाटन में भी इन्होंने अपनी रूमानी मनोवृत्ति का परिचय दिया है।

राय कृष्णदास की कहानी 'प्रसन्नता की प्राप्ति' इस सत्य को सामने लाती है कि शिशु की निश्छल और निश्चिन्त हँसी ही प्रसन्नता का मूर्त रूप है। उनकी एक दूसरी कहानी 'अन्तःपुर का आरम्भ' मनुष्य के विकास की उस प्रावस्था को व्याख्यायित करने का प्रयत्न करती है जिसके अन्तर्गत पुरुष ने तो बाहर का संघर्षमय जीवन अपनाया और नारी को घर की चहारदीवारी का सुरक्षित जीवन प्रदान किया। रायकृष्ण जी के अनुसार यही मनुष्य के पशु से भिन्न होने की प्रक्रिया है। रायकृष्ण जी की कतिपय अन्तिम कहानियों में तत्कालीन समाज की विसंगतियों के चित्र भी मिलते हैं। 'आश्रित' एक स्वाभिमानी दरिद्र युवक की कथा है और 'सुहाग' पन्द्रह वर्ष की लड़की और पैंतालीस वर्ष के विधुर के अनमेल विवाह का चित्रण करती है जिसमें स्त्री की पीड़ा का भावपूर्ण अंकन किया गया है।

1922 में ही शिवपूजन सहाय का *महिला-महत्त्व* नामक कहानी संग्रह प्रकाशित हो चुका था, जिसमें दस कहानियाँ संगृहीत थीं। 1935 में इसका नवीन संस्करण *विभूति* शीर्षक से प्रकाशित हुआ[58], जिसमे 1923 से 1931 के बीच विभिन्न पत्रिकाओं में प्रकाशित छह कहानियाँ भी शामिल कर ली गयी थीं। इन कहानियों में 'शरणागत-रक्षा' राजपूती शौर्य से सम्बद्ध थी और 'बुलबुल और गुलाब' ऑस्कर वाइल्ड की एक कहानी का अनुवाद थी। शेष कहानियों में 'खोपड़ी के अक्षर', 'कुंजी', 'मानमोचन' और 'कहानी का प्लॉट' थीं। इन कहानियों में 'कहानी का प्लॉट' सर्वश्रेष्ठ कहानी मानी जा सकती है, जो सर्वप्रथम 1928 में *सरोज* में छपी थी। इस कहानी का कथ्य तत्कालीन समाज में प्रचलित दहेज प्रथा के कारण किसी प्रौढ़ पुरुष का किशोरी कन्या से विवाह है, जो अन्ततः स्त्री की विवशता और सामाजिक अनाचार में परिणत होता है। इस कहानी में इस बहुत ही सुपरिचित विषय को एक नये प्रकार के शिल्प के माध्यम से ताजगी प्रदान की गयी है। आसपास की जिन्दगी से प्राप्त 'प्लॉट' को कहानी का रूप न दे सकने की 'कथक' की अक्षमता का छद्‌म ही कहानी में एक अप्रत्यशित प्रभाव की सृष्टि करता है। नाटकीय विडम्बना और कूटोक्ति के माध्यम से लेखक ने कहानी में एक अद्‌भुत ताजगी भर दी है।

चंडी प्रसाद 'हृदयेश' (1898-1936) के *नन्दन निकुंज* (1923) और *वनमाला* में संगृहीत कहानियाँ उन्हें एक रोमानी कहानीकार के रूप में प्रस्तुत करती हैं। 'प्रेम परिणय', 'प्रेम पुष्पांजलि', 'प्रणय परिपाटी', 'योगिनी', 'मौन व्रत', 'प्रतिज्ञा', 'प्रेमोन्माद', 'शान्ति निकेतन' और 'उन्मादिनी' को उनकी प्रतिनिधि कहानियाँ माना जा सकता है। हृदयेश जी की कहानियों में घटना-तत्त्व बहुत कम होता है और जो होता भी है, उसका

विकास नहीं होता। उनकी कहानियों में, जो मुख्यतः प्रणय कथाएँ हैं, भावों की प्रधानता होती है। इन प्रणय कथाओं के माध्यम से उन्होंने सिद्धान्त-प्रतिपादन भी किया है, जिसके चलते ये रूपक कथाएँ बन गयी हैं। इनकी एक कहानी है 'प्रेम का परिणाम'। इसका नायक शैलेन्द्र विवाहित है; फिर भी वह विमला से प्रेम करता है। इस 'प्रेम प्रसंग' से शैलेन्द्र की पत्नी सरला परिचित है। वह भी अपने पति से बहुत प्रेम करती है, लेकिन वह उसके लिए सुलभ नहीं है। उसका कहना है कि शैलेन्द्र उसकी मृत्यु के बाद ही उसे प्राप्त कर सकता है। इस कहानी में काव्य-रचना-प्रक्रिया का रूपक है। शैलेन्द्र कवि या रचनाकार है। विमला सांसारिक विषय और सरला कल्पना का प्रतीक है। सिद्धान्त-प्रतिपादन यह है कि कवि सांसारिक विषयों के प्रति उदासीन होकर ही प्रेम-मन्दिर में प्रवेश पा सकता है। 'प्रेम पुष्पांजली' में रूप के आकर्षण की व्याख्या है। कहानीकार की दृष्टि में रूपक का आकर्षण इन्द्रजाल है। उसमें मनुष्य को मूर्ख और उन्मत्त बना देने की शक्ति है। 'प्रणय परिपाटी' में कवि और प्रजापति की सृष्टि का अन्तर स्पष्ट किया गया है और कवि की सृष्टि को प्रजापति की सृष्टि से श्रेष्ठतर सिद्ध किया गया है। स्त्री-पुरुष के प्रेम के अतिरिक्त स्वदेश या राष्ट्रभक्ति को लेकर भी हृदयेश ने कहानियाँ लिखी हैं। 'प्रतिज्ञा' कहानी में दो युवकों—विश्वनाथ और रमानाथ—के देशसेवा के लिए प्रतिश्रुत होने की कहानी कही गयी है। 'शान्ति निकेतन' इनकी एक प्रसिद्ध कहानी है, जिसका प्रतिपाद्य यह है कि सच्ची शान्ति माँ की गोद में ही मिलती है। हृदयेश की हर कहानी में भावुकता, मार्मिक परिस्थिति और आलंकारिकता होती है। 'उन्मादिनी' कहानी की सौदामिनी का पति कालीशंकर उसके साथ पाशविक अत्याचार करता है। कोढ़ में खाज की तरह उसके पीछे एक गुंडा पूरनमल लगा हुआ है। परिस्थितियाँ सौदामिनी को तो उन्मादिनी बना देती हैं लेकिन उसकी करुण स्थिति पूरनमल के पशु को पराजित करके उसके मनुष्यत्व को जगा देती है। पूरनमल का यह हृदय-परिवर्तन और सौदामिनी को माँ मानना इतना अचानक होता है कि अस्वाभाविक लगता है, तथापि यह रोमानी कथाकार की जीवनदृष्टि को सामने लाता है। यही मानवतावादी दृष्टि उन कहानियों में दिखायी देती है, जहाँ मनुष्य स्वार्थ से ऊपर उठा हुआ दिखायी देता है। इस दृष्टि से प्रसाद जी की कहानियों के सबसे निकट पड़नेवाली कहानियाँ चंडी प्रसाद 'हृदयेश' की हैं।

विनोदशंकर व्यास (1902-1966)[59] की पहली कहानी 'हृदय की कसक' 1927 में प्रकाशित हुई थी। उनके पहले दो कहानी संग्रह, *नवपल्लव* और *तूलिका* 1928 में और तीसरा कहानी संग्रह *भूली बात* 1929 में प्रकाशित हुआ था, जिनमें उनकी कुल 36 कहानियाँ सम्मिलित थीं। इनके बाद व्यास जी के दो और संकलन *धूपदीप* और *उसकी कहानी* प्रकाशित हुए, जिन्हें मिलाकर 1932 तक व्यास जी 50 कहानियाँ लिख चुके थे।[60] तूलिका की 'अपनी बात' शीर्षक भूमिका में अपनी कहानियों की प्रकृति की ओर संकेत करते हुए व्यास जी ने लिखा था, "मैं तो उसी क्षण, उसी पल का उल्लेख करने में सुखी होता हूँ, जब, किसी रहस्य की छाया में, सुख-दुख की हँसी और रोने में

विश्राम देने का प्रयत्न किसी अस्तित्व ने कभी किया है। चाहे वह छायात्मक ही क्यों न हो।"[61] शिवपूजन सहाय ने तूलिका की 'प्रस्तावना' में लिखा था, "*तूलिका* की कहानियों में एक ऐसा विलक्षण संसार रम रहा है, जिसके अन्दर पैठने से बड़े अजीब दृश्य नजर आते हैं। कहीं हताश हृदय अपनी अधीरता के पंख समेटकर आहें भर रहा है। कहीं जटिल सामाजिक बन्धन से जकड़े हुए प्रेमाकृष्ट हृदय अपनी सारी व्यथा को खून के घूँट की तरह पीकर सिसकियाँ ले रहे हैं। कहीं प्रेमोन्माद आकाश की ओर कातर दृष्टियों से देखता हुआ शान्ति की भिक्षा माँग रहा है। कहीं विरक्ति—पलकों की झोली पसारकर—अपने अन्तरपट में हाहाकार छिपाए हुए विश्व-मिश्रित एकान्त की ओर, शिथिल गति से, जा रही है। एक तरफ हृदय की तलफती रेत वासना के ज्वार को सोख रही है, दूसरी तरफ लालसा की चिता धधक रही है। इस प्रकार यह पूरी पुस्तक मनस्तापों की धूनी रमाये बैठी है।...लेखक ने जहाँ दरिद्रता का चित्र अंकित किया है, वहाँ अनुभूति-शलाका को आकृष्ट करने के लिए चुंबक-दंड स्थापित कर दिया है। जहाँ प्राकृतिक शोभा का चित्रण किया है, वहाँ प्रकृति नटी की रंगशाला में सजीव छवि की प्राण-प्रतिष्ठा कर दी है—जहाँ छेड़खानियों और चुहलबाजियों पर रंगसाजी की है, वहाँ अपनी विनोदप्रियता और मस्ती की सहज सलोनी झाँकी दिखाकर मुग्ध कर दिया है।"

व्यास जी की अधिकतर कहानियाँ भावुकता से लबरेज प्रणय-कथाएँ हैं। इस दृष्टि से उनकी प्रतिनिधि कहानी 'हृदय की कसक' मानी जा सकती है, जिसमें आध्यात्मिक प्रेम और शारीरिक प्रेम या वासना के द्वन्द्व का चित्रण किया गया है। इस कहानी में एक युवक और एक विधवा युवती के प्रेम का चित्रण किया गया है। पर लेखक शारीरिक प्रेम और अशरीरी प्रेम के द्वन्द्व में फँस गया है, जो उस समय की नैतिकता की उपज था। पहले युवक का प्रेम अशरीरी है और शान्ता का शारीरिक। बाद में युवक शारीरिक प्रेम की ओर झुकता है तो शान्ता अशरीरी प्रेम में विश्वास करने लगती है। इससे दोनो प्रेम की आग में जलते हैं। प्रेम का उदात्तीकरण होता है। युवक को शान्ता 'देवी' दीखने लगती है। कहानी का भावुकतापूर्ण अन्त होता है।

1916-17 में पदुमलाल पुन्नालाल बख्शी (ज. 1894; नि. 1971) की 'झलमला', 'अन्नपूर्णा के मन्दिर में', 'नन्दिनी' आदि कहानियाँ प्रकाशित हुई थीं।[62] इनके तीन कहानी संग्रहों, *अंजलि, झलमला* (1934) और *कनकरेखा* (1961) की सूचनाएँ मिलती हैं, पर जो उपलब्ध नहीं हैं। *झलमला* 1934 में प्रकाशित हुआ था, जिसकी समीक्षा प्रेमचन्द ने 'हंस' के अक्टूबर, 1934 के अंक में की थी और उसे 'रसीली अनुभूतियों का सुन्दर संग्रह' कहा था। इसमें 16 कहानियाँ संकलित थीं। *बख्शी ग्रन्थावली*, खंड-2 में बख्शी जी की 39 कहानियाँ संगृहीत हैं, जिनका प्रकाशन-काल न दिये होने के कारण उनका ऐतिहासिक विकास-क्रम निश्चित करना कठिन है। शायद इसकी कोई जरूरत भी नहीं है, क्योंकि बख्शी जी की कहानियाँ अपने समय से बहुत कम ही जुड़ी हुई हैं। उनकी कहानियों के केन्द्र में वैसे भाव हैं, जो बहुत कुछ शाश्वत कहे जा सकते हैं, जैसे

प्रेमी-प्रेमिका, भाई-बहन, माँ-बेटे आदि के सम्बन्ध। पर ये भाव तीव्रता और गहनता में 'अनुभूति' या 'संवेदना' की कोटि तक नहीं पहुँच पाये हैं। बख्शी जी की कहानियाँ अपनी संरचना में भी बहुत ढीली ढाली हैं। उनमें 'कहानी' की दृष्टि से अनावश्यक वर्णनों और विचारों की पेशी में कोई संयम नहीं बरता गया है। कथ्य, परिवेश-वर्णन, चरित्र-निर्माण और भाषिक संरचना में वे प्रसाद, राय कृष्णदास, हृदयेश आदि की परम्परा की एक कमजोर कड़ी के रूप में याद किये जा सकते हैं।

चतुरसेन शास्त्री के कथा-लेखन का आरम्भ दूसरे दशक में ही हो गया था और तीसरे दशक के आरम्भ से ही उनकी कहानियाँ विभिन्न पत्रिकाओं में प्रकाशित होने लगी थीं, जिनका कोई क्रमबद्ध विवरण उपलब्ध नहीं है।[63] उनकी कुल कहानियों की संख्या 450 के आसपास बतायी जाती है[64], पर उनके संकलनों में संगृहीत कहानियों की संख्या लगभग 125 है। यद्यपि शास्त्री जी 1915 से 1960 तक लगातार कहानियाँ लिखते रहे, पर उनमें संवेदना और कहानी-कला की दृष्टि से कोई विकास लक्षित नहीं होता। अतः उनका विवेचन इस काल-खंड में कहीं भी रखकर किया जा सकता है। कथा-लेखक के रूप में उन्हें लोकप्रियता उनकी मौलिकता की दृष्टि से विवादास्पद कहानी 'दुखवा मैं कासों कहूँ मोरी सजनी' के प्रकाशन से मिली। यह, उनकी कहानियों के सम्पादक के अनुसार, उनकी प्रारम्भिक कहानियों में से है जो 1920 या '21 के लगभग लिखी गयी थी।'[65] यह ऐतिहासिक पृष्ठभूमि पर आधारित एक प्रेमकथा है, जिसमें माशूक और शौहर के प्रति वफादारी के द्वन्द्व से उत्पन्न त्रासदी का चित्रण किया गया है। तत्कालीन शाही संस्कृति की एक झलक भी कहानी में उपलब्ध होती है। इस कहानी की लोकप्रियता से प्रेरित होकर शास्त्री जी ने ई. पू. पाँचवी सदी से 1857 तक की ऐतिहासिक पृष्ठभूमि पर आधारित लगभग 55 कहानियाँ लिखीं। 1939 में उनकी चुनी हुई 10 नीम-ऐतिहासिक, रूमानी कहानियों का एक संग्रह *सिंहगढ़ विजय और अन्य कहानियाँ* शीर्षक से प्रकाशित हुआ था। इसकी 'कुछ' शीर्षक भूमिका में उन्होंने लिखा था : "इस संग्रह में मेरी सिर्फ वे ही कुछ कहानियाँ इकट्ठी हैं, जिन्हें पढ़ने से अतीत भारत का एक अस्पष्ट, किन्तु वेदना-विह्वल छाया-चित्र पाठकों की आँखों को कदाचित् कुछ आर्द्र कर सके। इन कहानियों में ऐतिहासिक सत्य कम है, भावना और कल्पना से तत्कालीन ओजपूर्ण जीवन की रेखाएँ खींची गयी हैं।" इस कथन से इन कहानियों के रोमानी स्वभाव पर प्रकाश पड़ता है। शास्त्री जी की इन कहानियों में प्राचीन भारतीय संस्कृति के प्रति उनके दर्प-बोध, पठान-मुगल शासकों के विरुद्ध भारतीय शासकों—विशेषकर महाराणा प्रताप और शिवाजी आदि—के संघर्ष को स्वाधीनता-संघर्ष मानने के आग्रह, शाहजादों-शाहजादियों, राजकुमार-राजकुमारियों अथवा शाहजादियों के अपने वर्ग से बाहर जाकर किये गये प्रेम और वर्गीय हितों और रूढ़ियों से पैदा हुए संघर्ष और त्रासदी का रोमानी उत्साह और उच्छल भावावेग के साथ चित्रण किया गया है। इन कहानियों में मुख्यतः प्राचीन भारतीय एवं मुगलकालीन वैभव, भोगविलास, राजपूती शौर्य राजा-रईसों की विलासिता, फिजूलखर्ची, मूर्खता, अन्धप्रेम

आदि को रेखांकित किया गया है। वस्तुतः ये 'कहानियाँ' 'कथा' मात्र हैं और तर्कसंगत ऐतिहासिक दृष्टि और वैज्ञानिक इतिहास-बोध के अभाव में प्रबुद्ध पाठक को प्रभावित करने में असमर्थ है।

कथ्य की दृष्टि से उनकी अधिकतर कहानियाँ ऐतिहासिक दन्तकथाओं और अर्धप्रामाणिक घटनाओं या प्रसंगों पर आधारित हैं। 'आँके-बाँके राजपूत', 'ककड़ी की कीमत', 'कुम्भा की तलवार', 'ग्यारहवीं मई', 'नवाब कुदसिया बेगम', 'नूरजहाँ का कौशल', 'नौशा मियाँ', 'परमार की बेटी', 'प्यार', 'बड़नककी', 'मीरां मां', 'मृत्यु-चुम्बन', 'मेहतर की बेटी का भात', 'राजधर्म', 'राजपूत का दोस्त', 'राजा मेहरा', 'रानी रासमणि', 'रूठी रानी', 'वासवदत्ता', 'वीर बादल', 'शराब की सुराही में', 'शेरा भील', 'सिंहगढ़ विजय', 'स्त्रीत्व', 'हल्दीघाटी में', 'हाथापाई' आदि कहानियाँ, जिनका समय गौतम बुद्ध से लेकर 1857 के विद्रोह तक फैला हुआ है, इसी प्रकार की हैं। तर्कसंगत ऐतिहासिक दृष्टि और वैज्ञानिक इतिहास-बोध के अभाव में ये कहानियाँ प्रबुद्ध पाठक को प्रभावित करने में असमर्थ है। इन कहानियों का ऐतिहासिक आधार बहुत कमजोर है। बहुत सी कहानियाँ तो ऐतिहासिक किंवदन्तियों पर आधारित हैं और जहाँ थोड़ा-बहुत इतिहास है भी वह स्वच्छन्द कल्पना के घटाटोप के नीचे दब गया है। लेखक का हिन्दुत्व-बोध उस पर इतना हावी है कि वह अपने विचारों के प्रतिपादन के लिए सुपरिचित ऐतिहासिक घटनाओं को भी मनमाना रूप देने में संकोच नहीं करता। अधिकतर कथाओं में प्रेम के प्रसंग ही प्रमुख हैं, पर उनमें संवेदना की गहराई और तीव्रता नहीं है। हरमसराओं में नौजवान बेगमों की अठखेलियों, स्त्री वेश में पुरुष प्रेमियों के गुप्त निवास, रहस्य खुलने पर प्रेमियों को मौत या अन्धे कुएँ में डाल देने की सजा, असफल प्रेमिकाओं के हीरे की अँगूठी चाटकर आत्महत्या करने आदि की रूढ़ियाँ ही इन कथाओं में प्रमुख हैं। 'दुखवा मैं कासों कहूँ' शास्त्री जी की प्रसिद्ध ऐतिहासिक कहानी है, पर एक तो उसकी मौलिकता ही विवादास्पद है, दूसरे, इस कहानी में प्रेम की जो संवेदना है, वह सुनी हुई संवेदना है, भोगी हुई नहीं; इस कारण उसमें वह विश्सनीयता और संकेन्द्रण नहीं है, जो किसी कहानी को स्मरणीय और पुनः पुनः पठनीय बनाती है। अन्य ऐतिहासिक कहानियाँ राजकीय षड्यन्त्रों, बादशाहों की सनकभरी उदारताओं, राजपूत युवकों, कन्याओं और रानियों के अहं, वीरता और बलिदान, झूठी शान के लिए निरर्थक युद्ध छेड़ देने की प्रवृत्ति आदि का चित्रण करती हैं। सांस्कृतिक चेतना के नाम पर शास्त्री जी ने प्राचीन हिन्दू संस्कृति और परम्परागत सामाजिक-नैतिक मूल्यों के प्रतिपादन पर अधिक जोर दिया है। परम्परा पर इनकी दृष्टि आलोचनात्मक नहीं है। कहीं कहीं तो इन्होंने अपने तथाकथित सांस्कृतिक विचारों का प्रतिपादन सपाट वर्णन या पात्रों के संवादों के रूप में करने का प्रयास किया है।

अतीताश्रित रोमानी भावबोध की कहानियों के साथ साथ शास्त्री जी ने 1925-60 की अवधि में समकालीन जीवन पर आधारित कहानियाँ भी लिखी थीं, पर इन कहानियों में न तो लेखक का समाज-बोध और न ही व्यक्ति-संवेदना किसी उल्लेखनीय रूप में

व्यक्त हो पायी है। लेखक के विचार अधिकतर प्राचीन रूढ़ियों के समर्थक और तर्करहित हैं। वह आधुनिक काल में नहीं, बल्कि मध्यकाल में साँस लेता प्रतीत होता है। इन कहानियों में उसका समय बोलता नहीं सुनाई पड़ता। यदि कहीं देश की पराधीनता, औपनिवेशिक लूट, विदेशी शासन के प्रति जनता के असन्तोष और विद्रोह का प्रसंग आता भी है तो उसमें कोई धार नहीं है। एकाध कहानी में स्वतन्त्रता-सेनानियों और राजनीतिज्ञों के चरित्र पर व्यंग्य किया गया है, पर वह अधिकतर 'वर्णन' के रूप में है और चित्त पर कोई गहरा प्रभाव नहीं छोड़ता। 'वारंट' कहानी में एक ऐसे नेता के कार्यकलापों पर व्यंग्य किया गया है जो केवल वाहवाही लूटना और जयकार सुनना चाहता है। यह तो माना जा सकता है कि ऐसे नेताओं की कमी उस समय भी न रही होगी, पर आन्दोलन के सकारात्मक पक्ष पर एक भी कहानी न लिखकर उसके नकारात्मक पक्ष को ही उजागर करना लेखक की कुन्द राजनीतिक चेतना का ही परिचायक है। 'लौहपुरुष' शीर्षक कहानी में गाँधी जी के व्यक्तित्व पर प्रकाश डाला गया है और यह एक यत्किंचित् उल्लेखनीय कहानी भी मानी जा सकती है। शास्त्री जी की कुछ कहानियों में समकालीन समाज में स्त्री की स्थिति का चित्रण भी किया गया है। 'म्यूजिक मास्टर' में पति द्वारा सतायी जाने वाली स्त्री के प्रति करुणा का भाव व्यक्त हुआ है। पर उसमें भी किसी संवेदना और प्रतिबद्धता का अभाव खटकता है। 'पतिता' में वेश्याओं की नियति का अंकन किया गया है। 'प्रतिशोध' और 'बड़नककी' भी वेश्याओं पर आधारित कहानियाँ हैं। वेश्याओं के प्रति लेखक की सहानुभूति तो है, पर वह सहानुभूति संवेदना में परिणत नहीं हो पायी है।

'कमल किशोर', 'मुखबिर', 'सफेद कौआ' आदि शास्त्री जी की कुछ कहानियाँ कथ्य और संरचना की दृष्टि से उल्लेखनीय मानी जा सकती हैं। 'कमल किशोर' में शुद्ध सात्विक प्रेम-भावना का अंकन किया गया है। इस कहानी में एक पति अपनी पत्नी के चरित्र पर सन्देह करता है, पर वह विचलित नहीं होती और साहस के साथ अपने सहज व्यवहार पर कायम रहती है। 'अब्बा जान' नामक कहानी में भी पिता के हृदय की आसक्ति, द्वन्द्व, दुर्बलताओं, आकांक्षाओं और उम्मीदों की अच्छी अभिव्यक्ति हुई है। 'मुखबिर' ब्रिटिश शासन को उखाड़ फेंकने के लिए किये जाने वाले क्रान्तिकारियों के कष्ट, बलिदान और निष्ठा की कहानी है। इस कहानी में मनोवैज्ञानिक द्वन्द्व को भी उभारने की कोशिश की गयी है। 'सफेद कौआ' व्यंग्य ध्वनि के माध्यम से भारत में अँगरेजों के आगमन और देश के औपनिवेशीकरण, आर्थिक शोषण, भारतीय जीवन में विलायती संस्कृति के प्रवेश, स्वाधीनता संग्राम में महात्मा गाँधी के नेतृत्व और अन्ततः देश के स्वतन्त्र होने का इतिहास प्रस्तुत करती है। 'लम्बग्रीव' भी इसी प्रकार की कहानी है। 'मुखबिर' का विषय क्रान्तिकारियों का त्याग और बलिदान है, पर अनुभव की प्रामाणिकता की कमी होने के कारण यह एक 'रोमांचकारी' कथामात्र बनकर रह गयी है। 'मुहब्बत' सामन्तों के जीवन में भोग-विलास की प्रधानता और धन-सम्पत्ति के लिए किये जाने वाले षड्यन्त्रों की कथा है। 'अकस्मात्' में सामन्ती माहौल में प्रेम के त्रासद

अन्त का अंकन किया गया है। 'ठकुरानी' भी ब्रिटिशकालीन सामन्ती मानसिकता की कहानी है। इसमें एक ऐसी तेजस्वी शिक्षित रानी का चरित्र प्रस्तुत किया गया है जो अपने अधिकारों के लिए अपने लम्पट पति से टक्कर लेती है और उसे सीधी राह पर आने को विवश करती है। 'नहीं' थोड़ी अच्छी कहानी तो है, पर इसका उद्देश्य भी कथाकार के दाम्पत्य जीवन सम्बन्धी परम्परागत विचारों का प्रतिपादन ही है। अनुभव की प्रामाणिकता इसमें भी नहीं है।

संरचना की दृष्टि से शास्त्री जी की लगभग सभी कहानियाँ 'कथा' मात्र हैं। लेखक 'कथानक' तक को तर्कसंगत नहीं बना सका है। मनमाने ढंग से प्रसंगों की कल्पना की गयी है। घटनाएँ बिना किसी नियन्त्रण के कथा का निर्माण करती हैं और लेखक इस बात की चिन्ता नहीं करता कि प्रबुद्ध पाठक पर उसकी कैसी प्रतिक्रिया होगी। उसके सामने एक ऐसा पाठक वर्ग है जो किस्सागो से कोई सवाल नहीं कर सकता। मार्मिक प्रसंगों की रचना करने में भी वह सर्वथा असमर्थ रहा है। कतिपय कहानियाँ, जैसे 'कमल किशोर', 'मुखबिर', 'सफेद कौआ' आदि कथ्य और संरचना की दृष्टि से उल्लेखनीय मानी जा सकती हैं। शास्त्री जी की कहानियों की भाषा सपाट और सर्जनात्मक क्षमता से रहित है। इन कारणों से, सैकड़ों 'कथाओं' के रचनाकार होने के बावजूद, चतुरसेन शास्त्री को 'कहानीकार' के रूप में अधिक महत्त्व नहीं दिया जा सकता।

उम्र की दृष्टि से वृन्दावनलाल वर्मा (1889-1969) चतुरसेन शास्त्री के समकालीन थे और लगभग एक साथ ही लिखना आरम्भ किया था। वर्मा जी ने कहानी-लेखन की शुरुआत पहले दशक में ही कर दी थी और उनकी पहली कहानी 'राखीबन्द भाई' 1909 में तथा 'तातार और वीर राजपूत' 1910 में 'सरस्वती में प्रकाशित हुई थीं। पर उनका कोई कहानी संग्रह 1950 से पूर्व प्रकाशित नहीं हो सका। 1910-1950 की अवधि में पत्र पत्रिकाओं में प्रकाशित उनकी कहानियों का कोई विवरण उपलब्ध नहीं है। यदि हम इनके आरम्भिक दो कहानी संग्रहों, *शरणागत*[66] और *कलाकार का दंड*[67] में प्रकाशित कहानियों, 'अण्णाजी पन्त', 'गवैये की सूबेदारी', 'घायल सिपाही', 'जैनाबादी बेगम', 'टूटी सुराही', 'दोनों हाथ लड्डू', 'नैतिक स्तर', 'महज एक मामूली सवार', 'मुहम्मदशाह का न्याय', 'रिहाई तलवार की धार पर', 'वंश परम्परा', 'शरणागत', 'शहीद इब्राहीम गार्दी', 'शेरशाह का न्याय' आदि को 1910-1950 की अवधि में लिखित-प्रकाशित मान लें तो वर्मा जी एक ऐसे ऐतिहासिक कहानी-लेखक के रूप में सामने आते हैं, जो रूप की दृष्टि से 'कथा' और 'कहानी' में कोई अन्तर नहीं मानता। इन कहानियों में राजपूत और मराठी वीरों की बहादुरी, देशभक्ति, त्याग, बलिदान, धर्मनिष्ठा, शरणागत-रक्षा और अन्तिम मुगल बादशाहों और शाहजादों के प्रेम, विलासिता, शाही सनक, क्रूरता, धर्मान्धता, षड्यन्त्र आदि का वर्णन किया गया है। पर लेखक मुसलमान मात्र के प्रति पूर्वग्रह-ग्रस्त नहीं है। उसने अपनी 'शहीद इब्राहिम गार्दी', 'शेरशाह का न्याय' आदि कहानियों में मुस्लिम पात्रों की वीरता, देशभक्ति, धार्मिक उदारता, शहादत और न्यायशीलता का वर्णन किया हैं। पर ये सारी रचनाएँ

'रूमानी कथा' मात्र बनकर रह गयी हैं। इनमें कहीं कहीं भावुकता जन्य मार्मिकता तो मिलती है, पर संवेदना का वह तीव्रीकृत क्षण और संकेन्द्रण नहीं मिलता, जो 'कथा' को 'कहानी' में परिणत करता है।

भगवती प्रसाद वाजपेयी की पहली कहानी 'यमुना' *श्री शारदा* में, 1922 में और दूसरी कहानी 'अनधिकार चेष्टा' *मर्यादा* में 1926 के आसपास प्रकाशित हुई थी। इनके दो कहानी संग्रह *मधुपर्क* और *दीपमालिका* क्रमशः 1929 और 1930 में प्रकाशित हुए।[68] इन संग्रहों की सारी कहानियों का स्वर रोमानी है। *मधुपर्क* की 'भूमिका' मे वाजपेयी जी जीवन में 'वेदना' के महत्त्व को स्वीकार करते हुए 'सुख में भी अस्पष्ट रूप से वेदना को ही प्रतिफलित' पाते हैं। *दीपमालिका* की 'अपनी बात' शीर्षक भूमिका में वे लिखते हैं कि इन कहानियों ने उन्हें 'सुख भी दिया है और रुलाया भी है।' 'रुलाना' और 'सुख देना' अथवा 'रुदन में भी एक प्रकार का सुख' मिलना 'भावुकता' का लक्षण है और भगवती बाबू का संकेत बहुत स्पष्ट है। इसके अनुरूप ही उनकी कहानियों में यह भावुकता कमोबेश मात्रा में सर्वत्र दिखायी पड़ती है। 'हृदय की बात', 'अबोध', 'छाया', 'फितूर', 'स्वप्नों का राज्य' प्रेम-संवेदना की अपेक्षाकृत अच्छी कहानियाँ हैं। 'छाया' में प्रेम की व्यंजना बहुत सूक्ष्म और संकेतात्मक रूप में हुई है। कुछ कहानियों में वाजपेयी जी प्रेम की संवेदना का देश प्रेम के भाव से संघर्ष दिखाकर उसे प्रभावी बनाने का प्रयास करते हैं। 'फितूर', 'स्वप्नों का राज्य', 'झरोखे की रानी', 'प्रयाण' कहानियाँ को देशभक्ति के भाव ने प्रखर और मार्मिक बना दिया है। 'स्वप्नों का राज्य' भी देश प्रेम और व्यक्तिगत प्रेम के मिश्रण से निर्मित कहानी है, पर केन्द्रीय पात्र की मृत्यु अनावश्यक रूप से कहानी को भावुकतापूर्ण बनाती है। 'झरोखे की रानी' में व्यक्तिगत प्रेम और देश प्रेम का द्वन्द्व भावुकता के स्तर पर ही चित्रित हुआ है। इस कहानी में साइमन कमीशन के विरोध में होने वाले प्रदर्शनों और शासन द्वारा उसके दमन का प्रसंग आया है। 'प्रयाण' का केन्द्रीय पुरुष पात्र एक ऐसा युवक है जो देश की आजादी के लिए अपने वैवाहिक जीवन की बलि चढ़ा देता है। उसकी प्रेमिका जीवन में उसका साथ देना चाहती है, पर वह विवाह करने को तैयार नहीं होता। वह अन्ततः घुल-घुलकर मर जाती है। कहानी में कोई संवेदना तीव्र रूप ग्रहण नहीं कर पायी है। जाह्नवी की मृत्यु भावुकता से अधिक प्रभाव नहीं पैदा कर पाती। 'अविवाहिता' में यों तो एक कृत्रिम-सा प्रसंग है, जिसमें एक बालक और बालिका-युग्म का साहचर्यजनित प्रेम विकसित होता है, पर लेखक उन्हें स्वाधीनता आन्दोलन में शामिल दिखाकर उनके प्रेम को उदात्त बनाने का प्रयास करता दिखायी देता है।

कुछ कहानियों में प्रेम और सामाजिक-आर्थिक विसंगतियों के द्वन्द्व से उत्पन्न मनःस्थितियों का अंकन किया गया है। 'अनिश्चय' आर्थिक स्थिति और 'कुलीनता' की असमानता के कारण बचपन के प्रेम के विवाह में परिणत न हो पाने के दुख की भावुकतापूर्ण कहानी है। 'अन्ना', 'लाली' और 'मेरा नाता' कहानियों के केन्द्र में भी प्रेम की संवेदना है, पर किसी प्रकार के सामाजिक या मानसिक द्वन्द्व के अभाव में यह

संवेदना भावुकता से ऊपर नहीं उठ सकी है। 'मेरा नाता' में आर्थिक विषमता के चलते प्रेम विवाह का रूप नहीं ले पाता। लेखक इसकी कोशिश भीं नहीं करता। वस्तुतः वह इसके लिए हिम्मत ही नहीं जुटा पाता। 'कर्तव्याघात' भी प्रेम भाव की ही कहानी है, जिसमें जातिगत भेद के कारण प्रेम विवाह में परिणत नहीं हो पाता। फिर तो 'घटनाओं' का ऐसा जाल तैयार किया जाता है, जिसमें प्रेमी-प्रेमिका मिलते हैं, पर प्रेम का जो अन्त होना था, वह तो हो ही चुका रहता है। 'उद्धार' के केन्द्र में भी प्रेम का ही भाव है : एक सद्यःजात विधवा का एक युवक के प्रति प्रेम, जो उसकी असामयिक मृत्यु में समाप्त होता है। सामाजिक रूढ़ियों के कारण यह प्रेम अव्यक्त ही रह जाता है और प्रेमिका की मृत्यु हो जाती है। 'वनश्री' कहानी में भी भावुकता का सारा सामान मौजूद है : प्रेमिका का किसी अन्य से विवाह हो जाना, महामारी में उसके पति की मृत्यु और उसका विधवा हो जाना, प्रेमी का अविवाहित रहना और फिर क्षयरोग ग्रस्त होना, मृत्यु के पहले यह ज्ञात होना कि प्रेमिका भी उससे प्रेम करती थी, आदि। 'पेंसिल स्केच', 'सेवक का सुख' और 'नलिनी' भी प्रेम की भावुकतापूर्ण कहानियाँ हैं। इन कहानियों में भावुकता की स्थितियाँ सामाजिक-आर्थिक विषमताओं के कारण प्रेम के विवाह में परिणत न हो पाने के कारण उत्पन्न होती हैं। 'अमूल्य भेंट' शुद्ध प्रेम की कहानी है, जिसमें प्रेम व्यवस्था की भेंट चढ़ जाता है। पर किसी भी प्रकार के द्वन्द्व के अभाव में यह संवेदना कोई उल्लेखनीय प्रभाव नहीं उत्पन्न कर पाती। जहाँ कोई द्वन्द्व नहीं होता, वहाँ 'भावुकता' का सहज ही प्रवेश हो जाता है। 'अन्याय' कहानी में कथ्य छनकर इतना ही निकलता है कि विवाह में प्रेम के लिए या विवाह के पूर्व लड़के-लड़की में परिचय के लिए कोई जगह है या नहीं? लेखक इस सम्बन्ध में उदार होते हुए भी परम्परा का ही आग्रही है। 'परीक्षा' में प्रेम और विवाह का एक विनोदपूर्ण प्रसंग निर्मित किया गया है। इसमें भी संवेदना की तीव्रता का अभाव है।

वाजपेयी जी की कतिपय कहानियों में पति-पत्नी सम्बन्धों के विविध पक्षों का चित्रण किया गया है। 'पुनर्विवाह' सन्तान-प्राप्ति के लिए पहली पत्नी रहते दूसरा विवाह करने के प्रश्न पर विमर्श है। लेखक पुनर्विवाह का विरोध करके अपनी प्रगतिशीलता का परिचय तो देता है, पर उसकी प्रस्तुति को प्रभावशाली बनाने में उसे सफलता नहीं मिलती। 'सपना' पत्नी-प्रेम के भावावेग की कहानी है। 'खिलौने' एक पति द्वारा अपनी पत्नी को धोखे से मार डालने की कथा है। कहानी के अन्त में ओ' हेनरीय चमत्कार पैदा कर कथा को रोचक बनाने का प्रयत्न किया गया है, पर कहानी साधारण से ऊपर नहीं उठ सकी है। 'मुखबिर' एक क्रान्तिकारी के अपनी पत्नी के चरित्र पर शंका हो जाने के कारण मुखबिर बनने और वास्तविकता जान लेने पर बयान बदल देने की कथा है। 'मानलीला' पति-पत्नी के सम्बन्ध और उससे जुड़ी सामाजिक समस्याओं का चित्रण करती है।

संग्रह की अन्य कहानियों में वाजपेयी जी ने समाज के विविध रूपों का चित्रण करने का प्रयास किया है। 'झरोखे की रानी' में वेश्याओं को समाज की मुख्य धारा से

जोड़ने की आदर्शवादी आकांक्षा कहानीकार में दिखायी देती है। सामाजिक मर्यादा के आतंक से युवक वेश्याओं से प्रेम करके भी उनसे विवाह करने की हिम्मत नहीं जुटा पाते। कहानीकार इस रूढ़िवादी समाज की आलोचना करता है और कहानी के युवा पात्रों से अपनी वेश्या प्रेमिकाओं से विवाह करने का संकल्प कराता है। 'अपराधी' में एक बहू पर सौतेली सास के अत्याचार का अंकन किया गया है, पर लेखक अपने इस यथार्थ-चित्रण पर भी टिक नहीं सका है। एक सम्बन्धी के प्रयास से पति-पत्नी के मिलन में कहानी की समाप्ति दिखायी गयी है। 'सत्य की जय' में एक जमींदार की लम्पटता और एक शिक्षित युवक द्वारा उसके बचाव की कथा कही गयी है। 'अधिकार-पत्र' में सौतेली माताओं के दो पुत्रों के परस्पर प्रेम की कथा कही गयी है। इन तीनो ही कथाओं में कथाकार की 'आदर्शनिष्ठा' हावी है और प्रबुद्ध पाठक पर उनका कोई गम्भीर प्रभाव नहीं पड़ता। 'यमुना' सास-बहू सम्बन्ध की कहानी है, पर प्रचलित रूढ़ि से अलग। इसमें सास-बहू का सम्बन्ध प्रीतिकर है। 'नन्दा' में स्त्री की असहाय स्थिति का अंकन किया गया है। 'अविवाहिता', 'अपराधी', 'दो सम्पादक' और 'अमूल्य भेंट' भी संवेदनात्मक तीव्रता और यथार्थ के किसी नये पहलू के चित्रण की दृष्टि से अनुल्लेखनीय हैं। 'मोती' पारिवारिक सम्बन्धों की एक रोचक कहानी मात्र है। 'क्षमा' भी सन्तान-प्रेम की भावुकतापूर्ण कथा है। 'पुरस्कार' अभाव और तकलीफ की जिन्दगी जीने वाले लेखक के परिवार को केन्द्र में रखकर लिखी गयी कहानी है।

संवेदना की गहराई और तीव्रता, सामाजिक यथार्थ के अनुभव की गहरी समझ और वैचारिक प्रखरता के अभाव में वाजपेयी जी की कहानियाँ हिन्दी कहानी में अपनी विशिष्ट पहचान नहीं बना पातीं। व्यक्ति-सत्य या समाज-सत्य के अंकन की दृष्टि से इनमें कोई उल्लेखनीयता नहीं है। काल-प्रवाह के प्रभाव से वाजपेयी जी की कहानियाँ भी लगभग अछूती ही हैं। 'झरोखे की रानी', 'मुखबिर', 'स्वप्नों का राज्य', 'फितूर' आदि कहानियों में समकालीन आजादी की लड़ाई की झलक तो मिलती है, पर लेखक की उससे कोई प्रतिबद्धता नहीं झलकती। अधिकतर कहानियों में समकालीन स्त्री की पीड़ा और विवशता को वाणी देने में लेखक कुछ दूर तक सक्षम प्रतीत होता है। 'कथा' को रोचक बनाने के लिए 'कथानक' के कुछ अंश को आरम्भ में गोपनीय रखकर बाद में उसका रहस्योद्‌घाटन करने या पत्रात्मक प्रविधि की तकनीक अपनाकर कहानियों में 'नयापन' पैदा करने की कोशिश भी बहुत कारगर नहीं हो पायी है।

जैदी के अनुसार सलीहा आबिद हुसेन (1913-1988) की पहली कहानी 'नूरजहाँ' 1928 में प्रकाशित हुई। और उनका पहला कहानी संग्रह *नक्शे अव्वल* 1939 में प्रकाशित हुआ था। राजनीतिक विषयों के अंकन में उनकी दृष्टि गाँधीवादी है।

इस दशक के लगभग अन्त में जैनेन्द्र कुमार का हिन्दी कहानी के रंगमंच पर प्रवेश हुआ। यह बात बार बार, और ठीक ही, कही जाती है कि जैनेन्द्र व्यक्तिगत रूप में प्रेमचन्द के निकट और किंचित् प्रभाव में रहते हुए भी कथाकार के रूप में धीरे धीरे उनसे दूर और दूरतर होते जाते हैं। जैनेन्द्र की शुरू की कहानियाँ प्रेमचन्द की कहानियों

के बहुत निकट हैं। उनकी आरम्भिक चार कहानियों में से एक, 'चोरी', महाजनी शोषण पर आधारित है और यदि जैनेन्द्र ऐसी ही कहानियाँ लिखते तो वे प्रेमचन्द के अनुकरणकर्ता से अधिक महत्त्व के अधिकारी नहीं बन पाते। जैनेन्द्र के कथा-संसार में प्रवेश करते ही हमें महसूस होने लगता है कि वह प्रेमचन्द की तुलना में बिलकुल बदला हुआ है; वह गाँव से नगर में और किसानों-मजदूरों की जिन्दगी से उच्च मध्यवर्ग और अभिजात वर्ग की जिन्दगी में आ गया है; उसमें किसान-मजदूर वर्ग के पात्र मुश्किल से मिलते हैं। जैनेन्द्र की कहानियों के अधिकतर पात्र उच्च या उच्च मध्यवर्ग के डाक्टर, वकील, सरकारी अफसर, इंजीनियर, सेठ, उद्योगपति, जमींदार, राजनेता आदि हैं। बहुत से बहुत, लेखक, पत्रकार, दुकानदार, क्लर्क आदि मध्यवर्ग के पात्रों को ही उनमें जगह मिल पाती है। कहीं कहीं निम्न वर्ग के, नौकर, कुली, भिखारी आदि पात्र भी उनमें दिखायी पड़ जाते हैं, पर या तो वे एकदम गौण पात्र होते हैं या विचित्रता में अभिजात पात्रों के भी कान काटनेवाले होते हैं। यह भी लक्ष्य करने की बात है कि जैनेन्द्र की कहानियों में व्यवस्था के प्रति विद्रोह का ताप कहीं नहीं है, यहाँ तक कि औपनिवेशिक शासन के प्रति भी नहीं। समाज के प्रति जैनेन्द्र की प्रतिबद्धता भी उनकी कहानियों में धीरे धीरे कम होती जाती है और एक प्रकार का 'रहस्यवाद', जिसे प्रेमचन्द ने भी आरम्भ में ही लक्षित कर लिया था, उनकी कहानियों में प्रवेश करता जाता है। स्थिति यहाँ तक पहुँच जाती है कि जैनेन्द्र प्रेमचन्द की यथार्थवादी कथा-परम्परा से अलग एक भाववादी कथा-परम्परा के पुरस्कर्ता बन जाते हैं।

यों तो जैनेन्द्र की कहानियों का पहला संकलन *फाँसी* 1929 में और दूसरा संकलन *वातायन* 1931 में प्रकाशित हुआ पर उनके कहानी-लेखन का आरम्भ 1928 में ही हो गया था। 'फोटोग्राफी', 'देश प्रेम', 'खेल' और 'चोरी', 1928 में, लगभग एक साथ लिखी गयी थीं। इनमें से 'खेल' *विशाल भारत* के वर्ष 1, खंड 2, संख्या 5 (अगहन, 1985, तदनुसार नवम्बर, 1928) में[69] और 'चोरी', 'खेल', 'फोटोग्राफी' तथा 1929-30 की अवधि में लिखित अन्य कहानियाँ *वातायन* में प्रकाशित हुईं। 'देश प्रेम' जैनेन्द्र के किसी भी संग्रह में प्रकाशित नहीं है।

फाँसी (1929) में तीन और *वातायन* (1931) में तेरह कहानियाँ संकलित थीं।[70] फाँसी की शेष दो कहानियाँ, सम्भवतः, 'स्पर्द्धा' और 'गदर के बाद' थीं।[71] *वातायन* में 'फोटोग्राफी', 'खेल', 'चोरी', 'अपना अपना भाग्य', 'अन्धे का भेद', 'दिल्ली में', 'आतिथ्य', 'ब्याह', 'निर्मम', 'साधु की हठ', 'चलित-चित्त', 'तमाशा' और 'भाभी' आदि कहानियाँ संकलित थीं। प्रकाशन की दृष्टि से दोनो संग्रहों में दो वर्ष का अन्तर होते हुए भी, कहानियों के लेखन-काल में ऐसा कोई स्पष्ट अन्तर नहीं दिखायी पड़ता।

यह तनिक आश्चर्य की बात है कि राजनीतिक पृष्ठभूमि होते हुए भी जैनेन्द्र की कहानियों में स्वाधीनता आन्दोलन की कोई साफ झलक नहीं दिखायी देती।[72] 'स्पर्द्धा' और 'फाँसी' का रचना-काल 1928 का अन्त या 1929 अनुमित है।[73] राजनीतिक दृष्टि से यह वर्ष ज्वालामुखी बना हुआ था। साइमन कमीशन का देशव्यापी विरोध हो रहा

था और हिंसा मार्ग पर चलकर आजादी प्राप्त करने वाले क्रान्तिकारियों की गतिविधियाँ जोरों पर थीं। जैनेन्द्र का निवासस्थान, दरिया गंज, दिल्ली, क्रान्तिकारियों का एक अड्डा था। जैनेन्द्र का इनसे सम्पर्क भी रहा हो तो कोई आश्चर्य नहीं। पर धर्म से जैन और राजनीति से गाँधीवादी जैनेन्द्र कुमार को हिंसामार्गी क्रान्तिकारियों से कोई सहानुभूति न थी। इसलिए इन कहानियों में जैनेन्द्र हिंसावादी क्रान्तिकारियों से भावनात्मक दूरी ही बनाये रखते दीखते हैं।

'स्पर्द्धा' इटली की क्रान्ति की पृष्ठभूमि में लिखी गयी विदेशी पात्रों और परिवेश की कहानी है। बस, इटली की क्रान्ति से इस कहानी का इतना ही सम्बन्ध है। मित्रता और कर्तव्य का द्वन्द्व इस कहानी का केन्द्रीय कथ्य है। 'फाँसी' कहानी के केन्द्रीय पात्र शमशेर को 'डाकू' कहा गया है, पर उसका चरित्र एक 'क्रान्तिकारी' का है। दरअसल औपनिवेशिक सरकार भारतीय क्रान्तिकारियों को 'डाकू' कह कर ही उन्हें दंडित करती थी। जैनेन्द्र अपनी सीमाओं के कारण यह निर्णय नहीं कर पाते कि वे शमशेर को क्रान्तिकारी के रूप में प्रस्तुत करें या डाकू के रूप में। इस प्रकार की सीमा प्रेमचन्द के साथ भी थी। प्रेमचन्द भी गाँधी जी के अहिंसात्मक आन्दोलन में विश्वास करते थे, पर वे गाँधी जी के अन्धानुयायी न थे। क्रान्तिकारी आन्दोलनकारियों के प्रति भी उनकी सहानुभूति थी। अँगरेज सरकार अक्सर स्वाधीनता आन्दोलन में भाग लेनेवालों को झूठे डकैती के मुकदमे में फँसाकर पुलिस तथा वकीलों की सहायता से उन्हें कड़ी से कड़ी सजाएँ दिलाती थी। 1924 का 'कानपुर षड्यन्त्र केस' और 1929 का 'मेरठ षड्यन्त्र केस' इसके ज्वलन्त उदाहरण थे। प्रेमचन्द की 'माता का हृदय', 'भाड़े का टट्टू', 'खूनी', 'प्रतिशोध', 'खुदाई फौजदार' आदि कहानियों में यद्यपि स्पष्ट रूप से क्रान्तिकारियों को उनका समर्थन नहीं मिला है, पर उनके प्रति प्रेमचन्द की सहानुभूति व्यक्त हुई है। जैनेन्द्र के साथ ऐसी बात नहीं दीखती। प्रेमचन्द से जैनेन्द्र की पहली मुलाकात जनवरी, 1930 में लखनऊ में हुई थी। इससे पहले *फाँसी* संकलन प्रकाशित हो चुका था। पर जैनेन्द्र, न तो पहले और न बाद में, प्रेमचन्द की तरह, समकालीन परिवेश से जुड़ने का कोई प्रमाण देते हैं।

मधुरेश के अनुसार 'फाँसी' में 'जुलैका के रूप में एक आवेगपूर्ण अल्हड़ युवती की प्रेमानुभूति' की 'प्रगाढ़ और सघन बुनावट' और इसी के अनुरूप 'उसके मनोभावों और संवादों की विभिन्न अर्थ-छवियों वाली भाषा' है, जो उसे प्रेमचन्द की कहानियों से अलग करती है।[74] मैं कहानी के इस पाठ से सहमत नहीं हूँ। अगर इस कहानी में 'संवेदना' का कोई क्षीण-सा स्वर है तो वह 'कर्नल' का शमशेर के फोटो के सामने खड़े होकर अपनी विवशता के 'कनफेशन' का है। पर वास्तविकता यह है कि 'फाँसी' क्रान्तिकारियों के रूमानी चित्र की एक लम्बी कथामात्र है। 'गदर के बाद' कहानी का पाठ इस बात का स्पष्ट बोध कराता है कि जैनेन्द्र की सहानुभूति 1857 के सैनिक विद्रोहियों के प्रति नहीं है। जैनेन्द्र महात्मा गाँधी के इस सिद्धान्त के अक्षरशः अनुयायी थे कि बुराई से घृणा करो, बुरा करने वाले से नहीं। इस सिद्धान्त के

अनुसार भारतीयों पर अमानुषिक अत्याचार करने वाले अँगरेज भी गाँधी जी और उनके अनुयायियों की सहानुभूति के पात्र हो जाते हैं। जैनेन्द्र इसी सिद्धान्त का अनुसरण करते हुए 1857 के विद्रोह में सैनिक विद्रोहियों के भय से भागते हुए एक अँगरेज दम्पति की किसी कल्पित भारतीय सामन्त द्वारा रक्षा का चित्रण करते हैं। दानवी हिंसा के बीच मानवीय प्रेम और संवेदना की टिमटिमाती लौ के अंकन की दृष्टि से कहानी, अपनी सीमाओं के बावजूद, उल्लेखनीय है; पर कहानी के अन्त को लेखक ने अतिनाटकीय बना दिया है।

'कहानी'-कला की दृष्टि से विचार करें तो आकार और प्रकृति से 'स्पर्द्धा' (24 पृष्ठ; लगभग 7000 शब्द) और 'फाँसी' (तीस पृष्ठ; लगभग 9000 शब्द) 'लम्बी कथाएँ' कही जा सकती हैं। 'कहानी' का चरित्र इनमें नहीं है। इनमें घटनाओं की शृंखला है और 'कथक' इस बात की चिन्ता नहीं करता कि घटनाओं के बीच कारणत्व-सम्बन्ध है या नहीं। वह मानकर चलता है कि पाठक उनकी तर्कहीनता के सम्बन्ध में कोई प्रश्न नहीं करेगा। प्रेमचन्द के जमाने के पाठक से, और हिन्दी के भावी पाठक से, इस तरह की माँग करना तर्कसंगत नहीं है।

मधुरेश के अनुसार "इस काल में लिखी गयी जैनेन्द्र की और भी अनेक कहानियाँ हैं जो तत्कालीन रातनीतिक सन्दर्भों को एकदम सीधे रूप में न छूने के बावजूद, अपने विचार और प्रभाव की दृष्टि से, लगभग वही काम करती हैं जैसा कभी प्रेमचन्द की *सोजेवतन* की कहानियों ने किया था।" पर जैनेन्द्र की कहानियों से इसकी पुष्टि नहीं होती। 'वातायन' में संकलित कहानियों में एक भी कहानी ऐसी नहीं है जो समकालीन राजनीतिक सन्दर्भ से किसी भी रूप में जुड़ी हुई हो। इस संकलन की पाँच कहानियाँ, 'फोटोग्राफी', 'खेल', 'अपना अपना भाग्य', 'तमाशा' और 'दिल्ली में' किसी न किसी रूप में बाल-संवेदना से जुड़ी हुई हैं। 'खेल' बाल मनोविज्ञान पर आधारित जैनेन्द्र की कुछ अच्छी कहानियों में शुमार की जाती है। कहानी के दोनो ही पात्र बच्चे हैं और अपने सपनों की दुनिया में जी रहे हैं। जैनेन्द्र ने उनके स्वप्नलोक और मनोरचना का बहुत ही विश्वसनीय अंकन किया है। 'फोटोग्राफी' के विपरीत 'खेल' में कोई 'घटना' नहीं है। यह दो बच्चों की संवेदनाओं के साहचर्य की कहानी है। सुरबाला बालू का भाड़ बना रही है और उसी के बहाने अपने सपनों का संसार भी बुन रही है। मनोहर उस भाड़ को लात मार कर तोड़ देता है। 'कथक' इस कथा से निष्कर्ष निकालता है कि "यह संसार क्षणभंगुर है—इसमें दुःख क्या और सुख क्या? जो जिसने बनाया है वह उसी में लय हो जाता है। इसमें वस्तुतः न शोक करने को कुछ है, न ही उद्वेग। यह संसार जल का बुलबुला है, फूटकर जिसे किसी रोज जल में ही मिल जाना है इसी में उसकी सार्थकता भी है।" यह 'कथक' का हस्तक्षेप है, मानो उसे पाठक की समझ पर इतना सा भी भरोसा नहीं है। पर मनोहर इस दर्शन से परिचित नहीं है, इसलिए वह उदास हो जाता है, उसे अपनी भूल का अहसास हो जाता है। फिर भाई-बहन मिलकर भाड़ का निर्माण करते हैं और उसे बिगाड़ भी देते हैं; और फिर अपने किये पर हँसते

भी हैं। 'कथक' फिर टिप्पणी करता है कि 'निर्माण और ध्वंस' बच्चों के 'खेल का ही हिस्सा है'। यह खेल जीवन का रूपक बन गया है। इस क्रम में बच्चों के मन में उत्पन्न होनेवाले भावों का जैनेन्द्र बहुत सूक्ष्म अंकन करते हैं जो इस कहानी की उपलब्धि मानी जा सकती है। 'तमाशा' लगभग 32 पृष्ठों की बाल-व्यवहारों और उन पर माता-पिता की प्रतिक्रियाओं के वर्णन की एक लम्बी कहानी है। जैनेन्द्र की कहानियों में मध्यवर्ग की आर्थिक तंगी की विवशताएँ भी रह रह कर झलक मारती रहती हैं और इस कहानी में भी इसे लक्षित किया जा सकता है। जैनेन्द्र का लेखक मध्यवर्ग की आर्थिक मजबूरियों और नैतिक अन्तर्विरोधों की उपज था। मध्यवर्गीय परिवारों में पति के प्रति पत्नी की शिकायतों का पिटारा हमेशा खुला ही रहता है, और जैनेन्द्र की कहानियों में खास तौर से देखा जा सकता है। इस कहानी में भी यह बात दिखायी पड़ती है।[75]

इस संग्रह की एक उल्लेखनीय कहानी 'अपना अपना भाग्य' में एक गरीब पहाड़ी बच्चे की ठंड में ठिठुर कर हुई मृत्यु कहानी की मुख्य संवेदना के रूप में व्यक्त हुई है। कहानी में सामाजिक विषमता का भाव ही मुख्य है। आचार्य रामचन्द्र शुक्ल ने भी इस कहानी में यही भाव रेखांकित किया था।[76] इस कहानी में एक तरफ उच्च मध्यवर्ग के पात्र हैं जो नैनीताल में सैरसपाटे करते हैं और दूसरी तरफ एक पहाड़ी लड़का है, जो कड़ाके की ठंड में मर जाता है। गरीब लड़के के प्रति मध्यवर्गीय खोखली सहानुभूति का कहानीकार ने व्यंग्यात्मक, तीखा चित्रण किया है। पर कहानी के अन्त में 'कथक', जो स्वयं लेखक भी हो सकता है, इस विषमता का सारा दारोमदार 'भाग्य' पर डालकर मनुष्यता के प्रति अपने 'कर्तव्य' से जैसे मुक्त हो जाता है। किसी 'क्षण' पर केन्द्रित यह कहानी नहीं है। यदि "सब सुना और सोचा—अपना अपना भाग्य" को कहानी का 'क्षण' माना जाए, तो यह भी मानना पड़ेगा कि जैनेन्द्र की मानवीय संवेदना बहुत खोखली है। मधुरेश जैनेन्द्र का बचाव इस तर्क से करते हैं कि यह उनकी अपनी प्रतिक्रिया न होकर 'उस मध्यवर्ग की प्रतिक्रिया है' 'जो पढ़-लिखकर नौकरी धन्धे में लगा अपने स्वार्थों में कैद है।'[77] पर पाठक 'कथक' को जैनेन्द्र से कितना और कैसे अलग करे, यह समस्या रह ही जाती है। यदि हम इसे 'कथक' का व्यंग्य मानें तो शायद इस व्याख्या से सहमत हुआ जा सकता है। निश्चय ही जैनेन्द्र इस कहानी में अविश्वसनीयता की रपटीली जमीन पर अवस्थित है।

बाल-संवेदना से जुड़ी इन कहानियों के साथ साथ *वातायन* मे संकलित कुछ कहानियाँ समकालीन समाज के यथार्थ से जुड़ी हुई हैं। 'दिल्ली में' कहानी के केन्द्र में एक सामाजिक दृष्टि से अवैध नवजात शिशु है, जिसकी माँ उसे त्याग कर भी त्याग नहीं पाती और समस्याएँ पैदा होती हैं। इस कहानी में कुँवारी माँ की सामाजिक स्थिति से उपजी लेखक की चिन्ता अनुभव की जा सकती है। लगभग 12 पृष्ठों की यह कहानी संयोगों से लबरेज है और 'अच्छी' कहानी नहीं मानी जा सकती। 'चोरी' कहानी का आधार जीवन का एक विशेष अनुभव है, जिससे कहानी ठोस और सजीव बन गयी है। महाजनी शोषण का बहुत ही विश्वसनीय अंकन इस कहानी में हुआ है, पर 'कथक'

की केन्द्रीय पात्र लक्खू पर अन्तिम टिप्पणी उसकी बुर्जुआ सोच और अपरिपक्व दृष्टि का परिचायक है। 'ब्याह' एक असाधारण व्यवहार वाली लड़की की कहानी है। इसमें निहित विचार यह मालूम पड़ता है कि तथाकथित आधुनिक सभ्य समाज की विवाह सम्बन्धी सोच तर्कहीन है। ललिता इसी का प्रत्याख्यान करती है। पर सामान्य अनुभव के तर्क पर कहानी खरी नहीं उतरती।

'चलित चित्त' कहानी का कथ्य एक अपराध-बोध से ग्रस्त व्यक्ति का 'चलित चित्त' है। अवचेतन के स्तर पर अँगूठी का लोभ और चेतन स्तर पर नैतिकता बोध, इसका द्वन्द्व ही कहानी में लगभग साढ़े सात हजार शब्दों में फैला हुआ है। स्थितियाँ कई जगह सामान्य अनुभव के परे चली गयी हैं, इसके बारे में तो कुछ कहना ही नहीं है। 'अन्धे का भेद' कहानी का विषय एक अन्धे का उलझा हुआ चरित्र है। जैनेन्द्र जानबूझकर स्थितियों को असामान्य बना देते हैं और पाठक से उम्मीद करते हैं कि वह उन्हें समझे और ग्रहण करे। बीज रूप में जो प्रवृत्ति इस कहानी में दिखायी देती है, वह बाद में जैनेन्द्र की कहानियों की पहचान बन जाती है। सम्भवतः ऐसी ही किसी कहानी के आधार पर प्रेमचन्द ने उनमें 'रहस्यवाद' की झलक पायी हो।[78] 'साधु की हठ' लगभग 7500 शब्दों की, भावनात्मक स्तर पर चरित्र-परिवर्तन की, 'लम्बी कथा' है। अत्याचार के विरोध में सत्याग्रह का प्रयोग और साम्प्रदायिक सद्भाव का अंकन भी इस कहानी में हुआ है। पर मनोभावों का 'वर्णन' इतना अधिक है कि वह उबाऊ और अप्रीतिकर हो गया है। कहानी का अन्त भी आश्वस्तकारी नहीं है।

'भाभी' लगभग 32 पृष्ठों (10000 शब्द) की शरच्चन्द्रीय तरल भावुकता से भरी, तनावरहित, लम्बी कहानी है। 'निर्मम' कहानी की पृष्ठभूमि औरंगजेब के विरुद्ध शिवाजी का संघर्ष है। शिवाजी ही कहानी का मुख्य पात्र है। जैनेन्द्र के राजनीतिक पात्रों की एक विशेषता यह होती है कि वे भीतर से दार्शनिक या जीवन से उदासीन और ऊपर से शासक होते हैं। शिवाजी का चरित्र भी इसी सूत्र पर निर्मित है। प्रेम के लिए आत्मबलि देने वाली स्त्री जैनेन्द्र की कहानी की दूसरी रूढ़ि है, जिसका उपयोग जयशंकर प्रसाद आदि रोमानी कहानीकारों की रचनाओं में भी मिलता है। इस कहानी में भी यह रूढ़ि काम में लायी गयी है। 'आतिथ्य' आतिथ्य पद की मर्यादा को ही मिटा देनेवाले एक पात्र की बहुत साधारण कहानी है।

1929 में जनार्दन प्रसाद झा 'द्विज' का (ज.1904; नि. 1964) *किसलय,* 1930 में *मालिका* और 1932 में *मृदुदल* नामक कहानी संग्रह प्रकाशित हुए।[79] इनमें कुल मिलाकर द्विज जी की 38 कहानियाँ संकलित थीं। जाहिर है कि 'द्विज' बड़ी तेजी से हिन्दी कहानी में नये हस्ताक्षर के रूप में उभर रहे थे। इनकी समीक्षा करते हुए प्रेमचन्द ने लिखा था : "हिन्दू समाज में मर्यादा के नाम पर कैसे-कैसे अन्याय किये जाते हैं, मानरक्षा के नाम पर सत्य और प्रेम का कैसे गला घोंटा जाता है, क्षुद्र स्वार्थ के लिए कैसे जिन्दगी भर के अरमानों का खून किया जाता है, निस्सहाय अबलाओं को कैसे नरक में भेजकर ही शान्त होता है, इन कहानियों के यही विषय हैं, पर भाषा में इतना प्रवाह, भावों में इतना

माधुर्य और चित्रण में इतनी स्वाभाविकता है कि मन कहीं नहीं ऊबता।"[80]

द्विज जी छायावादी काव्यधारा के एक गौण कवि थे। इस रूप में उन पर प्रसाद, पन्त, महादेवी आदि छायावादी कवियों का गहरा प्रभाव था। दूसरी तरफ वे अपने समय के महांन हिन्दी कथाकार प्रेमचन्द से भी बहुत प्रभावित और घनिष्ठ रूप से सम्बद्ध थे। छायावादी कविता की प्रमुख प्रवृत्ति स्वच्छन्दतावाद और प्रेमचन्द् के कथा साहित्य की प्रकृति यथार्थवाद और आदर्शवाद का मिश्रण थी। इन दोनो परस्परविरोधी प्रवृत्तियों ने 'द्विज' जी की कहानियों को रूप दिया था। स्वयं 'द्विज' जी स्वीकार करते हैं कि "मेरी कहानियों के अधिकांश पात्र भावावेशों की सृष्टि मात्र हैं। स्थान स्थान पर मेरी रचनाओं में जो कहानी की अपेक्षा कविता ही देख पड़ती है, उसका सारा दायित्व मेरी इस दुर्बलता पर है।"[81] वे यह भी स्वीकार करते हैं कि "मैं ऊँचे आदर्शों का उपासक हूँ, इसलिए मैं अपनी रचना में यथार्थवाद को वहीं तक ले जाता हूँ, जहाँ तक चलकर वह मेरे आदर्शवाद को उज्ज्वल बनाने में सहायक हो।"[82] उनकी कहानियाँ इसका प्रमाण हैं। *किसलय* की दस कहानियों में से छह में अनन्य प्रेम, प्रणय-भावना, मित्रता, रक्त-सम्बन्ध, वात्सल्य आदि मनोभावों का भावुकतापूर्ण अंकन हुआ है। *मालिका* में संगृहीत 'संयोग की छाया में', 'पगली बिटिया', 'खाक में मिलकर' आदि असफल प्रेम की भावुकतारंजित कहानियाँ हैं। इन कहानियों में प्रतिकूल सामाजिक परिस्थितियों, विशेषकर अन्तरजातीय विवाह के प्रति पुरानी पीढ़ी के रूढ़िवादी रवैये के कारण, प्रेमियों का निराश होना, पागल हो जाना और प्रेमिकाओं का दर दर की भिखारिन होना दिखाया जाता है। इन कहानियों में प्रेमी-प्रेमिकाओं की मृत्यु एक सामान्य परिघटना है। द्विज जी की कहानियों में—*किसलय* की 'ठुकराया हुआ ठीकरा', 'विवाह के बाद', 'डाकिया', 'भिखारी का बेटा' आदि—समकालीन सामाजिक-पारिवारिक यथार्थ का भावुकता और आदर्श से युक्त चित्रण मिलता है। *मालिका* और *मृदुदल* की कहानियाँ भी इसका अपवाद नहीं हैं। इन कहानियों में भी कहानीकार का आदर्श यथार्थ की भूमि पर ही खड़ा है। 'खाक में मिलकर', 'दर्द की तसवीरें', 'रौरव के द्वार पर', 'अभिशाप', 'भिक्षादान', 'दुर्लभ प्यार', 'अविवाहिता' आदि कहानियों में सामाजिक रूढ़ियों के कारण समकालीन स्त्री की परवशता और विवशता और यातना का चित्रण हुआ है। 'पगली बिटिया' और 'रौरव के द्वार पर' में लड़के-लड़की की भावनाओं की उपेक्षा कर माता-पिता द्वारा उनका विवाह अपनी मर्जी के अनुसार कर उनकी जिन्दगी को नरक बना देने का चित्र प्रस्तुत किया गया है। 'रौरव के द्वार पर' में विधवा के जीवन की त्रासदी का चित्र प्रस्तुत किया गया है। 'खाक में मिलकर' का कथक कहता है : "हमारा घर नारी जाति की विवशताओं का बसेरा है। विवाह करो, जबरदस्ती पतिव्रता बनो, दर्जन भर बच्चों की माता बनो, मगर प्रेम की पूजा मत करो।" अधिकतर कहानियों में नारी की पतितावस्था के लिए पुरुष को जिम्मेवार ठहराया गया है। 'दासू की कुटिया' दलित जीवन की त्रासदी प्रस्तुत करने वाली कहानी है। इस कहानी में पुरानी पीढ़ी को दलितों के प्रति असंवेदनशील तथा नयी पीढ़ी को उनके प्रति संवेदनशील दिखाया गया

है। यह कदाचित् दलित समाज के प्रति बदलते दृष्टिकोण का परिचायक है। 'अंगीकार' में विलायत-यात्रा के प्रति सामाजिक मानसिकता का चित्रण किया गया है। 'मधुर पराजय' में प्रगतिचेता विद्वान पुत्र और परम्परावादी पिता का संघर्ष दिखाया गया है। पिता स्त्री-शिक्षा और समुद्र-यात्रा का विरोधी है। 'छोटके भैया' में दहेज-प्रथा का वीभत्स रूप दिखाने के साथ साथ विधवा-विवाह का समर्थन किया गया है। 'पेट की 'ज्वाला' और 'अभागा' कहानियों में क्रमशः बहू की त्रासदी और दहेज प्रथा की बुराइयों का चित्रण किया गया है। *मृदुदल* की 'पराजित पापी', 'मोह की भिक्षा', 'किसान की बेटी' आदि कहानियों का मूल स्वर विद्रोह का है। तीनो ही कहानियों में क्रमशः कामुक पिता, कट्टरपन्थी पिता और अत्याचारी जमींदार पिता के विरुद्ध उनके पुत्र ही विद्रोह करते हैं। यह परम्परागत मूल्य-बोध का स्पष्ट प्रत्याख्यान है। पर यह विद्रोह सदाचार, त्याग, करुणा आदि मूल्यों के लिए किया गया विद्रोह है। 'मोक्ष की भिक्षा' में विवाह सम्बन्धी स्वीकृत रूढ़ियों के प्रति भी विद्रोह दिखाया गया है। 'किसान की बेटी' की रमा जमींदार-पुत्र के प्रेम को ठुकराकर किसान-आन्दोलन को आगे बढ़ाने का प्रयास करती है। 'विद्रोही के चरणों में' कहानी में एक ऐसे वीर मानवतावादी विद्रोही युवक का चित्रण है जो शोषित-पीड़ित जनता के पक्ष में खड़ा होकर राजसत्ता के विरुद्ध विद्रोह का बिगुल बजाता है। 'बड़की भौजी', 'सहपाठी', 'उपकारी', 'चौकीदार', 'सेवक', 'खोया प्यार' आदि कहानियों में विपरीत परिस्थितियों में भी आदर्श मूल्यों की रक्षा में रत पात्रों का चित्रण किया गया है। मानवीय करुणा, स्नेह तथा सेवा का आदर्श इन कहानियों का प्रेरक तत्त्व है।

द्विज जी की कहानियों में भावुकता का अतिरेक और आकस्मिक रूप में घटित संयोगाधृत घटनाओं की भरमार दिखायी पड़ती है। इन कहानियों के अधिकतर पात्र लिजलिजी भावुकता के शिकार हैं। बात बात में आँसू बहाना, बेहोश हो जाना, पश्चात्ताप की मनोदशा में झट पैरों पर गिरकर लोटने लगना इनके चरित्र की आम विशेषता है। पात्रों की आकस्मिक मृत्यु द्वारा पाठक को भाव-विगलित करने का प्रयास इन कहानियों में प्रायः लक्षित होता है। जहाँ भी प्रकृति या किसी पात्र की मनोदशा के 'वर्णन' का प्रसंग आता है, द्विज जी की भाषा संयम की सारी सीमाएँ तोड़ देती है। भाषा में कसावट और संवेदना में संकेन्द्रण का अभाव द्विज जी की कहानियों को कमजोर बनाता है।

चन्द्रगुप्त विद्यालंकार (ज. 1906; नि. 1985) ने इस दशक के आरम्भ में ही कहानी लिखना आरम्भ कर दिया था। इन्होंने पहली कहानी 'मेरे मास्टर साहब' 1924 में लिखी थी। उनकी दूसरी कहानी 'ताड़ का पत्ता' भी उसी के आसपास लिखी गयी थी।[83] ये दोनो ही कहानियाँ 'संस्मरण' और 'कथा' की कोटि की हैं और 'कहानी' की दृष्टि से अनुल्लेखनीय हैं। उसके बाद, लेखक के ही अनुसार, उनकी कहानियाँ पत्र पत्रिकाओं में, विशेष रूप से 1928 में *विशाल भारत* में, बनारसीदास चतुर्वेदी के अनुरोध पर, प्रकाशित होने लगी थीं।[84] उनका पहला कहानी संग्रह *चन्द्रकला* 1929 में प्रकाशित हुआ

था।[85] यह संग्रह अनुपलब्ध होने के कारण यह कहना कठिन है कि इसमें कौन-सी कहानियाँ संगृहीत थीं। अपने कच्चेपन के कारण 'आँसू', 'पहला नास्तिक', 'प्रथम मृत्यु', 'तीन दिन', 'गुलाब', 'अमीरों का भगवान', 'कैफियत' आदि कहानियाँ इसी संग्रह की प्रतीत होती हैं।

हिन्दी कहानी केवल कथ्य की दृष्टि से ही नहीं, संरचना की दृष्टि से भी निरन्तर विकसित हो रही थी। अक्सर प्रेमचन्द की तारीफ इस बात के लिए की जाती है कि वे एक कुशल किस्सागो हैं। यह सच भी है। पर कभी कभी इस 'तारीफ' के पीछे यह भ्रम भी होता है कि प्रेमचन्द ने 'कहानी' के शिल्प में कोई प्रयोग किया ही नहीं। वस्तुतः यह भ्रम प्रेमचन्द की 'कहानी'-कला को उसकी सम्पूर्णता में न देख पाने के कारण पैदा होता है। प्रेमचन्द हिन्दी के पहले 'कहानी'-लेखक हैं, जिन्होंने 'कथा' को 'कहानी' की विधा में तब्दील किया। उनकी प्रारम्भिक, यानी मोटा मोटी रूप से 1907-20 की, कहानियाँ, परम्परागत 'कथा' का ही परिष्कृत रूप हैं। वे अधिकतर छोटे आकार की (अर्थात् 600-10000 शब्दों की) 'कथा' ही हैं, जिनमें प्रेमचन्द एक कुशल किस्सागो तो हैं, और फारसी-उर्दू किस्सागोई की सारी प्रविधियाँ उनकी झोली में है, पर वे आवश्यकता होने पर उनका परिष्कार भी करते हैं और परित्याग भी। वे 'किस्सा' और 'कहानी' के अन्तर को भलीभाँति समझनेवाले लेखक हैं और आरम्भ में उनकी कहानियों में 'किस्सागो' भले हावी हो, पर उनके कहानी-लेखन के अन्तिम दौर में और उसके पहले की भी अच्छी कहानियों में उनका 'कथाकार' 'कथा' की जगह संवेदना को व्यक्त करने वाले 'प्रसंगों' को तरजीह देता गया है। नामवर सिंह ने प्रेमचन्द की कुछ कहानियों का उदाहरण देकर 'किस्सापन' या 'कथा-पन' को 'कहानी' का आवश्यक गुण सिद्ध करने की कोशिश की है।[86] यह सही है कि प्रेमचन्द की 'पंच परमेश्वर', 'आत्माराम' और 'मुक्तिमार्ग' जैसी अनेक कहानियों में 'कथा-रस' है, पर 'कहानी' का वही अन्तिम लक्ष्य है, ऐसा नहीं माना जा सकता। अनेक पाठकों को, जिनमें मैं भी हूँ, यह कथा-रस प्रीतिकर लगता है, पर प्रबुद्ध पाठक 'कहानी' से केवल इतना ही नहीं चाहता। आज भी बहुत से पाठक हैं, पहले तो थे ही, जो कौतूहल से भरी और भावपूर्ण मार्मिक कथा के प्रेमी होते हैं, और इनमें बड़े-बड़े वैज्ञानिक, बुद्धिजीवी, महान राजनीतिज्ञ भी हो सकते है, पर इससे यह नहीं सिद्ध होता कि 'किस्सागोई' 'कहानी' की सबसे बड़ी या अपरिहार्य विशेषता है। नामवर जी ने अपने लेख में यही भ्रम पैदा किया है। प्रेमचन्द की कहानी 'मुक्तिमार्ग', जिसका उदाहरण नामवर जी ने दिया है, अच्छी 'कथा' का उदाहरण है, पर कहानी के अन्त में, बुद्धू और झींगुर के संवाद में, वह 'कथा' से ऊपर उठ जाती है। उल्लेखनीय है, और किसी भी आलोचक का ध्यान इस ओर जाना चाहिए, कि 'कथक' यहाँ गायब हो जाता है और केवल पात्र रह जाते हैं, जो अपने अपराध-स्वीकार से पाठक की संवेदना को

झंकृत कर देते हैं। यदि कहानी में यह संवाद न होता और उसके पहले ही 'कहानी' समाप्त हो जाती तो वह शुद्ध 'कथा' होती और उससे भी कुछ पाठकों का मनोरंजन तो हो ही जाता; पर वह 'कहानी' तो नहीं ही बनी होती।

सोजे वतन से लेकर *कफन* संग्रह की कहानियों तक प्रेमचन्द की कहानी-संरचना विषयक सजगता आश्चर्य में डालनेवाली है। 'कथा' के प्रभाव को विश्वसनीय, गहन, तीव्र और नाटकीय बनाने के लिए कथक के साथ साथ कथा के किसी पात्र का 'मैं' के रूप में उपयोग, संवाद-योजना और कथा के भीतर कथा का गुम्फन तो *कथासरित्सागर* और *पंचतन्त्र* में ही मिल जाता है। अरबी-फारसी और उर्दू की दास्तानों में भी कथा-संरचना के ये रूप देखने को मिलते हैं। प्रेमचन्द विशेष रूप से इस दूसरी परम्परा के कथाकार हैं, यद्यपि उन्होंने अँगरेजी कहानी-परम्परा से उसे समृद्ध बनाया है। प्रेमचन्द के कथा-कौशल के विवेचन की दष्टि से 'फातिहा' (1929) कहानी का उल्लेख किया जा सकता है। यह कहानी 'कथा' और 'कहानी' के अन्तर को समझने के लिए भी एक अच्छा उदाहरण हो सकती है। 'कथा' से मेरा तात्पर्य उसके उस मूल रूप से है, जिसमें वह 'समयानुक्रम में निबद्ध घटनाओं की शृंखला' मात्र होती है, जबकि 'कहानी' वह आधुनिक गद्यविधा है जिसमें 'कम से कम कार्य व्यापारों के संयोजन से किसी संवेदना के क्षण का तीव्रीकृत अंकन होता है। कहानी का इतिहास इसी अर्थ में 'कथा' से 'कहानी' तक की यात्रा का इतिहास है। पर इस विकास-यात्रा में कुछ और पड़ाव होते हैं, जिनका उदाहरण 'फातिहा' कहानी प्रस्तुत करती है। बहुत थोड़े परिवर्तन से यह कहानी दो अच्छी कहानियों का रूप ले सकती थी। इस कहानी का मूल रूप यह है कि ब्रिटिश सेना से लड़ते हुए एक अफ्रीदी दम्पति का, माँ की पीठ पर बँधा, बच्चा लड़ाई के मैदान में छूट जाता है और उसका पालन-पोषण सैनिक अस्पताल में होता है। युवा होने पर उसे सेना में भरती कर लिया जाता है और वह, अपनी बहादुरी से सेना में बहुत अच्छा पद भी प्राप्त कर लेता है। उसे इस बात का ज्ञान नहीं है कि वह, जिसका नाम असद खाँ रखा गया है, अपने ही कबीले और उसके सरदार से, जो उसका पिता है, युद्ध करके नामवरी प्राप्त कर रहा है। एक दिन वह युद्ध में अपने पिता की ही हत्या कर डालता है, जिसका शव शहर के चौमुहाने पर रखा हुआ है। किसी अज्ञात कारण से वह इस घटना से बहुत अनमना है और अपने वरिष्ठ सेनाधिकारी सरदार साहब के साथ बैठ कर बातें कर रहा है। तभी एक अफ्रीदी युवती उनके पास से गुजरती है जिसे देखकर सरदार साहब तनिक असहज हो उठते हैं और असद भी उसकी घूरती हुई नजरों से भयभीत हो जाता है। उसके चले जाने पर असद के अनुरोध पर सरदार साहब अपने साथ घटित पाँच वर्ष पूर्व की घटना सुनाते हैं। उस घटना में वे एक अफ्रीदी सरदार द्वारा स्वयं को बन्दी बनाए जाने और उसके अन्धकूप में बिताये गये दिनों का वर्णन करते हैं। बन्दी अवस्था में अफ्रीदी सरदार की लड़की तूरया उन्हें खाना-पानी देने आती थी और उनका गाना सुनती थी। तूरया की सहानुभूति प्राप्त करने के लिए वे अपने अनाथ बच्चों का हवाला देते हैं और उसके पूछने पर यह झूठ भी

बोल देते हैं कि उनकी पत्नी का देहान्त हो चुका है। यह सुनने के बाद तूरया को उनसे केवल सहानुभूति ही नहीं हो जाती, बल्कि वह उनसे प्रेम भी करने लगती है। वह अपने पिता से कहकर उन्हें मुक्ति भी दिला देती है। इसके कुछ दिन बाद वह सरदार साहब की पत्नी बनकर उनके आवास पर उनके साथ रहने के लिए छद्म वेश में पहुँचती है, पर जब उसे यह ज्ञात होता है कि सरदार साहब ने अपनी पत्नी की मृत्यु की झूठी सूचना दी थी तो वह आपे से बाहर हो जाती है और वहीं उनकी पत्नी की हत्या कर डालती है। इस घटना के बाद वह भाग तो जाती है, पर सरदार साहब के बच्चों को वह अपना बच्चा मान लेती है और बीच बीच में उन्हें देखने और कोई न कोई उपहार देने के लिए आती रहती है। उसके नेत्रों में प्रेम और घृणा का ऐसा भाव है कि सरदार साहब उसे गिरफ्तार करने का संकल्प भी नहीं कर पाते। सरदार साहब की कहानी सुनकर असद भी थोड़ा विचलित हो उठता है। इसके दो-चार दिन बाद ही एक रात असद तूरया को चमचमाते छुरे के साथ अपनी छाती पर सवार पाता है और सोच ही रहा है कि वह अपनी रक्षा किस प्रकार करे कि तूरया स्वयं उसकी छाती पर से उतर जाती है। इसका कारण यह है कि वह असद के दाहिने हाथ पर गुदे हुए साँप की आकृति देख लेती है जो उसके बचपन में खो गये भाई की पहचान है। तूरया अपने हाथ पर गुदी उसी आकृति को दिखाकर असद को विश्वास दिलाती है कि वह उसका खोया हुआ भाई नाजिर है। उसे यह भी ज्ञात हो जाता है कि जिस अफ्रीदी को उसने मारा है, वह उसका पिता था। सवेरा होने पर मेजर साहब (सरदार साहब) को भी पूरी कथा ज्ञात हो जाती है। सरदार साहब तूरया से विवाह करने का प्रस्ताव करते हैं, पर तूरया इसके लिए राजी नहीं होती। हाँ, वह उनके बच्चों की माँ बनना अवश्य स्वीकार कर लेती है। उसी दिन शाम को अफ्रीदी सरदार हैदर खाँ की लाश दफना दी जाती है और नाजिर तथा तूरया उसकी कब्र पर फातिहा पढ़ते हैं।

पर इस कथा को इस 'कहानी' में इस रूप में नहीं प्रस्तुत किया गया है। पहले तो कहानी में 'नरेटर' के स्थान पर उसके दो पात्रों, असद और मेजर 'सरदार साहब' को प्रतिनियुक्त किया गया है। यह कथा को नाटकीयता प्रदान करने की एक सुपरिचित प्रविधि है। पहले असद सरकारी अनाथालय से निकल कर सेना में भरती होने की अपनी कहानी सुनाता है। उसके बाद वह उस घटना का वर्णन करता है जिसमें उसने एक बूढ़े अफ्रीदी को, जो एक सैनिक की हत्या करके उसकी बन्दूक लेकर भाग रहा था, मार डाला है और लोग उसकी वीरता की प्रशंसा कर रहे हैं। इसी बीच एक अफ्रीदी स्त्री वहाँ से गुजरती है, जिसे देखकर सरदार साहब का मुँह सफेद पड़ जाता है। वह स्त्री असद को भी घूरती हुई चली जाती है। असद के पूछने पर सरदार साहब बताते हैं कि वे उस स्त्री को जानते हैं। इसके बाद वे अपने साथ पाँच वर्ष पहले घटित प्रसंग का अपने शब्दों में वर्णन करते हैं। अब पाठक के सामने किस्सागो के रूप में असद के स्थान पर सरदार साहब आ जाते हैं। असद प्रत्यक्ष रूप में कहानी का श्रोता बन जाता है। असद को, और उसके साथ पाठक को भी सरदार साहब के पाँच वर्ष पहले सीमा

प्रान्त में काली पलटन का मेजर होकर आने, अफ्रीदियों की कैद में पड़ने, अफ्रीदी सरदार की लड़की तूरया की सहायता से मुक्त होने, तूरया के उन्हें प्रेम करने लगने, उनकी पत्नी की हत्या कर डालने आदि की कथा प्राप्त होती है। सरदार साहब की आत्मकथा समाप्त होते ही कथा का सूत्र असद के हाथ में आ जाता है। पाठक उसकी जुबानी तूरया द्वारा उसकी हत्या के प्रयत्न, उसके हाथ पर गुदी साँप की आकृति दिखायी दे जाने पर छुरा भोंकने से रुक जाने और उसे अपने बचपन में ही खो गया भाई बताने तक की कथा प्राप्त करता है। थोड़ी देर के लिए कथा तूरया के मुख में भी प्रवेश करती है और असद के साथ पाठक भी उसके मुँह से लड़ाई के दौरान असद के (उसका मूल नाम कादिर था) लड़ाई के मैदान में छूट जाने के प्रसंग की जानकारी प्राप्त करता है। तूरया से ही उसे ज्ञात होता है कि वह अपने बाप से लड़कर सरदार साहब की पत्नी बनने के लिए आयी थी। इस प्रकार एक अवलोकन-बिन्दु के भीतर दूसरे अवलोकन-बिन्दु का समावेश करके कहानीकार ने कहानी को विश्वसनीय और रोचक बनाने में सफलता प्राप्त की है। अन्त में कहानी फिर असद (नाजिर) के मुँह में प्रवेश करती है और पाठक उसकी जबानी सरदार साहब का तूरया से विवाह करने का प्रस्ताव रखने, तूरया द्वारा उसे अस्वीकार करने, पर उनके बच्चों की माँ बनने के लिए राजी होने और पिता की कब्र पर तूरया और नाजिर के एक साथ फातिहा पढ़ने के प्रसंग सुनता है। कथा कहने की यह प्रविधि आश्चर्यजनक रूप से *कादम्बरी* से मिलती-जुलती है। अरबी-फारसी की कथाओं में भी 'कथा' एक पात्र से दूसरे पात्र के मुँह में आती-जाती रहती है, पर उनमें यह आवाजाही इतनी तीव्रता के साथ नहीं होती। इससे यह निष्कर्ष सामने आता है कि प्रेमचन्द 'कथा' का नवीन ढंग से संयोजन करके तथा उसे मानवीय भावों से सम्पन्न करके 'कहानी' के निकट लाने का प्रयास कर रहे थे।

प्रेमचन्द की इस दशक की कहानियाँ शिल्प की दृष्टि से उल्लेखनीय हैं। 'शतरंज के खिलाड़ी'(1924) में किस्सागोई और नाटक के अद्भुत मिश्रण का शिल्प घड़ा गया है। किस्सागो पहले अपने वर्णन से रंगमंच की पूरी तैयारी करता है। जब रंगमंच बिलकुल तैयार हो जाता है तो उस पर पात्र अपनी ऐतिहासिक सजधज के साथ उपस्थित होते हैं और अभिनय शुरू हो जाता है। 'कथक' वहीं कहीं परदे की आड़ में छिपा रहता है और जब भी जरूरत होती है, सूत्रधार या किस्सागो के रूप में हस्तक्षेप करता रहता है। कहानी अन्ततः किस्सागो की आवाज में ही समाप्त होती है और पाठक की चेतना को इस तरह झकझोर जाती है कि उसका प्रभाव बहुत देर तक बना रहता है। प्रेमचन्द की कहानियाँ प्रायः इकहरी नहीं हैं। 'आहुति' में प्रेमचन्द ने आजादी के लिए संघर्ष के चित्रण के साथ भावनात्मक सम्बन्ध की भी एक कहानी जोड़ दी है, जिससे कहानी में जान पड़ गयी है। रूपमणि, जो विशम्भर और आनन्द दोनो में से आनन्द के अधिक निकट है, विशम्भर का त्याग देखकर उससे प्रेम करने लगती है और उसके साथ गाँवों में जाना चाहती है। विशम्भर के आग्रह करने पर वह देहात जाने का निश्चय तो छोड़ देती है, पर वह भी असहयोग आन्दोलन में शामिल हो जाती है।

'आदर्श विरोध' कहानी में पिता-पुत्र के सम्बन्धों का सन्दर्भ देकर कहानी को सजीवता प्रदान की गयी है। 'सेवा मार्ग' में एक मिथकीय कथा के माध्यम से और 'प्रतिज्ञा' में एक लोककथा के व्याज से प्रजा के प्रति राजा के कर्तव्य की याद दिलायी गयी है। 'हार की जीत' कहानी के अन्त में पाठक को बारी-बारी से लज्जावती और शारदाचरण के मस्तिष्क में प्रवेश कराकर प्रेमचन्द ने शिल्पगत सजगता का परिचय दिया है। 'कानूनी कुमार' नाटक और स्वगतालाप की प्रविधि में लिखी गयी है। 'उद्धार' कहानी में भी स्वगत-कथन की प्रविधि अपनायी गयी है। संस्मरण प्रविधि में कहानी-लेखन का आरम्भ भी प्रेमचन्द ने ही कर दिया था। 'ताँगेवाले की बड़' संस्मरण के रूप में प्रस्तुत कहानी है। 'दो सखियाँ' में प्रेमचन्द ने पत्र-प्रविधि और 'स्वप्न' में स्वप्न-शिल्प की प्रविधि का उदाहरण प्रस्तुत किया है।

पर इससे ज्यादा उल्लेखनीय यह है कि प्रेमचन्द ने 1930 के आसपास ऐसी कहानियाँ लिखनी आरम्भ कीं जो चेखव की कहानियों की तरह 'शिल्पहीन' कही जा सकती हैं। उदाहरण के तौर पर 'मैकू', 'पूस की रात', 'सद्‌गति', 'होली का उपहार' आदि कहानियाँ ली जा सकती हैं। इन कहानियों में न तो 'घटनाएँ' हैं, न ही आकस्मिक अन्त का कौशल। केवल कतिपय चरित्रों के रेखांकन के माध्यम से संवेदनाओं को मूर्त रूप दे दिया गया है। प्रेमचन्द की अन्तिम पाँच-छह वर्ष की कहानियों में इसी शिल्प का विकास दिखायी पड़ता है।

कहानी-शिल्प विषयक प्रयोग की दृष्टि से प्रसाद का योगदान बहुत महत्त्वपूर्ण है। इस दृष्टि से 'आकाशदीप' उल्लेखनीय कहानी है। यह कहानी पूर्णतः नाटकीय प्रविधि पर आधारित है। जगन्नाथ प्रसाद शर्मा के अनुसार, "इसके प्रत्येक परिच्छेद में एक-एक परिवेश अपनी समग्रता में निर्मित दिखायी देता है। प्रत्येक परिच्छेद अथवा कहानी के खंडांशों की अवतारणा नये नये प्राकृतिक दृश्यों के भीतर होती है, जैसे रंगमंच पर नये अंकों के साथ दृश्य-विधान भी परिवर्तित हो जाते हैं। संवादात्मक वैदग्ध्य से भी नाटकीय सौन्दर्य सिद्ध हुआ है। संवादात्मक आरम्भ और अन्त के कारण स्थिति नाटक की सी दिखायी पड़ती है। क्रिया-वेग और अन्तर्द्वन्द्व के विचार से भी कहानी नाटकत्व पूर्ण है।"[87] विषय एवं प्रसंग की स्थापना और चित्रण करने के पूर्व उनकी प्रकृति के अनुरूप वातावरण सम्बन्धी सारी साज सज्जा एकत्र कर देना प्रसाद की कहानियों की उल्लेखनीय विशेषता है। इस दृष्टि से 'पुरस्कार' कहानी देखी जा सकती है।

शिल्प सम्बन्धी प्रयोग को लेकर इस काल के अन्य कहानीकार भी सजगता का परिचय देते हैं। सुदर्शन के कहानी संग्रहों की भूमिकाओं से इस बात का आभास मिलता है कि उन्होंने कहानी-लेखन के साथ साथ यूरोपीय कथा साहित्य और कथा-आलोचकों के कथा सम्बन्धी विचारों का अध्ययन किया था। *सुदर्शन सुधा* (1926) की भूमिका में सुदर्शन ने रिचर्ड बर्टन, मार्विन, आदि कथा-आलोचकों तथा बलजाक, मोपासाँ, अनातोले फ्रांस, तोल्सतोय, जैक लंडन आदि कहानीकारों का उल्लेख करते हुए कहानी विधा के विकास पर प्रकाश डाला है और आधुनिक कहानी के सम्बन्ध में लिखा है कि

"अब कहानी का जो नवीन युग शुरू हुआ है, वह घर के साधारण जीवन-वर्णन की कहानियों का युग है।...साहित्य-कला की दृष्टि से इस समय संसार में फ्रांस और रूस सबसे आगे हैं, और जहाँ तक उपन्यास, कहानी और नाटक का सम्बन्ध है, रूस फ्रांस से भी आगे निकल गया है। वहाँ आजकल छोटी छोटी कहानियों की एक नयी प्रथा चली है। उनमें एक इशारा, एक शिक्षा, एक कसक होती है। आदमी पढ़ता है और समझता है, और उछल पड़ता है। शब्द थोड़े होते हैं परन्तु लेखक अपना अभीष्ट कुछ इस तरह कह जाता है कि पढ़ने वाले के दिल में एक चिनगारी रोशन हो जाती है।"

सुदर्शन की अनेक कहानियों का कथानक अनावश्यक रूप से विस्तृत, संयोगाधृत और असामान्य घटनाओं से युक्त तथा जटिल है। कहानी का यह रूप स्वयं लेखक द्वारा प्रतिपादित कहानी-संरचना के मेल में नहीं है। पर उनकी कुछ कहानियाँ, विशेषकर उनकी छोटी आकार वाली कहानियाँ, कहानी की आदर्श संरचना के काफी निकट हैं। उदाहरण के लिए सुप्रभात की पहली ही कहानी 'पहली किरण' लगभग 800 शब्दों की छोटी कहानी है, जिसमें एक कल्पित और संकेतात्मक प्रसंग के द्वारा एक सिद्धान्त विशेष का प्रतिपादन किया गया है। कहानी का कथ्य जीवन के किसी ठोस यथार्थ से तो नही, पर भावनात्मक यथार्थ से अवश्य जुड़ा हुआ है। इस यथार्थ को व्यक्त करने के लिए सुदर्शन ने जो प्रविधि अपनायी है, वह कथ्य के सर्वथा अनुरूप है। इसी संग्रह की दूसरी कहानी छोटी कहानी 'कैदी' अपने समय के कठोर यथार्थ–देश की आजादी के प्रश्न–से जुड़ी हुई है और ढाई सौ, तीन सौ शब्दों के तीन छोटे प्रसंगों के माध्यम से इस संवेदना को चुटीले रूप में व्यक्त करती है। अपनी 'भूमिका' में सुदर्शन ने जिसे 'एक इशारा, एक शिक्षा, एक कसक' और थोड़े शब्दों में अपने अभीष्ट को पाठक के मन में रोशन कर देनेवाली चिनगारी कहा है, वह इस कहानी में दिखायी पड़ती है। इसी प्रकार 'प्रणय-रात्रि' छह छोटे छोटे प्रसंगों के मुक्तक जैसे वर्णनों में विभक्त है और बड़े प्रभावी रूप में प्रेम की गहरी संवेदना का प्रभाव उत्पन्न करती है।

कहानी के ही किसी पात्र की आत्मकथा के रूप में कथानक का निर्माण कथा-रचना की बहुत पुरानी प्रविधि है, जो कथा को विश्वसनीय और नाटकीय प्रभाव से युक्त करने में सहायक होती है। 'एक अमरीकन रमणी', 'एक गरीब की आत्मकथा', 'स्त्री का हृदय', 'अपनी तरफ़ देखकर', 'अँधेरी दुनिया' आदि कहानियों में आत्मकथा का शिल्प अपनाकर कथ्य को प्रभावशाली बनाने का प्रयास किया गया है। कुछ कहानियों में मुख्य पात्र की आत्मकथा को किसी गौण पात्र की आत्मकथा में पिरो कर विश्वसनीय और नाटकीय प्रभाव पैदा करने की कोशिश की गयी है।

कुछ कहानियों में सुदर्शन ने अलग अलग पात्रों के अवलोकन-बिन्दुओं से कथानक का निर्माण किया है। 'कवि की स्त्री' कहानी में यही प्रविधि अपनायी गयी है। इसी प्रकार 'बलिदान' और '21 अगस्त, 1903' में कहानी के विभिन्न पात्रों द्वारा लिखे पत्रों के रूप में कथानक-रचना का प्रयास किया गया है। इसके पूर्व 1900 में केशव प्रसाद सिंह ने अपनी कहानी 'चन्द्रलोक की यात्रा' में एक लम्बे पत्र के माध्यम

से चन्द्र-यात्रा का वर्णन किया था। सुदर्शन को इस प्रविधि को आगे बढ़ाने का श्रेय दिया जा सकता है। पत्रात्मक प्रविधि का उपयोग प्रेमचन्द, जयशंकर प्रसाद, जनार्दन प्रसाद झा द्विज, भगवती प्रसाद वाजपेयी और चतुरसेन शास्त्री ने भी अपनी कहानियों में किया है। जयशंकर प्रसाद की कहानी 'देवदासी' की एक विशेषता प्रविधि के रूप में पत्रों का उपयोग है। द्विज जी की 'दर्द की तसवीरें', भगवती प्रसाद वाजपेयी की 'पुनर्विवाह', 'प्रयाण' और 'परीक्षा', चतुरसेन शास्त्री की 'फिर' आदि पत्र-प्रविधि में लिखित कहानियाँ हैं।

शिल्प विषयक प्रयोग में भगवतीप्रसाद वाजपेयी भी सजगता का परिचय देते हैं। उनकी अनेक कहानियों में 'कथा' को रोचक बनाने के लिए 'कथानक' के कुछ अंश को आरम्भ में गोपनीय रखकर बाद में उसका रहस्योद्‌घाटन करने की तकनीक अपनायी गयी है। साधारण सी बात को नाटकीय बनाकर कौतूहल पैदा करने की कोशिश ('पंखे वाली'), कहानी के अन्त में ओ' हेनरीय चमत्कार पैदा कर कथा को रोचक बनाने का प्रयत्न ('खिलौने') उनकी कहानियों में दिखायी पड़ता है। उनकी 'अन्ना' और 'अनिश्चय' नामक कहानियों में डायरी प्रविधि का भी प्रयोग किया गया है। कथा-वर्णन के साथ डायरी प्रविधि के मिश्रण से कथा को विश्वसनीयता की एक और परत मिल जाती है। 'लाली' में शिल्प सम्बन्धी एक और नया प्रयोग किया गया है। छोटे छोटे कागज के टुकड़ों पर विविध प्रसंग लिखकर 'कहानी' रचने का प्रयास...पर शिल्प सार्थक न होकर केवल नयेपन का दिखावा मात्र है।

बेचन शर्मा 'उग्र' की 'दोजख की आग' में कहानी की प्रस्तुति या प्रविधि का ऐसा नयापन है, जो इसे 'कहानी' की जानी-पहचानी शक्ल से अलग कर देता है। इसे 'कहानी' के शिल्प में एक प्रयोग की दृष्टि से भी देखा जा सकता है। कहानी एक मृत व्यक्ति के आत्मकथ्य के रूप में प्रस्तुत की गयी है। यह फन्तासी किस्म का विवरण कहानी में एक ताजगी ला देने में समर्थ हुआ है। इस विवरण के बीच में ही एक 'छाया-चित्र-नाटक' भी उपस्थित हो जाता है। उसके बाद उसकी बीवी के साथ घटित होने वाला दृश्य सामने आता है। इस प्रकार यह कहानी 'उग्र' की ही नहीं, हिन्दी की समकालीन कहानी में भी विशिष्ट बन जाती है।

1930 के आसपास ही जैनेन्द्र भी कहानी-लेखन में प्रवृत्त हुए, पर उनकी *फाँसी* और *वातायन* में संगृहीत कहानियों में शिल्प विषयक कोई विशेषता नहीं दिखायी देती। आकार और प्रकृति से 'स्पर्द्धा' और 'फाँसी' 'लम्बी कथाएँ' कही जा सकती हैं। 'कहानी' का चरित्र इनमें नहीं है। इनमें घटनाओं की शृंखला है और 'कथक' इस बात की चिन्ता नहीं करता कि घटनाओं के बीच कारणत्व-सम्बन्ध है या नहीं। वह मानकर चलता है कि पाठक उनकी तर्कहीनता के सम्बन्ध में कोई प्रश्न नहीं करेगा। *वातायन* में संगृहीत कहानियों में कथक की उपस्थिति सर्वत्र दिखायी पड़ती है; कहीं कम, कहीं ज्यादा। उदाहरण के लिए हम 'फोटोग्राफी' और 'खेल' को ले सकते हैं। 'फोटोग्राफी' में 'कथा' और 'कथक' की 'भूमिका' अपेक्षाकृत अधिक है। पाठक को

अधिकतर 'कथा' कथक के शब्दों में ही प्राप्त होती है। कथा को प्रभावी बनाने के लिए जैनेन्द्र केन्द्रीय पात्र रामेश्वर और श्याम की अम्मा के वार्तालाप तथा रामेश्वर के स्वगतालाप के रूप में नाटकीय प्रवधि का भी उपयोग करते हैं। 'फोटोग्राफी' में तर्कहीन घटनाओं का प्राचुर्य है; पर जैनेन्द्र मानो उनकी कोई चिन्ता ही नहीं करते। उनका कथक घटनाओं और उनकी सम्भाव्यता को कोई महत्त्व ही देता नहीं प्रतीत होता; इससे कथा में यथार्थ की अपेक्षा रखने वाले पाठक को निराशा होती है। पर घटनाओं से जुड़ी भावनाओं के अंकन में जैनेन्द्र का कथक या कथा का पात्र बहुत सजग रहता है। इसी कहानी में श्याम की माँ अपने जहर खा लेने की बात कितनी आसानी से कह जाती है; जैनेन्द्र को इस बात की परवा नहीं होती कि पाठक उसे स्वीकार करेगा या नहीं! पर जब उसके मनोभाव का वर्णन करने का अवसर आता है तो उनकी सजगता देखते बनती है : "आह! वह हँसी कितनी रहस्यपूर्ण और कितनी दुःखपूर्ण थी। जितना कि उसमें उल्लास प्रकट करने का प्रयास था, उतना ही उसमें विषम पीड़ा का प्रत्यक्ष दर्शन था।"[88] इसी प्रकार श्याम की माँ श्याम की मृत्यु की बात तो बड़ी सहजता से बता जाती है, पर उसके वर्णन में वह कलाकार की भूमिका में पहुँच जाती है : "क्या ताकते हो? वह मेरी गोद में छिपकर थोड़े ही बैठा है! यहाँ नहीं; वह बहुत बड़ी गोद में बैठा है! देखते हो यह सब क्या है?—आकाश है! यह आकाश ही परमात्मा की गोद है। श्याम उसी गोद में छिप बैठा है।..." यह है जैनेन्द्र की कथा-प्रस्तुति की शैली। संरचना की दृष्टि से उसमें कोई नवीनता नहीं है। कथक के माध्यम से कथा की प्रस्तुति और नाटकीयता के समावेश से उसमें प्रभाव-वृद्धि की प्रविधि प्रेमचन्द और प्रसाद की कहानियों में बहुत सफलता के साथ प्रयुक्त हो चुकी थी। जैनेन्द्र ने उसे थोड़ा और चमका दिया है, यह भले ही कहा जा सकता है। 'फोटोग्राफी' के विपरीत 'खेल' में कोई 'घटना' नहीं है। इसमें आधार के रूप में एक प्रसंग मात्र है। यह दो बच्चों की संवेदनाओं के साहचर्य की कहानी है। कथक इसमें भी है। पर वह 'फोटोग्राफी' के कथक की तरह वाचाल नहीं है। बहुत थोड़े में वह प्रसंग का उल्लेख करके अलग हट जाता है और बच्चों को अपना खेल बनाने, सोचने, आत्मालाप करने और कल्पना की दुनिया में विचरण करने के लिए स्वतन्त्र छोड़ देता है। पर वहाँ प्रसंग के बीच उसका हस्तक्षेप अवश्य अखरता है, जहाँ मनोहर सुरबाला के बनाये 'भाड़' को तोड़ देता है। कहानी को कथक की इस घुसपैठ की जरूरत नहीं थी। पर जैनेन्द्र जैनेन्द्र हैं, उनके लिए इस तरह की आपत्ति कोई अर्थ नहीं रखती। इसी संकलन की कहानी 'अपना अपना भाग्य' में कथक और भी वाचाल है। वह कहानी का एक पात्र भी है। पहले वह नैनीताल के परिवेश का विस्तार के साथ वर्णन करता है। फिर अन्य मित्रों से उसकी बातचीत और कहानी के केन्द्र में अवस्थित बालक मजदूर से सैलानी मित्रों का थोड़ा विस्तृत संवाद कथा को नाटकीय रूप प्रदान करता है और अन्त में कहानी कथक के वर्णन और प्रतिक्रिया पर समाप्त हो जाती है। जैनेन्द्र की इन सारी कहानियों में कथक, कहीं 'मैं' के रूप में और कहीं 'वह' के

रूप में, विद्यमान रहता है और अपनी उपस्थिति को अपना अधिकार समझता है। जैनेन्द्र प्रायः स्वयं को कथक से इस प्रकार एकाकार कर देते हैं कि कथक की टिप्पणियाँ और उसके द्वारा व्यक्त किये विचार उनकी अपनी टिप्पणियाँ और विचार प्रतीत होते हैं और पाठक हमेशा इस भ्रम में पड़ा रहता है कि वह इन्हें किसकी टिप्पणी या विचार माने। आलोचकों में भी इस बात को लेकर मतभेद बना रहता है। कथक को 'मैं' का रूप देकर जैनेन्द्र पाठक से आत्मीयता पैदा करते हैं, जो अच्छी किस्सागोई का लक्षण है, पर वे अपनी तर्करहित घटनाओं से पाठक को आश्वस्त नहीं कर पाते।

इस प्रकार कहा जा सकता है कि दूसरे दशक में प्रेमचन्द और उनके समकालीन कहानीकारों ने कहानी में शिल्प विषयक प्रयोग के प्रति सजगता दिखानी शुरू कर दी थी। कहना न होगा कि जैनेन्द्र ने इन सबमें बड़ी पहल की थी।

भाषिक रूप की दृष्टि से इस काल की हिन्दी कहानी में दो धाराएँ स्पष्ट रूप में दिखायी देती हैं। एक धारा संस्कृत परम्परा का विकास है, जिसमें तत्सम शब्दों की बहुलता और यत्रतत्र अलंकृत और सजावटी भाषा का प्राधान्य दिखायी देता है। 'आख्यायिका' संज्ञा से अभिहित इस सदी के प्रथम दशक की कहानियों से इस कथा-परम्परा का आरम्भ होता है। दूसरे दशक में जयशंकर प्रसाद, राजा राधिकारमण प्रसाद सिंह, राय कृष्णदास, शिवपूजन सहाय, पदुमलाल पुन्नालाल बख़्शी, माधवप्रसाद मिश्र आदि की कहानियों में यह परम्परा विकसित होती है। समीक्ष्य दशक में भी यह कथा-भाषा जयशंकर प्रसाद, राय कृष्णदास, चंडीप्रसाद 'हृदयेश', विनोदशंकर व्यास, जनार्दन प्रसाद झा 'द्विज' आदि की कहानियों में परवान चढ़ती है।

उग्र यद्यपि कथ्य की दृष्टि से प्रेमचन्द की यथार्थवादी कथा-परम्परा के लेखक हैं, पर उनकी भाषा कहीं कहीं संस्कृत कथा-परम्परा का अनुगमन करती दिखायी देती है। उनकी 'ध्रुव धारणा' कहानी के लगभग आरम्भ में ही यमुना नदी का वर्णन निम्नलिखित रूप में हुआ है—"सत्येन्द्र प्रसाद मथुरा के एक असाधारण धनिक महाजन हैं। उनका प्रासाद नन्दन भवन कालिन्दी के कुल पर ही बना हुआ है। यमुना—अनेक वर्षों से—सच बात तो यह है कि—उस भवन के जन्मकाल से ही उस पर मुग्ध जान पड़ती है, वह दिन रात जाने किस मधुर भाषा में, न जाने किस भुवन-मोहिनी रागिनी में अपनी अप्सरा-दुर्लभ गति में नाचती हुई न जाने क्या गाया करती है !...सत्येन्द्र प्रसाद के अनेक मित्र केवल तरणि-नयना का गान और नृत्य देखने के लिए ही उनके यहाँ सन्ध्या और सविता के सम्मेलन के समय आया करते हैं।" इस उद्धरण में यमुना के लिए 'कालिन्दी' और 'तरणि-नयना', रात के लिए 'सविता', और 'शाम के समय' के लिए 'सन्ध्या और सविता का सम्मेलन' का प्रयोग भाषा के प्रति लेखक के दृष्टिकोण का परिचायक है। जेल की दीवारों का वर्णन लेखक इस रूप में करता है—"गाढ़ निद्रा में पड़ी हुई अपनी प्रियतमा के शान्त सौन्दर्य पर मुग्ध होकर जिस प्रकार भावुक प्रेमी उसे धीरे से चूम लेता है वैसे ही प्रातःकालीन सूर्य के करों से वसुन्धरा के सरोज-मुख को चूम-चूमकर क्षण भर

के लिए लाल कर दिया। कारागार की पीली दीवारों पर अरुण की लाली पड़कर ऐसी शोभा दे रही थी, मानो किसी ने चम्पा-पुष्प पर अबीर डाल दिया है।" यह भाषा संस्कृत कथा का अवशेष है।

कथा-भाषा की दूसरी परम्परा के जन्मदाता प्रेमचन्द हैं, जो 1915 तक उर्दू कहानीकार के रूप में जाने जाते रहे। पर उल्लेखनीय है कि प्रेमचन्द जिस 'उर्दू' में अपनी कहानियाँ लिख रहे थे, वह अपने समय में पढ़े-लिखे सम्भ्रान्त वर्ग की बोलचाल की भाषा थी। प्रेमचन्द ने अपनी कहानियों के लिए आधार-भाषा के रूप में वही भाषा अपनायी थी। उन्होंने बड़ी बेरहमी से उर्दू गद्य की आन्तरिक तुकबन्दी और दास्तानों की लच्छेदार शैली का परित्याग कर दिया था। प्रेमचन्द की मातृभाषा भोजपुरी थी और उससे लिए गये बोलचाल के शब्दों से उन्होंने अपनी कथाभाषा को समृद्ध किया था। 1915 में जब उन्होंने अपनी 'सौत' कहानी के साथ हिन्दी साहित्य में प्रवेश किया तो उन्हें इस भाषा-परिवर्तन में कोई विशेष कठिनाई नहीं हुई। उर्दू लिपि के स्थान पर देवनागरी लिपि और अल्पपरिचित अरबी-फारसी शब्दों के स्थान पर बोलचाल के तत्सम और तद्भव शब्दों के प्रयोग मात्र से उनकी 'उर्दू' 'हिन्दी' बन गयी। भोजपुरी-अवधी के शब्द-भंडार ने उनकी कथा-भाषा को और भी प्रभावशाली बनाने में योग दिया। इसी आधार-भाषा को प्रेमचन्द ने अपनी कहानियों में सर्जनात्मक रूप दे दिया। इस परम्परा के अन्य कहानी-लेखकों में उर्दू से ही आये सुदर्शन और कौशिक उल्लेखनीय हैं। सुदर्शन और कौशिक की भाषा प्रसाद, चंडीप्रसाद 'हृदयेश', राय कृष्णदास आदि की भाषा की तरह सजावटी न होकर स्वाभाविक बोलचाल की टकसाली भाषा है।

इन दोनो भाषिक परम्पराओं के बीच में आवाजाही करने वाली कथाभाषा बेचन शर्मा 'उग्र', चतुरसेन शास्त्री, वृन्दावनलाल वर्मा, भगवतीप्रसाद वाजपेयी आदि की है, जो कथा-प्रस्तुति में तो बोलचाल की भाषा के निकट रहने का प्रयास करती है, पर जहाँ भी प्रकृति या परिवेश वर्णन का प्रसंग आता है, वह संस्कृत कथा भाषा का अनुकरण करने लगती है। इस प्रसंग में मैं बेचन शर्मा 'उग्र' की 'दोजख की आग' की भाषा का उद्धरण देने का लोभ संवरण नहीं कर पा रहा हूँ।

"मेरी एक बीवी थी। गुलाब की तरह खूबसूरत, मोती की तरह आबदार, 'कोहनूर' की तरह बेशकीमत, नेकी की तरह नेक, चाँद की तरह सादी, लड़कपन की हँसी की तरह भोली और जान की तरह प्यारी।

मेरे एक बच्चा था। चाँदनी सा गोरा, नये चाँद-सा प्यारा, युवती के कपोल-सा कोमल, प्रेम-सा सुन्दर, चुम्बन-सा मधुर, आशा-सा आकर्षक और प्रसन्न हँसी-सा सुखद।

मेरी एक माँ थी। मस्जिद की तरह बूढ़ी, आम की तरह पकी, दया की तरह उदार, दुआ की तरह मददगार, प्रकृति की तरह करुणामयी, खुदा की तरह प्यारी और क़ुरानपाक की तरह पाक।

मेरी एक दर्जी की दुकान थी। वह मेरी गरीबी के बुढ़ापे की लकड़ी थी, वही मेरे

चार आदमियों के परिवार के होटल की मालकिन थी, वही मेरी रोजी थी, वही मेरी रोटी थी, वही मेरे उजड़े घर की फूस की टट्टी थी, वही मेरी झोपड़ी का चिराग थी। बीवी की हँसी, बच्चे की खुशी, माँ की दुआ, खुदा की याद; सबकुछ वही थी। वही मेरी दुनिया थी।''

यह भाषा बोलचाल की भाषा के निकट होते हुए भी मूर्त और अमूर्त उपमानों की मौलिकता, उपमाओं की झड़ी, मुहावरों, आन्तरिक तुकों और पर्यायवाची पदों की आवृत्ति से बहुत प्रवाहपूर्ण, ताजगी से पूर्ण और मोहक बन गयी है।

समीक्ष्य दशक के लगभग अन्त में जैनेन्द्र कुमार हिन्दी कहानी में एक नयी कथाभाषा लेकर आये। उनके *फाँसी* (1929) और *वातायन* (1931) संग्रहों में सम्मिलित कहानियाँ इस नयी कथाभाषा की शुरुआत के रूप में देखी जा सकती हैं। जैनेन्द्र लाला श्रीनिवास के बाद सम्भवतः दूसरे प्रमुख कथाकार हैं, जिनकी मातृभाषा, अमीर खुसरो के शब्दों में, 'देहलवी और उसके इतराफ की जबान' पर आधारित 'हिन्दी' थी। प्रेमचन्द, प्रसाद, 'उग्र' आदि की मातृभाषा भोजपुरी थी और उन्होंने 'हिन्दी' सीखी थी, जो उनकी 'दूसरी' भाषा कही जा सकती है। प्रेमचन्द ने पहले उर्दू में लिखना आरम्भ किया था, जिसके फ़लस्वरूप उनकी भाषा में बोलचाल की सहजता सहज रूप से आ गयी थी। उसी को उन्होंने तनिक प्रयत्न से 'हिन्दी' बना दिया था। पर जैनेन्द्र को 'हिन्दी' की सहजता अनायास प्राप्त हो गयी थी। उन्हें 'हिन्दी' सीखनी नहीं पड़ी थी। अतः जब उन्होंने कहानी-लेखन आरम्भ किया तो उन्हें प्रेमचन्द की तरह हिन्दी लिखने का 'प्रयास' नहीं करना पड़ा। जिस 'सहजता' को जैनेन्द्र की कथा भाषा का प्रथम गुण बताया जाता है, वह 'हिन्दी' की स्वाभाविक सहजता है। जैनेन्द्र के सामने यदि कोई भाषिक समस्या थी तो वह 'सर्जनात्मक भाषा' की थी और जैनेन्द्र अपनी आरम्भिक कहानियों में इसी से रू-ब-रू होते दिखायी पड़ते हैं। हम उनकी 'पहली' कही जाने वाली दो कहानियों, 'फोटोग्राफी' और 'खेल' को देखें। 'फोटोग्राफी' का आरम्भ बोलचाल की 'हिन्दी' से होता है, जिसमें अरबी-फारसी और संस्कृत स्रोत के शब्द बहुत कम और बोलचाल के शब्द अधिक हैं : 'बहुतेरा', 'कहना-सुनना', 'कमाना', 'चिन्ता', 'बाल-सुलभ', 'प्रकृति', 'जुगत', 'प्रतिज्ञा', 'खर्च', 'हील-हवाला', 'कोसना', 'सवेरा', 'सहल-सी', 'फिक्र' आदि। इनमें भी 'चिन्ता', 'प्रकृति', 'प्रतिज्ञा' आदि तत्सम और 'खर्च', 'सवेरा', 'फिक्र' आदि उर्दू शब्द बोलचाल के ही शब्द हैं। जैनेन्द्र की आरम्भिक कहानियों के शब्द-भंडार की यही प्रकृति है। वे बीच बीच में 'खोट', 'टुक', 'नैक' जैसे धुर बोली के शब्दों और 'बी. ए.', 'नेटिव', 'फोटोग्राफी', 'कैमरा', 'स्टैंड' जैसे बोलचाल में घुल मिल गये अँगरेजी शब्दों का प्रयोग भी बिलकुल सहजता के साथ करते हैं। उनके वाक्य अधिकतर 'सरल' और 'संयुक्त' होते हैं, जिनमें मुहावरे भी प्रेमचन्द की तरह अक्सर तो नहीं, पर सहज रूप से आते रहते हैं। कहीं कहीं तो पात्रों की सरल शब्दों और वाक्यों से युक्त भाषा उनके मनोभाव के इतनी अनुरूप हो जाती है कि लगता है कि वह उसी के लिए बनी ही है : ''...जानते हो, अब तुम्हारा श्याम कहाँ है? क्या

ताकते हो? वह मेरी गोद में छिपकर थोड़े ही बैठा है! यहाँ नहीं; वह बहुत बड़ी गोद में बैठा है! देखते हो यह सब क्या है?—आकाश है। यह आकाश ही परमात्मा की गोद है। श्याम उसी गोद में छिप बैठा है।...'' जैनेन्द्र की कथाभाषा की एक उल्लेखनीय विशेषता पात्रों के मनोभावों के अनुरूप क्रिया का कर्मवाच्य में प्रयोग भी है। उसके उदाहरण उनकी आरम्भिक कहानियों में ही प्राप्त होने लगते हैं। 'फोटोग्राफी' कहानी में यह वाक्य आता है : ''रामेश्वर जब कैमरे को बन्द करके रख देने की तैयारी में था तो **उससे कहा गया**, 'लाइए, तसवीर दीजिए।' यह वाक्य अपरिचय के कारण किये गये अनुरोध को सफलतापूर्वक अभिव्यक्त करने में समर्थ है।'' यह जैनेन्द्र की 'कथा'-प्रस्तुति की भाषा है। पर ज्योंही चरित्र-रचना का अवसर आता है, जैनेन्द्र की भाषा सर्जनात्मक विशेषताओं से युक्त हो उठती है। जैसे, श्याम की माँ के रूप का वर्णन : ''...माँ बिलकुल बालक के अनुरूप थी—वही स्वच्छ खिला हुआ रूप, और वही मधुर आकृति; पर माता में सलज्ज संकोच था, और बालक में लज्जा से अछूता चांचल्य।'' इस रूप-वर्णन में 'स्वच्छ', 'खिला हुआ', 'मधुर', 'सलज्ज', 'लज्जा से अछूता' आदि विशेषण रूप-वर्णन को सृजन का स्तर प्रदान कर देते हैं।

जैनेन्द्र प्रसाद की तरह परिवेश का सविस्तर वर्णन नहीं करते। 'खेल' में वे केवल एक वाक्य का प्रयोग करते हैं : ''मौन-मुग्ध सन्ध्या स्मित प्रकाश से हँस रही थी।'' इस वाक्य में 'मौन-मुग्ध' और 'स्मित' विशेषणों तथा सन्ध्या के मानवीकरण ने परिवेश को सजीव बिम्ब में बदल दिया है। इसके बाद वे प्रसंग और परिवेश को मिश्रित कर देते हैं : ''उस समय गंगा के निर्जन बालुकास्थल पर एक बालक और एक बालिका अपने को और सारे विश्व को भूल, गंगातट के बालू और पानी को अपना एकमात्र आत्मीय बना, उनसे खिलवाड़ कर रहे थे।''

जैनेन्द्र प्रचलित मुहावरों में भी हल्का परिवर्तन कर उन्हें अधिक व्यंजक बना देते हैं : 'मेरी बात कान पर ही नहीं लाते और स्वप्न ले रही है।' वाक्यों में 'कान न देना' और 'स्वप्न देखना' मुहावरों को जरा सा छूकर उन्हें अधिक व्यंजक बना दिया गया है। निपातों के प्रयोग द्वारा भी जैनेन्द्र कथ्य को प्रभावी बनाने का प्रयास करते हैं : 'निरन्तर हो जाना पड़ता **ही** है', 'इस जरा-सी बात पर **ही** जैसे तुम गिरी **ही** जा रही हो' आदि। 'थाली **पर** ही बैठे थे', 'मैं तुम**में** हो जाऊँगा' आदि वाक्यों में 'परसर्ग-वक्रता' के आधान से कथन में नयापन पैदा किया गया है। 'पति नामक देव का उत्पात बढ़ता ही जाता है' में 'पतिदेव' शब्द को तोड़कर व्यंग्य पैदा किया गया है। 'इस दो-तीन बार के **आश्वासन दिये जाने** ने **आश्वासन का हो जाना** और कठिन बना दिया।' जैसे वाक्यों में क्रियावक्रता का प्रभाव देखा जा सकता है।

यहाँ इससे अधिक ब्योरों में जाना सम्भव नहीं है, पर इससे यह तो प्रमाणित हो ही जाता है कि जैनेन्द्र ने हिन्दी कहानी को एक नयी भाषा दी। भाषा सम्बन्धी प्रयोग का जो क्रम इस दशक के अन्त में शुरू हुआ, वह जैनेन्द्र की बाद की कहानियों में और भी विकसित हुआ।

सन्दर्भ

1. ए. आर. देसाई, *सोशल बैकग्राउंड ऑफ इंडियन नेशनलिज्म,* पपुलर प्रकाशन, मुंबई, छठा संस्करण, 2000, पृ. 331-32
2. उपरिवत्, पृ. 341
3. कमलकिशोर गोयनका, *प्रेमचन्द का अप्राप्य साहित्य,* भारतीय ज्ञानपीठ, नयी दिल्ली, 1988, पृ. 349 पर उद्धृत
4. इसकी पुष्टि एक प्रसंग से आश्चर्यजनक रूप से होती है। *रंगभूमि* में पुलिस द्वारा सूरदास की झोंपड़ी गिराये जाने के विरोध में जब जनता सामने आ जाती है तो पुलिस सुपरिंटेंडेंट जनता पर 'फायरिंग' का आदेश दे देता है। पुलिस की टुकड़ी एक बार तो इस आदेश का पालन करती है, पर दूसरी बार आदेश मिलने पर उसे मानने से इनकार कर देती है और हवलदार कोर्टमार्शल के लिए तैयार हो जाता है। यह प्रसंग ब्रिटिश शासन में अकल्पनीय था। पर हमें यह देखकर आश्चर्य होता है कि ठीक ऐसी ही घटना 23 अप्रील, 1930 को पेशावर में वास्तविक रूप में घटित हुई जब 18वीं रॉयल गोरखा राइफल्स की दूसरी बटालियन की दो टुकड़ियों ने अपने अफसर के आदेश के बावजूद निहत्थे प्रदर्शनकारियों पर गोली चलाने से इनकार कर दिया था। इससे प्रमाणित होता है कि पेशावर वाली घटना भारतीय मानस में पहले से ही अंकुरित हो रही थी, जिसे प्रेमचन्द ने अपनी संवेदना से ग्रहण कर लिया था। दरअसल इसी अर्थ में साहित्य राजनीति के आगे आगे चलने वाली मशाल होता है।
5. कहानीकार इन दोनो विपरीत भावों के बीच किसी प्रकार का तनाव या सामंजस्य का विधान नहीं कर पाया है, इस कारण कहानी बहुत साधारण बनकर रह गयी है।
6. मुअम्मा (1921; 'समस्या' और 'विषम समस्या' शीर्षकों से एक ही कहानी *मानसरोवर,* भाग-4 और भाग-8 दोनों में संकलित)...इस कहानी में लेखक ने दफ्तर में चपरासी के रूप में काम करने वाले एक भोले और सरल आदमी के काइयाँ और कामचोर आदमी में बदल जाने की कथा कही है। पर इस दृष्टि से इस कहानी में कोई वैशिष्ट्य नहीं आ सका है।
7. इस कहानी का स्थान लखनऊ और शाहजहाँपुर है तथा इसमें लाहौर षड्यन्त्र केस का हवाला है।
8. प्रेमचन्द की पत्नी शिवरानी देवी तक आन्दोलन में शरीक होकर जेल की सजा भुगत आयी थीं।
9. (सैयद) नुरुल्ला ऐंड जे. पी. नायक, *हिस्टरी ऑफ एजुकेशन इन इंडिया ड्युरिंग द ब्रिटिश पीरियड,* मैकमिलन एंड कं., लन्दन, 1943, पृ. 417
10. भगवान दयाल, *द डेवलपमेंट ऑफ मॉडर्न एजुकेशन,* ओरियन्टल लांगमैन लि., बम्बई, पृ. 118 पर उद्धृत *द एलेवेन्थ क्विंक्वेनियल रिव्यू,* वोल्यूम II, पृ. 58-60 का अंश
11. *प्रोग्रेस ऑफ लिटरेसी इन वेरियस कंट्रीज,* पृ. 110
12. यह कहानी 'माधुरी', 1928 में, चार किस्तों में, प्रकाशित हुई थी। आकार लगभग 28,500 शब्द/डिमाई 53 पृष्ठ; कथ्य की दृष्टि से भी 'कहानी' की अपेक्षा 'लघु उपन्यास' के अधिक निकट है। इसकी एक विशेषता यह है कि यह पत्र-प्रविधि में लिखी गयी है। 1-7-1925 से 20-2-1926 की अवधि में दो कॉलेज की सहेलियाँ एक-दूसरे को अपने विवाह के पहले से लेकर विवाह हो जाने के बाद के दाम्पत्य जीवन के सम्बन्ध में तेरह पत्र लिखती हैं।
13. 'नाग-पूजा' अन्धविश्वास पर आधारित कहानी है। आश्चर्य है कि प्रेमचन्द बहुत गम्भीरता से इस विषय पर कहानी लिखते हैं जिसमें एक नाग एक कुमारी लड़की से इतना प्रेम करता है कि जिससे भी उसका विवाह तय होता है, या विवाह हो जाता है, उसे वह डस लेता है। यदि इस कथा से किसी विशेष अभिप्राय की व्यंजना होती, यदि इस अन्धविश्वास के प्रति प्रेमचन्द की दृष्टि व्यंग्य और आलोचना की होती, तो कहानी सार्थक होती, पर ऐसा कुछ नहीं दिखायी पड़ता।

14. 'पिसनहारी का कुआँ' नैतिक मूल्यबोध की कहानी है। धरोहर के पैसे दबा लेने का बुरा परिणाम होता है, यही इस कहानी का प्रतिपाद्य है। पर परिणाम दिखाने के लिए प्रेमचन्द ने अतिलौकिक बातों का समावेश कर दिया है, जिससे ऐसी बातों में उनके भी विश्वास की पुष्टि होती है। मसलन जब चौधरी विनायक सिंह मृत गोमती के कुआँ बनवाने की धरोहर के पैसे अपने बेटे को नहीं देते, तो उनकी पत्नी स्वयं जाकर पैसे लेना चाहती है। पर ले नहीं पाती, क्योंकि वहाँ उसे गोमती खड़ी दिखायी पड़ती है। उसका बेटा भी ऐसा ही अनुभव करता है। गोमती अपनी धरोहर की रक्षा कर रही है। पर वह चौधरी को पैसे लेने से नहीं रोकती। चौधरी उस पैसे से अपने बेटे का कर्ज चुका देते हैं। कुआँ नहीं बन पाता। चौधरी के बेटे को व्यापार में सदा नुकसान ही होता रहता है इस तरह बारह वर्ष बीत जाते हैं। बाप-बेटे की मृत्यु के बाद विधवा बहू को जो लड़की पैदा होती है, वह और कोई नहीं बल्कि गोमती ही है। उसके उद्योग से कुआँ तैयार हो जाता है, और उसी दिन वह मर भी जाती है। तात्पर्य यह कि जब तक कुआँ तैयार नहीं होता गोमती की आत्मा भटकती रहती है, और कुआँ तैयार हो जाने पर उसे शान्ति मिल जाती है। इस अतिलौकिक घटना का कोई तर्क नहीं है।
15. नन्ददुलारे वाजपेयी से प्रेमचन्द की बातचीत, कमलकिशोर गोयनका, *प्रेमचन्द विश्वकोश,* भाग-1, पृ. 165
16. कमल किशोर गोयनका, 'प्रेमचन्द का अप्राप्य साहित्य', भारतीय ज्ञानपीठ, नयी दिल्ली
17. देखें, भवदेव पांडेय की किताब *पाण्डेय बेचन शर्मा 'उग्र',* साहित्य अकादेमी, नयी दिल्ली, 2001
18. भवदेव पांडेय, *पाण्डेय बेचन शर्मा 'उग्र',* साहित्य अकादेमी, नयी दिल्ली, 2001, पृ. 37
19. विवरण के लिए द्रष्टव्य रत्नाकर पांडेय, *उग्र और उनका साहित्य,* नागरी प्रचारिणी सभा, वाराणसी, सं. 2026 (1969), पृ. 125
20. भवदेव पांडेय, *पाण्डेय बेचन शर्मा 'उग्र',* साहित्य अकादेमी, नयी दिल्ली, 2001, पृ. 97; रत्नाकर पांडेय ने *चाकलेट* का प्रथम प्रकाशन-काल 1927 दिया है।
21. *चिनगारियाँ* का प्रकाशन भवदेव पांडेय के अनुसार 1925 में (*पाण्डेय बेचन शर्मा 'उग्र'*, पृ. 97) डा. तेज सिंह के अनुसार 1926 में हुआ था। (*उग्र की जब्तशुदा कहानियाँ,* अनुराग प्रकाशन, नयी दिल्ली, 2004, 'भूमिका', पृ. 7)
22. ये संग्रह आज उपलब्ध नहीं हैं, यद्यपि इनमें संगृहीत कहानियाँ परवर्ती संग्रहों में मौजूद हैं। इन संग्रहों में संगृहीत कहानियों की सूची डा. रत्नाकर पांडेय की पुस्तक से ही प्राप्त की गयी है। डा. पांडेय ने *इन्द्रधनुष* और *घोड़े की कहानी* में संकलित कहानियों की सूची नहीं दी है। (ले.) भवदेव पांडेय ने *निर्लज्जा* का प्रकाशन-काल 1927 दिया है। (*पाण्डेय बेचन शर्मा 'उग्र'*, पृ. 97)
23. यह आश्चर्य की बात है कि उपर्युक्त ग्रन्थ में प्रदत्त सूचना के अनुसार 'उग्र' की प्रसिद्ध कहानी 'चिनगारियाँ' 'आज' दैनिक में 11 अगस्त, 1924 में प्रकाशित हुई, जबकि इस नाम का कहानी-संग्रह 1923 में ही प्रकाशित हो चुका था और उसमें यह कहानी, स्वाभाविक तौर पर ही, संकलित नहीं थी।
24. कहानी में दो दोस्त हैं। "दोनों के हृदय में प्रेम था—मनुष्यता के लिए; उत्साह था—जीवन-संग्राम में विजय पाने के लिए; दया थी—दुख में पड़े ईश्वर के सुन्दर खिलौनों (सांसारिक जीवों) के लिए; बल था—असुविधाओं से लड़ने के लिए।" इनमें से एक 'नेता' बनने का संकल्प करता है और दूसरा 'सेवक' ही बना रहना चाहता है। होता यह है कि वे जिस देश के निवासी हैं, उस देश में मुट्ठी भर आदमियों ने सबके पाप-पुण्य, धर्म-अधर्म, जीवन-मरण आदि को अपने काबू में कर रखा था। वे मुट्ठी भर आदमी विदेशी नहीं, स्वदेशी थे। 'प्रभुता पाइ काहि मद नाहीं?' प्रायः ऐसा देखा जाता है कि अधिकार पा जाने पर स्वदेशी-विदेशी दोनों प्रकार के निरंकुश शासकों का रूप एक ही प्रकार का हो जाता है। कभी कभी तो स्वदेशी शासक विदेशियों के भी कान काटते हैं। उस

देश की भी यही अवस्था थी। स्वदेशी स्वेच्छाचार का बाजार गर्म था। राजा अपने ओछे विचार के चापलूस सहायकों से जो कुछ सुनता उसी को ब्रह्मवाक्य की तरह पकड़कर बैठ जाता। इसका फल यह हुआ कि व्यर्थ के और नये नये करों से प्रजा व्यग्र हो उठी। जगह-जगह से धीरे धीरे—पर गम्भीर विरोध की आवाज आने लगी। निरंकुशों ने सोचा—'रियाया को विरोध का क्या हक है? उन्हें गिड़गिड़ाना, हाथ-पैर जोड़ना चाहिए। हम शान्तिशाली हैं। जो हमारी बात काटेगा, हम उसका सिर काट लेंगे।' उन्होंने किया भी ऐसा ही। जिस प्रदेश से, जिस नगर से या जिस मुहल्ले से विद्रोह-सूचक समाचार आये—सच्चे या झूठे—वह नष्ट कर दिया गया, उड़ा दिया गया। उस स्थान विशेष के बूढ़े, जवान, बच्चे, स्त्रियाँ, अपराधी, निरपराध—सभी पीस डाले गये।...

यह उस देश की राजनीतिक अवस्था थी।

उस देश के मुट्ठी भर आदमियों ने सरकार की कृपा से राष्ट्र की सम्पूर्ण सम्पत्ति अपने हाथ में कर रखी थी। देश की एक-दो नहीं, करोड़ो-करोड़ जनसंख्या थी। पर देश की अनन्त सम्पत्ति के भोक्ता प्रति करोड़ सौ से भी कम थे। याने वहाँ एक लाख मनुष्य गरीब थे और एक मनुष्य भयानक अमीर; यह विषमता की चरम सीमा थी। अमीर और अमीरों के कुत्ते-साथियों ने समाज में अनर्थ मचा रखा था। चारो ओर स्वेच्छाचार और नकद-नारायण के बल पर जुल्म करने का रोग फैला हुआ था। मजदूर और किसान, गरीब और अनपढ़, खून देकर भी भर पेट भोजन नहीं पाते थे। गरीबों की स्त्रियाँ, बेटियाँ, बहनें अमीरों के उन्माद की दासियाँ थी। शासकों और अमीरों ने गुट बनाकर घर-घर में फूट डाल रखा था। अपमानित महिलाओं का, प्रताड़ित पुरुषों का और पेट-पीड़ित गरीब परिवारों का खोज-लेवा कोई नहीं था—ईश्वर भी नहीं था।

यह उस देश की सामाजिक अवस्था थी।

मुट्ठी भर धर्म के ठेकेदारों ने—पंडे-पुरोहित और ईश्वर के नाम पर संसार को ठगने वालों ने—प्रथा, पुराण और धर्म के नाम पर और भी भयानक उत्पात मचा रखा था। उनमें से कोई भी 'अपने' को नहीं पहचानता था। पर ईश्वर-दर्शक होने का दावा सबका था। ईश्वर के निवास-स्थानों (देवालयों, मठों) को उन्होंने होटल और वेश्यालय बना रखा था, त्यागियों और संन्यासियों की विभूति देखकर गृहस्थ चकरा जाते थे। विरागियों का वासनानुराग संसारियों को दहला देता था। सच्चे साधु, सच्चे पंडे और सच्चे धर्माध्यक्षों का कहीं पता न था। ये पुरोहित-पुजारी भी अत्याचारी सरकार से मिले थे। कारण ये सब भी धनी थे। ये सरकार की मदद करते भी थे—राजा और राजा के प्रतिनिधियों को ईश्वर या ईश्वर का अंश बताकर। सरकार इनकी मदद करती थी—प्रथा की, पुराण की दुहाई देकर। धर्म की आड़ में उक्त धर्माध्यक्षों ने न जाने कितने घर तबाह कर डाले, न जाने कितनी कुमारियों का कौमार्य नष्ट कर डाला, न जाने कितनी सतियों का सतीत्व लूट लिया, न जाने कितने गरीबों का गला रेत डाला!

यह उस देश की धार्मिक अवस्था थी।

इस परिस्थिति का लाभ उठाकर नेता जनता को उद्‌बुद्ध कर देश में क्रान्ति की जंग छेड़ देता है। सशस्त्र विद्रोह हो जाता है। सरकार नेता को 'याद' करती है और नेता को खरीद लेती है। उसे भोग की सारी सामग्री उपलब्ध कराती है और मन्त्री पद भी दे देती है। 'मिनिस्टर' बनते ही नेता का चरित्र बदल जाता है। वह दुष्ट शासन के सहायकों के कब्जे में आ जाता है। अब वह 'सतायी हुई जनता के लिए कराहता नहीं, अखबारों में कभी कभी कुछ लिखता है। उसकी बातों में वह जोर नहीं रह जाता जो पहले हुआ करता था। 'जनता' उससे सवाल करती है, तो वह मनमाना जवाब दे दिया करता है। वह उनकी बात नहीं सुनता या सुनकर भी अनसुनी कर देता है। जब वे अपनी बात पर अड़ते हैं तो वह पुलिस बुलाने की धमकी देता है। अन्त में जनता उसके खिलाफ उठ खड़ी होती है और उसे मार डालती है।

25. यह कहानी अन्यत्र 'देश के लिए' शीर्षक से भी प्रकाशित हुई थी।

26. 'महावीर सिक्ख' (15 अक्टूबर, 1923) कहानी 'उग्र' के किसी संग्रह में उपलब्ध नहीं है। सम्भव है, 'सिक्ख सरदार' ही इस शीर्षक से भी प्रकाशित हुई हो।
27. यह कहानी कहीं कहीं 'दिल्ली दंगों वाली' शीर्षक से भी प्रकाशित मिलती है।
28. 'करुण कहानी', प्रथम बार *बलात्कार* (1927) में संगृहीत; 1964 में आत्माराम एंड संस, दिल्ली से प्रकाशित *यह कंचन सी काया* में संकलित, पृ. 86
29. भवदेवपांडेय ने *चाकलेट* का प्रथम प्रकाशन काल 1924 बताया है। इस संग्रह की केन्द्रीय कहानी 'चाकलेट' और दूसरी कहानी 'पालट' *मतवाला* में क्रमशः 31 मई, 1924 और 19 जुलाई, 1924 को ही प्रकाशित हो चुकी थीं। अन्य कहानियों के किसी पत्र पत्रिका में प्रकाशित होने का प्रमाण नहीं मिलता।
30. दरअसल 'चाकलेट' कहानी के प्रकाशन के साथ (31 मई, 1924) ही उग्र का विरोध शुरू हो गया था, जिसका पता, उसके बाद, 'मतवाला' कार्यालय को प्राप्त पत्रों से चलता है। जिसके जवाब में 'उग्र' ने इस विषय पर और भी कहानियाँ लिख डालीं, जिनका संग्रह *चाकलेट* शीर्षक से ही 1924 अथवा 1927 में प्रकाशित हुआ। *चाकलेट* कहानी संग्रह के विरुद्ध बनारसीदास चतुर्वेदी ने अपना पहला सम्पादकीय 'असतो मा सद्गमय' *विशाल भारत* के वर्ष 1, खंड 1, सं 5, ज्येष्ठ सं. 1985 (1928) में लिखा था। इसके बाद लगभग 1929 तक विशेष रूप से *विशाल भारत* में और छिट-फुट रूप में अन्य पत्रिकाओं में इस आन्दोलन के पक्ष-विपक्ष में सम्पादकीय और लेख प्रकाशित होते रहे। (विस्तृत विवरण के लिए द्रष्टव्य : *'उग्र' और उनका साहित्य,* ले. रत्नाकर पांडेय, ना. प्र. सभा, वाराणसी, 1969, पृ. 255-273) उसके पहले चतुर्वेदी जी ने 1926 में ही यह मामला गाँधी जी के दरबार में पेश कर दिया था और गाँधी जी ने अपना फैसला उग्र के पक्ष में दिया था। (द्रष्टव्य *'उग्र' और उनका साहित्य,* पृ. 271 पर उद्धृत गाँधी जी का पत्र) चतुर्वेदी जी ने गाँधी जी के मत का प्रकाश नहीं किया और अपना 'घासलेट आन्दोलन' जारी रखा। 1951 में उन्होंने 'पूज्य बापू के रूप में' शीर्षक लेख में इस तथ्य का उद्घाटन किया कि 'गाँधी जी ने इस पुस्तक का हेतु शुद्ध माना था।' (उपरिवत्, पृ. 271)
31. *चाकलेट*, 'कैफियत', पृ. 30 (रत्नाकर पांडेय, *उग्र और उनका साहित्य,* पृ. 257 से उद्धृत)।
32. 'अछूत', 'अन्वेषण', 'क्षत्रिय', 'निर्लज्जा', 'परीक्षा', 'बलात्कार', 'ब्राह्मण', 'मुसलमान', 'स्नान का फल', 'हिन्दू' आदि कहानियाँ किसी संकलन में उपलब्ध नहीं हैं।

    विभिन्न पत्र पत्रिकाओं में प्रकाशित 'एक बारा' (1925), 'उल्लू' (16 मार्च 1929), कवि' (23 फरवरी, 1929, 2 मार्च, 1929), 'कसाई कहाँ है' (9 फरवरी 1929) 'चिनगारियाँ' (11 अगस्त, 1924), 'दुनिया'(1925), 'पंडुआ'(9 मार्च 1929), 'पागल का ओट' (4 दिसम्बर, 1923) 'मधुवन' (31 जनवरी, 1924, 1 फरवरी 1924, 1 फरवरी, 1924), 'माँ'(9 मार्च, 1924), 'माँग'(29 मार्च 1924, 3 मई, 1924) 'मेघराग'(24 अगस्त, 1929), 'रुपया'(1925), 'सुन्दरी हिंसा' (13 जुलाई, 1924) आदि कहानियाँ भी किसी संग्रह में उपलब्ध नहीं हैं।
33. भवदेव पांडेय, *पांडेय बेचन शर्मा 'उग्र',* साहित्य अकादेमी, नयी दिल्ली, 2001, पृ. 65
34. यह सूचना *हिन्दी साहित्य कोश, भाग-2* (सं. धीरेन्द्र वर्मा आदि, ज्ञानमंडल, वाराणसी, द्वि. सं. 1986) से प्राप्त की गयी है। एक अन्य स्रोत (*द हिन्दी पब्लिक स्फेयर : 1920-1940 लैंग्वेज ऐंड लिटरेचर इन द एज ऑफ नेशनलिज्म,* ले. फ्रान्सेस्का ओर्सिनी, ऑक्सफोर्ड युनिवर्सिटी प्रेस, नयी दिल्ली, 2002, पृ. 404) के अनुसार कौशिक जी का निधन 1942 में हुआ था। वे एक सैनिक स्टोरकीपर के पुत्र थे, जिन्हें उनके चाचा ने गोद ले लिया था। वे कानपुर में वकालत करते थे और शहर के बाहर जमीन ले रखी थी। मैट्रिकुलेशन तक उन्होंने फारसी और उर्दू में शिक्षा प्राप्त की थी और घर में हिन्दी तथा संस्कृत का ज्ञान प्राप्त किया था। वे आरम्भ में उर्दू में शायरी करते थे, पर 1909 के लगभग हिन्दी में लिखना शुरू किया। उनकी कुछ कहानियाँ कानपुर के साप्ताहिक

जीवन में निकली थीं। पहली कहानी 'रक्षाबन्धन' थी, जो सरस्वती में प्रकाशित हुई थी। उनके कहानी संग्रह थे : *गल्प मन्दिर* (1919), *चित्रशाला* (1924), *मणिमाला* (1929) और *कल्लोल* (1933); इनकी एक पुस्तक थी : 'संसार की असभ्य जातियों की स्त्रियाँ (1924)' उनका हास्य स्तम्भ 'दुबेजी की चिट्ठी' *चाँद* में निकलता था।

35. फ्रान्सेस्का ओर्सिनी, *द हिन्दी पब्लिक स्फेयर : लैंग्वेज ऐंड लिटरेचर इन द एज आफ नेशनलिज्म*, ऑक्सफोर्ड युनिवर्सिटी प्रेस, नयी दिल्ली, 2002, पृ. 404
36. विश्वम्भरनाथ शर्मा 'कौशिक', *चित्रशाला,* चतुर्थावृति, सं. 2007 वि. 1950; इस संस्करण में 1/4/1924 का 'वक्तव्य' दिया हुआ है, जिसके अनुसार यह 'कौशिक' जी की 'चुनी हुई कहानियों' का संग्रह है। पर *चित्रशाला* के द्वितीय भाग के 'दो शब्द' (8 जून, 1929) के अनुसार यह संकलन 25 कहानियों का था। सम्भव है, पहले संस्करण में कहानियों की संख्या 25 ही रही हो, जो चौथे संस्करण में 10 कर दी गयी हो।
37. यह संग्रह मुझे उपलब्ध नहीं हो सका है।
38. प्रेमचन्द की हिन्दी/देवनागरी में लिखित पहली कहानी 'सौत' 1915 में, सुदर्शन की पहली कहानी भी लगभग 1915 में और कौशिक की पहली कहानी 'रक्षाबन्धन' 1913 में प्रकाशित हुई थी।
39. *अश्क साहित्य धारा,* नीलाभ प्रकाशन, इलाहाबाद, 1987, 'प्रकाशकीय'
40. उपेन्द्रनाथ अश्क, *मेरी प्रिय कहानियाँ,* 'भूमिका' ('25. 04. '70), नीलाभ प्रकाशन, इलाहाबाद, चौथा संस्करण, पृ. 44
41. उपरिवत्, 'मेरे कहानी-लेखन के बत्तीस वर्ष', पृ. 25
42. किसी किसी ने इनका निधन-वर्ष 1969 भी लिखा है।
43. Ali Jawad Zaidi, *A History Of Urdu Literature,* p. 396
44. ज़ैदी ने *रफ़ीक-ए-तनहाई* का प्रकाशन-काल 1931 और *'आई. सी. एस.* का प्र. का. 1956 लिखा है। (Ali Jawad Zaidi, *A History Of Urdu Literature,* p. 396)
45. डा. सत्यप्रकाश मिश्र इसका प्रकाशन-काल 1925 बताते हैं। *प्रसाद वाङ्मय* (प्रसाद ग्रन्थावली), खंड 4, लोक भारती प्रकाशन, इलाहाबाद, 1986, 'प्राक्कथन,', पृ.10
46. लक्ष्मीनारायण लाल, *हिन्दी कहानियों की शिल्प-विधि का विकास*
47. हरदयाल, रोमानी ऐतिहासिक कहानी', *हिन्दी साहित्य का बृहत् इतिहास,* पृ. 202
48. नामवर सिंह के अनुसार, ''इस कहानी में प्रसाद जी की कल्पना ने स्वर्ग का मनोहर वातावरण रच दिया है। परन्तु जैसे उन्हें स्वयं ही अपनी कल्पना पर विश्वास नहीं है। इसलिए उन्होंने कहानी के बीच में चुपके से एक वाक्य डाल दिया है कि एक दिन पता चला कि स्वर्ग केकय के पहाड़ी दुर्ग के समीप कहीं है। परन्तु इससे भी महत्त्वपूर्ण बात यह है कि जितनी कल्पना-शक्ति से प्रसाद जी ने स्वर्ग का निर्माण किया, उतनी ही पैनी यथार्थ दृष्टि से उसे ध्वस्त भी कर दिया। कहानी की नायिका लज्जा कहती है कि '...इस पृथ्वी को स्वर्ग के ठेकेदारों से बचाना होगा। पृथ्वी का गौरव स्वर्ग बन जाने से नष्ट हो जाएगा।' '' नामवर जी टिप्पणी करते हैं कि ''एक ओर है छायावादी समझे जाने वाले प्रसाद जी का यह 'स्वर्ग' और दूसरी ओर है यथार्थवादी समझे जाने वाले जैनेन्द्र जी का 'नीलम देश'। समझ में नहीं आता कि नामवर जी जैनेन्द्र की तारीफ कर रहे हैं या निन्दा ! वे जैनेन्द्र के बारे में लिखते हैं, ''जैनेन्द्र को अपने भीतर के वहम से फुर्सत नहीं है, इसलिए वे एक वहम को दूर करने के लिए भीतर से ही दूसरे वहम को पैदा कर देते हैं।'' पता नहीं, नामवर जी क्या कहना चाहते हैं?
49. विद्वानों ने भावनाप्रधान वायवीय प्रेम, विद्रोह और स्वतन्त्रता के प्रति आग्रह, प्रकृति के प्रति असाधारण रुझान, कवित्व और आलंकारिकता आदि को रोमांस की पहचान के रूप में रेखांकित किया है। (हरदयाल, रोमानी ऐतिहासिक कहानी, *हिन्दी साहित्य का बृहत् इतिहास,* पृ. 203)

50. वस्तुतः उस जमाने में प्रेम का यही रूप सम्भव था। सामाजिक रूढ़ियाँ इतनी प्रबल और सामाजिक नियन्त्रण इतना कठोर था कि उसके विरुद्ध जाकर प्रेम करना बहुत कठिन था। ऐसे प्रेम का अन्त पराजय में होना नितान्त स्वाभाविक था। अतः छायावादी कविता हो या 'रोमानी' कही जानेवाली कहानियाँ, रचनाकारों के सामने कोई विकल्प नहीं था। प्रेम के इस आदर्शवादी या काल्पनिक रूप से बचने का कोई विकल्प उनके सामने था ही नहीं। प्रेमचन्द से लेकर प्रसाद, जैनेन्द्र आदि सभी लेखक इस स्थिति के सामने घुटने टेकते प्रतीत होते हैं।
51. हरदयाल, रोमानी ऐतिहासिक कहानी, *हिन्दी साहित्य का बृहत् इतिहास,* पृ. 203
52. उपरिवत्, पृ. 204
53. उपरिवत्, पृ. 317
54. डा. हरदयाल ने इनकी मृत्यु-तिथि 1980 बतायी है। *हिन्दी साहित्य का इतिहास,* खंड-12, नागरी प्रचारिणी सभा, वाराणसी, 1983, पृ. 207
55. इन दोनों पुस्तकों के प्रथम संस्करण की प्रतियाँ क्रमशः कारमाइबल लाइब्रेरी, वाराणसी और आर्य भाषा पुस्तकालय (ना. प्र. स.), वाराणसी में उपलब्ध हैं। डा. हरदयाल के अनुसार इनका (राय कृष्णदास) *आँखों की चाह* शीर्षक एक कहानी संग्रह 1940 में प्रकाशित हुआ था। (*हिन्दी साहित्य का बृहत् इतिहास,* खंड-12, पृ. 207)
56. राय कृष्णदास, *आँखों की थाह तथा अन्य कहानियाँ,* हिन्दुस्तानी बुक डिपो, लखनऊ, 1998 वि. सं., प्रथम संस्करण का 'वक्तव्य' 'फाल्गुन शुक्ल 7, 1997; इस संकलन में 'आँखों की थाह', 'मिठास', 'नयी दुनिया', 'आवरण', 'आश्रित', 'सुहाग' और 'भेद' नामक कहानियाँ संगृहीत थीं।
57. उपरिवत्, पृ. 207
58. यह संग्रह *शिवपूजन रचनावली* के प्रथम खंड में संकलित है।
59. डा. हरदयाल के अनुसार इनकी जन्मतिथि 1904 है, जबकि *हिन्दी साहित्य कोश* के अनुसार 1903 है। पर *अस्सी कहानियाँ* (1960) की प्रस्तावना में व्यास जी ने उसे अपने 58वें जन्म-दिवस के अवसर पर प्रकाशित बताया है, जिससे उनका जन्मवर्ष 1902 सिद्ध होता है।
60. श्री विनोदशंकर व्यास, *पचास कहानियाँ,* भारती भंडार, प्रयाग, सं. 1996 (1939), भूमिका
61. श्रीविनोदशंकर व्यास, *तूलिका,* गंगा पुस्तकमाला कार्यालय, लखनऊ, सं. 1985 (1928), अपनी बात।
62. वासुदेव सिंह के अनुसार पदुमलाल पुन्नालाल बख्शी (1894-1971) की 'झलमला' और 'अन्नपूर्णा के मन्दिर में' नामक कहानियाँ 1916 में तथा 'नन्दिनी' 1917 में 'सरस्वती' में प्रकाशित हुई थीं। इनकी कहानियों के दो संग्रह *अंजलि* और *झलमला* उपलब्ध हैं। (*हि.सा.बृ.इ.*, पृ. 103) *झलमला* कहानी संग्रह 1934 में प्रकाशित हुआ था। इसमें 16 कहानियाँ संकलित थीं। बख्शी जी का दूसरा कहानी संग्रह *कनक रेखा* 1961 में प्रकाशित हुआ था। (*बख्शी ग्रन्थावली* : खंड-8, सं. नलिनी श्रीवास्तव, प्र. वाणी प्रकाशन, दिल्ली, 2007, पृ. 435) *बख्शी ग्रन्थावली* : खंड-2 में बख्शी जी की 39 कहानियाँ कहानियाँ संगृहीत हैं, जिनमें से कुछ कहानियाँ निश्चित रूप से 1934 के बाद की हैं। कहानियों का प्रकाशन-काल न दिये जाने के कारण उनका ऐतिहासिक विकास-क्रम दिखाना मुश्किल है।
63. उपलब्ध सूचनाओं के अनुसार शास्त्री जी की 'प्रबुद्ध', 'पुरुषत्व', 'आचार्य उपगुप्त', 'अभाव', 'बड़नककी', 'राजा मेहरा', 'जीवन्मृत', 'खूनी', 'शराब की सुराही में', 'बाहर-भीतर 'आदि कहानियाँ 1928 से 1930 के बीच और 'तल्लीन', 'पाप', 'दंड', 'भाई की विदाई', 'नवाब कुदसिया बेगम', 'मृगतृष्णा', 'सम्बन्ध', 'स्त्रीत्व', 'जेण्टिलमैन', 'कमलकिशोर' आदि 1931-1940 में प्रकाशित हुई थीं। (राजपाल एण्ड सन्ज से 1961 में प्रकाशित *चतुरसेन का सम्पूर्ण कहानी साहित्य* (5 भाग) में संकलित कहानियों के साथ प्रदत्त टिप्पणियाँ)

64. प्रकाशकीय, *धरती और आसमान*, आचार्य चतुरसेन, राजपाल एण्ड सन्ज, दिल्ली।

65. *दुखवा मैं कासे कहूँ*, राजपाल एण्ड सन्ज, दिल्ली, संस्करण 1985 में संकलित कहानी के अन्त में प्रदत्त टिप्पणी; पर स्वयं लेखक के अनुसार उसकी यह कहानी 1917 में लिखी गयी थी और 'सुधा' में प्रकाशित हुई थी। (द्रष्टव्य 'कहानीकार का वक्तव्य' शीर्षक भूमिका, *बाहर भीतर*, आचार्य चतुरसेन, दूसरा संस्करण 1970, राजपाल एण्ड सन्ज, दिल्ली) इस भूमिका के अनुसार उसके बाद उनकी कहानियाँ *सुधा* में लगातार प्रकाशित होती रहीं। इसके अनुसार उनकी पहली कहानी 'सच्चा गहना' थी जो प्रयाग की 'गृहलक्ष्मी' में छपी थी और ''सन् 12 के बाद उनकी कहानियाँ *प्रताप* (कानपुर), *कर्मवीर* (खंडवा'), *प्रभा* (कानपुर), *शारदा* (नागपुर), *सुधा, माधुरी* (लखनऊ) तथा इलाहाबाद के *चाँद* में प्रकाशित होती रहीं।

66. यशपाल महाजन और राजीव सक्सेना के अनुसार इसका प्रथम प्रकाशन 1950 में हुआ था। इसका तीसरा संस्करण (जो मुझे उपलब्ध हो पाया है) मयूर प्रकाशन, झाँसी से 1958 में प्रकाशित हुआ था।

67. रामचन्द्र तिवारी के अनुसार *कलाकार का दंड* का प्रकाशन 1943 में (*हिन्दी का गद्य साहित्य*, पृ. 550), राजीव सक्सेना के अनुसार 1950 में (*वृन्दावनलाल वर्मा*, पृ. 85) और यशपाल महाजन के अनुसार (*हिन्दी उपन्यास कोश*) 1962 में हुआ था। इसका पाँचवाँ संस्करण मयूर प्रकाशन, झाँसी से 1970 में प्रकाशित हुआ था, जो मुझे उपलब्ध हो पाया है। इस संस्करण में दो ऐसी कहानियाँ संकलित हैं, जिनका लेखन-काल, अन्तःसाक्ष्य से, 1952 के बाद जान पड़ता है।

68. *मधुपर्क* और *दीपमालिका* के प्रथम संस्करण की फोटोप्रतियाँ मेरे निजी पुस्तकालय में उपलब्ध है।

69. 13 जुलाई 1963 को रामनिरंजन परिमलेन्दु के नाम लिखित पत्र में जैनेन्द्र ने 'देश प्रेम' को अपनी पहली कहानी बताया है, पर उसकी उपलब्धता सन्दिग्ध है। 'देश प्रेम', 'फोटोग्राफी', 'खेल' और 'चोरी' एक चटशाला से निकलनेवाली हस्तलिखित पत्रिका *ज्योति* (समय : 1928 का अन्त या 1929 का आरम्भ) के लिए लिखी गयी थीं। पर 'देश प्रेम' *ज्योति* में नहीं छपी; बहुत बाद में *त्यागभूमि* में छपी। पर वह किसी संग्रह में उपलब्ध नहीं है। शेष तीन संग्रहों में हैं। उन्होंने 'खेल' को अपनी दूसरी कहानी बताया है। पहले छपने के कारण **'खेल'** शायद पहली कहानी मानी गयी। जैनेन्द्र **'फोटोग्राफी'** को ही अपनी पहली कहानी मानते हैं। वह प्रेमचन्द के 'हंस' के पहले अंक में पहली बार निकली। (सन्दर्भ : 'जैनेन्द्र : पत्रों के दर्पण में'; ले. डा. रामनिरंजन परिमलेन्दु : *भाषा*, वर्ष 43, अंक 4, मार्च-अप्रील, 2004) पर यह सूचना सन्दिग्ध प्रतीत होती है। *हंस* का पहला अंक मार्च, 1930 में प्रकाशित हुआ था। पर, 10 मार्च, 1930 के 'हंस के सम्पादकीय से लगता है कि इस अंक में जैनेन्द्र की कोई कहानी प्रकाशित नहीं हुई थी। (*प्रेमचन्द विश्वकोश*, भाग-1, पृ.122) अपने 20 फरवरी, 1930 के पत्र में जैनेन्द्र ने प्रेमचन्द को पत्र लिखते हुए अपनी दो कहानियाँ 'दिल्ली में' तथा 'फोटोग्राफी' 'हंस' और 'माधुरी' में प्रकाशनार्थ भेजीं। इस पत्र में उन्होंने 'फोटोग्राफी' को अपनी प्रथम कहानी बताया था। (सन्दर्भ : उपरिवत्) सम्भव है, उसके बाद के *हंस* के किसी अंक में यह प्रकाशित हुई हो। 'खेल' के प्रकाशन-काल की सूचना आर्य भाषा पुस्तकालय (ना. प्र. स.), वाराणसी में विद्यमान *विशाल भारत* के अंक से प्राप्त की गयी है।

70. इसकी पुष्टि *दो चिड़िया* (1934) की भूमिका ('पाठक से') से होती है।

71. *फाँसी* का दूसरा संस्करण सम्भवतः 1933 में प्रकाशित हुआ था। *नेशनल बायोग्राफी ऑफ इंडियन लिटरेचर* में प्रदत्त सूचना के अनुसार इसमें तीन कहानियाँ संगृहीत थीं। सम्भवतः इसमें 1933 में लिखी जैनेन्द्र की एक भूमिका भी थी, जो 1953 में पूर्वोदय प्रकाशन से प्रकाशित *फाँसी और अन्य कहानियाँ* के आरम्भ में संकलित है। पूर्वोदय प्रकाशन से प्रकाशित *फाँसी और अन्य कहानियाँ* (1953) में 'गदर के बाद' का र. का. 1928 और 'स्पर्धा' का 1927 मुद्रित है। इससे इनके *फाँसी* (1931) में संकलित होने की सम्भावना की पुष्टि होती है।

72. 1920 में ही, जब जैनेन्द्र इंटरमीडिएट के छात्र थे, असहयोग आन्दोलन में भाग लेने के लिए उन्होंने पढ़ाई छोड़ दी थी और 1920 से 23 तक लगातार आन्दोलन में हिस्सा लिया था; यहाँ तक कि गाँधी जी द्वारा 1922 में आन्दोलन वापस ले लिए जाने के बाद भी 1923 में नागपुर में हुए 'झंडा सत्याग्रह' में भाग लिया था और तीन महीने का कारावास भुगता था। 'हिन्दू-मुस्लिम यूनिटी कॉन्फ्रेंस' के झंडे के नीचे साम्प्रदायिक एकता के लिए भी उन्होंने कार्य किया था। पर लगता है, सत्याग्रह आन्दोलन के वापस ले लिए जाने, घर की आर्थिक स्थिति जर्जर होने तथा परम्परागत रीति से विवाह-बन्धन में बाँध दिये जाने आदि के कारण 1924-29 की अवधि में वे आर्थिक और मानसिक दृष्टि से भटकाव के ही शिकार रहे। इसी मनोदशा में उन्होंने लेखन को अपनी जीविका के साधन के रूप में चुना। इसी सिलसिले में, जनवरी, 1930 में, वे प्रेमचन्द के सम्पर्क में भी आये थे। इसी समय गाँधी जी के नेतृत्व में नमक-सत्याग्रह आन्दोलन आरम्भ हुआ। 5 मई, 1930 को गाँधी जी गिरफ्तार कर लिये गये। जैनेन्द्र भी नवम्बर या दिसम्बर, 1930 में जेल चले गये। 4 दिसम्बर, 1930 को जैनेन्द्र स्पेशल जेल गुजरात (पंजाब) में थे, जहाँ से उन्होंने प्रेमचन्द को पत्र लिखा था। उन्होंने यह भी लिखा था कि "मैं यहाँ इतनी अच्छी तरह हूँ कि क्या कहूँ। खाना बहुत अच्छा मिलता है, जेल के अन्दर घूमने को और खेलने को खूब मिलता है। बस, अखबार नहीं मिलते, यही जरा कमी है। सो, यह भी कुछ नहीं, अगर नयी-नयी किताबें मिलती रहें।" (कमल किशोर गोयनका, *प्रेमचन्द विश्वकोश,* भाग-1, पृ. 127) 22 फरवरी, 1931 को जैनेन्द्र ने अपने प्रेमचन्द के नाम पत्र में 'अगले महीने की समाप्ति तक' जेल से छूटने की सम्भावना व्यक्त की थी। (*प्रेमचन्द विश्वकोश,* भाग-1, पृ. 130) पर 3 मार्च, 1931 को जैनेन्द्र स्पेशल जेल, गुजरात में थे। पता नहीं, वे छूटे ही नहीं या दोबारा जेल चले गये थे, क्योंकि 16 जुलाई, 1932 को उन्होंने प्रेमचन्द को सेन्ट्रल जेल, लाहौर से पत्र लिखा था। 24 सितम्बर, 1932 को प्रेमचन्द दिल्ली में प्रो. इन्द्र तथा जैनेन्द्र कुमार के साथ 'शैलबाला' बोलती फिल्म देखने गये। (*प्रेमचन्द विश्वकोश,* भाग-1, पृ. 148) निश्चय ही अब तक उनकी जेल से रिहाई हो गयी थी। यद्यपि जैनेन्द्र की राजनीतिक निष्ठा में सन्देह नहीं किया जा सकता, पर यह जेल-यात्रा उनके लेखन के लिए बहुत लाभदायक सिद्ध हुई। जेल में ही उनका सच्चिदानन्द वात्स्यायन से सम्पर्क हुआ था। जिस समय जैनेन्द्र जेल से छूटे थे, सविनय अवज्ञा आन्दोलन जारी ही था। पर लगभग एक वर्ष बाद, जुलाई, 1933 में, राजनीतिक बाध्यताओं से कांग्रेस ने सविनय अवज्ञा को समाप्त कर देने का फैसला किया। जैनेन्द्र एक बार फिर आर्थिक तंगी और अकेलेपन के शिकार हुए। 1934 में उनकी माँ का निधन हो गया। इस स्थिति में लेखन ही उनकी जीविका का सहारा हो सकता था और हुआ भी। राजनीतिक सक्रियता के दौरान हुए अनुभवों, गाँधी जी के विचार-दर्शन और अपने निजी जीवन की संवेदनाओं ने उन्हें कथा-लेखन के लिए प्रचुर कच्चा माल उपलब्ध करा दिया था।

73. 'स्पर्द्धा' का लेखन-काल, कहानी के अन्त में दी गयी सूचना के अनुसार, 1927 है। (*फाँसी और अन्य कहानियाँ,* पूर्वोदय प्रकाशन, दिल्ली, 1953) पर यह सूचना प्रमाण पुष्ट नहीं है। 1930 में यह स्वतन्त्र पुस्तक (उपन्यास) के रूप में प्रकाशित हुई थी। 'फाँसी' का रचना-काल *फाँसी और अन्य कहानियाँ* (पूर्वोदय प्रकाशन) में संकलित कहानी के अन्त में 'सन् 1928' मुद्रित है।

74. मधुरेश, *कहानीकार जैनेन्द्र कुमार : पुनर्विचार,* समानान्तर प्रकाशन, दिल्ली, 2004, पृ. 27

75. सुप्रसिद्ध समाजशास्त्री श्यामाचरण दुबे जैनेन्द्र का महत्त्व समकालीन मध्यवर्ग के सांस्कृतिक संक्रमण की समस्याओं के विश्लेषण में देखते हैं। उन्होंने लिखा है : "मूल्यों के विशृंखलन और सामाजिक बिखराव की स्थितियों के सार्थक चित्रण ने उनकी रचनाओं को समाज विज्ञान के दस्तावेजों का रूप दे दिया।" (मधुरेश, *कहानीकार जैनेन्द्र कुमार : पुनर्विचार,* समानान्तर प्रकाशन, दिल्ली, 2004, से उद्धृत।

76. रामचन्द्र शुक्ल, *हिन्दी साहित्य का इतिहास,* नागरी प्रचारिणी सभा, वाराणसी, सं. 1990, पृ. 297

77. मधुरेश, *कहानीकार जैनेन्द्र कुमार : पुनर्विचार*, समानान्तर प्रकाशन, दिल्ली, 2004, पृ. 100
78. दिसम्बर, 1933 में ही प्रेमचन्द ने नन्ददुलारे वाजपेयी के एक प्रश्न के उत्तर में कहा था कि ''जैनेन्द्र यदि अपने रहस्यवाद को छोड़ दें तो वे मेरे लेखन के बहुत कुछ समीप आ जायँ। उनके भीतर मनुष्य के प्रति एक गहरी संवेदना है और यही संवेदना मुझे आकृष्ट करती है।''(कमल किशोर गोयनका, *प्रेमचन्द विश्वकोश,* भाग-1, प्रभात प्रकाशन, नयी दिल्ली, प्र. सं. पृ.165)।
79. डा. शत्रुघ्न के अनुसार इसमें 1929-31 में लिखित कहानियाँ संकलित थीं। ('द्विज' जी का 'मृदुदल', *जनार्दन प्रसाद झा 'द्विज' स्मृति-तर्पण)*।
80. देखें, कमलकिशोर गोयनका (सं.) *प्रेमचन्द का अप्राप्य साहित्य* , खंड-1, पृ. 399
81. *किसलय* की भूमिका, आनन्दमूर्ति द्वारा उद्धृत, *जनार्दन प्रसाद झा 'द्विज' स्मृति-तर्पण,* पृ. 230
82. उपरिवत्, पृ. 235
83. चन्द्रगुप्त विद्यालंकार, *पहला नास्तिक,* राजपाल एण्ड सन्ज, दिल्ली, प्र. सं. जनवरी, 1961, 'भूमिका, पृ. 9; स्वयं लेखक की ही अन्यत्र दी गयी सूचना के अनुसार उनकी पहली कहानी 1922 में लिखी गयी थी। (*मेरी प्रिय कहानियाँ*/चन्द्रगुप्त विद्यालंकार, राजपाल एंड सन्ज, दिल्ली, 1976, 'मुझे इतना ही कहना है' शीर्षक भूमिका)।
84. चन्द्रगुप्त विद्यालंकार, *मेरी प्रिय कहानियाँ,* राजपाल एंड सन्ज, दिल्ली, 1976, 'मुझे इतना ही कहना है' शीर्षक भूमिका)।
85. लक्ष्मीकान्त वर्मा, *हिन्दी साहित्य कोश,* भाग 2
86. नामवर सिंह, *कहानी : नयी कहानी,* लोकभारती प्रकाशन, इलाहाबाद।
87. जगन्नाथ प्रसाद शर्मा, *कहानी का रचना विधान,* हिन्दी प्रचारक पुस्तकालय, वाराण्सी, द्वि. सं. 1961, पृ. 247
88. जैनेन्द्र कुमार, *अपना अपना भाग्य,* पूर्वोदय प्रकाशन, नयी दिल्ली, संस्करण (पेपरबैक) 1988 ('फोटोग्राफी', पृ. 61)

5

नयी जमीन की तलाश

राजनीतिक और आर्थिक दृष्टि से इस दशक का आरम्भ और शुरू के तीन वर्ष बहुत संघर्षपूर्ण थे। 'सविनय अवज्ञा आन्दोलन' को दबाने के लिए 5 मई, 1930 को गाँधी जी गिरफ्तार कर लिये गये थे और जनता ने इसका जवाब सारे देश में हड़तालों और प्रदर्शनों से दिया था। सरकार ने भी दमन की प्रक्रिया तेज कर दी। राजनीतिक बन्दियों की संख्या 90000 तक पहुँच गयी। पर जनवरी, 1931 में सरकार ने गाँधी जी और कांग्रेस कार्यकारिणी समिति के सदस्यों को जेल से छोड़ दिया। मार्च में पर्याप्त वार्ता के बाद गाँधी-इरविन समझौता ने रूप लिया। इस समझौते के अन्तर्गत सरकार ने दमन बन्द करने और हिंसक कार्यों में न सम्मिलित राजनीतिक कैदियों को छोड़ने का आश्वासन और गाँधी जी ने 'सविनय अवज्ञा आन्दोलन' को वापस लेने का वचन दिया। साथ ही उन्होंने प्रस्तावित गोलमेज कॉन्फ्रेंस में हिस्सा लेना भी स्वीकार कर लिया, जिसमें 'डोमिनियन स्टेटस' के रूप में भारत के संविधान की योजना पर विमर्श का प्रस्ताव था। कुछ ही समय बाद गाँधी जी गोलमेज कॉन्फ्रेंस में भाग लेने के लिए लन्दन रवाना हो गये। पर मतभेदों के कारण यह सम्मेलन भंग हो गया और प्रतिनिधि भारत लौट आए।

जिन दिनों गाँधी जी गोलमेज कॉन्फ्रेंस में भाग लेने के लिए लन्दन में थे, भारत में किसानों का असन्तोष बढ़ता दिखायी पड़ा। 1929 के विश्वस्तरीय आर्थिक मन्दी के कारण कृषि वस्तुओं के मूल्यों में गिरावट के फलस्वरूप किसानों के लिए सरकार द्वारा निर्धारित नकदी लगान अदा करना मुश्किल हो गया। 1929-34 का समय भारतीय किसानों के लिए बेहद निराशाजनक था। किसान लगान चुकाने में ही कर्ज से लद गये और भूखों मरने लगे। सरकार उन्हें किसी भी किस्म की रियायत देने को तैयार नहीं थी। लगान-वसूली में सरकार और जमींदारों की सख्ती बढ़ गयी और किसानों की जमीनें नीलाम होने लगीं। फलस्वरूप उत्तर प्रदेश के कुछ हिस्सों और गुजरात में किसानों के एक समुदाय ने लगान और कर देने से इनकार कर दिया। सरकार इसके लिए कांग्रेस को और कांग्रेस सरकार को—उसके दमनकारी कार्यों के लिए—दोष दे रही थी। गाँधी जी ने दिसम्बर में लन्दन से लौटते ही नये वायसराय विलिंगटन से सारी चीजों पर विचार करने के लिए समय माँगा, जिसे वायसराय ने अस्वीकार कर दिया। जब सरकार और

कांग्रेस के बीच समझौते की सारी सम्भावनाएँ समाप्त हो गयीं तो कांग्रेस ने सविनय अवज्ञा को पुनः आरम्भ करने का फैसला किया। 4 जनवरी, 1932 को गाँधी जी गिरफ्तार कर लिये गये। उसके तुरत बाद सरकार ने कई अध्यादेश, जैसे 'इमरजेन्सी पावर आर्डिनेन्सेज', 'द अनलॉफुल इन्स्टीगेशन आर्डिनेन्सेज', 'द प्रिवेन्शन ऑफ मोलेस्टेशन एंड बायकॉटिंग आर्डिनेन्स' और 'अनलॉफुल एसोसिएशन आर्डिनेन्स' जारी कर दिये। कांग्रेस के सभी संगठन प्रतिबन्धित कर दिये गये। लगभग सभी कांग्रेस नेता गिरफ्तार कर लिये गये। बड़े पैमाने पर और भी गिरफ्तारियाँ हुईं। कांग्रेस के अनुमान के अनुसार 1933 में गिरफ्तार हुए लोगों की संख्या 1,20,000 तक पहुँच गयी।

इसी समय ब्रिटेन के प्रधानमन्त्री मैकडोलन ने जुलाई में 'कम्युनल एवार्ड' की घोषणा कर दी, जिसमें दलित वर्गों और अन्य अल्पसंख्यकों के लिए अलग निर्वाचन-क्षेत्र की व्यवस्था की गयी थी। गाँधी जी इसके विरोध में आमरण अनशन पर बैठ गये। इसके परिणामस्वरूप 'पूना समझौता' हुआ, जिसमें दलित वर्गों के लिए आरक्षण की व्यवस्था की गयी। मई, 1933 में गाँधी जी ने दूसरा अनशन शुरू किया, जिसका उद्देश्य हरिजनों के उत्थान के लिए स्वयं को तथा अपने सहयोगियों को आत्मिक शान्ति प्रदान करना था। इसके बाद सरकार ने शीघ्र ही गाँधी जी को जेल से रिहा कर दिया। गाँधी जी की सलाह से जुलाई में कांग्रेस ने सविनय अवज्ञा को समाप्त कर देने का फैसला किया।[1] इस प्रकार 1934 में भारतीय स्वाधीनता आन्दोलन के इतिहास में दूसरा राष्ट्रवादी जनसंघर्ष—'सविनय अवज्ञा आन्दोलन'—समाप्त हो गया। निश्चय ही 1920-21 के आन्दोलन की तुलना में इस दौर के आन्दोलन का जनाधार बड़ा था। इसमें बड़ी मात्रा में किसान और मजदूर भी शामिल हुए, यद्यपि नेतृत्व कांग्रेस का ही बना रहा। पर कांग्रेस को इस बात का भय था कि यदि आन्दोलन को आगे बढ़ने दिया गया तो जमींदारों और मिलमालिकों के हितों को नुकसान पहुँचेगा। गाँधी जी पूँजीवादी निजी सम्पत्ति और जमींदारी पर आधारित भारतीय समाज की तत्कालीन आर्थिक संरचना के समर्थक थे और इसके जारी रखने के पक्ष में थे। वे यह जरूर चाहते थे कि पूँजीपति और जमींदार निजी सम्पत्ति के न्यासी के रूप में रहें और रैयतों तथा मजदूरों के कल्याण के प्रति जागरूक रहें। इस प्रकार गाँधी जी ने एक तरफ तो जन संघर्ष के द्वारा साम्राज्यवाद पर दबाव डाला कि वह देश को अपने चंगुल से मुक्त कर दे और दूसरी तरफ उस संघर्ष को ऐसा रूप भी न लेने दिया कि वह भारतीय निजी सम्पत्ति के मालिकों के हितों के खिलाफ जाए। ऐसा नहीं कि गाँधी जी जनता को प्यार नहीं करते थे, पर वे पूँजीवादी समाज व्यवस्था को अपने सपनों के अनुरूप बदलना चाहते थे।

प्रेमचन्द इस राजनीतिक-आर्थिक यथार्थ के भोक्ता और सजग साक्षी थे। 1936 के अक्तूबर महीने में तो उनका निधन ही हो गया। पर अपने अन्तिम समय तक प्रेमचन्द उर्दू और हिन्दी में लगातार कहानियाँ लिखते रहे। इस अवधि में उनके उर्दू में प्रकाशित होने वाले कहानी संग्रह *मेरे बेहतरीन अफ़साने* (1933), *आखिरी तोहफा,* (1934), *ज़ादे राह* (1936) आदि थे। उनके निधन के तुरत प्रकाशित होने वाले उर्दू

कहानी संग्रहों में *दूध की कीमत* (1937), *वारदात* (1938) और *देहात के अफसाने (1939)* का उल्लेख भी यहाँ किया जा सकता है। इस अवधि में हिन्दी में प्रेमचन्द की *समरयात्रा तथा अन्य कहानियाँ* (1932), *पंच प्रसून* और *प्रेमचन्द की सर्वश्रेष्ठ कहानियाँ* (1934), *प्रेम पीयूष* (1935) तथा *मानसरोवर*—भाग 1 और 2 (1936)[2] और उनके निधन के बाद *कफन और अन्य कहानियाँ* (1937), *ग्राम जीवन की कहानियाँ* (1938), *नारी जीवन की कहानियाँ* (1938) का प्रकाशन भी उनकी लोकप्रियता का प्रमाण है।

इस काल का राजनीतिक और उससे जुड़ा सामाजिक-आर्थिक यथार्थ उनकी कहानियों में गहरी संवेदना और स्पष्ट विचारधारा के साथ सदा के लिए कैद हो गया। उनकी 1931 में लिखित कहानियों—'जेल', 'होली का उपहार', 'आखिरी तोहफा' आदि में उसी समय चल रहे स्वाधीनता आन्दोलन का जुझारू रूप साकार हो उठा है। इन कहानियों की एक उल्लेखनीय विशेषता आजादी की लड़ाई में स्त्रियों की शिरकत का बहुत प्रभावी अंकन है। 'जेल' (1931) कहानी के सारे पात्र आजादी की लड़ाई में जूझती स्त्रियाँ हैं। इसकी एक पात्र, क्षमा, विधवा है, अकेली है। जलियाँवाला बाग में उसका सर्वस्व लुट चुका है, पति और पुत्र दोनो ही की आहुति चढ़ चुकी है। दस बरसों से उसका व्यथित हृदय जाति-सेवा में धैर्य और शान्ति खोज रहा है। औरों के लिए जाति-सेवा सभ्यता का एक संस्कार हो, या यशोपार्जन का एक साधन, क्षमा के लिए तो यह तपस्या है और वह नारीत्व की सारी शान्ति और श्रद्धा के साथ उसकी साधना में लगी हुई है। दूसरी पात्र मृदुला प्रथम बार तो धरना देने के जुर्म में पकड़ी जाती है, पर अपनी दलीलों के बल पर अदालत से छूट जाती है और इसके लिए स्वयं पर गर्व भी करती है। पर दूसरी बार वह आन्दोलन में अपना सबकुछ—पति, पुत्र, सास और शिशु गँवा कर और स्वयं भी आन्दोलन में शिरकत कर जेल-जीवन का वरण करती है। जेल पहुँचकर वह क्षमा से आन्दोलन का जो वर्णन करती है उससे प्रेमचन्द की आन्दोलन के प्रति प्रतिबद्धता का बोध होता है। वह कहती है : "परसों शहर में गोलियाँ चलीं। देहातों में आजकल संगीनों की नोक पर लगान वसूल किया जा रहा है। किसानों के पास रुपये हैं नहीं, दें तो कहाँ से दें। अनाज का भाव दिन दिन गिरता जाता है। पौने दो रुपये में मन भर गेहूँ आता है।...खेत की उपज से बीजों तक के दाम नहीं आते। मेहनत और सिंचाई इसके ऊपर। गरीब किसान लगान कहाँ से दें। उस पर सरकार का हुक्म है कि लगान कड़ाई के साथ वसूल किया जाय। किसान इस पर भी राजी हैं कि हमारी जमा-जथा नीलाम कर लो, घर कुर्क कर लो, अपनी जमीन ले लो; मगर यहाँ तो अधिकारियों को अपनी कारगुजारी दिखाने की फिक्र पड़ी हुई है। वह चाहे प्रजा को चक्की में पीस ही क्यों न डालें, सरकार उन्हें मना न करेगी। मैंने सुना है कि वह उलटे और सह देती है। सरकार को तो अपने कर से मतलब है प्रजा मरे या जिये, उससे कोई प्रयोजन नहीं। अक्सर जमींदारों ने तो लगान वसूल करने से इनकार कर दिया है। अब पुलिस उनकी मदद पर भेजी गयी है।...मरता क्या न करता, किसान भी घर-बार छोड़कर भागे जा रहे हैं।"..."जो किसान इसका विरोध करता है

उसे पुलिस इतना पीटती है कि उनकी मृत्यु तक हो जाती है। अन्य किसान यदि इस अत्याचार का विरोध करते हैं तो पुलिस गोलियाँ चला देती है और दर्जन भर लोग मारे जाते हैं और सैकड़ों घायल हो जाते है। आधे गाँव का कत्लेआम करके पुलिस लौट जाती है।...गाँव वालों की फरियाद कौन सुनता! गरीब हैं, बेकस हैं, अपंग हैं, जितने आदमियों को चाहो, मार डालो। अदालतों और हाकिमों से तो उन्होंने न्याय की आशा ही करना छोड़ दिया।" जब गाँव के किसान अपनी फरियाद लेकर शहर जाना चाहते हैं तो पुलिस गाँव की नाकेबन्दी कर देती है। इसकी परवाह न कर जुलूस निकालने पर पुलिस फिर गोली चलाती है और सैकड़ों आदमी हताहत हो जाते हैं। इस प्रसंग का प्रेमचन्द ने रोमांचकारी वर्णन किया है। इसी घटनाक्रम में मृदुला के पति, सास और पुत्र मारे जाते हैं। फिर जुलूस की तैयारी होती है, जिसका नेतृत्व मृदुला करती है। जुलूस के समर्थन में मृदुला कहती है : "लोग कहते हैं, जुलूस निकालने से क्या होता है। इससे यह सिद्ध होता है कि हम जीवित हैं, अटल हैं और मैदान से हटे नहीं हैं। हमें अपने हार न माननेवाले आत्माभिमान का प्रमाण देना था। हमें यह दिखाना था कि हम गोलियों और अत्याचार से भयभीत होकर अपने लक्ष्य से हटने वाले नहीं और हम उस व्यवस्था का अन्त करके रहेंगे, जिसका आधार स्वार्थपरता और खून पर है। उधर पुलिस ने भी जुलूस को रोक कर अपनी शक्ति और विजय का प्रमाण देना आवश्यक समझा।...इसका जनता ने वह जवाब दिया, जिसने अधिकारियों की आँखें खोल दी होंगी। सन्ध्या समय पचास हजार आदमी जमा हो गये।...निश्चित समय पर जुलूस ने प्रस्थान किया। मृदुला पुलिस द्वारा गिरफ्तार कर ली गयी और जुलूस को तितर बितर कर दिया गया।.." स्वाधीनता की लड़ाई का यह वर्णन इतना सजीव और बेलाग है कि प्रेमचन्द के साहस की प्रशंसा किये बिना नहीं रहा जा सकता। औपनिवेशिक शासन की नजर और कानून में यह देशद्रोह था और इसके लिए उन्हें कड़ी से कड़ी सजा हो सकती थी। शायद ही ऐसा साहस उस समय के किसी और लेखक ने किया हो। इस दृष्टि से यह कहानी अत्यन्त विशिष्ट है।

'सविनय अवज्ञा आन्दोलन' के तहत विदेशी वस्त्रों के बहिष्कार का अन्दोलन चल रहा था। इसमें भी स्त्रियाँ बढ़-चढ़ कर हिस्सा ले रही थीं। 'होली का उपहार' (1931) विदेशी वस्त्रों के बहिष्कार आन्दोलन से सन्दर्भित एक बहुत अच्छी कहानी है। आन्दोलन के साथ एक नवदम्पति की प्रेम-संवेदना को जोड़कर प्रेमचन्द ने कहानी को बहुत प्रीतिकर और प्रभावी बना दिया है। 'आखिरी तोहफा' (1931) मुख्यतः प्रेम कहानी है, जिसे विदेशी बहिष्कार आन्दोलन से सन्दर्भित कर कहानी को प्रभावी बनाने का प्रयास किया गया है। कहानी का प्रसंग 'होली का उपहार' से बहुत मिलता-जुलता है। यह कहानी कुछ बिखर गयी है और लेखक का मन्तव्य अस्पष्ट हो गया है।

प्रेमचन्द की एक विशेषता यह है कि वे सत्य या यथार्थ के सभी पक्षों को देखने की कोशिश करते हैं। विदेशी वस्तुओं के बहिष्कार-आन्दोलन में कांग्रेस समिति दुकानदारों की दुकानों में विदेशी कपड़ों की गाँठों पर सील लगा देती थी और यदि कोई

दुकानदार चुपके से उसे तोड़ता था तो उसे पकड़े जाने पर 'तावान' देना पड़ता था। बहिष्कार आन्दोलन के पक्ष में जनमत इतना तगड़ा था कि कोई भी दुकानदार उसका उल्लंघन करने की हिम्मत नहीं करता था। प्रेमचन्द की सहानुभूति भी आन्दोलन के साथ थी। पर इस आन्दोलन का एक दूसरा पक्ष भी था, जिस पर प्रेमचन्द जैसे सजग और संवेदनशील लेखक की ही दृष्टि जा सकती थी। दुकानदारों में कुछ ऐसे भी थे, जो निम्न मध्यवर्ग के थे और विदेशी कपड़ा बेच कर अपनी रोजी-रोटी चलाते थे। जब किसी ऐसे दुकानदार की विदेशी कपड़ों की गाँठ पर सील लग जाती थी तो उसे दो जून की रोटियों के लाले पड़ जाते थे। 'तावान' (1931) एक ऐसे ही छोटे दुकानदार की कहानी है। वह दैनिक आवश्यकताओं की पूर्ति करने में विफल होकर कांग्रेस की सील तोड़ देता है और दस रुपये का विलायती कपड़ा बेचने में सफल हो जाता है। पर स्वयंसेवकों की आँख में वह धूल नहीं झोंक पाता और सील तोड़ने के अपराध में कांग्रेस समिति उस पर एक सौ रुपये का 'तावान' लगा देती है। दुकानदार तावान देने की स्थिति में नहीं है। पर वह कांग्रेस की शक्ति के सामने सर्वथा अशक्त भी है। प्रेमचन्द ने दुकानदार की विवशता का मार्मिक चित्रण किया है। अन्त में वह अपना घर रेहन रखकर 'तावान' की रकम चुकाता है। उसकी पत्नी स्थिति को स्वीकार करती हुई कहती है : "इसे (घर को) रेहन रख दो और अब विलायती कपड़े भूलकर भी न बेचना। सड़ जायँ, कोई परवाह नहीं।...मेरी दवा-दारू की चिन्ता न करो। ईश्वर की जो इच्छा होगी, वह होगा। बाल-बच्चे भूखों मरते हैं, मरने दो। देश में करोड़ों आदमी ऐसे हैं जिनकी दशा हमारी दशा से भी खराब है। हम न रहेंगे, देश तो सुखी रहेगा।" स्वाधीनता की लड़ाई में साधारण आदमियों का यह त्याग-भाव उन्हें महान् बनाता है। संवेदना के नुकीलेपन की दृष्टि से भी यह कहानी उल्लेखनीय है। इससे स्वाधीनता आन्दोलन की शक्ति और स्वरूप का भी पता चलता है। 'अनुभव' (1932) में भी स्वाधीनता आन्दोलन में स्त्रियों की सक्रिय भागीदारी का चित्रण किया गया है और पति-पत्नी के सम्बन्ध को प्रसंग में पिरोकर कहानी को रोचक बनाया गया है।

जैसा कि हम प्रेमचन्द की प्रारम्भिक दौर की कहानियों में देख चुके हैं, वे प्रच्छन्न तरीकों से भी स्वाधीनता की लड़ाई का अंकन करते हैं। 'सती' (1932) में, जो दरअसल एक मार्मिक 'कथा' है, एक बुन्देली बालिका की वीरता और अपनी मातृभूमि के लिए किये गये उसके बलिदान का वर्णन किया गया है। वह अपने उस वीर पति तक को क्षमा नहीं करती जो उसके प्रेम में अपना कर्तव्य भूल गया था। मातृभूमि को शत्रुओं के पंजे से छुड़ाने का संकल्प इस कहानी का मूल भाव है, जो उस समय देश में चल रही आजादी की लड़ाई को व्यंजित करता है। 'दो बैलों की कथा' (1931) यद्यपि पशु-संवेदना पर आधारित कहानी है और प्रेमचन्द का व्यंग्य और विनोद भाव भी इसमें बड़े प्रभावी रूप में व्यक्त हुआ है, पर यदि इस कहानी को रूपक के रूप में पढ़ें तो अपने अधिकार के प्रति सजगता, अन्याय और अत्याचार का हर कीमत पर विरोध, स्वाभिमान की रक्षा, संगठन-शक्ति आदि की व्यंजना, जिसकी पराधीन भारत को जरूरत

थी, इस कथा में दिखायी देगी। 'काँजी हाउस' के बाड़े से पशुओं की मुक्ति तो सीधे सीधे देश के औपनिवेशिक शासन से मुक्ति की आकांक्षा से जुड़ती है।

यद्यपि गाँधी जी के आग्रह पर कांग्रेस ने 1934 में 'सविनय अवज्ञा आन्दोलन' वापस ले लिया, पर प्रेमचन्द की चेतना में यह युद्ध निरन्तर चल रहा था। यहाँ तक कि उन्होंने 1934-35 में गुप्त क्रान्तिकारियों की गतिविधियों के प्रति सहानुभूति संकेतित करने वाली कुछ कहानियाँ लिखीं जो गाँधी-विचारधारा के प्रतिकूल पड़ती हैं। 'खुदाई फौजदार' (1934) क्रान्तिकारियों के कारनामों पर आधारित कहानी है, जो अपना आन्दोलन चलाने के लिए प्रायः सेठों के यहाँ डाका डालते थे। इस कहानी में एक ऐसे ही डाके का वर्णन है। प्रेमचन्द की सहानुभूति स्पष्टतः क्रान्तिकारियों के साथ है। कहानी में सेठों की 'धार्मिकता' पर करारा व्यंग्य किया गया है। सेठ नानकचन्द के बारे में कथक टिप्पणी करता है–"हर पूर्णमासी को सत्यनारायण की कथा सुनते थे। हर मंगल को महावीर जी को लड्डू चढ़ाते थे, नित्यप्रति यमुना में स्नान करते थे और हर एकादशी को व्रत रखते और ब्राह्मणों को भोजन कराते थे। और इधर जब से घी में करारा नफा होने लगा था, एक धर्मशाला बनवाने की फिक्र में थे। जमीन ठीक कर ली थी। उनके असामियों में सैकड़ों ही थवई और बेलदार थे, जो केवल सूद में काम करने को तैयार थे। इन्तजार यही था कि कोई ईंट और चूने वाला फँस जाय और दस-बीस हजार का दस्तावेज लिखा ले, तो सूद में ईंट और चूना भी मिल जाय। इस धर्मनिष्ठा ने उनकी आत्मा को और भी शान्ति प्रदान कर दी थी।" क्रान्तिकारी बड़ी चालाकी से सेठ जी का सारा धन लूट लेते हैं और उनके लिए केवल तीन रुपये छोड़ देते हैं जिससे उन्होंने अपना कारोबार शुरू किया था। यद्यपि प्रेमचन्द का क्रान्तिकारी जीवन का अनुभव न के बराबर था, पर कल्पना से उन्होंने ऐसी कहानी गढ़ डाली है, जिसे लिखकर शायद अज्ञेय और यशपाल भी गर्व करते। पर प्रेमचन्द हिंसाधर्मी आन्दोलन के समर्थक नहीं थे, यह उनकी कतिपय कहानियों से स्पष्ट है। स्पष्ट है कि प्रेमचन्द क्रान्तिकारियों से सहानुभूति रखते हुए भी हिंसा मार्ग के पक्षधर नहीं थे। उदाहरण के लिए 'कातिल' (1934) कहानी भी आतंकवादी क्रान्तिकारी आन्दोलन से सम्बद्ध है। क्रान्तिकारी युवक धर्मवीर क्रान्तिकारी दल में शामिल हो गया है। उसकी बूढ़ी विधवा माँ आजादी की लड़ाई में 'दिलोजान से शरीक' है। पिता की राजद्रोहात्मक भाषण देने के अपराध में सजा हुई थी और जेल में ही उनका स्वर्गवास हो गया था। पर माँ और बेटे के आन्दोलन के रास्ते अलग अलग हैं। माँ का मार्ग गाँधी जी का सत्य-अहिंसा वाला मार्ग है, जबकि बेटा अँगरेज और हिन्दुस्तानी अफसरों की हत्याएँ कर, सरकार को भयभीत कर, अँगरेजों को देश से भगाने का स्वप्न देखता है। दोनो अपने-अपने पक्ष का तर्क से समर्थन करते हैं। माँ "राष्ट्र की सेवा की उस कसौटी पर जान देती थी जो त्याग, सदाचार, सच्चाई और साफदिली का वरदान है। उसकी आँखों में राष्ट्र का सेवक वह था जो नीच से नीच प्राणी का दिल भी न दुखाये, बल्कि जरूरत पड़ने पर खुशी से अपने को बलिदान कर दे। अहिंसा उसकी नैतिक भावनाओं का सबसे प्रधान अंग थी।"

धर्मवीर हिंसा मार्ग का पुजारी है। माँ कुछ सोचकर बेटे के क्रान्तिकारी दल में शामिल हो जाती है। गुप्त क्रान्तिकारी सभा पुलिस के सबसे बड़े अफसर को मारने की योजना बनाती है और यह काम माँ-बेटे को सौंपा जाता है। पर जब अफसर को मारने का समय आता है और धर्मवीर अफसर पर गोली चला देता है तो माँ बीच में आ जाती है और गोली लगने से उसकी मृत्यु हो जाती है। क्रान्तिकारी आन्दोलन से सम्बन्धित यह बहुत अच्छी कहानी है। इसमें भी प्रेमचन्द ने राष्ट्रप्रेम के साथ माँ-बेटे के भावनात्मक पक्ष को जोड़कर कहानी को मार्मिक बना दिया है। 'कातिल की माँ' (1935) कहानी में हिंसात्मक आन्दोलन में शामिल बेटे की अहिंसात्मक आन्दोलन में विश्वास करने वाली माँ कहती है : "धरम और नीति को हमेशा फतह हासिल हुई है और आइन्दा भी होगी। स्वराज्य कत्ल, खून से नहीं मिलता, त्याग, तप और आत्मशुद्धि से मिलता है।...यह समझ लो, जो स्वराज्य कत्ल व खून से मिलेगा, वह कत्ल व खून पर ही कायम रहेगा। अवाम की कोशिश से स्वराज्य मिलेगा, वह मुल्क की चीज होगी, अफ़राद (जनता) की चीज़ होगी और थोड़े-से आदमियों का एक गिरोह तलवार के जोर से इन्तजाम न करेगा। हम अवाम का स्वराज्य चाहते हैं, कत्ल व खून की ताकत रखने वाले गिरोह का नहीं।" पर बेटा अपनी ही राह पर चलता है और एक दिन वह एक अँगरेज अफसर की हत्या कर खुद तो भाग जाता है, पर अपराधी के रूप में कई अन्य निर्दोष युवक पकड़ लिये जाते हैं। माँ इसके लिए अपने बेटे की तम्बीह करती है और उससे अपना अपराध कबूल कर लेने की सलाह देती है। जब वह ऐसा नहीं करता तो माँ खुद ही अदालत में जाकर अपने बेटे को हत्या का अपराधी सिद्ध करने का निश्चय करती है। यद्यपि उसके मन में इसे लेकर द्वन्द्व होता है, पर अन्ततः पुत्र-प्रेम पर न्यायबुद्धि की विजय होती है और वह अदालत में पहुँचकर अपने बेटे के खिलाफ गवाही दे देती है। इन कहानियों से स्पष्ट है कि प्रेमचन्द क्रान्तिकारियों से सहानुभूति रखते हुए भी हिंसा मार्ग के पक्षधर नहीं थे।

प्रेमचन्द की कई कहानियों में देशी रियासतों के राजाओं का चरित्र और वहाँ चलनेवाली राजनीतिक गतिविधियों का चित्रण मिलता है। 'रियासत का दीवान' (1934) में एक ऐसे 'राजा' का चित्रण किया गया है जो 'पोलिटिकल एजेंट' को प्रसन्न रखने के लिए प्रजा पर अत्याचार करता है। उसके चरित्र की विशेषता है—"दुर्बलों के सामने कभी बिल्ली, कभी शेर; सबलों के सामने हमेशा भींगी बिल्ली।" पर यह समझ में नहीं आता कि प्रेमचन्द ने उसे 'साम्यवादी विचारों का' क्यों बताया है। प्रेमचन्द के जमींदार पात्र अक्सर 'साम्यवादी' विचार के अनुगामी होते हैं, पर उनके कार्य बिलकुल उलट होते हैं। शायद प्रेमचन्द उस काल में समाजवाद के नाम पर चलने वाले पाखंड का संकेत करना चाहते हैं। इस कहानी के राजा साहब भी अपनी प्रजा को ठगने के लिए ही साम्यवाद और देशभक्ति का मुखौटा धारण किये रहते हैं। वे अपनी राजभक्ति प्रदर्शित करने के लिए अपने भाषण में राष्ट्रीय आन्दोलन और हरिजनोद्धार की आलोचना करते है। वे इस रहस्य का उद्घाटन भी करते हैं कि सरकार दिल से हरिजन उद्धार आन्दोलन को भी राजनीतिक आन्दोलन समझती है और उसका केवल मौखिक समर्थन करती है।

अपनी आलोचना करने पर वे अपने राजभक्त दीवान के पुत्र और पत्नी को राज्य के बाहर चले जाने का आदेश दे देते हैं।

प्रेमचन्द की एक कहानी है, 'क्रिकेट मैच', जो उनके निधन के बाद जुलाई, 1937 में प्रकाशित हुई थी। इस कहानी का कथ्य, जो प्रसिद्ध फिल्म 'लगान' की कथा से मिलता है, 'किसी लक्ष्य की पूर्ति के लिए जीने-मरने' का सन्देश देना है। इसे स्वाधीनता संग्राम के साथ जोड़कर भी पढ़ा जा सकता है। आजादी की लड़ाई में विजय प्राप्त करने के लिए संकल्प की दृढ़ता आवश्यक थी। कहानी की केन्द्रीय पात्र मिस हेलेन कहती है : "किसी लक्ष्य को पूरा करने के लिए जो काम किया जाता है, उसी का नाम जिन्दगी है। हमें कामयाबी वहीं होती है जहाँ हम अपने पूरे हौसले से काम में लगे हों, वही लक्ष्य हमारा स्वप्न हो, हमारा प्रेम हो, हमारे जीवन का केन्द्र हो। हममें और लक्ष्य के बीच में कोई और इच्छा, कोई आरजू दीवार की तरह न खड़ी हो।" कहानी में मिस हेलेन का प्रेम खिलाड़ियों की प्रेरणा का स्रोत बना रहता है। वही प्रेम यदि देश के प्रति हो तो जीत में कोई सन्देह नहीं रह जाता।

जैसा हम पहले भी देख चुके हैं, प्रेमचन्द आजादी की लड़ाई को केवल 'संवैधानिक' संघर्ष का मुद्दा नहीं मानते, वरन् उसे जनहित के सन्दर्भ में भी देखते हैं। उन्हें इस बात का बोध था कि औपनिवेशिक शासन के सबसे बड़े शिकार छोटे किसान, कृषि-मजदूर, छोटे छोटे पेशों में लगे हुए निर्धन ग्रामीण, दलित आदि थे। अधिकतर कृषि-मजदूर तो दलित ही थे, जिनका शोषण जमींदारों से लेकर छोटे सवर्ण हिन्दू किसान तक करते थे। 'दूध का दाम'[3] कहानी में एक भंगी बच्चे की, जिसकी माँ ने जमींदार के बच्चे को अपना दूध पिलाकर पाला था, दयनीय स्थिति और संवेदना का चित्रण किया गया है। दलित बच्चे की माँ अपने बेटे के दूध का हिस्सा जमींदार के बच्चे को पिलाकर उसे जीवनदान देती है, पर उसकी मृत्यु के बाद उसका अपना बच्चा दाने दाने को तरसता है और जमींदार तथा उसके बच्चे का जूठन खाकर अपनी जिन्दगी बिताता है। उसका एकमात्र साथी टामी, एक कुत्ता है, जिसके साथ ही वह खाता और सोता है। प्रेमचन्द ने इस कहानी में दलित बच्चे की असहायता और अपमान का ही नहीं, उसकी गैरत का भी चित्रण किया है। जब ऊँची जाति के लड़के उसे अपने 'सवार सवार' के खेल में शामिल करना चाहते हैं तो वह सवाल करता है कि 'क्या इस खेल में वह बराबर 'घोड़ा' ही रहेगा या 'सवार' भी बनेगा?' जब दूसरे बच्चे उसके भंगी होने का हवाला देकर उसे हमेशा घोड़ा बनाने की बात कहते हैं तो वह जवाब देता है : "मैं कब कहता हूँ कि मैं भंगी नहीं हूँ; लेकिन तुम्हें मेरी ही माँ ने अपना दूध पिलाकर पाला है। जब तक मुझे भी सवारी करने को न मिलेगी, मैं घोड़ा न बनूँगा।" जब सभी बच्चे मिलकर जबरदस्ती उसे 'घोड़ा' बनने पर विवश कर देते हैं और जमींदार का बच्चा उसकी पीठ पर सवार हो जाता है तो वह उसे गिरा देता है। सुरेश, जमींदार का बच्चा, अपनी माँ से मंगल की झूठी शिकायत करता है और वह उसे अपमानपूर्वक निकल जाने का आदेश देती है। वह भूल जाती है कि उसका अपना बच्चा उसी भंगी बच्चे के हिस्से का दूध पीकर पला है।

मंगल को यह अपमान पीकर भी भूख मिटाने के लिए जमींदार का जूठन खाने को विवश होना पड़ता है। दलित जीवन की विवशता का यह चित्रण बेजोड़ है।

इस कहानी को पशु-पात्र—एक कुत्ते—की सृष्टि बेहद जानदार बना देती है। गली का कुत्ता टामी ही मंगल का एकमात्र दोस्त है। दोनो एक साथ खाना खाते हैं, एक ही टाट पर सोते हैं और एक दूसरे के सुख-सुख के सहभागी बनते हैं। दोनो के 'गहरी छनने' का प्रेमचन्द ने बहुत मार्मिक वर्णन किया है। जमींदार-पत्नी द्वारा अपमानित होने पर टामी ही मानो उसे सान्त्वना देने के लिए पहुँचता है। दोनो आपस में बातें करते हैं, एक दूसरे के प्रति सहानुभूति प्रकट करते हैं। प्रेमचन्द इस नाजुक क्षण में भी अपने विनोद भाव को नहीं भूलते। जब मंगल टामी से कहता है कि वह मर भी जाए तो उसे पीछे रोने वाला कौन है? टामी इस पर कहता है कि "यहाँ भी वही हाल है भाई, क्वार में जिस कुतिया से प्रेम किया था, उसने बेवफाई की और अब कल्लू के साथ है। खैरियत यही हुई कि अपने बच्चे लेती गयी, नहीं तो मेरी जान गाढ़े में पड़ जाती। पाँच पाँच बच्चों को कौन पालता?" इस विनोद में एक ऐसी करुणा छिपी हुई है, जो रोंगटे खड़े कर देने वाली है। जूठा पत्तल मिलने पर फिर दोनों में बातें होती हैं—

"...देखा पेट की आग ऐसी होती है! यह लात की मारी हुई रोटियाँ भी न मिलतीं, तो क्या करते?

टामी ने दुम हिला दी।

"सुरेश को अम्मा ने पाला था।"

टामी ने फिर दुम हिलाई।

"लोग कहते हैं, दूध का दाम कोई नहीं चुका सकता और मुझे दूध का यह दाम मिल रहा है।"

टामी ने फिर दुम हिलाई।

दलित बालक मंगल और गली के कुत्ते टामी का यह बिम्ब दलित जीवन की त्रासदी को व्यक्त करनेवाला बेहद शक्त प्रतीक बन गया है।

'ठाकुर का कुआँ' (1932) भी दलित जीवन की विभीषिका को प्रस्तुत करने वाली एक उच्च कोटि की कहानी है। कहानी की केन्द्रीय पात्र गंगी स्वगत चिन्तन करती है : "हम क्यों नीच हैं और ये लोग क्यों ऊँच हैं। इसलिए कि ये लोग गले में तागा डाल लेते हैं? यहाँ तो जितने हैं, एक से एक छँटे हैं। चोरी ये करें, जाल-फरेब ये करें, झूठे मुकदमे ये करें। अभी ठाकुर ने तो उस दिन बेचारे गड़रिये की एक भेड़ चुरा ली थी और बाद को मारकर खा गया। इन्हीं पंडित के घर में तो बारहो मास जुआ होता है। यही साहू जी तो घी में तेल मिलाकर बेचते हैं। काम करा लेते हैं, मजूरी देते नानी मरती है। किस बात में हैं हमसे ऊँचे? हाँ, मुँह से हमसे ऊँचे हैं, हम गली-गली चिल्लाते नहीं कि हम ऊँचे हैं, हम ऊँचे! कभी गाँव में आ जाती हूँ, तो रस-भरी आँख से देखने लगते हैं। जैसे सबकी छाती पर साँप लोटने लगता है, परन्तु घमंड यह कि हम ऊँचे हैं।" बड़े कौशल से कहानीकार ने इसमें पुरुषों द्वारा स्त्री के श्रम-शोषण को भी शामिल कर

लिया है। संरचना की दृष्टि से भी यह कहानी बेजोड़ है।[4] 'गुल्ली डंडा' (1933) कहानी की विशेषता इस तथ्य के उद्घाटन में हैं कि बचपन में एक दलित बालक अपने को किसी अभिजात परिवार के बालक से हीन नहीं समझता, पर बड़ा होने पर, जब परिस्थितियाँ बदल जाती हैं, वह हीनता-बोध से भर जाता है। इस कहानी में अभिजात वर्ग के पात्र का अपने बचपन के दलित साथी के प्रति मानवीय और समतापूर्ण व्यवहार भी मन को भाता है।

'ठाकुर का कुआँ' के ही समान 'जुरमाना'[5] और 'कफन'[6] भी दलित संवेदना की उल्लेखनीय मनोवैज्ञानिक कहानियाँ हैं। 'जुरमाना' में एक सफाई करने वाली भंगी जाति की स्त्री की विवशता का प्रभावोत्पादक मनोवैज्ञानिक अंकन किया गया है। 'कफन' का केन्द्रीय कथ्य तो यही है कि औपनिवेशिक शासन की सामाजिक-आर्थिक व्यवस्था ने दलितों की चेतना को ऐसा कुन्द कर दिया था कि वे मानवीय संवेदना और सामाजिक नैतिक सोच से भी परे हो गये थे। वैसे कहानी के दलित पात्रों का 'अ-मानवीकरण' कुछ आलोचकों को अतिरंजित प्रतीत हो सकता है, पर प्रेमचन्द ने इस कहानी के माध्यम से समकालीन स्थिति का जो सच दिखाया है, वह बेजोड़ है। कहानी के दलित पात्रों, घीसू और माधव के बारे में कथक सूचित करता है : "विचित्र जीवन था इनका! घर में मिट्टी के दो-चार बर्तनों के सिवा कोई सम्पत्ति नहीं। फटे चीथड़ों से अपनी नग्नता को ढँके हुए, जिये जाते थे। संसार की चिन्ताओं से मुक्त ! कर्ज से लदे हुए। गालियाँ भी खाते, मार भी खाते, मगर कोई भी गम नहीं। दीन इतने कि वसूली की बिलकुल आशा न रहने पर भी लोग इन्हें कुछ न कुछ कर्ज दे देते थे।" यह गरीबी की वह दशा है, जहाँ मानवीय संवेदना और नैतिक मूल्यों का सर्वथा अवसान हो जाता है। मनुष्य पशु में बदल जाता है, जो भूख और वासना के अतिरिक्त और कुछ नहीं जानता। कथक इसकी व्याख्या में कहता है : "जिस समाज में रात-दिन मेहनत करने वालों की हालत उनकी हालत से कुछ बहुत अच्छी न थी, और किसानों के मुकाबले में वे लोग, जो किसानों की दुर्बलताओं से लाभ उठाना जानते थे, कहीं ज्यादा सम्पन्न थे, वहाँ इस तरह की मनोवृत्ति का पैदा हो जाना कोई अचरज की बात न थी। हम तो कहेंगे घीसू किसानों से कहीं ज्यादा विचारवान था और किसानों के विचार-शून्य समूह में शामिल होने के बदले बैठकबाजों की कुत्सित मंडली में जा मिला था। हाँ, उसमें यह शक्ति न थी कि बैठकबाजों के नियम और नीति का पालन करता। इसलिए जहाँ उसकी मंडली के और लोग गाँव के सरगना और मुखिया बने हुए थे, उस पर सारा गाँव उँगली उठाता था। फिर भी उसे यह तसकीन तो थी ही कि अगर वह फटेहाल है तो कम से कम उसे किसानों की सी जी-तोड़ मेहनत तो नहीं करनी पड़ती, और उसकी सरलता और निरीहता से दूसरे लोग बेजा फायदा तो नहीं उठाते।" इस कहानी में प्रेमचन्द ने परोपजीवी जीवन की हृदयहीनता के सन्दर्भ में उस भूख का चित्रण किया है जिसकी तड़प में व्यक्ति स्वार्थ के कठोरतम स्तर पर पहुँच जाता है। उनकी मुफ्तखोरी मनोसामाजिक दृष्टि से उस अलगाव की देन है जो सामन्तवादी-पूँजीवादी व्यवस्था की सृष्टि है।

अपनी इस अवधि की कहानियों में भी प्रेमचन्द ने समकालीन सामाजिक संरचना का बहुत प्रामाणिक अंकन किया है। 'दूसरी शादी' और 'सौत' (1931) कहानियों में पत्नी की मृत्यु हो जाने पर, पुत्र के रहते, दूसरी शादी करने के कुपरिणाम का ही नहीं, सौत के प्रति सौत के प्रेम और त्याग का चित्रण भी किया गया है। यह कहानी सौत के पुराने मिथ को तोड़ती है। 'झाँकी' में सास-बहू के संघर्ष और उसमें पिसते बेटे/पति की स्थिति का यथार्थ अंकन हुआ है। 'गृह-नीति' भी मध्यवर्गीय परिवार में सास-बहू के सम्बन्ध की कहानी है। 'नया विवाह' में बुढ़ापे में कम उम्र की लड़की से विवाह करने की समस्याओं का चित्रण किया गया है।[7] 'पैपुजी' में बेटे की शादी में समधी और बरातियों के बेटीवाले के साथ अभद्र और अशोभन व्यवहार, लड़की के वृद्ध पिता द्वारा भावी दामाद की 'पैपुजी' (पाँव पूजने की प्रथा) आदि का चित्रण किया गया है। इन कहानियों में प्रेमचन्द का रवैया स्पष्टतः आलोचनात्मक है।

कतिपय आलोचकों ने तनिक अतिरिक्त विश्वास के साथ कहा है कि प्रेमचन्द के यहाँ प्रेम-संवेदना की कहानियाँ नहीं हैं। दरअसल यह धारणा 'प्रेम' की संकीर्ण अवधारणा की उपज है। प्रेमचन्द 'प्रेम' को दाम्पत्य सम्बन्ध के सन्दर्भ में देखने के हामी थे। इसका उदाहरण 'नेउर' कहानी है, जिसमें कृषक मजदूर नेउर का पत्नी के प्रति अनन्य प्रेम चित्रित हुआ है। 'स्मृति का पुजारी' भी मृत पत्नी के प्रेम की स्मृति में जीनेवाले पति की कहानी है। 'तथ्य'[8] कहानी में लड़की (पूर्णिमा) विवाह के बाद यथार्थ को स्वीकार कर लेती है, और उसके मन में विवाहपूर्व प्रेम की संवेदना जीवित रहती भी है तो वह अवचेतन में कहीं गुम हो गयी है। पति की मृत्यु हो जाने पर भी उसके प्रति उसकी निष्ठा में कोई कमी नहीं आती। दूसरी तरफ लड़के (अमृत) के मन में विवाह पूर्व प्रेम की संवेदना अधिक स्पष्ट रूप में विद्यमान है। पर पूर्णिमा को देखकर उसे यह ज्ञात हो जाता है कि "जन्म भर उसने जिस वस्तु को तथ्य समझ रखा था, वह वास्तव में मृगतृष्णा था, अथवा केवल स्वप्न था।" प्रेम के इस रूप को भले ही कुछ नये कहानीकार और कथालोचक 'काल्पनिक' और 'आदर्श' की संज्ञा दें पर यदि प्रेमचन्द को यह सच प्रतीत होता है, तो इसकी आलोचना नहीं की जा सकती। हाँ, 'रहस्य' कहानी के बारे में यह जरूर कहा जा सकता है कि उसमें अंकित प्रेम संवेदना आदर्शवाद की भेंट चढ़ गयी है। पर एक दूसरे कारण से यह कहानी उल्लेखनीय है। इस कहानी की एक केन्द्रीय पात्र मंजुला मानती है कि "अगर पुरुष स्वतन्त्र है तो स्त्री भी स्वतन्त्र है।.. जिस पुरुष में उसका प्रेम नहीं है, न विश्वास है, उसके प्रति वह किसी तरह का नैतिक या धार्मिक बन्धन स्वीकार नहीं करती। वह अपने को स्वच्छन्द समझती है।" यह नारी-विमर्श सम्बन्धी नयी दृष्टि है। मंजुला पति की मृत्यु हो जाने के बाद स्वच्छन्द जीवन बिताने लगती है। 'प्रेम का उदय' का भी केन्द्रीय विषय प्रेम है, जो कष्टों से गुजरने के बाद पैदा होता है। कंजरों के जीवन का भी इस कहानी में प्रेमचन्द ने विश्वसनीय चित्रण किया है।

प्रेमचन्द की कहानियों में मिल मजदूरों का चित्रण बहुत कम हुआ है। इसका कारण

सम्भवतः इस जिन्दगी से उनका अपरिचय था। 'कैदी' कहानी में मिल मालिक से मजदूरों के संघर्ष का चित्रण किया गया है। कहानी के आरम्भ में मिल मालिक सेठ खूबचन्द के धन-लोभ का वर्णन किया गया है। साथ ही उनकी धर्म-भावना और विलासिता की पोल खोली गयी है। कहानी के दूसरे खंड में सेठ जी की मजदूर-नीति का वर्णन किया गया है। वे अधिक से अधिक नफा कमाकर भी मजदूरों का वेतन कम करने का प्रयत्न करते हैं और इसके विरोध में हुई हड़ताल को दबाने के लिए मजदूरों के नेता गोपीचन्द पर गोली तक चला देते हैं। स्वदेशी आन्दोलन से स्वदेशी मिलों के माल की खपत दुगुनी हो जाने और अत्यधिक मुनाफा होने के बावजूद वे कपड़े की कीमत बढ़ा देते हैं और मजदूरी घटाने की नीति अपनाते हैं। यह पूँजीवादी अर्थनीति है, जिसे प्रेमचन्द भलीभाँति समझते थे। स्वदेशी आन्दोलन से मिलमालिकों को अधिक लाभ होने और मजदूरों के उससे वंचित रह जाने का तथ्य स्वाधीनता आन्दोलन की सच्चाई के एक महत्त्वपूर्ण पक्ष को सामने रखता है। प्रेमचन्द मजदूरों का पक्ष रखने में कोई कमी नहीं करते। सेठ की गोली से मजदूर नेता बुरी तरह घायल हो जाता है और जब इसका बदला लेने के लिए मजदूर सेठ को घेर लेते हैं तो कृष्णचन्द्र घायल अवस्था में ही मजदूरों के सामने आकर सेठ को छोड़ देने का अनुरोध करता है। इस घटना से सेठ का हृदय-परिवर्तन हो जाता है, पर तभी गोपीनाथ के जनाजे का जुलूस पहुँच जाता है। इस प्रसंग का प्रेमचन्द ने बहुत सजीव वर्णन किया है। सेठ पुलिस के समक्ष अपना अपराध स्वीकार कर लेता है। सेठ पर मुकदमा चलता है और उसे गोपीचन्द की हत्या के जुर्म में चौदह वर्ष की सजा हो जाती है। जेल चले जाने के बाद उसका सारा कारोबार तहस नहस हो जाता है, पर उनकी पत्नी निराश नहीं होती। वह अपने नवजात पुत्र का पालन पोषण करती है और सबका देना भी चुका देती है। वह लोगों के घरों में स्वदेशी वस्तुओं का प्रचार करके गुजर-बसर भर को कमा लेती है। यहीं प्रेमचन्द को न जाने क्या सूझता है कि वे सेठ के लड़के कृष्णचन्द्र को गोपीनाथ के पुनर्जन्म के रूप में प्रस्तुत करते हैं। उसकी माँ को इसका बात का आभास हो जाता है कि गोपीचन्द ने ही कृष्णचन्द्र के रूप में पुनर्जन्म लिया है। चौदह वर्ष जेल की सजा भुगत कर सेठ घर लौटता है। पुत्र को देखकर वह अपनी पत्नी से कहता है : "भगवान की लीला है कि जिसकी मैंने हत्या की, वही मेरा पुत्र हो। मुझे तो विश्वास है, गोपीनाथ ने ही इसमें अवतार लिया है।" कहानी में इसके बाद जो प्रसंग निर्मित किये गये हैं वे प्रेमचन्द की विचारधारा सम्बन्धी भटकाव के द्योतक हैं। ईश्वर के प्रति सेठ का विश्वास, मिल में पुनः हड़ताल होने पर कृष्णचन्द्र की पुलिस की गोली से मृत्यु, सेठ का हृदय-परिपरिर्तन आदि घटनाएँ कहानीकार के रूप में प्रेमचन्द की असफलता की द्योतक हैं। प्रेमचन्द की आकार में लम्बी कहानियाँ प्रायः बिखराव की शिकार हो जाती हैं। यह कहानी भी इसका प्रमाण है।

प्रेमचन्द की कहानियों में नारी-विमर्श के अनेक आयाम दिखायी पड़ते हैं। सन् 31 के दशक में पति की मृत्यु के बाद स्त्री परिवार और समाज में बिलकुल असहाय हो

जाती थी और उसे दुख देने तथा निगलने के लिए सभी मुँह फाड़ लेते थे। 'मृतक-भोज' कहानी में पति की मृत्यु के बाद अकेली स्त्री की श्राद्ध-भोज के नाम पर बिरादरी द्वारा लूट का चित्रण किया गया है। 'बेटों वाली विधवा' में भी समृद्ध परिवारों में पति की मत्यु के बाद पत्नी के अधिकारविहीन होकर अपमानित और असहाय जीवन व्यतीत करने की विवशता का अंकन हुआ है। अन्तर यह है कि 'बेटों वाली विधवा' में स्त्री का शोषण उसके बहू-बेटे करते हैं और 'मृतक-भोज' में बिरादरी के लोग। स्त्री के प्रति क्रूरता बरतने में दोनों एक समान हैं। 'कुसुम' मे दहेज के लिए पति द्वारा गौने की प्रतीक्षा करती हुई पत्नी के परित्याग का चित्रण किया गया है। पर इस दशक की स्त्री अपनी स्थिति से निबटना सीख गयी है। जबतक पत्नी को यह बात ज्ञात नहीं है, तब तक वह पति को प्रेमभरे पत्र लिखती है पर ज्योंही उसे स्थिति का ज्ञान होता है कि वह भी उसका परित्याग करने का निश्चय कर लेती है। वह अपने माता पिता की बात नहीं सुनती, जो दहेज की माँगी रकम देने को तैयार हो गये हैं। वह अपनी माँ से कहती है : "जो आदमी इतना स्वार्थी, इतना दम्भी, इतना नीच है, उसके साथ मेरा निर्वाह न होगा। मैं कहे देती हूँ, वहाँ रुपये गये, तो मैं जहर खा लूँगी।...मैं ऐसे आदमी का मुँह भी नहीं देखना चाहती। दादा से कह देना...मैंने स्वतन्त्र रहने का निश्चय कर लिया है।" प्रेमचन्द की सहानुभूति कुसुम के साथ है। 'कथक' के माध्यम से वे कहते हैं, "मैं नारियों में ऐसा ही आत्माभिमान देखना चाहता हूँ।" 'शान्ति'-2 (1934) शीर्षक कहानी[9] के पूर्वार्ध में तो एक विधवा हो गयी स्त्री के धैर्य, शील और कर्तव्यपरायणता का चित्रण किया गया है, पर उत्तरार्ध में उसकी पुत्री के विवाह के सन्दर्भ से एक भिन्न प्रकार की स्त्री का चित्र सामने आता है। उसकी लड़की सुन्नी "उन स्त्रियों में नहीं है, जो पति को देवता समझती हैं और उसका दुर्व्यवहार सहती रहती है...वह अगर आत्मसमर्पण करती है तो आत्मसमर्पण चाहती भी है, और यदि पति में यह बात न हुई, तो वह उससे कोई सम्पर्क न रखेगी, चाहे उसका सारा जीवन रोते कट जाय।" अन्ततः होता यह है कि सुन्नी का पति एक 'एक्ट्रेस' को लेकर भाग जाता है और सुन्नी उसी दिन अपनी चूड़ियाँ तोड़ डालती है और माँग का सिन्दूर पोंछ डालती है और आत्महत्या कर लेती है। इस कहानी में प्रेमचन्द की सहानुभूति सुन्नी के साथ है।

प्रेमचन्द वेश्या को घृणा की नजर से नहीं देखते। 'वेश्या' (1933) कहानी की वेश्या की सच्चे प्रेम और सामान्य जीवन के लिए तड़पती है और इसकी तलाश में अपनी जान तक दे डालती है। 'मनोवृत्ति' (1934) कहानी में पार्क में एक स्त्री को बेंच पर सोते देखकर लोग उसके बारे में तरह तरह के अनुमान करते हैं। कोई उसे वेश्या बताता है, कोई कुलवधू। प्रेमचन्द इस कहानी में स्त्री के प्रति पुरुष-दृष्टिकोण का पर्दाफाश करते हैं।

'शान्ति'-1 में आधुनिक यूरोपीय सभ्यता का अनुगमन करने वाली स्त्रियों की तुलना में परम्परागत भारतीय स्त्रियों को श्रेष्ठ सिद्ध किया गया है। स्त्री के सम्बन्ध में प्रेमचन्द की धारणा अन्त अन्त तक अन्तर्विरोध से ग्रस्त रही, यह उनके उपन्यास

गोदान से भी सिद्ध है। इस कहानी का 'आधुनिक' पति पहले तो अपनी पत्नी को ठोंक-पीट कर 'आधुनिक' बनाता है और जब वह पक्की आधुनिक बन जाती है, तो उसकी आँखें खुल जाती हैं और वह उसे फिर पुराने रंग-ढंग में देखने का आग्रही हो जाता है। वह उससे कहता है : "मैं फिर तुम्हें वही पहले की सी सलज्ज, सिर नीचा करके चलने वाली, पूजा करने वाली, रामायण पढ़ने वाली, घर का काम-काज करने वाली, पतिश्रद्धा से परिपूर्ण स्त्री देखना चाहता हूँ।" पत्नी सोचती है : "इस स्वतन्त्र जीवन में कितना सुख था? ये मजे वहाँ कहाँ? क्या इतने दिन स्वतन्त्र वायु में विचरण करने के पश्चात् फिर उसी पिंजरे में जाऊँ? वही लौंडी बनकर रहूँ?" पति कहता है : "अब मुझे पूर्ण विश्वास हो गया कि सभ्यता, स्वेच्छाचारिता का भूत स्त्रियों के कोमल हृदय पर बड़ी सुगमता से कब्जा कर सकता है।" स्त्री को भी अपनी 'भूल' का ज्ञान हो जाता है : "तूने फैशन और वस्त्राभूषणों में अवश्य उन्नति की है, तुझमें अपने स्वार्थों का ज्ञान हो आया है, तुझमें जीवन के सुख भोगने की योग्यता अधिक हो गयी है, लेकिन तेरे आत्मिक बल का विनाश हो गया, क्योंकि तू अपने कर्तव्य को भूल गयी।" 'बारात' में पति-पत्नी में इस कारण नहीं बनती कि देवकी नाथ पुरानी तहजीब के कायल हैं, जबकि पत्नी फूलवती नयी रोशनी की। प्रेमचन्द इस कहानी में स्त्री के पक्ष में हैं।

इस दशक में भी प्रेमचन्द ने बाल-संवेदना की कतिपय मार्मिक कहानियाँ लिखीं। 'खेल' (1931) और 'ईदगाह' (1933) बाल-संवेदना की बेजोड़ कहानियाँ हैं। 'ईदगाह' की पृष्ठभूमि में एक दलित मुस्लिम परिवार का सजीव बिम्ब है। इस कहानी में एक बच्चे की भावनाओं, सोच और चिन्तन का ऐसा वर्णन है, जो पाठक को मानवीय संवेदना और करुणा से सराबोर कर देता है। दलित मुस्लिम परिवार का यथार्थ चित्रण भी बेजोड़ है। बड़े ही सूक्ष्म, संकेत की शैली में प्रेमचन्द अभिजात मुस्लिम समाज का चित्र भी प्रस्तुत कर देते हैं। जब बच्चों में 'जिन्नात' का प्रसंग छिड़ता है तो एक बच्चा चौधरी कायम अली की समृद्धि का श्रेय 'जिन्नात' को ही देता है। : "अब यह तो मैं नहीं जानता, लेकिन चौधरी साहब के काबू में बहुत से जिन्नात हैं। कोई चीज चोरी जाय, चौधरी साहब उसका पता लगा देंगे और चोर का नाम भी बता देंगे। जुमराती का बछवा उस दिन खो गया था। तीन दिन हैरान हुए, कहीं न मिला, तब झख मारकर चौधरी के पास गये। चौधरी ने तुरत बता दिया, मवेशीखाने में है और वहीं मिला। जिन्नात आकर उन्हें सारे जहान की खबरें दे जाते हैं।" इस कथन का व्यंग्य सहृदय-संवेद्य है। इसी प्रकार बच्चों की बातचीत के माध्यम से वे पुलिस विभाग में व्याप्त भ्रष्टाचार की ओर भी संकेत कर देते हैं। मोहसिन सिपाहियों के पहरा देने के प्रसंग पर टिप्पणी करता है : "यह कानिंसटिबल पहरा देते हैं! तभी तुम बहुत जानते हो। अजी हजरत, यही चोरी कराते हैं। शहर के जितने चोर-डाकू हैं, सब इनसे मिले रहते हैं। रात को ये लोग चोरों से तो कहते हैं, चोरी करो और आप दूसरे मुहल्ले में जाकर 'जागते रहो, जागते रहो!' पुकारते हैं। जभी इन लोगों के पास इतने रुपये आते हैं।" प्रेमचन्द की व्यंग्यपूर्ण शैली इस कहानी को भी प्रभावी बनाती है। बालक के साथ साथ

बूढ़ी दादी अमीना की वात्सल्य संवेदना का भी कहानी में उतना ही शक्त अंकन हुआ है।

प्रेमचन्द की कतिपय कहानियाँ अद्‌भुत किस्सागोई के साथ समाज की विभिन्न समस्याओं पर प्रकाश डलती हैं। 'आखिरी हीला' एक मनोरंजन प्रधान कहानी है, जिसमें शहर में पत्रकार का काम करनेवाला पति अपनी पत्नी को शहर की तरह तरह की कठिनाइयाँ गिना कर वहाँ आने से रोकना चाहता है। पर उसका कोई भी बहाना कारगर नहीं होता और पत्नी बच्चों के साथ उसके पास आ जाती है। 'लांछन' में एक महिला आश्रम की नौकरानी जुगनू बाई कुटनी का काम करती है और आश्रम की महिलाओं की जान साँसत में डाले रहती है। उसकी यह आदत नयी तबादले पर आयी हेड मिस्ट्रेस मिस खुरशेद बहुत ही मनोरंजक तरीके से छुड़ा देती हैं। 'डिमांस्ट्रेशन' में एक नाटककार और उसके साथी नाटक-कम्पनी के मालिक को मूँड़ना चाहते हैं, पर मालिक सेठ ही उन्हें उल्टे उस्तरे से मूँड़ लेता है और नाटककार-मंडली मुँह देखती रह जाती है। 'तगादा' में एक कंजूस सेठ की दुर्दशा का व्यंग्य और विनोद से भरी शैली बहुत ही रोचक, मनोरंजक चित्रण किया गया है। 'रसिक सम्पादक' में एक विधुर पत्रिका-सम्पादक की रसिकता का मनोरंजक चित्रण किया गया है। वे पुरुष लेखकों की अच्छी अच्छी रचनाएँ रद्दी की टोकरी में डाल देते हैं, पर महिला लेखकों की साधारण रचनाएँ भी प्रकाशित कर देते हैं और उनकी खूब तारीफ करते हैं। कहानी में ऐसे सम्पादकों पर व्यंग्य और विनोद के छींटे कसे गये हैं। 'पंडित मोटेराम की डायरी' में मोटेराम जी के डायरी लिखने का शौक फरमाने के क्रम में हर कदम पर होने वाली उनकी मूर्खता का रोचक वर्णन किया गया है। 'स्वाँग' कहानी भी 'कहानी' की दृष्टि से तो नहीं, पर एक रोचक कथा और समकालीन सामाजिक संरचना के अध्ययन की दृष्टि से उल्लेखनीय है। हास्य रस की निष्पत्ति की दृष्टि से भी यह उल्लेखनीय मानी जा सकती है। 'लॉटरी' कहानी में लाटरी का प्रसंग व्यंग्य और विनोद के गहरे पुट के साथ बहुत ही मनोरंजक रूप में प्रस्तुत किया गया है। 'मोटर के छींटे' में बरसात के मौसम में पैदल चलने वालों के बगल से, उनके ऊपर कीचड़ के छींटे उड़ाती हुई गुजरने वाली मोटरगाड़ियों के प्रसंग को लेकर एक मनोरंजक और यथार्थ पर टिकी कथा प्रस्तुत की गयी है। 'यह भी नशा, वह भी नशा' में एक बहुत ही रोचक प्रसंग के माध्यम से एक तरफ तो अँगरेज अफसरों के सामने 'रायसाहब' कहे जानेवाले रईसों की बेचारगी और उनके दयनीय रूप से कृपाकांक्षी होने का चित्रण किया गया है, दूसरी तरफ उनके पाखंडपूर्ण व्यवहार की आलोचना की गयी है।

प्रेमचन्द धन-सम्पत्ति के केन्द्रीकरण को तोल्सतोय और गाँधी जी की ही तरह सम्मान की दृष्टि से नहीं देखते थे। 'नशा' कहानी व्यक्ति पर पड़ने वाले धन के दूषित प्रभाव का बहुत ही मनोवैज्ञानिक अंकन करती है। प्रेमचन्द अनैतिक तरीकों से अर्जित धन की तुलना में ईमानदारी से, खून-पसीना बहाकर अर्जित कमाई को अधिक महत्त्व देते हैं। 'दो बहनें' कहानी में ईर्ष्याजनित मनोविज्ञान के साथ अपने इस विचार का

प्रभावशाली अंकन किया गया है। 'लेखक' (1931) में भी धन और ऐश्वर्य की तुलना में एक निर्धन लेखक के स्वाभिमान को महत्त्व दिया गया है। यह कहानी इतनी प्रभावोत्पादक है कि वह उनके जीवनवृत्त का अंग जान पड़ती है। यद्यपि प्रेमचन्द के जीवन में घटित ऐसे किसी प्रसंग का उल्लेख उनके जीवनी-लेखकों ने नहीं किया है, पर इस कहानी की अनुभूति की निजता और घनता को देखते हुए इसे उनके बहुत 'निजी' अनुभव से जोड़कर देखना असंगत नहीं प्रतीत होता। यह प्रेमचन्द की कुछ अच्छी कहानियों में से एक है, जिसमें एक लेखक की साधना, आर्थिक तंगी, स्वाभिमान, विवशता, यश पाने की स्वाभाविक ललक, किन्हीं दुर्बल क्षणों में अपनी वास्तविक स्थिति को भूल जाने की गलती आदि का भी बहुत मार्मिक अंकन हुआ है। क्षणिक और मिथ्या गर्व के भीतर से झाँकता दर्द, स्वाभिमान के पीछे मुस्कुराती निराशा, साधना के पीछे हँसती हुई नियति का इससे अच्छा अंकन शायद ही कहीं मिले।

यद्यपि इस दशक में जयशंकर प्रसाद का एक ही कहानी संग्रह *इन्द्रजाल* (1936) प्रकाशित हुआ, पर कथ्य की विशिष्टता और कलात्मक दृष्टि से उनकी कहानियाँ हिन्दी कथा साहित्य की विशिष्ट उपलब्धि हैं। इस संकलन की 15 कहानियों में से केवल पाँच का प्रेम की रोमानी संवेदना से युक्त होना इस बात का परिचायक है कि प्रसाद का झुकाव निरन्तर यथार्थ की ओर हो रहा था। यह उनके प्रेमचन्द के सम्पर्क में आने का भी परिचायक हो सकता है। इसके बावजूद इस काल में लिखित रोमानी प्रकृति की कहानियों की गुणवत्ता को देखते हुए यही कहा जा सकता है कि यही उनकी प्रकृत भूमि थी। 'गुंडा' और 'इन्द्रजाल' इस संकलन की सर्वश्रेष्ठ रोमानी प्रेम की कहानियाँ हैं। 'गुंडा' अठारहवीं सदी के बनारस के इतिहास पर आधारित वीरता, स्वाभिमान, अक्खड़ता और प्रेम-संवेदना की एक अद्वितीय कहानी है और श्रेष्ठता के क्रम में यह 'आकाश दीप' के साथ रखी जा सकती है। यद्यपि कहानी घटनाओं से भरी पड़ी है, पर प्रेम और बलिदान की मिश्रित संवेदना का क्षण कथा के बीच में, और विशेष रूप से उसकी परिणति पर इस प्रकार प्रतिभासित है कि कहानी विशिष्ट और स्मरणीय बन गयी है। रोमानी प्रेम का देश प्रेम के साथ संयोग हो जाने से कहानी में और भी जान आ गयी है। बनारसी 'गुंडा' के व्यक्तित्व की गढ़न में तो प्रसाद ने अपनी अद्‌भुत कल्पना-शक्ति और 'बनारसीपन' का परिचय दिया है : "वह पचास वर्ष से ऊपर था। तब भी वह युवकों से बलिष्ठ और दृढ़ था। चमड़े पर झुर्रियाँ नहीं पड़ी थीं। वर्षा की झड़ी में, पूस की रातों की छाया मे, कड़कती हुई जेठ की धूप में, नंगे शरीर घूमने में सुख मानता था। उसकी चढ़ी मूँछें बिच्छू के डंक की तरह देखने वालों की आँखों में चुभती थीं। उसका साँवला रंग साँप की तरह चिकना और चमकीला था। उसकी नागपुरी धोती का लाल रेशमी किनारा दूर से ही ध्यान आकर्षित करता। कमर में बनारसी सेल्हे का फेंटा, जिसमें सीप की मूठ का बिछुआ खुँसा रहता था। उसके घुँघराले बालों पर सुनहले पल्ले के साफे का छोर उसकी चौड़ी पीठ पर फैला रहता। ऊँचे कन्धे पर टिका हुआ चौड़ी धार का गँड़ासा, यह थी उसकी धज!

पंजों के बल जब वह चलता, तो उसकी नसें चटाचट बोलती थीं। वह गुंडा था।'' यह वर्णन बेजोड़ है।

'इन्द्रजाल' कंजरों के जीवन की पृष्ठभूमि पर अंकित रोमानी प्रेम-संवेदना की प्रभावशाली कहानी है, जिसमें सच्चे प्रेम की विजय दिखायी गयी है। गोली साहसिकता और नट-लीला की बदौलत अपनी प्रेमिका बेला को प्राप्त करने में समर्थ होता है। 'सालवती', 'नूरी' और 'देवरथ' की पृष्ठभूमि भी ऐतिहासिक और कथ्य रोमानी प्रेम है। 'चित्रवाले पत्थर' और 'भीख में' भी रोमानी प्रेम-संवेदना की ही कहानियाँ हैं पर इन सभी कहानियों में घटनाओं के घटाटोप में प्रेम की संवेदना या तो गुम हो जाती है या बिखर जाती है।

इन्द्रजाल की शेष कहानियाँ विविध प्रकार की संवेदनाओं पर आधारित हैं। 'सलीम' में अकबरकालीन ऐतिहासिक और पश्चिमोत्तर प्रान्त के भौगोलिक परिवेश में अवस्थित एक 'कथा' है, जिसकी मुख्य संवेदना मानवता और करुणा की है। प्रसाद का उदार साम्प्रदायिक दृष्टिकोण भी इस कहानी में व्यक्त हुआ है। कहानी के 'कथक' के माध्यम से वे एक स्थान पर कहते हैं : ''मनुष्यता का एक पक्ष वह भी है, जहाँ वर्ण, धर्म और देश को भूलकर मनुष्य मनुष्य के लिए प्यार करता है।'' कहानी के अन्त में साम्प्रदायिकता की संकीर्ण भावना पर मानवीय संवेदना की विजय दिखायी गयी है। पर प्रसाद इस कहानी में घटनाओं की बहुलता को संयमित नहीं कर पाते और पात्रों के चरित्र-निर्माण में भी मनोवैज्ञानिक यथार्थ के प्रति कोई प्रतिबद्धता नहीं दिखाते। मुजाहिद सलीम के आचरण की चंचलता इसकी परिचायक है। वह कभी कट्टर मुसलमान बन जाता है, कभी उदार सूफी। इस दृष्टि से प्रसाद और जैनेन्द्र में बहुत समानता दिखायी पड़ती है। दोनो ही इसकी चिन्ता नही करते शायद।

'अनबोला' और 'छोटा जादूगर' बाल-संवेदना पर आधारित कहानियाँ हैं। 'अनबोला' प्रेम-संवेदना की एक अच्छी कहानी है, जिसमें कुछ थोड़े से कार्य व्यापारों के माध्यम से सांकेतिक रूप में दलित वर्ग के दो बच्चों–एक बालक और दूसरी बालिका–के प्रेम की व्यंजना की गयी है। 'छोटा जादूगर' मातृ-प्रेम की संवेदना को व्यक्त करने वाली एक अच्छी कहानी है। इस कहानी में एक पात्र का उल्लेख आता है, जो देश के लिए जेल की सजा भुगत रहा है। उसकी पत्नी बीमार है और बच्चा जादू के खेल दिखाकर अपना पेट पालता और बीमार माँ की शुश्रूषा करता है। यह शायद प्रसाद की एकमात्र कहानी है जिसमें स्वाधीनता संग्राम में जेल जाने वाले किसी पात्र का उल्लेख आया है।

'परिवर्तन' वर्तमान समाज के एक प्रवंचक युवक की कहानी है, जिसमें उसकी पत्नी मालती का दुख व्यक्त हुआ है। समाज को दिखाने के लिए प्रवंचक पति यक्ष्मा की शिकार मालती को पहाड़ ले जाता है, पर मन से उसकी मृत्यु की, और उसके बाद अपने दूसरे विवाह की कामना कर रहा है। दूसरी तरफ पत्नी मालती अपने पति चन्द्रदेव की सेवा करने का व्रत ले रही है। इस प्रकार दोनो का एक दूसरे के प्रति 'अपरिचय' समाप्त

होता है, पर कहानी में किसी गहरी संवेदना का बोध नहीं होता। पति और पत्नी की अलग अलग सोच का जो ब्योरा प्रसाद ने दिया है, वह अपनी असंगतियों के कारण अप्रत्ययकारी हो गया है। 'सन्देह' कहानी में एक युवक, निहाल, विधवा श्यामा को प्यार करता है। उधर कोई एक व्रजकिशोर बाबू अपने निकट सम्बन्धी मोहनलाल को पागल घोषित कर उसकी सम्पत्ति हड़पना चाहते हैं और उनकी पत्नी निहाल से सहायता चाहती है। निहाल को भ्रम हो जाता है कि मनोरमा उससे प्रेम करने लगी है और वह उससे बचना चाहता है। श्यामा उसके इस भ्रम को दूर करती है और कहती है–"प्यार करना बड़ा कठिन है। तुम इस खेल को नहीं जानते। इसके चक्कर में पड़ना भी मत। हाँ, एक दुखिया स्त्री तुमको अपनी सहायता के लिए बुला रही है। जाओ, उसकी सहायता करके लौट आओ।" ये दोनो कहानियाँ प्रसाद के उन निजी अनुभव के अंश प्रतीत होती हैं जो 'कहानी' बनने से रह गये हैं।

'चित्र-मन्दिर' आदिम नर-नारी सम्बन्ध को चित्रित करने वाली एक काल्पनिक कहानी है; नारी के मन में वात्सल्य और करुणा की संवेदना के जन्म लेने की कहानी। यह एक विचार को प्रतिपादित करने वाली कहानी है, इस कारण यह कहानी बन ही नहीं पायी है। जैनेन्द्र ने भी ऐसी विचारप्रधान पहेली जैसी कहानियाँ लिखी हैं।

'विराम-चिह्न' अछूतों के मन्दिर-प्रवेश की, समकालीन पुनर्जागरण के सन्दर्भ से जुड़ी, एक संवेदनापूर्ण कहानी है। यह कहानी प्रसाद को समकालीन जीवन-धारा से जोड़ती है।

हरदयाल के अनुसार 'इन्द्रजाल' की कहानियों में भावुकता, आदर्शवादिता और कल्पनाशीलता के साथ साथ एक संयम और संतुलन है। मनुष्य के आन्तरिक जगत की सूक्ष्म पकड़ इन कहानियों में विद्यमान है। प्रणय, मादक सौन्दर्य और वेदना इन कहानियों का केन्द्रीय भाव है। इस संग्रह की कहानियों में नाटकीयता पहले की कहानियों से अधिक है।[10]

1935-36 में प्रेमचन्द और प्रसाद के साथ ही हिन्दी कहानी का एक गौरवशाली युग समाप्त होता है।

चौथे दशक के आरम्भ में रामवृक्ष बेनीपुरी ने (ज. 1899; नि. 1968) कुछ कहानियाँ लिखी थीं, जो यत्र तत्र पत्र पत्रिकाओं में प्रकाशित होने के बाद 1947 में *चिता के फूल* शीर्षक से प्रकाशित हुईं।[11] इस संग्रह में सात कहानियाँ संकलित थीं, जिनमें 'चिता के फूल' और 'उस दिन झोंपड़ी रोई' में स्वाधीनता आन्दोलन के एक कटु अन्तर्विरोध का चित्रण किया गया है। इस आन्दोलन में एक तरफ तो ऐसे लोग थे जो देश प्रेम की सच्ची भावना से प्रेरित होकर सरकार का विरोध करके जेल जाते थे और वहाँ के कष्टों को झेलते हुए मृत्यु का शिकार तक हो जाते थे। इतना ही नहीं, पुलिस उनके घर वालों को भी तबाह कर देती थी। दूसरी तरफ समाज का वह चालाक और सम्पन्न तबका था, जो भविष्य में आजादी मिलने के बाद सत्ता हथियाने के लोभ में जेल जाता था और वहाँ भी 'श्रेणी-ए या बी राजनीतिक कैदी' की हैसियत हासिल कर

सब तरह की सुविधाएँ प्राप्त कर लेता था। यह स्वाधीनता आन्दोलन का वह काला पक्ष था, जिसका अंकन प्रेमचन्द और जैनेन्द्र से लेकर बेनीपुरी तक ने किया है। बेनीपुरी की इन दोनों ही कहानियों में इस यथार्थ का बेलौस और मार्मिक अंकन देखने को मिलता है। 'वह चोर था' में भी उच्च मध्यवर्गीय समाज द्वारा देश-सेवा के छद्म का ऐसा ही चित्रण किया गया है। इस कहानी में भूख की उस मारक शाक्ति का भी चित्रण किया गया है जो आदमी को चोर बनने के लिए बाध्य करती है। 'कहीं धूप कहीं छाया' कहानी में जमींदारों द्वारा बेसहारा ग्रामीणों के श्रम-शोषण और दमन का बेहद तीखा चित्रण किया गया है। 'जीवन तरु' कहानी में सामन्ती संस्कृति के बचे हुए उच्चतर मूल्यों की बड़ी ही भास्वर और साथ ही करुण तसवीर खींची गयी है। सामन्ती और महाजनी व्यवस्था के संघर्ष में सामन्ती व्यवस्था की दयनीय पराजय को भी इस कहानी में सफल अभिव्यक्ति प्राप्त हुई है। 'जुलेखा पुकार रही है' और 'भिखारिन की थाती' कहानियों में दहेज के लोभ और सामाजिक रूढ़ियों से प्रेम की टकराहट से पैदा हुई त्रासदी सामने आती है। इस प्रकार बेनीपुरी की कहानियाँ, संख्या में कम होने पर भी, अपने समय के सच को बहुत शक्त ढंग से उजागर करती हैं।

इस दशक के आरम्भ में ही 'भारतीय, एम. ए.', वीरेश्वर सिंह, त्रिलोकीनाथ मिच्चू आदि ने कहानियाँ लिखना आरम्भ किया था और प्रेमचन्द की प्रशंसा प्राप्त करने में सफल हुए थे। प्रेमचन्द 'भारतीय' की कहानियों में प्राप्त 'भावों की प्रौढ़ता', 'निगाह की गहराई, 'मनोविज्ञान की बारीकी' और 'भाषा की सरलता' पर 'मुग्ध' थे। उनकी 'मुनमुन' नामक कहानी को प्रेमचन्द 'मास्टरपीस' कहते हैं। प्रेमचन्द के अनुसार, 'भारतीय' नवीनता और ताज़ेपन के पीछे नहीं दौड़ते, कहीं चमकने की सचेत चेष्टा नहीं करते, ऊँचे उड़ जाने की हवस उन्हें नहीं है। एक उपमा का सहारा लेते हुए उन्होंने 'भारतीय' की कहानियों को 'सेवा और त्याग के बीच शान्ति के साथ' प्रवाहित होने वाली 'पुराने स्कूल की कुलवधू' के समान बताया है। इसके विपरीत प्रेमचन्द के अनुसार "वीरेश्वर सिंह की कहानियों में नये स्कूल की युवती का लोच और सिंगार है, जिसके लिए संसार केवल मर्यादाओं का क्षेत्र नहीं, आनन्द और विनोद का क्षेत्र भी है।" प्रेमचन्द ने उनकी तीन कहानियों, 'दो मित्र', 'आशा' और 'पहाड़ी' का उल्लेख गहरी प्रशंसा के साथ किया है।

प्रेमचन्द के लगभग साथ ही कहानी-लेखन की शुरुआत करने वाले रसीदुल खैरी के *निस्वानी ज़िन्दगी, तूफ़ाने अश्क़, तुफ़्सीरे इस्मत, गिरदाबे हयात, हूर और इन्सान* आदि कहानी संग्रह इस दशक में प्रकाशित हुए। अली जावेद ज़ैदी ने इनकी कहानियों के बारे में ठीक ही लिखा है कि ये संक्षिप्त 'दास्तानों' अथवा विस्तारित नीति कथाओं (फेबुल) की पद्धति का अनुगमन कर रहे थे, जिसमें चरित्र चित्रण या कथानक-निर्माण का हल्का सा प्रयास दिखायी पड़ता है।[12]

1931-40 के दशक में, और उसके बाद 1945 तक[13], कौशिक ने लगभग 133 कहानियाँ लिखीं जो कदाचित् समकालीन पत्र पत्रिकाओं में प्रकाशित भी हुईं, पर उनका

प्रकाशन-विवरण उपलब्ध नहीं है। पर 1933 में ही 'कौशिक' का *कल्लोल* नामक कहानी संग्रह प्रकाशित हो चुका था, जिसमें संकलित कहानियाँ इस समय का प्रतिनिधित्व करती है।[14] यह स्वाधीनता आन्दोलन का वह दौर था, जब लोग नमक-कानून तोड़कर और सविनय अवज्ञा आन्दोलन में शामिल होकर बड़ी संख्या में जेल जा रहे थे। प्रेमचन्द अपनी कहानियों में इस स्थिति का जोरदार चित्रण कर रहे थे। *कल्लोल* में संकलित 'कर्तव्य-बल', 'घुन', 'विश्वास', 'हिन्दुस्तानी' आदि कहानियों पर इस आन्दोलन का प्रभाव दिखायी पड़ता है। 'संशोधन' में स्वाधीनता आन्दोलन की यह वास्तविकता उद्‌घाटित की गयी है कि गाँधी जी के आह्वान पर बहुत से लोगों ने वकालत तो छोड़ दी थी, पर उसके बाद उनके लिए आर्थिक संकट की ऐसी स्थिति पैदा हो गयी थी, जिसमें उनके लिए ईमानदारी की जिन्दगी बिताना कठिन हो गया था। अक्सर वे पार्टी के पैसों में हेराफेरी करने के दोषी हो जाते थे। अधिक आय वाले बड़े वकील वकालत छोड़कर भी आर्थिक संकट से मुक्त रह सकते थे, पर छोटे वकीलों के लिए उनकी बेकारी हिला देने वाली होती थी। इस कहानी में एक ऐसे ही वकील की कथा कही गयी है। अन्ततः कहानी का मुख्य पात्र, वकील, पुनः वकालत आरम्भ करता है और उसकी इतनी आय होने लगती है कि वह उसका दशांश गुप्त दान के रूप में कांग्रेस कमेटी को भेजने लगता है। 'कर्तव्य-बल' में औपनिवेशिक शासन में पुलिस की मानसिकता का चित्रण किया गया है। पर कहानी का मुख्य कथ्य उस चरित्र-बल का अंकन है, जिससे औपनिवेशिक पुलिस का सामना किया जा सकता था। स्वाधीनता की लड़ाई में इस प्रकार का मनोबल आवश्यक था, जिसकी ओर कहानीकार ने संकेत किया है। 'विश्वास' कहानी में औपनिवेशिक शासन में पत्रकारिता की स्थिति का अंकन किया गया है। यद्यपि इसका केन्द्रीय कथ्य विश्वास और कृतज्ञता विषयक परम्परागत मूल्य का प्रतिपादन है, पर ब्रिटिशकालीन पत्रकारिता पर सरकारी नियन्त्रण का चित्रण भी इसमें किया गया है। पुलिस सम्पादकों पर जासूसी करने के लिए युवा लेखकों को नौकरी देकर सम्पादक मंडल में शामिल करा देती थी। पर उन्हें प्रायः सफलता नहीं मिलती थी। देश प्रेम का माहौल इतना गर्म था कि पुलिस के जासूस भी बदल जाते थे और देशभक्त हो जाते थे। इस कहानी में देश प्रेम का भाव भरा हुआ है, यद्यपि कहानी में संवेदना का तत्त्व कमजोर ही है। औपनिवेशिक शासन का एक सत्य यह भी था कि जमींदार, पटवारी, वकील आदि उसका पोषण करने वाले तत्त्व थे और किसानों के शत्रु थे। 'घुन' में औपनिवेशिक शासन में पटवारियों और वकीलों की साजिश से किसानों के अनावश्यक अदालती चक्कर में फँस कर अपने को बरबाद करने का चित्रण किया गया है। किसानों के शोषण में जमींदारों की क्रूरता का संकेत भी कहानी में किया गया है। 'बेदखली' में जमींदारों और उनके पटवारियों द्वारा किसानों पर किये जाने वाले शोषण और जबरदस्ती का अच्छा चित्रण किया गया है। इसके साथ ही इस 'मूल्य' का भी अंकन किया गया है कि धनी जमींदारों की तुलना में निर्धन किसानों और रैयतों में मानवीय संवेदना की मात्रा अधिक होती है। इस संवेदना के अंकन ने कहानी को

'कथा' से ऊपर उठा दिया है। 'हिन्दुस्तानी' का कथ्य साम्प्रदायिक विमर्श है, जो स्वाधीनता आदोलन में अहम स्थान रखता था। लेखक के अनुसार यदि हिन्दू-मुसलमान दोनो, अपने धार्मिक रीति-रिवाजों का पालन करते हुए भी अपने को 'हिन्दुस्तानी' समझें और उसके अनुरूप आचरण करें तो हिन्दू-मुस्लिम एकता आसानी से कायम हो सकती है। कहानी में तर्क और विचार की ही प्रधानता है, संवेदना की नहीं। 'शान्ति' कहानी का मुख्य कथ्य यह है कि जीवन में वास्तविक सुख और शान्ति धन अर्जित करने या संन्यास ले लेने से नहीं मिल सकती; वास्तविक सुख और शान्ति मिल सकती है हजारों निर्धन व्यक्तियों को सुखी बनाने से, उनके लिए उद्योग-धन्धे का जरिया कायम करने, विद्यालय और पाठशालाएँ, अनाथालय और विधवाश्रम खुलवाने, किसानों को उनकी खेती के व्यवसाय में सहायता देने, व्यक्तिगत तौर पर लोगों को शिक्षित बनाने आदि से। स्वाधीनता आन्दोलन के साथ साथ समाज सुधार का जो आन्दोलन चल रहा था, उसकी झलक इस कहानी में मिलती है।

'ननकू चौधरी' कहानी के केन्द्र में एक किसान का चरित्र है जो अपनी पत्नी की मृत्यु के कुछ दिनों बाद अपनी बहू के प्रति कामासक्त हो जाता है, पर बहू के विरोध करने पर तुरत सँभल जाता है और हमेशा के लिए घर छोड़कर चला जाता है। यह कहानी पति के अपनी मृत पत्नी के प्रति सच्चे प्रेम और बहू के प्रति कामासक्ति के मनोवैज्ञानिक द्वन्द्व के कारण प्रभावोत्पादक बन गयी है। परम्परागत नैतिक बोध से भी कहानी प्रभावित है। 'अपराधी', 'कृतज्ञता', 'दिवाली', 'पाप का फल', 'वीर श्रेष्ठ', 'एप्रिल फूल' आदि भी किसी विचार या नैतिक मूल्य के प्रतिपादन या मनोरंजन के निमित्त लिखी गयी कहानियाँ हैं। 'पुरस्क़ार' कहानी में समकालीन कविता और उनके आश्रयदाताओं को विषय बनाया गया है। तुक्कड़ कवियों की पोल खोली गयी है और एक अच्छे कवि तथा गुणग्राहक आश्रयदाता का चित्रण किया गया है। यह विचार भी व्यक्त किया गया है कि 'अच्छा कवि वही हो सकता है, जो निर्भीक और सत्य बोलने वाला हो।'

इस दशक मे 1933 में ही सुदर्शन का कहानी संग्रह *सुदर्शन सुमन* (1933) प्रकाशित हुआ। यद्यपि उनका दूसरा कहानी संग्रह *पनघट* 1939 में प्रकाशित हुआ, पर इसमें प्रकाशित कहानियों में कथ्य की दृष्टि से कोई बदलाव नहीं दिखायी पड़ता। इन दोनो संग्रहों में ऐतिहासिक आधार पर कल्पित कहानियों की प्रधानता है, जिनमें मुख्यतः ऐतिहासिक महापुरुषों के चरित्र पर प्रकाश डाला गया है। 'राजा' शीर्षक कहानी में महाराजा रणजीत सिंह के प्रजा प्रेम और शील-सौन्दर्य का मार्मिक चित्रण किया गया है। अकालग्रस्त प्रजा के लिए अन्न का भंडार खोल देने के साथ साथ एक निर्धन बूढ़े ग्रामीण का अनाज स्वयं अपने सिर पर उठाकर उसके घर पहुँचा देने का प्रसंग बहुत मार्मिक है। 'गुरुमंत्र' में मराठी सन्त एकनाथ की गुरुभक्ति और शील का वर्णन किया गया है। 'धर्म की बेदी पर' रोमन कैथलिक शासन के इतिहास पर आधारित एक मार्मिक कहानी है, जिसमें एक ईसाई युवती के, धर्म-रक्षा के लिए, मर मिटने, पर

अत्याचारी शासक की आज्ञा के समक्ष घुटने न टेकने की कथा प्रस्तुत की गयी है। मूल्य-बोध की कहानी होने पर भी प्रसंगों की मार्मिकता के कारण कहानी अत्यन्त पठनीय है। 'एथेन्स का सत्यार्थी' में एक मिथक कथा के माध्यम से यह प्रतिपादित करने का प्रयास किया गया है कि 'सत्य परदों के अन्दर ही से देखा जा सकता है। जब उसका परदा उतार दिया जाता है तो मनुष्य वह देखता है जो कभी नहीं देख सकता।' 'दिल्ली का अन्तिम दीपक' में 1880 के दशक में दिल्ली की जिन्दगी की एक झाँकी प्रस्तुत की गयी है। इसमें एक गरीब भड़भूँजिन का चित्रण किया गया है, जिसका अपने मिट्टी के घर और भाड़ से अतिशय लगाव है। पड़ोसी सेठ छल-कल से उसकी जमीन हथिया लेता है, पर वह अपने घर में ही मरने की जिद पूरी करके ही रहती है। यह भी एक मूल्यपरक कहानी है जो प्रसंगों की मार्मिकता के कारण पठनीय बन गयी है।

सुदर्शन की इस दशक की कहानियों का एक सामान्य विषय कवि और कविता से सम्बन्धित है। 'अमर जीवन' कवि-जीवन पर आधारित एक अच्छी कहानी है, जिसमें इस बात पर बल दिया गया है कि यद्यपि कवि का जीवन आर्थिक दृष्टि से कष्टमय होता है, पर "वह दिलों के सिंहासन पर राज्य करता है, वह सोयी हुई जाति को जगाता है, वह मरे हुए देश में नवजीवन का संचार करता है।" इस विचार पर आधारित यह कहानी कविता के प्रति साहित्यकार की आस्था का सूचक है। 'हंस की चाल' में कवि-जीवन के अन्तर्विरोधों का चित्रण किया गया है। पर इस प्रयत्न में कहानी स्वयं ही अन्तर्विरोधों की शिकार हो गयी है। 'काव्य-कल्पना' में संस्कृत नाटककार और कवि श्रीहर्ष से सम्बन्धित एक कल्पित ऐतिहासिक कथा के माध्यम से कवि-कल्पना के महत्त्व का प्रतिपादन किया गया है। 'चित्रकार' में फटेहाली के बीच एक चित्रकार की कला-साधना का चित्रण किया गया है। सुदर्शन की दाम्पत्य जीवन से सम्बन्धित कहानियों में निराधार सन्देह और अविश्वास से उत्पन्न समस्याओं का चित्रण प्रमुखता से हुआ है। 'एक स्त्री की डायरी', 'प्रताप के पत्र' और 'मास्टर आत्माराम' इस दृष्टि से उल्लेखनीय हैं।

'प्रेम-तरु', 'सूरदास', 'खरा-खोटा', 'धर्मसूत्र', 'सूत्रधार' आदि मूल्याधारित कहानियाँ हैं। 'प्रेम-तरु' में एक बेर के पेड़ के प्रति एक ब्राह्मण-दम्पति, विशेष रूप से स्त्री का प्रेम दिखाया गया है। कथ्य की दृष्टि से कहानी अपने ढंग की है। 'धर्मसूत्र' भी मित्रता के मूल्य का प्रतिपादन करने वाली एक चरित्रप्रधान मार्मिक कहानी है। 'सूरदास' एक सांसारिक मायामोह से निश्चिन्त और सुखी भिखारी के एक परित्यक्त शिशु के मोह में पड़कर सांसारिक बन्धनों में फँसने और अन्ततः निराश होने की कहानी है।

सुदर्शन की इस दशक की कुछ कहानियों में समकालीन समाज के कुछ सामान्य दृश्य भी विश्वसनीय रूप में सामने आते हैं। 'अठन्नी का चोर' कहानी सामाजिक व्यवस्था के एक अन्तर्विरोध को बहुत ही तल्ख रूप में उजागर करती है। न्यायाधीश और इंजीनियर हजारों रुपये की रिश्वत लेकर भी समाज में आदर सम्मान पाते हैं और

एक गरीब आदमी अठन्नी की चोरी के लिए जेल की सजा भुगतता है। 'कायापलट' परदा प्रथा के विरोध और इस प्रथा के विरोध में होनेवाले आन्दोलन के समर्थन की कहानी है। 'बाप का हृदय' मध्यवर्गीय जीवन से सम्बन्धित एक अच्छी कहानी है। सुदर्शन के अधिकतर पात्र या तो वर्ग की दृष्टि से अनिर्दिष्ट हैं या मध्यवर्ग के हैं। मजदूर वर्ग के जीवन पर आधारित उनकी एकमात्र कहानी 'मजदूर' में, जिसका मुख्य पात्र एक मजदूर है, मिल-मालिकों के शोषण के शिकार, कर्ज के बोझ से लदे, हर प्रकार से विवश मजदूरों के जीवन का प्रभावशाली चित्रण किया गया है। इसमें मजदूर की पत्नी की मृत्यु के रूप में संवेदना का एक संकेन्द्रित क्षण भी है, जो कहानी को एक ऊँचाई पर पहुँचा देता है। यह कहानी मजदूरों के जीवन पर आधारित हिन्दी की गिनी-चुनी कहानियों में शामिल की जाने लायक है। 'दिल जागता है' दलित जीवन पर आधारित एक बहुत ही अच्छी कहानी है, जिसमें एक ब्राह्मण वकील सारे समाज के विरोध के बावजूद एक दलित लड़के को अपनाता है और सामाजिक विरोध का सामना करता हुआ अन्ततः अपने उद्देश्य में सफल होता है। पहले उसकी पत्नी उसका विरोध करती है, पर दलित लड़के का सेवाभाव देखकर उसे बेटे की तरह मानने लगती है। 'कीर्ति का मार्ग' एक ऐसे सेठ की कहानी है जो यश-प्राप्ति के लिए उदारता से विभिन्न संस्थाओं को दान देता है, सरकार से 'रायसाहब' का खिताब पाने के लिए हजारों रुपये खर्च कर देता है पर अपने पढ़े-लिखे भतीजे की कोई सहायता नहीं करता। बेरोजगार युवक आत्महत्या कर लेता है और ठीक उसी रात सेठ के यहाँ जलसा होता है, जिसकी समाप्ति पर वह एक अनाथालय को एक हजार रुपये का दान देने की घोषणा करता है, जिसकी दूसरे दिन सभी अखबारों में प्रशंसा छपती है। इन दोनो घटनाओं का एक साथ घटित होते दिखाना कहानी के प्रभाव को चमका देता है। संवेदना का यह बिन्दु कहानी की उपलब्धि है। 'अन्धकार' स्त्री-विमर्श की दृष्टि से उल्लेखनीय कहानी है, जिसमें केवल लड़कियाँ जननेवाली स्त्री के प्रति समाज के अमानवीय दृष्टिकोण का चित्रण किया गया है। एक ऐसी ही स्त्री की पीड़ा का इस कहानी में मार्मिक, भावुकतापूर्ण चित्रण किया गया है।

सुदर्शन ने अपनी दो कहानियों—'बचपन की एक घटना' और 'साइकिल की सवारी'—में अपने वास्तविक अनुभवों को ही कहानी का रूप दे दिया है। बचपन में माँ-बहन की नजर बचाकर एकाध रुपया उड़ा लेना, उससे दिन भर मस्ती करना और शाम को घर लौटकर चोरी खुल जाने पर माँ-बाप से पिटना एक सामान्य घटना है, जिस पर प्रेमचन्द ने भी एक अच्छी कहानी लिखी है। सुदर्शन की यह कहानी भी इस अनुभव की एक अच्छी कहानी कही जा सकती है। 'साइकिल की सवारी' साइकिल चलाना सीखने के अनुभव पर आधारित आत्मकथात्मक कहानी है, जो किसी गहरी संवेदना के अभाव में 'कहानी' तो शायद न कही जा सके, पर अपने पर किये हुए व्यंग्य और उपहास पर आधारित इसकी पठनीयता निर्विवाद है।

'परिवर्तन', 'अपनी कमाई', 'हेर-फेर' आदि सुदर्शन की 'लघु कथाएँ' हैं।

'परिवर्तन' मात्र 200 शब्दों की, चार छोटे छोटे प्रसंगों में विभक्त, एक 'लघुकथा' है—जो शायद ही कथा कही जा सके—जिसमें बुजुर्गों के प्रति संवेदना की संकेतपूर्ण व्यंजना देखने को मिलती है। लगभग 400 शब्दों की लघुकथा 'अपनी कमाई' अपनी मिहनत से कमाये पैसों के महत्त्व का प्रतिपादित करती है। परमेश्वर में लगभग 500 शब्दों में परमेश्वर के न्याय पर टिप्पणी की गयी है। 'हेर-फेर' लगभग 600 शब्दों की एक अच्छी लघुकथा है, जिसका कथ्य मानव स्वभाव का यह वैचित्र्य है कि परिश्रम और छल-कपट से धन अर्जित करने वाले गरीब मजदूर का भी गरीबों के प्रति दृष्टिकोण बदल जाता है और वह भी उन्हें घृणा और तुच्छता-भाव से देखने लगता है।

इस दशक में सूर्यकान्त त्रिपाठी निराला की कहानियों के दो संग्रह *लिली* (1934) और *सखी* (1935) प्रकाशित हुए।[15] इन कहानियों की संख्या लगभग एक दर्जन है, जिनमें कुछ रोमानी बोध की और कुछ यथार्थपरक हैं। रोमानी बोध की कहानियों में 'पद्मा और लिली', 'प्रेमिका-परिचय' आदि उल्लेखनीय हैं। समाज में नारी की स्थिति की, विशेषकर विधवाओं और दहेज प्रथा के कारण होनेवाले अनमेल विवाह की चिन्ता इस काल के अधिकतर लेखकों में दिखायी पड़ती है। निराला की 'ज्योतिर्मयी', 'कमला' आदि कहानियों में इन स्थितियों का यथार्थवादी अंकन हुआ है। वैधव्य और दहेज दोनो ही स्त्री की नियति का निर्धारण करते थे। प्रेम की टकराहट इनसे भी होती थी। 'ज्योतिर्मयी' में घड़ी हुई अप्रत्ययकारी कथा के द्वारा दोनो के समाधान का प्रयास किया गया है। कुलीनता और धार्मिक भेदभाव से उत्पन्न स्थितियों को भी स्त्रियों को ही झेलना पड़ता था। निराला कान्यकुब्ज ब्राह्मणों के कट्टर जात्यभिमान से खुद भी पीड़ित थे और 'कमला' में उसकी आलोचना की गयी है। 'पद्मा और लिली' प्रधानतः रोमानी प्रेमकथा होती हुई भी अन्तरजातीय प्रेम और विवाह की समस्या का चित्रण करती हैं। उस समय उच्चवर्ग में जाति से बाहर विवाह वर्जित था। पर निराला इस प्रकार के विवाह के समर्थक और रूढ़ियों के विरोधी थे। इस कहानी में लड़का-लड़की दोनों अविवाहित रह कर देश सेवा का संकल्प करते हैं। पर दोनों एक ही जगह पहुँच जाते हैं और विवाह की सम्भावना बनती दिखायी देती है।

निराला की दलित चेतना भी बहुत प्रखर थी। 'श्यामा' और 'चतुरी चमार' कहानियों में निराला की दलित समाज के प्रति गहरी संवेदना व्यक्त हुई है। 'श्यामा' में ब्राह्मण युवक और लोधी लड़की के बीच विवाह दिखाकर निराला ने दुर्लभ साहस और प्रगतिशीलता का परिचय दिया है। 'चतुरी चमार' में, जो उनके आत्मवृत्त का ही अंश प्रतीत होती है, दलित समाज के प्रति गहरी सहानुभूति और जमींदारों से उनके संघर्ष में उनका साथ देने की बात कही गयी है। 'अर्थ' में धार्मिक विश्वासों और आडम्बरों की व्यर्थता पर व्यंग्य किया गया है। 'हिरनी', 'परिवर्तन' और 'राजा साहब को ठेंगा दिखाया' सामन्ती परिवेश और मानसिकता की कहानियाँ हैं, जिन्हें संस्मरण के रूप में आत्मीय और व्यंग्य की चासनी से रोचक बनाया गया है।

निराला की कई कहानियाँ बेहद आत्मपरक हैं। आत्मवृत्त में कल्पना की चासनी

डालकर समकालीन जीवन पर व्यंग्य करना निराला की अपनी विशेषता कही जा सकती है। 'स्वामी शारदानन्द महाराज और मैं', 'देवी' इसी प्रकार की कल्पनामिश्रित आत्मकथाएँ है। 'देवी' में दलित वर्ग के प्रति निराला की करुणा बड़े प्रभावी रूप में व्यक्त हुई है, पर इसे भी एक 'अनुभव कथा' ही कहा जा सकता है। 'सफलता : एक लेखक की' लेखक के रूप में असफल होने पर गाँव की एक विधवा, पर सुन्दर लड़की को पत्नी के रूप में ग्रहण कर उसके सहयोग से थिएटर कम्पनी के व्यवसाय में आशातीत सफलता पाने की कथा है। इस कहानी में, जिसमें लेखक निराला का प्रकाशक समाज के प्रति आक्रोश और प्रतिशोध का भाव भी है, हिन्दी लेखक की संघर्ष-गाथा छिपी हुई है और लेखक का विरोध स्पष्ट रूप से दिखायी पड़ता है। व्यंग्य की तेज धार तो इसमें है ही।

निराला की आरम्भिक कहानियों में कल्पनाजन्य संयोगाश्रित 'घटनाओं' के साथ सजावटी भाषा का मोह भी स्पष्ट दिखायी देता है; प्रकृति-वर्णन ही नहीं, अन्य वस्तु-वर्णन भी अनावश्यक अलंकारों के बोझ से लदे हुए हैं। तत्सम शब्दों के प्रति कथाकार का मोह भाषा को समकालीन जीवन के सौन्दर्य से वंचित कर देता है। ये बातें उनकी कथाओं को रोमांस के निकट ले जाती हैं, पर जिन कथाओं में व्यंग्य की प्रधानता है वे प्रायः इस दोष से मुक्त हैं।

हरदयाल के अनुसार निराला के *लिली* और *सखी* कहानी संग्रह 'रोमानी कथाधारा' के अन्तर्गत परिगणनीय है, जिनमें रोमानी तत्त्व वैसा सघन तो नहीं है जैसा प्रसाद की कहानियों में है लेकिन रोमांटिसिज्म के अनेक लक्षण इनमें विद्यमान हैं। निराला ने अपनी इन कहानियों में ठोस सामाजिक-आर्थिक प्रश्न उठाये हैं, लेकिन उनके समाधान काल्पनिक हैं। कहानीकार जाति-पाँति, छुआछूत, आर्थिक शोषण 'भैयाचार' आदि के प्रश्न उठाता है, सामाजिक विषमता और शोषण के खिलाफ अपने पात्रों से विद्रोह भी कराता है लेकिन समाधान के रूप में कहानियों की परिणति दिवास्वप्नों में होती है।[16] प्रेमचन्द ने अपनी कहानियों में जो समाधान प्रस्तुत किये, वे आदर्शवादी थे, दिवास्वप्निल नहीं। निराला ने जो समाधान प्रस्तुत किये हैं, वे प्रतिशोध की भावना से या इसी प्रकार की किसी अन्य भावना से प्रेरित दिवास्वप्निल हैं। इसलिए प्रेमचन्द की कहानियाँ रोमानी नहीं हैं, निराला की कहानियाँ रोमानी हैं।"[17] निराला की उक्त कहानियों में नायिकाओं की अवस्था, रूप, आचरण, सब रोमानी मनोवृत्ति की देन हैं। निराला की सभी नायिकाएँ युवतियाँ हैं, अपने-अपने ढंग से रूपवती और चमत्कृत करने वाली। किन्तु निराला प्रारम्भ से ही सामाजिक-आर्थिक समस्याओं के प्रति सचेत थे, इसलिए आगे चलकर उन्होंने जो कहानियाँ लिखीं वे रोमानी कहानियाँ न होकर यथार्थवादी कहानियाँ हैं।[18]

उपेन्द्रनाथ अश्क ने तीसरे दशक के उत्तरार्ध में उर्दू में कहानियाँ लिखना आरम्भ किया था। 1931 में उनकी कहानियाँ लाहौर के दैनिक 'भीष्म' और लाला लाजपत राय के 'वन्देमातरम्' में छपने लगीं। वे तात्कालिक आन्दोलनों पर प्रेमचन्द और रणवीर सिंह वीर की स्टाइल में कहानियाँ लिखते थे। 'रिफ़ाकत', 'मुहब्बत', 'सैलाब', 'खामोश

शहीद', 'शकुन्तला' आदि कहानियाँ इसी काल की हैं। ये कहानियाँ हिन्दी में नहीं छपीं, पर उनके दूसरे उर्दू कहानी संग्रह 'डाची' का अंग बनीं। इस समय सुदर्शन *चन्दन* नामक पत्रिका उर्दू में निकालते थे। *चन्दन* में अश्क की तीन कहानियाँ, 'औरत की फितरत', 'ताँगे वाला' और 'भिश्ती की बीवी' छपीं। उन पर मोपासाँ, ओ' हेनरी और मॉम की कहानियों का प्रभाव पड़ा। कहानी-कला के गुण का सूत्र जो मोपासाँ, ओ' हेनरी और मॉम की कहानियों से प्राप्त होता है—आरम्भ की पकड़, उत्तरोत्तर विकास और अप्रत्याशित अन्त—वह अश्क की कहानियों में भी देखा जा सकता है। अश्क स्वीकार करते हैं कि इस प्रभाव में उन्होंने राजनीतिक और सामाजिक समस्याओं को छोड़कर उसी तरह की काल्पनिक कहानियाँ लिखना शुरू किया। वे कहानियाँ जीवन के यथार्थ से नहीं, रचयिता की कल्पना से उद्भूत थीं। 'ऐरोमा', 'कुबनिगाहे इश्क', 'चित्रकार की मौत', 'वह मेरी मँगेतर थी', 'नज्जिया', 'निशानियाँ' आदि कहानियाँ इसी शैली की कहानियाँ थीं। वे यह भी लिखते हैं कि 1926 से 1938 तक उनकी कहानियाँ सदैव समाजगत रहीं, समाज की कुरीतियाँ, कुंठाएँ उनकी कहानियों में प्रतिबिम्बित होते रहे, व्यक्ति के मन में उन्होंने यदि झाँका तो उसे समाज के परिपार्श्व में रखकर ही, और यह सब उन्होंने कला का पूरा ध्यान रखकर करने का प्रयास किया। कला से उनका मतलब उस कला से है जो कहानी में बिना किसी प्रकट के चमत्कार के चमत्कार पैदा करती है।[19]

लक्ष्मीनारायण लाल के अनुसार अश्क की 1929 की कुछ कहानियाँ *उर्दू नवरत्न* में और 1930 से 1931 की उर्दू कहानियाँ *औरत की फितरत* (1933) में, जिसकी भूमिका प्रेमचन्द ने लिखी थी, प्रकाशित हैं।[20] प्रेमचन्द के अतिरिक्त अश्क को हिन्दी में लाने का श्रेय हरिकृष्ण प्रेमी, उदयशंकर भट्ट और माखनलाल चतुर्वेदी को है। चतुर्वेदी जी ने उन्हें *कर्मवीर* के लिए कहानी लिखने का अनुरोध किया और अश्क ने उसके लिए 'संवाददाता', 'कलाकार', 'सतीत्व का आदर्श', 'भाई' आदि कहानियाँ लिखीं। इसी समय 'प्रेम की वेदी', जो बाद में 'विदाई का गीत' शीर्षक से *विशाल भारत* में निकली थी, भी प्रकाशित हुई थी।[21] स्वयं अश्क ने भी 'प्रेम की वेदी' को ही अपनी हिन्दी में छपनेवाली पहली कहानी, जो पहले उर्दू में ही लिखी गयी थी, माना है, जो सम्भवतः 1933 में *सरस्वती* में प्रकाशित हुई थी। उसके बाद उनकी दूसरी हिन्दी कहानी 'तीन सौ चौबीस' भी *सरस्वती* में ही प्रकाशित हुई। यह तथ्य उल्लेखनीय है कि अश्क भी प्रेमचन्द की तरह उर्दू और हिन्दी में साथ साथ कहानियाँ लिखते थे। 'भिश्ती की बीवी' (1931) से लेकर 'बैंगन का पौधा'(1940) तक अश्क की लगभग 40 कहानियाँ पहले उर्दू में ही छपीं, जिनका स्वयं लेखक द्वारा किया गया हिन्दीकृत संस्करण उनके हिन्दी कहानी-संकलनों में शामिल किया गया।[22] उनका पहला हिन्दी कहानी संग्रह सम्भवतः *पिंजरा* था जो 1945 में प्रकाशित हुआ था।

लक्ष्मीनारायण लाल के अनुसार "1933 तक की अश्क की कहानियाँ जैसे 'नज्जियाँ', 'जुदाई की शाम का गीत', 'मरीचिका', 'निशानियाँ' और 'फूल का अंजाम'

आदि आदर्शोन्मुख यथार्थवाद की कहानियाँ हैं, लेकिन इसी समय इन्होंने 'चित्रकार की मौत', 'नरक का चुनाव' और 'तीन सौ चौबीस' जैसी विशुद्ध यथार्थवादी कहानियाँ भी लिखीं। वस्तुतः इसी यथार्थवादी परम्परा को लेकर अश्क का वास्तविक विकास हुआ और इनका कलात्मक व्यक्तित्व इसी प्रवृत्ति का पूर्ण प्रतिनिधित्व करता है।

अश्क स्वीकार करते हैं कि 'शैशव से ही उनका वातावरण बड़ा कुंठित और सीमित था और उन्होंने घर में ही नहीं, मुहल्ले में भी क्रूरतर बर्बरता, अभाव और गरीबी का नग्न नृत्य देखा था। इसे उन्होंने अपनी कहानियों में व्यक्त भी किया है। 'भिश्ती की बीवी', 'ऐरोमा', 'गिलट', 'नमक ज्यादा है', 'नज्जिया', 'केवल जाति के लिए', 'जुदाई की शाम का गीत', 'तीन सौ चौबीस', 'निशानियाँ', 'नरक का चुनाव', 'पछतावा', 'संवाददाता', 'चपत', 'डाँकी', 'प्रचार-मन्त्री', 'पागलखाने में', 'भाई', 'वह मेरी मँगेतर थी', 'सतीत्व का आदर्श' आदि कहानियाँ इसका प्रमाण हैं। इनमें से 'तीन सौ चौबीस' शीर्षक कहानी अपेक्षाकृत अच्छी कहानी मानी जा सकती है। '324' संख्या कुली की है। कहानी का पात्र हैदर अपनी पत्नी को सुखी जीवन देने के प्रयास में जी तोड़ परिश्रम करता है। इसी क्रम में वह एक अँगरेज लड़की की शह पर चार कुलियों से भी न जाने वाला पियानो अकेले पीठ पर लाद कर उसके आवास पर पहुँचा तो देता है, पर वहीं लुढ़क जाता और मर जाता है।

अश्क के अनुसार 1934 से पहले उनकी कहानियों का दर्द यथार्थ नहीं था। केवल बौद्धिक अथवा काल्पनिक था। 'चपत', 'माया' आदि साधारण मनोरंजन प्रधान कथाएँ हैं, जिनमें अधिकतर ओ' हेनरी का फारमूला अख्तियार किया गया है।...पत्नी की लम्बी बीमारी और मृत्यु और उसके सम्बन्ध में घटने वाली छोटी-छोटी, टुच्ची, दुखद घटनाओं ने धीरे धीरे एक नयी दुनिया उनके सामने खोल दी। अपने दर्द के माध्यम से वे वातावरण के दुख-दर्द का अनुभव करने लगे। उन्होंने लिखा है : "1934 से 1936 तक—उन दो वर्षों में मैंने जो सहा, उसने मेरे सामने जैसे कहानियों का नया संसार बसा दिया। अब अपने इर्द गिर्द हर जगह कहानियाँ बिखरी दिखायी देती थीं।...उसी विशाल चित्र के कई टुक़ड़े मेरी तब की कहानियों में आ गये। मेरे कहानी संग्रह *पिंजरा* की कहानियाँ—'दूलो', 'पाषाण', 'नन्हा', 'माँ', 'मरुस्थल', 'गोखरू', 'सभ्य-असभ्य' इत्यादि उसी विशाल चित्र के अंश मात्र हैं।"[23] अश्क इसी दौर में लिखी अपनी कहानी 'डाची' को, जो हिन्दी में *विशाल भारत* में छपी थी, सबसे अधिक लोकप्रियता प्राप्त कहानी मानते हैं।

उनके अनुसार, "पहले की कहानियों में आधारभूत विचार प्रायः जीवन की किसी घटना पर आधारित रहता था और अन्त का आकस्मिक और अप्रत्याशित होना उसका सबसे बड़ा गुण था। बाद में जब उन्होंने सामाजिक कहानियाँ लिखनी शुरू कीं तब भी इस पैटर्न का दामन थामे रहे। 'प्रेम की वेदी', 'नरक का चुनाव', 'चित्रकार की मौत', 'निशानियाँ' और बाद की यथार्थवादी कहानियाँ—'डाची', 'सभ्य-असभ्य', 'पत्नीव्रत' 'नन्हा'—सब की बुनियाद में यही पैटर्न है। लेकिन नयी कहानियों की थीम किसी ऐसे

आकस्मिक मोड़ पर अवलम्बित नहीं थी। इन कहानियों का सम्बन्ध मन की दुनिया में होने वाले ऐसे परिवर्तनों से था, जिनका बाहर कोई आभास नहीं मिलता, जिनके सम्बन्ध में कई बार आदमी स्वयं भी नहीं जान पाता।'' 'मनुष्य यह!' इस मनोवैज्ञानिक मोड़ को लेकर लिखी उनकी पहली कहानी थी, जिसमें कथानक अथवा उसके अन्त पर जोर न होकर नायक के मनोविश्लेषण पर है। कहानी का अन्त वहाँ नहीं होता, जहाँ पंडित परसराम अपनी साली से शादी करने को मन बनाकर जाते हैं। उसी साली से शादी को उनका मन बना लेना, जिससे शादी के संकेत पर वे झुँझला उठे थे, स्वाभाविक है, पर उतना ही स्वाभाविक है बाद में उनका अपनी माँ के सामने और भी दुगुने जोर से अपनी शादी का विरोध करना।...मन की एक करवट जहाँ पूरी होती है वहीं कहानी का अन्त हो जाता है। लेकिन मन की करवट चूँकि सागर की लहरों जैसी है, इसलिए कठिनाई केवल एक लहर को पकड़कर उसका सम्पूर्ण चित्रण करने में होती है।[24]

1934 में 'आर्टिस्ट', 'चपत', 'डाकी', 'प्रचारमन्त्री', 'पागलखाने में', 'भाई', 'वह मेरी मँगेतर थी' आदि लघु कथाएँ प्रकाशित हुई थीं, जो अपनी व्यंग्यधर्मिता और समकालीन यथार्थ के अंकन की दृष्टि से उल्लेखनीय हैं। 'माया'(1935), 'गुड़ की अँदरखी' (1936) और 'माँ' (1936) भी अपनी सामाजिक प्रतिबद्धता के कारण उल्लेखनीय लघु कथाएँ हैं।

अश्क ने अपने अग्रज सुदर्शन के अनुकरण पर काफी संख्या में 'लघु कथाएँ' भी लिखीं, जिन्हें उर्दू में 'अफसाँचा' कहा जाता था; समाचारपत्र के एक-डेढ़ कॉलम की कहानी! अश्क के अनुसार, ''इनमें बारह-पन्द्रह पंक्ति की कहानी से लेकर पुस्तक के तीन-चार पृष्ठों तक की कहानियाँ हैं। ये गम्भीर भी हैं और हास्य-व्यंग्य भरी भी।''[25] अश्क के ही अनुसार उनकी सबसे पहली लघु कथा 'जादूगरनी' 1929 में लिखी गयी थी। फिर 30 में 'फूल का अंजाम' लिखी गयी। 1931-33 में अश्क ने बारह से बीस-पच्चीस पंक्तियों की 'भिश्ती की बीवी', 'ऐरोमा', 'गिलट', 'नमक ज्यादा है', 'नज्जिया', 'जुदाई की शाम का गीत', 'तीन सौ चौबीस', 'दूलो', 'निशानियाँ', 'पछतावा', 'संवाददाता', 'केवल जाति के लिए' आदि अफसाँचे लिखे थे। इनमें 'केवल जाति के लिए', 'नमक ज्यादा है', 'नज्जिया', 'तीन सौ चौबीस', 'निशानियाँ', 'पछतावा', 'संवाददाता', 'गिलट', 'पछतावा', 'डाकी', 'प्रचारमन्त्री', 'भाई', 'आर्टिस्ट', 'दो आने की मिठाई', 'फ़तूर' आदि लघु कथाएँ विभिन्न विषयों पर चुटकी लेतीं, व्यंग्य करतीं या किसी स्थिति विशेष का पर्दाफाश करती हैं। अश्क के अनुसार उनकी पहली लघु कथाएँ रोमानी थीं, फिर सामाजिक, यथार्थवादी, व्यंग्यपूर्ण और हास्य रस भरी। अश्क के अनुसार बहुत छोटी कथाओं में 'अमर खोज', 'नमक ज्यादा है', 'केवल जाति के लिए', 'शादी', 'गिफ्ट' और थोड़ी बड़ी लघु कथाओं में 'भाई', 'संवाददाता', 'आर्टिस्ट', 'बगूले', 'फ़तूर', 'अस्त्र', 'जब सन्तराम ने बेलना उठाया', 'छिद्रान्वेषी', 'आ, लड़ाई, आ' और 'ज्ञानी' बहुत अच्छी उतरीं।[26]

इस दशक की एक महत्त्वपूर्ण परिघटना मार्क्सवादी विचारधारा से प्रभावित

'प्रगतिशील' लेखक संघ की स्थापना (1936) है, जो आन्दोलन के रूप में 1932 में सज्जाद जहीर द्वारा सम्पादित कहानी संग्रह *अंगारे* के प्रकाशन से आरम्भ हुआ था। इस संग्रह में 9 कहानियाँ—सज्जाद जहीर (ज. 1905; नि. 1973) की पाँच, अहमद अली (ज. 1910) की दो, रशीदजहाँ (ज. 1905; नि. 1952) की एक, महमूदुज़्ज़फ़र की एक—और रशीदजहाँ का एक नाटक संगृहीत हुए।[27] इस संग्रह के प्रकाशन से उर्दू जगत् में जबरदस्त हंगामा खड़ा हो गया और मुल्लाओं तथा कट्टरपन्थी मुस्लिम लेखकों ने इसके खिलाफ ऐसा आन्दोलन छेड़ा कि 1934 में सरकार को इसे प्रतिबन्धित कर देना पड़ा। इन कहानियों में मुस्लिम समाज के अन्तर्विरोधों, सामाजिक विषमता, स्त्रियों की स्थिति आदि का ऐसा यथार्थ चित्र प्रस्तुत किया गया था, जो कट्टरपन्थियों की बर्दाश्त के बाहर था। यद्यपि इस प्रकार का यथार्थ चित्रण हिन्दी कहानी में सन् '21 के दशक में ही प्रेमचन्द और उग्र की कहानियों में दिखायी देने लगा था, पर मार्क्सवाद प्रेरित यथार्थवादी आग्रह इन्हीं कहानियों में पहली बार इतनी साफगोई के साथ मुखरित हुआ। इस संग्रह की सबसे विवादास्पद कहानीकार रशीदजहाँ हुईं, जिन्होंने बड़ी बेबाकी और साहस से मुस्लिम समाज की औरतों की नियति का चित्रण किया था। यद्यपि रशीदजहाँ *अंगारे* की सबसे विवादास्पद कहानीकार साबित हुईं, पर उसके सबसे प्रमुख कहानीकार संग्रह के सम्पादक सज़्ज़ाद जहीर ही थे। इस संकलन में उनकी पाँच कहानियाँ, 'दुलारी', 'गर्मियों की एक रात', 'नींद नहीं आती', 'जन्नत की बशारत', तथा 'फिर से हंगामा' संकलित थीं और सभी की सभी गहरी सामाजिक चेतना से अनुप्राणित थीं। सज्जाद ज़हीर की कहानियों में उच्च वर्ग के प्रति आक्रोश एवं निम्न वर्ग के प्रति पक्षधरता साफ लक्षित होती है। 'गर्मियों की एक रात' में दफ्तरों काम करने वाले निम्न मध्यवर्गीय लोगों की अभाव, विवशता, निरीह बनावटी जिन्दगी और छद्‌म का बहुत मार्मिक चित्रण किया गया है। 'नींद नहीं आती' में केन्द्रीय पात्र की गरीबी, असहायता और भटकाव का, अर्धस्वप्नावस्था के चेतना-प्रवाह रूप में, मार्मिक अंकन हुआ है। यह कहानी शिल्प की दिशा में एक नया प्रयोग थी, जिसमें किसी पात्र की सारी पीड़ा उसके चेतना-प्रवाह के रूप में व्यक्त की गयी थी। 'दुलारी' विषम सामाजिक व्यवस्था में स्त्री के यौन शोषण की मार्मिक कहानी है, जिसमें संवेदना का बिन्दु भी गहरे व्यंग्य के साथ प्रकाशित हुआ है। 'जन्नत की बशारत' में मज़हबी रवायतों पर मीठा और मौलानाओं के ढोंगपूर्ण आचार-व्यवहार पर तीखा व्यंग्य किया गया है। 'फिर ये हंगामा' भी शिल्प विषयक एक नया प्रयोग है जिसमें कई स्वतन्त्र लघुकथाओं के माध्यम से मज़हबी रवायतों और उसके अन्तर्विरोधों, रईसों की रईसाना हरकतों, मध्यवर्गीय मुस्लिम परिवारों के अन्तर्विरोधपूर्ण सम्बन्धों आदि का अंकन किया गया है। पर सज़्ज़ाद ज़हीर का कहानी-लेखन इन कहानियों तक ही सीमित रह गया।

अंगारे में संकलित महमूदुज़्ज़फर की कहानी 'जवांमर्दी' मूलतः अँगरेजी में लिखी गयी थी, जिसे सज्जाद ज़हीर ने उर्दू रूप दिया था। इसके बाद उन्होंने कोई कहानी नहीं लिखी।

अहमद अली की पहली कहानी 'महावतों की एक रात' *हुमायूँ* (लाहौर) में 1932 में प्रकाशित हुई थी, जो उसी साल *अंगारे* में संकलित हुई। इनकी कहानियों का पहला संग्रह *'शोले'* 1938 में प्रकाशित हुआ।[28] अहमद सामाजिक प्रतीकों की सृष्टि द्वारा अपनी कहानियाँ रचते हैं और प्रगतिशील लेखकों में सबसे अधिक सफल हैं। समकालीन सामाजिक और राजनीतिक परिवेश के प्रति उनकी जागरूकता रचनाशीलता से थरथराती प्रतीत होती है और वह कला और जिन्दगी का एक आकर्षक मिश्रण है।

कहना न होगा कि *अंगारे* के कहानीकारों ने सेक्स, सामाजिक संहिता और धार्मिक रीति-रिवाजों का खंडन ही नहीं किया, बल्कि उनका मजाक भी उड़ाया। इन्होंने कहानी लेखकों का ध्यान चारो तरफ फैली अव्यवस्था, सामाजिक निष्क्रियता और आर्थिक जड़ता की ओर आकृष्ट किया। इसके पहले भी कहानीकारों ने इन विषयों का चित्रण किया था पर इस ग्रुप के लेखकों ने इनका चित्रण अधिक स्पष्टता और निर्भीकता के साथ किया और उन्हें समुचित विचारधारात्मक परिप्रेक्ष्य में देखा। शकील सिद्दकी के अनुसार "रशीदजहाँ सहित 'अंगारे' के सभी कहानीकारों की कहानियाँ स्त्री-सवालों से सीधे मुठभेड़ की कहानियाँ हैं। इन सवालों का सम्बन्ध अवश्य ही स्त्री के भावनात्मक प्रसंगों से है, लेकिन इनका सम्बन्ध उन धार्मिक आडम्बरों व सिद्धान्तों से अधिक है, जो पुरुषों को बहु-विवाह के साथ ही स्त्री-देह की खुली लूट की छूट देता है। ये कहानियाँ पाखंडपूर्ण धार्मिकता की धज्जियाँ उड़ाते हुए शुर्फा (शरीफों) तथा मजहबी बाना पहने लोगों के चरित्र के दोहरेपन को गहरे आवेग से उद्घाटित करती हैं।"[29] शकील साहब ने इस बात पर विशेष जोर दिया है कि 'अंगारे' के कथाकारों ने साहित्य के लिए स्त्री जीवन के वर्जित मान लिये गये पक्षों को जिस बेबाकी तथा सर्जनात्मक सरोकार से कहानियों का विषय बनाया उससे निश्चय ही विशेष रूप से उर्दू कथा साहित्य तथा अन्य भाषाओं में अधिक बोल्ड कहानियों के लिए स्पेस निर्मित हुआ। रशीदजहाँ ने इस स्पेस को अपने तौर पर विस्तार देने का प्रयास किया, मंटो और इस्मत चुगताई की अनेक कहानियाँ इसी स्पेस की देन हैं।[30]

राहुल सांकृत्यायन (ज. 1893; नि. 1963) का पहला कथा-संग्रह *सतमी के बच्चे* 1935 में प्रकाशित हुआ था[31], जिसमें दस छोटे आकार की (1300 से 5200 शब्दों की) 'कथाएँ' संगृहीत थीं। इनमें, दो-एक कथाओं को छोड़कर, राहुल जी के प्रारम्भिक ग्रामीण जीवन के अनुभव सीधी-सादी कथाओं के रूप में व्यक्त हुए हैं। संवेदना का अंश गौण होने के कारण इन्हें आधुनिक अर्थ में 'छोटी कहानी' या 'कहानी' नहीं कहा जा सकता, पर 'सतमी के बच्चे', 'डीह बाबा', 'पाठक जी', 'पुजारी', 'राजबली', 'रामगोपाल', 'घुरबिन', 'दलसिंगार' आदि कथाओं में प्रस्तुत जीवन-स्थितियाँ और पात्र राजनीतिक दृष्टि से पराधीन भारत के ग्रामीण जीवन की प्रामाणिक तसवीर प्रस्तुत करते हैं।

सन् 1931 के दशक में हिन्दी कहानी को नये आयामों और समृद्धि से सम्पन्न करने वाले कहानीकारों में जैनेन्द्र कुमार और अज्ञेय विशेष रूप से उल्लेखनीय हैं।

1931-35 की अवधि में लिखित जैनेन्द्र की कहानियों के दो संकलन, *दो चिड़िया* (अगस्त, 1934) और *एक रात* (1935) प्रकाशित हुए।[32] *दो चिड़िया* में 'दो चिड़िया', 'आम का पेड़', 'कश्मीर प्रवास के दो अनुभव', 'रुकिया बुढ़िया', 'हत्या', 'पढ़ाई', 'एक दिन' और 'वे तीन' नामक आठ कहानियाँ तथा *एक रात* में 'एक रात', 'मास्टर जी', 'रानी महामाया', 'राजीव और भाभी', 'नारद का अर्घ्य', 'बाहुबली', 'वह बिचारा साँप', 'अपना-पराया', 'बिल्ली-बच्चा', 'राज-पथिक', 'मौत की कहानी', 'जनता', 'एक टाइप', 'मित्र विद्याधर', 'रामू की दादी', 'पढ़ाई', 'आलोचक', 'नादिरा' और 'क्या हो?' शीर्षक 19 कहानियाँ संकलित थीं।[33] यद्यपि इन कहानियों का रचना-क्रम सुलभ नहीं है, पर यह अनुमान शायद असंगत न हो कि *दो चिड़िया* संकलन की कहानियाँ 1931-34 में और *एक रात* की कहानियाँ 1934-35 में लिखी और समकालीन पत्र पत्रिकाओं में प्रकाशित हुई हों।[34]

जैनेन्द्र के पहले कहानी संग्रह *फाँसी* की दो कहानियों में आतंकवादी क्रान्तिकारियों का अस्पष्ट-सा सन्दर्भ मिलता है। *एक रात* में संगृहीत 'क्या हो?' कहानी में फाँसी की प्रतीक्षा करते हुए एक क्रान्तिकारी की मनोदशा का अंकन किया गया है। जैनेन्द्र गाँधी जी के अनुयायी थे, और इसलिए क्रान्तिकारियों के साथ उनका तादात्म्य सम्भव नहीं था। सत्याग्रह आन्दोलन में किसी जुलूस में शामिल होने पर उन्हें गिरफ्तार कर जेल तो भेज दिया गया था, पर उन्हें जेल की विशेष श्रेणी मिली थी और लगभग सारी आवश्यक सुविधाएँ उपलब्ध थीं। वे लाहौर जेल में तीन-चार महीने सच्चिदानन्द वात्स्यायन के साथ थे और उनके साथ उनकी निकटता भी स्थापित हो गयी थी। वात्स्यायन जब पहली बार जेल गये थे, तो उन्हें लगा था कि उन्हें फाँसी होकर रहेगी। सम्भव है, जैनेन्द्र को वात्स्यायन की इस मनोदशा का ज्ञान हो। जैनेन्द्र ने अपने को उस मनोदशा में रखकर ही यह कहानी लिखी है। कहानी के क्रान्तिकारी पात्र को फाँसी की सजा सुनायी जा चुकी है और अब वह दो चार दिनों का ही मेहमान है। जैनेन्द्र इस बात की चिन्ता नहीं करते कि क्रान्तिकारी पात्र के विदेश में क्रान्तिकारी बनने, भारत लौटते ही उसके पकड़े जाने और मुकदमा चलने के बाद फाँसी की सजा सुनाये जाने के प्रसंगों में कोई तर्क या तारतम्य है या नहीं; वे पाठक से अपेक्षा करते हैं कि वह उसे बिना किसी ननु-नच के स्वीकार कर ले। पाठक के सामने यह पात्र मृत्यु के सम्बन्ध में चिन्तन करते प्रस्तुत होता है। प्रश्न उसके सामने एक ही है कि उसकी किशोरी और अक्षतयोनि पत्नी किस रूप में जीवन व्यतीत करे ? वह उससे अपनी अन्तिम आकांक्षा व्यक्त करता है कि वह उसके द्वारा सुझाए युवक से विवाह कर ले। पत्नी पति की इस इच्छा का सम्मान करती हुई इसे जहर के प्याले के रूप में, जिसे वह आजीवन घूँट घूँट पीती रहेगी, स्वीकार कर लेती है। क्रान्तिकारी की इस आकांक्षा और उसकी पत्नी के स्वीकार में जैनेन्द्र की समकालीन स्त्री के प्रति प्रगतिशील सोच का संकेत मिलता है।

दो चिड़िया और *एक रात* संकलनों में संगृहीत कुछ कहानियाँ *वातायन* में संकलित

बाल-संवेदना और मध्यवर्गीय यथार्थ से जुड़ी कहानियों का विस्तार कही जा सकती हैं। 'पढ़ाई' कहानी के केन्द्र में लगभग आठ-नौ वर्ष की एक बच्ची और उसके मध्यवर्गीय माँ-बाप हैं। पढ़ा-लिखा बाप और कम पढ़ी पर अपनी तरह से बेटी के लिए चिन्तित और उसे 'पढ़ी-लिखी' और 'विवाह के लायक' बनाने की योग्यता के लिए परेशान पत्नी मध्यवर्गीय परिवारों का एक सुपरिचित यथार्थ है। जैनेन्द्र ने इसी यथार्थ का चित्रण इस कहानी में किया है। बाल-मन के साथ साथ मध्यवर्गीय माता-पिता के व्यवहार का अंकन इस कहानी का भी उद्देश्य है। 'बिल्ली-बच्चा'[35] एक ऐसी बहन की कहानी है जो अपने छोटे भाई को बेहद प्यार करती है और उसकी चेचक से मृत्यु हो जाने पर स्वयं भी मृत्यु के कगार पर पहुँच जाती है। पर संयोगवश ही एक बिल्ली-बच्चे के उसके स्नेह का आलम्बन बनते ही वह सामान्य होने लगती है और अन्ततः पूर्ण रूप से स्वस्थ हो जाती है। बाल-मन के अंकन की दृष्टि से कहानी उल्लेखनीय मानी जा सकती है। 'रामू की दादी' कहानी में एक घरेलू बाल नौकर की नियति का, उस पर चोरी के सन्देह का, चित्रण बेहद प्रभावशाली ढंग से किया गया है। कहानी एकदम यथार्थ और जटिल मानसिक प्रतिक्रियाओं पर आधारित है, जिनकी व्याख्या पाठक के विवेक पर निर्भर है। 'अपना-पराया' कहानी में एक 'ऐतिहासिक' सी कथा के माध्यम से एक सिपाही के अपनी पत्नी और शिशु पुत्र के प्रति प्रेम, युद्ध-विरोधी विचार और उधर माँ-बेटे की बदहाली का चित्रण किया गया है। अन्त में एक सुखद संयोग द्वारा सिपाही पति का अपनी पत्नी और पुत्र से मिलन हो जाता है। कहानी की बाहरी संरचना तो कृत्रिम है, पर युद्ध-विरोधी संवेदना के चलते कहानी किंचित् उल्लेखनीय हो गयी है। 'दो चिड़ियाँ' में माँ-बेटी के रूप में दो चिड़ियों का संवाद है, जिसके व्याज से माँ-बेटी के परस्पर प्यार और माँ के अपने स्वर्गीय पति के पास जाने और पुत्री के अपने पति के पास रह जाने की व्यंजना है। माँ मृत पति के पास जाने की इच्छा में सुदूर आकाश में चमकते तारे की दिशा में उड़ते उड़ते अन्ततः गिरकर मर जाती है। जो बेटी पहले माँ के पास जाने की जिद करती है, थोड़ी देर बाद अपने प्रेमी और घोंसले की सुरक्षा के कारण बीच में ही रुक जाती है। कहानी एक तरह से मानवीय व्यवहार की स्वाभाविक स्थितियों की ओर ही संकेत करती है, लेकिन ऐसा करने के लिए वह ठोस और वास्तविक स्थितियों के अंकन से बचती है। मेरी दृष्टि में इस कहानी की विशेषता मात्र इतनी है कि इसमें प्रतीक कथा के माध्यम से जीवन की एक भावनात्मक सच्चाई की व्यंजनापूर्ण प्रस्तुति की गयी है। जैनेन्द्र की कहानियों में प्रतीक के प्रयोग का सिलसिला इसी कहानी से आरम्भ होता है। 'चिड़िया की बच्ची' भी एक पक्षी-शावक की कथा के व्याज से स्वतन्त्रता के मूल्य को उजागर करने वाली अच्छी कहानी है। इन सारी कहानियों से बालकों का सन्दर्भ जुड़ा होने के आधार पर कहा जा सकता है कि जैनेन्द्र के मन में गहरी बाल-संवेदना थी जो इन कहानियों के माध्यम से व्यक्त हुई है। 'एक दिन' एक लेखक की आर्थिक विपन्नता की कहानी है, जिसमें यथार्थ का तीखा बोध प्रतिफलित हुआ है। ये वे दिन थे, जब जैनेन्द्र आर्थिक तंगी से जूझ रहे थे। अनुभव की प्रामाणिकता

इस कहानी की जान है। मेरी दृष्टि में यह एक अच्छी कहानी है।

जैनेन्द्र की जीवनी का जितना अंश ज्ञात है उसके अनुसार चौथे दशक के आरम्भ में जेल जाने के अतिरिक्त कोई उल्लेखनीय राजनीतिक गतिविधि उनके खाते में नहीं है। इस अवधि में वे ऐसी साहित्यिक-सामाजिक संस्थाओं से वे अवश्य जुड़े रहे, जिनसे किसी न किसी रूप में गाँधी जी भी सम्बद्ध थे। प्राप्त विवरणों से गाँधी जी से उनका भावनात्मक और वैचारिक लगाव स्पष्ट है। एक उल्लेखनीय तथ्य यह है कि जैनेन्द्र गाँधी जी के राजनीतिक और सामाजिक-नैतिक-धार्मिक विचारों के कट्टर अनुयायी थे और उनके समर्थन में वे किसी भी दूरी तक जा सकते थे। इसी मानसिकता के तहत उन्होंने क्रान्तिकारियों के सम्पर्क में आकर भी, कभी उनके प्रति निर्व्याज सहानुभूति व्यक्त नहीं की। उनकी 'पत्नी' और 'एक कैदी' नामक कहानियाँ इसका प्रमाण हैं। कतिपय राजनीतिक पंडितों के अनुसार 1931 के दशक में गाँधी जी की राजनीतिक विचारधारा भी बहुत स्पष्ट नहीं थी। जैनेन्द्र पर यह वैचारिक अस्पष्टता बुरी तरह हावी है।

इस कथन के समर्थन में 'राह में'[36] 'जनता', 'पत्नी', 'एक कैदी' आदि कहानियाँ उद्धृत की जा सकती हैं। 'राह में' का कथ्य आजादी की लड़ाई से सम्बद्ध है। इसका केन्द्रीय पात्र एक ऐसा नेता है जो जुलूस का नेतृत्व करते हुए घायल हो जाता है और अफसरों द्वारा सुरक्षित रेल के सेकेंड क्लास के डिब्बे में अपने 'घर' के लिए भेज दिया जाता है। कहानी उसकी 'सोच' के रूप में ही सामने आती है। उसके मन में अपने किये को लेकर कुछ द्वन्द्व है, पर वह 'पाखंड' जैसा प्रतीत होता है। अन्ततः साथ यात्रा करती हुई एक जर्मन महिला उसे यह 'बोध' कराने में सफल होती है कि काले-गोरे सभी 'परमात्मा के' हैं और सहज विश्वासी बनकर ही विश्व-बन्धुत्व का भाव कायम किया जा सकता है। इस कहानी से भी यही सिद्ध होता है कि स्वाधीनता आन्दोलन में जेल जाने के बावजूद जैनेन्द्र का राजनीतिक बोध बहुत धुँधला और कमजोर है। विश्व-बन्धुत्व के सिद्धान्त की यह व्याख्या औपनिवेशिक गुलामी झेलने वाले देश के लिए हास्यास्पद कही जा सकती है। 'जनता', जिसका लेखन-काल 1932 बताया गया है, जनता को 'भेंड़' के रूप में प्रस्तुत करने का प्रयास है, जो शायद यह नहीं सोचती कि वह कहाँ जा रही है, बस चलती ही जाती है। हिन्दुओं और मुसलमानों के बीच सामूहिक साम्प्रदायिक अविश्वास का इस कहानी में अच्छा अंकन हुआ है। इस कहानी के पात्र 'बाबा भगीरथ जी' प्रतीक पात्र तो हो सकते हैं, पर किसका, यह समझ में नहीं आता। शायद वे गाँधी जी का प्रतिनिधित्व करते हों, जो साम्प्रदायिक विद्वेष से पागल हिन्दुओं और मुसलमान्नों की भीड़ का सामना अपनी जान की परवाह किये बिना करते थे। जनता का व्यवहार भी अतिशयोक्ति की सीमा को स्पर्श करता हुआ, अस्वाभाविक है।

जैनेन्द्र की राजनीतिक सोच की कहानियों में अभिप्राय की अराजकता प्रायः ही दिखायी देती है। राजनीतिक विचारधारा के सम्बन्ध में तो यह तय करना मुश्किल हो जाता है कि वे कहना क्या चाहते हैं। 'रानी महामाया' और 'जनता' कहानियाँ *एक रात* (1935) में संकलित हुई थीं। यह वह समय था जब स्वाधीनता आन्दोलन निष्क्रिय सा

हो गया था। 1933 में सविनय अवज्ञा आन्दोलन की समाप्ति की घोषणा हो चुकी थी। जैनेन्द्र 1932 में ही जेल से बाहर आ चुके थे और कहानी-उपन्यास लिखकर जीविकोपार्जन का जरिया ढूँढ़ रहे थे। 'रानी महामाया', जिसका रचना-काल 1933 बताया गया है[37], अजीब उलझनभरी राजनीतिक सोच की कथा है। कहानी की रानी महामाया, गुप्त हो चुके राजा 'वैजयन्त' और सचिव, सभी, किसी तर्करहित 'कल्पना-लोक' (द्वीप 'हेमवन्त') के निवासी हैं। मधुरेश के अनुसार, ''राजा, सत्ता और प्रजा के सम्बन्धों का, निकट भविष्य में स्वाधीन भारत में बननेवाले स्वरूप का एक हल्का सा पूर्वाभास भी इसमें देखा जा सकता है।''[38] 'निकट भविष्य' से मधुरेश का क्या तात्पर्य है, इसे वे ही बता सकते हैं। 1933-34 में, जबकि औपनिवेशिक शासन की समाप्ति की सम्भावना भी 'आकाश कुसुम' जैसी थी, 'राजा, सत्ता और प्रजा' के सम्बन्धों की ऐसी अराजक कल्पना राजनीतिक सोच की विडम्बना का ही परिचायक है।

हिन्दी कहानी में जैनेन्द्र की पहचान जिन कहानियों से बनती है, वे उनकी प्रेम सम्बन्धी कहानियाँ हैं। प्रेम व्यक्ति की सहज, स्वाभाविक मनोवृत्ति है, पर आर्थिक, सामाजिक, राजनीतिक, धार्मिक, मनोवैज्ञानिक आदि अनेक कारणों से वह मुक्त नहीं होता और बाहरी स्थितियों से उसका संघर्ष अपरिहार्य होता है। जैनेन्द्र की कहानियों में यह संघर्ष अनेक रूपों में चित्रित हुआ है। सहज मनोवृत्ति के रूप में प्रेम की उत्पत्ति के अंकन की शुरुआत 'राजपथिक' और 'नीलमदेश की राजकन्या' कहानियों से होती है। दो अलग अलग संग्रहों में क्रमशः 1935 और 1938 में प्रकाशित होने पर भी इनके कथ्य में ऐसी समानता है, जो इन्हें 'जुड़वाँ' कहानी मानने को प्रेरित करती है। दादी-नानी से परियों की कहानी सुनते हुए बच्चे अपने लिए भी एक फन्तासी की दुनिया निर्मित करते चलते हैं। प्रेम विषयक सामाजिक वर्जना के वातावरण में बच्चों के मानस में इस प्रकार की फन्तासी का जन्म लेना अस्वाभाविक नहीं है। इस वय में उनसे सामाजिक वर्जनाओं से लड़ने की उम्मीद भी नहीं की जा सकती। इसी आधार पर जैनेन्द्र ने 'राजपथिक' और 'नीलमदेश की राजकन्या' कहानियों का मनोकाल्पनिक कथा-संसार निर्मित किया है। 'राजपथिक' का केन्द्रीय पात्र 'छोटा राजकुमार' अपनी माँ 'रानी' से नीलम देश की राजकुमारी और उसके सपनों के राजकुमार की लोककथा सुनकर स्वयं अपने लिए एक फन्तासी घड़ लेता है और कहानी की राजकन्या उसके मानस में आ उपस्थित होती है। लोक कथा में, रानी के अनुसार, नीलम देश की रानी सहस्रों वर्षों से अकेली ही है। प्रतापी राजकुमार जब वहाँ पहुँचेगा, तब उसका उद्धार होगा और उस दिन उस नीलम के देश में दूध की वर्षा होगी। राजकुमार के बाल मन में उस 'राजकन्या' के लिए बहुत चिन्ता हो आती है। उसके खाने-पीने और वस्त्रादि के बारे में उसकी जिज्ञासा का कोई अन्त नहीं है। आगे कहानी में ये पंक्तियाँ आती हैं : ''उस नीलम देश में जो सूने महलों में सहस्रों बरसों से अकेली, छोटी सी, राजकन्या रहती है, उस द्वीप की रानी है; और आदि काल से प्रतापी राजकुमार के आने की प्रतीक्षा

में अकेलापन काट रही है। बचपन से कल्पना उसी के चारो ओर अपना बसेरा बनाती रही है।'' कालान्तर में 'राजकुमार' 'राजेश्वर' बनता है। वह सात रानियों का पति, कर्मठ शासक और पिता है, पर नीलम देश की राजकन्या की फन्तासी उसके मन से नहीं जाती। और एक रात वह सबकुछ त्यागकर अपने सपनों की राजकन्या की तलाश में निकल पड़ता है। क्या इसका अभिप्राय यह ग्रहण किया जाए कि यथार्थ की वास्तविक दुनिया में प्रवेश करने के बावजूद वयःसन्धि की फन्तासी व्यक्ति को मुक्त नहीं करती? इस कहानी को 'नीलमदेश की राजकन्या' के सन्दर्भ में पढ़ना रोचक हो सकता है। 'नीलम देश की राजकन्या' में एक कल्पित लोक 'नीलम देश' की, समृद्धि से पूर्ण, अभावरहित पृष्ठभूमि में एक वयःसन्धि पार करती, अज्ञातयौवना राजकन्या की अज्ञात प्रेम संवेदना और उसकी अज्ञात पीड़ा का अंकन किया गया है।[39] नीलम देश की यह अनाम राजकन्या उस वयःसन्धि की अवस्था में है जिसमें प्रेम की इच्छा और सपनों के किसी राजकुमार के प्रति समर्पण की चाह दुर्निवार होती है। राजकन्या सुख और आमोद-प्रमोद के साधनों के बीच भी एक अपरिभाषेय अवसाद से ग्रस्त है। यह अवसाद प्रेम की चाहत का ही अस्पष्ट और अमूर्त रूप है। राजकुमारी अपने अगम्य नीलम देश में कैद है, जहाँ, उसे लगता है, उसका अभिलषित राजकुमार पहुँच नहीं सकता। वह भी अपने लिए एक फन्तासी घड़ती है, जिसमें उसका अभिलषित राजकुमार अनेक बाधाओं को पार करता हुआ नीलम देश में पहुँचता है, जिसे वन्दी बनाकर वह निश्चिन्त हो जाती है। इसका अभिप्राय शायद यह है कि राजकुमारी होने के कारण वह अपने कल्पित राजकुमार को मन के कारागार में बन्द करने के अतिरिक्त कर ही क्या सकती है! वस्तुतः जब राजकन्या को अपनी संवेदना का ज्ञान हो जाता है, तो मदन का उत्पात भी समाप्त हो जाता है। प्रश्न किया जा सकता है कि क्या 'राजपथिक' का छोटा राजकुमार ही नीलम देश की राजकन्या का अभिलषित प्रेमी है? मुझे तो लगता है कि इन दोनो ही कहानियों में जैनेन्द्र ने वयःसन्धि की अवस्था में बालकों में जन्म लेने वाली फन्तासियों का ही अंकन किया है। आलोचकों ने प्रायः 'नीलम देश की राजकन्या' पर अपने निराधार अभिप्राय थोपने की कोशिश की है। 'नीलम देश' को हमारे समाज की परम्परागत आचार-संहिता का प्रतीक मानना, जिसे तोड़कर प्रेम का आलम्बन प्रवेश नहीं पा सकता, संगत प्रतीत नहीं होता। वस्तुतः राजकन्या को इस आचार-संहिता का स्पष्ट बोध भी नहीं है। प्राचीन आख्यानों की राजकुमारी का, दूर देश से समुद्र लाँघकर आने वाले अपने राजकुमार का मिथक यहाँ संकेत के रूप में आया है, पर उन आख्यानों की राजकुमारी 'अज्ञातयौवना' नहीं होती। अतः इन दोनो कहानियों की सार्थकता केवल इसी बात में देखी जानी चाहिए कि इनमें बाल और वयःसन्धि के वय में उत्पन्न होने वाली प्रेम की संवेदना और और उसके चारो ओर निर्मित होने वाले मनोकल्पना संसार का कितना संकेतपूर्ण अंकन हुआ है।

इस प्रेम की दूसरी स्थिति वह है जिसमें युवा कन्या प्रेम करने के बाद परिवार-समाज से संघर्ष का मार्ग अपनाती है। इसके उदाहरण के रूप में जैनेन्द्र की

'रुकिया बुढ़िया'[40] और 'जाह्नवी'[41] कहानियाँ पढ़ी जा सकती हैं। 'प्रेम किये दुख होय' जैनेन्द्र की कहानियों की एक मुख्य वस्तु है, जिसके बीज 'रुकिया बुढ़िया' में ही पड़ जाते हैं। प्रेम के सन्दर्भ में व्यक्ति द्वारा प्रेम और विवाह सम्बन्धी सामाजिक संहिता का उल्लंघन होते ही दोनो में संघर्ष की स्थिति पैदा हो जाती है और उस संघर्ष से संवेदना की जो चिनगारियाँ छिटकती हैं, वे ही कहानी का केन्द्र बनती हैं। रूपतः बहुत ही सुन्दर और शीलवान रुक्मिणी, तयशुदा विवाह के पूर्व, पड़ोसी बढ़ई के लड़के से प्रेम करती है और दोनों विवाह के ठीक पहले भाग निकलते हैं। पर निम्नवर्गीय जिन्दगी की चक्की में प्रेम का फूल कुचल जाता है। दीनू, उसका पति, शराब तो पीने ही लगता है, अपनी विधवा भाभी के प्रेम में पड़ जाता है। रुक्मिणी अपने जीवन से निराश होकर चाहती है कि उसका पति उसे खूब पीटे, वह उससे ऐसा करने के लिए आग्रह भी करती है। पर अन्ततः दीनू और उसकी भाभी भाग जाते हैं। ('क्यों' का उत्तर देने के लिए जैनेन्द्र अपने को बाध्य नहीं मानते।) रुक्मिणी अकेली हो जाती है। उसके सामने एक विकल्प यह है कि वह किसी से विचाह कर ले। पर वह इस विकल्प को स्वीकार नहीं करती और जीवन के साथ जूझती हुई अन्ततः प्रातःकाल यमुना किनारे फूल और प्रसाद बेचकर आजीविका चलाने वाली, पर सुबह पूजा करनेवालों और बच्चों की, विशेषकर बच्चों की, बहुत प्रिय 'रुकिया बुढ़िया' बन जाती है। समकालीन परिस्थितियों में प्रेम का यह परिणाम स्त्री की नियति थी, जिसका अंकन जैनेन्द्र ने अपनी अनेक कहानियों में मार्मिकतापूर्वक किया है। 'राजीव और भाभी' पति द्वारा पत्नी (भाभी) के चरित्र पर सन्देह और उत्पीड़न की कहानी है, जिसमें उसे अपना भावी जीवन निरवलम्बता की स्थिति में बिताना पड़ता है। पत्नी बनकर स्त्री अपनी प्राकृतिक भावनाओं की अभिव्यक्ति की आजादी भी खो देती है, यही इस कहानी का मुख्य स्वर है। स्त्री चाहे किसी भी वर्ग की हो, वह पुरुष के दमन और उत्पीड़न का शिकार होने को अभिशप्त है। पति का उसके चरित्र पर अविश्वास करना उसका अधिकार है। इन कहानियों से ही जैनेन्द्र की उस स्त्री का जन्म होता है जो प्रेम की कीमत आत्मबलिदान से चुकाती है। यही स्त्री बाद में *त्यागपत्र* की मृणाल बनती है और विभिन्न कहानियों-उपन्यासों में तरह तरह के रूप धारण कर सामने आती है।

'जाह्नवी' का कथ्य 'रुकिया बुढ़िया' से थोड़ा भिन्न और जटिल है। रुकिया (रुक्मिणी) अनाम-अपरिचित बच्चों को अपना स्नेह लुटाकर अपने प्रेम को एक सामाजिक सन्दर्भ दे देती है। पर जाह्नवी अपने प्रेम में असफल होकर शाश्वत विरह का वरण कर लेती है। उसकी कहानी मध्यकालीन विरहिणी की उस प्रसिद्ध उक्ति से निर्मित है जिसमें वह कौए से अनुरोध करती है कि वह उसके सारे शरीर को भले ही खा जाए, पर उसकी आँखें छोड़ दे, क्योंकि उसमें 'पिया मिलन की आस' रची-बसी है। यह एक ऐसी लड़की की कहानी है, जो किसी से प्रेम करती है और जब किसी अन्य युवक से उसका विवाह तय होता है तो वह उसे पत्र लिखकर इस स्थिति से अवगत करा देती है। विवाह तो नहीं होता, पर वह युवक न जाने किस तर्क से अपनी

जीवन-शैली ही बदल देता है और आजीवन विवाह न करने का संकल्प कर लेता है। इस प्रेम-प्रसंग का एक पेंच यह भी है कि जाह्नवी का प्रेमी किसी कारण से उससे विवाह करने की स्थिति में नहीं है और यह जानते हुए भी वह उसी से प्रेम करती है। स्वाभाविक है कि ऐसे प्रेम की परिणति शाश्वत विरह के अतिरिक्त कुछ हो ही नहीं सकती। जाह्नवी ने अपनी इस नियति को स्वीकार कर लिया है। वह छत पर कौओं को बुलाकर रोटी खिलाती है और गाती जाती है : 'दो नैना मत खाइयो...पीउ मिलन की आस'। कहानी की पृष्ठभूमि के निर्माण में जैनेन्द्र को इस बात का खयाल भी नहीं रहता, या वे जानबूझ कर इसकी उपेक्षा कर देते हैं, कि रोटी खाने के लोभ में झुंड के झुंड कौए नहीं बुलाये जा सकते और वे बुलानेवाले के शरीर पर नहीं बैठ सकते। पर जैनेन्द्र ऐसी आपत्तियों को कोई महत्त्व नहीं देते।

इस प्रकार जाह्नवी अपने प्रिय की अन्तहीन प्रतीक्षा में शाश्वत विरह का एक प्रतीक बनकर खड़ी है। पर यह कहना गलत होगा कि वह अपनी स्थितियों से असन्तुष्ट नहीं है और पारिवारिक-सामाजिक अवरोधों के प्रति उसके मन में कहीं विद्रोह की चेतना नहीं है। अपने लिए चुने जाने वाले भावी पति को पत्र लिखना और चिरविरहिणी का विकल्प चुनना उसके विद्रोह का ही परिचायक है। जैनेन्द्र कहानी को कोई 'अन्त' प्रदान नहीं करते; न जाह्नवी के प्रसंग में, न उसके नामित पति ब्रजनन्दन के प्रसंग में। मधुरेश के अनुसार, "वह अपनी सम्पूर्ण निष्ठा के साथ प्रेम के लिए समर्पित एक ऐसी नायिका है जो इसके पहले हिन्दी कहानी में दिखायी नहीं देती।"[42] जैनेन्द्र प्रेम और विवाह को पर्यायवाची नहीं मानते। विवाह उनकी दृष्टि में एक सामाजिक प्रतिबद्धता है, पर प्रायः यह प्रतिबद्धता कमजोर नींव पर अवस्थित होती है और प्रेम उसे तोड़ता रहता है। इस कहानी के माध्यम से जैनेन्द्र प्रेम के अशरीरी भाव-रूप और उसके लिए किये गये त्याग का चित्रण करते हैं, और बताना चाहते हैं कि वही सच है। सम्भव है, अपने समय का सच वह रहा भी हो। सामाजिक रूढ़ियों और वर्जनाओं के दबाव में प्रेम का यह रूप ग्रहण कर लेना कदाचित् अस्वाभाविक भी न हो।

'जाह्नवी' में विवाह-संस्थान के प्रति स्त्री का विद्रोह शक्त रूप में व्यक्त हुआ है, जो 'एक रात'[43] में और भी उग्र रूप धारण कर लेता है। 'एक रात' की सुदर्शना की मँगनी जयराज से हो चुकी है, पर किन्हीं परिस्थितियों में उसका विवाह एक दूसरे व्यक्ति से हो जाता है और उसे जो पति मिलता है, वह उदार भी हद दर्जे का है। पर सुदर्शना जयराज को अपना हृदय दे चुकी है। प्रेम और दाम्पत्य का यह द्वन्द्व समकालीन भारतीय स्त्री की अपरिहार्य नियति थी, जिसे केन्द्रीय महत्त्व देने वाले प्रथम हिन्दी कहानीकार जैनेन्द्र ही हैं। सच पूछें तो प्रेम और दाम्पत्य के द्वन्द्व का चित्रण ही जैनेन्द्र की कहानियों की मुख्य पहचान है, और इसकी शुरुआत 'जाह्नवी' से होती है। 'एक रात'[44] कहानी का केन्द्रीय कथ्य स्त्री पात्र की ओर से प्रेम और दाम्पत्य का द्वन्द्व है, जबकि पुरुष पात्र की ओर से वह देश-सेवा और प्रेम का द्वन्द्व प्रतीत होता है। यह कहानी इस तथ्य का खुलासा नहीं करती कि जयराज और सुदर्शना का प्रेम कब और

किन परिस्थितियों में अंकुरित और पुष्ट होता है। आभासित ही होता है कि दोनो की सगाई हो चुकी थी, जिसे जयराज ने देश-सेवा की धुन में तोड़ दिया था। पर उसने सगाई ही तोड़ दी थी, जो सम्बन्ध जुड़ा था, उसे वह तोड़ नहीं सका था; वह उसके अवचेतन में कहीं दबा रह गया था, जो अनमने रूप से ब्लाटिंग पेपर पर होल्डर से लिखी इबारत से व्यक्त होता है। हरीपुर की सभा में जाने न जाने की दुविधा भी चेतन-अवचेतन के द्वन्द्व को ही संकेतित करती है। पर वह सभा में जाता है, जहाँ सुदर्शना और उसकी देखा देखी होती है जो दोनो के अवचेतन के दमन के बाँध को तोड़ देती है। जयराज भागकर बड़ी ही असामान्य परिस्थितियों में स्टेशन पहुँचता है और सुदर्शना भी अपने पति को सारी बातें बताकर जयराज के साथ ही स्टेशन पहुँचती है। रात भर सुदर्शना एकवस्त्रा रूप में प्लेटफार्म पर एक ही कम्बल के नीचे जयराज की गोद में सुख की नींद सोती है और सवेरे तृप्त होकर चली जाती है। अवचेतन में दमित प्रेम चेतन स्तर पर अभिव्यक्त होकर निर्मल और शान्त हो जाता है। अब जयराज और सुदर्शना का सांसारिक तौर पर अलग या साथ रहना कोई माने नहीं रखता।

यह प्रेम के बारे में जैनेन्द्र की दृष्टि है। कितने लोग इससे सहमत होते हैं या कितने लोगों तक यह विचार या भाव सम्प्रेषित होता है, जैनेन्द्र इसकी चिन्ता नहीं करते। वस्तुतः जैनेन्द्र तो इस बात की भी परवाह नहीं करते कि उन्होंने अपनी बात कहने के लिए जो प्रसंग निर्मित किया है, वह पाठक के सामान्य अनुभव, इन्द्रिय-बोध के कितना अनुकूल है। जयराज के आत्म-दमन को तो हम जैसे तैसे समझ ले सकते हैं, पर सुदर्शना का पति के सामने अपने 'अपराध-बोध' का स्वीकार बहुत ही असाधारण है; असाधारण तो जयराज और सुदर्शना का प्रेम भी है; दो अपरिचित युवक-युवती की सगाई हो जाने से उनके बीच प्रेम भी हो जाए, यह सामान्य स्थिति नहीं है। मध्ययुगीन प्रेमगाथाओं में ही इस प्रकार का प्रेम देखने को मिलता था। जयराज और सुदर्शना के कार्यव्यापार तो और भी असामान्य हैं। जयराज का सभा समाप्त होते ही ढाई मील पैदल चलकर स्टेशन जाने, गाड़ी छूट जाने पर पुनः हरीपुर आकर कार्यकर्ताओं की बैठक में शामिल होने, बैठक समाप्त होते ही पुनः आँधी और ओले से युक्त घोर बारिश में स्टेशन चल पड़ने, ठीक उसी समय सुदर्शना का भी पतिगृह त्याग कर उसी आँधी पानी में निकल पड़ने, राह में जयराज के मिल जाने पर उसी के साथ, उसी के छाते के नीचे, लगभग भींगते हुए स्टेशन पहुँचने, जयराज के स्टेशन मास्टर से कम्बल लेने, उसी कम्बल के नीचे प्लेटफार्म पर ही जयराज और सुदर्शना के रात गुजारने आदि के वर्णन सामान्य अनुभव के परे हैं। सुदर्शना जयराज की गोद में लगभग अधनंगी सोयी है और जयराज 'राम, राम, राम, राम' करता जा रहा है, जो बड़ी ही हास्यास्पद स्थिति है। पर जैनेन्द्र इसकी व्याख्या करते हैं : "उस समय दोनो के भीतर यह एक ही उदय हो आया कि इन दोनों के बीच में किसी प्रश्न और उत्तर की अपेक्षा नहीं है। इन दोनो में किसी परिचयापेक्षा का भी व्यवधान नहीं है। दोनो जैसे काल के आदि से चिर-परिचित हैं,

चिर-अभिन्न हैं कि दोनों के बीच की वाणी मौन है और शब्द झमेला हैं। शब्द मात्र अपने आवरण के लिए हैं, जब अपना सामना करते कठिनता होती है, जब यत्नपूर्वक अपने प्रति विमुखता अपनानी होती है—तब बीच में मानो अन्तर डालने के लिए वह भाषा और ये शब्द हैं, और ये दोनों तो मानो वहाँ पहुँचकर परस्पर प्राप्त हैं, जहाँ शब्द मौन में ऐसा खोया है जैसे बूँद सागर में।''[45] सम्भव है, इस प्रसंग के पीछे गाँधी जी के काम सम्बन्धी प्रयोग भी रहे हों। जैनेन्द्र पाठक को ही सम्बोधित करते कहते हैं : ''अरे ओ, ढँके-ढँके मानव, जो दूसरे की आँख से अपने को ढँकता है, सूरज की धूप से अपने को ढँकता है, सच की जोत से अपने को ढँकता है, अरे क्यों कपड़ों से लदा-फदा ही तू सभ्य है? कपड़ों के उतारने के साथ क्या तेरी सभ्यता, तेरी सम्भावना, तिरोहित हो जायेगी? क्यों रे, लदे-ढँके मानव?''[46] यह बात यदि कोई ऐसा व्यक्ति कहता, जो स्वयं 'दिगम्बर' हो चुका है, तो शायद उसकी सार्थकता होती; पर जैनेन्द्र या उनको कथक के सन्दर्भ में तो यह कथन हास्यास्पद प्रतीत होता है।

कहानी के लगभग अन्त में सुदर्शना जयराज को सूचित करती है कि वह माँ बनने वाली है। इस बात को लेकर पाठकों में मतभेद स्वाभाविक है कि सुदर्शना अपने पति का गर्भ धारण किये हुए है, या वह उस रात जयराज के साथ सहवास का परिणाम है। तर्कसंगत यह है कि वह उसके पति का ही गर्भ हो। कहानी के इस पाठ से सुदर्शना उस स्त्री का उदाहरण बनकर उपस्थित होती है जो अपने को पत्नी भी मानती है और प्रेमिका भी, और इसमें उसे कोई लज्जा नहीं है।

इस तरह 1935 के आसपास जैनेन्द्र हिन्दी कहानी में ऐसा कथ्य लेकर उपस्थित होते हैं, जो अपनी प्रकृति में सर्वथा नया था। ऐसा नहीं कि वह समाज में पहले से विद्यमान नहीं था, यह भी नहीं कहा जा सकता कि इसका चित्रण पहले के कथाकारों ने नहीं किया था; पर जैनेन्द्र की कथन-भंगिमा नयी थी, यह निर्विवाद है। इसका विकास जैनेन्द्र की परवर्ती कहानियों में दिखायी देता है।

जैनेन्द्र के लगभग दो वर्ष बाद सच्चिदानन्द वात्स्यायन ने छद्म नाम 'अज्ञेय'[47] के साथ हिन्दी कहानी-क्षेत्र में प्रवेश किया। अज्ञेय की पहली 'कहानी' 'जिज्ञासा' मूल रूप में 1929 में लिखी गयी थी, जो 1935 ई. में संशोधित होकर (सम्भवतः) प्रकाशन के योग्य समझी गयी। यह पहली बार किस पत्रिका में प्रकाशित हुई, इसकी सूचना तो उपलब्ध नहीं है, पर 1965 में प्रकाशित कहानी-संकलन *जिज्ञासा तथा अन्य कहानियाँ* में यह न केवल शामिल की गयी, बल्कि इसी के नाम पर संकलन का भी शीर्षक रखा गया। 1931 से 1934 के बीच अज्ञेय ने दिल्ली और मुलतान की जेलों में लगभग 18 कहानियाँ लिखीं, जिनमें से आठ—'विपथगा', 'मिलन', 'हारिति', 'छाया', 'द्रोही', 'अमरवल्लरी', 'अभिशापित' और 'गृहत्याग' (अधूरी)—का संग्रह *विपथगा* शीर्षक से 1932 के अन्त में तैयार किया गया था। यह प्रकाशित हुआ था या नहीं, यह सन्दिग्ध है।[48] इनमें से पहली छह कहानियाँ 1931 की और अन्तिम दो 1932 की हैं।[49] इस संग्रह की समीक्षा *विशाल भारत* के मार्च, 1933 अंक में छपी थी। समीक्षक थे *विशाल भारत*

के यशस्वी सम्पादक बनारसीदास चतुर्वेदी। समीक्षा की पहली पंक्ति थी, '' 'विपथगा' **किसी लेखक** की साढ़े सात कहानियों का संग्रह है, सात पूरी और एक अधूरी।'' अतः अनुमान किया जा सकता है कि 'विपथगा' संकलन का प्रकाशन 1932 के अन्त अथवा 1933 के आरम्भ में हुआ होगा। (यदि हुआ होगा तो!) संग्रह के आवरण पृष्ठ पर लेखक का वास्तविक नाम न देकर 'अज्ञेय' नाम छापा गया था, क्योंकि पांडुलिपि जेल से गुप्त रूप से मँगायी गयी थी। चतुर्वेदी जी ने 'विचारशीलता', पाठक की उत्कंठा को 'अन्त समय तक जागृत रखने' और उसके हृदय में एक कसक छोड़ने की क्षमता, वर्णन की 'काव्यमयता', 'स्वानुभूति' की गहराई आदि को 'अज्ञेय' की कहानियों का विशेष गुण माना था।[50]

पत्र पत्रिकाओं में प्रकाशित सच्चिदानन्द वात्स्यायन की कहानियों के साथ **अज्ञेय** नाम का प्रयोग इतनी बार हुआ कि स्वयं लेखक ने भी अन्ततः उसे स्वीकार कर लिया और 'विपथगा' का संशोधित संस्करण 1938 ई. में 'अज्ञेय' नाम से ही प्रकाशित हुआ, जिसमें पहले संस्करण की चार कहानियाँ, 'छाया', 'द्रोही', 'अभिशापित' और 'गृहत्याग' (अधूरी), निकाल दी गयी थीं और उनके स्थान पर 'अकलंक', 'पगोडा वृक्ष', 'एकाकी तारा' और 'कड़ियाँ', 'हरसिंगार', 'रोज' (बाद के संस्करणों में 'गैंग्रीन' शीर्षक से प्रकाशित), 'दुःख और तितलियाँ', तथा 'शत्रु' को शामिल किया गया था। इनमें से 'रोज़' (गैंग्रीन), 'दुःख और तितलियाँ', 'हरसिंगार' और 'शत्रु', जेल से बाहर, पर नजरबन्दी की स्थिति में, लिखी गयी थीं और कथ्य की दृष्टि से जेल में लिखी कहानियों से कुछ भिन्न थीं।

विपथगा संग्रह के बाहर की, क्रान्ति की पृष्ठभूमि पर लिखित कहानियों में, 'छाया', 'द्रोही', 'अभिशापित', 'गृहत्याग', 'एक घंटे में', 'विवेक से बढ़कर', 'क्षमा', 'अंगोरा के पथ पर', 'एकाकी तारा', 'कैसांड्रा का अभिशाप', 'कोठरी की बात' आदि हैं, जो बाद के संकलनों में प्रकाशित हुईं।

अज्ञेय ने लेखन-क्रम और कथ्य के अनुसार अपनी कहानियों को चार 'खेपों' में विभक्त किया है। पहले 'खेप' की कहानियाँ वे हैं जो सितम्बर, 1931 से फरवरी, 1934 की अवधि में विभिन्न जेलों में लिखी गयी थीं और जिनका विषय क्रान्तिकारियों की जीवन-स्थितियाँ और संवेदनाएँ हैं। स्वयं अज्ञेय के अनुसार, ''पहली खेप की कहानियाँ क्रान्तिकारी जीवन की हैं, क्रान्ति-समर्थन की हैं—और क्रान्तिकारियों की मनोरचना और उनकी कर्म-प्रेरणाओं के बारे में उभरती शंकाओं की हैं।'' इनमें ''एक स्पष्ट आदर्शोन्मुख स्वर है। वे एक क्रान्तिकारी द्वारा लिखी गयी क्रान्ति-समर्थक कहानियाँ हैं। इनमें एक 'रोमानी भोलापन' है, जो 'वास्तविक स्थिति का ही प्रतिबिम्ब है।''[51] अज्ञेय के अनुसार उस समय के क्रान्तिकारी आदर्शवादी थे, और आदर्शवादी होना गौरव की बात समझते थे। अगर उस काल के आदर्शवाद में एक रोमानी भोलापन भी झलकता है तो वह वास्तविक स्थिति का ही प्रतिबिम्ब है।[52]

स्वाधीनता आन्दोलन के इतिहास से हम जानते हैं कि किस प्रकार ब्रिटिश शासन

ने 1928-35 की अवधि में आतंकवादी क्रान्तिकारी आन्दोलन का दमन किया था। 1930 में चन्द्रशेखर आजाद की शहादत और 1931 में भगत सिंह आदि की फाँसी के बाद तो इस आन्दोलन की रीढ़ ही टूट गयी। अज्ञेय 1928 में ही इस आन्दोलन में शामिल हो चुके थे और 1929 में उसके सक्रिय सदस्य बन गये थे। स्वाभाविक है कि क्रान्तिकारियों के जीवन, उनके चरित्र, मानसिकता आदि से उनका घनिष्ठ परिचय होता, और था। भारत के बाहर, चीन, रूस, क्युबा, यूनान, तुर्की, आयरलैंड आदि देशों में हुई क्रान्तियों का अज्ञेय ने अध्ययन किया था। 'विपथगा', 'हारीति', 'मिलन', 'अभिशापित', 'अकलंक' और 'कैसांड्रा का अभिशाप' चीनी, रूसी, क्यूबा, यूनान, तुर्की क्रान्ति की पृष्ठभूमि में लिखी कहानियाँ हैं। शेष कहानियों की पृष्ठभूमि भारतीय स्वाधीनता आन्दोलन की है। अज्ञेय हिन्दी के पहले कहानीकार हैं, जिन्होंने आतंकवादी क्रान्ति-चेतना पर आधारित इतनी अधिक कहानियाँ लिखी हैं। इन कहानियों में उनका अपना अनुभव और संवेदना व्यक्त हुई है। क्रान्तिकारियों के अन्तर्द्वन्द्व का चित्रण करने में अज्ञेय को अद्भुत सफलता मिली है। यह द्वन्द्व कभी राष्ट्रभक्ति और प्रेम, मित्रता, वात्सल्य, सांसारिक सुख की लालसा आदि भावों के बीच है, कभी कर्तव्य-पालन और भय, स्वार्थ आदि के बीच। 'द्रोही' में विश्वासघाती क्रान्तिकारी के अन्तर्द्वन्द्व से उत्पन्न अनुताप, बेचैनी और विकलता का मार्मिक चित्रण हुआ है।

इन कहानियों में क्रान्ति चेतना के साथ साथ दूसरी प्रमुख भूमिका प्रेम संवेदना की है। प्रेम के मानवीय और अमानवीय चेहरों, त्रासद प्रेम और मोहभंग, विश्वास का संकट, प्रेम के लिए आदर्श का त्याग, हिंसा के साथ जुड़े त्याग और जुनून, मित्रता बनाम देश प्रेम, व्यक्ति बनाम राष्ट्र, क्रान्ति बरक्स मानवीय संवेदना के साथ साथ बलिदान, विवशता, जीवन के प्रति मोह आदि की संवेदनाएँ व्यक्त की गयी हैं। यह सही है कि ये कहानियाँ स्वयं अज्ञेय की ही 'कहानी' की कसौटी पर[53] सर्वत्र खरी नहीं उतरतीं, इनमें 'क्षण का चित्र' देखने को नहीं मिलता; कुछ कहानियों में तो 'कथा' और 'वर्णन' का इतना फैलाव हो गया है कि उसमें 'क्षण' गुम ही हो गया है, कुछ कहानियों में 'विचार' और कुछ में 'परिवेश' का काव्यात्मक वर्णन 'कहानीपन' को दबोच बैठा है, पर क्रान्तिकारी जीवन के अनुभव का वैविध्य इन्हें एक विशिष्टता तो प्रदान करता ही है। इन कहानियों में 'हारिति', 'पुलिस की सिटी', 'गृह-त्याग' और 'पुरुष का भाग्य' क्रान्तिकारियों की बेखौफ निष्ठा और संवेदनात्मक घार की वजह से अविस्मरणीय कहानियाँ हैं। 'हारिति' में कर्तव्य के प्रति निष्ठा का बेहद प्रभावी अंकन हुआ है, पर कहानी का चरमोत्कर्ष उस 'ऐण्टी क्लाइमेक्स' की स्थिति में है, जहाँ कर्तव्य-पालन के लिए अपने व्यक्तिगत प्रेम और जीवन को भी दाँव पर लगा देने वाली हारिति को पता चलता है कि उसका उपयोग कितने घटिया काम के लिए किया गया है। 'पुलिस की सिटी' में पुलिस से जूझते हुए एक क्रान्तिकारी के रोमांचक, पर परिणाम की तरफ से सर्वथा असम्पृक्त शौर्य का बेजोड़ चित्रण हुआ है; और सबसे बड़ी बात यह है कि इसके पीछे एक गहरी मानवीय संवेदना प्रेरणा के रूप में विद्यमान है। जीवन के प्रति गहरी

संवेदना तथा पृष्ठभूमि के रूप में ही रहने की दृष्टि से 'गृहत्याग' अपेक्षाकृत अच्छी और अज्ञेय की कहानीकार के रूप में सम्भावनाओं को उजागर करने वाली कहानी है। 'पुरुष का भाग्य' में एक क्रान्तिकारी की पत्नी के वात्सल्य की त्रासदी को दुर्लभ व्यंजना प्राप्त हुई है। इन कहानियों में देश-विदेश की क्रान्तिकारी पृष्ठभूमि में क्रान्तिकारियों के त्याग, बलिदान, शौर्य, प्रेम, वात्सल्य, सख्य और इन संवेदनाओं के परस्पर-संघर्ष का मार्मिक चित्रण हुआ है। हारिति', 'द्रोही' आदि जैसी कुछ कहानियों में क्रान्तिकर्मियों के पतन का भी चित्रण हुआ है। ये अज्ञेय के सीधे अनुभव से निकली हुई कहानियाँ थीं। यह सही है कि इनमें कहीं कहीं लेखक की चिन्तन और वर्णन के प्रति आसक्ति—जो एक बीस-बाईस वर्ष के युवक के लिए अप्रत्याशित नहीं है—कहानियों को बोझिल भी बनाती है, पर मानवीय अनुभूतियों और अन्तःप्रेरणाओं के अंकन की प्रधानता के कारण आज भी ये कहानियाँ हमें निराश नहीं करतीं।

लगभग इसी समय मजनूँ गोरखपुरी (1904-1988) की इस दशक में लिखित कहानियों के तीन संग्रह, *ख्वाबो खयाल* और *दीगर अफसाने (1931), सामानपोश* तथा *हत्तिया* और *दूसरे अफसाने* (1935) प्रकाशित हुए।[54] जैनेन्द्र की तरह इनकी कहानियाँ भी समकालीन यथार्थ से टकराने का प्रयास नहीं करतीं। इनकी कहानियों में जीवन के गूढ़ रहस्यों की खोज, सत् और असत् के संघर्ष, स्वतन्त्र इच्छाशक्ति और भाग्यवाद, जीवन को एक पहेली के रूप में देखने और मृत्यु के चित्रण का प्रयास लक्षित होता है। उदासी और निराशा का वातावरण इनकी कहानियों में विद्यमान है। संसार से तीव्र असन्तोष के क्षणों में इनके पात्र वर्तमान व्यवस्था के खिलाफ विद्रोह पर उतारू होते दिखाये गये हैं। वे आधुनिक सभ्यता में मनुष्य की मुक्ति नहीं देखते और यहीं से उनकी नयी दुनिया की खोज शुरू होती है।[55]

इस दशक के पूर्व हिन्दी कहानी के परिदृश्य पर किसी महिला कहानीकार की उपस्थिति न के बराबर थी। समाज में स्त्रियों की स्थिति और नियति का अंकन पुरुष कहानीकार ही अपने अनुभव, दृष्टिकोण और संवेदना के आधार पर कर रहे थे। स्वाभाविक है कि सापेक्ष दृष्टि से उनका अनुभव उतना प्रामाणिक, वैचारिक दृष्टि उतनी पूर्वग्रहरहित और संवेदना उतनी गहन और तीव्र नहीं हो सकती थी, जितनी किसी स्त्री कहानीकार की। इस दशक के आरम्भ में सुभद्राकुमारी चौहान ने (ज. 1904; नि. 1948) समाज में नारी की स्थिति और नियति को अपनी कहानियों का विषय बनाया और लगभग 1946 तक वे कहानी-लेखन में सक्रिय रहीं।[56]

सुभद्राकुमारी चौहान, राष्ट्रीय चेतना के कवि रूप में अपनी पहचान बनाने के बाद, कविता के क्षेत्र को छोड़कर, कहानी के क्षेत्र में उतरी थीं। 1930 में *मुकुल* की भूमिका में उन्होंने लिखा था, "आज संसार के संघर्षणों से ऊबकर मेरे कवि हृदय ने विश्राम ले लिया है।...मैं सोचा करती हूँ, क्या कभी फिर भी मैं कविता लिख सकूँगी?" विष्णुकान्त शास्त्री की इस पर टिप्पणी है कि "यह सच है कि सुभद्रा जी फिर अधिक कविताएँ नहीं लिख सकीं, किन्तु संसार के जिन संघर्षों ने उनकी कविता के स्रोत को

सुखा-सा दिया था, उन्होंने ही उन्हें कहानी के क्षेत्र में अवतरित होने को प्रेरित किया।"[57] उनका प्रथम कहानी संग्रह *बिखरे मोती* 1932 में और दूसरा, *उन्मादिनी* 1934 में प्रकाशित हुआ। 1947 में प्रकाशित उनके तीसरे कहानी संग्रह *सीधे सादे चित्र* में कितनी कहानियाँ 1934-40 अवधि में लिखित हैं, इनका पता नहीं है, पर वे यदि आधी भी हों तो उनका विवेचन उनकी अन्य कहानियों के साथ ही संगत है।

बिखरे मोती के 'विनीत निवेदन' में सुभद्रा जी ने लिखा था : "...रूढ़ियों और सामाजिक बन्धनों की शिलाओं पर अनेक निरपराध आत्माएँ प्रतिदिन ही चूर चूर हो रही हैं। किन्तु उनके हृदय-बिन्दु जहाँ तहाँ मोतियों के समान बिखरे पड़े हैं। मैंने तो उन्हें केवल बटोरने का ही प्रयत्न किया है। मेरे इस प्रयत्न में कला का लोभ है और अन्याय के प्रति क्षोभ भी।[58] अपनी इन कहानियों के द्वारा वे इस आधारभूत सिद्धान्त का प्रतिपादन करना चाहती हैं कि नारी का स्वतन्त्र व्यक्तित्व है, उसकी भी अपनी इच्छाएँ, आकांक्षाएँ हैं। जब तक इस मौलिक सिद्धान्त को पुरुष समाज स्वीकार नहीं कर लेता, तब तक स्त्री-पुरुष के व्यवहारों की उचित मीमांसा नहीं हो सकती और न समाज में आदर्श व्यवस्था ही आ सकती है। *उन्मादिनी* के निवेदन में उन्होंने इस बात को स्पष्ट करते हुए लिखा : "मनुष्य की आत्मा स्वतन्त्र है, फिर चाहे वह स्त्री-शरीर के अन्दर निवास करती हो, चाहे पुरुष-शरीर के अन्दर। इसी से पुरुष और स्त्री का अपना अपना व्यक्तित्व अलग रहता है।"[59] इसी में उन्होंने यह भी लिखा कि उनकी कहानियाँ उस क्रान्ति का चित्रण करती हैं जिसके द्वारा स्त्री-पुरुष के उन सम्बन्धों की नींव हिल रही है, जो चिर प्रचलित रूढ़ियों पर आधारित हैं। इस क्रान्ति को उन्होंने शुभ लक्षण माना था और सहृदय पाठक समुदाय से बिनती की थी कि "स्त्री के हृदय को पहचानो और उसको चारो ओर विकसित होने का अवसर दो, यह न भूल जाओ कि उसका अपना भी एक व्यक्तित्व है।"[60]

सुभद्रा कुमारी चौहान की कहानियों का मुख्य विषय तत्कालीन समाज में स्त्री की स्थिति और नियति है। पुरुषों द्वारा निर्मित नैतिक संहिता में स्त्रियों और पुरुषों के लिए यौन-शुचिता सम्बन्धी समान नियम नहीं हैं। कुमारी अवस्था में स्त्री को प्रेम करने की स्वतन्त्रता नहीं है। जाति, धर्म, आर्थिक-सामाजिक स्थिति आदि की उपेक्षा करके यदि वह किसी से प्रेम करती है तो उसका दंड उसे ही भुगतना पड़ता है, पुरुष को नहीं। विवाह हो जाने के बाद उसे किसी भी दूसरे पुरुष से, चाहे वह देवर, पति का मित्र, शिक्षक कोई भी क्यों न हो, घनिष्ठ सम्बन्ध रखने का अधिकार नहीं होता। यदि ऐसा होता है तो तुरत उसके चरित्र पर उँगली उठने लगती है। पुरुष द्वारा उसका यौन-शोषण आम बात है और इसका खामियाजा भी केवल उसी को भुगतना पड़ता है। मध्यवर्गीय परिवारों में नववधू और विधवा का श्रम-शोषण और अमानवीय व्यवहार एक आम बात है। सुभद्रा जी ने इन सभी स्थितियों का अंकन अपनी कहानियों में किया है।

सुभद्रा कुमारी जी की दृढ़ धारणा थी कि विवाह के बाद भी नारी का स्वतन्त्र व्यक्तित्व रहता है, अतः वह अपनी रुचि के अनुकूल किसी सदाचारी पुरुष को मित्र

बना सकती है। उन्होंने अपनी अनेक कहानियों में इस प्रश्न को उठाया है। सामाजिक मान्यता और व्यवस्था के अनुसार उनकी इस प्रकार की अधिकतर कहानियों की पात्रियाँ पति और समाज द्वारा लांछिता, तिरस्कृता और कोई कोई परित्यक्ता भी होती हैं, किन्तु इस उत्पीड़न को सहकर भी वे सहृदय पाठकों के मन पर अपने इस अधिकार के औचित्य की छाप छोड़ जाती हैं। इनमें से कुछ ऐसी भी हैं जो पति का हृदय परिवर्तन करने में समर्थ होती हैं। इस प्रकार की कहानियों में 'मँझली रानी', 'आहुति', 'थाती', 'उन्मादिनी', 'पवित्र ईर्ष्या' और 'दो साथी' आदि उल्लेखनीय हैं। इन कहानियों में बहू को ससुराल में पति या सास-ससुर की इच्छाओं के अनुसार ही चलना पड़ता है, विशेषता यही है कि उनके उत्पीड़न का कारण किसी पर-पुरुष से उनकी घनिष्ठता है, चाहे वह पवित्र ही क्यों न हो। 'मँझली रानी' राज-परिवार में उतनी ही पराधीन है जितनी किसी मध्यवित्त या निम्नवित्त परिवार की बहू। वह पहनने ओढ़ने, खाने-खर्चने, आने जाने, किसी भी व्यापार में स्वतन्त्र नहीं है, इसीलिए वह ससुराल को कैदखाना समझती है। 'आहुति' की कुन्तला अखिलेश्वर से साहित्यिक चर्चा किया करती है जो बाद में उसके दुहाजू पति राधेश्याम को खटकने लगती है। फलतः कुन्तला को अपने साहित्यिक जीवन की आहुति देकर अपनी सच्चरित्रता प्रमाणित करनी पड़ती है। 'थाती' में यह दिखाया गया है कि पति के अतिरिक्त एक पुरुष मित्र की स्थिति यदि नारी के जीवन में उल्लास की अवतारणा करती है, तो समाज की आँखों में सन्देह, ईर्ष्या और अत्याचार की। 'उन्मादिनी' में ठीक यही विषय दूसरा बाना धारण कर आता है। कुमारी कन्या की सबसे बड़ी समस्या पति-वरण का अधिकार है। सुभद्रा जी का स्पष्ट मत है कि यह अधिकार कुमारियों को मिलना चाहिए। पर वे अपनी इस दशक की कहानियों में इस विचार को मूर्त रूप नहीं दे पातीं। कहानी की हीना अपने बचपन के साथी कुन्दन को छोड़कर एक धनी परिवार की बहू बनती है, और जब कुन्दन उनके यहाँ माली का काम करने आता है तो पति के आतंक से वह उससे बातचीत तक नहीं कर पाती। कुन्दन की मृत्यु के बाद तो वह पागल ही हो जाती है। 'पवित्र ईर्ष्या' और 'दो साथी' नामक कहानियों में भी यही समस्या उठायी गयी है। सुभद्रा जी ने यौन-स्वाधीनता का समर्थन नहीं किया है। स्त्री-पुरुष के सदाचार के नियम को भी वे कट्टरता से पालनीय समझती थीं जिसका बोध हमें 'अनुरोध', 'अँगूठी की खोज' आदि कहानियों से होता है। विवाहिता स्त्री के भी पुरुष मित्र हो सकते हैं, इसका समर्थन करने पर भी सुभद्रा जी नैतिक सदाचार पर पूरा जोर देती हैं। इस सिलसिले में 'परिवर्तन' और 'अभियुक्ता' का उल्लेख किया जा सकता है।

सुभद्रा जी ने विधवाओं के दुःख-दर्द को अपनी कहानियों का मुख्य विषय बनाया है। हिन्दू समाज की विधवाओं की मूक व्यथा अपने करुणतम रूप में 'किस्मत' में मुखर हो उठी है। बाल विधवा किशोरी अपनी सौतेली सास मुन्नी की माँ के अत्याचारों की ज्वाला में तिल तिल भस्म होने के लिए विवश है। ये भोली विधवाएँ किसी प्रवंचक के मायाजाल में फँसकर अपना सर्वनाश कर सकती हैं, यह 'नारी हृदय' और 'एकादशी'

से स्पष्ट है। 'एकादशी' हिन्दू बाल विधवा का धर्म-परिवर्तन हो जाने पर भी अपने पूर्व संस्कारों को न छोड़ पाना, घोर अस्वस्थता की स्थिति में भी शाकाहारी बने रहना और एकादशी के दिन किसी भी स्थिति में 'शोरबा' लेने को तैयार न होना उसके संस्कारों की तीव्रता को व्यक्त करता है। कहानी में मुस्लिम समाज के प्रति लेखिका का उदार भाव भी व्यक्त हुआ है। पर बीमार लड़की को पहचान लेने पर उसकी सांस्कारिक दृढ़ता से प्रभावित होकर डाक्टर का 'शुद्धी और संगठन' का पक्षपाती हो जाना कुछ अटपटा प्रतीत होता है। सुभद्रा जी युक्ति-तर्क से विधवा-विवाह का समर्थन करते हुए भी प्राचीन संस्कारों के कारण विधवा के तपोमय जीवन का समर्थन करती हैं। यही कारण है कि 'असमंजस' और 'कल्याणी' कहानियों की दोनो विधवाएँ पुनर्विवाह करना अस्वीकार कर देती हैं।

सुभद्रा कुमारी चौहान की कुछ कहानियों में स्त्रीमात्र के सामान्य भावों का चित्रण हुआ है। 'ग्रामीणा', 'पवित्र ईर्ष्या', 'हींग वाला', 'राही', 'सुभागी', 'मँगला' आदि कहानियों में मातृहृदय का मार्मिक चित्रण किया गया है। पर कभी कभी ऐसी परिस्थितियाँ पैदा होती हैं जब वात्सल्य सम्बन्ध बहुत जटिल रूप धारण कर लेता है। 'रूपा' कहानी में पुत्री के भावी अपमान की भयावह कल्पना से अभिभूत होकर माँ उसे लेकर कुएँ में छलांग लगा लेती है। संयोगवश वह खुद तो बच जाती है, पर पुत्री की मृत्यु हो जाती है। इस कहानी में वात्सल्य मनोभाव और एक परिस्थिति विशेष में उत्पन्न मनोवैज्ञानिक जटिलता के मिश्रण से कहानी प्रभावशाली बन गयी है। सुभद्रा जी की कुछ कहानियों में भाई-बहन के प्रेम का चित्रण हुआ है। इसके लिए 'अमराई', 'गुलाब सिंह', 'पवित्र ईर्ष्या', 'दृष्टिकोण' आदि कहानियों को देखा जा सकता है। 'कैलाशी नानी' में यदि भारतीय नारी की धर्मबुद्धि एवं दृढ़ता का तो 'बिआहा' में उसके भोले विश्वास और अज्ञान का चित्रण किया गया है।

सुभद्रा जी की कुछ कहानियाँ प्रेम का भी अंकन करती हैं। 'अँगूठी की खोज', 'अनुरोध', 'असमंजस', 'उन्मादिनी' आदि इस श्रेणी में आती हैं। पर इनमें प्रायः प्रेम का भाव गहरी संवेदना का रूप नहीं ले पाया है। इनमें 'अनुरोध' ही एकमात्र ऐसी कहानी है, जिसमें संवेदना का एक क्षण उभरता है। इसमें प्रेम के उस पक्ष का चित्रण किया गया है, जिसमें लोकमंगल का भाव निहित है।

सुभद्रा जी की कहानियों का दूसरा प्रमुख विषय राष्ट्रीय भावना की अभिव्यक्ति है। 'अमराई', 'गौरी', 'चढ़ा दिमाग', 'ताँगे वाला', 'गुलाब सिंह', 'तीन बच्चे', 'पापी पेट', 'राही', 'रूपा', 'सुभागी' आदि सुभद्रा जी की स्वाधीनता आन्दोलन से सम्बन्धित कहानियाँ हैं। ये कहानियाँ सुभद्रा जी के अनुभव पर आधारित होने के कारण पाठक के चित्त पर एक विशेष प्रकार का प्रभाव डालती हैं। इनमें स्वाधीनता आन्दोलन से सम्बन्धित अनेक मार्मिक प्रसंग उपस्थित हुए हैं। 'अमराई' में जागृत तरुणाई के बलिदान के कारण ठाकुर साहब जैसे वृद्धों में भी दौड़ने वाली नवीन चेतना एवं उत्साह की लहर का चित्रण किया गया है। 'ताँगेवाला' देश के उन भावुक, प्रबुद्ध तरुणों का

प्रतिनिधि है जो विदेशियों की चाकरी से परिश्रम की स्वल्प कमाई को श्रेयस्कर समझते हैं। 'गौरी' कुमारी कन्या के वात्सल्य भाव के कारण बहुत मार्मिक कहानी हो गयी है। यह कहानी आदर्श से परिचालित है, पर वह कहानी पर थोपा हुआ नहीं प्रतीत होता। आकस्मिकता का तत्त्व इस कहानी को भी मार्मिक बनाने में सहायक होता है। 'चढ़ा दिमाग' में निहित स्थिति का व्यंग्य कहानी को अतिरिक्त पैनापन प्रदान कर देता है। यह कहानी पाठक को सोचने की मुद्रा में ला देती है। एक कसक पैदा होती है और आलोचक को सोचना पड़ता है कि वह इसकी आशंसा कैसे करे? 'गुलाब सिंह' सम्भवतः 1942 के आन्दोलन के निजी अनुभव पर आधारित है। कहानी 'अमर-अनन्त' की कथा के रूप में प्रस्तुत की गयी है। एक भाई किसी कल्पित 'बादशाह' के विरोध में आजादी का झंडा लेकर जुलूस में भाग लेता है और पुलिस की गोली का शिकार होता है। पर मरने के पहले वह आजादी का झंडा अपनी बहन के हाथों में थमा देता है और जुलूस निकल कर ही रहता है। इसे ही छापामार लड़ाई कहते हैं और सुभद्रा कुमारी की कहानियाँ इस कसौटी पर खरी उतरती हैं।

सुभद्रा जी ने भी प्रेमचन्द की तरह अपनी कहानियों को मानवीय संवेदनाओं से युक्त कर बहुत प्रभावी बना दिया है। 'तीन बच्चे' सन्तान के प्रति माँ की ममता की भावुकता से जुड़कर प्रभावी बन गयी है। 'रूपा' और 'सुभागी' का परिवेश स्वाधीनता आन्दोलन है, पर इन्हें शक्ति मिलती है माँ के बच्चे के प्रति वात्सल्य से। 'पापी पेट' में आन्दोलनकर्ताओं पर लाठी या गोली चार्ज करने वाले पुलिस कर्मचारियों के पश्चात्ताप का अंकन किया गया है। 'राही' स्वाधीनता आन्दोलन पर आधारित एक विचारप्रधान कहानी है। इसमें उन देश-भक्तों का पर्दाफाश किया गया है जो वस्तुतः सत्ताभक्त हैं और उसी के लिए राष्ट्रीय आन्दोलनों में भाग लेते और जेलों में आकर ऊँचे क्लासों के लिए झगड़ते हैं। संवेदना का कोई क्षण इसमें नहीं है, पर आन्दोलन का एक अवांछित यथार्थ जरूर सामने आता है। इस सच को अपनी लगभग इसी समय लिखी कहानी 'एक कैदी' में जैनेन्द्र ने भी उठाया था, पर सुभद्रा जी की कहानी उनकी तुलना में अधिक प्रतीतिजनक है। इस कहानी में दलितों के उद्धार का एक आदर्श भी रखा गया है।

सुभद्रा जी की परवर्ती कहानियों में समाज के प्रति उनका आलोचनात्मक दृष्टिकोण व्यक्त हुआ है। सन् '34 में प्रकाशित 'उन्मादिनी' की हीना और कुसुम अपने बाल साथी कुन्दन और प्रेमी वसन्त को छोड़कर पितृनिर्वाचित वर से ही विवाह करने को विवश हैं। तब तक शिक्षित स्त्रियाँ भी इस विषय पर माता-पिता के विरुद्ध कुछ कहने में संकोच का ही अनुभव करती थीं, पर '42 तक परिस्थिति में कुछ परिवर्तन हो चुका था। 'सीधे सादे चित्र' में इस विषय पर तीन कहानियाँ हैं और तीनो में कन्याओं का समर्थन किया गया है। 'गौरी अपने माता-पिता की इच्छा के विरुद्ध राष्ट्रकर्मी सीताराम को पति के रूप में वरण करती है और पितृ-निर्वाचित नायब तहसीलदार को ठुकरा देती है। इसी तरह 'प्रो. मित्रा' की मृणाल स्वयं ही कान्ति से विवाह करने का निश्चय करती

है। मंगला यद्यपि अपनी माँ के अनुरोध से सुदर्शन से विवाह करना स्वीकार कर लेती है तथापि अपना दृष्टिकोण भी स्पष्ट कर देती है, "मैं किसी के इशारे पर आँख-कान बन्द करके नहीं चल सकती। मैं किसी की इच्छा को अपनी इच्छा नहीं बना सकती।" मँगला की इस उक्ति में स्त्री के स्वतन्त्र व्यक्तित्व का सिद्धान्त मानो मूर्त हो उठा है। 'सीधे-सादे चित्र' की कहानियों में नारियों की आत्मनिर्भरता और अपने अधिकारों के प्रति जागरूकता काफी विकसित हुई है।

सुभद्रा जी की कहानियाँ उस युग की कहानियाँ हैं जब हिन्दी साहित्य में महिलाओं की भागीदारी विरल थी। उषादेवी मित्रा, कमला चौधरी, सुशीला आगा आदि कुछ ही कहानी-लेखिकाएँ कहानी-साहित्य के परिदृश्य पर विराजमान थीं। उषा देवी मित्रा ने 1932 के लगभग कहानी-लेखन आरम्भ किया था। उनकी कहानियों में, प्रेमचन्द के अनुसार, "प्राकृतिक दृश्यों के साथ मानव जीवन का ऐसा मनोहर सामंजस्य होता है कि एक-एक रचना में संगीत की माधुरी का आनन्द आता है। साधारण प्रसंगों में रोमांस का रंग भर देने में उन्हें कमाल हासिल है।"[61] 1934 में कमला चौधरी का *उन्माद* नामक कहानी संग्रह प्रकाशित हुआ था, जिसकी भूमिका प्रेमचन्द ने लिखी थी। उनके अनुसार इस संग्रह की कहानियों में स्त्री-जीवन के यथार्थ के अनेक पहलुओं का अंकन किया गया था। 'साधना का उन्माद', 'मधुरिमा' और 'भिखमंगे की बिटिया' इस संकलन की उल्लेखनीय कहानियाँ थीं। इन कहानियों में, प्रेमचन्द के अनुसार, 'नारी हृदय की साधना', 'स्नेह और त्याग' का रूप दिखाया गया है। इन्होंने ग्रामीण बोली का प्रयोग करके अपने चरित्रों में जान डाल दी है।[62] प्रेमचन्द की एक टिप्पणी के अनुसार, नवम्बर, 1934 के पूर्व सुशीला आगा की दो कहानियाँ प्रकाशित हो चुकी थीं जिनमें से 'अतीत के चित्र' प्रेमचन्द को बहुत पसन्द आयी थी।[63]

इसी समय उर्दू की कहानी-लेखिका रशीदजहाँ (ज. 1905; नि. 1952) ने मुस्लिम समाज की स्त्रियों के जीवन का नग्न यथार्थ खोलकर रख देने का अपूर्व साहस दिखाया था। यह उर्दू ही नहीं, हिन्दी साहित्य में भी स्त्री के साहसपूर्ण विद्रोह का पहला लेखकीय उदाहरण था, जिसके चलते वे कट्टरपन्थियों का प्रथम निशाना बनीं, क्योंकि वे मार्क्सवादी होने के साथ ही औरत भी थीं। *अंगारे* (1932) संकलन में संगृहीत उनकी कहानी 'दिल्ली की सैर' में एक बुर्कापोश औरत पुरुषों के रवैये तथा पति के उपेक्षापूर्ण व्यवहार से क्षुब्ध होकर पति की आलोचना करती है। परम्परागत भावनाओं पर आक्रमण की दृष्टि से यह कहानी बहुत उग्र तो नहीं मानी जा सकती, पर तत्कालीन समाज यह गवारा ही नहीं कर सकता था कि एक औरत पुरुषवादी व्यवस्था पर उँगली उठाए। पर रशीदजहाँ यहीं रुकी नहीं, उन्होंने अपनी अगली कहानियों में और भी साफगोई के साथ मुस्लिम समाज की बदनसीब औरतों की नियति का अंकन किया।[64] 1932 से 1952 के बीच उन्होंने लगभग तीस कहानियाँ लिखीं, जिनमें से उनकी कहानियों का एक संकलन *औरत और दूसरे अफसाने* 1937 में प्रकाशित हुआ।[65] उनकी कहानियों का दूसरा संस्करण उनकी मृत्यु के बाद, 1974 ई. में, *शोलए जव्वाला* शीर्षक से प्रकाशित

हुआ, जिसमें उनकी 1941-50 की अवधि में प्रकाशित 'अन्धे की लाठी', 'इफ्तारी', 'आसिफ़ जहाँ की बहू', 'इन्साफ़', 'चोर', 'छद्दा की माँ', 'बे जबान', 'मर्द व औरत', 'मुजरिम कौन', 'वह', 'वह जल गयी', 'सलमा', 'सास और बहू', 'सिफ़र' आदि कहानियाँ प्रकाशित हुईं। वकार नासिरी के अनुसार, ''रसीदजहाँ उर्दू की पहली कहानीकार हैं जिन्होंने नारी की स्वतन्त्रता का प्रश्न उठाया है। वह पहली क़लमकार हैं जिन्होंने एक बाग़ी दिलो-दिमाग रखने वाली औरत की तसवीर पेश की है।...जिसकी आत्मा और संघर्ष आख़िरदम तक शिकस्त मानने को तैयार नहीं। उनकी कहानियों ने पर्दे में रहने वाली औरत को पर्दे के बाहर लाकर खड़ा कर दिया है ताकि इस समाज में औरत पर होते हुए अत्याचार की अस्ली सूरत दिखायी दे। औरत की मानसिक हीनता, पराजय और बेबसी के एहसास को उन्होंने हर कहानी में प्रस्तुत किया है।''[66]

रशीदजहाँ की कहानियों में पहली बार यथास्थितिवाद तथा पितृसत्तात्मक सामाजिक व्यवस्था से मुठभेड़ करती स्त्री का तीखा बिम्ब प्रस्तुत हुआ था। 'मर्द व औरत', 'इफ्तारी', 'आसिफ़जहाँ की बहू', 'सास और बहू', 'बेजबान', 'इस्तिख़ारा', 'वह जल गयी', 'छद्दा की माँ' जैसी कहानियों के माध्यम से उन्होंने न केवल स्त्री जीवन, विशेष रूप से मुस्लिम मध्यवर्ग की स्त्रियों के जीवन के विविध पक्षों को उभारा है, बल्कि उनके संघर्षों को भी स्वर दिया है। मुस्लिम परिवारों की विश्वसनीय छवियाँ उभारते हुए उन्होंने इन परिवारों में परम्परा से आधुनिकता के तेज हो रहे संघर्ष पर विशेष ध्यान दिया है। वे आधुनिकता, वैज्ञानिक विवेक तथा प्रतिरोध के पक्ष में खड़ी होती हैं। 'मर्द व औरत' कहानी में लड़की शादी के बाद भी नौकरी करने के फैसले पर अडिग रहती है। 'इफ्तारी' में झूठी धार्मिकता की पोल खोलती नसीमा धरती पर इन्सानों द्वारा निर्मित 'दोजखों' को मिटाने का स्वप्न देखती है। 'आसिफ खाँ की बहू' में प्रसव-प्रक्रिया के निबटान की पुरानी पद्धति के खतरनाक प्रसंग हैं तो 'बेजबान' में सिद्दीक़ा केवल इस कारण कुँवारी रह जाती है कि उसके परिवार में वर पक्ष को शादी से पहले लड़की दिखाने का रिवाज नहीं है। 'इस्तिखारा' में प्रसव-पीड़ा से तड़पती खादिम अली की पत्नी कनीज़ इस कारण असमय मर जाने को मजबूर है कि 'इस्तिखारा' (एक धार्मिक रूढ़ि) उसके अन्धविश्वासी पति को डाक्टर लाने की इजाजत नहीं देता। 'वह जल गयी' की शीला यदि धोखेबाज पुरुषों की झूठी शानोशौकत पर बलि चढ़ जाने को अभिशप्त है तो 'सास और बहू' और 'छद्दा की माँ' के बहाने दो भिन्न वर्गों की सासों के बहू-द्वेष का अंकन किया गया है। स्त्री-मनोविज्ञान पर अचूक पकड़ का साक्ष्य उनकी एक अन्य कहानी 'मेरा एक सफ़र' में देखा जा सकता है। ट्रेन में यात्रा करती भिन्न धर्मो-जातियों की औरतें केवल कपड़ा छू जाने के कारण कैसे उद्वेग से इस प्रसंग को जातीय व साम्प्रदायिक उबाल का रूप दे देती हैं, यह कहानी इसका उदाहरण है। इन कहानियों के बाद जिस कहानी ने लोगों को व्यापकता में विचलित किया वह थी, बाज़ार की ठुकरायी हुई यौन रोग से ग्रस्त, एक बदशक्ल वेश्या की वेदना और प्रतिरोध को उभारती कहानी 'वह'। 'वह' वेश्या जीवन का अति भयावह-विद्रूप सच है। रशीदजहाँ ने इस

कहानी में वेश्या के प्रति जैसी गहरी संवेदना व्यक्त की है, वह बाद में केवल मंटो की कहानियों में ही दिखायी देती है। इस प्रकार संख्या में अधिक न होने पर भी रशीदजहाँ की कहानियों में हाशिए पर स्थित स्त्री की यातना से भरी नियति का बहुत तल्ख चित्रण हुआ है। शकील सिद्दकी के अनुसार, "रशीदजहाँ का छोटा-सा कथा-संसार विविधता से भरा हुआ है, जो उनकी संवेदना और दृष्टि के विस्तार के साथ ही इस तथ्य को भी रेखांकित करता है कि उनके भीतर का जागरूक प्रतिबद्ध रचनाकार किस गहरे रचनात्मक आवेग से अपने समय के तक़रीबन सभी चुभने वाले सवालों से जुड़ा रहा था। अवश्य ही स्त्री उनकी चिन्ता के केन्द्र में थी।"[67]

इसी समय के लगभग सुमित्रा कुमारी सिन्हा (ज. 1913 : नि. 1994) ने भी कहानियाँ लिखना आरम्भ किया था, जिनके दो संग्रह *अचल सुहाग* और *वर्षगाँठ* क्रमशः 1939 और 1942 में प्रकाशित हुए थे। प्रेम और विवाह की टकराहट का सच भारतीय हिन्दू समाज का एक निर्मम तथ्य है। किशोरावस्था के आगमन के साथ ही स्त्री हो या पुरुष, दोनो में एक दूसरे के प्रति आकर्षण या 'प्रेम' का भाव पैदा होना एक जैविक सच्चाई है। दूसरी तरफ भारतीय समाज में, विशेषकर तथाकथित उच्चतर जातियों में, इस अवस्था को प्राप्त होते ही, या उसके पूर्व ही, स्त्री-पुरुष को जीवन भर के लिए विवाह-बन्धन में डालकर कर उसे मर्यादित रति-कर्म की छूट देने का विधान है। प्रकृति और सामाजिक व्यवस्था का यह विरोध स्त्री को विशेष रूप से प्रभावित करता है। जिस समय सुमित्रा जी कहानियाँ लिख रही थीं, उस समय तो प्रायः नौ-दस वर्ष की ही उम्र में ही लड़कियों का विवाह कर देने का चलन था। इसके मूल में यह भाव था कि लड़कियाँ विवाह के पूर्व अक्षतयोनि बनी रहें और पति के अतिरिक्त किसी अन्य व्यक्ति से रति-सम्बन्ध स्थापित न करें। यह पुरुष वर्चस्व प्रधान समाज-व्यवस्था का पूर्वग्रह था, जो जैविक प्रकृति के प्रतिकूल था। इसका उल्लंघन होते ही समाज अपनी चाबुक फटकारता था, जो युवक-युवती दोनो को, पर विशेष रूप से युवती को, लहूलुहान कर डालता था; क्योंकि समाज का दंड विधान स्त्री और पुरुष के लिए समान न था। इसके चलते स्त्री को मनोवैज्ञानिक कुंठाओं के साथ साथ पुरुष-समाज के शोषण, दमन, अपमान, उपेक्षा आदि का सामना करना पड़ता था। पुनर्जागरण की अवधारणा के प्रसार और शिक्षा के विकास के साथ इस स्थिति की जटिलताएँ और भी बढ़ती गयीं। स्वाभाविक था कि कहानी में इसका चित्रण होता। पुरुष कहानीकारों ने भी इस समस्या को उठाया। पर स्त्री कहानीकारों ने इसे और भी प्रामाणिकता से प्रस्तुत किया। उर्दू में रशीदजहाँ ने और हिन्दी में सुभद्रा कुमारी चौहान, सुमित्रा कुमारी सिन्हा, चन्द्रकिरण सौनरेक्सा आदि ने इस स्थिति के विभिन्न पहलुओं का अंकन अपनी कहानियों में किया। सुभद्रा कुमारी चौहान, चन्द्रकिरण सौनरेक्सा और सुमित्रा कुमारी सिन्हा की तिक्कड़ी में सुमित्रा इस दृष्टि से उल्लेखनीय हैं कि उन्होंने प्रथम दोनो की तुलना में कहीं अधिक साहस के साथ अपने समय की स्त्री की नियति का चित्रण किया है। उनकी अधिकतर कहानियों में—'इटर्नल टैंगिल', 'प्रतिक्रिया', 'भाभी', 'मेरी जाँ लुट

गयी...', 'विद्रोहिनी', 'विवाहिता', 'व्यक्तित्व की भूख', 'व्यवधान', 'सूली ऊपर...', 'मैं नहीं जाऊँगी' आदि–विवाहिता स्त्री के पति से इतर प्रेम का चित्रण किया गया है। सुमित्रा जी का मानना है कि विवाहिता स्त्री को अपने दाम्पत्य जीवन से बाहर निकल कर प्रेम करने का अधिकार है। वे यह भी मानती हैं कि विवाह के कुछ ही दिनों बाद दाम्पत्य जीवन नीरस हो जाता है। यदि थोड़ा प्रेम रहता भी है तो वह निर्जीव हो जाता है। पर पति को पत्नी को इस प्रकार की छूट देना बर्दाश्त नहीं होता। यदि पत्नी का देवर से भी स्नेह भाव जुड़ता है तो पति को वह अन्तरंगता खलने लगती है। 'वह भूल' कहानी में दो स्त्री पात्रों से इस समस्या पर बहस करायी गयी है कि–क्या एक पुरुष प्रेमी, पति, भाई या बाप के सिवा मित्र बन ही नहीं सकता? इस कहानी की एक स्त्री पात्र कहती है : "हमारा समाज स्त्री-पुरुष के सम्पर्क पर केवल पतितावस्था की ही छाप लगाना चाहता है। स्त्री-पुरुष के सम्बन्ध को भी निष्काम रूप से, मित्रभाव से, देखना उसे असह्य है। साधारण श्रेणी की स्त्रियाँ पुरुषों को केवल मित्रता के सूत्र में बाँधकर नहीं रख सकतीं। यह निन्दनीय है, नीचतापूर्ण है, दूषित है। प्रत्युत देखती हो कि विवाह के बाद सिवा पति के किसी अन्य पुरुष को देखना भी पाप है। सदियों से ऐसी कलुषित मनोवृत्ति रही है कि जरा-जरा सी बातों और बिलकुल निर्दोष व्यवहारों में भी दोष की ही गन्ध लोगों को आती है। विशेषकर स्त्रियों के व्यक्तित्व को, उनके मानसिक विकास को हमारे समाज ने बिलकुल कुचल डाला है।...पति के रहते हुए किसी पुरुष को मित्रभाव से एक स्त्री अपनाती है, पत्राचार करती है, तो चाहे वह कितनी भी पवित्र क्यों न हो, उसकी ओर समाजशास्त्रियों की अणुमात्र भी दया नहीं, सहानुभूति नहीं।" उल्लेखनीय है कि किसी अन्य हिन्दी लेखिका ने स्त्री-पुरुष सम्बन्ध पर इतने साहस के साथ अपने विचार व्यक्त नहीं किये थे। कुछ ऐसे ही विचार जैनेन्द्र कुमार अपनी कहानियों में व्यक्त कर रहे थे।

सुमित्रा कुमारी सिन्हा हिन्दी में प्रथम 'नारीवादी' कहानीकार मानी जा सकती हैं। उन्होंने न केवल अभूतपूर्व साहस के साथ, जिसके लिए उन्हें परम्परावादी आलोचकों की आलोचना का शिकार होना पड़ा था, विवाहिता स्त्री के परकीय प्रेम की वकालत की है, वरन् पुरुष समाज द्वारा स्त्री के, चाहे वह पत्नी हो या घरेलू नौकरानी, श्रम या यौन शोषण का भी साहस और सहानुभूतिपूर्ण अंकन किया है। 'नारी का सपना', 'कुचला मातृत्व', 'गृहलक्ष्मी', 'शीला का पति', 'सफल नारीत्व', 'सुखिया' आदि कहानियों में स्त्री के शोषण के विविध रूप दिखायी पड़ते हैं। 'नारी का सपना', 'सफल नारीत्व' और 'गृहलक्ष्मी' में पत्नियों के प्रति, चाहे वह पढ़ी-लिखी ही क्यों न हो, पति की उपेक्षा, क्रूरता आदि का चित्रण किया गया है। पर सुमित्रा जी की कहानियों की नारी चुपचाप पुरुष का अत्याचार सह लेने की अभ्यस्त नहीं है। वह पुरुष वर्चस्व के विरुद्ध खड़ी होने का साहस दिखाती है। 'सफल नारीत्व' की माला पति की प्रताड़ना के विरोध में घर छोड़कर निकल जाती है और स्वतन्त्र रूप से जीविकोपार्जन करने का साहस दिखाती है। यहाँ तक कि वह स्त्री की सबसे बड़ी कमजोरी, सन्तान-प्रेम की तरल

भावुकता का भी परित्याग कर देती है। वह अनुभव करती है कि आर्थिक पराधीनता ही स्त्री की समस्याओं की जड़ है। वह इस जड़ पर ही प्रहार करने की हिम्मत दिखाती है। माला को हम एक स्थान पर सोचते पाते हैं—''विवाह नारी के लिए मृत्यु है। पत्नीत्व अभिशाप है। अपने व्यक्तित्व की हत्या कर नारी रह जाती है केवल पशु—अथवा यन्त्र। पत्नी होकर वह मानवी नहीं रह जाती।'' 'गृहलक्ष्मी' में भी निम्न मध्यवर्गीय परिवार की विपन्नता और पति द्वारा पत्नी की उपेक्षा का बहुत मार्मिक चित्रण किया गया है। इसके साथ ही कहानी के अन्त में पत्नी पूरी व्यवस्था के विरोध में खड़ी होने का संकल्प करती प्रतीत होती है। जिस समय में सुमित्रा कुमारी ने ये कहानियाँ लिखी थीं, उसे देखते हुए उनके साहस की सराहना की जा सकती है।

सुमित्रा जी अनुभव करती हैं कि मध्यवर्गीय संयुक्त परिवारों में स्त्री सबसे अधिक शोषण की शिकार होती है। 'शीला का पति' में इसी स्थिति का अंकन किया गया है जिसमें सारा परिवार ही नववधू को पीसकर निगल जाना चाह रहा है। पति भी दोहरे सम्बन्धों की चक्की में पिसता रहता है। लेखिका के विचार कथा के एक पात्र हरीश के माध्यम से व्यक्त होते हैं : ''इस संयुक्त परिवार की योजना के नीचे ही क्या एक-एक व्यक्ति तिल तिलकर मिट नहीं रहा है? कितना पहाड़ सा असन्तोष, कितनी गम्भीर अपरिवर्तनशीलता और अनौचित्य दबा पड़ा है हमारे बाहूय रूप से सुखी, सन्तुष्ट और सभ्य दीखने वाले परिवारों में हरेक अपना अपना दायरा बनाये हुए जीवन के भयंकर खेल में दाँव लगाये दे रहा है। कौटुम्बिक प्रथा का प्रपंच खड़ाकर प्रत्येक व्यक्ति अपने व्यक्तित्व की हत्या करने के लिए मजबूर है। अपने व्यक्तित्व का विकास अस्त कर सम्मिलित परिवार का भार लादे हुए जीवन की गाड़ी अवरुद्ध दिशाओं की ओर घसीट ले चलने को विवश है। अपनी महत्ता का मिथ्या प्रदर्शन, अपनी श्रेणी के मानव अधिकारों की झूठी विडम्बना, स्वतन्त्र व्यक्तित्व की आहुति देकर भी कायम रखना कितना बड़ा ढोंग है। इस बोसीदा किले की रक्षा करना अब असम्भव है। इस विशाल अट्टालिका की नींव खोखली हो चुकी—वह गिरेगी और शीघ्र गिरेगी, आर्थिक ईंटों में लोना लग गया है। हमें अब नयी इमारत का निर्माण करना है जिसमें स्वतन्त्र व्यक्ति पल सके, मानवता का स्वस्थ विकास साँस ले सके।'' यह सोच और भाषा एक प्रारूपिक 'नारीवादी' लेखक की पहचान है।

सुमित्रा जी ने अपनी कहानियों में अधिकतर मध्यवर्ग का ही चित्रण किया है। पर 'कुचला मातृत्व', 'सुखिया' आदि कहानियों में निम्नवर्ग की स्त्री की माँ बनने की विवशता और सम्पन्न घरों में नौकरानी के रूप में काम करने वाली किशोर वय की स्त्री के देह-शोषण की दयनीय स्थिति के यथार्थ का बहुत प्रभावी अंकन किया गया है।

होमवती देवी ने (ज. 1902; नि. 1951), वय में सुभद्रा कुमारी चौहान और रशीदजहाँ की समकालीन होने पर भी, तनिक बाद में कहानी-लेखन के क्षेत्र में प्रवेश किया था। 1939 में उनकी कहानियों का पहला संग्रह *निसर्ग* प्रकाशित हुआ। *निसर्ग* संग्रह की कहानियों में समकालीन स्त्री की दुर्भाग्यपूर्ण नियति का चित्रण अनेक रूपों

में किया गया है। हिन्दू कोड बिल पारित होने के पूर्व हिन्दू समाज में स्त्री की नियति उसके सधवा होने से जुड़ी होती थी। विधवा का न पति की सम्पत्ति में कोई अधिकार होता था, न पिता की सम्पत्ति में। होमवती जी की कहानी 'अपना घर' में पिता की सम्पत्ति के अधिकार से वंचित विधवा पुत्री की पीड़ा का मार्मिक वर्णन किया गया है। पर इस कहानी के प्रभाव को नुकीलापन प्रदान करती है विधवा के सात साल के बच्चे की स्वाभिमान की भावना, जो 'पराये घर' से बाहर निकलना चाहता है और असमर्थ होने पर टायफायड का शिकार हो जाता है। 'गोटे की टोपी' कहानी का भी आरम्भ परिवार में विधवा की उपेक्षा और शोषण के चित्रण से हुआ है। इसमें लेखिका ने विधवा-विवाह का प्रतिपादन करने की हिम्मत दिखायी है और वह भी बहुत कलात्मक ढंग से। 'उत्तराधिकारी' की पृष्ठभूमि में एक सेठ-परिवार है, जो उत्तराधिकारी पुत्र के लिए परेशान है। जब सेठ की तीसरी पत्नी भी बिना पुत्र प्रदान किये ही मर जाती है, तब वह चौथा विवाह करता है और उससे उसे पुत्र की प्राप्ति हो जाती है। खूब धूमधाम होती है। कहानी-लेखिका ने इस अवसर पर किये जाने वाले व्यवहारों और रीति-रिवाजों का वर्णन उसके ब्योरों में जाकर किया है। पर 'कहानी' यहाँ नहीं है। कहानी उस संकेत में है, जिससे व्यंजित होता है कि नयी पत्नी से जो पुत्र जन्म लेता है, वह सेठ का नहीं, बल्कि उसके भतीजे मोहन का है। इस संकेत को लेखिका ने संकेत ही रहने देकर कहानी को प्रभावी बना दिया है। 'प्रायश्चित्त' एक खाते-पीते मध्यवर्गीय परिवार में पति-पत्नी और देवर के सम्बन्धों की कहानी है। कहानी के केन्द्र में यह विचार है कि पत्नी केवल पति द्वारा प्रदत्त सुविधाएँ ही नहीं चाहती, बल्कि सहचरसुलभ, मुक्त, क्रीड़ायुक्त प्रेम भी चाहती है। इस कहानी के पति-पत्नी हर प्रकार से सुखी-सन्तुष्ट हैं, यदि उनके प्रणय-सम्बन्ध में कोई कमी है तो वह है पति की अतिशय उदारता और गम्भीरता। इसके फलस्वरूप वह भावनात्मक रूप से अपने देवर के निकट आती जाती है और एक दिन उसका देवर एकान्त में, भावावेश में, उसका हाथ चूम लेता है और उसका पति इसे देख लेता है। इसके बाद लेखिका इस प्रसंग को मनोवैज्ञानिक विश्लेषण की दृष्टि से सँभाल नहीं पायी है और कहानी बरबाद हो गयी है। पति का रोग्रस्त होकर मरना, देवर का अपनी गृहस्थी में रम जाना और पत्नी का दुखद जीवन व्यतीत करना, यह सब उस समय की स्त्री की विवशता का यथार्थ चित्र कहा ज़ा सकता है।

यद्यपि कुमारी चन्द्रकिरण (ज. 1920-) वय में सुभद्रा कुमारी, रशीदजहाँ, होमवती देवी, सुमित्रा कुमारी आदि से छोटी थीं, पर कहानी-लेखन का आरम्भ उन्होंने लगभग इनके साथ ही कर दिया था।[68] उनकी पहली कहानी, 'घीसू चमार', उन्हीं के अनुसार, 1931 में, कलकत्ता से प्रकाशित होनेवाली *विजय* नामक पत्रिका में छपी थीं, और 1932-35 में उनकी पाँच-छह कहानियाँ *आर्यमित्र* (आगरा) में प्रकाशित हुई थी, पर ये कहानियाँ सम्प्रति उपलब्ध नहीं हैं।[69] फिर भी 1939 तक वे कहानी-लेखिका के रूप में अपनी पहचान बना चुकी थीं और *आदमखोर* (1945)[70] के प्रकाशन तक लगभग 150

से अधिक कहानियाँ लिख चुकी थीं।[71] *आदमखोर* में संकलित बारह में से छह कहानियाँ, 'अक़ीला', 'छलिया', 'गृहस्थी का सुख', 'जीजी', 'मर्द' और 'चाय में नीबू' 1839-40 की लिखित हैं। चौथे दशक में पत्र पत्रिकाओं में प्रकाशित उनकी जो कहानियाँ बमुश्किल उपलब्ध हैं, उनकी संख्या लगभग 30 है, जिनमें से अधिकतर कहानियाँ 1939-40 की हैं।[72]

चन्द्रकिरण जी ने समकालीन नारी-नियति के विभिन्न पक्षों को अपनी कहानियों का विषय बनाया है। बाल वैधव्य उस काल के हिन्दू समाज का एक पैशाचिक सच था। बचपन में ही विधवा हो गयी लड़की का जीवन साक्षात् नरक हो जाता था। उसे पुनर्विवाह का अधिकार तो नहीं ही था, मानवीय सम्मान के साथ जीने का भी हक नहीं था। आर्य समाज ने विधवा-विवाह को मान्यता दे रखी थी, पर परम्पराधर्मी बृहत्तर सनातनपन्थी हिन्दू समाज इसे स्वीकार करने को तैयार नहीं था और यदि कोई परिवार या व्यक्ति इसकी पहल करता था तो उसे समाज के घोर विरोध और सामाजिक दंड-विधान का सामना करना पड़ता था। जाति-बाहर विवाह की भी यही स्थिति थी। उसे भी सनातनपन्थी समाज सहन नहीं करता था। 'छुटकारा' कहानी में चन्द्रकिरण ने एक ऐसी किशोरी विधवा की समस्या को लिया है, जिसे एक पुत्री भी है। इस कहानी की किशोरी सन्तानवती विधवा का विवाह, उसके समृद्ध जीजा, प्रचुर दहेज देकर अपनी ही जाति के एक आवारा, चरित्रहीन युवक से कर देते हैं। युवक का पिता आर्यसमाजी होने का दावा तो करता है, पर वह उसकी मजबूरी है, क्योंकि उसके लड़के का विवाह कहीं नहीं हो रहा है। विधवा किशोरी के जीजा भी, आर्य समाज के अनुयायी होने पर भी, इस बात का ध्यान रखते हैं कि उनकी विधवा साली का विवाह अपनी जाति में ही हो। विवाह तो हो जाता है, पर न तो वह अपनी बच्ची को त्यागना चाहती है और न ही उसका पति उसकी बच्ची को स्वीकार करने को तैयार है। पति स्वयं चरित्रहीन होकर भी पत्नी से अक्षतयोनि होने की उम्मीद करता है। दरअसल हिन्दू समाज में विवाह के साथ जाति, धर्म, दहेज, कुँवारेपन आदि के प्रश्न इस तरह उलझे हुए हैं कि वहाँ तर्क और मानवीय संवेदना के लिए कोई जगह नहीं बचती, और इसका सारा दुखद परिणाम केवल स्त्री को झेलना पड़ता है। आर्य समाज ने इस दिशा में बदलाव की पहल की थी, पर उसमें इतना बल न था कि हिन्दू समाज की मनुवादी व्यवस्था को बदल दे। इस कहानी में इस समस्या को इस रूप में उठाकर चन्द्रकिरण जी ने पाठकों की चेतना को झकझोरने का प्रयास किया है। 'तूफ़ान' कहानी में भी एक बाल-विधवा की स्थिति का दर्दनाक अंकन किया गया है। यह कथा पुरानी और परिचित है; नयापन इसमें यह है कि देवर के सहानुभूति भरे स्वर ने बाल विधवा भाभी की चेतना को आन्दोलित कर दिया है। संवेदना का यह क्षण ही कहानी को 'कहानी' बनाता है।

पुत्र की तुलना में पुत्री की सामाजिक स्थिति इतनी हीन थी कि माँ-बाप वृद्धावस्था में उसका सहारा लेने की अपेक्षा मर जाना बेहतर समझते थे। बेटी-दामाद के यहाँ अन्न ग्रहण करना तक माँ-बाप के लिए वर्जित था। इस रूढ़ि के पीछे मनोविज्ञान जो भी हो,

पुरुषसत्ता प्रधान व्यवस्था का अहं तो अवश्य ही था। 'सोना की माँ' इसी मान्यता पर आधारित कहानी है। इस कहानी की माँ इसी रूढ़ि के तहत आत्महत्या कर लेती है, पर अपनी बेटी का आश्रय ग्रहण नहीं करती। हिन्दू समाज में बेटे-बेटी के प्रति ऐसा असमान, तर्कहीन दृष्टिकोण लेखिका को स्वीकार्य नहीं है।

भारतीय समाज में स्त्री की नियति पुरुष सन्तान जनने के यन्त्र के रूप में भी रही है। जीववैज्ञानिक रूप से निराधार होने पर भी पुरुषसत्ता प्रधान समाज ने यह झूठ प्रचारित कर रखा था कि बेटा या बेटी जनने की जिम्मेदार स्त्री होती है। इस झूठ के आधार पर पुरुष को पहली पत्नी के रहते दूसरा विवाह करने का बहाना मिल जाता था। 'गृहस्थी का सुख' कहानी में पत्नी के सब तरह से योग्य और सुन्दर होते हुए भी, पति द्वारा सन्तान के लिए दूसरा विवाह करने की इसी स्थिति का अंकन किया गया है। उल्लेखनीय है कि इस तरह के विवाह के लिए पति से अधिक उसकी माँ जिम्मेवार होती थी। सास के द्वारा बहू पर अत्याचार एक अजीब तरह का मनोविज्ञान है। लेखिका ने समाज की इस स्थिति को उजागर करने के लिए भी यह कहानी लिखी है। इस कहानी में सौत के आ जाने पर सन्तान की समस्या तो हल हो जाती है, पर दूसरी पत्नी के बार बार गर्भवती होने और कुपोषण की वजह से उसकी और उसके बच्चों की मौत हो जाती है। पहली पत्नी तो पहले ही आत्महत्या करके अपनी जीवन-लीला समाप्त कर चुकी है। संवेदना की गहराई और तीव्रता की दृष्टि से कहानी में कोई विशेषता नहीं है, पर अनुभव की प्रामाणिकता तो इसमें है ही। 'मानव' कहानी का कथ्य भी सास-बहू सम्बन्ध पर ही आधारित है।

परम्परागत नारी-संहिता के विरुद्ध जिहाद छेड़ने वाली लेखिका के रूप में चन्द्रकिरण स्मरणीय हैं। समकालीन मध्यवर्गीय समाज में स्त्री-पुरुष सम्बन्धों में स्त्री का पलरा हमेशा नीचे होता था और पत्नी अकारण ही पति, सास तथा परिवार के दूसरे सदस्यों की अवमानना और प्रतारणा की शिकार होती थी। 'पहिली भूल' कहानी में यह दिखाया गया है कि लड़कियाँ तो प्रायः अपने पति के विवाहपूर्व प्रेम-प्रसंग को जानकर भी कोई आपत्ति नहीं करतीं, पर यदि पति को अपनी पत्नी के किसी ऐसे प्रसंग का पता चल जाता है तो वह उसे क्षमा नहीं कर पाता। यह भारतीय समाज में स्त्री-पुरुष की असमान स्थिति का सच है। पति द्वारा पत्नी के चरित्र पर अकारण शक करने की घटनाएँ प्रायः घटती हैं। 'भाभी का मजाक' शीर्षक हास्यप्रधान कहानी में इसी तथ्य को उभारने का प्रयास किया गया है। 'उधार का सुख' कहानी की शीला समृद्ध परिवार की बहू है और पति की प्यारी तथा सास-ननद और ससुर की दुलारी है। पर इसके भीतर की एक कथा यह भी है कि उसकी पहली सगाई किशन लाल के साथ हुई थी, जिसे वह अब भी याद करती है। वह विवाह के पूर्व उससे प्रेम भी करने लगी थी, पर उसके पिता ने वह सगाई तोड़कर उसका विवाह विनोद से, जो एक समृद्ध परिवार का लड़का था, कर दिया था, और शीला ने इस स्थिति से समझौता भी कर लिया था। वह सब प्रकार से सुखी है। संयोग या दुर्योग से किशन से उसकी मुलाकात अपने भाई

के विवाह में हो जाती है। किशन ने फिर शादी नहीं की थी। किशन आवेश में शीला को अपने बाहुपाश में जकड़ कर उसे चूम लेता है। शीला चिल्ला उठती है। यद्यपि किशन उससे माफी माँगकर चला जाता है, पर शीला का पति, विनोद, यह सबकुछ अपनी आँखों देख लेता है। उसे शीला के चरित्र पर सन्देह हो जाता है और उसे वापस अपने घर नहीं बुलाता। सास और ननदें भी उसके खिलाफ हो जाती हैं। विनोद का दूसरा ब्याह कर दिया जाता है। 'सुबह का भूला' और 'एजूकेटेड वाइफ' कहानियों में भी स्त्री-पुरुष सम्बन्ध को ही आधार बनाया गया है। कहानी-लेखिका का विचार है कि दाम्पत्य जीवन मे समरसता के लिए स्त्री-पुरुष दोनो को अपनी भावनाओं पर नियन्त्रण रखना चाहिए। विवाहित पुरुष को यह अधिकार नहीं कि वह अपनी पत्नी की उपेक्षा करके अन्य स्त्री से प्रेम करे। और यदि पुरुष इसे अपना अधिकार समझता है तो उसे यह अधिकार पत्नी को भी देना होगा। पुरुष मानसिकता यह बर्दाश्त नहीं कर सकती कि उसकी पत्नी भी किसी अन्य पुरुष से प्रेम करने लगे। 'सुबह का भूला' इसी 'विचार' पर आधारित कहानी है। समकालीन शिक्षित समाज में पति की इच्छा ऐसी पत्नी पाने की होती थी जो 'आधुनिक' और 'सामाजिक' हो। पर ऐसी पत्नी पा लेने के बाद उसे दूसरे पुरुषों के सम्पर्क में आना उन्हें खलने लगता था। 'एजूकेटेड वाइफ़' में पुरुष मानसिकता के इस अन्तर्विरोध का अंकन किया गया है।

तत्कालीन समाज में सन्तान का विवाह परिवार की सबसे बड़ी प्राथमिकता थी। माता-पिता स्वयं को ही परिवार के भरण-पोषण का उत्तरदायी समझते थे। भविष्य के बारे में सोचना वे जरूरी नहीं समझते थे। विवाह के बाद यदि लड़का पढ़ाई में सफल नहीं होता था तो उसका अपराध भी बहू के सिर ही मढ़ दिया जाता था। पुत्रियाँ जनने का दोष भी बहू पर ही डाल दिया जाता था। 'संसार का सुख' कहानी में इसी स्थिति का चित्रण किया गया है। इस कहानी में बेरोजगारी की मार झेलते अभावग्रस्त युवक और परिवार में उसकी पत्नी की अवमानना से भरी जिन्दगी की यथार्थ तसवीर प्रस्तुत की गयी है, पर इस तसवीर में यथार्थ का चित्रण ही प्रमुख है, कोई गहरी संवेदना नहीं है। 'सौदामिनी' में लड़के के स्थान पर लड़की केन्द्र में अवस्थित है। इस कहानी की केन्द्रीय पात्र सौदामिनी समाज की परवा न करती हुई अपनी शिक्षा पूरी करने के बाद जीविकोपार्जन हेतु अपने पैरों पर खड़ी होती है और विवाह नहीं करती। इस कहानी के मूल में कहानी-लेखिका के नारी विषयक आदर्श हैं। इस आदर्श के पूर्वपक्ष के रूप में उन लड़कियों का चरित्र खड़ा किया गया है जो परम्परागत नारी-संहिता के सामने सिर झुका लेती हैं और दुखमय जीवन व्यतीत करती हैं। वस्तुतः यह स्वयं लेखिका के जीवन-संघर्ष का अनुभव था, जिसकी प्रामाणिकता ने कहानी को सजीव बना दिया है। लेखिका का नारीवाद अनुभव और आस्था पर आधारित होने के कारण बहुत प्रामाणिक और विश्वसनीय बन गया है।

'चिरकुमार' और 'अधिकार' विवाह और स्त्री-अधिकार पर विमर्श की कहानियाँ हैं। 'चिरकुमार' का एक पात्र, विजय, 'नारीवादी' दृष्टि से परिचालित है और पसन्द

नहीं करता कि लड़कियाँ 'निसि दिन बरसत नैन हमारे' जैसे भावुकतापूर्ण गीत गाएँ। वह 'विलासिता और प्रेम' को लेकर स्त्रियों के ऊपर कटाक्ष करता रहता है। उसकी मान्यता है कि 'विवाह पूर्ण स्वाधीनता की रक्षा के लिए करना चाहिए। पति पत्नी में से किसी को भी कोई भी ऐसा कार्य न करना चाहिए कि एक-दूसरे के अधिकारों पर चोट पहुँचे या असुविधा हो।' उनका उद्‌देश्य, पति पत्नी होकर भी, एक दूसरे से पूर्णतः स्वतन्त्र रहना है। उसे सबक सिखाने के लिए सविता नाम की लड़की उसके विचारों से अपनी सहमति जताकर उससे विवाह करती है। इस सिद्धान्त के पालन के लिए दोनों एक बँगले में रहकर भी उसके दो भाग करके अलग अलग रहते हैं। पर यह प्रयोग सफल नहीं हो पाता। सविता तो नाटक कर रही है, पर विजय स्वाभाविक रूप से उसके प्रति भावनात्मक रूप से आकृष्ट होता जाता है और अन्त में अपनी हार स्वीकार कर लेता है। 'चिरकुमार' के विपरीत 'अधिकार' कहानी की अनिता 'नारीवादी' है और अपने अधिकार के प्रति इतनी सजग है कि पति की भावनाओं का तनिक भी ख्याल नहीं रखती। पर जब पति भी उसके साथ वैसा ही निस्संग व्यवहार करने लगता है तब उसे अपनी भूल का पता चलता है। लेखिका यह कहना चाहती है कि स्त्री-पुरुष की पूर्ण स्वतन्त्रता एक अव्यावहारिक कल्पना है। स्त्री-पुरुष दोनों एक-दूसरे के पूरक हैं और वे एक साथ रहकर ही अपनी सार्थकता सिद्ध कर सकते हैं। लेखिका स्त्रियों के अधिकार की समर्थक तो है, पर अधिकार पर प्रेम की संवेदना को वह अधिक महत्त्व देती प्रतीत होती है।

'भ्रम' कहानी में एक अनाथ लड़की की स्थिति तथा उसकी मालकिन की मनोदशा का चित्रण किया गया है जो इस भ्रान्त आशंका की शिकार है कि उसका पति उससे छुटकारा पाकर उस लड़की से विवाह करना चाहता है। यह मनोवैज्ञानिक कहानी है, पर यह 'मनोविज्ञान' किसी समाज से कटे हुए आदमी का मनोविज्ञान न होकर सामाजिक परिस्थितियों से पैदा हुआ मनोविज्ञान है।

पत्नी के रूप में नारी के दोयम दर्जे की वास्तविकता का अंकन भी सौनरेक्सा की कई कहानियों में मिलता है। 'मर्द' कहानी में ऐसी स्त्रियों की स्थिति का चित्रण किया गया है जो मेलों-ठेलों में परदा करने के कारण गुम हो जाती हैं और गुंडों के हाथों पड़कर या तो वेश्याओं के कोठे पर पहुँच जाती हैं या अस्मत गँवाकर घर लौटती हैं, जहाँ उनके लिए कोई जगह नहीं होती। इस कहानी में एक नवविवाहिता लड़की अपनी सास और कुछ दूसरी बूढ़ी औरतों के साथ कुम्भ स्नान करने के लिए जाती है और मेले में गुम हो जाती है। उसकी सास और अन्य स्त्रियाँ उसके गंगा में डूब जाने की कहानी घड़ कर रोने-धोने का नाटक करती हुई घर आती हैं और उसका श्राद्धकर्म तक सम्पन्न हो जाता है। तभी दो समाजसेवी कार्यकर्ता उसे लेकर उसके घर पहुँचते हैं और बताते हैं कि कैसे वह गुंडों के जाल में फँस गयी थी और भाग्य से ही उसका कोई अनिष्ट नहीं हुआ था। पर जो स्त्रियाँ और अन्य लोग उसकी मृत्यु पर जार बेजार आँसू बहा रहे थे, वे ही उसे भ्रष्ट और पतित घोषित कर उसे घर में वापस न लेने का तर्क देने लगते

हैं। समाज के इस पाखंड और अमानवीय व्यवहार पर लेखिका ने गहरा व्यंग्य किया है। इस कहानी का एक सकारात्मक पक्ष यह है कि युवक पति समाज की सारी आपत्तियों को खारिज करते हुए अपनी पत्नी को अपना लेने का निर्णय करता है। कहानी अपने समय की स्त्री की एक समस्या का तल्ख चित्रण करती है और अपने उद्देश्य पर परदा नहीं डालती। 'नारी' कहानी में एक ऐसी स्त्री की तकलीफों का चित्रण किया गया है, जिसका पति सात वर्षों से विदेश में बैरिस्टर है और उसकी खोज-खबर नहीं लेता। उसे एक छोटी बच्ची भी है, जिसके पालन-पोषण की चिन्ता उसे खाए जा रही है। वह कलकत्ता में रहकर मेहनत-मशक्कत कर जीवन व्यतीत कर रही है। कुछ दिनों के बाद ज्ञात होता है कि बैरिस्टर पति ने एक अँगरेज महिला से विवाह कर लिया है जिसकी सूचना उसकी अँगरेज पत्नी और उसके प्रथम प्रेमी को मिल जाती है। बैरिस्टर पति के खिलाफ कोर्ट में मुकदमा दायर हो जाता है। पर उसकी पत्नी स्वयं अदालत में उपस्थित होकर बयान दे देती है कि उससे बैरिस्टर का विवाह नहीं हुआ था। इस प्रकार वह झूठ बोलकर, स्वयं को कलंकित करके भी अपने पति को बचा लेती है। कहानी इस विचार पर आधारित है कि भारतीय स्त्री पति द्वारा सतायी जाने पर भी उसका अहित नहीं कर सकती। कहानी में केवल विचार है, गहरी संवेदना नहीं, इस कारण यह अच्छी कहानी नहीं बन पायी है।

जिस काल में सौनरेक्सा ने कहानी लिखना आरम्भ किया था, समाज की दृष्टि में पत्नी के आदर्श को लेकर एक द्वन्द्व की स्थिति थी। पहले से चले आते आदर्श में पत्नी का पतिव्रता के अलावा गृहकार्य में निपुण होना आवश्यक समझा जाता था। पर अँगरेजी शिक्षा के प्रभाव से धीरे धीरे पत्नी का घर से बाहर निकल कर सामाजिक कामों और मनोरंजन के कार्यक्रमों में हिस्सा लेना आधुनिकता का परिचायक माना जाने लगा था। परम्परागत संस्कार या प्रचलित नारी-संहिता के दबाव वश लेखिका की पुरानी जीवन-पद्धति और मूल्यों में आस्था है और वह उसका चित्रण अपनी कहानियों में करती है। 'चाय में नीबू' कहानी अँगरेजी पढ़े-लिखे युवकों द्वारा अपनी ग्रामीण और आधुनिक शिक्षा से रहित पत्नियों को अँगरेज औरतों की तर्ज पर छरहरी और चुस्त बनाने की प्रवृत्ति पर आधारित है। 'जीजी' कहानी में एक आधुनिक शिक्षा प्राप्त बहू की गृहकार्य में अनिपुणता का चित्रण मजे ले लेकर किया गया है। स्पष्ट है कि लेखिका इसके पक्ष में नहीं है, इसलिए वह खूब खाने पीने, घरेलू काम करने और स्वस्थ रहने वाली औरत के पक्ष में है। उसके अनुसार ऐसी ही औरतें गुंडों से अपनी और दूसरी औरतों की रक्षा कर सकती हैं। अपने समय को देखते हुए इन कहानियों का कथ्य स्त्री-धर्म सम्बन्धी विरोधाभास से ग्रस्त है। इन कहानियों में कोई संवेदना तो नहीं है, पर यथार्थ की तल्खी अवश्य है।

'अन्तर' कहानी में दलित वर्ग के प्रति उच्च वर्ग की पुरानी पीढ़ी के पाखंडग्रस्त आचरण और नयी पीढ़ी के विद्रोह का चित्रण किया गया है। कहानी का केन्द्रीय 'विचार' यह है कि उच्च वर्ण के लोग छिपकर निम्नवर्ण की स्त्रियों से प्रेम करते हैं और

बच्चे भी पैदा करते है, पर उन्हें पत्नी के रूप में स्वीकार नहीं करते[73], जबकि नयी पीढ़ी यदि उनसे प्रेम करती है तो उनसे विवाह करने की हिम्मत भी रखती है। रूढ़िवादी समाज को ऐसा विवाह 'अधर्म' लगता है, जबकि छोटी जाति की लड़की से ऊँची जाति के युवक के अवैध प्रेम पर किसी को आपत्ति नहीं होती। इस पाखंड का चित्रण ही इस कहानी का उद्‌देश्य है। 'सौदा' कहानी में वेश्या जीवन व्यतीत करने वाली नारी की, जो मनुष्य न रहकर एक बिकने वाली वस्तु बन जाती है, विवशता और पीड़ा का चित्रण किया गया है।

सौनरेक्सा की नारी-संवेदना केवल हिन्दू स्त्रियों तक सीमित नहीं है। मुस्लिम स्त्रियों की समस्याएँ भी बहुत कुछ समान होती हैं। काम भावना स्त्री-पुरुष मात्र की सामान्य प्रकृति है, और चाहे हिन्दू समाज हो या मुस्लिम समाज, उसका दुःखद परिणाम केवल स्त्री को भोगना पड़ता है। 'अक़ीला' कहानी में एक विवाहिता मुसलमान लड़की, पति के परदेश में होने की स्थिति में, एक मक्कार युवक की वासना का शिकार बन जाती है और गर्भवती भी हो जाती है। जिस समय यह कहानी लिखी गयी थी, उस समय अवांछित गर्भ से मुक्त होने का कोई संकटरहित जरिया नहीं था। युवक तो पल्ला झाड़कर अलग हो जाता है, पर अक़ीला उसके अवांछित गर्भ को धारण करने के लिए मजबूर है। जब उसका पति परदेश से लौटता है तब अक़ीला माँ बनने के निकट पहुँची हुई है। अक़ीला का पति अख्तर इतना संवेदनशील युवक है कि सारी स्थिति जानकर भी उसे माफ कर देता है, पर एक शर्त रखता है कि बच्चा पैदा होने पर उसे यतीमखाने में डाल देना होगा। अक़ीला परिस्थिति को देखते हुए इस शर्त को मान तो लेती है, पर उसका मातृहृदय इसे बर्दाश्त नहीं कर पाता। अन्ततः वह इस चिन्ता में ही घुल घुल कर मर जाती है। सामाजिक दृष्टि से पाप की सन्तान के प्रति भी माँ की ममता की तीव्र संवेदना का अंकन इस कहानी की विशेषता है। कहानी के अन्त में अक़ीला के वात्सल्य भाव और पति के प्रति गहरी कृतज्ञता के द्वन्द्व के बीच उसकी मृत्यु के क्षण और उसी समय धाय का बालक को ले जाने के ख़त के आने का वर्णन पूरी स्थिति को बहुत मार्मिक बना देता है। 'ममता' में एक सद्यःजात मुस्लिम विधवा की पुत्र के प्रति वात्सल्य और प्रेमी के प्रति प्यार के बीच संघर्ष से उत्पन्न पीड़ा का अंकन किया गया है। ये दोनो ही कहानियाँ एक माँ के त्रासद वात्सल्य के बहुत भावपूर्ण चित्रण और पति तथा पुत्र के बीच बँटी माँ की पीड़ा की संवेदना को प्रभावी रूप में प्रस्तुत करने के कारण श्रेष्ठ बन गयी हैं।

इस दशक की कुछ ही कहानियों में चन्द्रकिरण ने नारी-संसार के बाहर कदम रखा है। पर हमें ध्यान रखना होगा कि 1940 में चन्द्रकिरण की उम्र मात्र बीस वर्ष थी और उस काल में इस उम्र की लड़की को जिन स्थितियों में जीवनयापन करना होता था, वे उसे बाहरी दुनिया के व्यापक अनुभव के अवसर कम ही देती थीं। उनकी 'बनवारी' कहानी में, चौथे दशक के उत्तरार्द्ध में शिक्षित युवकों में व्याप्त बेरोजगारी और दफ्तरों में क्लर्कों की अपमानजनक स्थिति का चित्रण किया गया है। लेखिका का विचार है

कि क्लर्क की नौकरी करने की अपेक्षा छोटा मोटा व्यापार करना बेहतर विकल्प है। 'बच्ची का बच्चू' कुत्ते के पिल्ले के प्रति एक बच्ची के दुर्दम्य प्रेम की कहानी है, जिसमें बाल संवेदना का बहुत प्रभावी अंकन हुआ है। यह चन्द्रकिरण के बाहरी दुनिया में प्रवेश की शुरुआत थी, जो उनकी अगले दशक की कहानियों में व्यापक रूप में सामने आयी।

यदि हम इन महिला कहानीकारों की कहानियों पर विहंगम दृष्टि डालें तो देखेंगे कि कहानीकार के रूप में सुभद्रा कुमारी चौहान पर पुरुषप्रधान व्यवस्था और परम्परागत नारी संहिता का दबाव बहुत अधिक दिखायी पड़ता है। उनकी कहानियाँ यथास्थिति को अस्वीकार करती हुई भी विद्रोह का तेवर नहीं अख्तियार करतीं। उनकी तुलना में होमवती देवी और सुमित्रा कुमारी अधिक साहस का परिचय देती हैं और प्रेम, विवाह और स्त्री के लिए निर्धारित नैतिक संहिता पर अधिक खुली दृष्टि से विचार करती हैं। आर्यसमाजी परिवार की सदस्य होने के कारण चन्द्रकिरण जी पर मनुवादी संहिता का दबाव अपेक्षाकृत कम था। इसके बावजूद मध्यवर्गीय बन्दिशों से वे पूर्णतः मुक्त नहीं थीं। इनके बरक्स रशीदजहाँ अपनी कहानियों में महाकाली छिन्नमस्ता की तरह समकालीन नारी के पक्ष में खड़ी होती हैं और पुरुषवादी व्यवस्था के प्रहारों का सामना करती हैं। उनसे कुछ कम, पर पर्याप्त, साहस के साथ सुमित्रा कुमारी सिन्हा भी अपनी कहानियों में समकालीन स्त्री के सवालों को उठाती हैं और उन्हें भी परम्परावादी पुरुष आलोचकों के प्रहार का शिकार होना पड़ता है।

1935-36 का समय राजनीति और विचारधारा में आने वाले बदलाव की दृष्टि से उल्लेखनीय माना जा सकता है। 1935 में ब्रिटिश पार्लियामेंट में 'फेडरल कॉन्स्टिट्यूशन' बिल पारित हुआ। 1936 में राष्ट्रवादी आन्दोलन के स्वरूप में फिर बदलाव के स्वर मुखरित हुए। लखनऊ-कांग्रेस के सभापति के रूप में जवाहरलाल नेहरू ने प्रतिनिधियों को राष्ट्रीय मुक्ति की सभी शक्तियों के सम्मिलित मोर्चे का कार्यक्रम अपनाने पर जोर दिया। उन्होंने कांग्रेस में मजदूर संघों और कृषक संगठनों को शामिल करने का सुझाव दिया जिससे कि कांग्रेस के नेतृत्व में जारी राष्ट्रीय आन्दोलन का जनाधार मजबूत हो सके। कांग्रेस ने सामूहिक सम्बद्धता का प्रस्ताव तो नामंजूर कर दिया पर एक जन सम्पर्क समिति बना दी गयी। इसी समय कांग्रेस के अन्तर्गत अखिल भारतीय स्तर पर समाजवादी दल की स्थापना हुई। कांग्रेस के बाहर जमींदारी उन्मूलन और भूमि-कर, लगान और कर्ज में तत्काल कमी करने की माँग के कार्यक्रम के साथ किसान संगठन बन चुके थे। इनके नेता स्वामी सहजानन्द, प्रो. एन. जी. रंगा, इन्दुलाल याग्निक आदि थे।

कांग्रेस ने अप्रील, 1936 के लखनऊ अधिवेशन में 1937 में नये संविधान के तहत होने वाले चुनावों में भाग लेने का निर्णय लिया। अपने चुनाव घोषणापत्र में कांग्रेस ने नागरिक स्वतन्त्रता और नागरिकों के समान अधिकार की माँग पर बल दिया। किसानों, मजदूरों, स्त्रियों और दलितों के हक की भी बहुत सी बातें घोषणापत्र में शामिल की

गयीं।[74] चुनाव में कांग्रेस को भारी विजय हासिल हुई। बम्बई, मद्रास, संयुक्त प्रान्त, मध्य प्रदेश, बिहार और उड़ीसा में कांग्रेस को निर्णायक बहुमत प्राप्त हुआ। 22 जून के बाद इन प्रान्तों में कांग्रेस मन्त्रिमंडल कायम हुए। कुछ समय बाद उत्तर-पश्चिम सीमान्त प्रदेश में भी कांग्रेस का मन्त्रिमंडल बना। कांग्रेस मन्त्रिमंडलों के बनते ही पहला काम राजनीतिक कैदियों को रिहा करने का हुआ। कई संस्थाएँ जो प्रतिबन्धित थीं, वैध करार दे दी गयीं। राजनीतिक कार्यकर्ताओं के नजरबन्दी और निष्कासन सम्बन्धी आदेशों को रद्द कर दिया गया। आतंकवादी क्रान्तिकारी दलों के जेल की सजा काट रहे अनेक सदस्यों को, जिनमें अज्ञेय, यशपाल, हंसराज रहबर आदि हिन्दी लेखक भी थे, जेलों से छोड़ दिया गया। कई समाचारपत्रों की जमानत की रकमें वापस कर दी गयीं। पर शीघ्र ही कांग्रेस मन्त्रालयों को नागरिक स्वतन्त्रता के परिसीमन और दमनकारी कदम उठाने के खिलाफ वाम राष्ट्रवादियों, समाजवादियों तथा मजदूर और किसान आन्दोलनों के नेताओं की आलोचना का शिकार होना पड़ा।[75] केन्द्र सरकार द्वारा अपेक्षित धन उपलब्ध न कराए जाने के कारण भी मन्त्रालय सामाजिक विधि-निर्माण के कार्यक्रम लागू करने में असमर्थ सिद्ध हुए।[76]

इस बीच कांग्रेस के दक्षिण और वाम पक्षों में मतभेद बढ़ गया। 1939 में सुभाषचन्द्र बोस ने कांग्रेस अध्यक्ष के चुनाव में अपने को प्रत्याशी घोषित कर दिया। उन्होंने सरकार द्वारा प्रस्तावित 'फेडरल स्कीम' के विरुद्ध देशव्यापी संघर्ष के लिए प्रस्ताव रखा और दक्षिणपन्थी कांग्रेस नेतृत्व की नीतियों और राजनीतिक कार्यों की तीव्र आलोचना की। बोस को समाजवादी दल और कांग्रेस के साम्यवादियों और परिवर्तनकामी वर्ग का समर्थन प्राप्त था। गाँधी जी ने पट्टाभि सीतारामय्या की उम्मीदवारी का समर्थन किया जो एक पक्के और बड़े दक्षिणपन्थी नेता थे। इस चुनाव में बोस विजयी हुए। बोस का चुनाव कांग्रेस के अन्दर परिवर्तनकामी शक्तियों के तेजी से विकास, साथ ही, दक्षिणपन्थी कांग्रेस नेतृत्व की नीतियों के विरुद्ध बढ़ते असन्तोष का सूचक था। बोस की इस विजय से खफा होकर कार्यकारिणी समिति के 15 में से 12 सदस्यों ने त्यागपत्र दे दिया। 1939 के त्रिपुरी कांग्रेस ने फेडरल स्कीम को अस्वीकार करने की 'राष्ट्रीय माँग' का प्रस्ताव पारित किया। इसने घोषणा की कि यदि यह पेश किया गया तो कांग्रेस इसके खिलाफ संघर्ष छेड़ेगी। दूसरे प्रस्ताव में गाँधी जी के नेतृत्व में विश्वास व्यक्त किया गया और कहा गया कि अध्यक्ष कार्यकारिणी समिति के सदस्यों का नामांकन गाँधी जी की इच्छा के अनुसार करेंगे। इस प्रस्ताव ने गाँधी जी को परम शक्ति से सम्पन्न कर दिया। कार्यकारिणी समिति के मनोनयन के बारे में बोस और गाँधी जी एकराय नहीं हो सके, जिसके फलस्वरूप बोस ने त्यागपत्र दे दिया। उनके स्थान पर राजेन्द्र प्रसाद अध्यक्ष चुने गये। उसके बाद बोस ने फारवर्ड ब्लॉक की स्थापना की। बोस पर कांग्रेस का अनुशासन तोड़ने का आरोप लगाया गया और उन्हें बंगाल प्रान्तीय कांग्रेस कमिटी की अध्यक्षता से इस्तीफा देना पड़ा। इस समय कांग्रेस में और उसके बाहर परिवर्तनकामी शक्तियाँ बढ़ रही थीं। मजदूरों और किसानों के आन्दोलन

लगातार सक्रिय हो रहे थे। देसी राज्यों की जनता का प्रजातान्त्रिक और सामन्तविरोधी संघर्ष बढ़ रहा था।

आरम्भ में कांग्रेस मन्त्रिमंडलों ने साम्राज्यविरोधी आन्दोलन के सभी वर्गों को उत्साहित किया। वाम पक्ष की ओर झुके छात्र-संघों, मजदूर और किसान आन्दोलनों तथा संगठनों को बढ़ावा मिला। कांग्रेसी मन्त्रिमंडलों ने कृषि-सुधार के कुछ कार्यक्रम शुरू किये। किसानों को ऋणभार से राहत देने के लिए सूद की दरों को नियन्त्रित करने के कुछ कानून बनाये गये। अवध के कानूनी आसामियों को मौरूसी हकदार रैयतों के स्तर पर पहुँचाया गया और न केवल लगान में वृद्धि रोकी गयी बल्कि थोड़ी बहुत कमी भी की गयी। बिहार में बकास्त जमीन से मरहूम कर दिये गये रैयतों को बहाल कर दिया गया। पर कांग्रेस जमींदारी उन्मूलन की दिशा में उदासीन रह गयी।

1937-39 के सीमित कृषि-सुधारों के पीछे इस समय चल रहे प्रभावशाली किसान आन्दोलन का दबाव था। 1938 में किसान सभा की सदस्यता बढ़कर पाँच लाख हो गयी थी। उन दिनों शानदार किसान-मार्चों का बोलबाला था। बिहार में किसानों ने विधानसभा भवन तक मार्च करके कुछ समय के लिए चल रहे सत्र की कुर्सियों पर कब्जा कर लिया था, जिससे बिड़ला जैसे पूँजीपति तो घबरा ही गये थे।[77] सारे देश में किसान आन्दोलन अपनी तेजी पर था। बिहार में 1938-1939 में कर-वसूली कठिन हो गयी थी और जमींदारों को फसलों की कटनी के लिए पुलिस की सहायता लेनी पड़ रही थी। कांग्रेसी मन्त्री और नेता किसान सभा के प्रति लगातार कड़ा रुख अपनाते रहे। दरअसल कांग्रेस मन्त्रिमंडलों की अधिकार-सीमाएँ और उनके अपने विरोधाभास भी अत्यन्त स्पष्ट थे। अपने राष्ट्रीय और बहुवर्गीय आदर्शों के बावजूद शासक दल के रूप में कांग्रेस के लिए हिन्दुओं और मुसलमानों, जमींदारों और किसानों, व्यापारियों और मजदूरों को एक साथ सन्तुष्ट करना असम्भवप्राय हो गया।

द्वितीय विश्व युद्ध के घिर रहे बादलों के सन्दर्भ में राष्ट्रीय और वामपन्थी विचार ब्रिटिश सरकार को बिना शर्त समर्थन न दिये जाने के मुद्दे पर समान थे । सितम्बर, 1939 में द्वितीय विश्व युद्ध आरम्भ हो गया। वायसराय ने मनमाने तौर पर, प्रान्तीय मन्त्रालयों या किसी भारतीय नेता से राय लिये बिना, भारत को जर्मनी के विरुद्ध ब्रिटेन की युद्ध-घोषणा के साथ सम्बद्ध कर दिया। कांग्रेस कुछ न्यूनतम शर्तों के साथ युद्ध में सहयोग देने को तैयार थी, पर लिनलिथगो ने उसे भी स्वीकार नहीं किया। विवश होकर 29-30 अक्टूबर, 1939 को कांग्रेस मन्त्रिमंडलों ने इस्तीफा दे दिया। जिस दिन युद्ध की घोषणा हुई उसी दिन 'डिफेन्स ऑफ इंडिया एक्ट' की घोषणा कर दी गयी और मई, 1940 तक सरकार ने 'रिवोल्युशनरी मूवमेन्ट्स ऑर्डिनेन्स' का एक अति गोपनीय प्रारूप तैयार कर लिया, जिसका उद्देश्य पहला मौका मिलते ही कांग्रेस पर अचानक आक्रमण करना था। 1940 तक युद्ध में सहयोग के लिए कांग्रेस की दो प्रमुख शर्तें थीं, युद्ध के बाद स्वाधीनता प्रदान करने का आश्वासन और केन्द्र में तत्काल 'राष्ट्रीय सरकार' की स्थापना। पर सरकार ने इसे स्वीकार नहीं किया। अन्ततः गाँधी

जी ने बहुत सीमित रूप में 'सविनय अवज्ञा' की अनुमति दी, जो किसी बड़े आन्दोलन का रूप लेने में समर्थ नहीं थी।

1937-38 तक आतंकवादी आन्दोलन समाप्त हो चुका था। उसके दो सदस्य, सच्चिदानन्द वात्स्यायन और यशपाल राजनीतिक आन्दोलन से संन्यास लेकर लेखन-कार्य से सम्बद्ध हो गये थे। क्रान्तिकारी दल के दूसरे सदस्य भी या तो अन्य राजनीतिक दलों में शामिल हो गये थे या एकाकी जीवन व्यतीत करने लगे थे। कांग्रेस के तत्कालीन अध्यक्ष सुभाषचन्द्र बोस सरकार के विरुद्ध कांग्रेस के नेतृत्व में सशस्त्र संघर्ष चलाना चाहते थे, जिससे गाँधी जी कभी सहमत नहीं हुए और आखिरकार सुभाष बाबू ने कांग्रेस छोड़कर केवल नयी पार्टी ही नहीं बनायी, बल्कि सशस्त्र संघर्ष को मूर्त रूप देने के लिए जर्मनी और फिर जापान पहुँच गये। इस प्रकार सशस्त्र-क्रान्ति का भारतीय अध्याय पूरी तरह से समाप्त हो गया।

प्रेमचन्द की कहानियों के अध्ययन से हम इस निष्कर्ष पर पहुँच चुके हैं कि वे अपने समय के प्रति कितने प्रतिबद्ध थे। यह प्रतिबद्धता 1936-40 की अवधि में प्रकाशित कहानियों में नहीं दिखायी पड़ती। कौशिक जी की इस अवधि में प्रकाशित कहानियों में भी अपने समय के प्रति वैसी प्रतिबद्धता तो नहीं दिखायी पड़ती, पर वे इन घटनाओं से एकदम उदासीन न थे और अपनी तरह से इनका चित्रण अपनी कहानियों में कर रहे थे।[78] उनकी 'अवसरवाद', 'पाँच सौ एक रुपये', 'वोटर' आदि कहानियाँ, जिनका लेखन-काल अन्तःसाक्ष्य से 1936 के आसपास प्रतीत होता है, इसके उदाहरण के रूप में प्रस्तुत की जा सकती हैं। 'अवसरवाद' में उन अवसरवादी जमींदारों-महाजनों का चित्रण किया गया है जो ब्रिटिश शासन में हजारों रुपये खर्च कर तथा बड़े अफसरों की खुशामद कर रायसाहब की उपाधि प्राप्त किये हुए थे, पर ज्योंही चुनाव में कांग्रेस के जीतने के आसार नजर आने लगे, वे अपनी 'रायसाहबी' त्याग कर खद्दरधारी हो गये और कांग्रेस में शामिल हो गये। पर यदि कोशिश के बाद भी उन्हें चुनाव का टिकट नहीं मिला तो वे कांग्रेस के दुश्मन बन गये। इस बात के प्रमाण इतिहास की पुस्तकों में उपलब्ध हैं। वस्तुतः कांग्रेस में जमींदार वर्ग के लोगों को ही अधिक संख्या में टिकट मिला भी था।[79] इस कहानी से समकालीन राजनीति पर प्रकाश पड़ता है। 'वोटर' कहानी में मुसलमान वोटरों के इस द्वन्द्व का चित्रण किया गया है कि वे कांग्रेस या मुस्लिम लीग में से किसे वोट दें। राजनीति से फैलने वाली साम्प्रदायिकता का इस कहानी में विश्वसनीय चित्रण मिलता है। 'पाँच सौ एक रुपये' आजादी की लड़ाई से जुड़ी एक भावपूर्ण कहानी है। इसमें एक कंजूस और डरपोक बाप कांग्रेस को चन्दा नहीं देता, तो उसका बेटा चुपके से उसकी जेब से रुपये निकालकर चन्दा दे देता है।

औपनिवेशिक शासन में किसान और अन्य पेशों से जुड़े निर्धन ग्रामीण जमींदारों के दमन और शोषण के स्वाभाविक शिकार थे। 'औचित्य' कहानी में किसानों की आर्थिक स्थिति, लगान वसूलने के लिए जमींदारों द्वारा पुलिस की सहायता से किसानों

पर किये जाने वाले अत्याचारों और उस समय चल रहे किसान आन्दोलन का अच्छा चित्रण हुआ है। यह कहानी चौथे दशक में स्वामी सहजानन्द सरस्वती द्वारा चलाए गये किसान आन्दोलन से जुड़ी प्रतीत होती है। कहानी में जमींदार किसानों के संगठन से घबराकर लगान माफ कर देता है और किसान उसकी 'जयजयकार' करते हैं। आकार में भी यह कहानी छोटी और कसी हुई है। इस कहानी में इस बात का उल्लेख हुआ है कि फसल मारी जाने पर सरकार लगान का अपना अंश नहीं माफ करती थी, जमींदार भले ही अपना अंश कुछ छोड़ दे। फसल के मारे जाने और अनाज के सस्ता होने के कारण किसानों के लिए लगान चुकाना प्रायः मुश्किल हो गया था। साधारण किसान की हालत यह थी कि "रात दिन बैल की तरह जुते रहो, तब भी पेट भर खाने को न मिले और ऊपर से लगान की मार। ऐसा जीना किस काम का।"

'आत्मग्लानि' में जमींदारी-उन्मूलन की आशंका से ग्रस्त एक जमींदार द्वारा किसानों को धोखा देकर उनसे लगान वसूल करने का चित्रण किया गया है। इस दशक में कांग्रेस तो जमींदारी उन्मूलन की बात नहीं करती थी, पर समाजवादी विचारों के राजनीतिज्ञ, जो कांग्रेस संगठन के अन्तर्गत ही काम कर रहे थे, जमींदारी उन्मूलन का प्रश्न उठाते रहते थे और इससे जमींदार आशंकित तो हो ही गये थे। 'अतिचार' एक जमींदार द्वारा, पुलिस से मिलकर, एक खलासी की पत्नी से बलात्कार की कहानी है जिसमें औरत आत्महत्या कर लेती है। 'भक्त' कहानी में जमींदारों के यहाँ होनेवाले समारोहों में उनके गुड़ैतों द्वारा किसानों से जबरदस्ती दूध-दही वसूलने और भगवान की पूजा के नाम पर होने वाले पाखंड और गरीबों पर अत्याचार का वर्णन किया गया है। 'सहृदय शत्रु' में भी रैयतों पर जमींदार के अत्याचार का वर्णन किया गया है, पर कहानी में नैतिक मूल्य प्रमुख हो गया है। 'सद्भाव' किसान-जमींदार के सम्बन्ध की कहानी है। इस कहानी का जमींदार अपने रैयतों के साथ उदारता बरतता है। कारिन्दा का निष्कर्ष है कि ऐसा आदमी जमींदारी नहीं सँभाल सकता।

किसानों के शोषण में सूदखोर महाजनों की भी भूमिका कम नहीं होती थी। 'भगवान की इच्छा' कहानी में एक सूदखोर महाजन के बेईमानी से धन अर्जित करने और समाज में प्रतिष्ठा प्राप्त करने का चित्रण और धार्मिक पाखंड तथा भगवान के नाम पर संगीत-कार्यक्रम के आयोजन की आलोचना की गयी है। कहानी का स्वर मानवतावादी है। कहानी का एक पात्र कहता है, "आजकल जबकि देश में अन्न तथा वस्त्र के कष्ट से हाहाकार मचा हुआ है, गरीब लोग भूखे मर रहे हैं, उनकी स्त्रियाँ वस्त्राभाव से अपनी लज्जा की रक्षा करने में भी असमर्थ हो रही हैं आप केवल अपने नाम तथा वैभव-प्रदर्शन के लिए इतनी भारी रकम बरबाद कर रहे हैं। यदि यही रुपया आप गरीबों की सहायता करने में व्यय करते तो कितना अच्छा होता।" कहानी के अन्त में लेखक ने महाजन की दुर्दशा का चित्रण कर 'भगवान' के नाम पर पाखंड करने वालों पर व्यंग्य किया है। कहानी अच्छी है।

कौशिक की कुछ कहानियों में मध्यवर्गीय पारिवारिक जीवन की अच्छी तसवीर

प्रस्तुत की गयी है। 'दुरुपयोग' में एक पत्नी के झगड़ालू स्वभाव के कारण पति की दुर्दशा का चित्रण किया गया है। 'माता की सीख' कहानी में स्त्री की फिजूलखर्ची के कुपरिणाम और उसके सुधरने की कथा कही गयी है। 'मातृभक्ति' में बहू पर सास के अत्याचार और पति के, पत्नी के प्रति प्रेम रखते हुए भी, मातृभक्त होने के कारण सबकुछ सहते रहने का चित्रण किया गया है। अन्ततः बहू अपनी सहेली की सलाह पर सास का सामना करने का निश्चय करती है और दोनो जल कर मर जाती हैं। पति इस घटना के बाद संन्यासी हो जाता है। 'लोकापवाद' में पत्नी के व्यवहार से तंग आये पति का एक अन्य स्त्री के व्यवहार में सकून पाने पर लोकापवाद के डर से घर छोड़कर भाग जाने का चित्रण किया गया है। इन कहानियों में मध्यवर्गीय परिवार की अशान्त जिन्दगी का यथार्थ चित्रण देखने को मिलता है।

मध्यवर्गीय परिवारों में स्त्री की स्थिति का अंकन करने के साथ साथ कौशिक ने स्त्री-विमर्श के अन्य पहलुओं का भी स्पर्श किया है। 'संयोग' कहानी में संयोगाधृत प्रसंग द्वारा एक प्रवंचित स्त्री के अपने प्रेमी से मिलने और उसका पति के रूप में साथ पाने की कथा कही गयी है। लेखक की सहानुभूति स्त्री के साथ जान पड़ती है। 'युगधर्म' विधवा-विवाह का समर्थन करने वाली पठनीय कहानी है। इन कहानियों से पाठ से स्पष्ट है कि नारी-विमर्श की दृष्टि से कौशिक जी अपने युग को अन्तर्विरोधों से मुक्त नहीं हैं। उनकी कहानियों में उनके समय के समाज का यथार्थ चित्रण तो मिलता है, पर उनमें परम्परा से अलग होने या उससे विद्रोह करने का कोई भाव व्यंजित नहीं होता। उस काल में लड़कों-लड़कियों को अपने विवाह में कोई निर्णय करने की छूट नहीं थी। यहाँ तक कि वे अपने भावी पति या पत्नी को एक नजर देख पाने के भी अधिकारी नहीं थे। विवाह माँ-बाप की मर्जी से ही तय होते थे और स्त्री-पुरुष को उसका निर्वाह जिन्दगी भर करना होता था। कहानीकार की मान्यता है कि शारीरिक सौन्दर्य जीवन को सुखमय बनाने के लिए पर्याप्त नहीं होता। कुरूप स्त्री भी पति के जीवन को बेहद सुखी बना सकती है, यदि उसमें पति के प्रति सच्चा प्रेम हो। यही स्त्री का असल सौन्दर्य है। 'भ्रम' कहानी में इसी विचार का प्रतिपादन किया गया है। 'नकल' कहानी में एक पिता अपनी पुत्री को, पति की इच्छा के प्रतिकूल, आधुनिक शिक्षा के साथ साथ नृत्य-संगीत आदि का भी प्रशिक्षण दिलाता है, पर जब बड़ी होकर वह फिल्म जगत् में जाने का निश्चय करती है तो पिता इसकी स्वीकृति नहीं देता। अन्ततः लड़की पिता से विद्रोह करके घर से निकल जाती है। इस कहानी में लेखक की मंशा तो इस स्थिति पर व्यंग्य की ही है, पर अनजाने ही इसमें भावी स्त्री का यथार्थ रूप उभर कर सामने आ गया है। 'महँगा सौदा' का कथ्य यह है कि फिल्मी दुनिया में पैसे तो बहुत हैं, पर नैतिकता के परम्रागत मूल्यों का यहाँ कोई अर्थ नहीं है। इस कारण इस दुनिया में प्रवेश करने वालों का पूरा अतीत समाप्त हो जाता है। पुराने और नये मूल्यों के संघर्ष में पुराने मूल्य मात खा जाते हैं और अक्सर इसमें स्त्री पिस जाती है। चूँकि लेखक पुराने मूल्यों का पक्षधर है, अतः वह कहानी में उनकी विजय दिखाता है।

कौशिक जी की कुछ कहानियाँ परम्परागत मूल्यों और नैतिक बोध, जैसे पिता-पुत्री के स्वाभाविक प्रेम, अनन्य मैत्री, वचन-रक्षा, रूमानी प्रेम और प्रतिशोध, धन-संग्रह की व्यर्थता आदि भावों पर आधारित हैं, जिनमें संवेदना की कोई जटिलता या सूक्ष्मता नहीं है। 'अन्तिम भेंट', 'अभिन्न', 'समर्पण', 'गुणग्राहकता', 'प्रतिशोध', 'आत्मोत्सर्ग', 'मद', 'गँवार', 'प्रभाव', 'भाग्यचक्र', 'जागरण', 'बल', 'साख', 'स्मृति', 'स्वयंसेवक', 'स्वार्थ' आदि कहानियों को इस कोटि में रखा जा सकता है।

कौशिक जी की कुछ कहानियाँ प्रेम की संवेदना पर भी आधारित हैं। 'आजादी' में ऐतिहासिक आधार पर कल्पित कथा के माध्यम से प्रेम की संवेदना और स्त्री की आजादी के अधिकार का चित्रण किया गया है। 'माल्ती का प्रेम' में प्राण देकर प्रेम को परिभाषित करने का तर्क पेश किया गया है। यह बताने का प्रयास किया गया है कि प्रेम तर्क का विषय नहीं, बल्कि हृदय की वस्तु है। 'प्रकृति' भी एक प्रेम-कहानी है; पर संयोग पर टिकी होने और किसी भी प्रकार के तनाव से शून्य होने के कारण मन पर कोई गहरा प्रभाव नहीं छोड़ती। 'यौवन की आँधी' कला और प्रेम के संघर्ष की कहानी है, जिसमें कला हार जाती है।

कौशिक प्रेमचन्द की ही तरह समाज में फैले धार्मिक ढोंग के विरोधी थे। 'अविद्या' में साधु-संन्यासी का वेश धारण कर धर्म का ढोंग करनेवालो को भोजन कराने और दान-दक्षिणा देने की अपेक्षा वास्तविक रूप से गरीब व्यक्तियों की सहायता करने को सच्चा धर्म बताया गया है। लेखक की दृष्टि सुधारवादी और मानवतावादी है। 'कथा' कथावाचकों के ढोंग और दुश्चरित्रता का चित्रण करती है। 'गणेशवाहन', 'ढपोरशंख', 'भक्त की टेर', 'वशीकरण', 'बुद्धिबल', 'सवा सेर' आदि धार्मिक अन्धविश्वास, पाखंड और उसके नाम पर होने वाली ठगी पर व्यंग्य करने वाली कहानियाँ हैं। पर इनका व्यंग्य इतना कमजोर है कि उसका मन पर कोई गहरा असर नहीं होता।

कौशिक ने अपनी कुछ कहानियों में सामाजिक कुरीतियों का अंकन भी किया है। 'कौशल' में विवाह-सम्बन्ध में तिलक-दहेज के नाम पर होने वाली चालबाजियों का वर्णन किया गया है। 'जाल' में विवाह सम्बन्धी लेन-देन की प्रथा की आलोचना की गयी है। कुछ लड़के वाले दहेज न लेने की बात तो करते हैं, पर प्रकारान्तर से धीरे धीरे ऐसी शर्तें रखते जाते हैं कि लड़कीवाले को उन्हें पूरा करना मुश्किल हो जाता है। कहानी में एक ऐसी ही स्थिति की योजना की गयी है, जो यथार्थ तो है ही, मार्मिक भी है। 'हिसाब किताब' में विवाह में वर-कन्या पक्ष में दहेज को लेकर की जाने वाली हरकतों पर व्यंग्य किया गया है। 'परीक्षा' में परदा-प्रथा की आलोचना की गयी है, पर उसके ऊपर नैतिक बोध हावी हो गया है। 'होली' में हास्य-विनोद की सृष्टि के साथ साथ बाल-विवाह के उन्मूलन, विधवा-विवाह के समर्थन, छुआछूत के बहिष्कार, हिदू संगठन, हिन्दी के प्रचार आदि पर जोर दिया गया है।

कौशिक की कुछ कहानियों में सामन्ती मानसिकता, मनोवृत्ति, दृष्टिकोण, आदर्श और मूल्य का अंकन देखने को मिलता है। 'तमाचा', 'न्याय', 'चकमा' 'डोला', 'सहचर'

आदि कहानियाँ इस दृष्टि से उल्लेखनीय हैं। 'तमाचा' बदलते समय में मुस्लिम सामन्ती मानसिकता और 'न्याय' एक बड़े जमींदार की सामन्ती उदारता और स्वाभिमान का चित्रण करने वाली पठनीय कहानियाँ हैं। 'सहचर' में औपनिवेशिक शासन में जमींदारों के आपसी संघर्ष का चित्रण किया गया है।

कौशिक की कतिपय कहानियों में किसानों की सामान्य जिन्दगी का भी चित्रण देखने को मिलता है। 'मीठे बोल' दो किसानों के पानी पटाने को लेकर हुए संघर्ष की कथा है, जिसमें किसान के युवा पुत्र के मार्मिक मीठे बोल से झगड़ा समाप्त हो जाता है। 'गरीब हृदय' दलित संवेदना पर आधारित एक अच्छी कहानी है। इसमें एक दलित पात्र के चरित्र की श्रेष्ठता को उभारा गया है। 'गरीब हृदय' दलित संवेदना पर आधारित एक अच्छी कहानी है। इसमें एक दलित पात्र के चरित्र की श्रेष्ठता को उभारा गया है। 'शहर की हवा' कहानी में गाँव के युवकों के हस्तक्षेप से एक प्रेमी-युगल का विवाह सम्पन्न कराया गया है। 'हवा' कहानी में भी पुरानी और नयी पीढ़ी में खान-पान को लेकर उत्पन्न तनाव का चित्रण किया गया है।

कौशिक ने भी प्रेमचन्द की तरह पशु-संवेदना की कुछ कहानियाँ लिखी थीं। 'मोह' एक मजदूर के, कुत्ते से, गहरे लगाव की कहानी है। इस कहानी में मजदूरों के जीवन का भी अच्छा चित्रण देखने को मिलता है। पर मुख्य कथ्य कुत्ते के प्रति मजदूर का लगाव ही है। 'सहचर' भी पशु-संवेदना की ही कहानी है।

कौशिक की व्यंग्य-विनोद पूर्ण कहानियों मे 'उड़नछू', 'पहाड़', 'पाकिस्तान', 'मुंशी जी का ब्याह', 'राजा निरंजन', 'लाला की होली', 'विचित्र प्राणी', 'शुक्ल जी की होली', 'कम्युनिस्ट सभा', 'स्टरप पम्प' आदि के नाम लिये जा सकते हैं, पर इनमें श्रेष्ठ हास्य-व्यंग्य का निश्चय ही अभाव है।

उपेन्द्रनाथ अश्क 1930 के पहले से ही उर्दू-हिन्दी में कहानियाँ लिखते आ रहे थे। उनकी परवर्ती (1934-40) कहानियों में निजी जीवन के अनुभवों पर आधारित यथार्थ की प्रधानता है। 'दूलो', 'माँ', 'पाषाण', 'सभ्य-असभ्य', 'डाची', 'मरुस्थल', 'गोखरू', 'नन्हा' आदि कहानियाँ सामाजिक विसंगतियों से उत्पन्न अनुभव के अंश हैं। 'माँ' कहानी में पुत्र के विवाह के लिए माँ का तरह तरह की परेशानियाँ मोल लेना, विवाह के बाद पुत्र का आँखें बदल लेना और माँ का अपनी इज्जत बचाने के लिए आत्महत्या की शरण लेना भी एक तल्ख यथार्थ है। 'डाची'(1937) एक गरीब मुसलमान की विवशता की संवेदना को व्यक्त करने वाली अच्छी कहानी है। कहानी का मुख्य पात्र बाकर अपनी बेटी की इच्छा पूरी करने के लिए डेढ़ साल की जी-तोड़ मेहनत और कंजूसी से बचायी गयी रकम से डाची खरीदता है पर रास्ते में ही उसे अपनी डाची गाँव के सरदार को बेच देनी पड़ती है। रास्ते भर वह सोचता आ रहा था कि कहीं उसकी बेटी रजिया उसके पहुँचने के पहले ही सो न जाए, पर अब यह सोचता हुआ लौट रहा है कि रजिया सो जाए तो वह अपने घर में दाखिल हो। 'सभ्य-असभ्य' में मानवीय संवेदना की दृष्टि से एक गरीब आदमी को धनी आदमी की तुलना में अधिक समृद्ध

दिखाया गया है। एक तरफ एक धनी-मानी आदमी है जो अपने अनाथ भतीजे-भतीजियों को अनाथालय में डाल आता है और दूसरी तरफ एक भंगी है जो अपने भाई के लड़के-लड़कियों को परवरिश के लिए अपने घर ले आता है, जबकि उसके अपने ही पाँच बच्चे हैं। इस विषमता-बोध को कहानी में उजागर करने का प्रयत्न किया गया है। कहानी में भंगियों के मुहल्ले के वर्णन में लेखक का प्राकृतिकवादी रुझान व्यक्त हुआ है। 'गोखरू' में एक स्त्री के अपने आभूषण के प्रति ममता का मनोवैज्ञानिक अंकन किया गया है। यह उस समय का यथार्थ तो था ही, जिस पर प्रेमचन्द ने अपने उपन्यास *गबन* की नींव खड़ी की थी। इस कहानी का सौन्दर्य तब और खिल उठता है, जब उस स्त्री की उदार भावना उमड़ती है और वह अपना गोखरू, जिसे उसने अपनी मृत पुत्री तक की देह से उतार लिया था, एक गरीब पड़ोसी की नवविवाहिता लड़की को पहना देती है। वस्तुतः वह उस नवविवाहिता लड़की में अपनी मृत पुत्री का अक्स देखने लगती है, जिसने ससुराल वालों के अत्याचार के बावजूद मरते दम तक अपनी माँ के द्वारा दिये हुए गोखरू को बचा रखा था। इस गहरी मानवीय संवेदना के कारण ही कहानी उल्लेखनीय हो गयी है। 'नन्हा' पुत्र के प्रति माँ के भावुकता भरे प्रेम की कहानी है। पर भावुकता की मात्रा बढ़ाने के प्रयास में कहानी कमजोर हो गयी है। बीमार माँ के अस्पताल से लौटने के पहले बच्चे की मृत्यु की योजना भावुकता की सृष्टि का ही परिणाम है।

अश्क का दावा है कि यद्यपि उन्होंने मोपासां, ओ' हेनरी और मॉम से कला सीखी है, पर उनकी कहानी लिखने की प्रक्रिया धीरे धीरे चेखव के निकट होती गयी है।[80] पर दो-एक को छोड़कर उनकी अधिकतर कहानियों में निजी अनुभव गहरी अनुभूति या संवेदना के तीव्रीकृत क्षण में परिणत नहीं हो पाये हैं। अपनी कहानियों में अश्क ने मनोविज्ञान के उपयोग की अच्छी कोशिश की है, पर कई कहानियों में मनोवैज्ञानिक तत्त्व इतना अ-प्रभविष्णु हो गया है कि अश्क को उसकी अलग से व्याख्या करनी पड़ी है और पाठकों-आलोचकों के उसे समझने में असमर्थ होने का फतवा देना पड़ा है। जाहिर है कि जहाँ ऐसी स्थिति उत्पन्न होती है, वहाँ लेखक की रचनाशक्ति की कमजोरी भी अवश्य होती है। और अब तो समय ने सिद्ध कर दिया है कि पाठक-आलोचक तो अपनी जगह पर दुरुस्त हैं; अश्क की संवेदना और मनोवैज्ञानिक अन्तर्दृष्टि की कमजोरी ही उनकी कहानियों की असफलता के मूल में है।

अश्क के अनुसार उनकी पहले की कहानियों में आधारभूत विचार प्रायः जीवन की किसी घटना पर आधारित रहता था और अन्त का आकस्मिक और अप्रत्याशित होना उसका सबसे बड़ा गुण था। 'प्रेम की वेदी', 'नरक का चुनाव', 'चित्रकार की मौत', 'निशानियाँ' और बाद की यथार्थवादी कहानियाँ—'डाची', 'सभ्य-असभ्य', 'पत्नीव्रत', 'नन्हा'—सब की बुनियाद में यही पैटर्न है।[81] लेकिन नयी कहानियों की थीम किसी ऐसे आकस्मिक मोड़ पर अवलम्बित नहीं थी। इन कहानियों का सम्बन्ध मन की दुनिया में होनेवाले ऐसे परिवर्तनों से था, जिनका बाहर कोई आभास नहीं मिलता, जिनके सम्बन्ध

में कई बार आदमी स्वयं भी नहीं जान पाता। स्वयं अश्क के अनुसार 'मनुष्य यह!' (1937) इस मनोवैज्ञानिक मोड़ को लेकर लिखी गयी उनकी पहली कहानी थी।'[82] इस कहानी में तत्कालीन समाज की उस मानसिकता का अंकन किया गया है, जिसमें पत्नी की मृत्यु हो जाने पर तत्काल पुरुष को विवाह करने के लिए घेरा जाने लगता था। स्त्री के प्रति पुरुष समाज का यह नितान्त स्वार्थपूर्ण और असंवेदनशील व्यवहार समकालीन जीवन की एक तल्ख सच्चाई थी। इस कहानी का निम्नमध्यवर्गीय युवक परसराम पत्नी की मृत्यु के बाद दूसरी शादी नहीं करना चाहता, पर अन्ततः अपनी चचेरी साली से विवाह करने का निश्चय कर लेता है। पर जब वह अपनी स्वीकृति देने के लिए ससुराल पहुँचता है तो पता चलता है कि उसकी साली की मँगनी किसी अन्य से हो गयी है। इस प्रकार की आकस्मिकताएँ ओ' हेनरी की कहानियों में अक्सर दिखायी देती है। अश्क के अनुसार इस कहानी में ''जोर कथानक अथवा उसके अन्त पर नहीं, नायक के मनोविश्लेषण पर है। कहानी का अन्त वहाँ नहीं होता, जहाँ पंडित परसराम अपनी साली से शादी करने को मन बनाकर जाते हैं। उसी साली से शादी को उनका मन बना लेना, जिसके संकेत पर वे झुँझला उठे थे, स्वाभाविक है, पर उतना ही स्वाभाविक है बाद में उनका अपनी माँ के सामने और भी दुगुने जोर से अपनी शादी का विरोध करना।...मन की एक करवट जहाँ पूरी होती है वहीं कहानी का अन्त हो जाता है। लेकिन मन की करवट चूँकि सागर की लहरों जैसी है, इसलिए कठिनाई केवल एक लहर को पकड़कर उसका सम्पूर्ण चित्रण करने में होती है।''

'अंकुर' (1938) एक ऐसी लड़की की कथा है, जिसका विवाह धन के लोभ में पचास वर्ष के अधेड़ से कर दिया जाता है। वह अपने विवाह में चढ़ने वाले ढेरों गहने देख-पहनकर फूली नहीं समाती और यद्यपि अपने वृद्ध पति से उसे भय लगता है, पर जब वह नये नये कीमती गहने लाकर देता है तो वह प्रसन्न भी होती है। पर वह उससे प्रेम नहीं कर पाती और चुपके चुपके एक पड़ोसी युवक से प्रेम करने लगती है। इसका पता लगते ही पति उसका किसी से भी मिलना जुलना बन्द करता है, और पाँच वर्षों के ही भीतर एक बेटी का पिता बनकर मृत्यु को प्राप्त हो जाता है। लड़की की माँ अपनी बेटी को विधवा के रूप में जीने को प्रेरित करती है पर लड़की उसकी बात नहीं मानती। कहानी यह संकेत देकर समाप्त हो जाती है कि प्रेम का जो अंकुर लड़की के मन में पनप चुका है, वह उसे नष्ट नहीं करना चाहती है। कहानीकार इसके आगे की बात पाठक पर छोड़ देता है। इसमें सन्देह नहीं कि अपने समय के प्रेम का यह यथार्थ चित्रण है; प्रेम की संवेदना तो इसमें है, पर उसका कोई नुकीला बिन्दु कहानी में नहीं है, जिसे कहानी प्रभावी रूप में फोकस करती हो।

अंकुर के बाद अश्क ने 'पिंजरा' (1938) कहानी लिखी, जो विपत्ति के समय काम आने वाली लड़की के प्रति कृतज्ञ स्त्री और धनवान हो जाने के बाद पति के समक्ष विवश बनी पत्नी का चित्रण करने वाली मनोवैज्ञानिक कहानी है। कहानी के आरम्भ में शान्ति अपने बच्चे को पीट देती है और चीखती है—'क्यों तू उन कमीनों के साथ

खेलता है? क्यों खेलता है तू, इतने बड़े बाप का बेटा होकर?' लेकिन कहानी के अन्त तक पहुँचते पहुँचते हम पाते हैं कि उसकी खीज इसलिए नहीं थी कि उसका बच्चा क्यों नीच की बेटी के साथ खेला, बल्कि इसलिए थी कि उसके खेलने पर प्रतिबन्ध क्यों है? उसका आक्रोश अपने बच्चे पर नहीं, पति और उस 'दौलतिये समाज' पर है, जिसमें कि वह फिट नहीं हो पाती।[83]

1940 के लगभग अश्क ने कृष्ण चन्दर और राजेन्द्र सिंह बेदी के प्रभाव में पुनः उर्दू में लिखना आरम्भ कर दिया। इस जमाने में वे हिन्दी और उर्दू दोनों में साथ साथ लिखते रहे और कभी कभार दोनों में आवाजाही भी करते रहे। परवर्ती डेढ़-दो वर्ष में अश्क की आठ कहानियाँ 'अदबी दुनिया' में छपीं। *डाची* के बाद उर्दू में अश्क के *कोंपल, कफ़स* और *नासूर* कहानी संग्रह छपे। 1939 में 'नासूर' और 'चट्टान' तथा 1940 में 'कालू', 'सपने' और 'बैंगन का पौधा' कहानियाँ लिखी गयीं। 'नासूर' में प्रेम की गहरी संवेदना और नियति को बर्दाश्त करने का संकेत भी है और विवाह की वेदी पर लड़कियों के जीवन के सपने और प्यार के टूटने का चित्रण भी। 'चट्टान' एक निर्विकार व्यक्ति की पत्नी के दमित वासना के प्रवाह में बह जाने की कथा है। 'बैगन का पौधा' का बुड्ढा सामाजिक वैषम्य और शोषण का वह प्रतीक है, जिसकी सीमा उस क्यारी तक नहीं समाप्त होती जहाँ वह सूखा, निचुड़ा हुआ पीला बैगन का पौधा खड़ा है, वरन् उसकी सीमा हर फुटपाथ, चाल, गन्दी सड़क और अनेक ठंडे बरामदों तक फैली है, जहाँ एक ओर धनी वर्ग जाड़े की रात में सुख से सोता है और दूसरा उसके बरामदे में ठंडक से अकड़ कर मर जाता है। इन दोनों ही कहानियों में वस्तु से अधिक शिल्प पर जोर है। 'बैगन का पौधा' में बैगन का पौधा एक प्रतीक के रूप में आता है, पर कहानीकार इसका कोई सारगर्भ उपयोग नहीं कर पाया है।

इस दशक में 'उग्र' की केवल पाँच कहानियों के–'उसकी माँ', 'ऐसी होली खेलो लाल', 'खूँख्वार मौला', 'नागा नरसिंह दास' और 'प्रस्ताव स्वीकार'–प्रकाशित होने की सूचना उपलब्ध है।[84] फिर भी कथ्य की दृष्टि से वे प्रेमचन्द के सबसे करीबी होने के कारण उल्लेख्य हैं।

इन कहानियों में 'तीन कलाकारों की एक भूल' को छोड़कर शेष चारों कहानियाँ देश प्रेम और स्वाधीनता संग्राम से सम्बद्ध हैं। 'उसकी माँ'[85] एक क्रान्तिकारी की माँ की कहानी है, जो कहानी के केन्द्र में अवस्थित है। वह (जानकी) क्रान्ति के काम में सीधे कहीं भी लिप्त नहीं है; वह शुद्ध माँ है। कहानी के अन्त में उसकी मृत्यु का वर्णन किया गया है, फिर भी उसमें भावुकता का लिजलिजापन नहीं है। देश प्रेम और शाश्वत वात्सल्य की ऐसी गहरी संवेदना कम कहानियों में मिलती है। शायद उग्र को इसकी प्रेरणा गोर्की से मिली हो। प्रेमचन्द ने व्यर्थ ही जैनेन्द्र को हिन्दी का गोर्की कह दिया था; इसके सच्चे हकदार उग्र ही हो सकते हैं। 'नागा नरसिंह दास' में एक कल्पित साधु के प्रयत्न से उद्धत और जन-पीड़क नागा साधुओं के दल को नमक सत्याग्रह में, और वह भी हिंसक सत्याग्रह के रूप में, शामिल हो जाने का वर्णन किया गया है। इससे

उग्र की सत्याग्रह आन्दोलन के प्रति प्रतिबद्धता प्रमाणित होती है। 'प्रस्ताव स्वीकार' देश प्रेम की संवेदना को व्यक्त करने वाली अद्भुत कहानी है। देश प्रेम की संवेदना के साथ प्रेम की संवेदना को जोड़कर उग्र ने इसे और भी प्रभावशाली बना दिया है। यह कहानी ऐतिहासिक प्रतीत होने पर भी ऐतिहासिक नहीं है। इसमें इतिहास वर्तमान की संवेदना को व्यक्त करने में आलम्बन का काम करता है। 'गुरु का बाग' में सत्याग्रह के लिए जाते सत्याग्रहियों पर गोरखे सिपाहियों का पहले लाठी चार्ज करना और फिर सलोनी की वीरता देखकर सरकारी नौकरी से इस्तीफा दे देना उन गढ़वाली सैनिकों की याद दिलाता है जिन्होंने पेशावर में सत्याग्रहियों पर गोली चलाने का अपने अधिकारी का आदेश नहीं माना था। ध्यान देने की बात है कि यह कहानी लगभग उसी समय लिखी गयी थी, जब पेशावर वाली घटना घटी थी और गाँधी जी ने उसकी निन्दा की थी। इस कहानी में उग्र ने प्रकृति-वर्णन का बहुत अच्छा उपयोग किया है। वार्तालाप के क्रम में प्रेमिका 'सलोनी' कहती है : "...पूरब और पश्चिम में पृथ्वी और आकाश का अन्तर है। पूरब की वह लालिमा पवित्रता से ओतप्रोत होती है। उसके दर्शन मात्र से संसार प्रसन्न हो उठता है। उसे भला कोई खूनी कहेगा? पूरब की लालिमा—उषा की चुनरी के रंग—को जो कोई खूनी कहने का विचार भी करता है तो उसे प्रातः समीरण एक धौल लगाकर बता देता है कि उसका मत ठीक नहीं, देखते नहीं हो उस लालिमा को देखने से ही तो कमलों के नेत्र खुल जाते हैं, द्विजों का गान आरम्भ हो जाता है। क्या ऐसे पवित्र भावों को उत्पन्न करनेवाला रंग खूनी हो सकता है?"...आदि। यह प्रकृति-वर्णन कहानी की केन्द्रीय संवेदना को धार देने का काम क्ररता है। 'ऐसी होली खेलो, लाल!' कथ्य की दृष्टि से एक ऐतिहासिक कथा है, जिसमें मुगल काल में किसी कल्पित देवपुर के सामन्त का मुगलों से युद्ध और उनकी वीरता का वर्णन किया गया है। पर इस कथा के माध्यम से कहानीकार ने औपनिवेशिक शासन के विरुद्ध संघर्ष करने वाले पराधीन भारत के युवक-युवतियों का जो रूपक खड़ा किया है वही इस 'कथा' को 'कहानी' में परिणत कर देता है। कहानीकार ने कथा के 'देवपुर' को 'मातृभूमि' का और वहाँ के राजपूतों को भारतीय जनता का प्रतीक बना दिया है। यह कहानी देश प्रेम की संवेदना को बहुत ही प्रभावशाली रूप में व्यक्त करती है।

'तीन कलाकारों की एक भूल' एक भिन्न मानसिकता की कहानी है, जो कदाचित् उग्र के लगभग एक दशक की फिल्मी दुनिया के अनुभव से पैदा हुई हो। यह व्यंग्य और मिथक से निर्मित कथा है, जिसमें तीन कलाकारों की दो विचारधाराओं का द्वन्द्व उद्घाटित हुआ है। एक विचार के अनुसार नारी से सदा दूर रहना ही पुरुषों के लिए श्रेयस्कर है। दूसरे विचार के अनुसार नारी से पलायन कापुरुषों की शोभा है। लेखक का दृष्टिकोण है कि नारी से भागकर व्यक्ति असन्तुलन का शिकार होता है।

लम्बे अन्तराल के बाद 1936 के आसपास राजा राधिकारमण प्रसाद सिंह पुनः कहानी-लेखन के क्षेत्र में लौटे और 1938 में उनका *गाँधी टोपी* नामक कहानी संग्रह प्रकाशित हुआ।[86] 'गाँधी टोपी' इस संकलन की पहली कहानी है, जिसका आकार

लगभग 9000 शब्दों का है। इस कहानी में राजा जी ने गाँधी टोपी की ताकत और उसके दुरुपयोग की सम्भावनाओं की कथा कही है। इस कहानी से स्वाधीनता आन्दोलन के उस पक्ष पर प्रकाश पड़ता है, जिसमें लोग देश-सेवा का ढोंग करके अपने निजी हितों की पूर्ति करते थे। कहानीकार देश सेवा के आदर्श रूप का संकेत करके अपने कथ्य को पैना बनाने का प्रयास करता है। ढोंगी देश सेवक का हृदय-परिवर्तन दिखाकर वह गाँधी टोपी के महत्त्व की रक्षा करता भी दिखायी देता है। इस कहानी तक आते आते राजाजी ने आन्तरिक तुकों से भरपूर गद्य की पुरानी फारसी शैली को भी अपना लिया था। 'दरिद्रनारायण' कहानी का मूल भाव यह है कि अमीर कभी सुखी नहीं हो सकता, क्योंकि उसकी अमीरी गरीबों के खून से सींचकर पनपती और फलती-फूलती है। उसे सुख तभी मिल सकता है जब वह अपनी सम्पत्ति गरीबों में वितरित कर दे। दरिद्र ही वास्तविक भगवान है पर धनी उसे पहचान नहीं पाता। वह अपने दुःख से मुक्ति पाने के लिए भगवान की खोज में तीर्थों और मन्दिरों की खाक छानता है, पर न उसे भगवान मिलते हैं और न ही उसका दुःख दूर होता है। दरिद्र के रूप में वह भगवान को देखता तो सर्वत्र है, पर उसे पहचान नहीं पाता और उसकी शक्ति का तो अहसास होता ही नहीं। दरिद्रनारायण की शक्ति का बोध उसे तब होता है जब वह अपने दरवाजे पर दरिद्रों की विशाल भीड़ देखता है और इस शक्ति के सामने नतमस्तक होकर अपनी सारी सम्पत्ति का त्याग कर देता है। इसमें कोई सन्देह नहीं कि राजा जी ने इस प्रतीक कथा के माध्यम से इस 'विचार' को बड़े प्रभावशाली रूप में रखा है, पर इस विचार के संवेदना में न बदल पाने के कारण कहानी एक बोध-कथा ही बनकर रह गयी है। इसमें अनुभूति की सच्चाई नहीं है, क्योंकि यह एक ऐसे 'राजा' के द्वारा लिखी गयी है, जो जिन्दगी भर अपने 'स्टेट' से जुड़ा रहा। सम्भव है, राजा जी के मन में ऐसे विचार उठते भी हों, पर उस विचार में संवेदना की तीव्रता न होने के कारण उसका प्रभाव सन्दिग्ध हो जाता है। विचार के आधार पर भी अच्छी कहानी लिखी जा सकती है, 'दरिद्रनारायण' इसका अच्छा उदाहरण है। इस कहानी में 'वर्ग-संघर्ष' को अस्वीकार कर वर्ग-सद्भाव को महत्त्व मिला है, जो स्वाभाविक भी है।

'पैसे की घुघुनी' लगभग 6000 शब्दों की अपेक्षाकृत लम्बी कहानी है जिसमें अमीरी और गरीबी के भयावह अन्तर को दिखाने का प्रयास किया गया है। लेखक की सहानुभूति गरीबों के प्रति है। पर भाषा की सायास गढ़न—अनुप्रासों, आन्तरिक तुकों और यमक के प्रयोग की अधिकता—के प्रयत्न में कहानी की संवेदना दब सी गयी है। कुछ प्रसंग अत्युक्ति के भी शिकार हो गये हैं। 'एक अनुभूति', 'इस हाथ दे उस हाथ ले', 'ज़बान का मसला' आदि ईश्वर के अस्तित्व, कर्म-फल, साम्प्रदायिक सद्भाव का प्रतिपादन करने वाली साधारण कहानियाँ हैं।

सावनी समाँ राजा जी का तीसरा कहानी संग्रह है जो जून, 1938 में या उसके कुछ बाद प्रकाशित हुआ।[87] इसकी पहली रचना 'सावनी समाँ' को न तो आकार की दृष्टि से और न ही कथ्य की प्रस्तुति की दृष्टि से कहानी मानने का कोई औचित्य है।

यह 45 पृष्ठों की (ल. 17000 शब्दों की) एक कथा है, जिसमें सामन्ती जीवन का चित्र प्रस्तुत किया गया है। इसे एक ऐसी उपन्यासिका कहा जा सकता है, जो समकालीन जमींदारी-महाजनी के विलासितापूर्ण गैर-जिम्मेदार पक्ष का चित्रण करती है। राजा जी की विशिष्ट शैली, जो कथ्य की दृष्टि से कम, अनावश्यक आन्तरिक तुकों, अनुप्रासों और विरोधाभासों से सजी हुई भाषा की दृष्टि से अधिक उल्लेखनीय है, पूरी कथा पर छायी हुई है। 'बाप की रोटी' आकार की दृष्टि से 23 पृष्ठों की (ल. 9000 शब्दों की) 'लम्बी कहानी' के अन्तर्गत रखी जा सकती है, जिसमें निर्धन 'सपूती' और धनवान 'निपूती' गोतिनियों के आपसी द्वेष और मनमुटाव का चित्रण किया गया है। लेखक सन्तानों की बहुलता के कारण परिवार के आर्थिक दैन्य और सन्तानहीनता के कारण माँ के मन की कुंठाजन्य क्रूरता का चित्रण करता है और अन्त में यह भी दिखाता है कि अभावों से जूझती गरीब लड़की किस प्रकार अपने लिए रास्ता बना लेती है। 'माँ' में पुरुष-वर्चस्व वाली वर्तमान व्यवस्था में एक विधवा स्त्री के संघर्ष और पराजय की कथा कही गयी है। स्त्री-विमर्श की दृष्टि से दोनों कहानियाँ उल्लेखनीय हैं।[88]

जैसा हम देख चुके हैं, जैनेन्द्र ने प्रेमचन्द के जीवन-काल में ही कहानी-लेखन का नया क्षेत्र आविष्कृत कर लिया था। यह क्रम प्रेमचन्द के निधन के बाद भी जारी रहा। उनका *नीलम देश की राजकन्या और अन्य कहानियाँ* कहानी संग्रह सितम्बर, 1938 में प्रकाशित हुआ[89] जिसमें 'दृष्टिदोष', 'कुछ उलझन', 'विस्मृति', 'परदेसी', 'पत्नी', 'त्रिवेणी', 'जाह्नवी', 'एक गौ', 'चिड़िया की बच्ची', 'रेल में', 'ग्रामोफोन का रिकॉर्ड', 'पानवाला', 'संबोधन', 'दुर्घटना', 'एक कैदी', 'भूत की कहानी', 'व गँवार', 'कः पन्था', 'व्यर्थ प्रयत्न', 'इक्के में', 'कहानीकार', 'नीलमदेश की राजकन्या', 'देवी-देवता', 'अनबन' और 'हवा-महल' शीर्षक 25 कहानियाँ संगृहीत थीं। यद्यपि इन कहानियों का रचना-क्रम सुलभ नहीं है, पर इनके 1935-38 में लिखे जाने का अनुमान किया जा सकता है।

जैनेन्द्र की कहानियों की जो प्रवृत्तियाँ 1931-35 में दिखायी पड़ी थीं, उनका कमोबेश सातत्य और विकास 1936-40 की कहानियों में भी दिखायी पड़ता है। उनकी राजनीतिक विचारधारा का अन्तर्विरोध 'पत्नी' और 'एक कैदी' कहानियों में अच्छी तरह देखा जा सकता है। 'पत्नी' यद्यपि प्रथम बार 1938 में *नीलम देश की राजकन्या* संकलन में संकलित हुई थी, पर मधुरेश ने इसका लेखन-काल 1936 बताया है।[90] 'पत्नी' मध्यवर्गीय गृहिणी-पत्नी की पारिवारिक विवशता, उपेक्षा, घुटन, ऊब और पति के अपरिभाषित अत्याचार के अंकन की दृष्टि से एक श्रेष्ठ कहानी है। पर यह मध्यवर्गीय पत्नी की, चाहे उसका पति राजनीति में सक्रिय हो या किसी दूसरे पेशे में, सामान्य नियति है। पर जैनेन्द्र इस कहानी का आरम्भ इस स्थापना से करते हैं कि जो क्रान्तिकारी देशोद्धार और देश की स्वाधीनता के लिए हर बलिदान करने को प्रस्तुत रहता है वही अपने घर में पत्नी के प्रति कितना असंवेदनशील होता है। सम्भव है किसी क्रान्तिकारी के बारे में यह सच भी हो, पर यह तो पुरुषप्रधान समाज का एक सामान्य

सच है। इसे किसी क्रान्तिकारी से सम्बद्ध कर देने से इसमें कोई वैशिष्ट्य पैदा हो गया हो, ऐसा नहीं प्रतीत होता। जैनेन्द्र की कहानियों में क्रान्तिकारी और राजनीति से जुड़े पात्रों की उपस्थिति प्रायः निष्प्रयोजन ही होती है। वहाँ किसी भी अन्य पेशे के पात्र को रख दिया जाए, कोई फर्क नहीं पड़ता।

इस कहानी के बारे में जैनेन्द्र पाठक को सूचित करते हैं कि उन्होंने यह कहानी क्रान्तिकारियों के प्रति अपने स्वाभाविक आकर्षण के वशीभूत होकर लिखी थी। उनका कहना है कि ''क्रान्तिकारी को अपनी मनोरम अभिलाषाओं से मंडित करके जो हम देखते हैं, सो शायद सत्य नहीं देखते।'' कहा जाता है कि उन्होंने यह कहानी सुप्रसिद्ध क्रान्तिकारी भगवतीचरण बोहरा और उनकी पत्नी 'दुर्गा भाभी' को केन्द्र में रखकर घड़ी है। यह माननेवाले मधुरेश भी स्वीकार करते हैं कि 'कहानी में न भगवतीचरण वास्तविक हैं न ही दुर्गा देवी।' मधुरेश के अनुसार जैनेन्द्र ''क्रान्तिकारी की सामान्यतः स्वीकृत और मान्य छवि को विखंडित करके सिर्फ धूप का उजलापन ही नहीं, उसके विभिन्न रंगों और वर्णों की कल्पना करते हैं।''[91] पर वास्तविकता यह है कि क्रान्तिकारियों के प्रति जैनेन्द्र के मन में पूर्वग्रह है। यह पूर्वग्रह 'एक कैदी' में भी व्यक्त हुआ है। अप्रील, 1930 में ही, स्वाधीनता आन्दोलन के दौरान, पेशावर में वह असाधारण घटना घटी थी, जिसमें 18वीं रॉयल गोरखा राइफल्स की दूसरी बटालियन की दो टुकड़ियों ने अपने अफसर के आदेश के बावजूद निहत्थे प्रदर्शनकारियों पर गोली चलाने से इनकार कर दिया था। उन सैनिकों का, जिनके प्रेरक चन्द्रसिंह गढ़वाली थे, 'कोर्टमार्शल' हुआ था और उन्हें लम्बी सश्रम कारावास की सजाएँ भोगनी पड़ी थीं। उनमें से कुछ तो जेल में ही मर-खप भी गये थे। गाँधी जी ने सैनिकों की इस अनुशासनहीनता के लिए उनकी निन्दा की थी। आज हमें इस बात पर आश्चर्य होता है—उस समय भी लोगों को हुआ होगा—कि जिन सैनिकों को 'स्वतन्त्रता सेनानी' का दर्जा मिलना चाहिए था, उनकी गाँधी जी ने निन्दा की थी और उन्हें कठिन कारावास की लम्बी सजाएँ भोगनी पड़ी थीं। ठीक उसी समय केवल आन्दोलन-समर्थक जुलूसों और सभाओं में भाग लेकर जेल जाने वाले 'स्वतन्त्रता-सेनानियों' को जेलों में विशेष श्रेणियाँ दी जाती थीं और वे सबकी नजरों में सम्मान्य होते थे। स्वयं जैनेन्द्र कुमार भी इसी विशेष श्रेणी के सम्मान्य कैदी थे। इस घटना का जैनेन्द्र और प्रेमचन्द दोनो ने, अपनी रचनाओं में अपनी-अपनी तरह से उपयोग किया है और वही रचनाकार के रूप में दोनो का अन्तर भी उजागर करता है। प्रेमचन्द ने ठीक ऐसी ही 'घटना' की कल्पना *रंगभूमि* में की थी जिसमें सूरदास की जमीन के सन्दर्भ में छिड़े जन-आन्दोलन में पुलिस के जवान अँगरेज पुलिस सुपरिंटेंडेंट ब्राउन के आदेश के बावजूद प्रदर्शनकारी भीड़ पर गोली चलाने से इनकार कर देते हैं। इसका अर्थ यह है कि प्रेमचन्द जैसे संवेदनशील रचनाकार 1923-24 में ही अनुभव करने लगे थे कि औपनिवेशिक सरकार के विरुद्ध पुलिस और सेना में भी विद्रोह जगना चाहिए। जब ठीक यही घटना वास्तविक रूप में 1930 में घट गयी तो उसके प्रति गाँधी जी जैसे महान जननेता भी हतप्रभ हो गये और उन्हें उसकी निन्दा करनी पड़ी। यह

इस बात का परिचायक है कि श्रेष्ठ रचनाकार जनभावना को समझने की दृष्टि से गाँधी जी जैसे राजनीतिज्ञ से भी आगे होता है। पर जैनेन्द्र की 'एक कैदी'[92] कहानी यह प्रमाणित करती है कि महान से महान नेता के भी पीछे चलनेवाला रचनाकार हास्यास्पद हो जाता है।

'एक कैदी' में कथक 'मैं' और 'कैदी' के संवाद से पाठक को ज्ञात होता है कि वह उन गढ़वाली सैनिकों में से एक है जिसने अपने अफसर के आदेश के बावजूद पेशावर में निहत्थे सत्याग्रहियों पर गोली नहीं चलायी थी। उसी अपराध के लिए उसे सजा हुई है और वह एक सामान्य कैदी की तरह जेल की सारी मुश्किलें झेल रहा है। पर जैनेन्द्र ने उसे एक विद्रोही और बहादुर सैनिक के रूप में न चित्रित कर एक ऐसे सैनिक के रूप में चित्रित किया है जो निजी कारणों से भावावेग में यह 'अनुचित' काम कर बैठा हो। मधुरेश के अनुसार, "जैनेन्द्र घटना का मनोवैज्ञानिक आधार तलाशते हुए अपने पात्रों पर उसकी प्रतिक्रिया अंकित करते हैं।"[93] इस कहानी के कथक के (एक राजनीतिक कैदी) 'तत्त्व-चिन्तन' के अनुसार गढ़वाल रेजिमेन्ट का वह कैदी सिपाही एक नैतिक अपराधी है। यह निष्कर्ष मेरी दृष्टि में संगत नहीं है। जैनेन्द्र गाँधी के भक्त हैं, इसलिए उन्हें अपने विश्लेषण की खामियाँ नजर नहीं आतीं। इस विश्लेषण के आधार पर जो कहानी घड़ी गयी है, वह भी बेजान है।

अपने एक साक्षात्कार में जैनेन्द्र ने सन् '20 और '30 के आन्दोलनों के बीच घटित आधारभूत अन्तर को स्वीकार करते हुए माना था कि सन् '20 के आन्दोलन में चरित्र-बल अधिक था और नेता तथा जनता के बीच वैसा स्पष्ट विभाजन भी नहीं था। सन् '30 के आन्दोलन में राजनीतिक कैदियों की आर्थिक स्थिति देखकर उन्हें जेल में ए, बी, और सी श्रेणी मिलती थी। कुछ लोग इस सुविधा को प्राप्त करने के लिए अपने द्वारा दिये गये प्रमाणपत्र प्रस्तुत करने में भी संकोच नहीं करते थे।[94] 'एक कैदी' में उन कैदियों पर व्यंग्य साफ है जो 'राजनीतिक कैदी' के नाम पर जेल में भी घरवाली सुविधाएँ प्राप्त कर लेते हैं। जैनेन्द्र को भी अपने रसूख से यह सुविधा प्राप्त थी और वे 'राजनैतिक कैदी' के रूप में वे सारी सुविधाएँ भोग रहे थे, जो शायद उन्हें अपने घर में भी नहीं मिलतीं। पर मधुरेश का इस कहानी का पाठ जैनेन्द्र के बचाव में की गयी लीपापोती से ज्यादा कुछ नहीं है।

जैनेन्द्र का स्त्री-दर्शन या स्त्री-विमर्श, जो उनकी कहानियों में 1934 के आसपास प्रकट हुआ था, 1936 के बाद की कहानियों में और भी 'लाउड' रूप में सामने आया। 'रत्नप्रभा'[95] अतृप्त प्रेम की, पुरुषशासित व्यवस्था में विवाह के बन्धन में जकड़ दी जानेवाली स्त्री के मौन विद्रोह की, जो अभिव्यक्ति का स्वाभाविक मार्ग न पाकर रहस्य का रूप ग्रहण कर लेता है, कहानी है। रत्नप्रभा, जो 'परम योग्य विदुषी', 'सुन्दरी', 'शालीन और अभिजात व्यक्तित्व' सम्पन्न है, दिल्ली के सेठ लक्ष्मीनिवास की तीसरी पत्नी बन कर भी, अपनी नियति को मौन भाव से स्वीकार कर लेती है और विद्रोह का रास्ता नहीं अपनाती। पर प्रेम की सहज वृत्ति को कुचल डालने में भी वह असमर्थ

रहती है। उसे सेठ पति की ओर से जीवन की सारी सुख-सुविधाएँ और एक हद तक अपनी जीवनचर्या की आजादी भी प्राप्त है। पर वह निम्न आर्थिक स्तर के एक बीस-बाईस वर्ष के युवक, मंगल, के प्रति आकृष्ट हो जाती है, उसे नौकरी देकर अपने साथ शिमला ले जाती है और सभी प्रकार की सुविधाएँ उपलब्ध कराती है। उसके 'आत्मालापों' से अस्पष्ट सा आभास मिलता है कि वह मंगल से प्रेम करने लगी है, पर चेतन घरातल पर वह इसे स्वीकार नहीं करती। रत्नप्रभा और मंगल, दोनों के व्यवहार ऐसे हैं जो 'असामान्य' कहे जा सकते हैं। एक दिन, एक विशेष परिस्थिति में, वह मंगल की आँखों में अपने प्रति प्रेम का भाव देख लेती है। अब उसके लिए इस बात से कोई फर्क नहीं पड़ता कि वह उसके पास रहे या न रहे। यह प्रेम की ऐसी गूढ़ मनोवैज्ञानिक स्थिति है, जिसकी व्याख्या अलग अलग हो सकती है। जैनेन्द्र कहानी में इसे एक रहस्य के रूप में ही प्रस्तुत करते हैं और कदाचित् यह संवेदित करना चाहते हैं कि वर्तमान परिस्थितियों में स्त्री के लिए इस प्रकार का रहस्यात्मक प्रेम एक यथार्थ है।

प्रेम का एक परिणाम अविवाहित मातृत्व होता है। 'परदेशी' कहानी का यही कथ्य है, जो अप्रत्याशित रूप से आधुनिक है। आज सारे पश्चिमी संसार में अविवाहित मातृत्व को मान्यता मिल रही है, पर यह कहानी हिन्दी में तब लिखी गयी थी जब माता-पिता द्वारा तय किया हुआ विवाह ही नैतिक दृष्टि से मान्य था और विवाहपूर्व गर्भ-धारण की बात तो दूर रहे, प्रेम करना भी अनैतिक माना जाता था। 'परदेशी' कहानी का केन्द्रीय कथ्य यह है कि प्रेम से उत्पन्न सन्तान पाप नहीं है। बच्चे के लिए पिता का नाम 'ओढ़ना' आवश्यक नहीं है। कहानी का कलेवर लोककथा का है, जिसमें घटनाओं का कोई तर्क नहीं होता। युवती का प्रेमी 'परदेशी' को समझाता है कि उसने कोई पाप नहीं किया है। प्रेम से उत्पन्न सन्तान पाप नहीं है। 'ध्रुवयात्रा' भी इसी भाव-बोध की कहानी है। जैनेन्द्र कहानी के चौखटे की चिन्ता नही करते, यह तो जानी हुई बात है। कथा तर्कातीत हो, चरित्र असामान्य हों, प्रायः निरुद्देश्य भी, ताकि समकालीन पाठक को चौंकाया जा सके, उसकी समझ को चुनौती दी जा सके। 'ध्रुवयात्रा' कहानी का केन्द्रीय पात्र राजा रिपुदमन सिंह उत्तरी ध्रुव की खोज करनेवाला भारतीय वैज्ञानिक है। अपनी वैज्ञानिक यात्रा में जाने के पहले उसने उर्मिला से प्रेम किया है और उसे माँ भी बना गया है। पर कुछ तो अपनी सामाजिक हैसियत और कुछ अपनी वैज्ञानिक प्रतिबद्धता के कारण वह उर्मिला से विवाह नहीं कर पाता। रिपुदमन इस अपराध-बोध से कुंठित है। इसका कारण आयुर्वेदाचार्य मारुति के अनुसार 'प्रेम का इनकार' है, जो 'अपने से इनकार है।' पर उर्मिला मानती है कि उसने कोई अपराध नहीं किया है, और उसे अपने विजय-अभियान से पीछे नहीं लौटना चाहिए। वह उसके मार्ग की बाधा न बनने के लिए कृतसंकल्प है। वह तर्क देती है कि वह उसके लिए 'स्त्री' नहीं, बल्कि 'प्रेमिका' है और इसलिए उसे 'सिद्धि के अन्त तक' पहुँचाए बिना नहीं रह सकती। रिपुदमन को विश्वास है कि सिद्धि मृत्यु के पहले नहीं है। उर्मिला उसे 'मृत्यु के भी पार' बताती है और कहती है कि "मुझ तक लौटने की आशा लेकर तुम नहीं जाओगे।

सौभाग्य का क्षण मेरे लिए शाश्वत है। उसका पुनरावर्तन कैसा?" अपनी और रिपुदमन की 'परिपूर्णता' के लिए वह उसका अभियान पर निकलना जरूरी समझती है। वह अपने इस निर्णय पर रो भी रही है, पर कहती है : "हाँ, स्त्री रो रही है, प्रेमिका प्रसन्न है। स्त्री की मत सुनना, मैं भी पुरुष की नहीं सुनूँगी। दोनो जने प्रेम की सुनेंगे। जो प्रेम अपने सिवा किसी दया को, किसी को कुछ नहीं जानता।" पर दूसरे दिन अखबार में खबर छपती है कि रिपुदमन ने आत्महत्या कर ली है। उर्मिला इस खबर को भी बिलकुल निस्संगता से पढ़ती है; मानो कुछ हुआ ही नहीं। वह उन खबरों को अधिक 'रस' लेकर पढ़ती है जिनमें राजा रिपुदमन के सम्मान की चर्चा है। वह उसी अखबार पर प्लेट रखकर खाना भी खाती है। वह पूर्ण सन्तुष्ट है। पाठक के लिए इस स्थिति की सन्तोषजनक व्याख्या करना बहुत मुश्किल है। क्या यह आत्मघात रिपुदमन के अपराध-बोध की परिणति है? क्या यह प्रेम की 'परिपूर्णता' के लिए किया हुआ 'बलिदान' है? उर्मिला का रिपुदमन के आत्मघात से निस्संग बने रहना या तृप्ति का अनुभव करना क्या 'प्रेम' की वाजिब कीमत है? उत्तर जो भी हो, मुझे नहीं लगता कि जैनेन्द्र अपने 'दर्शन' को सफलतापूर्वक पाठक तक सम्प्रेषित कर पाये हैं।

विवाह-व्यवस्था की परम्परागत नैतिक संहिता में जैनेन्द्र का विश्वास नहीं है। वे यह मानते प्रतीत होते हैं कि विवाह की संस्था के प्रति ईमानदार रहते हुए भी पति और पत्नी दोनों को किसी अन्य स्त्री या पुरुष से प्रेम करने की स्वतन्त्रता होनी चाहिए। इसके लिए यह भी अपेक्षित है कि पति और पत्नी दोनो ही एक-दूसरे के प्रति इस दृष्टि से अतिशय उदार हों। जैनेन्द्र की अनेक कहानियों में ऐसा दिखता भी है। 'एक रात' में सुदर्शना के पति में हम यह उदार भाव देखते हैं। 'मास्टर जी' कहानी तो इसका अद्‌भुत नमूना है। 'घूँघरू' की उर्मिला का पति भी उसे इतना 'अधिक' प्यार करता है कि वह 'मास्टर जी' की पत्नी की तरह उसके अतिशय प्रेम से ऊब गयी है। दरअसल वह प्यार तो सेठ दीनानाथ से करती है, पर दीनानाथ उसे पति की अनुगामिनी बने रहने देने में ही सुख का अनुभव करते हैं। उर्मिला अपनी 'स्वच्छन्दता' के नाटक से पति को उत्तेजित करना चाहती है, पर वह 'जैनेन्द्रीय पति' है, जो 'विश्वास' का हिमालय है। 'सम्बोधन' कहानी का प्रमुख पात्र विवाहित होकर भी किसी दूसरी लड़की से प्रेम करता है। पति और प्रेमी तथा पत्नी और प्रेमिका की सहस्थिति जैनेन्द्र के प्रेम दर्शन की एक जानी-पहचानी रूढ़ि है।

'दृष्टिदोष' कहानी में दाम्पत्य और प्रेम के जटिल सम्बन्ध का अंकन एक दूसरे कोण से हुआ है। युवक केदार छात्रावस्था में ही सुभद्रा नामक लड़की से प्रेम करने लगता है। पर उससे उसका विवाह नहीं हो पाता। सुभद्रा का विवाह किसी दूसरे व्यक्ति से हो जाता है। युवक पढ़ लिखकर आँख का डाक्टर बन जाता है, पर 43 वर्ष की उम्र तक विवाह नहीं करता। फिर एक 'औरत' से विवाह कर लेता है। इस विवाह में भावना नाममात्र को भी नहीं है। दो वर्ष बाद सुभद्रा, जो पति और बाल बच्चों वाली है, उसके यहाँ झूठमूठ रोग का बहाना बनाकर उससे आँख दिखाने आती है। उसके व्यवहार से

संकेतित होता है कि वह भी केदार को प्यार करती है। पर ऊपर से वह अकारण उससे कोई सम्बन्ध न होने की बात कहती है। प्रतिकूल सामाजिक परिस्थितियों में दाम्पत्य और प्रेम की सह-स्थिति के स्वीकार की यह कहानी जैनेन्द्र के 'विवाह और प्रेम' सम्बन्धी दर्शन की पुष्टि करती है। 'कुछ उलझन' भी प्रेम और दाम्पत्य के बीच संघर्ष की कहानी है। इस कहानी में स्त्री का जिससे प्रेम है, उसके साथ उसका विवाह नहीं होता। उसके पति और प्रेमी गहरे मित्र हैं। पति समृद्ध और व्यावहारिक, प्रेमी आदर्शवादी और प्रकृति का पुजारी; पत्नी पति से असन्तुष्ट भी, पर उसकी सज्जनता से पराजित; वह 'श्रीमती लीलावती' बनकर सन्तुष्ट नहीं है। उसके भीतर की लिली, जो सदानन्द से प्रेम करती थी, अभी जीवित है। वह चाहती है कि वह सदानन्द की हो जाए।

निम्न मध्यवर्गीय जीवन की यथार्थ और विश्वसनीय पृष्ठभूमि में प्रेम और दाम्पत्य से जुड़ी भावनाओं के द्वन्द्व के अंकन की दृष्टि से 'त्रिबेनी' एक उल्लेखनीय कहानी है। प्रेम और दाम्पत्य के द्वन्द्व के बीच जीने के लिए पत्नी समझौते का मार्ग अपनाती है, जिसके लिए उसे मानसिक उलझन और बेचैनी की स्थिति से गुजरना पड़ता है। 'इनाम'[96] भी साधारण मध्यवर्गीय परिवार में पति-पत्नी के बीच प्रेमिका की उपस्थिति से दाम्पत्य जीवन में उपजे उद्वेग की कहानी है। उद्वेग का मनोवैज्ञानिक अंकन ही कहानी का लक्ष्य है। पर जैनेन्द्र अपनी ओर से केन्द्रीय पात्र, पत्नी, के उद्वेग की मनोवैज्ञानिक व्याख्या नहीं करते। वह काम पाठक को करना है, जो अलग अलग भी हो सकता है। इस कहानी में संवेदना का एक क्षण भी है। पर उसकी व्याख्या भिन्न भिन्न हो सकती है। किसी पाठक को पत्नी के व्यवहार में असंगति भी दिखायी दे सकती है। पर यह अजूबापन तो जैनेन्द्र की पहचान ही है।

जैनेन्द्र की कुछ कहानियाँ प्रेम के प्राकृतिक आवेग पर रूढ़िगत नैतिकता की विजय का भी अंकन करती हैं। 'ग्रामोफोन का रिकॉर्ड' एक अतिव्यस्त कामकाजी आदमी की बीस-बाईस वर्षीय सुन्दर, पर अतृप्त, पत्नी (विजया) की कहानी है। पति उसे प्यार तो करता है और सारी सुख-सुविधाएँ भी उसने दे रखी हैं, पर उसके पास प्रेम करने का समय नहीं है। विजया प्रसिद्ध ठुमरी 'सैंया तोरी गोदी में गेंदा बन जाऊँगी' का रेकॉर्ड सुनती रहती है और पति की गोद में गेंदा बन जाने के सपने देखती रहती है। पर पति उससे निर्लिप्त ही रहता है। तभी एक ऐसा क्षण आता है, जब उसका देवर उसे अपनी गोद में गेंदा बना लेने के लिए प्रस्तुत होता है। इस तीव्र मनोवैज्ञानिक क्षण में विजया का नैतिक बोध प्रबल हो जाता है और वह उसे अस्वीकार कर देती है। यह कहानी 'मनोवैज्ञानिक' है, प्रेम की तीव्रता और नैतिक बोध के टकराव से उत्पन्न संवेदना के क्षण की अभिव्यक्ति की दृष्टि से उल्लेखनीय। संवेदना का क्षण नैतिक बोध का क्षण ही है। उसके पहले अतृप्त प्रेम की बेचैनी का पृष्ठभूमि के रूप में अच्छा उपयोग किया गया है।

नीलम देश की राजकन्या और अन्य कहानियाँ में प्रकाशित 'एक गौ' गाय के प्रति एक किसान के निर्व्याज प्रेम की कहानी है। मनुष्य और पशु की संवेदना का ऐसा दुर्लभ योग प्रेमचन्द की कतिपय कहानियों में दिखायी पड़ता है। इस संकलन की कुछ

कहानियाँ बोधकथाओं और विभिन्न विषयों पर चिन्तन-मनन को प्रस्तुत करने वाली कथाओं के रूप में हैं। 'बाहुबली', 'नारद का अर्घ्य', 'वह साँप', 'वह बेचारा', 'तत्सत्', 'आम का पेड़', 'हत्या', 'मौत की कहानी', 'आलोचना', 'वे तीन', 'सम्बोधन', 'अनबन', 'हवा-महल', 'दुर्घटना', 'कः पन्था', 'भूत की कहानी', 'व गंवार', 'व्यर्थ प्रयत्न' आदि कहानियाँ इस दृष्टि से परिगणनीय हैं। ये कहानियाँ 'कहानी' विधा की दृष्टि से तो नहीं, पर जैनेन्द्र के विचारों को जानने की दृष्टि से उल्लेखनीय हैं।[97]

1936 में जेल और नजरबन्दी की स्थिति से निकलने के बाद अज्ञेय के विचारों और कहानियों में भी एक बदलाव आता दिखायी पड़ता है। सम्भवतः 1930 में गिरफ्तार होने और क्रान्तिकारी आन्दोलन के दमन के साथ ही इस आन्दोलन में उनकी निष्ठा भी कमजोर हो गयी। स्वयं अज्ञेय के अनुसार "चार-एक वर्ष जेल में और वर्ष भर नजरबन्दी में बिताकर[98] जब मुक्त हुआ तब यह नहीं कि क्रान्ति का उत्साह ठंडा पड़ चुका था, पर आतंकवाद और गुप्त आन्दोलन अवश्य पीछे छूट गये थे और हिंसा की उपयोगिता पर अनेक प्रश्नचिह्न लग चुके थे।[99] विद्यानिवास मिश्र के अनुसार यह पूरी अवधि उनके लिए शारीरिक यातना, आत्ममन्थन और स्वप्नभंग की थी।[100] 1937 में मेरठ के किसान-आन्दोलन में भाग लेने के अतिरिक्त, उसके बाद, अज्ञेय के किसी राजनीतिक गतिविधि में शिरकत करने का कोई प्रमाण नहीं मिलता। उनका 'क्रान्ति का उत्साह' भले ही ठंडा न पड़ा हो, पर वह उनके व्यवहार में नहीं दिखायी पड़ता।

जेल और नजरबन्दी से मुक्त होने पर अज्ञेय ने साहित्य को अपने जीवन का एकमात्र ध्येय बना लिया। लगभग एक साथ उन्होंने कविता, उपन्यास और कहानी लेखन का कार्य आरम्भ किया।

दिल्ली, लाहौर और मुल्तान की जेलों में (1931-34) अज्ञेय ने उन्नीस तथा नजरबन्दी में (1934-36) ग्यारह कहानियाँ लिखीं। इनमें से प्रथम उन्नीस कहानियों की पृष्ठभूमि गुप्त सशस्त्र आन्दोलन है। नजरबन्दी की स्थिति में लिखित 'मनसो', 'रोज़' (गैंग्रीन), 'पहाड़ी जीवन', 'अलिखित कहानी', 'दुःख और तितलियाँ', 'हरसिंगार', 'शान्ति हँसी थी', 'सूक्ति और भाष्य', 'शत्रु', 'प्रतिध्वनियाँ', 'ताज की छाया में' तथा उसके बाद लिखित कहानियों, 'नयी कहानी का प्लाट', 'सभ्यता का एक दिन', 'इन्दु की बेटी', 'नम्बर दस', 'अछूते फूल', 'सिगनेलर', 'जीवन-शक्ति' (जिजीविषा), 'चिड़िया घर', 'कविता और जीवन : एक कहानी', 'सेब और देव', 'पुलिस की सिटी', 'दारोगा अमीचन्द', 'आदम की डायरी', 'परम्परा : एक कहानी', 'पुरुष का भाग्य' और 'बन्दों का खुदा, खुदा के ब़न्दे'[101] आदि को अज्ञेय ने अपनी 'दूसरे खेप' की कहानियाँ कहा है। इस 'खेप' या दौर की कहानियों में भी 'मनसो', 'दारोगा अमीचन्द', 'पुलिस की सिटी', 'पुरुष का भाग्य' आदि की पृष्ठभूमि भूमिगत आन्दोलन या जेल-जीवन है, अतः कथ्य की दृष्टि से इन्हें पहले दौर की कहानियों के साथ ही रखना चाहिए। 'मनसो' में प्रेम की और 'पुरुष का भाग्य' में वात्सल्य की संवेदना का बहुत मार्मिक अंकन हुआ है। 'पुलिस की सिटी' यद्यपि मुख्यतः एक क्रान्तिकारी (सम्भवतः चन्द्रशेखर आजाद)

के शौर्य और बलिदान की रोमांचक कथा है, पर इसे भी धार देने का काम मानवीय संवेदना ही करती है। 'दारोगा अमीचन्द' में जेल के एक खूँखार दारोगा को हास्य का आलम्बन बनाकर व्यवस्था पर चोट की गयी है, जिसे अज्ञेय अपने 'दूसरे खेप' की कहानियों का कथ्य मानते है।

अज्ञेय के अनुसार, उनके 'दूसरे खेप' की कहानियों में एक पुराने गुप्तकर्मी आतंकवादी का खुले समाज में एक 'जाने हुए' व्यक्ति के रूप में जीने, समाज से मिलने वाले सम्मान के बीच उस समाज के और उस सम्मान के खोखलेपन के बोध की अभिव्यक्ति हुई है। इनमें एक आक्रोश है जो व्यंग्य-मिश्रित है।[102] 'चिड़िया घर', 'सेब और देव', 'दारोगा अमीचन्द' आदि इस प्रकार की कहानियाँ हैं। 'सेब और देव' शिक्षित और सुसंस्कृत कहे जाने वाले लोगों पर तीखे व्यंग्य की कहानी है। दरअसल दूसरे 'खेप' की कहानियों में बृहत्तर जीवन की संवेदनाओं का अंकन अधिक महत्त्वपूर्ण है। इन कहानियों में संवेदनात्मक उत्कर्ष और तीव्रता की दृष्टि से 'रोज़' (गैंग्रीन), 'अलिखित कहानी', 'दुःख और तितलियाँ', 'शान्ति हँसी थी', 'सूक्ति और भाष्य', 'इन्दु की बेटी', 'नम्बर दस', 'अछूते फूल', 'सिगनेलर', 'जीवन-शक्ति' ('जिजीविषा') आदि उल्लेखनीय हैं। इन कहानियों में मानवीय संवेदना के अनेक रूप अपनी तीव्रता में उद्घाटित हुए हैं। 'रोज' (गैंग्रीन) निम्न मध्यवर्गीय जीवन की दहला देनेवाली तसवीर है। इस वर्ग के दाम्पत्य जीवन के नीरस, बुझे, धुआँते, सारहीन जीवन को अंकित करने में अज्ञेय को अद्भुत सफलता मिली है। घंटाघर की घड़ी में एक-एक कर समयसूचक घंटों की आवाज सुनाई पड़ना और सरकारी अस्पताल में गैंग्रीन के रोगियों के अक्सर पैर काटे जाने की सूचना प्रतीक रूप में इस मनहूस जीवन की त्रासदी को प्रभावी बनाती है। 1934 में नजरबन्दी की हालत में लिखी हुई यह कहानी अज्ञेय की कहानी-कला को अचानक एक ऊँचाई पर अवस्थित कर देती है। 'अलिखित कहानी' एक मध्यवर्गीय हिन्दी लेखक के जीवन के कटु यथार्थ और सपनों की कहानी है। 'दुःख और तितलियाँ' माँ की मृत्यु और उसके बाद घटित होनेवाले सामाजिक कर्म के दौरान पुत्र की संवेदना के अंकन का प्रयास है। 'शान्ति हँसी थी' बेकारी के यथार्थ की ऐसी तल्ख कहानी है, जिससे किसी घोर प्रगतिवादी को भी ईर्ष्या हो सकती है। 'सूक्ति और भाष्य' भी एक यथार्थवादी कहानी है जिसमें एक राजस्थानी विपन्न परिवार की लड़की की अभावजन्य मनोदशा और उससे जुड़ी संवेदना का सांकेतिक अंकन हुआ है। 'इन्दु की बेटी' एक मध्यवर्गीय संवेदनशील पति के अपराध-बोध की कहानी है। 'नम्बर दस' मानवीय संवेदना से लबालब एक ऐसे युवक की कहानी है, जो अपनी बीमार बहन के इलाज के लिए चोरी करता है, जेल जाता है और जेल से बाहर आकर अपनी पत्नी का इलाज कराने में असमर्थ एक युवक पति को चोरी के अपराध में जेल जाने से बचाने के लिए स्वयं को पुलिस के हवाले कर देता है। इस कहानी का 'कहानीपन' युवक चोर के संवेदनात्मक चिन्तन और अन्तर्द्वन्द्व में निहित है। 'अछूते फूल' प्रेम-संवेदना की एक विशिष्ट कहानी है, जिसमें एक आधुनिक आक्रामक लड़की की प्यार की संवेदना कैक्टस

में खिल जाने वाले फूल की तरह जागृत हो जाती है। 'सिगनेलर' भी गहरी प्रेम-संवेदना की कहानी है, जो प्रेम को सेक्स से अभिन्न माननेवालों के लिए बकवास या उदार दृष्टि से देखने पर किसी 'रोमांस' से अधिक नहीं है। पर अज्ञेय ने बड़े कौशल से एक तीसरे व्यक्ति को इस प्रेम का साक्षी बनाकर, पत्र और डायरी प्रविधि के प्रयोग द्वारा, कहानी को 'रोमांस' के सस्तेपन से बचा लिया है। उपयुक्त शिल्प के आविष्कार द्वारा किस प्रकार प्रेम की संवेदना को 'रोमांस' से 'पीड़ा की अनुभूति में बदला जा सकता है, 'सिगनेलर' इसका उदाहरण है। 'जीवन-शक्ति' ('जिजीविषा') कलकत्ता के भीख माँगकर जीवनयापन करनेवालों की जिन्दगी की एक मार्मिक कहानी है। मानवीय करुणा को जागृत करने वाली कचोट इस कहानी को विशिष्ट बनाती है। वस्तुतः ये ही वे कहानियाँ हैं, जो अज्ञेय को कहानीकार के रूप में आज भी प्रासंगिक और विशिष्ट बनाती हैं।

1935 के आसपास उर्दू और हिन्दी के जिन लेखकों ने कहानी-लेखन का आरम्भ किया उनमें कृष्ण चन्दर, मंटो, राजेन्दर सिंह बेदी, ख्वाजा अहमद अब्बास, अख्तर हुसैन रायपुरी, हयात उल्लाह अन्सारी, चन्द्रकिरण सौनरेक्सा, पहाड़ी, निर्गुण, यशपाल आदि उल्लेखनीय हैं। 1935 के कुछ पहले ही कृष्ण चन्दर (ज. 1914; नि. 1977) ने उर्दू में हास्यप्रधान कहानियों और लेखों से साहित्य जगत् में प्रवेश किया था। अली जावेद ज़ैदी के अनुसार इसी समय के आसपास उन्होंने 'छोटी कहानियाँ' लिखना आरम्भ किया।[103] मौलाना सलाउद्दीन अहमद के अनुसार सम्भवतः 1940 के लगभग पाँच-छह वर्षों में कृष्ण चन्दर तीस-बत्तीस अफसाने लिख चुके थे और उनका *तिलस्म-ए-खयाल* नामक कहानी संग्रह उसी समय के आसपास प्रकाशित हुआ था।[104] इस कहानी संग्रह के प्रकाशन के साथ ही वे अपनी कहानियों की आश्चर्यजनक ताजगी, आकर्षक सरलता और जबरदस्त साहसिकता के कारण पाठकों में लोकप्रिय हो गये। 1940 में उनके *हवाई क़िले* और *नज़ारे* कहानी-संकलन प्रकाशित हुए। यद्यपि उन पर रोमानी भावबोध का प्रभाव था पर कहानियों मे पात्रों के कार्यव्यापारों और मनःस्थितियों के विश्लेषण ने उन्हें एक नयी पहचान दे दी थी।

लगभग इसी समय सआदत हसन मंटो (ज. 1912 नि. 1955) ने भी उर्दू कहानी के क्षेत्र में प्रवेश किया था। उनकी पहली कहानी 'तमाशा' अमृतसर से निकलने वाले साप्ताहिक *खल्क* में, अगस्त, 1934 में और पहला कहानी संग्रह *आतिशपारे* 1936 में लाहौर से प्रकाशित हुआ था।[105] 'तमाशा' जलियाँवाला बाग के खूनी हादसे से सन्दर्भित कहानी है, जिसमें घटना को स्थूल ढंग से न चित्रित कर एक बच्चे (खालिद) की मानसिकता के जरिए दमनकारी प्रवृत्तियों को बेनकाब किया गया है। अपनी एक बाद की कहानी 'सन् 1919 ईसवी एक की बात'[106] में भी मंटो ने जलियाँवाला बाग की ऐतिहासिक घटना के आधार पर कहानी बुनी है।

इस दशक में लिखित मंटो की कहानियाँ *मंटो के अफसाने* (1940) और *धुआँ* (1941) संग्रहों में संकलित हुईं।[107] विशुद्ध कलात्मक दृष्टि से मंटो की कहानियाँ कई

जगह अपने समकालीनों को पीछे छोड़ जाती हैं। जब उसने लिखना शुरू किया था तब पंजाब क्रान्तिकारियों का सक्रिय केन्द्र था और वह मार्क्सवादी विचारधारा और गोर्की की कहानियों की तकनीक और प्रस्तुति से प्रभावित हुआ था। उसने कुछ रूसी कहानियों का अनुवाद भी किया था। कुछ दिनों तक वह प्रगतिवादियों के साथ भी जुड़ा रहा, पर बाद में वह उनसे अलग हो गया। उसकी अधिकतर कहानियों का कथ्य सेक्स से सम्बन्धित है। तवायफें, उनके ग्राहक और दलाल, गिरे हुए लोग, लम्पट मर्द और फाहशा औरतें, अँधेरी गलियाँ और चकले उसकी कहानियों में अक्सर ही दिखायी पड़ते हैं। यौन सम्बन्धी समस्याओं पर जिस बेबाक अन्दाज में मंटो ने लिखा है, उसकी कोई दूसरी मिसाल उर्दू और हिन्दी साहित्य में नहीं मिलती। उर्दू-हिन्दी का कोई भी दूसरा कहानीकार सामाजिक दृष्टि से पतितों और वेश्याओं, उनके दलालों तथा चकला चलाने वालों का इतना अन्तरंग और सजीव चित्रण नहीं कर पाया है। पर ध्यान देने की बात यह है कि मंटों की ये बदनाम औरतें सामान्यतः कोमल, नाजुक, भली, संवेदनशील और सहिष्णु हैं। मंटो नैतिकतावाद के पाखंड का विरोधी था और इस विरोध का उसका अपना तरीका था। उसके कहानी संग्रहों, *मंटो के अफसाने* और *धुआँ,* के प्रकाशन के साथ ही उर्दू आलोचना जगत् में बवाल खड़ा हो गया था। यद्यपि कुछ आलोचकों ने मंटो की रचनाशीलता की ऊँचाई को लक्षित किया था, पर अधिकतर आलोचकों ने उसकी कहानियों पर अश्लीलता का आरोप लगाकर उन्हें खारिज करने का ही राग अलापा था। *धुआँ* पर तो अश्लीलता के आरोप में मुकदमा भी चला था। कुछ ऐसी ही स्थिति हिन्दी में उग्र की हुई थी, जब समाज में व्याप्त समलैंगिक रति का चित्रण करने वाली कहानियों के संग्रह *चाकलेट* के प्रकाशन पर *विशाल भारत* के सम्पादक बनारसी दास चतुर्वेदी ने उनके खिलाफ 'घासलेटी अन्दोलन' छेड़ दिया था। पर मंटो को ये आलोचनाएँ और मुकदमा हतोत्साहित नहीं कर पाये थे। इसके बाद के दशक में मंटो और भी जिद्द और साहस, साथ ही उच्च कोटि की रचनाशीलता के साथ, इन्हीं विषयों पर कहानियाँ लिखता रहा और सारी प्रतिकूल आलोचना, विरोध और गाली गलौज के बीच एक असाधारण कहानीकार की प्रतिमा घढ़ता रहा। गोपीचन्द नारंग ने मंटो के बारे में लिखा है : "मंटो अव्वल व आखिर एक बागी था, समाज का बागी यानी हर वह शय जिसे 'डोक्सा' या रूढ़ि कहा जाता है अर्थात् पुरानी धुरानी मान्यताएँ, कल्पनाएँ या मानसिक रवैये, मंटो उस सबका दुश्मन था।...वह उस नंगी और कोरी सच्चाई का खोजी था जो सामने आती है तो आँखें चौंधिया जाती हैं।"[108] उन्होंने यह भी लिखा है कि "साधारणतः मंटो को गलत ही समझा गया और जिन्दगी भर वह मलामातों और रुस्वाइयों की चपेट में रहा। उसके अन्दर की आग बराबर दहकती रही और किसी मंजिल पर भी उसके यहाँ थकान या उकताहट नाम की कोई चीज नजर नहीं आती।...मंटो की रुह एक घायल कलाकार की रुह है जो पूरे जमाने से जूझती नजर आती है। उसकी सर्जनात्मक वेदना की तह में मूल प्रेरणा उसका यही रवैया है कि 'डोक्सा' से किसी भी सतह पर समझौता न कर

सकता था।...उस वक्त मंटो के समकालीनों में किसी दूसरे को कहानी की विद्रोही अवस्था या तेवर का ऐसा गहरा अहसास ही नहीं था जैसा मंटो को था।''[109] उनके अनुसार मंटो ''सम्भवतः उर्दू कहानीकारों में पहला सख्श है जिसने अदब व आर्ट को बतौर 'अदब व आर्ट पहचानने और परखने पर जोर दिया।''[110] मंटो ने साफ साफ कहा है अदब न न्यायाधीश है न कानूनदाँ, उसका काम न हुक्म चलाना है और न सुस्खे लिखना।...हकीकत के अपरिचित या सच्चाई के अलोकप्रिय रूप को देखने और सामने लाने की ख्वहिश मंटो की कला का मूल प्रेरक है। मंटो की मान्यता है कि ''हर औरत वेश्या नहीं होती, लेकिन हर वेश्या औरत होती है।''[111] वह यह भी कहता है कि ''कोई वक़्त ऐसा भी जरूर आता होगा जब वेश्या अपने पेशे का लिबास उतार कर सिर्फ औरत रह जाती होगी।'' डा. नारंग के अनुसार, ''जो चीज मंटो के सृजनात्मक मस्तिष्क में बेचैनी पैदा करती है वह ख़रीदी और बेची जा सकने वाली वस्तु नहीं बल्कि इंसानी रूह का वह दर्द व पीड़ा है जो शरीर को बिकाऊ माल बनाने से पैदा होता है, यानी मानवीय स्वाभिमान का सौदा और बेबसी व बेचारगी का भाव जो अस्तित्व को खोखला और जिन्दगी को अर्थहीन बना देता है।...मंटो बाजारी चीज या देह-व्यापार से कहीं ज्यादा उस दर्द व पीड़ा का कलाकार है जो औरत के प्रेडिकामेन्ट यानी नियति से पैदा होता है, यानी मंटो बाहूय स्थिति से ज्यादा अन्तर की पीड़ा का कलाकार है।'' 'काली शलवार'[112] कहानी का उदाहरण देते हुए वे बताते हैं कि ''मंटो की सृजनात्मक दृष्टि वेश्या की साज सज्जा, या अन्दाज व ढंग पर नहीं, बल्कि इसकी आन्तरिक स्थिति पर केन्द्रित होती है। जब वह बाहरी लिबास से हटकर मात्र एक औरत रह जाती है, हाड़-मांस की नर्मदिल औरत।'' वे जोर देकर कहते हैं कि ''वास्तव में मंटो को रतिक्रिया का रचनाकार कहना उसका अपमान करना है। मंटो का विषय पेशेवर तवायफ या सुसज्जित गुड़िया हरगिज नहीं, बल्कि मंटो का विषय पेशा करने वाली औरत के अस्तित्व की कराह या उसकी रूह का दुःख या उसकी अन्तर-आत्मा का सूनापन है जिसको कोई बाँट नहीं सकता।[113] 'हतक'[114] की सौगन्धी एक ऐसी ही हीन व कमजोर, प्यार के दो बोलों को तरसी हुई, निचुड़ी मली-दली, बेबस व बेसहारा औरत है लेकिन अपमान के चरम से गुजरने के बाद वह स्वाभिमान के उस लम्हे पर पहुँचती है जब वह औरत के पूरे अस्तित्व पर आच्छादित नजर आती है।'' 'हतक' में मंटो ने वर्तमान सामाजिक व्यवस्था के अन्तर्गत बसने वाली वेश्या की जिन्दगी के छिलके एक एक करके उतार दिये हैं—इस तरह कि कहानी में न केवल वेश्या का शरीर, बल्कि उसकी रूह भी नंगी दिखायी देती है। इस कहानी की सुगन्धी की निर्मलता और उसके स्त्रीत्व पर, और इसीलिए जिन्दगी और उसकी चाहत के प्रति श्रद्धा उत्पन्न हो जाती है। 'बाबू गोपीनाथ'[115] कहानी के सम्बन्ध में डा. नारंग की टिप्पणी है : ''लगता है मंटो की कला ने रंडी की रूह में दबी जिस करुणा और ममता को सौगन्धी में कार्यान्वित करने में अपने शिखर को पा लिया, 'बाबू गोपीनाथ' उसी सिक्के का दूसरा पक्ष है। कंजरों और भड़वों की हरामकारी, लूट-खसोट और गन्दगी

के अन्धकार में मंटो ने जिस तरह इस नूर को काढ़ा है, मंटो का हिस्सा है। 'बू'[116] की घाटन भी एक ऐसी ही वेश्या पात्र है। डा. नारंग के अनुसार मंटो ने इन्सानियत को 'दुःख की राह' से समझा था। 'बर्मी लड़की'[117] की 'लड़की', 'फ़ोभा बाई'[118] की शोभा और शारदा, 'सड़क के किनारे'[119] की 'औरत' सभी यह प्रमाणित करती हैं कि पीड़ा इन्सान की नियति है। मंटो की गिरी-पड़ी औरतें और वेश्याएँ इसी पीड़ा की उत्पत्ति हैं और इसी पीड़ा के विष और अमृत के घालमेल से बनी हैं।[120]

राजेन्दर सिंह बेदी (ज. 1915; नि. 1984) की पहली कहानी 'सुखदुख' 1932 में *सारंग* नामक उर्दू पत्रिका में छपी थी। उनकी कहानियों का पहला संकलन *दाना-ओ-दाम* 1936 में तथा दूसरा संकलन *गरहन* 1942 में प्रकाशित हुआ था। डा. गोपीचन्द नारंग के अनुसार "बेदी को शुरू से ही इस बात का अहसास रहा होगा कि वह न तो कृष्नचन्दर जैसा ललित गद्य लिख सकते हैं और न ही उनके यहाँ मंटो जैसी निर्भीकता और सहजता आ सकती है।" अतः उन्होंने यथार्थ-चित्रण को अपनी कहानियों का मकसद बनाया। वैसे बेदी को सेक्स के बारे में लिखने से परहेज नहीं था। 'ग्रहण' की चौदह कहानियों मे सात के केन्द्रीय विचार का सेक्स से गहरा सम्बन्ध है। पर मंटो की तरह 'सेक्स' उनकी कहानियों का बुनियादी कथ्य नहीं था। उनकी कहानियों की जड़ें यथार्थ जीवन में गहराई से जमी हुई हैं। उनकी परवर्ती कहानियों में इसी का विस्तार देखने को मिलता है।

ख्वाजा अहमद अब्बास (ज. 1914; नि. 1987), अख़्तर हुसैन रायपुरी (ज.1912) और हयात उल्लाह अन्सारी (ज. 1912) समकालीन थे और 1935 के आसपास कहानी लिखना आरम्भ किया था। अख़्तर हुसैन के कहानी संग्रह *'मुहब्बत और नफ़रत'* तथा *'जिन्दगी का मोह'* उल्लेखनीय हैं। हयात उल्लाह अन्सारी का *अनोखी मुहब्बत* शीर्षक कहानी संग्रह 1939 में प्रकाशित हुआ था। इनकी कहानियों के दो और संग्रह, *भरे बाज़ार में* और *शिकस्त कंगूरे* 1942 में प्रकाशित हुए थे। हयात उल्लाह अन्सारी ने अपने समय में सामाजिक स्थितियों के कारण अपनी नियति भोगते लोगों की समस्याओं का कलात्मक चित्रण किया है। उनकी कहानियाँ स्वाभाविक रूप में विकसित होती हैं और मानवीय पीड़ा और आकांक्षा का सजीव चित्रण करती हैं। मनोविश्लेषणात्मक तकनीक की दृष्टि से भी उनकी कुछ कहानियाँ उल्लेखनीय हैं। ख्वाजा अहमद अब्बास की पहली कहानी *'अबाबील'* 1936 में लिखी गयी थी, पर कहानीकार के रूप में प्रसिद्धि उन्हें पाँचवे दशक में मिली। इन्हीं के लगभग समकालीन अहमद नादिम क़ासमी और अख़्तर ओरानवी ने अपने-अपने ढंग से उर्दू कहानी के विकास में योग दिया। नादिम कासमी ने अपनी *'चौपाल', 'बगूले', 'अहले', 'सन्नाटा', 'दरो दीवार'* और *'बाज़ारे हयात'* में संकलित कहानियों में, पंजाब के ग्रामीण जीवन का बहुत अच्छा चित्रण किया है। उनकी आरम्भिक कहानियों में रोमांस का स्पर्श दिखायी देता है, पर प्रगतिशील आन्दोलन से प्रभावित होने के बाद वे सामाजिक यथार्थवाद और जीवन की मार्क्सवादी व्याख्या की ओर मुड़ गये। उनकी कहानियों के प्रमुख पात्र विभिन्न वर्गों, विशेष रूप

से दमित और विरासत से वंचित समूह से आते हैं। वे नाजुक भावों को सीधी सादी भाषा में व्यक्त करने की क्षमता से युक्त हैं।

यद्यपि इस बात की पूरी सम्भावना है कि 1931-35 की अवधि में भगवती प्रसाद वाजपेयी की कहानियाँ पत्र पत्रिकाओं में प्रकाशित होती रही हों, पर उनकी कहानियों के पाँच संग्रह *पुष्करिणी* (1936), *हिलोर* (1938), *खाली बोतल, मेरे सपने,* और *ज्वार भाटा* (1940) इस दशक के उत्तरार्ध में प्रकाशित हुए।[121] *पुष्करिणी* में संकलित 'निंदिया लागी' और 'पेंसिल स्केच' के सम्बन्ध में रामचन्द्र शुक्ल ने टिप्पणी की थी कि इनमें 'कुछ अत्यन्त व्यंजक घटनाएँ' 'किसी एक गम्भीर संवेदना या मनोभाव में पर्यवसित होनेवाली' हैं। इन कहानियों में लेखक परिस्थिति की मार्मिकता अपने वर्णन या व्याख्या द्वारा हृदयंगम कराने का प्रयत्न नहीं करता, बल्कि 'उसका अनुभव पाठक पर छोड़ देता है।'[122] इन संग्रहों में संकलित अधिकतर कहानियों का कथ्य कैशोर प्रेम है जो पात्रों के प्रगल्भ भावोद्गारों, आँसू, विलाप आदि मुखर माध्यमों के द्वारा व्यक्त हुआ है। इसके उदाहरण के रूप में 'अपराधी के पत्र', 'झाँकी', 'त्याग', 'टिकुली', 'इन्द्रजाल', 'खाली बोतल', 'गिरगिट', 'जहाँ सभ्यता साँस लेती है', 'ट्रेन पर', 'बिम्ब-प्रतिबिम्ब' आदि कहानियाँ देखी जा सकती हैं। इनमें से कुछ ही कहानियाँ, जैसे 'टिकुली', 'खाली बोतल', 'ट्रेन पर', 'बिम्ब-प्रतिबिम्ब' आदि भिन्न कारणों से उल्लेखनीय मानी जा सकती हैं। वाजपेयी जी की वे प्रेम कहानियाँ अधिक प्रभावी हैं जिनमें उनका कथक वाचालता त्याग कर संवेदना को स्वाभाविक रूप में व्यंजित होने देता है। 'टिकुली' में सामाजिक रूढ़ियों में जकड़ी एक बाल विधवा और एक विधुर युवक के प्रेम को असाधारण संयम से व्यंजित किया गया है। यह संयम अविश्वसनीयता की हद तक 'असाधारण' है, पर तत्कालीन समाज की नैतिक मान्यताओं को देखते हुए कहानीकार की विवशता समझी जा सकती है। 'खाली बोतल' कहानी की प्रेम-संवेदना किसी एक बिन्दु पर केन्द्रित न होकर पूरी कहानी में व्याप्त है। कथामंच पर सदा विद्यमान खाली बोतल केन्द्रीय पात्र के जीवन के खालीपन का पर्याय है जो प्रेमिका के जीवनसाथी के रूप में न प्राप्त होने का परिणाम है। कहानी के अन्त में बोतल का टूटना उसके जीवन के टूटने का प्रतीक है। यह 'टूटना' सांकेतिक रूप में व्यक्त हुआ है और पाठक से अवधानता की अपेक्षा रखता है। 'ट्रेन पर' में भी, आकस्मिक प्रसंग-योजना के बावजूद, प्रेम-संवेदना का रूप बहुत संयत और शालीन है। 'बिम्ब-प्रतिबिम्ब' की उल्लेखनीयता इस बात में है कि असाधारण घटनाओं और कार्यव्यापारों पर आधारित असाधारण प्रेमकहानी होने पर भी पाठक को कहानी का अपना पाठ निर्मित करने के लिए काफी गुंजायश बच जाती है।

वाजपेयी जी की कहानियों में तत्कालीन समाज की हलचल बहुत कम दिखायी पड़ती है। जैनेन्द्र की ही तरह आसपास का समाज उन्हें बहुत उत्तेजित करता नहीं प्रतीत होता। 'परीक्षा', 'उस क्षण का सुख!', 'यदि' आदि कुछ कहानियों में समकालीन राजनीतिक गतिविधियों की थोड़ी झलक मिलती है, पर उनमें भी मूल कथ्य

व्यक्तिकेन्द्रित ही है। नन्ददुलारे वाजपेयी के अनुसार वाजपेयी जी की कहानियों को 'जागरण की कहानी' नहीं कहा जा सकता। वास्तव में ये एक विश्रृंखल सामाजिक व्यवस्था के युग में रहने वाले व्यक्तियों के अश्रुपात और प्रायश्चित्त की कहानियाँ हैं और कला की दृष्टि से बहुत ही सुडौल कृतियाँ हैं।[123]

जनार्दन प्रसाद झा 'द्विज' के तीन कहानी संग्रह 1929-32 की अवधि में ही प्रकाशित हो चुके थे। इनकी कहानियों का चौथा और अन्तिम संग्रह *मधुमयी* 1937 में प्रकाशित हुआ, जिसमें पाँच कहानियाँ संगृहीत थीं।[124] प्रेम की अनुभूति इन कहानियों के केन्द्र में है। इस संग्रह की कहानी 'वे दोनों' इस दृष्टि से उल्लेखनीय है कि इसमें वैयक्तिक प्रेम देश प्रेम से युक्त होकर उदात्त बन गया है। राष्ट्रीय आन्दोलन का प्रत्यक्ष चित्रण तो इस कहानी में नहीं हुआ है, पर देश के लिए प्राणों का बलिदान तक कर देने की तमन्ना इस कहानी के केन्द्रीय पात्र देवकृष्ण में दिखायी पड़ती है। कान्तिकुमार जैन के अनुसार इन कहानियों में वासनातीत भाव से परिचालित प्रेम की उत्सर्गमयी मुद्रा दिखायी पड़ती है। डा. जैन का मानना है कि 'द्विज' जी की कहानियाँ 'उनके काव्य की ही प्रलम्बित छाया' हैं, पर उनकी भाषा-शैली और शिल्प चंडीप्रसाद शर्मा 'हृदयेश' या जयशंकर प्रसाद की कहानियों की तरह 'वक्ता-प्रधान, अलंकार-बोझिल और तत्समबहुल अथवा समास-गुम्फित' नहीं हैं। वे संवेदना में प्रसाद और शिल्प में प्रेमचन्द के निकट हैं।[125]

1936 में भगवतीचरण वर्मा का (ज. 1903; नि. 1981) पहला कहानी संग्रह *दो बाँके* प्रकाशित हुआ था।[126] उनका दूसरा कहानी संग्रह *इन्स्टालमेंट* भी श्रीलाल शुक्ल के अनुसार 1937 के पूर्व प्रकाशित हो चुका था।[127] 'प्रायश्चित्त', 'दो बाँके', 'मुगलों ने सल्तनत बख्श दी', 'इन्स्टालमेंट', 'वरना हम भी आदमी थे काम के', 'एक अनुभव', 'विवशता' आदि इनमें संकलित उल्लेखनीय कहानियाँ हैं। ये कहानियाँ मोटा मोटी रूप में दो प्रकार की हैं। एक प्रकार की कहानियों में 'कथा' तत्त्व की प्रधानता है। उदाहरण के लिए 'दो बाँके' नामक प्रसिद्ध कहानी जिसके केन्द्र में लखनऊ के तथाकथित दो बाँकों की बहादुरी की आजमाइश का प्रसंग है। बनारस के 'गुंडे' और लखनऊ के 'बाँके' विशेष चरित्र के शोहदे माने जाते हैं। प्रसाद जी की 'गुंडा' कहानी बनारसी गुंडे का बड़ा संवेदनशील चरित्र प्रस्तुत करती है। भगवती बाबू की 'दो बाँके' एक रोचक प्रसंग तो प्रस्तुत करती है, पर इसमें वह संवेदनशीलता नहीं है, जो प्रसाद की कहानी में है। इतना जरूर कहा जा सकता है कि यह कथा नवाब खानदान के इक्के-ताँगे हाँकने वालों और शायद उसी खानदान के शोहदों के चरित्र की प्रस्तुति द्वारा लखनऊ की मध्यकालीन संस्कृति पर रोचक ढंग से प्रकाश डालती है। इसे छोटी 'कथा' ही कहा जा सकता है, 'कहानी' नहीं; 'कहानी' के लिए अपेक्षित संवेदना का एक क्षण इस कथा में नहीं है। एक दूसरी कहानी 'प्रायश्चित्त' में हिन्दू समाज के एक अन्धविश्वास और ब्राह्मणों के पाखंड पर बहुत अच्छा व्यंग्य किया गया है। यह कहानी प्रेमचन्द के 'मोटेराम शास्त्री' से सम्बद्ध कहानियों की याद दिलाती है। इसका केन्द्र कोई संवेदना न होकर स्थितियों

का वैषम्य है, जो एक आकस्मिक—पर अविश्वसनीय नहीं—क्षण के रूप में सामने आता है। 'मुगलों ने सल्तनत बख्श दी' एक भिन्न प्रकार की व्यंग्यकथा है। भगवती बाबू अधिकतर 'कथा' ही लिखते हैं और पुराने किस्सागो की तरह पाठक को अपने विश्वास में लेकर 'कथा' प्रस्तुत करने में कोई संकोच नहीं करते। साथ ही यह भी मानना होगा कि किसी ऐतिहासिक सच्चाई को व्यक्त करने के लिए व्यंग्य कथा का इस रूप में उपयोग बहुत सर्जनात्मक है। कोई जरूरी नहीं कि 'कथा' 'कहानी' बने ही। छोटी 'कथा' और 'छोटी कहानी' अपनी अलग पहचान रखती हुई भी सर्जनात्मक लेखन का उदाहरण हैं। 'इन्स्टालमेंट' भी इसी कोटि की कहानी है जिसमें एक बिगड़े दिल जमींदार-पुत्र की कथा प्रस्तुत की गयी है, जो अपनी शान रखने के लिए किश्तों पर मोटरकार खरीद लेते हैं और फिर मित्रों से उधार लेकर किश्त जमा करते हैं। व्यंग्य ही इस कहानी की भी विशेषता है। श्रीलाल शुक्ल ने इस बात पर विशेष जोर दिया है कि ''उस समय हिन्दी साहित्य में इस प्रकार की कहानियों के कोई नमूने या 'मॉडल' उपलब्ध नहीं थे और इस कोटि (जेनर) की कहानियाँ सृजित करने में वर्मा जी ने अद्भुत मौलिकता दिखायी थी।''[128] उनका यह भी कहना है कि भगवती बाबू की इस प्रकार की कहानियाँ इस शताब्दी के छठे और परवर्ती दशकों में प्रचुरता के साथ लिखी जाने वाली व्यंग्यपरक कहानियों का प्रत्यक्ष या अप्रत्यक्ष रूप से प्रेरणा-स्रोत भी मानी जा सकती हैं। वर्मा जी की कहानियों की विशिष्टता यह है कि वे समकालीन जीवन की दैनन्दिन स्थितियों की विसंगति को बड़े हल्के ढंग से उद्घाटित करती हुई रोचकता के साथ हमें किसी ऐसी मूढ़ता के विषय में सचेत करती हैं जो कहानी में व्यक्तिगत दिखते हुए भी मूलतः सामूहिक है।[129] पर भगवती बाबू के हिस्से में ऐसी श्रेष्ठ कहानियाँ अधिक नहीं हैं। अधिकतर कहानियाँ संयोगाधृत 'कथाओं' के रूप में हैं जिनका व्यंग्य भी बहुत प्रखर और वेधक नहीं है।

वर्मा जी की कुछ कहानियाँ ऐसी भी हैं जो 'कहानी' के निकट पहुँचने में समर्थ हुई हैं। 'वरना हम भी आदमी थे काम के' प्रेम की सूक्ष्म और गहरी संवेदना का संकेतपूर्ण अंकन करने वाली एक अच्छी कहानी है। 'एक अनुभव' मजबूरी में शरीर का सौदा करने वाली लड़की की संवेदना का अंकन करने वाली एक औसत से अच्छी कहानी है। 'विवशता' भी एक विवाहित औरत की विवशता को व्यक्त करने वाली उल्लेखनीय कहानी है। यह स्त्री कुमार्गी पति से प्रेम भी करती है, पर उस प्रेम में कर्तव्य-बोध की संवेदना अधिक है। विवाहपूर्व प्रेमी के सन्दर्भ में यह प्रेम बहुत मार्मिक हो गया है।

राधाकृष्ण (ज. 1910; नि. 1979) की पहली कहानी 'सिनहा साहब' *हिन्दी गल्पमाला* (बनारस) में अप्रील, 1929 में प्रकाशित हुई थी।[130] 1934 तक वे कहानी-लेखक के रूप में स्वीकृत हो चुके थे, जिसका प्रमाण प्रेमचन्द के 'हिन्दी गल्प-कला का विकास' शीर्षक लेख (*हंस*, नवम्बर, 1934) में उनका उल्लेख है।[131] इस लेख में प्रेमचन्द ने राधाकृष्ण की प्रशंसा उनकी 'हास्यप्रधान और सजीव शैली' के लिए

की है। अन्यत्र उन्होंने राधाकृष्ण को 'छोटानागपुर के कोयले की खान से प्राप्त हीरा' और 'हिन्दी के उत्कृष्ट पाँच कथा-शिल्पियों में से एक' बताया था।[132] यदि हम इसे एक सहृदय कथाकार की अतिशयोक्ति भी मानें, तो भी, चौथे दशक में कहानीकार के रूप में राधाकृष्ण की उपस्थिति तो प्रमाणित होती ही है। लगभग दस वर्षों तक समकालीन पत्र पत्रिकाओं में कहानीकार के रूप में अपनी पहचान बनाये रखने के बाद उनका पहला कहानी संग्रह 1946 में प्रकाशित हुआ।[133] इसमें उनकी 'रामलीला', 'आदमी-आदमी', 'लैला की शादी', 'मनुष्य और पशु', 'वसीयतनामा', 'आधा हिस्सा', 'अविनाश', 'सेकरीन', 'बुढ़िया गुलाबी', 'लेखक की जिन्दगी', 'चन्द्रगुप्त की तलवार' आदि 18 कहानियाँ संकलित थीं।

राधाकृष्ण के पास जीवन के खट्टे-मीठे अनुभवों का समृद्ध कोश था, जो उनकी कहानियों में सर्जनात्मक रूप मे रूपान्तरित हुआ है। वे मूलतः निम्न मध्यवर्ग के कथाकार माने जा सकते हैं। उनकी अधिकतर कहानियों में इस वर्ग की समस्याओं, बेचैनी, असहायता और उसके वजूद की त्रासदी को अभिव्यक्ति मिली है। यह कहानीकार का अपना वर्ग था जिसमें वह जी रहा था। इन कहानियों में जीवन-संघर्ष के मार्मिक अनुभव हैं। इसके साथ ही उनकी कुछ कहानियों में मजदूरों तथा मामूली आदमियों की हताशा, पराजय, लाचारी और कुंठा को अभिव्यक्ति मिली है। राधाकृष्ण की कहानियों की एक उल्लेखनीय विशेषता यह है कि उनमें व्यंग्य की छौंक यथार्थ को धारदार बना देती है। कतिपय कहानियाँ, जैसे 'चन्द्रगुप्त की तलवार' और 'लैला की शादी' तो 'कहानी' और 'व्यंग्य' दोनों विधाओं का प्रतिनिधित्व करती है। 'रामलीला' में एक बालक राम का प्रभावशाली अभिनय करता है। कालान्तर में वही बालक रामलीला में रावण का भी अभिनय करता है। इस कहानी का कथ्य यह है कि एक ही व्यक्ति राम भी होता है और रावण भी। समय व्यक्ति को राम भी बनाता है और समय ही राम को रावण बना दिया करता है। फिर भी राम जब रावण की भूमिका में आता है, तब हम उसे सहसा स्वीकार करने को तैयार नहीं हो पाते। इस दशक की अपनी कहानियों में राधाकृष्ण ने नारी पात्रों को एक नये रूप में प्रस्तुत किया है। 'आदमी-आदमी' कहानी में सामू की पत्नी कुसुमी शोषण का मुखर विरोध करती है। 'बुढ़िया गुलाबी' में गुलाबी एक ऐसी विधवा युवती छबिया को शरण देती है, जो गर्भवती हो जाने के कारण अपने घर से निकाल दी गयी है और कोई उसे शरण देने की हिम्मत नहीं करता। पर वह उसे मानती 'पतिता' ही है और प्रायश्चित्त करने के लिए काशी चली जाती है। पर साथ ही वह छबिया के नवजात पुत्र की शादी के लिए अपने घर में गड़े तीन सौ रुपये भी छोड़ जाती है। इस कहानी में चरित्र का खरापन, सामाजिक रूढ़ियों के विरुद्ध संघर्ष, फिर भी रूढ़ियों का ही सम्मान, धर्म तथा पाप-पुण्य का भय, स्वाभिमान तथा विर.ज मानवीयता तथा करुणा का एकल संयोग देखने को मिलता है। इस कहानी में नारी-चरित्र की जटिलता एवं सरलता को कलात्मक ढंग से प्रस्तुत किया गया है।

गरीबी मनुष्य से उसकी मनुष्यता तक छीन लेती है, पर राधाकृष्ण अपनी 'बहन' कहानी में जैनाथ लुहार जैसे पात्र का सृजन करते हैं जो घोर अर्थाभाव में भी अपनी विधवा बहन तथा उसके बेटे का बोझ सहर्ष उठाता है। इससे राधाकृष्ण की उस मूल्य-चेतना का बोध होता है, जो आर्थिक असमानता का अतिक्रमण करती है। 'अविनाश' तथा 'पशु और मनुष्य' कहानियाँ वर्तमान व्यवस्था में आदमी की तुलना में पशु की स्थिति के बेहतर होने का अहसास दिलाती हैं। 'अविनाश' कहानी के कई दिनों के भूखे केन्द्रीय पात्र से एक 'हिन्दुस्तानी साहब अपना खोया कुत्ता खोज देने के लिए दस रुपये देने का प्रस्ताव करता है। इस पर अविनाश कहता है : "जो कुत्ता खो गया है उसके लिए दस रुपये और जो आदमी आँख के सामने मर रहा है, उसके लिए कुछ भी नहीं।" पूँजीवादी व्यवस्था में आदमी की कीमत पशु से भी कम आँकी जाती है। 'मनुष्य और पशु' कहानी में रिक्शाचालक रामू घोड़े को परास्त कर रोजी हासिल करता है; लेखक टिप्पणी करता है कि "यह तुलना कठिन है कि रामू और किसी घोड़े में कितना वैषम्य है। रामू ने व्यापारिक क्षेत्र में घोड़े को परास्त कर दिया है, लेकिन खुद घोड़ा नहीं बन पाया है।" 'सेकरीन' कहानी में इस सत्य उद्घाटन किया गया है कि धन का आधिक्य मनुष्य को सुखी नहीं बना पाता। एक लेखक के रूप में राधाकृष्ण को अपने जीवन में तरह तरह के कष्ट एवं दंश झेलने पड़े थे। इनकी झलक 'लेखक की जिन्दगी' तथा' 'वसीयतनामा' कहानियों में दिखायी पड़ती है।

सुमित्रानन्दन पन्त, यशपाल जैन, मोहन सिंह सेंगर, कान्तिचन्द्र सौनरेक्सा आदि भी इस दशक के गौण कहानीकारों में उल्लेखनीय हैं। सुमित्रानन्दन पन्त की *पाँच कहानियाँ* (1935) संग्रह की कहानियों के सम्बन्ध में यह कहना ठीक ही है कि 'जीवन की यथार्थताओं से स्पन्दित इन रचनाओं को पन्त के कवि की सम्पूर्ण काव्यमयता तो मिली ही है, उनके चिन्तक की सोद्देश्यता भी पूरी तरह प्राप्त हुई है।' लेकिन जैसे पन्त की प्रगतिवादी कविता में छायावादी काव्य-तत्त्व अवशिष्ट थे, उसी प्रकार इन कहानियों में भी यथार्थवादिता के दावे के बावजूद रोमानी तत्त्व विद्यमान हैं। पन्त जी ने किसी भी रोमानी कहानीकार के समान अपनी कहानियों में साधारण स्थितियों और पात्रों में असाधारणता की खोज की है।"[134]

यशपाल जैन (ज. 1912) का पहला कहानी संग्रह *नवप्रसून* 1938 में और दूसरा *मैं मरूँगा नहीं* 1946 में प्रकाशित हुआ। इनकी कहानियों में यात्रा-वर्णन, संस्मरण और कथा के मिश्रण से मार्मिक स्थितियों की योजना का प्रयास दिखायी पड़ता है। मानवीय संवेदनाओं और मूल्यों का प्रतिपादन इनकी कहानियों का मुख्य उद्देश्य प्रतीत होता है।

1938 में मोहनसिंह सेंगर का कहानी संग्रह *चिता की चिनगारियाँ*[135] प्रकाशित हुआ था। सम्भवतः यह संग्रह 1933 में ही तैयार हो चुका था, जिसकी 'भूमिका' प्रेमचन्द ने 12 अप्रील, 1933 को लिखी थी। प्रेमचन्द लिखित 'भूमिका' के अनुसार "लेखक आदर्शवादी हैं और हरेक कहानी में उन्होंने किसी न किसी आदर्श का उदाहरण दिया है।...वह समाज में क्रान्ति के इच्छुक नहीं, सुधार के इच्छुक हैं।" प्रेमचन्द के अनुसार

इन कहानियों में 'अधिकांश में समाज का यथार्थ चित्रण' मिलता है। ''कई कहानियों में राष्ट्रभावना का चमत्कार है।''

चौथे दशक के उत्तरार्ध में कान्तिचन्द्र सौनरेक्सा ने लगभग बीस कहानियाँ लिखी थीं, जिनमें से ग्यारह कहानियों का संग्रह *चौराहा* शीर्षक से 1941 में प्रकाशित हुआ था। इनका दूसरा कहानी संग्रह *अन्धी गली* भी, जिसकी कहानियाँ *विचार, 'महिला'* आदि में प्रकाशित हो चुकी थीं, 1941 में प्रकाशनार्थ तैयार था, पर जो प्रकाशित नहीं हो पाया। कान्तिचन्द्र सौनरेक्सा की कहानियाँ प्रगतिशील चेतना से भरपूर होने के बावजूद संवेदना की गहराई और तीव्रता के अभाव के कारण पाठक के मन पर गहरा प्रभाव नहीं छोड़तीं।

स्वयं भैरव प्रसाद गुप्त (ज.1918; नि. 1995) द्वारा प्रदत्त सूचना के अनुसार उन्होंने चौथे दशक के आरम्भ में ही कहानी-लेखन का आरम्भ कर दिया था और उनकी पहली कहानी 'रूमाल' बलिया के साप्ताहिक *संसार* में, 1934 में, प्रकाशित हुई थी।[136] उच्च शिक्षा के लिए इलाहाबाद पहुँच कर उनका सम्पर्क शिवदानसिंह चौहान, जगदीशचन्द्र माथुर, गंगाप्रसाद पांडेय आदि लेखकों से हुआ और कुछ बाद में अखिल भारतीय कांग्रेस समिति के कार्यालय, स्वराज भवन, से भी जुड़े। कुछ दिनों के लिए उन्होंने हिन्दी प्रचारक महाविद्यालय, मद्रास में अध्यापन का काम भी किया। इसी दौरान (1934-40) उन्होंने कहानियाँ लिखनी शुरू कीं, जो *विशाल भारत, विश्वमित्र, कहानी* आदि 'स्तरीय साहित्यिक पत्रिकाओं में' छपने लगी थीं।[137] इन कहानियों को भैरव जी ने अपनी 'पहले दौर की कहानियाँ' कहा है। स्वयं लेखक के अनुसार ये कहानियाँ *मोहब्बत की राहें* (1945), *फरिश्ता* (1946), *बिगड़े हुए दिमाग* (1948), *बलिदान की कहानियाँ* (1951) और *मंजिल* (1951) में संगृहीत हैं। इन कहानियों का कथ्य 'देश प्रेम, त्याग, बलिदान, अछूतोद्धार, साम्प्रदायिक एकता, सामाजिक सुधार, प्रेम' आदि है और उनका आधार 'सुनी हुई या स्वयं देखी हुई' घटनाएँ हैं। इन कहानियों का परिवेश ग्रामीण है, जो लेखक के संस्कार का अभिन्न अंग था।[138] *मुहब्बत की राहें* और *फरिश्ता* संग्रह की कहानियों में स्वतन्त्रता-प्राप्ति के पूर्व के उत्तर भारतीय समाज की सामन्तवादी सामाजिक संरचना में निम्नवर्ग और निम्न मध्यवर्ग के बहुस्तरीय शोषण की तसवीर देखी जा सकती है। इसके साथ ही देश के प्रति भावनात्मक लगाव, समाज में व्याप्त विसंगतियों की चेतना और सामाजिक परिवर्तन के सुधारवादी आग्रह भी जहाँ-तहाँ इन कहानियों में उपलब्ध होते हैं। 'कुसुमी' और 'विद्रोह की घड़ी' जैसी कहानियों में ग्रामीण जीवन में व्याप्त अन्धविश्वासों, नैतिक-सांस्कृतिक रूढ़ियों और अन्तर्विरोधों का चित्रण हुआ है। भारतीय समाज में स्त्री के उत्पीड़न और अपमान के मर्मबेधी चित्र इन कहानियों में मिलते हैं। 'फरिश्ता' पुलिस विभाग के अत्याचार और भ्रष्टाचार का वीभत्स रूप प्रस्तुत करती है। कहीं कहीं इन कहानियों में उपनिवेशवादी और सामन्तवादी शोषण के विरुद्ध विकसित होती जन-चेतना और प्रतिरोध-क्षमता के संकेत भी परिलक्षित होते हैं। समग्र रूप में कहा जा सकता है कि कथ्य की दृष्टि से इन कहानियों में लेखक का यथार्थवादी और

मानवतावादी रूप उभरकर सामने आता है। पर संरचना की दृष्टि से इन कहानियों की खामी छिप नहीं पाती। लेखक अपने कथ्य के प्रतिपादन के लिए अप्रत्ययकारी प्रसंगों और स्थितियों का परित्याग नहीं कर पाता और सपाटबयानी के स्तर पर उतरकर अपने आदर्शों और प्रतिबद्धताओं को परोसने में कोई संकोच नहीं करता।

चौथे दशक अन्तिम हिस्से में यशपाल (ज. 1903; नि. 1976) हिन्दी के एक उल्लेखनीय कहानीकार के रूप में सामने आए। कहानी लिखने का थोड़ा-बहुत चस्का उन्हें स्कूली जीवन में ही लग चुका था जो जेल-जीवन (1932-38) में परवान चढ़ा।[139] 1938 में, जेल से छूटने पर, जीविकोपार्जन की समस्या के समाधान और 'जीवन की इच्छा या जीवन के लिए प्रयत्न की इच्छा' को अभिव्यक्ति देने के लिए उन्होंने *विप्लव* नामक पत्रिका का प्रकाशन आरम्भ किया। यों तो सशस्त्र क्रान्ति के आन्दोलन के दौरान ही उसके नेताओं ने मार्क्सवाद को अपना सैद्धान्तिक आधार स्वीकार कर लिया था, पर 1931 में ही भगत सिंह आदि की फाँसी और अन्य क्रान्तिकारियों की गिरफ्तारी और लम्बी सजा के कारण उनकी विचारधारा को जनभावना से जुड़ने का अवसर नहीं मिल सका। 1937-38 में जेल से बाहर आने पर सभी क्रान्तिकारियों ने अपने को असंगठित और दिशाहीन पाया था और कुछ ने तो सक्रिय राजनीति से पूरा संन्यास ही ले लिया था और अधिकतर वामपन्थी विचारधारा के दलों से जुड़ गये थे। यशपाल ने जेल से बाहर आकर किसी राजनीतिक दल की सदस्यता तो नहीं ग्रहण की, पर उनका झुकाव मार्क्सवादी दर्शन और विचारधारा की ओर ही था। विवाह वे जेल में ही कर चुके थे और बिलकुल टटकी गृहस्थी जमाने की समस्या भी उनके सामने थी। जीविका के साधन के रूप में लेखन और प्रकाशन उनका एकमात्र विकल्प था, और पत्नी प्रकाशवती जी ने, जो क्रान्ति के दिनों से ही उनकी सहचरी-प्रेमिका थीं, उनकी प्रकाशन-योजना में प्रमुख भूमिका निभायी। अनुभव उनका गुप्त क्रान्ति और रोमांस का था, जिनमें से जेल में रोमांस पर लिखना ही निरापद था। वस्तुतः *पिंजरे की उड़ान* की, जिसका प्रकाशन 1939 में 'विप्लव प्रकाशन' से हुआ, सारी कहानियाँ जेल में ही लिखी गयी थीं। गृहस्थी जमाने के साथ ही साथ यशपाल मार्क्सवाद के विधिवत् अध्ययन से जुड़े तथा *विप्लव* के कई अंकों में लगातार मार्क्सवाद पर लेख लिखे, जो 1940 में प्रकाशित उनकी *मार्क्सवाद* नामक पुस्तक में संगृहीत हुए। पर यशपाल मार्क्सवाद के सैद्धान्तिक पक्ष से ही जुड़ पाये, उसके मूल व्यावहारिक पक्ष, यानी जन-जीवन से उनका भावनात्मक सम्बन्ध निर्मित नहीं हो पाया। 'विप्लव प्रकाशन' की स्थापना के साथ वे पुस्तक-लेखन और प्रकाशन में इतने व्यस्त हो गये कि उपनिवेशवादी-साम्राज्यवादी और सामन्ती ताकतों के खिलाफ किसानों-मजदूरों के संघर्ष में उनकी भूमिका नगण्य ही रही।

पिंजड़े की उड़ान यशपाल की जेल में लिखी कहानियों का पहला संग्रह था। इसका शीर्षक प्रतीकात्मक था : 'जेल के पिंजड़े में बन्द रहने समय कल्पना की उड़ानें।'[140] इसकी 'भूमिका' में यशपाल ने लिखा था : "हमारी कल्पना का आधार जीवन की ठोस

वास्तविकताएँ ही होती हैं, इसीलिए कथा-कहानी के रूप में कल्पना का महत्त्व है। हमारी कल्पना या तो अतीत सुख-दुख की अनुभूति के चित्र बनाकर उससे सुख उठाना चाहती है या आदर्श की ओर संकेत कर समाज के लिए नया नक्शा तैयार करने का यत्न करती है।'' इस वक्तव्य से यशपाल के लिखने का उद्देश्य थोड़ा थोड़ा स्पष्ट होता है।

पर *पिंजड़े की उड़ान* की कहानियों को पढ़ते हुए यह लगता ही नहीं कि इसका रचनाकार औपनिवेशिक शासन से देश को आजाद करने के लिए सशस्त्र क्रान्ति में सक्रिय भागीदारी के अपराध में आजीवन कारावास की सजा भुगत रहा है। इसकी बीस कहानियों में एक भी आजादी की लड़ाई का प्रकारान्तर से भी चित्रण-चित्रण क्या, उल्लेख भी नहीं करती। इसका कारण चाहे जो रहा हो, लेखक की देश की आजादी की लड़ाई के प्रति उदासीनता तो प्रकट होती ही है। सम्भव है, यह आतंकवादी मार्ग से देश की आजादी के सपने टूटने का परिणाम भी हो। यह सही है कि 1937 में कांग्रेसी प्रान्तीय मन्त्रिमंडलों के कार्यरत हो जाने पर आजादी की लड़ाई थम गयी थी, पर उसका उद्देश्य भी पूरा हो गया था, ऐसा नहीं कहा जा सकता। इस स्थिति में अज्ञेय, जैनेन्द्र और यशपाल जैसे श्रेष्ठ कथाकारों का उस लड़ाई से विरत होकर प्रेम, दाम्पत्य और मध्यवर्ग की 'तकलीफों' की कहानी लिखने में मशगूल हो जाना आश्चर्यजनक तो है ही। *पिंजड़े की उड़ान* की बीस कहानियों में से नौ का—'मक्रील', 'प्रेम का सार', 'पहाड़ की स्मृति', 'भावुक', 'शर्त', 'तीसरी चिता', 'पराई', 'दर्पण', 'समाज सेवा'—कथ्य किसी न किसी रूप में प्रेम से सम्बद्ध है। इनमें से कुछ कहानियाँ तो शुद्ध रोमानी हैं और कुछ पति-पत्नी-प्रेमिका के सम्बन्धों पर आधारित हैं। 'पहाड़ की स्मृति' में मंडी नगर की युवती अपने जीवन की कठिनाइयों से जूझती हुई अपने प्रेमी परसराम की प्रतीक्षा कर रही है और जब उसे मालूम होता है कि उसकी खुबानियाँ खरीदने वाला ग्राहक उसी शहर का रहनेवाला है, जहाँ उसका प्रेमी गया है, तो वह उससे खुबानियों के पैसे नहीं लेती। यह प्रेम की संवेदनात्मक गहराई का परिचायक या, जैसा नन्दकिशोर नवल का मत है, उसका 'सांस्कृतिक पक्ष' है।[41] 'प्रेम का सार' में पातिव्रत्य के मूल्य के यथार्थ से टकराकर चटकने का अंकन किया गया है। 'भावुक' में प्रेम की संवेदना से पैदा हुई विडम्बना पर व्यंग्य है। पर प्रेम की कोई गहरी संवेदना इन कहानियों में नहीं दिखायी पड़ती।

इस संग्रह की कुछ कहानियों में यशपाल की सामाजिक चेतना की अभिव्यक्ति देखने को मिलती है। आतंकवादी मार्ग से मोहभंग के बाद यशपाल मार्क्सवाद की ओर मुड़े थे और मार्क्सवादी विचारधारा को ही उन्होंने अपने लेखन का दिशा-निर्देशक बना लिया। 'कर्मफल' में यशपाल की वर्ग-चेतना की अभिव्यक्ति हुई है। इस कहानी में एक ओर एक गरीब माँ जाड़े की बारिश में भींगती हुई अपनी बच्ची को मौत से नहीं बचा पाती और दूसरी ओर सेठ की पत्नी अपनी बीमार बच्ची की नींद में खलल पड़ने से परेशान है और बाहर मृत बालिका को गोद में लिए रोती स्त्री को कोस रही है। सेठानी पेड़ के नीचे अपनी बेटी की मृत्यु से दुखी, रो रही, स्त्री को 'बड़ी पापिन' की संज्ञा देती

है। 'दुख' कहानी में एक वास्तविक रूप में गरीब आदमी का दुख क्या होता है, इसे न समझ सकनेवाले, भोजन-वस्त्र की चिन्ता से मुक्त, मध्यवर्गीय मानस का अंकन किया गया है। इस कहानी की मध्यवर्गीय पत्नी का दुख इस बात पर केन्द्रित है कि उसका पति उसकी सहेली के साथ सिनेमा देख आता है। 'दुखी-दुखी' शीर्षक कहानी में भूख की पीड़ा का बेहद जानदार अंकन किया गया है। इस कहानी में चित्रित भूख की संवेदना की तीव्रता संवेदनशील पाठक को बेहद प्रभावित करती है। 'परलोक' कहानी में पुरुष सत्ताप्रधान परिवार में सहज रूप से बालक के, बालिका के अधिकारों पर, हावी होते जाने का स्वाभाविक चित्रण हुआ है; पर कहानी का केन्द्रीय कथ्य कुछ और ही, भारतवासियों के भविष्य और भाग्य पर जीने की प्रवृत्ति की आलोचना, हो गया है, जिससे कहानी का प्रभाव बिखर गया है।

संग्रह की शेष कहानियों में भी कोई 'विचार' ही, कहीं संवेदना का सहारा लेकर और कहीं सामान्य रूप में प्रस्तुत हुआ है। 'हिंसा' में हिंसा के स्वरूप पर चिन्तन किया गया है। इसमें उस हिंसा को, जिसके पीछे कोई उदात्त भावना है, उचित मानते हुए अपराधी को घृणा के स्थान पर करुणा का पात्र माना गया है। 'पीर का मज़ार' में 'धर्म' के बेतुकेपन पर एक रोचक कथा घड़ी गयी है। धर्म आदमी को कितना अविवेकी बना देता है, यही इस कहानी का कथ्य प्रतीत होता है। पश्चिमोत्तर प्रान्त के मसूदों के जीवन और रहन-सहन का चित्रण भी इस कहानी की एक विशेषता मानी जा सकती है। 'मज़हब' कहानी में भी 'धर्म' का प्रसंग आया है, जिसका केन्द्रीय पात्र, जो मार्क्सवाद से प्रभावित है, धर्म को अफीम मानता है, पर एक चालाक औरत से जान बचाने के लिए धर्म की सहायता लेता है और बच निकलने पर प्रतिज्ञा करता है कि वह भविष्य में मजहब के खिलाफ एक शब्द भी नहीं बोलेगा। इस कहानी से यशपाल का मन्तव्य स्पष्ट नहीं होता। यदि इसे व्यंग्य मानें, जिसकी सृष्टि करने में कहानीकार को सफलता नहीं मिली है, तो उसकी सार्थकता हो सकती है। 'प्रायश्चित्त' आर्य समाज द्वारा संचालित गुरुकुलों में लड़कियों की कठोर आचार-संहिता की प्रच्छन्न आलोचना है, जो कथन की सपाटता के कारण नितान्त साधारण कहानी बनकर रह गयी है।

यशपाल ने अनेकत्र स्वीकार किया है कि वे कहानी-रचना के लिए निजी अनुभव को आवश्यक नहीं मानते। पर यह मानना आंशिक रूप से ही सच हो सकता है। केवल विचारों से जो कहानी निर्मित होगी, वह अधिक-से-अधिक 'मार्मिक उदाहरण' हो सकती है, चेतना को आविष्ट करने वाली या झकझोरने वाली 'कहानी' नहीं हो सकती। यशपाल अपनी विचारोद्भूत कहानियों के लिए जो प्रसंग निर्मित करते हैं, वह अविभाजित पंजाब के पहाड़ी या समतल क्षेत्रों के परिवेश में घटित होता है, जो उनकी किशोरावस्था के अनुभवों और स्मृतियों की उपज है। अतः उनकी कल्पना अनुभव से सम्पृक्त तो है ही। कदाचित् उन्होंने 'नयी कहानी' के झंडाबरदारों को, जो 'अनुभव की प्रामाणिकता' को 'नयी कहानी' की एकमात्र कसौटी मानते थे, करारा जवाब देने के लिए कहानी-रचना के लिए निजी अनुभव को अनावश्यक करार दे दिया था।

पिंजड़े की उड़ान की कहानियों में यशपाल की सामाजिक चेतना अपने प्रखर रूप में मुखरित नहीं है, यह तो स्पष्ट है। इसका कारण कुछ भी हो सकता है, जिस पर अटकल लगाने का कोई औचित्य नहीं है। पर वह जैनेन्द्र की तरह घूमिल भी नहीं है।

यशपाल के बारे में विश्वनाथ त्रिपाठी का कहना है : "यशपाल कट्टर कम्युनिस्ट लेखक थे। वे साहित्य को सामाजिक परिवर्तन के लिए रचते थे। उनके लेखन का निश्चित प्रयोजन है। वे वैज्ञानिकता, तर्कशीलता, समता के प्रचारक हैं, सामन्तवाद, साम्राज्यवाद, धार्मिक कर्मकांडों और अन्धविश्वासी शोषण के कट्टर दुश्मन। वे संसार के उन विरल लेखकों में से हैं जिन्होंने शोषण के अन्त के लिए साम्राज्यवादियों के विरुद्ध पिस्तौल और कलम दोनों का इस्तेमाल लक्षणा में नहीं, अभिधा में किया। वे जनता के विश्वसनीय लेखक ही नहीं, क्रान्तिकारी भी हैं।"[142]

त्रिपाठी जी आरम्भ के दो वाक्य तो तथ्यपरक हैं, पर अन्तिम दो वाक्य अतिशयोक्ति के शिकार हो गये है। यशपाल की *पिंजरे की उड़ान* ही नहीं, पाँचवे दशक की कहानियों को भी पढ़कर कहीं लगता ही नहीं कि उन्होंने साम्राज्यवादियों के विरुद्ध कलम का इस्तेमाल किया। साम्राज्यवादी उपनिवेशवादी सरकार द्वारा प्रदत्त सुख-सुविधा पूर्ण जेल-जीवन में वे भूल ही गये कि देश अभी भी गुलाम है और देश के किसान-मजदूर सरकार और पूँजीपतियों के शोषण-दमन की चक्की में पिस रहे हैं। उस समय सारे देश में किसान आन्दोलन अपनी तेजी पर था। जमींदार अपने स्वार्थों की रक्षा के लिए पुलिस की सहायता ले रहे थे। कांग्रेसी मन्त्री और नेता किसान सभा के प्रति लगातार कड़ा रुख अपनाते जा रहे थे। कांग्रेस के अनेक नेता ही नहीं, वामपन्थ भी, 1941 के अन्त तक जुझारू युद्ध-विरोधी संघर्ष का हिमायती था। पर यशपाल इस अवधि में जेल में, और जेल से बाहर आकर भी, इस जुझारू माहौल से उदासीन रहकर रूमानी प्रेम और 'धर्म', 'अहिंसा' आदि के विमर्श पर आधारित कहानियाँ लिख रहे थे। उनके पास क्रान्तिकारी अनुभवों का विशाल भंडार रहा होगा, पर आश्चर्य है कि उन्होंने क्रान्ति-संवेदना की एक भी कहानी नहीं लिखी। यूरोप में साम्राज्यवादी-फासीवादी ताकतों द्वारा युद्ध छेड़ देने और अकारण भारत को भी उसमें शामिल कर दिये जाने के विरोध में भी उन्होंने कोई कहानी नहीं लिखी।

इस दशक के आरम्भ में ही विष्णु प्रभाकर ने (ज. 1912) कहानी-लेखन का श्रीगणेश कर दिया था। उनकी पहली कहानी *हिन्दी मिलाप* पत्रिका में नवम्बर, 1931 में छपी थी। इस कहानी में दिवाली के दिन एक व्यक्ति के जुए में सब कुछ हार कर शराब के नशे में धुत घर लौटने और मिठाई-खिलौने की प्रतीक्षा करते बच्चों तथा पत्नी की निराशा का अंकन किया गया था। कहानी अनुपलब्ध है। 1934 से उनकी कहानियाँ नियमित रूप से छपनी आरम्भ हुईं और इस दशक में उनकी लगभग 45 कहानियाँ *अलंकार, हंस, वीणा, विश्वमित्र, माया, सुधा, माधुरी, हिमाचल* आदि पत्रिकाओं में प्रकाशित हुईं। उनकी आरम्भिक कहानियों पर—'स्नेह की छाया', 'डाकू की बहन', 'माँ की ममता', 'अमर निराशा',

'स्नेह-मन्दिर में', 'मुक्ति की राह', 'अपूर्ण जीवन' आदि—शरचन्द्र का स्पष्ट प्रभाव है, जिसे स्वयं विष्णु जी ने भी स्वीकार किया है।[143] जाति और धर्म से ऊपर उठी हुई मानवीय संवेदना, माँ की सार्वभौम ममता, विषमतापूर्ण समाज में गरीबी और अभाव की पीड़ा, अन्तरजातीय विवाह के कारण पारिवारिक सम्बन्धों में पैदा हुई खटास आदि का चित्रण इन कहानियों में प्रमुख रूप से हुआ है। विष्णु जी की कहानियों का परिवेश हिन्दू 'वैश्य बनिया' समाज है, जिसका अन्तरंग चित्रण उनमें मिलता है। 'मुरब्बी' (1937) उनकी पहली उल्लेखनीय कहानी है जो मानवीय संवेदना की गहराई में प्रवेश करती है। इस कहानी में मध्यवर्ग के एक छोटे दुकानदार पात्र के माध्यम से मानवीय करुणा की संवेदना को व्यक्त किया गया है। इस कहानी में विष्णु जी ने हिन्दी में मारवाड़ी भाषा की तनिक गहरी छौंक देकर उसे बहुत आकर्षक और सर्जनात्मक बना दिया है।

मध्यवर्गीय परिवारों के व्यक्ति-सम्बन्धों को विष्णु जी ने अपनी कुछ कहानियों में बहुत सफलता के साथ उभारा है। विष्णु जी व्यक्ति के भावनात्मक संघर्ष के चित्रण पर विशेष बल देते हैं। 'करुणामयी' करुणा और कठोरता के मिश्रित भाव की एक अच्छी मनोवैज्ञानिक कहानी है। 'भाई साहब' का भी यही कथ्य है। परिवार में भाई-भाई के अलग हो जाने पर भी उनके बीच संस्कारगत सम्बन्धों के सूत्र किस प्रकार बने रहते है, और वह संवेदना कितनी गहरी होती है, इसका अंकन 'बँटवारा' कहानी में देखा जा सकता है। लगता है, यह विष्णु जी के अनुभव का सच है, जो इन कहानियों में अभिव्यक्त हुआ है। पर अधिकतर कहानियों में भावनात्मक संघर्ष की वैसी तीव्रता नहीं है, जो किसी कहानी को 'कालजीवी' बनाती है।

कथ्य की दृष्टि से विष्णु प्रभाकर की वे कहानियाँ सर्वाधिक ध्यान आकृष्ट करती हैं जो हिन्दू-मुस्लिम सम्बन्धों के मानवीय पक्ष को उजागर करती हैं। 'अन्त भला तो सब भला', 'असम्भव', 'आज होली है', 'काफिर', 'उसने मुझे भाई कहा था', 'फूल और काँटे', 'परदेश में' आदि कहानियाँ इस दृष्टि से उल्लेखनीय हैं। इन कहानियों में हिन्दू-मुस्लिम सम्बन्ध की बहुआयामी जटिलता का—जैसे प्रेमी-युगल के विवाह, जड़ धार्मिक संस्कार और मानवीय संवेदना के विरोधाभास आदि—बहुत प्रभावी अंकन किया गया है। 'काफिर' और 'उसने मुझे भाई कहा था' में धार्मिक कट्टरपन और मानवीय संवेदना के द्वन्द्व और बाद वाली कहानी में मानवीय संवेदना की जीत की जो प्रभावी तसवीर प्रस्तुत की गयी है, वह मुग्ध करने वाली है।

विष्णु प्रभाकर की कहानियों में पढ़े लिखे मध्यवर्ग की आर्थिक समस्याओं से उत्पन्न विवशता, अन्तरजातीय विवाह के कारण पारिवारिक सम्बन्धों में पैदा हुई खटास, अलग्योझा हो जाने के बाद सम्बन्धों की संस्कारगत विद्यमानता, ट्यूशन पढ़ाने वाले की आर्थिक मजबूरी आदि का चित्रण हुआ है।

भारतीय समाज में स्त्री की नियति के प्रति भी लेखक संवेदनशील है। 'आश्रिता', 'तलाक के बाद', 'वह बोली ही नहीं', 'ऊपर की दुनिया', 'स्त्री ही तो है' आदि कहानियों में संयुक्त परिवार में बहू की उपेक्षा और अवमानना, विधवाओं की नियति,

परित्यक्ता स्त्री की सामाजिक स्थिति आदि का बहुत सहानुभूतिपूर्ण अंकन किया गया है। 'आश्रिता' में नारी अस्मिता और स्वाभिमान की भी अच्छी अभिव्यक्ति हुई है। 'क्या विश्वास करोगे?' वेश्या जीवन पर आधारित कहानी है, जिसमें कुलीन वर्ग के प्रति एक वेश्या के आक्रोश और स्वाभिमान का चित्रण किया गया है।

विष्णु जी की कुछ कहानियाँ बाल-संवेदना का भी अच्छा चित्रण करती हैं। ऐसी कहानियों में 'आरम्भ', 'संवेदन', 'उलझन में' आदि परिगणित की जा सकती हैं। 'आरम्भ' में एक ऐसे शिशु की मानसिकता का अंकन किया गया है जो सपने को जीवन की वास्तविकता से जोड़कर उससे सामंजस्य स्थापित करने का प्रयास करता है। यह एक अच्छी बाल मनोवैज्ञानिक कहानी है। 'संवेदन' बच्चों की आपसी सम्बन्ध-भावना का चित्रण करने वाली कहानी है, जिसमें संवेदना संकेत रूप में व्यक्त होने के कारण प्रभाव छोड़ती है।

यद्यपि इस दशक के अन्त तक विष्णु प्रभाकर ने कहानीकार के रूप में अपनी पहचान कायम कर ली थी, पर उनकी इस काल की कहानियों में अपने समय के प्रति वह जागरूकता और भावनात्मक संघर्ष की वैसी तीव्रता नहीं है, जो किसी कहानीकार को अग्रपांक्तेय बनाती है। शिल्प की दृष्टि से उनकी कुछ कहानियाँ उल्लेखनीय हैं पर अधिकतर कहानियों में उनकी शिल्पविषयक 'सजगता' सहजता खोकर कृत्रिम हो जाती है। 'अपरिचित', 'शोक सभा' 'फूल और काँटे', 'फोटोग्राफ' आदि कहानियाँ इसका प्रमाण हैं। संवेदना की गहराई और नुकीलेपन का इन कहानियों में अभाव है जो 'कथा' को आधुनिक 'कहानी' तक पहुँचाता है।

अमृत राय ने (ज. 1921; नि. 1996) भी चौथे दशक के लगभग अन्त में, यशपाल, निर्गुण, चन्द्रकिरण सौनरेक्सा, पहाड़ी आदि के साथ, कहानी लिखना शुरू किया था। अपने प्रथम कहानी संग्रह *जीवन के पहलू* की भूमिका में उन्होंने सूचना दी है कि 1935 में उन्होंने लिखना शुरू किया था और उसमें सन् 37 से सन् 39 तक की 23 कहानियाँ संगृहीत थीं।[144] इन कहानियों में समाज के हाशिए पर स्थित वर्ग का चित्रण किया गया है। 'हम रखेल' में किशोरावस्था में ही माँ बन जाने वाली रजेसरी, निम्नमध्यवर्गीय पेशकार महेसरी, जमींदार की रखेल नन्देसरी और नौकरी से निकाल दिये गये 'मैं' की जिन्दगी का यथार्थ प्रस्तुत किया गया है। कथाकार का निष्कर्ष है कि "हम...नर नहीं, मादा नहीं, मनु के वंशज नहीं, रखेल हैं।" 'मरुस्थल' में मजदूर वर्ग के पात्रों की रंगहीन जिन्दगी का चित्रण है, जिसमें मजदूर अपनी दिन भर की कमाई का बड़ा हिस्सा दारू पीने में उड़ा देते हैं और बचे हुए पैसे पत्नी के हाथों में देकर निश्चिन्त हो जाते हैं। पत्नी के पास समझौते के सिवा और कोई चारा नहीं होता। मजदूर परिवार की मुफलिसी का लेखक ने यथार्थ चित्रण किया है। 'पति-पत्नी' में एक विवाहित औरत के प्रथम प्रेम का चित्रण अतीत-स्मरण के रूप में किया गया है। इस कहानी में लेखक उस मध्यवर्गीय स्त्री की विवशता का चित्रण करता है जिसे अपना जीवन-साथी चुनने की आजादी नहीं है। इसके बावजूद वह अपना दाम्पत्य जीवन किस प्रकार झेलती है, इसका संकेत भी कहानी

में है। 'मुंशी जी' में आधा दर्जन लड़कियों के बाप मुंशी जी की, उनके विवाह को लेकर, चिन्ता प्रस्तुत की गयी है। 'तीन चित्र' में जमींदार और दारोगा की मिलीभगत से किसानों के अगुआ, ईमानदार हरखू पर किये जाने वाले अत्याचार का चित्रण किया गया है। 'इतिहास' में अमीरी और गरीबी का फर्क दिखाते हुए एक विवाहित युवक छात्र की आर्थिक बदहाली, संघर्ष, विवशता और स्वाभिमान का चित्रण किया गया है। कहानी में पिता-पुत्र के संघर्ष का भी चित्रण किया गया है, जो 'पीढ़ियों के संघर्ष' का शाश्वत सत्य है। इन कहानियों में समकालीन, समाज के हाशिए पर जिन्दगी जीने वाले व्यक्तियों की आर्थिक बदहाली, विवशता, संघर्ष और स्वाभिमान का अंकन किया गया है। पर संवेदना का तत्त्व दुर्बल होने के कारण कहानियाँ सामान्य कोटि की होकर रह गयी हैं।

पहाड़ी (रमाप्रसाद घिल्डियाल, ज. 1911; नि. 1997) ने भी निर्गुण, यशपाल, चन्द्रकिरण सौनरिक्सा आदि के साथ ही कहानी-लेखन के क्षेत्र में पदार्पण किया था। एक सूचना के अनुसार इनकी पहली कहानी 1926 में कलकत्ता की *सरोज* मासिक पत्रिका में प्रकाशित हुई थी। विवेच्य दशक में लिखित इनकी कहानियों के केवल दो संग्रहों, *हिरण की आँखें* (1938) और *अधूरा चित्र* (1941)[145] के प्रकाशन की सूचना उपलब्ध है, जिनमें इनकी प्रारम्भिक कहानियाँ संगृहीत हुई थीं। *अधूरा चित्र* की 'अपना दृष्टिकोण' शीर्षक भूमिका के अनुसार इसके पूर्व पहाड़ी के तीन कहानी संग्रह प्रकाशित हो चुके थे, पर उनकी सूचना अब तक अनुपलब्ध है।

पहाड़ी की इस काल की अधिकतर कहानियों का विषय प्रेम है। 'आखिरी स्केच', 'कुसुम की बात', 'सरला, विनोद और!', 'आखिरी स्केच', 'कुसुम की बात', 'मृत्यु गीत', 'मौंचू और मीला' आदि कहानियों में प्रेम की एक ही वस्तु है : लड़की लड़के में प्रेम होता है जो सामाजिक मान्यताओं के कारण अव्यक्त ही रह जाता है, लड़की का किसी से विवाह हो जाता है, उसका वैवाहिक जीवन सुखी नहीं होता और युवक भी उस प्रेम की असफलता का दर्द झेलता रहता है। वियोग में धारासार आँसू बहाना और प्रेमी प्रेमिका में से किसी की मौत इस भावुकता के आधार हैं। पर इन कहानियों के बीच 'रज्जो' एक विशिष्ट प्रेम-कहानी है। इसका कथ्य है मध्यवर्ग की स्त्री का करुण सच। विवाह के पहले प्रेम तो किसी से हो जाता है अवश्य, पर रूढ़ सामाजिक मान्यताओं के कारण उसकी विवाह में परिणति सम्भव नहीं होती। विवाह के बाद लड़की की दुनिया एकदम से बदल जाती है और उसका संसार पति के चारो ओर सिमटकर रह जाता है। मध्यवर्गीय जीवन के अभाव और नैतिक मान्यताएँ उसे निरन्तर मौत की ओर ले जाती हैं। क़हानीकार ने इस सच को व्यक्त करने के लिए एक ऐसी स्थिति का निर्माण किया है जिसमें लड़की के पत्नी बन जाने के सात वर्ष बाद उसका प्रेमी उससे मिलने आता है। इस परिस्थिति के द्वारा लेखक ने मध्यवर्गीय स्त्री की नियति का बड़ा ही मार्मिक अंकन किया है। प्रेम की संवेदना इस कहानी में संकेतात्मक रूप में व्यंजित हुई है। वस्तुतः यह एक व्यक्ति की कहानी न होकर मध्यवर्गीय संस्कृति की कहानी है, जहाँ स्त्री घुट घुटकर मरने को बाध्य है। कहानीकार की प्रशंसा इसलिए भी करने को जी

चाहता है कि उसने बहुत मुखर रूप में स्त्री के अभावग्रस्त जीवन का विवरण नहीं दिया है। स्त्री का पति भी उसके प्रति क्रूर या अनुदार नहीं है, पर प्रेमजन्य पीड़ा, जो चेतना की गहराई में धँसी हुई है, मध्यवर्गीय विसंगतियों से जुड़कर और भी त्रासद हो गयी है। इस कहानी में कोई व्यक्ति नहीं बल्कि परम्परागत समाज-संस्कृति ही खलनायक बन गयी है। कहानी का अन्त भी एक गहरी संवेदना से हुआ है, जो संकेतात्मक होने के कारण बहुत प्रभावी है। वस्तुतः पहाड़ी की यही एक कहानी उन्हें कहानीकार कहे जाने की योग्यता प्रदान करती है। उनकी अन्य प्रेम-कहानियाँ या तो इसकी पुनरावृत्ति हैं या भावुकता की असफल कथाएँ।

पहाड़ी की कहानियों में अक्सर चित्रकार, शिल्पी और मूर्तिकार पात्र दिखायी पड़ते हैं, पर इनके माध्यम से वे कलासम्बन्धी कोई उल्लेखनीय संवेदना प्रस्तुत कर पाये हों, ऐसा नहीं लगता। 'अधूरा चित्र' का चित्रकार अपनी पत्नी के अनेक चित्र बनाता है, पर उसका अन्तिम चित्र, पत्नी की आकस्मिक मृत्यु के कारण अधूरा रह जाता है। सम्भवतः कहानीकार ने इस कहानी में सौन्दर्य-प्रेम को अभिव्यक्त करने का प्रयास किया है, पर कहानी पाठक को आश्वस्त नहीं कर पाती। 'मकड़ी का जाला' में एक मूर्तिकार के असम्बद्ध व्यवहारों और प्रवचनों के द्वारा जीवन, मृत्यु, सौन्दर्य आदि अमूर्त अवधारणाओं पर विचार व्यक्त कराये गये हैं। 'कंकड़, चूना, ईंटें' और 'चित्रकार और शिल्पी' कहानियों में भी लेखक का मन्तव्य स्पष्ट नहीं हो पाया है। संवेदना नाम की कोई चीज इन कहानियों में नहीं है। 'तीखा व्यंग्य', 'भद्दी दुनिया' आदि कहानियाँ समकालीन स्त्री के देह-शोषण, विधवा की दयनीय स्थिति आदि का यथार्थ तो प्रस्तुत करती हैं, पर संवेदनात्मक तीव्रता के अभाव में प्रभावहीन हो गयी हैं।

लक्ष्मीनारायण लाल के अनुसार इलाचन्द्र जोशी की पहली मनोवैज्ञानिक कहानी 'सजनवा' *हिन्दी गल्पमाला* में मार्च, 1920 में प्रकाशित हुई थी।[146] 1921-40 की अवधि में पत्र पत्रिकाओं में प्रकाशित इलाचन्द्र जोशी की कहानियों का कोई विवरण उपलब्ध नहीं है। सन् '31 के दशक के लगभग अन्त में जोशी जी के दो कहानी-संग्रह *दीवाली और होली*[147] तथा *धूपरेखा* प्रकाशित हुए। जोशी जी हिन्दी में मनोवैज्ञानिक कहानियों के प्रवर्तक के रूप में जाने जाते हैं। स्वयं जोशी जी अपनी कहानियों की प्रतिरक्षा में यह तर्क पेश करते हैं कि "केवल बचकानी बुद्धि वाले व्यक्ति ही घटनाचक्रों की बाहरी और ऊपरी रोचकता से प्रभावित हो सकते हैं। प्रौढ़ मस्तिष्क वाले व्यक्ति बाहर की प्रत्येक घटना के पीछे छिपे हुए 'मोटिव' (या मूल उद्देश्यगत परिचालक तत्त्व) को खोजता है और उसे न पाने पर उसके लिए सारी कहानी अर्थहीन हो जाती है। मनोवैज्ञानिक प्रक्रिया पाठक की दृष्टि की संकीर्णता को भी प्रसारित करती चलती है। मेरी अधिकांश कहानियों में इसी मनोवैज्ञानिक प्रक्रिया की प्रधानता पाई जायगी। इस मनोवैज्ञानिक प्रक्रिया की सबसे बड़ी विशेषता मैं यह मानता हूँ कि यह यथार्थ की जमीन के ऊपर वाली कड़ी और खुरदरी काई की युग युग में जमी हुई परतों को बड़े कायदे से छील-छीलकर उन परतों के नीचे दबी पड़ी मूलभूत मानवीय संवेदनाओं को ऐसी

सफाई से उद्घाटित करती है कि एक हल्की से हल्की संवेदना भी विकृत या खंडित न होकर अपने सही रूप में और ठीक परिप्रेक्ष्य में उतरकर सामने आती है।...मेरे मनोवैज्ञानिक सिद्धान्त पूर्णतः अपने हैं और किसी पाश्चात्य मनोविज्ञानवेत्ता से उधार लिये गये नहीं हैं। किसी पाश्चात्य कथाकार की मनोवैज्ञानिक शैली का अनुकरण भी सुधी और तटस्थ आलोचकों को मेरी कहानियों में नहीं मिलेगा। जो अनुभूत सत्य मुझे अपने चारो ओर के जीवन की यथार्थता के सम्पर्क में आने से प्राप्त हुए हैं, केवल उन्हीं का प्रयोग मैंने किया है।"[148]

पर जोशी का यह सारा तर्क उनकी कहानियों के सन्दर्भ में अप्रत्ययकारी हो गया है। न तो 'अनुभूत सत्य' के रूप में उनके 'मनोवैज्ञानिक सिद्धान्त' पाठक के पल्ले पड़ते हैं न ही कहानियों में कल्पित प्रसंगों का साधारणीकरण हो पाता है। उदाहरण के रूप में उनकी 'एकाकी', 'दीवाली और होली', 'दुष्कर्मी', 'स्त्रीमय' आदि कहानियाँ पढ़ी जा सकती हैं। जिन कहानियों में 'मनोवैज्ञानिकता' के प्रति विशेष आग्रह नहीं है, वे भी संवेदनात्मक तीव्रता और सामाजिक चेतना की दृष्टि से अनुल्लेखनीय हैं। जोशी जी का कथा-संसार मध्यवर्गीय है, पर उसका कोई विश्वसनीय और मार्मिक अंकन उनकी कहानियों में नहीं मिलता। 'अनाश्रित' एक निम्न मध्य वित्तीय परिवार की दयनीय आर्थिक और दुस्सह पारिवारिक स्थिति का भावुकतापूर्ण वर्णन मात्र है। 'तारा' एक चरित्र प्रधान कथा है, जो भावुकता और अन्य प्रकार की असंगतियों से भरपूर है। 'दिवाली और होली' एक स्त्री पात्र की स्मृति-कथा है, जिसमें तरल भावुकता के सिवा और कुछ नहीं है। स्त्री को अपने बचपन के सहचर और साथी 'मोहन भैया' की स्मृति आती है और वह उस स्मृति में डूब जाती है। वह साहचर्य सम्बन्ध कामाकर्षणजन्य प्रेम नहीं है। उसका आभास कहीं नहीं मिलता। मोहन भैया का व्यवहार भी प्रत्ययकारी नहीं बन पाया है। कभी वे जुआरी बन जाते हैं, कभी संगीतज्ञ। उनका भी 'प्रेमी' रूप व्यक्त नहीं होता। यह सम्बन्ध 'छायावादी' प्रकार का ही है। कथा की भाषा भी 'छायावादी', तत्सम शब्दावलीप्रधान और लच्छेदार है। 'पतिव्रता या पिशाची' एक स्त्री के अपने पति के साथ धोखेबाजी की कथा है, जो असंगतियों सें भरी हुई है। 'मैं' एक आत्मकथात्मक मोनोलॉग है। 'कहानी' तो शायद इसे नहीं कहा जा सकता। 'क्रान्तिकारिणी महिला' के केन्द्र में नौजवान भारत सभा की एक क्रान्तिकारी सदस्य है जो डकैती और हत्या के अपराध के कारण फरार है। वह छिपकर जीवन बिता रही है और किसी भी क्षण उसके पकड़ लिए जाने की आशंका है। लेखक अन्त में उसे अपने कृत्य पर पश्चात्ताप करते दिखाता है। इससे लेखक की राजनीतिक प्रतिबद्धता का अनुमान किया जा सकता है। 'चरणों की दासी' एक ऐसी लड़की की कहानी है, जो विवाह के पूर्व स्त्री-पुरुष को बराबर मानती थी और स्त्री के अधिकार के लिए आन्दोलन करती थी। पर विवाह होते ही वह एक पारम्परिक कुलवधू और 'पति के चरणों की दासी' बन जाती है। नारी-विषयक उसके सारे प्रगतिशील विचार अचानक ही न जाने कहाँ चले जाते हैं। लेखक का दृष्टिकोण रूढ़िवादी है और उसने इसकी पुष्टि के लिए यह कहानी लिखी है। कहानी में कोई भी

संवेदना का बिन्दु, कोई द्वन्द्व, कोई संकट का क्षण नहीं है। 'स्त्रीमय' एक ऐसे 'कुँवर साहब' की कहानी है, जो अपनी पत्नी के निधन के बाद अनेक अनिन्द्य सुन्दरियों के बीच में रहते हुए भी उनके प्रति आसक्त नहीं होते। इस कहानी में कोई 'सार्थकता' ढूँढ़ने का तो प्रयास ही निरर्थक है। 'होली' में एक युवक-युवती के प्रेम के स्वाभाविक आवेग में बह जाने तथा एक बच्चे के प्रति प्रेम की संवेदना का कुछ तर्कसंगत और मार्मिक अंकन हुआ है। पर अन्त इसका भी नाटकीय हो गया है। 'रेल की रात' जैसी कुछ कहानियों की भाषा में छायावादी कविता की वे सारी विशेषताएँ हैं, जिन्हें बाद के कवियों तक ने त्याग दिया था। कुल मिलाकर जोशी जी की कहानियाँ कथ्य और भाषा-शिल्प किसी भी दृष्टि से स्थायी महत्त्व की रचनाएँ नहीं मानी जा सकतीं।

अख्तर ओरानवी (1910-1975) ने भी अपनी कहानियों में, मनोविश्लेषण का मार्ग अपनाया। उन के लिए आदमी का परिवेश नही, मन अधिक अहमियत रखता था। *मंज़र-ओ-पस मंज़र, भूलभुलैयाँ, अनारकली, कलियाँ और काँटे, किचलियाँ, बाल-ए-जिब्रील और एक मामूली सी लड़की* आदि उनके कुछ कहानी-संग्रह हैं।

चौथे दशक के साथ ही हिन्दी के कहानीकारों में कहानी-शिल्प के प्रति बेहद सजगता लक्षित होने लगती है। इस दशक में कहानी की संरचना या शिल्प के क्षेत्र में प्रेमचन्द कोई बड़ी पहल करते नहीं दिखायी पड़ते। दरअसल प्रेमचन्द का जो कथ्य है, वह किसी भिन्न शिल्प की अपेक्षा भी नहीं रखता। कहानी के लिए जिस शिल्प की आवश्यकता थी उसे वे अपने पूर्ववर्ती प्रयोगों के माध्यम से ही प्राप्त कर चुके थे। चौथे दशक में ही उनकी 'कहानी' उस मुकाम पर पहुँच चुकी थी जहाँ 'शिल्प' संवेदना से एकमेक हो जाता है। अपनी इन कहानियों में शिल्प की दृष्टि से प्रेमचन्द चेखव के अधिक निकट हैं, जहाँ वास्तव में 'अधिक कुछ घटता हुआ' नहीं दिखायी पड़ता, यद्यपि उतने से ही उसके पात्रों और उनकी जिन्दगी के स्वरूप का बहुत कुछ उद्घाटन हो जाता है। अपनी पहले की कहानियों में प्रेमचन्द मोपासाँ की तरह घटना को फोकस करते हैं, जबकि बाद की कहानियों में उनकी नजर चेखव की तरह चरित्र और संवेदना पर होती है। 'नशा', 'ईदगाह', 'ठाकुर का कुआँ', 'लेखक', 'कफन' आदि कहानियाँ इसकी प्रमाण हैं।

अपनी एक कहानी 'क्रिकेट मैच' (1936) में प्रेमचन्द ने डायरी प्रविधि का उपयोग किया है, पर यह प्रयोग एक उदाहरण से अधिक महत्त्व का नहीं है। इसके कुछ पहले ही अज्ञेय 'अंगोरा के पथ में' में कथक और पात्रों के संवाद के साथ ही डायरी-लेखन की प्रविधि का बहुत सर्जनात्मक उपयोग कर चुके थे। अपनी दूसरी कहानी 'सिगनेलर' में भी अज्ञेय ने पत्र और डायरी प्रविधि के प्रयोग द्वारा, कहानी को 'रोमांस' के सस्तेपन से बचा लिया है। उपयुक्त शिल्प के आविष्कार द्वारा किस प्रकार प्रेम की संवेदना को 'रोमांस' से 'पीड़ा की अनुभूति' में बदला जा सकता है, 'सिगनेलर' इसका उदाहरण है। यह कहानी पत्र और डायरी के मिश्रण की प्रविधि का श्रेष्ठ नमूना है। सुदर्शन की

कहानी 'एक स्त्री की डायरी' में भी डायरी प्रविधि का उपयोग किया गया है, पर उसका महत्त्व एक उदाहरण से अधिक नहीं है।

यों तो कहानी मात्र ही व्यक्तिगत अनुभव पर आधारित होती है, पर आत्मवृत्त को ही कल्पना के हल्के संस्पर्श से कहानी में बदल देना कथा शिल्प का एक नया उपयोग है, जिसकी शुरुआत प्रेमचन्द ने ही कर दी थी। उनकी 'चोरी', कजाकी', 'रामलीला' आदि कहानियाँ तो आत्मवृत्त पर आधारित हैं ही, 'आपबीती' भी उनके जीवन से सम्बन्धित प्रसंग प्रतीत होता है। 'ढपोरशंख', 'मुफ्त का यश', 'ग़म नदारी बजंजर खरीद ला', 'कश्मीरी सेब', 'होली की छुट्टी' आदि कहानियों को भी उनकी आत्मकथा के अंश के रूप में पढ़ा जा सकता है। 'गुल्ली डंडा' कहानी का असल सौन्दर्य कहानी में आत्मकथा के मिश्रण में ही है। प्रेमचन्द ने व्यंग्य और विनोद के पुट से आत्मकथा के अंशों को बेहद रोचक बना दिया है।

किसी कल्पित कथा के व्याज से, चाहे वह जानवर की कथा हो या अज्ञात देशकाल की, समकालीन यथार्थ के किसी पक्ष का चित्रण करना कथा-प्रविधि की एक नवीनता है, जिसका बहुत कुशल उपयोग प्रेमचन्द ने भी किया है। उनकी 'क्रिकेट मैच' कहानी में स्वाधीनता संग्राम की व्यंजना बहुत शक्त रूप में हुई है। 'परीक्षा' प्रकटतः एक इतिहासाश्रित कहानी है, पर वह इस सत्य को व्यंजित करती है कि किसी भी देश की आजादी के लिए उसके निवासियों में आत्मसम्मान, आत्मविश्वास और हिम्मत की जरूरत होती है। 'स्वत्व रक्षा', 'अधिकार-चिन्ता', 'सैलानी बन्दर', 'पूस की रात', 'दो बैलों की कथा' आदि कहानियों में पशु पात्रों के माध्यम से, अन्योक्ति प्रणाली पर, समकालीन राजनीतिक स्थिति या किसी मनोवृत्ति पर व्यंग्य किया गया है। इन कहानियों में व्यंग्य और स्मित हास्य की सृष्टि बड़े प्रभावी रूप में की गयी है। 'स्वत्व रक्षा' एक घोड़े की कहानी है, जिसमें घोड़ा केन्द्रीय पात्र, बल्कि नायक, है। इस कहानी के द्वारा प्रेमचन्द घोड़े को गाँधी जी द्वारा प्रदत्त सत्याग्रह के हथियार से लैस उस भारतीय जनता के रूप में प्रस्तुत करते हैं जो औपनिवेशिक शासन के अत्याचार और दमन के बावजूद अपने अधिकार का त्याग नहीं करती और अन्त में विजय हासिल करती है। 'दो बैलों की कथा' में अपने अधिकार के प्रति सजगता, अन्याय और अत्याचार का हर कीमत पर विरोध, स्वाभिमान की रक्षा, संगठन-शक्ति आदि की झलक, जिसकी पराधीन भारत को जरूरत थी, दिखायी पड़ती है। 'कांजी हाउस' के बाड़े से पशुओं की मुक्ति तो सीधे सीधे देश के औपनिवेशिक शासन से मुक्ति की आकांक्षा से जुड़ती है। 'अधिकार चिन्ता' कहानी का केन्द्रीय पात्र एक कुत्ता, 'टामी', है, जिसके माध्यम से 'अधिकार चिन्ता से ग्रस्त' प्राणी की दुर्दशा का चित्रण किया गया है। कदाचित् यह औपनिवेशिक शासन के भविष्य पर व्यंग्य भी हो। 'पूस की रात' में हल्कू के साथ झबरा के संवेदनात्मक सम्बन्ध का अंकन तो अपने आप में एक मिसाल है। 'दूध का दाम' में गली के कुत्ते का प्रसंग दलित जीवन की त्रासदी को व्यक्त करने वाला बेहद शक्त प्रतीक बन गया है।

प्रसाद की इस दशक की कहानियों में शिल्पविषयक कोई नया प्रयोग नहीं दिखायी पड़ता। प्रेमचन्द की तरह प्रसाद ने भी *आकाशदीप* की कहानियों में अपना शिल्प विषयक लक्ष्य प्राप्त कर लिया था, जिसका विस्तार उनकी इस दशक की कहानियों में देखा जा सकता है।

कहानी-शिल्प में 'प्रयोग' की दृष्टि से जैनेन्द्र और अज्ञेय इस दशक के आरम्भ से ही बहुत सजग दिखायी देते हैं। जैनेन्द्र स्वयं कथा-शिल्प को अपने सरोकारों में नहीं गिनते। अपनी भूमिकाओं आदि में, और अन्यत्र भी, जैनेन्द्र ने प्रायः ही इस प्रकार के वक्तव्य दिये हैं कि शिल्प और कौशल से उनका कुछ लेना-देना नहीं है। अनेक बार उन्होंने अपनी कहानी-रचना में शिल्प को एक अनपेक्षित हस्तक्षेप के रूप में खारिज किया है। पर जैनेन्द्र के अध्येता उचित ही इसे बहुत महत्त्व नहीं देते। अज्ञेय, जो एक सजग पाठक, प्रबुद्ध आलोचक और उच्च कोटि के रचनाकार माने जाते हैं, जैनेन्द्र के व्यक्तित्व और लेखन की प्रकृति को 'जटिल' और 'उलझाव भरी' मानते हैं। ऊपर से दीखने वाली उनकी सरलता को, उनकी प्रकृति और लेखन दोनों में ही, वे एक आवरण मानते हैं जो इस वास्तविक उलझाव को छिपाने के काम में आता है। उनके अनुसार "आज के हिन्दी आख्यानकारों और विशेषतया कहानीकारों में सबसे अधिक टेकनिकल जैनेद्र ही हैं। टेकनीक उनकी प्रत्येक कहानी की और (पहले उपन्यास को एक सीमा तक अपवाद मानकर) सभी उपन्यासों की आधारशिला है।" जैनेन्द्र की भाषा की ऋजुता, विचारों की बारीकी और गुँथीलापन, शिल्प-सजगता और रचना-प्रक्रिया में लक्षित होने वाले कौशल एवं हस्तलाघव के कारण अज्ञेय ने उद्घोषणा की थी कि हिन्दी में जैनेन्द्र दो नहीं हैं।[149]

जैनेन्द्र कहानी के यथार्थवादी ढाँचे को स्वीकार नहीं करते। वे इस बात की तनिक भी चिन्ता नही करते कि उनके पात्र और कथा-संसार तर्कसंगत होते हैं या नहीं। हम इस बात को नजरअन्दाज करके ही उनकी कहानियों को पढ़ सकते हैं। उनकी अनेक कहानियों के केन्द्र में 'विचार' हैं। पात्र प्रायः मनोवैज्ञानिक वैचित्र्य या असामान्यता से युक्त होते हैं। जैनेन्द्र सामान्य अनुभव के तर्क को स्वीकार नहीं करते।

जैनेन्द्र की कहानियों में 'कथक' की स्थिति प्रायः अनिवार्य होती है; अवलोकन-बिन्दु 'बाहरी कथक' का होता है, जिसके भीतर से जैनेन्द्र का व्यक्तित्व झाँकता और बोलता जान पड़ता है। यथार्थवादी कथा-शिल्प में कथक को 'अप्रत्यक्ष' बनाने की कोशिश होती है और यदि वह बार बार पाठक के सामने आता है तो उसे गुण नहीं माना जाता। प्रेमचन्द की कहानियों में इसे लक्ष्य किया जा सकता है। पर जैनेन्द्र इस रूढ़ि को तोड़ देते हैं। उनका कथक पाठक को कभी अकेला नहीं छोड़ता। उसका यह 'साथ' और प्रायः ही किया हुआ 'हस्तक्षेप' अखरता भी है। कभी कभी तो वह मार्गदर्शक और उपदेशक की भूमिका अपनाने में भी कोई संकोच नहीं करता। 'एक कैदी' मे उसकी भूमिका ऐसी ही है। कहानी के आरम्भ में 'कथक', जो कहानी के ही एक पात्र 'मैं' के रूप में है, लगभग दो पृष्ठों में सामाजिक विधान, दंड-व्यवस्था आदि के बारे में अपने

विचार प्रस्तुत करता है, जिसका जरूरी नहीं कि पाठक स्वागत ही करे। वह आरोपित है, पाठक पर थोपा हुआ है। पाठक को इतना तो अधिकार है ही कि वह कहानी पढ़ते समय कुछ सोचने के लिए भी स्वतन्त्र रहे। जैनेन्द्र यथार्थवादी शिल्प के इस अनुशासन को स्वीकार नहीं करते। कदाचित् इसी अर्थ में वे 'शिल्प' की उपेक्षा की बात करते हैं।

पर यहाँ भी जैनेन्द्र उतने सहज नहीं हैं, जितने का वे दावा करते हैं। 'जाह्नवी' में कथा बहुत क्षीण है। इसके केन्द्र में एक पढ़ी लिखी मध्यवर्गीय लड़की और उसकी प्रेमानुभूति है। कहानी की प्रस्तुति के लिए 'कथक' वाली सामान्य प्रविधि ही अपनायी गयी है, पर कहानी में जितना कहा गया है उससे अधिक अनकहा छोड़ दिया गया है। कथक के पड़ोस के एक मकान की छत पर धुले कपड़े फैलाने के बहाने एक जवान लड़की कौओं को पुकारती है और उनके भारी संख्या में इकट्ठे हो जाने पर उनके बीच घिरी उन्हें तोड़-तोड़ कर रोटी खिलाती है। देखते देखते छत की मुंडेर कौओं से काली पड़ जाती है। कथक इस बात की कत्तई चिन्ता नहीं करता कि किसी लड़की के बुलाने पर कौओं का इतनी बड़ी संख्या में छत पर इकट्ठा हो जाना, कि वह काली दिखने लगे, सम्भव है या नहीं। पर जैनेन्द्र के कथा-सौन्दर्यशास्त्र में यह कोई दोष नहीं है। लड़की के प्रेम-प्रसंग का कोई वर्णन भी कहानी में नहीं है। उसका केवल संकेत उसके द्वारा गाए जाने वाले गीत, 'कागा चुन-चुन खाइयो...दो नैना मत खाइयो पीउ मिलन की आस' से पाया जा सकता है। 'कथक' गीत की विस्तृत व्याख्या करता है, ताकि पाठक इसके सन्दर्भ से अवगत हो जाए। प्रबुद्ध पाठक तो बिना कथक की सहायता से भी संकेत समझ जाता पर किंचित् सामान्य पाठक के लिए 'वाचक' उसकी व्याख्या करना जरूरी समझता है। 'कथक' को अपनी साली से पता चलता है कि कुछ दिनों से वह लड़की कॉलेज नहीं जा रही है। जैनेन्द्र इसका कारण नहीं बताते और पाठक से अपेक्षा करते हैं कि वह समझ ले कि परिवार के मुखिया के द्वारा उसका कॉलेज जाना बन्द करा दिया गया है। 'कथक' को अपनी पत्नी से ज्ञात होता है कि कुछ दिन पहले उस लड़की, यानी जाह्नवी, ने बिरजू को एक पत्र लिखा है, जिसमें उसने स्वीकार किया है कि वह एक दूसरे लड़के से प्रेम करती है। विवाह कट जाता है। जाह्नवी का पत्र 'कथक' को भी पढ़ने को मिल जाता है। इस पत्र के बाद बिरजू दृढ़ता के साथ विवाह करने को मना कर देता है, पर यह भी बता देता है कि वह विवाह करेगा तो उसी लड़की से अन्यथा विवाह करेगा ही नहीं। वह जाह्नवी के लिखे उस पत्र को अपने से अलग नहीं करता। पाठक उसकी इस मनःस्थिति को तो समझ सकता है, पर इसका कारण उसे समझ में नहीं आता, यह भी उतना ही सच है। उधर जाह्नवी का कौओं से संवाद पूर्ववत् जारी रहता है। पर 'कथक' को उसे पहचानने में कुछ दिक्कत जैसी होने लगी है। उसकी कदकाठी जाह्नवी जैसी ही है लेकिन लावण्य उसमें अपनी देखी गयी जाह्नवी से भी अधिक है। पाठक को इसका रहस्य समझ में नहीं आता और वह अपनी समझ के अनुसार इसका अर्थ लगाने को स्वतन्त्र है। दृश्य तो वही पुराना उसके सामने है : उसके आस-पास और चारो ओर इतने कौए जमा हैं कि केवल वही दिखायी देते हैं। वे उसके चारो ओर छीन-झपट सी

करते हुए उड़ते रहते हैं, मानो उसे खाने के लिए आपस में बदा-बदी मचा रहे हों और वह उनसे अनुरोध कर रही हो कि 'दो नैना मत खाइयो पीउ मिलन की आस।'

जैनेन्द्र हर प्रकार के वर्णन के लिए कथक का ही उपयोग नहीं करते। जहाँ उन्हें परिवेश और पात्रों के बाह्य कार्य व्यापारों का ब्योरा देना होता है, वहाँ तो वे प्रायः कथक की जुबान से ही काम लेते हैं, पर पात्रों के आन्तरिक संसार की प्रस्तुति के लिए वे अनेक अन्य प्रविधियों का प्रयोग करते हैं। जैनेन्द्र कहानी में जीवन की वास्तविकता का, वह जैसा है, तिरस्कार करते हैं और वास्तविक और यथार्थ जीवन की अपेक्षा अवास्तविक और अमूर्त जीवन में अधिक रुचि लेते हैं। 'इक्के में' कहानी में कथक के मन की उधेड़बुन, उसके घर से स्टेशन इक्के से जाते हुए, अन्तरालाप के रूप में प्रस्तुत की गयी है और 'पानवाला' कहानी में 'रेखाचित्र' की प्रविधि अपनाकर उसके पत्नी-प्रेम का अतिशयोक्तिपूर्ण कथन है। अपनी कई कहानियों में जैनेन्द्र ने प्रतीकों का प्रयोग किया है, जिनके बारे में उनका कहना है कि उनमें भाव प्रधान है, पदार्थ अप्रधान, बाहरी और गौण है, अतः मुख्य दृश्य जगत् भी, आनुसंगिक, अदृश्य, और 'आत्मालक्ष्य' है। 'दो चिड़ियाँ', 'बाहुबली', 'तत्सत', 'लाल सरोवर', 'नीलम देश की राजकन्या' आदि प्रतीकात्मक इसी अर्थ में हैं कि इनमें वास्तविक और यथार्थ जीवन से बचकर या तो पशु-पक्षियों को कहानी में व्यक्त विचार का माध्यम बनाया गया है या फिर यदि मनुष्य भी उनमें हैं तो वे हमारे वास्तविक जीवन के प्राणी न होकर अस्पष्ट छायाएँ हैं जिनके द्वारा लेखक किसी अमूर्त विचार या भाव को सम्प्रेषित करने का प्रयास करता है।

जैनेन्द्र अपनी अनेक कहानियों में ऐतिहासिक कालक्रम का प्रयोग करते हैं और कथक का सहारा लेकर जीवन-स्थितियों की योजना करते हैं। पर जैनेन्द्र की कहानियों में कथा-तत्त्व के निर्वाह की कोई चिन्ता नहीं दिखायी पड़ती; बल्कि ज्यादातर उसे तोड़ने का ही प्रयास दिखायी देता है। 'घटनाओं' अथवा 'कार्यव्यापारों' में तार्किक संगति बनाये रखने का वे कोई प्रयास नहीं करते। दिक् और काल की तार्किकता भी उनके लिए कोई महत्त्व की चीज नहीं होती। चाहे वह 'नीलम देश' हो या 'गंगा-तट' या किसी 'मकान की छत', जैनेन्द्र को कोई फर्क नहीं पड़ता। उनके लिए 'घटनाएँ' या 'परिस्थितियाँ' संवेदनाओं या विचारों को व्यक्त करने का आधारमात्र होती हैं। उनका कोई स्वतन्त्र महत्त्व नहीं होता और न ही उनमें कोई सीधा या अनिवार्य सम्बन्ध होता है। यहाँ भी वे सुपरिचित 'शिल्प' की अवहेलना करने का तर्क देते हैं। पर इसके साथ ही अपनी कुछ कहानियों में वे अतीत के पुनरवलोकन का बहुत कुशल प्रयोग करते हैं। 'रुकिया बुढ़िया' इस दृष्टि से उल्लेखनीय कहानी है। इसका केन्द्रीय विषय एक स्त्री के प्रेम में छले जाने और दुख पाने से सम्बद्ध है, पर यह कथा ऐतिहासिक कालक्रम में नहीं प्रस्तुत की गयी है। पाठक के सामने पहले वर्तमान आता है। उस वर्तमान में 'रुकिया बुढ़िया' एक बहुत प्यारा चरित्र है। प्रातःकाल जमना किनारे फूल और प्रसाद बेचकर आजीविका चलाने वाली, पर सुबह पूजा करने वालों और बच्चों, विशेषकर बच्चों को बहुत प्रिय, बहुत स्वाभाविक। फिर उसके अतीत की कथा आती है। कहानी प्रस्तुत

करने वाला 'कथक' ही है। कहानी चार खंडों में विभक्त है। दो खंडों में रुकिया बुढ़िया की वर्तमान की कथा है, जो दृश्यात्मक और परिदृश्यात्मक प्रविधि में प्रस्तुत की गयी है। तीसरे खंड में कथक पाठक को प्रकटतः सम्बोधित करता है और इकतरफा संवाद के रूप में उसे रुकिया के अतीत में ले जाता है, जब वह रुक्मिणी थी, बहुत सुन्दर और शीलवान। पर माता-पिता द्वारा तय विवाह के पहले वह अपने प्रेमी के साथ भाग जाती है, जिसका अन्त सुखद नहीं होता। रुक्मिणी अकेली हो जाती है और जीवन के साथ जूझती हुई 'रुकिया बुढ़िया' हो जाती है। कहानी के दो खंडों में रुक्मिणी के अतीत की कथा भी दृश्यात्मक-परिदृश्यात्मक प्रविधि में ही प्रस्तुत की गयी है। पाँचवे खंड में कथक पाठक को सम्बोधित कर सामान्य जीवन दर्शन की बातें कहता है। इस शिल्प-चातुर्य ने कहानी के कथ्य को बहुत प्रभावी बना दिया है। एक दूसरी कहानी 'विस्मृति' भी 'रुकिया बुढ़िया' की तरह एक स्त्री के जीवन के दो अनुभवों की कहानी है। आरम्भ में उसके प्रति बेटे-बहू के असंवेदनशील व्यवहार का अंकन है, जो यथार्थ और मार्मिक है। दूसरी कहानी माँ की किशोरावस्था के प्रेम से सम्बन्धित है जिसमें प्रेमी ने आत्महत्या कर ली थी। यह कथा माँ की स्मृति के रूप में प्रस्तुत की गयी है। इस प्रकार वर्तमान के मार्मिक प्रसंग को भी गौण, अवलोकन-बिन्दु का एक मंच, बनाकर पुनरवलोकन प्रविधि के जरिए मूल कथ्य को प्रस्तुत करना एक ऐसी कथा-प्रविधि है, जो जैनेन्द की शिल्पविषयक उदासीनता के मिथ को तोड़ती प्रतीत होती है।

अपनी कुछ कहानियों में जैनेन्द्र पत्रात्मक प्रविधि का भी प्रयोग करते हैं। 'कुछ उलझन', 'छः पत्र दो राह', 'ये पत्र' आदि कहानियाँ पत्र-प्रविधि में लिखित हैं। पर जैनेन्द्र अपनी कहानियों में पत्र-प्रविधि की सार्थकता सिद्ध नहीं कर पाते। पत्र प्रविधि पूरी तरह से वहाँ सार्थक होती है, जहाँ पात्र के मस्तिष्क को तात्कालिक नाटकीय प्रभाव से युक्त स्थिति में प्रस्तुत करना होता है। इस दृष्टि से अज्ञेय ने अपनी कहानी 'छाया' में और सुभद्राकुमारी चौहान ने 'नारी हृदय' में पत्रात्मक प्रविधि का अधिक सर्जनात्मक उपयोग किया है। अज्ञेय ने 'छाया' कहानी में पत्र प्रविधि का उपयोग मात्र प्रयोग के लिए नहीं, बल्कि संवेदना को प्रभावी बनाने के लिए किया है। 'नारी हृदय' में सुभद्रा जी ने पत्रात्मक प्रविधि का प्रयोग कर स्त्री की असहायता, विवशता और निरवलम्बता का प्रभावी अंकन किया है। सुदर्शन की कहानी 'प्रताप के पत्र' में भी पत्रात्मक प्रविधि का उपयोग किया गया है।

जैनेन्द्र से उम्र में छह वर्ष छोटे, पर कहानीकार के रूप में प्रायः समकालीन, अज्ञेय भी कहानी-शिल्प में प्रयोग करनेवालों में अग्रणी माने जा सकते हैं। अज्ञेय की सन् 31-34 की अधिकतर कहानियाँ क्रान्तिकारी-जीवन से सम्बन्धित हैं और आकार की दृष्टि से 'लम्बी' (7000 से 9000 शब्दों तक) हैं। इनमें परिवेश और कथा सम्बन्धी विवरणों की प्रधानता है। अज्ञेय ने 'कथा-प्रस्तुति' की अनेक प्रविधियाँ अपनायी हैं। इनकी अधिकतर आरम्भिक कहानियों में कथक की प्रमुख भूमिका होती है। पर कथक का उपयोग उन्होंने भिन्न भिन्न रूपों में किया है। कहीं तो कथक स्वतन्त्र रूप में आता

है और पाठक को प्रच्छन्न या प्रत्यक्ष रूप में सम्बोधित करता है। इस प्रविधि के इकहरेपन को दूर करने के लिए अज्ञेय नाटकीय प्रविधि की शरण में जाते हैं और इस मिश्रण में ही लेखक की मौलिकता दिखायी देती है। 'अकलंक', 'हारिति', 'विवेक से बढ़कर', 'पगोडा वृक्ष', 'कड़ियाँ', 'एक घंटे में', 'गृह-त्याग', 'नम्बर दस', 'दुःख और तितलियाँ', 'कैसांड्रा का अभिशाप' आदि में कथक पाठक से सीधे संवाद करता है, यद्यपि हर कहानी में वह नाटकीय प्रविधि के ईषत् भिन्न मिश्रण से कहानी को प्रभावी बनाने का प्रयास करता है। 'हारिति' में कथक की भूमिका महत्त्वपूर्ण है, पर कहानी क्वाननियन और हारिति के वार्तालाप के रूप में ही आकार ग्रहण करती है। 'विवेक से बढ़कर' में भी 'कथक' है और एक पुलिस ऑफिसर के तीन वन्दी क्रान्तिकारियों से बातचीत के रूप में कहानी बनती है। 'गृह-त्याग' में कथक और पात्रों के वार्तालाप के मिश्रण से कहानी निर्मित हुई है। 'एकाकी तारा', 'एक घंटे में' और 'कैसांड्रा का अभिशाप' में कथक की भूमिका अधिक है। इनमें पात्रों के संवाद बहुत कम या गौण हैं। कथक की संवेदनशील चेतना ही इन्हें प्रभावी बनाती हैं। 'पगोडा वृक्ष' में दो पात्रों का वार्तालाप और एक पात्र का स्वगतालाप भी है। बीच-बीच में कुछ पात्र आत्मालाप के रूप में भी कहानी प्रस्तुत करते हैं। 'कड़ियाँ' में मुख्य भूमिका तो कथक की ही है, पर वह जेल से लौटते हुए एक क्रान्तिकारी की गतिमान विचारधारा से निःसृत विचारों के रूप में कथा प्रस्तुत करता है। 'दुःख और तितलियाँ' में भी कथक ही एक पात्र की संवेदना को उसकी सोच और आत्मालाप के माध्यम से प्रस्तुत करता है। 'पहाड़ी जीवन' में कथक अपने वर्णन और एक पात्र के आत्मचिन्तन के रूप में पहाड़ की जिन्दगी की कहानी प्रस्तुत करता है। बीच में कुछ अन्य पात्र भी आते हैं जो इस कहानी की कड़ियों को पूरा करते हैं। 'गृह-त्याग' में भी कथक और पात्रों के वार्तालाप के रूप में कहानी का कलेवर निर्मित हुआ है। 'नम्बर दस' में कथक के वर्णन रूपी चौखटे के भीतर केन्द्रीय पात्र के मन का ऊहापोह व्यक्त करते हुए एक गौण पात्र के अपनी पत्नी से वार्तालाप के रूप में कहानी बुनी गयी है। इसमें मुख्य पात्र द्वारा संयोगवश गौण पात्र और उसकी पत्नी का संवाद छिपकर सुन लेने की युक्ति का सहारा भी लिया गया है।

अपनी अनेक कहानियों में अज्ञेय ने कहानी के केन्द्रीय पात्र को ही 'कथक' की भूमिका प्रदान कर दी है। यह कथा प्रस्तुत करने की कोई नयी प्रविधि तो नहीं है, पर अज्ञेय ने इसका उपयोग अपने ढंग से किया है। 'विपथगा' में दो प्रमुख पात्रों, 'मैं' और 'एक क्रान्तिकारिणी', के बारी से बारी से 'कथा' कहने और वार्तालाप करने के रूप में कहानी एक रूप ले लेती है। 'मिलन' में तीन पात्र हैं : 'मैं', दिमित्री और सर्जियस। इसमें मुख्यतः 'मैं' से दिमित्री और सर्जियस के वार्तालाप के रूप में कहानी बनती है। 'छाया' में कथक कहानी के अन्दर का ही एक पात्र है और पात्रों के वार्तालाप और 'मैं' के कथन के रूप में कहानी प्रस्तुत की गयी है।

अज्ञेय ने कहानी के किसी पात्र के आत्मकथ्य या आत्मालाप के रूप में भी केन्द्रीय संवेदना को प्रस्तुत करने का प्रयास किया है। 'द्रोही' में एक मुखबिर के आत्मालाप के

रूप में कहानी को रूप दिया गया है। 'मनसो' में क्रान्तिकारी के आत्मकथ्य के रूप में प्रेम की संवेदना व्यक्त हुई है। 'क्षमा' में बारी बारी से दो पात्रों के आत्मकथ्य के रूप में कहानी का निर्माण हुआ है। 'अमरवल्लरी' में एक बूढ़े पीपल के वृक्ष के आत्मालाप की प्रविधि में एक प्रेमीयुग्म की कथा प्रस्तुत की गयी है। 'कोठरी की बात' में जेल की कोठरी के मानवीकृत चिन्तन के रूप में विभिन्न प्रकार कैदियों का चरित्र-विश्लेषण किया गया है।

अकलंक' अज्ञेय की एक ऐसी कहानी है, जिसमें पूर्णतः नाटकीय पद्धति का उपयोग किया गया है। इसमें कहानी मार्टिन, क्रिस्टाबेल और कुछ गौण पात्रों के संवाद रूप में, नाटकीय प्रविधि में, प्रस्तुत की गयी है। कथक बारी बारी से निर्देशक, सूत्रधार, व्याख्याकार आदि की भूमिकाएँ अपनाता है। 'पुलिस की सीटी' की संरचना भी नाटकीय प्रविधि से युक्त है। इसमें मुख्य प्रसंग एक साल पहले की स्मृति के रूप में प्रस्तुत है, जिसमें वर्तमान के भीतर अतीत को फिर से जिया गया है। बच्चे की सीटी और पुलिस की सीटी का वैषम्य प्रतीकात्मक प्रभाव की सृष्टि करता है। 'हरसिंगार' में भी वर्तमान से बीस वर्ष पूर्व के अतीत में जाकर एक संवेदनापूर्ण अनुभव को भोगने का प्रयास चित्रित किया गया है।

कहानी के भीतर कहानी कहने का शिल्प भारतीय कथा साहित्य में बहुत पुराना है। *पंचतन्त्र, कादम्बरी, कथासरित्सागर* आदि में इस प्रविधि का उपयोग प्रचुर परिमाण में हुआ है। अज्ञेय की कहानियों में इस प्रविधि का भी व्यापक रूप में उपयोग हुआ है। 'अलिखित कहानी' में 'कहानी के भीतर कहानी' की प्रविधि अपनायी गयी है।

'गैंग्रीन' ('रोज') कथ्य की दृष्टि से ही नहीं, शिल्प की दृष्टि से भी अज्ञेय की एक विशिष्ट कहानी है, जिसमें अज्ञेय ने अद्‌भुत कलात्मक संयम का परिचय दिया है। यह निम्न मध्यवर्गीय जीवन की दहला देने वाली तसवीर है। इस वर्ग के दाम्पत्य जीवन के नीरस, बुझे, धुआँते, सारहीन जीवन को अंकित करने में अज्ञेय को अद्‌भुत सफलता मिली है। इसके पहले की कहानियों में अनावश्यक वर्णनों की भरमार दिखायी पड़ती है, पर इस कहानी में उन्होंने उतना ही लिखा है जितना कहानी की मूल संवेदना को व्यक्त करने के लिए जरूरी था। यह कहानी कहानी के ही एक पात्र की चेतना से निःसृत हुई है, यद्यपि कहानी उसकी नहीं है। कथक की संवेदनशीलता ने कहानी के केन्द्र में अवस्थित मध्यवर्गीय मनहूस जिन्दगी को अद्‌भुत रूप से प्रभावी बना दिया है। घंटाघर की घड़ी में एक एक कर समयसूचक घंटों की आवाज सुनायी पड़ना और सरकारी अस्पताल में गैंग्रीन के रोगियो के अक्सर पैर काटे जाने की सूचना, प्रतीक रूप में, इस मनहूस जीवन की त्रासदी को प्रभावी बनाती है। 'शान्ति हँसी थी' एक बहुत छोटी सी कहानी है, जिसे मात्र पाँच मिनट में पूरा होना है; पाँच मिनट का समय है और अपराधी को अपने बचाव का तर्क देना है। पर वह अपने अपराध के बारे में सोचता ही रह जाता है, पाँच मिनट में वह एक लम्बा अनुभव जी लेता है और अपनी सफाई नहीं दे पाता। उसे एक वर्ष की सजा सुना दी जाती है। कहानी तो पाँच मिनट के भीतर की ही है जो

बाहर नहीं, बल्कि पात्र की चेतना में ही घटती है। बाहर की कथा तो केवल चौखटा है।

तटस्थ नरेटर या कहानी के ही किसी पात्र के अवलोकन-बिन्दु से कहानी प्रस्तुत करने तथा नाटकीय सम्भावनाओं से भरे संवाद की प्रविधि का उपयोग तो हिन्दी कहानी में इसके पहले से ही होता आ रहा था, जिसका उपयोग अज्ञेय ने भी किया; इसके साथ ही आत्मालाप, स्वगत-चिन्तन, आत्ममन्थन, आत्मालोचन, आत्मशोध, आत्मान्वेषण, कहानी के भीतर कहानी, अतीत के पुनरवलोकन, निर्जीव वस्तु के मानवीकरण, प्रतीक, स्वप्न, रूपक, पत्र, गाइड की कमेन्ट्री, साक्षात्कार, पाठक को सम्बोधित करते किस्सागो, पूर्णतः नाटकीय संवाद, पुराण-कथा आदि प्रविधियों के प्रयोग में भी अज्ञेय ने पहल की। यह तो नहीं कहा जा सकता कि सर्वत्र ये प्रयोग कहानी को प्रभावी बनाने में सहायक ही हुए हैं, पर कम से कम प्रयोग की दृष्टि से तो इनका महत्त्व है ही। 'अमर वल्लरी', 'हारिति', 'द्रोही', 'छाया', 'क्षमा', 'दारोगा अमीचन्द', 'अलिखित कहानी', 'शान्ति हँसी थी', 'शत्रु', 'सिगनेलर', 'कोठरी की बात', 'चिड़ियाघर', 'पठार का धीरज' आदि कहानियाँ शिल्पगत प्रयोग की दृष्टि से उल्लेखनीय हैं।

मोपासाँ और ओ' हेनरी शिल्प की दृष्टि से हिन्दी कहानीकारों के प्रेरणा-स्रोत रहे हैं। इस दशक के कहानीकारों में सुदर्शन, उपेन्द्रनाथ अश्क, सुभद्रा कुमारी चौहान, होमवती देवी आदि भी अपनी कहानियों में मोपासाँ, ओ' हेनरी आदि के फारमूलों का उपयोग करते हैं। इन कहानियों का अन्त प्रायः चमत्कारी और अप्रत्याशित रूप में पलटा खा जाने वाली स्थितियों के साथ होता है। सुभद्रा जी की 'अभियुक्ता', 'एक्सीडेंट', 'सोने की कंठी', 'कदम्ब के फूल', 'जम्बक की डिबिया' आदि कहानियाँ इन प्रयोगों के उदाहरण के रूप में देखी जा सकती हैं। इनमें 'अभियुक्ता' और सोने की कंठी' की संरचना पर मोपासाँ और ओ' हेनरी का प्रभाव होने पर भी स्त्री के यौन-शोषण के चित्रण में ये कहानियाँ बहुत सफल मानी जा सकती हैं। 'कदम्ब के फूल' सास-बहू के सम्बन्धों की कटुता का चित्रण करने वाली कहानी है, पर कहानी का 'क्षण' उस गलतफहमी में हैं जहाँ बहू पर सास के सारे आरोप एक साथ हास्यापद और करुण बन जाते हैं। 'जम्बक की डिबिया' ईमानदार नौकर पर अविश्वास करने के दुःखद परिणाम की कहानी है, जो 'आकस्मिकता' के क्षण के कारण प्रभावी बन गयी है। 'नारी हृदय' में भी आकस्मिकता का चमत्कार है। पर सुभद्रा जी की 'आकस्मिकताएँ' बहुत सहज और प्रत्ययकारी हैं। सुदर्शन की इस दशक की कहानियों, 'राजा' और 'मास्टर आत्माराम' में आत्मकथात्मक प्रविधि का और 'जीवन और मृत्यु' में एकाधिक पात्रों के अवलोकन बिन्दुओं की प्रविधि का प्रयोग किया गया है। 'राजा' कहानी में एक धोबी को, जो सौ वर्ष का हो चुका है, कथक की भूमिका प्रदान की गयी है, जो अपनी आपबीती के रूप में कहानी कहता है। यह प्रविधि कथ्य को विश्वसनीय और प्रभावी बनाने में बहुत कारगर हुई है।

होमवती देवी ने भी अपनी कहानियों में मोपासाँ और ओ' हेनरी के आकस्मिकता वाले गुरों का उपयोग किया है। 'बात का धनी' में पति द्वारा सोये में पत्नी के सिर

की चोटी काट लाना, स्वांग को सफल बनाना और पत्नी का किसी अदृष्ट की आशंका से भयभीत होना यह सब कथा के 'ट्रिक' का परिणाम है। 'सलूनो का त्योहार' में भी कहानी का यही गुर अपनाया गया है। ताँगे वाले की पत्नी का 'सलूनो' का त्योहार मनाने के लिए अपनी शादी के मौके प्राप्त 'चाँदी का चक' बेचकर आवश्यक सामान खरीदना, तांगे वाले के जीजी से राखी बँधा लाने के लिए पैसे माँगने पर उदारतापूर्वक एक रुपया देना, पति का व्यंग्य करना कि वह घर में रुपये दबाए रखती है और तम्बाकू के लिए उसके पास अधेला भी नहीं रहता, जीजी के यहाँ से लौटने पर उसके द्वारा दिया हुआ कर्णफूल पत्नी को देना और उससे जीजी के अनुरोध पर नमूने के लिए 'वह चाँदी का चक' माँगना, जो बिक चुका है—यह नियति का व्यंग्य ही कहानी की जान है। इस पर मोपासां की कहानी 'नेकलेस' अथवा ओ' हेनरी की कहानी 'द गिफ्ट ऑफ द मागी' का स्पष्ट प्रभाव दिखायी पड़ता है।

कौशिक ने अपनी कहानियों में शिल्पविषयक अधिक प्रयोग तो नहीं किये हैं, पर नाटकीय प्रविधि के प्रति उनका रुझान दिखायी पड़ता है। 'मकान खाली है' उनकी शुद्ध नाटकीय शैली में लिखित 'कहानी' है। इसमें 'कथक' की उपस्थिति किसी भी रूप में नहीं है। केवल पात्रों के संवाद हैं। कौशिक की कहानियों में यों भी संवाद की प्रधानता देखी जा सकती है, पर नाटक की तरह दृश्य-योजना नहीं होती।

उपेन्द्रनाथ अश्क पहले उर्दू में कहानियाँ लिखते थे, और जैसा उन्होंने स्वीकार किया है, उन पर मोपासाँ, ओ' हेनरी और मॉम की कहानियों का प्रभाव था। आरम्भ की पकड़, उत्तरोत्तर विकास और अप्रत्याशित अन्त मोपासाँ, ओ' हेनरी और मॉम की कहानियों के प्रमुख गुण थे, जिसे अश्क की कहानियों में भी देखा जा सकता है। वे कहानियाँ जीवन के यथार्थ से नहीं, रचयिता की कल्पना से उद्भूत थीं। 'ऐरोमा', 'कुबनिगाहे इश्क', 'चित्रकार की मौत', 'वह मेरी मँगेतर थी', 'नज्जिया', 'निशानियाँ', 'चपत', 'माया' आदि कहानियाँ इसी शैली की कहानियाँ थीं। इन कहानियों में आधारभूत विचार प्रायः जीवन की किसी घटना पर आधारित रहता था और अन्त का आकस्मिक और अप्रत्याशित होना उसका सबसे बड़ा गुण था।

कहानी-शिल्प के प्रति सजगता विष्णु प्रभाकर में आरम्भ से ही रही है। उनकी 'आरम्भ' नामक कहानी में कथ्य को प्रस्तुत करने के लिए लोककथा के उपयोग का वही शिल्प अपनाया गया है, जिसके कारण कमलेश्वर ने 'नयी कहानी' लेखक के रूप में प्रसिद्धि पायी थी। कमलेश्वर, निश्चय ही, इस प्रविधि का प्रयोग करने वाले पहले लेखक नहीं थे। यह शायद कहा जा सकता है कि उन्होंने इसका सर्वाधिक कलात्मक उपयोग किया था। 'आज होली है' में विष्णु जी ने स्वप्निल स्थिति में पात्र के वर्तमान से अतीत में जाने और वापस लौटने की प्रविधि का उपयोग किया है, जिसका बहुत पहले चन्द्रधर शर्मा गुलेरी ने 'उसने कहा था' में प्रयोग किया था और जिसे कुछ बाद में अज्ञेय ने अपनी कहानियों तथा 'शेखर : एक जीवनी' में पूर्णता प्रदान की।

चन्द्रकिरण (सौनरेक्सा) की इस दशक की कहानियों में 'आरम्भ, 'उत्तरोत्तर विकास'

और 'प्रभावकारी परिणति' की योजना तो दिखायी पड़ती है, पर वे किसी 'चमत्कारपूर्ण अन्त' के निर्माण का प्रयास नहीं करतीं। 'अकीला' कहानी के अन्त में अक़ीला की मृत्यु के क्षण और उसी समय धाय के, बालक को ले जाने के ख़त के साथ, आने का वर्णन अवश्य ही इस प्रकार का एक प्रयास है, जो पूरी स्थिति को बहुत मार्मिक बना देता है।

कहानियों में आत्मवृत्त का अधिकाधिक मात्रा में मिश्रण निराला की 1935 के पूर्व की कहानियों में भी दिखायी पड़ता है। बाद की कहानियों में आत्मवृत्त का अंश प्रमुखता प्राप्त करता गया है। 'कला की रूपरेखा' (1936) को 'सत्य-कथा' कहा गया है; यदि इसे 'लेखकीय छल' भी माना जाए, तो भी, इसे 'कहानी' नहीं कहा जा सकता। आत्मघटित में मिली हुई कथा मात्र उस आदमी की हो सकती है, जो विभिन्न प्रकार के रूप धारण कर लोगों को ठगता है। शेष तो निराला की ज्ञात जीवनी ही है। *सुकुल की बीवी* (1941) में संगृहीत 1936 के बाद की कहानियों में यह प्रवृत्ति और भी साफ तौर पर दिखायी पड़ती है।[150] 'सुकुल की बीवी' कहानी में भी निराला की 'जीवनी' का काफी अंश है, पर इसमें कथा का हिस्सा अधिक प्रतीत होता है। निराला की फक्कड़मस्ती, सामाजिक व्यवस्था को ललकारने की युयुत्सु मानसिकता, निर्मम, बेलौस व्यंग्य आदि मिलकर इसे रोचक 'व्यंग्य कथा' का रूप प्रदान करते हैं। निराला खुद पर भी व्यंग्य करने में बेहद निर्मम हैं। कहानी घड़ने की कला में भी वे कम माहिर नहीं हैं। कथक (मैं) के अवलोकन-बिन्दु के साथ कहानी की केन्द्रीय स्त्री पात्र के अवलोकन-बिन्दु का मिश्रण कर उन्होंने कथा को और भी विश्वसनीय और रोचक बना दिया है। व्यंग्य निराला की सबसे बड़ी शक्ति है, जो उनकी बाद की कहानियों में और भी प्रखर रूप में उपस्थित है। 'श्रीमती गजानन्द शास्त्रिणी' और 'देवर का इद्रजाल' में इसे देखा जा सकता है। पहली कहानी में हिन्दू धर्म के पाखंड और परम्परागत नैतिक संहिता पर तथा दूसरी में उच्चाटन, मारण, वशीकरण आदि अन्धविश्वासों पर व्यंग्य और प्रहार किया गया है। 'कहानीकार' के रूप में निराला की एक उल्लेखनीय देन यह है कि उन्होंने 'कथा' को व्यंग्य का माध्यम बनाकर सामाजिक विसंगतियों की नब्ज पर अँगुली रखी और उनके प्रति विदोह की चेतना जगायी।

बेचन शर्मा 'उग्र' की 'ऐसी होली खेलो, लाल!' कथ्य की दृष्टि से एक ऐतिहासिक कथा है, जिसमें मुगल काल में किसी कल्पित देवपुर के सामन्त का मुगलों से युद्ध और उनकी वीरता का वर्णन किया गया है। कहानीकार ने कथा के 'देवपुर' को 'मातृभूमि' का और वहाँ के राजपूतों को भारतीय जनता का प्रतीक बना दिया है। यह कहानी देश प्रेम की संवेदना को बहुत ही प्रभावशाली रूप में व्यक्त करती है। 'तीन कलाकारों की एक भूल' व्यंग्य और मिथक से निर्मित ऐसी कथा है, जिसमें तीन कलाकारों की दो विचारधाराओं का द्वन्द्व उद्घाटित हुआ है।

भगवतीचरण वर्मा की 'मुगलों ने सल्तनत बख़्श दी' एक प्रकार की व्यंग्यकथा है, जिसमें एक ऐतिहासिक सच्चाई को व्यक्त करने के लिए व्यंग्य का बहुत सर्जनात्मक उपयोग किया गया है। उन्हीं की दूसरी कहानी 'इन्स्टालमेंट' भी व्यंग्य को ही आधार

बनाती है। श्रीलाल शुक्ल ने इस बात पर विशेष जोर दिया है कि उस समय हिन्दी साहित्य में इस प्रकार की कहानियों के कोई नमूने या 'मॉडल' उपलब्ध नहीं थे और इस कोटि(जेनर) की कहानियाँ सृजित करने में वर्मा जी ने अद्भुत मौलिकता दिखायी थी।" उनका यह भी कहना है कि भगवती बाबू की इस प्रकार की कहानियाँ इस शताब्दी के छठे और परवर्ती दशकों में प्रचुरता के साथ लिखी जाने वाली व्यंग्यपरक कहानियों का प्रत्यक्ष या अप्रत्यक्ष रूप से प्रेरणा-स्रोत भी मानी जा सकती हैं।

शिल्प की ही तरह कथा-भाषा के प्रयोग में भी इस दशक के कहानीकार बहुत सजग दिखायी पड़ते हैं। जैनेन्द्र हिन्दी के कुछ विरल लेखकों में हैं, जिनकी 'मातृभाषा' 'हिन्दी' कही जा सकती है। इस कारण उनकी भाषा की सहजता अनुमेय है। अपनी कहानियों में वे इसी सहज भाषा का प्रयोग करते हैं। एक उदाहरण से इसकी पुष्टि की जा सकती है। "जयराज की तीस वर्ष की अवस्था होगी। धुन में बँधा, सदा काम-काज में रहता है। अपने प्रान्त की कांग्रेस का वही प्राण है। लोग उसे बहुत मानते हैं। उन्हें छोड़ और वह रहता किसके लिए है? अविवाहित है और उससे विवाह का प्रस्ताव करने की हिम्मत किसी को नहीं होती। जैसे उसे विवाह तो क्या मौत की फुर्सत नहीं है।" ('एक रात') इस भाषा की विशेषता इसकी सरलता में है। सरलता, अर्थात् बोलचाल के सामान्य शब्द, सरल वाक्य, एक वाक्य में अधिक से अधिक 14 शब्द; जैनेन्द्र संयुक्त वाक्यों का प्रयोग तो करते है, पर मिश्र वाक्य बहुत खोजने पर ही मिलते हैं। शब्दों की मितव्ययिता भी उनके लेखन का गुण है। पर जैनेन्द्र की भाषा की यह ऊपरी सरलता बहुत भ्रामक है। वे बड़ी सहजता से उसमें शैलीय गुणों का समावेश कर देते हैं। इसी कहानी का एक वाक्य लें : "उसी समय उससे पूछा गया कि एक डेपुटेशन मिलने के लिए आया है, क्या जयराज मिल सकेंगे? क्या डेपुटेशन अन्दर आये?" इस वाक्य में चुपके से 'द्वितीय पुरुष सर्वनाम (आप)' की जगह 'अन्य पुरुष संज्ञा 'जयराज' का प्रयोग करके कथन में वक्रता का गुण पैदा कर दिया गया है। 'मानो वह कुछ स्मृति में लाना चाह रहा है, या वहाँ से हटाना चाह रहा है।' 'सरल' दिखायी देने पर भी बहुत सीधा कथन नहीं है। इसे यों भी कहा जा सकता था कि 'मानो वह कुछ याद करना चाह रहा है या भूलना चाह रहा है।' पर इस वाक्य में वह वक्रता नहीं है, जो जैनेन्द्र के वाक्य में है। 'याद करना' और 'स्मृति में लाना' तथा 'भूलना' और 'वहाँ से हटाना' पर्यायवाची होते हुए भी प्रयोग-वक्रता की दृष्टि से समान नहीं हैं। प्रकृति और अन्य वस्तु-वर्णनों में भी जैनेन्द्र की भाषा की सर्जनात्मक क्षमता देखी जा सकती हैं : "सवेरा होने लगा। पक्षी **चहचहा आए। तारे खो गये**।...वह इस **रात के गर्भ में फटते-उठते प्रभात** को देखने लगी।...इस **प्रभातकालीन उषा के प्रकाश में** उसने जयराज को देखा।" आँधी-पानी का एक वर्णन भी देखा जा सकता है : "किवाड़ **खड़ खड़ खड़कते** थे। हवा **साँय साँय करती** थी। वह किवाड़ों को **थपेड़** से **उधेड़कर** भीतर **घिर आना** चाहती थी।

अँधेरा **काले पर काला** था, जिसको बिजली और **घोर** कर जाती थी। और दुनिया घरों में बन्द थी।'' (एक रात) 'अभी बारिश **होकर चुकी** है', 'वह **आती ही आयी** और आलमारी की ओर बढ़ गयी।' ''पानी थोड़ी देर में **खूब पड़** गया था। जगह-जगह **उसकी सतहें** बिछी थीं सड़क पर छोटी-छोटी तलैयाँ बन रही थीं। वे बिजली के प्रकाश में **थोड़ा हँस लेतीं** और फिर अँधेरा उन्हें **गँस लेता**।'' जहाँ-तहाँ वायु के स्पर्श से राह के पेड़ों के पत्तों पर से कुछ **टप-टप बूँदें टपकती** थीं। जुगनू **मुँह चमकाने** लगे थे। रात **सन्नाटा भर रही** थी। अँधेरे में **कम स्याही रह गयी** थी। स्टेशन के पास के **सिगनल की लाल-लाल आँखें** दीख आयीं। कहीं **हरा-भरा भी कुछ** दीखता था। **मानो नींद के अँधेरे के पट पै टँके रंगीन सपने** हों।''...''और तारे, उज्ज्वल, अगणित, **बुन्दियों-से तारे, काले व्योम पर खिले-टँके** थे। और धरती **अनावृत-वक्षा, प्रमदा की नाईं प्रतीक्षा में थकी उनके नीचे चुप सोयी थी**।...सवेरा होने लगा। पक्षी **चहचहा** आए। तारे **खो गये**।''...'सुदर्शना **चुपचुपाती चलती ही** गयी। और **देखा गया** कि एकाएक जयराज की चाल में भी तेजी आ गयी।'...''कालेज के चौथे वर्ष से पढ़ना छोड़ दिया, तभी सगाई भी तोड़ दी। हाँ, यही कहना होगा कि तोड़ दी, क्योंकि दूसरी ओर से तो उसके **टूटने की बात ऊपर आयी सुनी गयी** नहीं।''...'हरीपुर मुझे **माँगता** है।'...'मैं यहाँ स्टेशन पर पाँच घंटों **का क्या बनाऊँगा**?' इन उदाहरणों में पुष्टाक्षरों में संयोजित शब्दों और मुहावरों में निहित वक्रता का अनुभव करने में किसी सहृदय को कठिनाई नहीं होती। जहाँ किसी पात्र की मनोदशा को व्यक्त करना होता है, जैनेन्द्र की भाषा उसी के अनुरूप शक्ल अख्तियार कर लेती है। उदाहरण के लिए मन की द्विधा को व्यक्त करती यह भाषा : ''जयराज ने टहलते-टहलते कहा, हाँ, आप मुझे माफ कर दें।...आपने कहा, तीन स्टेशन हैं, पौने सात बजे गाड़ी वापस आती है। देखिए मैं कोशिश करूँगा। मोटर का रास्ता तो नहीं है?...नहीं? अच्छा आपको तकलीफ करने की जरूरत नहीं है। आ सकूँगा तो मैं अकेला ही आ जाऊँगा। स्टेशन बस्ती से कितनी दूर है?...तीन मील है? तो अच्छी बात है। आप विश्वास रखें, मैं भरसक प्रयत्न करूँगा।'' ('एक रात') चिन्तन और संकल्प की भाषा का उदाहरण भी देखा जा सकता है : ''...इस दुनिया में मुझे रुक पड़ने की छुट्टी कैसे है? किसी भी लालच में पड़कर राह के किनारे मुझे रम जाना क्यों है? अकेले ही अकेले चलते ही रहना है क्योंकि जिधर मुझे चलना है, उधर अँधेरा ही अँधेरा है, उधर अकिंचनता है। अँधेरे के भीतर तह पर तह भेदकर मुझे वह पा लेना है और ढा देना है, जो ज्योति को छेंकता है।'' ('एक रात') चिन्तन, संकल्प और ऊहापोह की भाषा के उदाहरण के रूप में यह भाषा कितनी समर्थ है : ''ठहरो, मुझे साफ-साफ देखने दो। मैं क्या हूँ? मैं एक उद्देश्य पर समर्पित व्यक्ति हूँ। मेरा निजत्व क्या है? कुछ नहीं है। मेरा स्वार्थ क्या है? कुछ नहीं है। क्या मेरे लिए परमार्थ भी कुछ है? कुछ नहीं है। मेरे लिए एक ही वस्तु है। वही मेरा स्वार्थ, वही मेरा परमार्थ, वही मेरा निजत्व, वही मेरा लक्ष्य; जब मैं समर्पित हूँ, तब मैं किसी भी और अन्य विचार के लिए खाली नहीं हूँ, बचा नहीं हूँ, जीवित नहीं हूँ। मेरी देह, मेरा मन, मेरी बुद्धि में कहीं भी कुछ और के

लिए अवकाश कैसे हो, सिवाय उसके जिसके लिए मैं न्योछावर हूँ?...किसके लिए मैं न्योछावर हूँ? राष्ट्र के लिए। राष्ट्र के स्वराज्य के लिए। राष्ट्र क्या? वह राष्ट्र कहाँ है? मेरे हृदय में वह राष्ट्र कहाँ है?...लेकिन ठहरो, मैं शंकितचित्त नहीं बनूँगा।...'संशयात्मा विनश्यति।' यह प्रश्नातीत रहे कि राष्ट्र है। मैं राष्ट्रसेवक हूँ। और कुछ भी नहीं हूँ। जयराज मात्र नाम है। जयराज का कोई पार्थक्य नहीं, कोई व्यक्तित्व नहीं है।'' ('एक रात') जैनेन्द्र भाषा के साथ खिलवाड़ करते हैं। जैसे, 'बत्ती जलने पर पत्नी ने पूछा—क्या है?' तो जैनेन्द्र इसके लिए लिखेंगे : 'रोशनी होते ही बराबर से पूछा गया—क्या है?' इसमें एक तरह का नयापन तो है, पर जब यह नयापन रूढ़ि बन जाता है तो हास्यास्पद भी हो जाता है।

ये उदाहरण यह सिद्ध करने के लिए पर्याप्त हैं कि जैनेन्द्र की भाषा मूलतः बोलचाल की भाषा होते हुए भी शैलीय गुणों से सम्पन्न सर्जनात्मक भाषा है।

अज्ञेय की शुरुआती कहानियों पर संस्कृत कथा-भाषा-परम्परा का प्रभाव कुछ गहरा है, पर बाद की कहानियों की भाषा सहज होती गयी है। अज्ञेय की कथा-भाषा भी सर्जनात्मक क्षमता से भरपूर है। व्यंजना और भाषिक वक्रताओं के उपयोग में उन्होंने कलाकारोचित सजगता का परिचय दिया है।

मानक हिन्दी में लोकभाषा के शब्दों का मिश्रण कर उसे सजीव और यथार्थ की सफल वाहक बनाने का प्रयत्न हिन्दी कहानी में उसके जन्म के साथ ही होता रहा है। इस दशक में भी यह प्रवृत्ति देखी जा सकती है। विष्णु प्रभाकर ने अपनी कहानी 'मुरव्वी' में हिन्दी में मारवाड़ी भाषा की तनिक गहरी छौंक देकर उसे बहुत आकर्षक और सर्जनात्मक बना दिया है। कौशिक की कहानी 'ननकू चौधरी' में अवधीमिश्रित हिन्दी के प्रयोग से भाषा में विशेष सजीवता पैदा हो गयी है।

सन्दर्भ

1. ए. आर. देसाई, *सोशल बैकग्राउंड ऑफ इंडियन नेशनलिज्म,* पॉपुलर प्रकाशन, मुंबई, छठा संस्करण, 2000, पृ.344
2. प्रेमचन्द के निधन के बाद प्रकाशित उनके कहानी संग्रहों की सूची बहुत लम्बी है, जिनमें *मानसरोवर* के परवर्ती आठ खंड, अमृत राय द्वारा संकलित-सम्पादित *गुप्तधन,* खंड 1-2 (1962) और कमलकिशोर गोयनका द्वारा संकलित-सम्पादित *प्रेमचन्द की अप्राप्य कहानियाँ* (2005) विशेष रूप से उल्लेखनीय हैं।
3. क. क. गोयनका के अनुसार पहली बार यह कहानी 'वफा का देवता' शीर्षक से *अस्मत* (उर्दू पत्रिका) में, 1932 में, प्रकाशित हुई थी, उसके बाद 'स्मृति का पुजारी' शीर्षक से, हंस, अप्रील, 1935 में प्रकाशित हुई। *मानसरोवर,* खंड-2 में यह 'दूध का दाम' शीर्षक से संकलित है।
4. कुछ प्रकाशकों ने इसे गलत ढंग से मुद्रित कर इसकी संरचना को नष्ट कर दिया है।
5. *कफन,* 1937 में प्रथम बार संकलित।
6. *जामिया* (उर्दू) दिसम्बर, 1935 और *चाँद,* मार्च, 1936 में प्रकाशित।
7. क़मर रईस ने इस कहानी पर *अंगारे* (नवम्बर, 1932) की कहानियों का प्रभाव बताया है, जो संगत

नहीं प्रतीत होता। (शकील सिद्दक़ी के लेख 'स्त्री विमर्श और रशीदजहाँ' में उद्धृत)

8. *हंस,* फर., 1937; यह कहानी उर्दू में जून, 1936 में 'हकीकत' शीर्षक से प्रकाशित हो चुकी थी।
9. 1934 में 'शान्ति' शीर्षक से दो कहानियाँ प्रकाशित हुई थीं। भ्रम-निवारण के लिए हमने इन्हें सं. 1 और सं. 2 विशेषणों से निर्दिष्ट कर दिया है।
10. हरदयाल, 'रोमानी ऐतिहासिक कहानी', *हिन्दी साहित्य का बृहत् इतिहास,* पृ. 204
11. इन कहानियों का प्रथम प्रकाशन-काल कहीं '1928-30' और कहीं '1930-32' लिखा मिलता है। (सुरेश शर्मा, सं., *बेनीपुरी ग्रन्थावली*-1, राधाकृष्ण प्रकाशन, नयी दिल्ली, 1998, पृ. 15, 23) कतिपय कहानियों में राउंड टेबुल कॉन्फरेन्स, उसकी असफलता, नेताओं की गिरफ्तारियों और जनवरी, 1934 के भूकम्प की भी चर्चा आती है। अतः यही मानना संगत प्रतीत होता है कि इनकी रचना सन् 31 के दशक के आरम्भ में हुई थी।
12. Ali Jawad Zaidi, *A History of Urdu Literature*, p.390
13. कौशिक जी का निधन 1945 (या 1942) में हुआ था।
14. विनोद पुस्तक मन्दिर, आगरा ने जुलाई, 1949 में कौशिक जी के *कल्लोल कहानी संग्रह का प्रकाशन* 'प्रथम संस्करण' के रूप में किया, जबकि उसका प्रकाशन 1933 में ही हो चुका था। (फ्रांसेस्का ओर्सिनी, *द हिन्दी पब्लिक स्फेयर : लैंग्वेज एंड लिटरेचर इन द एज ऑफ नेशनलिज्म,* ऑक्सफोर्ड युनिवर्सिटी प्रेस, नयी दिल्ली, 2002, पृ. 404
15. *सखी* कहानी संग्रह के 'निवेदन' (विजया दशमी, 1992) में निराला ने सूचना दी थी कि यह उनकी 'छोटी कहानियों का दूसरा संग्रह' है। यह भी बताया था कि "कुछ कथाएँ ऐसी हैं, जो मेरे जीवन की घटनाओं में से हैं।"
16. डा. रामविलास शर्मा ने इनमें संगृहीत 'पद्मा और लिली', 'ज्योतिर्मयी', 'कमला', 'सखी', 'श्यामा', 'परिवर्तन', 'हिरनी' और 'अथ' आदि कहानियों को 'दिवास्वप्न' की संज्ञा दी है।
17. हरदयाल, *हिन्दी साहित्य का बृहद् इतिहास,* पृ. 205
18. उपरिवत्
19. उपेन्द्रनाथ अश्क, *सत्तर श्रेष्ठ कहानियाँ,* नीलाभ प्रकाशन, इलाहाबाद, 1958; आरम्भ में संकलित 'मेरे कहानी-लेखन के बत्तीस वर्ष' लेख के आधार पर। पृ. 44
20. लक्ष्मीनारायण लाल, *हिन्दी कहानियों की शिल्प-विधि का विकास,* पृ. 189
21. उपरिवत्, पृ. 189-90
22. उपेन्द्रनाथ अश्क, *सत्तर श्रेष्ठ कहानियाँ,* नीलाभ प्रकाशन, इलाहाबाद, 1958; आरम्भ में संकलित 'मेरे कहानी-लेखन के बत्तीस वर्ष" लेख के आधार पर।
23. उपरिवत्, पृ. 32
24. उपरिवत्, पृ. 35
25. *सत्तर श्रेष्ठ कहानियाँ,* 'भूमिका' 'मेरे कहानी-लेखन के बत्तीस वर्ष', पृ. 53
26. उपरिवत्, पृ. 54
27. इस संकलन में संगृहीत कहानियाँ थीं—'नींद नहीं आती', 'जन्नत की बशारत', 'गर्मियों की एक रात', 'दुलारी', 'फिर यह हंगामा' (सज्जाद ज़हीर), 'बादल नहीं आते', 'महावटों की एक रात' (अहमद अली), 'दिल्ली की सैर' (रशीदजहाँ) और 'जवाँमर्दी' (महमूदुज़्ज़फ़र)
28. अहमद अली के अन्य कहानी संग्रह *हमारी गली* (1942), *'क़ैदखाना' (1944)* और *'मौत से पहले' (1945)* पाँचवे दशक में प्रकाशित हुए।
29. शकील सिद्दक़ी, 'स्त्री विमर्श और रशीदजहाँ, *विरासत,* म. प्र. प्रगतिशील लेखक संघ, शिवपुरी इकाई द्वारा प्रकाशित स्मारिका 4-5 जून, 2005, पृ. 14
30. उपरिवत्

31. प्रभाकर माचवे, *राहुल सांकृत्यायन*, साहित्य अकादेमी, नयी दिल्ली, 1979, पृ 73; सत्यव्रत सिनहा ने इसका प्रथम प्रकाशन काल 1939 लिखा है। (*हिन्दी साहित्य कोश* -भाग 2, ज्ञानमंडल, वाराणसी, सं. 2000, पृ 535)

32. *दो चिड़िया* कहानी-संकलन किताब-कुटी, दिल्ली से (प्र. सं. 1934) तथा *एक रात* हिन्दी ग्रन्थ रत्नाकर कार्यालय, गिरगाँव, बम्बई से (प्र. सं. 1935) प्रकाशित हुए थे। इनके आरम्भिक पृष्ठों की फोटोप्रतियाँ मेरे पास विद्यमान हैं।

33. इनमें से 'कश्मीर प्रवास के दो अनुभव' यात्रा-विवरण है, इसलिए जैनेन्द्र के किसी परवर्ती कहानी-संग्रह में संगृहीत भी नहीं है।

34. कतिपय कहानियों का रचना-काल उनके संग्रहों में प्रकाशन के पूर्व भी सम्भव है। अतः इनके विवेचन में हम काल-विषयक थोड़ी-सी छूट लेने की आजादी ले रहे हैं।

35. उपरिवत्, इस कहानी के अन्त में इसका प्रकाशन-काल सन् '32 मुद्रित है।

36. *जैनेन्द्र की कहानियाँ*, भाग-1 में संकलित; कहानी के अन्त में प्रदत्त लेखन-काल 1932; आश्चर्य है कि यह 1948 तक प्रकाशित जैनेन्द्र के किसी भी कहानी संग्रह में शामिल नहीं की गयी।

37. *जैनेन्द्र की कहानियाँ*, भाग-1, पूर्वोदय प्रकाशन, दिल्ली, 1953

38. मधुरेश, *कहानीकार जैनेन्द्र कुमार*, समानान्तर प्रकाशन, नयी दिल्ली, 2004, पृ. 29

39. नामवर सिंह के पाठ के अनुसार 'नीलम देश की राजकुमारी' कहानी 'एकदम जादुई दुनिया की' कहानी है—देश है तो नीलम का, कन्या है तो उसके माता पिता का आभास नहीं है; सहस्रों वर्षों से ऊपर उसे आयु मिली है। इस तरह कुछ भी वहाँ वास्तविक नहीं है।' यही नहीं, उसमें तो पात्र भी नहीं हैं, घटना भी नहीं है, केवल मात्र वातावरण है। उसमें प्राणी हैं तो प्रेम के मानिन्द, जिनमें देह है ही नहीं, और निरे वहम के शिकार बने हैं। नामवर जी ने जैनेन्द्र का हवाला देते हुए उनके विचार उद्धृत किये हैं कि 'ऐसी कहानियों में सोते पेड़, बिछी घास, बहता पानी, सूना विस्तार, रुकी वायु, टिका आसमान, मटमैला अँधियारा, यही जैसे व्यक्तिगत (?) संज्ञा धारण कर लेते हैं। ऐसे में धरती असामान से बातें करने लगती है और जो अचर है, वह भी मनुष्य की वाणी बोलने लगता है। जैनेन्द्र ऐसी कहानी को 'अयथार्थ', 'असम्भव' और 'व्यर्थ' नहीं मानते। जैनेन्द्र इन अशरीरी कहानियों को अमर मानते हैं, क्योंकि उनके अनुसार जो असम्भव की रेखा को छूती हैं और जो स्थूल भौतिक जगत् की सम्भावना से पराजित नहीं हैं, वे कथाएँ जाने काल के कितने स्थूल पटल को भेदती हुई शताब्दियों से अब तक जीवित बनी हुई हैं। अतः यथार्थता का आबन्धन और अवलेप जिस पर जितना कम है, वह कहानी समय की छलनी में छनती हुई उतनी ही श्रेष्ठ भी ठहरे तो मुझे (जैनेन्द्र को) अचरज न होगा। नामवर जी के अनुसार नीलम देश की कहानी के वास्तविक आधार का भेद खोलने के लिए जैनेन्द्र जी ने एक अद्भुत अनुभव का उल्लेख किया है। एक बार 'सन्ध्यान्तर में अकेले एक मैदान में से जाते हुए' उन्हें एक अपरिभाषेय भय का बोध हुआ। इसी भय का 'सचेतन भाव से पुनः स्पर्श पाने के लिए' उन्होंने यह कहानी लिख दी। पर 'भय' से 'नीलम देश की राजकन्या' कहानी का क्या सम्बन्ध है, यह मेरी समझ में तो नहीं आया! नामवर जी को भी इस पर आश्चर्य हुआ है। पर उन्होंने मान लिया है कि 'कहीं न कहीं समानता तो है ही। मैदान सूना है तो नीलम देश भी खोखला है। चहल पहल से भरे जगमगाते शहर के बाहर का मैदान ही जैसे नीलम देश पर खोखलापन बनकर छा गया। और वह डर तथा वह अभाव? क्या दोनों ही एक 'वहम' नहीं है? अन्त में हम देखते हैं कि जिस अन्तर से वह 'वहम' पैदा हुआ था, वहीं से उस 'वहम' का समाधान भी पैदा हो गया। किसी दृढ़ इच्छा-शक्ति के द्वारा वह डर दूर हो गया तो राजकन्या का अभाव भी भाव में बदल गया।'' नामवर जी की यह व्याख्या मेरी दृष्टि में प्रतीतिकारी नहीं है। नामवर सिंह कहते हैं कि अगर परियों की पुरानी कहानी होती तो राजकन्या जिसकी प्रतीक्षा कर रही है—वह राजकुमार अन्त में सचमुच आ गया होता। लेकिन जैनेन्द्र की कहानी में राजकुमार नहीं आता। यदि नामवर जी

की स्मृति में 'राजपथिक' कहानी होती तो शायद उन्हें इसका जवाब मिल जाता। नामवर जी के अनुसार सखियों के लेखे राजपुत्र आये भी तो जैनेन्द्र की राजकन्या ने जाने किस जादू से उन्हें कैद में डाल दिया। दरअसल सखियों को ही वहम हो गया था। राजपुत्र तो राजकन्या की कैद में पहले से ही थे। नामवर जी के अनुसार जैनेन्द्र की राजकन्या के पास इतनी इच्छाशक्ति नहीं है कि वह राजपुत्र को मूर्तिमान कर सके। आखिर तक वह राजपुत्र एक वहम ही रह जाता है—उसकी वास्तविकता का एहसास नहीं हो पाता, न सखियों को, न राजकन्या को और न पाठकों को। परियों की पुरानी कहानियों से यह नीलम देश की कहानी इसी मामले में भिन्न है। इसका कारण सम्भवतः जैनेन्द्र की आत्मवादी दृष्टि है। 'नीलम देश की राजकन्या' कहानी की कमजोरी भी शायद यही है।'' मेरा अनुभव है कि जैनेन्द्र स्वयं अपनी कहानी की जो व्याख्या करते हैं, वह उसे और भी उलझा देती है। यदि नामवर जी भी यदि उलझ गये हैं तो इसमें कोई आश्चर्य नहीं होना चाहिए।

40. *दो चिड़ियाँ* (1934) में संकलित; निर्मला जैन ने इसका लेखन-काल 1932 बताया है, पर किसी प्रमाण से उसकी पुष्टि नहीं की है। *जैनेन्द्र की श्रेष्ठ कहानियाँ*, भूमिका, पूर्वोदय प्रकाशन, नयी दिल्ली
41. *नीलम देश की राजकन्या* (1938) में संकलित; निर्मला जैन ने इसका लेखन-काल 1934 बताया है, पर किसी प्रमाण से उसकी पुष्टि नहीं की है। उपरिवत्।
42. मधुरेश, *कहानीकार जैनेन्द्र कुमार*, समानान्तर प्रकाशन, दिल्ली, 2004, पृ. 112
43. प्रथम बार 1935 में *एक रात* संग्रह में प्रकाशित; निर्मला जैन ने इसका लेखन-काल 1934 बताया है, पर किसी प्रमाण से उसकी पुष्टि नहीं की है। (*जैनेन्द्र की श्रेष्ठ कहानियाँ*, भूमिका, पूर्वोदय प्रकाशन, नयी दिल्ली)
44. पूर्वोदय प्रकाशन द्वारा निर्मित सूची में (प्रदीप कुमार जी के सौजन्य से मुझे उपलब्ध) 'एक रात' का लेखन-काल 1934 बताया गया है, जो सम्भावित तो है ही।
45. *जैनेन्द्र की कहानियाँ*, भाग-5, पूर्वोदय प्रकाशन, दिल्ली, 1953, पृ. 42
46. उपरिवत्, 'एक रात' कहानी
47. रामकमल राय के अनुसार जैनेन्द्र और सच्चिदानन्द वात्स्यायन जेल में ही एक दूसरे से परिचित हो चुके थे। वात्स्यायन ने जेल में कहानियाँ लिखना आरम्भ कर दिया था। जब जैनेन्द्र जेल से छूट गये तो वात्स्यायन ने अपनी कुछ कहानियाँ उनके पास भेजीं, जिनमें से दो-एक कहानियाँ जैनेन्द्र ने प्रेमचन्द के पास प्रकाशनार्थ भेज दीं। जब किसी कहानी के प्रकाशित होने का अवसर आया तो उसके साथ लेखक के नाम का सवाल पैदा हुआ। सच्चिदानन्द वात्स्यायन के नाम से तो कहानी छप सकती नहीं थी, अतः जैनेन्द्र ने 'अज्ञेय' नाम का सुझाव दिया और कहानी इसी नाम से छप गयी। बाद में अज्ञेय ने भी अपना यह साहित्यिक नाम स्वीकार कर लिया और इसी नाम से वे प्रसिद्ध भी हुए। रामकमल राय ने इस नामकरण का श्रेय प्रेमचन्द को दिया है, जबकि कुछ लोग इसका श्रेय जैनेन्द्र को देते हैं।
48. रामकमल राय के अनुसार यह संग्रह प्रकाशित नहीं हुआ था, पर *विशाल भारत* के सम्पादक बनारसीदास चतुर्वेदी इन कहानियों से इतने प्रभावित थे कि उन्होंने इनकी स्वयं समीक्षा लिखी और उसे *विशाल भारत* में प्रकाशित कर दिया। श्री राय के अनुसार, वात्स्यायन जी ने चतुर्वेदी जी को पत्र लिखकर अपना विरोध भी व्यक्त किया था। (*शिखर से सागर तक*, नेशनल पब्लिशिंग हाउस, नयी दिल्ली, 1986, पृ. 184) पर आश्चर्य है कि स्वयं अज्ञेय ने *अज्ञेय की सम्पूर्ण कहानियाँ* (खंड 1) के परिशिष्ट-2 में, जिसमें *विपथगा* की बनारसीदास चतुर्वेदी लिखित समीक्षा, जो 'विशाल भारत' के मार्च, 1933 अंक में छपी थी, यह सूचना नहीं दी है। अज्ञेय के अनुसार '' 'विपथगा' संग्रह की कहानियों की प्रतिलिपि पूरी नहीं हुई थी, जब कापी बाहर भेजने का सुयोग मिला, और वह जैसी थी वैसी ही भेज दी गयी। इसीलिए एक कहानी (प्रतिलिपि में) अधूरी थी।'' इससे यह

पता नहीं चलता कि 1932 के अन्त या 1933 के आरम्भ में यह संकलन छपा था या नहीं। समीक्षा की पहली पंक्ति से तो इसके प्रकाशित होने का ही आभास होता है। पर इसके प्रकाशित होने का भी कोई दूसरा प्रमाण उपलब्ध नहीं है।

49. 'गृहत्याग' जुलाई, 1932 में अधूरी ही लिखी हुई थी और उसी रूप में संकलित करके भेज दी गयी थी। वह कदाचित् बाद में पूरी हुई और किसी अन्य संकलन में प्रकाशित हुई।
50. ये सारी सूचनाएँ अज्ञेय द्वारा सम्पादित कहानी संकलन *अज्ञेय की सम्पूर्ण कहानियाँ* (खंड 1-2), प्र. राजपाल एण्ड सन्ज, दिल्ली, 1975, पृ. 413-21 से प्राप्त की गयी हैं।
51. उपरिवत्
52. *अज्ञेय की सम्पूर्ण कहानियाँ*–भाग 2 (*लौटती पगडंडियाँ*), पृ. 7
53. अज्ञेय के अनुसार "कहानी एक क्षण का चित्र प्रस्तुत करती है। 'क्षण' का अर्थ हम चाहे एक छोटा काल-खंड लगा लें चाहे एक अल्पकालिक स्थिति, एक घटना, प्रभावी डायलग, एक मनोदशा, एक दृष्टि, एक बाह्य या आभ्यन्तर झाँकी, समझ का एक आकस्मिक उन्मेष, सन्त्रास, तनाव, प्रतिक्रिया, प्रक्रिया...इसी प्रकार 'चित्र' का अर्थ वर्णन, निरूपण, रेखांकन, सम्पुंजन, सूचन, संकेतन, अभिव्यंजन, रंजन, प्रतीकन, द्योतन, आलोकन, रूपायन, जो चाहें लगा लें–या इनके विभिन्न जोड़-मेल। बल्कि और भी 'महीन मुंशी' तबीयत के हों तो हम 'प्रस्तुत करने' के अर्थ को लेकर भी काफी छानबीन कर सकते हैं। उस सबके लिए न अटक कर कहें कि कहानी क्षण का चित्र है।"–*अज्ञेय की सम्पूर्ण कहानियाँ,* भाग-1, पृ. 8
54. मजनूं गोरखपुरी के अन्य तीन कहानी संग्रह *सोगवारे-शवाब* 1941 में, *सैदे-ज़बून* और *सरनविश्त* 1944 में तथा, *सराब* 1945 में प्रकाशित हुए।
55. Ali Jawad Zaidi, *A History of Urdu Literature*, p. 353
56. उषादेवी मित्रा ने भी इसी दशक में कहानी-लेखन आरम्भ किया था। उनकी 'प्रथम छाया' नामक कहानी *हंस* के जून, 1935 के अंक में प्रकाशित हुई थी। इस कहानी में प्रकृति से संगीत की उत्पत्ति, रागों के नाम और रूप, उनके गान के समय आदि का प्रतिपादन कथा के माध्यम से किया गया था।
57. विष्णुकान्त शास्त्री, 'सुभद्राकुमारी चौहान की कहानियाँ', *कवि निराला की वेदना तथा अन्य निबन्ध,* हिन्दी प्रचारक संस्थान, वाराणसी, 1963
58. सुभद्राकुमारी चौहान, *बिखरे मोती,* 'विनीत निवेदन', पृ. 15
59. सुभद्राकुमारी चौहान, *उन्मादिनी,* 'निवेदन', पृ. 1
60. उपरिवत्, पृ. 2
61. कमलकिशोर गोयनका (सं.) *प्रेमचन्द का अप्राप्य साहित्य,* पृ. 556
62. उपरिवत्, पृ. 557
63. उपरिवत्
64. रशीदजहाँ ने अपनी पहली कहानी 1922 में अँगरेजी में लिखी थी, जो आई. टी. कॉलेज, लखनऊ की मैगजिन 'चाँद बाग क्रॉनिकल' के 1923 या 1924 के अंक में When the tom tom beats शीर्षक से प्रकाशित हुई थी। बहुत दिनों बाद इस कहानी का उर्दू अनुवाद आले अजमद सरूर ने किया जो कामरेड नयीम खाँ द्वारा सम्पादित उनके कहानी संग्रह *शोलए जव्वाला* में 'सलमा' शीर्षक से प्रकाशित है। (वकार नासिरी, 'रशीदजहाँ : एक दहकता हुआ अंगारा', *संवेद*, वर्ष 3, अंक 9, विशेषांक 2006, पृ. 82)
65. रशीदजहाँ की कहानियों का दूसरा संग्रह *शोल-ए-जव्वाला* उनके निधन के बाईस वर्ष बाद, 1974 में, प्रकाशित हुआ।
66. वकार नासिरी, 'रशीदजहाँ : एक दहकता हुआ अंगारा', *संवेद*, वर्ष 3, अंक 9, विशेषांक 2006, पृ. 82

67. शकील सिद्दक़ी, 'स्त्री विमर्श और रशीदजहाँ, *विरासत,* म. प्र. प्रगतिशील लेखक संघ, शिवपुरी इकाई द्वारा प्रकाशित स्मारिका 4-5 जून, 2005, पृ. 14

68. चन्द्रकिरण सौनरेक्सा की चर्चा हिन्दी कहानी के इतिहास में न के बराबर हुई है। इसके अनेक कारण हो सकते हैं, पर सबसे बड़ा कारण प्रकाशकों, आलोचकों और शोधकर्ताओं का प्रमाद ही है।

69. 25 नवम्बर, 2006 को चन्द्रकिरण सौनरेक्सा और उनके पति श्री कान्तिचन्द्र सौनरेक्सा से, उनके पुत्र श्री कौन्तेय सौनरेक्सा के आवास (द्वारका, दिल्ली) पर की गयी बातचीत के आधार पर।

70. *आदमखोर* की, (जयदेव प्रकाशन, अलीगढ़ से प्रकाशित) 'प्रथम आवृत्ति' में उसका प्रकाशन-काल मुद्रित नहीं है। चन्द्रकिरण सौनरेक्सा के पति और जयदेव प्रकाशन के अधिष्ठाता कान्तिचन्द्र सौनरेक्सा के अनुसार आदमखोर का प्रकाशन 1945 ई. में हुआ था, पर उन्हीं की लिखी भूमिका से उसका प्रकाशन-काल 1948 के आसपास प्रतीत होता है।

71. *आदमखोर* के प्रथम संस्करण का 'प्रकाशकीय'; इसके अनुसार अक्टूबर, 1939 में बनारस में हिन्दी साहित्य सम्मेलन के वार्षिक अधिवेशन में सुभद्रकुमारी चौहान ने 'चन्द्रकिरण' की चर्चा की थी। इस संकलन में उनके *उठती दीवारें, दूसरा बच्चा, तीसरी कोशिश, प्रेम और मार्क्स* आदि 'आगामी' कहानी संग्रहों के प्रकाशन की सूचना भी छपी थी, पर ये संग्रह प्रकाशित न हो पाये।

72. चन्द्रकिरण जी की कहानियाँ *माया, शान्ति, महिला, चाँद, कहानी, पंकज, ग्राम्या* आदि कहानी-प्रधान पत्रिकाओं में 'ज्योत्स्ना', 'कु. चन्द्रकिरण 'छाया', 'सुश्री चन्द्रकिरण', 'कुमारी चन्द्र', 'श्री किरण' 'कुमारी चन्द्रकिरण देवी' आदि नामों से प्रकाशित हुई थीं। ये कहानियाँ अब तक किसी संकलन में प्रकाशित नहीं हुई हैं।

73. सज़्ज़ाद ज़हीर ने भी अपनी कहानी 'दुलारी' में स्त्री-शोषण के इस पहलू का चित्रण किया है।

74. उपरिवत्, देखें पृ. 350

75. उपरिवत्, विवरण के लिए देखें पृ. 351-52

76. उपरिवत्, पृ. 353

77. उपरिवत्, पृ. 364

78. विनोद पुस्तक मन्दिर, आगरा ने 1958-1960 में कौशिक जी के *पेरिस की नर्तकी, बन्ध्या, खोटा बेटा, जीत में हार, ईश्वरीय दंड, रक्षाबन्धन, प्रतिशोध, एप्रिल फूल* आदि कहानी संग्रह प्रकाशित किये थे। *ईश्वरीय दंड* की 'भूमिका' में सम्पादक राजनाथ शर्मा ने सूचित किया है कि 'विभिन्न पत्र पत्रिकाओं की फाइलों में लुप्तप्राय पड़ी हुई उनकी कहानियों का उद्धार कर यह कहानी संग्रह' तैयार किया गया है। पर संकलित कहानियों का रचना या प्रकाशन काल न दिये जाने के कारण यह पता नहीं चल पाता कि कौन-सी कहानियाँ किस काल की हैं। यदि कौशिक जी का निधन वर्ष 1945 मानें तो इन कहानियों का रचना-काल 1934-44 माना जा सकता है।

79. Sumit Sarkar, *Modern India : 1885-1947,* Macmillan India Ltd., Delhi, 1985; Political Movements And War : 1937-1945 p. 350

80. उपेन्द्रनाथ अश्क, *सत्तर श्रेष्ठ कहानियाँ,* 'मेरे कहानी-लेखन के बत्तीस वर्ष'' नीलाभ प्रकाशन, इलाहाबाद, 1958, पृ. 25

81. उपरिवत्, पृ. 35

82. उपरिवत्

83. उपरिवत्, पृ. 36

84. 1939 में उग्र के *क्रान्तिकारी कहानियाँ* और *उग्र का हास्य* तथा 1940 में *गल्पांजलि* आदि कहानी संग्रह प्रकाशित हुए थे। *क्रान्तिकारी कहानियाँ* में उग्र की 'उसकी माँ', 'ऐसी होली खेलो लाल', 'कर्तव्य और प्रेम', 'नागा नरसिंह दास', 'नेता का स्थान', 'पागल', 'प्रस्ताव स्वीकार' और 'वीर कन्या' शीर्षक कहानियाँ संगृहीत थीं। इनमें 'कर्तव्य और प्रेम', 'नेता का स्थान', 'पागल' और 'वीर

कन्या' को छोड़कर शेष कहानियाँ नयी थीं। *उग्र का हास्य* संकलन में संगृहीत कहानियों की सूचना उपलब्ध नहीं है और *गल्पांजलि* में उनकी केवल एक ही नयी कहानी 'खूँख्वार मौला' संकलित है। 'तीन कलाकारों की एक भूल' नामक कहानी, जो *वीणा* मासिक के फरवरी-मार्च, 1939 अंक में प्रकाशित हुई थी, आत्माराम ऐंड सन्स, दिल्ली से प्रकाशित *मुक्ता* कहानी संग्रह(1964) में उपलब्ध है।

इस दशक में 'उग्र' की, पत्र पत्रिकाओं में प्रकाशित केवल चार कहानियों की सूचना उपलब्ध है : 'अलकापुरी' (*प्रेमा* मासिक', अप्रील 1931); 'जानकी की जीवनी' (*मर्यादा,* 1932), 'तीन कलाकारों की एक भूल' (*वीणा* मासिक, फरवरी-मार्च 1939) और 'साधु और असाधु' (*सुधा,* 1940)। इनमें से केवल 'तीन कलाकारों की एक भूल' कहानी प्रकाशित है।

85. यह कहानी अन्यत्र 'लाल की माँ' शीर्षक से भी प्रकाशित है।
86. *गाँधी टोपी* का प्रथम संस्करण श्री राजराजेश्वरी साहित्य मन्दिर, सूर्यपूरा, शाहाबाद से प्रकाशित हुआ था, जिसके 'समर्पण' के अन्त में '25-2-38' तिथि मुद्रित है।
87. *सावनी समाँ* के प्रथम संस्करण के 'समर्पण के अन्त में '1-6-38' की तारीख मुद्रित है। इसमें संकलित कहानियों का रचना-काल 1937-38 अनुमित किया जा सकता है।
88. **जानी-सुनी-देखी** शीर्षक के अन्तर्गत राजा जी के 1951 में तीन कहानी संग्रह—*नारी : क्या एक पहेली, हवेली और झोपड़ी* तथा *देव और दानव*; 1956 में *वे और हम* और 1965 में *बिखरे मोती* (खंड 1) प्रकाशित हुए। ये रचनाएँ *राजा राधिकारमण ग्रन्थावली* के खंड-2-3 और 4 में संकलित हैं। पर इस समय तक हिन्दी कहानी इतना आगे बढ़ चुकी थी कि राजा जी की इन कहानियों को 'कहानी' मानना भी कठिन है। इन्हें संस्मरण के खाते में रखा जा सकता है।
89. *नीलम देश की राजकन्या और अन्य कहानियाँ* हिन्दी ग्रन्थ रत्नाकर कार्यालय, गिरगाँव, बम्बई से 1938 में प्रकाशित हुआ था। इसके आरभिक पृष्ठों की फोटोप्रतियाँ मेरे पास विद्यमान हैं।
90. मधुरेश, *कहानीकार जैनेन्द्र कुमार,* समानान्तर प्रकाशन, नयी दिल्ली, 2004, पृ. 120
91. उपरिवत् पृ. 121
92. 'एक कैदी' प्रथम बार *नीलमदेश की राजकन्या* (1938) शीर्षक कहानी संग्रह में संकलित हुई थी। *जैनेन्द्र की कहानियाँ,* भाग-1 में इसका लेखन-काल 1931 दिया है, जो असम्भावित तो नहीं, पर सन्दिग्ध अवश्य है।
93. मधुरेश, *कहानीकार जैनेन्द्र कुमार,* समानान्तर प्रकाशन, 7/7, दरियागंज, नयी दिल्ली, 2004, पृ. 102
94. उपरिवत् पृ. 30 (स्वयं जैनेन्द्र को किस आधार पर जेल की विशेष श्रेणी मिली थी, यह ज्ञात नहीं है।)
95. यह कहानी सर्वप्रथम 1944 में *ध्रुवयात्रा* कहानी-संकलन में संकलित हुई थी। मधुरेश के अनुसार इसका लेखन-काल 1937 है, पर इसके समर्थन में उन्होंने कोई प्रमाण नही दिया है।
96. प्रथम बार *जैनेन्द्र की कहानियाँ,* भाग-2 (1953) में संकलित। सम्भव है, इसके पहले वह *जयसन्धि* (1948, अनुपलब्ध) में संकलित हुई हो।
97. 'बाहुबली' जैन मिथक पर आधारित अध्यात्म-निरूपण की कथा है, जिसमें यह प्रतिपादित किया गया है कि तपस्या जब तक अभिमान रहित नहीं होती, कैवल्य की प्राप्ति नहीं होती। 'नारद का अर्घ्य' में शिव-पार्वती के मिथक के माध्यम से यह प्रतिपादित करने का प्रयास किया गया है कि मनुष्य की आकांक्षाएँ अनन्त हैं और वह समृद्धि में भी सुखी नहीं हो सकता। 'वह साँप' में एक साँप की कथा के व्याज से शक्तिहीन होने की त्रासदी का अंकन किया गया है। 'वह बेचारा' में एक साँप की कथा के माध्यम से यह बताया गया है कि "वाणी में तो परमात्मा सदा मौन ही रहता है। कृत्य में ही वह व्यक्त है। जगत की घटना ही जगदीश्वर की वाणी है। और घटनागत

वाणी यह है कि उस सर्प को लेकर सँपेरे को अपनी रोजी पाने में सुविधा हो गयी है और सँपेरा और उसकी स्त्री—कृतज्ञ होकर भगवान को धन्यवाद देते हैं कि भगवान्! तू सबका पालनहार है।'' 'तत्सत्' जंगली पशुओं और पेड़-पौधों के संवाद के रूप में इस प्रश्न के उत्तर की तलाश है कि 'वन' क्या है? उत्तर यह है कि 'व्यक्ति समाज नहीं है। समाज अमूर्त है।' 'आम का पेड' प्रकृति के प्रति मनुष्य के लगाव की अभिव्यक्ति की कहानी है, जो कदाचित् प्रेम की परिभाषा भी प्रस्तुत करती है। 'हत्या' में लेखक की पशु-संवेदना को अभिव्यक्ति प्राप्त हुई है। मरणासन्न पशु को गोली मार दी जाए या नहीं, यह प्रश्न कहानी के केन्द्र में है। 'मौत की कहानी' मृत्यु के तथाकथित अनुभव की कहानी है, पर वास्तव में मृत्यु के सम्बन्ध में पात्रों की बहस ही सामने आती है, अनुभव तो एकदम अनुल्लेखनीय है। 'आलोचना' कहानी का कथक समाजवाद, स्त्री की आजादी आदि का पक्षधर नहीं है और उसे बदलते हुए समाज से शिकायत ही शिकायत है। पर इस कहानी में जैनेन्द्र अपने कथ्य को स्पष्ट नहीं कर पाये हैं। 'वे तीन' एक बोध-कथा है, जो अमूर्त और देश-काल से परे है। 'मित्र विद्याधर' कथक'? और पात्रों के संवाद के माध्यम से जैनेन्द्र के प्रेम-दर्शन—प्रेम अपनी परिपक्वता पर पहुँच कर 'सबकुछ के परे' हो जाता है—को व्यक्त करने वाली कहानी है। इस कहानी में भी संवेदना को बहुत कम स्थान मिला है, प्रधानता 'विचार' की ही है। 'सम्बोधन' कहानी में भी प्रेम की संवेदना गौण, प्रेम सम्बन्धी विचार ही अधिक हैं। 'अनबन' में स्वर्ग में धृति और बुद्धि के अनबन की कथा कही गयी है। लेखक की सहानुभूति धृति के साथ है। 'हवा-महल' का कथ्य भी रहस्यात्मकता में खो गया है। दिक् और काल का आयाम अनिर्दिष्ट और अ-विशेष होने के कारण कथ्य की अमूर्तता और भी गहन हो गयी है। 'दुर्घटना' सभ्य और सुसंस्कृत कहे जानेवाले व्यक्तियों की संवेदनशून्यता की कहानी है। 'कः पन्था' प्रवृत्ति और निवृत्ति के द्वन्द्व की कथा है, जिसमें विचार की प्रधानता है और केन्द्रीय पात्र का व्यवहार समझ से बाहर है। 'भूत की कहानी' सिद्धान्त-कथन के चर्वित चर्वण या चुहल की कहानी कही जा सकती है। 'व' गंवार' में प्रेम के रहस्यमय संसार और वैचारिक अराजकता की प्रधानता है, जो कहानी को अपठनीय बनाती है। 'व्यर्थ प्रयत्न' जगत् सम्बन्धी जिज्ञासा की अन्तहीनता की समस्या पर चिन्तन करते कथक की कहानी है। इसमें एक ज्ञानी पात्र की सोच की व्यथा व्यक्त हुई है।

98. विद्यानिवास मिश्र और स्वयं अज्ञेय के दिये गये विवरणों में किंचित् अन्तर दिखायी देता है, पर उसका कोई विशेष महत्त्व नहीं है।
99. *अज्ञेय की सम्पूर्ण कहानियाँ*—भाग 2 *(लौटती पगडंडियाँ)*, पृ. 8
100. विद्यानिवास मिश्र (सं.), *आज के लोकप्रिय हिन्दी कवि अज्ञेय*, 'परिचय', पृ.10
101. इनमें कहानी-लेखन की दृष्टि से 1934-37 का समय ही विशेष रूप से सक्रिय प्रतीत होता है। 1938-41 की अवधि में मात्र छह कहानियाँ ही लिखी गयी थीं। कदाचित् यह *शेखर : एक जीवनी* को अन्तिम रूप देने का समय रहा हो।
102. अज्ञेय, *अज्ञेय की सम्पूर्ण कहानियाँ*, भाग-2, पृ. 8
103. Ali Javad Zaidi, *A History of Urdu Literature*, Sahitya Akademy, 1993, p. 399
104. *नजारे*, मौलाना सलाउद्दीन अहमद (सं.), 1998, भूमिका
105. *आतिशपारे* में संगृहीत कहानियाँ थीं : 'खूनी थूक', 'इन्कलाब पसन्द', 'जी आया, साहब!', 'तमाशा', 'ताक़त का इम्तहान', 'दीवाना शायर' और 'चोरी'
106. 'उन्नीस सौ उन्नीस ईसवी की एक बात', (*यजीद*, 1951 में संकलित)
107. *मंटो के अफसाने*, में संगृहीत कहानियाँ थीं—'नया क़ानून', 'शग़ल', 'टेढ़ी लकीर', 'पहचान', 'शोशो', 'खुशियाँ', 'बाँझ', 'नारा', 'ब्लाउज', 'उसका पति', 'मौसम की शरारत', 'बेगू', 'मन्त्र', 'मेरा और उसका इन्तकाम', 'मोमबत्ती के आँसू', 'दीवाली के दिये', 'हतक', 'डरपोक', 'दस रुपये' और 'मिसेज डी कोस्टा'; *धुआँ* में संकलित कहानियाँ थीं—'सजदा', 'काली सलवार', 'धुआँ',

'कबूतर वाला साईं', 'उल्लू का पट्ठा', 'वो ख़त जो पोस्ट न किये गये', 'मिसरी की डली', 'मातमी जलसा', 'कब्ज', 'दीवाना शायर', 'ऐक्टर्स की आँख', 'नामुकम्मल तहरीर', 'लालटेन', 'फूलों की बारिश', 'गर्म सूट', 'मेरा हमसफ़र', 'तरक्कीपसन्द', 'नया साल', 'चूहेदान', 'चोरी', 'कासिम' और 'परेशानी का सबब'।

108. गोपीचन्द नारंग, *उर्दू पर खुलता दरीचा,* वाणी प्रकाशन, नयी दिल्ली, 2005, पृ. 222
109. उपरिवत्
110. उपरिवत्, पृ. 225
111. 'इस्मत फ़रोश', *अदबे जदीद,* पृ. 92 (*उर्दू पर खुलता दरीचा* पृ. 228 पर उद्धृत)
112. 'काली शलवार' (*धुआँ,* 1941) में संकलित
113. गोपीचन्द नारंग, *उर्दू पर खुलता दरीचा,* पृ. 231
114. 'हतक' (*मंटो के अफसाने,* 1940) में संकलित
115. 'बाबू गोपीनाथ' (*चोगद,* 1948) में संकलित
116. 'बू' (*लज्जते संग,* 1948) में संकलित
117. 'बर्मी लड़की' (*बादशाह का खात्मा,* 1951) में संकलित
118. 'फोफा बाई'(*बादशाह का खात्मा,* 1951) में संकलित
119. सड़क के किनारे (*सड़क के किनारे,* 1953) में संकलित
120. गोपीचन्द नारंग, *उर्दू पर खुलता दरीचा,* पृ. 239
121. *पुष्करिणी, खाली बोतल, मेरे सपने* और *ज्वार भाटा* की प्रकाशन-काल सम्बन्धी सूचनाएँ *वाजपेयी अभिनन्दन ग्रन्थ* से प्राप्त की गयी हैं, जबकि *हिलोर* के प्रथम संस्करण की फोटोप्रति मेरे निजी पुस्तकालय में उपलब्ध है।
122. रामचन्द्र शुक्ल, *हिन्दी साहित्य का इतिहास,* नागरी प्रचारिणी सभा, काशी, सं. 23, 1990, पृ. 297
123. *खाली बोतल,* प्रभात प्रकाशन, दिल्ली, संस्करण 1975, भूमिका
124. कान्तिकुमार जैन, 'प्रेम की उत्सर्गमयी मुद्राओं की कहानियाँ', *जनार्दन प्रसाद झा 'द्विज' स्मृति-तर्पण,* पृ. 244
125. उपरिवत्, पृ. 247
126. भगवतीचरण वर्मा, *दो बाँके,* भारती भंडार, इलाहाबाद, चतुर्थ संस्करण, सं. 2001, 'दो शब्द' के अन्त में मुद्रित तिथि **26-12-35**
127. श्रीलाल शुक्ल, *भगवतीचरण वर्मा,* साहित्य अकादेमी, 1989, पृ. 28; *इन्स्टालमेन्ट* का तृतीय संस्करण भारती भंडार, इलाहाबाद से 1944 में प्रकाशित हुआ था। इससे श्रीलाल शुक्ल की सूचना मेल खाती है। पर शुक्ल ने वास्तविक प्रकाशन-वर्ष नहीं दिया है।
128. श्रीलाल शुक्ल, *भगवतीचरण वर्मा,* साहित्य अकादेमी, 1989, पृ. 48
129. उपरिवत्
130. श्रवणकुमार गोस्वामी, *राधाकृष्ण,* साहित्य अकादेमी, नयी दिल्ली, 2003, पृ. 11, 31, 41
131. प्रेमचन्द, 'हिन्दी गल्प-कला का विकास', *हंस,* नवम्बर, 1934 (*प्रेमचन्द का अप्राप्य साहित्य,* खंड-2, पृ. 555-556)
132. श्रवणकुमार गोस्वामी, *राधाकृष्ण,* साहित्य अकादेमी, नयी दिल्ली, 2003, पृ. 41
133. उपरिवत्, पृ. 32
134. हरदयाल, *हिन्दी साहित्य का बृहत् इतिहास,* खंड-12, पृ. 205-06
135. कमलकिशोर गोयनका (सं.) *प्रेमचन्द का अप्राप्य साहित्य,* खंड-1, भारतीय ज्ञानपीठ, नयी दिल्ली, 1988
136. भैरव प्रसाद गुप्त, 'मेरी कथायात्रा', *मेरी कहानियाँ,* दिशा प्रकाशन, दिल्ली, 1986, पृ. 10

137. प्रेमचन्द के निधन के बाद 1938 में *कहानी* नामक पत्रिका निकलनी शुरू हुई थी जो ज्यादा दिन नहीं चल सकी। गुप्त जी के अनुसार उनकी 'उस जमाने की कहानियाँ' *मोहब्बत की राहें, फरिश्ता, मंजिल, बलिदान की कहानियाँ* और *बिगड़े हुए दिमाग* संग्रहों में प्रकाशित हुई हैं।
138. भैरव प्रसाद गुप्त, 'मेरी कथायात्रा', *मेरी कहानियाँ,* दिशा प्रकाशन, दिल्ली, 1986, पृ. 10
139. यशपाल ने अपनी जीवनचर्या राजनीति से आरम्भ की थी। मैट्रिक पास करके कॉलेज जीवन आरम्भ करते ही उन्होंने पढ़ाई छोड़ दी थी और सत्याग्रह आन्दोलन में शामिल हो गये थे। 1921 में सत्याग्रह आन्दोलन स्थगित हो जाने पर उन्होंने नेशनल कॉलेज, लाहौर में नाम लिखा लिया था और अध्ययन के साथ साथ थोड़ा बहुत लिखना भी शुरू कर दिया था। वे प्रसिद्ध क्रान्तिकारी भगत सिंह, भगवतीचरण और सुखदेव के सहपाठी थे। उनके प्रभाव में आकर यशपाल ने भी सशस्त्र क्रान्ति के लिए गुप्त दल में भाग लेना आरम्भ कर दिया था। 1929 में भगत सिंह और सुखदेव की गिरफ्तारी के बाद यशपाल फरार हो गये और गुप्त क्रान्ति में सक्रिय भागीदारी निभाते रहे। पर 1932 में वे गिरफ्तार हो गये और उन्हें 14 वर्ष की जेल की सजा मिली। लगभग 6 वर्ष तक जेल की सजा झेलने के बाद 1938 में उनकी रिहाई हुई।
140. 'यशपाल : आईने के सामने', *इन्द्रप्रस्थ भारती,* यशपाल विशेषांक, अक्तूबर-दिसम्बर 2003
141. नन्दकिशोर नवल, 'यशपाल की कहानियों का सांस्कृतिक सन्दर्भ', *वागर्थ* : मई, 2004
142. विश्वनाथ त्रिपाठी, 'पर्दा और फूलो का कुर्ता', *भारतीय लेखक,* (अक्तूबर 2003-मार्च, 2004, अंक 5-6), 'यशपाल विशेषांक', सं. मधुरेश
143. *विष्णु प्रभाकर : सम्पूर्ण कहानियाँ-1,* प्रभात प्रकाशन, नयी दिल्ली, 2002, 'मेरी कथायात्रा', पृ. 9
144. अमृत राय, *जीवन के पहलू,* हंस प्रकाशन, इलाहाबाद, दूसरा संस्करण, मार्च, 1953, 'भूमिका बाँध रहा हूँ'।
145. श्री पहाड़ी, *अधूरा चित्र,* प्रकाशगृह, इलाहाबाद, चतुर्थ संस्करण, 1982 की 'अपना दृष्टिकोण' शीर्षक भूमिका से प्राप्त सूचना। इस भूमिका के अनुसार इसके पूर्व पहाड़ी के तीन कहानी-संकलन प्रकाशित हो चुके थे।
146. लक्ष्मीनारायण लाल, *हिन्दी कहानियों की शिल्प-विधि का विकास,* साहित्य भवन, इलाहाबाद, 1996, पृ. 45-46
147. इलाचन्द्र जोशी, *दीवाली और होली,* प्र. सेन्ट्रल बुक डिपो, इलाहाबाद (प्रकाशन-काल मुद्रित नहीं है, पर इसका प्रकाशन-काल 1940 के आसपास होना चाहिए। संकलित कहानियाँ 1930 के दशक की जान पड़ती हैं।)
148. इलाचन्द्र जोशी, *मेरी प्रिय कहानियाँ,* राजपाल एण्ड सन्ज, दिल्ली, संस्करण 1987; 01 जनवरी, 1970 को लिखित इस पुस्तक की 'प्रस्तावना', पृ. 7
149. मधुरेश द्वारा उद्धृत, *कहानीकार जैनेन्द्र कुमार : पुनर्विचार,* समानान्तर प्रकाशन, नयी दिल्ली, 2004,
150. *सुकुल की बीवी* की भूमिका के अनुसार निराला की पहली कहानी 'क्या देखा', 'जनाब आली' छद्म नाम से, *मतवाला* के 20 अक्तूबर, 1923 से 15 दिसम्बर, 1923 के अंको में प्रकाशित हुई थी। इससे पहले निराला की 'प्रेमपूर्ण तरंग' नामक कहानी *मारवाड़ी सुधार* (मासिक, कलकत्ता) से मई, 1923 में प्रकाशित हो चुकी थी। यही कहानी 'प्रेमिका-परिचय' शीर्षक से *सुधा* के जुलाई, 1933 अंक में प्रकाशित और *लिली* संग्रह में संकलित हुई। इसके अतिरिक्त 'देवर का इन्द्रजाल', 'दो दाने' और 'विद्या' शीर्षक कहानियाँ, जो निराला के किसी संग्रह में संगृहीत नहीं हुई थीं, *निराला रचनावली,* खंड-4 में संगृहीत हैं। (*निराला रचनावली,* खंड-4, सं. नन्दकिशोर नवल, राजकमल प्रकाशन, नयी दिल्ली, 1983; कहानियों की प्रकाशन सम्बन्धी सूचनाएँ इसी किताब से गृहीत।)

6

आजादी : संघर्ष, उपलब्धि और मोहभंग

भारतीय जीवन में राजनीतिक बदलाव की दृष्टि से पाँचवे दशक का ऐतिहासिक महत्त्व है। जैसा हम पूर्ववर्ती अध्याय में लिख चुके हैं, स्वतन्त्रता-प्राप्ति के संवैधानिक संघर्ष में पहली बार भारतीयों को एक ऐतिहासिक सफलता प्राप्त हुई थी। पर कुछ ही समय बाद, विश्व युद्ध छिड़ जाने पर, भारत के युद्ध में शामिल होने के प्रश्न पर केन्द्रीय सरकार से सहमति न हो सकने के कारण कांग्रेस मन्त्रिमंडलों को इस्तीफा देने को बाध्य होना पड़ा था। पुनः आन्दोलन शुरू करने के प्रश्न पर विचार-विमर्श के बाद गाँधी जी ने बहुत सीमित रूप में सविनय अवज्ञा की अनुमति दी, जो किसी बड़े आन्दोलन का रूप लेने में समर्थ नहीं थी। फिर भी जून, 1941 तक लगभग 20 हजार लोग इस आन्दोलन के सिलसिले मे जेल गये। पूरा वामपन्थ 1941 के अन्त तक जुझारू युद्ध-विरोधी संघर्ष का हिमायती था। सुभाषचन्द्र बोस को पूरा विश्वास था कि ब्रिटिश सरकार की मजबूरियों का भारत की स्वतन्त्रता के पक्ष में पूरा लाभ उठाया जाना चाहिए और उन्होंने रामगढ़ अधिवेशन के साथ साथ आयोजित 'एंटी कम्प्रोमाइज कॉन्फ्रेंस' की अध्यक्षता भी की थी, जिसमें गाँधीवादी समझौते की नीति की निन्दा की गयी थी। समाजवादी भी आक्रामक मुद्रा में थे। जयप्रकाश नारायण, 1941 में, जबकि वे जेल में थे, सशस्त्र संघर्ष के पक्ष में थे। कम्युनिस्ट पार्टी भी युद्ध में ब्रिटिश सरकार को समर्थन न देने के पक्ष में थी। कहना न होगा कि 1940-41 में सक्रिय सारे के सारे हिन्दी कहानीकार, यहाँ तक कि जैनेन्द्र, अज्ञेय और यशपाल जैसे समकालीन राजनीति से जुड़े कथाकार भी, इस सारी राजनीतिक हलचल से उदासीन रहे। प्रेमचन्द को देखते हुए हिन्दी लेखकों की यह राजनीतिक उदासीनता कितनी आश्चर्यजनक है, इसकी ओर हमारा ध्यान गये बिना नहीं रहता।

1939 में विश्व युद्ध आरम्भ हुआ और अक्टूबर, 1945 तक जारी रहा। 1941 के मध्य तक यह युद्ध यूरोप के पश्चिमी हिस्से में लड़ा जा रहा था और पूरी भारतीय जनता ब्रिटेन के खिलाफ थी। पर 22 जून, 1941 को हिटलर ने रूस पर और दिसम्बर, 1941 में जापान ने दक्षिण-पूर्व एशिया पर आक्रमण कर दिया। इससे स्थिति बिलकुल बदल गयी और साम्यवादी दल मित्र राष्ट्रों के साथ, जिनमें रूस भी शामिल था, अन्धभाव

से शामिल हो गया। उधर चार ही महीनों के अन्दर जापान ने ब्रिटेन को मलाया, सिंगापुर, और बर्मा से खदेड़ दिया और अचानक भारत में उसके साम्राज्य पर भी खतरा पैदा कर दिया। 1944 में सुभाषचन्द्र बोस की आजाद हिन्द फौज असम की सीमाओं पर पहुँच गयी और भारतीय जनता दबी हुई उत्सुकता से उसके भारत में प्रवेश की प्रतीक्षा करने लगी। पर 1945 में विश्व युद्ध मित्र राष्ट्रों के पक्ष में समाप्त हो गया और हवाई दुर्घटना में सुभाषचन्द्र बोस के निधन और आजाद हिन्द फौज के आत्मसमर्पण ने भारतीय जनता को निराशा के गहरे गर्त में डाल दिया।

यद्यपि इस युद्ध में, 1944 में कोहिमा-इम्फाल क्षेत्र को छोड़कर, भारत की वास्तविक सैनिक बरबादी नहीं हुई, पर भारतीय जनता को बड़े पैमाने पर उसके अप्रत्यक्ष परिणामों का सामना तो करना ही पड़ा। युद्ध का नतीजा था अनियन्त्रित मुद्रा-स्फीति, चतुर्दिक व्याप्त भ्रष्टाचार, चीजों की कमी और कालाबाजारी की कीमतें और अन्ततः 1943 का बंगाल का विनाशकारी अकाल। इस समय का एक आर्थिक तथ्य यह है कि अप्रील और अगस्त 1942 के बीच अनाज के भाव बढ़ रहे थे और चावल और नमक की प्राप्ति मुश्किल हो रही थी। कृषि उत्पादों की मूल्यवृद्धि से किसानों को शुरू में लाभ ही पहुँचा। 1939 और 1942 के बीच कल कारखानों में रोजगारी में लगभग 31 प्रतिशत की वृद्धि हुई। उधर भारतीय व्यवसायियों और महाजनों के लिए युद्ध तेजी से नफा कमाने के एक अवसर के रूप में प्राप्त हुआ। लकड़ी, लकड़ी का कोयला और युद्ध के लिए अन्य छोटी छोटी वस्तुओं के ठीके से उन्हें बेइन्तहा लाभ हुआ। ब्रिटिश सरकार निरंकुश कालाबाजारी और अनाज के व्यापार में अनियन्त्रित लाभ कमाने की प्रवृत्ति को रोकने में बिलकुल असमर्थ रही थी, जिसका परिणाम 1943 का बंगाल का अकाल था। लोगों में यह अफवाह फैल गयी थी कि सारा अनाज फौजों को खिलाने के लिए चला जाता है। अनाज की कमी का मुख्य कारण बर्मा और दक्षिणी-पूर्वी एशिया से चावल के आयात का रुक जाना और विशाल सेना को खिलाना था, पर अकाल का कारण कुव्यवस्था और जानी समझी नफाखोरी थी। राशनीकरण की व्यवस्था में देर होने के कारण यह समस्या और भी गम्भीर हो गयी। 1943 की भीषण गर्मी और शरद ऋतु में लाखों लोग कलकत्ता की सड़कों पर मृत्यु का ग्रास बनने के लिए पहुँच गये। उधर युद्ध और अकाल कुछ लोगों के लिए मुनाफा कमाने का साधन बनकर आया। अनेक भारतीय सेठ इस काल में साहूकार से पूँजीपति बन गये और कालान्तर में भारतीय राजनीति पर भी अपना वर्चस्व स्थापित करने में कामयाब हुए। इस स्थिति ने भ्रष्ट राजनीतिक कर्ताओं का भी एक ऐसा वर्ग तैयार कर दिया जो आजादी मिलने के बाद व्यवस्था पर हावी हो गया और देश के विकास के मार्ग को अवरुद्ध कर दिया। 1945-46 में प्रत्याशित युद्धोत्तर समस्याओं के साथ साथ बेकारी, महँगाई और अन्नसंकट की विषम स्थिति भी पैदा हो गयी।

जनवरी, 1942 में भा.क.पा. ने फासी-विरोधी 'जन युद्ध' का समर्थन करने का फैसला किया। पर अधिकांश भारतीय जनता ब्रिटिश साम्राज्य की इस संकट की घड़ी

का लाभ उठाने की मनःस्थिति में थी। जब युद्ध भारत के बहुत निकट पहुँच गया, तब ब्रिटिश सरकार को थोड़ा होश आया और उसने भारतीय जनमत को अपने पक्ष में लाने के लिए कुछ करना जरूरी समझा। 23 मार्च, 1942 को क्रिप्स को कुछ निर्देशों के साथ भारत भेजा गया, जिसे 'क्रिप्स मिशन' की संज्ञा दी गयी। पर इसका उद्देश्य मात्र विश्व की नजरों में अपनी साख कायम करना था। क्रिप्स मिशन को असफल होना था और वह हुआ। 1942 के मध्य में गाँधी जी एकदम से जुझारू मुद्रा में आते दिखायी दिये। क्रिप्स मिशन के असफल हो जाने के बाद 27 अप्रील-1 मई की कार्यकारिणी समिति के निर्णायक सत्र में गाँधी जी के कड़े रुख का समर्थन सभी लोगों ने किया। उन्होंने बार बार अँगरेजों से कहा कि वे भारत को भगवान या अराजकता के भरोसे छोड़कर चले जाएँ। यदि अँगरेज चले जाते हैं तो जापानियों को अपनी योजना पर पुनर्विचार करना पड़ेगा और हर हालत में भारतीयों को अपनी समस्या का समाधान खुद करने के लिए छोड़ देना होगा। 8 अगस्त, 1942 को जब कांग्रेस के बम्बई अधिवेशन में 'भारत छोड़ो' का प्रस्ताव पारित हुआ तो उसमें यह भी कहा गया कि यदि कांग्रेस के सभी नेता गिरफ्तार हो जाते हैं तो 'आजादी चाहने वाला और उसके निमित्त प्रयास करनेवाला हर भारतीय स्वयं अपना मार्गदर्शक होगा।' उसी दिन अपने 'करो या मरो' भाषण में गाँधी जी ने घोषित किया कि 'सभी भारतीय अपने को मुक्त समझें...केवल जेल जाने से काम नहीं चलेगा।' अपने 6 अगस्त के एक साक्षात्कार में उन्होंने यह भी कहा कि 'यदि आम हड़ताल आवश्यक हो जाए, तो मैं उससे भी पीछे नहीं हटूँगा।' 8 अगस्त, 1942 का 'भारत छोड़ो' प्रस्ताव नेहरू द्वारा प्रस्तुत किया गया, जो कांग्रेस के कम्युनिस्ट सदस्यों के विरोध के बावजूद पारित हो गया।

9 अगस्त को कांग्रेस नेताओं की गिरफ्तारी के बाद जो स्वतोद्भूत जन-आक्रोश उमड़ा, उसका किसी को भी अनुमान न था। इसकी उग्रता का अनुमान इस बात से किया जा सकता है कि 31 अगस्त, 1942 को लिनलिथगो ने गोपनीय निजी बातचीत में इसे 1857 के बाद का सर्वाधिक गम्भीर विद्रोह बताया था।[1] इतिहासकारों ने इस आन्दोलन के कारणों का विश्लेषण किया है। उस विवरण में जाने की हमें जरूरत नहीं है। 'भारत छोड़ो आन्दोलन' का पहला चरण भारत के अधिकांश नगरों में हड़तालों का सिलसिला था, जिसमें भड़की हिंसक घटनाओं को दबाने के लिए पुलिस को अनेक स्थानों पर लाठी और गोली चार्ज करना पड़ा था। अगस्त के मध्य में यह आन्दोलन गाँवों में फैल गया। बनारस, पटना, कटक आदि शहरों से झुंड के झुंड जुझारू छात्र गाँवों में फैल गये और रेल, सड़क, तार आदि आवागमन और संचार के साधनों को क्षत-विक्षत कर दिया। एक तरह से ब्रिटिश शासन के खिलाफ किसानों का वैसा ही विद्रोह फैल गया, जैसा 1857 में हुआ था। उत्तरी और पश्चिमी बिहार, पूर्वी संयुक्त प्रान्त, बंगाल में मिदनापुर, महाराष्ट्र के कुछ हिस्से, कर्नाटक और उड़ीसा आन्दोलन के इस चरण में अग्रणी थे। इनमें से कई स्थानों पर तो 'राष्ट्रीय सरकारों' की स्थापना तक हो गयी थी। आन्दोलन के आरम्भ से ही सरकारी दमन का चक्र तेजी से घूमने लगा था। इस

आन्दोलन को दबाने के लिए 57 आर्मी बटालियनों की सहायता ली गयी थी। पाशविक दमन से कमजोर पड़ता हुआ आन्दोलन सितम्बर के लगभग अन्त में अपने सर्वाधिक लम्बे, पर कम उग्र, चरण में पहुँचा।[2] सरकारी आँकड़ों के अनुसार 1943 के अन्त तक 91,836 लोग गिरफ्तार किये गये थे, 208 पुलिस चौकियाँ, 332 रेलवे स्टेशन और 945 डाकघर पूर्णतः या आंशिक रूप से जला दिये गये थे और 664 बम विस्फोट हुए थे। बिहार में यह आन्दोलन अधिक व्यापक, पर बम्बई में सर्वाधिक संगठित था। जहाँ तक सरकारी दमन का सवाल है, वह 1857 की तरह ही अपने उग्रतम रूप में था।

कांग्रेस के नेतृत्व में चलाये गये ब्रिटिश-विरोधी आन्दोलनों में बयालीस का आन्दोलन सबसे प्रबल था। 'सविनय अवज्ञा' के दिनों से भिन्न मध्यवर्गीय छात्र 1942 के आन्दोलन में अगुआ थे। पर जिस बात ने अगस्त क्रान्ति को इतना विकट बना दिया वह किसानों का कुछ क्षेत्रों में बड़े पैमाने पर इसमें शामिल होना था। बिहार, पूर्वी यू. पी., मिदनापुर, उड़ीसा और महाराष्ट्र-कर्नाटक में यह आन्दोलन सबसे उग्र था। विकट जन विद्रोह के रूप मे, व्यापकता और तीव्रता दोनो दृष्टियों से, बिहार और यू. पी. अग्रणी थे। यहाँ शान्ति और सामान्य संचार व्यवस्था स्थापित करने में कई हफ्तों का समय लगा और सेना और पुलिस का भारी उपयोग करना पड़ा और उसके बाद भी 1944 तक छिटफुट गुरिल्ला कार्रवाइयाँ जारी रहीं। पंजाब और मद्रास प्रेसिडेंसी में यह आन्दोलन कमजोर रहा। मुसलमानों ने इस आन्दोलन में बहुत कम हिस्सा लिया। श्रमिकों का योगदान भी इस आन्दोलन में बहुत सीमित था, जिसका कारण कम्युनिस्टों द्वारा आन्दोलन का विरोध था।[3] इस आन्दोलन की एक खूबी यह थी कि निजी सम्पत्ति पर आक्रमण नहीं किये गये और आन्दोलन के दौरान कोई दंगा नहीं हुआ।

1942 के अन्त तक ब्रिटिश सरकार ने भारतीय राष्ट्रवाद के आन्दोलन को पूर्णतः कुचल दिया। 1857 के औपनिवेशिक दमन के बाद यह उसकी क्रूरता, बर्बरता और राक्षसी आचरण का दूसरा उदाहरण था। इस दमन के बावजूद जनता जागरूक थी; औपनिवेशिक शासन के विरुद्ध गुप्त आन्दोलन का जारी रहना इसका प्रमाण है, पर हिन्दी कहानीकार इस वास्तविकता से उदासीन रहे। जैनेन्द्र ने राजनीतिक संन्यास ले लिया, अज्ञेय सेना में भरती हो गये और यशपाल कम्युनिस्ट पार्टी के अन्ध समर्थक के रूप में जनता का साथ छोड़कर सरकार के साथ हो गये। रांगेय राघव और पहाड़ी भी साम्यवादी दल के नये रंगरूट होने के कारण इस जनान्दोलन के चित्रण से विरत रहे। इतना बड़ा राजनीतिक हादसा और एक निहत्थे देश की जनता पर आधुनिक हथियारों से लैस औपनिवेशिक शासन का दमनचक्र सिर पर से गुजर गया और हिन्दी के कथाकार सोते रह गये। किसी देश के लेखक-समाज के लिए इससे बड़ी कोई शर्मनाक स्थिति हो सकती है, इसकी कल्पना नहीं की जा सकती।

प्रेमचन्द के निधन के बाद सहसा ऐसा लगा कि हिन्दी के कहानीकार समकालीन जीवन से कोई ताल्लुक नहीं रखते और नैतिक-मनोवैज्ञानिक पक्ष का अंकन ही उनकी रचना का मुख्य सरोकार बन गया है। इस समय हिन्दी कहानी में सबसे सक्रिय

रचनाकार जैनेन्द्र कुमार और अज्ञेय थे, और दोनो का ही समकालीन सामाजिक-राजनीतिक प्रश्नों से कोई गहरा लगाव लक्षित नहीं होता। सन् '41 के दशक में भी दोनो का सामाजिक सरोकार बहुत क्षीण दिखायी देता है। जैनेन्द्र कुमार को तो समाज से कुछ लेना देना ही न रह गया था और अज्ञेय अनागत और कल्पित फासीवाद को रोकने के लिए युद्ध में अँगरेजों का साथ दे रहे थे। युद्ध से लौटने के बाद उन्होंने साम्प्रदायिक दंगों पर आधारित कहानियों में मानवीय संवेदना के कुछ दुर्लभ क्षण चित्रित किये, पर सामाजिक प्रतिबद्धता की जिम्मेदारी का निर्वाह उनकी कहानियों में भी उपेक्षित ही रह गया है। उनकी परवर्ती कहानियाँ अधिकाधिक समाज निरपेक्ष होती गयीं और उसके बाद तो उन्होंने कहानी लिखना छोड़ ही दिया। इलाचन्द्र जोशी और भगवती प्रसाद वाजपेयी भी मनोवैज्ञानिक और नैतिक प्रश्नों से ही जूझ रहे थे। पर इस दशक के लगभग डेढ़ दर्जन कहानी-लेखकों ने, जिनमें यशपाल, उग्र, मंटो, चन्द्रकिरण सौनरेक्सा, विष्णु प्रभाकर, अमृत राय, रांगेय राघव, भैरवप्रसाद गुप्त, विश्वम्भरनाथ शर्मा 'कौशिक' आदि प्रमुख हैं, इस एकांगी रचना-दृष्टि को सन्तुलित करने का प्रयास किया।

इस दशक के लगभग आरम्भ में उग्र के *रेशमी* (1942) और *पंजाब की महारानी* (1943) कहानी संग्रह प्रकाशित हुए, जिनमें अधिकतर तो पुरानी ही कहानियाँ थीं पर 'अवतार', 'असली कुत्ता', 'चौड़ा छुरा', 'टीला और गड्ढा', 'पिशाची', 'प्रार्थना', 'बेईमानचन्द और ईमान सिंह', 'भ्रम', 'मो को चुनरी की साध', 'रामदाने के लड्डू', 'रिसर्च', 'रेशमी', 'विकास', 'संगीत समाधि', 'सुधारक', 'नींद हराम हुई' और 'मुक्ता' आदि नयी कहानियाँ थीं। उग्र की दो और कहानियाँ, 'बच्चे हँसने लगे' (*सुधा* मासिक, मई, 1941) और 'महन्त मूजीराम जी महाराज' (*अष्टावक्र*, जून-अगस्त, 1942) भी इसी समय प्रकाशित हुई थीं, पर वे किसी संग्रह में उपलब्ध नहीं हैं। 'अवतार' कहानी किसी परतन्त्र देश के (भारत के) आजादी के लिए संघर्ष को व्यंजित करती है। इसमें एक स्थान पर कथक कहता है, "जिस देश के अवतार की यह कथा है, उस देश पर उन दिनों विदेशी विजेताओं का शासन था। वे विदेशी नर नही, नराधम थे—नरपशु थे। उस देश के परतन्त्र प्राणियों की कमजोरियों का अनुचित लाभ उठाकर वे उन्हें भाँति भाँति की यातनाओं से पीड़ित करते थे। उनके छोटे बड़े गाहियों और कोड़ियों 'करों' का विस्तार ऐसा विकट था कि प्रजा त्राहि त्राहि पुकार रही थी। विदेशी शासक और उनकी मशीन के स्वदेशी-विदेशी पुरजे उस देश के गरीबों को बात बात में ऐसा पीसते थे कि देखने सुनने वाले दाँतों तले उँगली दबाकर रह जाते थे।" स्पष्टतः यह कल्पित 'देश' भारत और 'विदेशी शासक' अँगरेज हैं। कथक के अनुसार उन्हीं की पुकार सुनकर 'उसने' अवतार लिया। 'उसने' महात्मा गाँधी भी हो सकते हैं या उग्र का कोई कल्पित महापुरुष भी। कथक लिखता है, "वह जवान क्या हुआ, मानो परतन्त्रों का वह विस्तृत राष्ट्र उसके साथ साथ यौवनमय हो उठा। स्वदेश की दुर्दशा और मनुष्यों की नीचता देखते ही वह न्याय, सहानुभूति, त्याग और बलिदान के लिए पुकार उठा।...आह! वह पुकार क्या थी, उस देश के एक-एक प्राणी के पवित्र मन की प्रतिध्वनि थी। देखते देखते

उस देश के लक्षाधिक बालक, युवा, नर नारी उसके विद्रोही झंडे के नीचे आ खड़े हुए। सत्ताधारी अत्याचारियों का अतिचारी शासन काँपने लगा।...आखिर सत्ताधारी पागल बिगड़े। उन्होंने उसके विरुद्ध यह या वह अपराध लगाकर उसी देश के और उसी रंग के जासूसों और गुलाम सैनिकों की सहायता से एक दिन उसे बाँध लिया। बाँध लिया राजा के विरुद्ध विद्रोह-प्रचार करने के अपराध में। उसकी गिरफ्तारी के पूर्व उसके सहस्राधिक भक्त बिगड़े सत्ताधारियों की सेना के विरुद्ध। फिर क्या था पागलों को माँगी मुराद मिली। भूखे सैनिक कुत्ते भीड़ पर ललकार दिये गये और सैकड़ों गरीब, निरीह, सच्चे प्राणी तलवारों के घाट उतार दिये गये।'' यहाँ तक 'उग्र' का आदर्श राजनेता 1942 के 'भारत छोड़ो' आन्दोलन के गाँधी का प्रतिनिधित्व करता है। पर इसके बाद उसका रूप भिन्न हो जाता है। 'उग्र' की कल्पना के अनुसार यह देखकर उसे 'अवतार' समझने वाली जनता उसके खिलाफ हो जाती है और प्रशासन उसे फाँसी दे देता है। सूली पर चढ़ने के पूर्व वह जनता को सम्बोधित करते हुए कहता है—''भाई, मैं अवतार नहीं, तुम्हारा भाई हूँ। तुम्हीं जिसे चाहे अवतार बना दो, और जिसे चाहो, नाश के नरक में धकेल दो, मगर भाई, मैं सच्चा हूँ। तुम्हारा सेवक हूँ। मैं आज भी कहता हूँ—न डरो किसी मनुष्य से; क्योंकि वह केवल तुम्हारे तन पर शासन कर सकता है, आत्मा पर नही। मत मानो भय किसी देही का, क्योंकि उसका शासन स्वर्ग का संवाद नहीं, नरक का निमंत्रण है।'' यह भी महात्मा गाँधी की ही आवाज है। लेखक के अनुसार जब वह सूली पर चढ़ा दिया जाता है तो ''लोग उस गरीब की झोंपड़ी के चिराग को अपना नेता, उपदेशक, त्राता, अवतार, ईश्वर मानने लगते हैं। उसके बाद विद्रोह होता है—उसके प्रस्थान के चन्द हफ्तों बाद ही उस परतन्त्र देश में, और उन्हीं मूर्खों द्वारा, जिन्होंने उस महान् के मुख पर थूका था—सत्ताधारियों के रक्त से पृथ्वी लथपथ हो उठती है, ''पृथ्वी के दर्पण में झाँककर आकाश के कपोल भी रक्तिम हो उठते हैं, धुआँ उठता है, चिनगारियाँ चमकतीं, आग लगती, ज्वालामुखी फूटता है—मगर कब? जब वह सूली पर टाँगकर 'अवतार' बना दिया जाता है!''

'प्रार्थना', 'मोकों चुनरी की साध', 'बेईमानचंद और ईमान सिंह', 'भ्रम', 'रेशमी' और 'सुधारक' विभिन्न विषयों पर लिखित भाव-बोध की 'कथाएँ' हैं। 'प्रार्थना' लगभग 900 शब्दों की कथा है, जिसमे ईश्वर और मनुष्य के वार्तालाप के माध्यम से मनुष्य और ईश्वर के एक दूसरे से अलग होने का कथ्य, जो अस्पष्ट ही नहीं, भावुकता से भी लबरेज है, प्रस्तुत किया गया है। 'मोकों चुनरी की साध' लगभग 950 शब्दों की एक आठ वर्ष की, अबोध, बाल-विधवा की मार्मिक कथा है। कहानी में थोड़ी सी भावुकता तो है, पर यह भावुकता कहानी में खलती नहीं। 'बेईमानचंद और ईमान सिंह' लगभग 1300 शब्दों की 'कथा' है, जिसका कथ्य यह है कि नाना प्रकार की बेईमानियों से कमाये सेठ की धन-रक्षा 20 रुपये के वेतन पर नियुक्त ईमानदार दरवान करता है और डाकुओं से लड़ता हुआ अपनी टाँगें तक गवाँ देता है, पर जब वापस लौटता है तो सेठ उसे नौकरी पर बहाल नहीं करता और उसकी छुट्टी कर देता है। 'भ्रम' लगभग

2200 शब्दों की फन्तासी है, जिसमें भगवान पर 'रक्तासुर' की विजय दिखायी गयी है; सुवर्ण द्वीप की सुवर्ण कुमारी भगवान को छोड़कर रक्तासुर का ही वरण करती है और युद्ध में भी रक्तासुर भगवान को 'बैकुंठ' पहुँचा कर स्वयं सारे ऐश्वर्य का भोक्ता बन जाता है। 'रेशमी' लगभग 1000 शब्दों की रोमानी भाव-बोध की कथा है, जिसमें एक उद्यान में चमकीले कीड़े और तीन 'स्वर्गीय सुन्दरियों' का प्रेमपूर्ण वार्तालाप प्रस्तुत किया गया है। 'सुधारक' भी लगभग 1000 शब्दों की 'बोधकथा' ही है, पर इसकी अन्तिम पंक्ति में थोड़ी सी 'कहानी' पैदा हो गयी है। कहानी के अन्त में विधवा युवती आत्मघात करके पाठक को, जो यह उम्मीद कर रहा था कि वह डाक्टर को जहर देगी, चौंका देती है।

'असली कुत्ता', 'चौड़ा छुरा', 'टीला और गड्ढा', 'पिशाची', 'रामदाने के लड्डू', 'रिसर्च', 'विकास', 'संगीत समाधि' आदि चार सौ से आठ सौ शब्दों की 'लघु कथाएँ' हैं। 'असली कुत्ता' में एक कुत्ते की वफादारी का रोचक वर्णन किया गया है। यद्यपि कथा बहुत साधारण है, पर आज की पत्रिकाओं में प्रकाशित होने वाली 'लघुकथाओं' से कमजोर नहीं है। 'चौड़ा छुरा' में एक गरीब बुढ़िया का साग-भाजी काटने वाला छुरा, जो उसके पति का स्मृति चिह्न भी है, दंगे में कई हिन्दुओं-मुसलमानों की हत्या का कारण बन जाता है। 'रामदाने के लड्डू' में विदेशी मिठाइयों के आ जाने से रामदाने के लड्डुओं की बिक्री पर पड़ने वाले असर का चित्रण किया गया है। आज के मुक्त व्यापार के समय में देशी वस्तुओं के उत्पादन और बिक्री पर पड़ने वाले प्रभाव के संकेत की दृष्टि से इस कथा का महत्त्व बढ़ जाता है। 'रिसर्च' में एक प्रतीक कथा के माध्यम से मनुष्य के शैतान से प्रभावित होकर शैतानियत ग्रहण करने की बात कही गयी है। 'विकास' में यह बताया गया है कि मनुष्य ने अपने सन्तोष के लिए अलग अलग धर्मों की सृष्टि की पर अन्ततः उसने 'व्यवसाय' की सृष्टि की और उसी में 'व्यस्त' हो गया। 'संगीत समाधि' कला की साधना के कथ्य पर आधारित आकारतः छोटी, पर व्यंजना में बहुत अच्छी, कहानी है। 'टीला और गड्ढा' में एक मिथक के माध्यम से सामन्तवर्ग के विनाश और निम्न वर्ग की विजय का सपना देखा और प्रस्तुत किया गया है। 'पिशाची' मोटरगाड़ियों द्वारा प्रतिदिन की जाती हुई 'एक्सिडेन्ट' रूपी हत्याओं के बारे में एक व्यंग्य, विनोद और करुणापूर्ण कहानी' है।

विश्वम्भरनाथ शर्मा 'कौशिक' पहले से ही कहानियाँ लिखते आ रहे थे और इस दशक के पूर्वार्ध तक (1946 में निधन के पूर्व) उन्होंने एक दर्जन से ऊपर कहानियाँ लिखी थीं।[4] 1939 में द्वितीय विश्व युद्ध छिड़ गया था, जो 1945 में समाप्त हुआ। कौशिक की अनेक कहानियों में द्वितीय विश्व युद्ध से उत्पन्न स्थितियों का अनेक रूपों में चित्रण हुआ है। जर्मनी ने फ्रांस पर आक्रमण करके उस पर कब्जा कर लिया था। कौशिक जी की कई कहानियाँ फ्रांस के देशभक्त नागरिकों को केन्द्र में रखकर लिखी गयी हैं। 'पेरिस की नर्तकी' कहानी फ्रांस और जर्मनी के युद्ध से सन्दर्भित देश प्रेम की कहानी है। नर्तकी ऐंड्री जर्मनी से मिलकर फ्रांस की जनता को अपनी नृत्यकला से

मोहित कर युद्धविमुख करने के प्रयास में लगी हुई है। कुछ देशभक्त साम्यवादी उसे एक जर्मन ऑफिसर के घर से निकलते ही पकड़ लेते हैं और अपने शिविर में लाकर उसे आत्महत्या के लिए बाध्य कर देते हैं। कहानी का स्वर 'देश प्रेम' है। 'प्रतिशोधोन्माद' और 'प्रतिहिंसा' भी देशभक्त फ्रांसीसी युवकों और लड़कियों के साहस तथा बलिदान की कहानियाँ हैं। 'कौशिक' का फ्रांस की राजनीति और युद्धविषयक ब्योरों का ज्ञान आश्चर्य पैदा करने वाला है। बर्मा पर जापानियों का अधिकार हो जाने के बाद वहाँ की जनता पर होने वाला अत्याचार 'पूरी कीमत' कहानी में उजागर हुआ है। इस कहानी में एक बर्मी लड़की के जापानी बलात्कारी से, अपनी जान देकर और उसकी जान लेकर, स्वाभिमान की रक्षा करने के साहस का रोमांचक और मार्मिक वर्णन किया गया है। 'मनुष्य' में जापानियों के बर्मा पर आक्रमण के बाद वहाँ से भारतीयों के पलायन का वर्णन किया गया है। इस कहानी में विपत्ति में पड़े आदमी की सहायता के मूल्यबोध का चित्रण भी किया गया है। 'कौशिक' की युद्ध-सन्दर्भित कहानियों में 'मनुष्यता का दंड' कहानी का विशेष महत्त्व है। यह 'कौशिक' की सर्वश्रेष्ठ कहानियों में तो परिगणनीय है ही, हिन्दी की भी दुर्लभ युद्धविरोधी कहानी है। युद्ध की मानवविरोधी विभीषिका के बीच मानवीय संवेदना की किरण का चित्रण इस कहानी की विशेषता है। यह मानवीय संवेदना ही इस कहानी के केन्द्र में है और यही कहानी को विशिष्ट बनाती है।

महायुद्ध ने भारत की आम जनता को आर्थिक संकट से ग्रस्त कर दिया था, जिसका सबसे भयानक रूप बंगाल के अकाल के रूप में घटित हुआ था। युद्ध के कारण आम जनता को भोजन-वस्त्र और अन्य सामान्य उपयोग की वस्तुएँ दुर्लभ हो गयी थीं और जमाखोरी, कालाबाजारी, रिश्वतखोरी आदि का बाजार गर्म हो गया था। 'चौबे से दूबे' कहानी में युद्धकाल में कन्ट्रोल से मिलनेवाली वस्तुओं की अनुपलब्धता का वर्णन व्यंग्य और विनोद की शैली में किया गया है। 'भोला शिकार' कहानी में भी जरूरत की चीजों की अनुपलब्धता का वर्णन किया गया है। 'पशुवृत्ति' विश्व युद्ध के समय बाजार में, और कन्ट्रोल की दुकानों में भी, गेहूँ की अनुपलब्धता पर आधारित एक यथार्थ और मार्मिक कहानी है। बीमारी से उठे बच्चे के पथ्य के लिए एक सेर गेहूँ का न मिल पाना समय के यथार्थ को बड़ी निर्ममतापूर्वक उद्‌घाटित करता है। कहानी का निष्कर्ष है कि 'पशुओं में फिर भी कुछ मर्यादा है, परन्तु मनुष्य तो पशुओं से भी गया बीता है।' 'आर्त' कहानी में भी युद्धकाल में गरीबों की दीन दशा का चित्र खींचा गया है। कहानी का सार यह है कि गरीब आदमी विवश होकर दो-चार रुपये की चोरी कर लेता है तो व्यवस्था उसे कठिन दंड देती है, पर लाखों करोड़ों की चोरी करने वाले आराम की जिन्दगी व्यतीत करते हैं। लेखक की टिप्पणी है—"अनाज चुराकर धरना और मनमाने भाव पर बेचना चोरी नहीं है? कपड़े पर अनाप-शनाप नफा खाना और गरीबों का गला काटना क्या है? रेजगारी रहते हुए रेजगारी न देना चोरी नहीं तो क्या है? कंट्रोल भाव पर चीज न बेचना या खराब चीज देना क्या साहूकारी है? यह सब चोरी है। जब पैसे वाले यह सब करते

हैं तो इस गरीब के पास पैसा न होने से चदरा चुरा लिया तो कौन बड़ा पाप किया?" इससे लेखक की मानवतावादी दृष्टि का पता चलता है।

उपेन्द्रनाथ अश्क, इस दशक में भी, कहानीकार के रूप में सक्रिय रहे। 1940 में अश्क आल इंडिया रेडियो, दिल्ली में आ गये थे। उस समय उर्दू में प्रगतिशील आन्दोलन अपनी उठान पर था और *अंगारे* (1932) ग्रुप के लेखक, अहमद अली, रसीद जहाँ आदि कहानी को नये कथ्यों से सम्पन्न कर रहे थे। दबी-घुटी यौन भावनाओं से पर्दा उठाना इनमें से एक था। मंटो, कृशन चन्दर, इस्मत चुगताई आदि रोमानियत के साथ साथ सेक्स की चाशनी देकर कहानी लिख रहे थे। अश्क ऑल इंडिया रेडियो में कृशन चन्दर और मंटो के सहकर्मी होने के कारण उनसे किसी न किसी रूप में प्रभावित और किंचित् स्पर्धारत भी थे। उन्हीं दिनों मंटो की 'हतक' और इस्मत चुगताई की 'लिहाफ' कहानियाँ प्रकाशित हुईं। इस्मत ने मुस्लिम घरानों की औरतों की यौन समस्या को लिया और मंटो ने अपने प्रिय विषय वेश्यालय को। उन पर काफी शोर मचा और प्रगतिशील लेखकों ने उन्हें बेहद उछाला। उन्हीं कहानियों को उन्हीं लोगों ने 1949 में प्रगति-विरोधी भी कहा।[5] 1941 में घरेलू नौकरों की यौन समस्या पर मंटो और अश्क ने एक साथ कहानियाँ लिखीं। मंटो ने 'ब्लाउज' और अश्क ने 'उबाल'। दोनो कहानियाँ *साकी* के एक ही अंक में छपीं। दरअसल 'उबाल' शीर्षक कहानी मंटो की असफल प्रतिस्पर्धा में ही लिखी गयी थी। इस कहानी में अपने मालिक को नवविवाहिता पत्नी से कामक्रीड़ा करते देख-देखकर नौकर का कामपीड़ा से ग्रस्त होकर वेश्या के यहाँ जाना, वहाँ से रतिरोग लेकर लौटना और नौकरी से निकाला जाना, बाद में इस तथ्य से भी परिचित होना कि जिस बालवेश्या से उसका सम्पर्क हुआ वह तेरह वर्ष की उम्र में ही रति-रोग की शिकार थी, मंटो के अनुभव-क्षेत्र की कहानी होने पर भी उसकी गहन मानवीय संवेदना से कोसों दूर थी। कहानी में यथार्थ का वह रूप उभरा है, जिसे प्रेमचन्द नग्न यथार्थवाद और लूकाच प्राकृतिक यथार्थवाद कहते थे। 'उबाल' वस्तुतः उर्दू प्रगतिशील कहानी आन्दोलन के प्रभाव में उर्दू में ही लिखी गयी थी और यह उनकी इस प्रकार की अन्तिम कहानी थी। अच्छा हुआ कि अश्क ने वेश्या जीवन पर कोई दूसरी कहानी नहीं लिखी।

इस अवधि में उन्होंने 'काकड़ाँ का तेली', 'झटके', 'बगूले', 'सपने', 'स्पोर्ट्र्समैन', 'खटक', 'खिलौने', 'कैप्टन रसीद' आदि कहानियाँ लिखीं।[6] 'काकड़ाँ का तेली' मानवीय संवेदना को उसकी तीव्रता में प्रस्तुत करने वाली एक बहुत अच्छी, कदाचित् अश्क की सबसे अच्छी कहानी है। गरीबी की विवशता का जितना तीखा अहसास इस कहानी में कराया गया है, वह दुर्लभ है। जीवन का एक सामान्य निजी अनुभव किस प्रकार कहानी में रूप बदल कर जनसामान्य का प्रतिनिधि अनुभव बन जाता है, यह कहानी इसका प्रमाण है। अनुभव था दिल्ली में ताँगेवाले से किराये के लिए मोलभाव का और कहानी बन गयीं गाँव की गरीबी, व्यथा और बेबसी की। 'बगूले' में खलिहान में गेहूँ साफ करते समय बगूले आ जाने, भूसे के साथ अनाज के भी उड़ जाने और किसान

के सपनों के चूर हो जाने की पीड़ा प्रस्तुत की गयी है। यह भी एक औसत से अच्छी यथार्थवादी कहानी है। 'स्पोर्ट्समैन' एक अच्छे खिलाड़ी की खेल-भावना का चित्रण करने वाली कहानी है, पर इसमें कोई उल्लेखनीयता नहीं है। 1942 में प्रकाशित कहानी 'खटक' अपने समय के इस यथार्थ का चित्रण करती है कि द्वितीय महायुद्ध के कारण बाजार में अनाज की कमी हो गयी थी और कंट्रोल की दुकानों पर भले आदमियों के लिए सामान खरीदना आसान नहीं था। बंगाल में अकाल पड़ा हुआ था और जिनके पास पैसे थे, वे साल भर के लिए अनाज खरीद कर जमा कर रहे थे। इस कारण अनाज की और भी कमी हो रही थे। कहानी के पात्र शिवप्रसाद जैसे बुद्धिजीवी इसे बहुत बुरा मानते हैं पर स्वयं उनके घर में भी उनकी पत्नी ऐसा ही करती है। पर इस विडम्बना को चित्रित करने वाली अपेक्षित संवेदना और व्यंजना इस कहानी में नहीं दिखायी देती। युद्धकाल की ही एक दूसरी विडम्बना फौजी तन्त्र में भ्रष्टाचार की व्याप्ति थी, जिसका चित्रण 'कैप्टन रसीद' नामक कहानी में किया गया है। यह निहायत निजी अनुभव पर आधारित कहानी है। इसमें दफ्तरशाही के स्वरूप और फौज में नियुक्तियों में होने वाली सिफारिशों का रोचक चित्रण किया गया था। वस्तुतः भ्रष्टाचार का यह रूप पूरे तन्त्र पर हावी था। इस सच्चाई के 'कालातीत' होने के कारण इस कहानी का विषय आज के लिए भी उतना ही प्रासंगिक है।

1945 में द्विजेन्द्रनाथ मिश्र 'निर्गुण' की इस अवधि में लिखित कहानियों के दो संग्रह–*टीला* और *कच्चा धागा*–प्रकाशित हुए। गुणवत्ता की दृष्टि से निर्गुण की कहानियों की उच्चावचता में आसमान जमीन का अन्तर है। यह अन्तर 'केला (केले) के तीन पेड़', 'एक सवाल', 'कच्चा धागा', 'मुंशी जी', 'पुजारी', 'रावण', 'तिवारी' और इसी अवधि में प्रकाशित 'दो अध्याय', 'टूटे सपने', 'अँधेरा', 'शान्ति', 'प्रेमा', 'घृणा', 'जिन्दगी' आदि में देखा जा सकता है। निर्गुण की जिन कहानियों के पीछे उनका अपना सच्चा अनुभव और संवेदना है, वे किंचित् 'व्यावसायिक' होने पर भी विकसित पाठकों की संवेदना को अभिभूत करती या झकझोरती हैं। 'केला के तीन पेड़' में समकालीन उगती 'महाजनी' और डूबती 'सामन्ती' संस्कृतियों के संघर्ष का बड़ा ही मार्मिक और यथार्थ चित्रण हुआ है। लेखक का थोड़ा सा झुकाव सामन्ती संस्कृति की ओर लक्षित होता है, पर इस संघर्ष में वह दोनों के विनाश का भविष्य देखता है। वह इन दोनो ही संस्कृतियों में नारी की नियति की समानता लक्षित करता है। पाठक इस संघर्ष में नारी की करुण त्रासदी से अभिभूत होता है। यह सही है कि 'निर्गुण' मार्क्सवादी विचारधारा से प्रभावित नहीं हैं और इसलिए कहानी का अन्त वैसा नहीं होता, जैसा कोई मार्क्सवादी आलोचक अपेक्षा करता है। इसके बावजूद यदि कहानी हमारी संवेदना को झंकृत करती है, तो इसके मूल में मानवीय करुणा और मूल्य की उपस्थिति तो देखी ही जा सकती है। 'एक सवाल' कहानी में धार्मिक आस्थाओं को अतिक्रमित करती मानवीय संवेदना, आजादी की लड़ाई में हिन्दू-मुसलमान के अन्तर को धत्ता बताती हुई बलिदान-भावना और व्यक्ति के सन्दर्भ में परिवार के प्रति दायित्व और देशभक्ति का

द्वन्द्वात्मक सम्बन्ध बहुत प्रभावी रूप में अभिव्यक्त हुआ है। 'कच्चा धागा' में मानवीय सम्बन्धों की संवेदनशीलता, प्रेम, करुणा, सहानुभूति, सम्मान आदि का जो रूप उभरा है, वह 'निर्गुण' को एक उल्लेखनीय कहानीकार के रूप में प्रतिष्ठित करने के लिए पर्याप्त है, यद्यपि कहानी के अन्तिम हिस्से में संयम का अभाव और अविकसित रुचि को रिझाने वाले सूत्रों का उपयोग इसकी श्रेष्ठता को प्रभावित भी करता है। इसी प्रकार 'मुंशी जी' कहानी भी बहुत अच्छी कहानी होती, यदि लेखक ने थोड़े संयम से काम लिया होता। अविकसित रुचि के पाठकों को देर तक उलझाए रखने की व्यावसायिक प्रवृत्ति ने इस कहानी को भी नुकसान पहुँचाया है, अन्यथा मानवीय सम्बन्धों की जटिलता को प्रस्तुत करने की दृष्टि से इसकी सफलता को नजरअन्दाज नहीं किया जा सकता। यदि कहानीकार ने 'वर्णनों' के लोभ का संवरण किया होता तो 'पुजारी' भी जमींदार के द्वारा पीड़ित, असहाय, लड़की को बचाने के लिए पुजारी के संवेदनशील, साहसपूर्ण और कारुण्य से भरे प्रतिरोध की अच्छी कहानी होती। 'रावण' और 'तिवारी' तो निर्विवाद रूप से 'निर्गुण' की ही नहीं, पूरी हिन्दी की श्रेष्ठ कहानियों में परिगणनीय हैं। 'रावण' हिन्दू-मुस्लिम सम्बन्ध की बेजोड़ कहानी है। जुम्मन के चरित्र को पढ़ते हुए हमें *प्रेमाश्रम* के कादिर का स्मरण हुए बिना नहीं रहता। 'तिवारी' चरित्र-रचना की दृष्टि से बड़ी ही अनोखी मार्मिक कहानी है। चारित्रिक पतन और उदात्तता का एक साथ ऐसा मनोवैज्ञानिक अंकन पूरे हिन्दी कहानी साहित्य में दुर्लभ है। यदि नामवर सिंह ने यह कहानी पढ़ी होती तो वे कदाचित् 'एक शिल्पहीन कहानी' के विवेचन क्रम में 'निर्गुण' के प्रति इतने असंवेदनशील न हुए होते।

इसी अवधि में प्रकाशित निर्गुण की अन्य कहानियाँ 'लोकप्रिय' कथा साहित्य के उन नुस्खों पर आधारित हैं, जो प्राथमिक स्तर की भावुकता, कैशोर रोमांस, भरती के वर्णन, अस्वाभाविक त्वरा के साथ घटित संयोगाधृत घटनाएँ, दुलकी चाल चलने वाली भाषा के रूप में होते हैं। इनमें से 'शान्ति' शीर्षक कहानी इस दृष्टि से उल्लेखनीय मानी जा सकती है कि इसमें अन्तरधर्मीय प्रेम का चित्रण किया गया है, जो धार्मिक कट्टरपन की भेंट चढ़ जाता है। 'प्रेमा' कहानी में प्रेम और आर्थिक विषमता के द्वन्द्व का चित्रण किया गया है। 'जिन्दगी' लगभग 17 पृष्ठों (लगभग 7500 शब्द) की लम्बी 'कथा' है, जो 'माया' में धारावाहिक रूप में प्रकाशित हुई थी और 'लोकप्रिय धारावाहिक कथाओं' की सभी शर्तों को पूरा करती है। पर 'निर्गुण' का कहानीकार के रूप में मूल्यांकन उनकी उन कथाओं के आधार पर नहीं करना चाहिए जो शुद्ध जीविकोपार्जन के उद्‌देश्य से लिखी गयी थीं। उन कथाओं को छोड़कर भी 'निर्गुण' के खाते में इतनी अच्छी कहानियाँ तो बच ही जाती हैं जो उन्हें हिन्दी कहानी के इतिहास में सम्मानपूर्ण जगह का अधिकारी बना देती हैं।

विवेच्य अवधि में पहाड़ी की कहानियों के तीन संग्रह, *छाया में* (ल. 1945)[7], *सफर* (1945)[8] और *नया रास्ता* (1946)[9] प्रकाशित हुए। कोई सार्थक अनुभव और संवेदना न होने पर भी जीविकोपार्जन अथवा 'छपास' की वृत्ति के कारण कुछ लेखकों का कहानी

लिखते जाना उनकी मजबूरी होती है। पहाड़ी में यह मजबूरी दिखायी पड़ती है। उनकी इस काल में लिखी दर्जन भर कहानियाँ उद्‌देश्य की निर्थकता और संवेदना की तीव्रता के अभाव में अनुल्लेखनीय हो गयी हैं। उनकी कहानियों में विधवा भाभी और देवर के बीच प्रेम, अस्पताल, रोगी, मृत्यु, आत्महत्या, हत्या आदि के प्रसंग अक्सर दिखायी पड़ते हैं, और उनमें कोई सामाजिक अथवा संवेदनात्मक संकट नहीं होता। प्रेम का भावुकता भरा चित्रण अधिकतर कहानियों में दिखायी पड़ता है। 'एक दृष्टि' में पिता की वैचारिक हठधर्मिता के कारण प्रेमी-प्रेमिका विवाह-सूत्र में जुड़ नहीं पाते। भारतीय जीवन का यह सामान्य सत्य है, पर इसे आधार बनाकर हजारों कहानियाँ लिखी जा चुकी हैं और आज भी लिखी जा रही हैं। इस कहानी में भी इसी स्थिति से सम्बद्ध मनोदशा का चित्रण हुआ है। पर कहानी में कोई 'नयी' बात पैदा नहीं हो पायी है। एक संयोग की सहायता से निराश प्रेमी ट्रेन में यात्रा करते हुए अपनी बचपन की प्रेमिका को सोती हुई स्थिति में देखता है और उसकी स्मृतियों की रील चल पड़ती है। पाठक को यह प्रेमकथा इसी स्मृति के माध्यम से प्राप्त होती है। 'एकाकी चीर', 'सरोज को एक पत्र', 'हेम को एक पत्र', 'उस रोमांस की बात', 'तमाशा', 'गेंदा', 'तो इन्होंने चन्द्रा को जरूर देखा है', 'दुनिया के उस पार', 'निरुपमा', 'प्रभा को एक पत्र', 'रामू और भाभी', 'वह अँगूठी', 'शीला इलाहाबाद चली गयी', 'सपने की दुनिया' आदि कहानियों में भी कैशोर भावुकता से लबरेज प्रसंगों का चित्रण मिलता है। 'नीनी' में एक प्रेम संवेदना तो है, पर कहानीकार ने उसे कुछ ज्यादा ही उलझा दिया है। नीनी और सुरेश एक दूसरे को प्यार करते हैं, पर नीनी का विवाह सुरेश के दोस्त योगेश से हो जाता है। योगेश बीमार पड़ता है तो नीनी सुरेश को ही, जो अब डॉक्टर है, बुलाती है। सुरेश केवल आता ही नहीं, योगेश का इलाज करने के लिए उस गाँव में रह जाता है। योगेश की बहन डॉक्टर को प्यार करने लगती है। यहाँ तक तो ठीक है, पर नीनी के आत्महत्या कर लेने का औचित्य समझ में नहीं आता। इस जटिल स्थिति को सँभालने में लेखक को सफलता नहीं मिली है। 'एक पहेली' पति पत्नी के बीच तीसरे की उपस्थिति या प्रेमी प्रेमिका के बीच एक अदद पति के आ जाने की कहानी है। इस कहानी में नलिनी और विनोद एक दूसरे को प्यार करते हैं और दोनो का विवाह भी होनेवाला है, पर विनोद की मृत्यु हो जाती है और एक साल के बाद नलिनी का भी विवाह एक प्रोफेसर से हो जाता है। पति के साथ रेलगाड़ी में यात्रा करती हुई अपनी पूर्वस्मृतियों को जीने लगती है और उस स्मृति से इतनी आविष्ट हो जाती है कि अगले स्टेशन पर, पति के लाख समझाने पर भी, उतर जाती है। यह प्रसंग ठीक वैसा ही है, जैसा जैनेन्द्र की कहानी 'एक रात' में सुदर्शना का अपने पति का घर छोड़ने का है। यह नकल जैसा प्रतीत होता है।

'वह किसकी तसवीर थी' का प्रेम दर्शन भी जैनेन्द्र से मिलता जुलता है, पर यह एक अपेक्षाकृत अच्छी कहानी है। कहानी एक 'स्मृति' के रूप में कही गयी है; वस्तुतः स्मृति ही जी गयी है। नामवर सिंह ने कहानी में 'स्मृति को जीने' का श्रेय निर्मल वर्मा

को दिया है। पर निर्मल वर्मा स्मृति को जीने और प्रस्तुत करने वाले लेखकों में 'पहले' नहीं हैं। 'वह किसकी तसवीर थी' की मूल संवेदना प्रेम की है और प्रेमिका किसी की पत्नी है। इस कहानी का प्रेमी भी जैनेन्द्र के पात्रों की तरह 'राजनेता' है और अपनी राजनीति में अतिशय व्यस्त रहता है। इस कहानी का पति भी वकील है और अपनी पत्नी सुभद्रा को 'सुनीता' के श्रीकान्त की ही तरह अपने देवर राजनीतिज्ञ से मिलने जुलने की पूरी छूट दिये हुए है, बल्कि प्रोत्साहित भी करता है। सुभद्रा भी सुनीता की तरह राजनीतिज्ञ दिनेश को प्यार करती है।

यह स्मृति वर्तमान के चौखटे में मढ़ी हुई है। वर्तमान में राजनेता की हृदयगति के रुक जाने से मृत्यु हो गयी है। सुभद्रा अट्ठावन वर्ष की हो चुकी है और उसका पति पहले ही मर चुका है, पर वह घर में रानी की तरह रहती है। सभी उसके वर्चस्व को स्वीकार करते हैं; खूब भरा-पूरा, सुखी-सम्पन्न घर है। इसी मनःस्थिति में उसे अपने अतीत की स्मृति आविष्ट कर लेती है। और रात में वह आत्मघात कर लेती है। अपने पुत्र दिनेश के नाम वह जो पत्र छोड़ती है, उसमें वह इस तथ्य का, खास तौर पर उल्लेख करती है कि वह उसी राजनेता का पुत्र है!

'अवहेलना', 'व्याख्याहीन जीवन' और 'वह कौन' स्त्री के यौन-शोषण और शोषित स्त्रियों की असहाय स्थिति और आत्महत्या का चित्रण करने वाली कहानियाँ हैं। अपनी कुछ कहानियों में पहाड़ी ने वेश्याओं के सच्चे प्रेम का अंकन किया है। उनका कथ्य यह है कि वेश्याओं को भी किसी युवक से प्रेम करके सामान्य जीवन जीने का हक है। 'कामिनी' में एक वेश्या का चित्रण किया गया है जो पत्नी बनने की साध रखती है और अपने एक युवक ग्राहक को इसी रूप में अपना भी लेती है। वह उसकी मृत पत्नी को 'जीजी' कह कर याद करती है और जब महीम उसकी स्मृति में डूबता है तो उसे ईर्ष्या नहीं होती। अन्त में जब वह महीम को छोड़कर कुछ दिनों के लिए 'पहाड़' जाती है तो स्टेशन से ताँगे पर लौटते हुए महीम अपने अतीत को याद करता है जिसमें कामिनी का बहुत ही प्रीतिकर चरित्र उभरता है। 'खेल' और 'धुत' में भी युवकों के वेश्याओं से प्रेम करने के भावुकतापूर्ण प्रसंग प्रस्तुत किये गये हैं, पर इन कहानियों में अनुभव की सार्थकता और संवेदना की तीव्रता की दृष्टि से कोई उल्लेखनीयता नहीं है।

'मलिन छाया' समाज में विधवा की स्थिति पर यह एक अच्छी कहानी कही जा सकती है। पहले तो शान्ति का विवाह उमेश से नहीं होता नहीं होता, जिसे वह प्यार करती थी। पर संयोग से पत्नी बनती है एक ऐसे डॉक्टर की जो उमेश का, गाँव का, बड़ा भाई है। शान्ति द्वारा इस कहानी को जान लेने पर भी उसका पति मोहन इसे अन्यथा नहीं लेता। पर दुर्योग यह घटित होता है कि मोहन की बीमारी से मृत्यु हो जाती है और मरने के पहले मोहन शान्ति तथा अपने छोटे बच्चे को उमेश को सौंप जाता है। पर कुछ ही दिनों में समाज शान्ति और उमेश के बारे में प्रवाद फैलाने लगता है, जिसे सहन न कर शान्ति आत्महत्या कर लेती है। इससे विधवा जीवन की विवशता का तो पता चलता है, पर 'अन्त' का विकल्प इससे बेहतर भी हो सकता था।

'कौतूहल की बात', अविश्वास या...', 'आविष्कार', 'काँटा', 'कुछ रोज', 'विवेक का सवाल', 'सपने की दुनिया', 'अजनबी', 'आनन्दी रोयी थी', 'एक अध्याय', 'एक रिकार्ड', 'छायावादी हिरोइन', 'मूँग की दाल', 'वह मिस शिवकुँवर ही थी', 'सफ़र' आदि भावुकतापूर्ण, असंगतियों से भरी, किशोर पाठकों और यात्रा में समय काटने के उद्देश्य से लिखित कहानियाँ हैं।

इसी समय के आसपास पहाड़ी 'प्रगतिवादी' लेखकों के सम्पर्क में आये थे और उनकी कहानियों का स्वर थोड़ा थोड़ा बदलने लगा था। इस बदलाव की झलक उनकी इस काल में लिखित कतिपय कहानियों में दिखायी देने लगती है। 'चीन के आँचल में' युद्धविरोधी संवेदना की कहानी है। युद्ध किस प्रकार मानवीय संवेदना को निगल जाता है, यही कदाचित् कहानी का कथ्य है। चीनी लड़की सोया युद्ध में बन्दी बनाये गये जापानी जनरल की रक्षा करती है और उसके साथ प्रेम की डोर में बँधकर जापानी खेमे में पहुँचती है पर वहाँ उस पर 'जापान के प्रति घृणा' का आरोप लगाकर उसे मौत की सजा दे दी जाती है। जो 'ट्रिब्यूनल' उसे सजा सुनाता है उसमें वह 'जेनरल' भी है, जिसकी रक्षा सोया ने की थी। पर उसी रात 'जनरल' भी गायब जाता है और फिर लौटता नही। शायद वह आत्महत्या कर लेता है। इस प्रकार इस कहानी में एक गहरी संवेदना है जो इसे 'कहानी' बनाती है। 'काली बाबू' एक प्रतिभाशाली, पर गरीब लड़के की कहानी है, जो मैट्रिक पास करने के बाद मारा मारा फिर रहा है। धीरे धीरे उसकी सारी आशाएँ चूर-चूर हो जाती हैं। इस कहानी में कोई गहरी संवेदना भले न हो, पर सामाजिक दर्शन का एक कथ्य जरूर है। 'छाया में' एक क्लर्क के जीवन की परेशानियों और विवशताओं का चित्रण किया गया है। 'रधिया' मजदूर समाज की कहानी है। पर अनावश्यक विवरणों और आन्तरिक असंगतियों के कारण ये कहानियाँ अनुल्लेखनीय हो गयी हैं।

नया रास्ता में पहाड़ी की कहानियाँ यथार्थ के और भी निकट आ जाती हैं। यह वह समय था जब द्वितीय विश्व युद्ध के आर्थिक कुप्रभावों, अपेक्षाकृत उच्च मध्यवर्ग की आर्थिक तंगी से चरमराती जिन्दगी, दैनिक उपयोग में आनेवाली वस्तुओं की दुर्लभता, कालाबाजारी, बंगाल के अकाल, औपनिवेशिक शासन की क्रूरता आदि संवेदनशील मानस को क्षुब्ध कर रहे थे। 'अतिथि' लगभग 9000 शब्दों की एक लम्बी राजनीतिक कहानी है, जिसमें इन स्थितियों का विश्वसनीय चित्रण किया गया है। 'क्यू' में भी द्वितीय विश्व युद्ध के समय आवश्यक वस्तुओं की कमी और उनकी प्राप्ति में होनेवाली कठिनाइयों का वर्णन किया गया है। 'तूफान' पहाड़ी जीवन की युद्धजनित संकट की एक अच्छी कहानी है। इसमें नौजवानों के युद्ध में चले जाने के बाद उनकी पत्नियों या विधवाओं के प्रेम की कहानी प्रस्तुत की गयी है, जो एक स्वाभाविक स्थिति है, जिसका चित्रण भी बहुत स्वाभाविक रूप में किया गया है। 'नागफाँस' भी द्वितीय विश्व युद्ध से सम्बन्धित कहानी है, पर लेखक की राजनीतिक समझ बहुत साफ नहीं है। लेखक साम्यवादी दल की उस नीति से प्रभावित है, जिसके तहत फासीवाद का विरोध किसी भी मूल्य पर जरूरी था। 'संक्रान्ति' द्वितीय विश्व युद्ध के स्वरूप, राजनीति

में सक्रिय युवकों पर सरकार के अत्याचार आदि पर आधारित कहानी है।

'अवशिष्ट रूढ़ियाँ', 'कल्पवृक्ष' और 'नया रास्ता' आदि कहानियों में समकालीन मध्यवर्ग की टूटन, तर्कहीन अभिमान के कारण लड़की के अविवाहित रह जाने, स्त्रियों की दयनीय दशा, अन्धविश्वासों के कारण उत्पन्न संकटों आदि का चित्रण किया गया है। 'नया रास्ता' में केन्द्रीय पात्र के मध्यवर्गीय संस्कारों की केंचुली उतारकर वैज्ञानिक जीवन-पद्धति अपनाने का चित्रण किया गया है।

इन सारी कहानियों का कथ्य तो यथार्थ है, पर उसके पीछे कोई गहरी संवेदना नहीं है। इन कहानियों में केवल 'तूफान' ही संवेदना की तीव्रता के कारण प्रभावित करती है।

चौथे दशक में विष्णु प्रभाकर ने लगभग 37 कहानियाँ लिखी थीं, जबकि पाँचवे दशक में लिखित उनकी कहानियों की संख्या लगभग 84 है। इनमें से तीस कहानियाँ 1945 तक लिखी जा चुकी थीं। मसिजीवी लेखक के लिए यह कोई आश्चर्य की बात नहीं है। इसका स्वाभाविक परिणाम यह हुआ है कि कहानियाँ कलात्मक दृष्टि से बहुत साधारण बनकर रह गयी हैं। कथ्य की दृष्टि से इनमें अपने समय के प्रति जागरूकता दिखायी देती है।

'नफरत, केवल नफरत' और 'मैं उन्हें क्या कहूँ?' वेश्या जीवन पर आधारित कहानियाँ हैं। 'नफरत, केवल नफरत' उन वेश्याओं की जिन्दगी पर आधारित है जो बदहाली में जीती हैं, जिनका यौवन और सौन्दर्य समाप्त हो चुका रहता है, जो यौन बीमारियों से ग्रस्त होती हैं, जिन्हें ग्राहक नहीं पूछते, जो ग्राहकों के पीछे दौड़ लगाती हैं और बेहयायी की सीमाओं को पार करने पर भी खाने-पीने भर को अर्जित नहीं कर पातीं और दलाल जिनका शोषण करते हैं। इस कहानी द्वारा लेखक ऐसी वेश्याओं के प्रति सहानुभूति जगाने में सफल हुआ है। 'मैं उन्हें क्या कहूँ?' में लेखक की सोच यह है कि वेश्या भी मूलतः स्त्री है, जिसे सच्चे प्रेम की भूख और उस पर अपना सबकुछ लुटा देने की कामना हो सकती है। इस कहानी की वेश्या युवा है, सुन्दर है, बाजार में उसकी साख है और उसके पास बेशुमार धन है। वह एक युवक से प्रेम करती है, अपना पेशा करती हुई भी उसकी मृत्यु होने तक उससे प्रेम करती रहती है और अपने प्रेमी के प्रति अपने कर्तव्य का पालन करती है। जिस प्रकार जैनेन्द्र की वेश्या पात्र अपना पेशा करती हुई भी पति के प्रति समर्पित रहती है, उसी प्रकार विष्णु प्रभाकर की वेश्या पात्र अपने प्रेमी के प्रति समर्पित दिखायी पड़ती है। यह वही समय है जब मंटो अपनी वेश्या जीवन पर आधारित कहानियों के कारण विवादों के घेरे में थे और उन पर चौतरफा आक्रमण हो रहे थे। विष्णु प्रभाकर की इन कहानियों पर मंटो का प्रभाव दिखायी देता है। विष्णु जी की इन कहानियों में दर्द की वह टीस तो नहीं है जो मंटो की कहानियों में है, पर करुणा का अन्तर्निहित भाव अवश्य है। इन कहानियों में अनुभव की प्रामाणिकता को लेकर बहस की जा सकती है। मंटो के पक्ष में तो यह बात कही जा सकती है कि उसका वेश्याओं की जिन्दगी से सीधा सम्बन्ध था, पर विष्णु जी के

साथ यह बात नहीं हो सकती।

मज़हबी जुनून औपनिवेशिक शासन में भारतीय जीवन का एक कड़वा सच रहा है। विष्णु जी की 'परिवर्तन', 'ये बन्धन', 'सफर के साथी', 'हिन्दू', 'वह रास्ता' आदि कहानियों का यही कथ्य है। 'रूमाल मेरा था' में भी गौण रूप में धर्म और सम्प्रदाय से ऊपर उठी हुई मानवीय संवेदना का अंकन किया गया है। इनमें 'ये बन्धन', 'हिन्दू' और 'वह रास्ता' धर्मनिरपेक्ष मानवीय संवेदना के अंकन की दृष्टि से उल्लेखनीय कहानियाँ हैं।

'अन्तर्चेतना', 'द्वन्द्व', 'सुनो ओ माँ', 'मुक्ति' और 'एक माँ एक देश', 'भूख और कुलीनता' और 'भूख' बंगाल के अकाल पर आधारित कहानियाँ हैं। इनमें अकालजन्य भूख, विवशता और अमानवीय व्यवहार की वह तड़प जगाने वाली संवेदना नहीं है, जो वास्तविक अनुभव से ही प्राप्त हो सकती थी। इनमें 'भूख और कुलीनता' (1947) इस कारण तनिक उल्लेखनीय है कि इसमें उन सेठों पर आक्रोश बरसाया गया है जो इस अकाल के मुख्य कारण थे और अपनी दयाशीलता का नाटक भी कर रहे थे। इस कहानी में एक कुलीन व्यक्ति के स्वाभिमान का भी अच्छा अंकन किया गया है।

'बच्चा माँ का है' दलित स्त्री की नियति, उसकी नरक जिन्दगी और उच्चवर्गीय समाज द्वारा किये जाने वाले यौन-शोषण का चित्रण करने वाली एक उल्लेखनीय कहानी है। 'कुहनी की चोट' एक पुत्र के विधुर पिता के पुनर्विवाह के मानसिक द्वन्द्व की कहानी है, जो शायद निजी अनुभव की प्रामाणिकता के कारण प्रभावी बन गयी है।

'दूसरा वर' में विवाह विषयक सामाजिक रूढ़ियों के चित्रण के साथ एक वर्ग विशेष की स्त्री को, जहाँ किसी विधवा का अपने देवर के साथ पुनर्विवाह मान्य है, सामाजिक रूढ़ियों और अपने मन की उमंगों से जूझते और हार मानने का अपेक्षाकृत अच्छा चित्रण किया गया है। 'निःशंक' भी विधवा विवाह पर आधारित कहानी है और लेखक का दृष्टिकोण प्रगतिशील भी है, पर कहानी उदाहरण बनकर रह गयी है। 'दीप जले थे घर घर' और 'ट्रेन में' स्वाधीनता आन्दोलन से सन्दर्भित बहुत साधारण कहानियाँ हैं।

इस दशक के पूर्वार्ध में लिखित यशपाल की कहानियाँ *वो दुनिया* (1942)[10], *तर्क का तूफान* (1943)[11], *ज्ञानदान* (1944)[12], *अभिशप्त* (1944) और *भस्मावृत चिनगारी* (1946) में संकलित-प्रकाशित हुईं। *वो दुनिया* की भूमिका[13] में यशपाल 'मनुष्य की कलामय शान्ति' को 'नयी दुनिया' के निर्माण का हेतु और 'नयी दुनिया' को 'नयी कला के लिए प्रवृत्ति उत्पन्न करने वाली' बताते हैं।' उनके अनुसार ''यह दुनिया विषमता से भर गयी है। इस दुनिया का वैषम्य उस (नयी) दुनिया में न होना चाहिए।'' इस भूमिका में यशपाल यह भी स्वीकार करते हैं कि ''इन कहानियों में उस दुनिया का कोई स्पष्ट चित्र नहीं दिया जा सका। यत्न किया गया है, इस दुनिया के वैषम्य की ओर संकेत करने का।...मेरे विचार में यह कहानियाँ 'कला के उद्‌गार हैं परन्तु उद्‌गार भी परिस्थितियों से ही उत्पन्न होते हैं। जीवन की माँग के उल्लास उनमें भरे रहते हैं। यदि समस्या की गन्ध इनसे आये तो लाचारी है।'' इस कथन से यह ध्वनित होता है कि

1941 तक यशपाल समकालीन समस्याओं के 'चित्रण' या 'नयी दुनिया' (समाजवादी दुनिया) की रूपरेखा प्रस्तुत करना नहीं, बल्कि कहानी में 'समस्या की गन्ध' पैदा करना और समकालीन दुनिया के वैषम्य की ओर संकेत करना ही अपनी कहानी कला का उद्‌देश्य मानते थे। इस कथन के अनुरूप ही *वो दुनिया* संकलन की बारह कहानियों में पाँच का विषय प्रेम और उससे जुड़ी स्थितियाँ हैं। यशपाल भावनात्मक प्रेम को, जो प्रायः रोमानी प्रेम का रूप ले लेता है, अधिक महत्त्व नहीं देते। यद्यपि उनकी 'मक्रील' जैसी कुछ कहानियों में प्रेम का रोमानी रूप ही सामने आता है, पर अपनी अधिकतर कहानियों में वे कोई न कोई सामाजिक सन्दर्भ प्रस्तुत करने का प्रयास अवश्य करते हैं। इसके बावजूद अपनी अधिकतर कहानियों में वे प्रेम की संवेदना और यथार्थ के कठोर रूप में सामंजस्य स्थापित करने में सफल नहीं हो पाते। उदाहरण के लिए 'संन्यासी' कहानी का कथ्य विवाह के पहले के, सुखद कल्पनाओं से भरे, प्रेम के यथार्थ की आँच में झुलस जाने का तथ्य है। यथार्थ ऐसा होता जरूर है, पर उसका सामना करने के और भी तरीके हैं। पुरुष के लिए गार्हस्थ्य का त्याग कर संन्यास धारण कर लेना बहुत कमजोर कल्पना का परिचायक है। *पिंजड़े की उड़ान* संग्रह में संकलित कहानी 'पराई' का कथ्य भी लगभग यही है।

यशपाल अपनी विचारोद्‌भूत कहानियों के लिए जो प्रसंग निर्मित करते हैं, वह अविभाजित पंजाब के पहाड़ी या समतल क्षेत्रों के परिवेश में घटित होता है, जो उनकी किशोरावस्था के अनुभवों और स्मृतियों की उपज है। अतः उनकी कल्पना अनुभव से सम्पृक्त तो है ही। 'बड़े दिन का उपहार' में एक विधुर अँगरेज क्लर्क के पत्नी-वियोग से उपजे वैराग्य और जीवन के प्रति उदासीनता को, अपनी जवानी के दिनों के प्रेम के समानान्तर प्रसंग से जोड़कर, अभिव्यक्त करने की कोशिश की गयी है। पर संवेदनात्मक तीव्रता की कमी के कारण कहानी सपाट हो गयी है। 'दूसरी नाक' पागलपन से भरे रोमानी प्रेम की एक साधारण कहानी है, जिसमें प्रेम का उन्मादी रूप ही सामने आया है। इसका केन्द्रीय पात्र प्रेमिका-पत्नी के प्रति सन्देह से आक्रान्त हो उठने पर उसकी नाक ही काट डालता है, ताकि कोई दूसरा उससे प्रेम न कर सके। 'मोटर वाली-कोयले वाली' कहानी के केन्द्र में यह विचार है कि प्रेमिका चाहे 'मोटर वाली' हो या 'कोयलेवाली', सबके प्रेम के केन्द्र में पैसे की प्रभुता है। शुद्ध प्रेम नाम की कोई चीज नहीं होती। 'समाधि की धूल' भी एक रोमानी प्रेमकथा है, जिसमें एक लोककथा के माध्यम से प्रेम के महत्त्व का बखान किया गया है।

वो दुनिया के बाद के संकलनों की कहानियों में भी प्रेम की विविध स्थितियाँ दिखायी पड़ती हैं। प्रेम की टकराहट अक्सर परम्परागत नैतिक बोध से होती है। विवाहेतर प्रेम और नैतिक सामाजिक मूल्यों से उसकी मुठभेड़ देश और काल की सीमाओं का अतिक्रमण करने वाली एक मानवीय स्थिति है, जिसका चित्रण सारे विश्व के साहित्य में होता रहा है। यशपाल के पहले जैनेन्द्र ने अपनी कहानियों में विवाहेतर प्रेम-सम्बन्ध को नैतिक और भावनात्मक समर्थन प्रदान करते हुए उससे उत्पन्न होने

वाली संकटपूर्ण स्थितियों का चित्रण किया था और पाँचवे दशक में भी कर रहे थे। यशपाल की कहानी 'जहाँ हसद नहीं' भी विवाहेतर प्रेम की कहानी है, जिसमें प्रेमिका प्रेमी के प्रति प्यार और पति के वफादारी, दोनो, निभाने का प्रयास करती है। सआदत इनमें कोई विरोध नहीं मानती और इसकी कीमत अपनी जान देकर अदा करती है। जैनेन्द्र अपनी कहानियों में प्रेम और पातिव्रत्य का सह-अस्तित्व सांस्कृतिक मूल्य के रूप में स्थापित करने का प्रयास करते हैं। नन्दकिशोर नवल के अनुसार जैनेन्द्र भिन्न भिन्न रूपों में 'प्रेमिका या पत्नी? प्रश्न से लगातार उलझते रहे, पर किसी नतीजे पर न पहुँच सके, जबकि यशपाल अपने ढंग से इस प्रश्न को मूल्य के स्तर पर उठाते हैं प्यार और वफादारी में कोई विरोध न देखते हुए उसे एक संस्कृति के रूप में स्थापित करते हैं।[14] पर इस धारणा से सहमत होना इस कारण कठिन है कि एक पत्नी का अपने पति के प्रति कर्तव्य निभाते हुए भी पड़ोसी से प्रेम करना, अपने मियाँ के हाथों अपनी मरजी से जिबह हो जाना और आत्महत्या का अपराध अपने सिर ले लेना एक रोमानी दृष्टि है, जिसके शिकार जैनेन्द्र भी है और यशपाल भी। इस उत्तर-आधुनिकता के युग में भी विवाहेतर प्रेम और दाम्पत्य-निष्ठा (पति-पत्नी दोनों के लिए) के सह-अस्तित्व को 'सांस्कृतिक मूल्य' के रूप में स्वीकार करने का कोई तर्क है, ऐसा नहीं प्रतीत होता और यशपाल ने भी इस कहानी में पति द्वारा पत्नी की हत्या के रूप में इसे अस्वीकार ही किया है। *ज्ञानदान* में संकलित 'पराया सुख' स्त्री-पुरुष के विवाहेतर सम्बन्ध की एक अच्छी कहानी है, जिसमें प्रेम और नैतिकता का संघर्ष संवेदनात्मक गहराई के साथ अभिव्यक्त हुआ है। इस कहानी में एक पुरुष अन्य पुरुष की पत्नी से प्रेम करता है, जिसे वह, भाव के स्तर पर स्वीकार करने पर भी, उसी रूप में स्वीकार करने में अपने को असमर्थ पाती है। 'चूक गयी' कहानी के केन्द्र में एक प्रेम संवेदना है। लड़की के दयनीय पागलपन का कारण यह है कि उसने प्रेमी कलाकार के प्रेमावेग को परम्परागत नैतिक बोध के कारण ठुकरा दिया था। 'कुछ समझ न सका' और 'अपनी चीज' कहानियों में पति-पत्नी के बीच तीसरे की उपस्थिति से उत्पन्न स्थितियों के टकराव और मनोवैज्ञानिक उलझनों का चित्रण किया गया है। जैनेन्द्र के कथासंसार में पति प्रायः ऐसी स्थिति में पत्नी का अपने प्रेमी से सम्बन्ध स्वीकार कर लेता है, पर यशपाल का पति इतनी आसानी से अपना अधिकार नहीं छोड़ता। *कुछ समझ न सका* में, जो दाम्पत्य प्रेम और दाम्पत्येतर प्रेम की संवेदना के टकराव की एक अच्छी कहानी है, पत्नी होने की नैतिकता प्रेम के आवेग को नियन्त्रित करती है, पर उसे बनाये भी रखती है। पति किसी कारण इस स्थिति से उदासीन रहता है। 'अपनी चीज' की पत्नी-प्रेमिका का प्रेम उस स्थिति में पहुँच गया है, जहाँ पातिव्रत्य बेमानी हो जाता है; वह पति और प्रेमी दोनो को एक साथ आत्मदान करने की मानसिकता में पहुँच गयी है। पर उसका पति अपनी 'चीज' में किसी दूसरे की भागीदारी बर्दाश्त नहीं करता और उसकी हत्या कर देता है। जैनेन्द्र और यशपाल की दृष्टि का यह अन्तर कहानीकार के रूप में उन्हें एक-दूसरे से अलग करता है। *तर्क का तूफान* में संकलित 'होली नहीं खेलता' कहानी में भी अपने

दाम्पत्य जीवन से असन्तुष्ट एक व्यक्ति का एक विवाहित स्त्री के प्रति प्रेम चित्रित किया गया है। पर यह 'प्रेम' पाठक को आश्वस्त नहीं कर पाता। यशपाल इस प्रेम-संस्कृति के प्रति उदार तो हैं, पर मनोवैज्ञानिक अन्तर्दृष्टि के अभाव में कहानी किसी भी रूप में प्रभावित नहीं करती। पति-पत्नी का व्यवहार पाठक की समझ से बाहर है। 'स्त्री के प्रति प्रेम और आकर्षण' विषय पर पात्रों की बहस उबाऊ हो गयी है। 'पुरुष भगवान' में एक कथा-प्रसंग के द्वारा कहानीकार ने यह विचार व्यक्त किया है कि विवाहित स्त्री को भी किसी अन्य से प्रेम करने का हक है। यह एक विचार-कथा है। ऐसी विचार-कथाएँ यशपाल के यहाँ बहुत हैं।

प्रेम और काम दोनो परस्पर सम्बद्ध भाव हैं, जिनका अन्तर मात्र इतना ही है कि प्रेम आकर्षण की संवेदना है, जबकि काम इस संवेदना का आगे बढ़ा हुआ रूप है, जो प्रेमियों के शारीरिक संयोग के रूप में घटित होता है। प्रेम और काम परस्परावलम्बी भी हैं और एक दूसरे से निरपेक्ष भी। यशपाल प्रेम और काम को परस्पर निरपेक्ष नहीं मानते, जो उनकी भौतिकतावादी दृष्टि की उपज है। *तर्क का तूफान* में संकलित 'जादू के चावल' और *ज्ञानदान* में संकलित 'या साईं सच्चे!' भी प्रेम की संवेदना पर आधारित कहानियाँ हैं। पर 'जादू के चावल' जहाँ संवेदना की दृष्टि से निहायत कमजोर है, वहीं 'या साईं सच्चे!' 'जांगली' कौम की सामाजिक पृष्ठभूमि में प्रेम की संवेदना और परिस्थितियों से उसकी टकराहट का प्रभावी अंकन करती है। 'पुलिस की दफा' भी प्रेम की संवेदना से यथार्थ की कुरूपता के टकराव की कहानी है।

दूसरी तरफ 'भाषा' स्त्री-पुरुष के देहाकर्षण की कहानी है, जो यथार्थ तो है, पर अनुभूति का संस्पर्श इसमें नहीं है। देह की माँग भाषा की दीवार को लाँघकर अभिव्यक्ति प्राप्त कर लेती है, यही इस कहानी का कथ्य है। इससे यही सिद्ध होता है कि यशपाल प्रेम की संवेदना को ही कोई महत्त्व नहीं देते या मानते हैं कि प्रेम कोई गहरी संवेदना नहीं, बल्कि महज काम-चेष्टा है।

यशपाल प्रेम के उस रूप के कायल नहीं, जो किसी भी परिस्थिति में नहीं बदलता और प्रेमी उसके लिए अपनी जान भी न्योछावर कर देते हैं। प्रेम की एक स्थिति यह भी होती है कि प्रेमी-युगल में से एक उस प्रेम के प्रति बेवफा हो जाता है जबकि दूसरा उसके प्रति ईमानदार बना रहता है और किसी अन्य के प्रेम को स्वीकार नहीं कर पाता। 'तर्क का तूफान' में दो प्रेमियों (अवध और लता) के संगीत के माहौल में विकसित होते प्रेम का अंकन किया गया है, जो महफिलों में व्यंजित तो होता है, पर व्यक्त नहीं होता। इसका एक कारण अवध का अपनी बेवफा प्रेमिका शोभना से प्यार ही है। पर जब लता के प्रति उसका प्रेम भाव परिपक्व होता है तब वह शोभना की तसवीर फ्रेम से निकाल कर बाहर फेंक देता है। लता को भी अपनी चेतना में अवध के प्रति अंकुरित प्रेम भाव का बोंध हो जाता है और वह उसे पहचान कर संकुचित हो उठती है। व्यंजना के रूप में प्रेम की अभिव्यक्ति इस कहानी की विशेषता है, यद्यपि संगीत-महफिलों का वर्णन अनुपात से अधिक हो गया है। 'तर्क का तूफान' के सम्बन्ध में नन्दकिशोर नवल

का विचार है कि इसमें प्रेमजन्य निराशा के जीवन पर पड़ने वाले प्रभाव का चित्रण किया गया है और जीवन की संस्कृति को साहित्य की संस्कृति माना गया है, आत्महत्या की संस्कृति को नहीं।[15] पर यह अपनी बात को सिद्ध करने के लिए एक खींचतान मात्र है। 'जहाँ हसद नहीं' कहानी में प्रेमिका की हत्या के प्रसंग में इस कसौटी को ताक पर रख दिया गया है।

ज्ञानदान में संकलित 'जबरदस्ती' में यशपाल ने स्त्री के मुक्त काम-सम्बन्ध का चित्रण किया है। 'बदनाम' एक अविवाहित युवक की, जो खुद ही अपने को किसी लड़की की भूमिका में रख कर प्रेम-पत्र लिखता है और अपने पते पर पोस्ट करता है, दीवानगी की कहानी है। पर इन कहानियों का कोई मकसद समझ में नहीं आता।

यशपाल की कहानियों में समकालीन व्यवस्था में स्त्री की नियति का बहुत प्रामाणिक चित्रण मिलता है। 'छलिया नारी' में एक नवविवाहिता वधू के, पति की उपेक्षा और असहनीय अत्याचार से पीड़ित होकर, घर से भाग निकलने और संयोगवश पति से मुलाकात हो जाने पर भी उसे अपनाने की अपेक्षा मौत को गले लगाने की कथा प्रस्तुत की गयी है। 'रिजक' में एक स्त्री आर्थिक तंगी और विवशता के कारण लोगों को रिझा-बझाकर परिवार का खर्च चलाती है और बदनाम होकर एक मुहल्ले से दूसरे मुहल्ले में मारी मारी फिरती है। यशपाल परम्परागत काम-नैतिकता को अधिक महत्त्व नहीं देते, जिसके फलस्वरूप चम्पा के प्रति पाठक की सहानुभूति बनी रहती है। सामन्ती व्यवस्था नारी के साथ कैसा सलूक करती है और किस निर्दयता से प्रेमी-प्रेमिका के प्रेम को कुचल देती है, इसका चित्रण 'दास कर्म' में देखा जा सकता है। 'पहाड़ का छल' में एक पुरानी कथा के माध्यम से स्त्री पर सामन्ती अत्याचार का चित्रण किया गया है। कहानी बुरी नहीं है। प्रस्तुति के ढंग ने इसमें एक नयापन ला दिया है। 'मंगला' परिवार-समाज में औरत की दुर्दशा की कहानी है। 'उत्तराधिकारी' में सन्तान के प्रति पुरुष के मोह के कारण स्त्री की दयनीय स्थिति का चित्रण किया गया है। पहाड़ी जीवन की संस्कृति पर भी इस कहानी से प्रकाश पड़ता है।

यशपाल ने अपनी अनेक कहानियों में मध्यवर्गीय स्थितियों में दाम्पत्य सम्बन्ध का चित्रण किया है। *तर्क का तूफान* में संकलित 'मेरी जीत' में एक कुत्ते का पिल्ला पालने को लेकर पति पत्नी में कलह हो जाता है, पर पति को जब पिल्ले के प्रति पत्नी के गहरे लगाव का पता चलता है तो वह भी उसे अपना लेता है। पत्नी को इस पर रोना आ जाता है कि 'उनसे जीत कैसे गयी?...अपनी हार स्वीकार करके!' और इस पर लेखक या कथक की टिप्पणी है: "स्त्री यदि जीतना चाहती है तो उसका उपाय है, हारते चले जाना। उसकी अपनी इच्छा कोई न हो।...उसकी अपनी राय कोई न हो तो वह सुखी रह सकती है परन्तु यह सुख और जीत कैसी?...ऐसी कि स्त्री जीतने की इच्छा कभी न करे...स्त्री अपने आप को कुछ न समझे!" पता नहीं, लेखक ने यह सफाई देना क्यों आवश्यक समझा है! पत्नी शायद अपनी जीत से प्रसन्न नहीं है। पर लेखक को स्त्री का पुरुष से हारकर जीतना पसन्द नहीं है। स्त्री सम्बन्धी यह रोमानी दृष्टिकोण

यशपाल की वैचारिक ढुलमुल यकीनी का संकेत देता है। 'निर्वासिता' सन्तान की कामना और उसकी पूर्ति न होने पर पीड़ित स्त्री के मनोविज्ञान के चित्रण की कहानी है। शायद यशपाल यह मानते हैं कि सन्तान के बिना स्त्री का व्यक्तित्व अधूरा रह जाता है। नारी चाहे विद्वत्ता और यश के शिखर पर ही क्यों न आरूढ़ हो जाए यदि वह सन्तानहीन है तो उसकी सारी उपलब्धि व्यर्थ होती है। इस कहानी की केन्द्रीय पात्र इन्दु शरीर से कुरूप है, जिसकी क्षतिपूर्ति वह इतिहास के गम्भीर अध्ययन और लेखन से करती है। इस क्रम में उसकी उम्र अधिक और आँखें कमजोर हो जाती हैं। अपनी सन्तान कामना को उसने दमित कर रखा है, पर माली द्वारा नये फूल आने के लिए पौधों की छँटाई करने के क्रम में उसकी दमित सन्तान-कामना प्रचंड वेग के साथ उभर आती है और वह पहले एक सम्भ्रान्त पुरुष के पास और फिर एक कम हैसियत के आदमी के पास नियोग हेतु जाती है, पर दोनो ही स्थानों पर उसे निराशा ही हाथ लगती है। इस मनोदशा के मनोवैज्ञानिक अंकन का प्रयास इस कहानी में किया गया है। पर कहानी में सपाट सिद्धान्त-कथन और उतने ही सपाट प्रकृति-वर्णन के कारण संवेदना का पलरा कमजोर हो गया है। भाषा भी अ-सर्जनात्मक होने के कारण वर्णनों को कोई प्रभाव नहीं दे पाती। 'औरत' कहानी में स्त्री के अधिकार के प्रति लेखक की संवेदना तो जाहिर होती है, पर कहानी एकदम असंगत और बेकार है। मध्यवर्गीय दाम्पत्य जीवन में पत्नी की झकबाजी या मिरगी के दौरे जैसे असंगत व्यवहार का अच्छा चित्रण किया गया है।

पुरुषसत्ता प्रधान समाज में नारी की विवशता और उसकी दयनीय दशा के प्रति यशपाल अपनी कहानियों में बहुत संवेदनशील हैं। 'गण्डेरी' में एक गतयौवना नर्तकी की विवशता के प्रति एक क्लर्क युवक की करुणा से भरी संवेदना का अंकन किया गया है। 'हलाल का टुकड़ा' में भी एक वेश्या के गलित जीवन की तह में स्थित उसके स्वाभिमान और मूल्यबोध का चित्रण किया गया है। इन कहानियों में समाज के दलित वर्ग के प्रति लेखक की सहानुभूति मुखरित हुई है।

समकालीन समाज में स्त्री और पुरुष के लिए भिन्न भिन्न आचरण संहिता की विसंगति यशपाल की कहानियों में आलोचना और व्यंग्य का विषय बनी है। 'गवाही' कहानी का पति स्वयं तो स्त्री-पुरुषों की मिश्रित ब्रिज पार्टियों में हिस्सा लेना अपना अधिकार समझता है, पर पत्नी को वैसी ही पार्टी में देखना बर्दाश्त नहीं कर पाता और इतना उत्तेजित हो उठता है कि उसकी हत्या तक कर डालने की बात सोचने लगता है। 'भाग्य का चक्र' में स्त्री के लिए निर्मित परम्परागत संहिता के कारण किसी युवती का वेश्या बनना कहानी-उपन्यास का एक सुपरिचित विषय है, अतः कथ्य की दृष्टि से इसमें कोई नवीनता नहीं है। केवल घटनाएँ कल्पित हैं। 'कुल-मर्यादा' में कुल-मर्यादा के नाम पर स्त्री को परदे के अन्दर कैद रखने की कुप्रथा का चित्रण किया गया है। कहानीकार ने इस स्थिति पर व्यंग्य किया है और इसकी बुराइयों को सामने रखा है। पर इसे भी वह अच्छी कहानी बनाने में असमर्थ रहा है।

वर्ग-चेतना और वर्ग-संघर्ष मार्क्सवादी विचारधारा के आधारभूत सिद्धान्त हैं और

स्वाभाविक है कि यशपाल की कहानियों में इसका चित्रण हो। *वो दुनिया* संग्रह की दो कहानियों, 'गुडबाई, दर्दे-दिल' और 'नयी दुनिया' में वर्ग-चेतना और वर्ग-संघर्ष की विश्वसनीय और कलात्मक अभिव्यक्ति हुई है। 'गुडबाई, दर्दे-दिल' में एक तरफ मसूरी का हाथरिक्शा खींचनेवाला कुली है जो रिक्शा खींचने के ही क्रम में सड़क पर गिर कर मरणासन्न हो जाता है और दूसरी तरफ उच्चवर्ग के दो असंवेदनशील युवक हैं, जो कुली के सड़क पर गिर कर बेहोश हो जाने पर दूसरे रिक्शे पर चले जाते हैं और रिक्शे का किराया भी नहीं देते। लेखक की सहानुभूति निश्चित रूप से रिक्शाचालक के प्रति है। 'नयी दुनिया' मिल-मालिक और मजदूर-संघ के संघर्ष की एक अच्छी कहानी है। इसमें वर्ग-संघर्ष के साथ मानवीय भावनाओं के द्वन्द्व का मिश्रण कर कहानीकार ने कहानी को कलात्मक बना दिया है।

वो दुनिया में संकलित 'तूफान का दैत्य' और 'कुत्ते की पूँछ' कहानियों को पढ़कर यशपाल का मध्यवर्गीय वैचारिक अन्तर्विरोध सामने आता है। लगता ही नहीं कि ये यशपाल की कहानियाँ हैं। 'तूफान का दैत्य' पहाड़ी जनता के अन्धविश्वास की कहानी है, जिसमें प्राकृतिक प्रकोप को पुजारी की आध्यात्मिक शान्ति से पराजित करने के विश्वास की पुष्टि हुई है। यद्यपि पहली प्राकृतिक आपदा के समय उसे दूर करने में असफल रह जाने के कारण पुजारी गाँव वालों की नजरों में गिर गया था, पर दूसरी बार वह अपनी शक्ति से तूफान के दैत्य को पराजित कर देता है और उसे नियमित भेंट प्राप्त होने लगती है। इस अन्धविश्वास के प्रति कहानीकार की दृष्टि न आलोचनात्मक है न व्यंग्यात्मक। कहानी की अन्तिम पंक्ति में व्यंग्य का थोड़ा-सा आभास मिलता है, पर वह इतना अस्पष्ट है कि उसे व्यंग्य मानने में कठिनाई होती है। 'कुत्ते की पूँछ' कहानी इस विचार पर आधारित है कि निम्नवर्ग के बच्चों को चाहे जितनी भी सुविधाएँ प्रदान कर दी जाएँ, उनका विकास सम्भव नहीं है। यह जानवर को मनुष्य बनाने जैसा अभियान है। साथ ही कहानी में यह भी कहा गया है कि ''मनुष्यता का चस्का किसी को लग जाने पर उसे जानवर बनाये रखना भी सम्भव नहीं।'' किसी मार्क्सवादी विचारधारा के लेखक से इस प्रकार के बुर्जुआ चिन्तन की उम्मीद नहीं की जा सकती। यदि इन विचारों को हम कहानी के बुर्जुआ पात्रों की सोच मान लें, तो कहानीकार की मार्क्सवादी छवि का बचाव किया जा सकता है। इस कहानी में केन्द्रीय पात्र के स्वगत चिन्तन के रूप में मार्क्सवादी-समाजवादी विचारधारा का विस्तार के साथ उल्लेख किया गया है। पर 'कहानी' की दृष्टि से इसका महत्त्व नगण्य है। 'दो मुँह की बात' और 'शिकायत' भी अ-विशिष्ट कहानियाँ हैं। 'दो मुँह की बात' में नवशिक्षित समाज में स्त्री और पुरुष के एक दूसरे के प्रति अविश्वास का चित्रण किया गया है। चूँकि समाज में अपरिचित स्त्रियों और पुरुषों का सहज-मुक्त संवाद और व्यवहार नहीं होता, इस कारण वे एक दूसरे के प्रति विश्वास का भाव नहीं रख पाते और एक दूसरे की निन्दा करते हैं। 'शिकायत' कहानी में एक दूसरे को काटनेवाली दो शिकायतें हैं : एक, प्राकृतिक शान्ति के बीच मानवीय ऊष्मा की कमी की और दूसरी

शहरी शोहदेपन के माहौल में प्राकृतिक शान्ति और पवित्रता के अभाव की।

तर्क का तूफान की भूमिका ('तर्क') में लेखक कहता है कि "मैं...सौन्दर्य की खोज में निर्बाध घूमना चाहता हूँ तब तर्क को श्रान्त कर देनेवाली भावना मुझसे कोसों दूर जान पड़ती है।" वह आगे कहता है : "खोज और चाह का कारण अतृप्ति और अभाव की अनुभूति ही है।...तर्क अथवा विवेक की क्रिया जब अधिक चेतन और उग्र होकर तर्क के तूफान का रूप ले लेती है तब मैं सक्रिय हो उठता हूँ।" यशपाल आगे कहते हैं, "मैं...इस परिणाम पर पहुँचा हूँ कि समाज की संचालक शक्ति उसके विचारों की गति में होती है, इसीलिए क्रान्ति से पूर्व सदा तर्क का तूफान आता है या कहिए, क्रान्ति के बादल तर्क के तूफान पर चढ़ कर ही आते हैं।...सौन्दर्य के चित्रण और कला की साधना के साथ तर्क की पुरुष प्रकृति का मेल असंगत जान पड़ता है परन्तु सौन्दर्य और कला के लिए तर्क उतना ही आवश्यक होता है जितना फुलवाड़ी सजाने से पहले भूमि को खोद डालना।...जो विचार अपनी परिस्थितियों से बिछुड़ गये हैं अर्थात् जिन विचारों और नैतिकता को जन्म देनेवाली परिस्थितियाँ बदल गयी हैं, वे विचार शरीर त्याग चुके जीवों की भाँति हैं। उनकी स्मृति चाहे जितनी सुखद हो, अभिमान का कारण हो, वे समाज के लिए उपादेय नहीं हो सकते। विचारों के विकास की इस प्रक्रिया का आधार समाज का चिन्तन और तर्क ही है।"[16] इससे यशपाल की कहानियों के स्वरूप पर प्रकाश पड़ता है। शायद यही इस संग्रह के शीर्षक का आधार भी है।

भारत का सामन्ती अतीत और उसका चिन्तन चाहे जितना भी गौरवशाली रहा हो, उसका वर्तमान तो शोषण, दमन, देशद्रोह और मूल्यहीनता का पर्याय बन चुका है और मार्क्सवादी यशपाल इसका उद्घाटन करना अपनी कला का उद्देश्य मानते हैं। 'नमकहलाल' सामन्ती व्यवस्था के उस क्रूर चेहरे का उद्घाटन करती है जिसमें असल अपराधी तो कानून की पकड़ में आता नहीं और नमकहलाली के मूल्य पर किसी निरपराध को अपने जीवन से हाथ धोना पड़ता है। 'गुलाम की वीरता' में सामन्ती व्यवस्था में आम आदमी की नियति को रेखांकित किया गया है। यशपाल का व्यंग्य है कि "जो कमबख्त गुलाम होकर जनमा, वह वीरता क्या करेगा! करेगा तो उसका दंड पाएगा।" सामन्ती मूल्यों को भी यशपाल इसी आधार पर अस्वीकार करते हैं। *ज्ञानदान* कहानी संग्रह की भूमिका में यशपाल ने लिखा है : "मनुष्य को यदि जीवित रहना है तो जीवन की व्यापकता का मार्ग बन्द करने वाले विश्वासों और धारणाओं के तालों को 'क्यों?' की कुंजी से खोलते रहना आवश्यक है।" धार्मिक आचारों के सम्बन्ध में यशपाल का मानना है कि वे चालाक वर्ग द्वारा किसी भी कारण मूर्ख रह गये या बना दिये गये वर्गों के शोषण के साधन हैं। 'ज्ञानदान' कहानी में एक कल्पित ऋषि-आश्रम की कथा के माध्यम से निवृत्ति मार्ग की व्यर्थता का प्रतिपादन किया गया है। एक पहले से सुनिश्चित 'विचार' पर आधारित होने के कारण कहानी वैचारिकता के आग्रह से, जो मार्क्सवादी प्रभाव की भी द्योतक है, बोझिल हो गयी है, पर वह आधुनिक चित्त का प्रतिनिधित्व तो करती ही है। यह भी कहा जा सकता है कि इस

कहानी में यशपाल ने निवृत्ति मार्ग की अप्राकृतिक विचारधारा को नकारने का साहस दिखाया है। इस कहानी की अधिक चर्चा कदाचित् इस कारण हुई है कि इसमें किंचित् आक्रामक तेवर के साथ आर्यसमाजी अथवा अन्य वैराग्यवादी विचार-दर्शन को नकारा गया है। 'भगवान किसके?' में ईश्वर की प्रार्थना और पूजापाठ के भीतर छिपी असंगतियों का पर्दाफाश किया गया है। 'शम्बूक' में भी शम्बूक-कथा के मिथक से ब्राह्मणों और क्षत्रियों द्वारा दलित वर्ग के शोषण की कथा को नया अर्थ देने का प्रयास किया गया है।

पर यशपाल की जो कहानियाँ विचारधारा पर आधारित होने पर भी अनुभवजन्य संवेदना से अनुप्राणित हैं, वे पाठकीय चेतना को पूरी तरह से झकझोर देने में समर्थ हैं। यशपाल के बारे में यह भ्रम है, जिसे फैलाने में उनका योगदान भी कम नहीं है, कि वे अपनी कहानियाँ अनुभव के आधार पर नहीं, विचार के आधार पर घड़ते हैं। यह आंशिक रूप में ही सत्य है। यह सच है कि यशपाल की अनेक कहानियाँ विचारों के आधार पर निर्मित हैं, लेकिन उनकी बहुत सी कहानियों का आधार शुद्ध अनुभव है और विचारों पर आधारित कहानियों के परिवेश-निर्माण में भी वे अपने अनुभवों का परिचय देते हैं। 1941 के दशक में लखनऊ में रहते हुए यशपाल को आर्थिक दृष्टि से खस्तेहाल नवाबों के वंशजों को देखने का अनुभव हुआ होगा। सामन्ती प्रकृति अपनी बदहाली में कितनी दयनीय और त्रासद हो जाती है, इसका अंकन *तर्क का तूफान* में संकलित कहानी 'परदा' में देखा जा सकता है। गुरबत के दुश्चक्र में वंशानुगत आबरू को बचाने का प्रयास कितना करुण होता है और उसकी रक्षा के क्रम में वह कितनी और उघड़ती जाती है, यही इस कहानी का कथ्य है। विश्वनाथ त्रिपाठी के अनुसार इस कहानी के रेशे-रेशे में कम्युनिस्ट विचारधारा 'स्पन्दित' है। वह पात्रों की स्थितियों और उनकी प्रतिक्रियाओं के संघात-समुच्चय से निचुड़ती है। वह कथानक पर आरोपित नहीं, कथानक में रची-बसी है।[17] पर इस कहानी की शक्ति 'कम्युनिस्ट विचारधारा' में उतनी नहीं है, जितनी मानवीय स्थितियों की विषमता और विडम्बना पर आधारित उस करुणागर्भित व्यंग्य में जो पाठक के चित्त को झकझोर देता है। कहानी का चौधरी खानदान एक तरफ अपने उच्च मध्यवर्गीय नैतिक और मर्यादापरक मूल्यों में जकड़ा हुआ है और दूसरी तरफ आर्थिक दृष्टि से इतना विपन्न हो चुका है कि उन मूल्यों का पालन करना उसके लिए सम्भव नहीं रह गया है। उसका 'हवेली' नाम से पुकारा जानेवाला मकान परिवार में बढ़ते सदस्यों की वजह से इतना तंग हो चुका है कि जो दरोगा साहब के जमाने में बैठक कही जाती थी वह अब 'जनाने' में शामिल हो गयी है और 'घर की इज्जत' को देखते हुए ड्योढ़ी पर परदा लटकाना पड़ा है। इससे चौधरी पीरबख्श की आर्थिक स्थिति की वास्तविकता छिप जाती है और खानदानी इज्जत भी ढँकी रह जाती है। खानदानी इज्जत की रक्षा के लिए पहले परदा बढ़िया किस्म का हुआ करता था, पर उसके तार तार हो जाने पर नया पर्दा न खरीद पाने की स्थिति में वहाँ एक पुरानी दरी लटका दी जाती है। पर यह पर्दा चौधरी पीरबख्श को कर्ज

देनेवाले खान के निर्मम व्यवहार के सामने टिक नहीं पाता। खान वह पर्दा ही झटक लेता है और उसके साथ ही चौधरी का पूरा वजूद ही हिल जाता है। वे डगमगाकर गिर पड़ते हैं। विश्वनाथ त्रिपाठी के अनुसार "परदा पाखंड है और चौधरी नये जमाने—ऐतिहासिक परिवर्तन—के विरोधी, तर्कहीन, जमाने से पिछड़े हुए दकियानूस।"[18] पर वस्तुतः चौधरी 'नये जमाने के विरोधी' नहीं, बल्कि पुराने जमाने के अप्रासंगिक अवशेष है, जिसे मिटना ही है। अभावग्रस्त व्यक्ति का, चाहे वह किसी भी वर्ग का हो, सबसे बड़ा दुश्मन उसकी पारम्परिक एवं गतकालिक मर्यादा होती है। 'चार आने' भी सामन्ती व्यवस्था के अन्तर्विरोध की कहानी, और अच्छी कहानी है। इस व्यवस्था में व्यक्ति कैसे टूटता है और औपनिवेशिक शासन के अन्तिम दिनों में महाजनी व्यवस्था सामन्ती व्यवस्था को किस प्रकार जर्जर कर रही थी, इसका इसका सच्चा चित्र इस कहानी में देखा जा सकता है।

यशपाल आर्थिक दृष्टि से मध्यवर्गीय परिवार के थे, अतः इस वर्ग का उनका अनुभव प्रामाणिक और मार्क्सवाद के गम्भीर अध्ययन से प्रखर हो चुका था। उनकी कहानियों में यह अनुभव व्यक्त हुआ है। 'सोमा का साहस' में मध्यवर्गीय समाज के नैतिक खोखलेपन और अन्तर्विरोध का बहुत प्रामाणिक और मार्मिक अंकन किया गया है। 'उतरा नशा' में एक मध्यवर्गीय पात्र के ऊँची नौकरी के सपनों के टूटने, अपनी हैसियत के बाहर जाकर सोचने और आचरण करने के परिणाम का चित्रण किया गया है। मध्यवर्गीय शिक्षक पात्र का स्कूल के मैनेजर द्वारा शोषण भी एक सुपरिचित तथ्य है, जो कहानी का कथ्य जान पड़ता है, पर उस पात्र के प्रति लेखक में कोई गहरी संवेदना लक्षित नहीं होती। *ज्ञानदान* में संकलित 'एक राज' कहानी में एक अल्हड़, पर आत्मीय व्यवहार से युक्त घरेलू नौकर के प्रति मध्यवर्गीय संवेदना का चित्रण हुआ है।

बीसवीं सदी का पाँचवाँ दशक विश्व युद्ध के भारत पर पड़ने वाले आर्थिक परिणामों का साक्षी था, जिसका खुलासा यशपाल की कहानियाँ करती हैं। 'रोटी का मोल' व्यवसायियों द्वारा अधिक नफे के लोभ से गोदामों में अनाज छिपा लेने और राशन की दुकानों पर नियन्त्रित मूल्य पर अनाज न मिलने से होनेवाली कठिनाइयों का चित्रण करती है। सेठ के गोदाम में काम करनेवाला निम्नमध्यवर्गीय छोटा मुनीम भी इस यातना का अनुभव करता है। इस कहानी में भूख और विवशता की भावना जोरदार रूप में व्यक्त हुई है। औपनिवेशिक शासन मुनाफाखोरी की प्रवृत्ति को न केवल रोकने में असमर्थ था, बल्कि वह स्वयं भी इस साजिश में शामिल था। इसी के परिणामस्वरूप बंगाल में भयानक अकाल पड़ा था। 'महादान' बंगाल के अकाल से सन्दर्भित एक बहुत अच्छी कहानी है। इस कहानी की शान्ति इसमें निहित व्यंग्य में है। एक तरफ तो सेठ नफे के लोभ में बाजार में उपलब्ध सारा अन्न खरीदकर गोदामों में जमा करता जा रहा है और दूसरी तरफ अकाल से मरनेवालों को अपनी हवेली पर एक एक मुट्ठी चना देने की व्यवस्था करता है। उनके मर जाने पर शवदाह के लिए वह मुफ्त लकड़ी की व्यवस्था भी कर देता है। वह दो घंटे भगवान की पूजा भी करता है ताकि मँहगाई बढ़ती रहे

और उसका लाभ भी बढ़ता रहे।

दलित मानवता के प्रति गहरी संवेदना और मार्क्सवादी दृष्टिकोण के कारण यशपाल की वर्गचेतना उनकी कहानियों में बहुत प्रखर रूप में व्यक्त हुई है। 'आदमी का बच्चा', 'पुनिया की होली' और 'हवाखोर' वर्ग-बोध, वर्ग-चेतना की उल्लेखनीय कहानियाँ हैं। 'आदमी का बच्चा' में उच्चवर्ग और निम्नवर्ग के बच्चों की जिन्दगी का फर्क चित्रित किया गया है। 'पुनिया की होली' में भी वर्ग-चेतना के साथ निम्नवर्ग की जिन्दगी का विश्वसनीय चित्रण किया गया है, पर इसमें मध्यवर्गीय दया भाव की भी उपेक्षा नहीं की गयी है, जिससे यशपाल की सन्तुलित दृष्टि का आभास मिलता है। 'हवाखोर' में वर्ग-चेतना का स्वर बहुत मुखर है। नैनीताल का घोड़े वाला ग्राहकों को अपने घोड़े पर सैर कराता है, पर खुद सैर करने या 'हवा खाने' की बात नहीं सोचता। वह स्वीकार करता है, 'उसे तो खाने को अनाज ही नहीं मिलता, वह हवा क्या खाएगा?' 'अभिशप्त' में दो वर्गों में भूख के फर्क को प्रस्तुत करने का प्रयास किया गया है। इस कहानी के पात्र शुक्ला जी भूख को पापों का दंड मानते हैं, जबकि यशपाल पाप-कर्म को ही भूख का परिणाम ठहराते हैं। 'दुःख का अधिकार' भी वर्ग चेतना की अभिव्यक्ति की कहानी है, जिसके केन्द्र में दुःख की गहरी संवेदना है। यह कहानी यशपाल की कुछ श्रेष्ठ कहानियों में से एक है।

'नयी कहानी' आन्दोलन के दौरान इस बात पर अत्यधिक जोर दिया गया कि स्वानुभूत संवेदना या विचार ही 'प्रामाणिक' और कहानी का आधार बन सकते हैं। यशपाल की कहानियों पर यह आरोप लगाया गया कि वे आयातित विचार या संवेदना पर आधारित होने के कारण पुरानी 'कथा' से आगे की 'कहानी' नहीं बन सकी हैं। पर 'वान हिंडनवर्ग', जो वात्सल्य संवेदना की एक बहुत अच्छी कहानी है, इस आरोप का खंडन करती है। इस प्रकार की गहरी संवेदना पर आधारित कहानी किसी पूर्वस्थिर अनुभव या विचार के प्रतिपादन के रूप में लिखी ही नहीं जा सकती, या फिर यह स्वीकार करना पड़ेगा कि संवेदनशील लेखक पूर्वानुभूत किसी 'अन्य' की संवेदना या विचार को 'स्वानुभूत' बना सकता है। इस कहानी का परिवेश द्वितीय विश्व युद्ध का है जब कलकत्ता में जापानियों ने बम गिराये थे। यदि कहानी का पात्र, माली, कल्पनाप्रसूत न हो तो यह 'रेखाचित्र' होगा। 'कहानी' और 'रेखाचित्र' किस प्रकार एक-दूसरे के क्षेत्र में 'आवाजाही' कर सकते हैं, यह कहानी इसका भी उदाहरण है। 'साग' क्रान्तिकारी जीवन पर आधारित एक अच्छी कहानी है। इस कहानी में बागियों की कब्रों पर उगा साग अँगरेज साहबों के डिनर के लिए भेजा जाता है, तो कोई भी हिन्दुस्तानी उसका विरोध नहीं कर पाता। कहानीकार के अनुसार "आह सबके दिल में थी परन्तु आहें सबकी अलग अलग बिखरी हुईं; निर्जीव श्वासों की भाँति उनके हृदय से निकल हवा में समाप्त हो रही थीं। एक साथ मिलकर वे आधी भी शक्ति न पा सकती थीं, क्योंकि उन्हें परस्पर का भय था। भय—अपनों से भय, शत्रु से भय, सब ओर भय!"

यशपाल की 1940 के बाद चल रहे स्वाधीनता आन्दोलन में कोई रुचि नहीं थी। पर अपनी एक अपेक्षाकृत बाद की कहानी, 'वफादारी की सनद' में, जो *भस्मावृत चिनगारियाँ* संकलन में संगृहीत हुई, वे सन् बयालीस के आन्दोलन के प्रति सहानुभूति व्यक्त करते हैं और कम्युनिस्ट लाइन का पालन करते नहीं प्रतीत होते। वे उन लोगों को 'दगाबाज' मानते हैं जिन्होंने आन्दोलन को कुचलने में अँगरेजों का साथ दिया था। इससे यह प्रमाणित होता है कि वे कम्युनिस्ट पार्टी का अन्ध समर्थन नहीं करते। मेरी धारणा है कि यशपाल साम्यवादी विचारधारा से प्रभावित तो हैं, पर उनमें पार्टी लाइन से बाहर निकलने की क्षमता भी है, और यही कहानीकार के रूप में उनकी 'स्वायत्तता' का परिचायक है।

अपनी हठीली वैचारिक प्रतिबद्धताओं के बावजूद यशपाल पाँचवे दशक के पूर्वार्ध में उभरने वाले एक उल्लेखनीय कहानीकार हैं।

अंगारे के कहानीकार के रूप में प्रसिद्ध होने के बाद अहमद अली का पहला कहानी संग्रह *शोले* 1938 में प्रकाशित हुआ था। 1944 में उनका दूसरा कहानी संग्रह *क़ैदख़ाना* प्रकाशित हुआ, जिसमें 'क़ैदख़ाना', 'प्रेम कहानी', 'क़िला' और 'गुज़रे दिनों की याद' नामक कहानियाँ प्रकाशित हुईं। इन कहानियों में भी अहमद अली की प्रगतिवादी दृष्टि उजागर हुई है।

1940 तक मंटो उर्दू कहानी जगत् में एक विवादास्पद कहानी-लेखक के रूप में अपनी जगह बना चुके थे। 1943 में उनका *अफसाने और ड्रामे* नामक संकलन हैदराबाद से प्रकाशित हुआ, जिसमें उनकी 'आम', 'खूनी थूक', 'गुस्लखाना', 'जश्ने फरियाद', 'ब्लाउज', 'मिसेज डीशिल्वा' और 'शेरू' शीर्षक कहानियाँ संगृहीत थीं।

जहाँ तक कथ्य की बात है, इस दशक की भी उसकी अधिकतर कहानियों में समाज की दृष्टि में पतित स्त्रियों, विशेषकर वेश्याओं और उनसे किसी भी रूप से जुड़े पात्रों की कथा कही गयी है, जो सतही तौर पर चटपटी प्रतीत होने पर भी मानवीय संवेदना की गहराइयों में प्रवेश करती है। उपेन्द्रनाथ अश्क के अनुसार मंटो औरत की इज्जत का, उसके सतीत्व और उसके घरेलूपन का जितना कायल है, कोई दूसरा मुश्किल से होगा।[19] 'काली शलवार' की सुल्ताना, 'मम्मी' की मम्मी, 'बाबू गोपीनाथ' के बाबू गोपीनाथ, 'खुशिया' का दलाल खुशिया, 'डरपोक' का जावेद, 'सौ पावर का बल्व' की औरत, 'हारता चला गया' की गंगूबाई आदि पात्र स्त्री की नियति के सैकड़ों शेड्स और मानवीय व्यवहारों के वैविध्य से युक्त हैं। इन कहानियों में सतह पर लक्षित होनेवाला चटपटापन मंटो की जीवन-शैली और जिन परिस्थितियों में वह रह रहा था, उसका परिणाम माना जा सकता है। कुछ कहानियों में मर्द-औरत के यौन और प्रेम सम्बन्धों के अलग अलग रूपों और दबाओं को प्रस्तुत करने के साथ साथ मंटो ने इनकी परिणतियों के यातनाप्रद पहलुओं को कलात्मक सूक्ष्मता के साथ उभारा है। 'ढाढ़स', 'मन्त्र', 'बू', 'धुआँ', 'ब्लाउज', 'ऊपर, नीचे और दरम्यान', 'चुगद', 'शिकारी औरतें' आदि कहानियाँ इसके उदाहरण के रूप में पेश की जा सकती हैं। उपेन्द्रनाथ अश्क के

अनुसार वह औरत की इज्जत का, उसके सतीत्व और उसके घरेलूपन का जितना कायल है, कोई दूसरा मुश्किल से होगा।[20]

उर्दू में कृष्ण चन्दर[21] चौथे दशक से ही कहानी लिखते आ रहे थे। इस दशक के पूर्वार्ध में उनके *तिलस्मे ख़याल* (1942), *ज़िन्दगी के मोड़ पर* (1943), और *नग़मे की मौत* (1944) कहानी संग्रह प्रकाशित हुए थे। कुछ आलोचक 'ज़िन्दगी के मोड़ पर' और 'फिरदौस' को इनकी सर्वश्रेष्ठ कहानियाँ मानते हैं जो *ज़िन्दगी के मोड़* पर में संगृहीत हैं।[22] 'जिन्दगी के मोड़ पर' में एक निकाह का वर्णन उसके सारे तामझाम के साथ किया गया है; तभी लेखक इस बाहरी चमक दमक के पीछे छिपे रहस्य का उद्‌घाटन करता है और हमारे सामने यथार्थ का असली रूप अपनी पूरी वीभत्सता में प्रकट हो जाता है। इस कहानी में कृष्ण चन्दर का दृष्टिकोण आक्रोश का नहीं, बल्कि सह-भाव और सहानुभूति का है। पाठक अनुभव करता है कि इस जीवन में कितनी क्रूरता, दुःख और अँधेरा है। 'फिरदौस' कहानी का कथ्य 'जिन्दगी के मोड़ पर' से बिलकुल भिन्न है। इसमें सभी अभागे पात्र एक साथ एक होटल में इकट्‌ठे हैं। शीर्षक व्यंग्यात्मक है। मानो हम नरक के दरवाजे पर उपस्थित हैं। बीच बीच में दी गयी लेखक की टिप्पणियों से हम असहमत हो सकते हैं, पर कहानी में जीवन धड़कता दिखायी पड़ता है और कहानी हमारे सामने समाज में फैली गरीबी, अपूर्ण इच्छाओं की पीड़ा, बूढ़ों के पछतावे और जवानों की विवशता का चित्र खोलकर रख देती है। कृष्ण चन्दर की अन्य उल्लेखनीय कहानियाँ 'ताई ईसरी' और 'मुस्कराने वालियाँ' हैं। 'ताई ईसरी' एक ऐसी स्त्री की कहानी है जिसका मन दुःखद वैवाहिक जीवन के बावजूद खट्टा नहीं हुआ है। उसके स्वभाव की मृदुता बरक़रार है और सभी लोग उसका आदर और उससे स्नेह करते हैं। ताई ईसरी अपनी सरलता, भोलेपन और परम्परागत सद्‌विचारों के कारण एक अत्यन्त प्रिय और संवेदनशील पात्र है। कृष्ण चन्दर के बारे में कहा जाता है कि उन्हें अपनी कहानियों में बड़े फलक की जरूरत पड़ती है, पर अपनी कुछ कहानियों में उन्होंने बेहद मितव्ययिता का परिचय दिया है। 'मुस्कराने वालियाँ' ऐसी ही कहानी है, जिसमें एक युवक के पश्चात्ताप का वर्णन किया गया है, जो एक विक्षिप्त लड़की की मलिन मुस्कान को देखकर उसे वेश्या समझ लेता है।

1940 तक चन्द्रकिरण सौनरेक्सा कहानीकार के रूप में, पत्र पत्रिकाओं में, प्रतिष्ठित हो चुकी थीं। इस दशक के पूर्वार्द्ध में उनकी लगभग 22 कहानियाँ उनके कहानी संग्रह *आदमखोर* तथा विभिन्न पत्र पत्रिकाओं में प्रकाशित हुई थीं।[23] न केवल परिमाण की दृष्टि से, वरन् प्रकारतः भी ये कहानियाँ सौनरेक्सा को हिन्दी के समकालीन बड़े कहानीकारों के बीच प्रतिष्ठित कराने के लिए पर्याप्त हैं।

चन्द्रकिरण सौनरेक्सा की कहानियों का मुख्य विषय उस समय की स्त्री है। 'कमीनों की जिन्दगी में', 'गेंदा बन जाऊंगी' आदि कहानियों में उनकी नारी संवेदना को शक्त अभिव्यक्ति मिली है। 'कमीनों की जिन्दगी में' में लेखिका ने मध्यवर्ग और निम्नवर्ग के दाम्पत्य जीवन को आमने-सामने रखकर कथ्य को व्यंजक बना दिया है।

मध्यवर्ग की स्त्री आर्थिक दृष्टि से सम्पन्न होते हुए भी पुरुष वर्चस्व के सामने विवश है और तथाकथित सभ्य पुरुषों की बनाई हुई नैतिक संहिता के नीचे उसकी आत्मा घुटती रहती है। उसकी तुलना में एक दलित समाज की स्त्री अधिक स्वावलम्बी और स्वतन्त्र है, क्योंकि मनुवादी संहिता उस पर लागू नहीं होती। समानान्तर चलनेवाली दोनो कथाओं से समकालीन नारी का समग्र चित्र तो सामने आता ही है, मध्यवर्ग की स्त्री की नियति एक कचोटने वाला असर छोड़ती है। कहानी का अन्त मध्यवर्गीय पत्नी की मरणासन्नता और उसके पास खड़ी और सान्त्वना देती भंगिन के वैषम्य की संवेदना से होता है, जो बहुत प्रभावशाली है। 'गेंदा बन जाऊँगी' में भी यही कथ्य एक दूसरे कोण से प्रस्तुत किया गया है। इसमें उच्च वर्ग की एक ऐसी स्त्री के दुखी जीवन का चित्रण किया गया है, जिसे आर्थिक दृष्टि से कोई अभाव नहीं है; उसका दुख इस बात में है कि पति उसे वह प्यार नहीं देता, जिसके लिए कोई स्त्री तरसती है। उसके समानान्तर बर्तन-बासन करने वाली महरी आर्थिक अभावों में भी इस कारण सुखी और मस्त है कि उसका पति उसकी भावनाओं का ख्याल रखता है। दोनों कथाओं को साथ साथ प्रस्तुत करने से कहानी में सजीवता आ गयी है। लेखिका कदाचित् यह कहना चाहती है कि सुखमय दाम्पत्य जीवन के लिए आर्थिक सम्पन्नता उतनी महत्त्वपूर्ण नहीं है, जितनी भावात्मक सम्पन्नता। पर इस प्रकार के विचार अर्धसत्य होते हैं और उन पर आधारित कहानी भी 'फेबुल' बनकर रह जाती है।

'रुपया' एक अच्छी व्यंग्यात्मक कहानी है, जिसका सौन्दर्य इसमें निहित तीव्र सामाजिक व्यंग्य में है। हिन्दू समाज में जातिवाद का पाखंड अपने सारे विरोधाभासों के साथ विद्यमान है। ब्राह्मणवादी चाचा धन के लोभ में अपने भतीजे की बहू को घर से निकाल कर उसका दूसरा ब्याह करना चाहता है। आधार यह है कि बहू, अपने पिता की, समाज की दृष्टि में नाजायज प्रेम की देन है। बहू के अन्य सारे गुण केवल इस 'दोष' के कारण शून्य हो जाते हैं और वह अपने पिता के घर जाने को बाध्य कर दी जाती है। इधर युवक के दूसरे विवाह की तैयारियाँ भी, उसके नपुंसक विरोध के बावजूद, आरम्भ हो जाती हैं। पर ज्योंही अपने ब्राह्मणत्व पर अभिमान करने वाले 'चाचा' को ज्ञात होता है कि बहू के पिता ने अपनी सारी सम्पत्ति उसके नाम कर दी है, उनके सारे तर्क बदल जाते हैं और वे उसे अपनी बहू के रूप में स्वीकार करने की पहल करने लगते हैं। वे उस कल्पित सामाजिक विरोध की भी उपेक्षा करने को तैयार हो जाते हैं, जो रुपये के बल पर दबाया जा सकता है। कहानी के अन्त में 'चाचा' की निर्लज्ज डींग, उनके तर्क की दयनीयता/खोखलापन, ब्राह्मणत्व की पराजय और बहू को लौटा लाने का निर्णय आदि मिल कर एक ऐसी स्थिति का निर्माण करते हैं जो व्यंग्य की धार को असाधारण रूप से तेज बना देती है। जातिगत दम्भ के पाखंड से भरे विरोधाभास को व्यंग्य की तेज छुरी से चाक करना ही इस कहानी की विशेषता है। 'दो रोटियाँ' कहानी में संयुक्त परिवार में बहू की उपेक्षा, उससे की जाने वाली अपेक्षाएँ, सास ननद का असहयोगपूर्ण, बल्कि प्रतिशोधात्मक व्यवहार और बहू की सारे परिवार की नौकरानी के

रूप में स्थिति का चित्रण किया गया है। अनुभव की प्रामाणिकता ने कहानी में जान डाल दी है। 'नारी शक्ति है' एक व्यंग्यपूर्ण कहानी है, जिसमें स्त्री-जीवन की विवशता का, जो उसके बचपन से ही आरम्भ हो जाती है, अंकन किया गया है। पुरानी मान्यताओं वाले समाज में लड़की का विवाह ही उसके जीवन का सबसे बड़ा मकसद माना जाता है। जाहिर है कि इसके पीछे उसे कामवासना और सन्तान पैदा करने की वस्तु से अधिक महत्त्व नहीं दिया जाता। लड़की भी मनुष्य है, उसके विकास की भी सम्भावनाएँ हो सकती हैं, इसकी चिन्ता किसी को नहीं होती। इसी बोध को आधार बनाकर यह कहानी लिखी गयी है। इस कहानी में यह भी दिखाया गया है कि किसी लड़की के बारे में अकारण अपवाद फैलाकर उसके विवाह में बाधा पैदा कर दी जा सकती है। लड़की की विवशता का यह बहुत ही निर्मम रूप है। लेखिका ने हिन्दू समाज की इस कमजोरी का बेबाक चित्रण किया है। 'दूसरा बच्चा' भी स्त्री की विवशता और उसके प्रति पुरुष के दृष्टिकोण पर आधारित बहुत अच्छी व्यंजनापूर्ण कहानी है। पुरुष बुद्धिजीवी अपनी सुधारवादिता के घमंड में भिखारिनों की परिस्थितिजन्य विवशताओं पर टिप्पणियाँ करता है, पर जब वह उसके यहाँ काम करने लगती है तो वही पुरुष उसे गर्भवती करके स्वयं पलायन कर जाता है और वह स्त्री पुनः उसके नवजात शिशु के साथ सड़क पर भीख माँगने को विवश हो जाती है। लेखिका ने गहरी संवेदना के साथ यह कहानी लिखी है। 'ए क्लास की कैदी' में एक ऐसी पढ़ी-लिखी, सुसंस्कृत युवती का चित्रण किया गया है, जो समृद्ध घर की बहू होकर भी नारी सम्बन्धी पुरानी मान्यताओं के चलते कुछ भी करने के लिए स्वतन्त्र नहीं है। उस पर तरह तरह की पाबन्दियाँ लगी हुई हैं। उसके पति की 'स्वतन्त्रता' पर कोई रोक नहीं है। लेखिका स्त्री-पुरुष सम्बन्धी आचरण-संहिता की इस भिन्नता का विरोध करती है। कहानी का यही केन्द्रीय कथ्य है। 'प्रेम का प्रयोग' एक शिक्षित युवती के भटकाव की कहानी है। 'डेडलॉक' में पढ़ी-लिखी, प्रबुद्ध, लेखिका स्त्री की स्थिति का अंकन किया गया है जो एक ऐसे समृद्ध व्यक्ति की पत्नी है जो केवल धन कमाने में रुचि रखता है। पत्नी के कवि और कहानीकार होने का भी आर्थिक और सामाजिक लाभ है, पर उसे किसी प्रकार की भी स्वतन्त्रता प्रदान करना उसे गवारा नहीं। इस स्थिति से ऊबकर पत्नी एक साम्यवादी से प्रेम करने लगती है और उसके साथ भाग जाने तक का कार्यक्रम बना लेती है। पर ऐन वक्त वह अपना निर्णय बदल देती है, क्योंकि उसे इस बात का बोध हो जाता है कि किसी भी स्थिति में उसकी नियति में परिवर्तन नहीं होने वाला है। लेखिका का विचार यह जान पड़ता है कि स्त्री किसी भी हालत में पुरुष की गुलामी से मुक्त नहीं हो सकती, क्योंकि वह आर्थिक दृष्टि से स्वतन्त्र नहीं है और समाज में उसे वे अधिकार हासिल नहीं हैं जो पुरुष को परम्परा से उपलब्ध हैं। इसके समाधान के रूप में वह 'विषम' कहानी में दाम्पत्य जीवन के सामरस्य का एक नुस्खा पेश करती है। इस कहानी की पत्नी भोग-विलास के प्रति आकृष्ट है और पति की आदर्शवादिता, गरीबों के प्रति सहानुभूति और उसके लोक-सेवा के कार्य उसे अखरते हैं, जिसके

फलस्वरूप उसका दाम्पत्य जीवन कटुता से भरा हुआ है, पर अपने पति के भट्ठे पर काम करते मजदूरों को देखकर उसका हृदय परिवर्तन हो जाता है और वह भी पति के सेवा-कर्म में सहयोग करने लगती है। इसी प्रकार 'अबूझ' की सुनन्दा आरम्भ में एक ऐसी पढ़ी लिखी लड़की का प्रतिनिधित्व करती है जो इतर जाति के लेखनजीवी युवक से हठ करके विवाह करती है। पर विवाह के बाद अपनी शहरी आदतों के कारण कम आय वाले पति के साथ उसकी खटपट होने लगती है। इस स्थिति से उबरने के लिए युवक पति को साहित्य-लेखन को अलविदा कहकर एक दफ्तर की नौकरी ढूँढ़नी पड़ती है। पर तब तक सुनन्दा की मानसिकता बदल जाती है। वह पति की लेखन-प्रतिभा से प्रभावित होकर गाँव की असुविधाजनक स्थिति में जीवनयापन करने का मन बना लेती है और जब युवक अपना नियुक्ति-पत्र सुनन्दा को दिखाता है तो वह उसे फाड़कर फेंक देती है। इन कहानियों का संकेत यह जान पड़ता है कि यदि पत्नी पति के साथ उसके सामाजिक कार्यों में सहयोग करे तो दाम्पत्य जीवन में सामरस्य की समस्या आसानी से हल हो सकती है। लेखिका नारी की स्वतन्त्रता की पक्षधर तो है, पर वह ऐसी स्वतन्त्रता को श्रेयस्कर नहीं समझती जो दाम्पत्य जीवन की नींव को ही कमजोर कर दे। वह प्रेम को व्यावहारिक जीवन से निरपेक्ष नहीं मानती और प्रेम को व्यावहारिक जीवन के सन्दर्भ में न देखने की मानसिकता की आलोचना करती है। कहना न होगा कि इस दृष्टि से चन्द्रकिरण सुभद्रा कुमारी चौहान के निकट, और सुमित्रा कुमारी तथा रशीदजहाँ से भिन्न हैं।

सौनरेक्सा की कतिपय कहानियाँ मातापिता द्वारा तय किये हुए अनमेल विवाह की त्रासदी पर आधारित हैं। 'बंजर' और 'खटराग' ऐसी ही कहानियाँ हैं। समाज में लड़की का एकमात्र भविष्य उसका विवाह होता था, जिसके लिए दहेज से लेकर कुरूप लड़की के स्थान पर किसी सुन्दर लड़की को दिखाकर विवाह कर देने का प्रपंच तक शामिल था। 'बंजर' में एक कुरूप लड़की का ब्याह उसके स्थान पर किसी सुन्दर लड़की को दिखाकर कर दिया जाता है, जिसके चलते उसे सारा जीवन सुहागन विधवा के रूप में व्यतीत करना पड़ता है। उसका पति कृष्ण स्वरूप उसे पत्नी के रूप में स्वीकार नहीं करता और माँ-बाप उसका दूसरा विवाह कर देते हैं। पैंतीस साल बाद, दूसरी पत्नी का निधन हो जाने पर, कृष्ण स्वरूप को अपनी पहली पत्नी कमला की याद आती है और वह उसे विदा कराकर लाता है, और जीवन के शेष वर्षों में उसे पत्नी के सिंहासन पर बिठाकर अपने अपराध का प्रायश्चित्त करता है। कथानक में फाँक होते हुए भी प्रथम पत्नी की आजीवन तपस्या और बुढ़ापे में सुहागन बनने की करुण संवेदना को लेखिका ने सार्थक वाणी दी है। 'खटराग' भी बौद्धिक दृष्टि से असमान विवाह की समस्या पर आधारित कहानी है। पाँचवे दशक तक कुछ प्रबुद्ध पिता पुत्र का विवाह, पढ़ाई पूरी कर अपने पैरों पर खड़ा होने के बाद, करने के हिमायती हो गये थे। पर जब लड़के के विवाह का समय आता था तो उसे पत्नी के रूप में अधिक से अधिक 14-15 वर्ष की, पाँचवी कक्षा पास लड़की मिलती थी, जो रसोई-पानी करना, पान लगाना, सास के पाँव दबाना

जैसे काम तो कर लेती थी, पर पति के इच्छानुरूप पढ़ना-लिखना, साहित्य-चर्चा करना, हारमोनियम बजाना, गाना, जैसे सांस्कृतिक काम उसे नहीं आते थे। इसके परिणामस्वरूप उनका दाम्पत्य जीवन सामरस्यपूर्ण नहीं हो पाता था। यह कहानी समकालीन दाम्पत्य जीवन का एक ऐसा ही चित्र प्रस्तुत करती है।

'अच्छा लड़का अच्छी लड़की' मध्यवर्ग में लड़कियों के विवाह की समस्या पर आधारित कहानी है। यह समस्या लड़कियों के विवाह की अपरिहार्यता, स्त्री की आर्थिक परवशता, दहेज, जाति-धर्म के बाहर विवाह न करने की बन्दिश, माँ-बाप में परम्परागत रूढ़ियों को यथावत् स्वीकार करने या उन्हें नकारने के साहस का अभाव, लड़की के रूप और शिक्षा-दीक्षा आदि के कारण पैदा होती है और इसके कुपरिणाम की भागी होती है केवल लड़की। इस कहानी की लड़की का विवाह मध्यवर्गीय पिता की आर्थिक विवशता, लड़की के दबे हुए रूप और अपनी ही जाति के कमतर श्रेष्ठ गोत्र में विवाह न करने की मानसिकता के कारण मनु संहिता द्वारा निर्धारित समय पर नहीं हो पाता। एफ.ए. पास की पढ़ाई उसकी कोई सहायता नहीं कर पाती। अन्ततः वह लड़की विद्रोह पर आमादा होकर एक अपढ़ लड़के के साथ भाग जाती है और कष्ट की जिन्दगी बिताती हुई टीबी की शिकार हो जाती है। भागने के बाद वह अपने पिता को जो पत्र लिखती है, उससे लेखिका की स्त्री-विमर्श की धारणा का खुलासा हो जाता है : ''यदि (आपको) मुझसे स्नेह होता, तो आप पहले मेरा दुःख सुख और भविष्य देखते, अपने वंश की पवित्रता को अपने चारो ओर लपेटकर मुझे वर न मिलने की दशा में यूँ घर में घुटाकर न मारते। या तो कहीं भी किसी जाति में, जहाँ किसी अभागे को मेरी सचमुच आवश्यकता होती, ब्याह देते या कम से कम इस चहारदीवारी से मुक्त करके मुझे समाज में कुछ करने देते या अपना पेट भरने योग्य काम करने की सुविधा तो देते ही। आपमें इतना साहस नहीं था। लड़की घर में बैठकर बूढ़ी भले ही हो जाय या परदे की ओट वह कुछ ऊँच-नीच ही कर बैठे, आप अपनी जाति से इतर आँख उठाकर नहीं देख सकते। चाहे अकेले में बिरादरी को कितना ही क्यों न कोसें।...दोष आपका ही नहीं। समाज के आर्थिक गठन और हम शिक्षित कन्याओं का भी है। आखिर क्यों हमें वर नहीं मिलते? क्यों हमारे लिए घरवालों को इतनी परेशानी उठानी पड़ती है? इसका सबसे बड़ा कारण है हमारा परमुखापेक्षी होना। मध्यवर्ग की कन्या और उसके घर वाले यही चाहते हैं कि पति के रूप में उसे एक कमाकर खिलाने वाला, साथ ही उसकी और उसके बच्चों की रक्षा करने वाला मिल जाए। फिर जो लड़की जितनी अधिक शिक्षित हो, उसका खर्च भी उसी हिसाब से बढ़ा हुआ होगा। इस धारणा में अधिक असत्य नहीं है। तब लड़कों और उनके परिवार के मिजाज क्यों न चढ़ें? वे अच्छे दहेज और सौन्दर्य की माँग क्यों न करें?...लड़कियाँ यदि अपनी रोटी का भार एकदम ही लड़कों पर न छोड़ देतीं, या हमारे देश और समाज की वर्तमान अवस्था में रोटियाँ इतनी महँगी न हो गयी होतीं तो शायद इतनी अड़चन न पड़ती।'' आज से लगभग छह दशक पहले नारी-विमर्श सम्बन्धी यह दृष्टि कितनी सुलझी हुई, साफ और तर्कसम्मत थी, यह कहने की जरूरत नहीं।

सौनरेक्सा का अनुभव-संसार बहुत व्यापक है। उन्होंने समकालीन स्त्री को, वह चाहे किसी भी वर्ग या आर्थिक-बौद्धिक स्तर की हो, उसकी समग्रता में देखने का प्रयास किया है। उनकी कुछ कहानियों में दलित और मुस्लिम समाज की स्त्री की नियति का भी प्रभावशाली अंकन हुआ है। 'जवान मिट्टी' एक दलित वर्ग की स्त्री की विवशता, सामाजिक-पारिवारिक शोषण, संघर्ष और पराजय की बड़ी मार्मिक और शक्त कहानी है। वह अपने पहले पति और सास दोनो के अमानवीय अत्याचार की शिकार होकर, परिवार को लात मार कर मायके तो चली आती है, पर उसकी स्थिति में कोई बदलाव नहीं होता। वह स्वतन्त्र रहकर, मेहनत-मजूरी करके भी, जीने को स्वतन्त्र नहीं है। पुरुषप्रधान व्यवस्था उसे पत्नी के रूप में ही जीने का विकल्प देती है और इस प्रकार वह कभी भी मुक्त नहीं हो पाती। दलित समाज में पति के मरने के बाद दूसरा विवाह करने की छूट होने पर भी युवा स्त्री परपुरुषों की काम-चेष्टा, पारिवारिक सदस्यों के श्रम-शोषण, बिरादरी के दबाव आदि का दंश झेलने को मजबूर होती है। बिन्दो की कहानी ऐसी ही संघर्षशील, पर विवश स्त्री की कहानी है। 'तीसरी कोशिश' में कहार जाति की एक ऐसी किशोरी का प्रसंग प्रस्तुत किया गया है, जिसे एक शिक्षिका, जिसके यहाँ उसकी माँ घर का कामकाज करती है, अपने स्कूल में शिक्षा दिला रही है। उस लड़की का एक तथाकथित उच्च जाति के युवक से प्रेम हो जाता है, जिसकी जानकारी हो जाने पर लड़की की माँ हाय तौबा मचाती है। पर लड़की विद्रोह करने पर आमादा है। इसी बीच 'बहू जी' (शिक्षिका) उस युवक (रमेश) को लेकर आ जाती हैं और उससे पूछती हैं कि क्या वह 'पुनिया' से विवाह करने को तैयार होगा? पर जब रमेश को ज्ञात होता है कि पुनिया एक कहार की लड़की है तो वह अपने माँ-बाप का हवाला देकर विवाह करने से मुकर जाता है। बहू जी रमेश को फटकारती हैं और पुनिया को स्थिति का सही बोध हो जाता है। यह एक सामाजिक चेतना से भरपूर संवेदनापूर्ण कहानी है। 'काया और कल्पना' कहानी में निम्नवर्ग की अभावग्रस्त जिन्दगी में स्त्री की पीड़ा का, जिसे रोटी-कपड़े के अभाव के साथ साथ पति का शोषण और उत्पीड़न भी झेलना पड़ता है, तीखा चित्रण किया गया है।

'जिन्दगी की माँग' और 'हिरनी' कहानियों का परिवेश मुस्लिम मध्यवर्ग है। इस वर्ग की अपनी रूढ़ियाँ, परम्पराएँ, मान्यताएँ और मजबूरियाँ होती हैं। परदे के कठोर अनुशासन के कारण स्त्रियाँ और भी अधिक विवश होती हैं। उनकी दुनिया दो तीन कोठरियों, आँगन की दहलीज तथा अधटूटे मकान की दीवारों तक सीमित होती है, जहाँ दिलचस्पी का कोई सामान नहीं होता, लड़कों की तरह खुलकर दौड़ने, हँसने, गाने और पसीना झलमला देने वाले काम करने का अवसर नहीं होता। यदि लड़की की कदकाठी थोड़ी तगड़ी हुई तो दस बरस की होते न होते पढ़ाई छुड़ा दी जाती है। बाजार में निकलना बन्द कर दिया जाता है। फिर बुरके की बन्दिश लगती है। 'जिन्दगी की माँग' में एक वयःसन्धि पार करती लड़की की आकांक्षाओं और दिवास्वप्नों का चित्रण किया गया है। एक किशोरी लड़की के लिए उस जीवन की नीरसता कितनी उबाऊ होती है,

इसके अंकन में लेखिका ने अपनी संवेदना का भरपूर उपयोग किया है। यह नीरसता मिटती है प्रथम प्रेम के दुस्साहस और चोरी-छिपे नैतिक संहिता के उल्लंघन से। उसका परिणाम भी लड़की को ही भुगतना पड़ता है। 'हिरनी' कहानी में मुस्लिम मध्यवर्गीय परिवारों में स्त्री की विवशता, परदे की जिन्दगी की घुटन और उससे मुक्ति की छटपटाहट चित्रित हुई है। किस प्रकार विवाह के पहले हिरनी की सी कुलाचें भरने वाली लड़की विवाह के बाद परदे की घुटन की शिकार होकर अपना स्वाभाविक चरित्र खो बैठती है, इसका इस कहानी में बड़ा ही यथार्थ और विश्वसनीय अंकन हुआ है। मुस्लिम मध्यवर्गीय परिवेश के चित्रण में भी सौनरिक्सा को कमाल हासिल है। उसके छोटे से छोटे ब्योरों का भी वे इतना ध्यान रखती हैं कि परिवेश जीवन्त हो जाता है। इन दोनो ही कहानियों में यह बात देखी जा सकती है।

इस दशक की कहानियों में सौनरेक्सा नारी-संसार से बाहर निकलने का भी प्रयास करती हैं। उनकी कहानियों में निम्नमध्य वर्ग की आर्थिक मजबूरियों, युवकों की विवशता और दिशाहीनता, उनके टूटते सपनों, कुल मर्यादा से जुड़े अन्तर्विरोधों और उनसे उबरने के लिए संघर्ष करती नयी पीढ़ी का बहुत प्रभावी अंकन हुआ है। इसके लिए जो प्रामाणिक अनुभव और गहरी संवेदना अपेक्षित है, वह सौनरेक्सा की कहानियों में भरपूर मात्रा में है। 'रेखाएँ और वर्ग, वर्ग और वृत्त' मध्यवर्ग की अभाव और घुटनभरी जिन्दगी की कहानी है। इसके केन्द्र में समकालीन शिक्षा-व्यवस्था है, जिस्का एकमात्र उद्देश्य मैट्रिक या बी.ए. की डिग्री प्राप्त कर सरकारी नौकरी प्राप्त करना होता था। यह शिक्षा छात्र की स्वाभाविक क्षमता का विकास कर उसे योग्य बनाने की नहीं थी। मध्यवर्ग का पिता परिवार की रोजी रोटी चलाने के लिए अपने पुत्र को मैट्रिक पास कराने हेतु जी-जान लगा देता था और लड़के के सफल न होने पर अपना विवश क्रोध उसकी डाँट-फटकार या पिटाई करके करता था। इस प्रकार लड़के की जिन्दगी बरबाद हो जाती थी। सौनरेक्सा ने इस स्थिति का मार्मिक चित्रण इस कहानी में किया है। 'दीमक' में निम्नमध्यवर्ग की आर्थिक मजबूरियों, कुलमर्यादा से जुड़े अन्तर्विरोधों और उनसे उबरने के लिए संघर्ष करती नयी पीढ़ी का बहुत प्रभावी अंकन हुआ है। इसके लिए जो प्रामाणिक अनुभव और गहरी संवेदना अपेक्षित है, वह सौनरेक्सा की कहानियों में भरपूर मात्रा में है। यह कहानी इस दृष्टि से उल्लेखनीय है। 'सुभद्रा' में एक माँ-बाप रहित लड़की पर उसकी मामी के अत्याचार का चित्रण किया गया है। यह मध्यवर्गीय पारिवारिक यथार्थ है।

मध्यवर्ग की तरह दलित और अति निम्नवर्ग के यथार्थ का भी सौनरिक्सा ने प्रामाणिक और संवेदना से अनुप्राणित चित्रण किया है। सर्वहारा वर्ग की इतनी और ऐसी कहानियाँ किसी दूसरे प्रगतिशील या प्रगतिवादी कहानीकार ने नहीं लिखी हैं; यशपाल, अमृत राय और रांगेय राघव ने भी नहीं। 'परम्परा' निम्नवर्ग की स्थिति की बड़ी ही मार्मिक और व्यंजनापूर्ण कहानी है। इस वर्ग की प्रत्येक पुरानी पीढ़ी अपने बाद वाली पीढ़ी को पढ़ा लिखाकर योग्य बनाना चाहती है पर स्थिति ज्यों की त्यों बनी रह

जाती है। बदलू अपने बेटे रग्घू को स्कूल में पढ़ने को भेजता है, पर परिस्थितियाँ ऐसी हैं कि वह जेहनी होने पर भी पढ़ नहीं पाता और बीड़ी पीने लगता है, जिसके लिए वह अपने बाप से पिटता है। बारह साल बाद रग्घू भी अपने बेटे घसीटे को इसी 'अपराध' के लिए पीटता है। यह क्रम निरन्तर चल रहा है और देश की आजादी की आधी सदी बीत जाने पर भी स्थिति ज्यों-की-त्यों बनी हुई है। कहानी की अद्वितीय मार्मिकता का कारण उसकी यह प्रासंगिकता ही है। 'बेजुबाँ' कहानी में अतिनिम्न वर्ग की गरीबी, विवशता और बेचारगी का बेहद यथार्थ चित्रण हुआ है। इस परिप्रेक्ष्य में सम्पन्न वर्ग का निर्लज्ज स्वार्थ और निम्नवर्ग के प्रति उनका अमानवीय रवैया दहला देने वाला है। 'बोलती लाश' द्वितीय विश्व युद्ध के दौर की कहानी है। यह युद्ध वैसे तो भारत के बाहर लड़ा जा रहा था, पर देश की आर्थिक स्थिति पर इसका बहुत बुरा प्रभाव पड़ रहा था। दैनिक जरूरी उपयोग की वस्तुएँ बाजार से गायब हो चुकी थीं, सेठ-साहूकार जमाखोरी, कालाबाजारी, तस्करी, खाद्य वस्तुओं में मिलावट आदि से नफा कमाने की होड़ में लगे हुए थे। भ्रष्टाचार अपने चरम पर था। और इनका सबसे अधिक असर आम जन पर पड़ रहा था। इस स्थिति का जितना यथार्थ और संवेदनापूर्ण अंकन सौनरेक्सा ने किया है, उतना हिन्दी का और कोई कहानीकार नहीं कर सका है। इस कहानी में एक निम्नवर्ग के खोमचा वाले की दयनीय आर्थिक स्थिति के साथ साथ रेजगारी की किल्लत का चित्रण किया गया है। द्वितीय विश्व युद्ध में रेजगारी की किल्लत की समस्या आज किसी को बहुत हल्की लग सकती है, पर जो लोग उन अनुभवों से गुजर चुके हैं, वे उस अनुभव की पीड़ा को आज भी समझ सकते हैं। वस्तुतः सौनरेक्सा की कहानियाँ अपने समय का बहुत ही प्रामाणिक दस्तावेज हैं। सौनरेक्सा में अपने पात्रों की संवेदना की थरथराहट को ग्रहण करने की अद्भुत क्षमता है।

'ये दरिन्दे ये शिकार' कहानी प्रकाशकों द्वारा हिन्दी लेखकों के शोषण और उनकी दयनीय आर्थिक स्थिति पर आधारित है। यह कहानी लेखिका के निजी अनुभव पर आधारित होने के कारण विश्वसनीय और मार्मिक बन गयी है। स्वयं लेखिका के पति ने प्रकाशकों के शोषण से बचने के लिए प्रकाशन-कार्य आरम्भ किया था, जो चल नहीं पाया और अन्ततः लेखिका की बहुत सी अच्छी कहानियाँ भी पुस्तकाकार नहीं छप सकीं।

जैसा हम पिछले अध्याय मे लिख चुके हैं राजेन्दर सिंह बेदी (1910-1984)[24] ने 1932 में ही कहानी-लेखन का आरम्भ कर दिया था और *दाना-ओ दाम* (1936) तथा *गरहन* (1942) उनके आरम्भिक कहानी संग्रह हैं। गोपीचन्द नारंग के अनुसार 'कोखजली' का प्रकाशन यद्यपि 1949 में हुआ लेकिन इस संग्रह की अधिकांश कहानियाँ आजादी से पहले की हैं। यद्यपि बेदी ने अपनी आरम्भिक कहानियों में ही जीवन के प्रति अपने यथार्थवादी रुझान का परिचय दे दिया था, पर इस संग्रह की कहानियों में उनका यथार्थ चित्रण परवान चढ़ता दिखायी देता है। मुहम्मद सादिक के अनुसार "बेदी की कहानी-कला की विशेषता उसका नीरव और सहानुभूतिपूर्ण यथार्थवाद है। वह

मध्यवर्ग के दायरे में घटित होनेवाले छोटे-छोटे प्रसंगों तथा व्यक्तियों की समस्याओं और संकटों को अपने कथ्य के रूप में चुनता है और उन्हें अपने दृष्टिकोण के अनुसार इस रूप में प्रस्तुत करता है कि उनमें एक गहरी सार्थकता पैदा हो जाती है। उसकी कहानियों में कार्यव्यापार अक्सर अन्तर्मुखी होता है; कुछ घटित होता है, कुछ घटित होने को होता है, और रोशनी उनसे जुड़े व्यक्तियों के मानस पर केन्द्रित होती है। उदाहरण के लिए 'गरम कोट' को लें; गृहिणी के सामने अपनी बचत के पैसों के सर्वोत्तम उपयोग की समस्या है, वह उसे परिवार पर खर्च करे या अपने पति के लिए बेहद जरूरी नया कोट ले दे। बहुत ऊहापोह के बाद पति के प्रति प्रेम की जीत होती है और कोट खरीद लिया जाता है।''[25] 'लाजवन्ती' विभाजन के पहले और बाद में स्त्रियों के अपहरण पर लिखी बेदी की ही नहीं, सर्वसम्मति से, सर्वोत्तम कहानी मानी जाती है। इस कहानी में अपहृत स्त्री उसके पति को तो सौंप दी जाती है, पर वे अनुभव करते हैं कि वे एक दूसरे के प्रति वैसे नहीं हो सकते जैसा कि पहले थे। पत्नी के अपहरणजनित दुःखों की कल्पना से पति का हृदय उसके प्रति बेहद कोमल हो गया है। अब वह उसके लिए एक स्त्री, पुरानी लाजो, नहीं रह गयी है; अब वह पीड़ित नारीत्व का प्रतीक बन गयी है। पुरानी अन्तरंगता समाप्त हो गयी है, और उसके साथ क्या घटा, उसे यह भी पूछने की हिम्मत नहीं होती। दूसरी तरफ पत्नी पहले जैसी अन्तरंगता के लिए तड़प रही है। वह पति के समक्ष अपना हृदय खोलकर रख देना चाहती है और बताना चाहती है कि उसके साथ क्या कुछ घटित हुआ, पर पति वह सब इसलिए नहीं सुनना चाहता कि कहीं पत्नी की भावनाओं को चोट न पहुँचे। कहानी इस व्यंग्यपूर्ण मार्मिक स्थिति का अंकन करती है; एक दूसरे को पा लेने के बाद वे अनुभव करते हैं कि वे सदा के लिए एक-दूसरे को खो बैठे हैं।

आम स्त्री-पुरुष अपने दिन प्रतिदिन के सामाजिक और आर्थिक मामलों में जिन अन्तर्विरोधों का सामना करते हैं, उनका बेदी की कहानियों में गहरी सहानुभूति और समझ के साथ अंकन किया गया है। वह उस दुःख और निराशा की, जो समाज में उथल-पुथल पैदा करते हैं, गहन मनोवैज्ञानिक छानबीन करता है और लोगों की अपनी बेहतरी के लिए परिवर्तन की आकांक्षा, दुःखद परिस्थितियों पर विजय पाने की इच्छाशक्ति और संकल्प का चित्रण करता है। बेदी तुच्छ से तुच्छ प्रसंगों से एक सुनिर्मित, प्रभावोत्पादक और वास्तविक जीवन जैसी कहानी गढ़ने की कला जानता है। इसके साथ ही उसे उस तुच्छता को व्यापक सन्दर्भ में रखने की कला भी ज्ञात है जो उसे व्यवस्था के सजीव अंग के रूप में परिणत कर देती है।

इस्मत चुगताई (1915-1991) के कहानी-लेखन का आरम्भ चौथे दशक के लगभग अन्त में हुआ। इनकी पहली कहानी 'काफ़िर' 1938 में *साक़ी* नामक उर्दू पत्रिका में प्रकाशित हुई थी। *नया अदब* में 1939 में प्रकाशित उनकी 'गेंदा' नामक कहानी बहुत लोकप्रिय हुई थी। *चोटें* कहानी संग्रह 1943 के आरम्भ में प्रकाशित हुआ था और उस पर मुक़दमा भी चला था।[26] पर आज जब हम उनकी कहानियों पर विचार करते हैं,

तो यह मुकदमा सिरे से बेवजह मालूम होता है। *कलियाँ* (1945), *एक बात* (1946), *दो हाथ* आदि उनके इस दशक के अन्य उल्लेखनीय कहानी संग्रह हैं। चुगताई की कहानियों का विषय एक औसत तबके का मुस्लिम परिवार है, जिसमें धार्मिक वातावरण, घुटा घुटा माहौल, पर्दा, खुलापन, शर्म, बेबाकी, कॉलेज की लड़कियों की चुहलें, जिससे एक औसत तबके का घर बनता है, सबकुछ है। यहाँ न मजदूर और किसान बसते हैं न ही सेठ और सर खान बहादुर। इनकी कहानियों के बारे में कृष्ण चन्दर ने लिखा था : "...ये तसवीर (कहानियों में प्रस्तुत) खूबसूरत भी थी और बदसूरत भी, उसमें आँसू भी थे और क़हकहे भी, जिन्दगी की गहराई भी थी और छिछोरापन भी, नफ़रत भी और मिट जाने के आसार भी, जो किसी औरत की ही नसीब हो सकती है। और फिर ममेरे, चचेरे, खलेरे भाई-बहन, उनकी चाहतें, उनकी रुसवाइयाँ, लगाव, हलावतें, इस तसवीर में एक मुस्लिम घराने, एक मतवस्सुत तबके के शहरी मुस्लिम घराने की रूह खिंच आयी है।"[27] मंटो के अनुसार, "इस्मत के ज़नाना और मर्दाना किरदारों में अज़ीबो-गरीब ज़िद या इनकार आम पाया जाता है। मुहब्बत में बुरी तरह मुब्तला हैं, लेकिन नफ़रत का इज़हार किये चले जा रहे हैं। जी गाल चूमने को चाहता है, लेकिन उसमें सुई खुबो देंगे। हौले से थपकना होगा तो ऐसी धौल जमाएँगे कि दूसरा बिलबिला उठे। यह ज़ारेहाना किस्म की मन्फी मुहब्बत जो महज़ एक खेल की सूरत में शुरू होती है, आम तौर पर इस्मत के अफसानों में एक निहायत रहम-अंगेज़ सूरत में अंजाम पज़ीर होती है।"[28]

इसमें सन्देह नहीं कि चुगताई ने उर्दू कहानी के इतिहास में एक नया अध्याय जोड़ा। उनकी आरम्भिक प्रकाशित कहानियों ने उर्दू संसार में काफी उत्तेजना पैदा की थी। उनकी कहानियों की एक उल्लेखनीय पहचान उनका बेबाकपन है। अपने आधुनिक दृष्टिकोण के फलस्वरूप वे वर्जित विषयों का बेबाक चित्रण कर आम प्रचलित धारणा को धक्का पहुँचाने में खिलन्दड़ा सुख प्राप्त करती हैं।[29] कुछ अन्य आलोचकों के अनुसार उनकी बेधक मेधा और कथा-लेखक की सहजबुद्धि ने समस्त सामाजिक और नैतिक परिदृश्य का, जो म्रियमाण सामन्ती समाज और स्त्रियों की नियति का साक्षी था, सर्वेक्षण किया जिससे उत्पन्न अपने जटिल अनुभवों को उन्होंने अपनी सुगठित कहानियों में पुनर्निर्मित करने का प्रयास किया।[30] सामाजिक मान्यताओं और परम्पराओं पर इस्मत ने अपनी कहानियों में, रशीदजहाँ की तरह, सीधा प्रहार किया। गरीब और वंचित वर्ग का चित्रण करने वाली कहानियों में वे बेजोड़ हैं। 'चौथी का जोड़ा', जो उनकी सबसे अच्छी कहानी मानी जाती है, ऐसी कहानियों में अद्वितीय है। इस कहानी में एक माँ और बेटी के अपनी बड़ी बहन के एक नाकारा आदमी से, जो उन्हीं के साथ रहता है, विवाह सम्पन्न करने के आतुर प्रयास का चित्रण किया गया है। वे उस पर मेहमान की तरह खर्च करती हैं; पर वह उस हताश युवती को छोड़कर चला जाता है, जो बिना 'चौथी का जोड़ा' पहने ही इस दुनिया से विदा हो जाती है। 'दो हाथ' और 'भेड़ें' भी ऐसी ही मार्मिक कहानियाँ हैं। 'लिहाफ' उनकी उच्च वर्ग का चित्रण करने वाली

कहानियों में श्रेष्ठ है, जिसे अपनी समलैंगिक प्रेम की वस्तु के कारण व्यापक विरोध का सामना करना पड़ा था। उनके सेक्स-फिक्शन के वर्जित क्षेत्र में साहसिक प्रवेश को कुछ आलोचकों ने यथार्थवाद की एक प्रक्रिया के रूप में स्वीकार किया है, जबकि कुछ आलोचकों ने उसे आत्म-विश्वास से रहित कहा है। हमें यह ध्यान में रखना होगा कि उस समय तक सेक्स एक वर्जित क्षेत्र था और पुरुष लेखक भी उसमें प्रवेश करने में हिचकते थे। इस्मत को इसका श्रेय दिया जाना चाहिए कि उन्होंने इसका विकासमान कहानी की बुनावट में प्रवेश करा दिया।

पर अपनी कहानियों में उन्होंने जिन विषयों को ग्रहण किया है, उनमें से सेक्स केवल एक है। ऐसी कहानियों में उन्होंने कतिपय समकालीन समस्याओं को अत्यन्त सटीक और सामासिक रूप में प्रस्तुत किया है। वे प्रगतिशील स्कूल से सम्बद्ध और प्रतिबद्ध कहानीकार थीं।[31]

अहमद नदीम क़ासमी (ज. 1916)[32] ने चौथे दशक के लगभग अन्त में कहानी-लेखन का आरम्भ किया था, जिनकी आरम्भिक कहानियाँ *बगूले (1941)* और *धड़कनें (1942)* में संकलित हैं। उनकी आरम्भिक कहानियों में रोमांस का स्पर्श दिखायी देता है, पर प्रगतिशील आन्दोलन से प्रभावित होने के बाद वे सामाजिक यथार्थवाद और जीवन की मार्क्सवादी व्याख्या की ओर मुड़ गये। उनकी बाद की कहानियों में, जो *'चौपाल', गिरदाब (1943), केसर कियारी (1944), सन्नाट्टा, तुलू व गुरूब (1943), 'आबले' (1946), 'दरो दीवार'* और *'बाज़ारे हयात'* में संकलित हैं, पंजाब के ग्रामीण जीवन का बहुत अच्छा चित्रण हुआ है। उनकी कहानियों के प्रमुख पात्र विभिन्न वर्गों, विशेष रूप से दमित और विरासत से वंचित समूह से आते हैं। नाजुक भावों को सीधी सादी भाषा में व्यक्त करने की क्षमता उनकी उल्लेखनीय विशेषता है। 'अलहाम ओ लिल्लाह' इनकी सर्वश्रेष्ठ कहानी मानी जाती है। इस कहानी में एक मौलवी के अपने बढ़ते परिवार और अनुयायियों की धर्म में घटती आस्था के दबाव को झेलने की रस्साकशी का चित्रण किया गया है। शुरू में कहानीकार का दृष्टिकोण उसके प्रति सहानुभूति से रहित है, पर जैसे जैसे कहानी आगे बढ़ती है और मौलवी अपनी बढ़ती हुई विपत्तियों के दबाव से लड़खड़ाता है, उसके प्रति लेखक की सहानुभूति बढ़ती जाती है। गरीबी मौलवी की संवेदनाओं को इस प्रकार ठंडी कर देती है कि वह एक दानशील आदमी की मृत्यु पर दुखी होने के बदले बड़ी प्रसन्नता का अनुभव करता है, क्योंकि उसके 'कुल' में प्राप्त होने वाले धन से उसकी आर्थिक समस्याओं का समाधान हो जाने की सम्भावना है। उसकी पत्नी को उसकी इस निर्दयता से धक्का लगता है और तब वह अनुभव करता है कि वह पतन के किस गड्ढे में गिर गया है। कहानीकार के रूप में अहमद नादिम सीधे सादे और गरीब लोगों के बारे में लिखते हैं, जो जीवन में सब तरह से वंचित हैं और सबकुछ सहते हुए अपनी जिन्दगी जीते हैं। एक कहानी में एक बूढ़ा आदमी है जो लड़ाई में अपने बेटे के मारे जाने से अपना मानसिक सन्तुलन खो बैठा है और प्रतिदिन अपने बेटे का ख़त पाने की उम्मीद में डाकघर जाता है; एक दूसरी

कहानी में एक विधवा अपनी लड़की की शादी का इन्तजाम करने के लिए अपने भाई को बुलाती है, जो यह सूचना पाकर उसी युवक से अपनी लड़की की शादी तय कर देता है और उस शादी में अपनी बहन को भी बुलाता है; एक दूसरी कहानी में एक युवक की कुएँ में गिर कर मर जाने के समय तो मौलवी उदासीन रहता है, पर जब उसका शव ग्रामीणों द्वारा कुएँ से निकाला जाता है तब वह वहाँ प्रकट होकर शबाब के तौर पर ग्रामीणों से कुएँ को शुद्ध करने के लिए उसका कुछ पानी निकालने का आदेश देता है। जो चीज इन कहानियों को प्रभावी बनाती है, वह है लेखक की उनके बारे में खुद कुछ न कहने का संयम। प्रस्तुति की कुशलता से प्रसंग स्वयं ही सबकुछ कह देता है। अनेक कहानियों में लेखक का दृष्टिकोण व्यंग्यात्मक है। 'शबाब', 'नसीब' आदि कहानियों में यह बात देखी जा सकती है। इन्हीं के समकालीन सुहैल अजीमाबादी भी सामाजिक समस्याओं पर लिखने वाले कहानीकार थे। उनका पहला उर्दू कहानी संग्रह *'अलाव'* 1941 में और अन्तिम संग्रह *'चार चेहरे'* 1977 में प्रकाशित हुआ। सुहैल को आदिवासियों और बिहार के दूरस्थ क्षेत्रों के पिछड़े लोगों के बीच रहने का अनुभव प्राप्त था और उन्होंने सरल, सीधे कथानक और सहज भाषा में ग्रामीण और आदिवासी जीवन का चित्रण किया है।

यथार्थ-केन्द्रित कहानी-धारा के साथ ही साथ व्यक्ति-केन्द्रित कहानी-धारा का विकास इस काल में भी होता रहा। जेल और नजरबन्दी की स्थिति से निकलने के बाद अज्ञेय के विचारों और कहानियों में भी एक बदलाव आता दिखायी पड़ता है। सम्भवतः 1930 में पकड़े जाने और आन्दोलन के दमन के साथ ही इस आन्दोलन में उनकी निष्ठा भी कमजोर हो गयी। स्वयं अज्ञेय के अनुसार "चार-एक वर्ष जेल में और वर्ष भर नजरबन्दी में बिताकर[33] जब मुक्त हुआ तब यह नहीं कि क्रान्ति का उत्साह ठंडा पड़ चुका था, पर आतंकवाद और गुप्त आन्दोलन अवश्य पीछे छूट गये थे और हिंसा की उपयोगिता पर अनेक प्रश्नचिह्न लग चुके थे।[34] पर 1936 में जेल और नजरबन्दी से मुक्त होने के बाद 1937 में मेरठ के किसान- आन्दोलन में भाग लेने के अतिरिक्त अज्ञेय के किसी राजनीतिक गतिविधि में शिरकत करने का कोई प्रमाण नहीं मिलता। उनका 'क्रान्ति का उत्साह' भले ही ठंडा न पड़ा हो, पर वह उनके व्यवहार में नहीं दिखायी पड़ता।

जेल से छूटने के बाद, पाँचवे दशक के आरम्भिक वर्षों में देश की आजादी की समस्या वात्स्यायन के लिए गौण हो गयी और अन्तरराष्ट्रीय राजनीति अधिक महत्त्वपूर्ण। इसी मानसिकता के तहत उन्होंने सुभाषचन्द्र बोस और 1942 के जन-आन्दोलन का विरोध किया और दिल्ली में साम्यवादियों के साथ मिलकर 'अखिल भारतीय फासिस्ट विरोधी सम्मेलन' का आयोजन किया। इतना ही नहीं, 1943 में वे उसी ब्रिटिश शासन की फौज में भरती हो गये, जिसे उखाड़ फेंकने के लिए आतंकवादी क्रान्तिकारिता की शरण में गये थे। ब्रिटिश शासन द्वारा उन्हें अपनी फौज के एक अफसर के रूप में स्वीकार करने का मतलब ही है, उसका, उनकी निष्ठा में विश्वास। सेना में उन्हें काम भी यही दिया गया था कि वे प्रचार माध्यमों और नाटकों के मंचन

द्वारा जनता के बीच यह भावना पैदा करें कि जापानी और आजाद हिन्द फौज उनकी शत्रु और ब्रिटिश सेना उन्हें उनसे मुक्ति दिलाने वाली है। अज्ञेय की ये गतिविधियाँ उनके चरित्र के सम्बन्ध में अनेक शंकाएँ पैदा करती हैं। पर यह एक अलग और विवादास्पद प्रश्न है।

इस अवधि में जैनेन्द्र भी अज्ञेय की तरह कहानी-लेखन की दृष्टि से प्रायः निष्क्रिय ही रहे। 1944 में उनका *ध्रुवयात्रा* नामक कहानी संग्रह प्रकाशित हुआ[35], जिसमें प्रकाशित कहानियाँ थीं—'उर्वशी', 'किसका रुपया', 'चालीस रुपये', 'जयसन्धि', 'ध्रुव-यात्रा', 'परावर्तन', 'पूर्ववृत्त', 'बीऽट्रिस' और 'रत्नप्रभा', जिनका लेखन-काल 1938-1944 अनुमित किया जा सकता है। इनमें से 'ध्रुव-यात्रा', 'बीऽट्रिस', 'रत्नप्रभा' आदि का विवेचन हम चौथे दशक की कहानियों के साथ कर चुके हैं। 'किसका रुपया' बाल-संवेदना की कहानी है, जिसे चौथे दशक में लिखित जैनेन्द्र की बाल-संवेदना की कहानियों के साथ ही देखना चाहिए। इस प्रकार इस अवधि की कहानियों में केवल 'उर्वशी', 'चालीस रुपये', 'परावर्तन', 'पूर्ववृत्त' और 'जयसन्धि'[36] बच रहती हैं। 'उर्वशी', 'चालीस रुपये', 'पूर्ववृत्त' और 'परावर्तन' जैनेन्द्रीय उलझनों की कहानियाँ हैं। 'उर्वशी' लगभग 4650 शब्दों की लम्बी कहानी है, पर इसमें बिखराव इतना ज्यादा है कि कहानी की संवेदना कोई रूप नहीं ले पाती। 'परावर्तन' 17 छोटे छोटे पत्रों के योग से बनी कहानी है। इन दोनों ही कहानियों का कथ्य बेहद उलझा हुआ है और पाठक के लिए उसे ग्रहण करना मुश्किल है। यह कहानी का गुण नहीं, दोष ही है। 'जयसन्धि' में लेखक का 'विज़न' एक ऐसे 'महाराष्ट्र' की स्थापना है जिसमें सभी 'राज्य' एक गणतन्त्र के रूप में, अपनी सत्ता बनाए रखते हुए भी, विलय हो जाएँ। 'यशोविजय' इस केन्द्रीय शान्ति के निर्माण के लिए प्रयत्नशील है। जो मंडलेश्वर इस योजना में बाधक सिद्ध होगा उससे वह अनाकांक्षित युद्ध के लिए सन्नद्ध है। व्यक्तिगत सम्बन्धों के लिए उसकी योजना में कोई स्थान नहीं है। इसके लिए वह 'महाराष्ट्र' का अध्यक्ष पद भी, जिसके लिए वही सर्वोत्तम व्यक्ति है, त्याग देता है। इस कथा के बीच में जैनेन्द्र अपनी इस थीम को भी डाले बिना नहीं रहते कि पति-पत्नी के सामाजिक सम्बन्ध का निष्ठा के साथ पालन करते हुए भी प्रेमी-प्रेमिका के व्यक्तिगत सम्बन्ध को बनाए रखा जा सकता है। अभिप्राय की यह केन्द्रीयता और अराजकता इस कहानी को कमजोर बनाने में सहायक हुई है।

जैनेन्द्र की तरह ही विनोदशंकर व्यास भी अपनी कहानियों में समकालीन यथार्थ से प्रायः असम्पृक्त ही रहे। 1941 के दशक में उनके दो कहानी संग्रह *मणिदीप* (1945) और *नक्षत्रलोक* (1950) प्रकाशित हुए। व्यास जी की समग्र कहानियों का एक साथ प्रकाशन *अस्सी कहानियाँ* नाम से 1960 ई. में हुआ। इस समय भी वे मानते थे कि "भावनात्मक छोटी कहानियाँ गीतिकाव्य की एक शाखा हैं।" उन्होंने अपनी *अस्सी कहानियाँ* की प्रस्तावना में लिखा है कि "गायक की स्वर लहरियों की भाँति इसके प्रभाव भी बहुत प्रबल होते हैं। लेखक ठीक गायक की भाँति अनुभव करता है। उसकी आत्मा अपनी आकांक्षाओं को पूर्ण देखकर प्रसन्नता और निराशा के प्रति दुःख प्रकट करती

है। यह सुख दुःख सदैव उद्‌गार के रूप में उसके मस्तिष्क में छाये रहते हैं। प्रकृति के विलक्षण दृश्यों में तन्मय होकर वह अपने को भूल जाता है। उसकी आवश्यकता और अभाव अपनी अस्पष्ट आकृति बनाकर उसके सम्मुख खड़े हो जाते हैं। विदग्ध हृदय के आघात प्रतिघात ही एक टीस उत्पन्न करते हैं। वही टीस इन भावनात्मक कहानियों की जननी है। लेखक अपनी भावना, रुदन, क्रन्दन और प्रसन्नता द्वारा उन स्वप्नचित्रों को अंकित करता है। व्यास जी का कहना है कि भावनात्मक कहानियों में पात्रों के चरित्रचित्रण, घटनाओं के क्रमिक विकास, विस्तृत वर्णनों की माँग करना बेकार है; क्योंकि "ऐसी कहानियाँ केवल स्वप्नचित्रों की भाँति होती हैं। विशेष रंगामेजी उनके सौन्दर्य को विकृत कर देती है।" व्यास जी के ये कथन उनकी अपनी कहानियों के सम्बन्ध में सटीक हैं। अन्य रोमानी कहानीकारों के समान विनोदशंकर व्यास की कहानियों का भी केन्द्रीय विषय प्रेम है। अतिरिक्त भावुकता के कारण उनकी कहानियों में चित्रित प्रेम में असंयम का तत्त्व प्रधान है। उन्होंने अपनी कुछ कहानियों में वेश्याओं के भोग विलासमय कलुषित जीवन में सुलभ उद्‌भ्रान्त प्रेम का भी चित्रण किया है। प्रेम का ऐसा चित्रण करने वाली कहानियों में 'हृदय की कसक', 'पतित', 'रूखा स्नेह', 'सुख', 'प्रत्यावर्तन', 'भाग्य का खेल', 'प्रेम की चिता', 'मान का प्रश्न', 'करुणा', 'वंशीवाला', 'प्रमदा', 'रधिया', 'मोह', 'पगली', 'लीला', 'शैया पर', 'प्रतीक्षा', 'अकिंचन', 'दीपदान', 'समाधि', 'स्वर्ग', 'बदला', 'छलिया', 'चिड़ियावाला', 'अपराध', 'अन्धकार', 'विधाता', 'भूली बात', '302', 'उलझन', 'भविष्य के लिए', 'अभागे का घर', 'उसकी कहानी', 'वासना की पुकार' इत्यादि कहानियों का उल्लेख किया जा सकता है। उन्होंने 'शीर्षक रहित', 'स्वराज्य कब मिलेगा' और 'अब' जैसी कुछ राजनीतिक कहानियाँ भी लिखी हैं। इन कहानियों में वही रोमानी भावुकता है जो उनकी प्रेम कहानियों में है।

व्यक्तिपरक कहानियों का का शुद्ध सैद्धान्तिक रूप इलाचन्द्र जोशी की मनोवैज्ञानिक कहानियों में दिखायी पड़ता है, जो *दीवाली और होली* (1942), *रोमांटिक छाया* (1945), *आहुति* (1948), *खंडहर की आत्माएँ* (1948), *डायरी के नीरस पृष्ठ* (1950) आदि कहानी संग्रहों में संकलित हुईं।[37] अपनी कहानियों के बारे में जोशी जी ने लिखा है, "मेरी अधिकांश कहानियों में मनोवैज्ञानिक प्रक्रिया की प्रधानता पायी जायगी। इस मनोवैज्ञानिक प्रक्रिया की सबसे बड़ी विशेषता मैं यह मानता हूँ कि यह यथार्थ की जमीन के ऊपर वाली कड़ी और खुरदरी काई की युग युग में जमी हुई परतों को बड़े कायदे से छील-छीलकर उन परतों के नीचे दबी पड़ी मूलभूत मानवीय संवेदनाओं को ऐसी सफाई से उद्‌घाटित करती है कि एक हल्की संवेदना भी विकृत या खंडित न होकर अपने सही रूप में और ठीक परिप्रेक्ष्य में उतरकर सामने आती है।...मेरे मनोवैज्ञानिक सिद्धान्त पूर्णतः अपने हैं और किसी पाश्चात्य मनोविज्ञानवेत्ता से उधार लिये गये नहीं हैं। किसी पाश्चात्य कथाकार की मनोवैज्ञानिक शैली का अनुकरण भी सुधी और तटस्थ आलोचकों को मेरी कहानियों में नहीं मिलेगा। जो अनुभूत सत्य मुझे

अपने चारो ओर के जीवन की यथार्थता के सम्पर्क में आने से प्राप्त हुए हैं, केवल उन्हीं का प्रयोग मैंने किया है।''[38] 'आहुति', 'क्रय-विक्रय', 'प्लैनचेट', 'चौथे विवाह की पत्नी', 'रक्षित धन का अभिशाप', 'रोगी', 'रोमांटिक छाया' आदि कहानियों में इस कथन को ढूँढ़ने का प्रयास किया जा सकता है। पर जोशी जी के अतिशयोक्तिपूर्ण दावों के बावजूद ये कहानियाँ प्रत्ययकारी नहीं बन पायी हैं। भले ही ये कहानियाँ जोशी जी के अनुभव का सच हों, पर इनमें कोई गहरी संवेदना नहीं हैं। जिन कहानियों में मनोवैज्ञानिक निष्पत्ति का आग्रह बहुत स्पष्ट नहीं है, उनमें भी कथ्य की अस्पष्टता और गहरी संवेदना का अभाव खलता है। 'एक शराबी की आत्मकथा' में एक युवक के मित्र-पत्नी की रति-याचना को ठुकरा देने के बाद शराब पीने का आदी हो जाने की कथा कही गयी है। 'गोदावरी की काशी-यात्रा' एक लड़की की ससुराल में होनेवाली दुर्दशा की कथा है, पर कथा में कोई नवीनता नहीं है और अनावश्यक तथा असंगतियों भरे विवरणों का जमघट पाठक के चित्त में क्षोभ ही पैदा करता है। 'जारज' और 'प्रेतात्मा' तमाम असंगतियों से भरी ऊलजलूल कथाएँ हैं। 'प्रेतात्मा' सास और ननद के अत्याचार से एक बहू और उसके बेटे की मृत्यु और उनके प्रेत बनकर उस मकान में रहनेवाले को आतंकित करने का वर्णन है। 'परित्यक्ता' में विवाह के मंडप पर ही पति के द्वारा त्याग दी गयी पत्नी कालान्तर में अपने पति से मिलने के बाद वृन्दावन या किसी दूसरे तीर्थस्थान में चली जाने का निश्चय करती है। पति और उसके बीच क्या बातें होती हैं, यह तो रहस्य ही बना रह जाता है, पर उसका जो परिणाम निकलता है, वह उससे भी ज्यादा रहस्यमय हो जाता है। वह एक अन्य पात्र को लिखे अपने पत्र में कहती है : "...तब से पतिदेव के प्रति मेरे मन में चौगुनी श्रद्धा बढ़ गयी है। मैं उनके साथ नहीं रह सकती, यह निश्चित है; उनके साथ न रहने में ही मेरी भलाई है, यही बात उन्होंने मुझे समझाई और साथ न रह कर भी मेरी आत्मा किस प्रकार परम पवित्र आनन्द से तृप्त रह सकती है, इसका भी मर्म समझाया। तब से मेरे मन में कोई ग्लानि, किसी प्रकार का कोई क्षोभ नहीं रह गया है। मैं वास्तव में परम प्रसन्न हूँ।...जिस विश्व-प्रेमिक की आँखों में अरूप में भी रूप की तरंग बहती हुई नजर आती है, उसी को रिझाने की कला सीखूँगी। घर को, बन्धु-बान्धवों को सदा के लिए त्यागने में जिस आनन्द का आभास मुझे मिल रहा है, उसका वर्णन नहीं कर सकती। मेरे भीतर भी देवता का निवास है...आदि आदि।" पर इस कथन का कहानी के पात्रों और परिवेश से कोई सम्बन्ध नहीं दिखायी देता। 'रक्षित धन का अभिशाप' में एक पुराने जमींदार का चरित्र प्रस्तुत किया गया है जो बाहरी दिखावे के लिए सबकुछ करता है, पर अपने रक्षित धन का पता अपनी पत्नी और पुत्र तक को नहीं देता। उसके मरने के बाद उसका बेटा किसी प्रकार उस गड़े धन का पता तो लगा लेता है पर उस अकूत धन को देखते ही उसकी मृत्यु हो जाती है और वह उसका पता अपने बेटे तक को नहीं दे पाता। इसे ही कथाकार ने 'अरक्षित धन का अभिशाप' कहा है। 'स्वामी आलोकानन्द' में एक अपराधी के 'संन्यासी' बनकर लोगों को ठगने का वर्णन किया गया है। कथा रोचक

तो है, पर इसमें कोई नयापन नहीं है। 'क्रय-विक्रय' का पात्र एक ऐसा व्यक्ति है, जो विवाह इस उद्देश्य से करता है कि वह अपनी पत्नी को अपनी उन्नति का माध्यम बना सके। पत्नी भी आरम्भिक प्रतिक्रिया के बाद मौज-मस्ती में जीवन व्यतीत करने लगती है और उसे एक जारज सन्तान भी होती है, जिसकी कोई चिन्ता पति को नहीं होती। पर अन्त में जब वह अपनी पसन्द के निर्धन युवक से सम्पर्क करती है तो पति अपने पति के अधिकार से उसका विरोध करता है और पत्नी तब पूरी सच्चाई उसके सामने रखकर उसे निरुत्तर कर देती है।

जोशी जी की कहानियों में गहरी संवेदनाओं के होने की बात तो दूर रहे, वे क्या कहना चाहते हैं, यह भी स्पष्ट नहीं होता। कथा भी प्रायः इतनी निरर्थक या फालतू होती है कि उसे पढ़ कर कुछ प्राप्त नहीं होता। उनकी कहानियों का संसार प्रायः व्यक्तियों तक और अधिकतर असामान्य व्यक्तियों तक सीमित होता है।

जोशी जी की तरह ही मुमताज़ मुफ्ती की अधिकतर कहानियाँ मनोविश्लेषण प्रधान हैं। 1944 में इनके दो कहानी संग्रह *अनकही* और *गहमा-गहमी* प्रकाशित हुए। मुहम्मद सादिक के अनुसार उनकी अधिकतर कहानियाँ 'कहानी' के नाम पर मनोविकारग्रस्त रोगियों का इतिहास हैं।[39] मुफ्ती की रुचि चरित्रों से अधिक काम-अनुभवों में है और वे सेक्स की वस्तु को केन्द्र में रखकर ही अपनी कहानी बुनते हैं। उनकी केवल एक ही कहानी है, 'आपा', जिसमें आपा का दुखी रूप कहानी पर छाया हुआ है और पाठक को अभिभूत करता है।

इस दशक में भगवतीप्रसाद वाजपेयी के *कला की दृष्टि* (1942), *उपहार* (1942), *अंगारे* (1944) *उतार चढ़ाव* (1950) आदि कहानी संग्रह प्रकाशित हुए। वाजपेयी जी की अधिकतर कहानियाँ मध्यवर्ग के चरित्रों से जुड़ी होती हैं। मानव चरित्र के उत्थान पतन, विचारों के घात प्रतिघात और सद् असद् कही जाने वाली भावनाओं के द्वन्द्व का चित्रण उनका लक्ष्य होता है। मनोवैज्ञानिक चित्रण के प्रति झुकाव वाजपेयी जी की कहानियों की विशेषता मानी जा सकती है। पर इलाचन्द्र जोशी की तरह वे मानवीय स्थितियों को मनोवैज्ञानिक सिद्धान्तों के उदाहरण के रूप में प्रस्तुत नहीं करते। इसके विपरीत वे मानवीय स्थितियों के बीच ही मनोवैज्ञानिक सत्यों की तलाश करते हैं। 'हत्यारा' में रमेश का आत्मक्षोभ, 'आत्मघात' में भिक्षुक रोगी का अनुताप इसके उदाहरण हैं। यह अवचेतना की अवांछित कुंठाओं का परिणाम नहीं है, अपितु चेतन धरातल पर मनुष्य की स्वाभाविक अनुभूति है, जो प्रभावित करती है। प्रायः मनोवैज्ञानिक कहानियों में वातावरण का चित्रण प्रधान होता है, पर वाजपेयी जी की कहानियों में घटनाओं की प्रधानता होती है। उन घटनाओं का सम्बन्ध मानवीय संवेदना के तारों से अविच्छिन्न रूप से जुड़ा होता है। उन्होंने व्यक्ति के अन्तस् में प्रवेश करके उसकी भाव-वृत्तियों का उद्घाटन किया है। उदाहरण के लिए 'मिठाई वाला' और 'कबाड़ी' कहानियाँ देखी जा सकती हैं। 'मिठाई वाला' खिलौने, वंशी और मिठाई बेचते समय अपने को चारो ओर शिशुओं से घिरा देख कर और उन्हीं में अपने मृत बालकों

की झाँकी पाकर अपने वात्सल्य की प्यास बुझाता है। 'कबाड़ी' में कबाड़ी वर्ष में केवल एक बार ही सही अपनी स्मृति को उभार कर मिलन की तृप्ति का अनुभव कर लेता है।

वाजपेयी जी की कहानियों का मुख्य विषय 'प्रेम' है। 'बारात', 'एक आदर्श वाक्य', 'लिली', 'मैना', 'थोड़ी-सी पी ली', 'स्वयंवर' आदि कहानियों में प्रेम की स्वायत्तता का अंकन मनोवैज्ञानिक धरातल पर ही हुआ है। वाजपेयी जी की अनेक कहानियाँ उन्मुक्त प्रेम का समर्थन करती हैं, पर उन्होंने प्रेम के उस रूप का भी चित्रण किया है, जो वासना से ऊपर होता है। 'सूखी लकड़ी' की लकड़हारिन के प्रति प्रेमी के करुण-मधुर आकर्षण में केवल रति-भाव ही नहीं है, बल्कि परिस्थितियों के दबाव में प्रेम का एक आदर्श उज्ज्वल रूप भी प्रकट होता है। 'शबनम' एक ऐसी मुस्लिम स्त्री की कहानी है जो अपने शराबी पति के लिए जान दे सकती है और साथ ही 'दिल के रिश्ते' की भी कद्र करती है।

मध्यवर्ग वाजपेयी जी की कहानियों का प्रमुख क्षेत्र है, यद्यपि कभी कभार वे निम्न वर्ग में भी झाँक लेते हैं। 'थोड़ी-सी पी ली', 'सूखी लकड़ी', 'चोर' तथा 'सम्बन्ध' इत्यादि कहानियाँ इसकी प्रमाण हैं। 'सूखी लकड़ी' में एक ऐसी विधवा के जीवन का चित्रण किया गया है जो संस्कारजन्य रूढ़िवाद का शिकार होकर रह गया है। पर अधिकतर मध्यवर्ग की स्त्री ही उनकी कहानियों के केन्द्र में है। 'प्रतिदान', 'हृदय की जीत', 'मैना', 'छोटे बाबू' आदि कहानियों में मध्यवर्ग की स्त्री की आकांक्षाओं और अन्य समस्याओं का चित्रण किया गया है। इन कहानियों में कहीं कामावेग और कर्तव्य के संघर्ष का चित्रण है तो कहीं नारी की शिक्षा और उसके स्वतन्त्र जीवन के मार्ग में आनेवाली कठिनाइयों का अंकन किया गया है; कहीं सामाजिक कुप्रथा के प्रति नारी के विद्रोह की आवाज को बुलन्द किया गया है तो कहीं प्रेमिका के, प्रेम की वेदी पर, अपने प्रेमी के लिए प्राणों का उत्सर्ग कर देने का चित्रण किया गया है। 'प्रतिदान' मध्यवर्गीय दाम्पत्य जीवन की एक अच्छी कहानी है।

इस दशक में लिखित भगवतीचरण वर्मा की कहानियों का केवल एक ही संग्रह *राख और चिनगारी (1953)* प्रकाशित हुआ, जिसमें उनकी दस कहानियाँ संगृहीत हैं। इनमें से 'खिलावन का नरक', 'चरित्रहीन', 'दो रातें', 'पियारी', 'राख और चिनगारी' आदि कहानियाँ उल्लेखनीय मानी जा सकती हैं। 'खिलावन का नरक' बम्बई में मजदूरी करके जिन्दगी व्यतीत करने वाले एक ग्रामीण की कहानी है, जो हड़ताल में अपनी पूरी कमाई गवाँकर घर लौटता है तो गाँव के बाहर ही उसे पता चल जाता है कि उसकी पत्नी अपना शरीर बेचकर जिन्दगी बिता रही है। वह उलटे पाँव स्टेशन लौट जाता है। यद्यपि कहानी संयोग पर आधारित है, पर स्थितियों के यथार्थ चित्रण और निराशा की गहरी संवेदना के कारण अर्थवान हो गयी है। 'चरित्रहीन' नारकीय जीवन जी रही एक भिखारिन की प्रेम और पति निष्ठा की संवेदना की कहानी है। 'दो रातें' में यद्यपि संयोग की प्रमुखता, भावुकता और छायावादी रंग का प्रगाढ़पन है, पर प्रेम की गहरी

संवेदना इसे निर्मल भी बनाती है। 'पियारी' भी पाठकीय चेतना को झकझोरने वाली अच्छी कहानी है। क्या इसका कारण भावुकता का पोषण करने वाली स्थितियाँ हैं? मुझे तो ऐसा नहीं लगता। यह एक निम्न दर्जे की, ऊपरी दृष्टि से चरित्रहीन, नारकीय जीवन जी रही भिखारिन की प्रेम और पतिनिष्ठा की संवेदना की कहानी है, जो अपने प्रभाव में अचूक है।

पाँचवे दशक तक आते आते हिन्दी कहानी में पुरातात्त्विक, पौराणिक और ऐतिहासिक कथाएँ हाशिये पर की चीज हो गयी थीं, पर राहुल सांकृत्यायन का (ज. 1893; नि. 1963) कथा-संग्रह *वोल्गा से गंगा* (1942) एक उल्लेखनीय रचना है।[40] इसमें संगृहीत 20 कथाओं में ई. पू. 6000 से ई. सन् 1942 तक मानव सभ्यता, संस्कृति और राजनीतिक व्यवस्था के विकास का इतिहास प्रस्तुत किया गया है। ये कथाएँ नृतत्त्वशास्त्रीय, पुरातात्त्विक और प्राचीन इतिहास सम्बन्धी अनुसन्धानों पर आधारित स्वच्छन्द कल्पना की उपज हैं और शाश्वत मानवीय भावों के योग से 'मार्मिक' बनाई गयी हैं। पर इनमें संवेदना की वह गहराई और नुकीलापन नहीं है, जो 'कहानी' की पहचान है। कुछ आलोचक इसे 'उपन्यास' मानने का भी आग्रह करते हैं।

इस दशक के आरम्भ में ही हंसराज रहबर (1913-94), मुहम्मद हसन अस्करी (1919-78), रामलाल (ज. 1923) और जोगेन्दर पाल (ज. 1925) ने कहानी-लेखन के क्षेत्र में प्रवेश किया। इस दशक में मुहम्मद हसन अस्करी के कहानी संग्रह *जज़ीरे* (1943) और *क़यामत* (1947), रामलाल के कहानी संग्रह आईने (1945) और *इन्क़लाब आने तक* (1949) तथा रहबर के कहानी संग्रह *हमलोग* (1945) और *नया उफ़क* (1947) प्रकाशित हुए।

भारतीय इतिहास में 1946-50 का समय बड़ा ही रोमांचकारी है। नवम्बर, 1945 में आजाद हिन्द फौज के 20000 कैदी सैनिकों पर मुकदमा चलाने के ब्रिटिश सरकार के निर्णय ने सारे देश में विरोध-प्रदर्शन का माहौल पैदा कर दिया। सारे देश में इसका जोरदार विरोध हुआ। सरकार को यह भय तक सताने लगा कि कहीं ब्रिटिश भारतीय सेना पर इसका प्रभाव न पड़े। इसके साथ ही 1945-46 में ब्रिटिश भारतीय फौज में असन्तोष की एक लहर पैदा हुई जो फरवरी, 1946 में बम्बई नौसैनिक हड़ताल के रूप में फलीभूत हुई। बम्बई में 18-23 फरवरी का नौसैनिक विद्रोह हमारे स्वाधीनता आन्दोलन का एक वीरतापूर्ण अध्याय था, जो प्रायः भुला दिया गया है। 22 फरवरी को बम्बई भा.क.पा. ने आम हड़ताल की घोषणा की, जिसका समर्थन अरुणा आसफ अली, अच्युत पटवर्द्धन आदि समाजवादी नेताओं ने किया। कांग्रेस और मुस्लिम लीग के विरोध के बावजूद 22 फरवरी को तीन लाख मजदूरों ने अपने औजार रख दिये, लगभग सभी मिलें बन्द हो गयीं और सड़कों पर हिंसक घटनाएँ घटीं। अकेले बम्बई शहर की स्थिति को नियन्त्रित करने के लिए दो आर्मी बटालियनों का उपयोग करना

पड़ा और सरकारी आँकड़ों के अनुसार 228 नागरिक मारे गये और 1946 घायल हुए।

1942 के जन-विद्रोह, विश्व युद्ध के अन्तिम दिनों में आजाद हिन्द फौज के गठन और 1946 के नौसेनिक विद्रोह ने ब्रिटिश सरकार को यह सोचने के लिए विवश कर दिया कि अब भारत को और अधिक दिनों तक उपनिवेश बनाये रखना सम्भव नहीं है। 1945 के बाद ब्रिटिश सरकार ने इस दिशा में कदम उठाने आरम्भ कर दिये। 1946 के आरम्भ में 'कैबिनेट मिशन' का भारत-आगमन हुआ, जो भारतीय नेताओं से भारत को स्वतन्त्रता प्रदान करने के लिए अपनाये जाने वाले सिद्धान्तों, प्रक्रियाओं और नये संविधान के सम्बन्ध में विचार-विमर्श करता रहा। 1945-46 की सर्दियों में कांग्रेसी नेताओं ने चुनाव में जीत हासिल करने के लिए अपनी सारी शक्ति लगा दी। गैर-मुस्लिम चुनाव-क्षेत्रों में कांग्रेस की भारी विजय हुई। सेंट्रल एसेम्बली में उसे 102 में से 57 स्थान मिले। प्रान्तों में भी बंगाल, सिन्ध और पंजाब को छोड़कर उसे सर्वत्र भारी बहुमत प्राप्त हुआ। सीमित मताधिकार वाले इस चुनाव में साम्प्रदायिक आधार पर मतदान करने की प्रवृत्ति प्रबल रूप में दिखायी दी। कैबिनेट मिशन प्लान और अन्तरिम सरकार बनाने की चालें अन्ततः साम्प्रदायिक नरसंहार और विभाजन का कारण बनीं। 29-30 जुलाई 1946 को मुस्लिम लीग ने 'मुस्लिम कौम' को पकिस्तान की प्राप्ति के लिए 16 अगस्त से 'सीधी कार्रवाई' पर जाने का आह्वान किया। 16 अगस्त से पूरा भारतीय परिदृश्य एक अभूतपूर्व पैमाने पर साम्प्रदायिक दंगों से आक्रान्त होने लगा। इसकी शुरुआत 16-19 अगस्त को कलकत्ता से हुई और 1 सितम्बर को बम्बई, 10 अक्टूबर को नोआखाली, 25 अक्टूबर को बिहार और नवम्बर में यू.पी. का गढ़मुक्तेश्वर इसकी लपेट में आ गये। 2 सितम्बर, 1946 को नेहरू के नेतृत्व में कांग्रेस-प्रधान अन्तरिम सरकार ने शपथ ली थी, पर साम्प्रदायिक स्थिति पर काबू पाने में वह सर्वथा असमर्थ रही। मार्च, 1947 में, और उसके बाद, पंजाब साम्प्रदायिकता की आग में धू धू कर जलने लगा। यद्यपि इसके मूल में मुख्य रूप से साम्प्रदायिक उन्माद ही था, पर अलग अलग स्थानों पर अलग अलग कारण भी इसके साथ जुड़ गये थे। कलकत्ता में लीग मिनिस्ट्री ने 'सीधी कार्रवाई दिवस' के अवसर पर छुट्टी घोषित कर दी और मैदान रैली में मुख्यमन्त्री सुहरावर्दी की पुलिस और सेना के हस्तक्षेप न करने की घोषणा के बाद बड़े पैमाने पर मुसलमानों के आक्रमण शुरू हो गये। हिन्दुओं और विशेष रूप से सिखों ने जमकर प्रतिरोध किया, जिसके परिणामस्वरूप 19 अगस्त तक कम से कम 4000 लोग मारे गये और 10000 घायल हुए। इसमें सरकार की गैर-जिम्मेदारी या लिप्तता स्पष्ट थी; पूरे चौबीस घंटों तक सेना चुप बैठी रही, जबकि 17 नवम्बर को ही गवर्नर को स्थिति की जानकारी हो चुकी थी। 26 मार्च और 1 अप्रील, 1947 के बीच कलकत्ता में पुनः दंगे हुए, जिसका सिलसिला उपद्रवों और छुरेबाजी के रूप में आजादी की पूर्वसन्ध्या तक जारी रहा। महीनों तक हिन्दू और मुसलमान एक दूसरे के इलाकों में जाने से कतराते रहे। नोवाखाली के दंगों की प्रतिक्रिया में बिहार में दंगे हुए जिनमें कम से कम 7000 लोग मारे गये। 4 मार्च को लाहौर में चैम्बर एसेम्बली के सामने सिखों के एक उत्तेजक

प्रदर्शन ने पहले से चले आते हुए साम्प्रदायिक भावना की बारूद में आग लगा दी और लाहौर, अमृतसर, मुल्तान, अटक और रावलपिंडी ही नहीं, बल्कि गाँवों तक में साम्प्रदायिक उन्माद फैल गया, जिसमें अगस्त 1947 तक 5000 लोग मारे गये। इसके बाद पाकिस्तान से भारत और भारत से पाकिस्तान जानेवाले शरणार्थियों की रेलगाड़ियों पर हमले के रूप में हजारों लोग मौत के घाट उतार दिये गये। पेंडेरल मून के अनुसार इन दंगों में 180,000 लोग मारे गये जिनमें से 60000 पश्चिम से और 120,000 पूर्व से थे। सरकार ने इसे रोकने में जो उदासीनता दिखायी, वह इतिहास का तथ्य है। उसी जलियाँवाला बाग के शहर में जहाँ सैकड़ों निर्दोष और निहत्थी जनता को गोलियों से भून दिया गया था, मार्च, 1947 में दो बाजार पूरी तरह से नष्ट कर दिये गये, पर एक भी गोली नहीं चली। मार्च 1948 तक 60 लाख मुसलमान और 45 लाख हिन्दू-सिख शरणार्थियों के रूप में पाकिस्तान और भारत में पहुँचे।

साम्प्रदायिक दंगों तथा केन्द्र में कांग्रेस-लीग के सहयोग की स्थिति ने बहुतों को विभाजन को स्वीकार कर लेने की मानसिकता में ला दिया। गाँधी जी ने 1945 से चल रहे राजनीतिक समझौतों से अपने को दूर रखा। उन्होंने माउंटबेटन से जिन्ना को कुछ शर्तों के साथ प्रधानमन्त्री बनाने तक का प्रस्ताव किया था। पर गाँधी जी का प्रस्ताव कांग्रेस के अन्य नेताओं को रास न आया और देश का विभाजन हो गया। 14 अगस्त की आधी रात के मनहूस माहौल में, जबकि देश साम्प्रदायिकता की आग में धू-धू जल रहा था, भारत औपनिवेशिक पराधीनता से मुक्त हो गया। राजनीतिक पुनर्जागरण का जो संघर्ष 1857 में आरम्भ हुआ था, यहाँ पहुँचकर समाप्त हो गया। माउंटबेटन आजाद भारत के प्रथम गवर्नर जनरल और जवाहरलाल नेहरू प्रथम प्रधानमन्त्री बने। जैसे तैसे दंगे तो समाप्त हुए, पर पाकिस्तान से लगभग 45 लाख हिन्दू-सिख शरणार्थियों के भारत में पहुँच जाने से उनके पुनर्वास की भीषण समस्या पैदा हो गयी। विश्व युद्ध के चलते वर्षों से भारत अन्न-वस्त्र और जीवन की आवश्यक वस्तुओं के अभाव की समस्या से जूझ रहा था। 30 जनवरी, 1948 को महात्मा गाँधी साम्प्रदायिक उन्माद की भेंट चढ़ गये। 1948 में ही देशी राज्यों के भारतीय संघ में विलयन की भी कठिन समस्या उपस्थित हुई, पर उसका, केवल जम्मू-कश्मीर को छोड़कर, 1949 तक सन्तोषजनक राजनीतिक समाधान हो गया। 1948 में ही पाकिस्तान समर्थक कबायलियों ने कश्मीर पर आक्रमण कर दिया और कश्मीर बँट गया। 1949 में भारतीय संविधान बनकर तैयार हुआ, जो 26 जनवरी, 1950 को लागू हो गया। उस दिन इंडिया ('दैट इज भारत') एक 'सम्प्रभु धर्मनिरपेक्ष प्रजातान्त्रिक गणतन्त्र' राष्ट्र बन गया। हिन्दी 'राजभाषा' घोषित हुई, पर उसके साथ अँगरेजी भी बनी रह गयी और आज वही प्रमुख, और हिन्दी गौण, राजभाषा बनी हुई है।

आजादी मिलते ही आजादी के लिए संघर्ष करने वाले 'देशभक्त' कुर्सी के भूखे राजनीतिज्ञों में परिणत हो गये। औपनिवेशिक शासन की नौकरशाही और पुलिस ज्यों की त्यों बरकरार रह गयी। जमींदार और महाजन भी अपने सारे अधिकारों के साथ

बने रह गये, बल्कि धीरे धीरे राजनीति में प्रवेश कर उन्होंने अपनी शक्ति और भी बढ़ा ली। जनता अपनी जगह पर नया सवेरा आने की प्रतीक्षा करती रही। 'इंडिया' आजाद हो गया, पर, प्रेमचन्द की आशंका के अनुरूप, जॉन की जगह गोविन्द ही सत्ता पर काबिज हुआ, 'भारत' की आम जनता को 'आजादी' का अर्थ समझने में बहुत समय लग गया।

इस दशक के उत्तरार्ध में लिखित यशपाल की कहानियों के तीन संकलन *फूलो का कुर्ता* (1949)[41], *धर्मयुद्ध* (1950), और *उत्तराधिकारी* (1951) प्रकाशित हुए। इन कहानियों में से कुछ पूर्ववर्ती कहानियों के विस्तार मात्र हैं। 'धर्मरक्षा', 'मनु की लगाम', 'धर्मयुद्ध' आदि कहानियों में यशपाल का तर्काश्रित बोध, जो मार्क्सवाद का आधार है, व्यक्त हुआ है। 'धर्म रक्षा' एक ऐसे कट्टर आर्यसमाजी की कथा है जो ब्रह्मचर्य और वेद को अन्तिम सत्य मानता है और मानव प्रकृति को कोई महत्त्व नहीं देता। कहानी में अन्ततः तथाकथित 'अन्तिम सत्य' मानव प्रकृति के समक्ष पराजित होता है और कहानी का केन्द्रीय पात्र प्रो. ब्रह्मदत्त औंधे मुँह गिरता है। कहानी आर्यसमाजी सिद्धान्तवादिता पर व्यंग्य है, यद्यपि कथा की भाषा में व्यंजना का सर्वथा अभाव है। कहानी में न केवल प्रो. ब्रह्मदत्त की जवान पुत्री ब्रह्मचर्य की सारी शिक्षा भूलकर घर के नौकर से देह सम्बन्ध स्थापित करती है, बल्कि स्वयं प्रो. ब्रह्मदत्त भी उसके साथ बलात्कार पर उतर आते हैं। लड़की तो वेद-वचन से ही अपने कार्य को करणीय भी प्रमाणित कर देती है। 'धर्मरक्षा' के लिए प्रो. ब्रह्मदत्त अपनी लड़की के विवाह और स्वयं संन्यास ग्रहण करने की घोषणा करते हैं। अन्त अन्त तक कहानी धार्मिक पाखंड पर प्रहार करती है। पर किसी भी संवेदना के अभाव में कहानी एक बोध-कथा के स्तर से ऊपर नहीं उठ पाती। भाषिक अ-सर्जनशीलता तो इसकी सबसे बड़ी कमजोरी है ही। 'मनु की लगाम' द्विजों की पहचान, जनेऊ-धारण, की व्यर्थता का प्रतिपादन करने वाली कहानी है। यशपाल धर्म के सभी बाहयाचारों को अनावश्यक और पाखंड मानते हैं और इसकी पुष्टि के लिए कहानियाँ लिखते हैं। ये कहानियाँ यशपाल की विचारधारा को तो व्यक्त करती हैं, पर संवेदनात्मक तीव्रता के अभाव में इन्हें 'कहानी' मानना भी संगत नहीं प्रतीत होता। *धर्मयुद्ध* में संकलित 'खतडुआ' में एक ऐतिहासिक सी लगने वाली कथा के द्वारा सामन्तवादी व्यवस्था में ज्योतिषियों और राजाओं के मेल और पाखंड से जनता को छलने और उन पर शासन करते रहने की प्रक्रिया का वर्णन किया गया है। मिथकाधारित कहानी 'राजा' का कथ्य यह है कि लुटेरे, ब्राह्मण पुरोहितों से साँठ गाँठ करके, राजा बन जाते हैं और व्यवस्था करा देते हैं कि ''क्षत्रिय राजा सर्वशक्तिमान ब्रह्मा की भुजा है। शासन क्षत्रिय का धर्म है। राजा ही प्रजा के धन का स्वामी और पिता है। उसका विद्रोह पाप है।'' 'तर्क का फल' में आदम और हौआ के मिथक पर आधारित कथा का कथ्य कदाचित् यह है कि मनुष्य ईश्वर और शैतान दोनो को धत्ता बताकर अपने

को शक्तिशाली तथा अपना नियामक बनाने में समर्थ होता गया...''मनुष्य अपने लिए स्वयं सृष्टि बनाने के लिए मजबूर होने के दिन से हाथ में वही तर्क का वर्जित फल मजबूती से पकड़े है और कहता है—भगवान और शैतान हैं भी या नहीं...?''

इस काल की कुछ कहानियों में यशपाल का अपने समय से जुड़ाव भी दिखायी पड़ता है। इस समय तक स्वाधीनता आन्दोलन की गर्मी प्रायः समाप्त हो गयी थी और कांग्रेसी नेता सत्ता से जुड़ने के लिए लालायित हो उठे थे। आखिर सत्ता कांग्रेस के हाथों आयी और पहले अपने विरोधियों को निपटाने में लग गयी। मार्च, 1948 में कांग्रेस की सरकार ने कम्युनिस्ट पार्टी को गैर-कानूनी घोषित कर दिया। साम्यवादियों ने भी यह एकांगी घोषणा जारी कर दी कि 'यह आजादी झूठी है'। यशपाल 1940-45 की अवधि में जन-संघर्ष से प्रायः कटे ही रहे। 1946 में बम्बई के नौसैनिक विद्रोह को भारतीय कम्युनिस्ट पार्टी के समर्थन के फलस्वरूप यशपाल भी भावनात्मक रूप से उससे जुड़े पर इस विद्रोह के दमन और आजादी मिलने के बाद कांग्रेस सरकार के कम्युनिस्ट विरोधी रुख के कारण वे राजनीति से प्रायः तटस्थ ही रहे। उनकी इस दशक की पूर्वार्ध की कहानियों में सैद्धान्तिक आधार पर ही जन-समर्थन की अभिव्यक्ति हो सकी है, पर बाद की कहानियों में कांग्रेस सरकार के प्रति उनका विरोध कई रूपों में व्यक्त हुआ है। *धर्मयुद्ध* में संकलित 'जन गण मन अधिनायक जय हे', '420 प्रतिशत', 'मंगला', 'डाक्टर', 'चन्दन महाशय' आदि कहानियों में स्वाधीनता-प्राप्ति के बाद के राजनीतिक यथार्थ को प्रस्तुत किया गया है। 'जन गण मन अधिनायक जय हे' नयी-नयी सत्ता में आयी कांग्रेस सरकार पर एक बहुत ही अच्छी, व्यंग्यपूर्ण कहानी है। आजादी मिलने के बाद, प्रेमचन्द की आशंका के अनुसार, कुर्सी पर 'जॉन' की जगह 'गोविन्द' ही बैठा, जनता के लिए स्थितियाँ पूर्ववत् कायम रहीं। अँगरेजों के जमाने में 'रायसाहब' गवर्नर और बड़े अधिकारियों को दावतें और 'वार फंड' में चन्दा देते थे, वे ही, आजादी मिलने के बाद मुख्यमन्त्री या अन्य मन्त्रियों के लिए चाय पार्टी का आयोजन करते हैं और किसी 'सार्वजनिक' काम के लिए बड़ी रकम की थैली भेंट करते हैं। आजादी के पूर्व उनकी लड़कियाँ लाट साहब की उपस्थिति में 'गॉड सेव द किंग' का गान करती थीं और आजादी के बाद वे ही 'जन गण मन' का गान करने लगी हैं। मुख्य मन्त्री के स्वागत-समारोह में उन्हीं सरकारी अफसरों का बोलबाला रहता है, जो पहले जनता का दमन करते थे। '420 प्रतिशत' में आजादी मिलने के बाद खाने-पीने की वस्तुओं की किल्लत और राशन की दुकानों पर होने वाली धाँधलियों और धोखाधड़ी का चित्रण करते हुए कांग्रेस सरकार की आलोचना की गयी है। 'मंगला', 'डॉक्टर' आदि कहानियों में 1949-50 में कांग्रेस के विरुद्ध हो रहे कम्युनिस्ट आन्दोलन का चित्रण हुआ है। इसी समय यशपाल भी गिरफ्तार किये गये थे। इन कहानियों में यशपाल का कट्टर कम्युनिस्ट रूप दिखायी पड़ता है और ऐसा लगता है जैसे कोई 'कहानीकार' नहीं, बल्कि 'कम्युनिस्ट कार्यकर्ता' बोल रहा हो। इस कहानी को पढ़कर विश्वनाथ त्रिपाठी का यह कथन बिलकुल सही लगता है कि यशपाल 'कम्युनिस्ट' लेखक हैं। 'डॉक्टर' में देशव्यापी रेलवे हड़ताल

के समय कांग्रेस सरकार द्वारा कम्युनिस्टों के दमन का अंकन किया गया है। 'चन्दन महाशय' कहानी का एकमात्र उद्देश्य कांग्रेस की आलोचना और कम्युनिस्टों की प्रशंसा करना है। 'खुदा की मदद' कहानी में वर्ग-वैषम्य के सन्दर्भ में धर्म, प्रतिभा, ईमानदारी, कर्तव्य-निष्ठा आदि के बेमानी हो जाने का चित्रण किया गया है। इस कहानी में आजादी मिलने के बाद कम्युनिस्ट पार्टी के नेतृत्व में चलाये जाने वाले मजदूर-आन्दोलन का चित्रण किया गया है। कहानी के केन्द्र में उबेदुल्ला नाम का युवक है, जो पुलिस के गुप्तचर विभाग में सिपाही है, पर घटनाक्रम में उसका चरित्र बदल जाता है और वह मजदूरों का साथ देने के लिए संकल्पित हो जाता है। इन कहानियों से यशपाल का कम्युनिस्ट पार्टी के प्रति प्रेम तो व्यक्त होता है, पर कहानी अच्छी नहीं बनती।

साम्यवादी विचारधारा के प्रबल समर्थक होते हुए भी यशपाल ने मजदूर-आन्दोलन पर आधारित अधिक कहानियाँ नहीं लिखी हैं। लगभग अपवाद के रूप में 'भवानी माता की जय' मजदूर आन्दोलन पर आधारित कहानी है। परम्परागत स्वामिभक्ति और शोषक स्वामी के विरुद्ध आधुनिक विद्रोह का द्वन्द्व इस कहानी का मुख्य कथ्य है। एक द्वन्द्व पुत्री-प्रेम और स्वामिभक्ति का भी है। मिल-मालिक और मजदूर-वर्ग के बीच तनाव और संघर्ष का चित्रण कहानी में हुआ है। इस संघर्ष में मजदूरों की जीत होती है। पर 'कहानी' की दृष्टि से 'भवानी माता की जय' बहुत अच्छी कहानी नहीं है। इसमें कथा का अंश बहुत अधिक है और वह भी स्थूल है। संवेदना की तीव्रता नहीं है। भाषा भी बहुत सपाट है।

इस काल की कहानियों में भी यशपाल की नारी-संवेदना अपने प्रखर रूप में सामने आती है। 'जिम्मेवारी' एक ऐसी लड़की की कहानी है, जो परम्परागत रूढ़ियों को तोड़कर सेना में भरती होती है और अपना रास्ता खुद बनाती है। यह स्त्री के समकालीन सामाजिक मूल्यों से विद्रोह की भी कहानी है। वह, यानी प्रभा, फौज के मुक्त जीवन को तो आसानी से अपना लेती है, पर वह मुक्त सम्भोग के दर्शन को स्वीकार नहीं कर पाती। माँ बनने का उसका सपना भंग हो जाता है, पर वह समाज की नजरों में 'अवैध' मातृत्व को स्वीकार करने में अपने को असमर्थ पाती है। यह एक अच्छी कहानी मानी जा सकती है, क्योंकि इसमें एक गहरी संवेदना को अभिव्यक्ति मिली है। 'डिप्टी साहब' कहानी में भी गर्भपात की स्थितियों पर सहानुभूति के साथ विचार किया गया है। इसके साथ ही औपनिवेशिक शासन के विरोधाभासों को भी सामने रखने का प्रयास किया गया है।

अपनी कहानियों के बारे में यशपाल ने लिखा है कि "मेरी जिन अनेक रचनाओं को मुक्त या तथ्य जीवन के लेखन का उदाहरण बता कर सराहना की गयी है, वे 99 प्रतिशत पढ़ी या सुनकर जानकारी से उद्भूत विचार, संवेदना या अनुभूति के आधार पर कल्पना में ही हैं।"[42] यह बात उन्होंने नयी कहानी आन्दोलन के प्रसिद्ध सिद्धान्त वाक्य, 'भोगे हुए यथार्थ' के आधार पर ही कहानी लिखी जा सकती है, के विरोध में कही थी। उन्होंने यह भी कहा था कि "मेरे विचार में भावनाओं, विचारों और उद्वेगों

के सम्प्रेषण के माध्यम या साधन होते हैं, 'उदाहरण'।''[43] यशपाल के ही अनेक अन्य कथनों से यह बात सामने आती है कि वे अपनी कहानियों की रचना के पूर्व उसके लिए पात्रों, प्रसंगों और परिस्थितियों के निर्माण की एक सुनिश्चित धारणा निर्मित कर लेते थे। 'देवी का वरदान', 'सत्य का मूल्य', 'सआदत', 'घोड़ी की हाय', 'विश्वास की बात' आदि अनेक कहानियाँ इसकी पुष्टि भी करती हैं। 'देवी का वरदान' सन्तान की अनियन्त्रित बाढ़ से पैदा हुई एक निम्नवर्गीय ब्राह्मण परिवार की दयनीय स्थिति की कथा है। यह 'सन्तति-निग्रह' के स्वीकृत सिद्धान्त पर आधारित एक संवेदनारहित कहानी है। 'सत्य का मूल्य' कहानी में यह प्रतिपादित किया गया है कि 'यह संसार मिथ्या माया नहीं है'। 'सआदत' इस विचार पर आधारित कहानी है कि ''नारी का सौन्दर्य उसके व्यक्तित्व की भाँति नश्वर नहीं। वह मनुष्य की परम्परा के समान ही शाश्वत है। जैसे फूल के बीज से फूल पैदा होता ही रहता है।'' 'घोड़ी की हाय' में बहुत से विचार गड्डमड्ड हो गये हैं। इस कारण कहानी में संवेदना का कोई क्षण चमक के रूप में नहीं दिखायी पड़ता। बस एक कहानी कह दी गयी है, जिसकी व्याख्या अलग अलग ढंग से की जा सकती है। वस्तुतः जहाँ विचार या संवेदना आयातित होती है, वहाँ व्यंग्य 'कथा' को कुछ रोचक भले बना दे, उसे 'कहानी' का रूप देने में समर्थ नहीं हो पाता है। *धर्मयुद्ध* में संकलित 'विश्वास की बात' इस विचार पर आधारित कहानी है कि 'आत्मनाशी मिथ्या विश्वास' से दूर रहना ही श्रेयस्कर है।

उत्तराधिकारी (1951) के आरम्भ में दिये गये वक्तव्य के अनुसार 1949-51 के 'अनेक महीने' यशपाल ने गढ़वाल में बिताये थे और इस संकलन की कहानियाँ 'सहृदय परिचितों से इस पहाड़ी देश का कुछ परिचय पाकर' लिखी गयी थीं। यों भी यशपाल का अनुभव-क्षेत्र मुख्यतः अविभाजित पंजाब और उत्तर प्रदेश (जो आजादी मिलने के पहले 'युनाइटेड प्राविन्सेज' कहलाता था) के उत्तरी पहाड़ी इलाकों और मैदानी भाग के नगरों से जुड़ा हुआ था।[44] इसका असर यशपाल के कहानी-साहित्य पर भी दिखायी पड़ता है। यशपाल की कहानियों में पहाड़ी जीवन का, गाँव और परिवेश दोनो का, बहुत प्रामाणिक और सहानुभूतिपूर्ण अंकन हुआ है। उनकी अधिकतर कहानियों का परिवेश पहाड़ी क्षेत्र है। पहाड़ी क्षेत्र के प्राकृतिक सौन्दर्य के वर्णन में यशपाल इतनी अधिक रुचि लेते हैं कि अनेकत्र उनकी कहानियाँ बोझिल हो जाती हैं। इस क्षेत्र के निवासियों की गरीबी, पिछड़ेपन, अशिक्षा, स्त्रियों पर पुरुषमात्र, और विशेषकर सम्पन्न वर्ग के अत्याचार और यौन-शोषण का ही नहीं, उनकी प्रेम-संवेदना और पहाड़ की सांस्कृतिक छवि और मूल्यों के चित्रण में भी यशपाल गहरी रुचि लेते दिखायी पड़ते हैं। 'आतिथ्य' कहानी का कथ्य यह है कि पहाड़ी जिन्दगी में हद दर्जे की सरलता होती है। मैदानी लोगों के प्रति, उनसे बार बार ठगे जाने के कारण, उनके मन में गहरा विरोध और घृणा भाव होता है। पर यह उनका स्थायी भाव नहीं होता। उनके मन में मनुष्य मात्र के प्रति करुणा का भाव होता है। अतिथियों की सेवा करना वे अपना धर्म समझते हैं। एक साथ एक असहाय अतिथि के प्रति प्रेम और मैदानी होने के कारण उसके प्रति विरोध और

घृणा का भाव इस कहानी में प्रस्तुत किया गया है। पर कहानी में संवेदना की सघनता या नुकीलापन नहीं है। कहानी का आधा हिस्सा तो अनावश्यक वर्णनों से भरा है। उसके बाद कहानी के रूप में एक प्रसंग है, जो मानवीय व्यवहार की जटिलता को व्यक्त करता है। प्रेम और घृणा के विरोधी भावों की अभिव्यक्ति कहानी को पठनीय बनाती है। पर निश्चय ही इसे उच्च कोटि की कहानी नहीं मान सकते। 'डरपोक कश्मीरी' में कश्मीर के शोषित किसानों की जीवन-स्थिति का चित्रण किया गया है। पर कहानी का चरम क्षण केन्द्रीय पात्र हफजा के चरित्र-परिवर्तन में आता है। गोली-बन्दूक के नाम से ही डरने वाला हफजा अपनी धरती के लिए लड़ने की प्रेरणा पाकर कबायलियों से लड़ने के लिए तैयार हो जाता है। यह बिन्दु ही कहानी का चरम क्षण है, पर इसमें संवेदना की तीव्रता नहीं है। यह लेखक के द्वारा आरोपित प्रतीत होता है। कश्मीर की जिन्दगी के एक ऐतिहासिक माहौल के चित्रण की दृष्टि से इसका कुछ महत्त्व स्वीकार किया जा सकता है। 'इस टोपी को सलाम' में कांग्रेसी शासन की स्थापना के बाद भी पहाड़ी स्थलों पर कुलियों के मन में अँगरेजों के प्रति विशेष आकर्षण होने पर गाँधी टोपी धारण करनेवालों पर व्यंग्य है। 'अँगरेज का घूँघरू' एक यात्रा-विवरण जैसी कहानी है, जिसमें पहाड़ी इलाकों में भूत-पिशाच के अन्धविश्वास तथा औपनिवेशिक शासन में अँगरेजों से डरनेवाले पहाड़ी लोगों के इस विश्वास का कि उनसे भूत भी भय खाते थे, वर्णन किया गया है। *उत्तराधिकारी* में संकलित 'जाब्ते की कार्रवाई', 'जीत की हार', 'अगर हो जाता', 'डिप्टी साहब' आदि कहानियों में भी पहाड़ी जीवन और संस्कृति का आत्मीयतापूर्ण अंकन हुआ है। पर इन इनमें से किसी भी कहानी में संवेदना की वह तीव्रता और गहराई नहीं है जो 'कहानी' के लिए अपेक्षित होती है।

यशपाल की अनेक कहानियों में मध्यवर्गीय जीवन-स्थितियों में प्रेम के नाम पर पुरुष और स्त्री के परस्पर आकर्षण, काम-सम्बन्धों से जुड़ी नैतिकता का अन्तर्विरोध और नैतिकता के आवेग में उसके दमित हो जाने का वर्णन है। 'प्रतिष्ठा का बोझ' और 'अगर हो जाता' में इसे देखा जा सकता है।

यशपाल ने कलाकार की मानसिकता को आधार बनाकर भी कुछ कहानियाँ लिखी हैं। 'भस्मावृत चिनगारी' शीर्षक कहानी में कला का पुजारी चित्रकार किसी मरणासन्न आदमी को मरते हुए देखते रहकर उच्च कोटि का चित्र बनाना अपना धर्म मानता है, जबकि सामान्य संवेदनशील आदमी उसे अस्पताल ले जाकर उसका इलाज कराना अपना कर्तव्य समझता है। कलाकार दो दिन तक म्रियमाण नर-कंकाल की मृत्यु की यातना देखता-सहता रहता है, ताकि 'कला जीवन की चिनगारी के मृत्यु की भस्म से आच्छादित होकर बुझने का दृश्य अपनी सम्पूर्ण दारुण वीभत्सता के सौन्दर्य सहित प्रस्तुत कर सके।' कहानी का चित्रकार पात्र 'कला से प्राप्त सन्तोष को जीवन-रक्षा की भावना से भी अधिक प्रबल और महान' समझता है। मुझे आश्चर्य है कि यशपाल चित्रकार के साथ हैं। कला की साधना के लिए मनुष्य की ऐसी उपेक्षा कदाचित् मार्क्सवादी दृष्टि को स्वीकार्य नहीं हो सकती। 'शिव-पार्वती' में प्रेम की संवेदना और

सामन्ती व्यवस्था में कला-साधना के टकराव तथा सामन्ती कला-प्रेम के विरोधाभास पर व्यंग्य किया गया है। यह भी एक 'विचार' पर ही खड़ी की गयी कहानी है।

यशपाल के बारे मे विश्वनाथ त्रिपाठी का कहना हैं : "यशपाल कट्टर कम्युनिस्ट लेखक थे। वे साहित्य को सामाजिक परिवर्तन के लिए रचते थे। उनके लेखन का निश्चित प्रयोजन है। वे वैज्ञानिकता, तर्कशीलता, समता के प्रचारक हैं, सामन्तवाद, साम्राज्यवाद, धार्मिक कर्मकांडों और अन्धविश्वासी शोषण के कट्टर दुश्मन।"[45] यह कथन बहुत दूर तक सच है। पर इसके साथ यह भी सच है कि अपने समय के प्रति जैसी प्रतिबद्धता और संवेदनात्मक तीव्रता प्रेमचन्द में है, वह यशपाल में नहीं है। इसे विश्वनाथ त्रिपाठी ने भी प्रकारान्तर से स्वीकार किया है।[46]

विष्णु प्रभाकर ने इस अवधि में भी अधिकतर कहानियाँ अपने समय से जुड़े सवालों पर लिखी हैं। 'बेटे की मौत', 'मुक्ता', 'वे दोनों', 'गर्विता', 'हरीश पांडे', 'आत्मग्लानि', 'अरुणोदय', 'बीमार', 'बहादुर सेनापति', 'मार्ग में', 'नींव का पत्थर', आदि कहानियाँ स्वाधीनता आन्दोलन से सम्बन्धित हैं। इनमें 'बेटे की मौत', 'हरीश पांडे', 'अरुणोदय' अनुभव की प्रामाणिकता और संवेदनात्मक गहराई के कारण उल्लेखनीय हैं।

साम्प्रदायिक सद्भाव विष्णु जी की पूर्ववर्ती कहानियों का भी प्रमुख कथ्य रहा है। इस दशक में लिखित उनकी 'एक पिता की सन्तान', 'रहमान का बेटा', 'अधूरी कहानी', 'माँ-बाप', 'ताँगे वाला', 'आखिर क्यों?' 'उस दिन', 'देशद्रोही', 'मृत्युंजय', 'अगम अथाह', 'मेरा वतन', 'देशद्रोही', 'मैं ज़िन्दा रहूँगा' आदि कहानियाँ तत्कालीन साम्प्रदायिक स्थितियों और मानवीय संवेदनाओं का चित्रण करने वाली कहानियाँ हैं। इनमें 'एक पिता की सन्तान', 'रहमान का बेटा', 'अधूरी कहानी', 'ताँगे वाला', 'उस दिन', 'देशद्रोही कौन', 'अगम अथाह' अथाह आदि साम्प्रदायिक उन्माद के चित्रण और वहशीपन पर मानवीय संवेदना की विजय के अंकन की दृष्टि से उल्लेखनीय हैं। 'ताँगे वाला' सन् सैंतालिस के आसपास दिल्ली में साम्प्रदायिक स्थिति पर एक अच्छी कहानी है। इसका केन्द्रीय पात्र एक गरीब मुसलमान ताँगेवाला है। इस कहानी के माध्यम से लेखक ने देश-विभाजन के कारण हिन्दुओं-मुसलमानों के बीच एक-दूसरे के प्रति उपजे अविश्वास और वातावरण में व्याप्त आशंका और भय के बीच एक ताँगेवाले के मरणासन्न बच्चे और उसके लिए दवा के पैसे जुटाने के लिए दिनभर ताँगा लेकर भटकने और सवारी न पाने के दर्द का बहुत मार्मिक अंकन किया है। यद्यपि अन्त में बच्चे की मृत्यु दिखाकर कहानीकार ने सस्ते प्रकार की भावुकता पैदा करने की कोशिश की है, फिर भी कहानी के कथ्य और प्रस्तुति में मार्मिकता उसे उल्लेखनीय बनाती है। 'आखिर क्यों' भी साम्प्रदायिक मानसिकता पर विमर्श की एक अच्छी कहानी; है तो यह विमर्श ही, पर लेखक का पक्ष मानवीय संवेदना से जुड़ा होने के कारण उल्लेखनीय हो गया है। लेखक अपनी इस प्रकार की सारी कहानियों में यह तथ्य प्रतिपादित करता है कि मुसलमान उसी प्रकार देशभक्त हैं, जिस प्रकार हिन्दू।

देशद्रोही हिन्दुओं में भी हैं। 'देशद्रोही कौन?' कहानी का हिन्दू सेठ हिन्दुत्व का दम भरता है, पर चोरी से कपड़ा पाकिस्तान भेजता है। 'मेरा वतन' में देश के बँट जाने के बाद हुए दंगों और विस्थापित लोगों की मानसिकता का अंकन किया गया है। धार्मिक उन्माद किस कदर आदमी को जानवर में बदल देता है और फिर भी आदमी को अपना वतन कितना प्यारा होता है, इसका बहुत अच्छा अंकन इस कहानी में मिलता है। विष्णु जी अपनी कहानियों में बिना किसी पक्षपात और परहेज के धर्मान्ध सम्प्रदायियों के वहशीपन का चित्रण करते हैं। वे दिखाते हैं कि हर धर्म में ऐसे लोग हैं जो मानवीय संवेदना से युक्त हैं और हिन्दू मुसलमानों की तथा मुसलमान हिन्दुओं की रक्षा करने का प्रयत्न करते हैं, पर धर्मान्ध व्यक्तियों की संख्या इतनी अधिक है कि उन्हें अपने उद्‌देश्य में सफलता नहीं मिलती। 'देशद्रोही' कहानी का एक हिन्दू डाक्टर अपने दोस्त मुसलमान डाक्टर को बचाने में अपनी जान से हाथ धो बैठता है और 'देशद्रोही' का 'खिताब' भी पाता है।

विष्णु जी की कुछ कहानियों में आजादी के ठीक बाद उत्पन्न जनता के मोहभंग का विश्वसनीय चित्रण हुआ है। प्रचलित धारणा यह है कि स्वतन्त्रता-प्राप्ति से पैदा हुआ मोहभंग सातवें दशक में सामने आया था। 'सुराज' कहानी में यह दिखाया गया है कि यह मोहभंग आजादी मिलने के साथ ही शुरू हो गया था। आम आदमी ने समझा था कि आजादी मिलते ही उनकी सारी समस्याओं का समाधान हो जाएगा; रोगियों को दवा मिलने लगेगी, दैनिक उपयोग की जो चीजें बाजार से गायब हो गयी हैं और केवल चोर बाजार में ही उपलब्ध हैं, वे उपलब्ध हो जायेंगी; दियासलाई, चीनी, कपड़ा, पोस्टकार्ड सबकुछ...''वैद्य जी कह रहे थे—अच्छा खाना, अच्छा पीना, अच्छा पहनना, सबका इन्तजाम राज करेगा। स्कूल खुलेगा, सड़कें बनेंगी, और सौ बात की एक बात—जिन्दगी का मजा अब आएगा। न कोई भूखा रहेगा, न नंगा। कोई किसी पर जुल्म-सितम नहीं करेगा। गाँधी बाबा खुद अपने मुँह से कह रहे थे। जेल से छूटे तब की बात है और यह सब उन्हीं का प्रताप है।'' पर जब कहानी का केन्द्रीय पात्र पत्नी के लिए दवा लाने निकलता है तो उसे दवा नहीं मिलती क्योंकि सेठ सारी दवाएँ ले गया है। सेठ के गोदाम में तेल, चीनी, चावल, सबकुछ भरा हुआ है, पर वह आम आदमी के लिए नहीं है; हाँ, उस डाक्टर के लिए जरूर है जिसने सारी दवाएँ सेठ को दे दी हैं और जब कथा का पात्र उसके यहाँ दवा के लिए जाता है, तो उसे नहीं मिलती। डाकखाने का बाबू सारे पोस्टकार्ड सेठ को दे देता है, पर पात्र को एक भी कार्ड नहीं मिलता। इस प्रकार सेठ और सरकारी कर्मचारियों की मिलीभगत से चोरबाजारी और भी प्रबल हो उठती है और आम आदमी की स्थिति में कोई परिवर्तन नहीं होता। इस सच्चाई के वर्णन से कहानी महत्त्वपूर्ण हो गयी है। 'समस्या' कहानी का भी यही कथ्य है। इस कहानी का एक पात्र कहता है, ''कुछ भी हो, जनता तो स्वराज्य का अर्थ यही मानती है कि चीज पहले से सस्ती है या नहीं। अनाज और कपड़ा उन्हें आसानी से मिल जाता है या नहीं। उनके जीवन का

स्तर पहले से ऊँचा उठा या नहीं। वह सरकार की कठिनाइयों को नहीं समझती। वह योजनाओं को भी नहीं समझती।" पर जनता भ्रष्टाचार को भी समझती है। वह देखती है कि बच्चों की किताबों तक में काला बाजारी होने लगी है। वह यह भी देखती है कि कुछ लोगों के लिए स्वराज्य 'खुल जा सिमसिम' का मन्त्र लेकर आया है। नेताओं, व्यापारियों और सरकारी कर्मचारियों के लिए स्वराज्य अली बाबा का चिराग बनकर आया है। कहानी-लेखक अनुभव करता है कि "सब कहीं अराजकता फैली है। नैतिक मूल्य कहीं कोई कीमत नहीं रखते। आखिर क्यों? आखिर ये नेता लोग क्या कर रहे हैं?...क्या सचमुच हम स्वतन्त्र हैं? क्या सचमुच राजनीतिक स्वतन्त्रता ही मनुष्य का ध्येय है?" स्मरणीय है कि भारतीय कम्युनिस्ट पार्टी ने स्वतन्त्रता-प्राप्ति के साथ ही 'यह आजादी झूठी है' का नारा दिया था। विष्णु जी का साम्यवादी दल से कोई सम्बन्ध नहीं था, पर इस सच्चाई का चित्रण करने में किसी भी साम्यवादी लेखक से पीछे नहीं हैं।

विवेच्य अवधि में लिखित पहाड़ी की कहानियों के पाँच संग्रह, *शेषनाग की थाती* (1948)[47], *सड़क पर* (1948), *बरगद की जड़ें* (1949), *कैदी और बुलबुल* (1950) और *तूफान के बाद* (1952) प्रकाशित हुए। अब तक पहाड़ी बाकायदा साम्यवादी दल के सदस्य बन चुके थे और दल के विचारों, कार्यक्रमों और राजनीतिक संघर्ष को प्रस्तुत करना अपनी कहानियों का लक्ष्य बना लिया था। 'शेषनाग की थाती' की भूमिका में उन्होंने बहुत स्पष्ट रूप से लिखा था, "आज हमारे देश में ऐसे परिवर्तन हो रहे हैं कि सामयिक वातावरण को लेकर रचनाएँ करने के लिए लेखक विवश हैं। मैं उस ओर सचेष्ट रहकर भी अपनी पुरानी कमजोरियों के कारण अपना पुराना 'मोह' नहीं छोड़ पाता हूँ।...कहानी-लेखक बन जाने के बाद मैं प्रगतिशील लेखकों के आन्दोलन में आया हूँ। उस आन्दोलन से मैंने नये प्राण पाए और आज जो कुछ लिख पाता हूँ, यह सब उसी आन्दोलन का फल है। 15 अगस्त को हमें 'कथित स्वतन्त्रता' मिली है। हमारा कर्तव्य है कि उसे 'सही' बनावें। नया राष्ट्र, नया विधान बन रहा है; लेखक उससे अलग नहीं रह सकता है।"

इस सोच के तहत लिखित पहाड़ी की 'जय हिन्द', 'भेड़िये की माँद', 'लाल ऊनी डोरा', 'शेषनाग की थाती', 'उसका व्यक्तित्व', 'उसका सुहाग', 'देश की बात', 'मुरीला', 'अन्धड़', 'टूटती जंजीरें', 'तिरंगे की लाज', 'सूर्योदय' आदि कहानियाँ लेखक के कायान्तरण की सूचना देती हैं। 'पहाड़ी' की इन कहानियों को पढ़कर साम्यवादी दल की नीतियों के प्रति उनकी निष्ठा की सराहना की जा सकती है। साम्यवादी दर्शन ने उन्हें एक सर्जनात्मक दृष्टि प्रदान की थी और उन्हें एक भावुक रोमानी कथालेखक से यथार्थवादी कथालेखक के रूप में बदल दिया था।

'लाल ऊनी डोरा' एक राजनीतिक कहानी है। कहानीकार की सहानुभूति कम्युनिस्ट कार्यकर्ता के प्रति है। पर कहानी का विषय मजदूरों के पक्ष में आन्दोलन नही है। इसका विषय है, सजायाफ्ता कम्युनिस्ट कार्यकर्ता की पत्नी की पीड़ा और मौत

के बीच कथक के प्रति उसका वत्सल भाव। पर यह भाव किसी तीव्र संवेदना के क्षण में परिणत नहीं हो पाया है। पहाड़ी की राजनीतिक प्रतिबद्धता समय के साथ बढ़ती गयी दीखती है। *बरगद की जड़ें* की शीर्षकरहित भूमिका में वे लिखते हैं : "आज दुनिया संस्कृति के दो खेमों में बँट गयी है। एक अमेरिका के नेतृत्व में 'युद्ध युद्ध' चिल्लाकर पुरानी सामाजिक व्यवस्था को जीवित रखने का निरर्थक प्रयास कर रहा है। दूसरा खेमा शान्ति चाहने वालों का है। वे सोवियत रूस के नेतृत्व में नये खुशहाल समाज का निर्माण कर रहे हैं।...हमारे नेता तटस्थ रहने का ढोंग रचकर भी पहले खेमे के गठबन्धनों में पड़ गये हैं।...हमारे देश में लेखकों के आगे भी दो खेमे हैं। एक, जागरूक मजदूर, किसान, विद्यार्थी और निम्नवर्ग के आन्दोलनों से बल पाते हैं। शान्ति के उपासक हैं। दूसरा उनके विरोधियों का है। जो लेखक तटस्थ हैं। वह उनकी कमजोरी है। वे जन-आन्दोलनों की पीठ पर छुरा भोंकने वाला काम कर रहे हैं।"

इस पृष्ठभूमि में लिखित 'अन्धड़', 'टूटती जंजीरें', 'तिरंगे की लाज' आदि कहानियों में पहाड़ी की साम्यवादी दल के प्रति निष्ठा भलीभाँति व्यक्त हुई है। 'अन्धड़' वर्ग-संघर्ष की, प्रेस मालिकों के विरुद्ध मजदूरों की हड़ताल की, कांग्रेस शासन के विरुद्ध कम्युनिस्ट पार्टी के संघर्ष की, हिन्दू-मुस्लिम मजदूरों की एकता की एक साफ-सुथरी कहानी है। निस्सन्देह यह कहानी भारतीय कम्युनिस्ट पार्टी के घोषणपत्र के तहत लिखी गयी है, पर कहानी ढंग से लिखी गयी है और मुझे इस बात पर आश्चर्य है कि मार्क्सवादी आलोचकों ने 'पहाड़ी' को कहानीकार के रूप में महत्त्व क्यों नहीं दिया। इस कहानी में मार्क्सवाद के उस सिद्धान्त का भी प्रतिपादन किया गया है कि जो मजदूर छोटा काश्तकार होता है और कृषि से जुड़ा होता है, वह पूँजीपतियों से मजदूरों के संघर्ष में पूरे मन से साथ नहीं दे पाता। इस कहानी में बड़े स्पष्ट शब्दों में कांग्रेस शासन की आलोचना की गयी है। यह आलोचना झूठ नहीं है। पर सन् '42 के 'भारत छोड़ो आन्दोलन' में साम्यवादियों के असहयोग का भी लेखक समर्थन करता है, जिससे उसकी साम्यवादी दल के प्रति अन्धनिष्ठा ही व्यक्त होती है, लेखकीय ईमानदारी नहीं। कुल मिलाकर यह कहानी, जो वस्तुतः किसी 'संवेदना' पर आधारित न होकर कम्युनिस्ट पार्टी के मेनिफेस्टो पर आधारित है, 'कथा' ही है। 'तिरंगे की लाज' में कांग्रेस और साम्यवादी दल के राजनीतिक विरोध का चित्रण खुलकर किया गया है। 'पहाड़ी' नये नये प्रगतिशील लेखक संघ में शामिल हुए थे। जरूरी था कि वे कांग्रेसी शासन की आलोचना अपनी कहानियों में करें। इस कहानी में इसी का प्रयास दिखायी पड़ता है। कहानी तो, जो है, सो है; वह एक असंगतियों से भरी कथामात्र है, पर उसके अन्त में लेखक ने सरकार की आलोचना करके अपना फर्ज पूरा कर लिया है। कहानी का एक पात्र, जितेन्द्र, जेल के पुराने 'वार्डर' से कहता है : "महाराज, सुराज हो गया, यह जानकर सोचा, कि सबको अपने-अपने हकों की बात समझा देनी चाहिए। सबको रोजी और रोटी चाहिए।...लेकिन कांग्रेस जनता की तो रह नहीं गयी है। उसके पीछे सेठ, साहूकार और जमींदार हैं, जिनका दावा है, कि उनके त्याग और तपस्या के बल पर अँगरेज

हिन्दुस्तान छोड़कर भाग गया है। इसलिए तिरंगे की लाज रखने के लिए छह महीने की नजरबन्दी हुई है।'' 'सूर्योदय' में इस मार्क्सवादी विचार की पुष्टि की गयी है कि पूँजीपतियों के विरुद्ध एक मजदूर ही सच्चा संघर्ष कर सकता है, किसान नहीं, क्योंकिं वह जमीन के मालिकाना हक से भावनात्मक रूप से जुड़ा होता है। सर्वहारा और सेठों के संघर्ष में लेखक एक पात्र के माध्यम से सर्वहारा की विजय का स्वप्न देखता है। पर इसके लिए ज़रूरी है कि छोटे किसान और कृषि मजदूर मिल कर, जातिगत और सम्प्रदायगत भेद-भाव को भूलकर संघर्ष करें। पंजाब से लुट पिटकर शरणार्थी के रूप में भारत आये पंजाबी किसानों की, लेखक के अनुसार, यही स्थिति थी। वे पंजाब में भी महाजनों और पुलिस के शोषण के शिकार थे और भारत में पहुँच कर भी उनकी स्थिति ज्यों की त्यों थी। उन्होंने वहाँ महाजनों के विरुद्ध संघर्ष शुरू किया ही था कि बँटवारे के कारण हुए दंगों के कारण उन्हें वहाँ से भागकर भारत आना पड़ा। शरणार्थियों की हालत का लेखक ने अच्छा चित्रण किया है। वस्तुतः यह शरणार्थी जीवन पर ही आधारित कथा है। 'वर्ग संघर्ष' की चेतना कहानी के केन्द्र में है। लेखक ने सरकार की शरणार्थी नीति की आलोचना की है। 'आठ साथी' में साम्यवादियों पर कांग्रेस शासन के दमन की आलोचना की गयी है। एक स्थान पर 'कथक' कहता है : ''...सुराज आया, देश के दो टुकड़े हुए। साम्प्रदायिक झगड़ों की आँधी लाकर पूँजीवादी राष्ट्रीय सरकार ने जनता की लड़ाकू शान्ति को नष्ट करने का षड्यन्त्र रचा। महँगाई बढ़ी; चोर-बाजार फला-फूला, बेकारी बढ़ी। सेठों ने राष्ट्रीय सरकार की गरदन पकड़ ली। सरकार जनता के आन्दोलनों पर प्रहार करने लगी। जनता में गुस्से का तूफान उठा। मजदूरों ने हड़ताल करके फैक्टरी छीनने का हथियार उठाया; खेतिहर मजदूरों ने जमीन पर कब्जा करना शुरू किया और बाबू मास्टरों ने भी बड़ी बड़ी हड़तालें कीं। सारे देश पर दफा 144 छा गयी। नागरिक अधिकार छीन लिये गये—प्रेस बन्द, बोलने और सभा करने की आजादी नहीं, बिना मुकदमा चलाए जनता के नेता जेलों में बन्द! मजदूर-किसानों के 2500 साथी, नेता जेलों में बन्द!! देश में रामराज्य और गाँधी जी की जय-जयकार!!!'' 'कुँवर साहब' में पहाड़ी ने उन 'राजभक्तों' पर छींटाकशी की है, जो आजादी मिल जाने के बाद 'युगधर्म' के नाम पर कांग्रेस के समर्थक हो जाते हैं। पहले वे कलक्टर तथा सिटी मजिस्ट्रेट के यहाँ जाया करते थे; अब नेताओं के यहाँ जाना आरम्भ कर देते हैं। कुछ धर्म की ओर भी अधिक श्रद्धा हो जाती है। एक सफल कीर्तन भी करा देते हैं। अचकन और पाजामे की जगह खादी की धोती पहनने लगते हैं। सूत कातने के लिए एक चर्खा भी ले आते हैं। लेखक ने उनकी इस बदली हुई मानसिकता पर करारा व्यंग्य किया है। 'कुत्ते' अपने ढंग की एक उल्लेखनीय कहानी है। इसकी त्रुटि यही है कि यह सच नहीं है। कम्युनिस्ट पार्टी का सदस्य होने के नाते सरकार के प्रति 'पहाड़ी' का आक्रोश स्वाभाविक है, पर निराधार कल्पना के सहारे पहाड़ी ने जिस क्रान्ति का रूप खड़ा किया है, वह सैद्धान्तिक दृष्टि से सम्भव होने पर भी अपने समय का सच नहीं था। इस कारण कहानी 'क्रान्तिकारी' कहानी का आभास देने के बावजूद एक

इच्छित झूठ से अधिक कुछ नहीं है। 'कैदी और बुलबुल' में लेखक ने कांग्रेसी शासन की जमकर आलोचना की है। साम्यवादी दर्शन और कम्युनिस्ट पार्टी के कार्यक्रमों के प्रति उसकी निष्ठा इस कहानी में व्यक्त हुई है। 'जिया' में सरकार और मालिकों के साथ मजदूरों-मेहतरों आदि के संघर्ष का चित्रण किया गया है। कहानी का उद्देश्य निम्नवर्ग की जिन्दगी का यथार्थ चित्रण है। जिया का यह विश्वास लेखक का ही झूठा या सच्चा विश्वास प्रतीत होता है कि "ये लड़के मजदूरों का राज चाहते हैं। जहाँ कि 'चोर-बाजारी' नहीं होगी, अमीर-गरीब का भेद मिट जाएगा। हर एक को पनपने का मौका मिलेगा। रोजी और रोटी की परेशानी किसी को नहीं होगी।" 'देवताओं की छाया में' में 'पहाड़ी', कम्युनिस्ट नेताओं की तरह ही, जहाँ भी अवसर मिलता है, गाँधी जी की आलोचना करने से नहीं चूकते। पहाड़ी की कहानियाँ 'कहानी' के 'कला रूप' की नितान्त उपेक्षा करती हुई कम्युनिस्ट घोषणापत्र का अनुगमन करती हैं। लेखक के अनुसार "काली हुकूमत ने शासन सँभाल लिया था; पर जेलें भरी थीं, नेता अपने विरोधियों को बन्द करके आराम से अपनी योजनाएँ चलाना चाहते थे। पर ये मजदूर-किसान, जो कि गाँधी-युग में केवल वालिंटियर बनते थे, आज बहकाने में आकर अपनी आजादी माँगते हैं। गाँधी जी जल्दी मर गये, अन्यथा शायद कोई नया करिश्मा निकालते। बापू के नाम पर भी जनता नहीं मानती है।" इस कहानी में भी पूँजीपतियों और सरकार के खिलाफ मजदूरों के संघर्ष का चित्रण किया गया है। पहाड़ी की कहानियों में उस देशव्यापी रेलवे हड़ताल की बार बार चर्चा आयी है, जिसने देश को हिला दिया था। पहाड़ी की कहानियों को पढ़कर लगता है कि हिन्दी का कोई भी दूसरा लेखक कम्युनिस्ट पार्टी के मेनिफस्टो के प्रति इतना निष्ठावान नहीं था। पर वे कितनी भारी गलतफहमी में थे, इसका पता निम्नलिखित पंक्तियों से चलता है : "...यह वही लड़ाई थी, जहाँ कि वर्ग-संघर्ष की तेजी बढ़ जाने पर जनता के नेताओं पर खूँखार हमले होते हैं। आज वह लड़ाई तेजी से आगे बढ़ रही थी।...पार्टी का ढाँचा बदल रहा है।...आज राजनीति केवल मध्यवर्ग के साथियों के दिमाग के बहस की बात नहीं रह गयी है। मजदूर आज एक ही राजनीति को समझता है। वह एक भारी देशव्यापी हड़ताल है, जिसके जरिए कि वह शासन पर अपना अधिकार करेगा—वह सड़ा-गला सामन्तवादी ढाँचा लड़खड़ाकर गिर पड़ेगा। फौजी और पुलिस जनता के बढ़ते उफान में उनका साथ देंगे। वह समाजवादी राज्य अब कल्पना नहीं रह जाएगा।" पर इतिहास बताता है कि यह सब कोरी 'कल्पना' ही साबित हुआ। 'नींव का पत्थर' में नेताओं के, आजादी के बाद प्राप्त होने वाली खुशहाली के, आश्वासन का चित्रण 'सोने का मृग' के रूप में किया गया है। अँगरेज जिस तरह विरोधियों को जेलों में डालते थे, वही रवैया राष्ट्रीय सरकार ने अपनाया था। हजारों राजबन्दी जेलों में कैद थे। नेताओं के वादे सुनते सुनते जनता का सब्र निपट चुका था। सब अपने को अजीब परेशानी और संकट में घिरे हुए पाते थे।" कहानी में बताया गया है कि शिक्षक, मजदूर, डाक विभाग में काम करने वाले छोटे कर्मचारी, रेल मजदूर, कोई भी सरकार से सन्तुष्ट नहीं है। सभी हड़ताल करने की

तैयारी कर रहे हैं। कुछ निहित-स्वार्थ के मध्यवर्गी लोग और सेठ-पूँजीपति हड़ताल को तोड़ने की कोशिश में लगे हुए हैं। यही कहानी का कथ्य है। 'पोस्टर', 'बेड़ियाँ', 'अवशेष', 'मैं शहीद बनूँगा', 'रामेश्वर बाबू', 'शेषनाग की थाती' आदि में भी इसी तरह की बातें दुहरायी गयी हैं। 'शेषनाग की थाती' की एक विशेषता यह है कि यह 1946 में हुए नाविक विद्रोह पर आधारित कहानी है, जिसमें विवरण तो बहुत हैं, पर कहानी आश्वस्तकारी नहीं बन पायी है। इन कहानियों की सबसे बड़ी कमजोरी यह है कि संवेदना की तीव्रता के अभाव में ये कम्युनिस्ट पार्टी के घोषणापत्र का अनुवाद बनकर रह गयी हैं।

'पहाड़ी' की कहानियों में युद्धविरोधी स्वर प्रमुख हैं और यह उल्लेखनीय है। *तूफान के बाद* की शीर्षकहीन भूमिका में पहाड़ी ने लिखा है : "युद्धों ने किस भाँति हमारे जीवन की गति में रुकावट डालकर हमें मानव से हैवान बनाया, इसे कौन नहीं जानता है? फिर उसी युद्ध की आग को पूर्व में अमरीका ने अपने घर से हजारों मील की दूरी पर कोरिया में सुलगाया है। वह आगे नहीं बढ़ी उसका कारण यह है कि दुनिया के अधिक नागरिक शान्ति चाहते हैं।" भारतीय जीवन पर युद्धजनित प्रभाव का चित्रण पहाड़ी ने अपनी पूर्ववर्ती कहानियों में भी किया था, पर इस अवधि की कहानियों पर राजनीतिक रंग हावी हो गया है। 'इतिहास की गति', 'समानान्तर रेखाएँ' और 'भेड़िये की माँद' में युद्धजनित महँगाई, जमाखोरी, कालाबाजारी, आवश्यक वस्तुओं की अनुपलब्धता' आदि के कारण मध्यवर्गीय संयुक्त परिवारों की हताशा और टूटन, उनके बिखरने, पारिवारिक सम्बन्धों में खटास पैदा होने, नैतिक पतन, स्त्रियों के देह-व्यापार आदि का चित्रण किया गया है। औपनिवेशिक शासन में पहाड़ी जीवन में युद्ध का हस्तक्षेप एक तल्ख सच्चाई थी। *तूफान के बाद* की भूमिका में लेखक ने पहाड़ी जीवन में युद्धों के कारण नयी जिन्दगी के पनप न पाने की बात कही है। युद्ध किस प्रकार पहाड़ी जीवन को आर्थिक तंगी और बदहाली में पहुँचा देता है, इसका बार बार वर्णन पहाड़ी की कहानियों में आता है। इसके साथ ही पहाड़ में स्त्री की त्रासद नियति की कथा भी 'पहाड़ी' ने गहरी आत्मीयता के साथ चित्रित की है। 'तूफान के बाद', 'कुछ पुरानी सी बात', 'नयी कहानी का प्लाट', 'नारी की आकांक्षा!' आदि कहानियाँ इस यथार्थ का चित्रण करती हैं।

पहाड़ी जीवन के निकट परिचय और भोगे हुए सच की प्रामाणिकता के कारण 'पहाड़ी' की पहाड़ी जीवन पर आधारित कहानियों में सजीवता और ताजगी है। इन कहानियों में पहाड़ की जिन्दगी की वास्तविकता, वहाँ की निर्धनता, रीति-रिवाज आदि का, संवेदनापूर्ण अंकन देखने को मिलता है। कहीं कहीं प्रेम की संवेदना का भी अच्छा चित्रण हुआ है। 'इन्द्रधनुष', 'परम्परा', 'नया मोरचा', 'बरगद की जड़ें', 'रीढ़ की हड्डी' आदि कहानियाँ इस दृष्टि से उल्लेखनीय हैं। 'परम्परा' में पहाड़ियों के शोषण का कारण 'परम्परा' के प्रति उनका लगाव बताया गया है और इस परम्परा को तोड़ने की वकालत की गयी है। 'नया मोरचा' में एक कश्मीरी मुसलमान मजदूर (नदियों में तैर कर लकड़ी

के कुन्दे गढ़वाल तक ले जाने का काम करने वाले) मजीद की अपने परिवार और 'देश' (कश्मीर) से जुड़ी संवेदना का मार्मिक चित्रण हुआ है। यदि एक तरफ उसके मन में कश्मीर के राजा के दमन के प्रति आक्रोश, मातृभूमि के आजाद होने और अपने खुशहाल होने के सपने हैं, तो दूसरी तरफ गाँव में उसकी प्रतीक्षा करती पत्नी और परदेश की समर्पण भरी प्रेमिका के प्रति प्रेम का द्वन्द्व भी है। जिस प्रकार वह अपनी प्रेमिका के प्रेम का त्याग कर अपनी पत्नी और बच्चे के प्रति कर्तव्यप्रेरित प्रेम का विकल्प चुनता है, वह बहुत मार्मिक है। कहानी मजदूर की पूर्वदीप्ति में उभरी चेतना के माध्यम से प्रस्तुत किये जाने के कारण बहुत प्रभावी हो गयी है। एक मजदूर की मेहनत, अपने काम के प्रति ईमानदारी और संघर्ष का चित्रण भी कहानी में बहुत अच्छा हुआ है। कहानी के अन्त में मजदूर का अपने परिवार में लौट जाने और 'वहाँ की जनक्रान्ति' में भाग लेकर 'देश को आजाद करने' का संकल्प' करना लेखक की प्रगतिवादी सोच का परिचायक है। 'बरगद की जड़ें' पहाड़ी जनता के सामन्ती शोषण, उसके खिलाफ संघर्ष और उस व्यवस्था की समाप्ति की सोच-कथा है। कथा का केन्द्रीय पात्र देखता है कि सामन्त के स्थान पर बुर्जुआ वर्ग व्यवस्था के नियामक के रूप में सामने आ रहा है। उसके अनुसार "राजा के बड़े साम्राज्य की जड़ें तो टूट चुकी थीं और उन पर अभिजात वर्ग के लोग एक नयी व्यवस्था की नींव डाल रहे थे। जो कि शोषित वर्ग के लिए एक धोखा था।" लेखक की साम्यवादी विचारधारा कहानी पर हावी है। 'रीढ़ की हड्डी' भी आजादी हासिल होने के बाद पहाड़ी दलित जीवन का अंकन करने वाली एक अच्छी कहानी मानी जा सकती है। विशेषकर दलित स्त्रियों का चित्रण तो इसमें बड़ी निष्ठा के साथ किया गया है। कहानी के अन्त में एक दलित स्त्री द्वारा उ़च्च वर्ग के खिलाफ संघर्ष करने की सम्भावना भी व्यक्त की गयी है। यह कहानी मार्क्सवादी सिद्धान्तों से प्रेरित होते हुए भी केवल उदाहरण बनकर नहीं रह गयी है। दलित विद्रोह की संवेदना कहानी को एक तीव्र प्रभाव से युक्त करती प्रतीत होती है। 'रूढ़ि' में पहाड़ी क्षेत्र में ठाकुरों द्वारा हरिजनों के आर्थिक शोषण और अपमान का चित्रण किया गया है। इस कहानी में वर्ग-चेतना की, शोषण और अपमान के विरुद्ध एक दलित स्त्री की संवेदना और सोच की शक्त अभिव्यक्ति हुई है। 'नदी का मोड़' एक पहाड़ी मछुआरे युवक गल्फू की जिन्दगी जीने और सपने देखने की संघर्ष-कथा है। कहानी में एक करुण संवेदना विद्यमान है। 'तूफान के बाद', 'नासूर', 'चाय की केतली', 'नाता-रिश्ता' आदि में भी पहाड़ी जीवन की आर्थिक तंगहाली, महाजनी शोषण, सामाजिक स्थिति, स्त्रियों के शोषण आदि का चित्रण किया गया है।

पहाड़ी की 'उसका व्यक्तित्व', 'उसका सुहाग', 'देश की बात', 'मुरीला' आदि कुछ कहानियाँ क्रान्तिकारियों से भी सम्बन्धित हैं। यदि ये कहानियाँ लेखक के अनुभव की उपज होतीं तो शायद उसका बहुत महत्त्व होता। पर मात्र मनोरंजन के लिए 'गढ़ी हुई' होने के कारण इनका कोई विशेष महत्त्व नहीं है। 'मुरीला' में जापान द्वारा चीन पर आक्रमण के समय चीनी क्रान्तिकारी दल की गतिविधियों का चित्रण किया गया है।

चीन की युवती मुरीला देश प्रेम के जुनून में अपने जापानी पति और बच्चों की हत्या करने में नहीं चूकती। उग्र और अज्ञेय ने इस प्रकार की कहानियाँ लिखी हैं, जो प्रत्यक्ष अनुभव का अंग न होकर भी उनकी क्रान्तिकारी संवेदना से सम्बद्ध हैं। अज्ञेय की ऐसी कहानियों में विरोधी संवेदनाओं का द्वन्द्व भी अधिक तीखा और पाठक की चेतना को झकझोरने वाला है। पहाड़ी की यह कहानी भी व्यक्तिगत प्रेम और राष्ट्र प्रेम के द्वन्द्व पर आधारित है, पर इसमें वह तीव्रता नहीं है।

1946-48 का समय साम्प्रदायिक उन्माद और बहशीपन से भरा समय था। साम्प्रदायिक दंगों के सम्बन्ध में लेखक का मत है कि आम लोग, चाहे वे हिन्दू हों या मुसलमान, शान्तिप्रिय होते हैं। पूँजीपतियों, जमींदारों और सरकारी तन्त्र की साजिश से दंगे होते हैं। 'शैतान' और 'समानान्तर रेखाएँ' भी साम्प्रदायिक उन्माद पर आधारित कहानियाँ हैं, जिनमें इस बात पर जोर दिया गया है कि उच्च वर्ग के व्यापारी और कट्टरपन्थी धर्म-नेता हिंसा फैलाने में अधिक रुचि लेते हैं। 'शैतान' में कहानीकार ने धार्मिकता के पाशविक उन्माद में मनुष्यता की संवेदना दिखाने पर विशेष ध्यान दिया है, जिससे कहानी उल्लेखनीय हो गयी है।

इस अवधि में भी पहाड़ी ने कतिपय प्रेम-संवेदना की कहानियाँ लिखी थीं। 'अचला', 'एक विराम', 'विश्राम' और 'केवल प्रेम ही' प्रेम संवेदना की अपेक्षाकृत अच्छी कहानियाँ हैं। अचला का दिनेश से प्रेम है, जो अप्रत्याशित परिस्थितियों के कारण ऊपर से टूट सा जाता है। पर वास्तव में वह प्रेम टूटा नहीं है। इस मानसिक द्वन्द्व का अंकन मि. माथुर को बीच में लाकर किया गया है। कहानी को 'अन्त' तक पहुँचाने के लिए एक 'संयोग' का सहारा लिया गया है। मोपासाँ और ओ' हेनरी ऐसे संयोगों का सहारा प्रायः ही लेते हैं। 'केवल प्रेम ही' में समाज के नैतिक खोखलेपन के पीछे छिपे नारी के दर्द का अहसास कराया गया है। नैतिक दृष्टि से बदचलन मानी जाने वाली स्त्रियों के प्रति समाज के निर्मम रवैये और झूठी सोच को कहानीकार ने अपेक्षित संवेदनशीलता के साथ प्रस्तुत किया है। 'कान्ता' भी प्रेम संवेदना की एक बहुत अच्छी कहानी है। प्रेम की संवेदना इस कहानी के केन्द्र में है और भावुकता उस पर हावी नहीं है। पहाड़ी संस्कृति विशेष के परिवेश में जड़ी होने से प्रेम की संवेदना और भी टटकी और आकर्षक हो गयी है। 'एक विराम' और 'विश्राम' प्रेम संवेदना की साधारण कहानियाँ हैं।

इस अवधि में उग्र की केवल पाँच कहानियाँ, 'राष्ट्रीय पोशाक' (*आज*, 22 मार्च 1948), 'कुल गोलक' और 'कहानी सम्मेलन आइडिया' (*सन्मार्ग*, मार्च 1948) 'लाइन पर' (*आज*, 9 अप्रील 1948) और 'प्राइवेट इंटरव्यू' (*संगम*, 9 मई 1948) विभिन्न पत्र पत्रिकाओं में प्रकाशित हुईं। इनमें से कोई भी कहानी इस दशक में प्रकाशित संग्रहों में नहीं सम्मिलित नहीं हो सकी।[48] 1951 में प्रकाशित कहानी संग्रह *जब सारा आलम सोता है* में संगृहीत कहानियाँ 'आजादी से आठ दिन पहले', 'चित्र-विचित्र', 'जब सारा आलम सोता है', 'झाऊ लाल', 'टाम, डिक, हैरी ऐंड कंपनी लि.', 'मलंग', 'रंग' और 'राष्ट्रीय पोशाक' आदि पाँचवे दशक के उत्तरार्ध में लिखित कहानियाँ हैं। इन कहानियों

में देश के आजाद होने के कुछ पहले और तुरत बाद की स्थितियों का बड़ा ही यथार्थ और व्यंग्यपूर्ण चित्रण किया गया है।

'टाम, डिक, हेरी एंड कम्पनी लिमिटेड' में औपनिवेशिक शासन में विदेशी कम्पनियों द्वारा भारतीय जनता के आर्थिक शोषण तथा शासन से मिलकर जनता के दमन और शोषण के चालाकी भरे हथियार के रूप में झूठे विज्ञापनों और प्रचार द्वारा उनकी रुचियों और जीवन-शैली में परिवर्तन के छद्‌म का चित्रण किया गया है। यदि हम इस कहानी को आज के, इक्कीसवीं शताब्दी के, सन्दर्भ में देखें तो इसकी प्रासंगिकता अद्‌भुत रूप से ध्यान आकृष्ट करती है। आज भारत में बहुराष्ट्रीय कम्पनियों के बढ़ते वर्चस्व को देखते हुए यह कहानी हमें सावधान करती सी प्रतीत होती है। इस कहानी में आजादी के समय की उस स्थिति का भी चित्रण किया गया है, जब शोषक और दमनकारी तत्त्व जनता के हितेच्छु बनने का नाटक करने लगे थे। जो शक्तियाँ देश को गुलाम बनाये रखने में अँगरेजों की मदद करती थीं, वे अचानक खद्‌दर पहनकर और अपने को देशभक्त बताकर जनता की आँखों में धूल झोंकने में समर्थ हो गयी थीं। शासन का भार सँभालने वाले नेताओं को तो उन्होंने पटा ही लिया था; हाँ, इस कहानी की जनता उनके बहकावे में नहीं आती और उन्हें निकाल बाहर करती है। कहने को जी चाहता है कि जिस पैनी नजर से 'उग्र' ने अपने समय की सच्चाई को पहचाना था, वैसी न तो यशपाल के पास थी न ही किसी अन्य कहानीकार के पास। 'आजादी से आठ दिन पहिले' में एक रेलयात्री के यात्रा-वर्णन के व्याज से आजादी के ऐन पहले देश की राजनीतिक स्थिति, आम आदमी की गरीबी, आबकारी विभाग के भ्रष्टाचार और स्टेशनों पर खाने के नाम पर बिकने वाली वस्तुओं में मिलावट का चित्रण सजीव प्रसंगों के रूप में किया गया है। 'मलंग' साम्प्रदायिक सद्‌भाव की एक महत्त्वपूर्ण और कथ्य की दृष्टि से बेजोड़ कहानी है। पर 'कथा' का अंश कुछ ज्यादा हो जाने के कारण कहानी बिखर गयी है। यदि यह कहानी आकार में कुछ छोटी होती तो शायद उसमें ये दोष न आते। अन्त में डाक्टर और उसकी पत्नी का आकस्मिक चमत्कारपूर्ण मिलन ओ' हेनरी, मोपासाँ आदि के फारमूलों की नकल जैसा प्रतीत होता है। 'रंग' भी समकालीन जीवन का चित्र प्रस्तुत करती है, पर कई प्रसंगों के घालमेल से कथा बिखर गयी है। कथा के एक अंश में रेसकोर्स का वर्णन किया गया है जिसमें जुआरी हारते-जीतते, हँसते-रोते हैं। दूसरे अंश में एक कांग्रेस से जुड़े व्यवसायी का चित्रण किया गया है, जो स्वतन्त्रता प्राप्ति के अवसर पर सड़े गले कपड़ों और कच्चे रंगों से तिरंगा झंडा बना बेचकर लाख रुपये की कमाई कर लेता है, पर रुपयों और शराब के नशे में उसकी, जनता की पिटाई से, मृत्यु हो जाती है। इससे यह तथ्य सामने आता है कि किस प्रकार व्यवसायी-वर्ग जनता की भावना का अपने लाभ के लिए उपयोग कर रहा था। वस्तुतः यह पूँजीवाद की स्थायी प्रकृति है, जिसे आज की भू-मंडलीय व्यवस्था में देखा जा सकता है।

'झाऊलाल' में उग्र ने कल्पित पात्र लाला झाऊलाल की देशभक्ति, त्याग और बलिदान का भावुकता से भरा वर्णन किया है। यह कथा लेखक के स्वतन्त्रता-प्राप्ति के

समय के उद्‌गार के रूप में लिखी गयी है। इससे उग्र की भावुकता का पता चलता है। कहानी के रूप में इसका कोई महत्त्व नहीं है। वस्तुतः स्वतन्त्रता-प्राप्ति की परिघटना ने मध्यवर्ग को अतिशय भावुक बना दिया था और उनकी आशाएँ-अपेक्षाएँ आसमान छूने लगी थीं। पर आजादी मिलते ही नेताओं, व्यापारियों और धर्म के ठेकेदारों की सत्ता से प्राप्त होने वाली सुख सुविधाओं पर, ऐसी गिद्ध दृष्टि पड़ी कि जनता की आशाएँ-आकांक्षाएँ उसकी शिकार हो गयीं। इस स्थिति का इस कहानी में बड़ा ही यथार्थ और व्यंग्यपूर्ण चित्रण किया गया है। 'चित्र-विचित्र' आजादी के बाद भारत की आर्थिक, सामाजिक और राजनीतिक स्थिति पर लिखित एक व्यंग्यकथा है। इस व्यंग्य के केन्द्र में 'नेता', 'व्यापारी' और सम्प्रदायवादी ही हैं। स्वतन्त्रता-प्राप्ति के बाद ये तीनो ही छुट्टे साँड़ की तरह देश को चरने लगे थे। तत्कालीन शासन इन पर अंकुश लगाने में सर्वथा असमर्थ सिद्ध हुआ था। नेहरू ने कभी कहा था कि वे देश के स्वतन्त्र हो जाने पर रिश्वतखोरों और भ्रष्टाचारियों को निकट के बिजली-खम्भे पर फाँसी लटकवा देंगे। वे ऐसा नहीं कर सके। व्यापारी दिनोदिन भ्रष्ट ही नहीं होते गये, चुपचाप शासन पर हावी भी होते गये। नेताओं पर कुर्सी का मोह इस प्रकार हावी हो गया कि वे सत्ता प्राप्ति के लिए किसी भी हथकंडे को अपनाने लगे। 'नेता' और 'व्यापारी' एक गठबन्धन में जुड़ गये। सम्प्रदायवादी भी खुलकर खेलने लगे। 'उग्र' ने इस कथा में कंचनराम के चित्र का प्रतीक लेकर इसी स्थिति पर व्यंग्य किया है। 'लाइन पर' कहानी में में मिनिस्टरों की घरवालियों के अनावश्यक गप्प में टेलीफोन को व्यस्त रखने की मनमानी का वर्णन किया गया है। इसका व्यंग्य बड़ा मजेदार है। कहानी के आरम्भ में ही 'कथक' कहता है कि जब जब उसकी पत्नी किसी तरुणी द्वारा किसी मनचले के पिटने का समाचार पढ़ती हैं तब तब वे हनुमान जी को सवा सेर लड्डू चढ़ाती हैं। इस पर चिढ़कर वाचक ताना देता है कि "बड़ी स्त्री-हितैषिणी थी तो किसी देवी को लड्डू चढ़ातीं—हनुमान जी तो हम मर्दों के देव हैं।" इस पर पत्नी उत्तर देती है—"अरे, हटिए, हनुमान जी ब्रह्मचारी होने से न पुरुष हैं न स्त्री। उनकी पूजा उभय लिंगी कर सकते हैं।" 'प्राइवेट इंटरव्यू' कहानी में उन समाजवादी नेताओं पर व्यंग्य किया गया है जो अपने भाषणों और लेखों में तो बराबरी के सिद्धान्त का नारा देते हैं पर अपने व्यक्तिगत जीवन में उसका पालन नहीं करते। पर कथक केवल समाजवादी नेताओं पर ही व्यंग्य नहीं करता, बल्कि खुद को भी उसका निशाना बनाता है। यह व्यंग्य 'नावक के तीर की तरह' मारक है। कथक कहता है : " 'आज' सम्पादक की कृपा, जो उन्होंने प्रान्त के प्रधान सोशलिस्ट नेता श्री तथागत से इंटरव्यू करने की आज्ञा मुझे दी...कांग्रेसी विचारों का मैं; सोशलिस्टों को पहले, फिर सभी पार्टियों को व्यर्थ समझता हूँ। श्री तथागत हों बड़े भारी नेता, साम्यवादी, समाजवादी; मैं तो उनको राजनीतिक फसादी मानता हूँ। तथागत का खोखलापन मैं उसी दिन पहचान गया जिस दिन उन्होंने अपने पत्र 'तथ्य' का उपसंपादक मुझे नहीं चुना। जब वह मुझे ही नहीं पहचान सके तब समाजवाद को क्या जान सकेंगे? देखें वह भी, अब ऐसे ऐसे नश्तरी सवाल करूँ कि पूरा पोस्टमार्टम होकर

रह जाय।'' 'जब सारा आलम सोता है' में कतिपय फक्कड़ किस्म के मित्रों की बैठकबाजी के रूप में शराबखोरी, ज्योतिषियों की भविष्यवाणी, पत्रकारिता, पुलिस की गैर-जिम्मेदारी आदि पर व्यंग्य किया गया है। 'कहानी' इसे नहीं कहा जा सकता। यह गाँधी जी की हत्या से सन्दर्भित कथा है, जिसमें उनके सिद्धान्तों पर जहाँ तहाँ पात्रों के वार्तालाप में छींटे भी कसे गये हैं। 'राष्ट्रीय पोशाक' भी एक छोटी, चमत्कारपूर्ण से भरपूर व्यंग्य कथा है।

'सनकी अमीर'[49] में उन धनी व्यक्तियों पर व्यंग्य किया गया है जो अपनी सनक में कभी असाधारण दानी हो जाते हैं तो कभी असामान्य क्रूर। अपने समय की चेतना कथाकार में है। एक स्थान पर वह कहता है : ''अँगरेजी राज्य के भारत में ज्यादातर असाधारण आदमी 'बड़े आदमी' या धनी लोग हैं।'' अन्यत्र लेखक कहता है : ''यह सारी सम्पत्ति चौधरी साहब के परदादा की कमाई है, जिन्होंने गदर के जमाने में रसद, आदमी और रकम से सरकार इंगलिसिया की मदद की थी। गदर शान्त होने पर सारे हिन्दुस्तान के पाँव में पराधीनता की बेड़ी पड़ी, और चौधरी साहब के दादा को मिली बड़ी जमींदारी, गाड़ियों लूट के जवाहरात और रायबहादुर की पदवी।'' उग्र ने इस कथा में इस प्रकार के धनी व्यक्तियों की उदारता पर गहरा व्यंग्य किया है। 'यह कंचन सी काया' भी अन्तःसाक्ष्य से ब्रिटिश शासन-काल मे लिखी गयी जान पड़ती है। इस कहानी में एक ऐसी सिने-तारिका के चरित्र का वर्णन किया गया है, जो अपने उत्कर्ष के दिनों में किसी की परवाह नहीं करती, कोढ़ियों को घृणा की दृष्टि से देखती है, वही एक दिन इस रोग से ग्रस्त होकर समाज में उपेक्षिता बन जाती है।

'नौ हजार नौ सौ निन्यानवे' ब्रिटिश शासन काल में युद्ध के कारण पैदा हुई महँगाई के कारण, सूदखोर महाजनों द्वारा ग्रामीणों के शोषण की कथा है। कथक के अनुसार ''सरकार कानूनी खूबसूरती से समाज को चूसती है। और बनिया करोड़ीमल गैर कानूनी कुरूपता से सबका शोषण करने पर सतेज तत्पर। नौकरशाही सरकार अगर जंगली सूअर की तरह सामने आक्रमण करती है तो करोड़ीमल जोंक या खटमल की तरह दुबककर सबका रक्त चूसता है।'' पर लेखक इस स्थिति का कोई संवेदनापरक चित्रण नहीं कर पाया है। 'दूध के कार्ड' और 'बाजरा' युद्धकाल में लिखी गयी कथाएँ हैं, जिनमें उस समय दैनिक जरूरत की चीजों के न मिलने कीं कठिनाइयों का वर्णन किया गया है। 'बाजरा' में व्यंग्यात्मक दृष्टि से बाजरा खाने का महत्त्व और न खाने वाले की परेशानी का वर्णन किया गया है, पर सबसे उल्लेखनीय है मुसलमान दुकानदार की सहृदयता जो कहानी के केन्द्रीय पात्र के पास गेहूँ पहुँचा जाता है।

उग्र समाज के हाशिए पर स्थित जन के प्रति संवेदनशील होते हुए भी साम्यवादी विचारधारा के अनुयायी नहीं थे। 'कम्युनिस्ट दरवाजे पर'[50] कहानी के द्वारा उग्र ने सामाजिक आर्थिक विषमता के सम्बन्ध में अपना पक्ष रखा है। उग्र समाज में आर्थिक विषमता के विरोधी हैं, पर वे मार्क्सवादी मार्ग को सही नहीं मानते। वे उस सेठ से, जो अकूत धन का स्वामी है, पर अपने घर के सामने प्रसाद के लिए इकट्ठे होने वाले

गरीबों को बेरहमी से पिटवाता है, कहते हैं : ''हाँ, मैं हूँ न कम्युनिस्ट, पर मैं सनातनी कम्युनिस्ट हूँ। प्रतिभा को प्रभु का प्रसाद मानता हूँ और उसका फल प्रभु के चरणों में समर्पित करने का पक्षपाती हूँ। प्रभु से प्राप्त, प्रतिभा से मिले ज्ञान या सम्पत्ति रूपी फल को प्रसाद की तरह, सद्भाव से सबको बाँट देने का पक्षपाती हूँ। प्रभु का प्रसाद माँगने पर जो गरीबों का सिर तोड़ने दौड़े, मेरा उससे घोर मतभेद है।'' वह कुछ आगे चलकर कहता है। : ''मोहताज हर तरह से आदमी जन्म से ही है। समय समय पर सबको दया, सहानुभूति, सहायता न मिले तो आदमी कोई तरक्की कर सकता है? मेरा खयाल है, हरेक आदमी के सुखदुख के लिए जबतक हरेक आदमी अपने को जिम्मेदार न मानेगा तब तक दुनिया से यह नारकीय वैषम्य और उससे उत्पन्न होने वाले विप्लवी संकट टल नहीं सकते।'' जब सेठ कथक (स्वयं 'उग्र') की बात नहीं मानता और बाहर निकलना चाहता है तो बाहर खड़े कंगाल मारने-मरने पर उतारू हो जाते है। सेठ को इस विषम स्थिति से कथक ही बचाता है। इस पर भीड़ में शामिल एक कम्युनिस्ट कार्यकर्ता उसे 'रिऐक्शनरी' कहता है तो कथक उसे 'रूसी खूँटी से बँधा गधा' कहता है। यह सुनकर वह कम्युनिस्ट कथक की तरफ इस प्रकार देखता है 'जैसे दक्षिणी कोरिया की तरफ रूस' और कथक इस प्रकार आगे बढ़ जाता है, 'जैसे शान्ति और समझौते की तरफ भारत।'' यह कथा आत्मानुभव के रूप में प्रस्तुत की गयी है। व्यंग्य की चाशनी भी इसमें पर्याप्त मात्रा में है।

1948 में जैनेन्द्र के दो कहानी-संकलन, *पाजेब*[51] और *जयसन्धि* प्रकाशित हुए। यह कहना मुश्किल है कि इस अवधि में लिखित उनकी कहानियों की निश्चत संख्या कितनी है। *पाजेब* में प्रकाशित 'अकेला', 'चोर', 'तो लाए', 'निस्तार', 'पाजेब', 'प्रतिमा', 'सजा', 'समाप्ति' और 'सोद्‌देश्य' शीर्षक कहानियाँ नयी थीं। पर *जयसन्धि* में शीर्षक कहानी के अतिरिक्त और कौन-सी कहानियाँ संकलित थीं, इसका पता संग्रह उपलब्ध न होने के कारण नहीं चलता।

सम्भव है, 1953-54 में पूर्वोदय प्रकाशन, दिल्ली से प्रकाशित[52] जैनेन्द्र की कहानियों के भाग 1-6 और 7 में संगृहीत 'जनार्दन की रानी', 'नयी व्यवस्था', 'राह मे', 'अनन्तर', 'इनाम', 'उपलब्धि', 'ऊर्ध्वबाहु', 'कामना-पूर्ति', 'काल-धर्म', 'गुरु कात्यायन', 'तत्सत', 'धरमपुर का वासी', 'भद्रबाहु', 'लाल सरोवर', 'घुँघरू', 'मीठी खीझ', 'प्रियव्रत', 'वह अनुभव' आदि कहानियाँ *जयसन्धि* में संगृहीत हों। इन कहानियों में से 'ध्रुव-यात्रा', 'बिऽट्रिस', 'रत्नप्रभा' आदि का विवेचन हम चौथे दशक की कहानियों के साथ कर चुके हैं। 'निस्तार' का कथ्य भी 'जाह्नवी', 'परदेशी', 'धुवयात्रा' आदि के मेल में है और एक प्रकार से पुराने कथ्य की ही उलझनभरी आवृत्ति है।[53] 'पाजेब', 'किसका रुपया', 'चोर' और 'आत्म-शिक्षण' बाल-संवेदना की कहानियाँ हैं। इन कहानियों को भी चौथे दशक में लिखित जैनेन्द्र की बाल-संवेदना की कहानियों के साथ ही देखना चाहिए।[54] बाल-संवेदना के अंकन की दृष्टि से ये कमोबेश अच्छी कहानियाँ हैं, पर जैनेन्द्र की कहानी-यात्रा में कोई नया परिदृश्य नहीं उपस्थित करतीं।

इस काल की जैनेन्द्र की कहानियों में उनके राजनीतिक चिन्तन की अराजकता ही उजागर हुई है। 'जनार्दन की रानी'[55] की 'कथा' के माध्यम से लेखक शायद यह कहना चाहता है कि राजा ('जनार्दन') के चले जाने पर जनता (रानी) निरवलम्ब हो जाती है। वह 'दासी' ही बनी रहती है। राजा उसके हृदय में निवास कर रहे हैं। राजतन्त्र के स्थान पर लोकतन्त्र के स्थापित हो जाने पर 'कथक' उसे 'लोकतन्त्र का लोहतन्त्र' कहता है। अन्ततः रानी की पुकार पर राजा आ जाता है। वही 'जनता' का 'जनार्दन' है। इस कहानी के द्वारा जैनेन्द्र क्या कहना चाहते हैं, यह स्पष्ट नहीं है। क्या इसके माध्यम से लोकतन्त्र में उनका अविश्वास व्यक्त हुआ है? 'नयी व्यवस्था'[56] में युद्ध की समाप्ति के बाद 'जगत की कुछ नयी व्यवस्था' करने की बात कही गयी है, पर इस 'नयी व्यवस्था' का रूप क्या होगा, यह जैनेन्द्र के सामने स्पष्ट नहीं है। 'काल-धर्म'[57] कहानी में यह विचार प्रस्तुत किया गया है कि "शासन-प्रणाली को तब तक बदलते जाना है जब तक उसका केन्द्र सबमें नहीं फैल जाता और प्रत्येक व्यक्ति आत्मशासित नहीं होता। किन्तु मानव-धर्माचारी शासनाधीन हैं, और काल-धर्म शायद धीमी गति से चलता है।"

'जनता में'[58] कहानी में भी 'जनता' के प्रति जैनेन्द्र की रागात्मक असंलग्नता ही द्योतित होती है। इस कहानी में कथक के रेल के 'तीसरे दर्जे' में सफर करने का संस्मरण है, जिसमें कुछ ग्रामीण अपने तरीके से एक शिशु के प्रति अपना 'गँवारू' प्रेम व्यक्त करते हैं। उनके उतर जाने पर शिशु का मारवाड़ी पिता इस बात से चिन्तित होता है कि वे कहीं मुसलमान तो न थे? जब सहयात्री और कहानी का 'कथक' उनके मुसलमान न होने की तस्दीक करता है तो पिता कहता है, "बाबू, तुम नहीं जानते। आजकल हिन्दू-मुसलमान सब एक हो रहे हैं। सब किरिस्तान हो रहे हैं।" इस कहानी के केन्द्र में कोई एकल कथ्य नहीं है, न ही संवेदना का कोई बिन्दु सुनिश्चित है। इसमें एक यथार्थ अनुभव है। रेल में तीसरे दर्जे का सफर कैसा होता है, इसे वही जान सकते हैं, जिन्होंने कभी ऐसी यात्रा की हो। जैनेन्द्र को इसका अनुभव था और उन्होंने उस अनुभव को इस कहानी में ज्यों का त्यों उतार दिया है। जो आलोचक यह मानते हैं कि जैनेन्द्र केवल विचारों के आधार पर कहानी लिखते हैं, उन्हें यह कहानी जरूर पढ़नी चाहिए जो शुद्ध अनुभव के अतिरिक्त कुछ नहीं है।

इस दशक में लिखित जैनेन्द्र की कुछ कहानियाँ या तो बोधकथाएँ हैं या उनके विचारों को कथा के माध्यम से व्यक्त करती हैं। 'ऊर्ध्वबाहु', 'भद्रबाहु', 'वह अनुभव', 'गुरु कात्यायन', 'लाल सरोवर', 'उपलब्धि', 'कामना-पूर्ति', 'समाप्ति', 'धरमपुर का वासी', 'अनन्तर', 'कहानीकार', 'प्रियव्रत' आदि कहानियाँ इस कथन के उदाहरण के रूप में पेश की जा सकती हैं।[59] जैनेन्द्र कहानी को अपने विचारों की अभिव्यक्ति का साधन तो बनाते ही हैं। पर कहानी-विधा की दृष्टि से इनका महत्त्व न के बराबर है।

1946 के आरम्भ में अज्ञेय ने फौज की नौकरी छोड़ दी थी। 1947 में, अपने इलाहाबाद-प्रवास में उन्होंने एक साल के भीतर 'हीली-बोन् की बत्तखें', 'मेजर चौधरी

की वापसी', 'लेटर-बक्स', 'शरणदाता', 'मुस्लिम-मुस्लिम भाई-भाई', 'रमन्ते तत्र देवता', 'बदला' आदि सात कहानियाँ लिखी थीं, जिनमें से प्रथम दो सैनिक जीवन से और अन्तिम पाँच भारत-विभाजन के समय हिन्दू-मुस्लिम दंगों की विभिन्न मनोदशाओं से सम्बद्ध हैं। सैनिक जीवन से सम्बद्ध कहानियों को अज्ञेय ने अपनी 'तीसरे खेप की कहानियाँ' कहा है जो सैनिक जीवन से, और उन प्रदेशों के जीवन, समाज अथवा इतिहास से सम्बद्ध हैं।[60] इन कहानियों में 'मेजर चौधरी की वापसी', 'जय-दोल', 'नगा पर्वत की एक घटना' आदि हैं। 'मेजर चौधरी की वापसी' युद्ध-समाप्ति के बाद सैनिकों की मनःस्थिति की कहानी है। इसमें विशेष रूप से युद्ध में आहत होकर सन्तानोत्पत्ति के लिए असमर्थ हो गये युवा पति की मनोव्यथा का चित्रण हुआ है। 'जय-दोल' का कथ्य है निरंकुश शासन की प्रतीक एक नगा रानी की दृढ़ता का चित्रण। 'नगा पर्वत की एक घटना' में युद्ध-संहिता की नैतिकता पर बौद्धिक विमर्श है। संख्या, रचना-काल और 'कहानी'-पन की दृष्टि से इन कहानियों को अज्ञेय की कहानी-कला की कोई प्रावस्था मानना संगत नहीं है। इनके पक्ष में इतना ही कहा जा सकता है कि कदाचित् और किसी हिन्दी कहानीकार ने इस विषय पर ऐसी कहानियाँ नही लिखी हैं। 'हीली-बोन् की बत्तखें' एक अच्छी कहानी इसलिए है कि उसकी पृष्ठभूमि सैनिक जीवन की होने पर भी उसमें अंकित संवेदना स्त्री की सन्तानहीनता की मनोवैज्ञानिक स्थिति से सम्बद्ध है।

1947 में लिखित पाँच कहानियाँ—'लेटर-बक्स', 'शरणदाता', 'मुस्लिम-मुस्लिम भाई-भाई', 'रमन्ते तत्र देवता', और 'बदला'—भारत-विभाजन की त्रासदी पर आधारित हैं। ये कहानियाँ उस समय हुए हिन्दू-मुस्लिम दंगों की विभिन्न मनोदशाओं से सम्बद्ध हैं। इसके एक दशक बाद, 1957 में, अज्ञेय ने इस विषय पर एक और अच्छी कहानी 'नारंगियाँ' लिखी, जो देश-विभाजन की त्रासदी की पृष्ठभूमि में मानवीय संवेदनाओं के जीवित रह जाने पर आधारित है। इन्हें अज्ञेय ने अपनी 'चौथी खेप' की कहानियाँ कहा है। अज्ञेय के शब्दों में ये कहानियाँ 'भारत-विभाजन के विभ्राट् और उससे जुड़ी मनःस्थितियों' तथा 'आहत मानवीय संवेदन और मानव-मूल्यों के आग्रह' की कहानियाँ हैं।[61] इन कहानियों के बारे में अज्ञेय ने एक आश्चर्य-सी लगनेवाली बात यह कही है कि वे उनके 'जीवनानुभवों' के वृत्त में नहीं आतीं।[62] यह तो हम जानते हैं कि अज्ञेय उन दिनों इलाहाबाद में रहते थे और ऐसी घटनाएँ पंजाब, पूर्वी भारत या उसके आसपास के क्षेत्रों में घटित हो रही थीं। पर बिना संवेदना का अंग बने ही कोई घटना रचना का विषय बन जाए, यह अज्ञेय को स्वीकार्य नहीं है। फिर ऐसा कैसे हुआ? सम्भवतः इलाहाबाद में पहुँचने वाले शरणार्थियों और समाचारपत्रों में छपनेवाली खबरों ने उनकी कथा-संवेदना को प्रेरित किया होगा।

1949 में, इलाहाबाद-प्रवास में अज्ञेय ने 'वसन्त' और 'कविप्रिया' नामक कहानियाँ लिखीं। 'वसन्त' एक स्त्री की मनोदशा की कहानी है। वसन्त प्रतीक है और कहानी कविता की सरहदों को छूती हुई भारतीय परिवार की स्त्री की मनोदशाओं को व्यक्त

करती है। 'कविप्रिया' वार्तालाप की प्रविधि में लिखित 'कवि' नामक प्राणी पर व्यंग्य और कवि-पत्नी की पतिनिष्ठा और स्थिति को स्वीकार करने की विवशता की कहानी है। यह 'विवशता' भी पाठक में व्यथा नहीं, व्यंग्य का बोध ही जगाती है। 1950 में दिल्ली आ जाने पर उन्होंने उसी वर्ष पाँच कहानियाँ लिखीं जिनमें से 'जय-दोल' और 'नगा पर्वत की एक घटना' तो सैनिक जीवन से सम्बद्ध 'तीसरे खेप' की कहानियाँ हैं, पर 'वे दूसरे', 'पठार का धीरज' और 'साँप' कथ्य की दृष्टि से किसी एक वर्ग के अन्तर्गत नहीं रखी जा सकतीं। 'वे दूसरे' प्रेम, विवाह और तलाक की मिली जुली जटिल मनःस्थिति की कहानी है। इसका आधार शायद अज्ञेय का अपना भोगा हुआ अनुभव भी है। 'पठार का धीरज' प्रेम की संवेदना पर एक प्रकार का बौद्धिक, या चाहें तो प्रतीकात्मक भी कह लें, विमर्श है। 'साँप' में भी सौन्दर्य की संवेदना ही सामने आती है, पर उसे कहानी कहना संगत नहीं लगता। 'साँप' के बारे में अज्ञेय की शिकायत है कि इसमें कुछ लोगों को 'अतिरिक्त रोमानी तत्त्व' मिला है। स्वयं अज्ञेय के अनुसार इस कहानी में 'प्रिय को आदर्शीकृत करके देखने वाले पहले प्यार में और उसके समानान्तर सिर उठाना चाहने वाली वासना में' होने वाले 'संघर्ष' का चित्रण हुआ है।" पर मुझे इस कहानी में ऐसा कुछ नहीं दिखायी देता। यदि इसमें 'प्रिय को आदर्शीकृत करके देखने वाले पहले प्यार' का अस्तित्व है तो वह शब्दजाल के रूप में, भावुकता के उच्छ्वास के रूप में, है और 'वासना' तो कदाचित् साँप के प्रतीक में है, जो हमारे मन में एक सौन्दर्य का बोध तो कराता है, पर वासना का नहीं। और 'संघर्ष' तो इसमें किसी प्रकार का है ही नहीं।

अपने दिल्ली-प्रवास में ही, 1951-1959 की अवधि में, अज्ञेय ने 'देवी सिंह', 'खितीन बाबू', 'शिक्षा', 'नीली हँसी', 'कलाकार की मुक्ति', 'हजामत का साबुन' (जनवरी, 1959; अज्ञेय की अन्तिम कहानी) आदि सात कहानियाँ लिखीं। 'देवी सिंह' व्यक्ति के अपनी परिस्थितियों से संघर्ष करते हुए विजय हासिल करने और सुसंस्कृत समाज पर व्यंग्य करने वाली कहानी है। 'खितीन बाबू' अदम्य जिजीविषा और संकल्प-शक्ति की कहानी है। पर यदि यह कहानी है तो प्रतीति रहित है और तथ्य है तो कहानी नहीं, संस्मरण या रेखाचित्र है! 'शिक्षा' एक बोध-कथा मात्र है। 'नीली हँसी' प्रेम की संवेदना की कहानी है; जैनेन्द्र की कहानियों की याद ताजा कराती हुई। 'कलाकार की मुक्ति' कलाकार की चरम साधना को प्रतीकित करने वाली एक बोध-कथा है। 'हजामत का साबुन' एक साधारण सी कहानी है, जो मानवीय संवेदना पर ही आधारित है।

यों तो अज्ञेय की अन्तिम कहानी जनवरी, 1959 की है, पर सर्जनात्मक दृष्टि से 1947 की भारत-विभाजन की त्रासदी से सम्बद्ध कहानियों के साथ ही (जिनमें 1957 में लिखी कहानी 'नारंगियाँ' को भी शामिल किया जा सकता है) अज्ञेय के कहानीकार रूप का पटाक्षेप माना जा सकता है। पर 1931-1950 अवधि के हिन्दी कहानी के इतिहास में अज्ञेय का कभी न मिटनेवाला स्थान है। कथ्य की नवीनता के साथ साथ

कहानी के शिल्प और भाषा सम्बन्धी प्रयोग उनकी सर्जनात्मकता को एक विशिष्ट ऊँचाई प्रदान करते हैं। अज्ञेय ने अपनी कहानियों के बारे में लिखा है : "...मैंने प्रयोग किये तो शिल्प के भी किये, भाषा के भी किये, रूपाकार के भी किये, वस्तु-चयन के भी किये, काल की संरचना को लेकर भी किये, लेकिन शब्द-मात्र की व्यंजकता और सूचकता की एकान्त उपेक्षा कभी नहीं की।"[63] खुद अपनी कहानियों बारे में कहे जाने पर भी इसमें कोई अत्युक्ति नहीं है। अज्ञेय ने छठे दशक के अन्त में ही कहानी लिखना क्यों छोड़ दिया, उसके उत्तर में उनका कहना है कि "मेरे लिए रचना-कर्म हमेशा अर्थवत्ता की खोज से जुड़ा रहा है। और यही खोज मुझे कहानी से दूर ले गयी है क्योंकि कहानी को मैंने उसके लिए ना-काफी पाया।...अर्थवत्ता में एक तरफ वस्तु की सही और मजबूत पकड़ और दूसरी तरफ उसके सही सम्प्रेषण पर मेरा समान बल रहा है। यानी खोज निरन्तर यथार्थ की पर्याप्त व्याप्ति और गहराई को समझने और सम्प्रेषण प्रक्रिया को अधिक समर्थ बनाने की रही है। जो रास्ता इस खोज में मुझे और आगे ले जाता नहीं जान पड़ा है, चाहे इसलिए कि वह रास्ता ठीक नहीं है, चाहे इसलिए कि मेरे लिए वह दुर्गम है, उसे छोड़कर मैंने अपनी यात्रा के लिए दूसरा पथ बनाना शुरू कर दिया है; और पथ बनाते हुए भी अपने पाठक अथवा समाज को साथ लिये चलने या लिये रहने का प्रयत्न करता रहा हूँ क्योंकि, असल बात तो समाज को ही साथ ले चलने की है, सम्प्रेषण की है, स्वयं कहीं पहुँच जाने-भर की नहीं, अभिव्यक्ति मात्र की नहीं।"[64]

निष्कर्ष के रूप में हमें यह स्वीकार करने में कोई हिचक नहीं है कि हिन्दी कहानी के इतिहास में अज्ञेय की जगह सुरक्षित है। 'हारिति', 'गृहत्याग', 'रोज' (गैंग्रीन), 'अलिखित कहानी', 'शान्ति हँसी थी', 'अछूते फूल', 'जीवन-शक्ति' (जिजीविषा), 'पुलिस की सिटी', 'हीली बोनू की बत्तखें', 'लेटर बक्स', 'शरणदाता', 'रमन्ते तत्र देवता', 'बदला', 'नारंगियाँ' आदि कहानियाँ आज भी उतनी ही पठनीय हैं जितनी अपने प्रथम प्रकाशन के समय थीं।

सुदर्शन पहले से ही कहानी लिखते चले आ रहे थे। 1947 में उनके दो कहानी संग्रह प्रकाशित हुए : *नगीने* और *झरोखे*। *नगीने* की 'भूमिका' में उन्होंने अँगरेजी आलोचक जे. ए. हैमरटन (J.A. Hamerton), जैक लंडन (Jack London) और 'किसी अन्य लेखक' का सन्दर्भ देते हुए 'किसी घटना के सुन्दर और प्रभावशाली वर्णन', 'इकहरी उलझन और सुलझन से युक्त' घटना और 'दिलचस्प वाकया की हू-ब-हू तसवीर' को 'कहानी' की विशेषता माना था।[65] इस कसौटी पर सुदर्शन की कहानियाँ खरी उतरती हैं।

नगीने में चौदह कहानियाँ संकलित थीं। इन कहानियों में कथ्य की दृष्टि से कोई नयापन नहीं है। इस संग्रह की चार कहानियाँ—'लड़ाई', 'कलयुग नहीं करयुग है यह', 'बारह साल बाद' और 'पाप के पथ पर' स्त्री-विमर्श की दृष्टि से उल्लेखनीय हैं। 'लड़ाई' दाम्पत्य जीवन से सम्बन्धित कहानी है, जिसमें पति द्वारा बैठक में अभिनेत्रियों के फोटो लगाने पर होने वाले कलह और समझौते के प्रसंग उपस्थित किये गये हैं। कहानी किसी

संवेदना पर आधारित तो नही हैं, पर कथा रोचक है। यह रोचकता सामान्य अनुभव में घटित होने वाले पति-पत्नी के कलह के यथार्थ वर्णन से पैदा हुई है। 'कलयुग नहीं करयुग है यह' में कहानीकार ने एक ऐसी पढ़ी लिखी लड़की के चरित्र की झाँकी प्रस्तुत की है जो, अपने होनेवाले पति युवक की अति-आधुनिकता की प्रतिक्रिया में उससे विवाह करना अस्वीकार कर देती है। अपने समय के लिए यह किसी स्त्री के लिए एक साहस-भरा निर्णय था और इसका चित्रण करके लेखक ने अपनी प्रगतिशीलता का परिचय दिया है। 'बारह साल बाद' पति की चरित्रहीनता के कारण पत्नी के वेश्या बन जाने और...बारह साल बाद पति के ही उपदेश से उसके सुधरने की कथा है। कहानी का पूर्वार्द्ध स्त्री-विमर्श का एक मुद्दा, पर उत्तरार्ध आरोपित है। 'पाप के पथ पर' भी नारी-विमर्श से सम्बन्धित कहानी है, जिसमें लड़कियों के बाल-विवाह को मुद्दा बनाया गया है। इस कहानी की लड़की तो बाल विधवा होकर नारकीय जिन्दगी बिता रही है और उसका बाप साठ वर्ष की उम्र में दूसरी शादी कर लेता है। सौतेली माँ लड़की पर नाना प्रकार के अत्याचार करती है और पिता भी उसी का साथ देता है। अन्ततः लड़की एक ताँगेवाले के जाल में फँस जाती है। यद्यपि कहानी अपने रूपगत अन्तर्विरोधों से मुक्त नहीं है, पर अपने समय की स्त्री की पारिवारिक-सामाजिक स्थिति के प्रति संवेदनशील है।

कवियों-लेखकों के जीवन और कर्म के अंकन में सुदर्शन की रुचि उनकी तीसरे और चौथे दशक से लेकर पाँचवे दशक तक की कहानियों में लगातार दिखायी पड़ती है। इस दशक में प्रकाशित उनकी 'कवि का चुनाव' कहानी में एक कल्पित राजा की कथा के माध्यम से सच्चे कवि की विशेषता परिभाषित करने की कोशिश की गयी है। कहानीकार के अनुसार सच्चा कवि वह है जो कविता के प्रति पूर्णतः समर्पित होता है, किसी भी परिस्थिति में कविता लिखना बन्द नहीं करता और किसी के आदेश पर कविता नहीं लिखता। पर कहानी का आधार यह विचार ही है, कोई संवेदना इसके मूल में नहीं है। 'आप बीती' एक लेखक की फटेहाली और स्वाभिमान के द्वन्द्व से जुड़ी कहानी है। यद्यपि कोई गहरी संवेदना इस कहानी में भी नहीं है, पर स्थितियों के वैषम्य के कारण रोचकता अवश्य पैदा हो गयी है।

'गंगा सिंह' और 'कैरेस्कानिया' विद्यालयीय जीवन से सम्बन्धित चरित्रप्रधान कहानियाँ हैं। 'गंगा सिंह' कहानी में स्कूल के एक चपरासी के चरित्र की झाँकी प्रस्तुत की गयी है जो अपने विद्यालय से इतना एकाकार हो गया है कि अपनी शर्तों पर अवकाश ग्रहण की अनुमति पा लेने पर भी स्कूल छोड़कर नहीं जाता। इस कहानी में महत्त्व किसी संकेन्द्रित संवेदना का नही, एक साधारण आदमी के चरित्र की मार्मिकता का है। 'कैरेस्कानिया' में अल्पपरिचित और कठिन अँगरेजी शब्दों का प्रयोग कर विद्वत्ता की धाक जमाने वाले शिक्षकों पर व्यंग्य किया गया है। 'अरस्तू और ईरानी रमणी' सुदर्शन की पूर्ववर्ती इतिहासाश्रित कहानियों का ही विस्तार है। इसमें यूनान के विश्व प्रसिद्ध सम्राट् अलेक्जेंडर, उसके गुरु अरस्तू और एक ईरानी सुन्दरी की कल्पित कथा

के माध्यम से नारी-सौन्दर्य की शक्ति का चित्रण किया गया है। भारतीय पुराणों में इस आशय की अनेक कहानियाँ हैं जिनमें अप्सराओं द्वारा ऋषियों के तपस्या-भंग का वर्णन हुआ है। यह कहानी भी बहुत कुछ वैसी ही है। अरस्तू का मानमर्दन रोचक है। कहानी में कोई केन्द्रस्थ संवेदना तो नहीं है, पर कथा पठनीय है। 'चैन नगर के चार बेकार' कहानी में उस मशीनीकरण की निन्दा की गयी है जिसमें आदमी बेकार हो जाता है और पूँजीपतियों के शोषण का शिकार होकर दुखमय जीवन जीने को बाध्य होता है। इस व्यवस्था में काम न करने वाले जीवन की सारी सुविधाएँ भोगते हैं और जो पहले काम करके सुखी रहते थे, वे बेकारी का अभिशाप झेलने को अभिशप्त हो जाते हैं। आज के भूमंडलीकरण के शोर में यह कहानी प्रासंगिक हो गयी है।

'दो डॉक्टर' सुदर्शन की पूर्ववर्ती मूल्यबोध प्रधान कहानियों की परम्परा में है। इसमें डाक्टर के लिए सेवाकर्म को उसका सबसे बड़ा धर्म साबित किया गया है। 'अपनी इज्जत' कहानी स्वाभिमान और देश प्रेम के भाव का अंकन करती है। अँगरेज साहबों के अपने मातहतों द्वारा पीटे जाने का प्रसंग प्रेमचन्द की कहानियों में भी मिलता है। इस कहानी के मुख्य पात्र की पत्नी स्वाधीनता आन्दोलन में भाग लेती भी दिखायी गयी है।

झरोखे लघु कथाओं का संग्रह है। सुदर्शन ने अपने कहानी-लेखन का आरम्भ उर्दू में किया था, जिसमें 'अफसाँचा' (लघु कथा) लिखने का रिवाज पहले से चला आ रहा था। आकार की दृष्टि से इस संग्रह की कहानियाँ साढ़े सात पंक्तियों (73 शब्द)[66] से लेकर पाँच पृष्ठों (ल. 1200 शब्द)[67] तक की हैं। इस संग्रह की पाँच कहानियाँ— 'मजदूर', 'मुर्दों की दुनिया', 'तिनका और तूफान', 'तिवारी का तोता' और 'सीधे पथ का पथिक' क्रमशः तीन से पाँच पृष्ठों (750-1200 शब्द) की हैं, जिन्हें कम से कम आकार की दृष्टि से तो 'लघु कथा' नहीं ही कहा जा सकता। 'कहानी' का लघुतम आकार भी लगभग यही होता है। शेष कहानियों में 'मेरी जीत' का आकार, सबसे बड़ा, लगभग पाँच सौ शब्दों का है, और यदि 'लघुकथा' को 'कहानी' से अलग पहचान देनी है तो पाँच सौ शब्दों की संख्या को (दो-ढाई सौ शब्दों का लचीलापन देते हुए) अधिकतम मान लेना संगत होगा। इस दृष्टि से 'एक ग्वाले का जीवन-चरित्र' (लगभग 500 शब्द) भी, जो नगीने में संकलित है, 'लघुकथा' ही मानी जायेगी। यह लघुकथा कृष्णकथा के मिथक के माध्यम से एक बच्चे की संवेदना का अंकन करती है। 'तिनका और तूफान' एक अच्छी बोधकथा है जिसमें तिनके की शक्ति इस रूप में दिखायी गयी है कि वह वृक्ष की तरह घमंड में चूर होकर तूफान को चुनौती नहीं देता और नष्ट नहीं हो जाता, वरन् तूफान पर सवार होकर आकाश में उड़ता हुआ उसे ललकारता है और जमीन पर तभी गिरता है जब तूफान भी कमजोर हो जाता है। इस कहानी का सन्देश बहुत सांकेतिक और पाठ बहुअर्थी है। पर इसे 'लघुकथा' कहने का कोई औचित्य नहीं है। 'तिवारी का तोता' भी एक अच्छी संकेत कथा है। इसमें एक तोते की कथा के माध्यम से स्वतन्त्रता के मूल्य का प्रतिपादन किया गया है। इस कहानी में पराधीन भारत

का बहुत ही मर्मबेधी रूपक देखा जा सकता है। 'मजदूर' कहानी में भी एक बोधकथा के रूप में साधु, विद्यार्थी और राजा से मजदूर की श्रेष्ठता प्रतिपादित की गयी है क्योंकि वही उन सबका पालन-पोषण करता है। पर इससे भी उल्लेखनीय बात यह है कि साधु और विद्यार्थी तो मजदूर की श्रेष्ठता स्वीकार कर लेते हैं, पर राजा उसे 'भयानक' मानकर सोच में पड़ जाता है। इस कहानी का पाठ भी बहुअर्थी होने की सम्भावनाओं से युक्त है। 'सीधे पथ का पथिक' में 'सच्चाई' और 'सादगी' को मनुष्य के जीवन का सच्चा साथी बताया गया है। इस बोधकथा में इन साथियों के साथ चलने की कठिनाइयों का उल्लेख किया गया है। 'ऊँट, चींटी और पहाड़' लघुकथा में दो परस्पर विपरीत स्थितियों को एक दूसरे के आमने सामने रखकर 'घमंड' और 'विनय' में विनय को श्रेष्ठ बताया गया है। 'देवताओं का जन्म' में मेहनती, किन्तु मूर्ख व्यक्ति के बरक्स सुस्त, किन्तु चालाक आदमी को अधिक सुखी बताया गया है। पर पाठक की सहानुभूति मूर्ख के प्रति ही रहती है। 'परदे' में परमात्मा द्वारा प्रदत्त प्रकृति के आवरण को नष्ट कर सोना, हीरा-मोती आदि तथाकथित 'खुशी की चीजों' की प्राप्ति को मनुष्य के दुःख का कारण बताया गया है।

भैरव प्रसाद गुप्त ने कहानी-लेखन का आरम्भ चौथे दशक में ही कर दिया था। उस समय वे गाँधी जी के नेतृत्व में चल रहे स्वाधीनता और समाज-सुधार के आन्दोलन से प्रभावित थे। 1942 के 'भारत छोड़ो' आन्दोलन के दौरान ब्रिटिश प्रशासन द्वारा बलिया में हुए दमन ने इनकी चेतना को बेतरह झकझोर दिया। इस अनुभव पर आधारित उनकी तीन कहानियाँ 'बिगड़े हुए दिमाग', 'कोड़ों की बौछार में' और 'स्मारक', जो *बिगड़े हुए दिमाग*[68] कहानी संग्रह में संकलित हैं, बेजोड़ हैं। इस दुःस्वप्न की तरह घटित अनुभव के वे प्रत्यक्ष भोक्ता थे। इस कारण इन कहानियों में वे एक अनोखा प्रभाव उत्पन्न करने में समर्थ हुए हैं। इस हादसे के बाद वे कानपुर आकर मिलों में नौकरी करने लगे थे, जहाँ उनका सम्पर्क साम्यवादी कार्यकर्ताओं और नेताओं से हुआ, जिनके प्रभाव में उनकी विचारधारा में आमूल परिवर्तन हो गया। उनका कहानी-लेखन जारी रहा, पर उनका कथ्य बदल गया। आश्चर्य है कि इस वैचारिक परिवर्तन के बावजूद उन्होंने साम्यवादी दल की नीति की अवहेलना करते हुए 'भारत छोड़ो' आन्दोलन का संवेदनात्मक समर्थनपूर्ण कहानियाँ लिखीं। पर निश्चय ही इस अवधि में उनकी कहानियों का स्वर बदल गया। इसे उन्होंने अपने कहानी-लेखन का दूसरा दौर कहा है।[69] ये कहानियाँ *इन्सान* (1950) *सितार के तार* (1951), *महफिल* (1958) और *सपने का अन्त* (1961) में संगृहीत हैं। इन कहानियों का विषय युद्ध, किसान-मजदूर संघर्ष और सामन्ती तथा पूँजीवादी शोषण है। स्पष्ट है कि अब तक गाँधीवादी सुधारवाद पर से उनकी आस्था समाप्त हो चुकी थी और उनका लेखन समाजवादी क्रान्ति के लिए समर्पित हो गया था।[70]

1945 में विश्व युद्ध तो समाप्त हो चुका था, पर जमाखोरी, कालाबाजारी, चोरबाजारी और अन्य प्रकार के आर्थिक भ्रष्टाचार के कारण निम्नवर्ग ही नहीं, मध्यवर्ग

भी, बड़े कठिन आर्थिक दौर से गुजर रहा था। इसी काल की भैरव जी की लिखी एक कहानी है 'कफन'[71], जो समकालीन परिस्थितियों में जी रहे एक 'ठेलिया' की कठिन जिन्दगी, पत्नी के प्रति प्रेम-संवेदना और परम्परागत संस्कारों तथा आर्थिक विवशता के संघर्ष के चित्रण की दृष्टि से उल्लेखनीय है। इन्हीं परिस्थितियों में भैरव जी 1948 में कम्युनिस्ट पार्टी के सदस्य भी बने थे।[72] उस समय कम्युनिस्ट पार्टी ने 1947 की आजादी को 'झूठी आजादी' की संज्ञा देकर कांग्रेस सरकार की आलोचना आरम्भ कर दी थी। सरकार भी साम्यवादी दल के सदस्यों और उससे जुड़े लेखकों, कलाकारों, पत्रकारों आदि पर कड़ी नजर रख रही थी और पुलिस तनिक से शंक पर भी उनके घरों की तलाशी लेने और उन्हें गिरफ्तार करने में कोई गुरेज नहीं करती थी। इसके बावजूद भैरव जी का साम्यवादी दल से वैचारिक और व्यावहारिक स्तर पर सम्बद्ध होना साम्यवाद के प्रति उनकी प्रतिबद्धता का परिचायक माना जा सकता है। 1948 के बाद की उनकी कहानियाँ इसका प्रमाण भी पेश करती हैं। वस्तुतः भैरव प्रसाद गुप्त साहित्य और संस्कृति के क्षेत्र में उन विचारों की खेती करने के आकांक्षी थे, जो व्यवस्था को मार्क्सवादी विचारधारा के अनुरूप ढालने में सहायक हो।

यों तो भैरव जी भारत की आजादी को 'एक महान घटना' के रूप में स्वीकार करते हैं, पर थोड़े ही दिनों में अनुभव करने लगते हैं कि यह वह स्वाधीनता नहीं है, जिसका सपना देश की जनता ने देखा था। 1948 में साम्यवादी दल की सदस्यता ग्रहण करने के बाद तो वे भी मानो साम्यवादी दल के 'आजादी झूठी है' के नारे के कायल हो जाते हैं। वे अनुभव करते हैं कि समाजवादी मुखौटे में होने वाले पूँजीवादी विकास का प्रतिकूल प्रभाव देश की जनता के जीवन पर पड़ रहा है। कांग्रेस में तेजी से प्रवेश करते सामन्त, जमींदार और पूँजीपति उसके जनोन्मुखी चरित्र को मिटाकर एक ऐसा वर्ग-चरित्र निर्मित कर रहे थे, जो राजनीतिक सत्ता पर अधिकार जमाकर अपने हितों की रक्षा और आर्थिक लूट के लिए हर प्रकार की तिकड़म और भ्रष्टाचार को बढ़ावा दे रहा था। द्वितीय विश्व युद्ध के समाप्त हो जाने बाद भी आवश्यक वस्तुओं की कमी और महँगाई, जिसमें उत्पादन की अवरुद्धता के साथ साथ सेठों की जमाखोरी, कालाबाजारी और तस्करी का भी बहुत बड़ा हाथ था, जनजीवन को बेहाल कर रही थी। आमजन अभी उतना प्रबुद्ध नहीं था और कांग्रेसी प्रशासन ने दफ्तरशाही, पुलिस तन्त्र, जमींदार-वर्ग और महाजनों पूँजीपतियों से एक प्रकार का अघोषित समझौता कर लिया था, जिसके तहत वह उनके आर्थिक हितों की रक्षा कर रहा था और इसके बदले में वे उसे सत्ता में बने रहने के लिए जरूरी सहायता कर रहे थे। राजनीतिक संरक्षणवाद ने आदमी को बेशर्म, लम्पट और धूर्त बना दिया था। स्वतन्त्रता प्राप्ति के आरम्भिक दिनों में आम जनता तो इस षड्यन्त्र को नहीं समझ पा रही थी, पर प्रबुद्ध बुद्धिजीवी और लेखक समाज इसे समझने लगा था। भैरव प्रसाद गुप्त ऐसे ही लेखकों में से थे। उनकी इस काल में लिखित कहानियों में इस सच्चाई का विश्वसनीय अंकन हुआ है। 'चुपचाप', 'खुदा, इन्सान और जानवर', 'दो चरित्र', 'अफसर, बीवियाँ और मेरे दोस्त की कहानी', 'काम...काम...काम'

आदि कहानियों में सत्ताधारी राजनीतिज्ञ, दफ्तरशाही और पुलिस के समीकरण से पूँजीपति-महाजन, सामन्त-जमींदार और वकील-ठेकेदार, यहाँ तक कि बुद्धिजीवी भी, किस प्रकार गैर-कानूनी और अनैतिक माध्यमों से जन-सम्पत्ति की लूट में निमग्न हैं, किस प्रकार एक बेशर्म किस्म की मूल्यहीनता सारे समाज को अपने शिकंजे में कसती जा रही है, इसका चित्रण किया गया है।

भैरव जी की अनेक कहानियाँ मजदूरों के जीवन पर आधारित हैं। मजदूर वर्ग की प्रतिरोध-चेतना के अंकन की दृष्टि से 'कुत्ते की टाँग', 'हड़ताल', 'चाय का प्याला', 'लड़का', 'हनुमान' आदि कहानियाँ उल्लेखनीय हैं। इन कहानियों में पूँजीपति वर्ग के खूनी चेहरों को नंगा करने की भरपूर कोशिश की गयी है। इन कहानियों में यह दिखाया गया है कि मजदूर अपनी संगठन-क्षमता और जाति-धर्म से निरपेक्ष शुद्ध वर्गीय एकता के बल पर ही पूँजीपतियों की साजिशों से लड़ने में समर्थ हो सकते हैं।

पर भैरव प्रसाद गुप्त की कहानियों में संवेदना की वह तीव्रता और धार नहीं है जो उन्हें एक श्रेष्ठ कहानीकार के रूप में प्रतिष्ठित कर सके। तत्कालीन यथार्थ को चित्रित करने के लिए वे ऐसी स्थितियों की कल्पना करते हैं जो नकली और अविश्वसनीय हो जाती हैं; यान्त्रिक निष्कर्ष, बनावटी संयोग, अविश्वसनीय घटना-प्रसंग, आरोपित आशावाद आदि इन कहानियों को अपठनीय बना देते हैं। उदाहरण के लिए 'एक अच्छा काम', 'रिश्ते का आधार', 'बुद्धू' और 'केवल एक दिन के लिए' आदि कहानियाँ देखी जा सकती हैं। भैरव प्रसाद गुप्त की वे कहानियाँ भी नितान्त असफल हैं जो अमूर्त अवधारणाओं पर आधारित हैं। 'रिश्ते का आधार' इस अवधारणा को बहुत सपाट ढंग से उदाहृत करती है कि समाज के सारे सम्बन्ध आर्थिक आधार पर बनते और विकसित होते हैं और इसके लिए नितान्त कृत्रिम पात्रों और अविश्वसनीय घटना-प्रसंगों का सहारा लिया गया है।

चन्द्रगुप्त विद्यालंकार ने 1940-50 में कितनी और कौन-सी कहानियाँ लिखीं इसका कोई विवरण उपलब्ध नहीं है। *चन्द्रकला* (1929) के बाद उनका दूसरा कहानी संग्रह *वापसी* 1954 में प्रकाशित हुआ। यह संग्रह भी सम्प्रति अनुपलब्ध है, पर अन्तःसाक्ष्य के आधार पर 'वापसी', 'आँसू', 'चोट', 'दुआ', 'सन्देह', 'सपना', 'मास्टर साहब', 'पतझड़' आदि कहानियाँ इस अवधि की प्रतीत होती हैं। इनमें से 'मास्टर साहब', 'पतझड़', 'खन्ने का कुआँ', 'दुआ' आदि साम्प्रदायिक उन्माद के विरोध में लिखित कहानियाँ हैं। 1947 में देश की आजादी और विभाजन के फलस्वरूप मनुष्यता को कठघरे में खड़ा करने वाला साम्प्रदायिक उन्माद का जो माहौल पैदा हुआ, वह विद्यालंकार जी की संवेदना को झकझोरे बिना न रहा। 'मास्टर साहब' और 'दुआ' साम्प्रदायिक जुनून, हिंसा और लूटपाट की परिस्थितियों बीच मानवीय संवेदना के बचे रह जाने की कहानियाँ हैं। 'पतझड़' में पंजाब से दिल्ली आये वृद्ध शरणार्थियों की मानसिकता का अंकन संस्मरण शैली में किया गया है। 'खन्ने का कुआँ' अँगरेजों के आने के पहले हिन्दू-मुस्लिम सम्बन्धों की मधुरता को प्रतिपादित करने वाली कहानी है।

कतिपय अन्य कहानियों में अपने समय की विभिन्न स्थितियों का अंकन हुआ है। 'वापसी' में द्वितीय विश्व युद्ध में जर्मनी पर रूसी फौजों की विजय पर आधारित एक प्रसंग चित्रित है। युद्ध किस प्रकार आदमी को हिंस पशु में परिणत कर देता है और किस प्रकार उसके बावजूद मानवीय संवेदना किसी कोने में बची रह जाती है, इसी का चित्रण इस कहानी का विषय है। पर इस अनुभव की प्रामाणिकता सन्दिग्ध है और एक कथ्य को प्रतिपादित करने के लिए प्रसंग विशेष की कल्पना कर लेने से कहानी बन जायेगी, इसका प्रमाण यह रचना प्रस्तुत नहीं करती। इस कहानी के सभी पात्र रूसी और परिवेश यूरोप में हो रहा युद्ध है। 'चोट' भावनात्मक सम्बन्धों की कहानी है, पर कई स्थानों पर कहानी स्वाभाविक नहीं प्रतीत होती। लेखक लड़के-लड़की के बीच प्रेमी-प्रेमिका के सम्बन्ध की तुलना में भाई-बहन के सम्बन्ध को अधिक श्रेय मानता प्रतीत होता है और इसी से पति के शक का संघर्ष दिखाकर भावुक स्थिति की कल्पना करता है। 'सपना' धार्मिक आस्था से उत्पन्न एक विसंगति पर आधारित अच्छी कहानी है। 'सन्देह' क्रान्तिकारी जीवन पर आधारित एक अति साधारण, घड़ी हुई कहानी है।

राधाकृष्ण ने चौथे दशक में ही कहानीकार के रूप में प्रसिद्धि हासिल कर ली थी और इस दशक में भी उनकी सक्रियता बरकरार थी। यों निश्चित रूप से तो कुछ नहीं कहा जा सकता, पर *रामलीला* (1946) संग्रह की कुछ कहानियाँ 1941 के बाद की भी हो सकती हैं। अनुमानतः इसके दो-तीन वर्षों के भीतर ही इनकी कहानियों का दूसरा संकलन *सजला*, दो खंडों में, प्रकाशित हुआ, जिसका 'संशोधित संस्करण' 1951 में प्रकाशित हुआ।[73] इसमें 'लैला की शादी', 'क्या जाने, आगे', 'राजाराम', 'मैना', 'बहन', 'कानूनी और गैर कानूनी' तथा 'उत्तरदायित्व का ज्ञान', 'एक लाख सत्तानवे हजार आठ सौ अट्ठासी', 'आदमी आदमी', 'बुढ़िया गुलाबी', 'वे दोनों', 'भाव और अभाव', 'धनिया की शादी' आदि कहानियाँ संगृहीत थीं।

'लैला की शादी', 'क्या जाने, आगे', 'राजाराम' आदि कहानियों में दैनिक उपयोग की वस्तुओं की तंगी, कालाबाजारी, महँगाई का यथार्थ चित्रण हुआ है। यह प्रथम विश्व युद्ध का अनिवार्य परिणाम था, जिसे देश का जनसामान्य भुगत रहा था। उस जमाने में आम आदमी को हर चीज राशन कार्ड से मिलती थी, कफन तक, पर सम्पन्न व्यक्तियों को सबकुछ सुलभ था। इसका नतीजा यह होता है कि 'लैला की शादी' की लैला की शादी मजनू से न होकर एक बाहुबली से हो जाती है। द्वितीय विश्व युद्ध के दिनों में घरों में जलने वाले चूल्हों के आधार पर लोगों को राशन प्राप्त होता था। 'राजाराम' कहानी में इसी स्थिति का व्यंग्यपूर्ण अंकन हुआ है। 'एक लाख सत्तानवे हजार आठ सौ अट्ठासी', 'भाव और अभाव' आदि कहानियों में गरीबी और अभाव का विचलित कर देने वाला अंकन हुआ है। पहली कहानी हैजे की महामारी पर आधारित कहानी है। आम जनता की गरीबी और सरकार की उपेक्षा के कारण महामारी से इतनी मौतें होती हैं कि लाश ढोने वाले तक नहीं मिल पाते। एक परिवार में लगातार तीन मौतें होती हैं। माँ-बाप और बहन की लाश श्मशान ले जाने वाला युवक परेशान होकर

श्मशान से घर लौटना नहीं चाहता, क्योंकि वहाँ से फिर कोई शव लेकर लौटने की आशंका है। यह हताशा का बिन्दु ही कहानी का केन्द्र है, जो प्रभावित करता है। राधाकृष्ण ने अपनी कहानियों में झारखंड की जनजातियों के रीति-रिवाज, रहन-सहन, मान्यताओं और संस्कृति का विश्वसनीय चित्रण किया है। *कानूनी और गैरकानूनी* आदिवासियों के शोषण, जमीन से बेदखली तथा किसान से मजदूर बनने की विवशता को प्रस्तुत करने वाली एक लोमहर्षक कहानी है। 'कानूनी' और 'गैर-कानूनी' इन दो शब्दों के बीच पिस रहे आदिवासियों के अपनी ही भूमि से बेदखल होकर उजड़ने की यह कहानी, एक हकीकत है। भारत-विभाजन के समय देश में साम्प्रदायिक उन्माद अपने चरम पर पहुँचा हुआ था। पर मनुष्यता सिरे से गायब भी नहीं हो गयी थी। राधाकृष्ण की, इस काले समय में भी, मानवीय विवेक में आस्था बनी हुई थी। 'वे दोनों' कहानी इसका प्रमाण है। राजनीति के चलते नागो और शमशुद्दीन एक दूसरे के विरोधी होने पर भी साम्प्रदायिक दंगे में अपनी स्वाभाविक मानवीय संवेदना को तिलांजलि नहीं देते। साम्प्रदायिक दंगे में शमशुद्दीन नागो की पत्नी को जिस नाटकीय ढंग से बचाता है, वह मानवीय अविवेक पर उसके विवेक की विजय है। मनुष्य के प्रति राधाकृष्ण की यह आस्था उन्हें कहानीकार के रूप में बहुत ऊपर उठा देती है।

राधाकृष्ण ने कुछ लघुकथाएँ भी लिखी थीं, जिनका संग्रह 'गल्पिका' शीर्षक से 1956 में प्रकाशित हुआ था। इसमें 'बोध', 'ज्ञान की प्राप्ति', 'शोर', 'सृष्टि और आलोचना', 'दूध की लाज', 'अभिनय', 'बदला', 'मुमुक्षु', 'गेंद', 'स्नेह का अधिकार', 'न्याय और युद्ध', 'श्रद्धा का लाभ', 'सहानुभूति', 'सत्य और समीक्षा', 'खून की जाँच', 'चित्र और चित्रकार', 'पागल', 'कैदी की खेती', 'प्रातःकाल', 'समाज का टाइप', 'भाग्य की बात', 'संस्कार', 'प्रोपेगैंडा', 'साँप और मैना', 'सोने की खान', 'दिमाग' तथा 'असल और नकल' आदि गल्पिकाएँ संकलित थीं। इनमें से 'बदला', 'पागल', 'दिमाग' और 'असल और नकल' बहुत मार्मिक गल्पिकाएँ हैं।

1946-50 की अवधि में भी अश्क कहानी लिखते रहे। 1946 में उन्होंने 'मि. घटपांडेय', 'टेबल लैंड', 'बच्चे' आदि कहानियाँ लिखीं। 'बच्चे' माँ बाप की बातचीत और खेल में बच्चे के बार बार हस्तक्षेप करने, पिता के खीजकर उसे पीट देने और बाद में पश्चात्ताप करने की एक यथार्थपरक और मनोवैज्ञानिक कहानी है। अश्क 'बच्चे' को अपनी बहुत अच्छी कहानियों में गिनते हैं। जिन्दगी का यह सुपरिचित सत्य है कि कुछ परिस्थितियों में हम अपना बड़प्पन भूलकर नितान्त बच्चे बन जाते हैं। वैसी ही एक परिस्थिति इस कहानी में भी है। यह कहानी भी पहले उर्दू में छपी। 1948 में 'माया' के विशेषांक में यह 'वात्सल्य' शीर्षक से छपी थी। 1947-50 की अवधि में अश्क की 'अस्त्र', 'छिद्रान्वेषी', 'जब सन्तराम ने बेलना उठाया', 'आ लड़ाई आ, मेरे आँगन में से जा', 'चारा काटने की मशीन', 'तकल्लुफ', 'तमाशा', 'लेरिंजाइटस', 'ज्ञानी', 'मोहमुक्त हो!', 'मर्द का एतबार', 'काले साहब', 'बरूँसी का फूल और भैंस' आदि कहानियाँ प्रकाशित हुईं।

'टेबल लैंड' और 'चारा काटने की मशीन' भारत-विभाजन के समय हुए साम्प्रदायिक दंगों पर आधारित कहानियाँ हैं। अश्क के अनुसार 'टेबल लैंड' (पहाड़ के ऊपर का समतल मैदान) साम्प्रदायिक भावनाओं की ऊबड़ खाबड़ पहाड़ियों के मध्य मानवता की उस समतल भावना का प्रतीक है, जिसका उद्रेक अनायास ही यक्ष्मा-पीड़ित कृशकाय मुसलमान बुजुर्ग की दुख-गाथा को सुनकर दीनानाथ के हृदय में हो उठता है।[74] 'चारा काटने की मशीन' में पाकिस्तान में मुसलमानों द्वारा हिन्दुओं पर और भारत में हिन्दुओं द्वारा मुसलमानों पर होने वाले अमानवीय व्यवहारों और जान बचाकर भागे हुए व्यक्तियों के घरों पर कब्जा करने की शर्मनाक हरकतों का चित्रण किया गया है। पर इन कहानियों में स्थितियों के वर्णन अधिक हैं, संवेदना का अंश बहुत कम। यह जरूर है कि लेखक की दृष्टि असाम्प्रदायिक है। अश्क 'चारा काटने की मशीन' को 'ज्ञानी', 'तमाशा' और 'तकल्लुफ' के साथ 'हलके मूड में लिखित हास्य रस की कहानी' मानते हैं।

'अस्त्र', 'छिद्रान्वेषी', 'जब सन्तराम ने बेलना उठाया', 'आ लड़ाई आ, मेरे आँगन में से जा', 'तकल्लुफ', 'तमाशा', 'दलदल', 'मि. घटपाण्डे', 'लेरिंजाइटस', 'ज्ञानी', 'मोहमुक्त हो!', 'मर्द का एतबार', 'काले साहब', 'बरूँसी का फूल और भैंस' आदि कहानियों में समकालीन जीवन के अनेक साधारण प्रसंग—जैसे किसी मध्यवर्गीय युवक के लॉटरी के सपने देखना, खिलाड़ी की खेल-भावना, खिलौना बनाने वाले बूढ़े के लड़कों का आपस में झगड़ना, किसी परिवार के दो नौकरों में होने वाली अनबन और उसका समाधान, 'आलोचकों' की नासमझी, घरेलू नौकर और मालिक के सम्बन्ध और उस पर पड़ोसी की टिप्पणी, फिल्मी दुनिया में फ्लैट को लेकर होने वाली छीनझपट, किसी परिवार के सारे के सारे व्यक्तियों के फिल्मी दुनिया के दलदल में पहुँच जाने की स्थिति, टी. वी. अस्पताल के विवरण, कवि सम्मेलन-मुशायरे की असंगतियाँ, वचन और कर्म की असंगति, पाखंडी लेकिन चालाक साधु की ठगी, पत्नी की मृत्यु के तुरत बाद पुरुष द्वारा तुरत-फुरत ब्याह रचा लेना और पहली पत्नी को भूल जाना, आजादी के बाद बने हिन्दुस्तानी अफसरों का अँगरेज अफसरों की तुलना में टुच्चा और हीन होना, मूर्ख रईस द्वारा कलाकार की कला को न पहचानने की स्थिति आदि—आये हैं, पर उनके मूल में कोई गहरी संवेदना न होने के कारण कहानियाँ बेजान हो गयी हैं।

1948 में मंटो के तीन कहानी-संकलन *चुग़द* (बम्बई से) और *लज्जते संग* तथा *सियाह हाशिये* (लाहौर से) प्रकाशित हुए। लाहौर से ही 1950 में उनके *ठंडा गोश्त* और *खाली बोतलें : खाली डब्बे* तथा 1951 में *बादशाह का खात्मा* और *यजीद* कहानी संग्रह प्रकाशित हुए, जिनमें उनकी लगभग पचास कहानियाँ संकलित हुईं।[75]

मंटो के बारे में एक धारणा यह बनी हुई है कि उसने केवल समाज की बदनाम औरतों और सेक्स-सम्बन्धों पर ही कहानियाँ लिखी हैं, पर ऐसा नहीं है। अपनी इस अवधि की कहानियों में मंटो ने बम्बई की चालों, गलियों, शराबखानों, जुएखानों, चकलों और अपराध-जगत् का भी बड़ी गहरी नजर से अध्ययन किया है। वह समाज के हाशिये

पर जीने वाली मानवता, मोचियों, तवायफों और ताँगे वालों का साहित्यकार था। इसके साथ ही उसकी कुछ कहानियों में पाँचवे दशक में घटित राजनीतिक परिवेश का भी अंकन हुआ है। 'नया कानून' में मंगू कोचवान के माध्यम से आजादी की लड़ाई के दिनों में आम आदमी की मानसिकता और उसकी प्रतिक्रियाओं को व्यक्त किया गया है। 'स्वराज्य के लिए' में मंटो की जीवन-दृष्टि और सौन्दर्य-बोध की अभिव्यक्ति हुई है। इस कहानी में उसने आजादी के दिनों के मार्मिक ब्योरों को गुलाम अली और निगार के सम्बन्धों के साथ बड़ी कलात्मकता के साथ विन्यस्त किया है। अपनी कुछ कहानियों में वह मनोवैज्ञानिक स्थितियों और ग्रथियों को बड़ी बारीकी से प्रस्तुत करता है। 'फुंदने', 'सुरमा', 'मुस्टेन वाला' आदि कहानियाँ इस दृष्टि से उल्लेखनीय हैं। 'मन्तर' और 'टूटू' बच्चों के मनोविज्ञान पर आधारित कहानियाँ हैं। 'मन्तर' में बच्चे की मानसिकता, उसके मनोजगत् की सच्चाइयाँ और कल्पनाएँ प्रस्तुत की गयी हैं और 'टूटू' में पति-पत्नी के सम्बन्धों की बनती-बिगड़ती स्थितियों में टूटू की उपस्थिति एक अनोखा मनोवैज्ञानिक प्रभाव पैदा करती है।

मंटो ने साम्प्रदायिक मानसिकता से उत्पन्न स्थितियों और संवेदनाओं पर भी कुछ बेहद अच्छी कहानियाँ लिखी हैं, जो परवर्ती संग्रहों में संकलित हैं। विभाजन की त्रासदी को लेकर लिखी गयी कहानियों में 'टोबा टेकसिंह'[76], 'सहाय'[77], 'ठंडा गोश्त'[78], 'नंगी आवाजें'[79], 'गुरमुख सिंह की वसीयत'[80], 'यजीद'[81], 'खोल दो'[82] और *सियाह हाशिए* (1948) की लघु कथाएँ उल्लेखनीय हैं। ये कहानियाँ केवल देश-विभाजन के बाद साम्प्रदायिक वहशीपन के शिकार हुए लोगों की त्रासदी की ही नहीं, बल्कि उस वहशीपन से जूझने वाली मानवीय संवेदना की भी कहानियाँ हैं। 'टोबा टेकसिंह' एक ऐसी ही कहानी है। नरेन्द्र मोहन के अनुसार इस कहानी में टोबा टेकसिंह एक ऐसी अद्भुत प्रतीक सत्ता में ढल गया है जो समूची संस्कृति को क्रूर राजनीतिक सत्ता के बरक्स खड़ा कर देती है। कहानी में दो देशों के बीच की जगह—'नो मैन्सलैंड'—भी प्रतीक में ढलती दिखती है। यह वह जगह है जहाँ राजनीतिक क्रूरता का शिकार टोबा टेकसिंह चीखता है और पछाड़ खाकर गिर जाता है।[83] 'टिटवाल का कुत्ता' में भी कुत्ता गहरे प्रतीकार्थ से युक्त है। इस कहानी में हिन्दुस्तान और पाकिस्तान सेनाएँ एक-दूसरे के सामने मोर्चा सँभाले खड़ी हैं। तभी कुत्ते की आवाज सुनाई पड़ती है। हिन्दुस्तानी सेना के सैनिकों को शक होता है कि कुत्ता पाकिस्तानी है जबकि उधर के लोगों को शक है कि कुत्ता हिन्दुस्तानी है। इसी चक्कर में कुत्ता दोनो ओर की गोलियों से छलनी होकर दम तोड़ देता है। एक जवान अपने बूट की एड़ी से जमीन खोदते हुए कहता है—"अब कुत्तों को भी या तो हिन्दुस्तानी होना पड़ेगा या पाकिस्तानी।" इस कहानी में भटका हुआ कुत्ता आम आदमी का प्रतीक बन गया है जो कभी हिन्दुस्तानी बनकर तो कभी पाकिस्तानी बनकर राजनीतिक वहशीपन का शिकार बनता है। मंटो यह मानता था कि बँटवारा हो जाने के बावजूद दोनो तरफ की जनता सांस्कृतिक धरातल पर एक है। 'यजीद' कहानी मंटो के इसी बोध पर आधारित है। दंगों के दौर की मानसिकता को

मंटो ने कई कहानियों में बड़ी सूक्ष्मता से उभारा है। एक ही व्यक्ति का आचरण विभिन्न परिस्थितियों में कैसे बदलता है—क्रूर से कोमल, कोमल से कठोर, एक साथ मानवीय और अमानवीय, लगावपूर्ण और लगावहीन—यह उनकी कई कहानियों में उजागर होता है। 'रामखेलावन', 'सहाय' और 'मोजेल' आदि कहानियाँ उदाहरण के तौर पर देखी जा सकती हैं। 'नंगी आवाजें', 'ठंडा गोश्त' और 'खोल दो' में विभाजन के तथ्य और घटनाएँ नहीं हैं, घटनाओं के दबाओं से शारीरिक, मानसिक और आत्मिक सत्ताएँ कैसे अस्त-व्यस्त हो जाती हैं, उनकी तरफ संकेत है। 'नंगी आवाजें' में दंगों के बाद पैदा हुई आदमी की एक दूसरी नियति का चित्रण किया गया है। एक लम्बी छत पर भारत से आने वाले मुसलमान शरणार्थी अपनी-अपनी चारपाइयों के गिर्द टाट बाँधकर अपनी ओर से पर्दा करके सोते हैं। यह एक ऐसी स्थिति है जिसमें आदमी निर्लज्ज पशु और विक्षिप्त हो जाने के लिए विवश होता है। 'ठंडा गोश्त' को, स्वयं मंटो ने, एक एक ऐसे आदमी की 'दर्दनाक तसवीर' कहा है, जिसमें इन्सानियत की संवेदना, उसकी भूमिका की तमाम भयंकरता के बावजूद बाकी है। 'खोल दो' इसके क्रूर परिणामों को झेलने में बनी पात्रगत मनःस्थिति को ऐसी तल्खी से उभारती है कि बँटवारे की मानव-विरोधी भूमिका एहसास के रूप में उभरनी शुरू हो जाती है। 'गुरुमुखसिंह की वसीयत' और 'शरीफन' दहशतनाक प्रसंगों की दहला देने वाली कहानियाँ हैं। दंगे के भयावह परिवेश में ये मानवीय संवेदना और आचरण को रेखांकित करने वाली कहानियाँ हैं। *सियाह हाशिए* में विभाजन के हर पहलू को छोटी-छोटी कथाओं के जरिए उजागर किया गया है, जिनमें दंगों के अन्तर्विरोध, विद्रूप और विडम्बनापूर्ण स्थितियों पर व्यंग्य के साथ साथ क्रूरता और करुणा, कोमलता और कठोरता के द्वन्द्व को रेखांकित किया गया है।

1946-50 की अवधि में चन्द्रकिरण सौनरेक्सा की 'असन्तोष क्यों?, 'खाई', 'जनता के ये प्रतिनिधि', 'नारी शाक्ति है', 'प्रेम और रोटी', 'सबोटाज', 'कामरेड', 'दो राष्ट्र और एक इन्सान', 'विषम', 'हम इन्सान ये जानवर', 'अन्तिम पत्र', 'अधूरी आजादी', 'इज्जत हतक', 'कब्र पर', 'दहकते कोयले', 'देश की मौत', 'धर्म मरा, राष्ट्र जिया', 'वे भेड़िये', 'सिर्फ नौ जमातें', 'असफल प्रयोग' आदि लगभग 20 कहानियाँ प्रकाशित हुईं।

'अधूरी आजादी' एक काल्पनिक पात्र 'कमला' द्वारा अपनी 'जीजी' के नाम लिखे तीन पत्रों के रूप में प्रस्तुत कहानी है। तीनो पत्र जुलाई-अगस्त, 1946 के यानी आजादी की पूर्वसन्ध्या के हैं। अपने इन पत्रों में कमला ने दलित वर्ग की, विशेषकर उनकी स्त्रियों की, शोषण और दमन से, दयनीयता के चरम पर पहुँची हुई स्थिति का रोमांचकारी 'वर्णन' किया है। वस्तुतः यह 'काल्पनिक फीचर' है, जो सच भी है और 'काल्पनिक' भी। साम्यवादी दल ने आजादी मिलने के बाद 'आजादी झूठी है' का नारा दिया था, जो पूरी तरह से सच भले ही न हो, पर दलितों, स्त्रियों और हाशिए पर स्थित वर्ग के लिए सचमुच ही वह आजादी अगर 'झूठी' नहीं तो 'अधूरी' तो अवश्य ही थी जिसे स्वतन्त्रता-प्राप्ति के पहले ही चन्द्रकिरण सौनरेक्सा जैसी संवेदनशील कहानीकारों

ने अपनी चेतना के परदे पर थरथराहट के रूप में महसूस किया था।

देश विभाजन के साथ घटित साम्प्रदायिक नरसंहार और मनुष्यता को लज्जित करने वाली घटनाओं में पुरुषमात्र का स्त्री के प्रति व्यवहार सर्वाधिक अमानुषिक था। सौनरेक्सा को ऐसी घटनाओं ने दहला दिया था। 'देश की मौत' कहानी में उन हिन्दू स्त्रियों की त्रासदी प्रस्तुत की गयी है जो साम्प्रदायिक दंगों में मुसलमान दंगाइयों द्वारा अपहृत होकर पहले बलात्कार की शिकार और फिर धर्म बदलकर किसी मुसलमान की बीवी बना दी गयीं थीं। बाद में कुछ संस्थाओं और पुलिस की सहायता से उनका उद्धार तो हो गया, पर जब वे अपने परिवार में लौटीं तो वहाँ उनके लिए कोई जगह नहीं थी। परिवार से बाहर रहकर सम्मानपूर्ण जिन्दगी बिताने का भी कोई जरिया उनके पास नहीं था। हिन्दू समाज और सरकार की इसी अन्धी नीति का उद्घाटन इस कहानी का उद्देश्य है। कहानी एक ऐसी ही स्त्री द्वारा अपनी बड़ी बहन को लिखे पत्र के रूप में प्रस्तुत की गयी है, जो कहानी के प्रभाव में वृद्धि करने वाली है। 'धर्म मरा, राष्ट्र जिया' कहानी भी इसी विषय से सम्बद्ध है। इस कहानी में एक ऐसी स्त्री का चित्रण किया गया है, जिसकी सास उसे दंगाइयों से मुक्त होकर लौटने पर अंगीकार करने को तैयार नहीं है। पर उसका पति अपने माता-पिता से विद्रोह करके उसे अपना लेता है। वह कहता है : "जो धर्म निर्बल को सताने का हामी है, उसे मैं दूर से सलाम करता हूँ।" इससे लेखिका के प्रगतिशील दृष्टिकोण का पता चलता है। साम्प्रदायिक प्रतिशोध से उत्पन्न वहशीपन के दौर में भी मानवीय संवेदना की थरथराहट का चित्रण सौनरेक्सा की 'दो राष्ट्र और एक इन्सान' नामक कहानी में हुआ है। देश के बँटवारे से उत्पन्न साम्प्रदायिक उन्माद के माहौल में मानवीय संवेदना की यह एक बेजोड़, इस विषय पर लिखित कहानियों में अग्रपांक्तेय है। इस कहानी के आरम्भ में पंजाब से आये शरणार्थियों के एक शिविर की दहशत पैदा करने वाली स्थिति का वर्णन किया गया है, जो अपने यथार्थवादी वर्णन में बेजोड़ है। इस परिवेश में अपने पुत्र की हत्या के शोक में उन्मादग्रस्त और मुसलमानों से उसका बदला लेने को पागल बन्तो हिन्दू दंगाइयों से एक मुसलमान बच्चे की रक्षा के लिए किस प्रकार बिफर पड़ती है और उसे अपना पुत्र दयाराम बताकर उसकी रक्षा करती है, यह साम्प्रदायिक वहशीपन पर मानवीय संवेदना की अद्भुत विजय का प्रतीक है।

'असन्तोष क्यों?' में निम्नमध्यवर्गीय जीवन का हू-ब-हू यथार्थ चित्र प्रस्तुत किया गया है। आर्थिक तंगी, उससे उत्पन्न घुटन, कुढ़न और लाचारी का भाव, विवाहपूर्व देखे गये सपनों के टूटने की पीड़ा, सब मिलकर जिन्दगी को कितना दूभर बना देते हैं, इसका सौनरेक्सा ने कचोटने वाला चित्रण किया है। 'प्रेम और रोटी' में भी मध्यवर्ग की उस अभावग्रस्त और नीरस जिन्दगी का चित्रण किया गया है, जिसमें प्रेम के सुहाने सपने विवाह होने के एक दो वर्ष बाद ही दुःस्वप्न में परिणत होने लगते हैं। कथक के शब्दों में "जीवन की बंजर व्यस्तता का अटूट क्रम, तन-पेट की कठोर समस्याएँ और एक यथार्थहीन सामाजिकता के मायावी रूप को सँवारकर रखने की आकांक्षा ने उनके प्यार

पर राख-सी बिखेर दी है।'' और यह क्रम चलता ही चला जाता है; जो बात विमला ने विवाह से पहले अपने प्रेमी और भावी पति से कही थी, वही बात कोई दूसरी विमला अपने प्रेमी रमेश से कह रही है। सौनरेक्सा इस पद्धति का प्रयोग अपनी कई कहानियों में करती हैं जो कहानी के प्रभाव को बढ़ाने में योगदान करता है।

'सबोटाज' आजादी मिलने के ठीक पहले की कहानी है। इस कहानी में निम्नवर्ग की दयनीय आर्थिक स्थिति का ही नहीं, युद्धकाल में खाद्य वस्तुओं की अनुपलब्धता और सर्वहारा के आक्रोश और हिंसक प्रतिशोध का चित्रण भी किया गया है। कहानी को एक अप्रत्याशित पर व्यंग्यात्मक मोड़ देकर लेखिका ने उसे बहुत प्रभावशाली बना दिया है। सेठ की दुकान में आग लगाता है, जला भुना मजदूर, पर सजा पाते हैं कांग्रेसी कार्यकर्ता और कुछ अन्य लोग। इस प्रकार लेखिका औपनिवेशिक न्याय-व्यवस्था की पोल भी खोलती दिखायी पड़ती है। 'दहकते कोयले' आजादी के तुरत बाद की लिखित कहानी है। इसमें एक ऐसे दलित पात्र की आर्थिक और मानसिक स्थिति का चित्रण किया गया है जो युद्ध और आजाद भारत की पहली सरकार की नाकामी का परिणाम है। कहानी की एक स्त्री पात्र, सुखदेई, कहती है : ''एक लाला हो तो उसके हाथ-पाँव तोड़ दें। यहाँ तो जितने हैं, सभी गरीबों को चूसने को हैं। अकेले कोयले का रोना तो नहीं है; गेहूँ, चावल, चीनी, कपड़ा...क्या चीज सस्ती है? काहे पर ब्लैक नहीं देना पड़ता? लड़ाई खतम होते तीन बरस होने आ गये, और महँगाई सुरसा की तरह मुँह फैलाये जा रही है। कहते हैं, आजादी मिल गयी। क्या जाने बाबा, मैं तो जानूँ, गरीबों को भूखों मरने की आजादी मिल गयी और अमीरों को दिन-दिन मोटे होने की।'' इसका समर्थन करते हुए दूसरा पात्र कहता है; ''मासी, बात तो तैने पते की कही।...काहे का सुराज और काहे की आजादी! जब सुराज में भी पेट से भूखे और तन से नंगे रहे, तो उसे लेकर ओढ़ें कि बिछावें।'' कहानी का दलित पात्र अपनी पत्नी को सम्बोधित करके कहता है : ''साढ़े चार रुपये मन का कोयला पहले छः के भाव मिल जाता था, अब वही दस के भाव हो गया। आखिर दुनिया कैसे जियेगी? यह बड़े लोग क्या गरीबों को एकदम पीस देना चाहते हैं? इतनी महँगाई तो लड़ाई के जमाने में भी नहीं थी। कंट्रोल था तो कम-ज्यादा सबको एक भाव से कुछ थोड़ा-बहुत मिल भी जाता था। अब तो उससे भी गये। उसके मन में एक प्रबल हिलोर सी उठी—वाह रे सौराज! तुझे दूर से प्रणाम! अँगरेजी राज में बेकार रह कर भूखों मरते थे, सो देसी राज में काम करते हैं, कमाते हैं और भूखे रहते हैं। भूखे रहना ही है, जब रुपये में डेढ़ सेर आटा मिलता है। कितनी भी धुलाई बढ़ा दी है, फिर भी भर पेट रोटी जुड़ानी दूभर है। आखिर सरकार इन सेठों को जेल क्यों नहीं भेजती? माल के कोठे भरे पड़े हैं, कपड़ों से दुकानें पटी पड़ी हैं, पर महँगाई इतनी कर दी है कि गरीब आदमी की बिसात क्या कि खा-पहन सके? अच्छे-अच्छे बाबू लोग किसी चीज को हाथ नहीं लगा सकते। इस कहानी में यह भी दिखाया गया है कि लाला जीवन राम गरीबों को लूटकर घर भर रहा है, खुले आम मनमाने दामों पर कोयला बेचता है और गरीब धोबी को कोयला चुराने के झूठे अपराध

में एक महीने की जेल की सजा हो जाती है। बनिया आटा और चावल में कंकड़ मिलाकर बेचता है, जिसे निगलते हुए माधो सोचता है : "सरकार तो अब पंडित जी की है, और पंडित जी तो हमारे हैं। पर वे इस मँहगी को रोकते क्यों नहीं? और इस्तरी करते-करते उसने सोचा—अकेले वो बेचारे किस-किस की बेईमानी रोकें? अहलकार तो ज्यादातर वही पुराने हैं—क्या पुलीस, क्या और जगह...? इस पर कथक टिप्पणी करता है : "और माधो अधिक नहीं सोच पाया। वह पढ़ा-लिखा नहीं है, उसे समस्याओं का हल ज्ञात नहीं है, पर वह इस स्थिति का अन्त चाहता है। और अपनी समझ में उसे इसका अन्त इसी में दिखता है कि सभी मुनाफाखोरों को जेल में बन्द कर दिया जाय, सब सेठों के माल भरे कोठे सरकार अपने कब्जे में कर ले और और...कुछ भी करे, इस धाँधली को रोक दे।" जब माधो लाला की कंट्रोल की दुकान पर मिलावट युक्त आटा की जगह गेहूँ और 'बेगमी' चावल देने को कहता है तो लाला उसे गालियाँ और धमकी देकर चले जाने को कहता है। इस पर माधो की आहत संवेदना को वाणी देता हुआ कथक कहता है : "और मुँदे ज्वालामुखी के विस्फोट-सा माधो चादर और कार्ड थामे स्तब्ध खड़ा था। वह सोच रहा था, चुपचाप बाजार से तीन रुपये का तीन सेर आटा घर ले जाए या इस राशन वाले लाला का सिर फोड़कर यहीं से सीधा जेल चला जाए...?" विवश क्रोध की यह अभिव्यक्ति आधुनिक युग की कैसी भी विवशता और अकेलेपन की अभिव्यक्ति की तुलना में अधिक शक्त है। कोई सन्देह नहीं कि यह एक बहुत जबरदस्त कहानी है।

'सिर्फ नौ जमातें' भी दलित जीवन पर आधारित एक अच्छी कहानी है, जिसमें दलितों की पीड़ित संवेदना का मार्मिक अंकन हुआ है। आजादी मिलने के बाद परिवर्तन मात्र इतना ही हुआ कि सरकारी स्कूलों में दलित बच्चों का प्रवेश होने लगा, पर उनके प्रति समाज और स्कूल के शिक्षकों के व्यवहार में कोई परिवर्तन नहीं आया। स्कूल में भी उनके साथ अछूत जैसा व्यवहार किया जाता रहा और किसी भंगी बच्चे के 'नौ जमातें' पास कर लेने पर भी उसकी आर्थिक-सामाजिक स्थिति में कोई बदलाव नहीं आया। उल्टे हुआ यह कि 'मैला कमाने' की आदत छूट जाने से उसकी रोजी छिन गयी और कोई दूसरा रोजगार न मिल पाने के कारण उसकी आर्थिक दशा और भी खराब हो गयी। लेखिका ने नयी उगती दलित पीढ़ी के असन्तोष और विद्रोह के उभार का संकेत भी इस कहानी में दिया है।

'खाई' कहानी में उस निम्नवर्ग का चित्रण किया गया है जो भयंकर गरीबी में कीड़े-मकोड़ों की जिन्दगी व्यतीत करता है। इस वर्ग को सफाई, सभ्यता और संस्कृति का पाठ पढ़ाना पत्थर पर दूब जमाने जैसा प्रयास करना है। कहानी के एक पात्र के माध्यम से लेखिका अपनी बात कहती है—"...अपनी सफेदपोशी लेकर तुम उन्हें जो कुछ सिखाओगे, वे उसमें अपना अपमान समझेंगे। उनके श्रम का शोषण न हो, अपनी कमाई में वे जीवन की सभी सुविधाएँ पाएँ, इसके लिए प्रयत्न करना छोड़कर उन पर इस गरीबी में साहबी सभ्यता का भार डालना क्या उन पर अत्याचार करना नहीं है?"

'हम इन्सान, ये जानवर' कहानी में पहाड़ी घरेलू बाल नौकरों की दयनीय स्थिति का तीखा यथार्थ अंकन किया गया है।

'जनता के ये प्रतिनिधि' और 'कामरेड' राजनीतिक कहानियाँ हैं। जनता के ये प्रतिनिधि' में दिल्ली के म्युनिसिपैलिटी चुनावों का वर्णन किया गया है, जो आजादी के बाद होने वाले चुनावों का छोटा प्रतिरूप है। इन चुनावों में भी वही सब तिकड़म–साम्प्रदायिक भेदभाव, विरोधी के विरुद्ध झूठा प्रचार, झूठे आश्वासनों की झड़ी आदि–अपनाये जाते थे, जो आज अपनाये जाते हैं। इस कहानी में दूसरे विश्व युद्ध के समय की दिल्ली के प्रेम नगर, कमला नगर, जवाहर नगर आदि मुहल्लों की जिन्दगी का बड़ा यथार्थ चित्रण किया गया है। यह कहानी बहुत-कुछ रिपोर्ताज के निकट है। 'कामरेड' कहानी में उन नेताओं के चरित्र की पोल खोली गयी है जो मंच पर तो स्त्री सुधार और समाज-सुधार की बातें करते हैं, पर अपने जीवन में उसका पालन नहीं करते। ऐसे नेताओं के चरित्र के दोहरेपन और अन्तर्विरोध का अंकन ही इस कहानी का उद्देश्य है। इसके साथ ही अपने अधिकारों के प्रति सजग और पति के अत्याचार के विरुद्ध खड़ी होने वाली पत्नी का चरित्र भी इस कहानी में प्रस्तुत किया गया है। ऐसी स्त्रियों को 'कामरेड' कहकर उनका मजाक उड़ाया जाता था, इसीलिए कहानी का यह शीर्षक रखा गया है।

'असफल प्रयोग' कहानी में रोमांस और अपराध पर आधारित 'उपन्यास' लिखनेवालों की लाचारी पर कहानी-लेखिका की संवेदना व्यक्त हुई है। हिन्दी में पाठकों और प्रकाशकों की मनोवृत्ति पर यह कहानी प्रकाश डालती है। लेखिका ऐसे सस्ते उपन्यास लिखने वालों को नापसन्द करती हुई भी उनके प्रति संवेदनशील है। बहुत से प्रतिभाशाली लेखक आर्थिक कारणों से इस प्रकार के उपन्यास लिखने को विवश होते हैं। 'कब्र पर' साम्प्रदायिक सद्भाव की एक उल्लेखनीय कहानी है। किंवदन्ती के अनुसार 1857 के स्वतन्त्रता-सेनानी ताँतिया टोपे के एक साधारण सिपाही हसन अली के वीरतापूर्ण बलिदान की यादगार में हिन्दू-मुसलमानों ने उसकी कब्र पर मजार बनवा दी थी, जहाँ आज तक हिन्दू-मुसलमान दोनो शिवरात्रि के दिन चादर चढ़ाते हैं। पीर की यह मजार हिन्दू-मुस्लिम एकता की प्रतीक बन गयी है। चन्द्रकिरण जी की साम्प्रदायिक उदारता उनकी प्रगतिशीलता की निशानी है। 'वे भेड़िये' आजादी मिलने और देश का विभाजन होने के बाद पाकिस्तान समर्थित कबायलियों के कश्मीर पर आक्रमण पर आधारित एक अच्छी कहानी है। इसमें लेखिका का देश प्रेम व्यक्त हुआ है। एक देशभक्त कश्मीरी मुसलमान के त्याग, बलिदान और वीरता का इस कहानी में बहुत अच्छा चित्रण किया गया है।

इन कहानियों के केन्द्र में लेखिका के निजी अनुभव, संवेदनाएँ और विचार हैं। उसने बड़े कौशल से पात्रों के चरित्र अपने निजी अनुभवों के आधार पर निर्मित किये हैं। समकालीन दाम्पत्य जीवन के अंकन की दृष्टि से इन कहानियों का महत्त्व है, और जिन कहानियों में संवेदना की तीव्रता और नुकीलापन है, वे कलात्मक दृष्टि से भी उच्च

कोटि की कहानियाँ बन गयी हैं। पर जिन कहानियों में केवल अनुभव और विचार की प्रधानता है, वे भी यथार्थ चित्रण की दृष्टि से उल्लेखनीय हैं। चन्द्रकिरण जी की ढेर सारी कहानियाँ इसी प्रकार के विचारों पर आधारित हैं।

होमवती देवी के इस अवधि में प्रकाशित *धरोहर* (1946), *स्वप्नभंग* (1948), *अपना घर* (1950) आदि संग्रहों की कहानियों में मध्यवर्गीय जीवन और परम्पराओं से उनकी गहरी पहचान और आर्थिक-सामाजिक सरोकारों के प्रति जागरूक भाव व्यक्त हुआ है। छोटे बच्चे के होते हुए पिता द्वारा दूसरा विवाह कर लेने पर बच्चे की नियति का अंकन उनकी 'माँ' नामक कहानी में हुआ है। इस कहानी की दूसरी पत्नी उस बच्चे को माँ का प्यार नहीं देती और एक दिन वह बालक माँ की याद में बिसूरते हुए दम तोड़ देता है। 'सलूनो का त्योहार' एक गरीब ताँगे वाले के जीवन पर आधारित अपेक्षाकृत अच्छी कहानी है। गरीबी का चित्रण यथार्थ है। ताँगे वाले की पत्नी अपनी शादी के मौके पर प्राप्त 'चाँदी का चक' बनिये के यहाँ आधे दाम में बेचकर 'सलूनो' का त्योहार मनाने के लिए आवश्यक सामान खरीद कर लाती है। ताँगे वाला खाने-पीने के बाद उससे अपनी जीजी से राखी बँधा लाने के लिए कुछ पैसे माँगता है। पत्नी बचा हुआ एक रुपया उसके हाथ में रख देती है और पति व्यंग्य करता है कि वह घर में रुपये दबाए रखती है और तम्बाकू के लिए उसके पास अधेला भी नहीं रहता। जीजी के यहाँ से लौटने पर वह एक जोड़ा कर्णफूल पत्नी को थमाते हुए कहता है : ''जीजी ने नये ही बनवाये हैं। कहती थी कि तुम्हें जँचे तो तुम ले लो।'' इसके बाद वह उससे वह 'चाँदी का चक' माँगता है, जिसे उसकी जीजी ने अपनी लड़की को विवाह में देने के लिए बनवाने के हेतु नमूने के रूप में लाने का आग्रह किया है। पर चह 'चक' तो बिक चुका है। यह नियति का व्यंग्य ही कहानी की जान है। इस पर मोपासाँ की कहानी 'नेकलेस' का स्पष्ट प्रभाव दिखायी पड़ता है। 'स्वप्नभंग' देश के बँटवारे के बाद मुसलमानों के अपने सपनों के देश पाकिस्तान जाने की बेचैनी की कहानी है। राजनीतिज्ञों द्वारा लोगों में यह धारणा फैला दी गयी थी कि पाकिस्तान मुसलमानों के लिए जन्नत है। अनेक मुसलमान अपने घरों के छोटे-मोटे सामान बेचकर पाकिस्तान जाने की तैयारी कर रहे थे। सामान बेचने की अफरातफरी मच गयी थी। तभी स्वप्नभंग हो गया और दूसरे तरह की अफरातफरी मच गयी। 'ट्रेनिंग' में आजादी के बाद राजनीतिज्ञों में फैलते भ्रष्टाचार का चित्रण किया गया है। इस कहानी में किसी गहरी संवेदना का तो अभाव है, पर व्यंग्य का पुट इसे पठनीयता प्रदान करता है।

होमवती जी की कहानियों में संवेदना की वैसी गहराई तो नहीं है, पर वे अपनी पूँजी का संयम के साथ उपयोग करके उसे यथासम्भव प्रभावी बना देती हैं। प्रस्तुति का संयम उनकी कला की सबसे बड़ी शक्ति है। वे प्रायः मोपासाँ और ओ' हेनरी की कहानियों में पाया जाने वाला शिल्प अपनाती हैं। कुछ कहानियों में वे 'स्केच' की प्रविधि का भी उपयोग करती हैं। 'नन्दी', 'पुरस्कार' आदि 'स्केच' की कोटि की रचनाएँ हैं। 'सलूनो का त्योहार' और 'बात का धनी' स्केच और मोपासाँ के 'ट्रिक' के मिश्रण से

निर्मित रचनाएँ हैं।

इस दशक के उत्तरार्ध में कृष्ण चन्दर के *अन्नदाता, तीन गुंडे* और *पौधे* (1947) *समन्दर दूर है, अजन्ता से आगे* और *एक गिरजा एक खंदक* (1948), *हम वहशी हैं, टूटे हुए तारे* और *कश्मीर की कहानियाँ* (1949), *सुबह होती है, पंचरंगी* और *पुराने ख़ुदा* (1950) आदि कहानी संग्रह प्रकाशित हुए।

आलोचकों के अनुसार कृष्ण चन्दर मनुष्य की आकांक्षाओं, सपनों और दर्द को वाणी देने वाले कहानीकार हैं। उनकी कहानियों में सर्वत्र मनुष्य की स्वतन्त्रता, शान्ति और सुखद भविष्य की आशा का भाव प्रतिध्वनित होता दिखायी पड़ता है। वर्ग-संघर्ष, साधारण आदमी की आर्थिक दुर्दशा और पूँजीपतियों तथा नौकरशाहों द्वारा उनके शोषण का चित्रण उनकी कहानियों का मुख्य कथ्य है। वे रंगीन, कल्पनारंजित और आवेगपूर्ण भाषा का प्रयोग करते हैं जो जीवन से स्पन्दित होती है। यद्यपि प्रगतिशील आन्दोलन से वे घनिष्ठ रूप से जुड़े हुए थे, पर उनके भीतर का रोमानी भावबोध बहुत दिनों तक उनका साथ नहीं छोड़ पाया। उनकी कहानियों में यथार्थवाद और रोमानवाद अलग अलग इकाइयों के रूप में सहचारी नहीं, वरन् एक दूसरे में बिलकुल घुलमिल गये हैं। 'ज़िन्दगी के मोड़ पर', 'नग़मे की मौत', 'कालू भंगी', 'महालक्ष्मी का पुल' आदि इसके उदाहरण हैं।

कृष्ण चन्दर को न तो पूर्णतः रूमानी कथाकार कहा जा सकता है, न यथार्थवादी। वे समाजवादी और अपने विचारों में आधुनिक हैं, वह अतीत के प्रति मुग्ध हैं और उसे लेकर कल्पना की उड़ानें भरते हैं। नायकीय और अतिमानवीय व्यवहार के वर्णन में वे रस लेते हैं, पर इसके साथ ही व्यंग्य और भावुकता भी उनकी विशेषता है। 'फिर मुझे दीदा-ए-तार याद आया' इसका बहुत अच्छा उदाहरण है। इस कहानी में एक शातिर अपराधी अपने शिकार को मारने के लिए एक सुनसान जगह ले जाता है, पर ज्योंही उसकी हत्या करने को होता है, उसे कुछ दूर पर कलकल करती झील का पानी दिखायी दे जाता है, जिसे देखकर उसे अपनी बहन की आँसुओं से डबडबाती आँखों का स्मरण हो आता है और वह उसे छोड़ देता है। कृष्ण चन्दर की ऐसी कहानियाँ अनेक हैं, जिनमें हम तरल भावुकता और निर्मम यथार्थ दोनों को साथ साथ देख सकते हैं।

ख्वाजा अहमद अब्बास की पहली कहानी *'अबाबील'* 1936 में लिखी गयी थी। विवेच्य अवधि में उनके *एक लड़की, ज़ाफ़रान के फूल* (1948), *मैं कौन हूँ* (*1949*), *पावों में फूल, कहते हैं जिसको इश्क, नीली सराय* और *गेहूँ और गुलाब* (1955) आदि कहानी संग्रह प्रकाशित हुए। अब्बास प्रगतिशील साहित्य के अग्रणी लेखकों में गिने जाते हैं पर, जैसा कि सज्जाद ज़हीर में अपनी 'रोशनाई' में खुलासा किया है, वे गैर-साम्यवादी प्रगतिशील थे। उनकी कहानियाँ छोटी घटनाओं से आरम्भ होती है पर चुपके से उनमें राजनीतिक और सामाजिक स्वर मुखर हो उठता है और छोटी घटनाएँ अधिक महत्त्व की हो जाती हैं। अपनी कहानियों में उन्होंने मजदूरों के हितों का पक्ष लिया है और व्यवस्था का विरोध किया है। वे सजीव शैली में अपने कथानक घड़ते हैं और उनकी

भाषा चटक और बाँध लेने वाली है। उनकी 'सरदार जी' नामक कहानी आज़ादी के बाद के नरसंहार की पृष्ठभूमि में लिखी गयी थी और उस पर मुकदमा भी चला था, जिसमें अब्बास की जीत हुई थी।

यों तो वृन्दावनलाल वर्मा अपनी इतिहासाश्रित छोटी कथाओं के लिए ही जाने जाते हैं, पर इस दशक के उत्तरार्ध में उन्होंने समकालीन जीवन और इतर प्रसंगों पर आधारित कुछ कहानियाँ भी लिखी थीं, जो *शरणागत* (1950) और *कलाकार का दंड* (1950) में संकलित हैं। 'कटा फटा झंडा' और 'तोषी' में आजादी मिलने के बाद साम्प्रदायिक दंगों में हुए रक्तपात और स्त्रियों के यौन-शोषण का चित्रण किया गया है। 'हमीदा' साम्प्रदायिक दंगों के माहौल में मानवीय संवेदना की विजय की एक अच्छी कहानी है। 'तिरंगे वाली राखी' में स्वतन्त्रता-प्राप्ति के बाद कर्तव्य-बोध के मूल्य का प्रतिपादन किया गया है। 'राखी' में एक नीरस प्रसंग के बीच उभरते प्रेम और परम्परागत नैतिकता के द्वन्द्व को संकेतात्मक ढंग से प्रस्तुत किया गया है। 'झकोला चारपाई' में एक लेखक की दयनीय आर्थिक स्थिति और अच्छी जिन्दगी के सपने देखने की दयनीयता का चित्रण हुआ है। 'मालिश! मालिश!!' में गुरबत झेलते लखनऊ के दो खानदानी नवाबों की हरकतों से एक मनोरंजक प्रसंग खड़ा किया गया है। 'कलाकार का दंड' और 'खजुराहो की दो मूर्तियाँ' कला-विमर्श पर आधारित कहानियाँ हैं। 'मूँग की दाल' में साहित्य-सेवा और राजनीति-कर्म को आमने-सामने रखकर साहित्य-सेवा का महत्त्व प्रतिपादित किया गया है। कथा में निहित व्यंग्य के कारण कहानी कुछ रोचक बन गयी है। 'छन्द किसको?' एक प्रतीकात्मक कहानी कही जा सकती है जिसमें अनिर्दिष्ट देशकाल के किसी राज्य में 'राजा' के मतदान द्वारा चुने जाने का वर्णन है। इसमें जनता की सच्ची सेवा करने वाले की विजय और विगत चुनाव में विजयी हुए प्रत्याशी की करारी हार दिखायी गयी है, जो लेखक के इच्छित विश्वास का परिचायक प्रतीत होता है। 'सौन्दर्य प्रतियोगिता' में आधुनिक जीवन की एक विडम्बना का चित्रण किया गया है। एक भिखारी को सौन्दर्य प्रतियोगिता में भाग लेने वाली आधुनिका से अधिक संवेदनशील दिखाकर लेखक ने आधुनिक जीवन के प्रति अपना विरोध व्यक्त किया है। संवेदना की हल्की सी परत इसे कहानी के निकट ले जाती है। 'अपनी बीती' और 'सुअर' संस्मरण आधारित कथाएँ हैं।

संवेदना तत्त्व की विरलता, संयोग तत्त्व की प्रधानता, चरित्र निर्माण में बनावटीपन और भाषिक सपाटपन के कारण वर्मा जी की कहानियाँ हिन्दी कहानी के विकास में कोई उल्लेखनीय योगदान करती नहीं दिखायी पड़तीं। इन कहानियों के बीच 'राखी' और 'हमीदा' उल्लेखनीय मानी जा सकती हैं।

चौथे दशक के अन्तिम वर्षों में सालेहा आबिद हुसैन (1913-88) ने उर्दू कहानी लेखन के क्षेत्र में पदार्पण किया था और उनका पहला कहानी संग्रह नक़्शे *अव्वल* 1939 में प्रकाशित हो चुका था। विवेच्य अवधि में उनके दो कहानी संग्रह *साज़े हस्ती* (1946) और *निरास में आस* (1948) प्रकाशित हुए।

इस दशक के युवा उर्दू कहानीकारों में बलवन्त सिंह, (ज. 1926) इन्तिज़ार हुसैन (ज. 1923), क़ुर्रतुलऐन हैदर (ज. 1927; नि 2007), खादिजा मसरूर (ज. 1927), हाजिरा मसरूर (ज. 1928)[84], रामलाल और हिन्दी कहानीकारों में भीष्म साहनी (ज. 1915; नि. 2003), नलिन विलोचन शर्मा (ज. 1916; नि. 1960), अमृत राय (ज. 1921; नि. 1996), रांगेय राघव (ज. 1922; नि. 1962), फणीश्वरनाथ रेणु (ज. 1921; नि. 1977), विवेकी राय (ज. 1924), हरिशंकर परसाई (ज. 1924; नि. 1995), मोहन राकेश (ज. 1925; नि.1976), कृष्णा सोबती (ज. 1925), धर्मवीर भारती (ज. 1926; नि. 1997) राजेन्द्र यादव (ज. 1929), कमलेश्वर (ज. 1932; नि. 2007) आदि उल्लेखनीय हैं। इनमें से भीष्म साहनी और नलिन विलोचन शर्मा वय की दृष्टि से 'वरिष्ठ युवा' हो चुके थे, पर कहानीकार के रूप में वे टटके ही थे।

बलवन्त सिंह (ज. 1926) ने इस दशक के आरम्भ में ही उर्दू में कहानी लिखना शुरू कर दिया था। इनका पहला कहानी संग्रह *जग्गा* लाहौर से 1944 में प्रकाशित हुआ। *तार व पूद* (1946), *हिन्दुस्तान हमारा* (1947), *सुनहरा देश* (1949) और *पहला पत्थर* (1953) में भी पाँचवे दशक की कहानियाँ ही संगृहीत हैं। बलवन्त सिंह की पहचान जिन कहानियों से है या जो कहानियाँ खुद बलवन्त सिंह को पसन्द थीं, उदाहरण के लिए 'जग्गा', 'काली तित्तरी', 'दीदार सिंह', 'ग्रन्थी', 'बाबा महँगा सिंह', 'सज़ा', 'हिन्दोस्तान हमारा', 'तीन बातें', 'रास्ता चलती औरत' आदि वे सब की सब, गोपीचन्द नारंग के अनुसार, रूमानी कहानियाँ हैं। 'जग्गा' बलवन्त सिंह की सबसे मशहूर कहानी है, पर इससे रूमान को अलग कर दें तो कुछ नहीं बचेगा। लेकिन यह रूमान शुद्ध काल्पनिक नहीं, जिन्दगी की जड़ों से फूटा है और यथार्थ की सतह पर अवस्थित है।[85] कहानी निस्सन्देह चरित्र-प्रधान है लेकिन चरित्र सिर्फ जग्गा और गुरनाम ही नहीं, भीकन का वह दूर चलता हुआ रहट, खेत-खलिहान भी चरित्र हैं। यहाँ डाकाजनी, पौरुष, वीरता और परोपकार भी एक मूल्य है। आतिथ्य, वचन की निष्ठा, आन पर जान न्योछावर करने की भावना की तरह, जो एक मिथ के रूप में सामने आती है और आश्चर्यचकित कर देती है।[86] 'पंजाब का अलबेला' संस्मरण के रूप में लिखी गयी कहानी है। 'काली तित्तरी' भी बहादुर कपूरा सिंह ठठा वाला और ताड़ की तरह लम्बे बग्गा सिंह के आसपास बुनी गयी है। 'ग्रन्थि' में एक असहाय व्यक्ति की मुक्ति की स्थिति एक ऐसे व्यक्ति के माध्यम से पैदा की गयी है जो स्वयं जेल से छूटकर आ रहा है। 'रास्ता चलती औरत' और 'तीन बातें' के केन्द्रीय पात्रों की संरचना में भी इसी प्रकार के अक्खड़ आदमी की कल्पना की गयी है। प्रो. नारंग के अनुसार इस प्रकार के उद्धत और शक्त चरित्रों से जो बलवन्त सिंह की कथा-कृतियों में बार बार उभरते हैं, उनकी किसी आन्तरिक या मानसिक अपेक्षा का गहन सम्बन्ध प्रतीत होता है।[87] इन कहानियों के रूमानी होने में कोई सन्देह नहीं, लेकिन ठोस अभिव्यक्ति के कारण यह घने जमीनी और सामाजिक रिश्तों में गुँथी हुई है। दूसरे शब्दों में नस्ल या जाति विशेष मनोविज्ञान की यह अभिव्यक्ति जमीनी रिश्तों में रची बसी है। बलवन्त सिंह के चरित्र मनोवैज्ञानिक

सृष्टि तो हैं ही इसके साथ प्राकृतिक दृश्यावली, खेत-खलिहान, कुएँ-रहट, और वातावरण भी उनकी कहानियों में चरित्र की भूमिका निभाते हैं। उनकी कहानियों में जनसमूह और समाज का दर्जा भी एक चरित्र का ही है, जो बराबर साँस लेता है और जीवन की क्रियाओं में शामिल भी है। ये मनुष्य की भाँति संवाद भी करते हैं और कहानी को नये अर्थ से भर देते हैं। ये कहानियाँ अगर बलवन्त सिंह की निहायत कामयाब कहानियाँ हैं तो इसका बड़ा कारण इनकी सांस्कृतिक संरचना है, जिसने थीम का दर्जा प्राप्त हो गया है। 'ग्रन्थि' में ग्रन्थि के चरित्र की अर्थवत्ता का सम्बन्ध गुरुद्वारे के आध्यात्मिक वातावरण और गुरुद्वारे की सांस्कृतिक गतिविधियों से है। बलवन्त सिंह के यहाँ जिस प्रकार से रोमानी जीवन मूल्य अपनी अर्थवत्ता रखते हैं, उसी प्रकार रोमान से मुक्त होने की चेष्टा भी दृष्टिगत होती है, इस चेष्टा की भी उतनी ही अर्थवत्ता है।

बलवन्त सिंह की 'पहला पत्थर', 'वेबलें 38', 'देश भगत' और 'काली तित्तरी' गाँव के वातावरण से शहर की ओर आने की प्रभावशाली कहानियाँ हैं। 'पहला पत्थर' मानवीय स्वभाव के घृणास्पद और नकारात्मक पहलुओं को उद्घाटित करने की दृष्टि से एक बेमिसाल कहानी है। यहाँ भी परिवेश की पृष्ठभूमि धर्म और दंगे हैं। लेकिन यहाँ अर्थ की लिप्सा की समस्या नहीं है बल्कि शारीरिक भोग-विलास की समस्या है जो स्वभावतः पौरुष का अंग है। 'वेबले 38' शरणार्थियों के पश्चिमी पंजाब से निकलकर जालन्धर शहर के एक गैर-आबाद इलाके में आ बसने वालों की कहानी है। इस कहानी में बुनियादी समस्या शील की नहीं, बल्कि स्वार्थपरता और तुच्छता की है जो कि शील का विलोम है। लेकिन यह तुच्छता भी शील की ही भाँति मानवीय प्रकृति का अंग है। 'देश भगत' भी अपने ढंग की कहानी है। जिस प्रकार 'पहला पत्थर' में हास्य की अन्तवर्ती धारा है, 'देशभगत' में व्यंग्य की प्रधानता है। बलवन्त सिंह राजनीतिक कहानीकार नहीं कहे जा सकते, लेकिन राजनीतिक सोच और दृष्टिकोण जरूर रखते थे। 'वेबले 38' और 'पहला पत्थर' दोनो से उनका दृष्टिकोण प्रकट होता है। यह अभिव्यक्ति 'देश भगत' में और अधिक तीखी है, जो उसे किसी हद तक राजनीतिक कहानी का रंग देती है। मानवीय तत्त्व के ह्रास का जो बीज 'वेबले 38' में विद्यमान है, वह 'पहला पत्थर' में वृक्ष का रूप ले लेता है और 'देशभगत' कहानी में वह विस्तृत राजनीतिक फलक पर उभरकर सामने आता है। धार्मिक पाखंड यहाँ भी है और आर्थिक-दैहिक शोषण का चक्र धर्म, सम्प्रदाय और वर्गों के आरपार चलता है। इसका घिनौना गठजोड़ धर्म से भी है और राजनीति से भी। इनकी ओट में कमजोर और बेसहारा लोगों के शिकार का खेल जारी रहता है। यह कहानी आजादी के कुछ पहले की है। कलाकार की पहचान इसी से होती है कि कभी कभी उसकी आँखें भविष्य के घटना चक्र की झलक बरसों पहले देख लेती हैं। यह कहानी इसका अच्छा परिचय देती है। 'काली तित्तरी' पीरां द ठठा नामक छोटे से गाँव में डाका और डाका डालने की मंसूबाबन्दी की कहानी है। यह ऊपर से एक रोमानी कहानी प्रतीत हो सकती है, लेकिन कहानी की अन्तर्वस्तु के विश्लेषण से स्पष्ट हो जाता है कि यह पौरुष मात्र पौरुष है

जिसका सम्बन्ध मानवीय शील से नहीं, बर्बरता से है, जो स्वयं अपने आप को निगल जाता है और अन्ततः अपने ही हाथों अपनी पराजय का शिकार होता है। प्रो. नारंग के अनुसार बलवन्त सिंह की इस प्रकार की कहानियों में मानवीय स्वभाव का घिनौना पक्ष अधिक मुखर हुआ है। पर रूमानी वातावरण के रहते हुए भी यह कहानी एन्टी-रूमान की राह लेती है। इसका सौन्दर्यात्मक प्रभाव वातावरण-सृष्टि में तो है ही, उस त्रासदी में भी है जिस पर यह आधारित है।

बलवन्त सिंह ने कुछ ऐसी कहानियाँ भी लिखी हैं, जिनका सम्बन्ध शहरी जीवन से है। शहरी जीवन की कहानियाँ भी उन्होंने उसी सन्तुलन और कौशल के साथ लिखी हैं। यहाँ उन्होंने प्रतिदिन सम्पर्क में आने वाले मामूली लोगों के बीच से यादगार चरित्र तराशे हैं। इस प्रकार की अधिकांश कहानियों का सम्बन्ध मध्यवर्ग या निम्न मध्यवर्गीय जीवन से है। ये आम, छोटे इन्सानों की कहानियाँ हैं। इन कहानियों में सीधे-सादे इन्सानों में कोई ऐसी विशेषता पहले ही दिखा दी गयी है कि उसका चरित्र विशिष्ट हो उठा है। उनकी कुछ कहानियाँ ऐसी भी हैं, जिनमें ऐन्द्रियता के भाव को प्रमुखता मिली है। ये कहानियाँ भी अत्यन्त प्रभावोत्पादक हैं। और इनमें 'कठिन डगरिया' तो कथा-कौशल के एक भिन्न और नवीन पक्ष को सामने लाती है। रूढ़ अर्थों से हटकर या नैतिक और अनैतिक के विभाजन से मुक्त होकर इस कहानी को एक नारीवादी कहानी के रूप में भी पढ़ा जा सकता है।[88] 'गुमराह', 'निहालचन्द', 'खुरदार' जैसी कहानियों में बलवन्त सिंह मानवीय मनोविज्ञान की गहराइयों में उतरने का प्रयास करते हैं।[89] 'पेपरवेट', 'समझौता', 'दीमक', 'कठिन डगरिया', 'सूरमा सिंह' आदि कहानियों में ऐन्द्रियता और व्यक्तित्व की अपूर्णता का भाव केन्द्रीय स्थिति रखता है।

इन्तिज़ार हुसैन का पहला कहानी संग्रह *गली-कूचे* 1952 में प्रकाशित हुआ था, जिसकी सारी कहानियाँ 1946-1950 की अवधि में लिखी गयी थीं।[90] गोपीचन्द नारंग के अनुसार उनके दूसरे कहानी संग्रह *कंकरी* (1957) का कथ्य भी समान भावभूमि पर आधृत है, इसलिए दोनों की चर्चा एक साथ संगत है। इन्तिज़ार हुसैन स्वातन्त्र्योत्तर काल में अपनी जड़ों से उखड़े मुसलमान शरणार्थी युवकों और परवर्ती पीढ़ी के प्रवक्ता के रूप में सामने आते हैं, जिनमे से प्रथम के सारे सपने चूर चूर हो चुके थे और बाद की पीढ़ी अलगाव बोध से ग्रस्त और क्रोध से भरी हुई थी। यह एक ऐतिहासिक नियति थी, जिसका अनुभव इन्तिज़ार हुसैन, मंटो, मोहन राकेश, यशपाल, अज्ञेय, चन्द्रकिरण सौनरिक्सा आदि सभी हिन्दी-उर्दू कहानीकारों ने अपनी अपनी तरह से किया था। इन्तिजार आरम्भ में भूतकाल की यादों की सीधी-सादी कहानियाँ लिखते थे जो *गली-कूचे* और *कंकरी* में संगृहीत हैं। गोपीचन्द नागर के अनुसार ये कहानियाँ अतीत की यादों और सांस्कारिक एवं सभ्यतागत रिश्तों के एहसास पर आधारित हैं। इन्तिज़ार हुसैन की मौलिक अनुभूति पलायन की अनुभूति है। सृजनात्मक दृष्टिकोण से पलायन के एहसास ने इन्तिज़ार हुसैन के यहाँ एक निराशाजनक आन्तरिक वातावरण की रचना की है। पलायन का एहसास इन्तिज़ार हुसैन की कला का अत्यन्त महत्त्वपूर्ण प्रेरक है,

और इसकी मिसालें *गली-कूचे* और *कंकरी* के बाद के संग्रहों में भी मिल जाती हैं। पर बाद में इस प्रवृत्ति की प्रकृति बदल गयी है। वही बात जो पहले दर्द की टीस बनकर उभरी थी, अब एक धीमी आग बनकर पूरे अस्तित्व को द्रवीभूत कर देती है। इन्तिज़ार हुसैन की आधारभूत परिकल्पना यह है कि मनुष्य केवल उतना ही नहीं जितना वह नजर आता है। उसके रिश्ते बाहर से ज्यादा उसके अन्तर्मन में फैले हुए हैं। इन्तिज़ार हुसैन को इसका शिद्दत से एहसास है कि उनकी आत्मा का कोई हिस्सा कटकर अतीत में रह गया है और मौजूदा परिवेश की कोई तसवीर उस वक़्त तक मुकम्मल नहीं हो सकती, जब तक अतीत के कटे हुए हिस्से को कल्पना के रास्ते वापस लाकर आत्मा में न समोया जाए। इन्तिज़ार हुसैन के कथा साहित्य में अतीत से तात्पर्य इतिहास, धर्म, पीढ़ीगत प्रभाव, पुराण, बोध-कथाएँ, आस्था व अन्धविश्वास सबकुछ है। अतीत की पुनःस्थापना और जड़ों की तलाश का पेचीदा सवाल इन्तिज़ार हुसैन के कथा साहित्य का केन्द्रीय सवाल है।[91] प्रो. नारंग के अनुसार इन्तिज़ार हुसैन की चेतना और संवेदना के द्वारा एक विलुप्त दुनिया अनायास फिर से अपनी आकृति के साथ निखरकर सामने आ जाती है और नये सिरे से सार्थक बन जाती है। पहले दो संग्रहों *गली-कूचे* और *कंकरी* के अधिकांश अफसाने एक गुमशुदा दुनिया को यादों के सहारे एक बार फिर से पा लेने की कोशिश हैं। 'आम का पेड़', 'बिन लिखी रज़्मियाँ' (सामरिक युद्ध सम्बन्धी), 'खरीदो हलवा बेसन का', 'रूपनगर की सवारियाँ' और 'चौक' में उपनगरीय परिवेश हैं। इन्तिज़ार हुसैन को बात से बात पैदा करने, कहानी बुनने और परिवेश-सृजन की कला में पारंगता प्राप्त है। इन कहानियों में सांस्कृतिक साँचों के टूटने और संस्कारों में मिटने का दबा दबा दुख तो है ही, विभाजन से उत्पन्न होनेवाली उलझनों की संवेदना भी है। 'शौके मंजिले मकसूद' में मेरठ के एक खानदान के पलायन का हाल बयान किया गया है। यह कहानी सांस्कृतिक जड़ों की जमीन में जकड़ी होने की तरफ बहुत अच्छा इशारा करती है। पलायन की समस्याएँ *गली-कूचे* और *कंकरी* में तरह तरह से सामने आती हैं। इसका प्रभावपूर्ण चित्रण 'महल वाले' में मिलता है। महल वाले जबतक भारत में थे, एक ही हवेली में रहते थे और उनमें परस्पर स्नेह, प्रेम और एकता थी, लेकिन पाकिस्तान पहुँचकर जब व्यावसायिक दौड़ में भागीदार हो गये तो धन की लालसा ने उनकी खानदानी सम्प्रभुता और व्यक्तित्व को टुकड़े टुकड़े कर दिया। 'साँझ भई चहुँ देस' भी शरणार्थियों के बिछुड़कर रह जाने की मर्मस्पर्शी दास्तान है।[92] प्रो. नारंग के अनुसार, ''इन्तिज़ार हुसैन इस युग के अत्यन्त महत्त्वपूर्ण अफसाना निगारों में से हैं, जिन्होंने अपनी रूपकात्मक शैली के द्वारा उर्दू अफसाने को नयी कलात्मक और अर्थगत सम्भावनाओं से युक्त किया है। कथाओं के परिवेश को उन्होंने नयी अनुभूति और नयी अभिज्ञता के साथ कुछ इस तरह समृद्ध किया है कि अफसाने में एक नया दार्शनिक मिजाज और नया पौराणिक कथात्मक आयाम सामने आ गया है। वे व्यक्ति और समाज, जीवन और सृष्टि, अस्तित्व की प्रकृति और वास्तविकता की समस्याओं को रोमांटिक दृष्टि से नहीं देखते, न ही उनका रवैया मात्र बौद्धिक होता है, बल्कि उनकी

कला में चेतन और अवचेतन, दोनों की क्रियाशीलता पायी जाती है। उनका दृष्किोण बुनियादी तौर पर आत्मिक और बौद्धिक है। वह मनुष्य के अन्तर्मन में सफर करते हैं, आत्मा में सेंध लगाते हैं और आधुनिक युग की उदासीनता, हृदयहीनता और असमंजस को सृजनात्मक लगन के साथ प्रस्तुत करते हैं।''[93]

क़ुर्रतुलऐन हैदर का पहला संग्रह *सितारों से आगे* 1947 में प्रकाशित हुआ। इस संग्रह की पहली कहानी 'ये बातें' मई, 1944 में, *हुमायूँ* में छपी थी। इसके पहले उनकी 'एक शाम' शीर्षक कहानी, जो इस संग्रह में नहीं है, छद्म नाम 'लालारुख' से नवम्बर, 1943 में अदीब में छप चुकी थी। 1950 तक कुर्रतुलऐन हैदर की लगभग 25 कहानियाँ प्रकाशित हो चुकी थीं, जो *सितारों से आगे* तथा परवर्ती संग्रहों में संकलित हैं। *सितारों से आगे* में प्रकाशित कहानियाँ, 'अवध की शाम', 'आह ऐ दोस्त', 'ई दफ्तर बेमानी', जहाँ कारवाँ ठहरा था', 'टूटते तारे', 'देवदार के दरख़्त', 'परवाज़ के आगे', 'मोना लीजा', 'ये बातें', 'रक्स-ए-शरर', 'लेकिन गोमती बहती है', 'सितारों से आगे', 'सुना है आलमे बाला में कोई कीमियागर था', 'हमलोग' आदि थीं। 1954 में इनका दूसरा कहानी संग्रह *शीशे के घर* प्रकाशित हुआ, जिसकी कुछ कहानियाँ–'कैक्टस लैंड', 'यह दाग़ दाग़ उजाला' आदि 1950 तक प्रकाशित हो चुकी थीं।

क़ुर्रतुलऐन हैदर की इस काल की कहानियों का कथ्य उच्चवर्गीय परिवेश और मानसिकता से जुड़ा है और उनकी प्रस्तुति का अन्दाज समकालीन कहानी से बिलकुल भिन्न और नया है। इन कहानियों में, यदि इन्हें 'कहानी' कहा जाए, समकालीन जीवन-स्थितियों अथवा संवेदनाओं के स्थान पर, डा. सादिक के अनुसार, 'मानसिक और भावात्मक प्रक्रिया को विशेष महत्त्व दिया गया था' और 'जीवन के अर्थहीन होने का एहसास था।' इनमें 'हर तरफ छायी हुई धुन्ध' का चित्रण किया गया था। डा. सादिक के अनुसार कुर्रतुलऐन हैदर इन कहानियों में 'एक बिलकुल नयी शैली, नयी तकनीक और नया माहौल' लेकर आयी थीं।[94]

मेरी दृष्टि में कुर्रतुलऐन हैदर की इन कहानियों में संवेदना की गहराई का अभाव है, और इनका महत्त्व केवल कथन-भंगिमा को लेकर है। इनकी 'आह ऐ दोस्त' में कथक या स्वयं लेखिका की पाठक से अन्तरंग एकालाप और 'दाग़-दाग़ उजाला' में संस्मरण की प्रविधि अपनायी गयी है। कहीं कहीं इनमें समकालीन जिन्दगी के गूढ़ संकेत देखे जा सकते हैं, पर उन्हें ग्रहण करना पाठक-सापेक्ष है।

इस दशक की उर्दू की महिला कहानीकारों में खादिजा मसरूर (ज. 1927) और हाजिरा मसरूर (ज. 1928)[95] का–दोनों बहनें थीं–भी अच्छा खासा स्थान है। दोनों ने 1942 के आसपास कहानी लिखना आरम्भ कर दिया था और बराबर लिखती रहीं। देश-विभाजन के बाद परिवार लाहौर चला गया। खादिजा के अधिकतर चरित्र अधिकांश प्रगतिशील कहानीकारों की तरह ही अपराध जगत् से लिये गये हैं। उसकी कहानियों में निहित अभिप्राय गरीबी, सेक्स और पाखंड है। उसकी अधिकतर कहानियाँ औरतों की जिन्दगी पर आधारित हैं, पर वे सामाजिक मान्यताओं और परम्पराओं पर, इस्मत

चुगताई की तरह, सीधे प्रहार करने में हिचकती हैं। इनका पहला कहानी संग्रह *बौछार* 1946 में और दूसरा संग्रह *चन्द रोज़ और* 1953 में प्रकाशित हुआ था। हाजिरा का *हाय अल्ला* नामक कहानी संग्रह 1946 में प्रकाशित हुआ था और उनकी 'चरके' और 'हाय अल्ला' कहानियाँ प्रशंसित हुई हैं। सामाजिक अन्याय उसकी कहानियों की भी मुख्य वस्तु है।

रामलाल ने भी इस दशक के आरम्भ में कहानी-लेखन का आरम्भ किया था। उन पर शुरू में कृष्ण चन्दर और मंटो का प्रभाव लक्षित होता है, पर बाद में उन्होंने अपना स्वतन्त्र मार्ग बना लिया। *इन्कलाब आने तक* (1951) में उनकी इस दशक की कहानियाँ संगृहीत हैं। *गली गली, आवाज तो पहचानो, उखड़े हुए लोग* और *चिरागों के सफर* उनके अन्य उल्लेखनीय कहानी संग्रह हैं। उनकी कहानियाँ सामाजिक समस्याओं, विशेषकर साम्प्रदायिक तनाव से सम्बद्ध हैं और ग्रामीण परिवेश का जीवन्त चित्र प्रस्तुत करती हैं। उनकी कुछ कहानियों में देश-विभाजन के बाद अपनी जन्मभूमि से उखड़े शहरी मध्यवर्ग का भी चित्रण हुआ है। जोगेन्दर पाल भी सामाजिक यथार्थवाद के प्रति प्रतिबद्ध रचनाकार हैं। उनके *धरती का लाल, रसाई,* और *सिलवटें* कहानी संग्रह तथा 'पनाहगाह', 'जादू' और 'बासदीप' आदि कहानियाँ उल्लेखनीय हैं।

भीष्म साहनी ने यों तो पहली कहानी चौथे दशक में ही लिखी थी—जो पहले इन्टरमीडिएट कॉलेज पत्रिका में और फिर लाहौर कॉलेज की पत्रिका में, लगभग 1934 में, प्रकाशित हुई थी—पर कहानीकार के रूप में हिन्दी रंगमंच पर उनका प्रवेश 'नीली आँखें' नामक कहानी के साथ हुआ, जो हंस में 1943 के लगभग प्रकाशित हुई थी।[96] 1944 के लगभग भीष्म जी ने 'जोत' नामक एक कहानी लिखी थी जो 1950 के बाद किसी पत्रिका में प्रकाशित हुई थी।[97] इसके कुछ ही दिनों बाद, 1953 में, भीष्म जी का चौदह कहानियों का पहला कहानी संग्रह *भाग्यरेखा* शीर्षक से प्रकाशित हुआ। इनमें से कितनी कहानियाँ 1950 तक की हैं, इसका विवरण उपलब्ध नहीं है। पर उनकी दोनों प्रारम्भिक कहानियाँ, 'नीली आँखें' और 'जोत' सिद्ध करती हैं कि भीष्म जी आरम्भ से ही समाज के हाशिये पर जीने वाले वर्ग से गहरे रूप से जुड़े हुए थे। विशेषकर उनकी 'जोत' कहानी पहाड़ी किसानों की विवश जिन्दगी का बहुत मार्मिक अंकन करती है।

नलिन विलोचन शर्मा का पहला कहानी संग्रह, 1951 में, *विष के दाँत* और अन्य कहानियाँ शीर्षक से प्रकाशित हुआ था।[98] इसके वर्तमान संस्करण में 13 कहानियाँ—'विष के दाँत', 'प्रकृति का पाप', 'समय और आदमी', 'जानी हुई चीजें', 'ये बीमार लोग', 'बन्दर का खेल', 'बाँध और धारा', 'एक चाबुक पीछे', 'पीढ़ियाँ', 'पराजित', 'अली और कली', 'पड़ोस की कोयल', 'जरूरतें' आदि—संगृहीत हैं। ये कहानियाँ अज्ञेय, जैनेन्द्र और इलाचन्द्र जोशी की परम्परा में मुख्यतः व्यक्तिप्रधान हैं, पर इनमें जैनेन्द्र की तरह न तो किसी विचार विशेष का प्रतिपादन है, न इलाचन्द्र जोशी की तरह शुद्ध असामान्य मनोविज्ञान के उदाहरण प्रस्तुत करने का प्रयास। नलिन जी उन कहानीकारों में से हैं जो संवेदना के तीव्रीकृत क्षण को अभिव्यक्त करना ही कहानी का लक्ष्य मानते

हैं। स्वाभाविक है कि उनमें मनोवैज्ञानिक क्षणों की सृष्टि का प्रयास हो; पर वे असामान्य मनोविज्ञान की किताबों से उठाए हुए क्षण न होकर कहानीकार के निजी अनुभव के क्षण हैं। नलिन जी आर्थिक दृष्टि से उच्च मध्यवर्ग के होते हुए भी मिजाज से अभिजातवर्गीय थे और उनके अनुभव का क्षेत्र भी मध्यवर्ग और अभिजात वर्ग ही था। 'अनुभव की प्रामाणिकता', जिसकी चर्चा और दावा, बाद में, 'नयी कहानी' के झंडाबरदारों ने तनिक अतिरंजना के साथ किया, वह नलिन जी की कहानियों में भरपूर मात्रा में है। उनकी उल्लेखनीय विशेषता यह जरूर है कि उन्होंने अपने भोगे हुए अनुभवों को 'काव्यात्मक संवेदना' में बदल कर उन्हें सर्वथा नया बना दिया है। नलिन जी की कहानियों में अधिकतर अभिजातवर्गीय मानसिकता ही व्यक्त हुई है, पर उनकी श्रेष्ठ कहानियाँ वे हैं, जिनमें मध्यवर्ग और अभिजातवर्ग की टकराहट दिखायी पड़ती है। 'विष के दाँत' इस दृष्टि से उनकी ही नहीं, हिन्दी की भी एक प्रतिस्पर्धेय और बेजो़ड़ कहानी है। इस कहानी में अभिजात वर्ग के पाखंड, आधुनिक जीवन की कृत्रिमता, ऊपर से सभ्य दिखने वाले समाज के असभ्य आचरण, बच्चों के कृत्रिम 'सभ्य' आचरण, लडका लड़की के लिए शिक्षा के अलग अलग मानदंड आदि पर ऐसा व्यंग्य किया गया है जो कहानी को अद्‌भुत रूप से पठनीय बना देता है। व्यंग्य इस कहानी की जान है; इतना सूक्ष्म और मारक व्यंग्य बहुत कम कहानियों में देखने को मिलता है। कहानी की केन्द्रीय संवेदना निम्न मध्यवर्ग के स्वाभिमान के उस विस्फोट से जुड़ी है जो तब घटित होती है, जब समझौते का कोई मार्ग नहीं बच रहता; ऊँट की पीठ पर रखे जाने वाले अन्तिम तिनके के मुहावरे की तरह। व्यक्ति की हताशा से उत्पन्न उन्मादी प्रतिशोध की संवेदना की ऐसी जबरदस्त अभिव्यक्ति प्रायः दुर्लभ होती है।

नलिन जी की अन्य कहानियों में 'समय और आदमी', 'बन्दर का खेल', 'बाँध और धारा', 'एक चाबुक पीछे', 'पराजित', 'अली और कली', 'पड़ोस की कोयल' आदि विशेष रूप से उल्लेखनीय हैं। 'समय और आदमी' प्रेम की, और उससे बढ़कर मानवीय संवेदना की, बहुत अच्छी कहानी है। यह मानवीय संवेदना कहानी के 'नायक' धीरेन के नाम नहीं, बल्कि मध्यवर्गीय ड्राइवर अकरम के नाम है। धीरेन अपनी मरणासन्न प्रेमिका के पास पहुँचना चाहता है, पर उसे वहाँ पहुँचाने में अकरम जिस गहरी संवेदना का परिचय देता है, वह धीरेन की प्रेम-संवेदना को अतिक्रान्त कर देती है। 'बन्दर का खेल' मनःस्थितियों के बदल जाने पर दृश्य वस्तुओं के प्रति प्रतिक्रिया के भी बदल जाने की कहानी है। वैसे यह 'थीम' कोई नयी नहीं है, पर कहानीकार ने इसे नये सन्दर्भ में प्रस्तुत कर बिलकुल नया बना दिया है। दो भिन्न मनःस्थितियों के अंकन में भाषा की सर्जनात्मकता अपनी पूरी क्षमता के साथ प्रकट होती है। 'बाँध और धारा' नैतिक संहिता से प्रेम संवेदना की टकराहट और उससे उत्पन्न मनःस्थिति के अंकन की दृष्टि से उल्लेखनीय कहानी है। 'एक चाबुक पीछे' आधुनिक सन्दर्भ में बाल मनोविज्ञान की अच्छी कहानी है, जो अनुभव की प्रामाणिकता के कारण प्रभावी बन गयी है। इस कहानी को पढ़कर इस बात की पुष्टि होती है कि सामाजिकता से सम्बद्ध होने पर ही

मनोविज्ञान सार्थक होता है। 'पड़ोस की कोयल' की मूल संवेदना स्त्री के प्रति पति के दुर्व्यवहार की है। जो स्त्री अपने सहज स्वाभाविक संगीत से पड़ोसी सहृदय को संवेदित कर सकती है, उसी की पति के द्वारा निर्मम पिटाई उसे बेहद अवसादग्रस्त कर जाती है। स्त्री की पीड़ा ही इस कहानी की मुख्य संवेदना है। 'पराजित' गलतफहमी के कारण पति-पत्नी के सम्बन्धों में पैदा हुई दरार का चित्रण करती है, पर पूरी कहानी पति की संवेदना के रूप में प्रस्तुत किये जाने के कारण 'नयी' हो गयी है। 'अली और कली' में एक बाईस-तेईस वर्ष की लड़की की मानसिकता का अंकन किया गया है जो प्रेम की दुनिया में अभी प्रवेश ही कर रही है। इस मानसिकता में द्वन्द्व है, पर उसकी सम्भावनाओं का पूरा उद्‌घाटन कहानी में नहीं हो पाया है। जिस सिन्हा के प्रति विभा हिंसा भाव से भरी हुई है, उसी को रिझाने की मानसिकता मनोवैज्ञानिक तो शायद हो, पर विश्वसनीय नहीं है। अन्त में संकेतपूर्ण ढंग से प्रस्तुत की हुई बात भी अस्पष्ट रह गयी है। पर व्यक्ति के मन में प्रवेश कर उसकी उधेड़बुन को गहरी संवेदना के साथ प्रस्तुत करने की सिसृच्छा नलिनविलोचन शर्मा की कहानियों में भरपूर मात्रा में दिखायी पड़ती है। नलिनविलोचन शर्मा उन कहानीकारों में नहीं हैं, जो 'वर्णन' को, चाहे वह 'कथा' का हो या अन्य वस्तुओं का, कहानी के लिए जरूरी समझते हैं; वे वर्णन के स्थान पर मनःस्थितियों के सूक्ष्म चित्रण और संवेदनाओं की अभिव्यक्ति में विश्वास करते हैं और इसी कारण सच्चे कहानीकार माने जा सकते हैं।

अमृत राय की तीन कहानियाँ, 'चावल, मीठे और खुशबूदार', 'नफरत' तथा 'अजीज मास्टर' हंस में 1943-45 के बीच प्रकाशित हो चुकी थीं। विवेच्य अवधि में उनके *जीवन के पहलू* (1947), *तिरंगे कफन* (1948) और *इतिहास* आदि[99] कहानी-संग्रह प्रकाशित हुए जिनमें 'जहालत के धुँधलके में', 'जाँगरचोर', 'झंखड़ बिरवा', 'परजाते के फूल', 'प्याज के छिलके', 'मसान घाट', 'यन्त्रणाओं की घड़ी', 'योरप की विजयी जनता के नाम', 'लोग', 'इतिहास', 'दरारें', 'विलायती शराब', 'सती का शाप', 'आह्वान', 'कीचड़', 'व्यवस्था का सरगम', 'फिर सुबह हुई', 'कस्बे का एक दिन', 'तिरंगे कफन', 'भोर से पहले' आदि कहानियाँ संगृहीत हैं। अमृत राय की कहानियाँ मार्क्सवादी विचारधारा से अनुप्रेरित हैं और जिन कहानियों में उनकी साम्यवादी प्रतिबद्धता कम मुखर है, वहाँ वे अच्छी भी बन पड़ी हैं।

अमृत राय की अधिकांश कहानियों का संसार मध्यवर्ग का है, जिनमें मुख्यतः शहरी और कस्बाई ज़ीवन के विविध पक्षों का चित्रण किया गया है। 'झंखड़ बिरवा' मध्यवर्गीय परिवार में पत्नी की विवशता की कहानी है। पढ़ा लिखा पति अपेक्षा करता है कि उसकी पत्नी बन ठन कर रहे और उसके मित्रों का स्वागत सत्कार 'पढ़ी लिखी सभ्य' पत्नियों की तरह करे; साथ ही वह पारम्परिक पत्नी की तरह 'गृहिणी' और 'सेविका' का कर्तव्य भी निभाए। इस अपेक्षा में पत्नी पिसती रहती है। यदि पत्नी निःसन्तान हुई तो उसकी स्थिति और भी दयनीय हो जाती है। कहानीकार ने ग्रामीण परिवेश से शहर में आयी लड़की की पत्नी के रूप में विषम स्थिति और निःसन्तान होने की मनःस्थिति का अच्छा

चित्रण किया है। 'झंखड़ बिरवे' के प्रतीक ने कहानी को निःसन्तान स्त्री करुण संवेदना से युक्त कर दिया है। 'मसान घाट' मध्यवर्ग में कन्या के जन्म और मृत्यु के प्रति परिवार और समाज की असंवेदनशीलता की कहानी है। 'सती का शाप' में मध्यवर्गीय परिवारों में बहू पर होनेवाले अमानवीय अत्याचारों का वर्णन किया गया है। यह उस समय के भारतीय जीवन की एक सच्चाई थी कि लड़के का बाप अपने क्षय रोग से ग्रस्त पुत्र की बीमारी का तथ्य छिपा कर उसकी शादी किसी गरीब घर की लड़की से कर देता था, जो असमय ही माँ और विधवा बनकर समाज की आँखों की किरकिरी बन जाती थी। कहानी के अन्त में लड़की अपनी सास को शाप देती हुई घर से निकलती है पर लेखक इस बात पर जोर देता है कि उसके शाप का कोई भी असर उस परिवार पर नहीं होता। 'लोग' में एक ऐसे संयुक्त परिवार का चित्रण किया गया है जिसमें एक भाई की मृत्यु के बाद उसकी विधवा पत्नी और बच्चों की कोई सहायता नहीं करता। संयुक्त परिवारों के साथ साथ पूरे समाज की एक असहाय स्त्री के प्रति असंवेदनशीलता का इस कहानी में अच्छा चित्रण किया गया है। 'भोर से पहले' स्त्री की विवशता पर आधारित बहुत अच्छी कहानी है। कोई अपना कहा जाने वाला पुरुष ही अबोध लड़कियों को देह-व्यापार में लगाता है और कोई उदार विचारों वाला युवक भी उसकी वास्तविक सहायता नहीं कर पाता। इस प्रकार की पुरानी कहानियों में युवक प्रायः लड़की का 'उद्धार' कर दिया करता था; पर इस कहानी का युवक शोषित लड़की के प्रति गहरी संवेदना रखते हुए भी उसकी कोई सहायता नहीं कर पाता। पुरुषप्रधान समाज की नारी संहिता ऐसी कठोर और क्रूर है कि उसका उल्लंघन करने का साहस किसी युवक को प्रायः नहीं हो पाता। युवक की असहायता की संवेदना ही इस कहानी को कचोटने वाली बनाती है। 'जाँगरचोर' में डाक्टरों और नर्सों की असंवेदनशीलता का अंकन किया गया है। 'चावल, मीठे और खुशबूदार' में युद्धकाल में खाने-पीने की चीजों के लिए हुई राशनिंग व्यवस्था में सरकारी पदों पर अवस्थित लोगों द्वारा की जाने वाली कालाबाजारी का चित्रण किया गया है। इन कहानियों में 'झंखड़ बिरवा' अपनी प्रतीकात्मकता के कारण और 'मसान घाट' संकेतपूर्ण होने के कारण कुछ अच्छी बन गयी हैं। पर 'लोग', 'सती का शाप', 'जाँगरचोर' और 'चावल, मीठे और खुशबूदार' कथा के अनावश्यक हस्तक्षेप या संवेदना के अभाव में 'कहानी' की दृष्टि से अनुल्लेखनीय हो गयी है।

अमृत राय की कहानियों में साम्यवादी दल के प्रति उनकी प्रतिबद्धता अधिक मुखरित है। 'परजाते के फूल' में मिल-मालिक और मजदूरों के संघर्ष का चित्रण किया गया है। लेखक ने मिलमालिक के तिकड़म और पुलिस की सहायता से मजदूरों की हड़ताल को तोड़ने तथा मजदूरों की शक्ति और संघर्ष का अच्छा चित्रण किया है। इसमें मजदूर वर्ग के प्रति उसकी प्रतिबद्धता बहुत अच्छी तरह से उजागर हुई है। 'तिरंगे कफन' में स्वतन्त्रता-प्राप्ति की पहली वर्षगाँठ पर एक ऐसी स्त्री की निराशा व्यक्त की गयी है, जिसने आजादी की लड़ाई में बढ़-चढ़ कर हिस्सा लिया था, जेल की सजा भुगती

थी और 15 अगस्त, 1947 को उत्साहित थी कि अब देश का भाग्य बदलेगा। पर एक साल बीतते न बीतते उसकी आशालता मुरझाने लगती है। वह अनुभव करती है कि जिस आजादी का सपना उसने देखा था, और जिसके लिए कुरबानियाँ दी थीं, वह आजादी तो यह नहीं है। इस निराशा को व्यक्त करने के लिए ही यह कहानी लिखी गयी है। वस्तुतः साम्यवादी दल ने उसी समय 'आजादी झूठी है' का नारा दिया था। अमृत राय यद्यपि सम्यवादी दल के सक्रिय सदस्य थे, और सम्भव है, उन्होंने दल की नीति के समर्थन में ही यह कहानी लिखी भी हो, पर उनके अनुभव की प्रामाणिकता भी इसके साथ मिली हुई है। इस कारण कहानी पाठक का विश्वास अर्जित करने में भी समर्थ है। 'व्यवस्था का सरगम' के बारे में भी यही बात कही जा सकती है, जो 'आजादी' के ठीक पहले और उसके बाद साम्प्रदायिक दंगों के फलस्वरूप पैदा हुई शरणार्थियों की समस्या पर आधारित एक अच्छी कहानी है। यद्यपि इसमें तत्कालीन व्यवस्था की आलोचना राजनीतिक पूर्वग्रह से मुक्त नहीं है, और इसका अन्त भी कुछ 'नाटकीय' हो गया है, पर इसके भीतर हताशा और विद्रोह की गहरी संवेदना व्याप्त है।

पर 'दरारें' कहानी के बारे में यह बात नहीं कही जा सकती। यह उन दिनों की स्थिति का वर्णन है जब भारत-विभाजन की बातें चल रही थीं। कम्युनिस्ट पार्टी बँटवारे के पक्ष में थी और अमृत राय पार्टी का सदस्य होने के कारण उसका समर्थन करते हैं। तर्क यह देते हैं कि चूँकि हिन्दू मुसलमानों से नफरत करते हैं, इसलिए पाकिस्तान की माँग मुसलमानों के लिए जायज है। वे यह भी मानते हैं कि 'अखंड हिन्दुस्तान' केवल नक्शों में है। जब तक हिन्दुओं और मुसलमानों के बीच की नफरत की दीवार नहीं मिट जाती तब तक अखंड हिन्दुस्तान की माँग नाजायज है। जाहिर है, इस कहानी के रूप में साम्यवादी दल का एजेंडा और कार्यकर्ता बोल रहा है। 'प्याज के छिलके' और 'यन्त्रणाओं की घड़ी' भी भारतीय साम्यवादी दल द्वारा दिये गये नारे 'आजादी झूठी है' के आधार पर लिखी हुई कहानियाँ हैं। यह सही है कि देश को जो आजादी मिली थी, उससे भ्रष्ट नेताओं, आवश्यक खाद्य वस्तुओं की जमाखोरी, कालाबाजारी और मिलावट से नफा कमाने वाले सेठों और व्यापारी वर्ग को ही अधिक लाभ हुआ था, जनता का कोई भी कष्ट दूर नहीं हुआ था, पर इन दोनो ही कहानियों में यथार्थ स्थिति के चित्रण पर चढ़ा हुआ राजनीतिक रंग साफ साफ दिखायी पड़ता है। सेठों और व्यापारियों द्वारा गोशाला या अन्य धार्मिक अनुष्ठानों के लिए चन्दा दिये जाने पर भी व्यंग्य किया गया है। 'विलायती शराब' में चार रेल-यत्रियों के वार्तालाप के माध्यम से आधुनिक जीवन में व्याप्त अर्थहीनता का वर्णन किया गया है। 'आह्वान' पुरानी और नयी पीढ़ी, पुराने संस्कारों और आधुनिक तर्कसंगत विचारों के संघर्ष की कहानी है और लेखक नयी पीढ़ी के साथ है। पर यह एक विचारधारा का प्रतिपादन ही है, किसी गहरी संवेदना के अभाव में 'कहानी' साधारण ही है। 'कीचड़' कतिपय पात्रों के संवाद के रूप में हिन्दू-मुस्लिम दंगों के पीछे निहित साम्प्रदायिक उन्माद की कहानी है। लेखक साम्प्रदायिक उन्माद का

विरोध करता है और ऐसे लोगों को 'जानवर' की कोटि में स्थान देता है। संवेदनात्मक गहराई और तीव्रता के अभाव में ये कहानियाँ पाठक के चित्त पर कोई स्थायी प्रभाव नहीं छोड़तीं।

रांगेय राघव की पहली कहानी 'अभिमान' 1944 में, प्रथम तीन कहानी संग्रह *साम्राज्य का वैभव, समुद्र के फेन* और *देवदासी* 1947 में, *जीवन के दाने* और *अधूरी मूरत* 1949 में तथा *अंगारे न बुझे* और *इन्सान पैदा हुआ* 1951 में प्रकाशित हुए।[100] इससे स्पष्ट है कि रांगेय राघव ने अपनी अधिकतर कहानियाँ 1951 से पहले लिखी थीं। यही उनके कहानी-लेखन का मुख्य दौर था। इस दौर में (1944-50) उन्होंने लगभग 71 कहानियाँ लिखीं। 1950-51 के बाद के 11-12 वर्षों में प्रकाशित कहानियों की सख्या कुल 18 है, जिनमें से कुछ कहानियाँ पहले की लिखी भी हो सकती हैं।

रांगेय राघव की इस दशक की कहानियों में राजनीतिक आन्दोलनों और लगभग उसी से जुड़े साम्प्रदायिक उन्माद का चित्रण न के बराबर हुआ है। पर विश्व युद्ध से उत्पन्न आर्थिक विभीषिकाओं, बंगाल के अकाल, आर्थिक भ्रष्टाचार आदि के चित्रण में उनकी कहानियाँ अपने काल का प्रतिनिधित्व करती हैं। रांगेय राघव की कहानियों में आजादी के बाद की राजनीतिक स्थिति, जैसे साम्यवादी दल पर लगी सरकार की पाबन्दी और सरकार तथा पूँजीपतियों के विरुद्ध छोटे कर्मचारियों और मजदूरों के संघर्ष, हड़ताल, प्रदर्शन आदि का चित्रण किया गया है।

रांगेय राघव की कहानियों में भी रचना के स्तर पर बहुत उच्चावचता है; यदि एक तरफ 'आदमी', 'विडम्बना', 'गाजी', 'नारी की लाज', 'पिसनहारी', 'प्रवासी', 'अधूरी मूरत', 'इंसान' (सभी 1947 के पूर्व प्रकाशित) जैसी संवेदना की गहराई और तीव्रता की दृष्टि से श्रेष्ठ कहानियाँ हैं तो दर्जनों ऐसी कहानियाँ हैं, जो एक खास विचारधारा के तहत लिखे जाने के कारण कमजोर हो गयी हैं। रांगेय राघव की अधिकतर कहानियों में समाज के हाशिए पर स्थित कमजोर और उपेक्षित लोगों का अंकन हुआ है। इस दृष्टि से वे प्रेमचन्द के बहुत निकट और यशपाल से बहुत आगे हैं। यशपाल अपनी कहानियों में समकालीन जीवन-यथार्थ से बहुत कम जुड़ते हैं। प्रेमचन्द के बाद रांगेय राघव पहले लेखक हैं जो समकालीन जीवन के नग्न यथार्थ को बहुत तल्खी के साथ उभारते हैं। इस प्रयास में उनकी अधिकतर कहानियाँ 'प्राकृतिकवाद' की परिधि में आ जाती हैं। उदाहरण के लिंए 'अभिमान' में भिखारियों की दयनीय, अभाव और अपमान से भरी जिन्दगी का चित्रण किया गया है। उनमें से कुछ भीख माँगने का धन्धा छोड़कर मिल में मजदूरी करके जीवन बिताने का प्रयास करते हैं पर मिलों के बन्द होने पर उनकी छँटनी हो जाती है और उनकी जिन्दगी भिखारियों से भी बदतर हो जाती है। पर कहानी में कोई गहरी संवेदना नहीं है। 'अवसाद का छल' युद्ध विरोधी संवेदना की कहानी है। रांगेय राघव की युद्ध विरोधी कहानियों में 'पिसनहारी' का विशेष महत्त्व है। इस कहानी की यमुना (पिसनहारी) के अट्ठारह लड़के एक-एक कर युद्ध में भरती होते और गुम होते जाते हैं। इसका उसके चित्त पर ऐसा प्रभाव पड़ा है कि उसकी दुख की

संवेदना ही मर जाती है। व्यवस्था के अमानवीकरण के यन्त्र में व्यक्ति किस प्रकार संवेदनहीन हो जाता है, इसका इतना शक्त अंकन 'कफन' के बाद इसी कहानी में मिलता है। 'डंगर' एक ऐसें किसान की कहानी है, जिसके दो तगड़े बैलों में से एक और बहादुर फौजी बेटों में से एक की मृत्यु एक साथ हो जाती है। यह भी युद्ध विरोधी और साम्राज्यविरोधी कहानी है।

'आदमी' दलित जीवन पर आधारित कहानी है, जिसके केन्द्र में भूख की गहरी संवेदना है। 'गाजी' साम्प्रदायिक सद्भाव को व्यक्त करने वाली एक मार्मिक कहानी है। 'नारी की लाज' समकालीन समाज में एक गर्भवती माँ की कहानी है, जो अपने बच्चे के पिता का नाम नहीं बता सकती। ऐसी स्त्रियों के प्रति समाज की असंवेदनशीलता ही कहानी का कथ्य है। 'नारी का विक्षोभ' में नवशिक्षित स्त्रियों के पुराने, परम्परागत, जड़ मूल्यों से टकराहट का अंकन किया गया है। पर कहानी फारमूलों पर आधारित हो गयी है। 'कुछ नहीं' भी समाज में नारी की दयनीय स्थिति से सम्बन्धित कहानी है, पर सामान्यीकरण, सिद्धान्त-कथन और 'वर्णन' की बहुलता आदि ने कहानी को बोझिल बना दिया है। 'गूँगे' एक गूँगे पात्र की संवेदना को व्यक्त करने वाली कहानी है, पर इसके अन्त में जो 'दर्शन' 'लिखा' गया है, वह कहानी को कमजोर बनाता है। 'फूल का जीवन' कहानी में सुसंस्कृत समाज के बरक्स उस समाज का अंकन किया गया है जिसके गन्दे और घिनौने बच्चे भूख और गन्दगी में जीते हुए सड़क पर दम तोड़ देते हैं। पर दूसरी तरफ वे विद्रोह पर भी उतारू हो रहे हैं। आजादी के बाद का सेठ उन्हीं मजदूरों को फुसलाकर, उनका वोट हासिल कर सत्ता पर भी काबिज होने की साजिश रचता है। आजादी के ठीक पहले का बुर्जुआ वर्ग कम्पनी से लाभांश पाकर सेठ के साथ हो जाता है। वह मजदूरों को खरीद लेने की योजना बनाता है। वह वर्ग संघर्ष को रोकने का प्रयास करता है। उसका सिद्धान्त है : "भला बताइए न, यह वक्त अँगरेजों से लड़ने का है या इन बातों का? दुनिया में सभी तो अमीर नहीं होते। फिर दूसरों को देखकर जलने से क्या फायदा? अब हमसे और कोई क्या अधिक धनी ही नहीं? पर हम तो जो परमात्मा ने दिया है, उसी में सब्र करते हैं। इसके लिए क्या किया जाय यदि परमात्मा ने उन्हें वह भी नहीं दिया?" यह बहुत लचर तर्क है, पर बुर्जुआ वर्ग ऐसे ही तर्कों का सहारा लेकर मजदूरों का शोषण करता है। 'गूँज' ऐतिहासिक मिथ के माध्यम से उपेक्षित वर्ग के प्रति सहानुभूति की कहानी है। 'रोने का मोल' एक आवारा कुत्ते पर लिखी कहानी है, जो हाशिये पर पड़े लोगों का प्रतीक है। 'नरक' में आठ चित्र या प्रसंग हैं जिनमें समाज के निम्नवर्ग की जिन्दगी के 'नरक' प्रस्तुत किये गये हैं। 'मुर्दे' मुर्दे जलाने वाले डोम की कहानी है, पर इसका केन्द्रीय कथ्य बूढ़े डोम के लड़के और मिल में दुर्घटनाग्रस्त मजदूर को जलाने के लिए आये मजदूरों के विद्रोह में निहित है।

औपनिवेशिक शासन में, द्वितीय विश्व युद्ध के बाद भी, सेठों और पुलिस की मिली भगत द्वारा गरीबों का शोषण ज्यों का त्यों बना रहा। इसमें धर्म, हिन्दू या इस्लाम, कोई

हस्तक्षेप नहीं करता। मुसलमान मुसलमान का शोषण उसी निर्ममता से करता है, जिस प्रकार हिन्दू हिन्दू का। 'मृगतृष्णा' इसी यथार्थ की कहानी है। 'लहू और लोहा' मजदूरों के अपने हक के लिए मिल मालिकों के खिलाफ संघर्ष और पुलिस द्वारा उन पर किये जाने वाले अत्याचार की एक मार्मिक कहानी है। लेखक का पक्ष यह है कि आजादी मिल जाने के बाद भी सरकार मिल मालिकों का ही समर्थन करती है और यदि मजदूर अपने वाजिब अधिकारों के लिए हड़ताल करते हैं तो उनके नेताओं को बिना किसी अपराध के जेल में बन्द करने के लिए पुलिस मजदूर-बस्तियों को अपने घेरे में ले लेती है और उन पर लाठी चार्ज करती है और औरतों पर भी अत्याचार करती है। पर मजदूर हार नहीं मानते हैं। उनका नैतिक बल अब बढ़ गया है। मजदूरों के संघर्ष का चित्रण करने में रांगेय राघव यशपाल की तुलना में बहुत आगे हैं।

औपनिवेशिक शासन की एक पहचान रंगभेद की नीति पर अमल करने की होती है। भारत में औपनिवेशिक शासन के अन्तिम दिनों में भी अँगरेजों और हिन्दुस्तानियों में इन्सान इन्सान का अन्तर बरकरार था। 'इंसान' कहानी में लेखक की इस चेतना के साथ साथ परतन्त्र होने की कसक सुनाई पड़ती है। 'अधूरी मूरत' में औपनिवेशिक शासन में, जहाँ सेठ, पूँजीपति और सामन्त पनप रहे थे, एक कलाकार की पीड़ा का अंकन किया गया है। 'विडम्बना' अँगरेजी शासन में रेल-यात्रा की विभीषिका का यथार्थ वर्णन करने वाली कहानी है। पर कहानी के अन्त में लेखक अपनी राजनीतिक प्रतिबद्धता को व्यक्त करने से बाज नहीं आया है।

'आजादी झूठी है' के साम्यवादी नारे पर कहानियाँ लिखने वालों में रांगेय राघव प्रमुख हैं। यद्यपि यह नारा भी अन्य राजनीतिक नारों की तरह खोखला था, पर सामयिक सच्चाई से दूर भी नहीं था। यह कौन नहीं जानता कि आजादी मिलते ही सारे चालाक और धूर्त जमीन्दार-महाजन और पूँजीपति खद्दर का कुर्ता-टोपी धारण कर कांग्रेस पार्टी में प्रत्यक्ष या परोक्ष रूप में शामिल हो गये थे। नौकरशाही और पुलिस रातोरात नयी शासन-व्यवस्था की वफादार और भरोसामन्द बन गयी थी। नौकरशाही जिस प्रकार औपनिवेशिक सरकार के प्रति वफादार थीं, उसी प्रकार अब देशी सरकार के प्रति थी। मजदूरों और पूँजीपतियों के संघर्ष में सरकार पूँजीपतियों का साथ दे रही थी। जमीन्दारी-उन्मूलन के सिद्धान्त और संकल्प में ढिलाई या कोताही बरती जा रही थी, जिसका लाभ जमीन्दार उठा रहे थे। छोटे-बड़े राजनीति-कर्मी कोटा-परमिट और ठीकेदारी के लाभ के अतिरिक्त सत्ता की कुर्सी पर आसीन होकर अपने लिए 'विशेष' सुविधाएँ तय करने में लग गये थे। सत्ता के शीर्ष पर स्थित प्रथम दर्जे का कांग्रेसी नेतृत्व औपनिवेशिक व्यवस्था के चरित्र को अपनाकर सन्तुष्ट था। गाँधी उनके लिए अप्रासंगिक हो गये थे। रांगेय राघव की कहानियों में आजादी के बाद के इस माहौल का बहुत अच्छा चित्रण हुआ है। 'कठपुतले' कहानी का एक पात्र कहता है : "आजादी मिली है, लेकिन वह सिर्फ चोरबाजारी करने के लिए मिली है। हमको नहीं मिली, जो खेतों में काम करते हैं। दारोगा जी को मिली है जो अब तिरंगा ओढ़कर रिश्वत लेते

हैं।'' इस कहानी में आजादी के बाद सेठों और जमीन्दारों के राजनीति के खेल में शामिल होकर सत्ता की रोटी में हिस्सेदारी करने की प्रवृत्ति का चित्रण बड़ी बेबाकी के साथ किया गया है। अपने हितों के लिए संघर्ष करने वाले किसानों-मजदूरों के साथ देशी सरकार के उस रवैये का चित्रण भी किया गया है जो औपनिवेशिक शासन में आजादी के लिए संघर्ष करनेवालों के प्रति सरकारी तन्त्र का था। कुछ भी बदला नहीं था। 'ईमान की फसल' इस यथार्थ पर आधारित कहानी है कि आजादी के बाद वही प्रशासन तन्त्र ज्यों का त्यों बना रह गया, जो आजादी के लिए संघर्ष करने वालों का दमन करता था। उसकी प्रकृति में कोई परिवर्तन नहीं हुआ। अब वह उन लोगों का दमन करने लगा जो मजदूरों के शोषण से मुक्ति के लिए संघर्ष में शामिल होते थे अथवा उसकी अगुआई करते थे। 1948 में कांग्रेस शासन ने मजदूरों के हितों की रक्षा करने के लिए संघर्षरत साम्यवादी दल को गैर-कानूनी घोषित कर दिया था और साम्यवादी नेताओं की गिरफ्तारियाँ हो रही थीं। सरकार पूँजीपतियों के हितों की रक्षा करने के लिए कोई भी कड़ा क़दम उठाने में नहीं हिचक रही थी। इस स्थिति का इस कहानी में बहुत अच्छा चित्रण किया गया है। 'नया समाज' कहानी भी आजादी के बाद की स्थिति पर आधारित है। इसमें तो कोई सन्देह नहीं कि कहानी साम्यवादी स्वर में लिखी गयी है, पर यह अपने समय की सच्चाई से जुड़ी हुई है। सचमुच राजनीतिज्ञों ने सत्ता में आते ही अपने वेतन और अन्य सुविधाएँ तय कर ली थीं, पर उन्होंने शिक्षकों या छोटे स्तर पर काम करने वाले नागरिकों की दिक्कतों की कोई चिन्ता न की थी। इस कहानी में स्कूल के शिक्षकों की हड़ताल का वर्णन किया गया है। उसके पहले शायद शिक्षकों ने कभी हड़ताल न की थी। उनके ऊपर आदर्शों की एक आभा जरूर उढ़ा दी गयी थी, पर उनकी कुछ वास्तविक जरूरतें भी होती हैं, इस पर किसी ने ध्यान नहीं दिया था। कहानीकार ने कहानी के माध्यम से लड़ाई के बाद हुई महँगी, मिलों में होने वाली मजदूरों की छँटनी, नेताओं की बढ़ती सुविधाओं, मजदूरों की हड़तालों, जमीन्दारी समाप्त होने की अफवाहों पर लोगों के अविश्वास, जमीन्दारों और पूँजीपतियों के कांग्रेस में शामिल होकर सत्ता पर अधिकार करने की वास्तविकता आदि की अभिव्यक्ति भी की है। कहानी में साम्यवादी विचारधारा पर आधारित आदर्शवाद की अभिव्यक्ति भी हुई है, जो आरोपित होने के कारण अविश्वसनीय बन गयी है। 'इन्सान पैदा हुआ' भी इसी समकालीन यथार्थ बोध से जुड़ी कहानी है। 1947-48 में लिखी कहानियों में रांगेय राघव ने समकालीन राजनीतिक स्थिति का साम्यवादी नजरिए से चित्रण किया है, पर वे यथार्थ से बहुत कटी हुई नहीं हैं। समकालीन सरकार उन सारे लोगों का दमन कर रही थी, जो उसका विरोध कर रहे थे। इनमें साम्यवादी दल प्रमुख थे। हड़ताल करने वालों पर सख्तियाँ की जा रही थीं। साम्प्रदायिक भावनाओं को राजनीतिज्ञों और पूँजीपतियों द्वारा अपने हितों के लिए भड़काया जा रहा था। लेखक के अनुसार राष्ट्रीय स्वयंसेवक संघ के सदस्यों तक को छूट दी जा रही थी और मुसलमानों को 'लीगी' और 'पाकिस्तानपरस्त' घोषित कर उन्हें परेशान किया जा रहा था। इससे स्पष्ट है कि लेखक

साम्यवादी दुराग्रह से भी मुक्त नहीं है। साम्यवादी आदर्शवाद का स्वर कहानी के शीर्षक में ही नहीं कहानी के कथ्य में भी मुखरित हुआ है।

रांगेय राघव की कुछ कहानियाँ इतिहास या किसी ऐतिहासिक मिथ के माध्यम से उनके अध्ययन-चिन्तन से प्राप्त दर्शन अथवा समाजवादी विचारों और आस्थाओं को व्यक्त करती हैं। 'चकाबू का किला' में 'अलिफ लैला' के एक प्रसंग को लेकर यह बताने का प्रयास किया गया है कि "..यह आदमी कितना अजीब जन्तु है। इसके जी की जलन का तो कोई अन्त ही नहीं लगता। हजारों बरसों से भटक रहा है, बराबर भटक रहा है मगर कोई अन्त नहीं, लगातार वही चलना, वही थकान..." कहानी में तोता-मैना के वार्तालाप के व्यंजनापूर्ण संकेत से मनुष्य के सुख की खोज में भटकते रहने के तथ्य को व्यक्त किया गया है। 'देवदासी' का आधार दक्षिण भारत का इतिहास है, जिसके माध्यम से प्रेम, कर्तव्य-बोध और सामाजिक नैतिकता का द्वन्द्व प्रस्तुत किया गया है। 'अमरता एक क्षण' में पुरैतिहासिक काल की एक कल्पित घटना के आधार पर प्रेम की भावना का अंकन किया गया है। 'अनुवर्तिनी' में भी ऐतिहासिक आधार पर निर्मित 'कथा' द्वारा काम और वैराग्य का द्वन्द्व, जो बौद्ध धर्म ही नहीं, भारत के भी पतन का कारण माना जाता है, प्रस्तुत किया गया है। 'गुलाम सुल्तान' एक कल्पित ऐतिहासिक कथा के माध्यम से पुत्र के प्रति पिता के प्रेम की अभिव्यक्ति की कहानी है। 'देवोत्थान' में एक कल्पित देवकथा के रूपक से साम्राज्यवाद के विनाश और साम्यवाद की विजय का उद्घोष किया गया है। डिमाई आकार की 39 पृष्ठों की लम्बी कथा 'सारनाथ के खंडहरों में' भी ऐसी ही रचना है।

इन कथा-रचनाओं में 'कहानी' की कोई भी विशेषता—संवेदना या तनाव का तीव्र क्षण, कोई कचोटने वाली विसंगति, कोई मन को मरोड़ देनेवाली स्थिति, कोई स्तम्भित कर देनेवाला झटका—नहीं है। रांगेय राघव की एक और बड़ी बीमारी है, विस्तृत और अनावश्यक सामान्यीकरण की, जिसमें उनका मूल कथ्य खो जाता है या धुँधला हो जाता है। 'फूल का जीवन' में यह बात देखी जा सकती है। फिर भी इसमें सन्देह नहीं कि वे उस जीवन का चित्रण करते हैं जिसे हाशिये पर का या उपेक्षित जीवन कहते हैं।।

रांगेय राघव की एक कहानी 'पंच परमेश्वर' (*हंस,* अगस्त, 1945) इस कारण उल्लेखनीय है कि प्रेमचन्द की एक कहानी भी इसी शीर्षक से (*सरस्वती,* जून, 1916) प्रकाशित हुई थी। कुछ 'प्रगतिशील' आलोचकों ने प्रेमचन्द की कहानी की आलोचना इस आधार पर की है कि उसमें गाँधीवादी 'हृदय-परिवर्तन' का उदाहरण प्रस्तुत किया गया है। वे कहानी के अधूरे और पूर्वग्रह युक्त पाठ के आधार पर यह भूल जाते हैं कि प्रेमचन्द अपनी कहानी के माध्यम से हिन्दू-मुस्लिम एकता का सन्देश भी दे रहे थे जो उस समय के राजनीतिक माहौल की अपनी खासियत थी। प्रेमचन्द की कहानी का एक पंच अलगू चौधरी हिन्दू है और दूसरा पंच जुम्मन शेख मुसलमान। मुद्दई-मुद्दालह भी हिन्दू-मुसलमान हैं। अलगू चौधरी और जुम्मन शेख आरम्भ से एक-दूसरे के दोस्त हैं। पर एक पंचायत में अलगू चौधरी का फैसला जुम्मन शेख के खिलाफ हो जाने पर

दोनो की दोस्ती टूट जाती है। समय पाकर एक ऐसा मुकदमा जुम्मन शेख की पंचायत में आता है जिसमें वे अलगू चौधरी से पुराना बदला चुका सकते हैं। पर वे ऐसा नहीं कर पाते। उनका फैसला बदले की भावना से सर्वथा मुक्त रहकर अलगू चौधरी के पक्ष में होता है। व्यक्तिगत सम्बन्ध से, चाहे वह पक्षपात का हो या प्रतिशोध का, मुक्त होकर फैसला करना न्याय का मौलिक सिद्धान्त है, जिसे सारी सभ्य दुनिया स्वीकार करती है। औपनिवेशिक शासन में भारतीय न्याय-व्यवस्था इस सिद्धान्त का मखौल बनकर रह गयी थी। 'पंच में परमेश्वर का वास होता है' का मूल्यगत आग्रह ऐसा नहीं है जिसे 'कोरा आदर्श' कहकर खारिज किया जा सके। यह कहानी किसी न किसी अंश में औपनिवेशिक शासन की न्याय व्यवस्था पर एक टिप्पणी भी है, जिसमें न्याय का गला ही घोंटा जाता था।

रांगेय राघव की कहानी 'पंच परमेश्वर' का उद्देश्य केवल यह दिखाना है कि प्रेमचन्द के जमाने के 'पंच परमेश्वर' अब मदिरा की बोतलों पर बिकने लगे हैं। वस्तुतः 1945 और 1916 की न्याय-व्यवस्था में कोई मौलिक फर्क नहीं था। ऐसा भी नहीं कि 1916 में ग्राम पंचायतों में पंच 'परमेश्वर' ही होते हों। पर वह परम्परागत न्याय व्यवस्था औपनिवेशिक व्यवस्था से बेहतर जरूर थी, क्योंकि उस पर 'धर्म' का एक अव्याख्येय नियन्त्रण था। रांगेय राघव यह मानते प्रतीत होते हैं कि अब वे मूल्य नष्ट हो गये हैं, जिनसे प्रेमचन्द आविष्ट थे। यदि प्रेमचन्द की कहानी एक 'आदर्श' पर आधारित है तो रांगेय राघव की कहानी उसकी 'प्रतिक्रिया' पर। उसके पीछे अनुभव का बल भी हो सकता है, पर प्रेमचन्द की कहानी प्रामाणिक अनुभव से रहित है, ऐसा दुराग्रहवश ही कहा जा सकता है। रांगेय राघव की कहानी में अपने समय से सन्दर्भित वह संश्लिष्टता और समग्रता नहीं है, जो प्रेमचन्द की कहानी में है।

रांगेय राघव की कहानियों में मध्यवर्ग बहुत कम है। 'घिसटता कम्बल' मध्यवर्गीय दाम्पत्य जीवन की घुटन और सुख की लालसा में भटकने की स्थिति की कहानी है। 'जीवन की तृष्णा' भी मध्यवर्ग की ही कहानी है, जिसमें पत्नी पति के प्रेम के बावजूद सास की उपेक्षा के कारण क्षयरोग से ग्रस्त होकर मर जाती है; मध्यवर्गीय नैतिकता पुरुष को माँ के प्रति कर्तव्य और पत्नी के प्रेम के द्वन्द्व में निष्क्रिय बना देती है। बहू के प्रति माँ की उपेक्षा और पत्नी के पति का प्रेम एक मध्यवर्गीय सच्चाई है, जिसकी इस कहानी में प्राकृतिकवाद की सरहदों को छूती हुई अभिव्यक्ति हुई है।

'प्रवासी' प्रेम संवेदना की एक बहुत अच्छी कहानी है। यहाँ प्रेम की टकराहट परम्परागत मान्यताओं से होती है और प्रेम को हारना पड़ता है, पर संवेदना की हार नहीं होती। यद्यपि अपने कथ्य को अभिव्यक्त करने के लिए लेखक को एक 'संयोग' का सहारा लेना पड़ा है, पर यह दोष कहानी पर हावी नहीं हुआ है।

फणीश्वरनाथ रेणु का कहानी-लेखन, भारत यायावर के अनुसार, 1936 के आसपास ही हो गया था, पर उनके प्रकाशन का कोई विवरण उपलब्ध नहीं है।[101] उनकी पहली उल्लेखनीय कहानी 'बट बाबा' अगस्त 1944 में प्रकाशित हुई थी। अगस्त, 1944

से अगस्त, 1949 के बीच रेणु ने 'बट बाबा' के अतिरिक्त 'पहलवान की ढोलक', 'कलाकार', 'रसूल मिसतिरी', 'इतिहास, मजहब और आदमी', 'खंडहर', 'धर्मक्षेत्रे-कुरुक्षेत्रे' आदि तेरह कहानियाँ लिखी थीं, जो विभिन्न पत्रिकाओं में प्रकाशित हुई थीं। पर उनका कोई कहानी संग्रह 1959 के पहले प्रकाशित नहीं हुआ। इस कारण रेणु की इन कहानियों पर कथालोचकों की दृष्टि नहीं गयी।

'बट बाबा', 'पहलवान की ढोलक', 'कलाकार', 'प्राणों में घुले हुए रंग', 'रसूल मिस्त्री', 'बीमारों की दुनिया में' आदि कहानियाँ संस्मरण और रेखाचित्र के अधिक निकट हैं, जिनमें कहानीकार अपनी स्मृतिजन्य भावुकता को कहानी का कलेवर देने का प्रयास करता दिखायी देता है। इन कहानियों में लेखक का सामाजिक सरोकार तो व्यक्त होता प्रतीत होता है, पर उसके अनुभव और चिन्तन में प्रौढ़ता का अभाव है। 'पार्टी का भूत' में कहानीकार राजनीति में कुकुरमुत्ते की तरह बढ़ती राजनीतिक पार्टियों पर व्यंग्य करता है। 'इतिहास, मजहब और आदमी' में रेणु की जाति, धर्म और परम्परा की दीवारों को तोड़ती हुई मानवीय संवेदना व्यक्त होती है। 'रेखाएँ : वृत्तचक्र (एक)' में अस्पताल में मृत्यु की अन्तिम घड़ियाँ गिनते एक कैप्टेन की डूबती हुई चेतना में युद्ध की विभीषिका और प्रेम की संवेदना के द्वन्द्व का मार्मिक रूप सामने आता है। 'खँडहर' में आजादी के 'लाभ' से वंचित रहकर आम आदमी की लड़ाई लड़ने वाले नेताओं की सामाजिक और पारिवारिक जिन्दगी का बड़ा मार्मिक अंकन किया गया है। यह रेणु की पहली कहानी है जिसमें संवेदना का 'क्षण' अपनी पूरी तीव्रता में फोकस हुआ है। 'धर्मक्षेत्रे कुरुक्षेत्रे' में 'भारत छोड़ो आन्दोलन' के दमन में अमरीकी 'टामियों' की हैवानी हरकतों का वीभत्स रूप सामने आता है।

विवेकी राय का कथा-लेखन उनकी 'पाकिस्तानी' नामक कहानी से आरम्भ हुआ था, जो 1945 में, तत्कालीन बनारस के *आज* नामक दैनिक पत्र में, प्रकाशित हुई थी। इस कहानी में एक मुस्लिम पात्र की अदम्य देशभक्ति का चित्रण किया गया है। विवेकी राय की इसके बाद लिखी हुई कहानियों का पहला संग्रह 1952 में *जीवन परिधि* शीर्षक से प्रकाशित हुआ। इस संकलन में उनकी 'जीवन परिधि', 'समस्या : एक दो की नहीं', 'अपना खून', 'बेईमानों के देश में' आदि 14 कहानियाँ संगृहीत हैं। 'कहानी' के मानक पर कच्ची होने के बावजूद इन कहानियों में स्वतन्त्रता-प्राप्ति का समय अपनी भयावह सच्चाइयों के साथ व्यक्त हुआ है। आजादी देशवासियों के लिए एक सुनहला सपना लेकर आयी थी। गाँधी जी की रामराज्य की कल्पना औपनिवेशिक शासन की पीड़ित जनता को सुखद जीवन का सन्देश देने वाली थी। पर सहसा देश की आम जनता को लगा कि कुछ भी बदला नहीं। विश्व युद्ध की सौगात के रूप में स्वतन्त्र भारत को महँगाई, आवश्यक वस्तुओं की कमी, कंट्रोल, कालाबाजारी, चोरबाजारी, भ्रष्टाचार आदि की प्राप्ति हुई थी और नयी शासन-व्यवस्था ने भी उसी के अनुरूप चेहरा बदल लिया था। विवेकी राय की कहानियों में समय का यह सच अपनी पूरी नग्नता में व्यक्त हुआ है। 'ऐसा भी होता है', 'बड़ी जेल के बाहर', 'कफन' आदि कहानियों में आजादी मिलने

के बाद कन्ट्रोल का कपड़ा पाने के लिए सामान्य लोगों, विशेषकर दलितों की कश-म-कश, निराशा, अपमानजनक स्थितियों, जमाखोरी, लालफीताशाही और रिश्वतखोरी का बेहद यथार्थ अंकन किया गया है। आजादी मिल जाने के बाद भी दलितों की स्थिति में कोई अन्तर नहीं आया था। सरेआम उनका अपमान करना एक साधारण बात थी। विवेकी राय ने 'ऐसा भी होता है' और 'सेठ की हजामत' में समाज में दलितों की वास्तविक स्थिति का चित्रण तो किया ही है, इसके साथ ही उनकी विद्रोह-चेतना का भी संकेत दिया है। 'बड़ा आदमी' और 'भूमिधर' कहानियों में आजादी के बाद भी जमीन्दारों द्वारा किसानों के शोषण, उत्पीड़न और अन्याय द्वारा उनकी जमीन हड़पने की वास्तविकता का चित्रण किया गया है। किसान का केवल सत्तर रुपये देकर जमीन का मालिक बनने का कांग्रेसी सपना भी दुःस्वप्न ही बन जाता है। 'बड़ी जेल के बाहर' में उस आजादी पर गहरा व्यंग्य किया गया है, जो किसान को पानी और आम आदमी को भरपेट भोजन, कपड़ा और रोजगार देने में असमर्थ है। इस कहानी का केन्द्रीय पात्र गाँधी जी के 'रामराज्य' के सपने को जीता हुआ अनुभव करता है : "आज तो हम उससे भी बुरी हालत में हैं, जिस दशा में अँगरेजी राज्य में थे। हे भगवान! ये बाबे, ये महन्थ और यह सरकार—सब बिछली पर धक्का मारते हैं। खून चूसकर मोटे-ताजे होते हैं। हमें काम चलाने को कहते हैं, भजन करने को कहते हैं और सब्र करने की शिक्षा देते हैं।" 'तबाही, बरबादी, भोजन, कपड़ा, घर, ऋण' की समस्याएँ और विरोध करने पर पुलिस के लाठी-डंडे...यही सब उन्हें आजादी का सच प्रतीत होता है। कहानी के अन्त में जब भोला अपनी पत्नी से कहता है कि 'बड़ी खुशी की बात है कि अब हम लोग अँगरेजों के उस बड़े कारागार से मुक्त हैं' तो व्यंग्य की एक लहर पाठक को विचलित कर देती है। 'उत्तराधिकार' कहानी में एक किसान के अपने पुत्र के नाम केवल ऋण का उत्तराधिकार सौंप कर मर जाने का चित्रण किया गया है।

विवेकी राय की कहानियों को उस प्रगतिशील चेतना धारा से जोड़कर देखा जा सकता है जो प्रेमचन्द के बाद मन्द पड़ती दिखायी दे रही थी। यशपाल, भैरव प्रसाद गुप्त, अमृत राय, रांगेय राघव आदि के साथ विवेकी राय भी पीड़ित मानवता के प्रति गहरी सहानुभूति से भरे हुए थे। पाँचवे दशक के बाद की हिन्दी कहानी में यह चेतना नयी ऊर्जा के साथ अभिव्यक्त हुई, जो 'कहानी' की 'नक्सलवादी' प्रवृत्ति की द्योतक है।

'पैसे का खेल' हरिशंकर परसाई की पहली रचना थी जो 23 नवम्बर, 1947 को *प्रहरी* नामक मासिक पत्र में प्रकाशित हुई थी।[102] इसके बाद 1948-1950 में उनकी 'स्वर्ग से नरक', 'धोखा', 'बेचारा कामनमेन', 'भीतर का घाव', 'क्या कहा?', 'कहानी के सहारे', 'रामजी दादा', 'फ्रंट शीट' आदि रचनाएँ प्रकाशित हुईं। इसी अवधि में उनकी 'अपनेलाल की चिट्ठी', 'साला पिये था', 'शेर और कुत्ता', 'सलाहकार', 'पत्रकार', 'मिठाई की मक्खी', 'मास्टर साहब पान खाते जाइए', 'भगवान को घूस', 'रसोईघर और पाखाना' आदि लघु कथाएँ भी प्रकाशित हुई थीं। *प्रहरी* के 1948-50 के अंकों में

प्रकाशित 'आदमी की कीमत', 'यह कैसा वसन्त आया', 'अभी मानसिक गुलामी शेष है', 'पर राजा भूखा था', 'अपने बाबू गोविन्द दास जरूर राष्ट्रपति हों', 'लक्ष्मी की विजय', 'समाज के गुरु का यह उपहास', 'हमारे समाज में वर-विक्रय', 'वैश्य-ब्राह्मण वार्ता', 'जनता की कष्ट-कथाएँ', 'भीगते बच्चे और सत्ता का मद', 'आपका भाग्य खुल जाएगा', 'तीन कांग्रेसी एक धोती-कुरता' आदि रचनाओं को परसाई रचनावली के सम्पादकों ने 'कहानी', 'किंचित् निबन्ध', 'टिप्पणी', 'संस्मरण' आदि की संज्ञा दी है।[103]

यदि संवेदना की तीव्रता और नुकीलेपन को 'कहानी' की पहचान मानें तो 'पैसे का खेल' को 'कहानी' मानने का कोई औचित्य नहीं होगा। इसे 'कथा' ही कहना होगा।[104] इस कथा में वर्गभेद, लक्ष्मीपूजा, सामाजिक विसंगति पर व्यंग्य किया गया है जो कथा को प्रभावी बनाता है। 'स्वर्ग से नरक', 'धोखा', 'फ्रंट सीट', 'रामजी दादा' आदि भी व्यंग्य कथाएँ ही हैं, परन्तु उन्हें सार्थक, यानी समकालीन जीवन की विसंगतियों को उभारने वाला, नहीं कहा जा सकता। 'बेचारा कामनमैन' राजनीतिक विडम्बना का चित्रण करने वाली कहानी है, पर लेखक इसे प्रभावी बनाने में समर्थ नहीं हुआ है। 'स्वर्ग से नरक' और 'धोखा' में व्यंग्य के लिए मिथकीय कथाओं की सहायता ली गयी है। 'भीतर का घाव' में मध्यवर्गीय परिवारों में सास और चचिया सास द्वारा बहू पर किये जाने वाले अत्याचारों का घिसापिटा वर्णन है। 'क्या कहा?' और 'कहानी के सहारे' संयोगों की बैसाखियों पर निर्मित कथाएँ हैं जो मनोरंजक कथाएँ बनकर रह गयी हैं। यदि इनमें कोई संवेदना होती तो कदाचित् ओ' हेनरी, मोपासाँ आदि का नाम लेकर इनका बचाव भी किया जा सकता था। पर ऐसा कुछ भी नहीं है। निष्कर्ष के तौर पर कहा जा सकता है कि इन कथाओं में परसाई कथा-लेखन के रास्ते की तलाश करते दिखायी दे रहे हैं।

अपनी 'लघु कथाओं में भी परसाई व्यंग्य का ही उपयोग करते हैं। 'साला पिये था' में उन शराबियों पर व्यंग्य किया गया है जो खुद शराब में धुत्त होकर दूसरों को हिकारत से शराबी कहते हैं। 'शेर और कुत्ता' में असली कुत्ते के सामने नकली शेर की हास्यास्पद स्थिति का वर्णन किया गया है। 'सलाहकार' में एक खुशामदी सलाहकार की 'हाँ में हाँ' मिलाने की स्थिति पर और 'अपनेलाल की चिट्ठी' में एक सम्बन्धी द्वारा अपने काँग्रेसी सम्बन्धी को एक साथ ढेर सारी सिफारिशों के लिए अनुरोध करने पर व्यंग्य किया गया है। 'मिठाई की मक्खी' और 'मास्टर साहब पान खाते जाइए' में दुकानदारों के आचरण की विसंगति पर व्यंग्य है। 'पत्रकार' में पत्रकारों की छद्म पत्रकारिता पर, 'भगवान को घूस' में रिश्वतखोर पुलिस वालों पर और 'रसोईघर और पाखाना' में हिन्दू समाज की छुआछूत की विसंगतियों पर व्यंग्य है। इससे पता चलता है कि आरम्भ से ही परसाई जी में सामाजिक-व्यक्तिगत विसंगतियों को परखने और उन पर व्यंग्य करने की प्रवृत्ति विद्यमान थी।

मोहन राकेश का पहला कहानी संग्रह, *इन्सान के खंडहर*, 1950 में प्रकाशित हुआ। उनकी पहली कहानी कौन-सी थी, इसका पता नहीं चलता पर 'मिट्टी के रंग', जो

युद्धविरोधी संवेदना की कहानी है, और जिसमें द्वितीय विश्व युद्ध की 23 नवम्बर, 1941 की रात का उल्लेख है, उनकी धुर प्रारम्भ की कहानी हो सकती है। *इन्सान के खंडहर* में प्रकाशित अन्य कहानियाँ थीं—'उर्मिल जीवन', 'एक आलोचना', 'कंबल', 'खंडहर', 'दोराहा', 'धुँधला दीप', 'मरुस्थल', 'लक्ष्यहीन', 'वासना की छाया में' और 'सीमाएँ'। इन कहानियों के बारे में उनका कहना है, "...'इन्सान के खंडहर' की कहानियाँ कई दृष्टियों से मेरे बाद के प्रयोगों के साथ एक कड़ी के रूप में ठीक से जुड़ नहीं पातीं। उनके शिल्प और कथ्य दोनों में एक तरह की कोशिश है, एक निश्चित तलाश का कच्चापन!...मैंने अपनी शुरू शुरू की कहानियाँ जिन दिनों लिखीं—उनमें से कई एक 'इंसान के खंडहर' में भी संकलित नहीं हैं।—उन दिनों कई कारणों से मैं अपने को, अपने तब तक के परिवेश से बहुत कटा हुआ महसूस करता था। जिन व्यक्तियों और संस्कारों के बीच पलकर बड़ा हुआ था, उनके खोखलेपन को लेकर मन में बड़ी गहरी कटुता और वितृष्णा थी। घर की पूरी जिम्मेदारी सिर पर होने से उसे निभाने की मजबूरी से मन छटपटाता था। मैं किसी तरह अपने को विरासत के सब सम्बन्धों से मुक्त कर लेना चाहता था, परन्तु मुक्ति का कोई उपाय नहीं था।...मेरी शुरू की कहानियाँ इसी मानसिकता की उपज थीं। एक छोटा सा दायरा मात्र, तीन-चार दोस्तों का। वे सब भी किसी न किसी रूप में अपने-अपने परिवेश से ऊबे या कटे हुए लोग थे।"[105]

कथ्य की दृष्टि से मोहन राकेश की आरम्भिक कहानियाँ उनके अपने ही परिवेश से प्राप्त अनुभवों, विशेषकर समकालीन सामाजिक-आर्थिक विसगतियों, पर आधारित हैं। 'उर्मिल जीवन' एक ऐसी लड़की की कहानी है, जिसका विवाह उसके विधुर जीजा से हो चुका है और उसे सुहागरात का सामना करना है। उसकी मानसिकता का भावपूर्ण अंकन ही कहानी का उद्देश्य है। निश्चय ही यह कथ्य आजादी के पूर्व के भारत का है, जब लड़की अपने विवाह के बारे में स्वयं कोई निर्णय नहीं कर सकती थी। प्रतिकूल आर्थिक परिस्थितियों में उसका विवाह किसी से भी कर दिया जा सकता था। अपने भावी जीवन के चयन में उसे कोई स्वतन्त्रता नहीं थी। इस स्थिति के प्रति लेखक का दृष्टिकोण आलोचनात्मक है, जो लड़की के आत्मगत चिन्तन के रूप में सांकेतिक तौर पर व्यक्त हुआ है। सम्पन्नता किस प्रकार आदमी की संवेदना को विपन्न और कुन्द बना देती है, 'एक आलोचना' कहानी में इस स्थिति का चित्रण किया गया है। दर्दीले अतीत को भूलते और झुठलाते आदमी को देर नहीं लगती, मानवीय सम्बन्धों तक को आदमी भूल जाता है। 'कंबल' में एक शरणार्थी शिविर के निवासियों की बदहाली और जीने की विवशता का अंकन किया गया है। इस स्थिति में सम्बन्धों की संवेदना कितनी बेमानी हो जाती है, इसका भी यथार्थ चित्रण किया गया है। 'खंडहर' में अमृतसर के बाँकेबिहारी जी के मन्दिर के बाहर और भीतर के यथार्थ का, मन्दिर के बाहर रेवड़ी बनाने के लिए तिल कूटते हुए मजदूरों का और मन्दिर के अन्दर धार्मिक पाखंड और भ्रष्टाचार का चित्रण किया गया है। 'वासना की छाया में' में एक बूढ़े जाट की, जो नौ एकड़ जमीन और ढेर सारी गायों-भैसों का स्वामी है, ब्याह की अदम्य आकांक्षा का

चित्रण किया गया है। किसी भी उम्र में ऐसा आदमी अपने को जवान औरत पाने का अधिकारी समझता है। इतना ही नहीं, वह अपनी वयःसन्धि की ओर अग्रसर होती बेटी को किसी और को देकर उसके बदले में अपने लिए औरत प्राप्त करने का विकल्प भी तलाशता है। कहानी समकालीन समाज में पुरुष की लम्पटता और स्त्री की नियति का अंकन करती है। 'मरुस्थल' बाहर से चमकती फिल्मी दुनिया के पीछे गँधाते यथार्थ का चित्र प्रस्तुत करती है। इस कहानी में एक मासूम बालिका की भावनाओं का चित्रण किया गया है जिसे उसका तथाकथित 'बाप' नर्तकी और अभिनेत्री बनाकर खुद को 'लखपती' बनाने का स्वप्न देख रहा है। 'मिट्टी के रंग' युद्ध विरोधी और सैनिकों की पत्नी-प्रेम की संवेदना को भावुकता के साथ व्यक्त करने वाली कहानी है। युद्ध विरोधी संवेदना और प्रेम के लिए त्याग के भाव को व्यक्त करने वाली कहानी के रूप में 'उसने कहा था' अविस्मरणीय और अद्वितीय है। पर दोनो कहानियों मे साम्य केवल कथ्य का ही है, प्रभाव की दृष्टि से उनमें कोई तुलना नहीं है।

स्त्री-पुरुष सम्बन्धों में, एक सीमित वर्ग में ही सही, आ रहे बदलाव की धमक तो जैनेन्द्र की कहानियों में ही सुनायी पड़ने लगती है, पर उसकी थोड़ी जोरदार उपस्थिति का पता कमलेश्वर और राजेन्द्र यादव के साथ मोहन राकेश की कहानियों में ही चलता है। उनकी 'दोराहा' शीर्षक कहानी में एक पढ़ी-लिखी आधुनिक विचारों वाली विवाहित और पुत्रवती स्त्री के, पति की लम्बी अनुपस्थिति में, अन्य युवकों से उन्मुक्त प्रेम का चित्रण किया गया है। विशेषता इस बात में निहित है कि स्त्री के मन में अपने विवाह और मुक्त प्रेम को लेकर कोई कुंठा नहीं है। जितने सहज भाव से वह अन्य युवकों के साथ प्रेम करती है, उतने ही सहज भाव और अनौपचारिक तरीके से अपने अन्तिम प्रेमी को छोड़कर पति के साथ चली भी जाती है। समकालीन आधुनिक समाज में यह स्थिति अपवाद के रूप में ही हो सकती है, पर मोहन राकेश ने इसे कहानी का कथ्य बनाकर उस प्रवृत्ति का परिचय तो दिया ही है, जो आधुनिक जीवन में प्रवेश कर रही थी। इस कहानी से 'कहानी' के कथ्य के बदलने का ग्राफ साफ दिखायी पड़ता है। 'धुँधला दीप' प्रेम और प्रतिद्वन्द्विता, उससे उपजी निराशा और गम को गलत करने के लिए शराब की शरण में जाने की प्रवृत्ति की कहानी है। इस मनोदशा में ही, अन्तरालाप के रूप में, पुरुष पात्र के अतीत का प्रेम-प्रसंग सामने आता है। राजेन्द्र यादव की तरह ही मोहन राकेश का कथा संसार नागरिक और अधिकतर मध्यवर्गीय समाज है।

आधुनिक जीवन में एक अबूझ अवसादग्रस्तता की संवेदना सातवें दशक की कहानियों में विशेष रूप से चित्रित हुई, पर राकेश इस संवेदना से अपने कहानी-लेखन के आरम्भ में ही जुड़े दिखायी देते हैं। 'लक्ष्यहीन' कहानी का मुख्य पात्र सिगरेट पीते, धुएँ का गोला बनाते-छोड़ते, शराब के पैग पर पैग चढ़ाते और अतीत में भटकते हुए निराशा और अवसाद का वातावरण निर्मित करता है। इसी वातावरण में प्रत्यवलोकन के रूप में कहानी का आरम्भ और अन्त होता है। अतीत के प्रसंग से वर्तमान के क्षण में आना फ्लैश बैक प्रविधि की सुपरिचित विशेषता है, जो इस कहानी में भी देखी जा

सकती है। पर इस कहानी में केन्द्रीय पात्र का 'अवसाद' पाठक के लिए अबूझ ही बना रह जाता है। कहानी का कथ्य समझ में नहीं आता और कुछ भी अनुमान किया जा सकता है। 'सीमाएँ' में एक कुरूपता और कल्पित उपेक्षा के बोध से ग्रस्त, हीनता बोध से दुखी लड़की की मानसिकता का अंकन किया गया है, पर अन्त में इसकी परिणति जिस रूप में करायी गयी है, उससे लेखक का कथ्य धूमिल हो गया है और कहानी पाठक की संवेदना को नहीं छू पाती।

राजेन्द्र यादव की पहली कहानी 'प्रतिहिंसा' रामरख सिंह सहगल द्वारा सम्पादित *कर्मयोगी* में मई 1947 में प्रकाशित.हुई थी। उन्हीं के द्वारा प्रदत्त सूचना के अनुसार उनकी आरम्भिक कहानियों का *रेखाएँ, लहरें* और *परछाइयाँ* नामक संग्रह 1950 के पूर्व छप चुका था।[106] दूसरा संग्रह *देवताओं की मूर्तियाँ* 1952 में प्रकाशित हुआ।[107] ये संकलन आज उपलब्ध नहीं हैं, अतः इनमें संकलित कहानियों की सूची भी अनुपलब्ध है। ये कहानियाँ राजेन्द्र यादव के कहानी-संकलन, *पड़ाव-1* में शामिल हैं, पर उन्हें अलग करना एक मुश्किल काम है।

अपनी इन कहानियों के बारे में राजेन्द्र यादव लिखते हैं, "1951-52 तक की रचनाओं को देखने पर लगता है कि मैं भीतर और बाहर सामन्तवादी संस्कारों, मूल्यों, मान्यताओं और आचार संहिता से ही लड़ रहा था और इस प्रयास में बिना अपनी जमीन छोड़े ज्यादा यथार्थवादी और प्रामाणिक होने की कोशिश कर रहा था। सामन्तवादी प्रवृत्तियों से मुक्त होने की परीक्षाओं और प्रक्रियाओं से गुजरे बिना ही हमारा समाज अचानक साम्राज्यवाद और उपनिवेशवाद से मुक्त हो गया था और हमारे पास भारतीयता के नाम पर रह गया था सड़ा गला पुनरुत्थानवाद। नये युग की टकराहट स्तर-स्तर पर उसी से थी।"[108]

मध्यवर्गीय परिवारों में विकसित होने वाले प्रेम सम्बन्धों के बारे में राजेन्द्र यादव ने लिखा है, "मेरे लिए यह वह समय था जब परिवार का अर्थ, भावनात्मक स्तर पर सभी से जुड़े होना था, मेले-त्योहारों के लिए सचमुच उत्साह था।...सगी-चचेरी और अड़ोस-पड़ोस की लड़कियाँ, महिलाएँ, बहनें, चाचियाँ थीं। किशोर-किशोरियों के मिलने, लड़ने-झगड़ने और प्रेम करने के भी यही क्षेत्र थे। जिसे बहन कहते थे वह क्रमशः भावना और भावुकता का केन्द्र बनने लगती थी। उसे न दोस्त कह सकने की सुविधा थी, न प्रेमिका कहने का साहस। लेकिन सम्बन्धों का स्वरूप यही कुछ बन जाता था। वह मन और प्राणों से प्यारी बन जाती थी। अजीब प्लेटोनिक और उलझा रिश्ता था...सम्पूर्णता से उसे बहन मान पाने का पाप-बोध भी आत्मा को कचोटता था और प्रेमिका के इतने निकट बने होने का गोपन रोमांच भी तन-मन को पुलकित किये रहता था—जिसे न युवक अपने-आप से स्वीकार करता था, न युवती...यह उलझी और जटिल स्थिति अक्सर ही युवक-युवतियों के बीच बेहद आत्मघाती नैतिक संकट को जन्म देती थी।...इसी पाप-बोध से लड़के घर छोड़कर भागते थे और लड़कियाँ आत्महत्याएँ करती थीं। शरीर का पहला परिचय भी यहीं मिलता था।...चूँकि यह 'प्यार' बहुत स्पष्ट, बेबाक

और साहसी नहीं था, इसलिए दोनों ही पक्ष जानते थे कि 'जीवन भर प्यार करने' के चाहे कितने भी आश्वासन दिये जाएँ, साथ निभाया नहीं जा सकेगा। बाकायदा दान-दहेज के साथ एक दिन लड़की की शादी होगी या वह किसी ऐसे व्यक्ति से जुड़ेगी जिसे खुलकर वर्जना-हीन ढंग से अपना प्रेमी या पति मान सके।...बहुत ही कम स्थितियों में ये 'भाई-बहन' या दीदी-दादा, प्रेमी-प्रेमिका या पति-पत्नी बन पाये हैं—वह भी अपने परिवार और परिवेश से अलग होकर ही।" उन्हीं के अनुसार "सीधे-सीधे ये सम्बन्ध अनैतिक और अस्वीकार्य लगते थे, इसलिए अक्सर बीच में कोई आदर्श लाया जाता था। ज्यादा प्रबुद्ध परिवारों में यह आदर्श देश की स्वतन्त्रता का था, दूसरी जगहों पर सिर्फ लड़की की शिक्षा-दीक्षा और व्यक्तित्व के स्वतन्त्र विकास का।...आदर्श, प्यार, सेक्स और गुरुत्व का यह अजीब धूप छाँही घपला था मगर यह लड़की आधे रास्ते ही हथियार डाल देती थी अैर सामन्ती नैतिक व्यवस्था में निगली जाती थी—यानी अपनी परम्परागत सुरक्षाओं में ही लौट जाती थी। हताश और प्रवंचित युवक सिर्फ खड़ा देखता रह जाता था, या बृहत्तर दुनिया के संघर्षों में आत्महत्या के भाव से कूद जाता था।"[109]

राजेन्द्र यादव के अनुसार 1952-53 तक की उनकी कहानियाँ प्रायः इसी कथ्य के आसपास बुनी गयी हैं। "इनमें व्यक्तिगत अनुभवों के अलावा पहले के सारे लेखकों के प्रभाव हैं। मूलतः ये रोमानी विद्रोह की कहानियाँ हैं। इन्हें छायावादी प्रभावों से निकलने के प्रयास की कहानियाँ भी कहा जा सकता है। इसलिए भाषा भी काफी बनावटी और शब्दाश्रयी है। यानी यहाँ शब्दों और स्थितियों की कुछ विशेष रीतियों या रूढ़ियों से मोह या लगाव है। चूँकि अपने आप से या वास्तविक स्थिति से सीधे सामना करने का साहस नहीं होता है, इसलिए छायावादी शब्दों और रीतियों में छिप सकना आसान है। वहाँ आँख को आँख नहीं नयन कहा जाता है; गहरी साँस नहीं, उच्छ्वास (उच्छ्वास) होता है। अन्धकार घना नहीं निबिड़ होता है, लहरें वीचियाँ कहलाती हैं, किनारा कूल और दुपट्टा दुकूल बनकर दुहरे अर्थ देता है, चाँद-चाँदनी, पेड़-पौधे, नदी-लहरें, उषा, सन्ध्या, प्राची, प्रतीची की भरमार है। आसमान को गगन कहना कितना काव्यात्मक लगता है। वार्तालापों और विवरण की भाषा में फर्क करना मुश्किल है। लेखक और पात्र साथ ही उच्छ्वसित है।...आज मैं कह सकता हूँ कि जब कोई कथाकार शब्दों और भाषा के विशेष पैटर्न के लिए आग्रही होता है तब या तो रूमानी विद्रोही होता है या सामन्ती जहनियत का मारा—या फिर रुद्ध विकास जो अभी तक शब्दों और भाषा के जाल में ही उलझा है। यह बात निर्मल, निर्गुण, शिवानी या उर्दू के अधिकांश कथाकारों को देखकर महसूस होती है।"[110]

राजेन्द्र यादव की 'शरत् और प्रेमचन्द', 'बारह वर्ष : बारह घंटे', 'विश्वासघात', 'एक लड़की : नाम सुरेखा' आदि कहानियाँ कैशोर प्रेम की भावुकता-भरी कहानियाँ हैं। जैसा राजेन्द्र यादव ने भी अपने अनुभव के माध्यम से पुष्ट किया है, किशोरावस्था का भावुकता से भरा, सामाजिक-आर्थिक स्थितियों के यथार्थ से कटा हुआ प्रेम जीवन

की एक सच्चाई है। इस यथार्थ का चित्रण भी वैसी ही भावुकता के साथ 'शरत् और प्रेमचन्द' कहानी में किया गया है। कहानी के शीर्षक में प्रेमचन्द यथार्थ के प्रतीक हैं और शरत् भावुकता के। 'बारह वर्ष : बारह घंटे' एक क्रान्तिकारी पात्र के वयस्क युवा पुत्र और किशोरावस्था को पार करती पुत्री के भावुकता से लबालब प्रेम की रोमानी कहानी है। सम्भव है, उनके बीच शेखर और उसकी बहन सरस्वती की तरह अव्यक्त काम भाव भी हो। पर अन्त में बीमार हेम का अपने प्रेमी डाक्टर के साथ भाग जाना एक झटका जैसा लगता है। कहानी में संवेदना का कोई तीव्र क्षण नहीं है। 'विश्वासघात' भी कैशोर प्रेम की भावुकतापूर्ण कहानी है। प्रेमजन्य ईर्ष्या भाव के चित्रण की दृष्टि से कहानी विश्वसनीय और प्रभावी है, पर इसका अन्त पहेली जैसा और कमजोर हो गया है। लगता है, लेखक कैशोर मनोजगत् में प्रवेश करने की कला तो जानता है, पर उससे निकलने का रास्ता उसे नहीं मालूम है। असीम् सम्भावनाओं से पूर्ण लड़कियों का भविष्य किस प्रकार विवाह की बलिवेदी पर राख हो जाता है, 'एक लड़की : नाम सुरेखा' कहानी का कथ्य है। लड़के-लड़की का अपने प्यार को व्यक्त न कर पाने का साहस, जिसका कारण परम्परागत नैतिक संहिता होती है, लड़की के जीवन को तो नष्ट कर ही डालता है, युवक भले ही केवल घुटकर रह जाए।

कैशोर प्रेम की नियति के चित्रण के साथ साथ राजेन्द्र यादव की आरम्भिक कहानियों में प्रगतिशील राजनीतिक सामाजिक चेतना का चित्रण भी देखने को मिलता है। 'कला, अहम् और विसर्जन' कला की सामाजिक या मानवीय उपयोगिता को दर्शानेवाली एक अच्छी कहानी है। शुरू के कुछ प्रसंग, जिनमें कला की सामाजिक उपयोगिता पर 'विचार' व्यक्त कराये गये हैं, कहानी को बोझिल बनाते हैं, पर अन्त में कहानी एक ऐसे तीव्र संवेदना-बिन्दु पर पहुँचती है, जिसके प्रभाव में वह त्रुटि तिरोहित हो जाती है। 'स्वतन्त्रता-दिवस' एक छोटी सी, मगर अच्छी कहानी है। देश की आजादी का सेठों-साहूकारो ने अपने लाभ के लिए कितना घृणित उपयोग किया, यह कहानी इसी यथार्थ पर आधारित है। 'खोखले खंभे' को 'कहानी' की अपेक्षा भ्रष्ट सेठों-व्यापारियों के मुहल्ले का 'आँखों-देखा विवरण' कहना ज्यादा उपयुक्त है। 'अभिशप्त' एक प्रतीक कथा है जिसके व्याज से सदियों से दबी-पिसती नारी की मुक्ति का भाव व्यक्त किया गया है। 'देवताओं की मूर्तियाँ' कहानी का कथ्य साहित्यकारों के शारीरिक श्रम सम्बन्धी दृष्टिकोण से सम्बन्धित है। साहित्यकार का अपने को विशेष श्रेणी का मनुष्य समझना, बौद्धिकता के नाम पर श्रम से जी चुराना, आम आदमी के जीवन को भोगे बिना अपने को प्रगतिशील और जनता का साहित्यकार मानना, यह सब कहानीकार को पसन्द नहीं है। 'प्रतिहिंसा' क्रान्तिकारियों की हिंसक गतिविधियों से जुड़ी कहानी है। पर क्रान्तिकारी जीवन का कोई स्वयं का अनुभव न होने के कारण इसका कोई महत्त्व नहीं है। इस कहानी में क्रान्तिकारी कार्यों में हिस्सा लेने की प्रेरणा निजी प्रतिशोध है, जिससे उस अन्दोलन की छवि धूमिल होती है। यदि राजेन्द्र यादव उस आन्दोलन से स्वयं जुड़े होते, तो इसकी प्रामाणिकता उल्लेखनीय होती। कहानी के अन्त में हिंसा पर मानवीय संवेदना

की विजय दिखायी गयी है, पर यह भी आरोपित ही है।

'मैं तुम्हें मार दूँगा!' भारत-विभाजन के बाद हुए साम्प्रदायिक हादसे पर आधारित एक अच्छी कहानी है। इसमें राजेन्द्र यादव ने अतीत के पुनरवलोकन या 'पूर्व दीप्ति' प्रविधि का प्रयोग किया है; शायद पहली बार। इस कहानी में कोई देर और दूर तक चलने वाला प्रसंग नहीं है। कार्यव्यापार भी अधिकतर चेतना के धरातल पर घटित होते हैं। इन सारे कार्यव्यापारों को निर्देशित करती है कहानीकार की मानवीय संवेदना, जो प्रतिशोध के भाव से जलते हुए पात्र को भी हिंसा करने से विरत करती जाती है, और अन्ततः उसके प्रतिशोध भाव को निरस्त कर देती है। मानसिक उद्वेग के चित्रण में कहानी काफी सफल है। 'बेशरम' भी स्थितियों के वैषम्य या विरोधाभास पर आधारित मनोवैज्ञानिक कहानी है। एक ही कार्यव्यापार विभिन्न स्थितियों या मनोदशाओं में विभिन्न अभिप्रायों से युक्त हो जाता है, इस विडम्बना का अंकन ही कहानी का लक्ष्य है। पर किसी गहरी संवेदना के अभाव में, एक विचार की अभिव्यक्ति होने के कारण कहानी 'साधारण' बन कर रह गयी है।

कमलेश्वर उम्र की दृष्टि से इस तिक्कड़ी में सबसे छोटे, पर प्रतिभा की दृष्टि से अपने दोनों समकालीनों से बीस दिखायी पड़ते हैं। *'समग्र कहानियाँ'* में संकलित कहानियों के अन्त में प्रदत्त लेखन-वर्ष के अनुसार 1946-50 की अवधि में कमलेश्वर 15 कहानियाँ लिख चुके थे।[111] यह जरूर आश्चर्य की बात है कि उनका पहला कहानी संग्रह *राजा निरबंसिया* 1957 में प्रकाशित हुआ। इन कहानियों में एक प्रतिभाशाली किशोर कहानीकार की साफ छवि उभरकर सामने आती है। 'कर्तव्य'(1946) एक ऐतिहासिक कथा है, जिसमें एक आदर्श की रक्षा के लिए शिवाजी के एक सैनिक के प्राण दे देने का वर्णन किया गया है। चौदह वर्ष की उम्र के एक वयःसन्धि पार करते बाल-लेखक के लिए यह 'कथा' उपलब्धि ही मानी जायेगी। 'फरार' (1947) में अचानक किशोर कमलेश्वर 'कथा-लेखक' से 'कहानी-लेखक' बन जाता है, जो उसकी दूसरी उपलब्धि मानी जायेगी। इस कहानी में बाह्य घटनाओं की नहीं, संवेदना तत्त्व की प्रधानता है। घायल होकर भागा हुआ क्रान्तिकारी और चौकीदार, दोनो ही एक दूसरे के प्रति गहरी संवेदना से भरे हुए हैं। यह कहानी अज्ञेय की क्रान्तिकारी जीवन से सम्बद्ध कहानियों की याद दिलाती है। मधुकर सिंह के अनुसार कमलेश्वर अपने लेखन के आरम्भ में रिवोल्युशनरी सोशलिस्ट पार्टी से जुड़े हुए थे और पार्टी के साप्ताहिक का सम्पादन भी करते थे।[112] इस कहानी पर इसका भी प्रभाव देखा जा सकता है। 'आधुनिक दिन : आधुनिक रातें' एक साधारण खोखले प्रेम-सम्बन्ध की कहानी है, जिसमें एक युवक द्वारा कुछ स्थितियों की योजना करके आधुनिकता के नाम पर स्त्री को रिझाने के प्रयास का वर्णन किया गया है। 'कामरेड' में छोटे कम्युनिस्ट नेताओं के चरित्र की पोल खोली गयी है। 'उठती घटाएँ' एक स्त्री की विवशता और घुटन की 'कथा' है। 'अनाथपिंडक सुदत्त' जेतवन विहार के निर्माण की कथा के माध्यम से अनाथपिंडक सुदत्त के त्याग और बुद्ध-भक्ति का अंकन किया गया है। इन कहानियों

में कथा-तत्त्व थोड़ा प्रबल है, जिसके व्याज से कोई 'बात' कही गयी है। मनोवैज्ञानिक छौंक के बावजूद 'कहानी' की दृष्टि से इनमें कोई उल्लेखनीयता नहीं है।

इसके बावजूद कहानीकार के रूप में कमलेश्वर की शुरुआत काफी आश्वस्तकारी है। बहुत जल्द कमलेश्वर की कहानियों में उनकी सामाजिक प्रतिबद्धता और 'कथा' के स्थूल चरित्र से संवेदना के सूक्ष्म प्रदेश में संचरण की प्रवृत्तियाँ लक्षित होने लगती हैं। 'माटी सुबरन बरसाय' (1948) में पटवारी, साहूकार और सरकारी तन्त्र में पिसते किसान के दयनीय स्वाभिमान का अच्छा चित्रण है। लहलहाती फसल की समृद्धि और संस्थागत शोषण तथा परिस्थितिजन्य विवशता का वैषम्य कहानी को एक करुण-प्रभाव से भर देने में समर्थ है। 'अकाल' भूख से उपजे दैन्य की कहानी है, जो सहसा प्रेमचन्द की 'बूढ़ी काकी' का स्मरण दिला जाती है। फर्क यह है कि जो प्रेमचन्द और कमलेश्वर का भी फर्क माना जा सकता है—'बूढ़ी काकी' का हृदय-परिवर्तन यहाँ नहीं है। 'जिन्दगी की पटरी' मध्यवर्ग की आर्थिक तंगी और मिथ्या सम्मान-लालसा के द्वन्द्व तथा दयनीय बड़प्पन-बोध के अंकन की दृष्टि से यह एक उल्लेखनीय कहानी मानी जा सकती है। 'भोगा हुआ अनुभव', जो 'नयी कहानी' आन्दोलन के दौरान एक नारे के रूप में उछला, इस कहानी के मूल में देखा जा सकता है। 'जन्म' में मध्यवर्गीय औरत की उस त्रासदी का अंकन किया गया है, जिसमें वह बेटा न जनने का दंड भोगने को अभिशप्त होती है और घोर आर्थिक तंगी में भी सातवीं बार माँ बनने की तकलीफ भरी स्थिति से गुजरती है। यदि संयोग से इस बार वह बेटा जनती है तो सबकुछ थोड़ी देर के लिए माफ कर दिया जाता है। औरत की विवशता का यह चित्रण समकालीन स्त्री के प्रति कमलेश्वर की संवेदनशीलता का परिचायक है। 'सीखचे' मध्यवर्गीय मूल्यों के सीखचों में जकड़ी और घुटती स्त्री की कहानी है, जो पति के अत्याचार तो सहती ही है, संस्कार से पातिव्रत्य के परम्परागत-मूल्यों से इस प्रकार जकड़ी हुई है कि उनके विरोध में भी नहीं जा सकती। घुटन उसका सबसे बड़ा जीवन-सत्य है। पर इसी समय की एक दूसरी कहानी 'सफेद तितलियाँ' एक स्त्री के अपनी स्थिति के प्रति विद्रोह की कहानी है, जो इस बात की परिचायक है कि कमलेश्वर नारी-विमर्श के इस नये पक्ष के साथ खड़े थे। 'नंगा आदमी' एक मध्यवर्गीय बेकार युवक के सच से पलायन और ओढ़े हुए झूठ की कहानी है। इसी झूठ के कारण वह अपनी प्रेमिका को भी खो देता है। जब वह इस झूठ से मुक्त होता है तो अनुभव करता है कि 'सचमुच वह एकदम नंगा हो गया, एकदम आजाद।' 'अधूरी कहानी' प्रेम के विवाह में परिणत न हो पाने की एक भावुकतापूर्ण कहानी है, पर कहानी में इस स्थिति को लेकर उपजे किसी तनाव का अंकन नहीं है।

कमलेश्वर की 1950 से पूर्व की कहानियों में एक कहानी-प्रतिभा की केंचुल तोड़कर बाहर निकलने की बेचैनी साफ देखी जा सकती है। इनमें कुछ कहानियाँ ऐसी हैं जो 'कथा', संयोग और सनसनीखेज प्रसंगों से अपना सम्बन्ध नहीं तोड़ पायी हैं। पर उनमें भी भावोन्मेष के ऐसे क्षण हैं जो कहानी को पठनीय बनाते हैं। कुछ कहानियों में 'कथा'

टूटती और उसका स्थान संवेदना लेती दिखायी पड़ती है। 'फरार', 'माटी सुबरन बरसाय', 'जिन्दगी की पटरी', 'सीखचे' आदि इस दृष्टि से उल्लेखनीय कहानियाँ हैं। कथ्य की दृष्टि से कमलेश्वर का आरम्भिक अनुभव-संसार कस्बाई मध्यवर्ग से जुड़ा हुआ है और वही उनकी कहानियों का कथ्य भी है। मध्यवर्गीय आर्थिक ढाँचे और मूल्यों में पिसती और उससे मुक्ति के लिए छटपटाती स्त्रियों की पीड़ा, बेचैनी, घुटन और विद्रोह की चेष्टा, इसी परिवेश में प्रेम और सामाजिक-नैतिक बन्धनों की टकराहट और तनाव, युवकों की बेकारी आदि की स्थितियाँ, इन कहानियों में अपनी अभिव्यक्ति खोजती दिखायी देती हैं।

कृष्णा सोबती (ज. 1925) के कहानी-लेखन का आरम्भ 'नफ़ीसा' कहानी से जनवरी, 1944 में हुआ था। इसके बाद इस दशक में उनकी 'लामा', 'सिक्का बदल गया', 'मेरी माँ कहाँ' और 'डरो मत, मैं तुम्हारी रक्षा करूँगा' आदि कहानियाँ लिखी और विभिन्न पत्र पत्रिकाओं में प्रकाशित हुईं। 'नफ़ीसा' (जनवरी, 1944) आकार की दृष्टि से लगभग 540 शब्दों की एक 'लघु कथा है'। 'लामा' और 'डरो मत, मैं तुम्हारी रक्षा करूँगा' भी आकार की दृष्टि से लघुकथाएँ ही हैं। 'नफ़ीसा' एक 'जरा सी बच्ची' की, जो मरणासन्न है और नहीं जानती कि मृत्यु क्या चीज है, संवेदना की कहानी है और पाठक की संवेदना को झकझोर देने में सफल है। 'लामा' एक ऐसी भोली बच्ची की कहानी है जो मृत्यु का मतलब नहीं जानती और उस 'लामा' के, जिसे वह रोज चिढ़ाकर खुश होती थी, मर जाने पर भी अनेक प्रश्नों के उत्तर के लिए उसकी निष्फल प्रतीक्षा करती है। वह भोली बच्ची बड़ी हो जाने पर भी उस स्मृति को जीती है, जो कहानी का रूप ले लेती है। 'डरो मत, मैं तुम्हारी रक्षा करूँगा' (अक्टूबर, 1950) देश के बँटवारे के समय हुए दंगों पर आधारित एक मार्मिक और पाठकीय संवेदना को झकझोर देने वाली कहानी है।

'सिक्का बदल गया' (जुलाई, 1948) और 'मेरी माँ कहाँ...' (नवम्बर, 1949) विभाजन की त्रासदी पर आधारित कहानियाँ हैं। इस ऐतिहासिक त्रासदी में विभाजन-रेखा के दोनों तरफ के लोगों को पलायन की पीड़ा झेलनी पड़ी थी। मजहबी जुनून और सियासी महत्त्वाकांक्षा ने लोगों की मानवीय संवेदना को कुचल दिया था। इसके बावजूद मानवीय संवेदना कहीं न कहीं कोनों-अँतरों में जीवित बच गयी थी। कृष्णा सोबती ने उसी जीवित बच रही संवेदना को इन कहानियों में सम्प्रेषित किया है। 'सिक्का बदल गया' में यदि वतन को छोड़ने की पीड़ा की शक्त अभिव्यक्ति हुई है तो 'मेरी माँ कहाँ है' में मजहबी-सियासी जुनून में मनुष्य के वहशी हो जाने और उसके बीच मानवीय संवेदना के छटपटाने का अंकन किया गया है।

धर्मवीर भारती (1926-97) का पहला कहानी संग्रह *मुरदों का गाँव*, जिसमें 8 कहानियाँ संगृहीत थीं, 1946 में प्रकाशित हुआ था। इनका चौदह कहानियों का दूसरा संग्रह *स्वर्ग और पृथ्वी* शीर्षक से 1949 में प्रकाशित हुआ। भारती की 'अपनी बात' शीर्षक भूमिका से यह सूचना भी मिलती है कि इस संग्रह की कहानियाँ अक्तूबर, 1946

से पहले लिखी जा चुकी थीं।[113] 'तारा और किरण' को लेखक ने अपनी पहली कहानी बताया है, जो *स्वर्ग और पृथ्वी* में संकलित है।[114]

मुरदों का गाँव की सारी कहानियाँ–'मुरदों का गाँव', 'एक बच्ची की कीमत', 'आदमी का गोश्त', 'कफनचोर', 'एक पत्र' आदि किसी न किसी रूप में 1943 मे पड़े बंगाल के अकाल से सम्बद्ध हैं। कहानीकार ने इन कहानियों में भूख से बिलबिलाते, सड़कों पर दम तोड़ते, स्त्रियों का एक-एक रोटी के लिए देह का सौदा करते, शिशुओं को बेचते, कूड़ेदानों से जूठे अन्न बीनते, आधी रोटी के लिए कुत्तों से छीनाझपटी करते, मृत व्यक्ति के मुँह से रोटी निकाल कर खाते, वीभत्स दृश्यों का अम्बार लगा दिया है। इन दृश्यों की सच्चाई में सन्देह नहीं किया जा सकता, पर इनका वर्णन निखालिस प्राकृतिकवादी शैली में किया गया है जो जुगुप्सा का भाव जगाकर समाप्त हो जाता है। कहानीकार इस वीभत्स यथार्थ की गहराई में जाकर उसके कारणों का विश्लेषण करने में असमर्थ रहा है। इतिहास साक्षी है कि इस मानवीय त्रासदी का कारण औपनिवेशिक शासन और सेठों-महाजनों की अर्थ-लोलुपता थी। पर कहानीकार को इन बातों से कोई ताल्लुक नहीं दिखायी देता। संवेदना की गहराई तो इनमें है ही नहीं। अनुभव यदि है तो वह सतह के भीतर नहीं जाता। केवल एकमात्र कहानी 'एक पत्र' में व्यंग्य का उपयोग हुआ है, जो कहानी को थोड़ा धारदार बनाता है। इन कहानियों की एक बड़ी कमजोरी कथ्य के अनुरूप भाषा का न होना है। यह भाषा इतनी कृत्रिम और जीवन से कटी हुई है कि वह अकाल की वीभत्सताओं का वर्णन करते हुए फूहड़ और अश्लील प्रतीत होती है।

स्वर्ग और पृथ्वी संग्रह की कहानियाँ अपने समय और समाज से ही नहीं, व्यक्ति-मानस से भी कटी हुई हैं। इन कहानियों के प्रतिपाद्य विषय हैं, प्रेम के कल्पित, रहस्यमय, रोमानी रूप और प्रस्तुति के माध्यम हैं–कल्पित मिथक और ऐतिहासिक प्रसंग। कुछ कहानियाँ कला-विमर्श, कवि-विमर्श, कल्पना-विमर्श, वेदना-विमर्श, नारी-विमर्श, ईश्वर-विमर्श, सत्य-विमर्श आदि अमूर्त और मनमानी अवधारणाओं पर आधारित हैं। ये 'विमर्श' तर्करहित, कल्पना पर आधारित और अस्पष्ट हैं। काव्यात्मक आग्रह पूर्ण भाषा में उनका कथ्य खो गया है। 'कलंकित उपासना' लगभग 150 शब्दों का गद्यगीत या गद्योद्गार है, जिसका कथ्य उपासना की अनन्यता और कलंक की गम्भीरता का प्रतिपादन है। इस संग्रह की केवल एक कहानी 'स्वप्नश्री और श्रीरेखा' प्रसाद शैली की अच्छी कहानी मानी जा सकती है, जिसमें राजकुमार स्कन्दगुप्त को आधार बनाकर एक प्रेमकथा प्रस्तुत की गयी है। इस प्रेम में बलिदान तत्त्व की प्रमुखता है जो न केवल प्रसाद की कहानियों में मिलती है, वरन समस्त छायावाद की विशेषता है। भाषा-शैली प्रसाद जी वाली ही है जिसमें कविता के तत्त्व प्रमुख होते हैं। निश्चय ही इन कहानियों के लिए भारती को स्मरण नहीं किया जा सकता। इनका केवल ऐतिहासिक महत्त्व है।

पाँचवे दशक की कहानी पर उड़न-दृष्टि डालने पर पहला दृश्य यह सामने आता है कि इस अवधि के कहानीकार स्वाधीनता आन्दोलन के सबसे उग्र और औपनिवेशिक

शासन के अमानवीय, बर्बर, आचरण पर लगभग मौन दिखायी पड़ते हैं। इसे देखकर सचमुच प्रेमचन्द के न होने का भान होता है। 'कहानी' की 'दलित-शोषित की आवाज' होने की परिभाषा यहाँ दम तोड़ती प्रतीत होती है। इस निराशापूर्ण स्थिति को दूर करने का काम कुछ हद तक मंटो की कहानियाँ करती हैं, जिनमें वेश्याओं की जिन्दगी का मानवीय संवेदना से भरा चित्रण किया गया है। चन्द्रकिरण सौनरेक्सा की कहानियाँ भी समकालीन स्त्री की पीड़ा को गहरी संवेदना के साथ चित्रित करती हैं।

द्वितीय विश्व युद्ध यद्यपि भारत में नहीं लड़ा गया था, पर भारतीय जनता पर उसका आर्थिक असर बहुत विषम रूप में पड़ा था। बंगाल का अकाल उसका ही परिणाम था। पूरे हिन्दी क्षेत्र में दैनिक उपयोग की वस्तुओं की बेहद कमी हो गयी थी, जिसने निम्नवर्ग को ही नहीं मध्यवर्ग को भी तोड़कर रख दिया था। भ्रष्टाचार, कालाबाजारी, तस्करी, जमाखोरी आदि उसके भयंकर परिणाम थे, जिन पर न तो औपनिवेशिक सरकार नियन्त्रण रख पायी थी और न ही कांग्रेस की सरकार उस पर काबू पा सकी थी। इस काल की हिन्दी कहानी में इस स्थिति का बहुत विश्वसनीय चित्रण हुआ है। यहाँ कहानी दमित समाज की आवाज होने की अपनी प्रकृति को प्रमाणित करती दिखायी देती है।

यह देखकर भी आश्चर्य होता है कि देश के औपनिवेशिक शासन से मुक्ति की महान् ऐतिहासिक घटना के प्रति भी हिन्दी कहानीकार बहुत उत्साहित नहीं हैं। भारतीय साम्यवादी दल ने इसे 'झूठी आजादी' घोषित कर राजनीतिक लाभ उठाने का प्रयास किया था और उसके समर्थक कहानीकारों ने भी दल के एजेंडे के अनुरूप कहानियाँ लिखी थीं। पर जो कहानीकार प्रत्यक्ष रूप से पार्टी से सम्बद्ध नहीं थे, उन्हें भी आजादी के साथ ही राजनीतिकर्मियों, नौकरशाहों, पुलिसकर्मियों और जमीन्दारों-व्यवसायियों-पूँजीपतियों के चरित्र ने मोहभंग की मानसिकता में डाल दिया था। इस मोहभंग का भी इस काल की हिन्दी-उर्दू कहानी में यथार्थ अंकन हुआ है।

इस दशक के अन्तिम हिस्से में जिस ऐतिहासिक परिघटना ने हिन्दी-उर्दू दोनों के कहानीकारों की चेतना और सर्जनात्मक मानस को सबसे ज्यादा झकझोरा है, वह है साम्प्रदायिक उन्माद से उत्पन्न स्थितियाँ और मानवीय संवेदना के हनन की त्रासदी। मंटो, बेदी, इन्तजार हुसैन, अज्ञेय, कृष्णा सोबती, चन्द्रकिरण सौनरेक्सा, अमृत राय, मोहन राकेश राजेन्द्र यादव, विष्णु प्रभाकर आदि ने इस कथ्य पर आधारित दर्जनों कहानियाँ लिखी हैं, जो हिन्दी-उर्दू की उपलब्धि हैं।

पाँचवे दशक के प्रमुख कहानीकारों में यशपाल, जैनेन्द्र, अज्ञेय, उग्र, चन्द्रकिरण सौनरेक्सा, विष्णु प्रभाकर, पहाड़ी, निर्गुण, रांगेय राघव, मंटो, राजेन्दर सिंह बेदी आदि गणनीय हैं। पर कथा-शिल्प विषयक प्रयोग की दृष्टि से इनका योगदान, कुछ अपवादों को छोड़कर, बहुत महत्त्वपूर्ण नहीं है। यशपाल कथा-शिल्प की उस सुपरिचित और

बहुप्रयुक्त प्रविधि को ही अपनाते दीखते हैं जिसे प्रेमचन्द ने प्रकर्ष पर पहुँचा दिया था। इस प्रविधि में कथा-वर्णन और पात्रों के संवाद का विभिन्न मात्राओं में मिश्रण होता है। उनकी अधिकतर कहानियों में 'कथा' तत्त्व और वर्णनों की प्रचुरता दिखायी पड़ती है। वर्णन में मितव्ययिता के महत्त्व के प्रति वे सजग नहीं हैं। पर जहाँ यशपाल वर्णन में संयम रखते हैं, वहाँ उनकी कहानियों की संरचना बेजोड़ हो जाती है। कथक कहीं तो स्वतन्त्र, पर अप्रत्यक्ष और अनुभूत, रूप में पाठक के पास विद्यमान रहता है और कहीं वह कहानी के केन्द्रीय या गौण पात्र से एकाकार हो जाता है। उदाहरण के लिए उनकी 'परदा'(1943) कहानी को लें। 'परदा' के कथा-शिल्प में कथक सर्वज्ञ, अप्रत्यक्ष पर आसन्न-वर्तमान है और शैली अभिधा है। वह सहज रूप से तथ्यों को पेश करता है। तथ्य ऐसे हैं कि उन्हें साथ साथ रखने में विडम्बना अपने आप प्रकट हो जाती है। घटनाएँ और पात्रों के चरित्र, उनके कार्यकलाप, संवाद, चेष्टाएँ इतनी सहज और स्वाभाविक हैं, मानो रचनाकार ने अपनी ओर से कुछ किया ही नहीं है। जो कुछ हुआ है उसकी सूचना दे दी है, बस। इसी में कलात्मक सिद्धि है। इस कहानी में 'परदा' प्रतीक बन गया है। यही इस कहानी की सफलता है। पर कथाकार ने कहानी में अनावश्यक पात्रों की इतनी भीड़ जमा कर दी है कि मुख्य संवेदना उनमें खो जाती है। यह इस कहानी की त्रुटि है।

यशपाल अपनी अनेक कहानियों में यात्रा-विवरण या रेखाचित्र की प्रविधि का उपयोग करते हैं। पहाड़ी जीवन से सम्बन्धित कहानियों में अधिकतर यही प्रविधि अपनायी गयी है। 'वान हिंडनबर्ग' कहानी का पात्र, माली, यदि कल्पनाप्रसूत न हो तो यह 'रेखाचित्र' होगा। 'कहानी' और 'रेखाचित्र' किस प्रकार एक-दूसरे के क्षेत्र में 'आवाजाही' कर सकते हैं, यह कहानी इसका भी उदाहरण है।

यशपाल का कथक या स्वयं यशपाल किसी विषय को लेकर उस पर व्याख्यान देने में भी कोई संकोच नहीं करते। कहीं कहीं इसकी सपाटता को दूर करने के लिए कथक को केन्द्रीय पात्र बना दिया गया है। 'वो दुनिया!' एक ऐसी ही कहानी है जिसमें केन्द्रीय पात्र के स्वगत चिन्तन के रूप में मार्क्सवादी-समाजवादी विचारधारा का विस्तार के साथ उल्लेख किया गया है।

यशपाल अपनी कतिपय कहानियों में पुराकथाओं और मिथकों का उपयोग भी करते हैं। 'पहाड़ का छल' में एक पुरानी कथा के माध्यम से स्त्री पर सामन्ती अत्याचार का चित्रण किया गया है। प्रस्तुति के ढंग ने इस कहानी में एक नयापन ला दिया है।

यशपाल की कथा प्रविधि की एक उल्लेखनीय विशेषता कथा में व्यंग्य की सृष्टि मानी जा सकती है। 'धर्मयुद्ध', 'महादान' आदि कहानियाँ इसके उदाहरण के रूप में पेश की जा सकती हैं। 'महादान' बंगाल के अकाल से सन्दर्भित एक बहुत अच्छी कहानी है, जिसकी शक्ति उसमें निहित व्यंग्य में है। इसमें परस्पर विरोधी स्थितियों को एक साथ रख देने मात्र से एक ऐसी विडम्बना की सृष्टि हो गयी है जो कहानी को प्रभावी बना देती है।

जैनेन्द्र इस दशक में कहानीकार के रूप में बहुत कम सक्रिय रहे और जो कहानियाँ उन्होंने लिखीं भी, उनके शिल्प में कोई नयापन नहीं है। इस दशक में प्रकाशित उनकी कहानी 'परावर्तन' 17 छोटे छोटे पत्रों के योग से बनी कहानी है, पर कहानी के बेहद उलझे हुए कथ्य की प्रस्तुति में इस शिल्प की कोई सार्थकता लक्षित नहीं होती। पत्र-प्रविधि का उपयोग चन्द्रकिरण सौनरेक्सा, रांगेय राघव, विष्णु प्रभाकर, पहाड़ी आदि ने भी क्रमशः 'अधूरी कहानी', 'नारी का विक्षोभ', 'तजरबे', 'सरोज को एक पत्र', 'हेम को एक पत्र', 'प्रभा को एक पत्र' आदि कहानियों में किया है।

डायरी प्रविधि के उदाहरणः इलाचन्द्र जोशी कृत 'मेरी डायरी के दो नीरस पृष्ठ' में देखे जा सकते हैं। भगवती प्रसाद वाजपेयी जी ने भी अपनी 'अन्ना' कहानी में डायरी प्रविधि का उपयोग किया है। राजेन्द्र यादव ने 'देवताओं की मूर्तियाँ' में कथ्य को प्रभावी बनाने के लिए 'डायरी' प्रविधि की सहायता ली है। पर जिन प्रभावों की सृष्टि के लिए डायरी प्रविधि की जरूरत होती है, उनका इन कहानियों में नामोनिशान भी नहीं है।

अज्ञेय ने 1947-50 की अवधि में लगभग एक दर्जन कहानियाँ लिखीं, जिनमें कुछ शिल्प-प्रयोग की दृष्टि से भी उल्लेखनीय कही जा सकती हैं। 'कविप्रिया', 'वसन्त', 'पठार का धीरज', 'साँप' आदि कहानियाँ इस दृष्टि से उल्लेखनीय हैं। 'कविप्रिया' वार्तालाप की प्रविधि में लिखित 'कवि' नामक प्राणी पर व्यंग्य और कवि-पत्नी की पति-निष्ठा और स्थिति को स्वीकार करने की विवशता की कहानी है। 'वसन्त' में वसन्त प्रतीक है और कहानी कविता की सरहदों को छूती हुई भारतीय परिवार की स्त्री की मनोदशाओं को व्यक्त करती है। 'पठार का धीरज' प्रेम की संवेदना पर एक प्रकार का बौद्धिक, या चाहें तो प्रतीकात्मक भी कह लें, विमर्श है। 'साँप' में भी प्रतीक का उपयोग किया गया है।

उग्र ने भी अपनी कुछ कहानियों में शिल्पविषयक प्रयोग किये हैं। 'अवतार' कहानी किसी देशकाल निरपेक्ष परतन्त्र देश की कथा है, जो भारत की आजादी के संघर्ष को व्यंजित करती है। थे। इस कहानी का कल्पित 'देश' भारत और 'विदेशी शासक' अँगरेज हैं। कथक के अनुसार उन्हीं की पुकार सुनकर 'उसने' अवतार लिया। 'उसने' महात्मा गाँधी भी हो सकते हैं या उग्र का कोई कल्पित महापुरुष भी। उनकी दूसरी कहानी 'भ्रम' लगभग 2200 शब्दों की फन्तासी है, जिसमें भगवान पर 'रक्तासुर' की विजय दिखायी गयी है। 'जब सारा आलम सोता है' में कतिपय फक्कड़ किस्म के मित्रों की बैठकबाजी के रूप में शराबखोरी, ज्योतिषियों की भविष्यवाणी, पत्रकारिता, पुलिस की गैर-जिम्मेदारी आदि पर व्यंग्य किया गया है। 'राष्ट्रीय पोशाक' भी एक छोटी, चमत्कारपूर्ण, व्यंग्यपूर्ण कथा है।

इस दशक में कथा-शिल्प विषयक प्रयोग के आग्रही कहानीकारों में विष्णु प्रभाकर का भी नाम लिया जा सकता है। विष्णु जी की कहानियों में कथक की भूमिका निभाने के लिए 'याज्ञिक' और 'निशिकान्त' नामक दो पात्रों की कल्पना की गयी है, जिनमें निशिकान्त तो लेखक का प्रतिनिधित्व करता है और याज्ञिक सामान्य कथक का।

'याज्ञिक' के साथ साथ 'मैं' भी बीच-बीच में कथक की भूमिका अपनाता है और कभी कभार 'याज्ञिक' और 'मैं' के बीच भी संवाद हो जाता है। याज्ञिक और मैं, दोनों ही बारी-बारी से, पाठक से इकतरफा संवाद के रूप में 'कहानी' पेश करते हैं। कभी इनमें से एक कहानी कहता है; कभी परिवर्तन के तौर पर पाठक से दोस्ती जमा कर अपने पात्रों के किसी कार्य-व्यवहार पर और कभी पाठक को श्रोता मानकर उसकी सोच पर भी टिप्पणी करता है। इस प्रकार कहानीकार ने कहानी की संरचना के लिए एक नयी प्रविधि गढ़ने की कोशिश की है जो वस्तुतः कथा-प्रस्तुति की सुज्ञात प्रविधियों का है तो मिश्रण ही, पर उसमें नयापन अवश्य है। 'बच्चा माँ का है' इसका उदाहरण है। विष्णु जी मोपासाँ और ओ' हेनरी की तर्ज पर आकस्मिकता और चमत्कार की सृष्टि करने का प्रयास करते हैं। 'ट्रेन में', 'बच्चा माँ का है', 'बीमार', 'नींव के पत्थर', 'मैं जिन्दा रहूँगा' आदि कहानियाँ इसी प्रविधि को उदाहृत करती हैं। भगवती प्रसाद वाजपेयी भी कहानियों के चमत्कारपूर्ण अन्त से अपने पाठकों का मनोरंजन करते हैं। 'अपमान का भाग्य', 'हत्यारा', 'कबाड़ी', 'हारजीत', 'कला की सृष्टि', आत्मघात', 'चोर' आदि कहानियों के अन्त पर पाठक चमत्कृत होकर रह जाता है। वाजपेयी जी की कहानियों पर भी मोपासाँ और ओ' हेनरी की शैली की सुस्पष्ट छाप है। पर संवेदना की तीव्रता के अभाव में यह शिल्प निरर्थक हो गया है।

रांगेय राघव की कुछ कहानियाँ इतिहास या किसी ऐतिहासिक मिथ के माध्यम से उनके अध्ययन-चिन्तन से प्राप्त दर्शन अथवा समाजवादी विचारों और आस्थाओं को व्यक्त करती हैं। 'चकाबू का किला' में 'अलिफ लैला' के एक प्रसंग को लेकर संसार के भटकाव का वर्णन किया गया है। 'देवदासी', 'अनुवर्तिनी', 'अमरता एक क्षण', 'गुलाम सुल्तान' आदि कहानियों में ऐतिहासिक-पुरैतिहासिक कथाओं के माध्यम से प्रेम, काम और वैराग्य, सामाजिक नैतिकता, कर्तव्य-बोध, पिता के सन्तान-प्रेम आदि का द्वन्द्व प्रस्तुत किया गया है। 'देवोत्थान' में एक कल्पित देवकथा के रूपक से साम्राज्यवाद के विनाश और साम्यवाद की विजय की कथा का उद्‌घोष किया गया है।

पहाड़ी भी अपनी कुछ कहानियों में शिल्प-सजगता का परिचय देते हैं, यद्यपि उनके प्रयोग नये नहीं कहे जा सकते। उन्होंने अनेक कहानियाँ 'स्केच' की शैली में लिखी हैं। 'विश्राम', 'आश्रय', 'शृंखला', 'चिट्ठी आयी थी', 'सड़क पर' आदि में स्केच, संस्मरण, रिपोर्ताज आदि की प्रविधियाँ अपनायी गयी हैं। 'एक दृष्टि', 'एक पहेली', 'वह किसकी तसवीर थी' आदि कहानियाँ पात्रों के स्मृति-प्रवाह के रूप में प्रस्तुत की गयी हैं। 'देश' कहानी मजदूर की पूर्वदीप्ति में उभरी चेतना के माध्यम से प्रस्तुत किये जाने के कारण बहुत प्रभावी हो गयी है। इनकी कुछ कहानियों संयोगों का सहारा लिया गया है, जैसा मोपासाँ और ओ' हेनरी की कहानियों में पाया जाता है। 'अचला' ऐसी ही कहानी है।

अश्क की 'सपने', 'बैंगन का पौधा' आदि कहानियों में, स्वयं अश्क के अनुसार, 'वस्तु से अधिक जोर शिल्प पर था।' 'झटके' में भी शिल्पगत सजगता ध्यान आकृष्ट करती है। इसमें चार दृश्य हैं, जिनमें केवल संवाद हैं। इन दृश्यों को एक एक पंक्ति

से जोड़ा गया है, और ये चारो दृश्य मिलकर कहानी का निर्माण करते हैं। 'टेबल लैंड' (पहाड़ के ऊपर का समतल मैदान) साम्प्रदायिक भावनाओं की ऊबड़ खाबड़ पहाड़ियों मे बीच मानवता की उस समतल भावना का प्रतीक है, जिसका उद्रेक अनायास ही यक्ष्मा-पीड़ित कृशकाय मुसलमान बुजुर्ग की दुख-गाथा को सुनकर दीनानाथ के हृदय में हो उठता है।

इस दशक के उर्दू कहानीकारों में सआदत हसन मंटो और राजेन्दर सिंह बेदी कहानी-शिल्प की दृष्टि से भी उल्लेखनीय हैं। मंटो की 'टोबा टेक सिंह', 'टिटवाल का कुत्ता' आदि कहानियों में प्रतीकों का बहुत कलात्मक उपयोग हुआ है।

शिल्प के प्रति सजगता शुरू से ही राजेन्दर सिंह बेदी के स्वभाव की विशेषता के रूप में सामने आती है। बाहर से दिखायी पड़ने वाली घटना के बाहरी पहलू में आन्तरिक पहलू तलाश करने की कल्पनात्मक प्रक्रिया उन्हें रूपक, संकेत और प्रतीकात्मकता की ओर ले जाती है। इन प्रयासों के आरम्भिक चिह्न दाना ओ दाम और *'ग्रहण'* की कहानियों में देखे जा सकते हैं। गोपीचन्द नारंग के अनुसार 'रमजान के जूते' में एक जूते का दूसरे जूते पर चढ़ना यात्रा का लक्षण है।[115] पर वह कहानी जिसमें बेदी ने सांकेतिक अन्दाज को पहली बार पूरी तरह इस्तेमाल किया है और पौराणिक वातावरण उभारकर प्लाट की उसके साथ साथ रचना की है 'ग्रहण' है। उसमें एक ग्रहण तो चाँद का है और दूसरा ग्रहण उस जमीनी चाँद का है जिसे मर्द अपनी स्वार्थपरकता और लोलुपता के कारण हमेशा निगलने के लिए तत्पर रहता है।[116]

बेदी की कहानियों में कार्यव्यापार अक्सर अन्तर्मुखी होता है; कुछ घटित होता है, कुछ घटित होने को होता है, और रोशनी उनसे जुड़े व्यक्तियों के मानस पर केन्द्रित होती है। बेदी तुच्छ से तुच्छ प्रसंगों से एक सुनिर्मित, प्रभावोत्पादक और वास्तविक जीवन जैसी कहानी गढ़ने की कला जानता है। इसके साथ ही उन्हें उस तुच्छता को व्यापक सन्दर्भ में रखने की कला भी ज्ञात है जो उसे व्यवस्था के सजीव अंग के रूप में परिणत कर देती है। उनकी 'गरम कोट' नामक कहानी इसका बेहतरीन उदाहरण है। 'लाजवन्ती' में एक व्यंग्यपूर्ण स्थिति का निर्माण करके मानवीय त्रासदी का अंकन किया गया है।

नलिनविलोचन शर्मा और राजेन्द्र यादव की कहानियों में भी शिल्पविषयक सजगता दिखायी पड़ती है। नलिनविलोचन शर्मा की कहानियों में शिल्प का जो प्रौढ़ रूप दिखायी देता है वह आश्चर्यजनक है। नलिन जी की कहानियों में 'कथा' होती है, पर उनमें कथक की उपस्थिति का बोध नहीं होता। कथा बहुत सहज रूप में उजागर होती जाती है और ध्यान देने पर ही ज्ञात होता है कि वहाँ 'कथा' भी है। कथा के भीतर कथा, पूर्वदीप्ति, चेतना-प्रवाह, किसी पात्र के स्वगत चिन्तन आदि के रूप में कथा सन्ध्याकाल में उगते हुए तारों के रूप में जगमगा उठती है। 'पराजित' गलतफहमी के कारण पति-पत्नी के सम्बन्धों में पैदा हुई दरार का चित्रण करती है, पर पूरी कहानी पति की संवेदना के रूप में प्रस्तुत किये जाने के कारण 'नयी' हो गयी है। नलिनविलोचन शर्मा

उन कहानीकारों में नहीं हैं, जो 'वर्णन' को, चाहे वह 'कथा' का हो या अन्य वस्तुओं का, कहानी के लिए जरूरी समझते हैं। यही उनके कथा-शिल्प का वैशिष्ट्य है।

राजेन्द्र यादव की कहानियों में आरम्भ से ही कथा-शिल्प के प्रति सजगता लक्षित होती है। 'बेशरम' में स्थितियों के वैषम्य या विरोधाभास से प्रभाव पैदा करने की कोशिश की गयी है। 'मैं तुम्हें मार दूँगा!' में अतीत के पुनरवलोकन या पूर्व दीप्ति प्रविधि प्रयोग किया गया है; कार्यव्यापार भी अधिकतर चेतना के धरातल पर घटित होते हैं। यहाँ तक तो ठीक है। पर कुछ कहानियों में कथा-शिल्प कथ्य की कमजोरी की क्षति-पूर्ति-सा जान पड़ता है। 'अभिशप्त' प्रतीक कथा के रूप में लिखी गयी है, जो कथ्य के लिए बहुत जरूरी नही जान पड़ती। 'प्रतिहिंसा' में भिन्न भिन्न पात्रों के अवलोकन-बिन्दुओं से कथानक-निर्माण का प्रयास किया गया है, जो मात्र 'नयापन' दिखा कर रह जाता है। 'मैं हारा नहीं हूँ' में भी नये प्रकार के अवलोकन-बिन्दुओं की कल्पना कर पाठक को चमत्कृत करने का प्रयास किया गया है। इस प्रयास में राजेन्द्र यादव प्रविधि-कौशल की विश्वसनीयता को भी ताक पर रख देने में संकोच नहीं करते। यह शुद्ध चमत्कारवाद है।

इस दशक के कहानीकारों में कथाभाषा की दृष्टि से कोई उल्लेखनीयता नहीं है। जैनेन्द्र की कहानियों की भाषा पूर्ववत् है। उसमें कोई नयापन नहीं दिखायी देता। अज्ञेय की कहानियों में भी भाषिक सर्जनशीलता का कोई नया आयाम लक्षित नहीं होता। उनकी 'कविप्रिया', 'वसन्त', 'पठार का धीरज', 'साँप' आदि कहानियाँ भाषा की दृष्टि से कविता की भाषा से होड़ लेती दिखायी पड़ती हैं। पर यह 'होड़' प्रतीक, संकेत, अनेकार्थता आदि तक सीमित होकर रह जाती है और 'कहानी' की प्रकृति के अनुकूल नहीं हो पाती। यह प्रवृत्ति 'नयी कहानी' और साठोत्तरी कहानी के कवि कहानीकारों की कहानियों में अग्रसर होती है।

यशपाल, रांगेय राघव और चन्द्रकिरण सौनरेक्सा इस दशक के प्रमुख कहानीकार हैं, पर कथा भाषा की दृष्टि से उनकी उल्लेखनीयता बहुत सीमित है।

सन्दर्भ

1. Sumit Sarkar, *Modern India : 1885-1947*, Macmillan India Ltd., Delhi, 1985, page 391
2. उपरिवत्, पृ. 395
3. 1941 के अन्त में जर्मनी द्वारा रूस पर आक्रमण और संयुक्त राज्य अमेरिका, ब्रिटेन और रूस की सन्धि के बाद भारतीय कम्युनिस्ट पार्टी ने फासीवाद-विरोध के नाम पर भारतीय स्वाधीनता संग्राम से अपने को अलग कर लिया। अगस्त 1942 में कांग्रेस के 'भारत छोड़ो' प्रस्ताव का उसके साम्यवादी सदस्यों ने विरोध किया था। इसका राजनीतिक लाभ उसे यह मिला कि 1942 में सरकार ने उस पर से राजनीतिक प्रतिबन्ध हटा लिया, जिसके फलस्वरूप 1942 में कम्युनिस्ट पार्टी की सदस्य-संख्या मात्र 4000 थी, वह फरवरी 1948 में बढ़कर एक लाख हो गयी। इसी बीच कांग्रेस

से कम्युनिस्ट पार्टी के मतभेद बढ़ने लगे थे। 1945 तक भारतीय कम्युनिस्ट पार्टी कांग्रेस के नेतृत्व में ही अपने राजनीतिक कार्यक्रम चलाती थी, पर मतभेद बढ़ जाने पर 5 अक्टूबर, 1945 को सी. पी. आई. के सदस्यों ने कांग्रेस से इस्तीफा दे दिया और दिसम्बर में उन्हें निष्कासित कर दिया गया।

4. यह निर्धारण करना कठिन है कि कौशिक जी कौन-सी कहानियाँ इस काल की हैं, क्योंकि उनके प्रकाशक ने यह सूचना नहीं दी है। पर द्वितीय विश्व युद्ध पर आधारित कहानियाँ इसी अवधि में लिखी गयी होंगी, यह विश्वास के साथ कहा जा सकता है।
5. उपेन्द्रनाथ अश्क, *सत्तर श्रेष्ठ कहानियाँ,* नीलाभ प्रकाशन, इलाहाबाद, 1958, पृ. 45
6. इस दशक में उन्होंने अपनी अधिकतर कहानियाँ हिन्दी में लिखीं और *अंकुर, दूरदर्शी लोग, पिंजरा, निशानियाँ, छींटे, काले साहब* आदि हिन्दी कहानी संग्रह इसी दशक में प्रकाशित हुए।
7. *छाया में,* प्रकाशगृह, इलाहाबाद से प्रकाशित तीसरा संस्करण (1952) आगरा युनिवर्सिटी लाइब्रेरी में उपलब्ध है। इस संस्करण में स्वयं पहाड़ी द्वारा प्रदत्त सूचना के अनुसार इसके प्रथम संस्करण में केवल बारह कहानियाँ थीं। इस संस्करण में 24 कहानियाँ संगृहीत हैं। प्रथम संस्करण का प्रकाशन-काल 1945 के आसपास अनुमित है।
8. प्रकाश गृह, द्वितीय संस्करण : अगस्त 1948; 'दो शब्द' के अन्त में 'मार्च, 1945' मुद्रित है।
9. *नया रास्ता* के प्रकाशगृह, इलाहाबाद से प्रकाशित 'परिवर्धित संस्करण' (1977) की संक्षिप्त शीर्षकहीन भूमिका के अन्त में 'अक्टूबर, 1946' तिथि मुद्रित है, जिससे इसके प्रथम प्रकाशन-काल की सूचना मिलती है। इस भूमिका में पहाड़ी ने यह भी लिखा है कि "लगभग तीन चार साल चुप रहने के बाद मैंने एक नये दृष्टिकोण से कुछ रचनाएँ लिखकर *बया का घोंसला* पाठकों को सौंपा था। *नया रास्ता* अगला कदम है।" *बया का घोंसला* संग्रह मुझे उपलब्ध नहीं हो पाया है।
10. *वर्तमान साहित्य* के 'यशपाल विशेषांक' के अनुसार 1941; पर *यशपाल की सम्पूर्ण कहानियाँ,* खंड-1 (लोकभारती प्रकाशन, इलाहाबाद, प्र. सं. 1993) में संकलित इसकी 'भूमिका' के अन्त में 3 दिसम्बर, 1941 की तारीख मुद्रित है, अतः इसका प्रकाशन-वर्ष 1941 का अन्त या 1942 का आरम्भ होना चाहिए।
11. लोकभारती प्रकाशन, इलाहाबाद से प्रकाशित *तर्क का तूफान* के सातवें संस्करण (1983) में प्रदत्त 'भूमिका' के अन्त में दी गयी तिथि '15 सितम्बर, 1943' से इसका प्रथम प्रकाशन-काल 1943 प्रतीत होता है।
12. 'इसकी भूमिका के अन्त में 'मार्च, 1944' मुद्रित है (*यशपाल की सम्पूर्ण कहानियाँ,* खंड-1, लोकभारती प्रकाशन, इलाहाबाद, 1993); यशपाल महाजन, *हिन्दी उपन्यास कोश,* भारतीय ग्रन्थ निकेतन, दिल्ली के अनुसार *ज्ञानदान* कहानी संग्रह का प्रकाशन काल 1943 है।
13. *यशपाल की सम्पूर्ण कहानियाँ,* खंड-1, लोकभारती प्रकाशन, इलाहाबाद, प्र. सं. 1993 में संकलित *वो दुनिया* की भूमिका (3 दिसम्बर, 1941)
14. नन्दकिशोर नवल, 'यशपाल की कहानियों का सांस्कृतिक सन्दर्भ', *वागर्थ* , मई, 2004
15. उपरिवत्
16. *यशपाल की सम्पूर्ण कहानियाँ,* खंड-2, लोकभारती प्रकाशन, इलाहाबाद, प्र. सं. 1993, *तर्क का तूफान* की भूमिका (15 सितम्बर, 1943)
17. विश्वनाथ त्रिपाठी, 'पर्दा और फूलो का कुर्ता', *भारतीय लेखक* : (यशपाल विशेषांक), 2004, सं. मधुरेश, अंक 5-6
18. उपरिवत्
19. उपेन्द्रनाथ अश्क, *मंटो मेरा दुश्मन,* नीलाभ प्रकाशन, इलाहाबाद, 1956, पृ. 284
20. उपरिवत्, पृ. 284

21. उर्दू में कृष्णचन्द्र 'किसन चन्दर'; 'क्रिसन चन्दर' आदि रूपों में लिखे और बोले जाते हैं। पर हिन्दी में उन्हें 'कृष्ण चन्दर' लिखने की परिपाटी चल गयी है।
22. Muhammad Sadiq, *A History of Urdu Literature*, p. 585
23. 'दूसरा बच्चा', 'ये दरिन्दे ये शिकार' (1941) 'सुभद्रा', 'अबूझ', 'ए क्लास का कैदी', 'किसकी करनी किसकी भरनी' (1942), 'बंजर', 'वहम के पुतले', 'खटराग' (1943), 'तीसरी कोशिश', 'काश और कल्पना', 'जिन्दगी की माँग', 'डेडलॉक', 'दीमक' (1944), 'धरती के पुत्र', 'प्रेम का प्रयोग' (1945); '*आदमखोर* (1945) संग्रह की 6 कहानियाँ 'कमीनों की जिन्दगी में', 'रुपया', 'बेजुबाँ', 'दो रोटियाँ', 'आदमखोर' तथा 'परम्परा'।
24. कहीं कहीं इनका जन्मकाल 1915 भी लिखा मिलता है।
25. गोपीचन्द नारंग, *उर्दू पर खुलता दरीचा*, पृ. 240
26. *चोटें* का तीसरा संस्करण 1953 में नयी दिल्ली से प्रकाशित हुआ था। भूमिका ('पेशे-लफ़्ज़) के अन्त में 1 नवम्बर, 1942 की तिथि मुद्रित होने से इसके प्रकाशन का अनुमान होता है। इसमें 'भूल भुलैयां', 'पंक्चर', 'सास', 'सफ़र में', 'उसके ख्वाब', 'जनाजे', 'लेहाफ', 'बीमार', 'मेरा बच्चा', 'तिल', 'दो जख्मी', 'झिर्री में से', 'एक शौहर की खातिर', 'औरत और मर्द' आदि कहानियाँ संकलित थीं।
27. *चोटें*, तीसरा संस्करण, नयी दिल्ली, 1953, भूमिका ('पेशे-लफ़्ज़)
28. सआदत हसन मंटो, *दस्तावेज़*, खंड-5, पृ. 66
29. उपरिवत्, पृ. 585
30. Ali Jawad Zaidi, *A History Of Urdu Literature,* Sahitya Academi, New Delhi. 1993.
31. उपरिवत्
32. ज़ैदी ने इनका जन्मकाल 1915 लिखा है।
33. यहाँ विद्यानिवास मिश्र और स्वयं अज्ञेय के दिये गये विवरणों में किंचित् अन्तर दिखायी देता है, पर उसका कोई विशेष महत्त्व नहीं है।
34. *अज्ञेय की सम्पूर्ण कहानियाँ*—भाग 2 *(लौटती पगडंडियाँ)*, पृ. 8
35. *ध्रुव-यात्रा* का प्रकाशन-काल *नेशनल बिब्लियोग्राफी ऑफ इंडियन लिटरेचर के* अनुसार 1944 है। मैंने इसका सामयिक साहित्य सदन, लाहौर से प्रकाशित द्वितीय संस्करण (फरवरी, 1946) देखा है।
36. सर्वप्रथम 1944 में *ध्रुवयात्रा* संकलन में प्रकाशित। पूर्वोदय प्रकाशन, दिल्ली द्वारा उपलब्ध करायी गयी सूची में इसका लेखन-काल 1934 बताया गया है, पर उसका कोई आधार नहीं है।
37. इन कहानी संग्रहों की प्रकाशन-तिथियाँ *नेशनल बिब्लियोग्राफी ऑफ इंडियन लिटरेचर*, पृ. 162 और *हिन्दी साहित्य कोश*, खंड-2, पृ. 44 से ली गयी हैं। *हि. सा. को.* में *रोमांटिक छाया, आहुति,* और *डायरी के नीरस पृष्ठ* के प्रकाशन-वर्ष क्रमशः 1943, 1945 और 1951 दिये हुए हैं।
38. *मेरी प्रिय कहानियाँ*, राजपाल एण्ड सन्ज, दिल्ली, संस्करण 1987, पृ. 7
39. Muhammad Sadiq, *A History of Urdu Literature*, p. 589
40. राहुल सांकृत्यायन, *वोल्गा से गंगा*, किताब महल, इलाहाबाद, षष्ठ संस्करण 1977 में प्रदत्त 'प्रथम संस्करण का प्राक्कथन' जिसके अन्त में "सेन्ट्रल जेल, हजारीबाग, 23-6-42" मुद्रित है। प्रभाकर माचवे और सत्यव्रत सिनहा ने इसका प्रथम प्रकाशन-काल 1944 दिया है।
41. विप्लव कार्यालय, लखनऊ, दूसरा सं. मार्च, 1953 में प्रदत्त सूचना के अनुसार प्रथम संस्करण : अगस्त, 1946; *यशपाल की सम्पूर्ण कहानियाँ*, भाग-2 में संकलित *फूलो का कुर्ता* की भूमिका के अन्त में "अगस्त, 1949" तिथि मुद्रित है, जिससे इसका प्रकाशन-काल 1949 मालूम पड़ता है।

यह एक उल्लेखनीय तथ्य है कि '*फूलो का कुर्ता*' कहानी संग्रह का शीर्षक होने पर भी संग्रह में इस शीर्षक से कोई 'कहानी' शामिल नहीं है। सम्भवतः यह एक वास्तविक प्रसंग है, जो अपनी

मार्मिकता और व्यंजना के कारण संग्रह की 'भूमिका' (अगस्त, 1949) में उल्लिखित हुआ है। स्वयं यशपाल ने इसे 'कहानी' नहीं कहा है, पर आलोचकों ने इसे 'कहानी' की ही संज्ञा दी है। विश्वनाथ त्रिपाठी इसे यशपाल की 'कालजयी कहानी' मानते हैं। उनके अनुसार इस कहानी में ''वत्सल विनोद हास्य है। फूलो की निरीहता पर विचार करने पर हमारा ध्यान कुर्ते के ऊपर उठ जाने की प्रतीकात्मकता पर जाता है।...विनोद हास्य में रूढ़िग्रस्तता की भयंकरता छिपी है। फूलो की निरीहता, वयस्कों का विनोद-हास्य जितना ही पवित्र और सुखद है, उसमें छिपी रूढ़िग्रस्तता उतनी ही भयावह है। तीव्र विसंगति सिर्फ यहाँ नहीं पूरे वातावरण में है।'' वे आगे कहते हैं, '' 'फूलो का कुर्ता' में बाल-अबोध की निरीहता को सामाजिक रूढ़ियों से सन्दर्भित करके निरीहता की सम्भावित शक्ति को पहचाना गया है। एक ओर अबोध निरीहता और दूसरी ओर रूढ़ि-अन्धविश्वास की इतिहास-विरोधी असामाजिक भयावहता। विचारधारा की तरह कला की भी चरम सिद्धि इस बात में है कि वह प्रकृति की तरह अनायास और सहज ग्राह्य हो जाए।'' कहना न होगा कि यह सारा विवेचन इसलिए निराधार है कि यह 'कहानी' है ही नहीं। जीवन में भी ऐसे प्रसंग तो घटित होते ही हैं जो कविता या कहानी की सारी सम्भावनाओं से युक्त होते हैं। 'फूलो का कुर्ता' के प्रसंग में एक कहानी या कविता की दुर्लभ सम्भावनाएँ समाहित हैं, पर यह 'रचित कहानी' नहीं है। यशपाल का श्रेय इतना ही है कि वे इसके साक्षी रहे हैं। यदि 'भूमिका' के 'मैं' को यशपाल का स्थानापन्न माना जाए तो यह 'भूमिका' होगी और यदि इसे 'कथा' का पात्र माना जाए, तो इसे कदाचित् 'कथा' कहना संगत हो। इस 'कथा' का—क्योंकि संरचना की दृष्टि से यह 'कथा' से आगे नहीं बढ़ पायी है—कथक 'मै' अपने अवलोकन-बिन्दु से 'कथा' कहता है। कथा बिलकुल सपाट ढंग से कही गयी है। 'कथा' का चरम बिन्दु—पाँच वर्ष की फूलो का अपने सात वर्ष के तयशुदा दूल्हे सन्तू के अचानक सामने पड़ जाने पर, लज्जा प्रदर्शित करने के लिए, शरीर को ढँकने वाले एकमात्र कुर्ते से मुँह ढँकने के प्रयत्न में, नीचे से नंगे हो जाने का वैषम्य—फूलो की निर्धनता, अबोधपन, बाल विवाह के दैन्य, पति-पत्नी के परम्परागत सम्बन्ध आदि की तीखी व्यंजना तो कराता है, पर इसे एक सफल कहानी में रूपान्तरित करने का श्रेय यशपाल को नहीं जाता।

42. यशपाल, 'मेरी पहली कहानी', *वर्तमान साहित्य* का 'यशपाल विशेषांक', पृ. 525
43. उपरिवत्
44. पंजाब के फीरोजपुर में यशपाल का जन्म हुआ और बचपन पनपा, हरद्वार में प्रारम्भिक शिक्षा सम्पन्न हुई, लाहौर से (1920-22) उच्च शिक्षा का आरम्भ हुआ, 1923-1932 में जीविकोपार्जन तथा क्रान्तिकारी गतिविधियों के कारण मुख्यतः नगरों में ही जीवन बीता, 1932-38 तक जेल में और 1938 से 1976 तक (मृत्यु तक) लखनऊ में रहे। लखनऊ में रहते हुए भी पहाड़ी क्षेत्र से उनका सम्बन्ध बना रहा और वे गर्मी के मौसम में तो प्रायः ही पहाड़ चले जाते थे।
45. विश्वनाथ त्रिपाठी, 'पर्दा और फूलो का कुर्ता', *भारतीय लेखक*, (अक्तूबर 2003-मार्च, 2004, अंक 5-6), 'यशपाल विशेषांक'
46. उपरिवत्
47. *शेषनाग की थाती* का प्रकाशगृह, इलाहाबाद से प्रकाशित द्वितीय संस्करण (1953) आगरा विश्वविद्यालय पुस्तकालय में उपलब्ध है। उसकी भूमिका के अन्त में 1 मई, 1948 की तिथि मुद्रित है। इसकी शीर्षकहीन भूमिका में 'पहाड़ी' लिखते हैं : ''लगभग डेढ़ साल के बाद मैं अपने पाठकों को अपना नया कहानी संग्रह दे रहा हूँ।''
48. पाँचवे दशक में प्रकाशित कहानियाँ अक्षरक्रम से—(संग्रहों में) 'अवतार', 'असली कुत्ता', 'चौड़ा छुरा', 'टीला और गड्ढा', 'पिशाची', 'प्रार्थना', 'बेईमानचन्द और ईमान सिंह', 'भ्रम', 'मो को चुनरी की साध', 'रामदाने के लड्डू', 'रिसर्च', 'रेशमी', 'विकास', 'संगीत समाधि' और 'सुधारक', 'काल कोठरी', 'देशद्रोह', 'नींद हराम हुई', 'पंजाब की महारानी'; (पत्र पत्रिकाओं में) 'बच्चे हँसने लगे'

(1941) 'महन्त मूजीरामं जी महाराज' (1942), 'राष्ट्रीय पोशाक', 'कुल गोलक', 'कहांनी सम्मेलन आइडिया' 'लाइन पर', 'प्राइवेट इन्टरव्यू' (1948)

49. यह कहानी इसी शीर्षक संग्रह (1952) में प्रकाशित हुई थी; पर अपने कथ्य से यह पाँचवे दशक की कहानी प्रतीत होती है।

50. कहानी का लेखन-काल स्वतन्त्रता-प्राप्ति के बाद है, इसका पता अन्तःसाक्ष्य से चलता है। अतः इसका विवेचन उसी प्रसंग में किया गया है।

51. *नेशनल बिब्लियोग्राफी ऑफ इंडियन लिटरेचर* के अनुसार इसका प्रकाशन राजकमल प्रकाशन द्वारा 1948 में हुआ था।

52. प्रकाशन-काल क्रमशः 1953 और 1954; प्र. पूर्वोदय प्रकाशन, दिल्ली

53. इस कहानी में माताप्रसाद अपने पड़ोसी के अनुरोध पर इलाहाबाद में पढ़ने वाली उसकी लड़की पुष्पा को अपने संरक्षण में मेरठ ला रहे हैं। गाड़ी में उन्हें ज्ञात होता है कि वह गर्भवती है। ('परदेशी' और 'ध्रुवयात्रा' की प्रेमिकाओं की तरह अविवाहित मातृत्व) लड़की से बातचीत और बहुत ऊहापोह के बाद माताप्रसाद पुष्पा के सामने एक विचित्र प्रस्ताव रखते हैं। वे उसका विवाह अपने बेटे दिलीप से, जिसकी मँगनी तक एक लड़की से हो चुकी है, कर देने का प्रस्ताव करते हैं। इस प्रस्ताव पर पुष्पा कुछ कहती नहीं; 'बहुत भीतर की तह फोड़कर उसकी आँखों में आँसू भर आते हैं।' उसे नींद आ जाती है और जब सबेरे उठती है तो माताप्रसाद को भी आरामकुर्सी पर सोते पाती है। मधुरेश के अनुसार "यह वस्तुतः एक उत्कट समस्या के निस्तार से मिली नींद थी जिसे पुष्पा ले चुकी थी और माताप्रसाद भी ले रहे थे।" कहानी का यह पाठ कितना तर्कपूर्ण है, कहना कठिन है। यह प्रस्ताव अपने में इतना बेतुका और अनाचारपूर्ण है कि यह सभी पाठकों को स्वीकार्य नहीं हो सकता। दिलीप को इस प्रकार बलि का बकरा बना देने का कोई तर्क तो नहीं ही है, पुष्पा द्वारा उसे स्वीकार कर लिए जाने का भी कोई औचित्य नहीं है। पर जैनेन्द्र इन सब बातों की कोई चिन्ता नहीं करते। मधुरेश इसका समर्थन इस तर्क से करना चाहते हैं कि यह एक ऐसे समाज में घटित कहानी है, जो तब तक अपने में सीमित और आत्मकेन्द्रित नहीं हुआ था। मुहल्ले के लोग भी पारिवारिक रिश्ते में बँधे होते थे और भरसक उन सम्बन्धों को निभाते थे, पर यह 'पारिवारिक रिश्ता' इतनी दूर तक जा सकता था, यह अविश्वसनीय है। (मधुरेश, *कहानीकार जैनेन्द्र कुमार : पुनर्विचार*, समानान्तर प्रकाशन, नयी दिल्ली, 2004, पृ. 144)

54. 'पाजेब' (पूर्वोदय प्रकाशन द्वारा उपलब्ध करायी गयी सूचना के अनुसार लेखन-काल 1944) मध्यवर्गीय परिवारों की एक सामान्य सी घटना को आधार बनाकर लिखी गयी कहानी है, जिसमें कोई चीज खो जाने पर नौकर से लेकर बच्चों तक पर चोरी का सन्देह किया जाता है और वास्तविकता यह होती है कि वह चीज चोरी गयी ही नहीं होती। किसी बच्चे पर चोरी का सन्देह मढ़ दिये जाने पर उसके व्यवहार और प्रतिक्रियाओं में कितनी असंगतियाँ पैदा हो जाती हैं और वह कितना दयनीय हो जाता है, इसी का अंकन इस कहानी में किया गया है। इस कहानी में भी कार्य-व्यापार का एक ऐसा बिन्दु है, जो कहानी को अर्थ देता है। इस दृष्टि से यह एक सफल कहानी कही जायेगी। मात्र कार्य-व्यापारों और प्रतिक्रियाओं से पाठक की जिज्ञासा को उद्बुद्ध बनायें रखने में भी जैनेन्द्र को अच्छी सफलता मिली है। 'किसका रुपया' भी मुख्यतः बाल मनोविज्ञान की ही कहानी है। इस कहानी में बाल-मन का चित्रण तो अच्छा हुआ है, पर क्षण की केन्द्रीयता इसमें नहीं आ पायी है। कहानी का केन्द्रीय क्षण वहाँ होना चाहिए जहाँ रमेश के पिता को पता चलता है कि रमेश को मिला हुआ रुपया उस गरीब मुसलमान लड़की का है, जो उसे बेचैन होकर ढूँढ़ रही थी। पर वह क्षण इस कहानी में बिखर गया है। इस कहानी में स्कूल का प्रसंग कोई माने नहीं रखता। 'चोर' में औरतों के मुख से चोर की कहानी सुन सुनकर बालकों के मन पर पड़ने वाले प्रभाव का अंकन किया गया है। बच्चे की चोर की कल्पना बड़े-बड़े दाँतों और

भयानक चेहरे वाले राक्षस का रूप ग्रहण कर लेती है। पर जब वह सच्चे चोर को देखता है तो उसे आश्चर्य होता है कि, अरे, चोर भी तो आदमी ही है। 'आत्म-शिक्षण' वयःसन्धि से गुजरते हुए एक बालक की कहानी है। इस अवस्था में बालक के व्यवहार में कितनी तरह की असंगतियाँ पैदा हो जाती हैं और उसे लेकर मध्यवर्गीय माता-पिता को कैसे और कितने तनावों से गुजरना पड़ता है, इसी का चित्रण इस कहानी में हुआ है।

55. यह कहानी *जैनेन्द्र की कहानियाँ,* भाग-1 पूर्वोदय प्रकाशन, दिल्ली, 1953 में संकलित है और इसका लेखन-काल 1932 बताया गया है। उल्लेखनीय है कि यह 1944 तक प्रकाशित जैनेन्द्र के किसी भी कहानी संकलन में संकलित नहीं हुई थी। अतः इसका लेखन-काल (1932) संन्दिग्ध है।
56. यह कहानी *जैनेन्द्र की कहानियाँ,* भाग-1 पूर्वोदय प्रकाशन, दिल्ली, 1953 में सकलित है और इसका लेखन-काल 1935 बताया गया है। पर आरम्भिक वर्णन से अनुमान होता है कि कहानी द्वितीय विश्व युद्ध की समाप्ति पर लिखी गयी होगी।
57. *जैनेन्द्र की कहानियाँ,* भाग-1, पूर्वोदय प्रकाशन, दिल्ली, 1953 में संकलित
58. *जैनेन्द्र की कहानियाँ,* भाग-2, 1953 में संकलित
59. 'ऊर्ध्वबाहु' में इन्द्र द्वारा ऋषियों के तपस्या-भंग के मिथक से यह विचार प्रस्तुत किया गया है कि जबतक आदमी की स्पृहा समाप्त नहीं होगी, वह लोभ और काम के समक्ष हारता ही रहेगा। 'भद्रबाहु' में उसी मिथक के व्याज से यह प्रतिपादित किया गया है कि निःस्पृह सन्त के समक्ष इन्द्र को भी हारना पड़ता है। उसकी सेवा करके ही वह अपने इन्द्रासन की रक्षा कर सकता है। 'वह अनुभव' संसार की व्यर्थता के बोध पर आधारित कहानी है। 'गुरु कात्यायन' में शिव-पार्वती के मिथक द्वारा ज्ञान से भक्ति की श्रेष्ठता प्रतिपादित की गयी है। 'लाल सरोवर' लगभग 8000 शब्दों की एक लोक-मिथ सम्पन्न लम्बी 'कथा' है, जिसमें धन की निन्दा की गयी है। 'उपलब्धि' में जीवन की चरम उपलब्धि का कथन किया गया है जहाँ अपना अनिष्ट करने वाले के प्रति भी केवल प्रेम ही बचा रह जाता है। 'कामना-पूर्ति' भी एक बोधकथा है, जिसमें यह विचार व्यक्त किया गया है कि सुख कामनाओं से ऊपर उठने से मिलता है। कामना-पूर्ति के भीतर से असन्तोष और दुख जनमता है। 'समाप्ति' कहानी का 'विषय' एक बहस है, जिसका कोई निष्कर्ष निकलने वाला नहीं और इस पर होनेवाला खतरनाक विवाद नाश्ते को देखते ही समाप्त हो जाता है। 'मीठी खीझ' एक प्रेमी-प्रेमिका की आपसी तकरार और उसे समाप्त करने की चुहलपूर्ण कहानी है। 'धरमपुर का वासी' औद्योगिक युग की सभ्यता पर एक व्यंग्य- कथा है। 'अनन्तर' एक मृत्यु-प्रसंग को पुनः जीने की कहानी है। प्रसंग संवेदना से भरा हुआ जरूर है, पर संवेदना का कोई विशेष बिन्दु कहानी के केन्द्र में नहीं है। 'कहानीकार' कहानी में यह विचार व्यक्त किया गया है कि 'कहानी' लिखने के लिए अपने 'ज्ञान' और अहं-बोध का त्याग जरूरी है। पात्रों के मॉडल के रूप में स्वयं जैनेन्द्र और प्रेमचन्द हैं। 'प्रियव्रत' एक प्रतिभा के हनन की कथा है, जिसमें रचनाकार के अहं का भी हाथ है और समाज की उपेक्षा का भी।
60. अज्ञेय की सम्पूर्ण कहानियाँ, भाग-1, पृ. 9
61. *अज्ञेय की सम्पूर्ण कहानियाँ,* भाग-2, पृ. 10
62. उपरिवत्, पृ. 11
63. उपरिवत्, पृ. 13
64. *अज्ञेय की सम्पूर्ण कहानियाँ,* भाग-1, पृ. 6-7
65. सुदर्शन, *नगीने,* आर्य बुक डीपो, नयी दिल्ली,1999, 'भूमिका।'
66. 'ऊँट, चींटी और पहाड़', *झरोखे,* लीडर प्रेस, इलाहाबाद, 1962 (प्र. सं. 1947)
67. 'सीधे पथ का पथिक', उपरिवत्
68. भैरवप्रसाद गुप्त, *बिगड़े हुए दिमाग,* कल्याण साहित्य मन्दिर, प्रयाग, अगस्त, 1949 (इस पुस्तक

की फोटोप्रति मेरे संग्रह में मौजूद है)।

69. स्वयं लेखक के द्वारा दी गयी सूचना के अनुसार उनकी इस दौर की कहानियाँ *महफिल, सपने का अन्त* और *सितार के तार* संग्रहों में प्रकाशित हुईं। ('मेरी कथायात्रा', *मेरी कहानियाँ,* दिशा प्रकाशन, दिल्ली, 1986, पृ. 12)
70. भैरव प्रसाद गुप्त, 'मेरी कथायात्रा', *मेरी कहानियाँ,* दिशा प्रकाशन, दिल्ली, 1986, पृ. 12
71. *बिगड़े हुए दिमाग* (1949) में संकलित
72. ये सूचनाएँ मधुरेश द्वारा प्रदत्त सूचनाओं पर आधारित हैं।
73. श्रवणकुमार गोस्वामी, *राधाकृष्ण,* साहित्य अकादेमी, नयी दिल्ली, 2003, पृ. 41
74. उपेन्द्रनाथ अश्क, *सत्तर श्रेष्ठ कहानियाँ,* नीलाभ प्रकाशन, इलाहाबाद, 1958, पृ. 45
75. मंटो के दो कहानी संग्रह *नमरूद की खुदाई* (1952) और *सड़क के किनारे,* (1953) क्रमशः लाहौर और दिल्ली से प्रकाशित हुए थे, पर कथ्य और संरचना की दृष्टि से इनमें संकलित कहानियाँ पाँचवे दशक की कहानियों से बहुत भिन्न नहीं हैं।
76. *फुँदने* (1952) में संकलित
77. *खाली बोतलें : खाली डब्बे* (1950) में संकलित
78. *ठंडा गोश्त* (1950) में संकलित
79. *खाली बोतलें : खाली डब्बे* में संकलित
80. *यजीद* (1951) में संकलित
81. *यजीद* (1951) में संकलित
82. *नमरूद की खुदाई* (1952) में संकलित
83. *नरेन्द्र मोहन रचनावली,* सं. गुरचरण सिंह : सुमन पंडित, संजय प्रकाशन, दिल्ली, 2006, पृ. 56
84. ज़ैदी ने इनका जन्मकाल 1929 लिखा है।
85. गोपीचन्द नारंग, *दरीचा,* पृ. 267
86. उपरिवत्
87. गोपीचन्द नारंग, *दरीचा,* पृ. 267
88. उपरिवत्, पृ. 311
89. उपरिवत्, पृ. 300
90. *जनम की कहानियाँ,* संगेमील पब्लिकेशन, लाहौर, 2000 में संकलित इन्तिजार हुसैन के कहानी संग्रह में प्रदत्त तिथियाँ; गोपीचन्द नारंग ने इसका प्रकाशन-काल 1951 लिखा है *(दरीचा)*
91. *दरीचा,* पृ. 315
92. उपरिवत्, पृ. 317
93. उपरिवत्
94. डा. सादिक(सं.), यह दाग़ दाग़ उजाला (क़ुर्रतुलऐन हैदर), भूमिका, पृ. 18
95. ज़ैदी ने इनका जन्मकाल 1929 लिखा है।
96. भीष्म साहनी, *आज के अतीत,* राजकमल प्रकाशन, नयी दिल्ली, 2003, पृ. 69 तथा 101
97. उपरिवत्, पृ. 169
98. मेरे पास, प्रो. गोपेश्वर सिंह के सौजन्य से, इस कहानी संग्रह का 1988 में प्रकाशित छठा 'संशोधित' संस्करण है, पर उसमें प्रथम संस्करण सम्बन्धी कोई सूचना नहीं दी हुई है। यशपाल जैन ने अपने *हिन्दी उपन्यास कोश* में इसका प्रथम प्रकाशन-काल 1951 लिखा है, जो मुझे सही जान पड़ता है। नलिन जी ने अपनी 'आनृण्य' शीर्षक संक्षिप्त भूमिका में अपनी पहली कहानी 'नारी की त्रिविधा' के *मासिक विश्वमित्र* में प्रकाशित होने की सूचना दी है, पर उसका समय नहीं दिया है।

99. *इतिहास,* हंस प्रकाशन, इलाहाबाद, द्वितीय संस्करण (पर समय नहीं मुद्रित है) किताब पुरानी प्रतीत होती है, क्योंकि मूल्य मात्र 'अढ़ाई रुपया' मुद्रित है। कहानियों के अन्त में उनका प्रथम प्रकाशन काल भी मुद्रित है। इस संग्रह की सारी कहानियाँ 1943-47 अवधि की हैं।

100. यशपाल जैन, *हिन्दी उपन्यास कोश,* भारतीय ग्रन्थ निकेतन, दिल्ली; *रांगेय राघव की सम्पूर्ण कहानियाँ* (भाग-1) के सम्पादक, अशोक शास्त्री के अनुसार *इन्सान पैदा हुआ* का प्रकाशन 1957 में हुआ, जिसमें 1951 से पहले लिखित 16 कहानियाँ तथा 5 रिपोर्ताज संकलित हैं। (*रांगेय राघव की सम्पूर्ण कहानियाँ* : भाग-1, सं. अशोक शास्त्री, अलीक प्रकाशन, जयपुर, प्र. सं. 1988) पर मुझे लगता है कि यह *इन्सान पैदा हुआ* का दूसरा संस्करण है जो 1951 में प्रकाशित हो चुका था।...1953 में रांगेय राघव का *ऐयाश मुर्दे* नामक एक कहानी संग्रह प्रकाशित हुआ, जिसमें *देवदासी, जीवन के दाने* और *अधूरी मूरत* की ही सत्रह कहानियाँ संगृहीत थीं।

101. भारत यायावर (सं.) *रेणु रचनावली,* खंड-1 राजकमल प्रकाशन, नयी दिल्ली, दूसरा संस्करण 1999, पृ. 15

102. *परसाई रचनावली,* खंड-2, राजकमल प्रकाशन, नयी दिल्ली, चौथा संस्करण 2005, पृ. 194

103. *परसाई रचनावली,* खंड-5-6, पृ. 81

104. इसका यह अर्थ नहीं कि 'कथा' 'कहानी' से हीन विधा है। जीवन के सच को 'कथा' के माध्यम से व्यक्त करने की परम्परा बहुत प्राचीन है। परसाई ने उसका उपयोग समकालीन जीवन को व्यंग्य के माध्यम से व्यक्त करने के लिए किया है।

105. मोहन राकेश, *मेरी प्रिय कहानियाँ,* राजपाल एंड सन्ज, दिल्ली, सं. 1998, भूमिका।

106. राजेन्द्र यादव, *पड़ाव-1,* नेशनल पब्लिशिंग हाउस, नयी दिल्ली, भूमिका।

107. *जहाँ लक्ष्मी कैद है* के राधाकृष्ण संस्करण, 2001 के आवरण पृष्ठ पर प्रदत्त प्रकाशन-तिथि 1951, पर मेरी दृष्टि में सन्दिग्ध, राजेन्द्र यादव भी इसके सम्बन्ध में आश्वस्त नहीं कर सके। उन्हीं के अनुसार 'बेशरम' से लेकर 'मैं हारा नहीं हूँ' तक की 13 कहानियाँ *देवताओं की छाया* में संकलित हुई थीं।

108. राजेन्द्र यादव, *पड़ाव-1,* भूमिका, पृ. 14

109. उपरिवत्, पृ. 15

110. राजेन्द्र यादव, *पड़ाव-1,* भूमिका, पृ. 15

111. कमलेश्वर, *समग्र कहानियाँ,* राजपाल एण्ड सन्ज, दिल्ली, 2002

112. मधुकर सिंह, 'राजनीति से भी अधिक अराजकता है साहित्य में', *वागर्थ,* मार्च, 2006

113. *धर्मवीर भारती ग्रन्थावली-2,* सं. चन्द्रकान्त वान्दिवडेकर, 'अपनी बात', पृ. 67

114. उपरिवत्, पृ. 167

115. गोपीचन्द नारंग, *उर्दू पर खुलता दरीचा,* वाणी प्रकाशन, पृ. 241

116. उपरिवत्, पृ. 242

7

सवाँग भाषाओं में कहानी

बीसवीं शताब्दी के पूर्व बृहत्तर हिन्दी परिवार की भाषाओं में हिन्दी और उर्दू को छोड़कर अन्य किसी भी सवांग भाषा में लिखित गद्य का ऐसा विकास नहीं हुआ था कि वह साहित्य या समाचारपत्र की भाषा के रूप में प्रतिष्ठित हो सके। उन्नीसवीं शताब्दी में कलकत्ता, पटना, बनारस, आगरा, इलाहाबाद, मेरठ आदि नगरों में हिन्दी प्रेसों की स्थापना हो चुकी थी, पर भोजपुरी, मैथिली, अवधी, ब्रजभाषा आदि में मुद्रित गद्य का कोई प्रमाण नहीं मिलता। ईसाई धर्मप्रचारकों ने भी इन भाषाओं में अपनी धर्मप्रचार सम्बन्धी पुस्तकें प्रकाशित नहीं की थीं। औपनिवेशिक शासन खड़ी बोली आधारित उर्दू को, जो एक विशिष्ट अल्पसंख्यक वर्ग की—जिसमें सभी धर्मों के लोग शामिल थे—भाषा थी, प्रशासन की निचली सीढ़ी पर स्थापित करने में अधिक रुचि ले रहा था। प्रथम भाषा के रूप में भोजपुरी, मैथिली, अवधी, ब्रजभाषा आदि का उपयोग करनेवाला शिक्षित समाज भी अपनी दूसरी भाषा के रूप में खड़ी बोली आधारित हिन्दी-उर्दू का ही प्रयोग कर रहा था और उन्हीं के विकास में यथाशक्ति योग दे रहा था। वर्गीय स्वार्थ के कारण हिन्दी-उर्दू के बीच संघर्ष भी जारी था, जिसके फलस्वरूप इनके स्वरूप में भी फर्क बढ़ता गया। इस संघर्ष का एक परिणाम यह भी हुआ कि हिन्दी की अन्य सवांग भाषाएँ उपेक्षित हो गयीं और उनका उपयोग भाषिक स्तर पर रुका रह गया। बीसवीं शताब्दी में, जब क्षेत्रीय अस्मिता का बोध जगा तब, इन भाषाओं में पत्र पत्रिकाओं का प्रकाशन शुरू हुआ और उनके माध्यम से गद्य साहित्य, और विशेष रूप से लिखित कथा साहित्य की भी नींव पड़ी। इसके पूर्व भोजपुरी, अवधी, ब्रज आदि की तरह मैथिली में भी मौखिक कथा-परम्परा ही प्रचलित थी। लिखित कथा-परम्परा का पहला प्रयास 1906 ई. में *मिथिला मोद* में प्रकाशित हरिनारायण झा का *सुदर्शनोपाख्यान* माना जाता है।[1] दरभंगा-नरेश के संरक्षकत्व में, दरभंगा से, जनवरी, 1909 में प्रकाशित *मिथिला मिहिर* मासिक पत्र ने, जो 1911 से 1989 तक साप्ताहिक रूप में, थोड़े-बहुत व्यवधान के बावजूद, प्रकाशित होता रहा, मैथिली गद्य और विशेषकर कथा साहित्य के विकास में उल्लेखनीय योगदान किया। इसके अतिरिक्त बीसवीं शताब्दी के पूर्वार्ध में प्रकाशित *मैथिल हित साधन, मिथिला मोद, मिथिला भारती'* आदि पत्रिकाओं ने भी मैथिली कथा

के विकास में महत्त्वपूर्ण भूमिका अदा की। मैथिल विद्वानों के अनुसार, "मैथिली की पहली मौलिक कथा जनार्दन झा 'जनसीदन' लिखित 'ताराक वैधव्य' है, जो *मिथिला मिहिर* के 1917 के दो अंकों में प्रकाशित हुई थी।"[2] इसके बाद 1930 तक कालीकुमार दास, देवेन्द्र, रामबिहारी मिश्र, पुलकित लाल दास, रामेश्वर झा, कृष्ण श्रीवास्तव, रमाकान्त ठाकुर, हरिनन्दन ठाकुर 'सरोज' आदि की एक दर्जन से अधिक कथाएँ उपर्युक्त पत्र पत्रिकाओं में प्रकाशित हुईं। इन कहानियों में वृद्ध-विवाह, बाल-विवाह, बहु-विवाह आदि से उत्पन्न सामाजिक समस्याओं, विशेषकर विधवा स्त्री की सामाजिक स्थिति, का मार्मिक अंकन किया गया है। 1931-50 की अवधि में मैथिली कहानी की अपनी पहचान बननी शुरू हुई, जिसमें हरिनन्दन ठाकुर और पुलकित लाल दास के अतिरिक्त महानन्द मिश्र, सुरेन्द्र कुमार, परमानन्द दत्त, योगानन्द झा, रमानन्द लाल दास, शशिनाथ चौधरी, राजकुमार मल्लिक, सुमन, दुखमोचन झा, युगल किशोर, ईशनाथ झा, आरसी प्रसाद सिंह, कुलानन्द दास 'नन्दन', गोविन्द झा, नरेश रंजक, मतिनाथ मिश्र, मणिपद्म, उपेन्द्रनाथ झा 'व्यास', शैलेन्द्रमोहन झा आदि कथाकारों ने उल्लेखनीय योगदान किया।[3] इस काल की कहानियों में वैवाहिक कुरीतियों से जुड़ी सामाजिक समस्याओं के साथ साथ राष्ट्रीय स्वतन्त्रता आन्दोलन, देश-दुर्दशा, सामाजिक आर्थिक विषमता, सामन्तों और साहूकारों द्वारा किसानों और आम जन के शोषण का अंकन भी कहानियों का विषय बना।

विद्वानों के अनुसार मैथिली का प्रथम कहानी संग्रह प्रबोधनारायण चौधरी कृत *बीछल फूल* है, जो 1940 में प्रकाशित हुआ। श्रीकृष्ण ठाकुर कृत *चन्द्रप्रभा* (1940) भी एक उल्लेखनीय कहानी संग्रह है। हरिमोहन झा कृत *प्रणम्य देवता,* मनमोहन झा कृत *अश्रुकण* आदि कहानी संग्रह इसी दशक में प्रकाशित हुए। हरिमोहन झा ने अपनी हास्य-व्यंग्य प्रधान कहानियों के कारण अखिल भारतीय यश प्राप्त किया। उमानाथ झा ने 1950 में प्रकाशित अपने कहानी संग्रह *रेखाचित्र* द्वारा मैथिली में मनोविश्लेषण प्रधान कहानियों की शुरुआत की। इनकी 'माधव जी', 'आध घंटा', 'ओहि दिनक यात्रा' आदि कहानियाँ आधुनिक 'छोटी कहानी' का उदाहरण प्रस्तुत करती हैं। इनमें कथा-तत्त्व गौण है और कहानी के केन्द्र में केन्द्रीय पात्र की चेतना में उमड़ते भाव-प्रवाह का उद्घाटन और विश्लेषण ही अवस्थित है।

भोजपुरी में आधुनिक छोटी कहानी का विकास मैथिली की तुलना में कुछ बाद में हुआ। इसका कारण कदाचित् यह था कि भोजपुरीभाषी लेखक खड़ी बोली आधारित हिन्दी को ही राष्ट्रभाषा मानकर उसके विकास में योग दे रहे थे। प्रेमचन्द, प्रसाद, राजा राधिकारमण प्रसाद सिंह, बेचन शर्मा 'उग्र' जैसे हिन्दी के प्रथम पंक्ति के कहानीकारों की प्रथम भाषा भोजपुरी ही थी, पर वे लिखते थे 'राष्ट्रभाषा' हिन्दी में। वैसे तो *सरस्वती* में प्रकाशित हीरा डोम की भोजपुरी कविता इस बात की प्रमाण मानी

जा सकती है कि उसमें उच्चकोटि की अभिव्यक्ति-क्षमता विद्यमान थी, पर भोजपुरी क्षेत्र के रचनाकारों ने राष्ट्रहित में 'राष्ट्रभाषा' हिन्दी को ही अपनी रचनाओं से समृद्ध करने का विकल्प चुना। पर पाँचवे दशक में भोजपुरी क्षेत्र में भी क्षेत्रीय अस्मिता ने सर्जनात्मक स्तर पर सिर उठाया और भोजपुरी को 'लोकसाहित्य' से उठाकर 'शिष्ट साहित्य' की धारा में लाने के प्रयास आरम्भ हुए। अब भोजपुरी रचनाएँ, विशेषकर कविताएँ, लिखी और सुनायी ही नहीं, बल्कि मुद्रित-प्रकाशित भी होने लगीं। परम्परागत 'कहनी' भी आधुनिक 'छोटी कहानी' का चोला धारण कर मैदान में आ गयी। सम्प्रति पाँचवे दशक में इतस्ततः प्रकाशित कहानियों का कोई विवरण तो उपलब्ध नहीं है, पर 1948 में प्रकाशित अवधविहारी 'सुमन'[4] का कहानी संग्रह *जेहल क सनदि* इस बात का प्रमाण है कि भोजपुरी कहानी विकास की शुरुआती प्रावस्थाओं को फलाँगती हुई हिन्दी की विकसित कहानी के समकक्ष पहुँच गयी। कहानी के विकास में विद्वानों ने रेखाचित्र की भूमिका स्वीकार की है। सुमन जी की कहानियों में रेखाचित्र की विशेषताएँ भरपूर मात्रा में विद्यमान हैं। *जेहल क सनदि* की 'मलिकार', 'मवनी बाबा', 'कतवारू दादा', 'सनकी' आदि कहानियों में रेखाचित्र की यह भूमिका, विवेकी राय के शब्दों में, 'दुन्दुभी बजाती' दिखायी देती है।[5] आधुनिक कहानी की दूसरी विशेषता है 'कथा' और उससे परम्परागत रूप से जुड़े 'आदर्श' का अधिकाधिक क्षरण और उसके स्थान पर संवेदना के क्षण की प्रतिष्ठा। *जेहल क सनदि* की कहानियाँ आधुनिक कहानी की इस प्रवृत्ति की भी श्रेष्ठ उदाहरण हैं। इन कहानियों में 'कथानक' निर्माण की सायास प्रवृत्ति लक्षित नहीं होती। 'घटनाएँ' तो प्रायः नहीं ही हैं, चमत्कार पैदा करने वाले संयोगाधृत प्रसंगों की योजना में भी सुमन जी की कोई रुचि नहीं दिखायी देती। वे पो, मोपासाँ और ओ' हेनरी की तुलना में चेखव के अधिक निकट हैं। 'मलिकार' कहानी को ही देखें। इस कहानी में 'चमत्कार' देखने की प्रत्याशा में पाठक को निराशा ही हाथ लगती है। सबकुछ सहज ढंग से 'होता' चलता है और अन्त में एक सुपरिचित यथार्थ में, जो गहरी संवेदना से प्रभासित है, कहानी की समाप्ति हो जाती है। 'कहानी के अन्त में गाँव का जो चित्र उभरता है, वह किसी अतीत मोह से ग्रस्त नहीं है। इस चित्र में एक ऐसा गाँव है, जहाँ आशा और विश्वास की कोई किरण नहीं बची है; हर तरह का भविष्य समाप्त हो चुका है, सामने यातना, पीड़ा, अपमान, टूटन और मौत की लम्बी कतार है। कोई मानवीय मूल्य नहीं बचा है; सच्चाई, सज्जनता, मनुष्यता, आत्मसम्मान, व्यवस्था आदि के परम्परागत मूल्यों की धज्जियाँ उड़ गयी हैं। चारो ओर जंगलराज, बेहयाई, क्रूर स्वार्थपरता और नंगयी का बोलबाला है। विवेकी राय ने ठीक ही संकेत किया है कि, ''इस कहानी में प्रेमचन्द की 'पूस की रात' और 'कफन' की परम्परा वाला तिलमिला देनेवाला यथार्थ है।''[6] इसी प्रकार की घोर निराशा से भरे यथार्थ का चित्रण सुमन जी की 'आत्मघात' कहानी में भी मिलता है। इस कहानी में हर तरफ से हारे हुए एक ग्रामीण किसान के गाँव से भागकर शहर आने का, और शहर द्वारा उसके लील लिये जाने का चित्रण

किया गया है। यह उस जमाने का चित्रण है, जब आजादी दस्तक दे रही थी, पर सामन्ती, महाजनी और राजनीतिक व्यवस्था में, जो बहुजन समाज के शोषण और दमन पर टिकी हुई थी, कोई बदलाव आता नहीं दिखायी दे रहा था। गाँव हो या शहर, यह व्यवस्था दलित और हाशिए पर स्थित लोगों के लिए एक समान क्रूर थी। 'चउर के पूजा' कहानी में धर्म-भावना और अन्धविश्वास से ग्रस्त ग्रामीण समाज के ठगे जाने का चित्रण किया गया है। 'दफा 302' कहानी का दलित पात्र रामनाथ महाजनी और जमींदारी शोषण से हताश होकर अपनी पुत्रवधू और पोते की हत्या कर 'हत्यारे' की संज्ञा पाता है और व्यवस्था, जो इस हत्या के मूल में है, पाक-साफ बनी रहती है। 'कतवारू दादा' में सामाजिक भ्रष्टाचार का और 'किसान भगवान' में राजनीतिक भ्रष्टाचार का बेहद तल्ख चित्रण किया गया है। इनमें से दूसरी कहानी तो, विवेकी राय के अनुसार, ''व्यवस्था के विरुद्ध 'खुला विद्रोह' है।''[7] कहानी में पहले तो जमींदार की जुल्म-कथा का रोमांच पैदा करनेवाला चित्र प्रस्तुत किया गया है और फिर उसके भीतर से विद्रोह की आग सुलगती हुई दिखायी गयी है। यह कहानी बिहार में स्वामी सहजानन्द सरस्वती के नेतृत्व में जारी किसान-आन्दोलन से प्रेरित होकर लिखी गयी थी। इसके आरम्भ में किसान आन्दोलन की मार्मिक पृष्ठभूमि उभरती है और फिर जनक्रान्ति का आह्वान सुनायी पड़ता है। इस कहानी में औपनिवेशिक शासन और जमींदार वर्ग तथा पंडे-पुजारियों और सेठों के कुटिल सम्बन्ध का यथार्थ बहुत कलात्मक ढंग से उद्घाटित हुआ है। 'जेहल क सनदि' कहानी में समकालीन राजनीतिक यथार्थ को एक नये कोण से प्रस्तुत किया गया है। पूरी कहानी में किसान सभा और कांग्रेस की राजनीतिक टकराहट का चित्रण गहरी समझदारी और साहस के साथ किया गया है। कांग्रेस पार्टी में उभरते और दिनोदिन परवान चढ़ते भ्रष्टाचार के अंकन में व्यंग्य की धार तिलमिला देनेवाली है। 'मवनी बाबा' कहानी में लेखक ने साधु वेश की आड़ में फैलते भ्रष्टाचार का और उसके शिकंजे में नष्ट होते गाँव के शील-सदाचार चित्रण किया है। 'कवि कयलास' एक निष्ठावान पत्रकार और कर्मठ राजनीतिक कार्यकर्ता की दुःखद पर व्यवस्था से जूझती हुई मौत की कहानी है। इन कहानियों में एक बात बहुत स्पष्ट है। चारो ओर फैली निराशाजनक स्थिति को कहानीकार चुपचाप स्वीकार करने के पक्ष में नहीं है। इस हताश कर देने वाली स्थिति से विद्रोह की आग धीरे धीरे फूटती दिखायी देती है। हाशिए पर जीने वाला और राजनीतिक-आर्थिक दृष्टि से कमजोर समाज गुरिल्ला-युद्ध की मानसिकता में प्रवेश करता दिखायी देता है। फ्रैंक ओ कोनर ने कहानी की एक विशेषता, जिसकी चर्चा हम प्रथम अध्याय में कर चुके हैं, दबे-पिछड़े समाज द्वारा दबंग समाज को संबोधन के साधन के रूप में भी इंगित की है। हिन्दी में 'बंग महिला' से लेकर प्रेमचन्द, 'उग्र', चन्द्रकिरण सौनरेक्सा, यशपाल, मंटो आदि ने कहानी को इस 'सम्बोधन' का माध्यम बनाया और यह आश्चर्यजनक तथ्य है कि भोजपुरी के पहले ही कहानी संग्रह में कहानी की यह विशेषता अपने चरम पर पहुँचती दिखायी देती है।

यों तो राजस्थानी भाषा में गद्य-कथा की परम्परा बहुत पुरानी है, पर आधुनिक अर्थ में राजस्थानी कहानी का आरम्भ 1939-40 के आसपास हुआ। राजस्थानी 'कथा' का आरम्भ चौदहवीं सदी के उत्तरार्ध में ही हो गया था। 'धनपाल कथा' इस प्रकार की प्रारम्भिक रचना मानी जाती है। 15वीं शताब्दी में 'वागूविलास' और 'अचलदास खींची री वचनिका' सामने आती हैं। इसके पश्चात् 'बात' और उसके मिलते-जुलते रूप में जो रचनाएँ लिखी गयीं, उन्हें 'ख्यात', 'बात', 'विगत', 'अहवाल', 'ब्रितान्त', 'पीढ़ी', 'पट्टावली', 'दफ्तर बही', 'याददाश्त', 'वचनिका', 'दवावैत', 'कथा' आदि नाम दिये गये। 17वीं शताब्दी में अलग-अलग विषय लेकर 'बातें' लिखनी शुरू हुईं। इस प्रकार मध्यकाल में 'बात' साहित्य फलता-फूलता रहा। पर 'बात' को कहानी का प्रारम्भिक रूप तो कहा जा सकता है, 'कहानी' नहीं। 1904 में शिवचन्द भरतिया की 'विश्रान्त प्रवासी' नामक कथा *वैश्योपकारक* में प्रकाशित हुई। इसके बाद गुलाबचन्द नागौरी की 'बड़ी तीज', 'बेटी की बिकरी' और 'बहू की खरीदी' आदि कथाएँ छपीं। ये कथाएँ उपदेशपरक थीं और सुधारवादी उद्देश्य लेकर लिखी गयी थीं। ये सारे प्रयास 'कथा' के आधुनिक 'कहानी' की दिशा में बढ़ने के प्रयास माने जा सकते हैं। राजस्थानी कथा को 'बात' से 'कहानी' की तरफ ले आने का श्रेय मुरलीधर व्यास (ज. 1898) को दिया जाता है। वे 'राजस्थानी कहानी के संवाहक' माने जाते हैं। यद्यपि उनका पहला कहानी संग्रह *बरसगाँठ* 1955 में प्रकाशित हुआ, परन्तु उन्होंने 1939-40 के आसपास कहानियाँ लिखना शुरू कर दिया था। *राजस्थानी कहावत, दाढ़ी पर टैक्स, बरसगाँठ, उज्ज्वल माणिया, घूमर, जूना जींवता चितराम, इक्के आळो* आदि इनकी प्रमुख रचनाएँ हैं।[8]

सन्दर्भ

1. शंकरदेव झा, *मैथिली कथा : अतीत और वर्तमान, हस्तक्षेप*, पृ. 54
2. कुछ विद्वानों ने कालीकुमार दास रचित 'भीषण अन्याय' (1923) को मैथिली की प्रथम कहानी माना है। (दिनेशकुमार झा, *मैथिली साहित्यक आलोचनात्मक इतिहास*, 1996)
3. इन्द्रमोहन लाल दास, 'मैथिली पत्रकारिता-सन्दर्भ', *मिथिला मिहिर*, पृ.9
4. अब 'दण्डीस्वामी विमलानन्द सरस्वती'
5. विवेकी राय, *भोजपुरी कथा साहित्य का विकास*, भोजपुरी अकादमी, पटना, 1982, पृ. 34
6. उपरिवत्, पृ. 43
7. विवेकी राय, *भोजपुरी कथा साहित्य का विकास*, भोजपुरी अकादमी, पटना, 1982, पृ. 34
8. बी.एल. माली 'अशान्त', *राजस्थानी भाषा का इतिहास*, रचना प्रकाशन, जयपुर, 2004, पृ. 27

अनुक्रमणिका

संकेत

अ-उपेन्द्रनाथ अश्क; इ-इस्मत चुगताई; का-अहमद नदीम कासमी; कि.ला.गो-किशोरीलाल गोस्वामी; कृ-कृष्ण चन्दर; कौ-विश्वम्भरनाथ शर्मा कौशिक; गु.-चन्द्रधर शर्मा गुलेरी; च-चतुरसेन शास्त्री; जै-जैनेन्द्र कुमार; न-नवाब राय; न.वि.-नलिनविलोचन शर्मा : नि-द्विजेन्द्रनाथ मिश्र निर्गुण; प-रमा प्रसाद घिल्डियाल पहाड़ी; प्र.-जयशंकर प्रसाद; प्रे-प्रेमचन्द; बंग-बंग महिला; ब-बलवन्त सिंह; बे-राजेन्द्र सिंह बेदी; भ-भगवानदास; भै-भैरव प्रसाद गुप्त; मं-सआदत हसन मंटो; मा-माधवराव सप्रे; य-यशपाल; रा-राय कृष्णदास; राजा-राजा राधिकारमण प्रसाद सिंह; वि-विष्णु प्रभाकर; वृ-वृन्दावनलाल वर्मा; शि-शिवपूजन सहाय; शु-रामचन्द्र शुक्ल; स-सज्जाद जहीर; सु-सुदर्शन; सौ-चन्द्रकिरण सौनरेक्सा; हृ-चंडी प्रसाद हृदयेश

लेखक

अकुतागावा र्‍युनोसुके, 31
अख्तर ओरानवी, 291, 307
अख्तर हुसैन रायपुरी, 288, 291
अज्ञेय, 238, 247-50, 286-88, 309, 312-15, 327, 330, 333-34, 368-69, 395-98, 446
अब्दुल्ला साहब, 42
अमृत राय, 65, 303-04, 329, 415, 334, 423-25
अरविन्दो घोष, 43-44
अर्न्स्ट, 44
अलफोन्से, ड्यूडे 25
अली अब्बास हुसैनी, 164, 166
अवधविहारी सुमन (दंडीस्वामी विमलानन्द सरस्वती), 459
अश्क (उपेन्द्रनाथ अश्क), 155, 163, 204, 233-36, 274-77, 316, 321, 325, 338-39, 405-06, 450
असफाक उल्ला, 107
अहमद अली, 237, 321, 356
अहमद नदीम कासमी, 367-68
अहमद कासिम नाजिमी, 291
अहमद शुजा, 51
आजम कुरेवी, 94
आरसी प्रसाद सिंह, 458
ऑस्कर वाइल्ड, 30, 37
इंशा अल्ला खाँ, 40
इन्तिजार हुसैन, 415, 418-20

इरविन, वाशिंग्टन 24, 42, 110
इलाचन्द्र जोशी, 96, 305-07, 329, 334, 370-73
इस्मत चुगताई, 366-67
ईशनाथ झा, 458
उग्र (बेचन शर्मा), 105, 145, 155, 164, 194, 196-98, 201-02, 277-78, 289, 317, 325, 334-36, 390-394, 446-47
उदय नारायण वाजपेयी, 47-48, 59
उपेन्द्रनाथ झा 'व्यास', 458
उमानाथ झा, 458
उषादेवी मित्रा, 255, 324
एनी बेसेन्ट, 84
ओ' हेनरी, 30-31, 316, 434
कमर रईस, 320
कमलकिशोर गोयनका, 34-35, 37, 65, 200-01, 208-09, 320, 324
कमलेश्वर, 61, 316, 415, 436, 440-41
कमला चौधरी, 255
कान्ति कुमार जैन, 328
कान्तिचन्द्र सौनरेक्सा, 297
काफ्का, फ्रान्त्ज़, 31
कालीकुमार दास, 458
कार्तिक प्रसाद खत्री, 18, 45, 57
किंग्ले, चार्ल्स, 42
किप्लिंग, 27
किशोरीलाल गोस्वामी, 18-19, 28-29, 34, 41-42, 45-47, 55-56, 59
कुन्दन शाह, 47
कुलानन्द दास नन्दन, 458
कुर्रतुल ऐन हैदर, 415, 419-20
कृष्ण चन्दर, 276, 288-91, 413-14
कृष्णदत्त, 40
कृष्ण श्रीवास्तव, 458
कृष्णा सोबती, 35, 415, 442
केबल, जी. बी 25
केशवचन्द्र सेन, 42
केशव प्रसाद मिश्र, 46-48
केशव प्रसाद सिंह, 28, 56-57
कोनोर, फ्रैंक ओ' 28, 155
विश्वम्भरनाथ शर्मा 'कौशिक', 29-30, 67, 79-80, 105, 155-59, 203, 227-29, 270-274, 316, 321, 325, 334, 336-37, 473
क्रिप्स, 332
क्लाइस्ट, फॉन 22-23
खादिजा मसरूर, 415, 420
ख्वाजा अहमद अब्बास, 288, 291, 414
ख्वाजा हसन निजामी, 50-51, 55, 58, 66, 94
गंगा प्रसाद अग्निहोत्री, 47
गाँधी (मोहनदास करमचन्द), 81-83, 106-08, 111-12, 117, 145-46, 150, 153, 182, 203, 207, 209-10, 214, 268-69, 278, 286, 332
गिरिजा कुमार घोष (पार्वतीनन्दन), 45, 55
गिरिजा दत्त वाजपेयी, 28-29, 47-48, 50, 55, 63
गुरुदास बनर्जी, 44
गुलाबचन्द नागौरी, 461
गोएते, 23
गोगोल, निकोलाइ, 22, 25-26, 29
गोपाल नेवटिया, 96
गोपीचन्द नारंग, 289-90, 327
गोविन्द झा, 458
चंडी प्रसाद 'हृदयेश', 39, 196
चतुरसेन शास्त्री, 79, 93, 105, 174-77, 197, 205
चन्द्रकिरण सौनरेक्सा, 260-67, 288, 316,

324, 334, 357-64, 408-12, 446
चन्द्रगुप्त विद्यालंकार, 187, 208
चन्द्रधर शर्मा गुलेरी, 29, 66-67, 76-78, 92, 97-101, 105, 167
चन्द्रशेखर आजाद, 107-108, 248
चन्द्रसिंह गढ़वाली, 281
चारुचन्द्र वन्दोपाध्याय, 96
चित्तरंजन दास (देशबन्धु), 107
चेखव, ऐंटन 26-27, 307
चेपलेकर बन्धु, 44
छबीले लाल गोस्वामी, 79
जगन्नाथदास, 18, 45
जगन्नाथ प्रसाद त्रिपाठी, 47
जगन्नाथ प्रसाद शर्मा, 192, 208
जनार्दन झा जनसीदन, 457
जनार्दन प्रसाद झा द्विज, 185-87, 196, 293
जयप्रकाश नारायण, 330
जयशंकर प्रसाद, 18, 29-30, 34, 62, 66, 67-68, 74-76, 92, 96-97, 99-100, 102, 105, 164-70, 192, 196, 199, 224-26, 309
जवाहरलाल नेहरू, 109, 110, 267
जिन्ना (मुहम्मद अली), 376
जी. पी. श्रीवास्तव, 66, 79, 95
जेम्स, हेनरी 23
जेवेट, सेरा ऑर्न 24
जैदी, अली जावाद, 51, 65, 204, 227, 288, 324
जैनेन्द्र कुमार, 29, 180-85, 194-96, 198-99, 206-07, 238-47, 250, 280-86, 300, 309-12, 318-20, 321-22, 330, 333-34, 341, 347, 368-69, 394-95, 444-45
ज्वालादत्त शर्मा, 79, 103
टीक, लुडविग, 24-25
डिकेन्स, चार्ल्स, 42
तुर्गनेव, इवान, 26-27, 30
तोल्सतोय, लेव, 26, 30, 37
त्रिलोकीनाथ मिच्चू, 227
दंडी, 18, 34
दयानरायन निगम, 37
दशरथ प्रसाद द्विवेदी, 145
दादाभाई नौरोजी, 44
दुखमोचन झा, 458
देवकीनन्दन खत्री, 19, 28, 41
देवी प्रसाद मिश्र, 66
देवी प्रसाद वर्मा, 41, 64
देवेन्द्र, 458
देसाई, ए. आर., 61, 200, 320
दोस्तोएव्स्की, फ्योदोर, 25-26
धनपत राय, 53
धर्मवीर भारती, 415, 442
नज्र सज्जाद हैदर, 51
नन्दकिशोर नवल, 299, 329, 348
नन्ददुलारे वाजपेयी, 208
नरेश रंजक, 458
नलिन विलोचन शर्मा, 415, 421-23, 448
नवाब राय (प्रेमचन्द), 28, 34, 47, 51-54, 59, 62-63, 66, 71-75
नामवर सिंह, 33, 65, 188-89, 204-08, 322, 341
निजाम शाह, 34, 55, 62
नियाज फतहपुरी, 51-52
निराला (सूर्यकान्त त्रिपाठी), 232-33, 321, 329
निर्गुण, 288, 303, 339-40
निर्मला जैन, 323
नीरदवासिनी घोष, 34
नुरुल्ला ऐंड जे. पी. नायक, 200

न्यूटन, जे. 41
पट्टाभि सीतारामय्या, 268
पदुमलाल पुन्नालाल बख्शी, 173-74, 196
परमानन्द दत्त, 458
पहाड़ी, 288, 304-05, 329, 340-44, 384-90, 444, 447
पार्वतीनन्दन, लाला, 57
पॉल मोरान, 32
पुलकितलाल दास, 458
पुश्किन, अलेक्जेंडर 25
पो, एडगर एलेन 20-22, 23-24
प्रकाशवती, 298
प्रदीप कुमार, 323
प्रबोध नारायण चौधरी, 458
प्रभाकर माचवे, 321
प्रभात कुमार वन्दोपाध्याय, 96
प्रेमघन, 41, 61
प्रेमचन्द, 18, 29-31, 34, 37-54, 66-74, 77, 83-92, 96-97, 99-101, 105, 111-44, 155, 159, 161, 163-64, 170, 182-83, 185, 187-88, 196-97, 200-01, 204, 207, 210-24, 226-27, 234, 255, 270, 273, 280-81, 307-08, 320, 328, 330, 333, 353
प्रेमनाथ भट्टाचार्य, 47
फणीश्वरनाथ रेणु, 415
फॉकनर, विलियम, 23
फोर्स्टर, ई. एम., 36
फ्रांसेस्का ओर्सिनी, 102, 204
बंग महिला (राजेन्द्र बाला घोष), 28-29, 34, 47-50, 55, 58, 59-60, 62, 64
बटुकेश्वर दत्त, 110
बदरीनारायण 'प्रेमघन', 41
बनारसीदास चतुर्वेदी, 34-35, 154, 203, 323
बर्नार्ड शॉ, जार्ज, 108
बलवन्त सिंह, 416-18
बाणभट्ट, 34, 55
बाबूराव विष्णुराव पराड़कर, 145
बालकृष्ण भट्ट, 41-42
बालकृष्ण शर्मा 'नवीन', 103
बाल गंगाधर तिलक (लोकमान्य), 42-44, 108
बालमुकुन्द गुप्त, 28
बेंकटेश नारायण, 5
बोर्हेस, जॉर्हे लुईस, 31
भगत सिंह, 107-110, 248, 298
भगवती चरण बोहरा, 107
भगवती चरण वर्मा, 293-94, 317, 328
भगवती प्रसाद वाजपेयी, 178-80, 194, 197, 292, 334, 372-73
भगवान दयाल, 200
भगवान दास, (मास्टर), 28-29, 47-49, 55
भवदेव पांडेय, 34, 41-43, 47-48, 54, 61, 62, 64, 103, 201, 203
भामह, 34
भारतीय, एम. ए., 227
भारतेन्दु, 41
भीष्म साहनी, 415-16, 421
भूपेन्द्रनाथ बसु, 43
भुवनेश्वर मिश्र, 41
भैरव प्रसाद गुप्त, 297, 328, 401-03, 454
मंगलमूर्ति, 103
मजनूं गोरखपुरी, 51, 250, 324
मंटो (सआदत हसन), 288-91, 334, 356, 406-08, 447
मणिपद्‌म, 458
मतिनाथ मिश्र, 458
मधुमंगल मिश्र, 47, 50
मधुरेश, 207, 242, 281-82, 322-23,

326, 329
मनमोहन झा, 458
मन्नन द्विवेदी गजपुरी, 62
महताब राय, 145
महमूदुज्जफर, 236
महानन्द मिश्र, 458
महावीर प्रसाद द्विवेदी, 18, 28, 41, 45-46, 55, 66
महेन्द्रलाल गर्ग, 57
माउंटबेटन, 376
माखनलाल चतुर्वेदी, 234
माधव प्रसाद मिश्र, 28-29, 47-48, 64, 66, 196
माधव राव सप्रे, 28-29, 47-48, 55-56, 58, 64, 67
मार्क टवेन, 27
मुरलीधर व्यास, 461
मुमताज मुफ्ती, 372
मेरिमी, प्रोस्पेर 22-24
मेलविल, 23
मैकडोलन, 210
मोतीलाल नेहरू, 107
मोपासां, गाइ डी., 23, 25-27, 30, 316, 434
मोहन राकेश, 415, 434-36
मोहन सिंह सेंगर, 296
मौलवी मुहम्मद, 37
मौलाना शाह, 37
यल्दरम, सज्जाद हैदर, 50, 58, 66
यशपाल, 270, 288, 298-301, 303-04, 328-30, 333-34, 345-356, 376-381, 445, 450-52
यशपाल जैन, 296
यशपाल महाजन, 206
यशोदानन्दन अखौरी, 58
युगल किशोर, 458
योगानन्द झा, 458
रतननाथ शरशार, 37
रत्नशंकर प्रसाद, 102
रमाकान्त ठाकुर, 458
रवीन्दनाथ ठाकुर, 45, 46, 67, 76, 108
रवीन्द्र भ्रमर, 104
रशीदुल खैरी, 50-51, 58-59, 67, 94, 164, 227
रमानन्द लाल दास, 458
रशीदजहाँ, 255-56, 324
रांगेय राघव, 334, 415, 425-31
राजकुमार मल्लिक, 458
राजगुरु, 107
राजा राधिकारमण प्रसाद सिंह, 34, 62, 66, 76-79, 92, 196, 278-80
राजीव सक्सेना, 206
राजेन्द्र गढ़वालिया, 41
राजेन्द्र यादव, 73, 415, 436-40
राजेन्द्र लाहिड़ी, 107
राजेन्द्र सिंह बेदी, 288, 291, 364-65, 447-48
राधाकृष्ण, 294-96, 404-05
राधाकृष्णदास, 18, 45
रामकमल राय, 323
रामचन्द्र तिवारी, 206
रामनिरंजन परिमलेन्दु, 206
राम प्रसाद बिस्मिल, 107
रामबिहारी मिश्र, 458
राममूर्ति त्रिपाठी, 34
रामलाल, 415
रामचन्द्र शुक्ल, 18, 20, 29, 30-31, 35, 37-40, 45-47, 50, 56-57, 59-64, 102-03, 207, 328
रामविलास शर्मा, 16, 34, 321

रामवृक्ष बेनीपुरी, 226-27
रामानन्द चटर्जी, 110
रामेश्वर झा, 458
रायकृष्ण दास, 66, 94-95, 105, 170-71, 196, 205
राहुल सांकृत्यायन, 238, 373-74
रुद्रदत्त भट्ट, 95
रुसवा, मिर्जा 37
रैण्ड, 44
रोम्याँ रोलाँ, 108
लक्ष्मीकान्त वर्मा, 208
लक्ष्मीधर वाजपेयी, 47
ल ना लाल, 61, 95-96, 102-03, 104, 204, 234, 305, 329
लाजपत राय, लाला, 44, 108
लिनलिथगो, 332
लुइगी पिरांडेलो, 31
लैम्ब, चार्ल्स, 42, 47
वकार नासिरी, 324
वारीन्द्र घोष, 44
वाल्टर स्काट, 42
वासुदेव सिंह, 103, 205
विजय सिन्हा, 107
विट्ठल भाई पटेल, 107
विद्यानिवास मिश्र, 327
विनोदशंकर व्यास, 105, 172, 196, 205, 369
विपिनचन्द्र पाल, 44
विलान्द, क्रिस्तोफ, 24
विवेकी राय, 415, 432-33, 459-60
विश्वनाथ प्रसाद त्रिपाठी, 301, 329, 353, 381
विश्वम्भर नाथ जिज्जा, 66, 79
विष्णुकान्त शास्त्री, 250, 324
विष्णु प्रभाकर, 301-03, 316, 320, 329, 344-45, 383, 446
वीरेश्वर सिंह, 227
वृन्दावनलाल वर्मा, 47, 54, 64, 77, 105, 177, 197, 414-15
वेंकटेश नारायण, 47
वेदप्रकाश अमिताभ, 41, 61
शकील सिद्दकी, 238, 321, 325
शचीन्द्रनाथ सान्याल, 107
शत्रुघ्न, 208
शरच्चन्द्र चट्टोपाध्याय, 67
शशिनाथ चौधरी, 458
शालग्राम पंड्या, 47
शिलर, 23
शिवचन्द भरतिया, 461
शिवपूजन सहाय, 66, 76, 79, 92-93, 171, 196
शिव प्रसाद (राजा), 31, 40
शेक्सपीयर, 46
शेरवुड, एंडर्सन, 31
शैलेन्द्र मोहन झा, 458
श्यामसुन्दर दास, 45
श्यामाचरण दुबे, 207
श्रवण कुमार गोस्वामी, 328
श्रीकृष्ण ठाकुर, 458
श्रीकृष्ण लाल, 62
श्रीलाल, 40
श्रीलाल शुक्ल, 328
श्रीशरण, 41
श्लीएरमाशेर, फ्रेदरिख, 24
सच्चिदानन्द वात्स्यायन, 238, 247-50, 270, 323
सज्जाद जहीर, 236, 325
सत्यकाम, 21, 37
सत्यदेव, 47
सत्यप्रकाश मिश्र, 204

सलाउद्दीन अहमद, 288
सलीहा आबिद हुसैन, 180
सादिक, मुहम्मद, 40-41, 51, 60
सालेहा आबिद हुसैन, 415
सुखदेव, 11
सुदर्शन, 29-30, 66, 79, 93-94, 105, 155, 159-64, 192-93, 229-32, 315, 398-401
सुभद्रा कुमारी चौहान, 250-55, 267, 312, 315, 324
सुभाषचन्द्र बोस, 110, 268-70
सुमन, 458
सुमित सरकार, 325, 449
सुमित्रा कुमारी सिन्हा, 257-59, 267
सुमित्रानन्दन पन्त, 314
सुरेन्द्र कुमार, 458
सुरेन्द्रनाथ बनर्जी, 43
सुलतान हैदर जोश, 50, 51, 58
सुशीला आगा, 255
सुहरावर्दी, 375
सूर्यनारायण दीक्षित, 47
सैयद अहमद खाँ, 42, 44
हंसराज रहबर, 374
हयात उल्लाह अंसारी, 288, 291
हरदयाल, 76, 102, 104, 167, 320
हरिनन्दन ठाकुर 'सरोज', 458
हरिनारायण झा, 457
हरिमोहन झा, 458
हरिशंकर परसाई, 415, 433-34
हाजिरा मसरूर, 415, 420
हाथोर्न, मैथेनियल, 22, 24, 42
हॉफमान, ई. टी. ए., 22-23
हिजाब इम्तियाज, 51
हेमिंग्वे, अर्नेस्ट 22, 32
होर्ट, ब्रेट, 24, 27
हैदर बख्श हैदरी, 40
होमवती देवी, 259-60, 267, 315

पुस्तकें / कहानी-संग्रह

अंकुर, 449
अक्षत, 103
अंगारे (सम्पादक स. ज.) 236-37, 255, 320, 338-356
अंगारे (भ. प्र. वा.), 372
अंगारे न बुझे, 425
अचल सुहाग, 257
अंजलि, 104, 173
अजन्ता से आगे, 413
अज्ञेय की सम्पूर्ण कहानियाँ, 323, 327, 454
अधूरा चित्र, 304, 329
अधूरी मूरत, 425
अनकही, 372
अनाख्या, 170
अनारकली, 307
अनोखी मुहब्बत, 291
अन्नदाता, 413
अपना घर, 412
अफसाना-ए-जोश, 51
अफसाने और ड्रामे, 356
अभिशप्त, 343
अम्मान, 164
अलाव, 368
अव्वल, 415
अश्रुकण, 458
अस्सी कहानियाँ, 369
अहले, 291

आँखों की थाह, 170, 205
आँधी, 164, 168
आई. सी. एस., 164
आईने, 374
आकाशदीप, 164-65, 308
आखिरी तोहफा, 210
आख्यायिका सप्तक, 64
आतिशपारे, 288, 327
आदमखोर, 260, 325, 370
आबले, 367
आवाज तो पहचानो, 421
आहुति, 370
इतिहास, 423
इन्कलाब आने तक, 374, 420
इन्द्रधनुष, 146
इन्द्रजाल, 224, 226
इन्सान, 401
इन्सान के खंडहर, 434
इन्सान पैदा हुआ, 425
इन्स्टालमेन्ट, 293
ईश्वरीय दंड, 325
उखड़े हुए लोग, 421
उग्र का हास्य, 325
उतार चढ़ाव, 372
उत्तराधिकारी, 376, 380
उन्मादिनी, 250, 324
उपहार, 372
उसकी कहानी, 172
एक गिरिजा एक खन्दक, 413
एक बात, 365
एक मामूली सी लड़की, 307
एक रात, 238-39, 321
एक लड़की, 414
एप्रिल फूल, 325
औरत, 255
औरत की फितरत, 234
औरत की मुहब्बत, 104
कंकरी, 418
कच्चा धागा, 339
कनकरेखा, 173
कफन, 189, 211
कफ़स, 277
कमलेश्वर : समग्र कहानियाँ, 456
क़यामत, 374
कलाकार का दंड, 177, 414
कला की दृष्टि, 372
कलियाँ, 365
कलियाँ और काँटे, 307
कल्लोल, 204, 228, 321
कश्मीर की कहानियाँ, 413
कहते हैं जिसको इश्क, 414
कहानी खत्म हो गयी, 103
काले साहब, 449
किचलियाँ, 307
किसलय, 185-86
कुछ हँसी नहीं है, 164
कुसुमांजलि, 78, 102
केसर कियारी, 367
क़ैदखाना, 321, 356
कैदी और बुलबुल, 384
कोंपल, 277
कोखजली, 364
क्रान्तिकारी कहानियाँ, 325
खंडहर की आत्माएँ, 370
ख़ाके परवाना, 105
खाली बोतल, 292, 328
खाली बोतलें : खाली डब्बे, 406
खोटा बेटा, 325
ख्वाबो खयाल, 105, 250
गरहन, 291, 364

गली-कूचे, 418
गली-गली, 421
गल्प कुसुमावली, 102
गल्पमन्दिर, 103, 156, 204
गल्पांजलि, 325
गहमागहमी, 372
गाँधी टोपी, 278, 326
गिरदाब, 367
गिर्दाबे हयात, 65, 227
गुप्त धन, 320
गेहूँ और गुलाब, 414
घूँघटवाली, 103
घूमर, 461
घोड़े की कहानी, 146
चन्दन, 104
चन्द रोज़ और, 420
चन्द्रकला, 187, 403
चन्दप्रभा, 458
चाकलेट, 146, 154-55, 203, 289
चार चेहरे, 368
चिता की चिनगारियाँ, 296
चिता के फूल, 226
चित्रशाला, 103, 156, 204
चिनगारियाँ, 145-46, 201
चिरागों के सफ़र, 421
चुग़द, 403
चोटें, 365, 450-51
चौपाल, 291, 367
चौराहा, 296
छाया, 68, 74, 96, 102
छाया में, 340, 449
जंजीरें, 374
छींटे, 449
जग्गा, 416
जज्बे कामिल, 164
जनम की कहानियाँ, 455
जब सारा आलम सोता है, 390
जमालिस्तान, 51
जय सन्धि, 394
जहाँ लक्ष्मी कैद है, 456
ज़ादे राह, 210
ज़ाफ़रान के फूल, 414
जिज्ञासा, 247
जिन्दगी का मोह, 291
ज़िन्दगी के मोड़ पर, 356
जीत में हार, 325
जीवन के दाने, 425
जीवन के पहलू, 423
जेहल क सनदि, 459
जैनेन्द्र की कहानियाँ, 323, 326, 394, 454
जैनेन्द्र की श्रेष्ठ कहानियाँ, 323
जीवन के पहलू, 303
जीवन परिधि, 432
जोश-ए-फ़िक्र, 51
जौहरे इस्मत, 65
ज्ञानदान, 345, 347, 349, 354
ज्वार भाटा, 292, 328
झरोखे, 398, 400
झलमला, 104, 173, 205
टाल्सटाय की कहानियाँ, 96
टीला, 339
टूटे हुए तारे, 413
ठंडा गोश्त, 406
डायरी के नीरस पृष्ठ, 370
तर्क का तूफान, 345, 349, 351-52
तस्फ़ीरे इस्मत, 65, 227
तहजीब के ताज़ियाने, 104
तार व पूद, 416
तिरंगे कफ़न, 423
तिलस्म-ए-खयाल, 288, 357

तीन गुंडे, 413
तीर्थयात्रा, 159
तुर्गनेव की कहानियाँ, 96
तूफ़ान के बाद, 384
तूफ़ाने अश्क, 65, 227
तूलिका, 172-73, 205
तुलू व गुरूब, 367
दरो दीवार, 291, 367
दाढ़ी पर टैक्स, 461
दाना-ओ-दाम, 291, 364
दीपमालिका, 178, 206
दीवाली और होली, 305, 329, 370
दुखवा मैं कासों कहूँ, 103, 206
दूध की कीमत, 210
दूरदर्शी लोग, 449
देव और दानव, 326
देवताओं की मूर्तियाँ, 437
देवदासी, 425
देवरानी जेठानी की कहानी, 28, 41
दो चिड़िया, 238-40, 321, 323
दोजख की आग, 146
दो बाँके, 293, 328
दो हाथ, 365
धड़कनें, 367
धनपाल कथा, 461
धरती और आसमान, 103, 206
धरती का लाल, 421
धरोहर, 412
धर्मयुद्ध, 376-78
धुआँ, 289
धूप-दीप, 172
धूप-रेखा, 305
ध्रुवयात्रा, 326, 368
नकाब उठ जाने के बाद, 51
नक्षत्र लोक, 369
नक्शे अव्वल, 180, 415
नग़मे की मौत, 356-57
नगीने, 398
नज़ारे, 288
नन्दन निकुंज, 171
नमरूद की खुदाई, 454
नया उफ़क, 374
नया रास्ता, 340, 343
नवनिधि, 62, 83
नवपल्लव, 172
नवप्रसून, 296
नानि आश्शू, 65, 164
नारी क्या एक पहेली, 326
नासूर, 277
निगारिस्तान, 51
निराला रचनावली, खंड-4, 329
निरास में आस, 415
निर्लज्जा, 146
निशानियाँ, 449
निसर्ग, 259
निस्वानी ज़िन्दगी, 65, 227
नीलम देश की राजकन्या, 280, 285, 323
नीली सराय, 414
नौरत्न, 163
पंच प्रसून, 211
पंचरंगी, 413
पंजाब की महारानी, 334
पड़ाव, 456
पनघट, 229
परिवर्तन, 159
पहला नास्तिक, 208
पहला पत्थर, 416
पहला पाठ, 421
पाँच कहानियाँ, 296
पाँच फूल, 105

पाँवों में फूल, 414
पाजेब, 394
पिंजड़े की उड़ान, 298-99, 300, 346
पिंजरा, 234-35, 449
पुराने खुदा, 413
पुष्करिणी, 292, 328
पुष्पलता, 93
पेरिस की नर्तकी, 325
पौधे, 413
प्रणम्य देवता, 458
प्रतिध्वनि, 75, 164-65
प्रतिशोध, 325
प्रेम कुंज, 105
प्रेम चतुर्थी, 105
प्रेमचन्द की अप्राप्य कहानियाँ, 320
प्रेम चालीसी, 105
प्रेम तीर्थ, 105
प्रेम द्वादशी, 105, 111
प्रेम-पचीसी, 67, 83, 105
प्रेम पीयूष, 211
प्रेम प्रतिज्ञा, 105
प्रेम प्रतिमा, 105
प्रेम प्रसून, 62, 105
प्रेम बत्तीसी, 83
फरिश्ता, 297, 328
फाँसी, 181, 194, 198, 206, 239
फिरदौसे खयाल, 105
फूलवती, 159
फूलो का कुर्ता, 376
बगूले, 291, 367
बन्ध्या, 325
बरगद की जड़ें, 384-85
बरसगाँठ, 461
बलात्कार, 146-47
बलिदान की कहानियाँ, 297, 328
बहारिस्तान, 159
बाज़ारे हयात, 291, 367
बादशाह का खात्मा, 406
बाल-ए-जिब्रील, 307
बासी फूल, 164
बाहर भीतर, 103
बिखरे मोती, 251, 324
बिगड़े हुए दिमाग, 297, 454
बीछल फूल, 458
बेगुनाह मुजरिम, 104
बौछार, 420
भरे बाज़ार में, 291
भस्मावृत चिनगारियाँ, 345, 355
भाग्यरेखा, 421
भूल भुलैयाँ, 307
भूली बात, 172
मंजर-ओ-पस-मंजर, 307
मंजिल, 297, 328
मंटो के अफसाने, 289, 327
मणिदीप, 369
मणिमाला, 156, 204
मधुपर्क, 178, 206
मधुमयी, 293
महफिल, 401
महिला महत्त्व, 92, 171
मानसरोवर, 30, 320
मालिका, 185-86
मुख्तसरात-ए-नियाज, 51
मुरदों का गाँव (धर्मवीर भारती), 442
मुहब्बत और नफरत, 291
मुहब्बत का इन्मकाम, 104
मृदुदल, 187-88
मेरे सपने, 292
मेलाघुमनी, 164
मैं कौन हूँ, 414

मैं मरूँगा नहीं, 296
मोपासाँ की कहानियाँ, 96
मोहब्बत की राहें, 297, 328
मौत से पहले, 321
यजीद, 406
यशपाल की सम्पूर्ण कहानियाँ, 451-52
यह दाग़ दाग़ उजाला, 65
यूरोप की कहानियाँ, 96
रक्षाबन्धन, 325
रजकण, 103
रफ़ीक-ए-तनहाई, 164
रसाई, 421
राख और चिनगारी, 373
राजा निरबंसिया, 440
रानी केतकी की कहानी, 28, 40
रामलीला, 404
रूठी रानी, 93, 104
रेखाएँ, लहरें और परछाइयाँ, 437
रेखाचित्र, 458
रेशमी, 334
रोमांटिक छाया, 370
लज्जते संग, 406
लम्बी दाढ़ी, 103
लिली, 232-33
वनमाला, 171
वर्षगाँठ, 257
वातायन, 181, 184, 194-95, 198
वापसी, 403
वारदात, 210
विपथगा, 248, 323
विभूति, 171
विष के दाँत, 421, 455
विष्णु प्रभाकर : सम्पूर्ण कहानियाँ, 329
वो दुनिया, 345-46, 350
वोल्गा से गंगा, 373, 451
शरणागत, 177, 414
शिकस्त कंगूरे, 291
शीशे के घर, 420
शेषनाग की थाती, 384, 452
शोलए जव्वाला, 255, 324
शोले, 238, 356
सखी, 232-33, 321
सजला, 404
सड़क के किनारे, 454
सड़क पर, 384
सतमी के बच्चे, 238
सदाबहार, 104
सन्नाटा, 291, 367
सपने का अन्त, 401
सप्त सरोज, 62, 83
सप्त सुमन, 105
सफर, 340
सब्र की देवी, 51
समन्दर दूर है, 413
समर-यात्रा, 211
समुद्र के फेन, 425
सहरे दरवेश, 67
साजे हस्ती, 415
साधना, 94
सामानपोश, 250
साम्राज्य का वैभव, 425
सावनी समाँ, 279, 326
सितार के तार, 401
सितारों से आगे, 420
सियाह हाशिये, 406
सिलवटें, 421
सिंहगढ़ विजय, 103, 174
सिलाबे अश्क, 65, 164
सीधे सादे चित्र, 250
सुकुल की बीवी, 317, 329

सुदर्शन सुधा, 159, 192
सुदर्शन सुमन, 229
सुदर्शनोपाख्यान, 457
सुधांशु, 170
सुनहरा देश, 416
सुप्रभात, 159-60
सुबह होती है, 413
सोजेवतन, 31, 48, 51-53, 57, 62, 69, 73, 183, 189
सोया हुआ शहर, 109
सोसाइटी ऑफ डेविल्स, 145
स्त्रियों का ओज, 103
स्वप्न भंग, 412
स्वर्ग और पृथ्वी (धर्मवीर भारती), 443
हत्तिया, 250
हम लोग, 374
हम वहशी हैं, 413
हमारी गली, 321
हवाई क़िले, 288
हवेली और झोपड़ी, 326
हाय अल्ला, 420
हार जीत, 104
हिन्दुस्तान हमारा, 416
हिरण की आँखें, 304
हिलोर, 292, 328
हूर और इन्सान, 65, 227

चर्चित, उल्लेखनीय और श्रेष्ठ कहानियाँ

अँधेरी दुनिया (सु), 162
अंकुर (अ), 276
अधिकार-चिन्ता (प्रे.), 308
अन्तःपुर का आरम्भ(रा), 170-71
अपना अपना भाग्य (जै), 181, 184, 195-96
अपनी तरफ देखकर (सु), 162
अलग्योझा (प्रे), 136
अलहाम-ओ-लिल्लाह (का.), 367-68
अशिक्षित का हृदय, (कौ.), 159
असन्तोष क्यों? (सौ), 409
आँधी (प्र.), 168-69
आकाशदीप (प्र.), 167-68
आहुति (प्रे), 125-26, 148, 191
आकाशदीप (प्र.), 192, 308
इन्दुमती (कि.ला.गो.), 41, 46, 93
इन्द्रजाल (प्र.), 225
ईदगाह (प्रे), 307
उसकी माँ (उग्र), 277
उसने कहा था (गु), 67, 77-78, 90, 99-101
एक कैदी (जै), 241, 280-81
एक टोकरी भर मिट्टी (मा.), 47-48, 58
एक रात (जै), 246-47
एक लाख सत्तानवे हजार आठ सौ अट्ठासी (राधाकृष्ण), 404
कच्चा धागा (नि), 339
कजाकी (प्रे), 142-43, 308
कठिन डगरिया (ब), 418
कफन (प्रे), 218, 307
कफ़न (भै), 401
कमीनों की जिन्दगी (सौ), 357
कर्तव्य और प्रेम (उग्र), 148
कहानी का प्लाट(शि), 171
काकड़ाँ का तेली (अ), 338
कातिल (प्रे), 214
कानूनी और गैर-कानूनी (राधाकृष्ण), 404-05

कानों में कंगना(रा), 78
कान्ता (प), 390
काली शलवार (मं), 290, 356
कोठरी की बात (अज्ञेय), 248, 315
खाली बोतल (भ. प्र. वा.), 292
खिलावन का नरक (भ. च. वर्मा), 373
खुदाराम (उग्र), 152
खुदाई फौजदार (प्रे), 214
खेल (जै), 181, 183, 194
गदर के बाद (जै), 181-82
गरम कोट (बे), 365
गुंडा (प्र), 224
गृह-त्याग (अज्ञेय), 249
गेंदा बन जाऊँगी (सौ), 357-58
गैंग्रीन (अज्ञेय), 248, 286-87, 314
गोखरू (अ), 274
ग्यारह वर्ष का समय (रा.चं.शु.), 46, 47, 59-60
ग्राम (प्र), 67-68, 74, 85
ग्रामोफोन का रिकॉर्ड (जै), 280, 285
घुँघरू (जै), 284
चकमा (प्रे), 162
चतुरी चमार (निराला), 232
चौथी का जोड़ा (इ), 366
छुटकारा (सौ), 261
जग्गा (ब), 416
जन गण मन अधिनायक जय हे (य), 378
जवान मिट्टी (सौ), 361-62
जाह्नवी (जै), 243-45, 280, 310
जिजीविषा देखें 'जीवन-शक्ति' (अज्ञेय), 287
जिन्दगी के मोड़ पर (कृ), 356-57
जीवन-शक्ति (अज्ञेय), 287
जुरमाना (प्रे), 218
जुलूस (प्रे), 119-20, 133
जेल (प्रे.), 211-12
ज्ञानदान (य), 352, 354
टाम, डिक, हैरी एण्ड कम्पनी लिमिटेड (उग्र), 390-91
टिकुली (भ. प्र. वा.), 292
टिटवाल का कुत्ता (मं), 407
टोबा टेक सिंह (मं), 407
ठाकुर का कुआँ(प्रे), 218, 307
डाची (अ), 235, 274
तर्क का तूफान (य), 348-49
ताँगेवाला (वि), 382
ताई (कौ) 156, 159
तावान (प्रे), 213
तिवारी (नि), 339
तीसरी कोशिश (सौ), 362
त्रिबेनी (जै), 285
दरिद्र नारायण (राजा), 279
दुखवा मैं कासों कहूँ मोरी सजनी (च), 174-75
दुनिया का सबसे अनमोल रतन (न), 51, 59
दुलाईवाली (बंग), 50, 57
दुःख का अधिकार (य), 355
दूध का दाम (प्रे), 216-17, 320
दोजख की आग(उग्र), 194, 197-98
दो बाँके (भ. च. व.), 293
दो बैलों की कथा (प्रे), 142-43, 213, 308
दो राष्ट्र और एक इन्सान (सौ), 409
ध्रुवयात्रा (जै), 283-84
नंगी आवाजें (मं), 407
नमक का दारोगा (प्रे.), 71, 96
नया मोरचा (प), 388
नशा (प्रे), 227, 307
नादिरशाही (उग्र) 150
नारंगियाँ (अज्ञेय), 396-97

निहिलिस्ट (उग्र) 148-49
नीलम देश की राजकन्या (जै), 242-43, 280, 311
नेता का स्थान (उग्र), 148
नैराश्य लीला (प्रे), 132
पंच परमेश्वर (प्रे), 90, 431
पंच परमेश्वर (रांगेय राघव), 431
पठार का धीरज (अज्ञेय), 396
पत्नी (जै), 241, 280
पत्थर की पुकार (प्र), 75, 96, 164-65
पत्नी से पति (प्रे), 124, 131, 133
परदा (य), 353-54
परदेशी (जै), 283
परम्परा (सौ), 363
पशु से मनुष्य (प्रे), 87-88
पिसनहारी (रांगेय राघव), 426
पुरस्कार (प्र), 169
पुरुष का भाग्य (अज्ञेय), 304
पुलिस की सिटी (अज्ञेय), 249, 286, 314
पूस की रात (प्रे), 128, 130, 142, 192, 308
प्रस्ताव-स्वीकार (उग्र), 277
प्राइवेट इंटरव्यू (उग्र), 392
प्रेम की होली, 138-39 (प्रे)
प्लेग की चुड़ैल (भ), 48-49
फाँसी (जै), 181-82, 194
फातिहा (प्रे), 189
फिरदौस (कृ), 357
फोटोग्राफी (जै), 181, 183, 194
बच्चे (अ), 405
बड़े घर की बेटी (प्रे), 53-54, 73, 96
बलिदान (प्रे), 85-86
बाबू गोपीनाथ (मं), 290, 356
बू (मं), 290, 356
बूढ़ी काकी (प्रे), 89
बैंगन का पौधा (अ), 277
बैजू बावरा (सु), 160
भोर से पहले (अमृत राय), 424
मक्रील (य), 299, 346
मजदूर (सु), 231
मधुवा(प्र), 169-70
मनसो (अज्ञेय), 286, 313
मनुष्य (कौ), 337
मनुष्य का परम धर्म (प्रे), 90
मन्दिर और मस्जिद (प्रे), 140
ममता (प्र), 166, 168
महल वाले (इंतजार हुसैन), 419
महादान (य), 354
माँ कैसे मरी (उग्र), 147
माता का हृदय (कौ) 159
मिठाई वाला (भ. प्र. वा), 372
मुंडमाल (शि), 93
मुक्तिधन (प्रे), 140
मुक्तिमार्ग (प्रे), 127, 188
मुगलों ने सल्तनत बख्श दी (भ. च. व.), 293
मुरब्बी (वि.), 302
मेजर चौधरी की वापसी (अज्ञेय), 395
मैं तुम्हें मार दूँगा (राजेन्द्र यादव), 439
मैकू (प्रे), 125
या साईं सच्चे (य), 348
रक्षाबन्धन (कौ), 79
रज्जो (प), 304-05
रत्नप्रभा (जै), 282-83
राखीबन्द भाई (वृं), 54
रामलीला (प्रे) 142-43
रामलीला (राधाकृष्ण), 404
रावण (नि), 339
रुकिया बुढ़िया (जै), 311-12
रुपया (सौ), 358

रेन ऑफ टेरर (उग्र), 150-51
रोज (अज्ञेय), देखें 'गैंग्रीन', 248, 287, 314
लाजवन्ती (बे), 365
लिहाफ (इ), 338, 366
लेखक (प्रे), 223-24, 307
लेटरबक्स (अज्ञेय), 398
बरगद की जड़ें (प), 388
वह किसकी तसवीर थी (प), 341
वान हिंडनवर्ग (य), 355
विजया (प्र), 168
वियोग और मिलाप (प्रे.), 84, 96
विष के दाँत (न. वि.), 422
शतरंज के खिलाड़ी (प्रे), 114-15, 191
शरणागत (प्र), 76
शरणदाता (अज्ञेय), 395
शान्तिनिकेतन (हृ), 40
शान्ति हँसी थी (अज्ञेय), 287
सद्गति (प्रे), 129, 192
सबोटाज (सौ), 499
समर-यात्रा (प्रे), 122-23
सवा सेर गेहूँ (प्रे), 127-28
सौत(प्रे.), 67, 89
सिक्का बदल गया (कृष्णा सोबती), 442
सिगनेलर (अज्ञेय), 286, 315
सिर्फ नौ जमातें (सौ), 411
सींखचे (कमलेश्वर), 441
सुजान भगत (प्रे), 136
सुभागी (प्रे), 133
सुहाग की साड़ी (प्रे), 112
सुकुल की बीवी (नि), 317
सौदामिनी (सौ), 263
स्पर्द्धा (जै), 181, 194
स्वत्व-रक्षा (प्रे) 142, 308
स्वराज्य के लिए (मं), 406
हतक (मं), 290, 338
हार की जीत (सु) 161
हारिति (अज्ञेय), 247-48, 312, 315
हिंसा परमो धर्मः (प्रे) 141
हीली बोन् की बत्तखें (अज्ञेय), 395
होली का उपहार (प्रे), 124, 131, 192, 212
हृदय की कसक (वि. शं. व्यास), 173

स्रोत पुस्तकें

A History Of Urdu Literature, Ali Jawad Zaidi, Sahitya Academi, New Delhi. 1993.

A History Of Urdu Literature, Muhammad Sadiq, Second Edition, Oxford University Press, 1995

Jame Urdu Encyclopaedia Abhiyat, National Council for Promotion of Urdu Language, Govt. of India, New Delhi, 2003

अश्क साहित्य धारा (खंड-4, 'आलोचना'), ले. उपेन्द्रनाथ अश्क, नीलाभ प्रकाशन, इलाहाबाद, 1987

आइना-ए-जहान : कुल्लियात कुर्रतुलऐन हैदर : अफ़साने, संलनकर्ता : जमील अख्तर, कौमी कौंसिल बराए फ़रोग़ उर्दू ज़बान, नयी दिल्ली, 2006

'उग्र' और उनका साहित्य, रत्नाकर पांडेय, नागरी प्रचारिणी सभा, वाराणसी, प्र. सं. सं 2006 वि. (1969)

उर्दू पर खुलता दरीचा, ले. गोपीचन्द नारंग, वाणी प्रकाशन, नयी दिल्ली, 2005

कमलेश्वर : समग्र कहानियाँ, राजपाल एण्ड सन्ज, दिल्ली, 2002

कहानी का रचना विधान, जगन्नाथ प्रसाद शर्मा, हिन्दी प्रचारक पुस्तकालय, वाराणसी, द्वि. सं. 1961, 'दो शब्द' के अन्त में मुद्रित तिथि : '18. 2. 56'

कहानी : स्वरूप और संवेदना, राजेन्द्र यादव, मेशनल पब्लिशिंग हाउस, नयी दिल्ली, तीसरा सं. 1988; पहला सं. 1968

कहानी : नयी कहानी, डा. नामवर सिंह, लोकभारती प्रकाशन, इलाहाबाद, संस्करण 1992

कुल्लियाते मंटो (मंटो के अफसाने, जिल्द-3), डा. हुमायूँ अशरफ (सं.), दिल्ली, 2005

नरेन्द्र मोहन रचनावली (खंड 8), सं. गुरुचरण सिंह : सुमन पंडित, संजय प्रकाशन, दिल्ली, 2006

निराला की वेदना तथा अन्य निबन्ध, विष्णुकान्त शास्त्री, हिन्दी प्रचारक संस्थान, वाराणसी, 1963

निष्काम साधक : श्री यशपाल जैन अभिनन्दन ग्रन्थ , सं. क्षेमचन्द्र सुमन, प्र. श्री यशपाल जैन अभिनन्दन ग्रन्थ समारोह समिति, सस्ता साहित्य मंडल, नयी दिल्ली, 1984

पाण्डेय बेचन शर्मा 'उग्र', भवदेव पांडेय, साहित्य अकादेमी, नयी दिल्ली, प्र. सं. 2001

बेनीपुरी ग्रन्थावली, सुरेश शर्मा, राधाकृष्ण प्रकाशन, नयी दिल्ली, 1998, राधाकृष्ण प्रकाशन, नयी दिल्ली, 1998

भगवतीचरण वर्मा, श्रीलाल शुक्ल, साहित्य अकादेमी, नयी दिल्ली, 1989

भैरव प्रसाद गुप्त, मधुरेश, साहित्य अकादेमी, नयी दिल्ली, 2000

राधाकृष्ण, श्रवणकुमार गोस्वामी, साहित्य अकादेमी, नयी दिल्ली, प्र. सं0 2003

राहुल सांकृत्यायन, प्रभाकर माचवे, साहित्य अकादेमी, नयी दिल्ली, 1979

वाजपेयी (भगवती प्रसाद) *अभिनन्दन ग्रन्थ,* प्रधान सं. विश्वनाथ गौड़, अलका प्रकाशन, कानपुर, 1969

शिवपूजन सहाय, मंगलमूर्ति, साहित्य अकादेमी, नयी दिल्ली, 1994

भोजपुरी कथा साहित्य के विकास, विवेकी राय, भोजपुरी अकादमी, पटना, 1982,

मंटो मेरा दुश्मन, उपेन्द्रनाथ अश्क, नीलाभ प्रकाशन, इलाहाबाद, 1956.

मंटोनामा, देवेन्द्र इस्सर(सं.), इन्द्रप्रस्थ प्रकाशन, दिल्ली, 1981

यह दाग़ दाग़ उजाला (क़ुर्रतुलऐन हैदर), अनुवाद डा. सादिक, भारतीय ज्ञानपीठ, नयी दिल्ली, तीसरा सं. 2003

राजस्थानी साहित्य का इतिहास, बी. एस. माली 'अशान्त', रचना प्रकाशन, जयपुर, 2004 (द्वि. सं.)

वृन्दावनलाल वर्मा, राजीव सक्सेना, साहित्य अकादेमी, नयी दिल्ली, 1985

श्रीमती चन्द्रकिरण सौनरेक्सा एवं शरत्‌चन्द्र के नारी पात्र : एक तुलनात्मक अध्ययन, कुन्तल कुमारी, अमन प्रकाशन, कानपुर, 1992

सआदत हसन मंटो : दस्तावेज (पाँच खंडों में) : चयन, संयोजन एवं परिचय : बलराज मेनरा, शरद दत्त; राजकमल प्रकाशन, नयी दिल्ली, प्र. सं. 1993; तीसरी आवृत्ति 2004

हिन्दी उपन्यास कोश : 1947-1990, यशपाल महाजन, भारतीय ग्रन्थ निकेतन, दिल्ली

हिन्दी कहानियों की शिल्प-विधि का विकास, लक्ष्मीनारायण लाल, साहित्य भवन, इलाहाबाद, विद्यार्थी संस्करण, 1996

हिन्दी कहानी का पहला दशक, सं. भवदेव पांडेय, प्र. रे माधव पब्लिकेशंस, नयी दिल्ली-110024, प्र.सं. 2006

हिन्दी का गद्य साहित्य, रामचन्द्र तिवारी, विश्वविद्यालय प्रकाशन, वाराणसी, चतुर्थ संस्करण 2004

हिन्दी साहित्य का बृहत्‌ इतिहास, भाग-9 (1900-18), नागरी प्रचारिणी सभा, वाराणसी

हिन्दी साहित्य का बृहत् इतिहास, भाग-12 (1918-38), नागरी प्रचारिणी सभा, वाराणसी

हिन्दी साहित्य का इतिहास, रामचन्द्र शुक्ल, नागरी प्रचारिणी सभा, वाराणसी, सं. 2047 वि. (1990)

हिन्दुस्तान के उर्दू मुसन्निफीन और शुअरा, गोपीचन्द नारंग : अबदुल लतीफ़ आज़मी, उर्दू एकेडेमी, दिल्ली 1996

(अन्य सन्दर्भ-ग्रन्थों के निर्देश पादटिप्पणियों में दिये गये हैं।)

●●●